山东调查年鉴

SHANDONG SURVEY YEARBOOK

2009

国家统计局山东调查总队 编

Compiled by NBS Survey Office in Shandong

中国统计出版社

China Statistics Press

（京）新登字 041 号

图书在版编目（CIP）数据
山东调查年鉴. 2009/国家统计局山东调查总队编.
—北京：中国统计出版社，2009. 8
ISBN 978－7－5037－5739－6

Ⅰ. 山…
Ⅱ. 国…
Ⅲ. 统计资料－山东省－2009－年鉴
Ⅳ. C832. 52－54

中国版本图书馆 CIP 数据核字(2009) 第 134273 号

山东调查年鉴 2009

作　　者/ 国家统计局山东调查总队
责任编辑/ 张　洁　纪　文　丁瑞虎
E－mail / yearbook@stats. gov. cn
责任校对/ 丁瑞虎
封面设计/ 陈　刚
出版发行/ 中国统计出版社
通信地址/ 北京市西城区三里河月坛南街 57 号　中国统计出版社
邮　　编/ 100826
电　　话/ (010)63376907
印　　刷/ 山东省统计局印务中心　山东新华印刷厂
经　　销/ 新华书店
开　　本/ 890×1240 毫米　1/16
字　　数/ 1200 千字
印　　张/ 33
印　　数/ 500
版　　别/ 2009 年 8 月第 1 版
版　　次/ 2009 年 8 月第 1 次印刷
书　　号/ ISBN 978－7－5037－5739－6/C•2242
定　　价/ 320 元

Shandong Survey Yearbook—2009

EDITORIAL BOARD AND STAFF

编 辑 说 明

一、《山东调查年鉴—2009》是国家统计局山东调查总队编辑出版的一本综合性调查资料，是一本党政部门、企事业单位、教学研究机构和社会公众所需的重要工具书。本年鉴汇集了2008年山东城乡发展、主要农产品产量、居民生活、市场物价、企业集团、企业景气等统计调查资料，以及历史重要年份的主要调查数据。

为方便读者查阅和使用，各篇章插页前附有简要说明，概括介绍各篇章主要内容和资料来源。同时，部分篇章后面附有全国各省市区相关调查资料。

二、本年鉴的编辑，已根据国家现行统计调查制度，对统计调查指标概念、口径、范围、计算方法、计算价格等，作了统一调整，各表中价值量指标，凡未加说明的，均按当年价格计算。

三、本年鉴在编辑翻译过程中得到国家统计局和其他相关单位及同志们的大力支持，在此深表谢意。由于我们水平有限，加之时间仓促，错误和不足之处在所难免，敬请各级领导、各界人士和统计战线的同仁不吝批评指正。

Editorial Instruction

Ⅰ. 《Shandong Survey Yearbook—2009》 is a comprehensive yearbook compiled and published by Survey Office of NBS in Shandong. The yearbook is important reference book which party politics departments, the enterprises and institutions, the teaching development facilities and the social public need. The yearbook recruits the city and countryside development, major farm production, the inhabitant lives, the market price, enterprise group, business climate statistical investigation materials for 2008 as well as main statistical data of historical and important years.

In order to facilitate the readers for consult and use, brief introduction attaches in the beginning of each chapters. Main coverage of this chapter, data sources and statistical coverage are concerned. Main investigation materials of various provinces (cities, area) attach behind the partial chapters.

Ⅱ. In the yearbook, statistical definitions, statistical coverage, statistical methods and prices are adjusted according to the current state statistical standards, Data in value terms are calculated at current prices if there are no notes.

Ⅲ. In the course of compilation and translation, the yearbook has received great support from NBS, many units and comrades. We acknowledge their help to the book. Mistakes and faults are inevitable to take place for inadequate proficiency and limited time. Leaders, personnel from all walks of life and colleagues from statistical sector are welcome to make their critical comments and suggestions.

目 录

CONTENTS

一、城市主要社会经济指标
Main Social Economy Target of Various Cities

二、县（市、区）主要社会经济指标
Main Social Economy Target of Various Counties (City,Area)

三、主要农产品产量调查资料
Investigation Material on Output of Major Farm Products

四、城镇居民生活调查资料
Investigation Material of City and Town Residential Life

五、农村居民生活调查资料
Investigation Material of Rural Residential Life

六、生产价格调查资料
Investigation Material of Production Prices

八、企业集团统计资料
Statistical Material of Enterprise Groups

九、企业景气调查资料
Investigation Material of Business Climate

大 事 记

1

城市主要社会经济指标

Main Social Economy Target of Various Cities

编辑单位：统计监测处
编　　委：仝义贵
责任编辑：李东法　郭　琦
校　　对：李东法　郭　琦
电　　话：86197886

Editorial Unit: the Statistical Monitoring Office
Editorial Board: Tong Yigui
Executive Editor-in-Chief: Li Dongfa Guo Qi
Proofreader: Li Dongfa Guo Qi
Telephone: 86197886

简 要 说 明

一、本篇资料反映了全省 17 个地级城市主要经济发展情况。包括人口、综合经济、农业、工业、财政、交通运输、文教、劳动保障、环境等方面的年度数据。

二、本篇资料来源于 2008 年城市社会经济基本情况统计年报资料。

Brief Introduction

Ⅰ.This material reflects 17 cities main economy development situation in the entire province. Includes year data for population, synthesis economy, agriculture, industry, finance, transportation, culture and education, work safeguard, environment.

Ⅱ.This material originates from annual report material for the city social economy basic situation statistics in 2008.

1－1　济南市城市基本情况(2008年)

City Basic Situation of Jinan(2008)

指标名称		Index		全市 Total City	市辖区 Districts Under City
年末总人口(公安户籍口径)	(万人)	Total Year-End Population(Census Requirements Of Public Security)	(10000 persons)	603.99	350.23
年末单位从业人员数	(万人)	Employed Persons At Year-End In Units	(10000 persons)	120.6	92.62
第一产业(农、林、牧、渔业)	(万人)	Primary Industry (Farming, Forestry, Animal Husbandry And Fishery)	(10000 persons)	0.13	0.07
第二产业	(万人)	Secondary Industry	(10000 persons)	57.74	39.92
第三产业	(万人)	Tertiary-Industry	(10000 persons)	62.73	52.63
行政区域土地面积	(平方公里)	Area Of Administrative Land	(sq.km)	8177	3277
其中：建成区面积	(平方公里)	Developed Areas	(sq.km)		326
地区生产总值(当年价格)	(万元)	Gross Regional Product (Current Year's Prices)	(10000 yuan)	30174243	22659809
第一产业增加值	(万元)	Value Added Of Primary Industry	(10000 yuan)	1750100	582869
第二产业增加值	(万元)	Value Added Of Secondary Industry	(10000 yuan)	13306843	9202940
第三产业增加值	(万元)	Value Added Of Tertiary Industry	(10000 yuan)	15117300	12874000
人均地区生产总值	(元)	Per Gross Regional Product	(yuan)	45724	54726
地区生产总值增长率	(%)	Growth Rate Of Gross Regional Product	(percentage)	12.98	12.61
地方财政一般预算内收入	(万元)	Local Financial Budgetary Revenue	(10000 yuan)	1860155	1584957
地方财政一般预算内支出	(万元)	Local Financial Budgetary Expenditure	(10000 yuan)	2213190	1729692
蔬菜产量	(吨)	Output Of Vegetables	(ton)	5483571	
水果产量	(吨)	Output Of Fruits	(ton)	453167	
肉类总产量	(吨)	Output Of Meat	(ton)	362021	
奶类产量	(吨)	Output Of Milk	(ton)	282411	
水产品产量	(吨)	Output Of Aquatic Product	(ton)	40886	
规模以上工业企业数	(个)	Sum Of State-Owned And Non-State-Owned Industrial Enterprises Above Designated Size	(unit)	1929	1040
规模以上工业总产值(当年价)	(万元)	Gross Industrial Output Value Of State-Owned And Non-State-Owned Industrial Enterprises Above Designated Size (Current Year's Prices)	(10000 yuan)	39110916	27885318
私人汽车拥有量	(辆)	Possession Of Private Vehicles	(unit)	422572	
公路客运量	(万人)	Passenger Traffic Of Highway	(10000 persons)	12254	
公路货运量	(万吨)	Freight Traffic Of Highway	(10000 tons)	11436	
境内等级公路里程	(公里)	Expressway And Class Ⅰ To Ⅳ Highways	(km)	11011	
境内高速公路里程	(公里)	Expressway And Class Ⅰ To Ⅳ Freeway	(km)	343	
全年用电量	(万千瓦时)	Annual Electricity Consumption	(10000 kwh)	2025031	1616845
其中：工业用电	(万千瓦时)	Among:Industrial Electricity Consumption	(10000 kwh)	1328982	1064868
居民生活用电	(万千瓦时)	Resident Electricity Consumption	(10000 kwh)	337533	236076
社会消费品零售总额	(万元)	Total Retail Sales Of Consumer Goods	(10000 yuan)	13566824	10919408
货物进口额(海关数)	(万美元)	Value Of Imports (Customs Numbers)	(10000 U.S. dollars)	342979	
货物出口额(海关数)	(万美元)	Value Of Exports (Customs Numbers)	(10000 U.S. dollars)	459720	
海外游客人数(含一日游游客)	(人)	Sum Of Overseas Visitors (Including One-Day Visitors)	(person)	170263	
初中毕业生升学率	(%)	Junior Middle School Rate Of Admission Into Higher Level of Education	(percentage)	95	100
专利申请授权量	(项)	Authorization Quantity Of Applying For Patents	(unit)	4571	
其中：发明	(项)	Among:Inventions	(unit)	481	
基本养老保险参保人数	(人)	Number Of People Participated In Basic Pension Insurance	(person)	1280691	1023392
基本医疗保险参保人数	(人)	Number Of People Participated In Basic Medical Insurance	(person)	1223598	1066044
失业保险参保人数	(人)	Number Of People Participated In Unemployment Insurance	(person)	788217	678377
城镇居民最低生活保障人数	(人)	Number Of Participated In Minimum Standard Of Living For City Residents	(person)	58974	42899
三废综合利用产品产值	(万元)	Output Value Of Products Made From Utilization Of Waste Gas,Water &Solid Wastes	(10000 yuan)	109279	
工业废水排放量	(万吨)	Discharge Amount of Industrial Waste Water	(10000 tons)	4749	
工业废水排放达标量	(万吨)	Discharge Standard Amount of Industrial Waste Water	(10000 tons)	4693	
工业二氧化硫去除量	(吨)	Dislodge Amount of Industrial Sulfur Dioxide	(ton)	126297	
工业二氧化硫排放量	(吨)	Discharge Amount of Industrial Sulfur Dioxide	(ton)	68412	
工业烟尘去除量	(吨)	Dislodge Amount of Industrial Smoke Dust	(ton)	1576166	
工业烟尘排放量	(吨)	Discharge Amount of Industrial Smoke Dust	(ton)	20359	
工业固体废物综合利用率	(%)	Ratio Of Industrial Solid Wastes	(percentage)	94.41	

1-2 青岛市城市基本情况(2008年)
City Basic Situation of Qingdao(2008)

指标名称		Index		全市 Total City	市辖区 Districts Under City
年末总人口(公安户籍口径)	(万人)	Total Year-End Population(Census Requirements Of Public Security)	(10000 persons)	761.56	276.25
年末单位从业人员数	(万人)	Employed Persons At Year-End In Units	(10000 persons)	126.22	74.42
第一产业(农、林、牧、渔业)	(万人)	Primary Industry (Farming, Forestry, Animal Husbandry And Fishery)	(10000 persons)	0.41	0.18
第二产业	(万人)	Secondary Industry	(10000 persons)	79.85	42.45
第三产业	(万人)	Tertiary-Industry	(10000 persons)	45.96	31.79
行政区域土地面积	(平方公里)	Area Of Administrative Land	(sq.km)	10978	1405
其中：建成区面积	(平方公里)	Developed Areas	(sq.km)		267
地区生产总值(当年价格)	(万元)	Gross Regional Product (Current Year's Prices)	(10000 yuan)	44361800	25206900
第一产业增加值	(万元)	Value Added Of Primary Industry	(10000 yuan)	2234000	196800
第二产业增加值	(万元)	Value Added Of Secondary Industry	(10000 yuan)	22554500	12688000
第三产业增加值	(万元)	Value Added Of Tertiary Industry	(10000 yuan)	19573300	12322100
人均地区生产总值	(元)	Per Gross Regional Product	(yuan)	52677	91362
地区生产总值增长率	(%)	Growth Rate Of Gross Regional Product	(percentage)	13.2	14.97
地方财政一般预算内收入	(万元)	Local Financial Budgetary Revenue	(10000 yuan)	3424359	2532837
地方财政一般预算内支出	(万元)	Local Financial Budgetary Expenditure	(10000 yuan)	3694111	2537441
蔬菜产量	(吨)	Output Of Vegetables	(ton)	6118876	
水果产量	(吨)	Output Of Fruits	(ton)	806815	
肉类总产量	(吨)	Output Of Meat	(ton)	515382	
奶类产量	(吨)	Output Of Milk	(ton)	352195	
水产品产量	(吨)	Output Of Aquatic Product	(ton)	1057438	
规模以上工业企业数	(个)	Sum Of State-Owned And Non-State-Owned Industrial Enterprises Above Designated Size	(unit)	5594	1653
规模以上工业总产值(当年价)	(万元)	Gross Industrial Output Value Of State-Owned And Non-State-Owned Industrial Enterprises Above Designated Size (Current Year's Prices)	(10000 yuan)	81150141	44221315
私人汽车拥有量	(辆)	Possession Of Private Vehicles	(unit)	467375	
公路客运量	(万人)	Passenger Traffic Of Highway	(10000 persons)	18668	
公路货运量	(万吨)	Freight Traffic Of Highway	(10000 tons)	15467	
境内等级公路里程	(公里)	Expressway And Class Ⅰ To Ⅳ Highways	(km)	14574	
境内高速公路里程	(公里)	Expressway And Class Ⅰ To Ⅳ Freeway	(km)	702	
全年用电量	(万千瓦时)	Annual Electricity Consumption	(10000 kwh)	2500657	1582865
其中：工业用电	(万千瓦时)	Among:Industrial Electricity Consumption	(10000 kwh)	1652128	1017692
居民生活用电	(万千瓦时)	Resident Electricity Consumption	(10000 kwh)	403132	248510
社会消费品零售总额	(万元)	Total Retail Sales Of Consumer Goods	(10000 yuan)	14647726	8361456
货物进口额(海关数)	(万美元)	Value Of Imports (Customs Numbers)	(10000 U.S. dollars)	2102054	
货物出口额(海关数)	(万美元)	Value Of Exports (Customs Numbers)	(10000 U.S. dollars)	3263130	
海外游客人数(含一日游游客)	(人)	Sum Of Overseas Visitors (Including One-Day Visitors)	(person)	800455	
初中毕业生升学率	(%)	Junior Middle School Rate Of Admission Into Higher Level of Education	(percentage)	100	100
专利申请授权量	(项)	Authorization Quantity Of Applying For Patents	(unit)	3311	
其中：发明	(项)	Among:Inventions	(unit)	404	
基本养老保险参保人数	(人)	Number Of People Participated In Basic Pension Insurance	(person)	1975428	1693867
基本医疗保险参保人数	(人)	Number Of People Participated In Basic Medical Insurance	(person)	2295087	1618523
失业保险参保人数	(人)	Number Of People Participated In Unemployment Insurance	(person)	1373535	904132
城镇居民最低生活保障人数	(人)	Number Of Participated In Minimum Standard Of Living For City Residents	(person)	43746	37888
三废综合利用产品产值	(万元)	Output Value Of Products Made From Utilization Of Waste Gas,Water &Solid Wastes	(10000 yuan)	94479	
工业废水排放量	(万吨)	Discharge Amount of Industrial Waste Water	(10000 tons)	9685	
工业废水排放达标量	(万吨)	Discharge Standard Amount of Industrial Waste Water	(10000 tons)	9663	
工业二氧化硫去除量	(吨)	Dislodge Amount of Industrial Sulfur Dioxide	(ton)	155725	
工业二氧化硫排放量	(吨)	Discharge Amount of Industrial Sulfur Dioxide	(ton)	87779	
工业烟尘去除量	(吨)	Dislodge Amount of Industrial Smoke Dust	(ton)	616101	
工业烟尘排放量	(吨)	Discharge Amount of Industrial Smoke Dust	(ton)	21522	
工业固体废物综合利用率	(%)	Ratio Of Industrial Solid Wastes	(percentage)	98.3	

1-3 淄博市城市基本情况(2008年)

City Basic Situation of Zibo(2008)

指标名称	Index	全市 Total City	市辖区 Districts Under City
年末总人口(公安户籍口径) (万人)	Total Year-End Population(Census Requirements Of Public Security) (10000 persons)	420.62	278.17
年末单位从业人员数 (万人)	Employed Persons At Year-End In Units (10000 persons)	58.93	45.9
第一产业(农、林、牧、渔业) (万人)	Primary Industry (Farming, Forestry, Animal Husbandry And Fishery) (10000 persons)	0.29	0.09
第二产业 (万人)	Secondary Industry (10000 persons)	38.57	30.32
第三产业 (万人)	Tertiary-Industry (10000 persons)	20.07	15.49
行政区域土地面积 (平方公里)	Area Of Administrative Land (sq.km)	5965	2970
其中：建成区面积 (平方公里)	Developed Areas (sq.km)		213
地区生产总值(当年价格) (万元)	Gross Regional Product (Current Year's Prices) (10000 yuan)	23167800	18357219
第一产业增加值 (万元)	Value Added Of Primary Industry (10000 yuan)	821800	405724
第二产业增加值 (万元)	Value Added Of Secondary Industry (10000 yuan)	15004500	11828422
第三产业增加值 (万元)	Value Added Of Tertiary Industry (10000 yuan)	7341500	6123073
人均地区生产总值 (元)	Per Gross Regional Product (yuan)	51547	66078
地区生产总值增长率 (%)	Growth Rate Of Gross Regional Product (percentage)	12.5	12.9
地方财政一般预算内收入 (万元)	Local Financial Budgetary Revenue (10000 yuan)	1146875	928048
地方财政一般预算内支出 (万元)	Local Financial Budgetary Expenditure (10000 yuan)	1414546	1096580
蔬菜产量 (吨)	Output Of Vegetables (ton)	2116542	
水果产量 (吨)	Output Of Fruits (ton)	780841	
肉类总产量 (吨)	Output Of Meat (ton)	129322	
奶类产量 (吨)	Output Of Milk (ton)	115925	
水产品产量 (吨)	Output Of Aquatic Product (ton)	29060	
规模以上工业企业数 (个)	Sum Of State-Owned And Non-State-Owned Industrial Enterprises Above Designated Size (unit)	2930	2353
规模以上工业总产值(当年价) (万元)	Gross Industrial Output Value Of State-Owned And Non-State-Owned Industrial Enterprises Above Designated Size (Current Year's Prices) (10000 yuan)	53199087	42529073
私人汽车拥有量 (辆)	Possession Of Private Vehicles (unit)	245324	
公路客运量 (万人)	Passenger Traffic Of Highway (10000 persons)	28770	
公路货运量 (万吨)	Freight Traffic Of Highway (10000 tons)	18110	
境内等级公路里程 (公里)	Expressway And Class Ⅰ To Ⅳ Highways (km)	9696	
境内高速公路里程 (公里)	Expressway And Class Ⅰ To Ⅳ Freeway (km)	206	
全年用电量 (万千瓦时)	Annual Electricity Consumption (10000 kwh)	2792189	2322496
其中：工业用电 (万千瓦时)	Among:Industrial Electricity Consumption (10000 kwh)	2433069	2053941
居民生活用电 (万千瓦时)	Resident Electricity Consumption (10000 kwh)	202542	143303
社会消费品零售总额 (万元)	Total Retail Sales Of Consumer Goods (10000 yuan)	7296174	5832708
货物进口额(海关数) (万美元)	Value Of Imports (Customs Numbers) (10000 U.S. dollars)	205905	
货物出口额(海关数) (万美元)	Value Of Exports (Customs Numbers) (10000 U.S. dollars)	363348	
海外游客人数(含一日游游客) (人)	Sum Of Overseas Visitors (Including One-Day Visitors) (person)	93883	
初中毕业生升学率 (%)	Junior Middle School Rate Of Admission Into Higher Level of Education (percentage)	96	100
专利申请授权量 (项)	Authorization Quantity Of Applying For Patents (unit)	1408	
其中：发明 (项)	Among:Inventions (unit)	194	
基本养老保险参保人数 (人)	Number Of People Participated In Basic Pension Insurance (person)	776424	650024
基本医疗保险参保人数 (人)	Number Of People Participated In Basic Medical Insurance (person)	969227	835363
失业保险参保人数 (人)	Number Of People Participated In Unemployment Insurance (person)	463188	376018
城镇居民最低生活保障人数 (人)	Number Of Participated In Minimum Standard Of Living For City Residents (person)	34520	28692
三废综合利用产品产值 (万元)	Output Value Of Products Made From Utilization Of Waste Gas,Water &Solid Wastes (10000 yuan)	336808	
工业废水排放量 (万吨)	Discharge Amount of Industrial Waste Water (10000 tons)	19176	
工业废水排放达标量 (万吨)	Discharge Standard Amount of Industrial Waste Water (10000 tons)	19128	
工业二氧化硫去除量 (吨)	Dislodge Amount of Industrial Sulfur Dioxide (ton)	359777	
工业二氧化硫排放量 (吨)	Discharge Amount of Industrial Sulfur Dioxide (ton)	180957	
工业烟尘去除量 (吨)	Dislodge Amount of Industrial Smoke Dust (ton)	3268326	
工业烟尘排放量 (吨)	Discharge Amount of Industrial Smoke Dust (ton)	48649	
工业固体废物综合利用率 (%)	Ratio Of Industrial Solid Wastes (percentage)	87.1	

1-4 枣庄市城市基本情况(2008年)

City Basic Situation of Zaozhuang(2008)

指标名称		Index		全市 Total City	市辖区 Districts Under City
年末总人口(公安户籍口径)	(万人)	Total Year-End Population(Census Requirements Of Public Security)	(10000 persons)	383.24	217.4
年末单位从业人员数	(万人)	Employed Persons At Year-End In Units	(10000 persons)	34.58	24.54
第一产业(农、林、牧、渔业)	(万人)	Primary Industry (Farming, Forestry, Animal Husbandry And Fishery)	(10000 persons)	0.36	0.04
第二产业	(万人)	Secondary Industry	(10000 persons)	18.66	13.66
第三产业	(万人)	Tertiary-Industry	(10000 persons)	15.56	10.84
行政区域土地面积	(平方公里)	Area Of Administrative Land	(sq.km)	4563	3069
其中：建成区面积	(平方公里)	Developed Areas	(sq.km)		106
地区生产总值(当年价格)	(万元)	Gross Regional Product (Current Year's Prices)	(10000 yuan)	10928300	6157000
第一产业增加值	(万元)	Value Added Of Primary Industry	(10000 yuan)	960900	503700
第二产业增加值	(万元)	Value Added Of Secondary Industry	(10000 yuan)	6861600	4075100
第三产业增加值	(万元)	Value Added Of Tertiary Industry	(10000 yuan)	3105800	1578200
人均地区生产总值	(元)	Per Gross Regional Product	(yuan)	29978	29622
地区生产总值增长率	(%)	Growth Rate Of Gross Regional Product	(percentage)	13.1	12.22
地方财政一般预算内收入	(万元)	Local Financial Budgetary Revenue	(10000 yuan)	527329	332009
地方财政一般预算内支出	(万元)	Local Financial Budgetary Expenditure	(10000 yuan)	800312	528287
蔬菜产量	(吨)	Output Of Vegetables	(ton)	4431652	
水果产量	(吨)	Output Of Fruits	(ton)	219950	
肉类总产量	(吨)	Output Of Meat	(ton)	210287	
奶类产量	(吨)	Output Of Milk	(ton)	30353	
水产品产量	(吨)	Output Of Aquatic Product	(ton)	42683	
规模以上工业企业数	(个)	Sum Of State-Owned And Non-State-Owned Industrial Enterprises Above Designated Size	(unit)	1500	985
规模以上工业总产值(当年价)	(万元)	Gross Industrial Output Value Of State-Owned And Non-State-Owned Industrial Enterprises Above Designated Size (Current Year's Prices)	(10000 yuan)	22037510	14104062
私人汽车拥有量	(辆)	Possession Of Private Vehicles	(unit)	147263	
公路客运量	(万人)	Passenger Traffic Of Highway	(10000 persons)	5820	
公路货运量	(万吨)	Freight Traffic Of Highway	(10000 tons)	21722	
境内等级公路里程	(公里)	Expressway And Class Ⅰ To Ⅳ Highways	(km)	6380	
境内高速公路里程	(公里)	Expressway And Class Ⅰ To Ⅳ Freeway	(km)	116	
全年用电量	(万千瓦时)	Annual Electricity Consumption	(10000 kwh)	895222	476627
其中：工业用电	(万千瓦时)	Among:Industrial Electricity Consumption	(10000 kwh)	723600	382513
居民生活用电	(万千瓦时)	Resident Electricity Consumption	(10000 kwh)	75808	45379
社会消费品零售总额	(万元)	Total Retail Sales Of Consumer Goods	(10000 yuan)	2976036	1586938
货物进口额(海关数)	(万美元)	Value Of Imports (Customs Numbers)	(10000 U.S. dollars)	15052	
货物出口额(海关数)	(万美元)	Value Of Exports (Customs Numbers)	(10000 U.S. dollars)	51829	
海外游客人数(含一日游游客)	(人)	Sum Of Overseas Visitors (Including One-Day Visitors)	(person)	25000	
初中毕业生升学率	(%)	Junior Middle School Rate Of Admission Into Higher Level of Education	(percentage)	76	83
专利申请授权量	(项)	Authorization Quantity Of Applying For Patents	(unit)	560	
其中：发明	(项)	Among:Inventions	(unit)	33	
基本养老保险参保人数	(人)	Number Of People Participated In Basic Pension Insurance	(person)	391485	244029
基本医疗保险参保人数	(人)	Number Of People Participated In Basic Medical Insurance	(person)	446442	317910
失业保险参保人数	(人)	Number Of People Participated In Unemployment Insurance	(person)	320085	234458
城镇居民最低生活保障人数	(人)	Number Of Participated In Minimum Standard Of Living For City Residents	(person)	62538	50093
三废综合利用产品产值	(万元)	Output Value Of Products Made From Utilization Of Waste Gas,Water &Solid Wastes	(10000 yuan)	61344	
工业废水排放量	(万吨)	Discharge Amount of Industrial Waste Water	(10000 tons)	15191	
工业废水排放达标量	(万吨)	Discharge Standard Amount of Industrial Waste Water	(10000 tons)	15091	
工业二氧化硫去除量	(吨)	Dislodge Amount of Industrial Sulfur Dioxide	(ton)	79441	
工业二氧化硫排放量	(吨)	Discharge Amount of Industrial Sulfur Dioxide	(ton)	81874	
工业烟尘去除量	(吨)	Dislodge Amount of Industrial Smoke Dust	(ton)	1638326	
工业烟尘排放量	(吨)	Discharge Amount of Industrial Smoke Dust	(ton)	15159	
工业固体废物综合利用率	(%)	Ratio Of Industrial Solid Wastes	(percentage)	98.63	

1－5 东营市城市基本情况(2008年)

City Basic Situation of Dongying(2008)

指标名称		Index		全市 Total City	市辖区 Districts Under City
年末总人口(公安户籍口径)	(万人)	Total Year-End Population(Census Requirements Of Public Security)	(10000 persons)	183.97	83.14
年末单位从业人员数	(万人)	Employed Persons At Year-End In Units	(10000 persons)	36.98	26.81
第一产业(农、林、牧、渔业)	(万人)	Primary Industry (Farming, Forestry, Animal Husbandry And Fishery)	(10000 persons)	0.6	0.24
第二产业	(万人)	Secondary Industry	(10000 persons)	21.76	15.58
第三产业	(万人)	Tertiary-Industry	(10000 persons)	14.62	10.99
行政区域土地面积	(平方公里)	Area Of Administrative Land	(sq.km)	7923	3294
其中：建成区面积	(平方公里)	Developed Areas	(sq.km)		97
地区生产总值(当年价格)	(万元)	Gross Regional Product (Current Year's Prices)	(10000 yuan)	20526200	14701320
第一产业增加值	(万元)	Value Added Of Primary Industry	(10000 yuan)	700800	177123
第二产业增加值	(万元)	Value Added Of Secondary Industry	(10000 yuan)	15709300	11570186
第三产业增加值	(万元)	Value Added Of Tertiary Industry	(10000 yuan)	4116100	2954011
人均地区生产总值	(元)	Per Gross Regional Product	(yuan)	102741	150087
地区生产总值增长率	(%)	Growth Rate Of Gross Regional Product	(percentage)	13.7	12.02
地方财政一般预算内收入	(万元)	Local Financial Budgetary Revenue	(10000 yuan)	709531	507397
地方财政一般预算内支出	(万元)	Local Financial Budgetary Expenditure	(10000 yuan)	897217	577213
蔬菜产量	(吨)	Output Of Vegetables	(ton)	2163752	
水果产量	(吨)	Output Of Fruits	(ton)	99647	
肉类总产量	(吨)	Output Of Meat	(ton)	209739	
奶类产量	(吨)	Output Of Milk	(ton)	141785	
水产品产量	(吨)	Output Of Aquatic Product	(ton)	407175	
规模以上工业企业数	(个)	Sum Of State-Owned And Non-State-Owned Industrial Enterprises Above Designated Size	(unit)	870	356
规模以上工业总产值(当年价)	(万元)	Gross Industrial Output Value Of State-Owned And Non-State-Owned Industrial Enterprises Above Designated Size (Current Year's Prices)	(10000 yuan)	42781162	23243723
私人汽车拥有量	(辆)	Possession Of Private Vehicles	(unit)	188181	
公路客运量	(万人)	Passenger Traffic Of Highway	(10000 persons)	3659	
公路货运量	(万吨)	Freight Traffic Of Highway	(10000 tons)	5596	
境内等级公路里程	(公里)	Expressway And Class Ⅰ To Ⅳ Highways	(km)	7832	
境内高速公路里程	(公里)	Expressway And Class Ⅰ To Ⅳ Freeway	(km)	181	
全年用电量	(万千瓦时)	Annual Electricity Consumption	(10000 kwh)	1394419	861799
其中：工业用电	(万千瓦时)	Among:Industrial Electricity Consumption	(10000 kwh)	1276917	801784
居民生活用电	(万千瓦时)	Resident Electricity Consumption	(10000 kwh)	56531	24656
社会消费品零售总额	(万元)	Total Retail Sales Of Consumer Goods	(10000 yuan)	2546069	1894386
货物进口额(海关数)	(万美元)	Value Of Imports (Customs Numbers)	(10000 U.S. dollars)	214698	
货物出口额(海关数)	(万美元)	Value Of Exports (Customs Numbers)	(10000 U.S. dollars)	197233	
海外游客人数(含一日游游客)	(人)	Sum Of Overseas Visitors (Including One-Day Visitors)	(person)	18760	
初中毕业生升学率	(%)	Junior Middle School Rate Of Admission Into Higher Level of Education	(percentage)	99	100
专利申请授权量	(项)	Authorization Quantity Of Applying For Patents	(unit)	1836	
其中：发明	(项)	Among:Inventions	(unit)	72	
基本养老保险参保人数	(人)	Number Of People Participated In Basic Pension Insurance	(person)	191667	102198
基本医疗保险参保人数	(人)	Number Of People Participated In Basic Medical Insurance	(person)	496669	389555
失业保险参保人数	(人)	Number Of People Participated In Unemployment Insurance	(person)	107123	61571
城镇居民最低生活保障人数	(人)	Number Of Participated In Minimum Standard Of Living For City Residents	(person)	10445	5298
三废综合利用产品产值	(万元)	Output Value Of Products Made From Utilization Of Waste Gas,Water &Solid Wastes	(10000 yuan)	86029	
工业废水排放量	(万吨)	Discharge Amount of Industrial Waste Water	(10000 tons)	9783	
工业废水排放达标量	(万吨)	Discharge Standard Amount of Industrial Waste Water	(10000 tons)	9783	
工业二氧化硫去除量	(吨)	Dislodge Amount of Industrial Sulfur Dioxide	(ton)	55694	
工业二氧化硫排放量	(吨)	Discharge Amount of Industrial Sulfur Dioxide	(ton)	93460	
工业烟尘去除量	(吨)	Dislodge Amount of Industrial Smoke Dust	(ton)	993730	
工业烟尘排放量	(吨)	Discharge Amount of Industrial Smoke Dust	(ton)	6394	
工业固体废物综合利用率	(%)	Ratio Of Industrial Solid Wastes	(percentage)	91.98	

1-6 烟台市城市基本情况(2008年)
City Basic Situation of Yantai(2008)

指标名称		Index		全市 Total City	市辖区 Districts Under City
年末总人口(公安户籍口径)	(万人)	Total Year-End Population(Census Requirements Of Public Security)	(10000 persons)	651.69	179.4
年末单位从业人员数	(万人)	Employed Persons At Year-End In Units	(10000 persons)	82.77	44.02
第一产业(农、林、牧、渔业)	(万人)	Primary Industry (Farming, Forestry, Animal Husbandry And Fishery)	(10000 persons)	0.52	0.1
第二产业	(万人)	Secondary Industry	(10000 persons)	50.23	28.25
第三产业	(万人)	Tertiary-Industry	(10000 persons)	32.02	15.67
行政区域土地面积	(平方公里)	Area Of Administrative Land	(sq.km)	13746	2722
其中：建成区面积	(平方公里)	Developed Areas	(sq.km)		212
地区生产总值(当年价格)	(万元)	Gross Regional Product (Current Year's Prices)	(10000 yuan)	34341900	14277357
第一产业增加值	(万元)	Value Added Of Primary Industry	(10000 yuan)	2755500	483019
第二产业增加值	(万元)	Value Added Of Secondary Industry	(10000 yuan)	20909700	8485143
第三产业增加值	(万元)	Value Added Of Tertiary Industry	(10000 yuan)	10676700	5309195
人均地区生产总值	(元)	Per Gross Regional Product	(yuan)	49012	79451
地区生产总值增长率	(%)	Growth Rate Of Gross Regional Product	(percentage)	13.57	16.86
地方财政一般预算内收入	(万元)	Local Financial Budgetary Revenue	(10000 yuan)	1661663	791943
地方财政一般预算内支出	(万元)	Local Financial Budgetary Expenditure	(10000 yuan)	2092492	987635
蔬菜产量	(吨)	Output Of Vegetables	(ton)	2657249	
水果产量	(吨)	Output Of Fruits	(ton)	4352340	
肉类总产量	(吨)	Output Of Meat	(ton)	402264	
奶类产量	(吨)	Output Of Milk	(ton)	278114	
水产品产量	(吨)	Output Of Aquatic Product	(ton)	1840382	
规模以上工业企业数	(个)	Sum Of State-Owned And Non-State-Owned Industrial Enterprises Above Designated Size	(unit)	3805	1301
规模以上工业总产值(当年价)	(万元)	Gross Industrial Output Value Of State-Owned And Non-State-Owned Industrial Enterprises Above Designated Size (Current Year's Prices)	(10000 yuan)	79882335	29836651
私人汽车拥有量	(辆)	Possession Of Private Vehicles	(unit)	430476	
公路客运量	(万人)	Passenger Traffic Of Highway	(10000 persons)	29067	
公路货运量	(万吨)	Freight Traffic Of Highway	(10000 tons)	10608	
境内等级公路里程	(公里)	Expressway And Class Ⅰ To Ⅳ Highways	(km)	14039	
境内高速公路里程	(公里)	Expressway And Class Ⅰ To Ⅳ Freeway	(km)	414	
全年用电量	(万千瓦时)	Annual Electricity Consumption	(10000 kwh)	2432303	784048
其中：工业用电	(万千瓦时)	Among:Industrial Electricity Consumption	(10000 kwh)	1927392	570547
居民生活用电	(万千瓦时)	Resident Electricity Consumption	(10000 kwh)	247534	90563
社会消费品零售总额	(万元)	Total Retail Sales Of Consumer Goods	(10000 yuan)	10234374	4091159
货物进口额(海关数)	(万美元)	Value Of Imports (Customs Numbers)	(10000 U.S. dollars)	1438396	
货物出口额(海关数)	(万美元)	Value Of Exports (Customs Numbers)	(10000 U.S. dollars)	2064703	
海外游客人数(含一日游游客)	(人)	Sum Of Overseas Visitors (Including One-Day Visitors)	(person)	352090	
初中毕业生升学率	(%)	Junior Middle School Rate Of Admission Into Higher Level of Education	(percentage)	100	100
专利申请授权量	(项)	Authorization Quantity Of Applying For Patents	(unit)	2249	
其中：发明	(项)	Among:Inventions	(unit)	143	
基本养老保险参保人数	(人)	Number Of People Participated In Basic Pension Insurance	(person)	1138155	494321
基本医疗保险参保人数	(人)	Number Of People Participated In Basic Medical Insurance	(person)	1265269	615938
失业保险参保人数	(人)	Number Of People Participated In Unemployment Insurance	(person)	813432	404933
城镇居民最低生活保障人数	(人)	Number Of Participated In Minimum Standard Of Living For City Residents	(person)	30469	13975
三废综合利用产品产值	(万元)	Output Value Of Products Made From Utilization Of Waste Gas,Water &Solid Wastes	(10000 yuan)	51722	
工业废水排放量	(万吨)	Discharge Amount of Industrial Waste Water	(10000 tons)	7390	
工业废水排放达标量	(万吨)	Discharge Standard Amount of Industrial Waste Water	(10000 tons)	7372	
工业二氧化硫去除量	(吨)	Dislodge Amount of Industrial Sulfur Dioxide	(ton)	151720	
工业二氧化硫排放量	(吨)	Discharge Amount of Industrial Sulfur Dioxide	(ton)	87112	
工业烟尘去除量	(吨)	Dislodge Amount of Industrial Smoke Dust	(ton)	2387508	
工业烟尘排放量	(吨)	Discharge Amount of Industrial Smoke Dust	(ton)	14674	
工业固体废物综合利用率	(%)	Ratio Of Industrial Solid Wastes	(percentage)	86.97	

1—7 潍坊市城市基本情况(2008年)
City Basic Situation of Weifang(2008)

指标名称		Index		全市 Total City	市辖区 Districts Under City
年末总人口(公安户籍口径)	(万人)	Total Year-End Population(Census Requirements Of Public Security)	(10000 persons)	862.48	172.11
年末单位从业人员数	(万人)	Employed Persons At Year-End In Units	(10000 persons)	68.62	25.55
第一产业(农、林、牧、渔业)	(万人)	Primary Industry (Farming, Forestry, Animal Husbandry And Fishery)	(10000 persons)	0.3	0.04
第二产业	(万人)	Secondary Industry	(10000 persons)	37.28	14.47
第三产业	(万人)	Tertiary-Industry	(10000 persons)	31.04	11.04
行政区域土地面积	(平方公里)	Area Of Administrative Land	(sq.km)	16005	1993
其中：建成区面积	(平方公里)	Developed Areas	(sq.km)		132
地区生产总值(当年价格)	(万元)	Gross Regional Product (Current Year's Prices)	(10000 yuan)	24918100	6483060
第一产业增加值	(万元)	Value Added Of Primary Industry	(10000 yuan)	2816900	241848
第二产业增加值	(万元)	Value Added Of Secondary Industry	(10000 yuan)	14550500	3667430
第三产业增加值	(万元)	Value Added Of Tertiary Industry	(10000 yuan)	7550700	2573782
人均地区生产总值	(元)	Per Gross Regional Product	(yuan)	28106	42870
地区生产总值增长率	(%)	Growth Rate Of Gross Regional Product	(percentage)	13.2	15
地方财政一般预算内收入	(万元)	Local Financial Budgetary Revenue	(10000 yuan)	1319579	450779
地方财政一般预算内支出	(万元)	Local Financial Budgetary Expenditure	(10000 yuan)	1823495	626473
蔬菜产量	(吨)	Output Of Vegetables	(ton)	9746570	
水果产量	(吨)	Output Of Fruits	(ton)	1014992	
肉类总产量	(吨)	Output Of Meat	(ton)	1036966	
奶类产量	(吨)	Output Of Milk	(ton)	215919	
水产品产量	(吨)	Output Of Aquatic Product	(ton)	462015	
规模以上工业企业数	(个)	Sum Of State-Owned And Non-State-Owned Industrial Enterprises Above Designated Size	(unit)	4835	978
规模以上工业总产值(当年价)	(万元)	Gross Industrial Output Value Of State-Owned And Non-State-Owned Industrial Enterprises Above Designated Size (Current Year's Prices)	(10000 yuan)	53175073	13412752
私人汽车拥有量	(辆)	Possession Of Private Vehicles	(unit)	604109	
公路客运量	(万人)	Passenger Traffic Of Highway	(10000 persons)	18332	
公路货运量	(万吨)	Freight Traffic Of Highway	(10000 tons)	15900	
境内等级公路里程	(公里)	Expressway And Class Ⅰ To Ⅳ Highways	(km)	21849	
境内高速公路里程	(公里)	Expressway And Class Ⅰ To Ⅳ Freeway	(km)	352	
全年用电量	(万千瓦时)	Annual Electricity Consumption	(10000 kwh)	2410982	873723
其中：工业用电	(万千瓦时)	Among:Industrial Electricity Consumption	(10000 kwh)	1847316	637599
居民生活用电	(万千瓦时)	Resident Electricity Consumption	(10000 kwh)	292340	61212
社会消费品零售总额	(万元)	Total Retail Sales Of Consumer Goods	(10000 yuan)	8303000	2434000
货物进口额(海关数)	(万美元)	Value Of Imports (Customs Numbers)	(10000 U.S. dollars)	183779	
货物出口额(海关数)	(万美元)	Value Of Exports (Customs Numbers)	(10000 U.S. dollars)	654075	
海外游客人数(含一日游游客)	(人)	Sum Of Overseas Visitors (Including One-Day Visitors)	(person)	131771	
初中毕业生升学率	(%)	Junior Middle School Rate Of Admission Into Higher Level of Education	(percentage)	90	92
专利申请授权量	(项)	Authorization Quantity Of Applying For Patents	(unit)	2586	
其中：发明	(项)	Among:Inventions	(unit)	141	
基本养老保险参保人数	(人)	Number Of People Participated In Basic Pension Insurance	(person)	1005461	458618
基本医疗保险参保人数	(人)	Number Of People Participated In Basic Medical Insurance	(person)	1103392	435607
失业保险参保人数	(人)	Number Of People Participated In Unemployment Insurance	(person)	661865	255238
城镇居民最低生活保障人数	(人)	Number Of Participated In Minimum Standard Of Living For City Residents	(person)	36451	19615
三废综合利用产品产值	(万元)	Output Value Of Products Made From Utilization Of Waste Gas,Water &Solid Wastes	(10000 yuan)	96912	
工业废水排放量	(万吨)	Discharge Amount of Industrial Waste Water	(10000 tons)	17019	
工业废水排放达标量	(万吨)	Discharge Standard Amount of Industrial Waste Water	(10000 tons)	16868	
工业二氧化硫去除量	(吨)	Dislodge Amount of Industrial Sulfur Dioxide	(ton)	186211	
工业二氧化硫排放量	(吨)	Discharge Amount of Industrial Sulfur Dioxide	(ton)	108036	
工业烟尘去除量	(吨)	Dislodge Amount of Industrial Smoke Dust	(ton)	855498	
工业烟尘排放量	(吨)	Discharge Amount of Industrial Smoke Dust	(ton)	23462	
工业固体废物综合利用率	(%)	Ratio Of Industrial Solid Wastes	(percentage)	93.82	

1-8 济宁市城市基本情况(2008年)
City Basic Situation of Jining(2008)

指标名称		Index		全市 Total City	市辖区 Districts Under City
年末总人口(公安户籍口径)	(万人)	Total Year-End Population(Census Requirements Of Public Security)	(10000 persons)	822.75	109.86
年末单位从业人员数	(万人)	Employed Persons At Year-End In Units	(10000 persons)	62	21.6
第一产业(农、林、牧、渔业)	(万人)	Primary Industry (Farming, Forestry, Animal Husbandry And Fishery)	(10000 persons)	0.19	0.05
第二产业	(万人)	Secondary Industry	(10000 persons)	32.03	10.72
第三产业	(万人)	Tertiary-Industry	(10000 persons)	29.78	10.83
行政区域土地面积	(平方公里)	Area Of Administrative Land	(sq.km)	11194	1043
其中：建成区面积	(平方公里)	Developed Areas	(sq.km)		88
地区生产总值(当年价格)	(万元)	Gross Regional Product (Current Year's Prices)	(10000 yuan)	21221600	5015300
第一产业增加值	(万元)	Value Added Of Primary Industry	(10000 yuan)	2568100	198100
第二产业增加值	(万元)	Value Added Of Secondary Industry	(10000 yuan)	11834900	3055600
第三产业增加值	(万元)	Value Added Of Tertiary Industry	(10000 yuan)	6818600	1761600
人均地区生产总值	(元)	Per Gross Regional Product	(yuan)	26721	45656
地区生产总值增长率	(%)	Growth Rate Of Gross Regional Product	(percentage)	13.1	16.8
地方财政一般预算内收入	(万元)	Local Financial Budgetary Revenue	(10000 yuan)	1194466	422623
地方财政一般预算内支出	(万元)	Local Financial Budgetary Expenditure	(10000 yuan)	1746223	600694
蔬菜产量	(吨)	Output Of Vegetables	(ton)	9192212	
水果产量	(吨)	Output Of Fruits	(ton)	280228	
肉类总产量	(吨)	Output Of Meat	(ton)	652867	
奶类产量	(吨)	Output Of Milk	(ton)	153215	
水产品产量	(吨)	Output Of Aquatic Product	(ton)	303611	
规模以上工业企业数	(个)	Sum Of State-Owned And Non-State-Owned Industrial Enterprises Above Designated Size	(unit)	3416	661
规模以上工业总产值(当年价)	(万元)	Gross Industrial Output Value Of State-Owned And Non-State-Owned Industrial Enterprises Above Designated Size (Current Year's Prices)	(10000 yuan)	31991475	9188625
私人汽车拥有量	(辆)	Possession Of Private Vehicles	(unit)	309988	
公路客运量	(万人)	Passenger Traffic Of Highway	(10000 persons)	7673	
公路货运量	(万吨)	Freight Traffic Of Highway	(10000 tons)	13100	
境内等级公路里程	(公里)	Expressway And Class Ⅰ To Ⅳ Highways	(km)	15004	
境内高速公路里程	(公里)	Expressway And Class Ⅰ To Ⅳ Freeway	(km)	224	
全年用电量	(万千瓦时)	Annual Electricity Consumption	(10000 kwh)	1934060	675804
其中：工业用电	(万千瓦时)	Among:Industrial Electricity Consumption	(10000 kwh)	1602952	589884
居民生活用电	(万千瓦时)	Resident Electricity Consumption	(10000 kwh)	165953	38688
社会消费品零售总额	(万元)	Total Retail Sales Of Consumer Goods	(10000 yuan)	7283344	2216233
货物进口额(海关数)	(万美元)	Value Of Imports (Customs Numbers)	(10000 U.S. dollars)	140346	
货物出口额(海关数)	(万美元)	Value Of Exports (Customs Numbers)	(10000 U.S. dollars)	186457	
海外游客人数(含一日游游客)	(人)	Sum Of Overseas Visitors (Including One-Day Visitors)	(person)	190797	
初中毕业生升学率	(%)	Junior Middle School Rate Of Admission Into Higher Level of Education	(percentage)	86	100
专利申请授权量	(项)	Authorization Quantity Of Applying For Patents	(unit)	2693	
其中：发明	(项)	Among:Inventions	(unit)	37	
基本养老保险参保人数	(人)	Number Of People Participated In Basic Pension Insurance	(person)	770339	255422
基本医疗保险参保人数	(人)	Number Of People Participated In Basic Medical Insurance	(person)	760896	357592
失业保险参保人数	(人)	Number Of People Participated In Unemployment Insurance	(person)	582683	186547
城镇居民最低生活保障人数	(人)	Number Of Participated In Minimum Standard Of Living For City Residents	(person)	43988	9372
三废综合利用产品产值	(万元)	Output Value Of Products Made From Utilization Of Waste Gas,Water &Solid Wastes	(10000 yuan)	79508	
工业废水排放量	(万吨)	Discharge Amount of Industrial Waste Water	(10000 tons)	12741	
工业废水排放达标量	(万吨)	Discharge Standard Amount of Industrial Waste Water	(10000 tons)	12495	
工业二氧化硫去除量	(吨)	Dislodge Amount of Industrial Sulfur Dioxide	(ton)	204426	
工业二氧化硫排放量	(吨)	Discharge Amount of Industrial Sulfur Dioxide	(ton)	111727	
工业烟尘去除量	(吨)	Dislodge Amount of Industrial Smoke Dust	(ton)	4552705	
工业烟尘排放量	(吨)	Discharge Amount of Industrial Smoke Dust	(ton)	25897	
工业固体废物综合利用率	(%)	Ratio Of Industrial Solid Wastes	(percentage)	89.77	

1-9 泰安市城市基本情况(2008年)

City Basic Situation of Tai' an(2008)

指标名称		Index		全市 Total City	市辖区 Districts Under City
年末总人口(公安户籍口径)	(万人)	Total Year-End Population(Census Requirements Of Public Security)	(10000 persons)	554.72	160.06
年末单位从业人员数	(万人)	Employed Persons At Year-End In Units	(10000 persons)	51.47	16.18
第一产业(农、林、牧、渔业)	(万人)	Primary Industry (Farming, Forestry, Animal Husbandry And Fishery)	(10000 persons)	0.22	0.06
第二产业	(万人)	Secondary Industry	(10000 persons)	30.53	7.23
第三产业	(万人)	Tertiary-Industry	(10000 persons)	20.72	8.89
行政区域土地面积	(平方公里)	Area Of Administrative Land	(sq.km)	7762	2087
其中：建成区面积	(平方公里)	Developed Areas	(sq.km)		98
地区生产总值(当年价格)	(万元)	Gross Regional Product (Current Year's Prices)	(10000 yuan)	15133000	5342700
第一产业增加值	(万元)	Value Added Of Primary Industry	(10000 yuan)	1610800	391900
第二产业增加值	(万元)	Value Added Of Secondary Industry	(10000 yuan)	8392900	1987600
第三产业增加值	(万元)	Value Added Of Tertiary Industry	(10000 yuan)	5129300	2963200
人均地区生产总值	(元)	Per Gross Regional Product	(yuan)	27794	33352
地区生产总值增长率	(%)	Growth Rate Of Gross Regional Product	(percentage)	13.4	14
地方财政一般预算内收入	(万元)	Local Financial Budgetary Revenue	(10000 yuan)	764013	333759
地方财政一般预算内支出	(万元)	Local Financial Budgetary Expenditure	(10000 yuan)	1116136	346823
蔬菜产量	(吨)	Output Of Vegetables	(ton)	6813000	
水果产量	(吨)	Output Of Fruits	(ton)	549000	
肉类总产量	(吨)	Output Of Meat	(ton)	327000	
奶类产量	(吨)	Output Of Milk	(ton)	410000	
水产品产量	(吨)	Output Of Aquatic Product	(ton)	67590	
规模以上工业企业数	(个)	Sum Of State-Owned And Non-State-Owned Industrial Enterprises Above Designated Size	(unit)	1501	503
规模以上工业总产值(当年价)	(万元)	Gross Industrial Output Value Of State-Owned And Non-State-Owned Industrial Enterprises Above Designated Size (Current Year's Prices)	(10000 yuan)	27297125	5918584
私人汽车拥有量	(辆)	Possession Of Private Vehicles	(unit)	157001	
公路客运量	(万人)	Passenger Traffic Of Highway	(10000 persons)	4071	
公路货运量	(万吨)	Freight Traffic Of Highway	(10000 tons)	6011	
境内等级公路里程	(公里)	Expressway And Class Ⅰ To Ⅳ Highways	(km)	13026	
境内高速公路里程	(公里)	Expressway And Class Ⅰ To Ⅳ Freeway	(km)	233	
全年用电量	(万千瓦时)	Annual Electricity Consumption	(10000 kwh)	1195386	309490
其中：工业用电	(万千瓦时)	Among:Industrial Electricity Consumption	(10000 kwh)	955401	286299
居民生活用电	(万千瓦时)	Resident Electricity Consumption	(10000 kwh)	130001	23191
社会消费品零售总额	(万元)	Total Retail Sales Of Consumer Goods	(10000 yuan)	4668411	1658213
货物进口额(海关数)	(万美元)	Value Of Imports (Customs Numbers)	(10000 U.S. dollars)	58676	
货物出口额(海关数)	(万美元)	Value Of Exports (Customs Numbers)	(10000 U.S. dollars)	92087	
海外游客人数(含一日游游客)	(人)	Sum Of Overseas Visitors (Including One-Day Visitors)	(person)	190242	
初中毕业生升学率	(%)	Junior Middle School Rate Of Admission Into Higher Level of Education	(percentage)	93	95
专利申请授权量	(项)	Authorization Quantity Of Applying For Patents	(unit)	1097	
其中：发明	(项)	Among:Inventions	(unit)	58	
基本养老保险参保人数	(人)	Number Of People Participated In Basic Pension Insurance	(person)	602020	387267
基本医疗保险参保人数	(人)	Number Of People Participated In Basic Medical Insurance	(person)	657496	431150
失业保险参保人数	(人)	Number Of People Participated In Unemployment Insurance	(person)	478215	154398
城镇居民最低生活保障人数	(人)	Number Of Participated In Minimum Standard Of Living For City Residents	(person)	27552	12767
三废综合利用产品产值	(万元)	Output Value Of Products Made From Utilization Of Waste Gas,Water &Solid Wastes	(10000 yuan)	141314	
工业废水排放量	(万吨)	Discharge Amount of Industrial Waste Water	(10000 tons)	4321	
工业废水排放达标量	(万吨)	Discharge Standard Amount of Industrial Waste Water	(10000 tons)	4241	
工业二氧化硫去除量	(吨)	Dislodge Amount of Industrial Sulfur Dioxide	(ton)	121153	
工业二氧化硫排放量	(吨)	Discharge Amount of Industrial Sulfur Dioxide	(ton)	67464	
工业烟尘去除量	(吨)	Dislodge Amount of Industrial Smoke Dust	(ton)	938591	
工业烟尘排放量	(吨)	Discharge Amount of Industrial Smoke Dust	(ton)	17405	
工业固体废物综合利用率	(%)	Ratio Of Industrial Solid Wastes	(percentage)	95.6	

1－10 威海市城市基本情况(2008年)

City Basic Situation of Weihai(2008)

指标名称	Index	全市 Total City	市辖区 Districts Under City
年末总人口(公安户籍口径) (万人)	Total Year-End Population(Census Requirements Of Public Security) (10000 persons)	252.23	63.94
年末单位从业人员数 (万人)	Employed Persons At Year-End In Units (10000 persons)	38.12	19.38
第一产业(农、林、牧、渔业) (万人)	Primary Industry (Farming, Forestry, Animal Husbandry And Fishery) (10000 persons)	0.17	0.02
第二产业 (万人)	Secondary Industry (10000 persons)	24.7	13.57
第三产业 (万人)	Tertiary-Industry (10000 persons)	13.25	5.79
行政区域土地面积 (平方公里)	Area Of Administrative Land (sq.km)	5698	769
其中：建成区面积 (平方公里)	Developed Areas (sq.km)		120
地区生产总值(当年价格) (万元)	Gross Regional Product (Current Year's Prices) (10000 yuan)	17803493	5033182
第一产业增加值 (万元)	Value Added Of Primary Industry (10000 yuan)	1322794	192761
第二产业增加值 (万元)	Value Added Of Secondary Industry (10000 yuan)	10885558	3111392
第三产业增加值 (万元)	Value Added Of Tertiary Industry (10000 yuan)	5595141	1729029
人均地区生产总值 (元)	Per Gross Regional Product (yuan)	63519	79182
地区生产总值增长率 (%)	Growth Rate Of Gross Regional Product (percentage)	12.09	12.35
地方财政一般预算内收入 (万元)	Local Financial Budgetary Revenue (10000 yuan)	936665	363097
地方财政一般预算内支出 (万元)	Local Financial Budgetary Expenditure (10000 yuan)	1222241	485601
蔬菜产量 (吨)	Output Of Vegetables (ton)	1088980	
水果产量 (吨)	Output Of Fruits (ton)	750954	
肉类总产量 (吨)	Output Of Meat (ton)	107990	
奶类产量 (吨)	Output Of Milk (ton)	263483	
水产品产量 (吨)	Output Of Aquatic Product (ton)	2024849	
规模以上工业企业数 (个)	Sum Of State-Owned And Non-State-Owned Industrial Enterprises Above Designated Size (unit)	2017	489
规模以上工业总产值(当年价) (万元)	Gross Industrial Output Value Of State-Owned And Non-State-Owned Industrial Enterprises Above Designated Size (Current Year's Prices) (10000 yuan)	44850384	9376263
私人汽车拥有量 (辆)	Possession Of Private Vehicles (unit)	142854	
公路客运量 (万人)	Passenger Traffic Of Highway (10000 persons)	14920	
公路货运量 (万吨)	Freight Traffic Of Highway (10000 tons)	2125	
境内等级公路里程 (公里)	Expressway And Class Ⅰ To Ⅳ Highways (km)	6616	
境内高速公路里程 (公里)	Expressway And Class Ⅰ To Ⅳ Freeway (km)	102	
全年用电量 (万千瓦时)	Annual Electricity Consumption (10000 kwh)	704263	335952
其中：工业用电 (万千瓦时)	Among:Industrial Electricity Consumption (10000 kwh)	472269	225664
居民生活用电 (万千瓦时)	Resident Electricity Consumption (10000 kwh)	112494	50851
社会消费品零售总额 (万元)	Total Retail Sales Of Consumer Goods (10000 yuan)	4836159	1662148
货物进口额(海关数) (万美元)	Value Of Imports (Customs Numbers) (10000 U.S. dollars)	435009	
货物出口额(海关数) (万美元)	Value Of Exports (Customs Numbers) (10000 U.S. dollars)	745478	
海外游客人数(含一日游游客) (人)	Sum Of Overseas Visitors (Including One-Day Visitors) (person)	288277	
初中毕业生升学率 (%)	Junior Middle School Rate Of Admission Into Higher Level of Education (percentage)	98	98
专利申请授权量 (项)	Authorization Quantity Of Applying For Patents (unit)	1079	
其中：发明 (项)	Among:Inventions (unit)	53	
基本养老保险参保人数 (人)	Number Of People Participated In Basic Pension Insurance (person)	559127	285989
基本医疗保险参保人数 (人)	Number Of People Participated In Basic Medical Insurance (person)	603297	277141
失业保险参保人数 (人)	Number Of People Participated In Unemployment Insurance (person)	350983	144310
城镇居民最低生活保障人数 (人)	Number Of Participated In Minimum Standard Of Living For City Residents (person)	1808	746
三废综合利用产品产值 (万元)	Output Value Of Products Made From Utilization Of Waste Gas,Water &Solid Wastes (10000 yuan)	15333	
工业废水排放量 (万吨)	Discharge Amount of Industrial Waste Water (10000 tons)	2385	
工业废水排放达标量 (万吨)	Discharge Standard Amount of Industrial Waste Water (10000 tons)	2385	
工业二氧化硫去除量 (吨)	Dislodge Amount of Industrial Sulfur Dioxide (ton)	926	
工业二氧化硫排放量 (吨)	Discharge Amount of Industrial Sulfur Dioxide (ton)	48863	
工业烟尘去除量 (吨)	Dislodge Amount of Industrial Smoke Dust (ton)	253939	
工业烟尘排放量 (吨)	Discharge Amount of Industrial Smoke Dust (ton)	6755	
工业固体废物综合利用率 (%)	Ratio Of Industrial Solid Wastes (percentage)	67.83	

1－11　日照市城市基本情况(2008年)

City Basic Situation of Rizhao(2008)

指标名称	Index	全市 Total City	市辖区 Districts Under City
年末总人口(公安户籍口径)　(万人)	Total Year-End Population(Census Requirements Of Public Security)　(10000 persons)	284.54	122.44
年末单位从业人员数　(万人)	Employed Persons At Year-End In Units　(10000 persons)	19.3	12.94
第一产业(农、林、牧、渔业)　(万人)	Primary Industry　(Farming, Forestry, Animal Husbandry And Fishery)　(10000 persons)	0.09	0.06
第二产业　(万人)	Secondary Industry　(10000 persons)	9.36	6.88
第三产业　(万人)	Tertiary-Industry　(10000 persons)	9.85	6
行政区域土地面积　(平方公里)	Area Of Administrative Land　(sq.km)	5363	1915
其中：建成区面积　(平方公里)	Developed Areas　(sq.km)		70
地区生产总值(当年价格)　(万元)	Gross Regional Product (Current Year's Prices)　(10000 yuan)	7731401	5421557
第一产业增加值　(万元)	Value Added Of Primary Industry　(10000 yuan)	827400	388244
第二产业增加值　(万元)	Value Added Of Secondary Industry　(10000 yuan)	4197301	3331363
第三产业增加值　(万元)	Value Added Of Tertiary Industry　(10000 yuan)	2706700	1701950
人均地区生产总值　(元)	Per Gross Regional Product　(yuan)	28300	44433
地区生产总值增长率　(%)	Growth Rate Of Gross Regional Product　(percentage)	15.1	25.73
地方财政一般预算内收入　(万元)	Local Financial Budgetary Revenue　(10000 yuan)	363327	308257
地方财政一般预算内支出　(万元)	Local Financial Budgetary Expenditure　(10000 yuan)	571671	413283
蔬菜产量　(吨)	Output Of Vegetables　(ton)	1123000	
水果产量　(吨)	Output Of Fruits　(ton)	185000	
肉类总产量　(吨)	Output Of Meat　(ton)	143100	
奶类产量　(吨)	Output Of Milk　(ton)	11700	
水产品产量　(吨)	Output Of Aquatic Product　(ton)	464700	
规模以上工业企业数　(个)	Sum Of State-Owned And Non-State-Owned Industrial Enterprises Above Designated Size　(unit)	870	415
规模以上工业总产值(当年价)　(万元)	Gross Industrial Output Value Of State-Owned And Non-State-Owned Industrial Enterprises Above Designated Size　(Current Year's Prices)　(10000 yuan)	15198000	10648910
私人汽车拥有量　(辆)	Possession Of Private Vehicles　(unit)	112525	
公路客运量　(万人)	Passenger Traffic Of Highway　(10000 persons)	3640	
公路货运量　(万吨)	Freight Traffic Of Highway　(10000 tons)	8977	
境内等级公路里程　(公里)	Expressway And Class Ⅰ To Ⅳ Highways　(km)	5905	
境内高速公路里程　(公里)	Expressway And Class Ⅰ To Ⅳ Freeway　(km)	140	
全年用电量　(万千瓦时)	Annual Electricity Consumption　(10000 kwh)	900553	686014
其中：工业用电　(万千瓦时)	Among:Industrial Electricity Consumption　(10000 kwh)	756926	585353
居民生活用电　(万千瓦时)	Resident Electricity Consumption　(10000 kwh)	66037	39561
社会消费品零售总额　(万元)	Total Retail Sales Of Consumer Goods　(10000 yuan)	2123586	1334007
货物进口额(海关数)　(万美元)	Value Of Imports　(Customs Numbers)　(10000 U.S. dollars)	674233	
货物出口额(海关数)　(万美元)	Value Of Exports　(Customs Numbers)　(10000 U.S. dollars)	252525	
海外游客人数(含一日游游客)　(人)	Sum Of Overseas Visitors　(Including One-Day Visitors)　(person)	151618	
初中毕业生升学率　(%)	Junior Middle School Rate Of Admission Into Higher Level of Education　(percentage)	74	96
专利申请授权量　(项)	Authorization Quantity Of Applying For Patents　(unit)	734	
其中：发明　(项)	Among:Inventions　(unit)	11	
基本养老保险参保人数　(人)	Number Of People Participated In Basic Pension Insurance　(person)	257277	178968
基本医疗保险参保人数　(人)	Number Of People Participated In Basic Medical Insurance　(person)	234200	151285
失业保险参保人数　(人)	Number Of People Participated In Unemployment Insurance　(person)	144094	92361
城镇居民最低生活保障人数　(人)	Number Of Participated In Minimum Standard Of Living For City Residents　(person)	12884	6204
三废综合利用产品产值　(万元)	Output Value Of Products Made From Utilization Of Waste Gas, Water &Solid Wastes　(10000 yuan)	142782	
工业废水排放量　(万吨)	Discharge Amount of Industrial Waste Water　(10000 tons)	7562	
工业废水排放达标量　(万吨)	Discharge Standard Amount of Industrial Waste Water　(10000 tons)	7562	
工业二氧化硫去除量　(吨)	Dislodge Amount of Industrial Sulfur Dioxide　(ton)	39741	
工业二氧化硫排放量　(吨)	Discharge Amount of Industrial Sulfur Dioxide　(ton)	46664	
工业烟尘去除量　(吨)	Dislodge Amount of Industrial Smoke Dust　(ton)	616115	
工业烟尘排放量　(吨)	Discharge Amount of Industrial Smoke Dust　(ton)	5567	
工业固体废物综合利用率　(%)	Ratio Of Industrial Solid Wastes　(percentage)	100	

1-12 莱芜市城市基本情况(2008年)
City Basic Situation of Laiwu(2008)

指标名称		Index		全市 Total City	市辖区 Districts Under City
年末总人口(公安户籍口径)	(万人)	Total Year-End Population(Census Requirements Of Public Security)	(10000 persons)	125.96	125.96
年末单位从业人员数	(万人)	Employed Persons At Year-End In Units	(10000 persons)	13.87	13.87
第一产业(农、林、牧、渔业)	(万人)	Primary Industry (Farming, Forestry, Animal Husbandry And Fishery)	(10000 persons)		
第二产业	(万人)	Secondary Industry	(10000 persons)	9.15	9.15
第三产业	(万人)	Tertiary-Industry	(10000 persons)	4.72	4.72
行政区域土地面积	(平方公里)	Area Of Administrative Land	(sq.km)	2247	2247
其中：建成区面积	(平方公里)	Developed Areas	(sq.km)		57
地区生产总值(当年价格)	(万元)	Gross Regional Product (Current Year's Prices)	(10000 yuan)	4557900	4557900
第一产业增加值	(万元)	Value Added Of Primary Industry	(10000 yuan)	279800	279800
第二产业增加值	(万元)	Value Added Of Secondary Industry	(10000 yuan)	3089900	3089900
第三产业增加值	(万元)	Value Added Of Tertiary Industry	(10000 yuan)	1188200	1188200
人均地区生产总值	(元)	Per Gross Regional Product	(yuan)	35845	35845
地区生产总值增长率	(%)	Growth Rate Of Gross Regional Product	(percentage)	12.3	12.3
地方财政一般预算内收入	(万元)	Local Financial Budgetary Revenue	(10000 yuan)	302488	302488
地方财政一般预算内支出	(万元)	Local Financial Budgetary Expenditure	(10000 yuan)	393815	393815
蔬菜产量	(吨)	Output Of Vegetables	(ton)	1147834	
水果产量	(吨)	Output Of Fruits	(ton)	98653	
肉类总产量	(吨)	Output Of Meat	(ton)	56044	
奶类产量	(吨)	Output Of Milk	(ton)	2990	
水产品产量	(吨)	Output Of Aquatic Product	(ton)	3353	
规模以上工业企业数	(个)	Sum Of State-Owned And Non-State-Owned Industrial Enterprises Above Designated Size	(unit)	362	362
规模以上工业总产值(当年价)	(万元)	Gross Industrial Output Value Of State-Owned And Non-State-Owned Industrial Enterprises Above Designated Size (Current Year's Prices)	(10000 yuan)	10825643	10825643
私人汽车拥有量	(辆)	Possession Of Private Vehicles	(unit)	58313	
公路客运量	(万人)	Passenger Traffic Of Highway	(10000 persons)	3151	
公路货运量	(万吨)	Freight Traffic Of Highway	(10000 tons)	5557	
境内等级公路里程	(公里)	Expressway And Class Ⅰ To Ⅳ Highways	(km)	3437	
境内高速公路里程	(公里)	Expressway And Class Ⅰ To Ⅳ Freeway	(km)	140	
全年用电量	(万千瓦时)	Annual Electricity Consumption	(10000 kwh)	782335	782335
其中：工业用电	(万千瓦时)	Among:Industrial Electricity Consumption	(10000 kwh)	727095	727095
居民生活用电	(万千瓦时)	Resident Electricity Consumption	(10000 kwh)	26045	26045
社会消费品零售总额	(万元)	Total Retail Sales Of Consumer Goods	(10000 yuan)	1356035	1356035
货物进口额(海关数)	(万美元)	Value Of Imports (Customs Numbers)	(10000 U.S. dollars)	139664	
货物出口额(海关数)	(万美元)	Value Of Exports (Customs Numbers)	(10000 U.S. dollars)	136619	
海外游客人数(含一日游游客)	(人)	Sum Of Overseas Visitors (Including One-Day Visitors)	(person)	1762	
初中毕业生升学率	(%)	Junior Middle School Rate Of Admission Into Higher Level of Education	(percentage)	86	86
专利申请授权量	(项)	Authorization Quantity Of Applying For Patents	(unit)	755	
其中：发明	(项)	Among:Inventions	(unit)	12	
基本养老保险参保人数	(人)	Number Of People Participated In Basic Pension Insurance	(person)	202740	202740
基本医疗保险参保人数	(人)	Number Of People Participated In Basic Medical Insurance	(person)	181345	181345
失业保险参保人数	(人)	Number Of People Participated In Unemployment Insurance	(person)	142297	142297
城镇居民最低生活保障人数	(人)	Number Of Participated In Minimum Standard Of Living For City Residents	(person)	8473	8473
三废综合利用产品产值	(万元)	Output Value Of Products Made From Utilization Of Waste Gas,Water &Solid Wastes	(10000 yuan)	76315	
工业废水排放量	(万吨)	Discharge Amount of Industrial Waste Water	(10000 tons)	1663	
工业废水排放达标量	(万吨)	Discharge Standard Amount of Industrial Waste Water	(10000 tons)	1657	
工业二氧化硫去除量	(吨)	Dislodge Amount of Industrial Sulfur Dioxide	(ton)	152695	
工业二氧化硫排放量	(吨)	Discharge Amount of Industrial Sulfur Dioxide	(ton)	59136	
工业烟尘去除量	(吨)	Dislodge Amount of Industrial Smoke Dust	(ton)	395590	
工业烟尘排放量	(吨)	Discharge Amount of Industrial Smoke Dust	(ton)	11746	
工业固体废物综合利用率	(%)	Ratio Of Industrial Solid Wastes	(percentage)	95.68	

1-13 临沂市城市基本情况(2008年)
City Basic Situation of Linyi(2008)

指标名称		Index		全市 Total City	市辖区 Districts Under City
年末总人口(公安户籍口径)	(万人)	Total Year-End Population(Census Requirements Of Public Security)	(10000 persons)	1034.47	197.71
年末单位从业人员数	(万人)	Employed Persons At Year-End In Units	(10000 persons)	54.39	22.45
第一产业(农、林、牧、渔业)	(万人)	Primary Industry (Farming, Forestry, Animal Husbandry And Fishery)	(10000 persons)	0.72	0.06
第二产业	(万人)	Secondary Industry	(10000 persons)	21.26	10.72
第三产业	(万人)	Tertiary-Industry	(10000 persons)	32.41	11.67
行政区域土地面积	(平方公里)	Area Of Administrative Land	(sq.km)	17182	1761
其中：建成区面积	(平方公里)	Developed Areas	(sq.km)		143
地区生产总值(当年价格)	(万元)	Gross Regional Product (Current Year's Prices)	(10000 yuan)	19582000	7445600
第一产业增加值	(万元)	Value Added Of Primary Industry	(10000 yuan)	2359000	212300
第二产业增加值	(万元)	Value Added Of Secondary Industry	(10000 yuan)	10017000	4653000
第三产业增加值	(万元)	Value Added Of Tertiary Industry	(10000 yuan)	7206000	2580300
人均地区生产总值	(元)	Per Gross Regional Product	(yuan)	19949	38812
地区生产总值增长率	(%)	Growth Rate Of Gross Regional Product	(percentage)	13.2	17.4
地方财政一般预算内收入	(万元)	Local Financial Budgetary Revenue	(10000 yuan)	802310	485656
地方财政一般预算内支出	(万元)	Local Financial Budgetary Expenditure	(10000 yuan)	1523976	636122
蔬菜产量	(吨)	Output Of Vegetables	(ton)	5928620	
水果产量	(吨)	Output Of Fruits	(ton)	1788445	
肉类总产量	(吨)	Output Of Meat	(ton)	573382	
奶类产量	(吨)	Output Of Milk	(ton)	109493	
水产品产量	(吨)	Output Of Aquatic Product	(ton)	115956	
规模以上工业企业数	(个)	Sum Of State-Owned And Non-State-Owned Industrial Enterprises Above Designated Size	(unit)	3086	1109
规模以上工业总产值(当年价)	(万元)	Gross Industrial Output Value Of State-Owned And Non-State-Owned Industrial Enterprises Above Designated Size (Current Year's Prices)	(10000 yuan)	31856955	15994739
私人汽车拥有量	(辆)	Possession Of Private Vehicles	(unit)	418102	
公路客运量	(万人)	Passenger Traffic Of Highway	(10000 persons)	23051	
公路货运量	(万吨)	Freight Traffic Of Highway	(10000 tons)	20353	
境内等级公路里程	(公里)	Expressway And Class Ⅰ To Ⅳ Highways	(km)	20828	
境内高速公路里程	(公里)	Expressway And Class Ⅰ To Ⅳ Freeway	(km)	330	
全年用电量	(万千瓦时)	Annual Electricity Consumption	(10000 kwh)	1767835	966199
其中：工业用电	(万千瓦时)	Among:Industrial Electricity Consumption	(10000 kwh)	1391175	789581
居民生活用电	(万千瓦时)	Resident Electricity Consumption	(10000 kwh)	208894	88759
社会消费品零售总额	(万元)	Total Retail Sales Of Consumer Goods	(10000 yuan)	8169390	3426808
货物进口额(海关数)	(万美元)	Value Of Imports (Customs Numbers)	(10000 U.S. dollars)	135924	
货物出口额(海关数)	(万美元)	Value Of Exports (Customs Numbers)	(10000 U.S. dollars)	262958	
海外游客人数(含一日游游客)	(人)	Sum Of Overseas Visitors (Including One-Day Visitors)	(person)	65374	
初中毕业生升学率	(%)	Junior Middle School Rate Of Admission Into Higher Level of Education	(percentage)	74	89
专利申请授权量	(项)	Authorization Quantity Of Applying For Patents	(unit)	1371	
其中：发明	(项)	Among:Inventions	(unit)	67	
基本养老保险参保人数	(人)	Number Of People Participated In Basic Pension Insurance	(person)	689128	300311
基本医疗保险参保人数	(人)	Number Of People Participated In Basic Medical Insurance	(person)	700330	433389
失业保险参保人数	(人)	Number Of People Participated In Unemployment Insurance	(person)	440418	151971
城镇居民最低生活保障人数	(人)	Number Of Participated In Minimum Standard Of Living For City Residents	(person)	69455	25844
三废综合利用产品产值	(万元)	Output Value Of Products Made From Utilization Of Waste Gas,Water &Solid Wastes	(10000 yuan)	51620	
工业废水排放量	(万吨)	Discharge Amount of Industrial Waste Water	(10000 tons)	7933	
工业废水排放达标量	(万吨)	Discharge Standard Amount of Industrial Waste Water	(10000 tons)	7896	
工业二氧化硫去除量	(吨)	Dislodge Amount of Industrial Sulfur Dioxide	(ton)	81449	
工业二氧化硫排放量	(吨)	Discharge Amount of Industrial Sulfur Dioxide	(ton)	75318	
工业烟尘去除量	(吨)	Dislodge Amount of Industrial Smoke Dust	(ton)	2092612	
工业烟尘排放量	(吨)	Discharge Amount of Industrial Smoke Dust	(ton)	15545	
工业固体废物综合利用率	(%)	Ratio Of Industrial Solid Wastes	(percentage)	88.54	

1-14　德州市城市基本情况(2008年)

City Basic Situation of Dezhou(2008)

指标名称		Index		全市 Total City	市辖区 Districts Under City
年末总人口(公安户籍口径)	(万人)	Total Year-End Population(Census Requirements Of Public Security)	(10000 persons)	564.19	59.45
年末单位从业人员数	(万人)	Employed Persons At Year-End In Units	(10000 persons)	36.43	10.48
第一产业(农、林、牧、渔业)	(万人)	Primary Industry (Farming, Forestry, Animal Husbandry And Fishery)	(10000 persons)	0.48	0.01
第二产业	(万人)	Secondary Industry	(10000 persons)	16.24	5.59
第三产业	(万人)	Tertiary-Industry	(10000 persons)	19.71	4.88
行政区域土地面积	(平方公里)	Area Of Administrative Land	(sq.km)	10356	539
其中：建成区面积	(平方公里)	Developed Areas	(sq.km)		47
地区生产总值(当年价格)	(万元)	Gross Regional Product (Current Year's Prices)	(10000 yuan)	14009100	2884142
第一产业增加值	(万元)	Value Added Of Primary Industry	(10000 yuan)	1697300	83010
第二产业增加值	(万元)	Value Added Of Secondary Industry	(10000 yuan)	7834100	1741349
第三产业增加值	(万元)	Value Added Of Tertiary Industry	(10000 yuan)	4477700	1059783
人均地区生产总值	(元)	Per Gross Regional Product	(yuan)	25606	48505
地区生产总值增长率	(%)	Growth Rate Of Gross Regional Product	(percentage)	13	15.2
地方财政一般预算内收入	(万元)	Local Financial Budgetary Revenue	(10000 yuan)	470973	220805
地方财政一般预算内支出	(万元)	Local Financial Budgetary Expenditure	(10000 yuan)	957404	275794
蔬菜产量	(吨)	Output Of Vegetables	(ton)	3868821	
水果产量	(吨)	Output Of Fruits	(ton)	435602	
肉类总产量	(吨)	Output Of Meat	(ton)	520229	
奶类产量	(吨)	Output Of Milk	(ton)	136881	
水产品产量	(吨)	Output Of Aquatic Product	(ton)	72805	
规模以上工业企业数	(个)	Sum Of State-Owned And Non-State-Owned Industrial Enterprises Above Designated Size	(unit)	3129	354
规模以上工业总产值(当年价)	(万元)	Gross Industrial Output Value Of State-Owned And Non-State-Owned Industrial Enterprises Above Designated Size (Current Year's Prices)	(10000 yuan)	26531868	5606112
私人汽车拥有量	(辆)	Possession Of Private Vehicles	(unit)	237089	
公路客运量	(万人)	Passenger Traffic Of Highway	(10000 persons)	8028	
公路货运量	(万吨)	Freight Traffic Of Highway	(10000 tons)	12436	
境内等级公路里程	(公里)	Expressway And Class Ⅰ To Ⅳ Highways	(km)	20404	
境内高速公路里程	(公里)	Expressway And Class Ⅰ To Ⅳ Freeway	(km)	237	
全年用电量	(万千瓦时)	Annual Electricity Consumption	(10000 kwh)	1215508	351143
其中：工业用电	(万千瓦时)	Among:Industrial Electricity Consumption	(10000 kwh)	919542	253786
居民生活用电	(万千瓦时)	Resident Electricity Consumption	(10000 kwh)	152308	28234
社会消费品零售总额	(万元)	Total Retail Sales Of Consumer Goods	(10000 yuan)	4762900	1210854
货物进口额(海关数)	(万美元)	Value Of Imports (Customs Numbers)	(10000 U.S. dollars)	32854	
货物出口额(海关数)	(万美元)	Value Of Exports (Customs Numbers)	(10000 U.S. dollars)	121922	
海外游客人数(含一日游游客)	(人)	Sum Of Overseas Visitors (Including One-Day Visitors)	(person)	28764	
初中毕业生升学率	(%)	Junior Middle School Rate Of Admission Into Higher Level of Education	(percentage)	71	73
专利申请授权量	(项)	Authorization Quantity Of Applying For Patents	(unit)	569	
其中：发明	(项)	Among:Inventions	(unit)	20	
基本养老保险参保人数	(人)	Number Of People Participated In Basic Pension Insurance	(person)	420643	124575
基本医疗保险参保人数	(人)	Number Of People Participated In Basic Medical Insurance	(person)	457829	179074
失业保险参保人数	(人)	Number Of People Participated In Unemployment Insurance	(person)	260379	117447
城镇居民最低生活保障人数	(人)	Number Of Participated In Minimum Standard Of Living For City Residents	(person)	47035	11478
三废综合利用产品产值	(万元)	Output Value Of Products Made From Utilization Of Waste Gas,Water &Solid Wastes	(10000 yuan)	73108	
工业废水排放量	(万吨)	Discharge Amount of Industrial Waste Water	(10000 tons)	18195	
工业废水排放达标量	(万吨)	Discharge Standard Amount of Industrial Waste Water	(10000 tons)	17521	
工业二氧化硫去除量	(吨)	Dislodge Amount of Industrial Sulfur Dioxide	(ton)	51285	
工业二氧化硫排放量	(吨)	Discharge Amount of Industrial Sulfur Dioxide	(ton)	123948	
工业烟尘去除量	(吨)	Dislodge Amount of Industrial Smoke Dust	(ton)	2587451	
工业烟尘排放量	(吨)	Discharge Amount of Industrial Smoke Dust	(ton)	36903	
工业固体废物综合利用率	(%)	Ratio Of Industrial Solid Wastes	(percentage)	98.58	

1-15 聊城市城市基本情况(2008年)

City Basic Situation of Liaocheng(2008)

指标名称		Index		全市 Total City	市辖区 Districts Under City
年末总人口(公安户籍口径)	(万人)	Total Year-End Population(Census Requirements Of Public Security)	(10000 persons)	584.91	104.45
年末单位从业人员数	(万人)	Employed Persons At Year-End In Units	(10000 persons)	35.11	10.9
第一产业(农、林、牧、渔业)	(万人)	Primary Industry (Farming, Forestry, Animal Husbandry And Fishery)	(10000 persons)	0.13	0.01
第二产业	(万人)	Secondary Industry	(10000 persons)	14.8	3.03
第三产业	(万人)	Tertiary-Industry	(10000 persons)	20.18	7.86
行政区域土地面积	(平方公里)	Area Of Administrative Land	(sq.km)	8703	1254
其中：建成区面积	(平方公里)	Developed Areas	(sq.km)		63
地区生产总值(当年价格)	(万元)	Gross Regional Product (Current Year's Prices)	(10000 yuan)	12526700	2008300
第一产业增加值	(万元)	Value Added Of Primary Industry	(10000 yuan)	1870300	212200
第二产业增加值	(万元)	Value Added Of Secondary Industry	(10000 yuan)	7389800	1030600
第三产业增加值	(万元)	Value Added Of Tertiary Industry	(10000 yuan)	3266600	765500
人均地区生产总值	(元)	Per Gross Regional Product	(yuan)	22556	19236
地区生产总值增长率	(%)	Growth Rate Of Gross Regional Product	(percentage)	13	11.5
地方财政一般预算内收入	(万元)	Local Financial Budgetary Revenue	(10000 yuan)	489324	194164
地方财政一般预算内支出	(万元)	Local Financial Budgetary Expenditure	(10000 yuan)	912011	262193
蔬菜产量	(吨)	Output Of Vegetables	(ton)	8733914	
水果产量	(吨)	Output Of Fruits	(ton)	510347	
肉类总产量	(吨)	Output Of Meat	(ton)	432814	
奶类产量	(吨)	Output Of Milk	(ton)	59098	
水产品产量	(吨)	Output Of Aquatic Product	(ton)	46569	
规模以上工业企业数	(个)	Sum Of State-Owned And Non-State-Owned Industrial Enterprises Above Designated Size	(unit)	1756	334
规模以上工业总产值(当年价)	(万元)	Gross Industrial Output Value Of State-Owned And Non-State-Owned Industrial Enterprises Above Designated Size (Current Year's Prices)	(10000 yuan)	26215153	2773831
私人汽车拥有量	(辆)	Possession Of Private Vehicles	(unit)	77836	
公路客运量	(万人)	Passenger Traffic Of Highway	(10000 persons)	7855	
公路货运量	(万吨)	Freight Traffic Of Highway	(10000 tons)	12092	
境内等级公路里程	(公里)	Expressway And Class Ⅰ To Ⅳ Highways	(km)	13921	
境内高速公路里程	(公里)	Expressway And Class Ⅰ To Ⅳ Freeway	(km)	135	
全年用电量	(万千瓦时)	Annual Electricity Consumption	(10000 kwh)	1953201	270319
其中：工业用电	(万千瓦时)	Among:Industrial Electricity Consumption	(10000 kwh)	1659087	200735
居民生活用电	(万千瓦时)	Resident Electricity Consumption	(10000 kwh)	164708	32438
社会消费品零售总额	(万元)	Total Retail Sales Of Consumer Goods	(10000 yuan)	3967250	879450
货物进口额(海关数)	(万美元)	Value Of Imports (Customs Numbers)	(10000 U.S. dollars)	139075	
货物出口额(海关数)	(万美元)	Value Of Exports (Customs Numbers)	(10000 U.S. dollars)	151546	
海外游客人数(含一日游游客)	(人)	Sum Of Overseas Visitors (Including One-Day Visitors)	(person)	19401	
初中毕业生升学率	(%)	Junior Middle School Rate Of Admission Into Higher Level of Education	(percentage)	68	99
专利申请授权量	(项)	Authorization Quantity Of Applying For Patents	(unit)	872	
其中：发明	(项)	Among:Inventions	(unit)	64	
基本养老保险参保人数	(人)	Number Of People Participated In Basic Pension Insurance	(person)	426881	167316
基本医疗保险参保人数	(人)	Number Of People Participated In Basic Medical Insurance	(person)	451040	165798
失业保险参保人数	(人)	Number Of People Participated In Unemployment Insurance	(person)	283000	105798
城镇居民最低生活保障人数	(人)	Number Of Participated In Minimum Standard Of Living For City Residents	(person)	43840	8699
三废综合利用产品产值	(万元)	Output Value Of Products Made From Utilization Of Waste Gas,Water &Solid Wastes	(10000 yuan)	181578	
工业废水排放量	(万吨)	Discharge Amount of Industrial Waste Water	(10000 tons)	19210	
工业废水排放达标量	(万吨)	Discharge Standard Amount of Industrial Waste Water	(10000 tons)	18831	
工业二氧化硫去除量	(吨)	Dislodge Amount of Industrial Sulfur Dioxide	(ton)	355425	
工业二氧化硫排放量	(吨)	Discharge Amount of Industrial Sulfur Dioxide	(ton)	68482	
工业烟尘去除量	(吨)	Dislodge Amount of Industrial Smoke Dust	(ton)	1168802	
工业烟尘排放量	(吨)	Discharge Amount of Industrial Smoke Dust	(ton)	19191	
工业固体废物综合利用率	(%)	Ratio Of Industrial Solid Wastes	(percentage)	96.18	

1–16 滨州市城市基本情况(2008年)

City Basic Situation of Binzhou(2008)

指标名称		Index		全市 Total City	市辖区 Districts Under City
年末总人口(公安户籍口径)	(万人)	Total Year-End Population(Census Requirements Of Public Security)	(10000 persons)	375.68	63.16
年末单位从业人员数	(万人)	Employed Persons At Year-End In Units	(10000 persons)	36.14	9.93
第一产业(农、林、牧、渔业)	(万人)	Primary Industry (Farming, Forestry, Animal Husbandry And Fishery)	(10000 persons)	0.16	0.09
第二产业	(万人)	Secondary Industry	(10000 persons)	24.45	6.45
第三产业	(万人)	Tertiary-Industry	(10000 persons)	11.53	3.39
行政区域土地面积	(平方公里)	Area Of Administrative Land	(sq.km)	9454	1041
其中：建成区面积	(平方公里)	Developed Areas	(sq.km)		78
地区生产总值(当年价格)	(万元)	Gross Regional Product (Current Year's Prices)	(10000 yuan)	12368300	2661995
第一产业增加值	(万元)	Value Added Of Primary Industry	(10000 yuan)	1226900	130898
第二产业增加值	(万元)	Value Added Of Secondary Industry	(10000 yuan)	7536700	1521488
第三产业增加值	(万元)	Value Added Of Tertiary Industry	(10000 yuan)	3604700	1009609
人均地区生产总值	(元)	Per Gross Regional Product	(yuan)	33610	35758
地区生产总值增长率	(%)	Growth Rate Of Gross Regional Product	(percentage)	13.13	13.98
地方财政一般预算内收入	(万元)	Local Financial Budgetary Revenue	(10000 yuan)	703667	228746
地方财政一般预算内支出	(万元)	Local Financial Budgetary Expenditure	(10000 yuan)	1010792	314996
蔬菜产量	(吨)	Output Of Vegetables	(ton)	1869382	
水果产量	(吨)	Output Of Fruits	(ton)	1037239	
肉类总产量	(吨)	Output Of Meat	(ton)	347274	
奶类产量	(吨)	Output Of Milk	(ton)	106006	
水产品产量	(吨)	Output Of Aquatic Product	(ton)	324103	
规模以上工业企业数	(个)	Sum Of State-Owned And Non-State-Owned Industrial Enterprises Above Designated Size	(unit)	1358	281
规模以上工业总产值(当年价)	(万元)	Gross Industrial Output Value Of State-Owned And Non-State-Owned Industrial Enterprises Above Designated Size (Current Year's Prices)	(10000 yuan)	27802213	5577818
私人汽车拥有量	(辆)	Possession Of Private Vehicles	(unit)	232833	
公路客运量	(万人)	Passenger Traffic Of Highway	(10000 persons)	3625	
公路货运量	(万吨)	Freight Traffic Of Highway	(10000 tons)	12081	
境内等级公路里程	(公里)	Expressway And Class Ⅰ To Ⅳ Highways	(km)	13808	
境内高速公路里程	(公里)	Expressway And Class Ⅰ To Ⅳ Freeway	(km)	171	
全年用电量	(万千瓦时)	Annual Electricity Consumption	(10000 kwh)	1309991	431407
其中：工业用电	(万千瓦时)	Among:Industrial Electricity Consumption	(10000 kwh)	1106810	371626
居民生活用电	(万千瓦时)	Resident Electricity Consumption	(10000 kwh)	100101	26801
社会消费品零售总额	(万元)	Total Retail Sales Of Consumer Goods	(10000 yuan)	3026172	849587
货物进口额(海关数)	(万美元)	Value Of Imports (Customs Numbers)	(10000 U.S. dollars)	222730	
货物出口额(海关数)	(万美元)	Value Of Exports (Customs Numbers)	(10000 U.S. dollars)	230108	
海外游客人数(含一日游游客)	(人)	Sum Of Overseas Visitors (Including One-Day Visitors)	(person)	17310	
初中毕业生升学率	(%)	Junior Middle School Rate Of Admission Into Higher Level of Education	(percentage)	84	100
专利申请授权量	(项)	Authorization Quantity Of Applying For Patents	(unit)	460	
其中：发明	(项)	Among:Inventions	(unit)	18	
基本养老保险参保人数	(人)	Number Of People Participated In Basic Pension Insurance	(person)	322381	110339
基本医疗保险参保人数	(人)	Number Of People Participated In Basic Medical Insurance	(person)	332520	120845
失业保险参保人数	(人)	Number Of People Participated In Unemployment Insurance	(person)	191343	72106
城镇居民最低生活保障人数	(人)	Number Of Participated In Minimum Standard Of Living For City Residents	(person)	25999	3291
三废综合利用产品产值	(万元)	Output Value Of Products Made From Utilization Of Waste Gas,Water &Solid Wastes	(10000 yuan)	23960	
工业废水排放量	(万吨)	Discharge Amount of Industrial Waste Water	(10000 tons)	13628	
工业废水排放达标量	(万吨)	Discharge Standard Amount of Industrial Waste Water	(10000 tons)	13391	
工业二氧化硫去除量	(吨)	Dislodge Amount of Industrial Sulfur Dioxide	(ton)	74853	
工业二氧化硫排放量	(吨)	Discharge Amount of Industrial Sulfur Dioxide	(ton)	104966	
工业烟尘去除量	(吨)	Dislodge Amount of Industrial Smoke Dust	(ton)	1861485	
工业烟尘排放量	(吨)	Discharge Amount of Industrial Smoke Dust	(ton)	17984	
工业固体废物综合利用率	(%)	Ratio Of Industrial Solid Wastes	(percentage)	99.9	

1-17 菏泽市城市基本情况(2008年)
City Basic Situation of Heze(2008)

指标名称		Index		全市 Total City	市辖区 Districts Under City
年末总人口(公安户籍口径)	(万人)	Total Year-End Population(Census Requirements Of Public Security)	(10000 persons)	919.94	147.01
年末单位从业人员数	(万人)	Employed Persons At Year-End In Units	(10000 persons)	34.32	10.88
第一产业(农、林、牧、渔业)	(万人)	Primary Industry (Farming, Forestry, Animal Husbandry And Fishery)	(10000 persons)	0.5	0.07
第二产业	(万人)	Secondary Industry	(10000 persons)	8.13	3.5
第三产业	(万人)	Tertiary-Industry	(10000 persons)	25.69	7.31
行政区域土地面积	(平方公里)	Area Of Administrative Land	(sq.km)	12239	1415
其中：建成区面积	(平方公里)	Developed Areas	(sq.km)		60
地区生产总值(当年价格)	(万元)	Gross Regional Product (Current Year's Prices)	(10000 yuan)	8217900	1694758
第一产业增加值	(万元)	Value Added Of Primary Industry	(10000 yuan)	1955100	232342
第二产业增加值	(万元)	Value Added Of Secondary Industry	(10000 yuan)	4151500	769632
第三产业增加值	(万元)	Value Added Of Tertiary Industry	(10000 yuan)	2111300	692784
人均地区生产总值	(元)	Per Gross Regional Product	(yuan)	10050	11492
地区生产总值增长率	(%)	Growth Rate Of Gross Regional Product	(percentage)	15.6	15.81
地方财政一般预算内收入	(万元)	Local Financial Budgetary Revenue	(10000 yuan)	504847	162399
地方财政一般预算内支出	(万元)	Local Financial Budgetary Expenditure	(10000 yuan)	1155159	302547
蔬菜产量	(吨)	Output Of Vegetables	(ton)	7389157	
水果产量	(吨)	Output Of Fruits	(ton)	595494	
肉类总产量	(吨)	Output Of Meat	(ton)	524463	
奶类产量	(吨)	Output Of Milk	(ton)	59408	
水产品产量	(吨)	Output Of Aquatic Product	(ton)	124360	
规模以上工业企业数	(个)	Sum Of State-Owned And Non-State-Owned Industrial Enterprises Above Designated Size	(unit)	1481	254
规模以上工业总产值(当年价)	(万元)	Gross Industrial Output Value Of State-Owned And Non-State-Owned Industrial Enterprises Above Designated Size (Current Year's Prices)	(10000 yuan)	13943226	3104997
私人汽车拥有量	(辆)	Possession Of Private Vehicles	(unit)	270372	
公路客运量	(万人)	Passenger Traffic Of Highway	(10000 persons)	13334	
公路货运量	(万吨)	Freight Traffic Of Highway	(10000 tons)	25032	
境内等级公路里程	(公里)	Expressway And Class Ⅰ To Ⅳ Highways	(km)	18917	
境内高速公路里程	(公里)	Expressway And Class Ⅰ To Ⅳ Freeway	(km)	259	
全年用电量	(万千瓦时)	Annual Electricity Consumption	(10000 kwh)	767163	248624
其中：工业用电	(万千瓦时)	Among:Industrial Electricity Consumption	(10000 kwh)	447185	173858
居民生活用电	(万千瓦时)	Resident Electricity Consumption	(10000 kwh)	196386	32260
社会消费品零售总额	(万元)	Total Retail Sales Of Consumer Goods	(10000 yuan)	4048451	783122
货物进口额(海关数)	(万美元)	Value Of Imports (Customs Numbers)	(10000 U.S. dollars)	15620	
货物出口额(海关数)	(万美元)	Value Of Exports (Customs Numbers)	(10000 U.S. dollars)	83749	
海外游客人数(含一日游游客)	(人)	Sum Of Overseas Visitors (Including One-Day Visitors)	(person)	5818	
初中毕业生升学率	(%)	Junior Middle School Rate Of Admission Into Higher Level of Education	(percentage)	80	100
专利申请授权量	(项)	Authorization Quantity Of Applying For Patents	(unit)	530	
其中：发明	(项)	Among:Inventions	(unit)	37	
基本养老保险参保人数	(人)	Number Of People Participated In Basic Pension Insurance	(person)	504854	134834
基本医疗保险参保人数	(人)	Number Of People Participated In Basic Medical Insurance	(person)	483749	122779
失业保险参保人数	(人)	Number Of People Participated In Unemployment Insurance	(person)	280497	40329
城镇居民最低生活保障人数	(人)	Number Of Participated In Minimum Standard Of Living For City Residents	(person)	50513	12343
三废综合利用产品产值	(万元)	Output Value Of Products Made From Utilization Of Waste Gas,Water &Solid Wastes	(10000 yuan)	24890	
工业废水排放量	(万吨)	Discharge Amount of Industrial Waste Water	(10000 tons)	6360	
工业废水排放达标量	(万吨)	Discharge Standard Amount of Industrial Waste Water	(10000 tons)	6359	
工业二氧化硫去除量	(吨)	Dislodge Amount of Industrial Sulfur Dioxide	(ton)	24512	
工业二氧化硫排放量	(吨)	Discharge Amount of Industrial Sulfur Dioxide	(ton)	51414	
工业烟尘去除量	(吨)	Dislodge Amount of Industrial Smoke Dust	(ton)	1037486	
工业烟尘排放量	(吨)	Discharge Amount of Industrial Smoke Dust	(ton)	19471	
工业固体废物综合利用率	(%)	Ratio Of Industrial Solid Wastes	(percentage)	100	

主要指标解释

年末单位从业人员 指在各级国家机关、政党机关、社会团体及企业、事业单位中工作，取得工资或其他形式的劳动报酬的全部人员。包括在岗职工、再就业的离退休人员、民办教师以及在各单位中工作的外方人员和港澳台方人员、兼职人员、借用的外单位人员和第二职业者。不包括离开本单位仍保留劳动关系的职工。各单位的就业人员反映了各单位实际参加生产或工作的全部劳动力。

水产品产量 指人工养殖的水产品和天然生长的水产品的捕捞量。包括海水的鱼类、虾蟹类、贝类和藻类以及内陆水域的鱼类、虾蟹类和贝类，不包括淡水生植物。水产品产量是通过各级水产和统计部门逐级上报取得数据。1995年及以前，贝类中牡蛎按鲜肉计算；蚶、蛤、蛙按5斤鲜品折1斤计算。1996年以后则统一按鲜品计算。

私人汽车拥有量 指报告期末，在公安交通管理部门按照《机动车注册登记工作规范》，已注册登记领有民用车辆牌照的全部汽车数量。汽车拥有量统计的主要分类：根据汽车结构分为载客汽车、载货汽车及其他汽车；根据汽车所有者不同分为个人(私人)汽车、单位汽车；根据汽车的使用性质分为营运汽车、非营运汽车；根据汽车大小规格不同载客汽车分为大型、中型、小型和微型，载货汽车分为重型、中型、轻型和微型。

社会消费品零售总额 指批发和零售业、餐饮业、新闻出版业、邮政业和其他服务业等，售予城乡居民用于生活消费的商品和社会集团用于公共消费的商品之总量。

工业废水排放量 指经过企业厂区所有排放口排到企业外部的工业废水量。包括生产废水、外排的直接冷却水、超标排放的矿井地下水和与工业废水混排的厂区生活污水，不包括外排的间接冷却水(清污不分流的间接冷却水应计算在内)。

工业废水排放达标量 指报告期内废水中各项污染物指标都达到国家或地方排放标准的外排工业废水量，包括未经处理外排达标的，经废水处理设施处理后达标排放的，以及经污水处理厂处理后达标排放的。

工业SO2排放量 指报告期内企业在燃料燃烧和生产工艺过程中排入大气的SO_2总量，计算公式为：

$$\frac{\text{工业}SO_2}{\text{排放量}}=\frac{\text{燃料燃烧过程}}{\text{中}SO_2\text{排放量}}+\frac{\text{生产工艺过程}}{\text{中}SO_2\text{排放量}}$$

工业烟尘排放量 指企业厂区内燃料燃烧过程中产生的烟气中夹带的颗粒物排放量。

工业固体废物综合利用率 指工业固体废物综合利用量占工业固体废物产生量(包括综合利用往年贮存量)的百分率。计算公式为：

$$\frac{\text{工业固体废物}}{\text{综合利用率}}=\frac{\text{工业固体废物综合利用率}}{\text{工业固体废物产生量}+\text{综合利用往年贮存量}}\times 100\%$$

Explanatory Notes on Main Indicators

Employed Persons At Year-End In Units refer to persons aged 16 and over who are engaged in gainful employment and thus receive remuneration payment or earn business income. This indicator reflects the actual utilization of total labour force during a certain period of time and is often used for the research on China's economic situation and national power.

Output of Aquatic Products refers to catches of both artificially cultured and naturally grown aquatic products, including fish, shrimps, crabs and shellfish in sea and inland water as well as seaweed. Freshwater plants are not included. Data on output of aquatic products are reported by aquatic product and statistical agencies level by level. Before 1995, among the shellfish, oyster was counted as fresh meat; 5 kilograms of ark shell, clams and frogs are equivalent to 1 kilogram of fresh aquatic products; they have all been counted as fresh aquatic products since 1996.

Possession of Private Motor Vehicles refer to the total numbers of vehicles that are registered and received vehicles license tags according to the *Work Standard for Motor Vehicles Registration* formulated by the Transport Management Office under the department of public security at the end of the reference period. They are divided into categories. According to the structure of motor vehicles, they are divided into passenger vehicles, trucks and others; according to ownership into private vehicles and vehicles for the unit's use; according to kind of usage into working vehicles and non-working vehicles; and according to size of vehicles into large passenger vehicles, medium-sized passenger vehicles, small passenger vehicles and mini passenger vehicles, heavy trucks, light-heavy trucks, light trucks and mini-trucks.

Total Retail Sales of Consumer Goods refer to the sum of retail sales of commodities sold by wholesale and retail trades, catering services, publishing, post and telecommunications and other service industries to urban and rural households for household consumption and to social institutions for public consumption.

Waste Water Discharged by Industry refers to the volume of waste water discharged by industrial enterprises through all their outlets, including waste water from production process, directly cooled water, groundwater from mining wells which does not meet discharge standards and sewage from households mixed with waste water produced by industrial activities, but excluding indirectly cooled water discharged (It should be included if the discharge is not separated from waste water).

Industrial Waste Water Meeting Discharge Standards refers to volume of industrial waste water discharge which, with or without treatment, reaches national or local standards with regard to all pollutants.

SO_2 Emission through Industrial Activities refers to volume of sulphur dioxide emission from fuel burning and production process by enterprises during a given period of time. It is calculated as:

$$\text{SO}_2\text{ emission through industrial activities} = \text{SO}_2\text{ emission from fuel burning} + \text{SO}_2\text{ emission from production process}$$

Industrial Soot Emission refers to the volume of soot in smoke emitted in the process of fuel burning in the premises of enterprises.

Rate of Utilization of Industrial Solid Wastes refers to the percentage of industrial solid wastes utilized over industrial solid wastes produced (including stocks of the previous years). It is calculated as:

$$\text{Rate of utilization of industrial solid wastes} = \frac{\text{volume of industrial solid wastes utilized}}{\text{industrial solid wastes produced} + \text{stock of previous years}} \times 100\%$$

2

县（市、区）主要社会经济指标

Main Social Economy Target of Various Counties(City,Area)

编辑单位：统计监测处
编　　委：仝义贵
责任编辑：马明霞　刘永奇
校　　对：马明霞　刘永奇
电　　话：81912100

Editorial Unit: the Statistical Monitoring Office
Editorial Board: Tong Yigui
Executive Editor-in-Chief: Ma Mingxia Liu Yongqi
Proofreader: Ma Mingxia Liu Yongqi
Telephone:81912100

简 要 说 明

一、本篇资料反映了全省各县（市、区）的主要经济发展情况。包括农业、工业、财政、金融、运输邮电、外经外贸、固定资产投资、文教卫生、人民生活、人口及劳动力等方面的年度数据。

二、本篇资料来源于2008年县（市）社会经济基本情况年报资料。

Brief Introduction

Ⅰ.This material reflects various counties (cities, areas) main economical development situation in entire province. Includes year data for agriculture, industry, finance, banking, transportation post and telecommunications, foreign economics and foreign trade, investment in the fixed assets, hygiene education, people′s life, population and labor force.

Ⅱ.This material originates from annual report material for the county (city) the social economy basic situation in 2008.

2-1-1 各县(市、区)主要社会经济指标(2008年)

Main Social Economy Target of Various Counties (City, Area) (2008)

地 区	Area	乡(镇)个数(个) Village (Town) Amount (unit)	村民委员会个数(个) Residents' Committee (unit)	自来水受益村(个) Benefital Village From Running Water (unit)	通电话的村(个) Accessible Village by Calls (unit)	通有线电视的村(个) Accessible Village by CATV (unit)	年末总户数(户) Year-end Total Households (household)	乡村户数(户) Rural Households (household)	年末总人口(万人) Total Population at Year-end (10 000 persons)	乡村人口(万人) Rural Population (10 000 persons)
济南市	**Jinan**									
历下区	Lixia		19	19	19	19	162059	8011	56.0	3.0
市中区	Shizhong		77	77	77	77	187549	38700	56.8	13.2
槐荫区	Huaiyin	2	92	92	92	50	128440	29676	37.7	10.2
天桥区	Tianqiao	2	120	120	120	120	173291	41807	50.2	13.0
历城区	Licheng	11	598	598	598	598	258800	158500	85.0	55.5
长清县	Changqing	6	590	545	590	570	163547	126052	57.1	44.1
平阴县	Pingyin	7	337	321	337	337	129213	83112	37.1	29.1
济阳县	Jiyang	8	812	792	812	745	155326	117525	54.4	47.6
商河县	Shanghe	10	962	809	955	951	169783	133671	61.4	52.2
章丘市	Zhangqiu	14	907	863	907	907	299268	244495	100.8	82.6
青岛市	**Qingdao**									
市南区	Shinan						165967		54.7	
市北区	Shibei						180961		48.0	
四方区	Sifang						132768		38.9	
黄岛区	Huangdao		162	162	162	162	84906	66400	32.1	18.7
崂山区	Laoshan	4	139	139	139	139	71907	53554	23.1	15.1
李沧区	Licang						109757		30.2	
城阳区	Chengyang	8	1	1	1	1	165931	139758	48.9	38.3
胶州市	Jiaozhou	18	811	811	811	811	242233	197021	79.6	63.7
即墨市	Jimo	23	1033	1032	1031	1031	338397	293988	111.1	96.4
平度市	Pingdu	30	1785	1700	1785	1785	423771	364448	137.0	119.3
胶南市	Jiaonan	17	965	965	965	965	266898	216938	83.4	68.5
莱西市	Laixi	15	862	862	862	862	248300	201159	73.2	62.7
淄博市	**Zibo**									
淄川区	Zichuan	17	403	403	403	403	232097	147869	67.4	43.6
张店区	Zhangdian	8	156	156	156	156	242613	76266	71.8	24.6
博山区	Boshan	11	209	209	209	209	164531	93223	46.3	26.5
临淄区	Linzi	9	414	414	414	414	193348	115240	60.6	38.4
周村区	Zhoucun	4	200	200	200	200	107508	49920	32.1	15.6
桓台县	Huantai	11	335	335	335	335	155252	120866	49.7	41.7
高青县	Gaoqing	9	759	684	759	700	103860	87800	36.6	31.6
沂源县	Yiyuan	13	626	589	626	626	201771	159572	56.2	47.8
枣庄市	**Zaozhuang**									
市中区	Shizhong	6	98	98	98	98	155516	60464	51.0	20.3
薛城区	Xuecheng	9	234	223	234	179	142133	88904	48.7	29.4
峄城区	Yicheng	7	340	340	340	151	126634	86818	37.9	25.5
台儿庄区	Taierzhuang	6	198	185	198	198	107432	72360	30.5	22.4
山亭区	Shanting	10	251	243	251	231	125192	122101	49.3	46.8
滕州市	Tengzhou	21	1039	1038	1039	1027	526464	343164	165.8	125.8

2-1-1 续表 1 continued

地 区	Area	乡(镇)个数(个) Village (Town) Amount (unit)	村民委员会个数(个) Residents' Committee (unit)	自来水受益村(个) Benefital Village From Running Water (unit)	通电话的村(个) Accessible Village by Calls (unit)	通有线电视的村(个) Accessible Village by CATV (unit)	年末总户数(户) Year-end Total Households (household)	乡村户数(户) Rural Households (household)	年末总人口(万人) Total Population at Year-end (10 000 persons)	乡村人口(万人) Rural Population (10 000 persons)
东营市	**Dongying**									
东营区	Dongying	4	201	201	201	201	207426	45904	61.8	14.5
河口区	Hekou	6	178	178	178	178	75720	23505	21.3	7.6
垦利县	Kenli	7	333	333	333	333	83561	58341	21.7	19.1
利津县	Lijin	9	510	510	510	486	84000	76518	29.7	27.1
广饶县	Guangrao	10	557	557	557	529	147538	124975	49.3	42.4
烟台市	**Yantai**									
芝罘区	Zhifu	4	65	65	65	65	241863	25891	68.7	6.3
福山区	Fushan	9	324	283	324	324	141358	92736	42.9	25.1
牟平区	Mouping	14	608	579	608	608	186147	144765	47.2	38.0
莱山区	Laishan	5	127	127	127	127	66951	49049	20.6	12.3
长岛县	Changdao	8	40	40	40	40	15858	9659	4.3	2.9
龙口市	Longkou	10	611	611	611	611	227316	172821	63.0	48.1
莱阳市	Laiyang	18	784	606	784	784	288768	235334	87.5	74.9
莱州市	Laizhou	16	1017	1017	1017	1017	277335	243947	85.9	69.6
蓬莱市	Penglai	12	584	579	584	584	168157	142147	44.8	37.7
招远市	Zhaoyuan	14	724	662	724	724	207749	146129	56.9	45.3
栖霞市	Qixia	15	953	581	953	953	247123	196421	63.0	59.0
海阳市	Haiyang	14	732	732	732	732	244839	216972	68.0	58.6
潍坊市	**Weifang**									
潍城区	Weicheng	5	172	172	172	172	110854	48686	35.7	17.1
寒亭区	Hanting	7	396	374	396	396	136641	89172	40.6	30.0
坊子区	Fangzi	5	270	267	270	270	90490	67241	30.1	23.8
奎文区	Kuiwen	9	65	65	65	65	101478	22616	50.0	15.3
临朐县	Linqu	10	877	732	877	857	284710	212061	86.0	74.9
昌乐县	Changle	9	619	619	619	619	186267	149377	60.2	51.6
青州市	Qingzhou	12	1002	982	1002	1002	268665	170288	90.3	59.5
诸城市	Zhucheng	13	1329	1329	1329	1329	315539	254837	106.8	87.4
寿光市	Shouguang	14	968	968	968	968	303434	252072	102.5	87.4
安丘市	Anqiu	12	1231	1074	1231	1231	279711	226927	93.0	80.6
高密市	Gaomi	10	883	829	883	883	266912	219878	84.9	74.9
昌邑市	Changyi	8	691	641	691	647	194469	150424	58.0	49.8
济宁市	**Jining**									
市中区	Shizhong	3	211	210	211	191	187365	57837	56.4	24.2
任城区	Rencheng	8	348	346	348	335	121311	100977	43.9	37.1
微山县	Weishan	13	523	482	523	452	186110	157922	70.9	60.5
鱼台县	Yutai	10	392	297	392	392	127458	100985	46.2	40.7
金乡县	Jinxiang	13	651	651	651	651	178670	144925	62.4	55.3
嘉祥县	Jiaxiang	15	713	713	713	713	224903	195030	81.9	71.9

2-1-1 续表 2 continued

地 区	Area	乡(镇)个数(个) Village (Town) Amount (unit)	村民委员会个数(个) Residents' Committee (unit)	自来水受益村(个) Benefital Village From Running Water (unit)	通电话的村(个) Accessible Village by Calls (unit)	通有线电视的村(个) Accessible Village by CATV (unit)	年末总户数(户) Year-end Total Households (household)	乡村户数(户) Rural Households (household)	年末总人口(万人) Total Population at Year-end (10 000 persons)	乡村人口(万人) Rural Population (10 000 persons)
汶上县	Wenshang	14	480	480	480	466	202445	175791	75.9	68.4
泗水县	Sishui	11	592	557	592	471	189816	158224	61.0	54.6
梁山县	Liangshan	13	676	583	672	190	215726	176685	74.3	65.4
曲阜市	Qufu	12	389	384	389	389	188089	146966	63.7	52.6
兖州市	Yanzhou	9	496	496	496	496	182203	118735	62.3	44.6
邹城市	Zoucheng	13	869	869	869	869	340381	231278	114.0	82.9
泰安市	**Taian**									
泰山区	Taishan	3	135	135	135	135	218235	56469	62.6	19.2
岱岳区	Daiyue	15	648	590	648	441	275352	246048	90.5	81.6
宁阳县	Ningyang	12	560	537	560	508	239743	187089	81.3	68.6
东平县	Dongping	14	716	693	716	457	231162	186727	78.4	69.6
新泰市	Xintai	18	887	887	887	639	450854	316276	137.8	107.0
肥城市	Feicheng	13	589	589	589	589	305456	204734	97.1	71.9
威海市	**Weihai**									
环翠区	Huancui	14	303	302	303	289	209519	85028	63.9	22.1
文登市	Wendeng	17	810	810	810	810	250320	195509	64.2	48.8
荣成市	Rongcheng	19	827	827	827	827	242914	159668	66.7	37.6
乳山市	Rushan	15	601	589	600	598	213278	184424	57.4	47.6
日照市	**Rizhao**									
东港区	Donggang	12	633	619	633	589	261235	199615	80.5	60.2
岚山区	Lanshan	9	417	387	417	377	140037	122759	41.9	32.2
五莲县	Wulian	12	632	523	632	632	173500	140542	51.0	42.3
莒 县	Juxian	21	1260	814	1260	1252	384670	314977	111.1	95.3
莱芜市	**Laiwu**									
莱城区	Laicheng	11	618	600	618	288	337839	237474	96.2	71.9
钢城区	Gangcheng	4	187	181	187	183	101567	67373	29.8	19.7
临沂市	**Linyi**									
兰山区	Lanshan	11	377	327	377	377	267828	143603	91.6	45.3
罗庄区	Luozhuang	8	90	90	90	90	141168	100144	43.1	37.3
河东区	Hedong	12	405	351	405	405	187357	182465	63.1	59.5
沂南县	Yinan	17	594	468	594	563	309645	266396	91.8	82.6
郯城县	Tancheng	17	639	557	639	639	270615	240229	100.0	90.5
沂水县	Yishui	19	1034	669	1034	1034	369273	320298	111.8	98.6
苍山县	Cangshan	21	1049	664	1049	1049	319709	307279	120.7	111.4
费 县	Feixian	18	552	472	552	552	303717	255852	94.6	86.9
平邑县	Pingyi	16	727	575	727	720	297683	259393	99.9	84.8
莒南县	Junan	18	715	629	715	715	353380	238356	99.8	91.0
蒙阴县	Mengyin	11	451	430	451	451	176953	147637	53.5	43.6
临沭县	Linshu	12	253	253	253	253	197514	176417	64.4	57.1

2–1–1 续表 3 continued

地 区	Area	乡(镇)个数(个) Village (Town) Amount (unit)	村民委员会个数(个) Residents' Committee (unit)	自来水受益村(个) Benefital Village From Running Water (unit)	通电话的村(个) Accessible Village by Calls (unit)	通有线电视的村(个) Accessible Village by CATV (unit)	年末总户数(户) Year-end Total Households (household)	乡村户数(户) Rural Households (household)	年末总人口(万人) Total Population at Year-end (10 000 persons)	乡村人口(万人) Rural Population (10 000 persons)
德州市	**Dezhou**									
德城区	Decheng	11	340	333	340	340	182196	65332	60.9	23.3
陵 县	Lingxian	13	988	756	988	988	168923	135502	57.8	46.3
宁津县	Ningjin	11	856	726	856	856	135947	106013	46.5	39.7
庆云县	Qingyun	9	381	356	381	381	84946	66548	30.3	24.6
临邑县	Linyi	12	856	746	856	856	146691	109681	53.5	43.1
齐河县	Qihe	14	1014	415	1014	1014	181944	138783	61.9	51.5
平原县	Pingyuan	12	878	433	878	878	134234	108251	45.5	37.2
夏津县	Xiajin	14	507	459	507	507	142757	131354	50.9	44.7
武城县	Wucheng	8	393	393	393	393	105715	88887	38.1	31.9
乐陵市	Leling	16	1089	1089	1089	1030	197309	143000	68.3	50.3
禹城市	Yucheng	11	1008	977	1008	1008	143478	109943	51.8	42.4
聊城市	**Liaocheng**									
东昌府区	Dongchangfu	10	994	976	994	853	294046	210709	104.5	74.8
阳谷县	Yanggu	15	850	438	850	694	230312	184341	78.7	68.6
莘 县	Shenxian	20	1153	911	1153	728	283227	231846	100.1	90.3
茌平县	Chiping	14	814	805	814	814	196308	135176	59.2	49.4
东阿县	Donge	9	559	83	559	559	141777	102150	43.3	37.6
冠 县	Guanxian	17	754	754	754	606	228878	181763	77.0	67.9
高唐县	Gaotang	9	184	184	184	160	169320	109521	48.5	39.6
临清市	Linqing	12	436	436	436	426	223698	151977	73.8	56.0
滨州市	**Binzhou**									
滨城区	Bincheng	15	713	681	713	713	197448	118081	63.2	37.8
惠民县	Huimin	14	1165	1012	1165	1100	168176	150623	63.5	54.9
阳信县	Yangxin	9	857	824	857	729	130795	111782	44.7	38.2
无棣县	Wudi	11	593	593	593	544	143438	116046	44.7	38.0
沾化县	Zhanhua	10	440	440	440	233	127548	99701	38.8	34.1
博兴县	Boxing	12	448	448	448	448	148161	121312	48.4	40.6
邹平县	Zouping	16	853	769	853	853	199690	179268	72.5	63.4
菏泽市	**Heze**									
牡丹区	Mudan	24	670	146	670	198	417242	263542	148.0	103.8
曹 县	Caoxian	27	1169	283	1169	302	391890	301919	151.7	128.4
单 县	Shanxian	22	502	440	502	473	312230	281680	120.3	107.6
成武县	Chengwu	12	473	270	473	423	189977	150735	66.0	55.6
巨野县	Juye	16	885	396	885	536	272204	226942	97.2	81.1
郓城县	Yuncheng	21	1025	305	1025	243	325832	277217	117.5	97.7
鄄城县	Juancheng	16	440	276	440	190	222804	188565	82.6	70.5
定陶县	Dingtao	11	360	134	360	193	174328	142580	64.8	54.0
东明县	Dongming	13	400	153	400	159	213240	160170	77.7	64.0

2-1-2 续表 continued

地 区	Area	年末单位从业人员数（人）Total Employed Persons at Year-end in Unis (person)	第二产业（人）Secondary Industry (person)	第三产业（人）Tertiary Industry (person)	乡村从业人员数（人）Rural Laborers (person)	农林牧渔业（人）Farming, Forestry, Animal Husbandry and Fishery (person)	第一产业增加值（万元）Value Added of Primary Industy (10 000 yuan)	农业（万元）Farming (10 000 yuan)	第二产业增加值（万元）Value Added of Secondary Industry (10 000 yuan)	第三产业增加值（万元）Value Added of Tertiary Industry (10 000 yuan)
济南市	**Jinan**									
历下区	Lixia	233480	62730	170750	16282	210			970147	4031841
市中区	Shizhong	155486	42332	113113	71060	27737	26487	10237	800698	3010167
槐荫区	Huaiyin	95974	36155	59695	50955	17158	26803	17083	578385	996157
天桥区	Tianqiao	136857	59424	77433	73094	15678	26777	16654	551248	2000086
历城区	Licheng	175716	108734	66597	327500	137100	259914	164417	3740913	1905789
长清县	Changqing	88544	60556	27797	215503	90150	242884	143252	1074224	614685
平阴县	Pingyin	51908	34480	17365	152374	70871	173559	101102	839372	341150
济阳县	Jiyang	45435	25286	19864	266355	101788	279321	195566	764811	366256
商河县	Shanghe	31082	11650	19367	278485	148647	263432	162923	255582	195203
章丘市	Zhangqiu	151382	106818	44398	473412	130239	450918	277911	2244096	1330684
青岛市	**Qingdao**									
市南区	Shinan	167399	35202	131642					562505	3798257
市北区	Shibei	41363	11633	29441					483500	1787700
四方区	Sifang	45277	26128	19149					603538	748697
黄岛区	Huangdao	201869	154577	46703	90624	12316	31899	8096	4842895	2207033
崂山区	Laoshan	46114	29309	16782	84525	20460	43348	3909	1523400	1062300
李沧区	Licang	48157	30264	17893			1200	185	1057100	792500
城阳区	Chengyang	166835	144044	22766	210055	32505	120400	8979	3615100	1925500
胶州市	Jiaozhou	139256	107835	31130	360195	137789	318763	143831	2725600	1696200
即墨市	Jimo	132074	98573	32879	553647	146569	387480	165237	2751000	1851200
平度市	Pingdu	74552	40615	33937	694838	366910	621600	460717	2125300	1441300
胶南市	Jiaonan	192651	145000	47313	351286	132523	354032	119462	2583100	1459200
莱西市	Laixi	97400	73546	23342	361422	175971	355195	163525	1646000	1299105
淄博市	**Zibo**									
淄川区	Zichuan	68270	45263	23007	232397	62678	62223	36218	2025448	1107611
张店区	Zhangdian	210015	130294	79280	130894	29886	23187	14449	3043219	2309443
博山区	Boshan	40197	26515	13682	149915	42497	64800	43771	1447168	744502
临淄区	Linzi	84125	61392	22584	226639	97635	190714	153523	4265442	1140370
周村区	Zhoucun	48519	32644	15804	88705	20454	64800	48160	1047145	821147
桓台县	Huantai	49118	34794	14235	227737	90586	120420	70245	1846820	686768
高青县	Gaoqing	35491	17378	16147	192091	93980	137965	102224	435637	256632
沂源县	Yiyuan	60834	36970	22738	314063	192864	157692	107103	713462	474207
枣庄市	**Zaozhuang**									
市中区	Shizhong	88800	50980	32980	103749	33972	52900	28248	663453	366148
薛城区	Xuecheng	30310	10555	18155	186733	80257	101500	69509	611855	256406
峄城区	Yicheng	27255	15201	12045	182423	72500	116100	98000	491949	225663
台儿庄区	Taierzhuang	19194	8304	10525	156074	82461	115400	80812	549485	218689
山亭区	Shanting	13858	3513	10345	250911	136793	117800	64998	304017	234808
滕州市	Tengzhou	196726	114467	78653	744680	381254	457200	330656	2786544	1527578

2-1-2 续表 1 continued

地区	Area	年末单位从业人员数(人) Total Employed Persons at Year-end in Unis (person)	第二产业(人) Secondary Industry (person)	第三产业(人) Tertiary Industry (person)	乡村从业人员数(人) Rural Laborers (person)	农林牧渔业(人) Farming, Forestry, Animal Husbandry and Fishery (person)	第一产业增加值(万元) Value Added of Primary Industy (10 000 yuan)	农业(万元) Farming (10 000 yuan)	第二产业增加值(万元) Value Added of Secondary Industry (10 000 yuan)	第三产业增加值(万元) Value Added of Tertiary Industry (10 000 yuan)
东营市	**Dongying**									
东营区	Dongying	36436	14323	22050	68283	48655	96602	45432	923995	780920
河口区	Hekou	19071	9828	7220	47642	34263	72334	21963	512386	260029
垦利县	Kenli	24251	14621	9415	77621	43911	111343	38521	1169194	320550
利津县	Lijin	16700	6400	10200	138654	73068	164458	86670	589755	246263
广饶县	Guangrao	61011	41111	16665	254257	107856	247603	169567	2380443	595301
烟台市	**Yantai**									
芝罘区	Zhifu	154600	69707	84016	35252	10264	40715	4422	1481008	2690039
福山区	Fushan	214798	183494	31234	142820	77545	197477	73115	5410525	1515543
牟平区	Mouping	36046	18751	16741	197177	101954	219580	130362	902550	583134
莱山区	Laishan	117730	86206	29526	69200	23950	25288	10957	691020	520479
长岛县	Changdao	4969	1083	3630	12548	6744	196209	129	38668	114698
龙口市	Longkou	72022	44936	26482	258287	123140	279800	113250	3610780	1809829
莱阳市	Laiyang	69500	38718	30691	412575	247367	300656	187715	1655777	846652
莱州市	Laizhou	80638	47154	32610	374550	159863	381765	173623	2443681	1246695
蓬莱市	Penglai	59333	38234	20899	204961	110125	200000	96491	1826212	879630
招远市	Zhaoyuan	61317	39366	21599	219699	116406	201184	121981	2402922	1090583
栖霞市	Qixia	37510	17176	20217	282479	228601	306063	259550	583238	471456
海阳市	Haiyang	31449	13920	16848	344263	180849	376296	161078	865778	578181
潍坊市	**Weifang**									
潍城区	Weicheng	35805	15278	20485	77415	26634	60387	24064	732026	512952
寒亭区	Hanting	57954	39770	17152	189243	52205	76647	43791	417276	283290
坊子区	Fangzi	38783	28731	10002	135679	65483	36218	20267	417541	208156
奎文区	Kuiwen	61417	27387	33030	36519	4212	8164	1425	496000	550000
临朐县	Linqu	45314	20883	23841	404922	190974	215179	129794	593132	339755
昌乐县	Changle	41967	22064	19735	266562	135677	218962	167065	718009	365414
青州市	Qingzhou	55381	28817	26527	212406	122839	289174	233251	1558518	819782
诸城市	Zhucheng	73834	45236	27618	434565	150798	397457	188249	2293308	935527
寿光市	Shouguang	65183	33790	31089	402953	230400	557741	470020	2168362	1322460
安丘市	Anqiu	83968	49456	34503	420514	268991	299205	226047	719950	447741
高密市	Gaomi	63394	34825	27967	395931	181259	300697	188352	1610412	484635
昌邑市	Changyi	31740	13584	18156	263533	119862	242026	144440	1221379	461605
济宁市	**Jining**									
市中区	Shizhong	88526	24727	57277	135139	80988	47842	37951	215800	264600
任城区	Rencheng	82572	4737	57835	222409	100304	150300	107000	875800	609000
微山县	Weishan	37386	16840	20296	358682	171475	225900	65560	988500	736200
鱼台县	Yutai	19214	5722	13390	232650	138857	188725	122453	407862	280379
金乡县	Jinxiang	28298	7350	20875	343041	255908	289900	237934	423800	328500
嘉祥县	Jiaxiang	34737	8794	22356	432285	190536	177443	119101	731200	351100

2-1-2 续表 2 continued

地 区	Area	年末单位从业人员数（人）Total Employed Persons at Year-end in Unis (person)	第二产业（人）Secondary Industry (person)	第三产业（人）Tertiary Industry (person)	乡村从业人员数（人）Rural Laborers (person)	农林牧渔业（人）Farming, Forestry, Animal Husbandry and Fishery (person)	第一产业增加值（万元）Value Added of Primary Industy (10 000 yuan)	农业（万元）Farming (10 000 yuan)	第二产业增加值（万元）Value Added of Secondary Industry (10 000 yuan)	第三产业增加值（万元）Value Added of Tertiary Industry (10 000 yuan)
汶上县	Wenshang	31012	11292	19718	403260	130404	222100	149922	589500	315500
泗水县	Sishui	20919	4147	16672	310254	122214	212121	156072	429300	251900
梁山县	Liangshan	24235	5331	18855	356052	185976	248395	177008	638607	296402
曲阜市	Qufu	66292	40798	25242	295139	148336	183677	113475	900200	921400
兖州市	Yanzhou	38859	15300	23436	255185	115236	277400	168169	1747200	868400
邹城市	Zoucheng	154314	120651	33145	457565	233440	304300	160700	2815200	1350100
泰安市	**Taian**									
泰山区	Taishan	104355	40864	63136	106160	37229	61486	22379	920900	1270200
岱岳区	Daiyue	45949	19436	25782	449931	231521	322685	235655	760000	545344
宁阳县	Ningyang	91052	58994	31591	361920	159639	294400	202113	770400	468600
东平县	Dongping	52739	23207	29157	387435	203481	229245	125608	705800	360100
新泰市	Xintai	162733	112697	34754	643446	139002	381830	201423	2643100	1308370
肥城市	Feicheng	101351	63961	36495	381634	126579	313400	220056	2269300	1105700
威海市	**Weihai**									
环翠区	Huancui	193970	135749	57996	113708	40139	192761	29496	3111391	1729029
文登市	Wendeng	68693	41369	26897	304253	127602	360876	79541	2885731	1521830
荣成市	Rongcheng	76238	46477	29154	188762	79668	526921	83950	3249248	1723997
乳山市	Rushan	42106	23352	18343	279207	110981	242236	107748	1734138	908001
日照市	**Rizhao**									
东港区	Donggang	111831	55977	50854	307012	171118	186400	24149	1941400	1283700
岚山区	Lanshan	42502	26081	16343	203957	114948	201900	88411	1390000	418200
五莲县	Wulian	51681	29805	21774	245353	152730	134800	83100	706100	359800
莒 县	Juxian	51531	25418	26111	572320	382763	304300	182925	831900	457700
莱芜市	**Laiwu**									
莱城区	Laicheng	121221	57102	46456	402511	210621	234900	163775	1477700	882900
钢城区	Gangcheng	53878	37283	16595	116967	50485	44900	33942	1612200	305300
临沂市	**Linyi**									
兰山区	Lanshan	149493	56905	92389	275947	94441	57088	33987	1976200	1552700
罗庄区	Luozhuang	194700	66800	19700	187661	64751	52600	23400	1218000	472400
河东区	Hedong	25463	8878	14585	328309	153099	103000	63800	464200	302800
沂南县	Yinan	36493	15875	20594	497300	277872	244800	161600	504300	403424
郯城县	Tancheng	36564	9288	22896	544272	309325	208100	132500	852300	633600
沂水县	Yishui	45179	14850	28903	573231	367006	241000	154900	994100	706900
苍山县	Cangshan	30933	7008	22901	652263	327877	355700	302200	637300	690000
费 县	Feixian	35455	12211	22387	535076	255152	241100	195200	885800	555100
平邑县	Pingyi	49653	16972	31606	534384	333431	231884	155879	704300	549800
莒南县	Junan	36336	10351	25236	423050	198833	272372	151085	637800	614500
蒙阴县	Mengyin	29573	12773	16426	269142	158766	209400	149900	418600	424000
临沭县	Linshu	26315	9703	16362	350537	176786	142300	68700	635600	393700

2-1-2 续表 3 continued

地区	Area	年末单位从业人员数（人）Total Employed Persons at Year-end in Unis (person)	第二产业（人）Secondary Industry (person)	第三产业（人）Tertiary Industry (person)	乡村从业人员数（人）Rural Laborers (person)	农林牧渔业（人）Farming, Forestry, Animal Husbandry and Fishery (person)	第一产业增加值（万元）Value Added of Primary Industy (10 000 yuan)	农业（万元）Farming (10 000 yuan)	第二产业增加值（万元）Value Added of Secondary Industry (10 000 yuan)	第三产业增加值（万元）Value Added of Tertiary Industry (10 000 yuan)
德州市	**Dezhou**									
德城区	Decheng	148308	63457	39370	131112	30933	83010	34304	1741349	1059783
陵　县	Lingxian	32852	13327	19411	237949	152740	188554	107498	632954	367392
宁津县	Ningjin	19227	6078	13055	193321	102207	157113	97732	569941	358202
庆云县	Qingyun	18230	6150	12050	132200	75350	73659	42100	334140	345222
临邑县	Linyi	29053	9481	19545	239229	165637	170400	90483	676943	439560
齐河县	Qihe	54820	26427	28393	281930	205220	216124	130513	682830	414862
平原县	Pingyuan	31690	15836	14621	200639	130473	179350	99993	558161	336797
夏津县	Xiajin	16857	2826	14001	239154	156174	165510	99057	547170	348460
武城县	Wucheng	36725	15108	20863	183595	106880	115717	86510	563553	297272
乐陵市	Leling	28688	10614	17678	277993	180143	196558	119665	592970	388872
禹城市	Yucheng	42845	17957	21942	231811	104354	189115	87998	606768	407408
聊城市	**Liaocheng**									
东昌府区	Dongchangfu	94112	25455	68572	430642	289440	212200	165062	1030644	765544
阳谷县	Yanggu	28169	6326	21201	390912	161287	240600	192641	767725	300678
莘　县	Shenxian	27344	2740	24460	554953	391830	330800	251352	691193	382233
茌平县	Chiping	50049	33752	16140	285524	153309	228800	176108	1289153	262855
东阿县	Donge	24468	9701	14757	224816	127804	116500	81298	609088	215512
冠　县	Guanxian	31810	11158	20457	413496	254232	255700	194747	647900	296208
高唐县	Gaotang	53060	38538	14464	218813	146687	155800	129187	1287947	300651
临清市	Linqing	41309	20405	20797	329526	214185	159700	126551	1135357	463561
滨州市	**Binzhou**									
滨城区	Bincheng	122974	77910	44010	212835	107816	130898	65148	1521488	1009609
惠民县	Huimin	27978	6625	21298	333486	191697	189384	151515	544567	324327
阳信县	Yangxin	21346	6793	14350	189479	103877	130757	80438	386906	169588
无棣县	Wudi	28009	12926	15006	250001	119277	233003	118992	932718	290889
沾化县	Zhanhua	16695	4828	11666	189194	138522	202800	141838	475984	293134
博兴县	Boxing	38219	19551	18251	218917	120648	131625	96298	932878	493893
邹平县	Zouping	208974	178503	30303	365121	127356	208434	137218	3288589	800615
菏泽市	**Heze**									
牡丹区	Mudan	109256	35023	73551	514196	215526	232342	165886	769632	692784
曹　县	Caoxian	32640	2762	28597	676789	376302	269936	177609	507478	227602
单　县	Shanxian	31189	4839	25732	541737	259872	281372	192078	477468	221210
成武县	Chengwu	28696	9611	18809	272806	152506	172377	122301	356702	121059
巨野县	Juye	29065	6436	22486	424610	234134	204754	153648	424125	180939
郓城县	Yuncheng	34031	3534	30315	518802	278763	271502	188247	555189	198577
鄄城县	Juancheng	23704	4306	18790	392611	220382	180908	129127	249843	154313
定陶县	Dingtao	23123	5899	16875	303881	176663	170970	115088	236201	113143
东明县	Dongming	31541	8866	21805	257768	136189	170890	138598	531062	138191

2-1-3 续表 continued

地 区	Area	地方财政一般预算收入（万元）Local Financial Budgetary Revenue (10 000 yuan)	地方财政一般预算支出（万元）Local Financial Expenditure (10 000 yuan)	各项税收（万元）Every Kind Tax Revenue (10 000 yuan)	年末金融机构各项存款余额（万元）Deposit Balance of Financial Institution at Year-end (10 000 yuan)	城乡居民储蓄存款余额（万元）Urban and Rural Household Savings Deposits (10 000 yuan)	年末金融机构各项贷款余额（万元）Loans Balance of Financial Institution at Year-end (10 000 yuan)	农业机械总动力（万千瓦特）Total Power of Agricultural Machinery (10 000 kw)	有效灌溉面积（公顷）Effective Irrigated Area (hectare)	粮食作物播种面积（公顷）Grain Crops Sown Area (hectare)
济南市	**Jinan**									
历下区	Lixia	162110	101960	606250						
市中区	Shizhong	154245	111943	1078346				11.7	4533	9020
槐荫区	Huaiyin	62023	80018	203407	3536462	907762	3752513	8.0	3511	4930
天桥区	Tianqiao	76261	89224	235813	1346474	841919	1202052	17.0	7485	11334
历城区	Licheng	157780	194519	939540	2040090	1460583	1106101	54.5	20480	47146
长清县	Changqing	40415	80807	76455	784369	623556	547070	44.1	22460	54302
平阴县	Pingyin	35479	73686	73756	529065	365836	223913	42.0	16070	37399
济阳县	Jiyang	42029	85895	81533	424311	320214	203843	85.5	56705	75536
商河县	Shanghe	18452	73327	36800	379428	284527	191209	83.5	74064	97824
章丘市	Zhangqiu	179238	250590	260426	1843620	1322913	1007366	114.0	69820	114452
青岛市	**Qingdao**									
市南区	Shinan	230017	182369	926542	1973223		20599754			
市北区	Shibei	120281	139835	180730						
四方区	Sifang	53199	73006	176113						
黄岛区	Huangdao	251598	292856	669473	2944046	1181658	3088563	11.3	600	1462
崂山区	Laoshan	229233	216409	916110	4832002	1628417	3241449	2.6	720	235
李沧区	Licang	73089	95996	297865	2403285		1693793			
城阳区	Chengyang	145403	230099	227833	2961167	1453597	2410122	32.3	3467	2935
胶州市	Jiaozhou	185068	229620	324330	1713147	1289912	794236	98.2	49178	75267
即墨市	Jimo	200717	250702	340054	2374604	1724386	1377270	109.5	54330	90642
平度市	Pingdu	145281	237241	164531	1835963	1520998	684542	277.6	128080	194753
胶南市	Jiaonan	234956	259120	330263	1495903	1048484	930506	64.6	42830	53588
莱西市	Laixi	125500	179987	110446	1118991	908944	601466	96.3	58083	91678
淄博市	**Zibo**									
淄川区	Zichuan	103057	120111	158455	2219989	1527898	785579	29.2	5742	26871
张店区	Zhangdian	157707	150529	631644	6256200	3036300	4554400	15.8	4703	14949
博山区	Boshan	73848	88312	129454	1273859	965009	834335	19.1	3571	10037
临淄区	Linzi	165150	195712	428985	3085861	2016810	1599490	78.4	29890	49925
周村区	Zhoucun	66147	74507	110609	1274828	915366	697145	19.1	8908	16579
桓台县	Huantai	110453	141760	219848	1458860	835270	1500138	58.0	25844	47252
高青县	Gaoqing	43367	72851	76950	454188	299546	298296	56.4	33000	56528
沂源县	Yiyuan	65007	103355	114380	756125	477503	499344	37.0	10470	11466
枣庄市	**Zaozhuang**									
市中区	Shizhong	81577	108718	109999	2036282	1105154	1421554	19.9	7680	14265
薛城区	Xuecheng	51145	79190	158091	1313405	659115	461636	19.7	17700	35455
峄城区	Yicheng	28016	56570	56769	275845	173822	177839	24.6	20790	38852
台儿庄区	Taierzhuang	13568	50727	48940	304210	200485	188324	26.1	20540	46603
山亭区	Shanting	13568	50687	21776	253382	196239	158372	30.9	15200	27443
滕州市	Tengzhou	195320	272025	435105	1996288	1403463	1707857	110.1	69985	110255

2-1-3 续表 1 continued

地 区	Area	地方财政一般预算收入(万元) Local Financial Budgetary Revenue (10 000 yuan)	地方财政一般预算支出(万元) Local Financial Expenditure (10 000 yuan)	各项税收(万元) Every Kind Tax Revenue (10 000 yuan)	年末金融机构各项存款余额(万元) Deposit Balance of Financial Institution at Year-end (10 000 yuan)	城乡居民储蓄存款余额(万元) Urban and Rural Household Savings Deposits (10 000 yuan)	年末金融机构各项贷款余额(万元) Loans Balance of Financial Institution at Year-end (10 000 yuan)	农业机械总动力(万千瓦特) Total Power of Agricultural Machinery (10 000 kw)	有效灌溉面积(公顷) Effective Irrigated Area (hectare)	粮食作物播种面积(公顷) Grain Crops Sown Area (hectare)
东营市	**Dongying**									
东营区	Dongying	128800	144322	104038	6284058	3132678	3031415	27.0	16740	10144
河口区	Hekou	53293	68104	79830	1083776	817207	301681	20.1	14250	2942
垦利县	Kenli	59518	84008	107214	1022211	629426	955316	40.9	23980	12134
利津县	Lijin	33616	73882	54128	414575	263363	326861	36.4	42666	15030
广饶县	Guangrao	109000	162114	179317	1599369	734442	2544392	85.7	58680	64876
烟台市	**Yantai**									
芝罘区	Zhifu	368720	433042	93310	7687467	3674828	6727101	7.4	680	
福山区	Fushan	278326	294644	706366	2915416	1375342	1831241	37.9	7672.1	5674
牟平区	Mouping	61881	91663	43578	1489442	1007164	636386	67.4	25550	28283
莱山区	Laishan	83016	82102	125310	951223	518928	787679	17.5	3749	3837
长岛县	Changdao	8002	27288	7852	194621	137856	59450	9.5	20	78
龙口市	Longkou	250060	271325	519787	2965167	2003147	2650843	77.2	16441	16937
莱阳市	Laiyang	68676	96857	100289	1462534	1052675	770572	110.0	44190	72046
莱州市	Laizhou	165117	205975	384575	2556646	1932733	794304	130.3	45940	88805
蓬莱市	Penglai	110017	130990	170951	1634011	1086590	1084066	71.1	21970	21596
招远市	Zhaoyuan	155550	180619	216261	2005458	1268800	884278	72.4	36073	46231
栖霞市	Qixia	28162	54505	49318	941454	803860	343816	124.0	23426	40446
海阳市	Haiyang	84136	120201	50316	1133561	825528	489928	75.3	35170	57644
潍坊市	**Weifang**									
潍城区	Weicheng	57977	46966	110085				18.1	11490	15677
寒亭区	Hanting	33762	55014	59711	682340	519315	475162	77.3	30030	41866
坊子区	Fangzi	70223	59005	41459	541819	377748	304918	31.4	8134	26081
奎文区	Kuiwen	93951	64465	176346				2.5	577	1625
临朐县	Linqu	28025	86262	50518	1040269	852289	462382	44.3	16520	63670
昌乐县	Changle	68330	90002	51412	872945	653301	691567	61.2	36320	46650
青州市	Qingzhou	117807	144015	295766	2040204	1641594	1138460	136.8	53700	77736
诸城市	Zhucheng	204086	247810	252194	1744539	1289705	1496315	110.4	92980	122226
寿光市	Shouguang	210007	229869	362134	2669139	1931569	1972686	130.1	80100	85861
安丘市	Anqiu	43318	101525	93756	1080539	824012	718445	148.9	58387	64067
高密市	Gaomi	117609	151990	171147	1233497	929293	1060436	137.8	82474	107312
昌邑市	Changyi	79619	106462	149099	1531340	1128518	931395	145.7	53303	69731
济宁市	**Jining**									
市中区	Shizhong	49769	49319	33318	840413	537895	519606	37.3	19035	29973
任城区	Rencheng	110142	98155	99384	1072322	688988	633501	47.2	23770	5411
微山县	Weishan	97656	129035	221226	890706	536948	305946	65.5	24590	48531
鱼台县	Yutai	28895	62287	54042	348402	265523	164135	119.3	36380	39262
金乡县	Jinxiang	20586	66715	17029	546025	429537	269113	69.1	53740	11083
嘉祥县	Jiaxiang	43768	91790	88771	669808	551525	346618	76.4	54217	69486

2-1-3 续表 2 continued

地 区	Area	地方财政一般预算收入（万元）Local Financial Budgetary Revenue (10 000 yuan)	地方财政一般预算支出（万元）Local Financial Expenditure (10 000 yuan)	各项税收（万元）Every Kind Tax Revenue (10 000 yuan)	年末金融机构各项存款余额（万元）Deposit Balance of Financial Institution at Year-end (10 000 yuan)	城乡居民储蓄存款余额（万元）Urban and Rural Household Savings Deposits (10 000 yuan)	年末金融机构各项贷款余额（万元）Loans Balance of Financial Institution at Year-end (10 000 yuan)	农业机械总动力（万千瓦特）Total Power of Agricultural Machinery (10 000 kw)	有效灌溉面积（公顷）Effective Irrigated Area (hectare)	粮食作物播种面积（公顷）Grain Crops Sown Area (hectare)
汶上县	Wenshang	35986	83603	91733	609600	463100	229300	75.1	52987	61552
泗水县	Sishui	23127	63740	32603	424802	346645	214997	29.4	19501	37410
梁山县	Liangshan	21459	78572	17182	695943	580009	212679	89.0	50303	60500
曲阜市	Qufu	81960	119873	104063	984500	624928	393823	58.7	35500	64198
兖州市	Yanzhou	172843	183037	308905	1352663	955244	948592	57.8	36894	52149
邹城市	Zoucheng	222946	266913	640368	2573000	1473400	1569200	61.6	58410	82855
泰安市	**Taian**									
泰山区	Taishan	73280	101056	71056	923963	638241	589329	13.0	7641	9418
岱岳区	Daiyue	36860	91536	31634	776796	642457	471226	74.5	51889	71938
宁阳县	Ningyang	53961	94000	46948	716214	523647	397437	78.0	44079	86438
东平县	Dongping	44871	102475	31492	614561	497066	425708	81.3	49730	100866
新泰市	Xintai	195886	246356	259439	1960134	1389703	1789403	81.0	50570	72297
肥城市	Feicheng	153997	208452	225429	1713629	1115819	1093638	80.0	52966	80989
威海市	**Weihai**									
环翠区	Huancui	165230	121854	289194	6038835	3021149	4526497	43.5	11760	12245
文登市	Wendeng	195521	241025	145927	1802074	1389185	924616	179.6	50549	61351
荣成市	Rongcheng	254319	344430	187368	2589935	1798994	1633123	179.7	52350	44658
乳山市	Rushan	120681	151185	88166	1401837	1028025	980209	123.3	45220	44682
日照市	**Rizhao**									
东港区	Donggang	114800	77949	141500	3566562	1599589	3793866	372.0	16803	31109
岚山区	Lanshan	121520	67212	118303	563919	340755	595263	63.7	13788	25251
五莲县	Wulian	25052	64059	47099	679985	521348	358186	52.5	25900	36809
莒 县	Juxian	30018	94329	28701	1120357	748544	583017	104.0	49720	78499
莱芜市	**Laiwu**									
莱城区	Laicheng	111566	130410	339921	3077984	1554035	2106471	72.6	35500	42679
钢城区	Gangcheng	153842	80949	404049	1382280	617265	1510310	21.8	3655	8443
临沂市	**Linyi**									
兰山区	Lanshan	110002	145419	451530	5260179	3108922	4479369	78.2	11640	27418
罗庄区	Luozhuang	48853	73686	41528	1125692	677509	1271455	19.9	9240	19291
河东区	Hedong	22200	66052	72895	861672	670658	611250	61.0	20300	47601
沂南县	Yinan	29500	95843	22911	750255	626359	333010	62.7	45010	76053
郯城县	Tancheng	43302	99206	31491	689482	600137	388149	71.1	45880	101803
沂水县	Yishui	53608	111366	47480	1166484	919523	585169	81.2	51210	65135
苍山县	Cangshan	30700	113720	25633	798116	632161	405000	74.9	42570	105478
费 县	Feixian	38177	105459	29715	691229	576659	695078	60.1	31190	65685
平邑县	Pingyi	35560	103450	22166	693109	533101	407507	61.7	34530	51895
莒南县	Junan	33600	104476	23900	927973	778901	485483	77.5	42300	69120
蒙阴县	Mengyin	20300	72800	15899	486417	399964	277852	64.9	10240	27579
临沭县	Linshu	31907	81534	26198	627709	447610	475669	58.9	25230	51774

2–1–3 续表 3 continued

地 区	Area	地方财政一般预算收入(万元) Local Financial Budgetary Revenue (10 000 yuan)	地方财政一般预算支出(万元) Local Financial Expenditure (10 000 yuan)	各项税收(万元) Every Kind Tax Revenue (10 000 yuan)	年末金融机构各项存款余额(万元) Deposit Balance of Financial Institution at Year-end (10 000 yuan)	城乡居民储蓄存款余额(万元) Urban and Rural Household Savings Deposits (10 000 yuan)	年末金融机构各项贷款余额(万元) Loans Balance of Financial Institution at Year-end (10 000 yuan)	农业机械总动力(万千瓦特) Total Power of Agricultural Machinery (10 000 kw)	有效灌溉面积(公顷) Effective Irrigated Area (hectare)	粮食作物播种面积(公顷) Grain Crops Sown Area (hectare)
德州市	**Dezhou**									
德城区	Decheng	88594	122519	249102	3451200	1926700	2329800	26.0	25207.5	34467
陵 县	Lingxian	19356	65512	39530	515891	380477	477047	121.0	49970	104780
宁津县	Ningjin	15200	52418	11995	674178	546912	366808	175.0	42180	56753
庆云县	Qingyun	10750	41092	23550	306868	226643	209656	31.0	19270	44899
临邑县	Linyi	53451	94123	77107	600436	469487	395629	174.8	43750	94667
齐河县	Qihe	56470	103267	104694	599289	433383	453798	205.0	70710	134555
平原县	Pingyuan	18398	61739	32431	602281	492978	457042	98.4	43180	80167
夏津县	Xiajin	15018	58155	36073	462095	377269	312715	99.7	46120	33211
武城县	Wucheng	12689	49742	22459	465287	401426	296520	54.8	38000	41056
乐陵市	Leling	14410	66892	10499	564518	456496	411542	60.8	39120	96766
禹城市	Yucheng	34426	88670	21764	602295	390621	559482	91.6	45010	92707
聊城市	**Liaocheng**									
东昌府区	Dongchangfu	43426	77219	152030	2947915	1768837	2086253	140.8	72870	106722
阳谷县	Yanggu	22722	70644	48391	924257	714990	650629	88.9	58940	91177
莘 县	Shenxian	21362	99763	36834	675426	599562	342041	221.7	75260	112990
茌平县	Chiping	90156	139371	239164	799756	483151	893329	93.7	63350	93748
东阿县	Donge	24922	63067	77514	536875	383201	244432	85.6	40240	72767
冠 县	Guanxian	20080	80044	39899	660495	503864	426787	126.9	71390	94805
高唐县	Gaotang	63800	103029	63886	717189	430472	662963	95.6	56700	66992
临清市	Linqing	52118	93900	93387	1104481	820218	765814	109.4	54690	76323
滨州市	**Binzhou**									
滨城区	Bincheng	228746	314996	546169	2166374	1057000	1750530	17.0	34310	43261
惠民县	Huimin	25634	73781	77200	471586	366421	321119	80.2	61180	71732
阳信县	Yangxin	15560	54132	41067	330485	243415	204611	64.8	26670	67324
无棣县	Wudi	66180	102433	81070	583790	384116	671137	73.3	37010	48377
沾化县	Zhanhua	36020	76614	46582	401220	264016	346527	39.9	32490	26759
博兴县	Boxing	90439	120187	122044	1157235	630972	895363	125.4	42060	59325
邹平县	Zouping	241088	268649	400636	1856228	880757	2309466	85.8	56370	93930
菏泽市	**Heze**									
牡丹区	Mudan	57499	131696	280741	2253221	1437669	1665560	139.0	70090	113155
曹 县	Caoxian	52896	143903	53702	706201	579209	514050	190.3	72320	165336
单 县	Shanxian	49012	120771	60538	639950	528076	433219	186.6	64470	109289
成武县	Chengwu	29609	79768	36103	403958	325907	269366	88.7	40000	69992
巨野县	Juye	43060	112495	55414	623069	515288	465049	185.9	48920	60160
郓城县	Yuncheng	63357	130668	95858	898275	757501	534030	142.8	74350	120676
鄄城县	Juancheng	25102	82537	28066	512314	435811	248268	108.1	47500	83644
定陶县	Dingtao	24780	72164	29860	394147	318073	251591	76.1	38700	77590
东明县	Dongming	54632	110306	106281	610568	402416	458058	102.7	41720	88985

2-1-4 续表 continued

地 区	Area	油料播种面积(公顷) Oil-bearing Crops Sown Area (hectare)	棉花播种面积(公顷) Cotton Sown Area (hectare)	蔬菜播种面积(公顷) Vegetable Sown Area (hectare)	粮食总产量(吨) Output of Grain (ton)	油料产量(吨) Output of Oil-bearing Crops (ton)	棉花产量(吨) Output of Fruits (ton)	水果产量(吨) Output of Meat (ton)	肉类总产量(吨) Output of Milk (ton)	蔬菜产量(吨) Output of Vegetables (ton)
济南市	**Jinan**									
历下区	Lixia									
市中区	Shizhong	96	85	199	40921	354	102	4840	7756	9941
槐荫区	Huaiyin			438	29628			335	2066	14305
天桥区	Tianqiao	390	794	690	66595	930	1003	1837	9885	28689
历城区	Licheng	1012	212	10450	265722	4282	347	131620	42196	633769
长清县	Changqing	5154	330	8820	344629	16519	274	47325	34955	710238
平阴县	Pingyin	2955	3781	7321	220972	10479	4437	114247	39518	473274
济阳县	Jiyang	5303	5294	20034	504132	17437	6705	53611	49205	1048409
商河县	Shanghe	113	11486	19827	694274	511	13781	36718	79848	954942
章丘市	Zhangqiu	2993	7891	23447	648173	8953	8741	62633	96491	1610003
青岛市	**Qingdao**									
市南区	Shinan									
市北区	Shibei									
四方区	Sifang									
黄岛区	Huangdao	982		313	9169	3977		2698	1433	12696
崂山区	Laoshan	255		267	1617	760		8688	3683	9301
李沧区	Licang			70				420	996	3400
城阳区	Chengyang	71	12	2028	16040	206	30	12320	9656	90540
胶州市	Jiaozhou	8028		24705	460067	33769		86740	50048	1381954
即墨市	Jimo	20592		10274	554395	89967		22897	73932	574355
平度市	Pingdu	33024	3447	44690	1394421	169300	4037	303924	169770	2169916
胶南市	Jiaonan	18966		11378	301412	87623		180894	64335	534812
莱西市	Laixi	17946		22466	599521	86141		204454	155624	1347960
淄博市	**Zibo**									
淄川区	Zichuan	867	234	1479	109884	1834	328	7117	11153	41996
张店区	Zhangdian	71	444.9	308	95145	529	1043	2525	6615	12461
博山区	Boshan	195		2315	43935	540		33957	11176	208257
临淄区	Linzi	27	27	10912	371979	608	94	7843	28806	1106943
周村区	Zhoucun	293	107	1006	89260	766	117	12388	10676	38943
桓台县	Huantai	28	515	1788	403005	117	672	2418	15438	102666
高青县	Gaoqing	375	13576	4295	407561	1445	15021	37298	23147	262254
沂源县	Yiyuan	3757	243	4845	58850	12410	429	677296	31593	320058
枣庄市	**Zaozhuang**									
市中区	Shizhong	3428	18	4367	80580	12582	26	7717	10412	149941
薛城区	Xuecheng	4178	169	8420	219587	13816	205	10912	25836	336062
峄城区	Yicheng	4245	761	16729	241276	16348	864	29775	15002	723712
台儿庄区	Taierzhuang	544	487	12538	289117	1538	508	13268	21153	668613
山亭区	Shanting	5802	1030	4441	156895	24355	1531	106512	23742	146752
滕州市	Tengzhou	10034	388	49657	813800	48184	524	51823	111061	2406573

2-1-4 续表 1 continued

地区	Area	油料播种面积(公顷) Oil-bearing Crops Sown Area (hectare)	棉花播种面积(公顷) Cotton Sown Area (hectare)	蔬菜播种面积(公顷) Vegetable Sown Area (hectare)	粮食总产量(吨) Output of Grain (ton)	油料产量(吨) Output of Oil-bearing Crops (ton)	棉花产量(吨) Output of Fruits (ton)	水果产量(吨) Output of Meat (ton)	肉类总产量(吨) Output of Milk (ton)	蔬菜产量(吨) Output of Vegetables (ton)
东营市	**Dongying**									
东营区	Dongying	134	10844	5355	64992	565	12927	5796	43365	376460
河口区	Hekou	435	17258	265	17260	1451	19879	30937	19879	9544
垦利县	Kenli	439	27253	1611	69905	1050	30481	10204	22525	40391
利津县	Lijin	362	37167	7288	81324	1603	44100	27610	53113	426621
广饶县	Guangrao	1	19284	18665	479004	5	25818	23540	69807	1310736
烟台市	**Yantai**									
芝罘区	Zhifu	59		764		266		4927	840	35995
福山区	Fushan	3477		2096	31697	11609		119480	14151	100350
牟平区	Mouping	12100		2483	150066	37083		520079	71985	95778
莱山区	Laishan	1066		880	18865	2932		16010	4677	40136
长岛县	Changdao				365			706	25	
龙口市	Longkou	2752		4975	122054	9459		400837	35932	261568
莱阳市	Laiyang	22382		22099	402028	90452		332291	67818	950453
莱州市	Laizhou	14984	118	4682	590278	62186	105	245823	72502	289558
蓬莱市	Penglai	10200		3266	148309	50103		594834	41431	130226
招远市	Zhaoyuan	14340		1127	307055	68845		406296	34810	50996
栖霞市	Qixia	17514		5025	270756	73734		1427607	25576	210296
海阳市	Haiyang	19414		7146	365734	82995		283471	32633	513378
潍坊市	**Weifang**									
潍城区	Weicheng	55	67	575	96598	185	66	25346	12898	29832
寒亭区	Hanting	78	4247	2114	271328		4651	54610	21132	143634
坊子区	Fangzi	1603	264	4489	154550	6603	420	3306	14616	218999
奎文区	Kuiwen	11		113	9719	37		37	542	5668
临朐县	Linqu	4221	195	5625	339300	13109	256	235250	133644	183394
昌乐县	Changle	7906	1114	14189	289046	47199	1777	60334	121190	690809
青州市	Qingzhou	21	140	23873	449798	33	231	107620	70675	1290303
诸城市	Zhucheng	13888	1337	20539	818837	67125	2691	95170	277201	926322
寿光市	Shouguang	91	14964	51622	614562	338	17643	114518	96722	3724437
安丘市	Anqiu	12485	3269	26199	381671	52824	4843	126826	62065	1145111
高密市	Gaomi	14568	4604	13160	772586	84338	6423	76289	153134	774810
昌邑市	Changyi	3453	9995	9754	473929	20902	10810	102278	89334	507975
济宁市	**Jining**									
市中区	Shizhong		60	2976	235226		109		6013	123172
任城区	Rencheng	477	433	1873	19669	748	260	12743	13325	275369
微山县	Weishan	698	288	9002	321015	2421	420	1622	48276	363675
鱼台县	Yutai		14551	19841	330908		21418	5040	26593	766351
金乡县	Jinxiang	43	44645	62299	78675	148	62655	13961	3055	1964215
嘉祥县	Jiaxiang	1485	24621	26478	467191	5845	33016	12758	46965	1032516

2−1−4 续表 2 continued

地 区	Area	油料播种面积（公顷）Oil-bearing Crops Sown Area (hectare)	棉花播种面积（公顷）Cotton Sown Area (hectare)	蔬菜播种面积（公顷）Vegetable Sown Area (hectare)	粮 食总产量（吨）Output of Grain (ton)	油料产量（吨）Output of Oil-bearing Crops (ton)	棉花产量（吨）Output of Fruits (ton)	水果产量（吨）Output of Meat (ton)	肉 类总产量（吨）Output of Milk (ton)	蔬菜产量（吨）Output of Vegetables (ton)
汶上县	Wenshang	12432	13526	22973	433924	65193	15419	24930	90450	916622
泗水县	Sishui	15511	1453	17604	221177	71361	2428	58538	68574	768492
梁山县	Liangshan	7326	17306	20133	374104	36551	28493	54000	82150	975993
曲阜市	Qufu	3217	1055	9002	466591	10942	1328	32502	76497	226663
兖州市	Yanzhou	3824	347	22082	398254	19186	790	4483	90837	890343
邹城市	Zoucheng	15091	1344	15975	574740	71612	2873	42964	80097	613431
泰安市	**Taian**									
泰山区	Taishan	43.4	4.7	4602	62666	218	6	11310	6837	157344
岱岳区	Daiyue	5659	677	41938	536293	25477	617	234428	46134	2296106
宁阳县	Ningyang	14926	1054	18583	597000	69877	1285	43592	67000	918000
东平县	Dongping	4477	5586	9903	635750	18560	6792	13572	38706	487334
新泰市	Xintai	19193	514	18441	473142	71393	776	110089	117198	1082490
肥城市	Feicheng	2363	1839	33334	582437	9632	2754	137755	54339	1853393
威海市	**Weihai**									
环翠区	Huancui	4875		1436	67641	18156		83827	7856	62746
文登市	Wendeng	22418		4270.6	384084	81915		137340	43135	224449
荣成市	Rongcheng	22142		7093	274652	80837		146830	30447	374603
乳山市	Rushan	19101		7873	274887	83376		382957	26551	427181
日照市	**Rizhao**									
东港区	Donggang	11475		1853	190693	48028		65875	33835	84599
岚山区	Lanshan	10383		2572	168176	52137		34124	26983	153592
五莲县	Wulian	13981	725	3571	218319	49844	642	48823	25350	215173
莒 县	Juxian	20714	588	12565	485421	87817	696	34446	68609	669851
莱芜市	**Laiwu**									
莱城区	Laicheng	4696	676	28175	232748	12036	1101	51304	44661	925987
钢城区	Gangcheng	2665	40	3824	41019	5583	57	37051	11383	197089
临沂市	**Linyi**									
兰山区	Lanshan	2793	60	1606	151237	9652	78	33455	11450	39684
罗庄区	Luozhuang	869	1	809	99418	3319	1	2677	11478	44531
河东区	Hedong	2963	43	5444	286889	12433	53	12839	22817	192342
沂南县	Yinan	16950	2323	12021	430687	71680	2962	94272	105422	684249
郯城县	Tancheng	5188	442	15251	700211	24696	681	29367	41574	707691
沂水县	Yishui	19573	2568	15569	424134	78509	3717	319876	59508	557074
苍山县	Cangshan	15082	1155	46549	617933	61113	1258	76990	34995	2203166
费 县	Feixian	23991	1045	11245	383384	107576	1250	230736	53359	621061
平邑县	Pingyi	18565	408	14220	322269	79024	511	154911	67538	443935
莒南县	Junan	29761	42.3	4989	411041	156718	74	85852	97127	159291
蒙阴县	Mengyin	9415	1306	3121	205446	36996	1771	738407	19752	132459
临沭县	Linshu	31324	116	3924	297013	152859	151	9062	48361	143138

2-1-4 续表 3 continued

地 区	Area	油料播种面积(公顷) Oil-bearing Crops Sown Area (hectare)	棉花播种面积(公顷) Cotton Sown Area (hectare)	蔬菜播种面积(公顷) Vegetable Sown Area (hectare)	粮食总产量(吨) Output of Grain (ton)	油料产量(吨) Output of Oil-bearing Crops (ton)	棉花产量(吨) Output of Fruits (ton)	水果产量(吨) Output of Meat (ton)	肉类总产量(吨) Output of Milk (ton)	蔬菜产量(吨) Output of Vegetables (ton)
德州市	**Dezhou**									
德城区	Decheng	103	4834	3943	245907	313	12611	25719	39228	230077
陵 县	Lingxian	11	16407	5396	740061	34	24488	31919	73490	197315
宁津县	Ningjin	502	19791	6330	407398	2165	29945	13456	23146	131226
庆云县	Qingyun		1517	1482	250765		3726	20569	10300	61817
临邑县	Linyi	69	1835	10997	692404	249	2674	24974	72714	605655
齐河县	Qihe	1175	14792	10795	985697	5459	21300	8906	105563	605486
平原县	Pingyuan	64	9588	9341	585063	271	13230	18280	43961	693961
夏津县	Xiajin	2353	34367	4405	241524	11264	52270	68260	26378	174829
武城县	Wucheng	111	27010	5158	293611	425	37679	2635	15887	127086
乐陵市	Leling	138	14734	5705	660477	637	20869	290275	48024	169138
禹城市	Yucheng	247	16663	9751	730900	1208	26515	10336	94269	874600
聊城市	**Liaocheng**									
东昌府区	Dongchangfu	1969	6899	23698	673435	9258	8746	15950	44596	1357169
阳谷县	Yanggu	4672	3729	27405	600591	20109	4403	38346	46557	1355219
莘 县	Shenxian	8300	8156	36452	733930	35114	11228	35786	141560	2019498
茌平县	Chiping	5248	6747	24500	636421	22533	9273	89174	49774	1388555
东阿县	Donge	163	2578	4380	461698	694	3770	16414	19490	255875
冠 县	Guanxian	14752	12660	23268	576846	55227	16407	254677	71989	1154070
高唐县	Gaotang	4172	17301	15908	441830	15811	23506	7551	32543	814098
临清市	Linqing	1848	15913	9113	474439	6427	20050	52448	26305	389431
滨州市	**Binzhou**									
滨城区	Bincheng	101	15742	4630	268743	426	16529	51884	19190	131857
惠民县	Huimin	2310	27052	12999	499097	6895	32463	123006	44763	810000
阳信县	Yangxin		5929	2768	439732		7702	218256	72570	138741
无棣县	Wudi	276	32490	323	286849	699	42887	198763	83882	12219
沾化县	Zhanhua	289	29328	1829	161179	725	33874	397016	36309	124576
博兴县	Boxing	63	12816	3956	430523	279	14416	9557	34028	311376
邹平县	Zouping	484	11457	7220	683431	1928	13187	38757	56532	340613
菏泽市	**Heze**									
牡丹区	Mudan	4302	11141	20944	649890	15700	13656	44767	62832	816208
曹 县	Caoxian	11850	19746	9252	934757	44754	24982	22247	72406	264580
单 县	Shanxian	12068	28382	33527	623250	49776	36037	263033	102549	1618906
成武县	Chengwu	143	28386	25170	419367	526	37906	29137	46433	891009
巨野县	Juye	3502	57573	23591	350516	15924	72045	80576	39709	772194
郓城县	Yuncheng	18811	38493	31400	674800	78795	46152	66169	70866	1355499
鄄城县	Juancheng	14710	9438	12223	462963	63474	9551	36838	38105	501937
定陶县	Dingtao	2443	10588	13480	448209	8803	13833	23571	60489	773765
东明县	Dongming	16370	26488	11340	486415	46480	34567	29155	31074	395057

2-1-5 续表 continued

地 区	Area	水产品产 量（吨） Total Aquatic Products (ton)	工 业企业数（个） Number ofEnter -prises (unit)	工 业总产值（现价）（万元） Gross Industrial Output (Value) (10 000 yuan)	内资企业（万元） Domestic Company (10 000 yuan)	港澳台商投资企业（万元） Enterprises Invested by Hong Kong，Macao andTaiwan (10 000 yuan)	外商投资企业（万元） Foreign Invested Enterprise (10 000 yuan)	产品销售收入（万元） Product Sale Income (10 000 yuan)	产品销售税金及附加（万元） Tax and Extra Charges onSales of Products (10 000 yuan)	利润总额（万元） Total Profits (10 000 yuan)
济南市	**Jinan**									
历下区	Lixia		81	2831242	2718017	38608	74617	2812493	63956	-120245
市中区	Shizhong		69	3802062	3669045	4981	128036	4545649	11015	222071
槐荫区	Huaiyin	3200	117	1765024	1715093	36561	13370	1825351	9734	66380.3
天桥区	Tianqiao	1690	108	1044055	972922	12528	58605	702100	8452	-15881
历城区	Licheng	5210	292	10053280	9625858	166960	260462	8630967	124558	693140
长清县	Changqing	1021	181	3175324	2774479	155976	244869	3103787	30423	192026
平阴县	Pingyin	1900	144	2569459	2215104	151578	202777	2116631	18279	174012
济阳县	Jiyang	9528	207	2520221	2273788	163882	82551	2399387	38474	161703
商河县	Shanghe	8733	113	597797	576363	2029	19405	557450	5882	15092
章丘市	Zhangqiu	10100	425	6228190	5355016	66305	806869	5570941	31104	377046
青岛市	**Qingdao**									
市南区	Shinan		41	1409629	1370334	8377	30918	1432930	845	3719
市北区	Shibei		98	1164200	526900	460636	176664	969915	1905	25679
四方区	Sifang		122	1939223	1507882	163284	268057	1934087	9820	65908
黄岛区	Huangdao	32009	380	19725878	11097717	1231587	7396574	19311281	106409	860489
崂山区	Laoshan	60030	173	4978928	4058790	83795	836343	4524378	21337	220149
李沧区	Licang		133	6598631	5760652	157619	680360	7370289	65039	-145754
城阳区	Chengyang	258372	710	10715812	5038653	398867	5278292	9237821	26467	347244
胶州市	Jiaozhou	120030	753	8569876	5532264	601562	2436050	8243610	203627	538906
即墨市	Jimo	280034	733	10160139	6081257	685987	3392895	9994320	144164	736262
平度市	Pingdu	11010	634	6615361	4108506	909514	1597341	6041146	35778	362227
胶南市	Jiaonan	285092	860	7528859	5752560	135427	1640872	6516647	62465	309512
莱西市	Laixi	10861	750	4360115	2898171	239124	1222820	4160126	12637	319349
淄博市	**Zibo**									
淄川区	Zichuan	1008	508	9043153	8225671	239740	577742	8834107	48079	646875
张店区	Zhangdian	374	589	10889014	10022074	458555	408385	7944328	58943	515674
博山区	Boshan	678	456	3417632	3092013	127711	197908	3105817	29480	195458
临淄区	Linzi	401	402	15129404	13019646	60840	2048918	15292261	117510	71277
周村区	Zhoucun	118	446	3604609	3187053	65413	352143	3675540	9675	217662
桓台县	Huantai	3105	315	7428204	6221368	320403	886433	7213257	36236	378250
高青县	Gaoqing	20300	124	1265937	1068108	146394	51436	1310659	35153.3	80000
沂源县	Yiyuan	2860	138	1975873	1504855	21036	449982	1825817	22085	198631
枣庄市	**Zaozhuang**									
市中区	Shizhong	2350	313	3164200	2968029	75127	121044	3105000	18200	230800
薛城区	Xuecheng	1280	238	2706174	2606820	26369	72985	2627862	12799	120936
峄城区	Yicheng	5170	153	1749500	1590500	62400	96600	1645900	27100	114200
台儿庄区	Taierzhuang	6428	145	2254389	2176661	54336	23392	2212677	27633	138124
山亭区	Shanting	13165	121	817279	743927	70927	2425	678378	6299	44371
滕州市	Tengzhou	14274	505	7919730	7568069	202461	149200	7798745	60703	553156

2-1-5 续表 1 continued

地 区 Area		水产品产量(吨) Total Aquatic Products (ton)	工业企业数(个) Number ofEnter-prises (unit)	工业总产值(现价)(万元) Gross Industrial Output (Value) (10 000 yuan)	内资企业(万元) Domestic Company (10 000 yuan)	港澳台商投资企业(万元) Enterprises Invested by Hong Kong，Macao andTaiwan (10 000 yuan)	外商投资企业(万元) Foreign Invested Enterprise (10 000 yuan)	产品销售收入(万元) Product Sale Income (10 000 yuan)	产品销售税金及附加(万元) Tax and Extra Charges onSales of Products (10 000 yuan)	利润总额(万元) Total Profits (10 000 yuan)
东营市	**Dongying**									
东营区	Dongying	54926	116	3440478	2351967	432851	655660	3279057	61596	259147
河口区	Hekou	110618	95	2304310	2220010	49568	34732	2257481.6	48177	137764
垦利县	Kenli	113000	161	5544569	5493785		50784	5501125	39573	579934
利津县	Lijin	95500	124	3081988	3051580		30408	3072601	45962	146958
广饶县	Guangrao	103467	229	10915380	10025302	658443	231635	10708701	59463	950993
烟台市	**Yantai**									
芝罘区	Zhifu	31178	209	4410041	3673407	366267	370367	4310237	39397	419540
福山区	Fushan	192049	555	19032005	2673971	831233	15526801	18191872	59722	919392
牟平区	Mouping	117039	126	3447867	2120991	348691	978185	3201817	11132	228229
莱山区	Laishan	20663	272	1405999	687316	83718	634965	1328689	2397	96249
长岛县	Changdao	301930	19	76256	24142	15966	36148	72225	86	2053
龙口市	Longkou	155594	361	14009191	12062684	501132	1445375	13601324	60842	1074058
莱阳市	Laiyang	46000	313	6088498	4615108	583146	890244	5959600	9461	369176
莱州市	Laizhou	308600	408	8478436	6846399	574053	1057984	8561130	14824	640146
蓬莱市	Penglai	255000	351	7834045	5960338	1067484	806223	7809957	14607	573778
招远市	Zhaoyuan	23050	356	9298930	7013359	1421931	863640	9303306	40931	782298
栖霞市	Qixia	4100	239	1560081	1228263	119818	212000	1535134	3326	81845
海阳市	Haiyang	320220	338	2482457	1865982	187679	428796	2227890	6468	156545
潍坊市	**Weifang**									
潍城区	Weicheng	222	178	1856582	1731522	23060	102000	1097297	5315	58218
寒亭区	Hanting	1844	183	1868574	1658349	35994	174231	1819611	8793	93586
坊子区	Fangzi	709	174	1827240	893738	212694	720808	1818822	3099	56803
奎文区	Kuiwen	68	54	1666007	1384307	254093	27607	1728668	7548	46164
临朐县	Linqu	14100	298	2053514	1846167	82940	124407	2065530	10098	59606
昌乐县	Changle	640	303	3033594	1996389	736233	300972	3008771	7594	153674
青州市	Qingzhou	580	530	5868605	5031771	178422	658412	5757238	146673	268472
诸城市	Zhucheng	8600	645	9203857	7347460	202536	1653861	9006730	38278	488458
寿光市	Shouguang	208000	502	7298190	4769330	256945	2271915	7814871	26097	528417
安丘市	Anqiu	5000	346	2020790	1526902	219144	274744	1980687	12012	76243
高密市	Gaomi	4350	634	6036751	5620045	61968	354738	6061312	28152	327650
昌邑市	Changyi	97108	368	4871541	4561501	197845	112195	4837823	47582	253707
济宁市	**Jining**									
市中区	Shizhong	15831	199	695791	680776	7597	7418	689511	1921	26633
任城区	Rencheng	21088	252	2773139	2603218	169030	891	2812898	17231	180681
微山县	Weishan	168340	270	2292272	2274476	13025	4771	2310701	37180	312916
鱼台县	Yutai	43000	220	919167	906320		12847	914480	3036	90830
金乡县	Jinxiang	2780	221	1652573	1534420	18374	99779	1623241	20814	96433
嘉祥县	Jiaxiang	3600	297	2016000	1985300	8200	22500	1954700	17423	93440

2-1-5 续表 2 continued

地 区	Area	水产品产量(吨) Total Aquatic Products (ton)	工业企业数(个) Number ofEnter-prises (unit)	工业总产值(现价)(万元) Gross Industrial Output (Value) (10 000 yuan)	内资企业(万元) Domestic Company (10 000 yuan)	港澳台商投资企业(万元) Enterprises Invested by Hong Kong，Macao andTaiwan (10 000 yuan)	外商投资企业(万元) Foreign Invested Enterprise (10 000 yuan)	产品销售收入(万元) Product Sale Income (10 000 yuan)	产品销售税金及附加(万元) Tax and Extra Charges onSales of Products (10 000 yuan)	利润总额(万元) Total Profits (10 000 yuan)
汶上县	Wenshang	1930	250	1452000	1447240	4760		1406835	17296	126636
泗水县	Sishui	3419	248	1518963	1338789		180174	1474089	24727	112579
梁山县	Liangshan	22858	259	1913100	1850138		62962	1868047	17205	141545
曲阜市	Qufu	937	229	1628271	1549984	17623	60664	1644434	18308	158071
兖州市	Yanzhou	1350	308	4416768	2912659	2408	1501701	4594495	18011	491328
邹城市	Zoucheng	17439	379	5957369	5463304	3638	490427	5989990	78083	792851
泰安市	**Taian**									
泰山区	Taishan	700	185	2717188	2387032	7322	322834	2292189	154911	1446139
岱岳区	Daiyue	3300	222	1794200	1648092	65220	80888	1758170	13992	112543
宁阳县	Ningyang	1760	214	2065023	1985969	11727	67327	2064500	14985	173000
东平县	Dongping	58955	209	2130791	2073071	42840	14880	2159033	30338	132336
新泰市	Xintai	2480	259	8655304	7464845	390217	800242	8226337	112030	682177
肥城市	Feicheng	2160	257	10234089	7985700	1396893	851496	7307300	116200	449100
威海市	**Weihai**									
环翠区	Huancui	395407	489	9376263	6071622	400732	2903909	8999855	32127	467873
文登市	Wendeng	313958	600	12719716	8157436	76452	4485828	12222870	49533	541545
荣成市	Rongcheng	1050000	592	14627859	8860291	245808	5521760	14348524	116914	680579
乳山市	Rushan	297075	402	6282813	4699297	343481	1240035	6198877	41764	265167
日照市	**Rizhao**									
东港区	Donggang	224781	313	5504719	3755196	160842	1588681	5057365	20158	144724
岚山区	Lanshan	216415	138	5087069	4342200	31809	713060	5301820	5920	807144
五莲县	Wulian	10340	184	2441061	2316100	42000	82961	2380000	3099	90500
莒　县	Juxian	13127	292	2167046	2072232	12972	81842	2138700	22351	81800
莱芜市	**Laiwu**									
莱城区	Laicheng	3007	297	5507200	4908000	62500	536700	5497100	18800	259200
钢城区	Gangcheng	346	117	5824100	5764900	600	58600	7133600	93600	115800
临沂市	**Linyi**									
兰山区	Lanshan	2800	477	7291803	4626272	141414	2524117	7090128	19777	379274
罗庄区	Luozhuang	2132	393	5403524	4817306	355577	230641	5353701	24007	317356
河东区	Hedong	3488	298	2755321	1679809	260857	814655	2538255	18025	91657
沂南县	Yinan	3082	163	951965	870835	27763	53367	928811	4906	35102
郯城县	Tancheng	13563	260	2495338	2280939	66460	147939	2421954	26690	188310
沂水县	Yishui	10760	242	2719140	2464313	88177	166650	2567396	9628	113354
苍山县	Cangshan	21430	140	1252100	1130200	10500	111400	1203748	7467	61975
费　县	Feixian	13980	320	2494871	2273057	73492	148322	2514688	16780	156674
平邑县	Pingyi	12092	279	1610074	1581083	5679	23312	1586228	18236	78152
莒南县	Junan	9873	218	1340480	1184787	7318	148375	1320901	4662	51003
蒙阴县	Mengyin	16306	146	1062194	933356	75329	53509	1031216	16339	54538
临沭县	Linshu	6450	209	2107591	1903725	76188	127678	2043825	5064	100451

2-1-5 续表 3 continued

地区	Area	水产品产量(吨) Total Aquatic Products (ton)	工业企业数(个) Number ofEnter-prises (unit)	工业总产值(现价)(万元) Gross Industrial Output (Value) (10 000 yuan)	内资企业(万元) Domestic Company (10 000 yuan)	港澳台商投资企业(万元) Enterprises Invested by Hong Kong，Macao andTaiwan (10 000 yuan)	外商投资企业(万元) Foreign Invested Enterprise (10 000 yuan)	产品销售收入(万元) Product Sale Income (10 000 yuan)	产品销售税金及附加(万元) Tax and Extra Charges onSales of Products (10 000 yuan)	利润总额(万元) Total Profits (10 000 yuan)
德州市	**Dezhou**									
德城区	Decheng	1520	350	5723273	5266917	88818	367538	5870721	30481	405312
陵　县	Lingxian	5266	161	2208300	2143210	44100	20990	2196919	57318	135636
宁津县	Ningjin	1078	331	2263535	2214499	29639	19397	2234178	18429	155012
庆云县	Qingyun	2282	148	815000	808300		6700	1144300	2250	75053
临邑县	Linyi	9062	291	2396253	2300000		96253	2699182	34556	165057
齐河县	Qihe	15779	352	2844815	2803259	4512	37044	2618900	26065	164700
平原县	Pingyuan	6950	221	1956217	1659327	141214	155677	1961600	13654	126800
夏津县	Xiajin	101	328	2079865	2065447		14418	2038419	15939	114643
武城县	Wucheng	257	328	2068697	1997805	8381	62511	2005900	40687	125743
乐陵市	Leling	3600	241	2151071	2151071			2147173	18158	126700
禹城市	Yucheng	15900	261	2372983	2107111	195136	70736	2518655	32228	152022
聊城市	**Liaocheng**									
东昌府区	Dongchangfu	10991	419	3429582	2906500	76129	446954	3169771	38814	155388
阳谷县	Yanggu	6140	193	2890900	2863000		27900	2864278	12925	205691
莘　县	Shenxian	1645	202	2217900	2212800		5100	2225894	34454	124259
茌平县	Chiping	12000	213	4765000	4515600	158400	91000	4740271	10065	331849
东阿县	Donge	19630	154	1559400	1550903	7777	720	1602581	14670	115123
冠　县	Guanxian	1710	201	2374500	2332299	29481	12720	2360489	26166	134331
高唐县	Gaotang	2300	312	4748700	4592500		156200	4798114	16839	240748
临清市	Linqing	8961	418	4788528	4569577	69464	149487	4707492	36032	294452
滨州市	**Binzhou**									
滨城区	Bincheng	33835	289	5629115	5167400	111777	349937	5273563	35773	187331
惠民县	Huimin	9878	228	1153073	1116824	29091	7157	1129268	10334	40192
阳信县	Yangxin	14139	154	1072726	871205	89746	111775	971012	9913	25839
无棣县	Wudi	122994	145	2795094	2569160		225933	2769923	26978	230899
沾化县	Zhanhua	118926	131	1135262	1039285	57867	38110	1119700	3343	48023
博兴县	Boxing	21235	228	3565708	2653517	692805	219386	3726099	21246	106929
邹平县	Zouping	5096	297	12807029	12595839	157988	53202	12749434	23992	702042
菏泽市	**Heze**									
牡丹区	Mudan	13500	325	3211191	2692343	26139	492710	3069525	23088	167791
曹　县	Caoxian	16000	320	1967343	1816153	72541	78649	1923733	22645	114669
单　县	Shanxian	12500	210	1478556	1339232	28512	110812	1432774	23931	97125
成武县	Chengwu	19700	147	1120352	1079192	1844	39315	1028342	11494	55832
巨野县	Juye	8754	169	1354120	1297136	21223	35762	1329773	6532	75380
郓城县	Yuncheng	16000	298	1800428	1756242	12031	32155	1790434	25287	121081
鄄城县	Juancheng	9900	172	812399	749204		63195	802343	6289	49889
定陶县	Dingtao	8500	132	781500	564546	184331	32623	764710	4903	45454
东明县	Dongming	19506	85	1982144	1979430		2714	1948759	20360	14616

2—1—6 续表 continued

地区	Area	境内公路里程（公里） Length of Highway (km)	高等级公路（公里） First-class Highway (km)	民用汽车拥有量（辆） Number of Civil Motor Vehicles (unit)	个人汽车（辆） Personal Motor Vehicles (unit)	邮政业务总量（万元） Business Volume of Post (10 000 yuan)	电信业务总量（万元） Business Volume of Telecom-munication (10 000 yuan)	本地电话年末用户（户） Number of Local Telephone Subscr-ibers at Year-end (household)	全年用电量（万千瓦时） Annual Electricity Consumption (10 000 kw·m)	工业用电量（万千瓦时） Industrial Electricity Consumption (10 000 kw·m)
济南市	**Jinan**									
历下区	Lixia	160	33	24550	18669				37381	33859
市中区	Shizhong	160	40	58640	38698	4689	6348	155175	61065	43006
槐荫区	Huaiyin	151	34	55760	39800	187	3915	128000	90387	21935
天桥区	Tianqiao	145	30	74242	29442	32987	59673	164596	43740	27770
历城区	Licheng	1729	208	27870	18120	5287	23164	184725	598295	538285
长清县	Changqing	1743	300	26637	26052	2347	6020	124228	106429	84070
平阴县	Pingyin	1122	671	7866	5835	1992	5485	115803	94000	74700
济阳县	Jiyang	1620	77	8265	6123	1516	10573	142453	41009	18244
商河县	Shanghe	1804	370	3436	2543	1497	10468	118700	56523	19420
章丘市	Zhangqiu	2895	261	87000	62700	6425	18566	261000	361215	295747
青岛市	**Qingdao**									
市南区	Shinan								260300	108900
市北区	Shibei								21639	21639
四方区	Sifang								189043	132330
黄岛区	Huangdao	400	195	39506	23706	5123	56521	182510	286060	239000
崂山区	Laoshan	706		21520	20756	3254			105829	37523
李沧区	Licang			50963					387575	287575
城阳区	Chengyang	1172	253	126364	59391	4645	58800	235791	236273	175985
胶州市	Jiaozhou	1889	456	45836	34376	7652	51492	248160	200093	149868
即墨市	Jimo	2567	116	63103	49197	7824	49400	347171	210422	154276
平度市	Pingdu	4445	305	57000	42560	10526	64333	408602	208679	126909
胶南市	Jiaonan	1710	141	51239	35853	6486	29600	252000	141177	112600
莱西市	Laixi	2297	146	40528	34302	5110	23000	359160	134932	87866
淄博市	**Zibo**									
淄川区	Zichuan	1319	154	32824	29425	5574	33660	161282	358962	327880
张店区	Zhangdian	929	127	69314	50494	8795	97852	1014205	743456	620387
博山区	Boshan	736	43	18339	13306	3682	21102	170000	126184	80270
临淄区	Linzi	635	63	56530	34840	6501	41414	122862	1072382	1032851
周村区	Zhoucun	719	59	21876	16238	2832	23422	97967	113456	88431
桓台县	Huantai	595	90	20674	15545	3907	20879	447346	428091	401782
高青县	Gaoqing	1508	19	11040	9071	1765	10420	77400	56580	48197
沂源县	Yiyuan	1727	58	15851	11587	3196	16388	108177	148696	132676
枣庄市	**Zaozhuang**									
市中区	Shizhong	625	74	53052	38410	2842	99055	193722	199678	164862
薛城区	Xuecheng	775	127	21091	17311	1629	53821	116248	94286	67325
峄城区	Yicheng	1001	37	17997	14869	1261	27999	70535	68411	59787
台儿庄区	Taierzhuang	681	22	23012	18591	1164	25386	59836	58196	48554
山亭区	Shanting	1024	32	119758	16750	1413	29813	73246	56056	41985
滕州市	Tengzhou	2434	88	59610	51434	5577	253486	312500	418595	344962

2-1-6 续表 1 continued

地区	Area	境内公路里程(公里) Length of Highway (km)	高等级公路(公里) First-class Highway (km)	民用汽车拥有量(辆) Number of Civil Motor Vehicles (unit)	个人汽车(辆) Personal Motor Vehicles (unit)	邮政业务总量(万元) Business Volume of Post (10 000 yuan)	电信业务总量(万元) Business Volume of Telecom-munication (10 000 yuan)	本地电话年末用户(户) Number of Local Telephone Subscr-ibers at Year-end (household)	全年用电量(万千瓦时) Annual Electricity Consumption (10 000 kw·m)	工业用电量(万千瓦时) Industrial Electricity Consumption (10 000 kw·m)
东营市	**Dongying**									
东营区	Dongying	1202	27	120140	79144	6728	96635	402800	58674	47063
河口区	Hekou	1855	128	26221	20595	1189	19153	75800	215829	191091
垦利县	Kenli	1972	164	22149	16120	1260	3650	56177	73004	51203
利津县	Lijin	1454	859	10660	9061	1106	6109	46229	64551	46431
广饶县	Guangrao	1754	147	56995	48898	1773	23425	129898	387393	360901
烟台市	**Yantai**									
芝罘区	Zhifu	178	78	185975	100354	100938	100643	399983	320545	223133
福山区	Fushan	747	173	28817	18280	4939	33659	196423	298334	272952
牟平区	Mouping	1581	119	27314	21886	4312	8003	155740	82646	62222
莱山区	Laishan	149	37	13180	8431	7340	8125	130442	75794	36968
长岛县	Changdao	97	65	2123	1034	1363	13698	24831	7274	1327
龙口市	Longkou	1391	219	69876	44905	6131	32522	238179	812476	757347
莱阳市	Laiyang	1870	241	39759	28153	6355	38913	301800	119901	82773
莱州市	Laizhou	2111	355	57763	44369	7080	44459	341829	233366	138891
蓬莱市	Penglai	993	87	26565	21669	4535	23106	174248	149463	113857
招远市	Zhaoyuan	1055	78	44035	32549	5674	23238	171554	171253	140156
栖霞市	Qixia	840	94	15180	6125	4925	17201	188720	93409	62422
海阳市	Haiyang	1528	106	27039	25204	4027	9352	185600	55123	30600
潍坊市	**Weifang**									
潍城区	Weicheng	283	56	58564	46058	2848	96598	195685	60826	30842
寒亭区	Hanting	1238	230	49153	27325	1483	10983	97335	113365	79900
坊子区	Fangzi	673	173	26143	22092	1943	16137	90490	71991	53911
奎文区	Kuiwen	138	138	59364	46640	9102	53098	186500	172429	166758
临朐县	Linqu	2081	254	41435	36984	3437	26522	197536	99847	69081
昌乐县	Changle	1710	256	35468	31401	2398	21785	158192	125623	98605
青州市	Qingzhou	2208	439	75116	63740	6955	50827	219740	181506	131523
诸城市	Zhucheng	3351	477	72458	67852	4792	51400	325000	229524	167704
寿光市	Shouguang	3287	486	101747	88519	10215	56388	303923	446615	378720
安丘市	Anqiu	2890	68	37744	13889	2474	8347	273600	117715	84778
高密市	Gaomi	1918	347	74166	67588	4025	36371	239493	211647	167578
昌邑市	Changyi	1684	255	64525	55624	6079	26757	171699	228407	165561
济宁市	**Jining**									
市中区	Shizhong	314	63	19708	17308	5183	53212	128560	88440	42474
任城区	Rencheng	569	50	16430	11043	7832	7958	120700	52136	48177
微山县	Weishan	1400	3	14971	12502	2473	15057	120901	73975	58827
鱼台县	Yutai	892		51710	49860	1869	10196	88325	60591	38014
金乡县	Jinxiang	1457	34	10443	7150	2511	16641	95140	66643	26822
嘉祥县	Jiaxiang	1527	80	6934	5973	2395	17439	207132	78716	62529

2-1-6 续表 2 continued

地 区	Area	境内公路里程（公里）Length of Highway (km)	高等级公路（公里）First-class Highway (km)	民用汽车拥有量（辆）Number of Civil Motor Vehicles (unit)	个人汽车（辆）Personal Motor Vehicles (unit)	邮政业务总量（万元）Business Volume of Post (10 000 yuan)	电信业务总量（万元）Business Volume of Telecom-munication (10 000 yuan)	本地电话年末用户（户）Number of Local Telephone Subscr-ibers at Year-end (household)	全年用电量（万千瓦时）Annual Electricity Consumption (10 000 kw·m)	工业用电量（万千瓦时）Industrial Electricity Consumption (10 000 kw·m)
汶上县	Wenshang	1715	170	5643	1283	2121	5294	132416	49911	30220
泗水县	Sishui	578	76	7551	5325	1740	4225	86982	157964	74051
梁山县	Liangshan	1519		8660	7003	2555	17095	131444	42987	26080
曲阜市	Qufu	1076	69	7834	6125	2525	17429	121000	73166	43252
兖州市	Yanzhou	1258	565	32796	8778	4355	20368	268200	201621	134829
邹城市	Zoucheng	3210	286	71850	25989	3531	40984	690080	674258	663644
泰安市	**Taian**									
泰山区	Taishan	412	60	4320	2190	6778	89776	467812	251913	149312
岱岳区	Daiyue	2916	149	9821	7857	1768	12500	203186	60498	32657
宁阳县	Ningyang	1447	412	5980	4870	3090	8780	127030	117154	86070
东平县	Dongping	2360	28	7390	3359	2910	13122	111008	114650	87554
新泰市	Xintai	3841	103	66509	42501	5440	77521	236774	322350	305181
肥城市	Feicheng	2574	39	33156	16052	5669	40987	261483	328010	296034
威海市	**Weihai**									
环翠区	Huancui	998	235	89631	65098	11954	96434	437020	335952	225664
文登市	Wendeng	2602	440	69890	52325	9872	70945	433106	124579	87730
荣成市	Rongcheng	2332	87	72545	64490	10750	37197	336867	177179	122745
乳山市	Rushan	1857	123	29500	21152	5406	42228	255000	71109	40609
日照市	**Rizhao**									
东港区	Donggang	1167	300	76784	55781	5754	79050	224374	198207	156946
岚山区	Lanshan	1290	25	17957	11043	938	14496	78072	376173	357853
五莲县	Wulian	1242		14810	13876	3454	10670	82145	74000	51102
莒 县	Juxian	757	41	33849	31800	6354	19500	96299	134918	107337
莱芜市	**Laiwu**									
莱城区	Laicheng	2777	218	50374	37042	7356	24856	280141	423571	378836
钢城区	Gangcheng	680	74	18384	16187	2452	13753	60355	358764	348259
临沂市	**Linyi**									
兰山区	Lanshan	1334	90	133481	108075	7243	158037	367498	321802	201997
罗庄区	Luozhuang	604	83	31332	27345	665	23545	99053	532983	505499
河东区	Hedong	1028	80	53764	49395	1072	24861	113155	111414	82085
沂南县	Yinan	2065	91	22158	18302	4081	21346	131039	64670	46368
郯城县	Tancheng	2280	112	34387	30425	2674	24766	128983	166540	140657
沂水县	Yishui	2532	110	27076	23078	4150	26995	204885	118370	92199
苍山县	Cangshan	2191	60	56641	52654	4113	23955	141706	91986	55821
费 县	Feixian	2269	86	28379	24506	3500	22794	133207	109850	83098
平邑县	Pingyi	2290	96	27420	23490	2731	23109	160810	73148	55939
莒南县	Junan	2180	75	32816	28817	3285	23958	173424	79713	59882
蒙阴县	Mengyin	1725	54	18822	14869	1724	16466	99754	38204	18943
临沭县	Linshu	1329	7	21047	17146	2559	19234	108882	66491	50709

2-1-6 续表 3 continued

地 区	Area	境内公路里程(公里) Length of Highway (km)	高等级公路(公里) First-class Highway (km)	民用汽车拥有量(辆) Number of Civil Motor Vehicles (unit)	个人汽车(辆) Personal Motor Vehicles (unit)	邮政业务总量(万元) Business Volume of Post (10 000 yuan)	电信业务总量(万元) Business Volume of Telecom-munication (10 000 yuan)	本地电话年末用户(户) Number of Local Telephone Subscr-ibers at Year-end (household)	全年用电量(万千瓦时) Annual Electricity Consumption (10 000 kw·m)	工业用电量(万千瓦时) Industrial Electricity Consumption (10 000 kw·m)
德州市	**Dezhou**									
德城区	Decheng	375	122	48281	40655	6295	129776	181305	411364	327841
陵 县	Lingxian	2444	51	29120	28261	2991	13512	114529	52773	33217
宁津县	Ningjin	1450		17816	16911	3431	12683	96354	59450	39942
庆云县	Qingyun	878		14575	13958	2366	8289	57904	28600	16217
临邑县	Linyi	2005	35	6017	3346	2938	15039	105019	88128	62987
齐河县	Qihe	2760	147	30800	25480	2779	15858	125564	148075	113666
平原县	Pingyuan	2460	24	18495	17946	3152	13141	101107	73224	67560
夏津县	Xiajin	1645	33	4625	3926	2949	12950	88893	86740	57518
武城县	Wucheng	1908	36	20582	19829	3254	10917	75094	34043	18724
乐陵市	Leling	1745		6336	4120	3038	8945	92891	53101	24922
禹城市	Yucheng	2610	68	28363	27979	2216	14739	102604	123964	107064
聊城市	**Liaocheng**									
东昌府区	Dongchangfu	2111	272	71792	33703	13627	34588	206600	241534	218194
阳谷县	Yanggu	2337	102	9767	5400	4497	16474	121697	92794	67540
莘 县	Shenxian	2841	45	1947	917	4331	15598	98467	58627	22024
茌平县	Chiping	2335	171	36998	31232	1742	15174	85431	960063	938861
东阿县	Donge	1877	32	10020	9020	2646	3803	71774	103690	74585
冠 县	Guanxian	2396	40	15890	11918	2922	11380	89550	80915	56538
高唐县	Gaotang	2359	152	35876	32247	2250	14009	105250	123068	105699
临清市	Linqing	1499	23	15130	10321	3874	18408	155053	157190	102252
滨州市	**Binzhou**									
滨城区	Bincheng	2315	108	44008	32560	5201	50789	241292	431407	371626
惠民县	Huimin	2117	58	13033	10388	1708	12846	132754	64012	42158
阳信县	Yangxin	1329	20	8188	6800	1228	9398	102963	36018	22337
无棣县	Wudi	2052	78	14138	9936	1947	12965	110188	100643	78971
沾化县	Zhanhua	2370	77	8114	6646	1217	9681	78018	69403	56585
博兴县	Boxing	1679	43	20931	15202	2916	17436	132343	114009	89774
邹平县	Zouping	2512	53	31684	24978	4251	27704	213488	494499	445359
菏泽市	**Heze**									
牡丹区	Mudan	720	326	62291	48819	9928	95479	317277	248624	173858
曹 县	Caoxian	994	328	51772	48664	3153	42919	192970	77543	40087
单 县	Shanxian	885	305	28082	25006	2482	38765	169656	68178	27991
成武县	Chengwu	503	138	20678	18816	1648	21607	88012	44010	17181
巨野县	Juye	667	175	32402	24868	2423	30543	122091	56606	24111
郓城县	Yuncheng	859	257	38106	34214	2975	38224	183856	118079	75294
鄄城县	Juancheng	526	120	33862	31957	2113	21307	88823	29405	10886
定陶县	Dingtao	396	133	23400	21453	1817	18265	83763	35032	14257
东明县	Dongming	504	389	19186	16575	2599	22289	85743	89686	63520

2-1-7 续表 continued

地 区	Area	社会消费品零售总额(万元) Total Retail Sales of Consumer Goods (10 000 yuan)	限额以上批发和零售业商品销售总额(万元) Total Sales Above Designated Size (10 000 yuan)	出口总额(万美元) Total Exports (USD 10 000)	当年实际使用外资金额(万美元) Foreign Investment Actually Used in This Year (USD 10 000)	城镇固定资产投资完成额(万元) Investment of Construction in Urban Area (10 000 yuan)	普通中学数(所) Number of Regular Secondary Schools (unit)	小学数(所) Number of Primary Schools (unit)	普通中学专任教师数(人) Fulltime Teachers of Regular Secondary Schools (person)	小学专任教师数(人) Fulltime Teachers of Primary Schools (person)
济南市	**Jinan**									
历下区	Lixia	2891144	3605578	42723	10253	1330183	15	29	1238	1988
市中区	Shizhong	2045615	1412261	63151	8090.6	1273469	21	51	2574	2127
槐荫区	Huaiyin	1809217	1675053	16813	5007.3	992040	12	45	889	1653
天桥区	Tianqiao	1504295	612639	81069	8933.5	987278	17	52	1098	1861
历城区	Licheng	1876955	2114785	136159	20601.5	2260058	33	102	3607	3052
长清县	Changqing	689612	65166	13637	9958	1715521	21	85	1989	2406
平阴县	Pingyin	435644	97713	37355	1011	445939	16	51	1536	1636
济阳县	Jiyang	459008	154435	5535	4257	524275	16	86	1554	2736
商河县	Shanghe	311385	42348	5506	1058.4	119862	24	82	1682	2289
章丘市	Zhangqiu	1443294	469333	27853	20187.3	1681114	37	168	4175	4580
青岛市	**Qingdao**									
市南区	Shinan	2127771	4828291	512168	11556	821894	12	31	782	1763
市北区	Shibei	1869689		111128	22300	766920	12	39	737	1639
四方区	Sifang	904287	981820	71554	3730	278340	7	29	507	1413
黄岛区	Huangdao	766637	2156188	739289	125000	2542541	11	32	1374	1357
崂山区	Laoshan	642879	6868375	250192	11100	1118857	15	29	986	996
李沧区	Licang	1263039	1462828	143253	27592	763000	11	30	962	1417
城阳区	Chengyang	787154	818831	531062	55000	2452793	16	66	2134	2106
胶州市	Jiaozhou	1256361	250560	330827	24511	2014078	29	113	3155	3943
即墨市	Jimo	1525959	423361	295451	27605	2523712	50	187	5214	5051
平度市	Pingdu	1380016	497308	82475	16360	2018390	54	205	5466	5767
胶南市	Jiaonan	1102192	343164	190528	16780	1301467	33	91	3954	4122
莱西市	Laixi	1021742	262329	121619	15925	1926382	37	107	3641	2835
淄博市	**Zibo**									
淄川区	Zichuan	1153845	716615	57350	2142	1201763	32	64	3406	2738
张店区	Zhangdian	2166439	2886357	99594	14270	1703076	44	55	3266	2886
博山区	Boshan	787206	284952	29196	2043	891986	25	43	2289	1425
临淄区	Linzi	1034372	847179	53000	6319	1400184	33	57	3569	2453
周村区	Zhoucun	690846	211648	39848	4500	885700	14	28	1537	1253
桓台县	Huantai	734228	392200	43514	15393	1157127	23	46	3349	1652
高青县	Gaoqing	185080	115049	12202	2376	194683	14	43	1610	1494
沂源县	Yiyuan	544109	137444	13670	320	315434	21	53	2509	2211
枣庄市	**Zaozhuang**									
市中区	Shizhong	469692	293315	16218	1920	425340	24	59	2220	2281
薛城区	Xuecheng	304460	67618	4388	5157	578865	27	72	2157	2441
峄城区	Yicheng	229457	12733	2910	3114	465149	16	61	1299	1702
台儿庄区	Taierzhuang	240745	78562	4148	2335	236624	13	54	1042	1453
山亭区	Shanting	268723	8464	4945	96	175650	19	138	1590	2784
滕州市	Tengzhou	1389098	945733	17121	5596	1290501	60	284	6164	7456

2−1−7 续表 1 continued

地 区	Area	社会消费品零售总额(万元) Total Retail Sales of Consumer Goods (10 000 yuan)	限额以上批发和零售业商品销售总额(万元) Total Sales Above Designated Size (10 000 yuan)	出口总额(万美元) Total Exports (USD 10 000)	当年实际使用外资金额(万美元) Foreign Investment Actually Used in This Year (USD 10 000)	城镇固定资产投资完成额(万元) Investment of Construction in Urban Area (10 000 yuan)	普通中学数(所) Number of Regular Secondary Schools (unit)	小学数(所) Number of Primary Schools (unit)	普通中学专任教师数(人) Fulltime Teachers of Regular Secondary Schools (person)	小学专任教师数(人) Fulltime Teachers of Primary Schools (person)
东营市	**Dongying**									
东营区	Dongying	1461586	1296310	39851	4820	1027815	35	46	5616	1913
河口区	Hekou	176458	51654	3671	1406.5	771782	12	20	1082	915
垦利县	Kenli	130358	73328.5	16007	991	844328	9	30	1002	922
利津县	Lijin	188671	45468	5889	1450	255601	21	45	1588	1237
广饶县	Guangrao	332654	515972	92316	5700	1375140	18	43	3019	2362
烟台市	**Yantai**									
芝罘区	Zhifu	2382575	3357214	135951	382674	1544301	26	47	2923	1838
福山区	Fushan	776633	1171764	1287895	38630	2878014	22	67	2047	1677
牟平区	Mouping	560158	101271	57432	4499	656139	24	26	2475	1647
莱山区	Laishan	371813	191480	71188	7326	1369731	10	22	935	562
长岛县	Changdao	91273	9298	2045		27025	4	7	236	169
龙口市	Longkou	1219600	1088312	100579	60800	2518307	44	82	3717	2072
莱阳市	Laiyang	1026277	571293	56658	8087	732957	41	93	4825	3111
莱州市	Laizhou	1209627	486512	84565	7594	1417520	44	90	4053	2484
蓬莱市	Penglai	634369	370795	45517	8606	1317030	19	66	2228	1590
招远市	Zhaoyuan	712884	599520	91779	8803	1095736	34	66	3005	1916
栖霞市	Qixia	601160	71098	20410	1301	175484	34	50	3249	2122
海阳市	Haiyang	648025	323279	39022	4300	1315840	34	90	2412	2455
潍坊市	**Weifang**									
潍城区	Weicheng	708805	723674	21084	1475	499600	13	40	1601	1827
寒亭区	Hanting	268408	73257	15392	2581	433104	14	62	1381	1406
坊子区	Fangzi	201564.5	21903	29876	527	413512	11	71	1760	1040
奎文区	Kuiwen	636441	465827	40645	1029	651276	9	24	553	1200
临朐县	Linqu	523450	136024	11123	2424	641410	40	174	3821	4206
昌乐县	Changle	497333	183141	35152	6726	535027	31	94	3246	2828
青州市	Qingzhou	894388	736886	29554	4088	1327838	48	153	4007	4105
诸城市	Zhucheng	914146	1007780	70511	1613	1088882	48	159	4637	4311
寿光市	Shouguang	924571	871060	87897	9152	1189557	42	173	4656	4314
安丘市	Anqiu	634022	265168	38107	779	641215	49	168	4763	3840
高密市	Gaomi	743262	634880	81864	2414	846373	42	109	3982	3428
昌邑市	Changyi	667418	139445	28800	5850	522915	29	86	2219	2270
济宁市	**Jining**									
市中区	Shizhong	947477	783945	8858	1398	440924	11	44	1294	2075
任城区	Rencheng	548528	376862	10349	346	422053	18	42	1616	1272
微山县	Weishan	431000	360975	3795	1444	479879	32	151	2618	3057
鱼台县	Yutai	313043	106527	836	730	314477	20	72	1922	1789
金乡县	Jinxiang	367716	127220	14990	810	352893	26	127	2440	2349
嘉祥县	Jiaxiang	392461	116592	6880	816	289127	31	171	4026	4079

2-1-7 续表 2 continued

地区	Area	社会消费品零售总额（万元）Total Retail Sales of Consumer Goods (10 000 yuan)	限额以上批发和零售业商品销售总额（万元）Total Sales Above Designated Size (10 000 yuan)	出口总额（万美元）Total Exports (USD 10 000)	当年实际使用外资金额（万美元）Foreign Investment Actually Used in This Year (USD 10 000)	城镇固定资产投资完成额（万元）Investment of Construction in Urban Area (10 000 yuan)	普通中学数（所）Number of Regular Secondary Schools (unit)	小学数（所）Number of Primary Schools (unit)	普通中学专任教师数（人）Fulltime Teachers of Regular Secondary Schools (person)	小学专任教师数（人）Fulltime Teachers of Primary Schools (person)
汶上县	Wenshang	362322	186000	3879	1325	496618	32	138	2563	3090
泗水县	Sishui	369260	117294	8600	763	198630	22	96	1749	2785
梁山县	Liangshan	344022	159399	1237	318	242164	25	135	2253	3392
曲阜市	Qufu	682721	165487	8929	4812	420173	30	96	2751	2672
兖州市	Yanzhou	724267	202265	28272	10650	1103896	22	73	2407	1897
邹城市	Zoucheng	1080361	679746	7047	960	741137	40	181	5134	5492
泰安市	**Taian**									
泰山区	Taishan	1012008	387286	15446	16880	818720	14	54	1315	1466
岱岳区	Daiyue	606557	234854	11508	18880	791432	33	121	2696	3447
宁阳县	Ningyang	555333	190000	3556	17540	790350	26	73	2905	3414
东平县	Dongping	403000	120399	1712	8700	650954	26	127	3086	3012
新泰市	Xintai	1051356	711389	127440	70092	1419940	38	176	4766	5916
肥城市	Feicheng	1000212	394530	91559	57550	1449728	35	142	4361	4702
威海市	**Weihai**									
环翠区	Huancui	1662148	2265014	487464	32608	3177336	25	40	3041	1987
文登市	Wendeng	1204829	572972	83113	7396	1467383	25	33	4919	3791
荣成市	Rongcheng	1270001	398785	130252	16248	2014358	34	43	3918	2088
乳山市	Rushan	710274	272943	44649	4984	1221867	27	23	2854	1725
日照市	**Rizhao**									
东港区	Donggang	1049800	591884	149700	44607	2909945	31	128	3194	2930
岚山区	Lanshan	307237	45519	72304	3015	1338793	14	54	1627	1364
五莲县	Wulian	274000	75332	12417	810.7	416408	24	101	1989	2022
莒　县	Juxian	529440	106000	18131	2716	548620	52	218	4317	4327
莱芜市	**Laiwu**									
莱城区	Laicheng	1041300	661284	36594	11627	1455475	45	150	5057	4733
钢城区	Gangcheng	314700	1099400	84979	2873	461346	15	43	1033	1077
临沂市	**Linyi**									
兰山区	Lanshan	2307136	2164714	62928	70190	1572088	31	98	4692	4394
罗庄区	Luozhuang	491841	744122	41414	5071	617300	20	53	1774	2087
河东区	Hedong	482685	256947	31640	6870	956435	17	101	2151	2206
沂南县	Yinan	416122	126016	7626	334	310819	31	152	3477	3647
郯城县	Tancheng	617865	314058	5788	1016	582249	42	190	3360	3934
沂水县	Yishui	644722	138902	26277	2570	40100	40	198	3461	4255
苍山县	Cangshan	654333	315759	4226	2510	391569	50	252	3589	4632
费　县	Feixian	500212	445000	21293	712	294853	32	150	3646	3252
平邑县	Pingyi	597168	268333	10731	1498	478696	36	147	3474	3883
莒南县	Junan	610997	161164	31541	154	445627	36	147	2202	3474
蒙阴县	Mengyinxian	373936	279069	5262	1001	282400	24	93	2413	2576
临沭县	Linshu	327277	173624	14232	1154	563165	25	93	2618	2576

2-1-7 续表 3 continued

地区	Area	社会消费品零售总额(万元) Total Retail Sales of Consumer Goods (10 000 yuan)	限额以上批发和零售业商品销售总额(万元) Total Sales Above Designated Size (10 000 yuan)	出口总额(万美元) Total Exports (USD 10 000)	当年实际使用外资金额(万美元) Foreign Investment Actually Used in This Year (USD 10 000)	城镇固定资产投资完成额(万元) Investment of Construction in Urban Area (10 000 yuan)	普通中学数(所) Number of Regular Secondary Schools (unit)	小学数(所) Number of Primary Schools (unit)	普通中学专任教师数(人) Fulltime Teachers of Regular Secondary Schools (person)	小学专任教师数(人) Fulltime Teachers of Primary Schools (person)
德州市	**Dezhou**									
德城区	Decheng	1166796	561534	35125	10319	1149340	25	76	1588	2299
陵　县	Lingxian	352983	86002	7182	936	518599	18	143	1487	2664
宁津县	Ningjin	354104	105683	5539	324	508430	19	62	1792	1979
庆云县	Qingyun	285658	23669	2380	950	317454	16	56	1448	1589
临邑县	Linyi	414858	102274	22621	1709	672281	20	60	2031	3118
齐河县	Qihe	411551	168799	6233	131	632090	22	131	2144	3041
平原县	Pingyuan	327575	91331	2837	2010	448801	6	87	1192	2691
夏津县	Xiajin	304884	71547	1510	405	582382	21	112	1731	2602
武城县	Wucheng	302996	71981	2609	551	483824	18	60	1563	1641
乐陵市	Leling	399141	325972	6741	1033	454531	32	118	2066	3140
禹城市	Yucheng	397968	100151	15249	2023	628102	22	108	1793	2390
聊城市	**Liaocheng**									
东昌府区	Dongchangfu	879450	293397	26809	1587	289432	38	124	3209	3928
阳谷县	Yanggu	462895	39370	8940	937	316995	28	107	2714	3418
莘　县	Shenxian	566449	59802	3177	611	142360	32	212	2443	3978
茌平县	Chiping	380049	243820	35262	786	487912	22	88	2363	2229
东阿县	Donge	266797	280784	5660	627	492802	14	55	1449	1571
冠　县	Guanxian	409633	57258	17421	737	264790	19	87	1636	2409
高唐县	Gaotang	408176	182379	15497	1606	411551	16	89	2504	2257
临清市	Linqing	593801	355740	28084	860	654449	29	93	2320	2531
滨州市	**Binzhou**									
滨城区	Bincheng	849578	592598.1	70396	3888	1239644	29	79	2281	2882
惠民县	Huimin	363268	260124.3	1361	201	330865	22	112	1796	2479
阳信县	Yangxin	202451	112660.9	15071	267	538627	20	14	1576	1760
无棣县	Wudi	302504	299114.4	2266	1030	624350	22	75	1850	2048
沾化县	Zhanhua	282418	400775.5	810	3511	763634	19	69	1592	1580
博兴县	Boxing	378959	1281918.7	24786	869	649849	25	74	1978	2381
邹平县	Zouping	656994	374233	115418	20299	438900	24	58	2984	2796
菏泽市	**Heze**									
牡丹区	Mudan	656201	985201	17671	2342	829141	61	242	5151	6980
曹　县	Caoxian	559595	453816	26885	889	181238	58	321	4023	7091
单　县	Shanxian	500385	330320	5571	1774	344463	52	189	3986	5012
成武县	Chengwu	270904	164734	1787	870	125741	35	131	2947	3628
巨野县	Juye	395120	279297	9660	2693	383187	35	176	2993	4392
郓城县	Yuncheng	469754	317557	6113	548	196628	53	266	4262	6774
鄄城县	Juancheng	333451	184850	8856	190	148996	33	148	2476	3780
定陶县	Dingtao	264120	252725	2783	500	173585	21	124	2313	3181
东明县	Dongming	307778	1122552	4423	1000	219471	33	143	2603	3382

2-1-8　续表　continued

地　区	Area	普通中学在校学生数（人）Students Enrollment of Regular Secondary Schools (person)	小学在校学生数（人）Students Enrollment of Primary Schools (person)	专业技术人员数（人）Professionals Counts (person)	农业技术人员（人）Agricultural Technique Workers (person)	农业科技与服务单位个数（个）Number of Agricultural Science, Technology and Service (unit)	全年专利申请数（件）Whole Year Patented Claim Number (unit)	公共图书馆图书总藏量（千册）Total Books Reserved in Public Libraries (1000 volumes)	医院、卫生院数（所）Number of Hospital (unit)	医院、卫生院床位数（床）Beds of Hospitals (bed)
济南市	**Jinan**									
历下区	Lixia	16494	34810	28340			2849	100	46	4688
市中区	Shizhong	30835	35265			13	1458	75	34	3215
槐荫区	Huaiyin	9548	23741	8569	54	17	1529	45	19	4953
天桥区	Tianqiao	10342	28552	4356	37	4	1440	61	2	304
历城区	Licheng	53216	49965	15413	589	12	2500	370	37	1885
长清县	Changqing	24624	37826	14400	695	64	576	80	12	900
平阴县	Pingyin	18785	23024	8090	567	63	225	30.1	14	999
济阳县	Jiyang	24193	35888	12520	378	36	209	97.3	10	752
商河县	Shanghe	23650	41744	7656	320	105	59	50	16	821
章丘市	Zhangqiu	55627	75096	33968	832	142	739	430	39	4451
青岛市	**Qingdao**									
市南区	Shinan	10948	29096				956	130	17	2945
市北区	Shibei	9329	21765	6126			402	200	24	4778
四方区	Sifang	6412	18645				1303	147	28	3216
黄岛区	Huangdao	14684	25256	46022	162	12	720	200	9	1025
崂山区	Laoshan	11430	14457	13960	233	14	1615	415	12	1173
李沧区	Licang	13057	22205	8205			304	260	16	1827
城阳区	Chengyang	24071	35707	23558	677	25	1403	988	15	1909
胶州市	Jiaozhou	42607	58042	34500	7105	50	312	371	24	2193
即墨市	Jimo	63631	73735	73358	11100	134	956	500	40	4320
平度市	Pingdu	65888	89033	37900	815	148	116	349	44	2829
胶南市	Jiaonan	42626	53473	43438	643	78	385	432	22	2155
莱西市	Laixi	45972	34774	34520	6482	91	61	380	42	2825
淄博市	**Zibo**									
淄川区	Zichuan	45741	38014	17676	376	54	509	77	34	2672
张店区	Zhangdian	49258	46091	62365	385	32	1512	82	50	4819
博山区	Boshan	29966	22644	38738	267	18	614	140	31	2511
临淄区	Linzi	42656	33860	12515	345	56	666	129	15	2218
周村区	Zhoucun	20915	19521	21500	214	32	537	136	10	1820
桓台县	Huantai	33008	30243	20500	462	66	605	143	28	1858
高青县	Gaoqing	16102	21803	7557	57	18	169	89	19	682
沂源县	Yiyuan	43674	31343	23658	1611	43	274	140	16	974
枣庄市	**Zaozhuang**									
市中区	Shizhong	35595	42531	7627	170	70	288	519	28	3218
薛城区	Xuecheng	38358	37900	8369	195	145	145	92	18	1725
峄城区	Yicheng	17536	29341	9426	540	10	192	62	10	624
台儿庄区	Taierzhuang	18112	20871	6518	265	22	65	52	10	1196
山亭区	Shanting	29162	38051	7323	459	180	357	9	14	595
滕州市	Tengzhou	105854	108650	48374	1485	267	379	245	48	3812

2-1-8 续表 1 continued

地 区	Area	普通中学在校学生数(人) Students Enrollment of Regular Secondary Schools (person)	小学在校学生数(人) Students Enrollment of Primary Schools (person)	专业技术人员数(人) Professionals Counts (person)	农业技术人员(人) Agricultural Technique Workers (person)	农业科技与服务单位个数(个) Number of Agricultural Science, Technology and Service (unit)	全年专利申请数(件) Whole Year Patented Claim Number (unit)	公共图书馆图书总藏量(千册) Total Books Reserved in Public Libraries (1000 volumes)	医院、卫生院数(所) Number of Hospital (unit)	医院、卫生院床位数(床) Beds of Hospitals (bed)
东营市	**Dongying**									
东营区	Dongying	61025	29954	23187	98	39	1886	1839	56	5191
河口区	Hekou	9177	19330	7267	444	14	260	128.5	15	954
垦利县	Kenli	14775	12154	7405	297	21	319	81	8	796
利津县	Lijin	17115	21413	8197	173	57	140	83	11	880
广饶县	Guangrao	31232	29373	16513	837	60	339	230	22	2163
烟台市	**Yantai**									
芝罘区	Zhifu	46167	36506	44051	351	35	888	1450	20	5342
福山区	Fushan	23588	19893	35293	412	23	862	262	23	1424
牟平区	Mouping	28472	16728	18471	183	59	248	260	21	1366
莱山区	Laishan	11650	7906	13120	230	9	250	2500	14	581
长岛县	Changdao	2513	2140	2416	161	3	3	67	10	203
龙口市	Longkou	43451	33139	21412	642	56	906	1256	31	2882
莱阳市	Laiyang	51414	32899	128584	2712	182	142	211	40	2678
莱州市	Laizhou	51943	38049	28138	2900	69	641	306	42	2874
蓬莱市	Penglai	25726	18641	31093	3449	100	562	526	23	2046
招远市	Zhaoyuan	36806	26567	27590	1762	78	602	350	19	1714
栖霞市	Qixia	39175	23800	31200	850	72	133	95	21	1387
海阳市	Haiyang	38374	25366	13798	486	37	164	118	22	2059
潍坊市	**Weifang**									
潍城区	Weicheng	12665	25773	7812	40	10	350		14	1526
寒亭区	Hanting	15020	20410	21956	3105	82	199	122	16	1267
坊子区	Fangzi	8317	18118	1887	10	6	236	10	7	683
奎文区	Kuiwen	7838	26033	11242	96	7	280	105	18	4004
临朐县	Linqu	39921	46711	33418	9696	37	275	230	21	1833
昌乐县	Changle	34972	36683	24380	4960	122	253	110	23	1882
青州市	Qingzhou	55259	66566	43347	7432	36	441	986	31	4234
诸城市	Zhucheng	65235	75983	51331	13392	85	600	1500	35	3968
寿光市	Shouguang	55766	79738	55961	16593	51	562	230	31	3082
安丘市	Anqiu	53692	55470	31136	13528	130	301	139	28	2353
高密市	Gaomi	46416	58690	45966	6308	60	424	191	15	1934
昌邑市	Changyi	29341	40405	20901	4465	81	243	210	23	1520
济宁市	**Jining**									
市中区	Shizhong	13977	35644	5542	72	10	683	50	29	4869
任城区	Rencheng	22464	21342	1254	378	22	289	200	16	832
微山县	Weishan	29777	44588	10325	401	113	205	58	26	1538
鱼台县	Yutai	25434	34011	7565	1968	58	80	56	14	884
金乡县	Jinxiang	34174	43159	8848	398	86	187	89	16	1382
嘉祥县	Jiaxiang	68689	69429	12432	1181	131	293	100	21	1739

2-1-8 续表 2 continued

地 区	Area	普通中学在校学生数（人）Students Enrollment of Regular Secondary Schools (person)	小学在校学生数（人）Students Enrollment of Primary Schools (person)	专业技术人员数（人）Professionals Counts (person)	农业技术人员（人）Agricultural Technique Workers (person)	农业科技与服务单位个数（个）Number of Agricultural Science, Technology and Service (unit)	全年专利申请数（件）Whole Year Patented Claim Number (unit)	公共图书馆图书总藏量（千册）Total Books Reserved in Public Libraries (1000 volumes)	医院、卫生院数（所）Number of Hospital (unit)	医院、卫生院床位数（床）Beds of Hospitals (bed)
汶上县	Wenshang	50080	62040	17620	1300	112	268	22.8	17	1158
泗水县	Sishui	24529	35014	10309	1023	86	168	13	18	1505
梁山县	Liangshan	39635	54151	11370	286	107	219	112	28	1130
曲阜市	Qufu	26816	38406	15285	363	60	283	115	18	1312
兖州市	Yanzhou	24323	32958	12477	1085	90	483	852.8	27	3382
邹城市	Zoucheng	66892	67851	30182	980	380	630	660	48	5383
泰安市	**Taian**									
泰山区	Taishan	13855	29063	933	130	8	1495	100	26	470
岱岳区	Daiyue	28680	62342	12416	417	133	174	1	19	1067
宁阳县	Ningyang	38962	46991	26212	845	65	449	55	16	1891
东平县	Dongping	28850	48801	17966	1383	91	289	46	20	1399
新泰市	Xintai	100226	70692	59392	1751	139	1320	579	70	5920
肥城市	Feicheng	60235	40050	35813	851	198	585	461	52	3425
威海市	**Weihai**									
环翠区	Huancui	42300	39095	31181	683	43	1477	300	19	3561
文登市	Wendeng	54106	52809	14896	945	121	809	399.8	26	3990
荣成市	Rongcheng	43753	30674	12430	1140	136	509	406	37	4818
乳山市	Rushan	32743	16448	13535	383	78	129	302	19	2728
日照市	**Rizhao**									
东港区	Donggang	40330	52100	26260	1440	69	568	7580	26	3441
岚山区	Lanshan	18704	26972	14211	541	36	167	60	10	522
五莲县	Wulian	29096	32193	10036	326	61	104	118	17	1049
莒 县	Juxian	47483	69282	27039	290	28	233	100	38	1759
莱芜市	**Laiwu**									
莱城区	Laicheng	63520	60248	14568	183	91	709	114.6	35	2991
钢城区	Gangcheng	13778	17482	13603	143	5	288	40	7	1477
临沂市	**Linyi**									
兰山区	Lanshan	63592	85094	43006	1181	20	975	242	49	7334
罗庄区	Luozhuang	17634	34836	13018	131	13	203	65	13	1718
河东区	Hedong	25825	42670	8388	598	46	166	382	14	1613
沂南县	Yinan	24808	67216	25562	2650	54	124	84	34	2487
郯城县	Tancheng	66765	63528	12230	781	106	131	400	40	2326
沂水县	Yishui	44422	61483	15328	784	125	167	215	27	2855
苍山县	Cangshan	55599	96397	17110	650	98	122	90	28	3365
费 县	Feixian	28497	53931	18281	839	101	184	163	23	2010
平邑县	Pingyi	29921	72288	31802	3025	119	64	100	23	2569
莒南县	Junan	49752	67417	24166	2207	65	146	368	23	2540
蒙阴县	Mengyin	22086	38922	16542	761	66	54	156	16	1259
临沭县	Linshu	33279	48443	13986	407	66	241	154.7	14	1595

2-1-8 续表 3 continued

地 区	Area	普通中学在校学生数(人) Students Enrollment of Regular Secondary Schools (person)	小学在校学生数(人) Students Enrollment of Primary Schools (person)	专业技术人员数(人) Professionals Counts (person)	农业技术人员(人) Agricultural Technique Workers (person)	农业科技与服务单位个数(个) Number of Agricultural Science, Technology and Service (unit)	全年专利申请数(件) Whole Year Patented Claim Number (unit)	公共图书馆图书总藏量(千册) Total Books Reserved in Public Libraries (1000 volumes)	医院、卫生院数(所) Number of Hospital (unit)	医院、卫生院床位数(床) Beds of Hospitals (bed)
德州市	**Dezhou**									
德城区	Decheng	38504	49356	16069	920	29	469	52	16	2672
陵 县	Lingxian	24470	39162	7688	571	10	74	48	16	1575
宁津县	Ningjin	24944	32488	11248	3418	15	103	50	13	995
庆云县	Qingyun	17821	24349	4990	253	43	55	3.5	16	776
临邑县	Linyi	23611	33640	14612	543	70	43	60	16	1486
齐河县	Qihe	24410	41291	22883	2161	125	61	47	20	1302
平原县	Pingyuan	20523	33240	11943	566	50	30	70	21	802
夏津县	Xiajin	17501	38243	8264	331	59	58	35.5	19	629
武城县	Wucheng	22270	28218	5627	341	33	59	82	11	824
乐陵市	Leling	28316	48418	9311	280	25	54	40	18	738
禹城市	Yucheng	22298	35154	14941	618	22	81	100	18	1304
聊城市	**Liaocheng**									
东昌府区	Dongchangfu	51928	77202	14450	611	101	389	198	40	5956
阳谷县	Yanggu	42893	55548	13435	273	136	130	30	24	1365
莘 县	Shenxian	43174	75252	12925	341	163	43	36	26	1331
茌平县	Chiping	28046	33702	12133	64	92	99	122	22	1460
东阿县	Donge	20287	23705	8858	249	49	102	48	17	1166
冠 县	Guanxian	17955	41721	8055	316	105	32	60	18	1256
高唐县	Gaotang	19222	27504	8960	314	44	232	71	17	845
临清市	Linqing	32939	46708	13625	160	20	208	130	28	1909
滨州市	**Binzhou**									
滨城区	Bincheng	31837	44301	20822	78	56	304	447	18	3241
惠民县	Huimin	25279	42815	6795	26	20	79	102	18	1490
阳信县	Yangxin	18449	29672	5681	32	16	51	81	11	600
无棣县	Wudi	18596	30928	7435	102	15	62	130	14	1147
沾化县	Zhanhua	18514	23064	4943	469	14	17	50	14	491
博兴县	Boxing	27142	38646	8928	129	56	115	110	13	1198
邹平县	Zouping	45701	56873	10350	216	80	313	178	18	1223
菏泽市	**Heze**									
牡丹区	Mudan	94443	126380	34979	2841	142	359	185.4	63	4473
曹 县	Caoxian	91619	147617	17774	2531	60	205	48.5	38	3529
单 县	Shanxian	75559	103312	13770	1255	80	121	93.9	30	2206
成武县	Chengwu	38683	52695	14122	976	57	83	10.6	20	1126
巨野县	Juye	55562	84038	13470	755	94	71	85	40	2502
郓城县	Yuncheng	72582	123760	19499	1617	80	95	104.7	24	2177
鄄城县	Juancheng	52737	72081	11932	1405	63	83	22.4	19	1289
定陶县	Dingtao	40829	53340	10647	1278	83	42	48.1	27	1204
东明县	Dongming	46865	76338	13566	1745	47	119	35.1	20	1418

2-1-9 续表 continued

地区	Area	医院、卫生院卫生技术人员数（人）Medical Technical Personnal of Hospitals (person)	医生（人）Doctor (person)	城镇在岗职工年平均人数（人）Annual Average Number of Fully-employed Workers in Town (person)	城镇在岗职工工资总额（万元）Total Wages of Fully-employed Workers in Town (10 000 yuan)	农村居民人均纯收入（元）Annual Per Capita Net Income (yuan)	农民人均住房面积（平方米）Per Capita Living Floor Space of Rural Residents (sq.m)	农民文化娱乐消费比重（%）Proportion of Farmer Cultural Entertainm-ent Expens (percentage)	农村彩电普及率（%）Adoption Rate of Rural Colour TV (percentage)	农村恩格尔系数（%）Rural Engel's Coeffici-ent (percentage)
济南市	**Jinan**									
历下区	Lixia	4470	1563	226523	867962	9138	57	5.6	100.0	36.1
市中区	Shizhong	3705	1930	139964	522836	8095	57	5.6	100.0	36.1
槐荫区	Huaiyin	5678	2275	93697	283574	8344	36	5.2	100.0	32.6
天桥区	Tianqiao	318	154	133601	423528	7839	43	5.5	100.0	43.2
历城区	Licheng	2635	1140	163257	586218	7893	49	4.4	100.0	36.8
长清县	Changqing	1370	463	83505	188387	7517	43	4.9	100.0	39.8
平阴县	Pingyin	1460	844	50991	86321	6205	35	2.1	100.0	38.1
济阳县	Jiyang	1558	450	42251	72584	6219	24	3.6	100.0	40.0
商河县	Shanghe	1090	467	29741	51245	5336	31	3.3	100.0	39.7
章丘市	Zhangqiu	5086	2652	141768	410092	8495	40	2.4	100.0	33.3
青岛市	**Qingdao**									
市南区	Shinan	3106	1349	148968	646459					
市北区	Shibei	5681	2012	40957	137537					
四方区	Sifang	3600	1421	45412	145650					
黄岛区	Huangdao	1050	495	199310	555776	9659	34	12.9	100.0	38.0
崂山区	Laoshan	922	367	46959	149518	9853	36	8.5	100.0	38.1
李沧区	Licang	2133	958	50840	137487					
城阳区	Chengyang	1511	629	161756	435785	8981	34	12.2	100.0	36.1
胶州市	Jiaozhou	2871	1232	131682	314944	8436	38	10.2	100.0	30.7
即墨市	Jimo	5191	1713	131594	319685	8393	29	8.2	100.0	39.8
平度市	Pingdu	4559	1477	74840	169958	8135	27	5.9	99.9	40.2
胶南市	Jiaonan	2462	1020	124252	280598	8283	27	13.2	100.0	37.4
莱西市	Laixi	3904	2377	99370	213282	8150	34	4.6	100.0	35.7
淄博市	**Zibo**									
淄川区	Zichuan	2697	1123	68364	192896	7722	35	7.1	100.0	36.5
张店区	Zhangdian	4159	2185	200514	576728	9054	47	9.1	100.0	33.0
博山区	Boshan	2359	983	40618	90480	7357	31	5.8	100.0	38.5
临淄区	Linzi	2308	971	83524	265405	8267	39	6.4	100.0	40.2
周村区	Zhoucun	1911	780	47998	93051	7880	37	6.0	100.0	32.2
桓台县	Huantai	2081	924	49337	122102	8048	31	7.7	100.0	32.5
高青县	Gaoqing	567	338	20201	42030	5815	34	4.5	99.0	34.6
沂源县	Yiyuan	1218	662	60170	131257	5786	28	10.1	94.0	35.7
枣庄市	**Zaozhuang**									
市中区	Shizhong	2893	1743	34797	71286	6436	33	6.7	100.0	41.7
薛城区	Xuecheng	2104	1101	31480	63115	5997	30	5.6	100.0	40.6
峄城区	Yicheng	839	397	26426	44088	5673	30	5.5	97.0	36.4
台儿庄区	Taierzhuang	923	456	19532	32698	5266	32	3.5	93.0	40.9
山亭区	Shanting	874	511	13921	21199	4588	28	3.9	99.0	39.6
滕州市	Tengzhou	5423	2431	193933	507580	6231	38	4.3	100.0	37.5

2-1-9 续表 1 continued

地 区	Area	医院、卫生院卫生技术人员数(人) Medical Technical Personnal of Hospitals (person)	医生(人) Doctor (person)	城镇在岗职工年平均人数(人) Annual Average Number of Fully-employed Workers in Town (person)	城镇在岗职工工资总额(万元) Total Wages of Fully-employed Workers in Town (10 000 yuan)	农村居民人均纯收入(元) Annual Per Capita Net Income (yuan)	农民人均住房面积(平方米) Per Capita Living Floor Space of Rural Residents (sq.m)	农民文化娱乐消费比重(%) Proportion of Farmer Cultural Entertainm-ent Expens (percentage)	农村彩电普及率(%) Adoption Rate of Rural Colour TV (percentage)	农村恩格尔系数(%) Rural Engel's Coeffici-ent (percentage)
东营市	**Dongying**									
东营区	Dongying	6442	2627	35507	96868	6738	38	4.9	100.0	34.5
河口区	Hekou	1054	632	16208	44770	6489	29	3.6	99.5	32.1
垦利县	Kenli	771	336	23665	58227	6485	32	7.9	100.0	34.5
利津县	Lijin	877	343	16000	38258	6257	36	8.0	100.0	42.4
广饶县	Guangrao	2271	1005	60312	167507	6985	32	5.0	99.0	39.2
烟台市	**Yantai**									
芝罘区	Zhifu	5877	2825	144744	451280	9310	33	12.7	100.0	37.4
福山区	Fushan	1151	536	201361	705903	8978	35	4.4	100.0	37.7
牟平区	Mouping	1395	543	36133	86854	7750	24	4.0	100.0	44.4
莱山区	Laishan	730	288	44071	119239	8833	29	12.5	98.0	35.3
长岛县	Changdao	241	118	5113	12269	10019	25	6.4	100.0	42.9
龙口市	Longkou	3856	1846	69947	196118	9012	37	12.6	100.0	40.0
莱阳市	Laiyang	3506	1115	68267	149614	7075	28	13.6	100.0	35.4
莱州市	Laizhou	3184	1502	68902	166284	8450	32	18.0	100.0	31.1
蓬莱市	Penglai	2057	1276	46361	117871	8547	27	19.2	100.0	29.1
招远市	Zhaoyuan	2447	1217	60318	155065	8488	26	17.2	100.0	39.9
栖霞市	Qixia	1923	759	36426	68634	6421	26	15.6	93.0	43.0
海阳市	Haiyang	1700	863	29605	67306	7238	31	2.3	100.0	42.1
潍坊市	**Weifang**									
潍城区	Weicheng	1482	416	33535	79592	7540	35	10.6	100.0	33.3
寒亭区	Hanting	1150	645	25063	58164	7509	37	6.9	100.0	33.0
坊子区	Fangzi	788	321	39996	83747	7239	32	5.0	100.0	35.0
奎文区	Kuiwen	3542	1691	59409	149473	7648	41	8.8	100.0	35.6
临朐县	Linqu	2389	1232	44110	79076	6073	31	2.1	100.0	39.9
昌乐县	Changle	1971	1121	41967	89376	6543	32	12.6	100.0	37.0
青州市	Qingzhou	5402	2116	53807	124735	7023	41	5.6	100.0	29.3
诸城市	Zhucheng	5113	2675	71200	193406	7701	45	7.0	100.0	31.0
寿光市	Shouguang	4650	1976	62117	169486	7654	45	10.6	100.0	31.0
安丘市	Anqiu	2451	1078	56957	109205	6026	25	13.2	100.0	47.7
高密市	Gaomi	2478	1164	62246	122575	6889	32	10.2	100.0	38.1
昌邑市	Changyi	1361	576	31601	65859	7059	38	4.9	100.0	35.8
济宁市	**Jining**									
市中区	Shizhong	4750	1955	79301	205913	5325	31	7.0	99.0	39.0
任城区	Rencheng	1051	410	14385	29540	6505	47	10.0	100.0	36.5
微山县	Weishan	2007	1087	34867	122047	5828	28	5.6	100.0	40.9
鱼台县	Yutai	873	313	18309	39642	5780	29	12.3	100.0	35.8
金乡县	Jinxiang	1591	702	26285	45217	5994	35	12.2	87.0	44.4
嘉祥县	Jiaxiang	1900	944	22506	42511	5554	35	16.9	100.0	36.9

2-1-9　续表 2　continued

地　　区	Area	医院、卫生院卫生技术人员数（人） Medical Technical Personnal of Hospitals (person)	医生（人） Doctor (person)	城镇在岗职工年平均人数（人） Annual Average Number of Fully-employed Workers in Town (person)	城镇在岗职工工资总额（万元） Total Wages of Fully-employed Workers in Town (10 000 yuan)	农村居民人均纯收入（元） Annual Per Capita Net Income (yuan)	农民人均住房面积（平方米） Per Capita Living Floor Space of Rural Residents (sq.m)	农民文化娱乐消费比重（%） Proportion of Farmer Cultural Entertainm-ent Expens (percentage)	农村彩电普及率（%） Adoption Rate of Rural Colour TV (percentage)	农村恩格尔系数（%） Rural Engel's Coeffici-ent (percentage)
汶上县	Wenshang	1403	597	27575	58800	5463	36	16.0	92.0	42.0
泗水县	Sishui	1539	669	20087	37006	5401	30	8.3	86.9	24.4
梁山县	Liangshan	1502	563	23066	38157	5307	32	10.8	87.3	43.7
曲阜市	Qufu	1598	607	64745	126546	6080	35	8.5	100.0	35.4
兖州市	Yanzhou	3057	1295	37719	95498	7155	34	4.5	99.3	33.0
邹城市	Zoucheng	6364	2298	146388	528099	6543	33	18.0	100.0	38.0
泰安市	**Taian**									
泰山区	Taishan	691	297	99720	239545	6680	39	5.1	99.0	42.8
岱岳区	Daiyue	1582	633	46004	87187	5460	30	3.4	97.0	44.0
宁阳县	Ningyang	2312	1482	89018	128192	5193	38	4.1	83.3	42.5
东平县	Dongping	2204	928	41286	69409	4610	41	4.6	99.0	38.6
新泰市	Xintai	7205	2738	163082	401684	7316	36	9.1	100.0	35.4
肥城市	Feicheng	3997	2118	98745	197091	6923	41	19.0	100.0	38.0
威海市	**Weihai**									
环翠区	Huancui	2877	1359	192709	457769	9093	29	4.8	100.0	34.8
文登市	Wendeng	3580	1912	67660	178386	8431	36	10.1	100.0	35.4
荣成市	Rongcheng	3958	1857	75041	191984	9116	39	12.8	100.0	34.8
乳山市	Rushan	3040	850	40280	97978	7533	38	7.3	100.0	38.6
日照市	**Rizhao**									
东港区	Donggang	2284	1756	103264	282200	6371	40	8.9	93.0	40.0
岚山区	Lanshan	561	254	39743	109581	6832	38	9.8	74.0	38.1
五莲县	Wulian	1436	804	51146	70171	5622	34	10.1	96.0	40.0
莒　县	Juxian	2318	937	46428	83476	5661	39	8.5	98.0	40.9
莱芜市	**Laiwu**									
莱城区	Laicheng	3888	2094	79924	190819	6567	39	6.0	99.5	40.2
钢城区	Gangcheng	1484	629	52209	201608	6964	32	6.0	100.0	43.0
临沂市	**Linyi**									
兰山区	Lanshan	7837	3420	135502	386994	6557	41	10.0	100.0	33.0
罗庄区	Luozhuang	1220	447	54165	140775	5452	38	4.1	100.0	48.6
河东区	Hedong	1057	363	39694	49126	5333	35	6.0	100.0	34.9
沂南县	Yinan	1485	538	34390	66486	5282	27	5.7	93.1	41.1
郯城县	Tancheng	2201	899	28358	63014	5333	35	5.9	85.4	40.3
沂水县	Yishui	2331	942	42553	95161	5308	24	3.5	94.7	44.6
苍山县	Cangshan	2272	933	29366	63663	5301	27	10.6	100.0	33.2
费　县	Feixian	1278	620	31759	65071	5282	28	22.3	90.0	40.5
平邑县	Pingyi	2458	811	45292	93782	5324	26	7.0	96.0	45.3
莒南县	Junan	1463	708	34646	71243	5295	34	9.4	96.0	39.0
蒙阴县	Mengyin	2472	655	29576	57277	5325	33	4.2	97.9	44.0
临沭县	Linshu	1290	527	26310	55448	5308	26	8.8	95.6	43.1

2-1-9 续表 3 continued

地 区	Area	医院、卫生院卫生技术人员数(人) Medical Technical Personnal of Hospitals (person)	医生(人) Doctor (person)	城镇在岗职工年平均人数(人) Annual Average Number of Fully-employed Workers in Town (person)	城镇在岗职工工资总额(万元) Total Wages of Fully-employed Workers in Town (10 000 yuan)	农村居民人均纯收入(元) Annual Per Capita Net Income (yuan)	农民人均住房面积(平方米) Per Capita Living Floor Space of Rural Residents (sq.m)	农民文化娱乐消费比重(%) Proportion of Farmer Cultural Entertainm-ent Expens (Percenta-ge)	农村彩电普及率(%) Adoption Rate of Rural Colour TV (Percenta-ge)	农村恩格尔系数(%) Rural Engel's Coeffici-ent (Percent-age)
德州市	**Dezhou**									
德城区	Decheng	1703	1172	99926	230567	8744	38	5.8	100.0	40.7
陵 县	Lingxian	1694	832	37721	46412	5618	36	6.0	100.0	40.0
宁津县	Ningjin	1246	489	17057	27972	5778	32	4.5	99.0	42.0
庆云县	Qingyun	567	420	16760	22013	5498	47	4.5	93.0	43.0
临邑县	Linyi	1501	542	28669	50189	5718	29	7.7	100.0	39.9
齐河县	Qihe	1447	751	35747	65571	5774	44	10.2	100.0	40.4
平原县	Pingyuan	1022	747	27594	43298	5618	29	9.6	100.0	37.4
夏津县	Xiajin	931	780	16566	27112	5552	30	8.0	97.0	40.0
武城县	Wucheng	1079	458	30112	50982	5566	31	19.6	92.0	35.4
乐陵市	Leling	1645	940	27603	44380	5577	31	6.5	100.0	40.0
禹城市	Yucheng	1390	491	32704	58625	5707	35	6.5	98.0	32.2
聊城市	**Liaocheng**									
东昌府区	Dongchangfu	5212	1903	91217	212263	5021	46	2.5	100.0	39.0
阳谷县	Yanggu	2155	779	27016	45082	5018	36	10.6	100.0	33.6
莘 县	Shenxian	2163	743	26545	40158	5110	39	3.7	100.0	51.1
茌平县	Chiping	1883	1472	50025	94277	5323	29	6.0	100.0	32.4
东阿县	Donge	1274	470	22422	37851	5018	38	6.4	96.7	41.5
冠 县	Guanxian	1333	552	31823	54616	5067	33	6.9	99.0	46.1
高唐县	Gaotang	961	474	53726	87308	5323	34	12.3	100.0	32.8
临清市	Linqing	2510	948	40278	66501	5017	28	11.6	100.0	36.6
滨州市	**Binzhou**									
滨城区	Bincheng	3216	1279	89319	203653	5901	44	14.7	100.0	30.4
惠民县	Huimin	1662	796	23632	43861	5107	32	8.8	96.0	29.4
阳信县	Yangxin	932	340	16283	28539	4821	39	10.3	97.0	30.1
无棣县	Wudi	911	395	18976	33614	5302	34	7.3	88.0	33.2
沾化县	Zhanhua	611	212	15070	25762	5601	33	13.8	100.0	35.0
博兴县	Boxing	1098	480	23493	55565	5896	40	14.0	100.0	33.9
邹平县	Zouping	1647	786	136464	278472	6865	32	8.5	100.0	30.0
菏泽市	**Heze**									
牡丹区	Mudan	5149	1907	103874	212031	4660	34	4.6	100.0	38.2
曹 县	Caoxian	4568	1900	31809	47664	4508	33	3.6	100.0	45.8
单 县	Shanxian	2776	1320	29045	44934	4556	24	3.6	100.0	45.0
成武县	Chengwu	1671	555	27154	39064	4679	26	4.3	98.0	46.5
巨野县	Juye	2345	906	28182	41613	4640	29	3.3	100.0	39.1
郓城县	Yuncheng	2936	1180	32855	49118	4630	30	7.9	88.0	35.1
鄄城县	Juancheng	1436	446	23232	33379	4458	22	3.9	94.0	41.0
定陶县	Dingtao	1418	755	22947	34144	4627	29	3.8	100.0	42.9
东明县	Dongming	1907	841	29943	50949	4581	28	4.0	100.0	37.2

2-1-10 续表 continued

地 区	Area	各种社会福利收养性单位数（个）Number of Social Welfare Institutions (unit)	各种社会福利收养性单位床位数（床）Beds of Social Welfare Institutions (bed)	参加基本养老保险的职工数（人）Staff Involved in Endowment Insurance (person)	参加基本医疗保险的职工数（人）Staff Involved in Medical Insurance (person)	城镇居民最低生活保障人数（人）Cities Inhabitant Lowest Social Security Population (person)	参加农村合作医疗的人数（人）Population of Participates in the Rural Cooperatives Medical Service (person)	刑事案件立案件数（件）Number of Criminal Case Put on Record (unit)
济南市	**Jinan**							
历下区	Lixia	1	30	164010	111288	89812	1699	6028
市中区	Shizhong	15	1285	122233	93178	6610	90212	6783
槐荫区	Huaiyin	2	180	133800	55861	11436	76556	4361
天桥区	Tianqiao	2	320	130909	52032	17930	71918	6625
历城区	Licheng	16	1330	144214	86553	3552	472403	4812
长清县	Changqing	14	2700	36879	30708	4591	415869	3983
平阴县	Pingyin	7	827	45637	46685	1675	263257	1131
济阳县	Jiyang	8	3102	32560	19541	4320	416476	1954
商河县	Shanghe	12	2000	28484	21318	2246	513269	1500
章丘市	Zhangqiu	33	2920	93859	70000	4088	819848	1827
青岛市	**Qingdao**							
市南区	Shinan	21	2254			5439		5305
市北区	Shibei	34	2673			14096		393
四方区	Sifang	31	2976					230
黄岛区	Huangdao	6	283	191297	160310	653	96070	1402
崂山区	Laoshan	6	652	102421	65662	529	165340	1103
李沧区	Licang	25	1650	146923	103280	8260		4314
城阳区	Chengyang	15	880	141203	145589	750	345981	1909
胶州市	Jiaozhou	19	2750	131017	147752	829	605138	2076
即墨市	Jimo	57	2528	209013	147820	1400	918853	3334
平度市	Pingdu	129	3740	107944	116930	830	1117682	2889
胶南市	Jiaonan	26	1450	181574	147919	1767	651688	3309
莱西市	Laixi	45	2738	113213	109817	1119	609986	2370
淄博市	**Zibo**							
淄川区	Zichuan	60	1942	98558	74066	4390	311074	2518
张店区	Zhangdian	24	2507	105071	114337	5498	212462	6605
博山区	Boshan	11	660	83316	88769	7017	204026	1999
临淄区	Linzi	30	960	74386	76058	3219	372836	2252
周村区	Zhoucun	7	380	59002	49400	8737	138304	1404
桓台县	Huantai	12	592	57348	51494	503	369845	1155
高青县	Gaoqing	9	869	23018	30115	643	292883	735
沂源县	Yiyuan	13	900	55734	62255	4848	411136	1135
枣庄市	**Zaozhuang**							
市中区	Shizhong	7	966	32445	28635	24216	194809	1255
薛城区	Xuecheng	9	1696	34581	33520	5054	265895	979
峄城区	Yicheng	8	2153	23289	19416	5442	255000	676
台儿庄区	Taierzhuang	6	2000	20863	16051	2174	211006	735
山亭区	Shanting	10	2132	20883	16621	13207	343239	279
滕州市	Tengzhou	23	5300	149316	128532	12445	998343	3858

2-1-10 续表 1 continued

地 区	Area	各种社会福利收养性单位数（个） Number of Social Welfare Institutions (unit)	各种社会福利收养性单位床位数（床） Beds of Social Welfare Institutions (bed)	参加基本养老保险的职工数（人） Staff Involved in Endowment Insurance (person)	参加基本医疗保险的职工数（人） Staff Involved in Medical Insurance (person)	城镇居民最低生活保障人数（人） Cities Inhabitant Lowest Social Security Population (person)	参加农村合作医疗的人数（人） Population of Participates in the Rural Cooperatives Medical Service (person)	刑事案件立案件数（件） Number of Criminal Case Put on Record (unit)
东营市	**Dongying**							
东营区	Dongying	9	970	18405	29988	3955	148744	1092
河口区	Hekou	7	525	11049	13742	1384	65956	189
垦利县	Kenli	8	835	25130	30861	1282	148223	251
利津县	Lijin	8	813	24302	33239	1979	249363	312
广饶县	Guangrao	10	1348	54173	43706	1886	379331	467
烟台市	**Yantai**							
芝罘区	Zhifu	20	1651	310976	269581	9716	66822	3642
福山区	Fushan	6	584	139606	150823	2842	200324	1049
牟平区	Mouping	15	1620	78078	74867	1077	312675	807
莱山区	Laishan	4	700	34443	24220	366	113049	163
长岛县	Changdao	4	120	5460	9896	232	19568	24
龙口市	Longkou	17	2488	120771	146761	2851	421044	519
莱阳市	Laiyang	19	1842	78197	98174	1600	580087	1072
莱州市	Laizhou	17	2500	107826	136443	3581	604648	1255
蓬莱市	Penglai	14	1461	64477	97093	1265	298256	788
招远市	Zhaoyuan	19	2168	90400	100294	2027	381411	497
栖霞市	Qixia	15	1383	52395	52395	3413	411325	827
海阳市	Haiyang	16	2200	63404	38149	1070	461172	880
潍坊市	**Weifang**							
潍城区	Weicheng	11	695	40474	48257	4626	166967	275
寒亭区	Hanting	10	810	38005	32412	1078	254839	165
坊子区	Fangzi	7	578	29862	44722	7967	203726	470
奎文区	Kuiwen	7	250	26986	34020	5370	50244	269
临朐县	Linqu	18	2000	68500	73000	1442	594500	254
昌乐县	Changle	15	696	53356	52020	1994	479349	400
青州市	Qingzhou	19	2792	116138	92580	2761	691423	456
诸城市	Zhucheng	24	2653	151660	150890	3762	859230	501
寿光市	Shouguang	19	2256	111462	107950	586	821075	521
安丘市	Anqiu	14	2191	57391	42969	1573	731529	431
高密市	Gaomi	13	2100	84088	79723	3028	633420	502
昌邑市	Changyi	11	1303	193194	65120	2203	475187	268
济宁市	**Jining**							
市中区	Shizhong	3	526	23532	18681	6998	213053	1635
任城区	Rencheng	11	1310	133643	26431	1254	370462	1398
微山县	Weishan	16	1923	40218	40036	4115	512660	1178
鱼台县	Yutai	10	1193	31642	67134	1295	376533	878
金乡县	Jinxiang	13	1272	36197	27260	2170	450368	1029
嘉祥县	Jiaxiang	15	1531	49820	26000	4203	702555	153

2−1−10　续表 2　continued

地　区	Area	各种社会福利收养性单位数（个） Number of Social Welfare Institutions (unit)	各种社会福利收养性单位床位数（床） Beds of Social Welfare Institutions (bed)	参加基本养老保险的职工数（人） Staff Involved in Endowment Insurance (person)	参加基本医疗保险的职工数（人） Staff Involved in Medical Insurance (person)	城镇居民最低生活保障人数（人） Cities Inhabitant Lowest Social Security Population (person)	参加农村合作医疗的人数（人） Population of Participates in the Rural Cooperatives Medical Service (person)	刑事案件立案件数（件） Number of Criminal Case Put on Record (unit)
汶上县	Wenshang	14	1190	48000	26500	2680	642622	207
泗水县	Sishui	14	1139	23110	25451	4486	481180	105
梁山县	Liangshan	16	500	50994	33254	1912	566030	1040
曲阜市	Qufu	13	1421	72000	58000	1962	516666	150
兖州市	Yanzhou	13	2401	109340	59638	6217	411569	800
邹城市	Zoucheng	22	4284	184265	181237	7149	777182	2223
泰安市	**Taian**							
泰山区	Taishan	5	260	63870	47098	10029	143386	1825
岱岳区	Daiyue	22	2059	48002	32977	1913	690869	908
宁阳县	Ningyang	13	2900	69300	46209	1719	605450	165
东平县	Dongping	14	2013	55600	33672	1435	598082	212
新泰市	Xintai	32	3941	203075	189523	8229	925113	809
肥城市	Feicheng	25	1846	94187	54187	4433	666466	187
威海市	**Weihai**							
环翠区	Huancui	13	2182	285989	244916	746	132768	1848
文登市	Wendeng	17	4750	127996	93939	374	413780	377
荣成市	Rongcheng	25	3921	163731	183280	452	385158	885
乳山市	Rushan	15	3180	118982	94520	236	395212	248
日照市	**Rizhao**							
东港区	Donggang	12	1490	39000	33608	2289	537248	2137
岚山区	Lanshan	8	930	24195	18932	1195	306107	344
五莲县	Wulian	14	1315	49902	38328	1901	356362	582
莒　县	Juxian	21	2480	51955	44210	4779	950010	1285
莱芜市	**Laiwu**							
莱城区	Laicheng	19	2635	220100	128324	1616	644813	1498
钢城区	Gangcheng	5	587	20910	14036	1097	183416	523
临沂市	**Linyi**							
兰山区	Lanshan	13	2421	253875	182909	15671	451079	4587
罗庄区	Luozhuang	6	760	35868	37010	357	330213	1015
河东区	Hedong	12	1995	27291	37685	207	544897	1735
沂南县	Yinan	18	1799	48289	44405	7706	750821	1060
郯城县	Tancheng	18	2064	65090	49990	3000	855150	2353
沂水县	Yishui	19	2480	61856	55600	3916	938052	1285
苍山县	Cangshan	23	4729	53231	41417	10020	1018900	2555
费　县	Feixian	19	2570	42647	66833	4248	793891	1276
平邑县	Pingyi	17	1863	48181	59261	5660	780235	1347
莒南县	Junan	18	1804	53597	53584	3622	790280	1107
蒙阴县	Mengyin	12	1389	42048	39715	3559	435479	615
临沭县	Linshu	12	1333	41137	58799	2512	546003	1362

2-1-10 续表 3 continued

地 区	Area	各种社会福利收养性单位数(个) Number of Social Welfare Institutions (unit)	各种社会福利收养性单位床位数(床) Beds of Social Welfare Institutions (bed)	参加基本养老保险的职工数(人) Staff Involved in Endowment Insurance (person)	参加基本医疗保险的职工数(人) Staff Involved in Medical Insurance (person)	城镇居民最低生活保障人数(人) Cities Inhabitant Lowest Social Security Population (person)	参加农村合作医疗的人数(人) Population of Participates in the Rural Cooperatives Medical Service (person)	刑事案件立案件数(件) Number of Criminal Case Put on Record (unit)
德州市	**Dezhou**							
德城区	Decheng	11	615	125575	179074	11478	201000	1462
陵　县	Lingxian	13	1201	31498	26998	4123	407496	862
宁津县	Ningjin	17	1302	23583	24210	2673	378087	486
庆云县	Qingyun	10	683	14494	12168	1988	236372	727
临邑县	Linyi	11	975	30152	33742	3546	424986	733
齐河县	Qihe	14	1355	42381	36970	3441	502858	824
平原县	Pingyuan	12	936	28825	31972	3724	367936	585
夏津县	Xiajin	14	1065	21580	21634	3490	396977	529
武城县	Wucheng	9	1265	26483	11601	4117	293349	378
乐陵市	Leling	18	1286	32845	33552	4249	472803	1358
禹城市	Yucheng	12	995	41213	38002	4206	400018	682
聊城市	**Liaocheng**							
东昌府区	Dongchangfu	22	2637	127316	165798	8663	619144	418
阳谷县	Yanggu	10	2174	37851	32138	3367	505702	653
莘　县	Shenxian	19	3090	40423	30534	7329	732711	904
茌平县	Chiping	21	1750	46662	41452	4427	494000	944
东阿县	Donge	6	1580	35370	29476	2146	314350	42
冠　县	Guanxian	4	1625	35528	30970	5389	642716	566
高唐县	Gaotang	12	1150	45785	48881	3704	364733	126
临清市	Linqing	5	1020	67269	70968	8413	495009	1324
滨州市	**Binzhou**							
滨城区	Bincheng	14	1600	110339	120845	3291	373048	1877
惠民县	Huimin	15	1350	25125	30389	4812	525796	780
阳信县	Yangxin	9	750	17822	16746	3472	353778	448
无棣县	Wudi	12	1000	19698	22992	5101	375528	662
沾化县	Zhanhua	15	1200	13279	15223	4901	291274	418
博兴县	Boxing	14	850	53894	39536	3331	381787	880
邹平县	Zouping	19	2200	82217	86789	1091	570154	1057
菏泽市	**Heze**							
牡丹区	Mudan	22	3755	134834	122779	12343	916562	4443
曹　县	Caoxian	28	4000	61821	57577	6643	1146956	2347
单　县	Shanxian	19	3840	52464	51195	4596	1025597	1579
成武县	Chengwu	12	2100	33453	31556	3802	509721	1322
巨野县	Juye	16	3297	50061	49913	3335	680429	1236
郓城县	Yuncheng	21	3688	60840	56190	4058	896526	1486
鄄城县	Juancheng	16	3410	37224	40458	5153	638628	584
定陶县	Dingtao	12	1910	33294	35086	4987	485124	901
东明县	Dongming	13	2500	40841	38995	5596	633975	889

2−1−11 续表 continued

地 区	Area	行政区域土地面积（平方公里）Area of Administrative Land (sq.km)	森林面积（公顷）Forest Area (hectare)	年末耕地总资源（公顷）Total Resources of Year-end Cultivated Land (hectare)	常用耕地面积（公顷）Commonly Used Cultivated Area (hectare)	水浇地（公顷）Irrigated Field (hectare)	工业废水排放量达标率(%) Success Rate of Industrial Waste Withdrawal (percentage)	工业烟尘排放量达标率(%) Success Rate of Industry Mist and Dust Withdrawal (percentage)	污水处理厂数（座）Number of Sewage Treatment Plants (unit)
济南市	**Jinan**								
历下区	Lixia	100.9	808	712	711	229	99.0	100.0	13
市中区	Shizhong	280.2	5622	5738	5738	2315	99.9	100.0	
槐荫区	Huaiyin	151.5	632	4589	4552	2541	100.0	93.0	
天桥区	Tianqiao	249.0	1410	10591	10531	9408	96.8	100.0	
历城区	Licheng	1298.5	43081	38076	37493	15725	100.0	100.0	
长清县	Changqing	1178.0	31045	45641	45580	19154	100.0	100.0	1
平阴县	Pingyin	827.0	20280	32560	32143	14996	99.9	100.0	1
济阳县	Jiyang	1076.2	17673	70446	69824	61047	100.0	100.0	1
商河县	Shanghe	1162.0	20799	75529	75462	73484	93.9	96.3	1
章丘市	Zhangqiu	1855.0	22634	79221	78897	45582	100.0	100.0	2
青岛市	**Qingdao**								
市南区	Shinan	30.0					100.0	100.0	1
市北区	Shibei	28.6					100.0	100.0	1
四方区	Sifang	34.6					100.0	100.0	1
黄岛区	Huangdao	274.1	9018	2262	2174	600	100.0	100.0	2
崂山区	Laoshan	389.3	22168	874	835	565	99.9	100.0	3
李沧区	Licang	98.0		195	70		100.0	100.0	1
城阳区	Chengyang	553.2	14988	9454	9454	1595	100.0	100.0	3
胶州市	Jiaozhou	1313.0	34474	66242	52623	33771	100.0	100.0	2
即墨市	Jimo	1780.0	28684	73600	72991	28082	100.0	100.0	1
平度市	Pingdu	3166.5	73496	162137	161180	136852	100.0	100.0	2
胶南市	Jiaonan	1802.0	68526	51626	51555	26965	100.0	100.0	2
莱西市	Laixi	1522.0	40624	85780	73119	58083	100.0	100.0	3
淄博市	**Zibo**								
淄川区	Zichuan	999.1	23067	27936	27844	4590	100.0	100.0	1
张店区	Zhangdian	360.0	8436	5461	5427	4674	100.0	100.0	3
博山区	Boshan	682.0	32667	7317	7239	3571	100.0	95.0	1
临淄区	Linzi	668.0	8300	35953	35798	27739	99.6	100.0	6
周村区	Zhoucun	264.0	2804	12053	12012	7940	100.0	100.0	2
桓台县	Huantai	499.0	6309	29647	29647	29400	100.0	100.0	1
高青县	Gaoqing	831.0	20534	50615	50459	49600	100.0	100.0	2
沂源县	Yiyuan	1635.6	78467	28416	28416	5031	100.0	100.0	1
枣庄市	**Zaozhuang**								
市中区	Shizhong	373.9	10104	15714	10023	4534	96.4	100.0	1
薛城区	Xuecheng	507.8	10966	27572	27572	4138	100.0	100.0	1
峄城区	Yicheng	635.0	11553	37975	37975	6172	100.0	100.0	1
台儿庄区	Taierzhuang	533.3	12378	33809	33809	12687	33.3	100.0	1
山亭区	Shanting	1018.9	49224	38625	38625	10986	99.2	100.0	1
滕州市	Tengzhou	1495.8	22462	87272	87272	59952	100.0	100.0	1

2-1-11 续表 1 continued

地 区	Area	行政区域土地面积(平方公里) Area of Administrative Land (sq.km)	森林面积(公顷) Forest Area (hectare)	年末耕地总资源(公顷) Total Resources of Year-end Cultivated Land (hectare)	常用耕地面积(公顷) Commonly Used Cultivated Area (hectare)	水浇地(公顷) Irrigated Field (hectare)	工业废水排放量达标率(%) Success Rate of Industrial Waste Withdrawal (percentage)	工业烟尘排放量达标率(%) Success Rate of Industry Mist and Dust Withdrawal (percentage)	污水处理厂数(座) Number of Sewage Treatment Plants (unit)
东营市	**Dongying**								
东营区	Dongying	1155.0	11852	25839	21728	18300	100.0	100.0	1
河口区	Hekou	2139.0	9325	37999	20600	4572	100.0	100.0	3
垦利县	Kenli	2204.1	13514	31817	31710	29076	94.2	100.0	2
利津县	Lijin	1665.6	12330	53596	42670	23814	51.8	100.0	1
广饶县	Guangrao	1138.0	20822	61429	61429	46000	100.0	100.0	2
烟台市	**Yantai**								
芝罘区	Zhifu	169.0	6492	926	924	221	100.0	100.0	1
福山区	Fushan	710.8	22451	13894	13893	3892	97.7	100.0	4
牟平区	Mouping	1588.0	72701	40927	40926	14138	100.0	98.0	
莱山区	Laishan	258.0	7356	6383	6382	2749	100.0	100.0	1
长岛县	Changdao	56.1	2726	430	295		98.8	89.0	1
龙口市	Longkou	893.3	43172	16442	16441	13227	100.0	100.0	2
莱阳市	Laiyang	1731.5	33336	81216	81216	20071	99.5	98.6	2
莱州市	Laizhou	1878.1	47720	80190	80190	30320	100.0	100.0	1
蓬莱市	Penglai	1128.6	45636	37241	37241	20989	100.0	100.0	5
招远市	Zhaoyuan	1433.0	52119	42488	42488	17755	100.0	100.0	1
栖霞市	Qixia	2016.0	88877	47011	44845	26109	100.0	100.0	1
海阳市	Haiyang	1887.0	60713	70791	68145	14718	100.0	100.0	1
潍坊市	**Weifang**								
潍城区	Weicheng	272.0	5194	12560	11518	10608	100.0	100.0	
寒亭区	Hanting	570.5	5117	38096	38096	30129	100.0	100.0	1
坊子区	Fangzi	412.0	4623	19793	19793	1229	100.0	100.0	1
奎文区	Kuiwen	77.0	950	1637	1156	577	100.0	100.0	2
临朐县	Linqu	1834.0	56506	58240	49195	29981	99.9	99.7	1
昌乐县	Changle	1101.0	24420	61256	61256	36630	95.0	91.0	3
青州市	Qingzhou	1569.0	28631	76540	67440	42848	100.0	100.0	2
诸城市	Zhucheng	2183.0	52035	120313	120313	92980	100.0	100.0	2
寿光市	Shouguang	2057.0	21475	98728	87013	71081	100.0	100.0	1
安丘市	Anqiu	1710.0	46890	103712	91084	45312	99.7	92.7	2
高密市	Gaomi	1526.6	40300	95622	88504	88504	100.0	100.0	2
昌邑市	Changyi	1582.0	21602	84585	67707	60090	100.0	100.0	2
济宁市	**Jining**								
市中区	Shizhong	381.5	2140	23085	19070	3175	95.5	98.0	2
任城区	Rencheng	416.0	1650	27136	25648	25621	100.0	99.5	1
微山县	Weishan	1780.0	7506	30989	30989	24210	99.8	99.0	1
鱼台县	Yutai	654.2	3544	39904	37705	14051	100.0	100.0	1
金乡县	Jinxiang	888.6	9569	69894	59915	56954	95.0	97.0	1
嘉祥县	Jiaxiang	973.0	15913	57743	57743	52722	100.0	100.0	1

2-1-11 续表 2 continued

地 区	Area	行政区域土地面积(平方公里) Area of Administrative Land (sq.km)	森林面积(公顷) Forest Area (hectare)	年末耕地总资源(公顷) Total Resources of Year-end Cultivated Land (hectare)	常用耕地面积(公顷) Commonly Used Cultivated Area (hectare)	水浇地(公顷) Irrigated Field (hectare)	工业废水排放量达标率(%) Success Rate of Industrial Waste Withdrawal (percentage)	工业烟尘排放量达标率(%) Success Rate of Industry Mist and Dust Withdrawal (percentage)	污水处理厂数(座) Number of Sewage Treatment Plants (unit)
汶上县	Wenshang	877.0	16630	54743	54743	54743	100.0	100.0	1
泗水县	Sishui	1119.0	28333	55105	54148	23508	100.0	100.0	1
梁山县	Liangshan	964.9	12981	64437	54808	49703	100.0	100.0	1
曲阜市	Qufu	896.0	17320	46593	46360	37171	100.0	100.0	1
兖州市	Yanzhou	648.2	8818	39482	36894	36894	100.0	100.0	3
邹城市	Zoucheng	1616.0	35974	78663	78633	37852	100.0	100.0	1
泰安市	**Taian**								
泰山区	Taishan	337.0	5879	8874	7855	7855	100.0	100.0	1
岱岳区	Daiyue	1750.0	55142	66077	61567	37116	100.0	99.0	
宁阳县	Ningyang	1125.0	24650	69034	59281	48963	99.4	99.0	1
东平县	Dongping	1340.0	13613	68036	68036	50976	93.6	100.0	1
新泰市	Xintai	1933.0	54700	65306	65306	34513	99.9	99.8	2
肥城市	Feicheng	1277.3	39725	62313	61623	41218	100.0	100.0	2
威海市	**Weihai**								
环翠区	Huancui	769.0	42652	18053	18053	5609	100.0	100.0	2
文登市	Wendeng	1780.0	55401	61930	52021	21773	100.0	100.0	1
荣成市	Rongcheng	1392.0	44697	55128	52605	19710	100.0	100.0	5
乳山市	Rushan	1654.0	67097	57069	57069	13691	100.0	100.0	1
日照市	**Rizhao**								
东港区	Donggang	1146.0	30358	42903	30487	11718	100.0	100.0	4
岚山区	Lanshan	759.0	22555	32927	18997	11603	96.0	100.0	1
五莲县	Wulian	1443.0	57465	51371	39940	6096	100.0	100.0	2
莒 县	Juxian	1952.0	40200	102371	81875	26740	100.0	100.0	1
莱芜市	**Laiwu**								
莱城区	Laicheng	1734.0	47731	60429	60429	32676	100.0	100.0	2
钢城区	Gangcheng	512.0	19528	8214	8214	2123	100.0	100.0	1
临沂市	**Linyi**								
兰山区	Lanshan	673.3	14340	40470	28862	6549	100.0	100.0	1
罗庄区	Luozhuang	423.3	4533	21941	17198	3039	100.0	100.0	1
河东区	Hedong	618.5	12000	53081	42488	8809	98.3	100.0	1
沂南县	Yinan	1784.0	47296	138614	92951	16721	96.8	100.0	1
郯城县	Tancheng	1314.1	30000	102825	78636	2913	100.0	100.0	1
沂水县	Yishui	2414.3	64931	190650	109109	17024	99.8	100.0	1
苍山县	Cangshan	1800.0	25506	139840	111471	30644	100.0	100.0	1
费 县	Feixian	1892.6	67333	144890	81394	16553	100.0	100.0	1
平邑县	Pingyi	1823.0	53067	136129	69507	16202	100.0	100.0	1
莒南县	Junan	1751.4	46881	143494	94611	25336	99.6	100.0	1
蒙阴县	Mengyin	1601.6	59329	113460	50711	12588	98.8	100.0	1
临沭县	Linshu	1051.9	20913	85858	65701	4449	100.0	100.0	1

2-1-11 续表 3 continued

地 区	Area	行政区域土地面积(平方公里) Area of Administrative Land (sq.km)	森林面积(公顷) Forest Area (hectare)	年末耕地总资源(公顷) Total Resources of Year-end Cultivated Land (hectare)	常用耕地面积(公顷) Commonly Used Cultivated Area (hectare)	水浇地(公顷) Irrigated Field (hectare)	工业废水排放量达标率(%) Success Rate of Industrial Waste Withdrawal (percentage)	工业烟尘排放量达标率(%) Success Rate of Industry Mist and Dust Withdrawal (percentage)	污水处理厂数(座) Number of Sewage Treatment Plants (unit)
德州市	**Dezhou**								
德城区	Decheng	563.0	8886	30100	30087	30085	94.9	99.2	2
陵 县	Lingxian	1213.0	16802	62233	62233	55819	96.1	99.0	1
宁津县	Ningjin	833.0	15673	48190	48089	47985	90.6	97.1	1
庆云县	Qingyun	502.0	8800	28968	27884	27882	82.6	85.7	1
临邑县	Linyi	1016.0	10062	52147	52147	52147	97.7	86.8	1
齐河县	Qihe	1411.0	33947	80945	72079	70471	97.8	98.4	1
平原县	Pingyuan	1047.0	16968	50453	49950	49950	98.3	94.8	1
夏津县	Xiajin	872.0	9237	54134	54134	54093	90.7	99.5	1
武城县	Wucheng	748.0	22176	48012	45933	45900	96.0	88.5	1
乐陵市	Leling	1172.0	30654	72414	72414	70890	88.8	95.0	1
禹城市	Yucheng	990.0	19632	55607	55607	55607	95.9	100.0	1
聊城市	**Liaocheng**								
东昌府区	Dongchangfu	1254.0	16245	79253	79253	78219	100.0	100.0	2
阳谷县	Yanggu	1065.0	14882	71799	62436	61541	100.0	100.0	1
莘 县	Shenxian	1416.0	29124	91381	89640	87969	99.5	100.0	1
茌平县	Chiping	1120.0	24188	70866	70866	69443	100.0	100.0	1
东阿县	Donge	799.0	21709	47688	45653	44548	100.0	100.0	1
冠 县	Guanxian	1161.0	18783	79043	74671	74671	100.0	100.0	1
高唐县	Gaotang	949.0	21041	59140	59028	56734	100.0	100.0	1
临清市	Linqing	950.0	12934	66564	66564	65031	97.9	94.6	1
滨州市	**Binzhou**								
滨城区	Bincheng	1041.0	21325	56790	56790	49355	98.0	96.8	4
惠民县	Huimin	1363.0	30000	86407	86407	82297	100.0	100.0	
阳信县	Yangxin	799.0	15353	47529	47529	39549	99.8	98.9	1
无棣县	Wudi	1984.0	15417	71501	71501	52019	98.8	99.6	1
沾化县	Zhanhua	2116.0	24070	59658	59658	39791	96.8	93.4	1
博兴县	Boxing	900.0	17371	53840	53840	52559	98.5	95.9	1
邹平县	Zouping	1250.0	21303	71644	71644	63642	97.9	100.0	1
菏泽市	**Heze**								
牡丹区	Mudan	1415.3	27754	110720	94937	93412	100.0	100.0	1
曹 县	Caoxian	1969.0	48688	157281	135263	87161	100.0	100.0	1
单 县	Shanxian	1702.0	31193	132679	112481	53256	99.8	98.5	1
成武县	Chengwu	949.4	9510	82956	70700	44816	100.0	100.0	1
巨野县	Juye	1303.4	26942	108012	97684	97204	100.0	99.6	1
郓城县	Yuncheng	1642.6	35739	131307	114079	101333	100.0	99.5	1
鄄城县	Juancheng	1041.0	26268	82454	67324	54946	100.0	99.9	1
定陶县	Dingtao	845.9	17142	69768	62225	42422	100.0	99.8	1
东明县	Dongming	1370.0	25488	94516	76573	29390	100.0	100.0	1

主要指标解释

乡村人口 指乡村地区常住居民户数中的常住人口数，即经常在家或在家居住6个月以上，而且经济和生活与本户连成一体的人口。外出从业人员在外居住时间虽然在6个月以上，但收入主要带回家中，经济与本户连为一体，仍视为家庭常住人口；在家居住，生活和本户连成一体的国家职工、退休人员也为家庭常住人口。但是现役军人、中专及以上(走读生除外)的在校学生、以及常年在外(不包括探亲、看病等)且已有稳定的职业与居住场所的外出从业人员，不应当作家庭常住人口。

乡村从业人员 指乡村人口中劳动年龄在16周岁以上实际参加生产经营活动并取得实物或货币收入的人员，包括劳动年龄内经常参加劳动的人员，也包括超过劳动年龄但经常参加劳动的人员，但不包括户口在家的在外学生、现役军人和丧失劳动能力的人，也不包括待业人员和家务劳动者。从业人员按从事主业时间最长（时间相同按收入）分为农林牧渔业从业人员、工业从业人员、建筑业从业人员、交通运输业、仓储及邮电通信业从业人员、批零贸易业、餐饮业从业人员、其他非农行业从业人员。

农业机械总动力 指主要用于农、林、牧、渔业的各种动力机械的动力总和。包括耕作机械、排灌机械、收获机械、农用运输机械、植物保护机械、牧业机械、林业机械、渔业机械和其他农业机械〔内燃机按引擎马力折成瓦(特)计算、电动机按功率折成瓦(特)计算〕。不包括专门用于乡、镇、村、组办工业、基本建设、非农业运输、科学试验和教学等非农业生产方面用的动力机械与作业机械。这个指标的统计数据主要来源于农机部门。

有效灌溉面积 指具有一定的水源，地块比较平整，灌溉工程或设备已经配套，在一般年景下，当年能够进行正常灌溉的耕地面积。在一般情况下，有效灌溉面积应等于灌溉工程或设备已经配备，能够进行正常灌溉的水田和水浇地面积之和。它是反映我国耕地抗旱能力的一个重要指标。

油料产量 指全部油料作物的生产量。包括花生、油菜籽、芝麻、向日葵籽、胡麻籽（亚麻籽）和其他油料。不包括大豆、木本油料和野生油料。花生以带壳干花生计算。

Explanatory Notes on Main Indicators

Residents of Villages refers to the number of usual residents in usual resident households in rural areas. These are persons who are regularly at home or are at home for 6 months or more and economically and socially integrated with the household. For persons who are away from home for employment for more than 6 months yet the main income is brought back home and thus economically integrated with the household, the person is still considered as a usual resident of the household. National employee and retired personnel who reside at home and whose living is integrated with the household are also considered as usual residents. However, serving military personnel, students at secondary technical level or above (unless commuting between school and home), employed persons who are regularly elsewhere the year round (except visiting relatives or receiving medical attention) and having a stable job and residence should not be considered as usual resident of the household.

Rural Persons Engaged refer to persons in the rural labour force aged over 16 years who are engaged in actual production and management activities and receive payment in kind or wages, including those covered within the labour force age bracket and regularly participating in production activities, and those who are out of the labour force age bracket yet also participating in production activities regularly. Students studying in other places with their permanent residence registered in local areas, servicemen and persons incapable of working are not included. Also not included are those who are waiting for jobs and those engaged in housework. Persons employed are classified as persons engaged in agriculture, forestry, animal husbandry or fishery activities; persons engaged in industrial activities; persons engaged in construction activities; persons engaged in transport, storage and telecommunications activities; persons engaged in wholesale and retail trade and catering activities; and persons engaged in other non-agriculture activities. In case the person is engaged in more than one type of work, classification is according to the industry in which he works most of the time (where time is the same income would be the criterion).

Total Power of Agricultural Machinery refers to total mechanical power of machinery used in agriculture, forestry, animal husbandry and fishery, including machinery for ploughing, irrigation and drainage, harvesting, transport, plant protection, animal husbandry, forestry and fishery and other agricultural machineries. (For the power of internal combustion engines, it is converted from its horsepower into watts while for electric motors the output power is converted into watts.) Machinery employed for non-agricultural purposes, such as the machines used in township-run and village-run industry, construction, non-agricultural transport, scientific experiments and teaching, are not included. Data are mainly from agricultural machinery agencies.

Irrigated Area refers to area of land that are effectively irrigated, i.e. relatively level land, where there are water sources or complete sets of irrigation facilities to lift and move adequate water for irrigation purpose under normal conditions. Under normal situations, irrigated area is the sum of watered fields and irrigated fields where irrigation systems or equipment have been installed for regular irrigation purpose. This important indicator reflects drought resistance capacity of the cultivated land in China.

Output of Oil-bearing Crops refers to the total production of oil-bearing crops of various kinds, including peanuts (dry, in shell), rapeseeds, sesame, sunflower seeds, flax seeds, and other oil-bearing crops. Soybeans, oil-bearing woody plants, and wild oil-bearing crops are not included.

3

主要农产品产量调查资料

Investigation Material on Output of Major Farm Products

简 要 说 明

农业生产调查。主要包括国家抽中县的农作物播种面积、种植业产品产量、畜牧业产品产量、农业中间消耗等抽样调查。调查网点有：319个农作物综合面积（包括小麦、玉米）调查村，80个棉花面积调查村，150个小麦产量调查村，150个玉米产量调查村，80个棉花产量调查村，866个主要畜禽监测调查小区，全省范围内的畜禽规模户和畜禽生产经营单位，247个农业中间消耗调查村。

抽样调查取得的数据，经过数据质量评估和国家统计局核实后，均作为全省法定统计数据对外发布使用。

Brief Introduction

Agricultural production investigation. Mainly includes crops sown area, crop production volume of output, animal husbandry volume of output, agricultural middle consumption of counties that pulled out by NBS. Investigation point includes: 319 investigation villages of crops synthesis area (including wheat, corn), 80 investigation villages of cotton area,150 investigation villages of wheat output, 150 investigation villages of corn output, 80 investigation villages of cotton output, 247 investigation villages of agricultural middle consumption.

After the data quality is appraised and the checking of NBS, The data of sample investigation is announced and used as legal statistical data.

3−1 历年粮食棉花播种面积

Grain and Cotton Sown Area During All Previous Years

单位：千公顷 (1000 hectares)

年份 Year	粮食作物 Grain Crops	夏粮 Summer Grain crops	#小麦 Wheat	秋粮 Autumn Grain Crops	#玉米 Corn	棉花 Cotton
1949	10976	3727	3583.8	7248.53	949.07	457
1952	11702	4090	3923.93	7612.33	996.8	697
1957	11494	4378	4147.87	7116.2	1373	774
1962	9920	3548	3294.8	6371.93	927.2	377
1965	9940	3925	3725.4	6014.87	1356.47	683
1970	9345	3540	3435.4	5804.4	1329	701
1975	9205	3853	3771.2	5352.67	1799.13	630
1978	8808	3758	3714.07	5049.8	2134.6	627
1979	8735	3755	3721.2	4980.13	2136.2	543
1980	8475	3697	3668.47	4777.47	2142.73	737
1981	8150	3531	3509.93	4619.33	2200.73	938
1982	7685	3352	3343.2	4333.13	2167.27	1339
1983	7795	3594	3587	4201.07	2191.53	1500
1984	7833	3810	3802.73	4023.07	2070.2	1712
1985	7984	3959	3952.07	4025.47	2087.53	1170
1986	8448	4229	4217.93	4218.93	2243.8	1010
1987	8215	4018	4004.4	4197.2	2314.53	1222
1988	8094	4062	4051.93	4031.8	2323.67	1403
1989	8058	3998	3991.43	4060.61	2398.07	1323
1990	8152	4152	4147.19	4000.33	2405.25	1409
1991	8088	4201	4197.45	3887.55	2535.91	1563
1992	7919	4132	4129.71	3786.8	2345.86	1489
1993	8213	4158	4156.03	3397.57	2439.8	760
1994	8014	4056	4048.96	3957.9	2454.6	793
1995	8132	4013	4010.87	4118.18	2694.84	666
1996	8237	4035	4031.64	4202.4	2826.65	482
1997	8083	4041	4037.59	4041.94	2626.83	396
1998	8133	3983	3981.95	4149.23	2781.89	414
1999	8099.25	4007.49	4006.75	4091.76	2768.17	365.78
2000	7772.4	3960.8	3960	3811.5	2615.7	543.8
2001	7153.5	3547.1	3545.7	3606.4	2505.2	735.4
2002	6912.61	3398.66	3397.48	3513.95	2530.07	664.89
2003	6415.41	3106.1	3105.13	3309.3	2405.89	881.69
2004	6313.88	3106.67	3105.7	3207.21	2455.05	1059.21
2005	6711.73	3279.93	3278.67	3431.81	2731.44	846.26
2006	6999.13	3557.52	3556.59	3441.61	2844.42	890.17
2007	6936.49	3520.08	3519.08	3416.41	2854.23	899.96
2008	6955.61	3527.2	3525.21	3428.41	2874.21	888.26

注:2006年、2007年数据为农普衔接数。
Note:Data of 2006 and 2007 are joint data of National Agricultural Census.

3-2 历年粮食棉花总产量

Grain and Cotton Ultimate Output During All Previous Years

单位：万吨 (10000 tons)

年份 Year	粮食作物 Grain Crops	夏粮 Summer Grain crops	#小麦 Wheat	秋粮 Autumn Grain Crops	#玉米 Corn	棉花 Cotton
1949	870	232.5	221.5	637.5	88	8.1
1952	1199	336	320.5	863	122	16.9
1957	1126	356	337	770	181	17.4
1962	910	212.5	198.5	697.5	101	3.9
1965	1332	364	347.5	968	237	19.9
1970	1465	329.5	318.5	1135	287.5	27.3
1975	2170.5	668.5	656	1502	491	24.1
1978	2288	809	803.5	1479	612	15.4
1979	2472	963.5	957	1508.5	730	16.7
1980	2384	770	766	1614	825.5	53.7
1981	2312.5	873	870	1440	794	67.5
1982	2375	826.5	824	1548.5	848	96
1983	2700	1201.5	1200	1498.5	822	122.5
1984	3040	1280	1278.5	1760	993.3	172.5
1985	3137.7	1497.8	1496.1	1639.9	937.7	106.2
1986	3250	1564.5	1562.4	1685.5	1016.5	94.1
1987	3393.7	1477.3	1474.1	1916.4	1170.2	124.4
1988	3225	1442.3	1440.1	1782.7	1149.4	113.7
1989	3250	1582	1580.58	1667.9	1124.02	102.5
1990	3570	1663	1661.39	1907.43	1252.08	102.75
1991	3917	1891	1889.82	2026.1	1383.85	135.08
1992	3589	1879	1878.28	1710.5	1150.8	67.68
1993	4100	2025	2024.33	2075	1390.86	41
1994	4091	2035	2033.09	2055.83	1401.53	55.93
1995	4245	2063	2061.95	2182.08	1542.99	47.08
1996	4333	2054	2053.66	2278.3	1614.01	37.23
1997	3852	2243	2241.28	1609.24	1106.04	35.39
1998	4264.83	2025	2024.48	2239.83	1610.43	41.25
1999	4269	2117.88	2117.65	2151.12	1551.37	39.2
2000	3837.7	1860.25	1860.04	1977.48	1467.46	58.99
2001	3720.6	1655.41	1655.15	2065.19	1532.37	78.1
2002	3292.7	1547.29	1547.06	1745.4	1316	72.2
2003	3435.54	1565.3	1565.03	1870.24	1411.02	87.68
2004	3516.7	1585	1584.56	1931.7	1499.15	109.77
2005	3917.38	1801.06	1800.53	2116.31	1735.41	84.63
2006	4092.97	2013.3	2012.96	2079.67	1749.32	102.31
2007	4148.76	1995.96	1995.57	2152.8	1816.48	100.09
2008	4260.50	2034.80	2034.19	2225.70	1887.41	104.06

注:2006年、2007年数据为农普衔接数。
Note:Data of 2006 and 2007 are joint data of National Agricultural Census.

3−3 历年粮食棉花单位面积产量

Per Unit of Area Output of Grain And Cotton During All Previous Years

单位：千克/公顷 (kg/ hectares)

年份 Year	粮食作物 Grain Crops	夏粮 Summer Grain Crops	#小麦 Wheat	秋粮 Autumn Grain Crops	#玉米 Corn	棉花 Cotton
1949	795	630	615	885	930	180
1952	1035	825	825	1140	1230	240
1957	990	810	810	1080	1320	225
1962	915	600	600	1095	1095	105
1965	1350	930	930	1620	1755	300
1970	1575	930	930	1965	2160	390
1975	2355	1740	1740	2805	2730	390
1978	2595	2160	2160	2925	2865	248
1979	2835	2565	2580	3030	3420	308
1980	2820	2085	2085	3375	3855	728
1981	2835	1725	2490	3120	3615	720
1982	3090	2475	2475	3585	3915	720
1983	3465	3345	3345	3570	3750	818
1984	3885	3375	3375	4380	4800	1005
1985	3930	3780	3780	4080	4500	908
1986	3840	3705	3705	3990	4530	930
1987	4125	3675	3675	4560	5055	1020
1988	3990	3555	3555	4425	4950	825
1989	4035	3960	3960	4110	4680	780
1990	4379	4005	4005	4770	5205	729
1991	4845	4500	4500	5205	5760	864
1992	4533	4547	4548	4517	4906	455
1993	4992	4870	4871	5117	5701	539
1994	5105	5018	5021	5194	5710	705
1995	5220	5140	5141	5299	5726	707
1996	5260	5092	5094	5421	5710	773
1997	4766	5550	5551	3981	4211	894
1998	5244	5084	5084	5398	5789	996
1999	5271	5285	5285	5257	5604	1072
2000	4938	4697	4697	5188	5610	1085
2001	5201	4667	4668	5726	6117	1062
2002	4764	4553	4554	4967	5202	1086
2003	5355	5039	5040	5651	5865	994
2004	5570	5102	5102	6023	6106	1036
2005	5837	5491	5492	6167	6353	1000
2006	5848	5659	5660	6043	6150	1149
2007	5981	5670	5671	6301	6364	1112
2008	6125	5769	5770	6492	6567	1172

注:2006年、2007年数据为农普衔接数。

Note:Data of 2006 and 2007 are joint data of National Agricultural Census.

3-4 历年主要畜禽存出栏和畜产品产量

Main Poultry Stock , Offtake and Livestock Product Output During All Previous Years

单位：万头、万只、万吨 (10000 heads，10000 heads，10000 tons)

年份 Year	猪 Pig		牛 Cattle		羊 Sheep		家禽 Fowl		肉类总产量 Total Meat Output	禽蛋产量 Fowl Eggs Output	奶类产量 Milk Output
	存栏 Stock	出栏 Offtake	存栏 Stock	出栏 Offtake	存栏 Stock	出栏 Offtake	存栏 Stock	出栏 Offtake			
1978	1992.1	901.2	227.6	4.6	756.4	142.4	6766		60.8	22.5	6.83
1979	2117.6	1047.5	221.5	6.7	925.8	228.6	7204		65.18	23.67	6.95
1980	2112.5	1241.6	217.8	8.8	1041.3	377.5	7997		90.1	25.62	6.8
1981	1901.1	1296.8	213.7	11.5	1025.6	460.7	8075		96.26	29.47	5.24
1982	1726.2	1213.2	213.6	10.6	989.5	521.6	9115		94.98	34.3	8.77
1983	1562.7	1159.2	222.1	18.9	901.8	616.3	10216.8		94.54	41.07	11.43
1984	1681.5	1284	232.6	18.4	753.9	519.1	14688.9		104.38	62.28	13.34
1985	1812.8	1482.6	258	27.6	783.3	558.3	16548.2	8283.1	128.62	72.5	13.26
1986	1668.9	1681.2	292.5	32.3	985.3	617.6	15120.7	9234.5	141.78	69.66	15.81
1987	1547	1514	344.6	49.8	1404.1	842.1	16916.3	11397.3	141.02	79.14	17.28
1988	1688.6	1619.6	416	69	1436.4	1219	21582.1	15904	171.47	102.97	19.53
1989	1604.1	1845.4	472.4	82.8	1491.3	1348.4	20471.3	16701.2	195.63	109.43	21.24
1990	1576.7	1936.2	511.8	110.1	1528.1	1416.4	23974.6	22769	221.61	124.25	22.53
1991	1599.4	1983.5	501.4	119.5	1591.2	1348.7	24136.8	30792.7	241.49	149.14	23.65
1992	1602.6	2046	531.9	140.9	1655.2	1366.1	25810.8	33467.9	250.67	154.3	25.17
1993	1603.7	2092.9	603	177.1	1703.5	1411	27188.7	42837.3	286.61	184.07	28.05
1994	1701.5	2185.7	681.3	213.1	1799.8	1668.2	35118.6	64716.7	338.77	240.75	32.45
1995	1718.1	2453	714.1	248.4	1866.1	2034.1	34613.8	71286.5	394.42	247.15	36.98
1996	1723.6	2500.9	740.1	272.4	1877.2	2051.8	37485	73508	405.52	267.3	41.14
1997	2209.7	2801.1	811.9	334.5	2038.6	2269.3	41833	82549	460.64	294.3	45.82
1998	2485.9	3123.2	911.8	354.9	2322	2518.9	48484	91299	497.9	321.98	53.98
1999	2560.5	3248.1	977.3	391.1	2536.2	2838.8	53332	100246	524.49	349.06	61.29
2000	2660.34	3426.78	1008.61	413.8	2784.73	3014.91	58558	109168	560.15	366.22	70.47
2001	2769.41	3594.69	1006.85	461.8	2904.47	3210.88	61589.23	119102.3	595.44	379.04	90.43
2002	2882.96	3803.18	1018.93	488.12	3039.45	3358.58	65231.51	126352.6	626.99	399.41	116.76
2003	2975.21	4016.16	1040.17	509.11	3133.67	3466.05	67431.01	135819	662.11	424.69	148.38
2004	3058.19	4330.24	997.76	530.6	3286.77	3641.44	69690.94	146835	696.53	432.87	188.68
2005	3070.33	4546.88	970.52	546.68	3260.21	3810.92	66953.11	173684.1	736.93	441.83	220.97
2006	2508.5	4389.9	632.7	436.6	2368.3	3026.2	52100.3	151090.9	681	353.9	212.40
2007	2656.5	3654	570.7	449.7	2342.3	3080.7	48779.5	139652.9	618.7	359.9	242.18
2008	2725.8	3916.74	522.49	458.24	2142.88	3098.8	53971.78	152889.1	660.31	365.63	254.92

注:2006年、2007年数据为农普衔接数。

Note:Data of 2006 and 2007 are joint data of National Agricultural Census.

3–5 全省粮食生产情况(2008年)

Whole Province Grain Production Situation Table(2008)

单位：千公顷、万吨、千克/公顷 (1000 hectares，10000 tons，kg/hectares)

指标名称	Index	播种面积 (千公顷) Sowing Area (1000 hectares)	产 量 (万吨) Output (10 000 tons)	每公顷产量 (千克) Output Per Hectare (kg)
全年粮食	Annual Grain	6955.61	4260.50	6125
其中：夏收粮食	Among: Summer Grain	3527.20	2034.80	5769
秋收粮食	Autumn Grain	3428.41	2225.70	6492
一、谷物	Cereal	6554.82	4039.62	6163
(一)稻谷	Rice	130.69	110.42	8449
其中：籼稻	Among: Indica rice			
粳稻	Japonica Rice			
糯稻	Glutinous Rice			
1．早稻	Early Season Rice			
2．中稻和一季晚稻	Semilate Rice and A Season Late Rice	130.69	110.42	8449
3．双季晚稻	Two Seasons Late Rice			
(二)小麦	(Wheat)	3525.21	2034.19	5770
其中：硬粒小麦	Among: Flint Wheat	1871.77	1081.88	5780
软粒小麦	Miller Wheat			
1．冬小麦	Winter Wheat	3525.04	2034.09	5770
2．春小麦	Spring Wheat	0.17	0.10	5882
(三)玉米	(Corn)	2874.21	1887.41	6567
(四)谷子	(Millet)	15.17	4.53	2986
(五)高粱	(Jowar)	6.56	2.20	3354
(六)其它谷物	(Other Cereal)	2.98	0.87	2919
其中：大麦	Among: Barley	0.89	0.28	3146
燕麦	Oats			
荞麦	Buckwheat			
二、豆类	(Beans)	175.00	41.91	2395
其中：大豆	Among： Soybean	167.04	40.10	2401
绿豆	Urad	5.03	1.12	2227
红小豆	Red Bean	1.17	0.22	1880
三、薯类(折粮)	(Tubers)	225.79	178.97	7926

3-6 全省农作物播种面积(2008年)

Whole Province Sown Areas of Farm Crops(2008)

单位：千公顷 (1000 hectares)

指标名称	Index	2007	2008	比上年增减(%) Add or Subtract Compare With Last Year
全年农作物播种面积	Total Sown Area	10724.44	10763.98	0.4
一、粮食	Grain	6936.49	6955.61	0.3
其中：夏收粮食	Among: Summer Grain	3520.08	3527.20	0.2
(一)谷物	(Cereal)	6528.31	6554.82	0.4
1．稻谷	(Rice)	130.50	130.69	0.1
2．小麦	(Wheat)	3519.08	3525.21	0.2
其中：硬粒小麦	Among: Flint Wheat	1810.04	1871.77	3.4
①冬小麦	Winter Wheat	3518.78	3525.04	0.2
②春小麦	Spring Wheat	0.30	0.17	-43.3
3．玉米	Corn	2854.23	2874.21	0.7
4．谷子	Millet	15.40	15.17	-1.5
5．高粱	Jowar	6.93	6.56	-5.3
6．其他谷物	Other Cereal	2.17	2.98	37.3
其中:大麦	Among:Barley	0.17	0.89	423.5
(二)豆类	(Beans)	176.42	175.00	-0.8
其中：大豆	Among: Soybean	168.54	167.04	-0.9
绿豆	Urad	5.31	5.03	-5.3
红小豆	Red Bean	1.21	1.17	-3.3
(三)薯类(折粮)	(Tubers)	231.76	225.79	-2.6
二、油料	(Oil-bearing Crops)	801.97	812.53	1.3
其中：花　生	Among: (Peanuts)	790.06	800.47	1.3
油菜籽	(Rapeseeds)	8.86	9.47	6.9
芝　麻	Sesame	1.47	1.46	-0.7
向日葵	Sunflower	0.01	0.08	700.0
三、棉花	(Cotton)	899.96	888.26	-1.3
四、麻类合计	(Fiber Crops)	0.35	0.19	-45.7
其中：黄红麻	Among: (Jute and Ambary Hemp)	0.31	0.15	-51.6
大麻(线麻)	Cannabis Sativa	0.03	0.03	
五、糖料	(Sugar Crops)	0.01	0.07	600.0
其中：甜菜	Beetroots	0.01	0.07	600.0
六、烟叶	(Tobacco)	34.77	40.85	17.5
其中:烤烟	Flue-cured Tobacco	34.05	40.59	19.2
七、药材	Medicinal Materials	32.14	31.28	-2.7
八、蔬菜(含菜用瓜)	(Vegetables)	1704.72	1725.14	1.2
九、瓜果类	Melon and Fruit	260.30	258.20	-0.8
其中:西瓜	Among: Watermelon	203.51	201.87	-0.8
甜瓜	Muskmelon	38.32	37.23	-2.8
草莓	Strawberry	12.47	12.77	2.4
十、其它作物	Other Crops	53.73	51.85	-3.5
其中:青饲料	Among:Greenfeed	5.11	4.84	-5.3

3-7 全省畜牧业主要产品生产情况(2008年)

Production Situation of Animal Husbandry Main Product in Whole Province(2008)

指标名称		Index		2007	2008	2008年比2007年增减(+、-) Add or Subtract, 2008 Compared with 2007	
						绝对数 Absolute Number	% Proportion
一、主要畜、禽存栏情况		The Situation for Main Livestock, Birds and Beasts Amount of Livestock on Hand					
猪	(万头)	(Hogs)	(10 000 heads)	2656.5	2725.8	69.3	2.6
#能繁殖的母猪	(万头)	Sow Which Can Reproduce	(10 000 heads)	285.7	291.73	6.03	2.1
牛(万头)		(Cattle and Buffaloes)	(10 000 heads)	570.7	522.49	-48.21	-8.4
羊	(万只)	(Goats and Sheep)	(10 000 heads)	2342.3	2142.88	-199.42	-8.5
家禽	(万只)	Fowl	(10 000 heads)	48779.5	53971.78	5192.28	10.6
二、主要畜、禽出栏情况		The Situation for Leaving the Pen of The Main Livestock,the Birds and Beasts					
猪	(万头)	(Hogs)	(10 000 heads)	3654	3916.74	262.74	7.2
牛	(万头)	(Cattle and Buffaloes)	(10 000 heads)	449.7	458.24	8.54	1.9
羊	(万只)	(Goats and Sheep)	(10 000 heads)	3080.7	3098.8	18.1	0.6
家禽	(万只)	Fowl	(10 000 heads)	139652.9	152889.08	13236.18	9.5
三、主要畜产品产量情况		Main Output of Live-stock Product					
肉类总产量	(万吨)	Total Meat Products	(10 000 tons)	618.70	660.31	41.61	6.7
# 猪肉	(万吨)	(Pork)	(10 000 tons)	300.10	321.34	21.24	7.1
牛肉	(万吨)	(Beet)	(10 000 tons)	69.20	70.67	1.47	2.1
羊肉	(万吨)	(Mutton)	(10 000 tons)	33.00	33.21	0.21	0.6
禽肉	(万吨)	Fowl Meat	(10 000 tons)	205.20	223.19	17.99	8.8
禽蛋产量	(万吨)	Fowl Eggs Products	(10 000 tons)	359.90	365.63	5.73	1.6
牛奶产量	(万吨)	Milk Products	(10 000 tons)	219.00	230.51	11.51	5.3
绵羊毛产量	(万吨)	Sheep Wool Products	(10 000 tons)	0.96	0.63	-0.33	-34.4

主要指标解释

农作物播种面积　指实际播种或移植有农作物的面积。凡是实际种植有农作物的面积，不论种植在耕地上还是种植在非耕地上，均包括在农作物播种面积中。在播种季节基本结束后，因遭灾而重新改种和补种的农作物面积，也包括在内。它是反映我国耕地面积利用情况的一个重要指标。目前，农作物播种面积主要包括粮食、棉花、油料、糖料、麻类、烟叶、蔬菜和瓜类、药材和其他农作物九大类。

粮食产量　指全社会的产量。包括国有经济经营的、集体统一经营的和农民家庭经营的粮食产量，还包括工矿企业办的农场和其他生产单位的产量。粮食除包括稻谷、小麦、玉米、高粱、谷子及其他杂粮外，还包括薯类和豆类。其产量计算方法，豆类按去豆荚后的干豆计算；薯类(包括甘薯和马铃薯，不包括芋头和木薯)1963 年以前按每 4 公斤鲜薯折 1 公斤粮食计算，从 1964 年开始改为按 5 公斤鲜薯折 1 公斤粮食计算。城市郊区作为蔬菜的薯类(如马铃薯等)按鲜品计算，并且不作粮食统计。其他粮食一律按脱粒后的原粮计算。1989 年以前全国粮食产量数据主要靠全面报表取得，1989 年开始使用抽样调查数据。

棉花产量　指全社会的产量。包括春播棉和夏播棉。产量按皮棉计算。不包括木棉。

猪、牛、羊肉产量　指当年出栏并已屠宰、除去头蹄下水后带骨肉(即胴体重)的重量。包括全社会范围内的产量。1996 年前为各级逐级上报数据。1996 年第一次农业普查以后，由于畜牧业产品年报数据与普查数据之间存在一定的差距，国家统计局农调总队对畜牧业年报数据与普查数据进行衔接。1999 年以后，国家统计局在部分地区开展了猪、牛、羊、禽等主要畜禽品种的抽样调查，并用抽样数据作为国家定案数据使用。未开展抽样调查的地区和品种，仍使用各级统计部门逐级上报数据。

期初(末)畜禽存栏头(只)数　指报告期初(末)农村各种合作经济组织和国营农场、农民个人、机关、团体、学校、工矿企业、部队等单位以及城镇居民饲养的大牲畜、猪、羊、家禽等畜禽的存栏数。数据上报方式及数据调整情况同猪、牛、羊肉产量。

Explanatory Notes on Main Indicators

Sown Area of Crops refers to area of land sown or transplanted with crops regardless of being in cultivated area or non-cultivated area. Area of land re-sown due to natural disasters is also included. This is an important indicator that can reflect the utilization condition of the cultivated land in China. At present, the sown area of crops mainly include the following 9 categories of crops: grain, cotton, oil-bearing crops, sugar crops, flax crops, tobacco, vegetables and melons, medicinal materials and other farm crops.

Grain Output refers to the total output in the whole country including grains produced by State farms, collective units, rural households, as well as by farms affiliated to industrial and mining enterprises and other production units. Grain includes rice, wheat, corn, sorghum, millet and other miscellaneous grains as well as tubers and beans. Output of beans refers to dry beans without pods. The output of tubers (sweet potatoes and potatoes, not including taros and cassava) are converted into that of grain at the ratio 4:1, i.e. 4 kilograms of fresh tubers were equivalent to 1 kilogram of grain up to 1963. Since 1964 the ratio for conversion has been 5:1. Tubers supplied as vegetables (such as potatoes) in cities and suburbs are calculated as fresh vegetables and their output is not included in the output of grain. Output of all other grains refers to husked grain. Data on grain production before 1989 were obtained through the Comprehensive Statistical Reporting System. Since 1989, data from sample surveys are used.

Cotton Output refers to cotton production in the whole country including cotton planted in spring and in autumn. Output is measured as the weight of ginned cotton. Ceiba is not included.

Output of Pork, Beef, and Mutton refers to the meat of slaughtered hogs, cattle, sheep and goats with head, feet, and offal taken away. Data refers to the production of the whole country. The First Agricultural Census of China in 1996 revealed some discrepancy between the production of animal products from the annual reports and that from the census. Efforts were made by the Rural Survey Organization of the NBS to adjust the output value of animal husbandry to make the figures from the annual reports consistent with the census data. Since 1999, the NBS conducted sample surveys for the major animal husbandry products, such as hogs, cattle, sheep and goats and fowls, and the data from sample surveys are used as national finalized data. Those products, which are not covered by the sample survey, are still reported by statistical agencies level by level.

Number of Livestock or Poultry in Stock at Beginning (or End) of Period refers to the total number of large animals, pigs, sheep, fowls, etc. raised by rural cooperative organizations, State farms, rural individuals, government agencies, schools, industrial and mining enterprises, army, and urban residents at the beginning (or end) of the reference period. Data reporting system and data adjustment are the same as that in the output of pork, beef and mutton.

4

城镇居民生活调查资料

Investigation Material of City and Town Residential Life

编辑单位：城镇住户调查处
编　　委：姜宏济
责任编辑：张立新　张智
校　　对：张立新　张智
电　　话：81772052

Editorial Unit: the City Inhabitant Investigation Office
Editorial Board: Jiang Hongji
Executive Editor-in-Chief: Zhang Lixin　Zhang Zhi
Proofreader: Zhang Lixin　Zhang Zhi
Telephone: 81772052

简 要 说 明

一、本资料反映山东城镇居民2008年度生活状况，包括家庭基本情况、人口就业情况、居民收支情况、居住及耐用消费品拥有情况、消费性支出情况等。

二、城镇居民消费性支出包括八大类：食品、衣着、设备用品及服务、医疗保健、交通和通讯、娱乐文教服务、居住、杂项商品和服务。

三、本部分数据来源于全省28个调查市、县共计3300户城镇居民家庭的抽样调查汇总资料。

四、资料数据缺少部分是由于制度方法变动，指标口径不一致，数据无法获取造成的。

五、年人均指标是按全部家庭人口进行平均的。如，年人均工资及补贴收入是职工工资及补贴收入总额按全部家庭人口的平均数，而不是按职工人数计算的职工平均工资。其他指标类同。

Brief Introduction

Ⅰ.This material reflects Shandong province city inhabitant living condition in 2008, including the family basic situation, the population employment situation, the inhabitant revenue and expenditure situation, the housing and the durable consumable commodity situation, the consumption disbursement situation and so on.

Ⅱ. City inhabitant consumption disbursement includes eight big kinds: Food, attire, equipment thing and service, medical health care, transportation and communication, entertainment culture and education service, housing, miscellaneous commodity and service.

Ⅲ. This part of data originates from the investigated and compiled materials including total 3300 households city inhabitant family sample of 28 investigation cities(counties)in the entire province.

Ⅳ. The lacked part of material data is as the system method is changed, the target caliber is inconsistent and the data is unable to gain.

Ⅴ. The year average per (person) target is carrying on averaging according to the complete family population. For example, the year average per (person) wages and the subsidy income is average data from the staff wages and the subsidy total income divided by the complete family population, but is not average wages according to the staff population. Other targets are similar.

4—1 主要年份城镇居民家庭基本情况

Basic Conditions of Urban Households for Major Years

年 份 Year	调查户数（户） Number of Households Surveyed (household)	平均每户家庭人口（人） Average Household Size (person)	平均每户就业人口（人） Average Number of Employed Persons perHousehold (person)	平均每一就业者负担人数 Number of Dependents per Employee (person)	平均每户离退休者人数 Average Number of Retirees (person)	人均全年可支配收入（元） Per Capita Annual Disposable Income (yuan)	人均全年消费性支出（元） Per Capita Annual Consumption Expenditure (yuan)	人均全年非消费支出（元） Per Capita Annual Non-consumption Expenditure (yuan)	人均住宅建筑面积（平方米） Per Capita Building Density of Residential (sq.m)
1964	230	5.26	1.61	3.26		211.10	207.20		3.80
1978	380	4.37	2.20	1.99		391.45	340.00		5.40
1980	380	4.35	2.50	1.74		448.21	396.00		5.70
1981	380	4.19	2.45	1.71		495.48	450.36		6.10
1982	430	4.07	2.42	1.68		524.90	455.28		6.11
1983	430	3.97	2.37	1.68		537.03	472.92		6.65
1984	430	3.93	2.35	1.67	0.12	638.64	520.91		6.90
1985	900	3.57	2.10	1.70	0.25	747.56	667.13		7.77
1986	1630	3.54	2.05	1.72	0.15	853.50	751.34		9.15
1987	1730	3.53	2.05	1.72	0.17	987.11	812.54		9.61
1988	1830	3.51	2.06	1.71	0.17	1163.46	1025.78		9.96
1989	2080	3.43	2.01	1.71	0.20	1349.16	1160.52		10.25
1990	2180	3.38	2.00	1.69	0.21	1466.22	1229.28		10.05
1991	2180	3.31	1.98	1.67	0.20	1687.56	1407.12		10.49
1992	2180	3.26	1.98	1.65	0.22	1974.48	1598.88	151.44	10.80
1993	2080	3.24	1.96	1.65	0.24	2515.08	1946.88	270.12	11.20
1994	2080	3.21	1.96	1.64	0.24	3444.36	2635.20	438.72	11.88
1995	2050	3.19	1.96	1.63	0.23	4264.08	3285.48	566.40	12.35
1996	2050	3.16	1.99	1.59	0.17	4890.24	3770.99	725.52	12.13
1997	2100	3.17	2.01	1.58	0.16	5190.79	4040.64	730.68	12.70
1998	2300	3.14	1.98	1.59	0.17	5380.08	4143.96	1079.40	12.82
1999	2400	3.12	1.93	1.62	0.20	5808.96	4515.05	1082.04	13.10
2000	2500	3.10	1.87	1.66	0.23	6489.97	5022.00	1037.04	13.75
2001	2450	3.06	1.82	1.68	0.25	7101.08	5252.42	1132.91	14.17
2002	2650	3.02	1.78	1.70	0.28	7614.50	5596.39	1904.83	**24.57**
2003	2650	2.98	1.77	1.68	0.26	8399.91	6069.35	2220.60	**25.67**
2004	2650	2.95	1.77	1.67	0.26	9437.80	6673.75	2351.86	**26.39**
2005	2800	2.91	1.69	1.72	0.32	10744.79	7457.31	2431.63	**28.49**
2006	3000	2.91	1.71	1.70	0.30	12192.24	8468.40	3249.06	**29.29**
2007	3050	2.87	1.68	1.71	0.34	14264.70	9666.61	3521.90	**29.80**
2008	3300	2.87	1.64	1.75	0.35	16305.41	11006.61	3639.81	**31.33**

注：1.资料数据缺少部分是由于调查制度变动，指标口径不一致，数据无法获取造成的。
2.住宅建筑面积指标2001年以前为人均居住面积，2002年以后为人均建筑面积。

Note: 1.The part data is unable to gain because the investigation system has changed and the target caliber is inconsistent.
2.The target of residential building area is per living space before 2001, but is per building density after 2002.

4-2 城镇居民家庭年人均现金收支(2008年)

单位:元

项 目	Item	总平均 Average	最低10% Lowest Income Household
一、家庭总收入	**Total Income**	**17548.97**	**6494.20**
#可支配收入	Disposable Income	16305.41	5926.99
(一)工资性收入	Income of Wages and Salaries	12940.62	5416.14
1.工资及补贴收入	Wages and Subsidies	12687.46	5112.79
2.其他劳动收入	Other Income	253.16	303.35
(二)经营净收入	Net Business Income	1194.40	316.38
(三)财产性收入	income from Properties	346.90	53.75
1.利息收入	Interest Income	79.39	11.53
2.股息与红利收入	Divident and Bonus	106.50	5.37
3.保险收益	Insurance Profit	14.80	0.22
4.其它投资收入	Other Investment Income	20.92	0.00
5.出租房屋收入	Income from Housing Renting	101.10	36.61
6.知识产权收入	Intellectual Property Income	0.00	0.00
7.其他财产性收入	Other Property Income	24.19	0.02
(四)转移性收入	Income from Transfer	3067.05	707.93
1.养老金或离退休金	Retirement Pension	2513.09	517.60
2.社会救济收入	Social Relief	18.40	58.37
3.辞退金	Dismissal Fund	0.85	0.00
4.赔偿收入	Compensation	81.31	0.00
5.保险收入	Insurance Income	3.54	0.00
#失业保险金	Unemployment Insurance Benefits	1.71	0.00
6.赡养收入	Alimony Income	105.73	25.42
7.捐赠收入	Contribution Income	242.54	68.78
8.提取住房公积金	Housing Accumulation Fund	35.56	0.25
9.记帐补贴	Account Subsidies	45.14	33.32
10.其他转移性收入	Other Transfer Income	20.90	4.20
二、出售财物收入	**Income from Properties Sale**	**86.98**	**8.86**
三、借贷收入	**Income from Lending**	**7618.02**	**2329.18**
四、家庭总支出	**Total Expenditure**	**14646.42**	**6195.47**
(一)消费支出	Consumption Expenditure	11006.61	4933.28
#服务性消费支出	Consumption Expenditure for Services	2417.90	896.37
1.食 品	Food	3699.42	2176.34
2.衣 着	Clothing	1394.11	531.53
3.居 住	Residence	1247.04	565.38
4.家庭设备用品及服务	Household Appliances and Services	806.35	294.30
5.医疗保健	Health care and Medical Services	799.79	356.11
6.交通和通信	Transport and Communications	1410.45	415.26
7.教育文化娱乐服务	Recreation,Education and Cultural Services	1277.43	473.50
8.杂项商品和服务	Miscellaneous Goods and Services	372.01	120.86
(二)购房与建房支出	Expenditure for Housing Purchase and Building	749.36	70.52
(三)转移性支出	Expenditure for Transfer	1725.36	662.84
(四)财产性支出	Expenditure for Properties	12.26	0.10
(五)社会保障支出	Expenditure for Social Security	1152.82	528.74
1.个人交纳的养老基金	Pension Fund	513.47	327.86
2.个人交纳的住房公积金	Housing Accumulation Fund	442.62	108.18
3.个人交纳的医疗基金	Medical Fund	141.48	74.85
4.个人交纳的失业基金	Unemployment Fund	40.30	14.68
5.其他社会保障支出	Other Social Security Expenditure	14.96	3.16
五、借贷支出	**Expenditure for Lending**	**10219.08**	**2470.02**

Per Capita Cash Income and Expenditure of Urban Households(2008)

(yuan)

低 10% Low Income Household	较低 20% Lower Middle Income Household	中间 20% Middle Income Household	较高 20% Upper Middle Income Household	高 10% High Income Household	最高 10% Highest Income Household
9650.06	**12552.90**	**16806.58**	**22206.15**	**29480.61**	**43463.98**
8804.11	11613.22	15579.89	20639.11	27430.89	41052.88
7979.99	9871.66	13060.72	16114.97	21168.68	26919.66
7807.36	9721.99	12869.97	15842.34	20863.65	26232.01
172.63	149.67	190.75	272.63	305.03	687.65
435.30	663.79	1010.52	1776.64	1615.34	4346.58
81.73	209.53	245.47	352.81	767.83	1545.94
19.02	41.92	71.92	88.82	155.20	333.41
11.27	55.12	60.83	120.20	234.70	560.40
4.86	13.43	2.08	16.38	27.04	80.56
0.25	11.72	22.04	29.44	81.16	27.19
45.19	78.59	59.89	89.44	268.64	332.90
0.00	0.00	0.00	0.02	0.00	0.02
1.14	8.75	28.72	8.52	1.10	211.46
1153.04	1807.91	2489.87	3961.73	5928.75	10651.79
975.31	1511.02	2138.23	3269.48	4743.69	8499.98
9.31	20.91	10.54	7.44	17.74	1.22
0.00	0.00	0.00	4.80	0.00	0.00
0.00	0.18	23.21	233.35	308.48	137.05
5.67	3.83	2.84	3.56	5.03	5.86
5.67	1.87	1.09	0.14	4.25	0.49
44.24	91.01	62.08	88.68	283.18	360.58
73.82	133.46	181.56	264.49	310.83	1233.13
0.00	0.00	8.42	11.97	138.33	287.70
35.23	41.85	43.88	52.60	57.08	64.78
9.46	5.65	19.12	25.36	64.39	61.49
4.43	**72.42**	**36.06**	**193.72**	**19.68**	**373.74**
3413.00	**5315.18**	**7820.24**	**9208.00**	**13619.30**	**20126.98**
8372.94	**10998.06**	**14633.94**	**17726.46**	**24181.30**	**33448.17**
6685.91	8839.89	10697.40	13145.04	17415.08	24332.34
1363.07	1837.78	2301.80	2918.03	3986.59	6072.00
2729.58	3104.76	3778.43	4440.42	5131.65	6263.18
873.06	1102.64	1460.09	1745.55	2317.34	2632.84
739.85	1083.40	1181.36	1305.77	2114.07	2895.44
410.28	608.64	746.33	948.79	1418.73	2136.16
467.44	576.99	698.97	871.83	1329.31	2366.83
635.95	1111.38	1253.84	1813.85	2304.33	3881.30
667.19	973.84	1243.55	1546.03	2170.31	3121.71
162.56	278.25	334.83	472.81	629.34	1034.87
67.67	96.91	1091.41	746.59	1917.92	2873.04
811.37	1169.27	1656.80	2375.35	2934.70	4122.50
0.40	2.71	25.80	5.72	56.68	10.18
807.59	889.28	1162.53	1453.76	1856.92	2110.10
460.55	452.10	523.61	593.94	666.17	731.16
204.19	271.79	428.98	617.63	903.72	1057.34
103.26	124.11	154.67	172.43	189.45	212.79
30.55	28.62	39.25	53.67	62.90	84.02
9.05	12.66	16.02	16.08	34.68	24.79
4403.40	**6715.86**	**9640.90**	**13389.90**	**18245.16**	**29657.91**

4-3 城镇居民家庭年人均消费支出(2008年)

单位:元

项　目	Item	总平均 Average	最低10% Lowest Income Household
消费支出	**Consumption Expenditure**	**11006.61**	**4933.28**
#服务性消费支出	Consumption Expenditure for Services	2417.90	896.37
一、食　品	**Food**	**3699.43**	**2176.34**
(一)粮油类	Grain and Oil	517.46	443.82
1.粮　食	Grain	311.59	273.37
2.淀粉及薯类	Starches and Tubers	26.29	24.32
3.干豆类及豆制品	Dried Beans and Bean Products	43.68	35.67
4.油脂类	Oil or Fat	135.90	110.46
(二)肉禽蛋水产品类	Meat,Poultry,Eggs and Aquatic Products	1044.46	641.48
1.肉　类	Meat	531.64	346.43
2.禽　类	Poultries	126.31	84.79
3.蛋　类	Eggs	123.40	114.10
4.水产品类	Aquatic Products	263.11	96.16
(三)蔬菜类	Vegetables	318.65	222.29
1.鲜　菜	Fresh Vegetables	2.53	2.07
2.干　菜	Dry Vegetables	17.73	7.95
3.菜制品	Vegetable Products	12.61	9.04
(四)调味品	Flavoring	47.85	33.75
(五)糖烟酒饮料类	Carbohydrate,Tobacco,Liquor and Beverages	384.02	200.66
(六)干鲜瓜果类	Dried and Fresh Melons and Fruits	319.58	173.78
(七)糕点、奶及奶制品	Cake,Milk and Products	313.21	196.43
(八)其他食品	Other Foods	77.47	33.55
(九)饮食服务	Catering Services	676.73	230.58
二、衣　着	**Clothing**	**1394.11**	**531.53**
(一)服　装	Garments	124.82	72.52
(二)衣着材料	Clothing Material	12.06	6.16
(三)鞋　类	Footwear	98.24	54.21
(四)其他衣着用品	Other Clothing	55.25	29.58
(五)衣着加工服务费	Clothing Proceeding Services	8.24	4.15
三、居　住	**Residence**	**1247.04**	**565.38**
(一)住　房	Housing	411.37	31.04
1.租赁房房租	House Rent	28.10	3.74
2.住房装潢支出	Decoration Expenses	271.40	2.94
3.维修用建筑材料	Construction Material for Mending	93.15	18.39
4.其　他	Others	18.72	5.96
(二)水电燃料及其他	Water, Electricity,Fuel and Others	779.73	508.88
1.水	Water	56.50	36.07
2.电	Electricity	229.58	149.45
3.燃　料	Fuels	158.53	189.70
(三)居住服务费	Charges of Residence Service	55.94	25.46
1.物业管理费	Property Management Fees	28.08	13.20
2.维修服务费	Charges of Mending Services	16.22	8.48
3.其　它	Others	11.63	3.78

Per Capita Consumption Expenditure of Urban Households(2008)

(yuan)

低 10% Low Income Household	较低 20% Lower Middle Income Household	中间 20% Middle Income Household	较高 20% Upper Middle Income Household	高 10% High Income Household	最高 10% Highest Income Household
8839.89	**10697.40**	**13145.04**	**17415.08**	**24332.34**	**27188.00**
1837.78	2301.80	2918.03	3986.59	6072.00	6989.20
3104.75	**3778.42**	**4440.43**	**5131.64**	**6263.19**	**6739.94**
471.37	526.35	569.46	602.06	633.81	676.48
286.44	313.35	338.16	353.69	381.62	417.88
25.91	26.83	27.46	27.39	30.96	30.98
39.06	41.82	50.89	54.72	57.30	59.44
119.97	144.36	152.95	166.26	163.93	168.18
915.86	1086.88	1214.64	1413.21	1603.70	1631.07
477.12	560.99	616.17	699.93	716.87	769.02
117.03	135.85	142.15	153.55	167.86	159.72
116.21	124.29	127.40	146.01	143.78	138.95
205.49	265.75	328.92	413.73	575.20	563.38
272.02	328.63	371.35	413.02	457.16	453.24
2.40	2.59	2.70	2.80	2.84	2.91
14.40	20.06	22.90	25.35	29.61	29.95
10.89	13.30	14.31	16.85	18.55	17.10
41.40	48.45	56.41	62.73	68.30	71.79
314.57	390.76	478.17	591.21	638.09	712.85
269.60	327.97	400.03	446.32	532.86	557.54
283.68	320.08	368.25	403.79	489.08	507.58
65.28	87.47	94.61	110.53	125.66	129.57
470.97	661.83	887.51	1088.77	1714.53	1999.82
1102.64	**1460.09**	**1745.55**	**2317.34**	**2632.84**	**2906.15**
100.36	125.84	139.35	162.53	170.79	172.45
11.03	12.11	12.66	16.86	23.59	30.93
80.37	101.97	116.29	141.86	135.16	135.96
47.80	56.69	68.81	80.33	90.01	103.66
7.39	7.97	7.85	13.27	18.73	19.72
1083.40	**1181.36**	**1305.77**	**2114.07**	**2895.44**	**3594.98**
361.13	364.81	340.96	874.41	1470.13	2020.06
17.07	14.10	26.39	61.84	127.37	237.10
267.90	277.53	164.06	515.23	1006.88	1327.26
59.10	54.63	128.80	259.54	291.82	377.06
17.06	18.56	21.72	37.80	44.06	78.64
683.16	765.77	907.81	1124.58	1269.20	1394.13
48.10	59.19	66.69	71.78	80.82	82.75
200.75	242.16	261.26	295.99	352.01	372.16
150.18	148.13	143.81	174.21	166.30	170.93
39.11	50.78	57.00	115.09	156.11	180.79
21.96	27.17	30.82	54.50	62.47	71.20
13.07	10.71	15.95	22.74	62.68	84.00
4.08	12.90	10.24	37.85	30.97	25.59

4-3 续表

单位:元

项　　目	Item	总 计 Total	最 低 10% Lowest Income Household
四、家庭设备用品及服务	**Household Facilities,Articles and Services**	**806.35**	**294.30**
(一)耐用消费品	Durable Consumer Goods	426.80	128.98
1.家　具	Furniture	149.92	19.85
2.家庭设备	Household Facilities	276.62	109.08
(二)室内装饰品	Interior Decorations	37.28	3.61
(三)床上用品	Bed Articles	60.57	24.75
(四)家庭日用杂品	Grocery for Daily Use	236.81	126.03
(五)家具材料	Furniture Materials	11.39	0.75
(六)家庭服务	Household Service	33.50	10.19
五、医疗保健	**Health Care and Personal Articles**	**799.79**	**356.11**
(一)医疗器具	Medical Appliances	10.64	1.60
(二)保健器具	Health Care Appliances	26.54	3.76
(三)药品费	Drugs Charges	364.78	213.53
(四)滋补保健品	Nutritious and Health Articles	113.25	12.33
(五)医疗费	Medical Charges	265.41	118.42
(六)其　他	Others	19.18	6.45
六、交通和通讯	**Transportation and Communication**	**1410.45**	**415.26**
(一)交　通	Transportation	898.17	177.96
1.家庭交通工具	Transportation Facility	418.23	64.59
2.车辆用燃料及零配件	Fuels and Parts	195.90	42.56
3.交通工具服务支出	Expenditure for Transportation Facility Services	111.01	19.34
4.交通费	Transportation Costs	173.03	51.48
(二)通　信	Communication	512.28	237.30
1.通信工具	Communication Facility	115.75	42.23
2.通信服务	Communication Service	396.53	195.08
七、教育文化娱乐服务	**Education, Culture and Recreation Articles**	**1277.43**	**473.50**
(一)文化娱乐用品	Culture and Recreation Articles	434.99	124.86
(二)文化娱乐服务	Culture and Recreation Services	262.34	55.76
1.参观游览	Visit	61.32	7.20
2.健身活动	Body Building Activities	17.09	1.11
3.团体旅游	Team Tour	102.96	8.60
4.其它文娱活动	Other Culture and Recreation Activities	71.11	31.50
5.文娱用品修理服务费	Service Charges for Recreation and Culture Articles Mending	9.86	7.34
(三)教　育	Education	580.10	292.88
1.教　材	Teaching Materials	51.04	32.09
2.教育费用	Education Costs	528.81	260.79
八、杂项商品和服务	**Miscellanecus Commodities and Services**	**372.01**	**120.86**
(一)杂项商品	Miscellanecus Commodities	264.73	85.91
(二)服　务	Services	107.28	34.95

continued

(yuan)

低 10% Low Income Household	较低 20% Lower Middle Income Household	中间 20% Middle Income Household	较高 20% Upper Middle Income Household	高 10% High Income Household	最高 10% Highest Income Household
608.64	**746.33**	**948.79**	**1418.73**	**2136.16**	**2268.88**
313.46	394.03	458.56	772.16	1304.33	1374.44
78.83	131.59	154.45	307.68	642.38	784.24
234.63	261.77	303.36	464.48	661.96	590.20
16.27	27.39	62.96	58.98	156.00	135.08
46.22	57.97	75.44	103.43	142.25	144.37
205.83	237.14	286.75	347.49	437.41	477.14
5.79	5.82	14.02	50.33	27.25	41.97
21.08	23.99	51.06	86.33	68.91	95.88
576.99	**698.97**	**871.83**	**1329.31**	**2366.83**	**2189.99**
3.23	13.98	23.20	10.24	24.71	9.85
15.13	18.48	13.42	48.00	172.64	143.34
275.54	341.61	380.87	578.58	892.41	681.61
60.97	99.81	121.88	222.49	509.28	610.08
217.02	208.37	301.99	418.65	717.51	700.53
5.11	16.72	30.47	51.34	50.28	44.58
1111.38	**1253.84**	**1813.85**	**2304.33**	**3881.30**	**4715.04**
679.41	727.91	1168.56	1567.71	2978.28	3734.95
352.79	276.98	548.01	642.14	1661.73	2298.01
126.87	169.29	265.80	384.84	572.86	606.84
75.33	103.65	138.61	220.14	336.26	338.99
124.42	178.00	216.14	320.59	407.42	491.11
431.96	525.93	645.29	736.62	903.02	980.09
86.38	126.33	150.78	179.84	233.35	256.03
345.59	399.60	494.51	556.78	669.67	724.06
973.84	**1243.55**	**1546.03**	**2170.31**	**3121.71**	**3634.83**
347.77	419.05	514.96	826.65	1049.13	1236.90
149.54	207.47	334.33	530.94	967.95	1189.27
26.12	62.44	77.35	97.13	269.01	349.38
5.43	6.73	32.83	45.30	66.31	72.77
57.48	65.22	131.56	227.17	461.60	542.61
50.43	63.41	81.70	148.57	156.86	208.26
10.08	9.68	10.88	12.76	14.16	16.25
476.53	617.02	696.74	812.71	1104.63	1208.66
50.81	49.53	60.36	67.50	70.75	71.60
425.57	567.49	636.38	745.22	1030.84	1137.06
278.25	**334.83**	**472.81**	**629.34**	**1034.87**	**1138.17**
205.86	237.15	329.66	463.21	724.20	794.83
72.39	97.68	143.14	166.13	310.67	343.34

4-4 城镇居民家庭年末耐用品百户拥有量(2008年)

项　　目		Item		总平均 Average	最 低 10% Lowest Income Household
摩托车	(辆)	Motorcycles	(unit)	34.75	40.99
助力车	(辆)	Motorbikes	(unit)	46.62	56.43
家用汽车	(辆)	Automobiles	(unit)	12.94	6.85
洗衣机	(台)	Washing Machines	(unit)	92.98	86.07
电冰箱	(台)	Refrigerators	(unit)	98.95	80.29
彩色电视机	(台)	Color TV Sets	(unit)	119.44	111.41
家用电脑	(台)	Computers	(unit)	64.04	38.38
组合音响	(套)	Hi-Fi Stereo Component System	(set)	22.89	16.91
摄像机	(架)	Pickup Cameras	(unit)	8.92	4.12
照相机	(架)	Cameras	(unit)	50.08	29.38
钢　琴	(架)	Pianos	(unit)	3.39	0.46
微波炉	(台)	Microwave Ovens	(unit)	47.87	25.91
空调器	(台)	Air Conditioner	(unit)	89.68	51.99
淋浴热水器	(台)	Water Heaters	(unit)	85	67.23
消毒碗柜	(台)	Sterilized Cabinet	(unit)	6.77	1.51
洗碗机	(台)	Dishwasher	(unit)	0.81	0.33
健身器材	(套)	Body Building Equipment	(set)	6.33	1.63
固定电话	(部)	Common Phones	(unit)	76.07	70.04
移动电话	(部)	Mobile Phones	(unit)	181.59	158.95

Number of Durable Consumer Goods Owned by Per 100 Urban Households at the Year-end(2008)

低 10% Low Income Household	较低 20% Lower Middle Income Household	中间 20% Middle Income Household	较高 20% Upper Middle Income Household	高 10% High Income Household	最高 10% Highest Income Household
37.9	38.96	33.74	31.92	29.02	26.89
57.04	51	47.16	43.07	31.74	30.87
7.49	5.99	12.75	18.64	21.19	23.89
88.16	91.42	96.98	94.02	96.19	97.51
93.46	96.24	101.66	104.16	111.98	106.42
120.56	113.59	116.32	124.51	127.45	129.69
51.37	59.42	73.5	73.24	76.12	71.74
19.48	20.46	22.35	25.23	32.25	27.84
4.75	5.51	10.31	9.08	15.31	18.8
30.72	42.01	54.66	60.44	72.43	66.73
0.51	2.61	4.04	5.5	5.6	4.65
35.9	40.03	51.86	56.42	68.72	62.32
70.01	87.19	99.29	100.02	103.64	112.71
77.61	85.37	88.05	88.18	94.23	94.26
3.52	5.1	6.39	9.74	10.48	12.54
0.35	0.33	1.1	0.98	1.67	1.31
4.17	3.06	7.21	8.43	11.05	11.58
69.94	76.22	76.6	79.21	85.94	74.32
177.32	185.78	186.83	188.97	182.23	178.52

4−5 城镇居民家庭居住情况(2008年)

Housing Situation of Urban Households(2008)

项目		Item		总平均 Average
现住房总建筑面积 （平方米/人）		**Total Housing Construction Area(sq.m/household)**		**31.33**
房屋产权(合计)		Property Right of House		
租赁公房	(%)	Public House for Renting	(percentage)	1.61
租赁私房	(%)	Private House for Renting	(percentage)	2.15
原有私房	(%)	Original Private House	(percentage)	8.18
房改私房	(%)	Reformed Private House	(percentage)	52.18
商品房	(%)	Commercial House	(percentage)	33.93
其　它	(%)	Others	(percentage)	1.96
住宅建筑式样(合计)		Architectural Style of House		
单栋住宅	(%)	Single House	(percentage)	1.6
四居室	(%)	House with Four Rooms	(percentage)	3.06
三居室	(%)	House with Three Rooms	(percentage)	45.06
二居室	(%)	House with Two Rooms	(percentage)	37.92
一居室	(%)	House with One Room	(percentage)	1.66
普通楼房	(%)	Common Building	(percentage)	3.74
平房及其它	(%)	Bungalow and Others	(percentage)	6.96
卫生设备(合计)		Health Bathroom		
无卫生设备	(%)	Non-health Bathroom	(percentage)	1.07
有厕所浴室	(%)	Lavatory with Bathroom	(percentage)	83.68
有厕所无浴室	(%)	Lavatory without Bathroom	(percentage)	13.79
公用	(%)	Public	(percentage)	1.45
取暖设备(合计)		Heating Equipment		
无取暖设备	(%)	No Heating Equipment	(percentage)	6.32
空调设备	(%)	Air Conditioner	(percentage)	10.15
暖气	(%)	Heater	(percentage)	66.45
其它	(%)	Others	(percentage)	17.08
炊用燃料使用情况(合计)		Fuel of cooking	(percentage)	
煤炭	(%)	Coal	(percentage)	4.22
罐装液化石油气	(%)	Canned Liquefied Petroleum Gas	(percentage)	49.62
管道液化石油气	(%)	Pipeline Liquefied Petroleum Gas	(percentage)	2.31
管道煤气	(%)	Pipelined Gas	(percentage)	12.35
管道天然气	(%)	Pipelined Natural Gas	(percentage)	29.4
柴油	(%)	Diesel Oil	(percentage)	0.00
其它燃料	(%)	Others	(percentage)	2.11

4-6 各抽样调查市县城镇居民年人均主要指标(2008年)

Per Capita Annual Major Indicators of Urban Households by Sample Region(2008)

单位:元 (yuan)

地 区	Region	家 庭 总收入 Total Income	可支配 收 入 Disposable Income	家 庭 总支出 Total Expendi-ture	消费性支出 Consump-tion Expendi-ture
山东城镇居民	**Shandong urban households**	**17548.97**	**16305.41**	**14646.42**	**11006.61**
一、地级及以上城市居民	**17 city households**				
济南市	Jinan	22327.17	20802.17	17481.74	13904.59
青岛市	Qingdao	22080.13	20464.41	18757.57	14998.63
淄博市	Zibo	18355.19	17629.23	14438.66	11446.80
枣庄市	Zaozhuang	15943.02	14319.83	12493.89	8841.99
东营市	Dongying	21747.19	19487.42	16532.85	12416.19
烟台市	Yantai	20602.65	19349.68	16412.82	13151.50
潍坊市	Weifang	16628.49	15691.37	14940.97	11575.27
济宁市	Jining	17316.00	16245.66	15121.68	10085.78
泰安市	Tai'an	17227.58	16094.86	14266.33	11732.12
威海市	Weihai	19866.31	18536.80	16058.69	13520.80
日照市	Rizhao	15549.47	14408.53	13791.29	10119.04
莱芜市	Laiwu	19591.46	17223.51	16231.73	10789.31
临沂市	Linyi	18237.93	17135.87	15083.35	10926.31
德州市	Dezhou	15989.59	14545.16	12793.40	9535.85
聊城市	Liaocheng	15007.10	14558.99	11412.84	9458.81
滨州市	Binzhou	17583.18	15960.13	16830.79	10814.99
菏泽市	Heze	12949.13	11580.64	10877.45	7697.87
二、县级市城市居民	**City households leveled with county**				
龙口市	Longkou	19377.89	17931.98	15711.12	12706.50
诸城市	Zhucheng	14892.43	14089.95	10047.17	8602.10
青州市	Qingzhou	13854.51	12817.62	13880.06	8330.94
文登市	Wendeng	15156.45	14138.45	12694.04	10314.47
临清市	Linqing	13452.40	12547.76	9810.47	7667.98
三、县城居民	**County households**				
利津县	Lijin	16489.48	15408.96	13850.94	9223.24
微山县	Weishan	17306.25	16143.48	13422.98	8800.51
费 县	Feixian	12306.00	11311.69	15214.50	8119.62
武城县	Wucheng	11921.71	11552.00	8807.88	7082.89
东阿县	Donge	10577.58	9491.37	8663.13	5947.77
巨野县	Juye	11074.00	10334.43	9406.01	6482.01

注:全省城镇居民收支资料由28个抽样调查市县城镇居民家庭抽样调查资料加权汇总计算;地级及以上城市居民收支是由17个城市市区居民家庭抽样调查资料汇总;县级城市居民收支是由5个城市市区居民家庭的抽样调查资料汇总;县城居民收支是由6个城关镇居民家庭抽样调查资料汇总;市、县数据仅供参考。

Note:The province's urban households revenue and expenditure survey data are aggregated and calculated according to urban households sample survey data in 28 sample cities and counties; prefecture-level cities and above income and expenditure of urban residents are aggregated by the urban sample survey data of households in 17 cities; urban households income and expenditure are aggregated according to sample survey data of the five cities; county residents income and expenditure are aggregated according to sample survey data of 6 city town; city and county data are for reference only.

4-7 近年山东省城镇居民收支情况
Shandong Province Cities Inhabitant Revenue and Expenditure Situation by Recent Years

单位:元 (yuan)

名　　称	Item	2005年	2006年	2007年	2008年
一、家庭总收入	Total Income	11607.82	13222.85	15366.26	17548.97
#可支配收入	Disposable Income	10744.79	12192.24	14264.70	16305.41
(一)工资性收入	Income of Wages and Salaries	9026.55	10442.06	11814.19	12940.62
1. 工资及补贴收入	Wages and Subsidies	8852.80	10272.05	11616.10	12687.46
2. 其它劳动收入	Other Income	173.75	170.01	198.09	253.16
(二)经营性净收入	Net Business Income	492.12	558.18	730.15	1194.40
(三)财产性收入	income from Properties	151.86	220.66	304.71	346.90
(四)转移性收入	Income from Transfer	1937.29	2001.96	2517.21	3067.05
二、出售财物收入	Income from Properties Sale	27.21	83.49	145.13	86.98
三、借贷收入	Income from Lending	5316.67	6498.90	6934.52	7618.02
四、家庭总支出	Total Expenditure	9888.94	11717.46	13188.51	14646.42
(一)消费支出	Consumption Expenditure	7457.31	8468.40	9666.61	11006.61
#服务性消费支出	Consumption Expenditure for Services	1816.32	2119.63	2195.61	2417.90
1. 食品	Food	2512.73	2711.65	3180.64	3699.42
2. 衣着	Clothing	925.94	1091.22	1238.34	1394.11
3. 居住	Residence	751.69	838.17	1027.58	1247.04
4. 家庭设备用品及服务	Household Appliances and Services	503.36	526.29	661.03	806.35
5. 医疗保健	Health care and Medical Services	579.01	624.06	708.58	799.79
6. 交通和通讯	Transport and Communications	902.32	1175.57	1333.63	1411.00
7. 教育文化娱乐服务	Recreation,Education and Cultural Services	1039.99	1201.97	1191.18	1278.00
8. 其它商品和服务	Miscellaneous Goods and Services	242.29	299.48	325.64	372.01
(二)购房与建房支出	Expenditure for Housing Purchase and Building	475.37	937.20	1044.01	749.36
(三)财产性支出	Expenditure for Transfer	10.34	8.25	8.35	12.26
(四)转移性支出	Expenditure for Properties	1161.82	1352.39	1456.07	1725.36
(五)社会保障支出	Expenditure for Social Security	784.09	951.21	1013.47	1152.82
五、借贷支出	Expenditure for Lending	6909.63	7909.89	9048.17	10219.08

4-8 历年山东省城镇居民可支配收入名义和实际增长速度及恩格尔系数表
Name and the Actual Rate of Rise of the Controlled Income and Engel's Coefficient of Shandong Province Cities Inhabitants by All Previous Years

单位：%　　(%)

年　份 Year	可支配收入 名义增长速度 Name Rate of Rise of the Controlled Income	可支配收入 实际增长速度 the Actual Rate of Rise of the Controlled Income	恩格尔系数 Engel's coefficient
1981	10.5	8.6	55.0
1982	5.9	5.0	57.8
1983	2.3	-0.1	59.9
1984	18.9	17.2	59.9
1985	17.1	7.7	50.8
1986	14.2	9.3	50.4
1987	15.7	6.9	53.3
1988	17.9	-0.7	51.0
1989	16.0	-1.1	52.0
1990	8.7	5.1	51.7
1991	15.1	9.7	52.2
1992	17.0	9.6	51.1
1993	27.4	13.0	46.1
1994	36.9	11.0	46.0
1995	23.8	5.3	45.3
1996	14.7	4.6	43.8
1997	6.1	3.3	41.1
1998	3.6	4.3	39.8
1999	8.0	8.7	37.3
2000	11.7	11.5	35.0
2001	9.4	7.5	34.5
2002	7.2	8.0	34.4
2003	10.3	9.1	33.8
2004	12.4	8.5	34.6
2005	13.8	11.9	33.7
2006	13.5	12.3	32.0
2007	17.0	12.1	32.9
2008	14.3	8.6	33.6

4-9 全国各省(市、区)城镇居民可支配收入、消费性支出(2008年)

The Cities Inhabitants Disposable Income and the Consumption Expenditure by National Various Provinces (Cities, Areas)(2008)

单位：元 (yuan)

调查地区	area	可支配收入 Disposable Income	消费性支出 Consumption Expenditure
全　国	The Whole Country	15780.68	11242.80
北　京	Beijing	24724.89	16460.26
天　津	Tianjin	19422.53	13422.47
河　北	Hebei	13441.09	9086.73
山　西	Shanxi	13119.05	8806.55
内蒙古	Inner Mongolia	14430.84	10827.04
辽　宁	Liaoning	14392.69	11231.48
吉　林	Jilin	12829.45	9729.05
黑龙江	Heilongjiang	11581.28	8622.97
上　海	Shanghai	26674.90	19397.89
江　苏	Jiangsu	18679.52	11977.55
浙　江	Zhejiang	22726.66	15158.30
安　徽	Anhui	12990.35	9524.04
福　建	Fujian	17961.45	12501.12
江　西	Jiangxi	12866.44	8717.37
山　东	Shandong	16305.41	11006.61
河　南	Henan	13231.11	8837.46
湖　北	Hubei	13152.86	9477.51
湖　南	Hunan	13821.16	9945.52
广　东	Guangdong	19732.86	15527.97
广　西	Guangxi	14146.04	9627.40
海　南	Hainan	12607.84	9408.48
重　庆	Chongqing	14367.55	11146.80
四　川	Sichuan	12633.38	9679.14
贵　州	Guizhou	11758.76	8349.21
云　南	Yunnan	13250.22	9076.61
西　藏	Xizang	12481.51	8323.54
陕　西	Shaanxi	12857.89	9772.07
甘　肃	Gansu	10969.41	8308.62
青　海	Qinghai	11648.30	8203.17
宁　夏	Ningxia	12931.53	9558.29
新　疆	Xinjiang	11432.10	8669.36

4-10 全国城镇居民家庭人均全年收支情况
Per Person Annual Revenue and Expenditure Situation of National City People Families

单位：元 (yuan)

年 份 Year	人均全年可支配收入 Per Capita Annual Disposable Income	人均全年消费性支出 Per Capita Annual Consumption Expenditure
2000年	6279.98	4998.00
2001年	6859.58	5309.01
2002年	7702.80	6029.88
2003年	8472.20	6510.94
2004年	9421.61	7182.10
2005年	10493.03	7942.88
2006年	11759.45	8696.55
2007年	13785.79	9997.47
2008年	15780.68	11242.80

主要指标解释

城镇家庭人口 指居住在一起，经济上合在一起共同生活的家庭成员。凡计算为家庭人口的成员其全部收支都包括在本家庭中。

城镇就业面 指就业人口占家庭人口的百分比。

城镇就业者负担人数 指家庭人口与就业人口之比。

城镇家庭总收入 指家庭成员得到的工薪收入、经营净收入、财产性收入、转移性收入之和，不包括出售财物收入和借贷收入。

城镇家庭可支配收入 指家庭成员得到可用于最终消费支出和其它非义务性支出以及储蓄的总和，即居民家庭可以用来自由支配的收入。它是家庭总收入扣除交纳的所得税、个人交纳的社会保障支出以及记账补贴后的收入。计算公式为：

可支配收入=家庭总收入－交纳所得税－个人交纳的社会保障支出－记账补贴

城镇家庭总支出 指除借贷支出以外的全部家庭支出。包括消费性支出、购房建房支出、转移性支出、财产性支出、社会保障支出。

城镇家庭消费性支出 指家庭用于日常生活的支出，包括食品、衣着、家庭设备用品及服务、医疗保健、交通和通信、娱乐教育文化服务、居住、杂项商品和服务等八大类支出。

城镇家庭服务性消费支出 指家庭用于支付社会提供的各种非商品性服务费用。

城镇家庭收入分组方法 是将所有调查户按户人均可支配收入由低到高排队，按10%，10%，20%，20%，20%，10%，10%的比例依次分成：最低收入户、低收入户、中等偏下收入户、中等收入户、中等偏上收入户、高收入户、最高收入户等七组。

恩格尔系数 指食物支出金额在消费性总支出金额中所占的比例。计算公式为：

$$恩格尔系数=\frac{食品支出金额}{消费性总支出金额}\times 100\%$$

Explanatory Notes on Main Indicators

Population of Urban Households refer to members of households living and sharing economically together in the urban areas. All the income and expenditure of all the members of such households are included in the income and expenditure of the household.

Proportion of Urban Employment refers to the proportion of employed population to the population of urban households.

Number of Dependents per Urban Employee refers to the ratio between number of persons in an urban household and the number of employed persons.

Total Income of Urban Households refers to the sum of wage and salary; net business income; income from properties; and income from transfers of members of the households. Income from selling of properties and income from borrowing are not included..

Disposable Income of Urban Households refers to the actual income at the disposal of members of the households which can be used for final consumption, other non-compulsory expenditure and savings. This equals to total income minus income tax, personal contribution to social security and subsidy for keeping diaries in being a sample household. The following formula is used:

Disposable income = total household income - income tax - personal contribution to social security - subsidy for keeping diaries for a sampled household

Total Expenditure of Urban Households refers to all expenditure of households except expenditure on lending. It includes expenditure on consumption; on purchasing or building houses; on transfers; on properties; and on social security.

Consumption Expenditure of Urban Households refers to total expenditure of households for consumption in daily life, including expenditure on the eight categories of food; clothing; household appliances and services; health care and medical services; transport and communications; recreation, education and cultural services; housing; and miscellaneous goods and services.

Expenditure of Urban Households on Consumption of Services refers to expenditure of households on various kinds of non-commercial services provided by society.

Urban Households by Income Group All households in the sample are grouped, by per capita disposable income of the household, into groups of lowest income, low income, lower middle income, middle income, upper middle income, high income and highest income, each group consisting of 10%, 10%, 20%, 20%, 20%, 10% and 10% of all households respectively.

Engel Coefficient refers to the percentage of expenditure on food in the total consumption expenditure, using the following formula:

$$\text{Engel Coefficient} = \frac{\text{expenditure on food}}{\text{total consumption expenditure}} \times 100\%$$

5

农村居民生活调查资料

Investigation Material of Rural Residential Life

简 要 说 明

一、农村住户调查是按照国家统计局的要求，采取多阶段、随机起点、对称等距的抽样方法抽选调查样本。调查抽样误差在正负 3%以内。

二、农村住户调查的主要内容包括：农村居民家庭基本情况、人口与就业情况、生产结构与技术应用情况、总收入和纯收入情况、总支出情况、现金收支情况、生活消费现金支出情况、主要农产品出售情况、食品消费情况、商品购买情况、粮食收支情况等。

三、农村住户调查的调查单位为农村常住户。全省农村住户调查的样本单位包括 39 个县、420 个调查村、4200 个调查户，占全省总县数的 31%。

四、为保证农村住户调查资料的准确性，国家统计局农村司为调查户设置了现金和实物两本帐，并聘请辅助调查员帮助做好记帐工作。农村住户调查资料实行帐页超级汇总方式，即由县队人员将调查户记的现金帐和实物帐逐户逐笔录入计算机后，直接上报总队，再由总队将分户资料进行汇总生成全省资料。

五、为解决调查户的样本老化等问题，增强抽样调查网点的代表性，更加准确、及时地反映农村社会经济情况，国家统计局对农村住户调查网点实行样本轮换制度，每四年为一个周期。

Brief Introduction

I.The countryside inhabitant investigation adopts the sampling method of the multi-stages, the stochastic beginning and the symmetrical equal-space to sample the investigation sample based on NBS request, investigation sampling error is in negative 3%.

II.The primary coverage of the countryside inhabitant investigation includes: basic indicators of rural households, population and employment situation, production structure and technical application situation, gross income and net income situation, gross charge situation, cash revenue and expenditure situation, life expense cash disbursement situation, main agricultural product sold situation, food expenditure situation, purchasing commodity situation, grain revenue and expenditure situation and so on.

III.Investigation unit for the countryside inhabitant investigation are countryside often inhabitant. The sample units of countryside inhabitant investigation includes 39 counties, 420 investigation villages, 4200 investigation households in the entire province, occupy total county number 31% in entire province.

IV.In order to guarantee the accuracy of the materials for the countryside inhabitant investigation, NBS Countryside Operation Office give the investigation households to establish two accounts for the cash and material object, and invited the assistant investigators to help complete accounts work. The materials of countryside inhabitant investigation use the super way to compile, namely persons of the county team record the materials of that the cash and the account book into the computers and report these materials to the province team directly, the divided household materials are carried on compiling to produce the entire province materials by the province team.

V. In order to solve questions of investigation old households and so on, enhance sample investigation point representation, more accurate, reflect promptly the countryside social economy situation, NBS carry on the system that the investigation points were taken turns, every four years is a cycle.

5-1 主要年份农民家庭主要指标

Major Indicators of Rural Households of Major Years

年 份 Year	调查户数 (户) Number of Households Surveyed (household)	调查户常住人口 (人) Number of Permanent Residents in the Households Surveyed (person)	平均每户常住人口 (人) Average Number of Permanent Residents Per Household (person)	平均每户整半劳力 (人) Average Number of Full/Semi Labour Force Per Household (person)	人均年末生活用房面积 (平方米) Per Capita Space of Living House at Year-end (sq.m)
1978	715	4126	5.77	2.54	9.81
1979	732	4138	5.65	2.67	9.91
1980	825	4649	5.64	2.70	10.98
1981	827	4538	5.49	2.63	10.03
1982	1529	7849	5.13	2.54	10.64
1983	1438	7266	5.05	2.85	12.50
1984	1558	7730	4.96	2.86	14.54
1985	4000	18896	4.72	2.84	15.13
1986	4200	19667	4.68	2.85	15.74
1987	4200	19339	4.60	2.86	16.48
1988	4200	19074	4.54	2.86	17.34
1989	4200	18749	4.46	2.85	17.96
1990	4200	18486	4.40	2.82	18.48
1991	4200	18241	4.34	2.77	19.87
1992	4200	17886	4.26	2.75	19.31
1993	4200	17494	4.17	2.77	20.64
1994	4200	17239	4.10	2.76	21.15
1995	4200	17089	4.07	2.78	21.56
1996	4200	16847	4.01	2.68	22.32
1997	4200	16574	3.95	2.65	23.16
1998	4200	16379	3.90	2.64	23.91
1999	4200	16116	3.84	2.60	25.07
2000	4200	15918	3.79	2.60	23.61
2001	4200	15671	3.73	2.54	24.60
2002	4200	15569	3.71	2.58	25.59
2003	4200	15405	3.67	2.62	26.53
2004	4200	15386	3.66	2.67	26.92
2005	4200	15382	3.66	2.69	29.64
2006	4200	15298	3.64	2.69	30.69
2007	4200	15204	3.62	2.69	31.69
2008	4200	15121	3.60	2.68	32.98

注：1978年至1980年的生活用房面积中包括生产用房。
Note: The space of production house is concluded in the space of living house since 1978 to 1980.

5-1 续表 continued

年 份 Year	平均每人全年总收入(元) Per Capita Annual Total Income (yuan)	平均每人全年纯收入(元) Per Capita Annual Net Income (yuan)	平均每人全年总支出(元) Per Capita Annual Total Expenditure (yuan)	#购置生产性固定资产 Purchase of Productive Fixed Assets	#生活消费支出 Expense on Household Consumption
1978	134.58	114.56	116.57		93.69
1979	184.66	159.81	157.41		128.01
1980	240.98	210.23	204.75		165.34
1981	282.07	251.62	247.90	8.99	202.12
1982	343.99	299.95	296.21	17.87	230.02
1983	500.68	360.64	428.14	22.23	264.38
1984	554.61	394.99	461.31	18.11	287.24
1985	592.50	408.12	521.50	18.71	321.98
1986	644.65	449.27	570.40	14.81	364.56
1987	740.61	517.69	639.75	16.36	406.34
1988	857.76	583.74	780.24	23.72	482.11
1989	939.57	630.56	841.95	21.05	513.10
1990	994.36	680.18	878.27	18.14	547.05
1991	1152.02	764.04	1037.81	29.79	612.99
1992	1241.82	802.90	1121.22	27.81	655.69
1993	1413.69	952.74	1210.98	29.48	724.49
1994	1975.12	1319.73	1671.34	30.01	995.72
1995	2626.96	1715.09	2301.34	56.70	1338.46
1996	3246.92	2086.31	2955.16	68.33	1652.51
1997	3468.72	2292.12	2855.26	84.34	1626.27
1998	3561.87	2452.83	2782.48	93.23	1595.09
1999	3645.89	2549.56	2845.88	97.36	1679.75
2000	3872.22	2659.20	3036.20	107.85	1770.75
2001	4138.61	2804.51	3326.79	101.70	1904.95
2002	4305.77	2953.97	3438.78	92.40	1997.83
2003	4482.15	3150.49	3521.42	83.78	2133.20
2004	5037.52	3507.43	3999.23	107.74	2389.27
2005	5676.98	3930.55	4561.27	117.14	2735.77
2006	6188.54	4368.33	5090.48	149.36	3143.80
2007	7150.28	4985.34	5863.21	111.15	3621.57
2008	8136.66	5641.43	6697.38	123.75	4077.05

5-2 农村居民家庭基本情况
Basic Condition of Rural Households

类　别		Category		2000	2005	2007	2008
调查户数	**(户)**	**Number of Households Surveyed**	**(household)**	**4200**	**4200**	**4200**	**4200**
一、调查户从业类型（按总收入比重计算）		**Business Types of Households Serveyed (calculated according to the proportion of total income)**					
1.农业户	(户/百户)	Households Engaged in Agriculture	(household/100 households)	15.76	19.79	17.40	19.14
2.农业兼业户	(户/百户)	Households Engeged in Agricuture and Other Sectors	(household/100 households)	49.98	39.40	37.26	34.64
3.非农业兼业户	(户/百户)	Households Engaged in Non-agriculture	(household/100 households)	31.24	33.62	37.24	37.19
4.非农业户	(户/百户)	Households Engeged in Non--agricutureand Other Sectors	(household/100 households)	3.02	7.19	8.10	9.02
二、调查户从业类型（按从业劳动力比重计算）		**Business Types of Households Serveyed (calculated according to the proportion of business labour force)**					
1.农业户	(户/百户)	Households Engaged in Agriculture	(household/100 households)	58.83	36.33	29.07	29.14
2.农业兼业户	(户/百户)	Households Engeged in Agricuture and Other Sectors	(household/100 households)	14.76	17.62	16.19	15.93
3.非农业兼业户	(户/百户)	Households Engaged in Non-agriculture	(household/100 households)	20.17	31.17	35.90	35.88
4.非农业户	(户/百户)	Households Engeged in Non-agricuture and Other Sectors	(household/100 households)	6.24	14.88	18.83	19.05
三、家庭结构		**Household Structure**					
1.单身或夫妇	(户/百户)	Single and Couples	(household/100 households)	7.12	10.17	11.93	13.02
2.夫妇与一个孩子	(户/百户)	Couples with One Child	(household/100 households)	29.81	32.76	32.12	31.74
3.夫妇与两个孩子	(户/百户)	Couples with Two Children	(household/100 households)	33.10	31.26	30.21	29.40
4.夫妇与三个以上孩子	(户/百户)	Couples with Three Children and More	(household/100 households)	11.24	7.76	6.90	6.21
5.单亲与孩子	(户/百户)	Single-parent with Children	(household/100 households)	1.74	1.33	1.40	1.62
6.三代同堂	(户/百户)	Three Generations Living under One Roof	(household/100 households)	13.81	14.48	15.55	16.05
7.其　他	(户/百户)	Others	(household/100 households)	3.19	2.24	1.88	1.95
四、参加专业性合作经济组织的户数	**(户/百户)**	**Number of Participating in Professional Cooperative Economic Organizations**	**(household/100 households)**	**2.10**	**3.64**	**3.55**	**3.76**
五、参加新型农村合作医疗的户数	**(户/百户)**	**Number of Households Participating in the New Type of Rural Cooperative Medical Care**	**(household/100 households)**	**14.26**	**49.57**	**98.45**	**98.62**
六、领取最低生活保障的户数	**(户/百户)**	**Number of Households Receiving the Minimum Livelihood Guarantee**	**(household/100 households)**		**0.07**	**0.48**	**0.67**

5-3 农村居民居住情况
Living Condition of Rural Households

类　　别		Category		2000	2005	2007	2008
一、期末住房情况		**Housing Condition at Term-end**					
(一)住房面积	(平米/人)	Housing Area	(sq.m/person)	23.61	29.64	31.69	32.98
(二)住房价值	(元/平米)	Housing Value	(yuan/sq.m)	193.56	283.98	322.85	354.45
(三)住房类型		Houging Type					
1.楼房面积	(平米/人)	Apartment Area	(sq.m/person)	1.47	3.27	4.36	4.90
2.砖瓦平房面积	(平米/人)	Brick Bungalow Area	(sq.m/person)	19.46	24.53	25.60	26.70
3.其　他	(平米/人)	Other Types	(sq.m/person)	2.68	1.83	1.73	1.38
(四)住房结构		Housing Structure					
1.钢筋混泥土结构面积	(平米/人)	Reinforced Concrete Structure	(sq.m/person)	2.69	7.45	8.09	9.04
2.砖木结构面积	(平米/人)	Brick and Wood Structure	(sq.m/person)	18.35	20.72	22.18	22.80
3.其　他	(平米/人)	Other Structures	(sq.m/person)	2.57	1.48	1.42	1.15
二、期内新建(购)住房情况		**Condition of Newly Building (Buying) Housing in the Term**					
(一)新建(购)住房面积	(平米/人)	Area of Newly Building(Buying) Housing	(sq.m/person)	1.01	1.03	1.28	1.31
(二)新建(购)住房价值	(元/平米)	Value of Newly Building(Buying) Housing	(yuan/sq.m)	229.94	369.36	485.44	552.06
(三)新建(购)住房类型		Type of Newly Building(Buying) Housing					
1.楼房面积	(平米/人)	Apartment Area	(sq.m/person)	0.15	0.15	0.41	0.40
2.砖瓦平房面积	(平米/人)	Brick Bungalow Area	(sq.m/person)	0.83	0.87	0.86	0.91
3.其　他	(平米/人)	Other Types	(sq.m/person)	0.02	0.01	0.01	
(四)新建(购)住房结构		Structure of Newly Building Housing					
1.钢筋混泥土结构面积	(平米/人)	Reinforced Concrete Structure	(sq.m/person)	0.22	0.41	0.50	0.68
2.砖木结构面积	(平米/人)	Brick and Wood Structure	(sq.m/person)	0.78	0.62	0.77	0.63
3.其　他	(平米/人)	Other Structures	(sq.m/person)	0.01		0.01	
三、居住条件		**Living Condition**					
(一)住房卫生设备使用情况		Condition of Health Equipment					
1.使用水冲式厕所的户数	(户/百户)	Having Flushing Toilet	(household/100 households)	1.81	5.74	7.76	8.38
2.使用旱厕的户数	(户/百户)	Having Old Toilet	(household/100 households)	97.10	93.74	92.21	91.40
3.无厕所的户数	(户/百户)	No Toilet	(household/100 households)	1.10	0.52	0.02	0.21
(二)取暖设备使用情况		Condition of Heating Equipment					
1.使用空调的户数	(户/百户)	Having Air Conditioner	(household/100 households)	0.38	1.55	3.21	3.38
2.使用暖气的户数	(户/百户)	Having Heater	(household/100 households)	8.21	18.26	19.55	18.31
3.使用火炕的户数	(户/百户)	Having Kang	(household/100 households)	49.21	37.33	19.31	19.07
4.无取暖设备的户数	(户/百户)	No Heating Equipment	(household/100 households)	42.19		33.12	35.60
(三)炊事使用的主要能源		Major Source of Cooking					
1.使用液化气的户数	(户/百户)	Liquid Natural Gas	(household/100 households)	4.31	17.64	27.52	26.64
2.使用煤炭的户数	(户/百户)	Coal	(household/100 households)	34.33	29.38	22.90	22.12
3.使用柴草的户数	(户/百户)	Fuelwood	(household/100 households)	60.05	52.10	45.33	46.45
4.使用电的户数	(户/百户)	Electricity	(household/100 households)		0.48	2.43	3.14
5.使用其他燃料的户数	(户/百户)	Other Fuels	(household/100 households)	1.31	0.48	2.43	3.14
(四)饮用水来源情况		Source of Drinking Water					
#1.饮用自来水的户数	(户/百户)	Tap Water	(household/100 households)	28.50	53.67	67.31	69.67
2.饮用深井水的户数	(户/百户)	Deep Well Water	(household/100 households)	45.64	29.69	27.76	25.19
3.饮用浅井水的户数	(户/百户)	Shallow Well Water	(household/100 households)	23.98	16.05	4.93	5.12
(五)住宅外道路路面状况		Condition of Road Near Residential					
1.水泥或柏油路面的户数	(户/百户)	Cement or Asphalt	(household/100 households)		40.29	51.00	54.52
2.沙石或石板等硬质路面的户数	(户/百户)	Stone, Sand and Gravel or Other Hard Materials	(household/100 households)		19.02	18.98	17.57
3.其他路面的户数	(户/百户)	Other Materials	(household/100 households)		40.69	30.02	27.90

5-4 农村居民人均总收入与总支出

Per Capita Total Income and Expenditure of Rural Households

单位:元 (yuan)

类 别	Category	2000	2005	2007	2008
一、总收入	**Total Income**	**3872.22**	**5676.98**	**7150.28**	**8136.66**
(一)工资性收入	Income from Wages and Salaries	850.56	1437.57	1950.78	2263.46
1.在非企业组织中劳动得到收入	Incomes from Working in the Non-business Organizations	235.42	240.73	254.52	255.22
2.在本乡地域内劳动得到收入	Incomes from Working inside the Village	396.97	806.57	1109.09	1315.25
#在企业中劳动得到收入	Incomes from Working in Enterprises	280.76	522.63	697.12	798.47
3.外出从业得到收入	Income from Working Somewhere away from Home	218.16	390.27	587.17	693.00
(二)家庭经营收入	Income from Household Operations	2809.40	3956.95	4779.28	5339.43
1.第一产业收入	Income from Primary Industry	2260.24	3177.37	3867.36	4338.07
(1)农业收入	Income from Farming	1662.23	2215.02	2689.77	2967.56
A.农产品收入	Farming Products	1637.81	2159.05	2620.58	2879.80
B.农业服务性收入	Income from Agricultural Services	24.41	55.97	69.19	87.76
(2)林业收入	Income from Forestry	46.29	60.31	81.71	96.58
A.林业产品收入	Forestry Products	46.29	57.99	78.54	93.00
B.林业服务性收入	Income from Forestry Services		2.33	3.17	3.58
(3)牧业收入	Income from Animal Husbandry	536.64	865.38	1060.19	1228.86
A.牧业产品收入	Animal Husbandry Products	536.64	857.79	1056.83	1223.96
B.牧业服务性收入	Animal Husbandry Services		7.60	3.36	4.90
(4)渔业收入	Income from Fishery	15.07	36.65	35.68	45.07
A.渔业产品收入	Fishery Products	15.07	36.14	26.03	28.61
B.渔业服务性收入	Fishery Services		0.51	9.65	16.46
2.第二产业收入	Income from Secondary Industry	162.40	265.24	304.70	355.53
(1)工业收入	Industry	115.21	209.44	232.38	278.80
A.工业产品收入	Industrial Products	14.53	67.26	86.32	122.69
B.工业服务性收入	Industrial Services	100.68	142.18	146.07	156.12
(2)建筑业收入	Construction	47.19	55.80	72.31	76.72
①建筑业产品收入	Construction Products		1.48	2.73	4.09
②建筑业服务性收入	Construction Services	47.19	54.31	69.59	72.64
3.第三产业收入	Income from Tertiary Industry	386.76	514.35	607.22	645.84
(1)其他产品收入	Other Products	11.03	2.25	3.61	10.46
(2)第三产业服务性收入	Tertiary Industry Services	375.73	512.10	603.61	635.38
①交通、运输、邮电业收入	Transport,Storage and Post	120.71	166.45	187.36	186.85
②批零贸易业、饮食业收入	Wholesale,Retail and Catering Trades	123.00	186.16	230.56	252.23
③社会服务业收入	Social Services	39.24	54.87	69.30	78.10
④文教卫生业收入	Culture,Education and Health	4.49	28.20	38.73	44.30
⑤其他行业收入	Other Sectors	88.29	76.42	77.65	73.89
(三)财产性收入	Income from Properties	57.80	102.80	144.32	163.93
#1.利 息	Interest	23.55	9.75	11.58	13.81
2.集体分配股息和红利	Divident and Bonus Distributed by Mass	3.48	0.63	1.28	1.84
3.其他股息和红利	Other Divident and Bonus		2.02	2.92	5.40
4.租金(包括农业机械)	Rent(including Agricultural Machinery)	8.87	10.36	12.18	16.09
5.土地征用补偿收入	Compensation for Land Acquisition	9.30	46.21	54.16	60.29
6.转让承包土地经营权收入	Land Management Rights Transfer		2.56	10.13	13.61
(四)转移性收入	Income from Transfers	154.46	179.66	275.90	369.82
#1.家庭非常住人口寄回和带回收入	Sent back by Non-permanent Resident	24.92	34.11	43.35	50.16
2.城市亲友赠送收入	Presentation from Relatives and Friends in Rural Area	10.14	21.18	26.92	31.34
3.农村亲友赠送收入	Presentation from Relatives and Friends in Urban Area	81.84	52.32	87.42	120.82

5-4 续表 continued

单位:元 (yuan)

类　别	Category	2000	2005	2007	2008
二、总支出	**Total Expenditure**	**3036.21**	**4561.27**	**5863.21**	**6697.38**
(一)家庭经营费用支出	Expenditure for Household Operations	905.62	1496.03	1852.02	2139.35
1.第一产业生产费用支出	Primary Industry	795.42	1314.96	1647.12	1895.81
(1)农业生产费用支出	Expenditure for Farming Production	474.86	731.25	909.14	1024.97
(2)林业生产费用支出	Expenditure for Forestry Production	8.10	11.33	16.86	17.76
(3)牧业生产费用支出	Expenditure for Animal Husbandry Production	310.78	557.82	709.84	836.59
(4)渔业生产费用支出	Expenditure for Fishery Production	1.68	14.57	11.28	16.49
2.第二产业生产费用支出	Secondary Industry	40.48	92.57	103.90	142.28
(1)工业生产费用支出	Expenditure for Industry Production	31.42	87.82	90.81	129.74
(2)建筑业生产费用支出	Expenditure for Construction Production	9.06	4.75	13.08	12.54
3.第三产业生产费用支出	Tertiary Industry	69.72	88.50	101.00	101.25
(1)交通运输邮电业生产费用支出	Expenditure for Production of Transport,Storage	22.87	27.35	26.76	21.13
(2)批零贸易餐饮业生产费用支出	Expenditure for Production of Wholesale,Retail and	31.91	38.66	45.87	48.02
(3)社会服务业生产费用支出	Expenditure for Production of Social Services	4.43	8.35	7.44	7.24
(4)文教卫生业生产费用支出	Expenditure for Production of Culture,Education	1.42	4.37	6.95	7.78
(5)其他行业生产费用支出	Expenditure for Production of Other Secotrs	9.09	9.76	13.98	17.08
(二)购置生产性固定资产支出	Expenditure for Purchase of Productive Fixed Assets	107.85	117.14	111.15	123.75
(三)建、造生产性固定资产雇工支出	Expenditure for Building of Productive Fixed Assets	0.29	1.40	3.43	3.24
(四)税费支出	Expenditure for Taxes and Fees	134.48	34.27	16.83	24.88
(五)生活消费支出	Expense on Household Consumption	1770.75	2735.77	3621.57	4077.05
#服务性支出	Expenditure for Services	477.44	880.02	1097.93	1218.19
1.食品消费支出	Food	781.88	1087.65	1369.20	1551.77
2.衣着消费支出	Clothing	117.51	159.73	224.18	250.29
3.居住消费支出	Residence	299.76	445.71	682.13	804.75
4.家庭设备、用品消费支出	Household Appliances	114.94	136.54	195.99	240.91
5.交通和通讯消费支出	Transport and Communications	101.64	294.37	422.36	452.55
6.文化教育、娱乐消费支出	Recreation,Education and Cultural	207.87	377.16	424.89	417.27
7.医疗保健消费支出	Health care	118.69	188.48	230.84	280.49
8.其他商品和服务消费支出	Other Goods and Services	28.45	46.13	71.98	79.00
(六)财产性支出	Expenditure for Properties	10.12	17.55	20.66	30.60
#1.宅基地有偿使用费	Paid Use of Land		1.58	0.84	4.27
2.承包其他农户转让费	Contract on Other Farmers Transfer	4.00	14.18	14.98	17.44
(七)转移性支出	Expenditure for Transfers	107.38	159.11	237.55	298.51
#1.寄给带给家庭非常人口	Sent to Non-permanent Resident	5.79	43.42	57.38	72.43
2.赠送农村亲友	Presentation to Relatives and Friends in Rural Area	80.46	52.86	88.39	115.40
3.赠送城市亲友	Presentation to Relatives and Friends in Urban Area	5.93	8.69	13.78	15.06

5-5 农村居民人均纯收入
Per Capita Net Income of Rural Households

单位:元 (yuan)

类　　别	Category	2000	2005	2007	2008
全年纯收入	**Net Income**	**2659.20**	**3930.55**	**4985.34**	**5641.43**
一、工资性收入	**Income from Wages and Salaries**	**850.56**	**1437.57**	**1950.78**	**2263.46**
1.在非企业组织中劳动得到收入	Incomes from Working in the Non-business Organizations	235.42	240.73	254.52	255.22
2.在本乡地域内劳动得到收入	Incomes from Working inside the Village	396.97	806.57	1109.09	1315.25
#在企业中劳动得到收入	Incomes from Working in Enterprises	280.76	522.63	697.12	798.47
3.外出从业得到收入	Income from Working Somewhere away from Home	218.16	390.27	587.17	693.00
二、家庭经营纯收入	**Net Income from Household Operations**	**1676.90**	**2258.05**	**2700.55**	**2962.96**
1.第一产业纯收入	Net Income from Primary Industry	1274.32	1727.87	2074.85	2283.12
(1)农业收入	Net Income from Farming	1053.34	1376.86	1662.59	1812.72
(2)林业收入	Net Income from Forestry	35.98	48.51	64.49	78.29
(3)牧业收入	Net Income from Animal Husbandry	172.11	281.99	325.29	365.53
(4)渔业收入	Net Income from Fishery	12.90	20.51	22.47	26.58
2.非农产业纯收入	Net Income from Non-agricultural Industries	402.58	530.17	625.70	679.84
A.第二产业纯收入	Net Income from Secondary Industry	114.09	152.11	171.41	188.22
(1)工业收入	Industry	77.10	102.62	115.44	126.15
(2)建筑业收入	Construction	36.99	49.49	55.97	62.07
B.第三产业纯收入	Net Income from Tertiary Industry	288.49	378.06	454.30	491.62
(1)交通、运输、邮电业收入	Transport,Storage and Post	83.96	112.08	131.40	137.32
(2)批零贸易业、饮食业收入	Wholesale , Retail and Catering Trades	85.00	134.37	171.14	188.89
(3)社会服务业收入	Social Services	33.87	43.89	58.19	67.59
(4)文教卫生业收入	Culture , Education and Health	2.68	22.61	30.14	34.60
(5)其他行业收入	Other Sectors	82.97	65.11	63.43	63.22
三、财产性纯收入	**Net Income from Properties**	**57.80**	**102.80**	**144.32**	**163.93**
#1.利　息	Interest	23.55	9.75	11.58	13.81
2.集体分配股息和红利	Divident and Bonus Distributed by Mass	3.48	0.63	1.28	1.84
3.其他股息和红利	Other Divident and Bonus		2.02	2.92	5.40
4.租金(包括农业机械)	Rent(including Agricultural Machinery)	8.87	10.36	12.18	16.09
5.土地征用补偿收入	Compensation for Land Acquisition	9.30	46.21	54.16	60.29
6.转让承包土地经营权收入	Land Management Rights Transfer		2.56	10.13	13.61
四、转移性纯收入	**Net Income from Transfers**	**73.94**	**132.13**	**189.69**	**251.07**
#1.家庭非常住人口寄回和带回	Sent back by Non-permanent Resident	24.92	34.11	43.35	50.16
2.城市亲友赠送	Presentation from Relatives and Friends in Rural Area	10.14	21.18	26.92	31.34
3.离退休金、养老金	Old-age Pensions	11.08	17.69	20.23	25.93
4.城市亲友支付赡养费	Alimony Relatives and Friends in Urban Area		3.72	4.58	5.14
5.农村亲友支付赡养费	Alimony Relatives and Friends in Rural Area		5.00	6.91	8.71
6.救济金	Relief	0.57	0.61	1.00	1.07
7.抚恤金	Pensions		1.10	2.23	2.39
8.报销医疗费	Reimbursement for Medical Expenses		2.52	7.09	10.77
9.无偿扶贫或扶持款	Free of Help Sustain		0.94	3.12	2.94

5-6 农村居民人均现金收支情况

Per Capita Cash Income and Expenditure of Rural Households

单位:元 (yuan)

类别	Category	2000	2005	2007	2008
一、期内现金收入	**Cash Income in the Term**	**3082.02**	**5114.45**	**6433.92**	**7326.83**
(一)工资性收入	Income from Wages and Salaries	848.68	1434.64	1949.92	2262.43
1.在非企业组织中劳动得到收入	Incomes from Working in the Non-business Organizations	235.02	240.23	254.37	255.14
2.在本乡地域内劳动得到收入	Incomes from Working inside the Village	395.66	805.69	1108.64	1314.45
# 在企业中劳动得到收入	Incomes from Working in Enterprises	279.53	521.93	696.80	797.94
3.外出从业得到收入	Income from Working Somewhere away from Home	218.00	388.73	586.91	692.84
(二)家庭经营现金收入	Cash Income from Household Operations	2029.57	3415.49	4109.89	4574.42
1.第一产业现金收入	Cash Income from Primary Industry	1480.41	2635.95	3198.30	3573.58
(1)农业现金收入	Cash Income from Farming	934.54	1676.31	2039.70	2251.92
(2)林业现金收入	Cash Income from Forestry	45.05	60.23	76.19	94.35
(3)牧业现金收入	Cash Income from Animal Husbandry	490.32	862.78	1047.26	1181.68
(4)渔业现金收入	Cash Income from Fishery	10.48	36.63	35.15	45.63
2.第二产业现金收入	Cash Income from Secondary Industry	162.40	265.21	304.70	355.24
(1)工业收入	Industry	115.21	209.41	232.38	278.68
(2)建筑业收入	Construction	47.19	55.80	72.31	76.56
3.第三产业现金收入	Cash Income from Tertiary Industry	386.76	514.34	606.90	645.60
①出售其他产品收入	Other Products	11.03	2.25	3.61	10.46
②第三产业服务性现金收入	Tertiary Industry Services	375.73	512.09	603.29	635.14
a.交通、运输、邮电业收入	Transport,Storage and Post	120.71	166.45	187.36	186.85
b.批零贸易业、饮食业收入	Wholesale , Retail and Catering Trades	123.00	186.16	230.56	252.23
c.社会服务业收入	Social Services	39.24	54.87	69.30	78.10
d.文教卫生业收入	Culture , Education and Health	4.49	28.20	38.73	44.30
e.其他行业收入	Other Sectors	88.29	76.40	77.33	73.65
(三)财产性收入	Income from Properties	54.04	89.45	108.03	132.14
#1.利　息	Interest	23.55	9.75	11.58	13.81
2.集体分配股息和红利	Divident and Bonus Distributed by Mass	3.48	0.63	1.28	1.84
3.其他股息和红利	Other Divident and Bonus		2.02	2.92	5.40
4.租金(包括农业机械)	Rent(including Agricultural Machinery)	8.87	10.36	12.18	16.09
5.土地征用补偿收入	Compensation for Land Acquisition	9.30	46.21	54.16	60.29
6.转让承包土地经营权收入	Land Management Rights Transfer		2.56	10.13	13.61
(四)转移性收入	Income from Transfers	149.72	174.87	266.07	357.85
#1.家庭非常住人口寄回和带回	Sent back by Non-permanent Resident	24.68	34.04	43.34	50.16
2.城市亲友赠送	Presentation from Relatives and Friends in Rural Area	8.55	20.39	26.67	29.98
3.离退休金、养老金	Old-age Pensions	11.08	17.69	20.23	25.93
4.城市亲友支付赡养费	Alimony Relatives and Friends in Urban Area		3.72	4.58	5.14
5.农村亲友支付赡养费	Alimony Relatives and Friends in Rural Area		5.00	6.91	8.71
6.救济金	Relief	0.57	0.61	1.00	1.07
7.抚恤金	Pensions		1.10	2.23	2.39
8.报销医疗费	Reimbursement for Medical Expenses		2.52	7.09	10.77
9.无偿扶贫或扶持款	Free of Help Sustain		0.94	3.12	2.94

5-6 续表 1 continued

单位:元 (yuan)

类别	Category	2000	2005	2007	2008
二、借贷性现金收入	**Lending Cash Proceeds**	**599.84**	**664.32**	**706.38**	**814.64**
1.银行、信用社贷款	Loans from Banks and Credit Union	43.53	56.93	39.11	72.44
2.借入款	Borrowing	215.43	210.35	229.74	245.03
3.收回借出款	Repayment	100.72	102.59	105.49	119.51
4.取回存款	Recovered Deposits	238.27	288.83	322.23	370.78
5.兑换债券(本金)	Converted bonds	0.27	0.13		
6.出售股票	Shares Sales	0.31		0.05	
7.兑换其他有价证券(本金)	Converted Other securities				
8.收回其他投资款	Recovered Other Investments	1.32	2.25	6.75	3.20
9.其　他	Others		3.24	3.01	3.68
三、期内现金支出	**Cash Expenditure in the Term**	**2574.97**	**4197.12**	**5491.05**	**6317.36**
(一)生产费用支出	Expenditure of Production Costs	850.75	1518.15	1899.54	2206.32
1.家庭经营费用支出	Expenditure for Household Operations	742.90	1399.61	1784.96	2079.33
(1)第一产业生产费用支出	Primary Industry	634.07	1218.83	1580.20	1835.80
①农业生产费用支出	Expenditure for Farming Production	422.77	696.58	893.98	1015.47
②林业生产费用支出	Expenditure for Forestry Production	8.10	10.92	16.86	17.76
③牧业生产费用支出	Expenditure for Animal Husbandry Production	201.52	496.77	658.08	786.09
④渔业生产费用支出	Expenditure for Fishery Production	1.68	14.57	11.28	16.49
(2)第二产业生产费用支出	Secondary Industry	39.34	92.57	103.90	142.28
①工业生产费用支出	Expenditure for Industry Production	30.44	87.82	90.81	129.74
②建筑业生产费用支出	Expenditure for Construction Production	8.90	4.75	13.08	12.54
(3)第三产业生产费用支出	Tertiary Industry	69.49	88.20	100.87	101.25
①交通运输邮电业生产费用支出	Expenditure for Production of Transport,Storage	22.83	27.35	26.76	21.13
②批零贸易餐饮业生产费用支出	Expenditure for Production of Wholesale, Retail and Catering Trades	31.91	38.66	45.74	48.01
③社会服务业生产费用支出	Expenditure for Production of Social Services	4.43	8.35	7.44	7.24
④文教卫生业生产费用支出	Expenditure for Production of Culture, Education and Health	1.42	4.37	6.95	7.78
⑤其他行业生产费用支出	Expenditure for Production of Other Secotrs	8.90	9.47	13.98	17.08
2.购置生产性固定资产支出	Expenditure for Purchase of Productive Fixed Assets	107.85	117.14	111.15	123.75
3.建、造生产性固定资产雇工支出	Expenditure for Building of Productive Fixed Assets	0.29	1.40	3.43	3.24
(二)税费支出	Expenditure for Taxes and Fees	126.60	33.65	16.77	24.56
(三)生活消费支出	Expense on Household Consumption	1482.43	2470.39	3317.82	3760.73
#服务性支出	Expenditure for Services	477.44	880.02	1097.93	1218.19
1.食品消费支出	Food	506.71	826.92	1068.82	1240.21
2.衣　着	Clothing	116.18	158.67	222.03	248.38
3.居　住	Residence	288.05	442.75	681.97	802.06
4.家庭设备、用品及服务	Household Appliances	39.06	136.54	195.92	240.76
5.交通和通讯	Transport and Communications	35.52	294.37	422.36	452.55
6.文化教育、娱乐用品及服务	Recreation,Education,Cultural and Services	41.84	377.16	424.89	417.27
7.医疗保健	Health care	59.01	188.48	230.84	280.49
8.其他商品和服务	Other Goods and Services	5.12	45.51	70.99	79.00

5-6 续表2 continued

单位:元 (yuan)

类 别	Category	2000	2005	2007	2008
(四)财产性支出	Expenditure for Properties	9.38	17.55	20.66	30.60
1.宅基地有偿使用费	Paid Use of Land		1.58	0.84	4.27
2.承包其他农户转让	Contract on Other Farmers Transfer	4.00	14.18	14.98	17.44
3.其 他	Others	5.38	1.80	4.84	8.89
(五)转移性支出	Expenditure for Transfers	105.80	157.38	236.25	295.15
#1.寄给带给家庭非常人口现金	Sent to Non-permanent Resident	5.75	43.42	57.36	72.43
2.赠送农村亲友	Presentation to Relatives and Friends in Rural Area	80.46	51.58	87.45	112.69
3.赠送城市亲友	Presentation to Relatives and Friends in Urban Area	4.97	8.31	13.46	14.68
4.交纳医疗保险	Medical Insurance	2.25	7.11	8.17	12.36
5.赡养费	Alimony		7.48	8.83	9.94
6.捐 赠	Donation		1.53	1.96	2.46
7.罚款、赔款	Fine and Compensation	0.95	4.77	3.99	4.54
四、储蓄、借贷性支出	**Savings and Loan Expenditure**	**526.16**	**688.06**	**1017.95**	**1152.46**
1.归还银行、信用社	Repayment to Bank and Credit Union	19.31	56.82	27.61	43.40
2.借出款	Lending Money	103.15	60.15	80.90	42.13
3.归还借款	Repayment	113.53	154.20	126.76	139.38
4.存 款	Deposits	280.21	399.50	772.17	913.80
5.购债券	Purchase of Notes	0.01	0.65		0.07
6.购买储蓄性保险	Purchase of Savings Insurance		5.30	7.24	7.91
7.购买股票	Purchase of Stock	0.52	9.16	0.13	2.63
8.其 他	Others	9.43	2.27	3.13	3.14
五、期末金融资产余额	**Balance of Financial Assets at Term-end**	**1772.78**	**3956.28**	**5721.75**	**6900.99**
1.手存现金	Cash in Hand	524.90	867.74	1139.55	1123.49
2.存款余额	Deposits	1230.58	3050.63	4571.24	5738.97
3.债券价值款	Notes	0.11	3.25	0.99	5.83
4.股票价值金	Stock	5.88	4.83	2.57	11.84
5.其他金融资产价值	Other Financial Assets	11.30	29.84	7.41	20.87
六、期末债务余额	**Debt at Term-end**	**15.49**	**258.25**	**319.91**	**337.08**
1.银行、信用社贷款	Bank and Credit Union Loan	1.67	83.84	105.04	123.87
2.个人借(欠)款	Individual Borrowing	12.89	144.92	193.44	181.99
3.其 他	Others	0.93	29.49	21.44	31.22

5-7 农村居民人均消费支出
Per Capita Consumption Expenditure of Rural Households

单位:元 (yuan)

类　　别	Category	2000	2005	2007	2008
生活消费支出	**Expense on Household Consumption**	**1770.75**	**2735.77**	**3621.57**	**4077.05**
#服务性支出	Expenditure for Services	477.44	880.02	1097.93	1218.19
1.食品消费支出	Food	781.88	1087.65	1369.20	1551.77
A.食品消费品支出	Consumer Foods	719.11	920.96	1165.27	1328.82
(1)谷　物	Cereal	205.16	243.57	277.15	296.64
(2)薯　类	Tubers	3.53	5.58	7.73	9.18
(3)豆　类	Beans	14.07	12.58	10.83	12.55
(4)食用油	Eatable Oil	47.48	59.32	73.77	95.16
(5)蔬菜及制品	Vegetable and Products	92.62	90.69	112.30	128.55
(6)肉、禽、蛋、奶及制品	Meat,Poultry,Egg,Milk and Their Products	150.06	242.69	283.84	355.14
(7)水产品及制品	Aquatic Products	21.07	33.32	39.10	49.39
(8)烟、酒	Tobacco and Liquor	96.06	155.93	175.54	172.08
(9)茶叶、饮料	Tea and Beverages	11.02	13.40	17.86	22.03
(10)其它类食品	Other Foods	78.03	63.88	167.15	188.09
B.食品消费服务性支出	Services for Foods Consumption	62.43	166.69	203.93	222.95
(1)在外饮食	Outward Dinner	54.11	156.65	190.40	206.70
(2)食品加工费	Foods Processing	8.32	7.63	6.26	7.26
(3)其他服务性支出	Other Services		2.41	7.27	9.00
2.衣着消费支出	Clothing	117.51	159.73	224.18	250.29
A.衣着消费品支出	Consumer Clothing	114.36	157.72	222.31	248.66
(1)服　装	Garments	56.15	95.21	144.51	160.24
(2)服装材料	Clothing Material	16.29	11.11	11.46	12.40
(3)鞋　类	Footwear	40.55	42.31	55.43	62.35
(4)其　他	Others	1.38	9.09	10.92	13.67
B.衣着消费服务性支出	Services for Clothing Consumption	3.08	2.01	1.86	1.64
(1)衣着加工费	Clothing Proceeding Services	3.08	1.27	1.19	0.94
(2)其他服务性支出	Other Services		0.74	0.67	0.69
3.居住消费支出	Residence	299.76	445.71	682.13	804.75
A.居住消费品支出	Consumer Residence	221.91	331.84	507.15	572.41
(1)建筑生活用房材料	Construction Materials	129.07	197.47	271.23	287.23
(2)维修生活用房材料	Repair Materials	23.05	14.98	13.82	19.77
(3)装修生活用房材料	Decoration Materials	3.87	24.86	40.19	71.65
(4)生活用房	Household Housing	9.35	9.65	84.33	89.83
(5)生活用燃料	Household Fuels	56.57	84.89	97.58	103.92
B.居住消费服务性支出	Services for Residence	77.81	113.87	174.98	232.35
(1)建筑、维修生活用房雇工工资	Wages for Housing Construction and Repair	25.61	43.31	78.88	107.38
(2)房　租	Rent	0.52	2.17	2.19	2.76
(3)生活用水	Household Water	1.74	2.91	4.28	5.10
(4)生活用电	Household Electricity	35.70	48.15	66.86	81.53
(5)清洁费、卫生费	Cleaning and Sanitation Costs		0.32	0.24	0.27
(6)其他服务性支出	Other Services	14.24	17.00	22.53	35.32

5–7 续表 1 continued

单位:元 (yuan)

类别	Category	2000	2005	2007	2008
4.家庭设备、用品消费支出	Household Appliances	114.94	136.54	195.99	240.91
A.家庭设备用品消费品支出	Consumer Household Appliances	85.06	127.99	188.56	231.15
(1)日用品	Goods for Daily Use	39.41	42.98	51.66	60.60
(2)床上用品	Bed Articles	5.35	9.51	14.78	15.00
(3)室内装饰品	Interior Decorations	6.29	4.26	6.45	10.49
(4)家俱类	Furniture	19.35	31.21	45.66	49.68
(5)机电设备	Electrical Equipment	14.66	40.04	70.02	95.39
B.家庭设备用品服务性消费支出	Services for Household Appliances	29.82	8.55	7.43	9.76
(1)家庭设备修理费	Charges for Household Appliances Repair	3.04	3.26	3.10	4.86
(2)日杂用品加工修理费	Charges for Grocery Processing and Repair	26.77	1.55	1.66	1.50
(3)家政服务费	Charges for Household Services		0.81	0.23	0.32
(4)其他服务性支出	Other Services		2.93	2.44	3.07
5.交通和通讯消费支出	Transport and Communications	101.64	294.37	422.36	452.55
A.交通和通讯用品支出	Transport and Communications Goods	46.29	150.99	243.88	258.19
(1)交通工具	Transportation Facility	35.52	85.29	152.45	159.60
(2)交通工具用燃料	Fuels for Transportation Facility		28.58	38.80	43.36
(3)交通工具用零配件	Parts of Transportation Facility		4.62	7.84	8.62
(4)通讯工具	Communication Facility	10.77	32.24	44.21	46.00
(5)通讯工具用零配件	Parts of Communication Facility		0.26	0.58	0.62
B.交通和通讯服务消费支出	Transport and Communications Services	55.32	143.38	178.49	194.36
(1)交通消费服务支出	Services for Transport	26.85	45.00	57.35	63.55
①交通客运费	Passenger Traffic Charges	14.81	29.37	37.81	42.80
②生活物品货运费	Freight Charges for Living Goods	1.75	0.63	0.58	0.50
③交通工具修理费	Charges for Transportation Facility Repair	10.30	11.39	14.01	15.15
④其他服务性支出	Other Services		3.62	4.95	5.10
(2)通讯消费服务支出	Services for Communications	28.47	98.38	121.14	130.81
①邮寄费	Mailing Costs	28.47	0.88	0.74	0.82
②通讯费	Communication Charges		96.16	118.42	128.11
③通讯工具修理费	Charges for Communication Facility Repair		0.81	0.81	0.76
④其　他	others		0.53	1.16	1.11
6.文化教育、娱乐消费支出	Recreation,Education and Cultural	207.87	377.16	424.89	417.27
A.文化教育、娱乐用品消费支出	Culture,Education and Recreation Appliances	41.81	60.75	82.16	95.44
(1)文教、娱乐用机电消费品	Electrical Consumer Goods for Culture, Education and Recreation	26.99	34.21	41.40	51.14
(2)书、报、杂志	Books,Newspapers and Magazines	6.03	11.92	12.70	14.31
(3)纸张、文具	Paper and Stationery	3.02	4.21	5.61	5.52
(4)音像制品	Audio-visual Products	0.38	0.81	0.89	0.81
(5)电脑软件	Software		0.03	0.14	0.06
(6)体育用品	Sport Goods	0.17	0.11	0.11	0.14
(7)计算机零配件及耗材	Computer Parts and Materials		0.07	0.07	0.18
(8)鲜　花	Flower		0.15	0.23	0.33
(9)娱乐用品	Recreation Goods	0.67	4.92	8.03	10.35
(10)其他用品	Other Goods	4.54	4.32	12.98	12.59

5-7 续表 2 continued

单位:元 (yuan)

类 别	Category	2000	2005	2007	2008
B.教育服务消费支出	Education Services	158.24	293.27	310.66	285.12
(1)托儿费	Child-care Fee		3.52	4.24	4.14
(2)幼儿园赞助费	Sponsor Fee for Kindergarten		0.77	2.08	2.29
(3)学杂费	Tuition Fee	154.35	262.46	260.03	220.69
(4)入学赞助费	Sponsor Fee for School Entrance		2.75	2.70	2.88
(5)私立学校就读费	Student Fee for Private Schools Entrance		2.08	2.06	3.14
(6)成人培训费	Adult Training Expenses	3.89	6.70	16.13	18.55
(7)教育设备修理费	Repair Charges for Education Equipment		0.05	0.38	0.10
(8)其他服务性支出	Other Services		14.94	23.04	33.33
C.文化、体育、娱乐服务 消费支出	Services for Culture,Sports and Recreation	9.82	23.15	32.06	36.71
(1)旅游	Tourism	2.04	1.91	5.03	5.11
(2)休闲娱乐费	Recreation Costs	1.70	3.23	5.08	5.65
(3)文化、体育、娱乐用品修理费	Repair Charges for Culture,Sports and Recreation Goods	0.66	3.41	4.09	4.74
(4)其他服务性支出	Other Services	5.42	14.60	17.86	21.21
7.医疗保健消费支出	Health care	118.69	188.48	230.84	280.49
A.医疗保健用品	Health Care Appliances	59.00	80.27	78.05	84.88
(1)医疗卫生用品	Medical Appliances	59.00	76.58	76.36	82.54
①药品	Medicine	57.52	74.69	75.38	81.60
②医疗卫生器械	Medical Equipment	1.48	1.05	0.36	0.23
③其他医疗卫生用品	Other Medical Appliances		0.84	0.63	0.72
(2)保健用品	Health Appliances		3.69	1.69	2.33
①药品类保健品	Drugs Health Products		1.33	1.25	1.68
②保健器材	Health Equipment		2.37	0.44	0.66
B.医疗保健服务消费支出	Health Care Services	59.66	108.21	152.79	195.61
(1)医疗费	Medical Charges	46.63	103.43	141.30	183.39
(2)医疗设备修理费	Repair Charges for Medical Equipment	0.20	0.19	0.22	0.39
(3)保健费	Health Charges		1.51	1.76	1.97
(4)保健设备修理费	Repair Charges for Health Equipment		0.83	3.99	4.12
(5)其他服务性支出	Other Services	12.83	2.25	5.52	5.74
8.其他商品和服务消费支出	Other Goods and Services	28.45	46.13	71.98	79.00
A.其他商品支出	Other Goods	5.09	25.23	36.26	39.31
(1)首饰	Jewelry	0.82	3.06	3.69	4.74
(2)手表	Watch		0.43	0.49	0.37
(3)化妆品	Cosmetics	2.03	2.94	4.53	5.07
(4)迷信、宗教用品	Religious Appliances		3.82	4.99	6.24
(5)其他	Others	2.24	14.99	22.56	22.91
B.其他消费服务支出	Other Services	21.26	20.90	35.73	39.68
(1)旅馆住宿费	Hotel Accommodations	0.19	0.87	0.58	0.86
(2)美容美发	Beauty Salons		3.04	4.91	5.35
(3)殡殓费	Funeral Expenses	6.56	3.22	5.01	5.22
(4)生活消费借贷利息	Loan Interest of Household Consumption		0.09	0.21	0.23
(5)其他服务性支出	Other Services	14.51	13.69	25.01	28.02

5-8 期末主要耐用消费品拥有情况

Ownership of Major Durable Consumer Goods at Term-end

类别		Category		2000	2005	2007	2008
1.洗衣机	(台/百户)	Washing Machine	(unit/100 households)	18.33	40.90	57.36	64.93
2.电冰箱	(台/百户)	Refrigerator	(unit/100 households)	15.71	28.60	39.43	46.67
3.空调机	(台/百户)	Air Conditioner	(unit/100 households)	1.07	4.02	6.19	7.64
4.抽油烟机	(台/百户)	Lampblack Exhauster	(unit/100 households)	2.40	6.00	8.64	10.21
5.吸尘器	(台/百户)	Vacuam Cleaner	(unit/100 households)	0.19	0.43	0.86	0.98
6.微波炉	(台/百户)	Microwave Oven	(unit/100 households)	0.45	2.21	3.29	4.19
7.热水器	(台/百户)	Water Heater	(unit/100 households)	4.74	15.38	22.90	28.50
其中：太阳能热水器	(台/百户)	Among:Solar Water Heater	(unit/100 households)			15.67	22.21
8.自行车	(辆/百户)	Bicycle	(unit/100 households)	176.93	169.26	170.43	172.76
其中：电动自行车	(台/百户)	Motorbikes	(unit/100 households)			35.38	44.00
9.摩托车	(台/百户)	Motorcycle	(unit/100 households)	37.14	65.21	72.07	69.64
10.汽车(生活用)	(台/百户)	Automobile	(unit/100 households)	0.48	1.07	1.43	1.71
11.固定电话机	(部/百户)	Phone	(unit/100 households)	40.14	85.86	86.29	76.95
12.移动电话	(部/百户)	Cell Phone	(unit/100 households)	4.43	46.02	86.21	121.24
#接入互联网的	(部/百户)	Access to the Internet	(unit/100 households)		1.43	1.74	2.67
13.彩色电视机	(台/百户)	Color TV Set	(unit/100 households)	51.62	90.98	103.55	106.62
#接入有线电视网的	(台/百户)	Access to Cable TV Network	(unit/100 households)		43.10	61.26	70.33
14.黑白电视机	(台/百户)	Black/White TV Set	(unit/100 households)	56.31	19.21	8.93	8.02
#接入有线电视网的	(台/百户)	Access to Cable TV Network	(unit/100 households)		2.26	0.71	0.52
15.摄像机	(台/百户)	Pickup Camera	(unit/100 households)	0.33	0.24	0.50	0.55
16.影碟机	(台/百户)	Video Disc Player	(unit/100 households)	11.19	45.05	61.19	61.79
17.照相机	(架/百户)	Camera	(unit/100 households)	4.40	7.00	7.00	8.07
18.家用计算机	(台/百户)	Computer	(unit/100 households)	0.67	2.29	3.55	5.00
#接入互联网的	(台/百户)	Access to the Internet	(unit/100 households)		0.88	1.69	2.98
19.中高档乐器	(件/百户)	Medium and Top Grade Music Instruments	(piece/100 households)	0.21	0.26	0.36	0.60

5-9 农村居民人均食品消费数量

Per Capita Food Consumption of Rural Households

单位:千克 (kg)

类别	Category	2000	2005	2007	2008
一、粮食消费量	**Grain Consumption**	**237.84**	**195.82**	**195.74**	**195.33**
(一)谷物消费量	Cereal	232.82	190.18	190.86	190.76
#小　麦	Wheat	181.54	154.03	152.41	152.43
稻　谷	Rice	4.23	5.67	7.10	7.01
玉　米	Corn	41.72	23.55	22.61	22.36
(二)薯类消费量	Tubers	2.57	1.23	1.49	1.33
(三)豆类消费量	Beans	3.45	4.41	3.39	3.24
二、油脂类消费量	**Oil Consumption**	**8.58**	**9.68**	**7.07**	**7.91**
1.植物油	Vegetable Oil	7.32	6.94	6.92	7.78
2.动物油	Animal Fat	1.26	2.73	0.15	0.13
三、烟叶消费量	**Tobacco Consumption**	**0.31**	**0.15**	**0.20**	**0.09**
四、豆制品	**Bean Products**	**3.35**	**1.62**	**2.62**	**2.42**
五、蔬菜及菜制品消费量	**Consumption of Vegetable and Products**	**120.33**	**73.92**	**79.34**	**78.98**
六、瓜　类	**Melons**	**12.10**	**3.64**	**10.09**	**10.48**
七、水果类	**Fruits**	**17.04**	**8.66**	**18.10**	**17.92**
八、消费茶叶	**Tea Consumption**	**1.24**	**0.30**	**0.35**	**0.43**
九、坚果消费量	**Nuts Consumption**	**1.39**	**0.34**	**1.07**	**1.28**
十、肉禽及其制品	**Meat,Poultry and Products**	**17.68**	**14.29**	**13.72**	**14.01**
1.猪　肉	Pork	8.39	7.86	6.93	6.83
2.牛　肉	Beef	0.54	0.29	0.28	0.22
3.羊　肉	Mutton	0.40	0.33	0.38	0.35
4.家　禽	Poultry	2.96	2.66	2.84	3.15
5.其他肉禽及制品	Other Meat,Poultry and Products	2.10	3.15	3.27	3.46
十一、蛋类及蛋制品	**Eggs and Products**	**12.66**	**10.44**	**10.19**	**11.42**
十二、奶和奶制品	**Milk and Products**	**0.75**	**5.78**	**7.35**	**6.67**
十三、水产品	**Aquatic Products**	**4.32**	**4.55**	**4.68**	**4.90**
1.鱼　类	Fish	3.35	3.52	3.62	3.75
2.虾、贝、蟹类	Shrimp,Shellfish and Crab	0.50	0.67	0.68	0.76
3.藻　类	Algae	0.12	0.05	0.06	0.05
4.其　他	Others	0.36	0.31	0.33	0.34
十四、食　糖	**Sugar**	**1.38**	**0.57**	**0.88**	**1.03**
十五、酒	**Liquor**	**13.77**	**17.25**	**15.83**	**12.39**
#1.白　酒	White Spirit	6.59	7.45	7.47	5.55
2.啤　酒	Beer	6.67	9.45	7.23	6.74
3.果　酒	Wine	0.13	0.23	0.08	0.08

5-10 农村居民人均粮食收支情况

Per Capita Grain Income and Expenditure of Rural Households

单位:千克 (kg)

类　　别	Category	2000	2005	2007	2008
一、期内粮食收入合计	**Grain Income in the Term**	**899.29**	**908.19**	**964.90**	**976.57**
(一)家庭经营生产粮食	Grain of Household Operations	774.82	792.75	832.84	848.06
1.谷　物	Cereal	745.04	779.14	821.36	836.04
#小　麦	Wheat	379.60	376.79	381.52	388.11
水　稻	Rice	11.60	11.07	10.23	7.87
玉　米	Corn	351.03	390.20	428.65	439.68
2.薯　类	Tubers	8.52	7.75	7.66	6.61
3.豆　类	Beans	21.25	5.86	3.82	5.41
(二)购入粮食	Purchase of Grain	123.66	114.96	120.85	125.26
1.谷　物	Cereal	20.74	111.22	117.66	122.39
#小　麦	Wheat	1.49	17.86	19.02	22.81
水　稻	Rice	0.14	4.57	6.17	6.40
玉　米	Corn	5.42	81.93	83.81	83.64
2.薯　类	Tubers	2.40	0.63	0.84	0.82
3.豆　类	Beans	1.03	3.11	2.35	2.06
(三)借入粮食	Loan of Grain		0.01	0.42	0.11
(四)收回借出粮	Grain Repaid	0.35	0.29	10.28	2.30
(五)其他粮食收入	Other Grain Income	0.46	0.19	0.51	0.84
二、期内粮食支出合计	**Grain Expenditure in the Term**	**777.18**	**767.68**	**792.52**	**864.91**
(一)主食用粮	Grain as Staple	237.79	195.82	195.74	195.33
1.谷　物	Cereal	230.77	190.18	190.86	190.76
#小　麦	Wheat	181.51	154.03	152.41	152.43
水　稻	Rice	4.22	5.67	7.10	7.01
玉　米	Corn	41.71	23.55	22.61	22.36
2.薯　类	Tubers	2.55	1.23	1.49	1.33
3.豆　类	Beans	3.45	4.41	3.39	3.24
(二)其他生活用粮	Other Living Grain	1.06			0.00
(三)出售粮食	Sale of Grain	315.19	424.87	461.86	535.71
1.谷　物	Cereal	296.55	417.92	452.51	529.12
#小　麦	Wheat	153.06	171.56	183.64	239.31
水　稻	Rice	8.88	8.77	5.98	6.17
玉　米	Corn	133.04	237.13	262.17	283.43
2.薯　类	Tubers	5.91	4.03	6.95	4.64
3.豆　类	Beans	12.72	2.92	2.40	1.95
(四)种籽用粮食	Grain as Seeds	19.86	9.88	9.83	13.07
(五)饲料用粮食	Grain as Feed	193.84	134.15	117.18	112.62
(六)借出粮食	Creditor of Grain	0.88	1.96	7.43	7.36
(七)归还借粮	Grain Returned	0.22	0.01		
(八)其他粮食支出	Other Grain Expenditure	8.35	1.00	0.48	0.81
三、期末粮食结存实际调查数	**Balance of Grain Surveyed at Term-end**	**621.84**	**708.93**	**704.23**	**713.82**
(一)谷　物	Cereal		694.72	693.51	700.99
#小　麦	Wheat		323.53	335.56	311.60
水　稻	Rice		18.73	18.39	13.95
玉　米	Corn		351.44	335.29	372.40
(二)薯　类	Tubers		11.09	8.08	7.88
(三)豆　类	Beans		3.12	2.63	4.94

5-11 农村居民人口与就业情况
Population and Employment of Rural Households

类别		Category		2000	2005	2007	2008
一、农村住户人口状况		**Population of Rural Households**					
(一)家庭常住人口	(人)	Number of Permanent Residents	(person)	15918	15382	15204	15121
(二)常住人口与户主关系		Relationship between the Permanent Residents and the Head of the Household					
1.户　主	(人)	the Head of the Household	(person)	4196	4200	4193	4204
2.配　偶	(人)	Spouses	(person)	4073	4143	4118	4105
3.子　女	(人)	Children	(person)	6566	6075	5918	5789
4.孙子女	(人)	Grandchildren	(person)	265	358	459	524
5.父　母	(人)	Parents	(person)	707	549	475	461
6.祖父母	(人)	Grandparents	(person)	9	8	7	8
7.兄弟姐妹	(人)	Brothers and Sisters	(person)	50	28	21	21
8.其他亲属	(人)	Other Relatives	(person)	48	21	13	9
9.非亲属	(人)	Unrelated	(person)	4			
(三)家庭常住人口年龄状况		Age of Permanent Residents					
1.6岁及以下	(人)	6 Year-old and Under	(person)	738	667	659	645
2.7-15岁	(人)	Between 7 and 15 Year-old	(person)	2818	1578	1307	1256
3.16-18岁	(人)	Between 16 and 18 Year-old	(person)	1088	1389	955	752
4.19-22岁	(人)	Between 19 and 22 Year-old	(person)	1129	1281	1635	1668
5.23-25岁	(人)	Between 23 and 25 Year-old	(person)	628	794	789	791
6.26-30岁	(人)	Between 26 and 30 Year-old	(person)	1013	762	834	912
7.31-40岁	(人)	Between 31 and 40 Year-old	(person)	2985	2630	2194	2030
8.41-50岁	(人)	Between 41 and 50 Year-old	(person)	3091	3098	3137	3090
9.51-60岁	(人)	Between 51 and 60 Year-old	(person)	1527	2262	2614	2793
10.61岁及以上	(人)	61 Year-old and Above	(person)	901	921	1080	1184
(四)在校学生人数	(人)	Students Enrollment	(person)	3508	2904	2727	2641
#7-15岁以下在校学生人数	(人)	of which:Between 7 and 15 Year-old	(person)	2721	1569	1289	1229
(五)7-15岁非在校学生人数	(人)	Non-school Students Between 7 and 15 Year-old	(person)	97	9	18	27
(六)参加养老保险的人数	(人)	People Participated in Endowment Insurance	(person)		1509	1534	1772
(七)参加医疗保险的人数	(人)	People Participated in Medical Insuarance	(person)		6073	15045	15152
二、农村住户劳动力素质状况		**Labor Force Quality of Rural Households**					
(一)整半劳动力数	(人)	Number of Full/Semi Labour Force	(person)	10931	11283	11315	11295
#男劳动力人数	(人)	Number of Male Labour Force	(person)	5504	5723	5780	5809
整劳动力人数	(人)	Number of Full Labour Force	(person)	8063	7703	7442	7167
受过专业培训的人数	(人)	Number of Professionally Trained	(person)		2492	2876	2924
(二)年龄状况		Age of Labor Force					
1.16-20岁	(人)	Between 16 and 18 Year-old	(person)	1081	1003	779	551
2.21-25岁	(人)	Between 19 and 22 Year-old	(person)	1101	1215	1261	1301
3.26-30岁	(人)	Between 23 and 25 Year-old	(person)	1009	757	824	902
4.31-35岁	(人)	Between 26 and 30 Year-old	(person)	1291	1023	780	689
5.36-40岁	(人)	Between 31 and 40 Year-old	(person)	1688	1601	1406	1332
6.41-45岁	(人)	Between 41 and 50 Year-old	(person)	1408	1607	1875	1762
7.45-50岁	(人)	Between 51 and 60 Year-old	(person)	1666	1482	1253	1320
8.51岁及以上	(人)	61 Year-old and Above	(person)	1687	2595	3137	3438

5-11 续表 continued

类 别		Category		2000	2005	2007	2008
(三)文化程度		Education of Labor Force					
1.不识字或识字很少	(人)	Can Not Read or Read Very Little	(person)	586	613	549	521
2.小学程度	(人)	Primary School	(person)	2840	2053	1888	1847
3.初中程度	(人)	Junior High School	(person)	5751	6334	6484	6349
4.高中程度	(人)	Senior High School	(person)	1396	1701	1724	1856
5.中 专	(人)	Secondary School	(person)	286	441	478	498
6.大专及以上	(人)	Junior College and over	(person)	72	141	192	224
三、农村住户劳动力就业情况		**Employment of Rural Labor Force**					
就业劳动力人数	(人)	Number of Employed Labor Force	(person)	10931	11247	11291	11261
#男劳动力人数	(人)	Male Labor Force	(person)	5504	5715	5774	5798
整劳动力人数	(人)	Full Labor Force	(person)	8063	7685	7431	7151
受专业培训的人数	(人)	Professionally Trained	(person)		2486	2872	2913
(一)就业地点		Place of Employment					
1.乡 内	(人)	in the Village	(person)	9709	9599	9550	9565
2.县内乡外	(人)	in the County but outside the Village	(person)	753	587	593	580
3.省内县外	(人)	in the Province but outside the County	(person)	323	680	738	746
4.国内省外	(人)	in China but outside the Province	(person)	146	380	404	364
5.国 外	(人)	Abroad	(person)		1	6	6
(二)行业分布		Sector Employment					
1.一产业就业劳动力	(人)	Primary Industry	(person)	8464	6974	6245	6257
(1)农 业	(人)	Farming	(person)	8359	6771	6091	6073
(2)林 业	(人)	Forestry	(person)	17	12	21	15
(3)牧 业	(人)	Animal Husbandry	(person)	52	160	115	150
(4)渔 业	(人)	Fishery	(person)	36	31	18	19
2.非农产业就业劳动力	(人)	Non-agricultural Industries	(person)	2467	4273	5046	5004
A.二产业就业劳动力	(人)	Secondary Industry	(person)	1098	1800	2397	2365
(1)采矿业	(人)	Mining and Quarrying	(person)		82	80	73
(2)制造业	(人)	Manufacturing	(person)	832	1224	1729	1675
(3)电力煤气及水的生产供应业	(人)	Electricity, Gas & Water Production and Supply	(person)		46	41	47
(4)建筑业	(人)	Construction	(person)	266	448	547	570
B.三产业就业劳动力	(人)	Tertiary Industry	(person)	1369	2473	2649	2639
(1)交通运输仓储及邮电通讯业	(人)	Transport,Storage and Post	(person)	174	249	255	251
(2)批发和零售贸易	(人)	Wholesale and Retail Trades	(person)	285	290	341	339
(3)住宿和餐饮业	(人)	Hotels and Catering Services	(person)		156	158	159
(4)居民服务和其他服务业	(人)	Services to Households and Other Services	(person)	266	489	513	502
(5)教 育	(人)	Education	(person)	170	140	131	126
(6)卫生、社会保障和社会福利业	(人)	Health,Social Security and Social Welfare	(person)		104	109	106
(7)文化、体育和娱乐业	(人)	Culture,Sports and Entertainment	(person)		15	19	17
(8)其 他	(人)	Others	(person)	474	1030	1123	1139
(三)年内从事各种行业时间	(月)	Time Engaged in Various Sectors in the Year	(month)	109517	106669	108476	108416
1.从事农业的时间	(月)	Engaged in Agriculture	(month)	79348	59975	52709	52741
2.从事非农产业的时间	(月)	Engaged in Non-agriculture	(month)	30169	46694	55767	55675

5－12 农村居民农业生产结构及生产技术应用情况

Agricultural Production Structure and Technology Application of Rural Households

单位：亩/人 (mu/person)

类别	Category	2000	2005	2007	2008
一、土地经营情况	**Land Operation**				
(一)期内增加的经营土地面积	Added Land Area Operated in the Term	0.04	0.03	0.05	0.05
#耕 地	Farmland	0.04	0.02	0.05	0.05
(二)期内减少的经营土地面积	Added Land Area Operated in the Term	0.03	0.01	0.04	0.07
#耕 地	Farmland	0.03	0.01	0.04	0.06
(三)期末实际经营的土地面积	Actually Land Area Operated at Term-end	1.54	1.50	1.55	1.67
1.耕 地	Farmland	1.45	1.38	1.40	1.51
#有效灌溉面积	Effective Irrigation Area	0.03	1.14	1.20	1.30
2.山 地	Mountain Land	0.04	0.04	0.04	0.05
3.园 地	Garden Land	0.05	0.07	0.09	0.10
4.牧草地	Grassland	0.00	0.00		
5.养殖水面	Culture Surface	0.00	0.01	0.01	0.01
二、土地种植情况	**Land Cultivation**				
(一)粮食播种面积	Acreage of Grain	2.17	1.96	1.93	1.92
#1.小麦播种面积	Acreage of Wheat	1.08	0.97	0.94	0.94
2.水稻播种面积	Acreage of Rice	0.02	0.02	0.02	0.01
3.玉米播种面积	Acreage of Corn	0.91	0.91	0.92	0.92
4.豆类播种面积	Acreage of Beans	0.14	0.03	0.02	0.03
5.薯类播种面积	Acreage of Tubers	0.02	0.03	0.02	0.02
(二)经济作物播种面积	Acreage of Economic Crops	0.96	0.67	0.68	0.69
#1.棉花播种面积	Acreage of Cotton	0.14	0.30	0.35	0.36
2.油料播种面积	Acreage of Oil	0.27	0.14	0.12	0.14
3.蔬菜播种面积	Acreage of Vegetables	0.49	0.20	0.16	0.16
4.瓜类播种面积	Acreage of Melons	0.05	0.03	0.03	0.02
三、农业生产技术应用情况	**Agricultural Technology Application**				
(一)优质粮食品种播种面积	Acreage of Quality Grain Varieties	1.04	0.55	0.64	
1.优质小麦面积	Acreage of Quality Wheat	0.55	0.30	0.33	
2.优质水稻面积	Acreage of Quality Rice	0.02	0.01	0.01	
3.优质玉米面积	Acreage of Quality Corn	0.47	0.24	0.30	
(二)机耕面积	Mechanical Cultivation Area	1.25	1.31	1.40	1.40
(三)抛秧面积	Throwing Seedling Area	0.01	0.01	0.02	0.02
(四)机播面积	Mechanical Seeding Area	0.89	1.24	1.29	1.34
(五)机收面积	Mechanical Harvesting Area	0.88	0.89	0.93	0.95
(六)机电灌溉面积	Mechanical Irrigation Area	1.14	1.06	1.14	1.12
(七)薄膜覆盖面积	Films Coverage Area	0.23	0.36	0.41	0.41
(八)温室面积	Greenhouse Area	0.01	0.02	0.02	0.02

5–13 农村居民生产经营情况

Production Operations of Rural Households

类别		Category		2000	2005	2007	2008
一、农业		**Farming**					
(一)谷物产量	(公斤/人)	Cereal Output	(kg/person)	745.04	779.14	821.36	836.04
#1.小麦产量	(公斤/人)	Ordinary Wheat	(kg/person)	379.60	376.79	381.52	388.11
2.玉米产量	(公斤/人)	Ordinary Corn	(kg/person)	351.03	390.20	428.65	439.68
(二)薯类产量	(公斤/人)	Tubers Output	(kg/person)	8.52	7.75	7.66	6.61
(三)豆类产量	(公斤/人)	Beans Output	(kg/person)	21.25	5.86	3.82	5.41
(四)棉花产量	(公斤/人)	Cotton Output	(kg/person)	33.58	58.56	58.97	68.55
(五)油料产量	(公斤/人)	Oil Output	(kg/person)	64.94	42.04	37.23	44.40
(六)蔬菜产量	(公斤/人)	Vegetable Output	(kg/person)	521.97	394.43	418.76	404.58
(七)瓜果类产量	(公斤/人)	Melon Output	(kg/person)	102.78	65.13	81.94	63.58
(八)园林水果产量	(公斤/人)	Fruit Output	(kg/person)	129.95	86.13	98.94	109.52
#苹果产量	(公斤/人)	Apple	(kg/person)	94.37	44.69	42.73	45.93
梨产量	(公斤/人)	Pear	(kg/person)	1.32	5.52	6.67	7.29
桃产量	(公斤/人)	Peach	(kg/person)	18.83	15.20	14.18	17.75
枣产量	(公斤/人)	Jujube	(kg/person)	1.00	6.11	21.01	20.77
二、林业		**Forestry**					
板栗产量	(公斤/人)	of which:Chestnut Output	(kg/person)	1.47	0.24	0.10	0.13
核桃产量	(公斤/人)	Walnut Output	(kg/person)	0.20	0.05	0.05	0.12
花椒产量	(公斤/人)	Output of Chinese Prickly Ash	(kg/person)		0.09	0.13	0.13
木材	(立米/人)	Wood	(cu.m/person)	0.07	0.08	0.10	0.15
树苗	(株/人)	Sapling	(stem/person)		8.16	4.05	11.59
三、牧业		**Animal Husbandry**					
(一)畜禽肉产量(出售、自宰)	(公斤/人)	Output of Livestock and Poultry	(kg/person)	63.77	68.16	77.30	74.44
1.畜肉产量	(公斤/人)	Output of Livestock Meat	(kg/person)	49.61	39.92	32.11	30.94
#(1)肉猪头数	(头/人)	Pig	(head/person)	0.38	0.39	0.33	0.32
肉猪肉产量	(公斤/人)	Pork	(kg/person)	38.46	32.65	27.07	26.78
(2)菜羊只数	(只/人)	Sheep	(head/person)	0.12	0.11	0.07	0.05
菜羊肉产量	(公斤/人)	Mutton	(kg/person)	2.48	1.77	1.35	0.91
(3)肉牛头数	(头/人)	Cattle	(head/person)	0.04	0.03	0.02	0.01
肉牛肉产量	(公斤/人)	Beef	(kg/person)	6.61	5.42	3.67	3.15
2.家禽肉产量	(公斤/人)	Output of Poultry Meat	(kg/person)	14.15	28.24	45.19	43.50
#(1)鸡只数	(只/人)	Chicken	(head/person)	6.61	7.28	8.62	7.85
鸡的肉产量	(公斤/人)	Chicken Meat	(kg/person)	12.84	13.46	17.90	16.42
(2)鸭只数	(只/人)	Ducks	(head/person)	0.15	4.38	11.75	9.69
鸭的肉产量	(公斤/人)	Ducks Meat	(kg/person)	0.39	14.56	27.03	23.11
(3)鹅只数	(只/人)	Geese	(head/person)		0.02	0.03	0.00
鹅的肉产量	(公斤/人)	Geese Meat	(kg/person)		0.08	0.22	0.00
(二)蛋类产量	(公斤/人)	Eggs Output	(kg/person)	16.27	21.54	23.12	24.49
1.鸡蛋产量	(公斤/人)	Chicken Eggs	(kg/person)	14.52	21.19	21.75	23.83
2.鸭蛋产量	(公斤/人)	Duck Eggs	(kg/person)	0.38	0.35	0.06	0.05
(三)毛、绒产量	(公斤/人)	Feather and Cashmere Output	(kg/person)	0.06	0.01	0.01	0.02
(四)奶类产量	(公斤/人)	Milk Outout	(kg/person)	5.21	4.20	4.20	5.26
四、渔业		**Fishery**					
#海水鱼类产量	(公斤/人)	Seawatoer Fish Output	(kg/person)	0.23	0.43	1.39	1.38
淡水鱼类产量	(公斤/人)	Fresh Water Fish Output	(kg/person)	0.49	0.05	0.41	1.16

5-14 农村居民出售产品情况
Product Sales of Rural Households

类 别		Category		2000	2005	2007	2008
一、农 业	**(元/人)**	**Farming**	**(yuan/person)**	**910.13**	**1620.41**	**1970.51**	**2164.16**
(一)谷物数量	(千克/人)	Cereal Amount	(kg/person)	296.55	417.92	452.51	529.12
金 额	(元/人)	Sum	(yuan/person)	273.33	530.35	677.53	849.05
#1.出售小麦数量	(千克/人)	Amount of Wheat	(kg/person)	153.06	171.56	183.64	239.31
出售小麦金额	(元/人)	Sum of Wheat	(yuan/person)	146.25	241.63	277.45	389.42
2.出售玉米数量	(千克/人)	Amount of Corn	(kg/person)	133.05	237.13	262.17	283.43
出售玉米金额	(元/人)	Sum of Corn	(yuan/person)	111.23	273.32	387.66	447.89
(二)出售薯类数量	(千克/人)	Amount of Tubers	(kg/person)	5.91	4.03	6.95	4.64
出售薯类金额	(元/人)	Sum of Tubers	(yuan/person)	6.57	11.35	18.51	13.57
(三)出售豆类数量	(千克/人)	Amount of Beans	(kg/person)	12.72	2.92	2.40	1.95
出售豆类金额	(元/人)	Sum of Beans	(yuan/person)	34.03	7.27	6.94	6.75
(四)出售棉花数量	(千克/人)	Amount of Cotton	(kg/person)	22.36	58.05	50.94	43.31
出售棉花金额	(元/人)	Sum of Cotton	(yuan/person)	77.75	284.52	301.48	254.62
(五)出售油料数量	(千克/人)	Amount of Oil	(kg/person)	24.40	25.07	25.40	17.33
出售油料金额	(元/人)	Sum of Oil	(yuan/person)	64.05	84.02	119.10	82.88
(六)出售蔬菜数量	(千克/人)	Amount of Vegetables	(kg/person)	306.16	338.87	357.64	363.68
出售蔬菜金额	(元/人)	Sum of Vegetables	(yuan/person)	277.47	430.52	511.93	570.24
(七)出售瓜类数量	(千克/人)	Amount of Melons	(kg/person)	77.21	62.26	79.34	61.45
出售瓜类金额	(元/人)	Sum of Melons	(yuan/person)	53.26	67.30	83.14	83.98
(八)出售园林水果数量	(千克/人)	Amount of Fruits	(kg/person)	89.57	79.69	94.35	103.49
出售园林水果金额	(元/人)	Sum of Fruits	(yuan/person)	85.96	155.68	210.80	253.18
#1.出售苹果数量	(千克/人)	Amount of Apples	(kg/person)	61.97	40.58	39.43	42.73
出售苹果金额	(元/人)	Sum of Apples	(yuan/person)	54.30	63.76	87.62	85.43
2.出售梨数量	(千克/人)	Amount of Pears	(kg/person)	1.17	4.45	7.12	6.19
出售梨金额	(元/人)	Sum of Pears	(yuan/person)	1.02	6.34	11.06	7.55
3.出售桃数量	(千克/人)	Amount of Peaches	(kg/person)	16.26	14.49	13.15	16.97
出售桃金额	(元/人)	Sum of Peaches	(yuan/person)	16.73	23.24	21.56	31.98
4.出售杏数量	(千克/人)	Amount of Apricots	(kg/person)	0.76	1.58	1.66	2.18
出售杏金额	(元/人)	Sum of Apricots	(yuan/person)	0.79	2.81	3.30	5.37
5.出售枣数量	(千克/人)	Amount of Jujubes	(kg/person)	0.27	5.91	20.82	20.80
出售枣金额	(元/人)	Sum of Jujubes	(yuan/person)	0.67	24.85	50.03	70.78
二、林 业	**(元/人)**	**Forestry**	**(yuan/person)**	**45.05**	**57.94**	**73.02**	**90.78**
#1.出售采集林产品金额	(元/人)	Sum of Forestry Products	(yuan/person)	12.43	3.24	5.10	5.47
2.出售竹木金额	(元/人)	Sum of Bamboo	(yuan/person)	17.67	40.66	50.01	62.80
3.出售育种、育苗金额	(元/人)	Sum of Breeding Nursery	(yuan/person)		12.07	14.62	18.51
三、牧 业	**(元/人)**	**Animal Husbandry**	**(yuan/person)**	**490.32**	**855.23**	**1043.90**	**1176.78**
#1.出售肉猪及猪肉总重量	(千克/人)	Amount of Pigs and Meat	(kg/person)	36.85	32.56	26.72	26.40
出售肉猪及猪肉总金额	(元/人)	Sum of Pigs and Meat	(yuan/person)	213.84	339.54	364.49	483.34
2.出售菜羊及羊肉总重量	(千克/人)	Amount of Sheep and Mutton	(kg/person)	2.15	1.79	1.31	0.92
出售菜羊及羊肉总金额	(元/人)	Sum of Sheep and Mutton	(yuan/person)	15.62	22.29	20.11	19.10
3.出售家禽总重量	(千克/人)	Amount of Livestock	(kg/person)	13.04	28.20	45.06	39.42
出售家禽总金额	(元/人)	Sum of Livestock	(yuan/person)	71.58	182.69	343.24	315.75
4.出售蛋类的数量	(千克/人)	Amount of Eggs	(kg/person)	12.55	20.70	21.79	23.66
出售蛋类的金额	(元/人)	Sum of Eggs	(yuan/person)	46.76	107.95	131.16	144.33
四、渔 业	**(元/人)**	**Fishery**	**(yuan/person)**	**10.48**	**36.12**	**25.50**	**29.16**
#1.出售海水产品金额	(元/人)	Sum of Seawater Products	(yuan/person)	8.96	22.35	23.18	21.73
2.出售淡水产品金额	(元/人)	Sum of Fresh Water Products	(yuan/person)	1.52	0.41	2.19	7.21

5-15 1978—2008年山东农村居民纯收入及增长情况
Net Income of Rural Residents and Growth in Shandong(1978—2008)

年份 Year	纯收入 (元/人) Net Income (yuan/person)	比上年名义增长(%) Nominal Growth over the Previous Year(%)	扣除价格因素影响实际比上年增长(%) Actual Growth over the Previous Year Allowing for Price Fluctuations Affect(%)	基尼系数 Gini Coefficient
1978	114.6			
1979	159.8	39.4	38.5	
1980	210.2	31.5	29.8	0.2011
1981	251.6	19.7	18.7	0.2098
1982	300.0	19.2	18.3	0.2018
1983	360.6	20.2	21.0	0.2181
1984	395.0	9.5	8.6	0.1972
1985	408.1	3.3	-1.8	0.2356
1986	449.3	10.1	7.2	0.2437
1987	517.7	15.2	10.9	0.2430
1988	583.7	12.7	1.1	0.2665
1989	630.6	8.0	-2.0	0.2627
1990	680.2	7.9	2.3	0.2720
1991	764.0	12.3	9.4	0.2530
1992	802.9	5.1	1.4	0.2989
1993	952.7	18.7	6.1	0.2849
1994	1319.7	38.5	8.7	0.2628
1995	1715.1	30.0	6.6	0.2750
1996	2086.3	21.6	11.5	0.2600
1997	2292.1	9.9	7.3	0.2607
1998	2452.8	7.0	8.2	0.2889
1999	2549.6	3.9	5.9	0.2863
2000	2659.2	4.3	7.1	0.3067
2001	2804.5	5.5	5.2	0.3188
2002	2954.0	5.3	5.7	0.3177
2003	3150.5	6.7	5.5	0.3330
2004	3507.4	11.3	6.4	0.3230
2005	3930.5	12.1	9.4	0.3274
2006	4368.3	11.1	10.0	0.3283
2007	4985.3	14.1	8.4	0.3309
2008	5641.4	13.2	6.6	0.3527

5-16 主要年份各省(市、区)农民人均纯收入
Major Years' Rural Households Net Income of Various Provinces(Cities, Areaes)

地 区	Area	1980年	1990年	2000年	2005年	2006年	2007年	2008年
全 国	The Whole Country	191.3	686.3	2253.4	3254.9	3587.0	4140.4	4760.6
北 京	Beijing	290.5	1297.1	4604.5	7346.3	8275.5	9439.6	10661.9
天 津	Tianjin	277.9	1069.0	3622.4	5579.9	6227.9	7010.1	7910.8
河 北	Hebei	175.8	621.7	2478.9	3481.6	3801.8	4293.4	4795.5
山 西	Shanxi	155.8	603.5	1905.6	2890.7	3180.9	3665.7	4097.2
内 蒙	Inner Mongolia	181.3	607.2	2038.2	2988.9	3341.9	3953.1	4656.2
辽 宁	Liaoning	273.0	836.2	2355.6	3690.2	4090.4	4773.4	5576.5
吉 林	Jilin	236.3	803.5	2022.5	3264.0	3641.1	4191.3	4932.7
黑龙江	Heilongjiang	205.4	759.9	2148.2	3221.3	3552.4	4132.3	4855.6
上 海	Shanghai	397.4	1907.3	5596.4	8247.8	9138.7	10144.6	11440.3
江 苏	Jiangsu	217.9	959.1	3595.1	5276.3	5813.2	6561.0	7356.5
浙 江	Zhejiang	219.2	1099.0	4253.7	6660.0	7334.8	8265.2	9257.9
安 徽	Anhui	184.8	539.2	1934.6	2641.0	2969.1	3556.3	4202.5
福 建	Fujian	171.7	764.4	3230.5	4450.4	4834.8	5467.1	6196.1
江 西	Jiangxi	180.9	669.9	2135.3	3128.9	3459.5	4044.7	4697.2
山 东	Shandong	194.3	680.2	2659.2	3930.6	4368.3	4985.3	5641.4
河 南	Henan	160.8	527.0	1985.8	2870.6	3261.0	3851.6	4454.2
湖 北	Hubei	169.9	670.8	2268.6	3099.2	3419.4	3997.5	4656.4
湖 南	Hunan	219.7	664.2	2197.2	3117.7	3389.6	3904.2	4512.5
广 东	Guangdong	274.4	1043.0	3654.5	4690.5	5079.8	5624.0	6399.8
广 西	Guangxi	173.7	639.5	1864.5	2494.7	2770.5	3224.1	3690.3
海 南	Hainan		696.2	2182.3	3004.0	3255.5	3791.4	4390.0
重 庆	Chongqing			1892.4	2809.3	2873.8	3509.3	4126.2
四 川	Sichuan	187.9	557.8	1903.6	2802.8	3002.4	3546.7	4121.2
贵 州	Guizhou	161.5	435.1	1374.2	1877.0	1984.6	2374.0	2796.9
云 南	Yunnan	150.1	540.9	1478.6	2041.8	2250.5	2634.1	3102.6
西 藏	Xizang		649.7	1330.8	2077.9	2435.0	2788.2	3175.8
陕 西	Shaanxi	142.5	530.8	1443.9	2052.6	2260.2	2644.7	3136.5
甘 肃	Gansu	153.3	431.0	1428.7	1979.9	2134.1	2328.9	2723.8
青 海	Qinghai		559.8	1490.5	2151.5	2358.4	2683.8	3061.2
宁 夏	Ningxia	178.1	578.1	1724.3	2508.9	2760.1	3180.8	3681.4
新 疆	Xinjiang	198.0	683.5	1618.1	2482.2	2737.3	3183.0	3502.9

主要指标解释

农村住户 指农村常住户。农村常住户指长期(一年以上)居住在乡镇(不包括城关镇)行政管理区域内的住户，以及长期居住在城关镇所辖行政村范围内的农村住户。户口不在本地而在本地居住一年及以上的住户也包括在本地农村常住户范围内；有本地户口，但举家外出谋生一年以上的住户，无论是否保留承包耕地都不包括在本地农村住户范围内。

常住人口 指全年经常在家或在家居住6个月以上，而且经济和生活与本户连成一体的人口。外出从业人员在外居住时间虽然在6个月以上，但收入主要带回家中，经济与本户连为一体，仍视为家庭常住人口；在家居住，生活和本户连成一体的国家职工、退休人员也为家庭常住人口。但是现役军人、中专及以上(走读生除外)的在校学生、以及常年在外(不包括探亲、看病等)且已有稳定的职业与居住场所的外出从业人员，不算家庭常住人口。家庭常住人口主要作为计算农村住户平均每人收入、消费和积累水平及分析家庭人口状况的依据。

整、半劳动力 整劳动力指男子18周岁到50周岁，女子18周岁到45周岁；半劳动力指男子16周岁到17周岁，51周岁到60周岁；女子16周岁到17周岁，46周岁到55周岁，同时具有劳动能力的人。虽然在劳动年龄之内，但已丧失劳动能力的人，不应算为劳动力；超过劳动年龄，但能经常参加劳动，计入半劳动力数内。常住人口中的职工，若这些职工为劳动力，就包括在本户的整半劳动力中。

总收入 指调查期内农村住户和住户成员从各种来源渠道得到的收入总和。按收入的性质划分为工资性收入、家庭经营收入、财产性收入和转移性收入。

工资性收入 指农村住户成员受雇于单位或个人，靠出卖劳动而获得的收入。

家庭经营收入 指农村住户以家庭为生产经营单位进行生产筹划和管理而获得的收入。农村住户家庭经营活动按行业划分为农业、林业、牧业、渔业、工业、建筑业、交通运输业邮电业、批发和零售贸易餐饮业、社会服务业、文教卫生业和其他家庭经营。

财产性收入 指金融资产或有形非生产性资产的所有者向其他机构单位提供资金或将有形非生产性资产供其支配，作为回报而从中获得的收入。

转移性收入 指农村住户和住户成员无须付出任何对应物而获得的货物、服务、资金或资产所有权等，不包括无偿提供的用于固定资本形成的资金。一般情况下，是指农村住户在二次分配中的所有收入。

现金收入 指农村住户和住户成员在调查期内得到以现金形态表现的收入。按来源分成工资性收入、家庭经营现金收入、财产性收入、转移性收入。

纯收入 指农村住户当年从各个来源得到的总收入相应地扣除所发生的费用后的收入总和。计算方法：

纯收入=总收入-税费支出-家庭经营费用支出-生产性固定资产折旧-赠送农村亲友支出

纯收入主要用于再生产投入和当年生活消费支出，也可用于储蓄和各种非义务性支出。“农民人均纯收入”按人口平均的纯收入水平，反映的是一个地区或一个农户农村居民的平均收入水平。

总支出 指农村住户用于生产、生活和再分配的全部支出。家庭经营费用支出、购置生产性固定资产支出、生产性固定资产折旧、税费支出、生活消费支出、财产性支出和转移性支出。

Explanatory Notes on Main Indicators

Rural Households refer to usual resident households in rural areas. Usual resident households in rural areas are households residing on a long term basis(for more than one year) in the areas under the administration of township governments (not including county towns), and in the areas under the administration of villages in county towns. Households residing in the current addresses for over one year with their household registration in other places are still considered as resident households of the locality. For households with their household registration in one place but all members of the households having moved away to make a living in another place for over one year, they will not be included in the rural households of the area where they are registered, irrespective of whether they still keep their contracted land.

Usual Resident Population refers to persons staying at home regularly or for over 6 months during a year and integrated with the household economically and in terms of living.. Members of the household staying away from the household for over 6 months but keeping a close economic relation with the household by sending the majority of income to the household are regarded as usual resident of the household. Government staff and workers or retirees living as close members of the household are also considered as usual resident. However, servicemen, students of secondary technical schools or schools of higher education and persons with stable jobs and residence outside the household (excluding those visiting relatives or seeking medical service) are not included as resident population of the household. Resident population is used in calculating income, consumption, accumulation on per capita basis of rural households and in analyzing composition of rural households.

Full/Semi Labour Force Full labour force refers to persons capable of work, aged 18-50 for males and 18-45 for females. Semi labour force refers to persons capable of work, aged 16-17 and 51-60 for males and 16-17 and 46-55 for females. Persons at their working ages but not capable of work are not to be included as labour force. Persons not at working ages but participating regularly in work are included in semi labour force. For staff and workers who are usual residents, are included as full or semi labour force of the household if they are in the labour force.

Total Income refers to the sum of income earned from various sources by the rural households and their members during the reference period, and is classified as income from wages and salaries, income from household operations, income from properties and income from transfers.

Income from Wages and Salaries refers to income from labour earned by the members of rural households employed by other units or individuals.

Income from Household Operations refers to income by the rural households as units of production and operation. Operations by rural households are classified according to their economic activities namely agriculture, forestry, animal husbandry, fishery, manufacturing, construction, transportation, post and telecommunications, wholesale, retail and catering, social service, culture, education, health, and other household operations.

Income from Properties refers to the income received as returns by owners of financial assets or tangible non-productive assets by providing capitals or tangible non-productive assets to other institutional units.

Income from Transfers refers to the receipt by rural households and their members of goods, services, capital or rights of assets without giving or repaying accordingly, excluding capital provided to them for the formation of fixed assets. In general, it refers to all income received by rural households through redistribution.

Cash Income refers to income received by rural households and their members in the form of cash during the reference period. It is classified, by source of income, into income from wages and salaries, cash income from household operations, income from properties and income from transfers.

Net Income refers to the total income of rural households from all sources minus all corresponding expenses. The formula for calculation is as follows:

Net income = total income - taxes and fees paid - household operation expenses - taxes and fees depreciation of fixed assets for production - gifts to non-rural relatives

Net income is mainly used as input for reinvestment in production and as consumption expenditure of the year, and also used for savings and non-compulsory expenses of various forms. "Per capita net income of farmers" is the level of net income averaged by population, reflecting the average income level of rural households in a given area.

Total Expenditure refers to total expenses of rural households on production, consumption and redistribution, including expenditure on household operations,; purchase of productive fixed assets; depreciation of productive fixed assets; taxes and fees; expenses on household consumption; expenses on properties; and expenses on transfers.

6

生产价格调查资料

Investigation Material of Production Prices

编辑单位：生产投资价格处
编　　委：刘　敏
责任编辑：张燕丽　洪延江　景　虹
　　　　　赵　冲
校　　对：张燕丽　洪延江　景　虹
　　　　　赵　冲
电　　话：86197901

Editorial Unit: the Production Investment Price Office
Editorial Board: Liu Min
Executive Editor-in-Chief: Zhang Yanli Hong Yanjiang
Jing Hong　Zhao Chong
Proofreader: Zhang Yanli Hong Yanjiang Jing Hong
Zhao Chong
Telephone: 86197901

简要说明

一、本价格指数资料，反映生产和投资环节的价格变动趋势和变动幅度。主要包括工业品出厂价格指数、原材料购进价格指数、固定资产投资价格指数、房地产价格指数和农产品生产价格指数。

二、价格指数统计由国家统计局城市司组织实施。山东工业产品出厂价格及原材料购进价格指数资料，由国家统计局各市级调查队和省属城调队依据国家统计局统一制定的工业品价格统计调查制度向工业调查企业采集原始数据上报国家统计局山东调查总队后汇总而成；固定资产投资价格，由国家统计局各市级调查队和省属城调队依据国家统计局统一制定的固定资产投资价格统计调查制度向施工单位和建设单位采集原始数据上报国家统计局山东调查总队后汇总而成；房地产价格调查由国家统计局各市级调查队和省属城调队依据国家统计局统一制定的房地产价格统计调查制度向房地产调查企业采集原始数据上报国家统计局山东调查总队后汇总而成。

三、工业产品出厂价格及原材料购进价格指数资料，采用重点调查与典型调查相结合的方法统计，重点调查将全部国有企业和年销售收入500万元以上的非国有企业列为调查对象，采用主观选择的方法选择调查企业；典型调查是把年销售收入500万元以下的非国有企业作为抽样对象，采用随机抽样的调查方法。固定资产投资价格指数资料，采用重点调查与典型调查相结合的方法，调查范围包括抽中的各种经济类型的工业、建筑业企业及建设单位。房地产价格指数资料，采用重点调查与典型调查相结合的方法，调查方式采用报表与走访相结合的方式。

四、农产品生产价格调查的目的是，客观反映农产品生产价格水平和结构变动情况，满足农业和国民经济核算需要，为各级政府制定农业保护与农产品流通政策提供决策依据。

Brief Introduction

Ⅰ. This price index material reflects the price change tendency and scope of the link about produces and invests. Mainly includes ex-factory price indices of industrial products, indices of purchasing prices of raw materials, price index of investment in fixed assets, price indices for real estate.

Ⅱ. The price index statistics is organized to implement by NBS City Municipal Corporation. The materials of ex-factory price indices of industrial products and indices of purchasing prices of raw materials in Shandong are compiled by NBS Survey Office in Shandong after NBS various city level investigation team and Shandong province subordinate city level investigation team gather the primary data from industrial investigation enterprise to report based on NBS industrial product price statistics investigation system; The materials of price index of investment in fixed assets is compiled by NBS Survey Office in Shandong after NBS various city level investigation team and Shandong province subordinate city level investigation team gather the primary data from unit in charge of construction and reconstruction unit to report based on NBS fixed assets price statistics investigation system; The materials of price indices for real estate is compiled by NBS Survey Office in Shandong after NBS various city level investigation team and Shandong province subordinate city level investigation team gather the primary data from investigation enterprise of real estate to report based on NBS real estate price statistics investigation system.

Ⅲ. The materials of ex-factory price indices of industrial products and indices of purchasing prices of raw materials use the unified statistics method of key investigation and typical survey, the key investigation list completely the state-owned enterprises and the non-state-owned enterprises of year sale above 5,000,000 Yuan as the investigation objects, use the subjective choice method choice investigation enterprises; The typical survey take the non-state-owned enterprises of year sale below 5,000,000 Yuan as the sampling objects, use the investigation method of the random sampling. The materials of price index of investment in fixed assets uses use the unified statistics method of key investigation and typical survey, the field of investigation includes each kind of economic type industry, the architecture industry enterprise and the construction unitthat were pulled out. The materials of price indices for real estate uses use the unified statistics method of key investigation and typical survey, the investigation way uses to unify report form with visiting.

Ⅳ. The survey objective of agricultural production price is that reflecting objectively agricultural production price changes in the level and structure, meeting the needs of agriculture and the national accounts , providing the policy basis for making decision of agricultural protection and development of the circulation of agricultural products for all levels of governments.

6-1 1989-2008年工业品出厂价格指数

Ex-factory Price Indices of Industrial Products from 1989 to 2008

(上年=100) (Preceding Year=100)

类 别	Classification	1989	1990	1991	1992	1993	1994	1995	1996	1997	1998
全部工业品	**general index**	**123.8**	**104.7**	**103.0**	**109.7**	**123.0**	**124.2**	**117.0**	**104.1**	**101.2**	**96.0**
轻工业	Hight Industry	121.6	106.5	101.2	103.6	111.0	127.0	117.7	101.7	99.7	96.1
以农产品为原料	Using Agricultural Products As Raw Materials	123.7	108.7	102.4	104.5	111.8	131.2	119.5	102.1	99.5	96.3
以非农产品为原料	Using Non-agricultural Products as Raw Materials	117.3	101.8	98.5	100.4	108.6	112.9	111.9	100.3	100.2	95.6
重工业	Heavy Industry	125.4	103.2	104.3	116.1	135.2	121.5	116.4	106.4	102.6	95.9
采 掘	Mining Quarrying	132.9	102.4	121.3	132.6	135.2	149.5	128.2	109.5	107.7	98.1
原 料	Raw Materials	120.7	106.5	105.3	117.2	141.7	118.9	112.6	107.4	105.8	95.2
加 工	Manufacturing	127.7	100.4	101.4	106.9	126.0	109.1	115.2	103.3	96.9	95.6
生产资料	Means of Production	125.3	104.9	104.2	115.0	133.0	121.3	117.9	106.2	101.6	96.0
采 掘	Mining Quarrying	132.9	102.4	121.3	132.6	136.2	149.5	128.2	109.5	107.7	98.1
原 料	Raw Materials	121.2	105.7	105.1	114.8	137.1	118.6	115.1	106.9	103.1	95.3
加 工	Manufacturing	127.1	100.1	101.3	107.6	125.2	110.1	116.7	103.3	97.1	96.0
生活资料	Consumer Goods	121.5	107.8	101.1	103.5	111.4	127.9	116.0	101.5	100.7	96.0
食 品	Food	116.8	106.5	102.4	107.6	115.7	122.7	118.4	102.3	100.8	97.5
衣 着	Clothing	128.5	113.1	101.7	101.6	107.9	138.7	117.6	100.1	101.0	94.1
一般日用品	Articles for Daily Use	118.5	102.4	101.2	101.3	111.1	119.5	110.2	102.7	101.3	96.6
耐用消费品	Durable Consumer Goods	112.3	100.3	96.4	102.0	109.9	103.6	110.1	103.2	98.2	93.6
按工业部门分	**classify by industrid department**										
冶金工业	Metallurgical Industry	126.1	113.3	108.4	115.2	158.2	99.6	106.2	100.5	97.6	94.3
电力工业	Power Industry	129.9	112.0	101.5	111.9	119.5	124.9	105.9	118.9	115.9	109.7
煤炭及炼焦工业	Coal Industry and Coking Industry	127.2	91.0	119.0	126.7	131.5	110.5	121.5	117.1	106.2	96.6
石油工业	Petroleum Industry	116.8	99.2	103.4	132.9	159.9	158.6	126.4	104.0	112.5	95.8
化学工业	Chemical Industry	116.4	97.4	100.9	105.4	108.4	111.8	124.7	102.7	95.9	92.2
机械工业	Machine Building Industry	127.8	103.4	100.3	106.8	126.4	107.2	106.2	101.5	98.7	96.1
建筑材料工业	Building Materials Industry	126.2	100.6	104.1	105.8	122.6	108.0	112.9	103.9	100.6	99.0
森林工业	Timber Industry	120.1	92.5	96.5	100.3	112.9	111.7	109.3	105.8	108.9	105.7
食品工业	Food Industry	117.0	104.7	101.8	107.6	115.7	122.7	118.4	102.3	100.8	97.4
纺织工业	Textile Industry	127.5	107.3	101.3	99.5	102.9	142.6	116.9	98.9	99.5	93.2
缝纫工业	Tailoring Industry	128.3	137.0	107.8	120.4	114.5	120.7	127.7	110.5	99.2	100.6
皮革工业	Leather Industry	121.6	102.2	109.6	104.4	115.3	115.0	124.4	104.6	99.8	96.4
造纸工业	Paper Industry	122.0	98.4	100.3	99.8	105.3	110.6	132.4	113.4	94.2	93.6
文教艺术用品工业	Cultual,Educational Handicrafts Articles	102.1	107.3	109.5	106.0	117.7	113.6	101.6	101.3	96.9	88.7
其它工业	Other Industry	128.5	113.0	103.4	114.8	132.9	132.0	136.2	106.1	97.0	101.6

6-1 续表 continued

(上年=100) (Preceding Year=100)

类　　别	Classification	1999	2000	2001	2002	2003	2004	2005	2006	2007	2008
全部工业品	**general index**	**97.2**	**105.9**	**99.1**	**98.8**	**103.5**	**106.4**	**103.7**	**102.3**	**103.3**	**108.6**
轻工业	Hight Industry	95.3	99.7	99.3	97.5	101.2	103.3	100.8	101.1	103.2	104.8
以农产品为原料	Using Agricultural Products as Raw Materials	95.2	100.2	100.1	97.7	103.2	105.1	100.3	101.4	105.6	105.9
以非农产品为原料	Using Non-agricultural Products as Raw Materials	95.8	97.8	97.4	97.1	99.2	101.5	101.3	100.7	100.4	103.5
重工业	Heavy Industry	98.8	110.9	99.0	99.7	106.5	110.5	107.3	103.7	103.4	112.4
采　掘	Mining Quarrying	98.1	139.3	96.8	111.7	111.2	121.3	120.8	109.0	102.0	128.6
原　料	Raw Materials	100.3	111.3	100.7	97.7	109.1	110.0	107.5	104.9	104.7	111.2
加　工	Manufacturing	97.3	98.0	98.2	97.8	102.6	107.1	102.3	100.9	102.9	107.8
生产资料	Means of Production	98.1	109.5	99.1	98.8	104.6	108.0	105.1	103.1	102.9	110.0
采　掘	Mining Quarrying	98.1	139.2	96.9	111.9	110.6	121.5	120.4	107.8	102.5	129.3
原　料	Raw Materials	98.6	109.4	100.5	96.8	108.7	108.8	107.0	105.1	104.5	109.7
加　工	Manufacturing	97.2	99.1	98.6	97.1	101.9	105.4	101.8	101.4	102.3	106.3
生活资料	Consumer Goods	95.7	98.8	99.3	98.5	100.9	102.7	100.1	100.4	104.7	105.0
食　品	Food	96.9	97.5	100.6	99.4	103.4	105.6	100.0	101.0	109.9	108.5
衣　着	Clothing	93.8	102.4	101.4	98.4	99.4	102.1	101.2	101.6	101.3	102.1
一般日用品	Articles for Daily Use	96.7	98.6	98.4	98.5	99.9	101.0	102.3	100.3	99.8	104.2
耐用消费品	Durable Consumer Goods	92.1	94.3	96.1	96.7	96.1	97.0	97.7	98.2	97.9	98.7
按工业部门分	**Classify by Industrid Department**										
冶金工业	Metallurgical Industry	95.2	111.1	99.7	97.5	113.0	117.6	102.6	101.1	108.3	114.6
电力工业	Power Industry	102.9	100.4	100.7	100.2	100.2	100.6	103.3	102.4	101.1	102.2
煤炭及炼焦工业	Coal Industry and Coking Industry	96.8	97.3	115.0	115.2	102.1	124.8	111.0	97.6	106.4	128.2
石油工业	Petroleum Industry	105.2	161.4	92.5	102.2	120.1	116.3	127.2	118.6	100.2	123.3
化学工业	Chemical Industry	97.2	102.1	98.6	97.8	102.8	107.7	106.8	101.7	103.5	108.4
机械工业	Machine Building Industry	96.2	97.2	97.0	97.2	98.6	101.2	100.4	100.4	100.0	103.5
建筑材料工业	Building Materials Industry	98.7	98.1	99.4	99.1	99.4	103.9	100.6	102.2	101.0	106.5
森林工业	Timber Industry	99.6	98.1	99.2	95.2	99.5	100.9	101.2	100.6	102.0	101.8
食品工业	Food Industry	96.5	97.4	100.6	99.4	103.8	106.4	99.9	100.9	110.2	108.9
纺织工业	Textile Industry	94.0	105.8	97.7	92.8	105.7	105.7	99.7	102.4	101.1	101.2
缝纫工业	Tailoring Industry	88.8	97.9	100.6	98.5	99.2	102.8	101.4	101.3	100.6	101.7
皮革工业	Leather Industry	93.0	100.0	103.2	101.0	99.8	101.2	101.1	102.4	103.7	103.7
造纸工业	Paper Industry	95.1	101.6	100.4	97.8	98.7	101.2	101.3	101.1	101.5	107.5
文教艺术用品工业	Cultual,Educational Handicrafts Articles	93.7	104.0	100.7	100.8	99.1	100.7	102.4	100.9	100.5	102.2
其它工业	Other Industry	99.0	103.3	104.1	99.4	100.2	101.2	102.0	101.4	100.2	105.0

6−2　1989−2008年原材料、燃料、动力购进价格指数

Indices of Purchasing Prices of Raw Materials，Fuels and Power (1989-2008)

(上年=100)　　(Preceding Year=100)

类　别	Classification	1989	1990	1991	1992	1993	1994	1995	1996	1997	1998
全部原材料	**General Index**	**136.7**	**105.4**	**107.0**	**110.9**	**134.7**	**121.3**	**113.2**	**105.7**	**100.6**	**94.6**
燃料、动力类	Fuels and Energy	126.2	103.6	106.2	113.5	134.3	125.6	112.0	114.1	110.1	98.9
黑色金属材料类	Ferrous Metals	127.9	105.4	112.0	116.3	168.5	108.7	95.8	100.5	98.3	97.5
其中:钢材	Rolled-steel				118.8	163.0	105.5	96.4	101.1	98.1	97.6
其它	Others				110.0	183.5	117.7	94.3	98.7	98.5	97.3
有色金属材料和电线类	Non Ferrous Metals	147.6	113.6	103.6	110.2	118.2	107.5	125.2	96.7	97.4	92.5
化工原料类	Chemical Rqw Materials	133.7	94.8	99.2	105.1	113.4	112.2	126.6	102.3	96.7	92.9
木材及纸浆类	Wood and Paper Materials	105.4	110.2	107.3	107.3	129.1	118.7	113.4	102.9	100.3	102.6
建筑材料及非金属矿类	Construction Materials	125.1	120.6	102.1	120.0	125.4	109.9	99.7	100.5	101.1	98.2
其它工业原材料及半成品类	Other Industrical Raw Materials and Semi-products				102.0	102.2	108.8	95.6	102.9	98.4	97.5
农副产品类	Farm and Sideline Products	130.7	110.8	108.2	100.1	111.4	138.2	133.3	100.7	97.0	93.6
纺织原料类	Textile Raw Materials				100.2	104.8	168.9	126.1	97.3	94.1	88.7

6−2 续表 continued

(上年=100) (Preceding Year=100)

类 别	Classification	1999	2000	2001	2002	2003	2004	2005	2006	2007	2008
全部原材料	**General Index**	**93.4**	**104.7**	**98.6**	**98.7**	**105.7**	**113.4**	**105.9**	**104.3**	**104.8**	**113.1**
燃料、动力类	Fuels and Energy	98.9	114.6	100.3	106.0	107.2	121.0	116.2	109.3	103.6	124.6
黑色金属材料类	Ferrous Metals	95.1	103.5	99.0	99.1	112.4	129.1	105.8	97.1	106.8	125.4
其中:钢材	Rolled-steel	96.9	104.9	99.2	98.1	109.3	122.4	106.6	96.1	105.5	119.7
其它	Others	91.8	101.0	98.7	99.6	114.0	132.4	105.5	98.0	108.1	131.0
有色金属材料和电线类	Non Ferrous Metals	93.6	107.4	100.0	97.7	110.6	119.0	112.0	136.1	115.7	107.6
化工原料类	Chemical Rqw Materials	99.2	104.9	96.4	97.5	102.7	110.0	110.7	103.7	103.6	107.3
木材及纸浆类	Wood and Paper Materials	95.8	103.0	99.1	98.9	101.5	104.4	101.3	105.1	105.3	104.9
建筑材料及非金属矿类	Construction Materials	97.8	99.4	101.8	98.2	100.9	108.1	104.8	100.5	100.8	112.6
其它工业原材料及半成品类	Other Industrical Raw Materials and Semi-products	96.5	101.8	99.4	97.3	101.8	110.9	104.3	102.8	105.9	112.2
农副产品类	Farm and Sideline Products	86.7	99.9	97.3	97.5	111.4	113.5	99.2	103.2	105.1	109.6
纺织原料类	Textile Raw Materials	88.6	101.9	98.0	94.2	104.6	106.2	98.6	100.9	101.0	101.6

6–3 工业品出厂价格分类指数(2008年)

Ex-factory Price Classified Indices of Industrial Products(2008)

(上年=100) (Preceding Year=100)

类 别	Classification	全年平均 Annual Average	一季度 The First Quarter	二季度 The Second Quarter	三季度 The Third Quarter	四季度 The Forth Quarter
全部工业品	**General Index**	**108.6**	**108.7**	**110.4**	**111.9**	**103.4**
轻工业	Hight Industry	104.8	105.7	106.1	105.3	102.2
以农产品为原料	Using Agricultural Products as Raw Materials	105.9	108.6	108.2	105.7	101.1
以非农产品为原料	Using Non-agricultural Products as Raw Materials	103.5	102.1	103.5	104.9	103.7
重工业	Heavy Industry	112.4	111.8	114.8	118.6	104.6
采掘	Mining Quarrying	128.6	126.7	131.6	144.5	111.7
原料	Raw Materials	111.2	111.0	114.2	116.8	102.8
加工	Manufacturing	107.8	107.2	109.4	111.0	103.7
生产资料	Means of Production	110.0	109.2	111.7	114.7	104.3
采掘	Mining Quarrying	129.3	126.4	132.2	144.5	114.0
原料	Raw Materials	109.7	110.4	112.7	114.8	100.9
加工	Manufacturing	106.3	105.4	107.2	108.8	103.8
生活资料	Consumer Goods	105.0	107.4	107.1	104.6	101.0
食品	Food	108.5	114.0	112.7	107.1	100.2
衣着	Clothing	102.1	102.2	101.7	102.1	102.7
一般日用品	Articles for Daily Use	104.2	103.3	104.6	104.8	104.2
耐用消费品	Durable Consumer Goods	98.7	97.7	98.4	99.6	99.0
按工业部门分	**By Industrid Department**					
冶金工业	Metallurgical Industry	114.6	117.8	119.7	120.4	100.6
电力工业	Power Industry	102.2	100.4	100.5	102.8	105.2
煤炭及炼焦工业	Coal Industry and Coking Industry	128.2	119.0	129.1	139.1	125.7
石油工业	Petroleum Industry	123.3	123.7	127.7	140.2	101.6
化学工业	Chemical Industry	108.4	108.7	111.2	112.4	101.2
机械工业	Machine Building Industry	103.5	101.9	103.6	105.0	103.6
建筑材料工业	Building Materials Industry	106.5	102.6	105.1	109.1	109.4
森林工业	Timber Industry	101.8	102.2	102.2	102.1	100.8
食品工业	Food Industry	108.9	114.6	113.1	107.7	100.4
纺织工业	Textile Industry	101.2	101.8	101.9	101.6	99.4
缝纫工业	Tailoring Industry	101.7	101.8	101.5	101.4	102.2
皮革工业	Leather Industry	103.7	105.2	104.3	103.1	102.1
造纸工业	Paper Industry	107.5	105.9	108.5	109.8	105.7
文教艺术用品工业	Cultual, Educational Handicrafts Articles	102.2	100.1	102.4	103.2	102.9
其它工业	Other Industry	105.0	104.8	105.4	105.6	104.3
按工业行业分	**By Sector**					
煤炭开采和洗选业	Coal Mining and Dressing	126.5	116.4	126.2	136.2	127.2
烟煤和无烟煤的开采洗选	Mining and Washing of Bituminous and Anthracite	126.9	116.5	126.6	136.6	127.9
褐煤的开采洗选	Mining and Washing of Lignite	110.3	110.9	111.3	119.7	99.3
石油和天然气开采业	Petrleum and Natural Gas Extraction	132.7	135.2	139.6	157.4	98.8
天然原油和天然气开采	Extraction of Natural Petroleum and Natual Gas	132.7	135.2	139.6	157.4	98.8

6-3 续表 1 continued

(上年=100) (Preceding Year=100)

类　　别	Classification	全年平均 Annual Average	一季度 The First Quarter	二季度 The Second Quarter	三季度 The Third Quarter	四季度 The Forth Quarter
黑色金属矿采选业	Mining and Processing of Ferrous Metal Ores	124.1	130.1	128.2	140.6	97.6
#铁矿采选	Mining and Processing of Iron Ores	124.1	130.1	128.2	140.6	97.6
有色金属矿采选业	Mining nd Processing of Non-ferrous Metal Ores	139.7	145.7	143.7	147.9	121.4
常用有色金属矿采选	Mining and Processing of Frequently Used Non-Ferrous Metal Ores	107.9	115.4	120.4	116.5	79.3
贵金属矿采选	Mining and Processing of Precious MetalOres	139.9	145.9	143.9	148.1	121.7
稀有稀土金属矿采选	Rare Earth Metal Orels Mining	89.0	101.8	100.0	93.3	60.8
非金属矿采选业	Mining and Processing of Nonmetal Ores	112.6	108.1	111.6	121.8	109.0
土砂石开采	Mining of Soil, Sand and Stone	103.0	102.5	102.5	105.3	101.8
采盐	Mining and Processing of Salt Ores	125.2	114.4	120.3	146.5	119.6
石棉及其他非金属矿采选	Mining and Processing of Asbestos and Other Nonmetal Ores	115.6	111.8	121.5	120.2	108.8
农副食品加工业	Processing of Food From Agricultural Products	110.1	118.0	115.2	108.1	98.8
谷物磨制	Polishing of Grain	104.1	103.5	104.7	105.2	103.1
饲料加工	Processing of Feed	108.4	110.5	107.6	111.9	103.6
植物油加工	Processing of Vegetable Oil	119.3	137.5	132.9	118.6	88.0
制糖	Processing of Sugar	106.5	107.6	108.6	105.7	103.9
屠宰及肉类加工	Slaughtering and Processing of Meat	121.1	136.7	133.2	112.0	102.3
水产品加工	Processing of Aquatic Products	101.0	103.3	99.0	100.6	101.0
蔬菜、水果和坚果加工	Processing of Vegetables, Fruits and Nuts	100.7	100.9	102.5	102.8	96.7
其他农副食品加工	Processing of Other Food from Agricultural Products	104.3	106.7	105.6	103.5	101.4
食品制造业	Foodstuff	108.4	106.3	109.6	109.1	108.7
焙烤食品制造	Manufacture of Baking Foodstuff	107.5	106.6	109.0	107.4	106.9
糖果、巧克力及蜜饯制造	Manufacture of Sweet, Chocolate and Candied Fruit	103.0	101.3	103.6	104.3	102.6
方便食品制造	Manufacture of Convenience Food	107.3	107.2	109.3	108.8	104.0
液体乳及乳制品制造	Manufacture of Milk Gel and Dairy Products	119.8	116.9	123.7	121.6	116.8
罐头制造	Manufacture of Cans	100.3	105.3	103.0	96.7	96.3
调味品、发酵制品制造	Manufacture of Condiments and Fermentation Products	106.4	101.0	106.2	109.0	109.2
其他食品制造	Manufacture of Other Foodstuff	107.1	106.4	107.5	105.6	109.1
饮料制造业	Manufacture of Beverages	103.9	103.0	105.0	105.0	102.7
酒精制造	Manufacture of Alcohol	107.3	105.7	109.3	109.7	104.3
酒的制造	Manufacture of Liquor	103.9	102.5	105.0	104.8	103.2
软饮料制造	Manufacture of Soft Drink	104.0	104.5	105.0	105.2	101.1
精制茶加工	Processing of Refined Tea	107.4	103.7	111.2	108.7	106.1

6-3 续表 2 continued

(上年=100) (Preceding Year=100)

类　别	Classification	全年平均 Annual Average	一季度 The First Quarter	二季度 The Second Quarter	三季度 The Third Quarter	四季度 The Forth Quarter
烟草制品业	Manufacture of Tobacco	101.9	101.6	101.6	101.6	103.0
烟叶复烤	Baking of Tobacco	100.0	100.0	100.0	100.0	100.0
卷烟制造	Manufacture of Cigarettes	102.0	101.6	101.6	101.6	103.1
其他烟草制品加工	Manufacture of Other Tobacco Products	100.0	100.0	100.0	100.0	100.0
纺织业	Manufacture of Textile	101.4	101.9	101.9	101.7	99.9
棉、化纤纺织及印染精加工	Processing and Dyeing of Cotton and Chemical Fiber Textile	100.6	101.9	101.2	100.8	98.6
毛纺织和染整精加工	Processing and Dyeing of Wool Textile	104.0	102.0	107.8	105.5	100.8
麻纺织	Flax Textile	96.7	95.5	98.5	96.3	96.4
丝绢纺织及精加工	Processing of Silk Textile	101.2	97.9	103.2	104.7	98.8
纺织制成品制造	Manufacture of Textile Products	102.6	102.0	101.9	103.9	102.6
针织品、编织品及其制品制造	Manufacture of Knitwear and Woven Products	102.7	102.6	102.0	102.1	103.9
纺织服装、鞋、帽制造业	Manufacture of Textile Wearing Apparel, Footware, and Caps	101.3	101.4	101.3	101.1	101.3
纺织服装制造	Manufacture of Textile Wearing Apparel	101.2	101.4	101.0	101.0	101.2
纺织面料鞋的制造	Manufacture of Textile Footware	104.8	102.6	104.4	105.6	106.5
制帽	Manufacture of Caps	95.4	100.0	106.2	90.4	85.1
皮革、毛皮、羽毛(绒)及其制品业	Manufacture of Leather, Fur, Feather and Related Products	103.6	105.1	104.2	103.0	102.1
皮革鞣制加工	Processing of Leather	105.7	109.8	109.8	104.0	99.0
皮革制品制造	Manufacture of Leather Products	102.9	103.4	102.2	102.7	103.3
毛皮鞣制及制品加工	Manufacture and Processing of Fur Products	103.1	102.8	102.0	102.6	105.1
羽毛(绒)加工及制品制造	Manufacture and Processing of Feather Products	100.1	99.9	98.5	100.3	101.8
木材加工及木、竹、藤、棕、草制品业	Processing of Timber, Manufacture of Wood, Bamboo	101.3	102.4	101.8	101.4	99.6
锯材、木片加工	Processing of Lumber and Wood Chips	104.7	101.7	105.1	106.3	105.6
人造板制造	Manufacture of Plywood	101.2	102.6	101.3	101.3	99.6
木制品制造	Manufacture of Wood Products	102.6	102.9	102.6	102.9	102.1
竹、藤、棕、草制品制造	Manufacture of Penny, Vines Coir and Grass Products	97.3	100.7	100.7	96.1	91.7
家具制造业	Manufacture of Furniture	102.9	101.9	103.1	103.4	103.1
木质家具制造	Manufacture of Wood Furniture	102.8	101.9	103.1	103.3	102.9
金属家具制造	Manufacture of Metal Furniture	106.5	104.7	104.7	107.6	108.8
其他家具制造	Manufacture of Other Furniture	105.4	102.5	102.8	108.2	108.1
造纸及纸制品业	Manufacture of Paper and Paper Products	107.5	105.9	108.5	109.8	105.7
纸浆制造	Manufacture of Paper Pulp	103.5	109.5	112.6	106.2	85.7
造纸	Manufacture of Paper	108.1	106.1	109.7	110.7	105.9
纸制品制造	Manufacture of Paper Products	104.7	104.7	103.1	106.2	104.8

6-3 续表 3 continued

(上年=100) (Preceding Year=100)

类　别	Classification	全年平均 Annual Average	一季度 The First Quarter	二季度 The Second Quarter	三季度 The Third Quarter	四季度 The Forth Quarter
印刷业和记录媒介的复制	Printing Reproduction of Recording Media	102.8	100.4	103.1	104.5	103.1
印刷	Printing	102.9	100.4	103.3	104.6	103.3
装订及其他印刷服务活动	Binding and Other Printing Services	101.2	101.0	102.0	102.0	99.9
记录媒介的复制	Copy of Record Media	102.6	100.9	98.6	106.7	104.2
文教体育用品制造业	Manufacture of Articles for Culture, Education and Sport Activity	101.6	99.5	101.8	102.5	102.8
文化用品制造	Manufacture of Culture Articles	102.2	102.9	101.8	101.1	103.0
体育用品制造	Manufacture of Sport Articles	104.6	100.0	104.0	108.1	106.3
乐器制造	Manufacture of Music Instruments	100.0	100.0	100.0	100.0	100.0
玩具制造	Manufacture of Toys	97.9	97.3	99.3	96.2	98.6
石油加工、炼焦及核燃料加工业	Processing of Petroleum, Coking, Processing of Nuclear Fuel	118.6	117.2	121.8	130.6	104.8
精炼石油产品的制造	Manufacture of Refined Petroleum Products	115.7	114.5	118.0	126.5	104.0
炼焦	Coking	150.4	148.1	163.1	176.2	114.3
化学原料及化学制品制造业	Manufacture of Raw Chemical Materials and Chemical Products	111.1	111.9	115.6	117.1	99.6
基础化学原料制造	Manufacture of Basic Chemical Material	113.0	112.8	122.0	123.0	94.4
肥料制造	Manufacture of Fertilizers	115.4	114.6	114.2	121.4	111.4
农药制造	Manufacture of Pesticides	102.0	101.4	102.3	102.0	102.5
涂料、油墨、颜料及类似产品制造	Manufacture of Coating,Ink and Paint Products	109.1	108.1	109.9	112.3	106.2
合成材料制造	Manufacture of Synthetic Materials	112.1	115.4	118.8	119.0	95.1
专用化学产品制造	Manufacture of Specialized Chemical Products	108.6	110.4	114.3	113.6	96.4
日用化学产品制造	Manufacture of Daily Used Chemical Products	102.8	103.5	104.1	103.0	100.7
医药制造业	Manufacture of Medicines	103.8	103.0	106.0	104.3	101.8
化学药品原药制造	Manufacture of Chemical Original Drug	111.0	106.9	116.5	113.8	106.9
化学药品制剂制造	Manufacture of Chemical Agents	101.4	101.9	102.4	100.4	100.9
中药饮片加工	Processing of Herbal Medicine	99.3	100.0	100.0	100.0	97.4
中成药制造	Manufacture of Proprietary Chinese Medicine	100.5	101.3	100.3	102.0	98.4
兽用药品制造	Manufacture of Veterinary Drugs	101.6	103.8	99.2	102.1	101.1
生物、生化制品的制造	Manufacture of Biotechnology and Biochemical Products	109.0	100.0	128.4	107.8	100.0
卫生材料及医药用品制造	Manufacture of Sanitation Materials and Medical Supplies	101.2	102.1	101.2	100.7	100.8
化学纤维制造业	Manufacture of Chemical Fibers	103.8	115.8	107.9	99.4	92.3
纤维素纤维原料及纤维制造	Manufacture of Cellulose Fibers and Fibers	96.6	118.4	106.9	87.4	73.7
合成纤维制造	Manufacture of Synthetic Fibers	107.1	113.5	108.7	105.2	101.2

6-3 续表 4 continued

(上年=100) (Preceding Year=100)

类 别	Classification	全年平均 Annual Average	一季度 The First Quarter	二季度 The Second Quarter	三季度 The Third Quarter	四季度 The Forth Quarter
橡胶制品业	Manufacture of Rubber	105.5	104.8	105.7	107.0	104.4
轮胎制造	Manufacture of Tire	106.2	105.6	106.9	107.6	104.9
橡胶板、管、带的制造	Manfuacture of Rubber Plates, Pipes and Belts	101.2	101.8	100.1	102.6	100.4
橡胶零件制造	Manufacture of Rubber Parts	100.0	100.2	100.0	100.1	99.7
再生橡胶制造	Manufacture of Renewable Rubber	101.8	100.8	102.9	101.7	101.5
日用及医用橡胶制品制造	Manufacture of Daily Used and Medical Rubber Products	107.7	106.9	108.4	110.4	105.1
橡胶靴鞋制造	Manufacture of Rubber Boots and Shoes	103.7	101.2	102.0	106.0	105.5
塑料制品业	Manufacture of Plastics	103.1	101.6	103.1	105.1	102.3
塑料薄膜制造	Manufacture of Plastic Film	102.6	102.7	103.4	105.6	98.7
塑料板、管、型材的制造	Manufacture of Plastic Plates, Piles and Profiles	101.4	101.0	102.3	101.6	100.9
塑料丝、绳及编织品的制造	Manufacture of Plastic Wire, Ropes and Woven Products	103.7	101.4	104.7	108.1	100.6
泡沫塑料制造	Manufacture of Foam	100.1	98.7	100.4	101.4	99.8
塑料人造革、合成革制造	Manufacture of Plastic Leatherette and Synthetic Leather	99.6	99.8	100.7	98.8	98.9
塑料包装箱及容器制造	Manufacture of Plastic Packaging Boxes and Containers	106.0	105.8	108.0	109.7	100.6
日用塑料制造	Manufacture of Daily Used Plastic	100.8	100.0	100.5	102.0	100.8
其他塑料制品制造	Manufacture of Other Plastic Products	109.1	102.2	100.4	108.8	125.2
非金属矿物制品业	Manufacture of Non-metallic Products	107.0	103.1	105.5	109.5	109.9
水泥、石灰和石膏的制造	Manufacture of Cement, Lime and Gypsum	111.6	102.3	106.4	117.1	120.8
水泥及石膏制品制造	Manufacture of Cement and Gypsum	106.8	100.4	107.4	109.3	110.1
砖瓦、石材及其他建筑材料制造	Manufacture of Brick, Stone and Other Construction Materials	102.4	101.8	103.2	103.0	101.7
玻璃及玻璃制品制造	Manufacture of Glass and Its Products	108.2	107.4	107.4	109.6	108.4
陶瓷制品制造	Manufacture of Ceramic Products	102.2	101.4	102.5	102.4	102.3
耐火材料制品制造	Manufacture of Refractory Products	104.8	104.0	104.0	105.6	105.6
石墨及其他非金属矿物制品制造	Manufacture of Graphite and Other Non-metallic Mineral Products	110.2	108.3	109.4	114.3	108.6
黑色金属冶炼及压延加工业	Smelting and Pressing of Ferrous Metals	118.0	121.9	125.3	125.1	99.6
炼铁	Ironmaking	126.4	135.2	135.7	134.4	100.2
炼钢	Steelmaking	112.7	113.7	116.1	118.5	102.3
钢压延加工	Smelting and Pressing of Steel	118.2	122.2	126.3	125.6	98.9
铁合金冶炼	Smelting of Alloy Iron	119.2	126.5	136.2	119.7	94.6
有色金属冶炼及压延加工业	Smelting and Pressing of Non-ferrous Metals	98.5	104.6	103.0	99.0	87.2
常用有色金属冶炼	Smelting of Frequently Used Non-Ferrous Metal	99.7	108.2	105.8	96.6	88.1

6-3 续表 5 continued

(上年=100) (Preceding Year=100)

类　别	Classification	全年平均 Annual Average	一季度 The First Quarter	二季度 The Second Quarter	三季度 The Third Quarter	四季度 The Forth Quarter
贵金属冶炼	Smelting of Precious Metal	114.2	126.3	120.0	115.6	95.1
有色金属合金制造	Non-ferrous Metal Alloy Manufacture	96.3	101.9	100.3	97.5	85.5
有色金属压延加工	Pressing of Non-Ferrous Metal	96.8	101.6	100.7	98.8	86.3
金属制品业	Manufacture of Metal Products	109.7	105.3	109.3	115.0	109.1
结构性金属制品制造	Manufacture of Structural Metal Products	109.0	107.2	108.0	114.9	105.8
金属工具制造	Manufacture of Metal Tools	105.0	103.5	105.4	106.3	104.9
集装箱及金属包装容器制造	Manufacture of Containers and Metal Packaging	110.1	97.3	106.3	118.8	117.8
金属丝绳及其制品的制造	Manufacture of Metal Wire, Ropes and Its Products	112.2	106.6	115.1	118.6	108.5
建筑、安全用金属制品制造	Manufacture of Metal Products for Construction and Safety	111.8	111.4	113.9	113.5	108.3
金属表面处理及热处理加工	Processing of Surface Treatment and Heat Treatment of Metals	107.1	105.4	107.6	109.2	106.3
搪瓷制品制造	Manufacture of Enamel Products	115.6	108.1	117.8	118.2	118.4
不锈钢及类似日用金属制品制造	Manufacture of Stainless Steel and Daily Metal Products	102.8	102.3	106.2	103.1	99.6
其他金属制品制造	Manufature of Other Metal Products	113.4	110.4	115.8	119.5	108.0
通用设备制造业	Manufacture of General Purpose Machinery	107.3	103.7	107.7	109.7	108.2
锅炉及原动机制造	Manufacture of Boilers and Original Motivation	107.5	106.1	106.7	108.8	108.4
金属加工机械制造	Manufacture of Metal Processing Machinery	105.5	103.0	105.5	107.6	105.8
起重运输设备制造	Manufacture of Handling Equipment	105.6	99.8	105.1	108.4	109.1
泵、阀门、压缩机及类似机械的制造	Manufacture of Pumps, Valves, Compressors	104.0	101.9	103.7	106.4	103.8
轴承、齿轮、传动和驱动部件的制造	Manufacture of Bearings, Gears, Transmission and Drive Components	104.1	103.1	103.7	105.8	103.8
风机、衡器、包装设备等通用设备制造	Manufacture of Fans, Weighing, Packaging Equipment and Other General Equipment	101.9	99.6	103.4	102.6	102.2
通用零部件制造及机械修理	Manufacture of General Components and Mechanical Repair	103.5	99.5	104.5	105.5	104.3
金属铸、锻加工	Processing of Metal Casting and Forging	118.0	110.4	119.1	122.8	119.7
专用设备制造业	Manufacture of Special Purpose Machinery	107.9	105.2	107.6	109.6	109.3
矿山、冶金、建筑专用设备制造	Manufacture of Special Equipment for Mining, Metallurgy, Construction	106.6	104.1	106.3	108.3	107.8
化工、木材、非金属加工专用设备制造	Manufacture of Special Equipment for Chemicals, Wood, Non-metallic Processing	107.8	109.2	110.5	109.5	102.0

6-3 续表 6 continued

(上年=100) (Preceding Year=100)

类 别	Classification	全年平均 Annual Average	一季度 The First Quarter	二季度 The Second Quarter	三季度 The Third Quarter	四季度 The Forth Quarter
食品、饮料、烟草及饲料生产专用设备制造	Manufacture of Special Equipment for Food, Beverage, Tobacco and Feed Production	106.1	102.2	105.6	107.7	108.7
印刷、制药、日化生产专用设备制造	Manufacture of Special Equipment for Printing, Pharmaceuticals, Chemicals Production	101.6	100.5	101.2	102.0	102.7
纺织、服装和皮革工业专用设备制造	Manufacture of Special Equipment for Textiles, Clothing and Leather Industry	102.7	102.8	103.7	102.3	101.9
电子和电工机械专用设备制造	Manufacture of Special Equipment for Electronic and Electrical Machinery	103.8	102.1	103.2	104.7	105.2
农、林、牧、渔专用机械制造	Manufacture of Special Equipment for Agriculture, Forestry, Animal Husbandry, Fishery	111.2	106.2	109.8	113.6	115.2
医疗仪器设备及器械制造	Manufacture of Medical Equipment and Instrument	105.4	107.1	105.5	103.2	105.6
环保、社会公共安全及其他专用设备制造	Manufacture of Special Equipment for Environmental, Social Public Safety and Others	103.3	104.5	104.6	103.3	100.7
交通运输设备制造业	Manufacture of Transport Equipment	103.4	102.5	102.5	104.3	104.4
铁路运输设备制造	Manufacture of Equipment for Railway Transport	102.2	107.7	99.9	100.4	100.7
汽车制造	Manufacture of Automobiles	103.5	102.7	102.8	104.5	104.1
摩托车制造	Manufacture of Motorcycles	101.8	98.8	99.8	103.5	105.1
自行车制造	Manufacture of Bicycles	104.6	105.5	106.7	104.3	101.7
船舶及浮动装置制造	Manufacture of Shipping and Floating Devices	104.8	97.6	103.9	106.2	111.5
电气机械及器材制造业	Manufacture of Electrical Machinery and Equipment	101.1	101.1	102.3	102.1	99.1
电机制造	Manufacture of Electrical Motors	105.8	103.3	108.7	108.7	102.5
输配电及控制设备制造	Manufacture of Power Distribution and Control Equipment	99.8	98.2	100.8	101.5	98.6
电线、电缆、光缆及电工器材制造	Manufacture of Wires, Cables,Fiber-optic Cables and Electrical Equipment	102.3	103.8	104.7	104.1	96.4
电池制造	Manufacture of Electric Cells	112.2	118.7	115.6	110.8	103.5
家用电力器具制造	Manufacture of Household Electrical Apparatus	99.0	98.3	98.9	99.2	99.4
非电力家用器具制造	Manufacture of Household Non-electrical Apparatus	100.4	100.8	100.7	100.2	99.8
照明器具制造	Manufacture of Lighting Devices	100.5	100.5	100.7	100.8	99.9
其他电气机械及器材制造	Manufacture of Other Electrical Machinery and Equipment	95.8	95.0	97.0	93.1	98.1
通信设备、计算机及其他电子设备制造业	Manufacture of Communication Equipment,Computers and Other Electronic Equipment	96.8	95.9	96.8	98.4	96.1

6-3 续表 7 continued

(上年=100) (Preceding Year=100)

类　别	Classification	全年平均 Annual Average	一季度 The First Quarter	二季度 The Second Quarter	三季度 The Third Quarter	四季度 The Forth Quarter
通信设备制造	Manufacture of Communication Equipment	91.5	91.5	90.7	93.0	90.6
雷达及配套设备制造	Manufacture of Radar and Auxiliary Equipment	100.0	100.0	100.0	100.0	100.0
电子计算机制造	Manufacture of Computers	100.1	98.7	99.7	101.3	100.8
电子器件制造	Manufacture of Electronic Devices	98.5	99.0	98.3	99.0	97.8
电子元件制造	Manufacture of Electronic Components	104.0	100.2	108.3	107.3	100.2
家用视听设备制造	Manufacture of Household Audio-visual Equipment	93.7	93.0	92.8	95.7	93.3
其他电子设备制造	Manufacture of Other Electronic Equipment	104.1	104.9	108.2	104.6	98.7
仪器仪表及文化、办公用机械制造业	Manufacture of Measuring Instruments and Machinery for Cultural Activity and Office Work	100.2	100.7	99.3	100.1	100.6
通用仪器仪表制造	Manufacture of General Measuring Instruments and Machinery	99.4	99.8	98.5	99.5	99.8
专用仪器仪表制造	Manufacture of Special Measuring Instruments and Machinery	100.0	100.1	100.1	100.0	100.0
钟表与计时仪器制造	Manufacture of Watches and Chronographs	100.2	98.9	98.6	99.9	103.2
光学仪器及眼镜制造	Manufacture of Optical Equipment and Glasses	100.0	100.0	100.0	100.0	100.0
文化、办公用机械制造	Manufacture of Machinery for Cultural Activity and Office Work	105.8	109.6	105.0	104.9	103.6
工艺品及其他制造业	Manufacture of Artwork and Other Manufacturing	102.6	103.4	103.6	102.3	101.0
工艺美术品制造	Manufacture of Artwork	102.6	103.4	103.6	102.3	101.0
日用杂品制造	Manufacture of Groceries for Daily Use	101.8	100.7	103.4	102.0	101.3
废弃资源和废旧材料回收加工业	Recycling and Disposal of Waste	101.0	100.0	102.5	100.5	101.1
非金属废料和碎屑的加工处理	Non-metal Waste and Fragment Treatment and Processing	101.0	100.0	102.5	100.5	101.1
电力、热力的生产和供应业	Production and Supply of Electric Power and Heat Power	102.2	100.2	100.4	102.8	105.3
电力生产	Production of Electric Power	102.6	99.6	99.9	103.0	107.7
电力供应	Supply of Electric Power	101.4	100.5	100.4	102.2	102.6
热力生产和供应	Production and Supply of Heat Power	111.3	103.4	105.2	110.9	125.8
燃气生产和供应业	Production and Supply of Gas	103.0	104.6	103.3	101.2	102.9
燃气生产和供应业	Production and Supply of Gas	103.0	104.6	103.3	101.2	102.9
水的生产和供应业	Production and Supply of Water	102.1	102.0	102.2	102.1	101.9
自来水的生产和供应	Production and Supply of Water	102.1	102.0	102.2	102.1	101.9

6-4 原材料、燃料、动力购进价格分类指数(2008年)

Indices of Purchasing Classified Prices of Raw Materials，Fuels and Power (2008)

上年=100 (Preceding Year=100)

类 别	Classification	全年平均 Annual Average	一季度 The First Quarter	二季度 The Second Quarter	三季度 The Third Quarter	四季度 The Forth Quarter
全部原材料	**General Index**	**113.1**	**112.7**	**115.6**	**117.1**	**107.1**
燃料、动力类	Fuels and Energy	124.6	118.8	127.6	135.9	116.0
黑色金属材料类	Ferrous Metals	125.4	123.8	133.1	132.2	112.3
#钢材	Rolled-steel	119.7	115.1	125.7	127.3	110.7
其它	Others	131.0	132.6	140.5	137.2	113.8
有色金属材料和电线类	Non Ferrous Metals	107.6	107.1	110.3	113.5	99.6
化工原料类	Chemical Rqw Materials	107.3	107.5	108.9	111.2	101.6
木材及纸浆类	Wood and Paper Materials	104.9	105.8	105.4	105.2	103.0
建筑材料及非金属矿类	Construction Materials	112.6	104.4	112.1	119.9	114.1
其它工业原材料及半成品类	Other Industrical Raw Materials and Semi-products	112.2	113.5	114.6	114.4	106.2
农副产品类	Farm and Sideline Products	109.6	112.1	112.6	109.7	104.2
纺织原料类	Textile Raw Materials	101.6	102.7	102.0	102.0	99.9

6–5 分市工业品出厂价格指数(2008年)

Ex-factory Price Indices of Industrial Products by Every City(2008)

(上年=100) (Preceding Year=100)

类 别	Classification	济南 Jinan	青岛 Qingdao	淄博 Zibo	枣庄 Zaozhuang	东营 Dongying	烟台 Yantai	潍坊 Weifang	济宁 Jining
全部工业品	**General Index**	**109.2**	**105.3**	**110.0**	**109.6**	**127.1**	**107.0**	**108.9**	**113.2**
轻工业	Hight Industry	103.5	102.9	105.8	110.8	107.9	105.8	106.8	107.3
以农产品为原料	Using Agricultural Products as Raw Materials	107.7	106.4	108.8	109.3	109.6	106.1	106.2	107.4
以非农产品为原料	Using Non-agricultural Products as Raw Materials	101.9	100.6	104.7	112.3	104.7	105.6	108.7	107.1
重工业	Heavy Industry	114.3	109.2	113.7	108.0	130.5	108.0	111.9	116.4
采 掘	Mining Quarrying	136.4	115.2	119.4	109.3	142.9	111.9	146.7	123.1
原 料	Raw Materials	111.5	109.9	114.4	109.1	110.7	111.2	110.1	103.1
加 工	Manufacturing	114.9	108.6	108.5	104.2	103.1	106.1	110.7	108.1
生产资料	Means of Production	110.5	108.8	110.5	109.7	127.5	107.8	110.0	114.1
采 掘	Mining Quarrying	136.4	115.2	120.7	109.4	142.9	111.9	146.7	123.1
原 料	Raw Materials	111.5	108.8	112.7	108.9	110.7	110.9	108.5	103.2
加 工	Manufacturing	109.8	108.6	106.9	110.0	103.5	106.7	109.3	107.0
生活资料	Consumer Goods	104.2	101.7	107.1	109.6	117.5	104.3	106.1	108.6
食 品	Food	108.1	108.4	113.4	113.1	113.8	107.0	109.6	109.4
衣 着	Clothing	102.6	103.4	106.2	102.1	127.6	100.9	103.5	101.6
一般日用品	Articles for Daily Use	101.3	103.0	102.6	101.8	125.5	102.6	101.3	102.8
耐用消费品	Durable Consumer Goods	99.9	97.1	105.5	100.6	107.9	98.3	106.0	107.8
按工业部门分	**Classify by Industrid Department**								
冶金工业	Metallurgical Industry	128.6	120.2	117.6	112.0	108.9	114.8	120.3	110.8
电力工业	Power Industry	101.2	103.1	106.8	103.1	109.2	103.1	102.1	98.7
煤炭及炼焦工业	Coal Industry and Coking Industry	142.5	100.5	110.3	112.9		110.3	144.9	123.1
石油工业	Petroleum Industry	119.9	117.9	120.0		137.1	101.4	112.1	106.7
化学工业	Chemical Industry	103.7	106.3	106.3	105.1	104.2	108.8	110.9	105.3
机械工业	Machine Building Industry	103.3	100.2	104.8	102.3	103.2	102.5	108.1	108.2
建筑材料工业	Building Materials Industry	100.9	110.8	106.5	114.6	102.5	109.0	122.9	106.8
森林工业	Timber Industry	101.8	104.7	108.6	101.4	105.9	112.4	102.7	102.7
食品工业	Food Industry	112.1	109.0	128.2	113.1	115.1	107.8	111.8	109.7
纺织工业	Textile Industry	102.7	101.8	97.8	99.1	99.7	103.0	101.2	103.8
缝纫工业	Tailoring Industry	100.0	104.0	105.6	102.2	99.9	100.9	103.2	101.6
皮革工业	Leather Industry	111.0	100.5	103.3	100.1	130.7	101.4	100.1	100.0
造纸工业	Paper Industry	105.8	111.5	112.3	110.8	116.8	109.6	108.2	105.7
文教艺术用品工业	Cultual,Educational Handicrafts Articles	99.2	106.1	100.5	100.7	103.2	101.2	103.0	107.5
其它工业	Other Industry	103.8	104.0	111.5	115.0	105.8	102.1	101.8	104.3

6–5 续表 continued

(上年=100) (Preceding Year=100)

类 别	Classification	泰安 Taian	威海 Weihai	日照 Rizhao	莱芜 Laiwu	临沂 Linyi	德州 Dezhou	聊城 Liaocheng	滨州 Binzhou	菏泽 Heze
全部工业品	**General Index**	**108.8**	**109.3**	**112.9**	**114.5**	**108.0**	**106.3**	**106.8**	**109.0**	**105.1**
轻工业	Hight Industry	105.0	108.1	111.2	103.2	106.3	105.9	105.7	104.8	105.1
以农产品为原料	Using Agricultural Products as Raw Materials	106.0	106.0	112.6	102.4	104.0	106.6	106.0	104.9	105.2
以非农产品为原料	Using Non-agricultural Products as Raw Materials	104.2	109.3	108.0	105.9	110.1	104.2	104.6	104.3	105.1
重工业	Heavy Industry	110.8	111.8	115.1	116.1	110.2	107.0	107.5	117.8	105.0
采 掘	Mining Quarrying	119.3	104.6	123.1	136.2	128.6	128.0		129.9	
原 料	Raw Materials	111.8	108.7	111.8	113.7	107.5	107.3	100.3	117.6	105.0
加 工	Manufacturing	105.7	112.9	116.7	116.4	109.6	106.3	112.1	117.7	104.9
生产资料	Means of Production	109.2	111.5	113.2	115.1	109.9	105.1	106.5	108.1	104.2
采 掘	Mining Quarrying	125.0	104.6	123.1	136.2	128.3	128.0		129.9	
原 料	Raw Materials	104.8	108.4	109.3	112.3	107.3	106.9	100.1	117.6	105.1
加 工	Manufacturing	105.3	112.0	114.6	115.2	109.5	104.3	108.8	104.4	103.6
生活资料	Consumer Goods	106.2	104.0	112.3	101.9	104.4	108.9	108.5	112.1	106.6
食 品	Food	110.9	105.4	114.7	103.5	104.2	111.3	110.1	115.8	107.5
衣 着	Clothing	102.4	104.0	100.0	97.2	101.9	102.4	100.1	102.8	101.5
一般日用品	Articles for Daily Use	100.1	102.4	106.1	103.1	106.5	103.0	105.0	103.6	108.4
耐用消费品	Durable Consumer Goods	96.4	100.0	99.1		104.2	105.8	113.3	99.6	96.4
按工业部门分	**Classify by Industrid Department**									
冶金工业	Metallurgical Industry	112.6	110.0	128.6	116.7	115.2	110.6	95.0	104.4	101.2
电力工业	Power Industry	101.5	122.3	101.6	104.4	102.1	100.9	105.9	107.4	103.9
煤炭及炼焦工业	Coal Industry and Coking Industry	125.7		166.6	156.2	140.7	128.0	164.9	132.5	
石油工业	Petroleum Industry	100.6	125.2	127.2	111.4	114.1	125.3	100.0	124.9	106.3
化学工业	Chemical Industry	103.1	103.7	112.8	101.5	112.0	105.2	115.6	117.8	111.5
机械工业	Machine Building Industry	102.2	108.5	108.3	113.7	105.6	104.9	113.1	102.6	104.2
建筑材料工业	Building Materials Industry	106.5	128.3	113.1	105.6	112.0	103.7	117.3	112.5	107.3
森林工业	Timber Industry	105.4	100.3	100.1		99.4	104.9	100.1	105.2	99.7
食品工业	Food Industry	110.3	107.3	116.5	104.3	105.0	111.4	111.7	117.1	108.6
纺织工业	Textile Industry	102.2	107.0	100.5	101.7	99.9	100.5	100.3	100.3	100.4
缝纫工业	Tailoring Industry	102.1	101.7	100.0	97.0	102.3	102.3	100.2	103.5	101.7
皮革工业	Leather Industry	105.7	105.4		103.9	101.3	100.6	102.7	104.4	101.6
造纸工业	Paper Industry	101.5	105.6	109.5	107.1	106.4	104.4	107.4	112.3	112.9
文教艺术用品工业	Cultual,Educational Handicrafts Articles	98.3	102.6	103.3	100.4	89.0	102.0	104.0	100.8	104.3
其它工业	Other Industry	104.7	103.6	103.1	100.9	104.6	108.7	100.5	102.3	100.0

6–6 工业品出厂产品价格指数(2008年)

Ex-factory Product Price Indices of Industrial Products(2008)

(上年=100) (Preceding Year=100)

产品名称	Product Name	指数 Index	产品名称	Product Name	指数 Index
无烟煤	Anthracite	138.6	滑石粉	Talc	98.6
烟煤	Bituminous Coal	122.2	金刚石	Diamond	97.0
洗精煤	Washed Coal	137.3	透辉石	Diopside	107.6
洗混煤	Mixed Coal Washing	106.9	大米	Rice	105.3
筛选混末煤	Screened Slackcoal	114.4	小麦粉	Wheat Flour	104.1
筛选块煤	Screening of Lump Coal	116.3	玉米粉	Corn Flour	104.1
褐煤	Lignite	110.3	麦芽	Malt	120.9
天然原油	Natural Oil	133.1	配合饲料	Feed	111.1
天然气	Natural Gas	97.2	混合饲料	Mixed Feed	107.5
炼钢用铁矿石块矿	Steelmaking Block Iron ore Mine	142.1	蛋白饲料	Protein Feed	127.5
炼铁用铁矿石块矿	Iron ore With Iron ore Block	112.4	其他饲料	Other Feed	127.6
铁精矿	Iron Concentrate	118.9	预混饲料	Premix	100.9
球团矿	Pellets	142.7	浓缩饲料	Concentrated Feed	121.7
铜原矿	Copper ore	89.5	花生油	Peanut Oil	114.9
铜精矿	Copper Concentrate	89.8	棉籽油	Cottonseed Oil	125.5
钴精矿	Cobalt Concentrate	186.5	大豆油	Soybean Oil	121.0
金原矿	Gold ore	113.3	色拉油	Salad Oil	129.8
金精矿	Gold Concentrate	139.9	大米油	Rice Oil	100.0
钼精矿	Molybdenum Concentrate	89.0	保健油	Health Oil	124.1
石灰石	Limestone	105.9	毛糠油	Mao Bran Oil	101.0
石膏	Gypsum	100.2	蓖麻油	Castor Oil	111.4
花岗石荒材	Granite Wood Shortage	102.7	机制甘蔗糖	Cane Sugar Mechanism	94.5
玄武岩石料	Marble Wood Shortage	98.5	机制甜菜糖	Beet Sugar Mechanism	102.4
硅石	Silica	100.0	红糖	Brown Sugar	106.5
萤石	Fluorite	100.8	果糖	Fructose	100.0
粘土	Clay	119.2	甜菊糖	Stevioside	114.4
白云石成品矿	Dolomite Mining Products	100.0	鲜猪肉	Fresh Pork	134.7
硅粉	Silica Fume	113.3	鲜冻猪肉	Fresh Frozen Pork	126.9
石子	cobblestone	103.1	鲜冻牛肉	Fresh Frozen Beef	126.7
石粉	Stone Powder	101.0	鲜冻羊肉	Fresh Frozen Lamb	113.1
覆膜砂	Coated Sand	104.4	鲜冻兔肉	Fresh Frozen Rabbit Meat	106.3
硫铁矿	Pyrite	105.4	鲜冻鸡	Fresh and Frozen Chickens	108.1
蛇蚊石矿	Snake Tiny Quarry	102.7	鸭及鸭制品	Duck and Duck Products	100.9
海盐	Sea Salt	127.7	香肠	Sausage	124.6
井盐	Well Salt	101.3	火腿	Ham	118.8
石墨	Graphite	119.0	熟食	Cooked Food	119.7

6-6 续表 1 continued

(上年=100) (Preceding Year=100)

产品名称	Product Name	指 数 Index	产品名称	Product Name	指 数 Index
肠衣	Casing	100.1	主食面包	Staple Bread	119.1
虾	Shrimp	100.0	花色面包	Flower Color Bread	102.2
冻带鱼段	Paragraph Freeze Hairtail	96.7	饼干	Biscuits	105.4
冻鲅鱼	Frozen Strawberries	103.0	月饼	Moon Cake	100.0
冻章鱼	Freeze Octopus	101.1	米饼	Rice Cake	108.0
冻昌鱼	Freeze Pacu	100.0	膨化小食品	Expanded Small Food	107.0
冻黄鱼	Freeze Yellow Croaker	100.0	薯片	Potato Chips	103.6
冻鱿鱼	Frozen Squid	102.7	夹心糖果	Sandwich Candy	105.7
冻蟹	Frozen Crab	100.5	牛奶糖果	Milk Candy	102.6
冻鳕鱼片	Frozen Cod Fillets	99.9	果脯	Preserves	103.0
鱼片干	Fish Dry	113.5	挂面	Noodle	106.2
扇贝	Scallop	101.5	速冻食品	Quick-frozen Food	108.3
鱿鱼丝	Sleeve-fish Thread	97.3	方便面	Instant Noodles	109.1
鱼丸	Fish Balls	100.7	奶粉	Milk	131.7
烤鳗	Unagi	99.2	消毒鲜牛奶	Disinfection of Fresh Milk	127.4
鱿鱼干	Dried Squid	93.7	纯牛奶	Pure Milk	118.4
鱼排	Rafts	124.9	酸奶	Yogurt	116.5
水产饲料	Feed for Aquatic Product	120.8	钙奶	Calcium	102.7
速冻蔬菜	Quick-frozen Vegetables	99.6	炼乳	Condensed Milk	106.3
净菜	Vegetable	87.1	牛肉罐头	Canned Beef	106.8
腌菜	Pickles	103.2	猪肉罐头	Canned Pork	104.8
瓜子系列	Melon Seeds Series	109.6	鲭鱼罐头	Mackerel Canned	100.0
坚果食品	Nuts Food	121.2	贻贝罐头	Mussel Canned	100.0
脱水蔬菜	Dehydrated Vegetables	97.3	牡蛎罐头	Canned Oysters	100.0
淀粉制品	Starch Products	102.1	苹果罐头	Apple Canned	98.6
粉丝	Fans	106.4	梨罐头	Canned Pear	99.1
变性淀粉	Modified Starch	98.6	桃罐头	Canned Peaches	100.4
麦芽糖	Maltose	106.0	葡萄罐头	Hawthorn Canned	100.0
木糖	Xylose	100.5	蘑菇罐头	Canned Grape	100.9
豆腐干	Pinch	112.4	大蒜罐头	Canned Mushrooms	84.5
其它豆制品	Other Soybean Products	98.1	笋罐头	Shoot Canned	98.2
豆奶粉	Soybean Milk	112.9	味精	MSG	103.7
再制蛋	Re-egg	103.3	酱油	Soy Sauce	113.3
蜂制品	Bee Products	106.6	酱	Sauce	108.4
蛋糕	Cake	121.9	食醋	Vinegar	110.8
桃酥	Crisps	110.5	柠檬酸	Citric Acid	116.1

6-6 续表 2 continued

(上年=100) (Preceding Year=100)

产品名称	Product Name	指数 Index	产品名称	Product Name	指数 Index
麦麸酸	Wheat Bran Acid	100.0	粘棉纱	Nien Cotton Yarn	100.3
酵母	Yeast	99.9	棉短绒	Cotton Linter	108.7
曲	Leaven	100.1	色纱	Yarn	100.0
糖化酶	Glucoamylase	96.3	棉布	Cotton Cloth	99.0
鸡精	Jijing	104.1	混纺交织布	Blended Cross Weaving	99.7
其他调味品	Other Spices	100.0	纯化纤布	Pure Chemical Fiber Cloth	110.6
冷冻饮品	Frozen Drinks	102.5	帆布	Canvas	112.5
精制盐	Refined Salt	104.6	牛仔布	Denim	102.2
保鲜剂	Preservative	110.8	坯布	Fabric	100.7
色素	Pigment	100.0	涤粘布	Polyester and Viscose Fabrics	102.1
添加剂	Additive	107.7	缝纫线	Sewing Thread	96.9
豆糕	Bean Cake	108.1	棉线	Thread	97.8
酒精	Alcohol	107.3	涤纶线	PET Line	102.8
白酒	Liquor	103.0	纯化纤纱	Viscose Thread	99.1
啤酒	Beer	103.8	绒布	Pure Chemical Fiber Yarn	99.5
黄酒	Rice Wine	112.1	棉印染布	Dyeing and Printing of Cotton Cloth	104.3
葡萄酒	Wine	106.4	混纺印染布	Blended Dyeing Cloth	103.8
果酒	Wine	100.0	纯化纤印染布	Pure Chemical Fiber Dyeing Cloth	109.0
碳酸饮料	Carbonated Beverages	100.7	纯毛毛条	Wool Top	98.2
矿泉水	Mineral Water	99.9	混纺毛条	Blended Wool Tops	101.3
纯净水	Pure Water	100.1	毛线	Yarn	101.8
果汁	Juice	118.9	毛绒	Lint	100.2
蔬菜汁	Vegetable Juice	108.0	纯毛纱	Pure Wool Yarn	105.9
果粒饮料	Berry Drinks	101.0	羊绒	Cashmere	102.3
乳酸菌饮料	Lactic Acid Bacteria Beverage	101.1	毛混纺毛织品	Mao Blended Worsted Spinning	103.3
含乳饮料	Milk Drink	105.1	纯毛毛织品	Wool Worsted Spinning	106.1
固体饮料	Solid Beverage	100.0	毛染整加工	Hair Dyeing and Finishing	97.1
茶饮料	Teas	96.7	苎麻布	Ramie Cloth	85.7
特殊用途饮料	Drink for Special Use	100.0	麻线	Thread	99.9
其他软饮料	Other Soft Drinks	100.2	麻纱	Flax Yarn	96.6
精制茶	Refining Tea	107.4	桑蚕丝	Mulberry Silk	100.9
复烤烟叶	Tobacco Redried	100.0	桑蚕绢丝	Silkworm Silk	99.6
卷烟	Cigarette	102.0	桑蚕丝绸(坯绸)	Silkworm Silk (randgold)	99.5
片烟	Lamina	100.0	化纤绸(坯绸)	Chemical Fiber Silk (randgold)	101.8
棉纱	Cotton Yarn	99.2	桑蚕丝绸(成品)	Silkworm Silk (finished)	97.7
混纺纱	Blended Yarn	99.1	化纤绸(成品)	Chemical Fiber Silk (finished)	96.7

6-6 续表 3 continued

(上年=100) (Preceding Year=100)

产品名称	Product Name	指 数 Index	产品名称	Product Name	指 数 Index
印花丝织品	Silk Printing	100.0	亚麻服装	Flax Clothing	106.3
染色丝织品	Silk Dyeing	117.8	布鞋	Shoes	104.8
毛巾	Towel	103.0	帽	Cap	95.4
毛巾被	Towelling Coverlet	100.4	宠物用品	Pet Supplies	103.4
床单	Sheets	107.5	轻革	Light Leather	105.7
枕巾	Pillow	105.1	牛皮	Cow Leather	105.9
浴巾	Bath Towel	101.5	羊兰湿皮(加色)	Wet Sheep-skin (and color)	101.6
浴衣	Bathrobe	103.8	皮鞋	Shoes	103.9
床上用品套件	Bedding Package	98.7	旅游鞋	Trainers	93.1
被套	Bearing	100.3	运动鞋	Sports Shoes	104.9
棉被	Quilt	100.7	跑鞋	Running Shoes	107.2
方巾	Hood	104.3	合成革鞋	Synthetic Leather Shoes	100.0
枕头套	Pillowcases	109.0	休闲皮鞋	Leisure Shoes	119.5
抖蓬	Buffeting Peng	110.5	羊皮夹克	Sheepskin Jackets	100.3
毛毯	Blankets	102.6	牛皮夹克	Leather Jacket	102.0
被面(成品)	Bedspread	97.0	裘皮大衣	Fur Coat	100.9
真丝领带	Silk Tie.	100.9	皮箱	Suitcase	113.4
帘子布	Cord	103.5	牛皮包	Leather Pack	102.9
无纺布	Nonwovens	107.2	公文包	Briefcase	107.7
其他纺织制成品	Other Textile Made-ups	100.7	书包	Schoolbags	105.1
棉针织产品	Knitted Products	105.9	挂包	PTI	103.7
针织绒布类衫裤	cotton knitted flannel shirts and trousers	98.0	皮手套	Leather Gloves	104.3
针织单面汗布类衫裤	cotton knitted flannel one-sided shirts and trousers	102.2	羊皮包	Sheepskin Packet	102.6
袜子	Socks	130.6	绵羊毛皮	Sheep Fur	102.8
短裤	Shorts	108.0	貂毛皮	Kolinsky Fur	70.1
窗帘	Curtains	100.0	裘皮短外衣	Fur Jackets	103.2
手套	Gloves	101.5	皮围巾	Paper Scarf	100.0
纯羊毛衫	Pure Cardigan	100.6	羽绒服装	Down Clothing	100.2
混纺羊毛衫	Blended Cardigan	101.4	羽绒被	Feather Was	100.0
真丝上衣	Silk T-shirt	120.3	普通锯材	General Lumber	100.4
布服装	Cloth Garment	101.3	桐木拼板	Paulownia Puzzle	106.9
呢绒服装	Wool Clothing	100.9	木片	Wood	104.8
大衣	Coat	101.7	胶合板	Plywood	101.2
T恤	T-shirt	101.3	纤维板	Fibreboard	102.0
裙子	Skirt	100.0	刨花板	Particleboard	102.7
防寒服	Cool Suits	99.9	饰面板	Decorative Panels	102.8

6-6 续表 4 continued

(上年=100) (Preceding Year=100)

产品名称	Product Name	指 数 Index	产品名称	Product Name	指 数 Index
细木工板	Blockboard	100.0	技术配套纸	Supporting Technical Paper	108.0
桐木板	Countryside Board	103.2	包装纸板	Wrapping Paper Plate	110.5
防水板	Waterproof Plate	105.7	卷烟纸	Cigarette Paper	101.7
木芯板	Block Board	98.0	衬纸	Backing	104.4
板方材	Brick Raw	102.9	铜版纸	Coated Paper	106.8
木制门窗	Wooden Doors and Windows	103.9	瓦楞纸箱	Watts spinulosa Cartons	106.4
地板	Floor	103.0	医用包装纸制品	Medical Packaging Products	99.5
木模	Wood Die	102.5	纸管	Paper Tube	104.3
木包装箱	Wooden Boxes	101.8	卫生巾	Sanitary Napkins	100.0
木筷子	Wooden Chopsticks	101.2	书籍印刷	Printed Books	101.9
木制衣架	Wooden Racks	100.0	报纸印刷	Newspaper Printing	107.9
木制相框	Wooden Frame	103.9	期刊印刷	Journal Printing	99.5
竹凉席	Bamboo Mat	100.0	课本印刷	The Printing of Textbooks	100.5
草制品	Grass Products	97.2	画册印刷	Pictorial Printing	100.0
藤制品	Rattan Products	100.0	图片印刷	Photo Printing	100.0
柳制品	Liu Products	106.1	试题	Test Questions	100.0
桌	Tables	101.0	多色印刷品	Multi-color Print	101.5
床	Bed	102.5	单色印刷品	Monochrome Print	95.0
柜	Counters	99.4	练习本	This Practice	113.3
组合柜	Portfolio Counters	105.3	包装装潢用印刷	Tastefully Packaged With Printing	97.5
木椅子	Wooden Chairs	106.5	商标标识	Trademark Logo	99.4
木沙发	Wood Sofa	102.1	票证印刷	Coupons Printing	100.0
其他木家俱	Other Wooden Furnitures	101.7	扑克牌	Poker	107.3
藤制家俱	Rattan Furniture	108.2	书刊装订	Book Binding	104.5
桌	Tables	105.7	制版	Plate	96.8
椅	Chairs	103.0	PS版	PS Plate	99.7
床	Bed	107.0	光碟	CD	102.6
柜	Counters	107.9	磁带	Tape	96.4
席梦思床垫	Mattress Mattress	106.0	具盒	Tool Box	100.0
皮沙发	Pei Sha	101.8	文件夹	Folder	100.5
布沙发	Madrid	101.9	胶带	Adhesive Tape	102.6
硫酸盐漂白浆	Bleached Kraft Pulp	103.5	修正液	Stings	99.8
其他纸浆	Other Pulp	113.5	铅笔	Pencil	102.9
印刷用纸	Printing Paper	109.0	圆珠笔	Pen	100.2
书写用纸	Writing Paper	106.4	笔芯	Jupiter	100.0
生活用纸	Household Paper	105.3	毛笔	Brush	100.0

6-6 续表 5 continued

(上年=100) (Preceding Year=100)

产品名称	Product Name	指 数 Index	产品名称	Product Name	指 数 Index
可充气球类	Inflatable Balls	101.2	泡花碱	Sodium	118.1
其他球类	Other Sports	85.5	硫酸盐	Kraft	114.3
健身器材	Fitness Equipment	106.0	磷酸盐	Phosphate	128.0
各种护具	Various Mob	96.1	硅酸盐	Portland	102.0
钓杆	Fishing Rod	100.3	氰酸盐	Cyanate	103.8
铰轮	Hinge Round	114.1	碳酸盐	Carbonate	117.7
鼓	Drum	86.7	氯化物	Chloride	120.9
钢琴	Piano	100.0	氟化物	Fluoride	105.0
电子乐器	The Electronic Musical Instrument	100.0	金属氧化物酸盐	Metal Oxides Permanganate	123.2
童车	Pram	98.6	其他无机盐	Other Inorganic Salt	124.0
毛绒玩具	Stuffed Toys	97.9	丙烯	Propylene	101.2
布玩具	Cloth Toys	104.6	纯苯	Merrill	99.6
汽油	Gasoline	117.1	精甲醇	Fine Methanol	115.3
煤油	Kerosene	130.3	甲醛	Formaldehyde	110.9
柴油	Diesel	115.3	甲苯	Toluene	96.0
润滑油	Lubricants	111.6	苯酚	Phenol	100.5
燃料油	Fuel Oil	116.4	甲酸	Formic Acid	98.2
石油沥青	Asphalt	115.7	二甲苯	Xylene	99.7
溶剂油	Solvent Oil	117.6	辛醇	Octanol	101.3
石油液化气	Oil LNG	104.5	苯	Benzene	99.5
石油焦	Petroleum Coke	140.0	丙烷	Propane	101.3
焦油	Goudron	119.7	三氯甲烷	Trichloromethane	106.0
白色油	White Oil	100.0	糠醇	Furfuralcohol	109.6
润滑脂	Grease	115.6	糖醛	Uronic	132.7
焦炭	Coke	151.3	聚醚	Polyether	99.7
煤焦油	Coal Tar	116.4	邻苯二甲酸酐	Phthalic Anhydride	91.7
炼焦沥青	Coking Asphalt	113.5	环已酮	Cyclohexanone	82.7
煅后焦	Calcined Coke	130.2	已二胺	Acid Blipid	102.4
硫酸	Sulfate	193.3	二氮杂二环	Divinylbenzene	101.1
合成盐酸	Hydrochloric Acid Synthesis	123.8	二乙烯苯	Acid Blipid	96.0
氯磺酸	Chlorosulfonic Acid	111.0	乙醇	Ethanol	112.7
磷酸	Phosphorylation	101.7	其他有机化学原料	Other Organic Materials	102.0
溴产品	Bromine Products	106.2	乙炔	Acetylene	100.7
烧碱(氢氧化钠)	Caustic Soda (sodium hydroxide)	107.3	氯	Chlorine	95.7
氢氧化钾	Potassium Hydroxide	124.7	氧	Oxygen	103.8
纯碱(碳酸钠)	Soda Ash (sodium carbonate)	120.6	氮	Nitrogen	97.4

6–6 续表 6 continued

(上年=100) (Preceding Year=100)

产品名称	Product Name	指数 Index	产品名称	Product Name	指数 Index
双氧水(过氧化氢)	Hydrogen Peroxide (H2O2)	97.5	酚醛树脂漆	Phenolic Resin Coating	100.0
氧化物	Oxides	107.0	醇酸树脂漆	Alkyd Resin Paint	106.7
氯气	Bleaching Powder	100.0	硝基纤维漆	Nitro Fiber Paint	111.6
硫脲	Thiourea	164.1	过氯乙烯漆	The Vinyl Chloride Paint	104.3
硫酸铵	Ammonium Sulfate	122.5	丙烯树脂漆	Acrylic Resin Paint	100.2
尿素	Urea	106.1	聚氨脂漆	Polyurethane Lacquer	103.4
碳酸氢铵	Ammonium Bicarbonate	116.4	其它漆	Other Chatham	106.2
氯化铵	Ammonium Chloride	99.1	涂料	Coatings	104.5
液氨	Liquid Ammonia	117.5	涂料用辅助涂料	Assisted Paint Coatings	102.0
硝酸	Nitrate	131.5	水性油墨	Water Color Ink	103.7
三聚氰胺	Melamine	98.8	塑料印刷油墨	Plastic Printing Ink	100.0
磷肥	Phosphate Fertilizer	120.6	钛白粉	Titanium Dioxide	105.2
硫酸钾	Potassium Sulfate	151.0	酞青蓝颜料	Qing-lan Phthalocyanine Pigments	103.1
复混肥料	Compound Fertilizer	124.3	酞箐兰	Phthalocyanine Qing Lan	100.9
微量元素肥料	Trace Elements Fertilizer	99.7	陶瓷颜料	Ceramic Pigment	147.1
乐果	Rogor	103.6	钼铬红	Chromium-Molybdenum	107.4
甲基一六零五	Methyl 1,605	100.6	华兰	Westlands	122.9
马拉硫磷(马拉松)	Malathion (Marathon)	100.6	酸性染料	Acid Dye	120.2
草甘膦	Glyphosate	109.0	碱性染料	Alkaline Dye	109.2
达螨虫	Of Mite Pest	99.2	分散染料	Disperse Dyes	137.0
克百威原粉	Carbofuran Original Powder	100.5	偶氮染料	Azo Dyes	103.4
乙草胺	Acetochlor	108.7	色母粒	Masterbatch	105.3
辛硫磷	Phoxim	100.4	黑碳化硅	Black Silicon Carbide	126.9
水铵硫磷	Water Ammonium Parathion	115.4	聚氯乙烯树脂	PVC Resin	105.4
菊脂杀虫剂	Lipid Insecticide-ju	100.3	聚乙烯树脂	Polyethylene Resin	114.2
辛硫磷油	Phoxim Oil	101.0	聚苯乙烯	Epoxy	98.6
异柳磷乳剂	Liu Different Phosphorus Emulsion	111.5	聚丙烯	Polypropylene	100.2
甲霜灵	Metalaxyl	105.1	有机硅树脂	Silicone Resin	98.9
达螨灵	Hope of Mites	100.1	酚醛树脂粉	Phenolic Resin Powder	92.4
阿维菌素	Abamectin	98.8	聚氨脂塑料	Polyurethane Plastic	100.4
立灵水	Li Ling Water	151.2	磺化酚醛树脂	Sulfonated Phenolic Resin	70.6
敌敌畏	Dichlorvos	98.8	塑料树脂	Plastic Resin	100.9
辛硫磷	Phoxim	112.0	硬树脂	Hard Resin	100.0
农药磷化铝	Pesticide Aluminum Phosphide	102.8	高压聚乙烯塑料	High-pressure Polyethylene Plastic	108.4
生物原杀虫剂	The Biological Insecticide	97.1	不饱和聚脂树脂	Unsaturated Polyester Resin	93.6
天然树脂漆	Natural Resin Paint	110.2	聚脂树脂	Polyester Resin	105.7

6-6 续表 7 continued

(上年=100) (Preceding Year=100)

产品名称	Product Name	指 数 Index	产品名称	Product Name	指 数 Index
氟利昂	Freon	111.9	导火索	Fuse	97.0
处理剂树脂	Treatment Agent Resin	100.2	弹药	Ammunition	108.0
硫酸二甲脂	Dimethyl Sulfate Fat	155.5	污水处理药剂	Sewage Treatment Pharmacy	100.7
PVB专用树脂	PVB Resin Dedicated	93.7	骨胶	Bone Glue	135.7
顺丁橡胶	BR	136.1	明胶	Gelatin	91.6
丙烯腈	Acrylonitrile	98.9	清洗溶剂	Cleaning Solvent	101.8
丙烯酰胺	Acrylamide	98.9	食品添加剂	Food Additives	120.0
精对苯二甲酸	Purified Terephthalic Acid	100.0	香皂	Soaps	99.7
离子交换树脂	Ion Exchange Resins	108.5	合成洗衣粉	Synthetic Detergent	99.9
尼龙	Nylon	101.3	甘油	Glycerol	113.7
聚四氟乙烯	PTFE	98.3	洗面奶	Cleansing Facial Milk	99.9
脂肪酸	Fatty Acids	109.6	牙膏	Toothpaste	102.3
石油制品催化剂	Petroleum Products Catalyst	103.2	香精	Flavor	107.4
其他催化剂	Other Catalysts	120.8	香料	Spices	104.6
塑料增塑剂	Plastic Plasticizer	101.8	火柴	Matches	101.6
橡胶防老剂	Rubber Antioxidant	116.5	青霉素	Penicillin	103.4
乳化剂	Emulsifier	103.2	土霉素	Oxytetracycline	118.0
印染助剂	Printing and Dyeing Auxiliaries	109.2	咖啡因	Coffine	108.3
印染增白剂	Dyeing Brightener	124.6	氢化可的松	Hydrocortisone	125.4
粘合剂	Adhesives	100.0	乙酰螺旋霉素	Acetylspiramycin	90.8
炭黑	Carbon Black	109.6	葡萄糖酸钙	Calcium Gluconate	114.0
发泡剂	Blowing Agent	102.8	三氟甲基苯甲醛	Benzaldehyde	100.0
渗透剂	Osmotica	122.6	头孢曲松	Ceftriaxone	104.9
MBS增强剂	MBS Intensifier	98.8	头孢哌酮	Cefoperazone	106.5
亚甲基二酸	Methylene Acid	94.7	新诺明	Sulfamethoxazole	110.6
浸润剂	Infiltration of Agents	100.0	其他化学药品原药	Other Former Drug Chemicals	108.5
稳定剂	Stabilizer	101.4	新诺明	Sulfamethoxazole	101.7
羧甲基纤维素	Carboxymethyl Cellulose	101.7	氨苄青霉素	Ampicillin	101.4
油化学用品	Oil Supplies	107.5	先锋	Vanguard	98.0
皮革化学品	Leather Chemicals	100.0	罗红霉素	Roxithromycin	100.0
有机合成化学品	Synthetic Organic Chemicals	105.8	布洛芬	Ibuprofen	100.0
建筑防水剂	Construction Waterproofing Agent	98.9	氟哌酸	Norfloxacin	100.3
爆剂冻剂	Blasting Agent Freezing Agent	124.1	氧氟沙星	Ofloxacin	100.7
卷烟专用增塑剂	Cigarette Dedicated Plasticizer	102.0	丁胺卡那霉素	Amikacin	105.9
炸药	Explosives	104.3	青霉素钾	Potassium Penicillin	103.2
雷管	Detonators	101.0	环丙沙星	Ciprofloxacin	108.1

6–6 续表 8 continued

(上年=100) (P·eceding Year=100)

产品名称	Product Name	指数 Index	产品名称	Product Name	指数 Index
冻干硫酸妥布霉素	Freeze-dried Tobramycin Sulfate	100.0	葡萄糖氯化钠注射液	Glucose Sodium Chloride Injection	98.9
土霉素片	Oxytetracycline Tablets	90.8	钙	Calcium	100.0
依托红霉素片	Relying on Erythromycin Tablets	101.9	虫草菌粉	Cordyceps Sinensis Powder	106.2
注射用庆大霉素	Gentamicin Injection	107.5	螺旋藻	Spirulina	100.0
病毒唑	Ribavirin	99.3	西洋参片	American Ginseng Tablet	99.3
去痛片	CompoundAminopyrineTablets	100.0	六味地黄丸	Liuweidihuang Pill	99.9
感冒药	Cold Medicine.	100.0	养胃丸	Yangwei Pill	100.0
阿奇霉素	Azithromycin	101.5	葛根芩连微丸	Gegenqinlian Pellets	100.0
硫酸奈替米星	Netilmicin Sulfate	100.0	心可舒片	Xinkeshu Tablets	110.4
甲硝唑	Dimetridazole	97.1	黄连上清丸	Huanglianshangqing Pill	100.0
注射用美洛西林钠	Mezlocillin Sodium for Injection	100.0	感冒冲剂	Cold Infusion	103.2
硫酸庆大霉素	Gentamicin Sulfate	121.3	板蓝根冲剂	Banlangen Granule	100.4
利巴韦林针剂	Ribavirin Injections	102.3	排石冲剂	Paishi Granules	100.0
对乙酰氨基酚	Acetaminophen	100.0	止咳糖浆	Cough Syrup	95.9
乙酰螺旋霉素	Acetylspiramycin	98.2	银翘解毒冲剂	Yinqiaojiedu Granules	100.0
头孢氨苄胶囊	Cephalexin Capsules	101.5	银屑冲剂	Yinxie Granules	100.0
维生素	Vitamin	126.9	稳心颗粒	Wenxin Granules	100.0
复合维生素	Compound Vitamin	115.1	复方大青叶合剂	Compound Daqingye Mixture	100.7
维生素注射液	Vitamin Injection	113.0	阿胶	Ejiao	111.9
降压药	Antihypertensive Agents	98.3	阿胶三宝膏	Plaster Ejiao Treble	100.0
心血管制剂	Cardiovascular Agents	97.6	胶质药品	Glial Drugs	97.6
脑血管用药	Cerebral Vascular Drug	98.2	牛黄解毒片	Niuhuangjiedu Tablets	97.3
阿斯匹林	Aspirin	99.8	丹参片	Salvia Tablets	101.7
安乃近	Analgin	110.2	消食片	Xiaoshi Tablets	107.0
扑热息痛	Paracetamol	130.4	咽喉含片	Cydiodine Buccal Tabiets	100.0
氨茶碱	Aminophylline	100.0	银杏叶胶囊	Ginkgo Biloba Capsules	92.7
气雾剂	Aerosol	102.5	溶栓胶囊	Thrombolysis Capsules	100.0
胃药	Medications	100.0	养阴降压胶囊	Yangyin Buck Capsules	100.0
肠炎药	Enteritis Medicine	95.4	新复方大青叶药片	New Compound Daqingye Pills	103.5
利胆酸	Li Acid	118.1	双黄莲注射液	Double Embarrassment Injection	100.0
多酶片	Smuggler	98.5	伤湿止痛膏	Mussels	103.3
格列齐特	Gliclazide	115.7	麝香壮骨膏	Muskiness Bone-strengthen Plaster	115.0
美吡达	Geliebiqinpian	98.9	麝香痔疮膏	Musk Hemorrhoids Ointment	100.0
痔疮栓	Hemorrhoids Shuan	100.0	霍香正气水	Huoxiang Zhengqi Liquid	92.6
注射用盐水	Brine Injection	102.9	鸡疫苗	Chicken Vaccine	97.7
葡萄糖	Glucose	99.9	猪疫苗	Swine Vaccine	100.0

6-6 续表 9 continued

(上年=100) (Preceding Year=100)

产品名称	Product Name	指 数 Index	产品名称	Product Name	指 数 Index
兽用破伤风	Veterinary Tetanus	100.0	农用车内胎	Fetal Farm Vehicle	102.1
盐酸强力霉素	Hydrochloric Acid Doxycycline	100.0	手推车外胎	Trolleys Tire	116.7
动物用药粉	Animal Drug Powder	102.3	自行车外胎	Bicycle Tire	104.4
兽用青霉素	Veterinary Penicillin	99.4	自行车内胎	Bicycle Inner Tube	112.9
止痢宝	Zhilishen Po	109.2	橡胶运输带	Rubber Transport Belt	101.7
氯苯胍片	Film Robenidine	100.5	橡胶胶管	Rubber Hose	100.3
动物用安基比林	Animal on Kay Than Lin	107.8	工业胶板	Industrial Plastic Sheet	101.1
流感疫苗	Flu Vaccinations	100.0	橡胶三角带	Rubber Triangle Zone	98.9
白蛋白	Albumin	112.0	其它橡胶制品	Other Rubber Products	105.5
注射丙球	Injection C	117.2	橡胶布	Rubber Cloth	113.0
惠尔血	Filgrastim	100.0	胶辊	Cots	100.0
胞磷胆碱钠针	Citicoline Sodium Needle	100.0	橡胶密封件	Rubber Seals	100.2
药用胶囊	Drug Capsules	100.3	其他橡胶件	Other Pieces of Rubber	100.5
医用口罩	Surgical Mask	106.7	插接件	Connectors	104.9
脱脂棉纱	Skim Cotton Yarn	103.0	橡胶护套	Rubber Sheathing	97.7
脱脂绷带	Skim Bandage	100.3	胶嘴	Plastic Mouth	90.1
医用胶布	Medical Proof Fabric	112.5	再生胶	Renewable Plastic	101.8
过滤线	Filter Line	114.9	工业手套(普通)	Industrial Gloves (ordinary)	109.2
化纤用浆粕	Chemical Fiber With Pulp	93.4	医用手套	Medical Gloves	108.1
粘胶纤维	Viscose Fiber	96.6	避孕套	Condoms	99.0
粘胶长丝	Viscose Filament	100.9	橡胶鞋	Rubber Shoes	100.0
锦纶长丝	Nylon Filament	101.5	布面胶鞋	Cloth Shoes	107.7
锦纶加弹丝	Polyester Staple	99.3	橡胶水坝	Rubber Dam	102.2
涤纶短纤维	Polyester Spun	99.1	其他橡胶制品	Other Rubber Produts	117.5
涤纶长丝	Polyester Filament	98.4	聚氯乙烯薄膜	PVC Film	101.9
丙纶短纤维	Roy Staple Fiber	100.1	聚乙烯薄膜	Polyethylene Film	104.5
丙纶长丝	PP Filament	108.0	聚脂薄膜	Polyester Film	98.7
氨纶丝	Spandex Wire	124.8	聚丙烯制品	Polypropylene Products	100.2
乙丙短纤维	Short Fiber B C	95.0	塑料食品袋	Plastic Bags of Food	104.2
复合短纤维	Short Fiber Composites	103.7	食品包装用膜	Food Packaging Films	106.1
摩托车外胎	Motorcycle Tire	109.8	BOPP薄膜制品	BOPP Film Products	99.6
载重汽车外胎	Truck Tire	106.2	塑料增强布	Plastic Enhance Cloth	106.4
轻型载重汽车外胎	Light Truck Tire	105.8	塑料袋	Plastic Bags	106.4
农用车轮胎外胎	Agricultural Vehicle Tire Tire	103.2	塑料门窗	Plastic Windows and Doors	99.9
工程轮胎外胎	Works Tire Tire	103.9	聚氯乙烯透明片	PVC Transparent Film	105.3
载重汽车内胎	Truck Tubeless	97.9	聚氯乙烯异型材	PVC Profile	101.2

6-6 续表 10 continued

(上年=100) (Preceding Year=100)

产品名称	Product Name	指 数 Index	产品名称	Product Name	指 数 Index
聚乙烯管材	Polyethylene Pipes	102.3	普通硅酸盐水泥(立窑)	Ordinary Portland Cement	119.3
铝塑板	APCP Board	112.8	矿渣硅酸盐水泥(立窑)	Portland Slag Cement	148.2
PVC制品	PVC Products	102.7	特种水泥	Special Cement	115.0
ABS型材	ABS Profile	105.9	熟料	Clinker	122.3
PP制品	PP Products	100.0	石灰	Lime	109.5
PPR制品	PPR Products	99.2	钢筋混凝土压力管	Reinforced Concrete Pipe	107.4
聚丙烯型材	Polypropylene Structural Section	99.8	钢筋混凝土排水管	Reinforced Concrete Drain	106.1
PU板材	PU Plate	100.0	水泥电杆	Cement Pole	121.0
PS板材	PS Plate	100.0	水泥轨枕	Cement Sleeper	119.2
聚丙烯编织袋	Polypropylene Bags	101.6	水泥瓦	Cement Tile	127.8
聚丙烯打包带	Packaged With Polypropylene	108.1	混凝土	Concrete	105.7
聚氯乙烯包装	PVC Packing	103.3	重型管	high Tube	100.2
聚乙烯编织袋	Polyethylene Bags	105.0	水泥预制构件	Cement Prefabricated Units	105.9
聚乙烯绳	Polyethylene Rope	103.0	石棉水泥瓦	Asbestos-cement Tile	100.1
聚丙烯编织布	Polypropylene Woven	104.3	加气混凝土制品	Aerated Concrete Products	101.2
聚乙烯线	Polyethylene Line	104.3	石膏板	Gypsum Board	103.5
机带	Machine Band	100.0	粘土砖	Clay Brick	105.2
泡沫塑料	Foam	101.4	页岩砖	Shale Brick	103.3
泡沫板材	Bubble Plates	98.3	瓦	Watts	108.1
人造革	Leatherette	99.6	空心砖	Hollow Brick	99.9
合成革	Synthetic Leather	98.3	釉面砖	Glazed Tiles	100.0
塑料篷布	Plastic Car	101.1	地砖	Slabs	102.2
塑料周转箱	Plastic flow Box	106.1	陶瓷管道	Ceramic Pipes	157.0
塑料桶	Plastic Barrels	105.7	大理石板材	Marble Plate	96.9
塑料软包装	Plastic Flexible Package	116.1	花岗岩板材	Granite Plates	106.8
塑料瓶	Plastic Bottles	95.9	微晶石	Microcrystal Stone	100.0
塑料塞、盖	Plastic Cypriots, Covered	106.6	人造高分子水晶石	Man-made High Polymer Rockcrystal	100.0
电子产品用零配件	Machinery Plastic Parts	99.7	油毡	Felt	99.5
其它塑料零配件	Electronic Products With Spare Parts	102.8	保温材料稀土	Insulation Materials RE	100.0
塑料窗板、帘具	Plastic Shutters and Curtain Tool	108.7	稀土保温涂料	Rare Earth Heat Insulation Material	100.3
其它塑料日用杂品	Daily Sundry Other Plastic	100.8	复合保温毡	Composite Thermal Insulation Blankets	100.4
安全帽	Helmets	109.1	其它隔热和隔音材料	Noise Insulation and Other Materials	103.9
其它制品	Other Products	100.2	釉土	Glaze Earth	105.9
普通硅酸盐水泥(回转窑)	Ordinary Portland Cement	108.0	平板玻璃	Flat Glass	103.2
矿渣硅酸盐水泥(回转窑)	Slag Portland Cement	112.7	玻化砖	Vitrified Tile	104.7
复合硅酸盐水泥	Portland Cement Composites	121.4	压延玻璃	Calendar Glass	110.5

6-6 续表 11 continued

(上年=100) (Preceding Year=100)

产品名称	Product Name	指数 Index	产品名称	Product Name	指数 Index
钢化玻璃	Toughened Glass	101.7	石棉汽缸垫板	Asbestos Cylinder Pad	102.6
弯型夹层	Bend-dissection	100.0	石棉纤维毯	Asbestos Mat	116.7
其他玻璃制品	Other Glass Products	133.5	电子管云母片	Mica Tablet Tube	101.6
制镜玻璃	System Mirror Glass	104.7	耐火砖	Firebrick	107.0
镀膜玻璃	Coated Glass	109.3	其他耐火材料	Other Refractories	102.9
药用玻璃瓶	Medicinal Bottles	103.9	耐火浇铸料	Casting Material Refractory	109.9
输液瓶	Infusion Bottle	103.9	钢包浇注料	Refractory Carstables for Ladles	99.5
试剂瓶	Reagents Bottles	100.0	坩埚	Crucible	100.0
玻璃口杯	Glass Cups	104.3	陶纤制品	Tao Fiber Products	99.8
玻璃瓶	Bottles	107.1	普通功率石墨电极	Ordinary Power Graphite Electrodes	132.4
钢化玻璃制品	Toughened Glass Products	114.0	高功率石墨电极	High-power Graphite Electrodes	138.0
玻璃管	Glass Tube	104.0	石墨制品	Graphite Products	103.1
工艺陶瓷	Art Porcelain	104.7	炭素制品	Carbon Products	100.0
保温瓶	Vacuum Flask	101.2	其他制品	Other Products	115.0
玻璃纤维布	Glass Fiber Cloth	104.6	其它炭素制品	Other Carbon Products	129.3
玻璃纤维纱	Glass Fiber Yarn	111.5	碳阳极	Carbon Anodes	107.2
其他玻璃纤维制品	Other Fiberglass Products	101.9	石墨粉	Graphite Powder	100.0
玻璃球	Glass Ball	108.3	磨料	Abrasive	99.2
玻璃纤维板	Glass Fibreboard	108.6	磨具	Abrasives	111.8
玻璃钢管材	Fiberglass Pipe	102.3	工业硅	Industrial Silicon	149.7
玻璃钢板材	FRP Sheet	96.8	硅胶	Silica Gel	115.1
大便器	Astool	100.0	石粉	Powder	103.2
小便器	Urinals	100.0	人造刚石	Just Artificial Stone	100.1
洗面器	Wash -Tool	100.7	生铁	Pig Iron	126.4
高压绝缘子	High Voltage Insulator	107.2	普碳钢坯	Blank Plain Carbon Steel	116.8
其他工业电气陶瓷	Other Industrial Electrical Ceramics	95.4	优质碳结钢坯	High-quality Carbon Steel Bi-llet end	111.6
陶瓷脱水元件	Electric Porcelain Pull rod	93.5	钢锭	Ingot	116.0
陶瓷碗	Ceramic Bowl	102.1	钢球	Ball	100.3
陶瓷盘	Ceramic Disc	107.8	普通大型钢材	Ordinary Large Steel	113.3
陶瓷杯	Ceramic Cup	104.0	普通中型钢材	Ordinary Medium-sized Steel	119.4
陶瓷酒瓶	Ceramic Bottle	100.0	普通小型钢材	Ordinary Small Steel	120.1
中餐套具	Chinese Meal Kits	100.0	优质型钢材	Quality of Steel	109.6
普通石棉布	Plain Asbestos Cloth	99.7	线材	Wire	132.7
石棉橡胶板	Asbestos Rubber Plate	100.0	中厚钢板	In the Thick Plate	130.2
石棉刹车片	The Asbestos Brake Pads	100.9	薄钢板	Steel Sheet	115.9
转炉补炉料	Bof Meeting Burden	105.9	硅钢片	Silicon Steel Sheet	114.0

6-6 续表 12 continued

(上年=100) (Preceding Year=100)

产品名称	Product Name	指 数 Index	产品名称	Product Name	指 数 Index
钢带	Strip	111.3	其它金属制品及结构	Other Metal Products and Structural	98.9
无缝钢管	Seamless Steel Tube	118.3	H型钢	H-beam	108.8
焊接钢管	Welded Steel Pipe	124.0	各种金属柱、板、杆、棒、架	Various Metal Column Plate, Rod, Bar	100.6
铁合金	Ferroalloy	119.2	拉线抱箍++拉线抱箍	Guyed Hold Hoop ++ Cable Adopt Hoop	141.4
铜	Copper	100.6			
粗铜	Blister Copper	89.3	钢门	Steel Doors	100.0
铅	Lead	105.4	铝合金门	Aluminum Doors	100.0
锌	Zinc	57.0	防盗门	Security Doors	105.1
氧化铝	Alumina	95.8	钢窗	Windows	101.3
铝	Aluminum	99.2	铝合金窗	Aluminum Window	106.7
镁	Magnesium	105.4	钻头	Bits	101.5
黄金及冶炼产品	Gold and Smelting Products	115.5	铣刀	Cutter	100.0
白银	Silver	101.7	丝锥	Taps	121.2
钨	Tungsten	107.5	机刀	Machine Tool	100.7
金属铈	Metal Cerium	128.3	锯条	Saw Blade	100.6
铝合金	Aluminium-alloy	96.3	板手	Plate Hand	112.0
紫铜材	Purple Copper	94.5	钳	Clamp	115.6
黄铜材	Copper Huang	95.0	锤	Hammer	117.6
铝成品材	Aluminum Finished Wood	98.7	斧头	Axes	108.0
铝合金成品材	Aluminum Finished Wood	95.3	钎具	Abrazing	101.9
铝箔	Aluminum Foil	102.4	锯	Saw	107.7
铝膜	Aluminum	96.0	剪枝剪	Pruning Shear	105.3
铝塑型材	Apcp Profile	101.4	民用剪刀	Civilian Scissors	101.5
铝塑管	Aluminum Plastic Pipe	90.1	集装箱	Container	112.3
铝塑板	Apcp Board	105.1	钢制容器	Steel Containers	102.6
涂层铝卷	Coating Aluminum Roll	98.3	其它钢制容器	Other Steel Containers	120.8
钨材	Tungsten Wood	101.0	铁制容器	Iron Containers	110.4
钼材	Mo Wood	101.7	易拉罐	Apop Can	111.5
钢结构屋架	Steel Roof Truss	110.0	水箱	Cisterns	100.1
电缆桥架	Cable Bridge	106.8	金属桶	Metal Drums	106.3
线路用钢担	Steel Said Lines	110.6	金属瓶盖	Metal Bottle	104.8
输变电铁塔	The Power Transmission Tower	108.9	无氟压缩机壳体	Shell Fluorine-free Compressors	101.5
钢构件	Steel Components	104.3	钢丝	Wires	113.3
金属网架	Metal Grid	100.1	钢丝绳	Wire Rope	110.1
钢结构	Steel	106.2	铁丝	Wire	113.5
金属栏网级配件	Network-level Metal Accessories Column	104.9	元钉	Yuan Nails	122.3
			金属网	Metal	104.9

6-6 续表 13 continued

(上年=100) (Preceding Year=100)

产品名称	Product Name	指 数 Index	产品名称	Product Name	指 数 Index
电焊网	Electric Welding Net	108.7	汽油机	Diesel Engine	99.2
锁制品	Lock Products	101.8	内燃机零部件及配件	Engine Parts and Accessories	107.3
合页	Hinge	101.3	车床	Lathe	103.5
铸铁管	Cast Iron Pipe	127.9	铣床	Milling Machine	102.6
暖气片	Heating Tablets	104.2	磨床	Grinder	103.0
铸铁件	Iron Castings	123.0	刨床	Planer	108.8
弯头管	The Elbow	100.2	钻床	Driller	109.1
阻火圈	Fire Stopping Collar	115.9	镗床	Boring Machine	105.2
消防栓	Fire Hydrant	108.4	数控车床	CNC lathe	98.2
建筑模板	Construction Formwork	100.0	数控铣床	CNC Milling Machine	98.3
金属电镀	Metal Plating	107.1	数控加工中心	CNC Machining Center	102.9
金属表面喷涂	Spray Metal Surface	99.7	金属锯床及刻线机床	Metal Sawing Machine and Groove Machine	95.2
搪瓷反应锅	Enamel Reaction Vessel	86.3	其它机床	Other Groove Machine	109.5
搪瓷浴盆	Enamel Bathtub	129.3	机械压力机	Mechanical Press	109.9
面盆	Sprinkle	115.0	剪切机	Shearing Machine	113.3
口杯	Kids	120.3	铸造设备	Foundry Equipment	105.9
搪瓷碗盘	Tangciwan Disc	105.2	焊灯	Welding Lights	105.9
汤盆	Soup Plate	99.7	机床附件	Machine Annex	101.9
铝壶	Aluminum Pots	100.1	其他金属加工机械制品	Other Metal Processing Machinery Products	100.0
不锈钢菜刀	Stainless Steel Kitchen Knife	112.9	桥式起重机	Bridge Crane	105.0
不锈钢勺	Stainless Steel Spoon	98.2	汽车起重机	Truck Crane	103.8
不锈钢加热设备	Stainless Steel Heating Equipment	100.0	千斤顶	Jack	113.7
不锈钢西餐具	West Stainless Steel Cutlery	97.4	塔式起重机	Tower Crane	106.2
不锈钢锅	Poyke Pot	101.6	履带起重机	Caterpillar Crane	100.0
铝筒	Aluminum Tube	100.4	起重用葫芦	Lifting use Hyacinth	98.7
织针	KN	92.4	电梯	Elevator	98.2
电焊条	Welding Electrodes	105.2	叉车	Forklift	101.5
焊丝	Wire	121.7	各种工矿车	Various Mining Trucks	105.2
链条炉排锅炉	The Chain Grate Boiler	101.8	输运机械	Transport Machinery	112.4
热水锅炉	Hot Water Boiler	105.4	搅拌机	Mixer	101.7
电站锅炉	Utility Boilers	131.8	机械立体仓库、车库	Machinery Warehouse, Garage	112.1
锅炉辅机	Auxiliary Boiler	99.4	其它起重设备	Other Lifting Equipment	106.8
自控锅炉	Boiler Controls	105.8	离心式清水泵	Centrifugal Pump	105.7
卧式燃油(气)锅炉	Horizontal Fuel (gas) Boilers	137.6	深井泵	Deep Well Pump	98.7
工业锅炉辅助设备	Industrial Boiler Auxiliary Equipment	100.0	轴流泵	Axial Flow Pump	100.0
柴油机	Diesel Engine	104.4	叶片泵	Vane Pump	108.9

6-6 续表 14 continued

(上年=100) (Preceding Year=100)

产品名称	Product Name	指 数 Index	产品名称	Product Name	指 数 Index
齿轮泵	Gear Pump	105.2	风钻	Pneumatic Drills	91.1
油泵	Pumps	100.5	焊机	Welder	94.6
液压泵	Hydraulic Pump	107.7	包装机械	Packaging Machinery	93.6
油缸	Fuel Tanks	100.9	地上衡	Land Value	104.9
潜水泵	Submersible Pump	111.4	地中衡	The Value of	129.4
专用泵	Special Pump	97.3	台秤	Taiwan Scale	114.6
其它泵	Other Pump	109.4	案秤	Weigh-in	99.6
气体压缩机	Gas Compressor	97.7	减速机械	Mechanical Slowdown	104.9
制冷压缩机	Refrigeration Compressors	99.0	真空干燥机	Dryer	100.0
阀门	Valves	116.4	分离机	Separators	100.0
其它阀门	Other Valves	109.1	过滤机	Filter	100.0
活塞	Pistons	105.0	滚子	Roller	100.0
气缸	Cylinder	102.8	螺钉	Screw	101.5
液压马达	Hydraulic Motors	101.3	螺栓	Bolt	105.2
气动元件、附件	Pneumatic Components, Annex	99.2	铆钉	Rivet	96.8
法兰盘	Flange	111.9	螺母	Nut	107.2
轴承	Bearing	104.4	弹簧垫	Spring Pad	100.0
轴承零配件	Bearing Parts	103.5	弹簧	Spring	110.7
工业链条	Industry Chain	100.1	机械零部件加工	Mechanical Processing Components	107.2
船用链条	Marine Chain	126.2	标准件	Standard Parts	108.0
摩托车齿轮	Motorcycle Gear	98.1	滚珠丝杠	Ball Screw	100.0
汽车齿轮	Car Gear	100.5	其它通用零部件	Other GM Parts	101.2
农用车齿轮	Agricultural Vehicles Gear	113.2	油马达	Motor Oil	105.8
工程机械齿轮	Engineering Machinery Gear	103.3	铸铁件	Iron Castings	120.9
内燃机齿轮	Engine Gear	108.6	铸钢件	Steel Castings	118.6
其他齿轮	Other Gears	109.3	不锈钢铸件	Stainless Steel Castings	112.1
电炉	EAF	122.1	摩擦片	Friction Tablets	110.0
鼓风机	Blower	101.9	锻件	Forging	111.2
离心通风机	Centrifugal Fan	108.7	粉末冶金制品	Powder Metallurgy Products	108.8
冷冻设备	Refrigeration Equipment	96.5	采煤机械	Mining Machinery	103.4
空调机	Air Conditioners.	102.5	刮板运输机	Scraper Transport Planes	105.3
热交换器	Heat Exchanger	103.6	液压支架	Hydraulic Support	107.1
制冷、空调设备零件	Refrigeration, Air-conditioning Parts	104.2	破碎、筛分机械	Broken Screening Machinery	105.5
其他空调机制冷设备	Other Mechanisms Cold air Conditioning Equipment	104.9	选矿设备	Mineral Processing Equipment	103.0
列车空调机组	Train air Conditioning Units	105.0	装载机	Loader	109.9
风铲	Wind Backhoe	95.4	顶梁	Cap	104.8
电钻	Electric Drill	100.0	支柱	Pillar	100.0

6-6 续表 15 continued

(上年=100) (Preceding Year=100)

产品名称	Product Name	指 数 Index	产品名称	Product Name	指 数 Index
锚杆	Bolting	112.9	榨油机	Press	129.1
采矿机配件	Mining Machine Accessories	111.7	清理机械	Cleaning Machinery	101.2
油井设备	Wells Equipment	96.2	其它粮油加工机械	Other Grain and Oil Processing Machinery	102.4
抽油机	Pumping Unit	109.8	立式洗猪机	Vertical Pig Washing Machine	100.0
泥浆泵	Mud Pump	88.8	饲料工业机械	Feed Industrial Machinery	123.9
螺杆钻	Screw Drill	102.0	造纸机	Paper Machine	100.7
加重钻杆	Add Drill Pipe	100.0	制浆洗浆设备	Pulp Pulp Washing Equipment	106.0
石油专用设备部件	Oil Special Equipment Components	106.9	造纸完成机械	Paper Completed Machinery	107.0
挖掘机	Excavator	107.5	其它造纸设备	Other Papermaking Equipment	102.1
压路机	Roller	106.9	装钉机械	Sewing Machinery	97.8
推土机	Bulldozers	103.2	胶印机	Offset Press	95.7
混凝土搅拌机	Concrete Mixers	106.5	造纸印刷用切纸机械	Cutter Mechanical Printing Paper Used	100.6
建筑升降机	Construction Lifts	102.1	配页机	Allocation of Page	100.0
混凝土配料机	Concrete Batching Machine	90.8	药品制剂机械	Drugs Agents Machinery	100.1
研磨设备	Grinding Equipment	131.2	其它制药机械	Other Pharmaceutical Machinery	101.1
水泥设备	Cement Equipment	104.8	棉纺织机械	Textile Machinery	102.9
玻璃机械	Glass Machinery	97.0	毛纺织机械	Wool Textile Machinery	102.4
其他建筑材料生产专用设备	Other Special Equipment for the Production of Building Materials	141.5	染整机械	Dyeing and Finishing Machine	100.0
炼铁设备	Ironmaking Equipment	108.3	制革机械	Tanning Machinery	99.4
炼钢设备	Steel-making Equipment	107.5	清洁、熨烫器具	Clean, Ironing Apparatus	109.5
化工专用设备	Chemical Special Equipment	109.3	其他机电专用设备	Other Mechanical and Electrical Appliance	103.8
橡胶加工机械	Rubber Processing Machinery	100.0	轮式拖拉机	Wheeled Tractor	110.3
塑料注射成型机	Plastic Injection Molding Machine	93.3	小型拖拉机	Small Tractors	117.9
塑料挤出机组	Plastics Extrusion Unit	100.0	农用运输车类	Farm Vehicles Category	110.4
其它塑料工业设备	Other Plastic Industrial Equipment	100.0	机引犁、耙	Machine Primer Plow, Harrow	111.0
带锯机	Band Saw	126.3	机动脱粒机	Mobile Thresher	104.3
木工刨铣床	Woodworking Shaver Milling Machine	102.9	收割机	Harvesters	108.5
其它木工加工机械	Other Woodworking Machinery Processing	102.4	旋耕机	Rotary Machine	100.0
人造板加工设备	Panel Processing Equipment	100.7	粉碎机	Disintegrator	100.8
模具	Mold	101.9	农林机械	Agriculture and Forestry Machinery	99.5
制糖机械	Sugar Machinery	110.7	喷雾机	Spray Machine	100.0
肉食及蛋类加工机械	Meat and Egg Processing Machinery	109.8	饲草收割设备	Forage Harvest Equipment	100.3
食品蒸煮均质机械	Cooking Food Heterogeneity Machinery	100.0	养殖设备	Farming Equipment	100.2
饮食炊事机械	The Catering Kitchen	99.4	拖拉机配件	Sterilization	106.5
酿酒设备	Brewers Equipment	105.0	诊断器械	Diagnostic Devices	100.0
碾米机	Milling Machine	103.2	注射器	Syringe	101.0
磨粉机	Milling Machine	112.4	牵引床	Traction Bed	100.0

6-6 续表 16 continued

(上年=100) (Preceding Year=100)

产品名称	Product Name	指数 Index	产品名称	Product Name	指数 Index
假肢	Prosthetics	100.0	船舶修理及拆船	Ship Repair and Shipbreaking	102.0
除尘器及净化设备	Precipitator and Purification Equipment	100.1	金属标牌	Metal Plate	100.0
其它环境污染防治设备	Other Environmental Pollution Control Equipment	106.2	手推车	Trolleys	103.9
钻机	Drill	112.0	一般交流发电机	General Alternator	101.0
穿孔机	Piercer	107.5	各种发电机组	Various Units	99.1
公安消防设备	Police Fire Equipment	103.8	直流电机	DC Motor	99.4
供水设备	Water Supply Equipment	112.0	汽轮发电机	Turbogenerator	101.0
硬席座车	Locomotives	100.0	交流电动	Electric Exchange	109.5
硬席卧车	Yingxi Car	100.0	分马力电机	Sub-hp Motor	104.9
货车(标准轨距)	Lorry (standard gauge)	115.0	其它各种电动机	All Other Motor	107.0
铁水车	Hot Metal Cars	100.0	控制、驱动微电机	Control of Micro-motor Drives	100.3
机车配件	Motorcycle Accessories	101.7	油泵电机	Pump Motor	100.7
配件	Accessories	101.6	洗衣机电机	Washing Machine Motor	106.9
载货汽车	Truck	102.0	变压器	Transformer	103.2
越野汽车	Off-road Vehicle	108.0	互感器、避雷器	Transformers, Surge Arresters	101.9
一般自卸汽车	Truck	107.3	变频器	Inverter	100.0
客车	Off-road Vehicle	103.1	稳压电源	Regulated Power Supply	106.5
轿车	Truck	94.6	变压器配件	Transformer Parts	100.0
专用汽车	Off-road Vehicle	109.3	整流器	Adapter	100.0
改装汽车	Modified Cars	102.6	增压器	Supercharger	93.5
汽车车身	Auto Body	103.8	断路器	Circuit Breaker	100.4
挂车	Trailers	100.2	开关柜	Switchgear	101.9
车厢	Compartments	105.2	开关设备	Switchgear	104.0
汽车配件	Auto Parts	105.2	控制、配电箱(台、柜)	Control and Power Distributi on Box (Taiwan, counter)	101.7
汽车修理	Auto Repair	100.2	熔断器	Fuse	97.1
二轮摩托车	Two Motorcycle	101.4	真空开关管	The Vacuum Switch	97.3
三轮摩托车	Three-wheeled Motorcycle	104.4	照明箱	Lighting Boxes	100.0
摩托车配件	Motorcycle Accessories	104.0	避雷针	Lightning Rod.	102.9
自行车	Bicycles	104.6	开关板	Switch Plate	102.0
电动自行车	Electric Bicycle	104.6	电源设备	Power Equipment	94.9
货轮	Freighter	109.0	裸铜线	Bare Copper	95.6
油(气)轮	Oiler	100.0	钢芯铝绞线	Acsr	97.2
客货轮	Passenger and Cargo Ship	114.0	布电线	Cloth Wires	98.2
拖、驳船	Trailers, Barges	106.1	裸铝线	Bare Wire	97.5
其它水面工作船	Other Surface Ship Work	114.1	漆包铜线(电磁线)	Enameling Copper (wire)	96.5
机动渔船	Fishing Vessel	104.2	电力电缆	Power Cable	100.3
船用配套设备	Marine Equipment	112.7	通讯电缆	Communication Cables	101.3

6-6 续表 17 continued

(上年=100) (Preceding Year=100)

产品名称	Product Name	指 数 Index	产品名称	Product Name	指 数 Index
架空电缆	Overhead Power Lines	108.0	汽车扬声器	Car Loudspeaker	97.6
其它电缆	Other Cable	96.5	热交换器	Heat Exchanger	102.1
组合电线	Composite Wire	99.4	散热器	Radiator	100.0
安装电线缆	Installation of Electric Cable	104.5	中频电路	IF Circuit	100.0
光缆	Optical Cable	108.1	其它通信设备	Other Communications Equipment	90.0
还阳板	Yang Also Plate	109.2	数字程控交换机	Digital Program-Controlled Switches	97.3
其它绝缘制品	Other Insulation Products	96.4	传真机	Fax	99.9
线圈	Coil	111.0	电话单机	Telephone Single	101.1
电力金具	With the Power	109.2	移动通信(网)设备	Mobile Communications (network) Equipment	88.2
蓄电池	Battery	112.1	配线分线设备	Wiring-line Equipment	102.0
原电池(折手电池)	The Original Battery (folded hands battery)	97.0	移动电话配件	Mobile Phone Accessories	98.1
锂电池	Lithium Batteries	102.2	电缆挂钩	Cable Link	105.1
电池配件	Battery Accessories	129.2	雷达	Radar	100.0
镍镉电池	Nickel-cadmium Batteries	100.0	卫星广播电视设备	Satellite Radio and Television Equipment	101.2
蓄电池配件	Battery Accessories	96.0	扬声器	Loudspeaker	142.8
家用电冰箱	Household Refrigerators	99.5	广告机	Advertisementer	97.5
家用冷藏冷冻箱	Frozen Boxes of Household Refrigeration	95.7	电视机荫罩	Television Mask	92.0
房间空调器	Room Air Conditioner	100.3	计算机	Computer	101.0
中央空调	Central Air conditioning	100.0	PC机	PC	100.1
电烤(蒸)箱	Roast (steamed) Box	100.7	网络终端	Network Terminal	99.7
家用洗衣机	Domestic Washing Machines	96.4	计算机显示终端设备	Computer Display Terminal Equipment	98.4
电热水器	Electric Water Heaters	124.7	打印机	Printers	100.7
洗衣机专用配件	Washing Machines Dedicated Accessories	100.0	其它计算机外部设备	Other External Computer Equipment	101.2
燃气用具	Gas Appliances	99.5	发射管	Launcher Tube	81.0
太阳能热水器	Solar Water Heaters	100.8	半导体二极管	Semiconductor Diode	100.7
普通照明灯泡	General Lighting the Lamp	109.2	半导体三极管	Semiconductor Transistor	100.0
荧光灯	Fluorescent Lamp	99.1	半导体专用零件	Semiconductor Parts Dedicated	100.0
节能灯	Energy-saving Lamps	99.5	集成电路	IC	98.8
灯炮头	Lamp Head	101.5	电子调谐器	Electronic Tuner	99.6
汞灯	Mercury Lamp	101.9	LCD点阵	Dot Matrix LCD	99.8
霓虹灯管	Neon Tube	104.6	电阻器	Resistor	98.9
民用灯具	Civilian Lamps	98.3	电容器	Capacitors	109.3
工矿灯具	Mine Lamps	100.0	继电器	Relay	100.0
装饰用灯	Decorative Lights	100.2	电感元件	Inductive Components	107.5
其它灯具	Other Lamps	96.0	磁芯	Cores	101.4
电热管	Immersion Heater	100.0	电连接器	Electrical Connector	98.5
车辆专用照明及电气信号设备	Special Lighting and Electrical Vehicles Signal Equipment	92.5	彩色电视机	Color TV	93.7

6-6 续表 18 continued

(上年=100) (Preceding Year=100)

产品名称	Product Name	指数 Index	产品名称	Product Name	指数 Index
MP3机	MP3 Machine	99.9	竹藤草工艺品	Handicrafts Bamboo Grass	98.5
其他	Other	99.8	其他编制品	Other Preparation Materials	102.3
漏电保护器	Leakage Protection Device	104.1	抽纱绣品	Merchants Kit	105.3
显示及调节仪表	Instrument Display and Conditioning	90.5	刺绣工艺品	Embroidery Handicrafts	103.2
集中控制装置	Centralized Control Device	102.8	羊毛地毯	Wool Carpet	101.2
调节器	Regulator	100.0	化纤地毯	Chemical Fiber carpet	102.5
流量计	Flowmeter	98.6	壁挂毯	Wall Tapestry	100.0
网络闭锁系统	Network Locking System	105.5	丝织地毯	Silk Carpets	100.0
电度表	Power Meter	102.8	黄金首饰	Gold Jewelry	117.9
计量标准器具	Measurement Standards Apparatus	100.1	头饰	Headwears	101.2
量规	Gauge	99.8	钻石	Diamonds	97.2
温度计	Thermometer	120.8	工艺玻璃	Glass Technology	100.5
电化学分析仪器	Electrochemical analysis Apparatus	102.2	工艺蜡烛	Candle Technology	107.4
物位仪表	Level Meter	95.4	人造花卉	Artificial Flowers	115.8
物理特性分析仪器	Physical Properties Analytical Instruments	100.9	皮件工艺品	Leather Products	108.4
色谱仪	Chromatography	91.7	发制品	Hair Products	101.1
天平砝码	Balance Weight	100.0	镜制品	Mirror Products	102.7
金属材料试验机	Metal Material Testing Machine	100.1	油漆刷	Paint Brush	101.1
测力传感器	Load Cell	104.0	猪鬃刷子	Bristle Brush	102.7
动平衡机	Dynamic Balancing Machine	101.9	鬃	Bristle	101.3
水表	Water Meters	122.8	帐篷	Tents	97.5
压力表	Pressure Gauge	100.0	锁、链配件	Lock and Chain Accessories	81.5
汽车仪器仪表	Automobile Instrument	100.0	废生铁	Waste Pigiron	111.6
安全用仪器	Safe Instrument	100.0	废塑料	Waste Plastics	101.0
钟	Bell	101.0	火力发电	Thermal Power	102.6
表	Table	98.8	水力发电	Hydropower	105.7
钟表配件	Watches Accessories	97.0	余热发电	Waste Heat Power	109.8
自动旋光仪	Automatic Polarimeter	89.7	电	Electricity	101.4
激光读取器	Laser Reader	100.0	热	Heat	111.3
成形眼镜	Forming Glasses	100.0	蒸汽	Steam	111.2
投影仪	Projector	89.6	燃气生产	Gas Production	103.0
油印机	Publishing	94.7	煤气供应	Gas Supply	102.6
点钞机	Machines	108.5	液化气	LNG	111.1
商业收款机	Commercial Cash Registers	97.1	天然气	Natural Gas	103.6
石刻	Rock Carving	102.1	自来水	Tap Water	102.1
其他木制工艺品	Other Wooden Handicrafts	100.9	污水处理	Sewage Treatment	101.5

6—7 原材料、燃料、动力购进产品价格指数(2008年)

Indices of Purchasing Product Prices of Raw Materials,Fuels and Power(2008)

(上年=100) (Preceding Year=100)

产品名称	Name of Product	指 数 Indice	产品名称	Name of Product	指 数 Indice
水稻	Rice	107.4	生猪	Pigs	131.1
小麦	Wheat	103.3	猪鬃	Bristles	115.1
大麦	Barley	131.4	家禽	Poultry	111.0
玉米	Maize	107.4	鸡蛋	Eggs	110.0
高粱	Sorghum	137.2	鸭蛋	Duck	103.3
黍子	Proso Millet	178.1	活兔	Live Rabbits	111.7
土豆	Potato	95.7	兔皮	Rabbit Skin	109.3
红薯	Sweet Potato	113.8	驴皮	Donkey Skin	125.0
木薯	Cassava	121.9	海产品	Seafood	106.7
花生	Peanut	117.4	贝类	Shellfish	106.0
葵花籽	Sunflower	100.0	海产品	Seafood	101.0
芝麻	Sesame	124.5	藻类	Algae	142.9
蓖麻	Ricin	110.2	鲜鱼	Fresh Fish	108.2
大豆	Soybean	134.3	羊毛	Wool	104.0
赤豆	Bean	126.6	兔毛	Rabbit Hair	99.9
豌豆	Pea	107.1	牛皮	Kraft	104.1
皮棉	Lint	101.5	羊皮	Sheepskin	108.5
原棉	Raw Cotton	98.4	猪皮	Pigskin	114.4
棉粕	Cottonseed Meal	132.0	杂骨	Miscellaneous Bone	132.0
棉短绒	Flax	109.5	棉籽	Cottonseed	121.6
麻	Stevioside Dry Leaves	93.4	菜粕	Rapeseed Meal	133.0
甜菊干叶	Tobacco	114.2	麦麸	Wheat Bran	111.5
啤酒花	Seeds	162.9	麦杆	Wheat Straw	103.7
瓜子	Vegetables	113.1	米糠	Rice Bran	99.2
蔬菜类	Vegetables	99.7	鲜牛奶	Fresh Milk	115.5
食用菌	Edible Fungi	102.4	蚕茧	Cocoon	87.4
水果	Fruit	106.8	麦秸辫	Wheat Straw Braid	122.6
茶叶	Tea	104.4	稻壳	Rice Hull	122.8
中药材	Chinese Herbal Medicines	127.0	玉米芯	Cob	108.3
加工用原木	Processing Logs	105.2	无烟煤	Anthracite	126.2
竹片	Bamboo Slice	100.0	烟煤	Bituminous Coal	125.0
橡胶	Rubber	109.5	洗精煤	Washed Coal	138.9
沙棘果	Sea-buckthorn	102.1	洗粒级煤	Coal-washing Tablets	132.0
柳条	Wicker	99.7	洗混煤	Mixed Coal Washing	135.0
松油	Terpineol	115.7	洗中煤	In the Coal Washing	108.3
树枝	Branches	102.5	洗块煤	Wash Lump Coal	122.6
藤	Vine	118.4	筛选混末煤	Screening at the End of Coal Mixed	121.9
活羊	Live Sheep	104.0	筛选块煤	Screening of Lump Coal	121.5
活牛	Live Cattle	118.9	褐煤	Lignite	120.3

6–7 续表 1 continued

(上年=100) (Preceding Year=100)

产品名称	Name of Product	指 数 Indice	产品名称	Name of Product	指 数 Indice
煤泥	Slime	145.1	石粉	Powder	120.4
煤矸石	Gangue	122.7	硫铁矿	Pyrite	146.3
天然原油	Natural Oil	123.7	磷矿	Phosphorite	103.8
天然气	Natural Gas	117.8	天然碱	Boron Bromide	130.5
炼钢用铁矿石块	Steelmaking Iron Ore Block	129.0	硼矿	Boron Prospecting	106.5
炼铁用铁矿石块	Ironmaking Block with Iron Ore	134.7	硫精砂	Sulfur Fine Sand	279.1
铁精矿粉	Iron Concentrate Powder	164.7	磷矿粉	Phosphate Fock	108.4
铬矿石	Chromium	104.1	海盐	Sea Salt	136.8
铅精粉	Lead Powder	71.8	矿盐	Mineral	142.0
锑精矿	Sb Concentrate	104.3	石棉	Asbestos	103.0
镁原矿	Magnesium Ore	115.1	石墨	Graphite	104.5
钛原矿	Titanium Ore	104.1	工业原料滑石	Industrial Raw Materials Talc	100.0
金精矿	Gold Concentrate	111.7	滑石粉	Talc	106.6
石灰石	Limestone	111.2	硅微粉	Microsilica	100.0
石膏	Gypsum	104.1	水晶石	Crystal Stone	100.0
花岗石荒材	Granite Wood Shortage	103.1	长石	Feldspar	102.5
大理石荒材	Marble Wood Shortage	93.5	磁石	Magnetite	113.6
泽山白荒料	Ze White Stone Mountain	114.6	白刚玉	White Corundum	93.1
樱花红荒料	Cherry Flower Red Quarrystone	100.0	地表水	Surface Water	100.0
硅石	Silica	105.5	大米	Rice	106.6
萤石	Fluorite	103.3	小麦粉	Wheat Flour	104.1
耐火粘土成品矿	Clay Finished Refractory Ore	128.1	玉米粉	Corn Flour	106.1
活性膨润土	Activity Bentonite	119.4	糯米粉	Glutinous Rice Flour	101.4
白云石成品矿	Dolomite Mining Products	102.7	麦芽	Malt	123.8
硅砂	Silica Sand	106.5	麦片	Oatmeal	111.4
石英砂	Quartz Sand	107.7	豆粕	Soybean Meal	132.7
方解石	Calcite	106.4	花生粕	Peanut Meal	148.0
石渣	Carbide	103.6	花生油	Peanut Oil	128.5
砂子	Sand	105.9	大豆油	Soybean Oil	126.2
膨润土	Bentonite	98.6	粽榄油	Zonglan Oil	103.6
瓷土	Porcelain Clay	102.8	椰子油	Coconut Oil	148.6
熟料	Clinker	111.7	棕榈油	Palm Oil	126.6
粘土	Clay	104.4	香叶油	Geranium Oil	101.2
矸土	Rock Soil	97.4	机制甘蔗糖	Cane Sugar Mechanism	100.6
沙粉	Sand Powder	118.1	机制甜菜糖	Beet Sugar Mechanism	112.3
石子	Stone	105.9	红糖	Brown Sugar	106.1
陶土	Clay	103.4	液糖	Liquid Sugar	102.9
高岭土	Kaolin	101.3	鲜冻猪肉	Fresh Pork	149.4
砂岩	Sandstone	115.0	鲜冻牛肉	Fresh Frozen Pork	147.4

6-7 续表 2 continued

(上年=100) (Preceding Year=100)

产品名称	Name of Product	指数 Indice	产品名称	name of product	指数 Indice
鲜冻羊肉	Fresh Frozen Beef	130.9	碳布	Carbon Cloth	103.7
鲜冻鸡	Fresh Frozen Lamb	109.8	缝纫线	Sewing Thread	102.1
其他	Fresh and Frozen Chickens	108.0	棉线	Thread	102.9
活鸭	Fresh Frozen Rabbit Meat	118.4	涤纶线	PET Line	100.3
鲜驴肉	Fresh Donkey Meat	128.1	粘胶丝线	Viscose Thread	102.3
鲜羊肉	Fresh Mutton	117.4	丙纶线	Polypropylene Fiber Thread	107.6
肠衣	Casing	99.7	坯布	Fabric	101.5
油脂	Oil	105.4	防粘布	Anti-burn Cloth	102.5
鱼粉	Fishmeal	100.2	防火布	Sharp	103.8
淀粉	Starch	104.2	涤纶丝	Polyester Filament	100.7
豆豉	Fermented Soya Beans	111.0	睛纶纱	Qingguanmiao	96.7
蜂蜜	Honey	103.7	尼龙布	Nylon Cloth	108.3
奶粉	Milk Powder	119.7	喷胶棉	Spray-bonded Cotton	142.6
消毒鲜牛奶	Disinfection of Fresh Milk	128.9	帘子线	Cord	105.0
味精	MSG	103.2	长毛绒	Plush	105.9
柠檬酸	Citric Acid	115.8	腈纶混纺	Acrylic Blended	98.9
酵母	Yeast	102.0	棉印染布	Dyeing and Printing of Cotton Cloth	102.1
精制盐	Refined Salt	101.5	混纺印染布	Blended Dyeing Cloth	104.2
其他	Others	100.0	纯毛毛条	Wool Top	99.0
酒精	Alcohol	111.0	混纺毛条	Blended Wool Tops	104.4
白酒	Liquor	100.0	腈纶毛条	Of Polyester	101.7
浓缩液	Concentrated Liquid	100.0	毛线	Yarn	100.6
水果汁	Juice	114.7	毛绒	Stuffed	100.0
固体饮料	Solid Beverage	93.1	纯毛纱	Pure Wool Yarn	103.0
复烤烟叶、烟梗	Redrying Tobacco, Tobacco Stems	103.6	羊绒	Cashmere	105.0
棉纱	Cotton Yarn	101.1	深色毛呢	Deep Colour Wool	100.4
混纺纱	Blended Yarn	101.6	麻线	Thread	100.5
粘棉纱	Nien Cotton Yarn	101.2	亚麻布	Table Linen	100.0
棉短绒	Cotton Linter	104.8	桑蚕丝	Mulberry Silk	96.6
麻纱	Flax Yarn	100.9	桑蚕丝绸(坯绸)	Silkworm Silk (Randgold)	107.3
棉布	Cotton Cloth	101.4	化纤绸(坯绸)	Chemical Fiber Silk (Randgold)	100.0
混纺交织布	Blended Cross Weaving	105.0	化纤绸(成品稠)	Chemical Fiber Silk (Finished Thick)	103.1
纯化纤布	Pure Chemical Fiber Cloth	106.6	绉缎坯布	Crepe Satin Fabric	94.7
帆布	Canvas	102.5	毛(混纺毛)织品	Mao (Mao Blended) Fabric	100.9
牛仔布	Denim	101.9	帘子布	Cord	103.5
ＰＵ革基布	PU Leather Fabric	100.0	织带	Ribbon	100.3
涤粘布	Polyester and Viscose Fabrics	101.0	网布	Net Cloth	100.2
涤纶布	Polyester Cloth	101.7	衬	Lining	100.0
色织布	Fabric	103.0	轻革	Light Leather	102.4

6-7 续表 3 continued

(上年=100) (Preceding Year=100)

产品名称	Name of Product	指　数 Indice	产品名称	name of product	指　数 Indice
重革	Heavy Leather	100.0	汽油	Gasoline	112.8
绵羊毛皮	Sheep Fur	101.1	柴油	Diesel	115.6
狐狸毛皮	Fox Fur	96.7	润滑油	Lubricants	109.7
貂毛皮	Inspector Fur	84.9	燃料油	Fuel Oil	119.0
兔皮	Rabbit Fur	115.5	石蜡	Paraffin	104.7
鸭绒	Duck's Down	100.7	溶剂油	Solvent Oil	116.9
普通锯材	General Lumber	105.0	石油焦	Petroleum Coke	135.7
坑木	Pit Prop	108.9	焦油	Tar	112.0
铁路用材	Railway Timber	106.0	炼厂干气	Dry Gas Refinery	100.0
木屑	Sawdust	102.8	基础油	Base Oil	111.6
铅笔板	Pencil Board	98.8	野花石油气	Wildflowers LPG	116.8
木薄片	Wood Flakes	108.7	石蜡油	Paraffin Oil	104.9
胶合板	Plywood	101.2	石油树脂	Petroleum Resin	102.7
纤维板	Fibreboard	102.1	硅油	Silicon Oil	98.9
刨花板	Particleboard	104.4	石油沥青	Asphalt	139.4
细木工板	Blockboard	113.4	乙烯焦油	Ethylene Tar	116.6
木芯板	Wood Veneer	97.5	焦炭	Coke	150.9
杨木旋皮	Poplar Xuan Paper	101.8	煤焦油	Coal Tar	125.0
木材干料	Dry Wood Material	99.5	煅后焦	Calcined Coke	173.8
机制纸浆	Pulp Mechanism	99.2	硫酸	Sulfate	174.8
生打纸浆	Pulp Health Fight	103.9	合成盐酸	Hydrochloric Acid Synthesis	109.2
硫酸盐漂白浆	Bleached Kraft Pulp	115.0	硼酸	Boric Acid	128.2
其他纸浆	Other Pulp	110.1	氯磺酸	Chlorosulfonic Acid	125.2
印刷用纸	Printing Paper	102.7	磷酸	Phosphorylation	100.0
包装纸板	Wrapping Paper Plate	104.5	钾硼氢	Potassium Hydroxide Boron	129.4
书写纸	Writing Paper	107.1	硬脂酸	Stearic Acid	137.6
彩色包装纸	Color Wrappings	98.5	烧碱(氢氧化钠)	Caustic Soda (Sodium Hydroxide)	105.5
普瓦纸	Maciej Paper	114.5	氢氧化钾	Potassium Hydroxide	137.4
有光纸	Bright Paper	117.3	纯碱(碳酸钠)	Soda Ash (Sodium Carbonate)	118.2
原纸	Base Paper	108.5	氢氧化铝	Aluminum Hydroxide	111.7
版卡纸	Cardboard Edition	119.1	碳酸钙	Calcium Carbonate	105.0
白卡纸	White Card	106.6	泡花碱	Sodium	119.7
挂面纸	Noodle Paper	101.1	硫酸盐	Kraft	107.5
复写纸	Transferpaper	99.0	磷酸盐	Phosphate	109.8
瓦楞纸箱	Watts Spinulosa Cartons	104.8	硅酸盐	Portland	123.2
水泥包装袋	Cement Packaging Bags	100.0	氰酸盐	Cyanate Salt	103.0
各种制印纸板	All Kinds of Printed Cardboar	104.1	碳酸盐	Carbonate	115.3
纸面胶	Paper Glue	109.4	氯化物	Chloride	120.2
硅油纸	Silicone Paper	90.9	金属氧化物酸盐	Metal Oxides Permanganate	142.2

6-7 续表 4 continued

(上年=100) (Preceding Year=100)

产品名称	Name of Product	指 数 Indice	产品名称	Name of Product	指 数 Indice
其他无机盐	Other Inorganic Salt	100.0	三乙胺	Triethylamine	138.8
硝酸铵	Ammonium Nitrate	125.2	苯甲酸	Acid	100.2
钠盐	Sodium	170.8	氯乙烯	Vinyl Chloride	104.3
溴化物	Bromide	104.6	异氰酸酯	Isocyanate	102.6
乙烯	Ethylene	104.4	聚乙烯	Polyethylene	104.4
丙烯	Propylene	104.3	液氨	Liquid Ammonia	116.5
纯苯	Merrill	115.5	乙氢酸酯	Acetate	102.0
精甲醇	Fine Methanol	113.3	乙醇	Ethanol	110.2
甲醛	Formaldehyde	105.5	丙酸	Propionic Acid	121.9
冰醋酸(乙酸)	Glacial Acetic Acid(Acid)	89.7	已二醇	Has Diol	108.8
甲苯	Toluene	104.6	乙醛	Acetaldehyde	103.0
苯酚	Phenol	96.8	二甲基甲酰胺	DMF	120.2
丁二烯	Butadiene	162.2	精甲醇	Fine Methanol	113.9
甲酸	Formic Acid	81.6	其他	Other	103.1
二甲苯	Xylene	104.4	电石(碳化钙)	Calcium Carbide (calcium carbide)	130.4
丙酮	Acetone	113.2	乙炔	Acetylene	103.9
丁醇	Butanol	90.0	氯	Chlorine	101.4
辛醇	Octanol	96.1	黄磷	Phosphorus	136.2
环乙烷	Central Ethane	111.6	赤磷	Red Phosphorous	203.8
苯	Benzene	87.1	硫磺	Sulfur	321.7
丙烷	Propane	104.7	氧	Oxygen	100.8
三氯甲烷	Trichloromethane	97.6	氮	Nitrogen	97.4
甲胺	Methylamine	128.6	双氧水(过氧化氢)	Hydrogen Peroxide (H2O2)	98.5
对硝基甲苯	On Dinitrotoluene	116.3	漂白粉	Bleaching Powder	100.0
硝基氯化苯	Nitro Chlorobenzene	130.1	氢	Hydrogen	100.0
聚醚	Polyether	110.9	过氧化氢	Diclofenac	126.4
季戊四醇	Pentaerythritol	103.8	双氯	Sodium	121.3
苯酐	Phthalic Anhydride	96.5	碳伍	Carbon Kivu	122.8
醋酸丁酯	Phthalic Anhydride	103.9	气体二氧化碳	Carbon Dioxide Gas	104.1
丙烯酸(酯)	Acrylic (ester)	99.3	氧化物	Oxides	102.3
苯胺	Aniline	105.4	二氧化物	Dioxide	99.4
乙酯	Ethyl	101.8	硝酸	Nitrate	115.6
萘酚	Naphthol	84.0	碳酸铵类	Ammonium Carbonate Type	104.3
邻苯二甲酸酐	Phthalic Anhydride	87.7	液氨	Liquid Ammonia	122.2
二苯甲酮	Benzophenone	130.3	硝酸盐	Nitrate	133.8
环已酮	Cyclohexanone	86.3	磷酸盐	Potassium Chloride	178.4
环已醇	Central Has Alcohol	120.6	氯化钾	Potassium Sulfate	161.2
已二胺	Has Diamine	104.4	磷酸铵	Ammonium	132.8
苯乙烯	Styrene	91.1	克百威原粉	Carbofuran Original Powder	100.8

6–7 续表 5 continued

(上年=100) (Preceding Year=100)

产品名称	Name of Product	指数 Indice	产品名称	Name of Product	指数 Indice
百菌清原粉	Chlorothalonil Original Powder	95.7	丁苯橡胶	SBR	110.7
异丙威原粉	The Original Powder Isoprocarb	100.7	丁腈橡胶	NBR	121.9
甲拌磷	Phorate	106.1	氯丁橡胶	Neoprene	104.2
辛硫磷原油	Crude Oil Phoxim	118.8	硅橡胶	Silastic	104.2
阿维菌素	Abamectin	84.3	精炼橡胶	Refining Rubber	110.8
天然树脂漆	Natural Resin Paint	103.8	聚丙烯酸脂橡胶	Polyacrylic Acid Resin Rubber	104.8
硝基纤维漆	Nitro Fiber Paint	106.7	烟胶	Tobacco Gum	118.0
环氧树脂漆	Epoxy Paint	138.7	尿醛树脂胶	Urine - formaldehyde Resin Adhesive	113.1
聚氨脂漆	Polyurethane Lacquer	105.1	再生胶	Renewable Plastic	149.7
其它漆	Other Chatham	101.5	丁基胶	Butyl Rubber	103.7
涂料	Coatings	103.0	涤纶树脂(切片)	Polyester Resin (biopsy)	104.7
涂料用辅助涂料	Assisted Paint Coatings	104.6	已内酰胺	Has Lactamase	95.4
平版胶印油墨	Lithography Offset Printing Ink	101.5	丙烯腈	Acrylonitrile	103.6
水性油墨	Water-based Ink	100.0	聚酯	Polyester	99.0
复合墨	Compounded Ink	100.0	聚乙烯醇	PVA	114.9
钛白粉	Compounded Ink	99.7	锦纶切片	Nylon Slices	100.8
四氧化三铅(红丹)	Lead Oxide (hongdan)	146.2	精对苯二甲酸	Purified Terephthalic Acid	100.0
氧化铁红	Iron Oxide Red	116.7	聚丙烯醇	Polypropylene Alcohol	114.7
活性染料	Reactive	100.5	PET粒子	PET Particles	100.0
分散染料	Disperse Dyes	101.1	离子交换树脂	Ion Exchange Resin	99.8
聚氯乙烯树脂	PVC Resin	104.9	尼龙	Nylon	105.4
聚乙烯树脂	Polyethylene Resin	105.1	石油制品催化剂	Petroleum Product Catalysts	99.8
环氧树脂	Epoxy	100.6	其他催化剂	Other Catalysts	121.8
聚苯乙烯	Polystyrene	97.9	塑料增塑剂	Plastics Plasticizers	97.1
聚丙烯	Polypropylene	102.3	乳化剂	Emulsifier	105.3
有机硅树脂	Silicone Resin	141.8	印染助剂	Printing and Dyeing Auxiliaries	107.8
酚醛树脂粉	Phenolic Resin Powder	102.0	粘合剂	Binder	117.7
交换树脂	Exchange Resin	104.6	胶粘剂	Adhesive	106.8
对氨基苯乙醚	The amino Benzene Ether	111.7	炭黑	Carbon Black	102.5
ＡＢＳ树脂	ABS Resin	105.6	选矿药剂	Beneficiation Pharmacy	124.2
塑料树脂	Plastic Resin	101.3	双面胶半成品	Double-sided Adhesive Semi-finished Products	105.0
硬树脂	Hard Resin	93.8	包衣粉	Powder Coating	94.3
高压聚乙烯塑料	High-pressure Polyethylene Plastic	101.9	分散剂	Dispersant	100.3
塑料异型材	Plastics Profile	117.7	混炼胶	Mix	107.6
醇酸树脂	Alkyd Resin	103.1	油胶	Oil Glue	99.3
不饱和聚脂树脂	Unsaturated Polyester Resin	98.4	碳纤维	Carbon Fiber	90.6
聚脂树脂	Polyester Resin	104.3	表面剂	Surface Agent	100.0
硅单晶片	Monocrystalline Silicon Film	101.8	有机合成化学品	Synthetic Organic Chemicals	102.0
顺丁橡胶	BR	117.8	酶	Enzyme	108.0

6-7 续表 6 continued

(上年=100) (Preceding Year=100)

产品名称	Name of Product	指数 Indice	产品名称	Name of Product	指数 Indice
松香	Rosin	97.6	氨纶丝	Spandex Wire	98.5
合成樟脑粉	Synthetic Camphor Powder	116.7	低弹丝	DTY	95.0
松节油	Turpentine	105.7	碳纤维丝	Carbon Fiber	91.9
炸药	Explosives	108.8	载重汽车外胎	Truck Tire	107.4
雷管	Detonators	112.2	轻型载重汽车外胎	Light Truck Tire	96.0
导火索	Fuse	100.0	轿车外胎	Car Tire	99.7
磁粉	Magnetic Particle	94.6	农用车轮胎外胎	Agricultural Vehicle Tire	105.6
骨胶	Glue	105.0	载重汽车内胎	Truck Tubeless	95.3
明胶	Gelatin	107.8	自行车外胎	Bicycle Tyre	101.3
香精	Flavor	102.5	自行车内胎	Bicycle Tube	107.9
青霉素	Penicillin	135.9	工业胶板	Rubber Plate	116.0
烟酰胺	Nicotinamide	125.3	其它橡胶制品	Other Rubber Products	83.0
麦白霉素	Meleumycinum	101.8	胶辊	Cots	107.8
维生素原粉	Vitamin Original Powder	184.9	橡胶密封件	Rubber Airproof	122.4
咖啡因	Caffeine	100.0	胶垫	Lining	100.0
维脑路通针用原药	Weinaolutong Needle With the Medicine	106.9	橡胶管	Rubber Tube	104.5
雷尼替丁	Ranitidine	102.6	聚氯乙烯薄膜	PVC Film	95.1
扑热息痛	Paracetamol	106.7	聚乙烯薄膜	Polyethylene Film	106.5
抗原	Antigen	118.7	聚丙烯制品	Polypropylene Products	101.4
葡萄糖	Glucose	99.0	聚脂薄膜	Polyester Film	108.0
罗红霉素	NACL Powder for Injection	92.9	塑料增强布	Plastic Enhance Cloth	103.7
注射用NACL粉	Famotidine	100.0	其他塑料制品	Other Plastics	105.2
法莫替丁	Clotrimazole	100.2	聚丙烯薄膜	Polypropylene Film	100.1
马血清	Ma Serum	102.1	聚氯乙烯电缆料	PVC Cable	107.1
硫酸阿托品	Atropine Sulfate	104.8	聚氯乙烯透明片	Poly Transparent Flat	107.4
拉氧头孢钠原料	Latamoxef Sodium	104.3	聚氯乙烯异型材	PVC Profile	104.4
曲松钠	Qusong Sodium	113.9	聚乙烯管材	Polyethylene Pipes	106.1
其它	Other	93.3	PVC制品	PVC Products	100.0
粘胶纤维	Viscose Fiber	98.8	ABS	ABS	100.8
醋酸纤维丝束	Cellulose Acetate Tow	141.4	聚乙烯电缆护套	Polyethylene Cable Sheathing	108.0
粘胶长丝	Viscose Rayon Filament Yarn	94.0	中纤板	MDF	120.8
锦纶长丝	Nylon Filament	101.0	AGM隔板	AGM Separator	95.1
锦纶短纤维	Short Fiber Nylon	99.0	塑料粒子	Plastic Particles	107.3
涤纶短纤维	Polyester Staple	91.3	聚丙烯编织袋	Polypropylene Bags	98.2
涤纶长丝	Polyester Filament	98.2	聚氯乙烯包装袋	PVC Bag	98.4
腈纶短纤维	Acrylic Staple Fiber	102.2	聚乙烯编织袋	Polyethylene Bags	114.6
腈纶纤维	Acrylic Fibers	101.9	聚丙烯编织布	Polypropylene Woven	100.0
维纶短纤维	Vinylon Short Fiber	113.3	泡沫塑料	Foam	109.9
丙纶短纤维	Polypropylene Staple Fiber	98.3	泡沫板材	Bubble Plates	98.1
丙纶长丝	PP Filament	102.5	泡沫件	Foam Pieces	102.4

6−7 续表 7 continued

(上年=100) (Preceding Year=100)

产品名称	Name of Product	指 数 Indice	产品名称	Name of Product	指 数 Indice
人造革	Leatherette	102.5	硅石粉	Silica Powder	104.0
ＰＵＣ人造革布	PUC Artificial Leather Cloth	99.2	生铁	Pig Iron	142.9
合成革	Synthetic Leather	104.2	铁粉	Iron Powder	118.8
尼龙布PVC	Nylon Cloth PVC	99.0	铁皮	Hut	111.4
铝塑复合带	With Aluminum-plastic Composites	100.1	普碳钢坯	Blank Plain Carbon Steel	135.1
塑料包装品	Plastic Packaging Materials	100.0	优质碳结钢坯	High-quality Carbon Steel Billet end	124.7
塑料零件	Plastic Fitting	100.0	钢锭	Ingot	119.5
普通硅酸盐水泥	Ordinary Portland Cement	112.8	钢球	Ball	118.8
矿渣硅酸盐水泥	Slag Portland Cement	103.2	合结钢	Astructural Steel	137.1
粉煤灰水泥	Fly ash Cement	101.3	普通大型钢材	Ordinary Large Steel	122.4
特种水泥	Special Cement	109.7	普通中型钢材	Ordinary Medium-sized Steel	121.1
混凝土	Suspected Soil Mixed	89.5	普通小型钢材	Ordinary Small Steel	118.5
石灰	Lime	109.3	优质型钢材	Quality of Steel	117.6
化学石膏	Chemical Gypsum	99.5	线材	Wire	124.0
釉土	Glaze Soil	167.9	中厚钢板	In the Thick Plate	114.9
釉料	Glaze	99.4	薄钢板	Steel Sheet	112.0
黄沙	Yellow Sand	120.0	硅钢片	Silicon Steel Sheet	116.7
平板玻璃	Flat Glass	100.6	钢带	Strip	125.3
钢化玻璃	Toughened Glass	102.0	无缝钢管	Seamless Steel Tube	112.3
制镜玻璃	System Mirror Glass	144.2	焊接钢管	Welded Steel Pipe	124.2
镜片玻璃	Glass Lenses	97.0	低合金钢材	Low Alloy Steel	123.9
镀膜玻璃	Coated Glass	116.1	钢线	Telegraph	115.6
光学玻璃	Optical Glass	116.6	轴承钢	Bearing Steel	124.2
玻璃瓶	Bottles	101.8	铁合金	Ferroalloy	123.2
玻璃纤维布	Glass Fiber Cloth	107.4	铜	Copper	97.7
玻璃纤维纱	Glass Fiber Yarn	112.5	粗铜	Blister Copper	102.2
中碱玻璃棉	In the Alkali Glass Wool	102.1	铜粉	Copper	92.6
玻璃纤维润滑剂	Glass Fiber Lubricants	99.4	阴极铜	Copper Cathode	91.3
玻璃球	Glass Ball	107.6	铜料	Copper Material	96.6
其他工业电气陶瓷	Other Industrial Electrical Ceramics	124.0	铜线	Copper Thread	101.3
石棉橡胶板	Asbestos Rubber Plate	100.0	铅	Lead	112.8
耐火砖	Firebrick	139.2	锌	Zinc	89.0
其他耐火材料	Other Refractories	96.3	镍	Nickel	69.9
石墨	Graphite	108.0	锡	Tin	122.5
炭素制品	Carbon Products	107.3	氧化铝	Alumina	100.0
磨料	Abrasive	110.8	铝	Aluminum	95.1
工业硅	Industrial Silicon	117.0	镁	Magnesium	128.5
石英片	Quartz Tablets	102.0	汞	Mercury	101.6
金红石	Rutile	94.3	海绵钛	Titanium Sponge	84.8

6-7 续表 8 continued

(上年=100) (Preceding Year=100)

产品名称	Name of Product	指数 Indice	产品名称	Name of Product	指数 Indice
冷拔丝	Cold Draw Bright Wire	139.2	压缩机	Compressor	106.9
黄金	Gold	116.1	其它阀门	Other taps	111.1
白银	Silver	114.0	电动葫芦	Electric Hoist	103.5
铂金	Platinum	151.0	轴承	Bearing	102.8
钨	W	96.9	轴承零配件	Bearing Parts	105.0
铜合金	Copper Alloy	102.2	内燃机齿轮	Engine Gear	109.8
铝合金	Aluminum	98.1	空调器用压缩机	Air-conditioner Compressor	101.4
锌合金	Zinc Alloy	72.7	铸铁	Cast Iron	121.3
镍合金	Nickel Alloy	108.6	铸钢	Casting	118.5
镁合金	Magnesium Alloys	109.2	不锈钢铸件	Stainless Steel Castings	131.2
紫铜材	Purple Copper	98.0	有色铸件	Nonferrous Metal Castings	125.9
黄铜材	Copper Huang	99.3	锻件	Forging	106.1
铅成品材	Lead Finished Wood	100.0	机车配件	Motorcycle Accessories	111.9
锡成品材	Tin Finished Wood	78.3	汽车配件	Auto Parts	103.5
铝成品材	Aluminum Finished Wood	97.0	拖拉机配件	tractor parts	105.5
铝箔	Aluminum Foil	99.5	摩托车配件	Motorcycle Accessories	103.4
铝膜	Aluminum	97.2	自行车配件	Bicycle Accessories	100.4
铝塑型材	APCP Profile	103.7	电动自行车	Electric BicycleTurbine Power	100.0
铝塑管	Aluminum-plastic Tube	101.9	发电水轮机组	Turbine Power Generation Group	100.0
铝铸件	Aluminum Castings	103.3	交流电动机	AC Motor	106.1
锡青铜带	Tin Bronze Belt	162.5	其它各种电动机	All Other Motor	98.3
铝板基	Aluminum Base	96.3	控制、驱动微电机	Control of Micro-motor Drives	98.8
钕铁硼	Nd-Fe-B	94.9	变压器	Transformer	105.0
易拉罐	Can	102.8	互感器	Transformer	98.4
铁制容器	Metal Containers	94.7	电位器	potentiometer	141.7
钢丝	Wires	130.3	电容器	Capacitors	101.9
钢丝绳	Wire Rope	109.9	变频器	Inverter	101.9
铁丝	Wire	123.7	断电器	Broken Electrical Appliances	100.9
钢绞线	Strand	104.8	开关插座	Switching Sockets	101.3
钢圈	Rim	108.6	配电设备及器	Distribution of Equipment and	100.4
铝箔纸	Aluminum Foil Paper	98.9	继电器	Relay	98.0
油田专用产品	Oilfield Exclusive Products	106.7	电子开关电源	Electronic Switching Power Supply	109.2
电焊条	Welding Electrodes	135.4	感温元件	Temperature-sensing Fitting	103.3
焊丝	Solder	120.2	裸铜线	Bare Copper	101.5
P50炉体	P50 Vessel	101.6	钢芯铝绞线	Aluminium Cable Steel Reinforced	110.2
柴油机	Diesel Engine	109.3	布电线	Cloth Wires	101.8
内燃机零部件及配件	Engine Parts and Accessories	112.7	裸铝线	Bare Aluminium Wire	89.1
柴油机配件	Diesel Engine Parts	122.7	漆包铜线	Copper Enameling	97.8
汽轮机及辅机	Modification and Perfection of the Turbine Auxiliary	93.3	纸包电磁线	Wire Wrap	93.6

6−7 续表 9 continued

(上年=100) (Preceding Year=100)

产品名称	Name of Product	指 数 Indice	产品名称	Name of Product	指 数 Indice
电表配件	Ammeter Accessories	96.3	电阻	Resistivity	97.4
电源设备	Power Equipment	100.0	电容器	Capacitors	99.4
蓄电池	Battery	114.5	继电器	Relay	96.9
荧光灯	Fluorescent Lamp	100.0	电阻、变阻器	Resistance, Rheostat	98.9
灯头	Lamp	110.6	引线(电子元件)	Lead Wire	94.5
信号灯	Signals	121.5	电路板	Circuit Board	97.4
网络终端	Network Terminal	98.3	废钢	Scrap	124.7
计算机显示终端设备	Computer Display Terminal Equipment	100.3	其他	Other	103.8
显像管	CRT	99.1	废塑料	Waste Plastics	105.9
晶体管	Transistors	99.2	废纸	Waste Paper	125.2
电视机配件	TV Accessories	97.1	废玻璃	Glass	114.5
半导体二极管	Semiconductor Diode	98.8	煤灰	PFA	98.4
半导体器件引线	Semiconductor Devices Lead	89.8	矿渣	Slag	114.0
传感器	Sensor	99.0	杂骨	Miscellaneous Bone	122.2
液晶显示板	LCD Panels	90.2	电	Xinhua	103.6
半导体集成电路	Semiconductor Integrated Circuits	99.2	热	Heat	115.3
模块	Module	97.9	工业用燃气	Industrial Gas	108.4
芯片	Chip	99.0	工业用天然气	Industrial Gas	109.2
电子调谐器	Electronic Tuner	97.6	自来水	Tap Water	104.7
管座	Control Block	100.0			

6-8　1991-2008年固定资产投资价格指数

Price Index of Investment in Fixed Assets From 1991 to 2008

(上年=100)　　　　(Preceding Year=100)

年份 Year	固定资产投资 The entire province investment in fixed assets	建筑安装工程 constrction and installation	人工费 Manpower Cost price Index	材料费 Materials price index	钢材 Rolledsteel	木材 Wood	水泥 cement
1991	112.4	116.6	122.7	120.9	119.6	121.2	118.5
1992	119.4	123.8	118.7	122.4	117.0	109.4	107.8
1993	122.1	124.6	142.9	126.5	127.7	121.6	110.4
1994	115.7	120.1	159.1	119.4	118.9	132.0	107.0
1995	106.6	105.7	111.4	104.2	99.3	100.1	101.9
1996	103.1	103.2	112.8	101.0	99.6	99.9	102.1
1997	100.4	100.7	106.3	100.6	99.3	100.8	101.7
1998	99.2	100.2	104.7	99.0	97.6	100.9	98.3
1999	99.6	101.3	105.8	100.1	98.4	102.1	99.8
2000	102.4	105.1	105.1	106.2	107.4	109.9	98.2
2001	101.4	103.2	106.6	102.7	101.8	111.4	103.8
2002	101.1	102.3	103.3	100.5	100.9	106.1	99.3
2003	102.9	104.7	103.9	106.7	110.9	110.3	101.8
2004	107.4	110.4	108.0	113.2	120.3	106.4	108.6
2005	102.9	103.7	109.5	102.4	101.0	103.3	100.0
2006	101.8	102.1	109.0	100.1	97.2	102.7	101.4
2007	104.0	105.5	110.3	104.7	105.6	106.2	103.2
2008	107.7	110.7	110.5	112.4	116.3	110.4	110.2

6-8 续表 continued

(上年=100) (Preceding Year=100)

年 份 Year	地方材料 local building materials	化工材料 Chemical Raw materials	电 料 electrical materials and appliances	其它材料 Other Materials	机 械 使用费 Machinery fee	设备工器具购置 Purchase of Equipment, Tools and Instruments	其它费用 other fee
1991	115.4	103.9	101.9	115.3	105.7	105.3	107.1
1992	110.8	100.4	99.9	113.6	96.5	115.0	106.2
1993	114.8	101.7	99.7	121.8	92.5	118.8	113.5
1994	119.5	102.0	100.5	122.6	100.4	107.6	106.0
1995	111.1	101.4	100.0	107.1	108.2	106.2	113.8
1996	106.9	101.7	100.1	102.0	104.8	101.6	107.2
1997	102.3	103.9	101.9	101.7	96.5	98.7	103.5
1998	101.2	100.4	99.9	100.0	92.5	96.0	102.0
1999	102.4	101.7	99.7	101.0	100.4	96.2	98.3
2000	115.2	106.0	100.0	101.6	102.2	97.2	100.4
2001	106.7	98.7	98.4	98.7	102.2	97.1	102.1
2002	98.1	100.3	100.6	101.0	107.6	97.3	104.1
2003	103.0	101.7	100.0	101.1	101.7	98.5	104.2
2004	108.9	105.1	108.5	104.7	103.4	101.1	106.7
2005	104.2	110.2	104.8	103.2	102.6	100.8	103.5
2006	103.7	107.0	103.7	103.5	103.9	100.6	103.4
2007	103.6	104.2	105.7	103.3	104.2	100.8	104.6
2008	110.0	114.5	102.7	105.8	104.8	102.5	104.4

6-9 固定资产投资价格分类指数（2008年）

Price Index of Investment in Fixed Assets(2008)

(上年=100) (Preceding Year=100)

类　别	Classification	年度平均 Annual Average	一季度 The First Quarter	二季度 The Second Quarter	三季度 The Third Quarter	四季度 The Forth Quarter
固定资产投资	**Investment in Fixed Assets**	**107.7**	**107.6**	**110.2**	**109.9**	**103.1**
建筑安装、装饰工程	**Construction and Installation**	**110.7**	**111.1**	**114.9**	**113.9**	**103.2**
人工费	**Manpower Cost price Index**	**110.5**	**110.5**	**110.4**	**111.8**	**109.4**
工程管理人员	Engineering Management Staff	109.8	110.7	110.2	110.8	107.5
工程技术人员	Engineering Technology Staff	109.8	109.8	109.5	110.4	109.2
普通工人	Common Worker	110.8	110.7	110.5	112.2	109.7
材料费	**Materials Price Index**	**112.4**	**113.2**	**118.5**	**116.5**	**101.4**
钢材	Rolled-steel	116.3	122.0	127.7	121.2	94.1
木材	Wood	110.4	109.7	111.4	111.9	108.5
水泥	Cement	110.2	104.3	114.1	114.9	107.6
地方建筑材料	Local Building Materials	110.0	108.1	109.7	111.9	110.2
化工材料	Chemical Raw Materials	114.5	114.2	118.1	115.3	110.5
电料	Electrical Materials and Appliances	102.7	102.4	101.7	107.0	99.6
其他材料	Other Materials	105.8	106.3	105.1	108.0	103.7
机械费	**Machinery Fee**	**104.8**	**103.7**	**105.6**	**105.9**	**103.9**
土石方及筑路机械	Cubic Meter of Earth and Stone and Road Machinery	104.6	103.2	106.0	106.6	102.4
打桩机械	Piling Machinery	103.0	100.5	102.2	105.2	104.2
起重机械	Hauling-up Machinery	103.8	103.3	104.5	103.9	103.4
运输机械	Transport Machinery	106.4	105.7	106.3	107.6	106.1
混凝土及砂浆机械	Concrete and Mortar Machinery	104.8	105.0	104.7	105.2	104.3
加工机械	Processing Machinery	104.8	103.9	106.9	104.5	104.0
泵类机械	Pump Machinery	103.9	102.7	105.9	104.8	102.1
船舶机械	Shipping Machinery	109.4	103.9	115.4	112.9	105.2
其他机械	Other Machinery	104.9	104.8	105.2	104.5	105.2
设备、工器具购置	**Pruchase of Equipment, Tools and Instruments**	**102.5**	**101.0**	**102.3**	**103.4**	**103.2**
其他费用	**Others**	**104.4**	**105.7**	**104.7**	**105.0**	**102.2**
土地取得费	Land Fee	103.8	105.4	103.9	103.8	102.1
前期工程费	Front-end Engineering Fee	104.1	104.9	104.6	104.6	102.1
施工工作费	Working Fee	104.4	105.5	104.6	105.3	102.0
建设单位其他费用	Other Fee about Units Undertaking Projects	105.4	106.9	105.6	106.2	102.6

6–10 固定资产投资调查产品价格指数(2008年)
Price Index of Investment in Fixed Assets(2008)

(上年=100) (Preceding Year=100)

类别	Classification	年度平均 Annual Average	一季度 The First Quarter	二季度 The Second Quarter	三季度 The Third Quarter	四季度 The Forth Quarter
固定资产投资	**Investment In Fixed Assets**	**107.7**	**107.6**	**110.2**	**109.9**	**103.1**
建筑安装、装饰工程	**Construction And Installation**	**110.7**	**111.1**	**114.9**	**113.9**	**103.2**
人工费	**Manpower Cost Price Index**	**110.5**	**110.5**	**110.4**	**111.8**	**109.4**
工程管理人员	Engineering Management Staff	109.8	110.7	110.2	110.8	107.5
工程技术人员	Engineering Technology Staff	109.8	109.8	109.5	110.4	109.2
普通工人	Common Worker	110.8	110.7	110.5	112.2	109.7
材料费	**Materials Price Index**	**112.4**	**113.2**	**118.5**	**116.5**	**101.4**
钢材	**Rolled-Steel**	**116.3**	**122.0**	**127.7**	**121.2**	**94.1**
重轨	Heavy Rail	104.2	102.2			106.3
重轨	Heavy Rail	104.2	102.2			106.3
轻轨	Light Rail	104.4	104.4			
轻轨	Light Rail	104.4	104.4			
其他铁道用钢	Other Railroad Steel	112.8	108.5	136.9	116.9	88.8
垫板	Backing Board	108.2		107.3	109.1	
低合金钢板	Low-alloy Steel Plate	112.2		137.6		86.9
花纹钢板	Pattern Plate	115.4	108.9	134.6	111.9	106.3
钢摸板	Steel Formwork	109.5	106.8	120.0	116.7	94.5
钢结构复合板	Steel Composite Plate	139.1		156.1	122.1	
其他	Others	98.7		100.0		97.4
螺纹钢	Deformed Steel Bar	117.0	123.4	130.9	121.0	92.6
螺纹钢φ10mm以下	Following Steel φ10mm	116.2	121.2	131.1	120.8	91.6
螺纹钢φ10–15mm	Φ10-15mm Rebar	116.9	123.9	130.7	118.0	95.1
螺纹钢φ16–20mm	Φ16-20mm Rebar	116.8	121.8	132.2	123.1	89.9
螺纹钢φ21–25mm	Φ21-25mm Rebar	120.5	132.2	131.3	123.6	95.0
螺纹钢φ26–30mm	Φ26-30mm Rebar	118.9	128.0	124.5	124.1	99.1
螺纹钢φ31–35mm	Φ31-35mm Rebar	118.2	107.2	139.5	141.4	84.5
螺纹钢中型φ36–40mm	Φ36-40mm Rebar Medium	109.5	119.9			99.2
螺纹钢中型φ40mm以上	Rebar over Medium φ40mm	100.6			112.0	89.2
其他	Others	110.3		107.3	139.8	83.9
薄钢板(<=4mm)	Sheet Steel	108.7	115.7	117.5	111.2	90.5
冷扎薄钢板厚度0.2–0.5mm	Cold Rolling Steel Sheet Thickness 0.2-0.5mm	112.5	126.9	118.0	100.2	104.7
冷扎薄钢板厚度0.6–1.0mm	Cold rolling Steel Sheet Thickness 0.6-1.0mm	101.9	112.3	115.7	110.6	68.9
冷扎薄钢板厚度1.1–2.0mm	Cold Rolling Steel Sheet Thickness 1.1-2.0mm	103.7		112.1	114.6	84.4
冷扎薄钢板厚度2.0mm以上	Cold Rolling Steel Sheet Thickness of more than 2.0mm	114.1	117.5	110.3	133.7	94.8
热扎薄钢板厚度0.6–1.0mm	Thickness of Thin Steel Plate Thermal Bar-0.6-1.0mm	120.9			120.9	
热扎薄钢板厚度1.1–2.0mm	Thickness of Thin Steel Plate Thermal Bar-1.1-2.0mm	110.0	110.0			
热扎薄钢板厚度2.0mm以上	Hot Bar for more than a Thin Plate Thickness 2.0mm	115.1	110.5	123.4	121.5	105.0
其他	Others	100.0	100.0			
中、厚钢板	Steel Plate	111.6	126.2	129.7	109.3	81.3

6-10 续表 1 continued

(上年=100) (Preceding Year=100)

类 别	Classification	年度平均 Annual Average	一季度 The first Quarter	二季度 The second Quarter	三季度 The third Quarter	四季度 The forth Quarter
不锈钢板厚度5−15mm	Stainless Steel Plate Thickness of 5-15mm	113.8	128.8	125.0	121.0	80.4
不锈钢板厚度16−25mm	Stainless Steel Thickness of 16-25mm	118.8	111.4	144.9	100.2	
不锈钢板厚度26−35mm	Stainless Steel Thickness of 26-35mm	130.7		130.7	130.7	
彩色钢板	Color Steel Plate	111.3	125.0		108.9	100.0
锅炉钢板	Boiler Plate	89.9				89.9
其他	Others	124.6	119.9	151.1		102.7
大型钢材	Large-scale Steel	116.8	116.1	122.6	130.9	97.7
角钢(>100mm)	Angle (> 100mm)	117.4	117.4	119.4	137.2	95.5
工字钢(高≥180mm)	I-beam (high ≥ 180mm)	113.6	107.1	106.2	132.6	108.4
槽钢(高≥180mm)	Channel (high ≥ 180mm)	114.8	108.1	130.6	115.2	105.4
圆钢(φ>80mm)	Round (φ> 80mm)	118.6	127.4	125.0	134.4	87.5
方钢(边宽≥90mm)	Square Steel (edge width ≥ 90mm)	118.5	117.6	118.8	118.8	118.8
扁钢(边宽≥120mm)	Flat Steel (edge width ≥ 120mm)	148.7		148.7		
中型钢材	Medium-sized Steel	108.1	112.3	108.9	115.3	95.8
角钢(50−100mm)	Angle (50-100mm)	105.8	116.1	102.4	110.5	94.2
工字钢(高<180mm)	I-beam (high <180mm)	105.9	104.5	115.2	111.9	92.0
异型钢	Shaped Steel	108.8	108.5	103.9	125.1	97.5
槽钢(高<180mm)	Channel (high <180mm)	122.9	118.0	132.8	139.0	101.7
圆钢(φ38−80mm)	Bar (φ38-80mm)	120.7	124.8	131.2	143.5	83.4
扁钢(边宽60−120mm)	Flat Steel (edge width 60-120mm)	132.0	115.5	167.6	147.4	97.5
钢支撑	Steel Support	109.2	117.2	119.5	100.0	100.0
其他	Others	100.0		100.0	100.0	
小型钢材	Small Steel	115.4	125.5	120.8	121.9	93.4
扁钢(边宽55mm以下)	Flat Steel (55mm wide edge the following)	112.9	121.7	113.4	117.5	99.0
角钢(<50mm)	Angle (<50mm)	110.2	112.4	119.7	118.7	89.9
异型钢	Shaped Steel	114.8		124.1	108.8	111.7
圆钢(φ<38mm)	Round (φ <38mm)	116.4	128.6	121.1	127.0	88.8
方钢(边宽<25mm)	Square Steel (edge width <25mm)	101.5				101.5
其他	Others	100.0		100.0	100.0	100.0
钢筋	Reinforced	117.7	125.0	126.6	124.3	95.0
钢筋φ6.5mm以内	Φ6.5mm Reinforced Within	116.5	124.7	122.0	121.5	97.7
钢筋φ6.6−10mm	Φ6.6-10mm Reinforced	119.6	127.9	129.8	125.9	94.7
钢筋φ11−15mm	Φ11-15mm Reinforced	121.0	133.9	131.7	124.4	94.1
钢筋φ16−20mm	Φ16-20mm Reinforced	117.0	120.0	131.9	128.3	87.7
钢筋φ20mm以上	Reinforced over φ20mm	118.3	116.5	126.3	124.7	105.6
预应力钢筋	Prestressed Reinforcement	115.7	112.3		134.5	100.3
钢筋连接套筒	Reinforced Connecting Sleeve	113.2	103.7	110.1	120.8	118.2
其他	Others	119.1		136.0	134.6	86.6
优质钢材	High-quality Steel	118.0	120.8	136.1	114.6	100.4
优质结构钢	High-quality Structural Steel	118.0	120.8	136.1	114.6	100.4

6-10 续表 2 continued

(上年=100) (Preceding Year=100)

类 别	Classification	年度平均 Annual Average	一季度 The first Quarter	二季度 The second Quarter	三季度 The third Quarter	四季度 The forth Quarter
钢构件	Steel Components	108.7	119.5	116.4	117.7	81.0
桥架	Bridge	101.7	103.3	100.9	103.0	99.6
钢梯	Ladders	112.0		112.0		
井架	Derrick	116.7		116.7		
钢梁	Steel	107.8	118.6	118.2	116.9	77.6
塔材	Tower Material	113.6				113.6
钢门窗	Steel Doors and Windows	102.0	102.0			
组合钢模板及附件	Combination of Steel Formwork and Accessories	113.1	121.3	100.0	121.9	109.1
其他	Others	106.0	119.5	129.5	100.0	74.8
无缝钢管	Seamless Steel Pipe	115.6	114.5	115.8	135.0	96.9
螺旋管	Spiral	119.0	114.2	116.9	140.1	104.7
热镀管	Hot Pipe	116.0	118.0	117.8	132.6	95.5
波纹管	Bellows	109.7	109.1	103.0	118.8	108.0
普通管	General Control	108.3	110.5	111.5	103.1	108.0
不锈钢管	Stainless Steel Tube	118.0	111.9	108.9	133.3	
合金管	Alloy Pipe	131.1			131.1	
其他	Others	112.6		106.5	129.2	102.2
焊接钢管	Welded Steel Pipe	114.9	119.8	122.9	127.3	89.5
普通管	General Control	117.3	119.6	123.0	128.4	98.4
高压输油(气)管	High-Pressure Oil (gas) Pipe	108.6	121.1		104.8	100.0
低压输油(气)管	Low Oil (gas) Pipe	75.2				75.2
钢制方管	Steel Square Tube	112.1		131.8	112.2	92.3
不锈钢管	Stainless Steel Tube	110.3		100.1	116.7	114.1
衬塑钢管	Lined with Plastic Pipe	125.0		125.0		
合金管	Alloy Pipe	121.3	104.8	137.8		
其他	Others	97.9		100.3	100.0	93.6
铸铁管	Cast Iron Pipe	109.7	109.5	120.5	107.8	101.1
给水管	Water Distribution	106.4	104.5	114.4	107.8	98.9
排水管	Drain	118.1	121.9	144.8	102.5	103.0
燃气管	Gas Pipe	163.5		163.5		
钢丝绳	Wire Rope	110.5	111.5	115.7	132.2	82.5
钢丝绳	Wire Rope	104.9	104.4	107.2	105.3	102.7
预应力钢绞线	Prestressed Steel Strand	112.5	118.8	116.9	134.4	79.7
镀锌钢绞线	Galvanized Steel Strand	106.9	109.1	104.8		
钢绞线	Strand	100.0	100.0	100.0		
其他	Others	116.0	124.8			107.3
钢丝及其制品	Steel Wire and Related Products	120.6	129.3	126.6	118.4	108.3
钢丝	Wire	122.4	131.9	128.0	117.8	111.7
钢丝网	Steel Mesh	100.5	112.0	100.7	100.0	89.3
钢筋焊网	Steel Welding Net	100.9	100.9			

6-10 续表 3 continued

(上年=100) (Preceding Year=100)

类　别	Classification	年度平均 Annual Average	一季度 The first Quarter	二季度 The second Quarter	三季度 The third Quarter	四季度 The forth Quarter
钢钎维	Steel-dimensional	75.2				75.2
其他	Others	123.0			169.6	76.4
钢带	Strip	117.8	115.3	114.9	119.8	121.2
热轧带钢	Hot Strip	118.0	116.3	118.1	116.4	121.2
冷轧带钢	Cold-rolled Strip	128.6		115.9	141.3	
彩钢卷	Color Volume	113.5	114.3	111.8	114.6	
其他	Others	117.1		117.1		
铁丝	Wire	111.6	111.0	111.7	119.5	104.1
8#铁丝	8 # Wire	109.6	112.2	110.0	115.6	100.8
10#铁丝	10 # Wire	112.2	103.8	108.8	121.3	114.8
12#铁丝	12 # Wire	127.5	117.8	125.4	137.6	129.3
14#铁丝	14 # Wire	120.3	118.9	115.7	145.6	101.2
22#铁丝	22 # Wire	117.9	119.9	125.0	116.2	110.7
其他	Others	96.0	114.7		100.0	73.4
铁及铁制品	Iron and Iron Products	112.9	109.6	118.0	118.4	105.6
铁件(加工)	Iron Castings (Processing)	109.5	108.9	115.1	111.7	102.2
铁皮	Metal	115.6			116.8	114.3
铁塔	Tower	102.9	123.9			81.8
铁铸井盖井座	Well Block, Iron Covers	126.1			126.1	
预埋铁件	Embedded Iron	126.4	113.3	128.0	143.6	120.7
焊接铁件	Soldering Iron	101.2	101.2			
机制弯头	Mechanism Elbow	101.1				101.1
其他	Others	115.4		114.0	132.2	100.0
窗纱	Window Screening	111.4	103.5	123.6	122.8	95.7
窗纱	Window Screening	123.7		123.7		
铁线	Adiantum	127.5			127.5	
铁丝布	Iron cloth	112.7	103.5	112.8	121.9	112.8
其他	Others	108.3			122.7	93.8
螺栓	Bolt	121.8	110.1	122.4	139.3	115.5
普钢螺栓	S & P Steel Bolt	111.1	105.5	134.7	112.6	91.6
不锈钢螺栓	Stainless Steel Bolt	103.6		103.6		
对拉螺栓	To Pull Bolt	130.1	113.1	114.7	155.9	136.5
膨胀螺栓	Expansion Bolt	107.3	105.8	105.9	108.4	109.0
穿墙套管	Through-wall Bushing	115.0	120.0		125.0	100.0
其他	Others	114.4		107.3	139.3	96.4
钢制脚手架	Steel Scaffolding	110.7	117.2	115.8	121.4	88.5
脚手架钢材	Steel Scaffolding	111.6	119.0	117.6	122.2	87.6
脚手架扣件	Scaffold Fasteners	107.1	104.9	103.3	124.6	95.6
铁爬梯	Iron ladder	95.2			100.0	90.5
脚手板	Ledger Board	101.2	108.0		92.0	103.8

6-10 续表 4 continued

(上年=100) (Preceding Year=100)

类　别	Classification	年度平均 Annual Average	一季度 The first Quarter	二季度 The second Quarter	三季度 The third Quarter	四季度 The forth Quarter
其他	Others	103.0		100.0	106.0	
不锈钢构件及制品	Stainless Steel Components and Products	112.5	114.1	111.6	115.8	108.4
轻钢小龙骨	Small Light Steel Keel	119.1	114.3	105.7	146.6	109.6
轻钢中龙骨	Light Steel Keel	117.7	129.5	118.4	116.1	106.6
轻钢大龙骨	Large Light Steel Keel	110.9	114.7	112.6	106.6	109.7
龙骨连接件	Keel Connector	108.1		103.7	109.5	111.1
轻钢通贯龙骨	Pass Through Light Steel Keel	114.3				114.3
钢格栅板	Steel Grating Plate	114.4		108.2	126.0	109.1
锚具	Anchor	107.9	105.8	128.0	100.0	97.9
其他	Others	106.9			106.9	
铁及铁艺制品	Iron and Iron Products	104.0	104.5		107.5	100.0
铁艺(制)楼梯扶手	Iron (system) Staircase Handrail	106.0	106.0			
铁艺(制)楼栏杆	Iron (system) Floor Railing	102.9	101.7		107.1	100.0
穿钉	Nailing	114.3			114.3	
铁担	Rail Tam	100.0		100.0		
其他	Others	100.0		100.0		
钢铁制门	Iron and Steel Door System	102.7	104.7	112.7	102.6	90.9
钢制卷帘门	Rolling Steel Doors	100.0				100.0
钢制防火门	Steel Fire Door	108.7	104.7	112.7		
普通铁门	Ordinary Steel Doors	96.3			102.6	90.0
木材	**Timber**	**110.4**	**109.7**	**111.4**	**111.9**	**108.5**
原木	Logs	111.5	111.0	110.8	112.3	111.7
进口(红松原木)	Imports (Red Pine Logs)	112.3	116.3	109.2	115.3	108.4
进口(白松原木)	Imports (White Pine Logs)	113.0	113.3	110.8	112.6	115.3
进口(落叶松原木)	Imports (Larch Wood)	118.7	111.8	115.2	126.7	121.1
国产(红松原木)	Domestic (Korean Pine Logs)	106.3	106.0	110.3	103.0	106.1
国产(白松原木)	Domestic (White Pine Logs)	107.5	105.1	112.0	107.5	105.5
国产(落叶松原木)	China (Larch Wood)	112.2	109.3	111.1	117.5	111.0
硬杂木原木	Hardwood Logs	116.2	110.1	112.7	134.7	107.3
其他	Others	107.3	101.7	110.6	112.1	104.9
普通锯材	General Lumber	111.7	111.4	113.6	113.0	108.7
进口(红松板方材)	Imports (Korean Pine Board Quadrate)	108.0	95.2	119.7	114.8	102.2
进口(白松板方材)	Imports (White Pine Board Quadrate)	111.5	114.1	113.5	114.3	104.2
进口(落叶松方材)	Imports (Larix Quadrate)	114.0	106.5	113.5	114.3	121.6
国产(红松板方材)	Domestic (Korean Pine Board Quadrate)	112.0	112.8	111.1	116.8	107.1
国产(白松板方材)	Domestic (White Pine Board Quadrate)	106.5	106.1	108.0	107.7	104.3
国产(落叶松方材)	China (Larix Quadrate)	110.5	118.4	107.8	106.2	109.4
硬杂木板方材	Miscellaneous Quadrate Hardwood	97.0	106.2		107.7	77.1
其他	Others	102.9	108.1	100.0	104.6	99.0
特种锯材	Specialty Lumber	108.3	111.6	109.7	113.7	98.3

6-10 续表 5 continued

(上年=100) (Preceding Year=100)

类　别	Classification	年度平均 Annual Average	一季度 The first Quarter	二季度 The second Quarter	三季度 The third Quarter	四季度 The forth Quarter
枕木	Crosstie	102.1		103.9		100.2
方木支撑	Wooden Side Support	117.1	109.2	112.6	139.4	107.3
木龙骨	Wood Keel	112.5	133.4	104.1	108.6	104.0
木脚手板	Wooden Ledger Board	102.3		100.0	103.9	103.0
模板锯材	Template Lumber	95.2		81.6	101.5	102.6
模板木材	Template Timber	106.7	108.5	113.1	114.8	90.5
木摸板	Wood Template	103.6	107.1	105.4	104.9	97.1
其他	Others	104.7	100.0	100.0	103.7	115.2
胶合板	Plywood	108.0	109.5	106.0	110.0	106.5
三合板	Plywood	102.8	106.1	108.6	105.6	91.0
五合板	Five plywood	105.6	108.0	105.3	109.0	100.2
七合板	Seven Plywood	114.4	102.3	120.3	128.4	106.4
九合板	Nine Plywood	102.9	101.5	105.1	104.3	100.8
细木工板	Blockboard	108.8	112.6	109.5	111.5	101.7
多层板(九层以上)	MLB (Nine or More)	112.1	119.8	104.7	105.8	118.0
大芯板	Lumber Core	103.8	103.2	104.7	105.2	102.2
其他	Others	105.1	103.3	102.5	113.1	101.5
纤维板	Fibreboard	109.4	104.8	110.1	111.7	111.1
软质	Soft	102.0	102.0			
硬质	Rigid	108.9	104.9	110.1	106.8	113.9
半硬质	Semi-rigid	116.7			116.7	
其他	Others	107.7				107.7
刨花板	Particleboard	105.0	103.2	109.2	109.3	98.3
低密度	Low-density	102.4	101.5	108.3	108.0	91.8
中密度	Medium Density	107.8			110.5	105.0
高密度	High-density	118.5	109.7	122.7	123.1	
木质装饰品	Wooden Decorations	102.9	102.6	105.8	103.3	99.9
实木地板	Solid Wood Flooring	102.6	102.3	104.9	102.3	101.0
防静电地板	Anti-static Floor	110.2	103.9	116.7		110.0
复合地板	Laminated Flooring	108.5	101.9	114.0	111.2	106.8
竹质地板	Bamboo Texture Plate	103.9		107.7	100.0	
装饰面板	Decoration Panel	103.4	110.0	102.3	108.3	92.8
装饰木线	Decorative Wood Line	107.4	100.6	106.9	111.4	110.7
门	Door	110.7	106.5	110.7	110.1	115.5
普通木门	Ordinary Wooden Doors	114.1	104.8	110.4	112.2	129.0
装饰木门	Decorative Wooden Doors	104.9	106.8	103.9	105.8	102.9
实木门	Solid Wood Door	108.0	108.1	109.5	117.7	96.9
其他	Others	113.8	106.8	120.8		
竹木及其制品	Wood and Its Products	109.6	103.5	125.8	105.7	103.2
门窗材	Wood Windows and Doors	106.9	102.7	110.6	106.3	108.0

6-10 续表 6 continued

(上年=100) (Preceding Year=100)

类 别	Classification	年度平均 Annual Average	一季度 The first Quarter	二季度 The second Quarter	三季度 The third Quarter	四季度 The forth Quarter
楼梯硬木扶手	Hardwood Staircase Handrail	98.6				98.6
竹夹板	Bamboo Plywood	109.1	103.7	126.8	103.8	102.2
竹材	Bamboo	109.1				109.1
其他	Others	110.5		114.6	113.5	103.2
水泥	**Cement**	**110.2**	**104.3**	**114.1**	**114.9**	**107.6**
通用水泥	General Cement	110.3	104.3	114.5	116.0	106.6
矿渣硅酸盐水泥P.S 32.5散装	P.S 32.5 Slag Cement in Bulk	110.6	103.6	111.2	115.5	112.2
矿渣硅酸盐水泥P.S 32.5袋装	P.S 32.5 Slag Cement Bags	110.2	102.0	114.8	116.8	107.3
普通硅酸盐水泥P.O 32.5散装	P.O 32.5 Ordinary Portland Cement in Bulk	105.3	103.3	114.2	113.0	90.7
普通硅酸盐水泥P.O 32.5袋装	P.O 32.5 Ordinary Portland Cement Bags	112.9	108.6	117.1	115.8	109.9
普通硅酸盐水泥P.O 42.5散装	P.O 42.5 Ordinary Portland Cement in Bulk	111.6	107.1	111.1	115.7	112.6
普通硅酸盐水泥P.O 42.5袋装	P.O 42.5 Ordinary Portland Cement Bags	114.0	106.1	122.0	118.7	109.2
普通硅酸盐水泥P.O 42.5散装低碱	P.O 42.5 Ordinary Portland Cement in Bulk and Low-alkali	124.5			117.3	131.7
普通硅酸盐水泥P.O 42.5袋装低碱	Ordinary Portland Cement of Low Alkali P.O 42.5 Bags	116.8	107.4	123.2	128.0	108.8
其他	Others	120.5	100.0	136.8	124.7	
专用水泥	Special Cement	118.6	154.5	107.2	112.8	100.0
油井水泥	Oil well Cement	104.8	104.8			
大坝水泥	Concrete dam	100.0			100.0	100.0
其他	Others	131.9	170.0	107.2	118.3	
特性水泥	Characteristics of Cement	107.0	100.8	112.1	109.9	105.3
白水泥	White Cement	107.1	104.2	112.8	106.8	104.8
快硬水泥	Rapid Hardening Cement	104.4	100.0	110.4	102.9	
膨胀水泥	Expansive Cement	105.6	105.6			
彩色水泥	Color Cement	125.0				125.0
其他	Others	131.0		103.6	144.6	144.6
水泥砖	Cement Brick	110.1	109.9	110.1	109.8	110.8
水泥砖	Cement Brick	110.2	110.1	110.1	109.8	110.6
路缘(沿)石	Curb (Along) Stone	107.6	105.5	105.9	108.0	111.1
彩色釉面水泥砖	Color Glazed Concrete Brick	112.8		111.8	108.0	118.8
其他	Others	114.3			114.3	
水泥瓦	Cement Tile	111.2	109.0	113.0	114.9	107.9
普通水泥瓦	Ordinary Cement Tile	115.0	105.5	113.7	121.5	119.4
彩色水泥瓦	Color Cement Tile	105.5	120.0	100.0	102.0	100.0
纤维水泥瓦	Fiber Cement Tile	106.0	106.0			
玻璃钢波型瓦	FRP-watt Wave	107.0	110.1	111.0	103.1	103.9
其他	Others	132.0		132.0		
水泥板	Cement Board	104.7	104.4	107.8	105.1	101.4
水泥聚苯保温板	Cement Polystyrene Insulation Board	107.6			105.9	109.4
水泥珍珠岩轻质墙板	Perlite Lightweight Cement Wall Panels	109.8	100.3	136.2	105.3	97.5
普通水泥楼板	Ordinary Cement Floor	104.2	104.7	103.9	106.5	101.5

6-10 续表 7 continued

(上年=100) (Preceding Year=100)

类　别	Classification	年度平均 Annual Average	一季度 The first Quarter	二季度 The second Quarter	三季度 The third Quarter	四季度 The forth Quarter
预制构件	Prefabricated	106.5	106.2	106.7		
其他	Others	102.1	102.0	101.4	103.4	101.7
水泥排水管	Cement Pipes	114.0	105.6	109.5	107.2	133.7
水泥排水管	Cement Pipes	114.0	105.6	109.4	107.2	133.7
管片	Segment	132.8		122.7	142.9	
水泥压力管	Cement Pressure Pipes	104.9	104.4	101.9		108.3
水泥压力管	Cement Pressure Pipes	104.9	104.4	101.9		108.3
水泥电杆	Cement Poles	117.7			117.7	
水泥电杆(园锥型)	Cement Poles (Park Cone)	117.7			117.7	
水泥桥梁	Cement Bridge	102.6	102.6		102.6	
普通钢筋混凝土桥梁	Ordinary Reinforced Concrete Bridges	102.6	102.6		102.6	
石棉水泥制品	Asbestos-cement Products	101.4	103.0	100.2	102.6	100.0
石棉水泥管	Asbestos-cement Pipe	101.4	103.0	100.0	102.6	100.0
石棉水泥瓦	Asbestos-cement Tile	110.5		110.5		
其他水泥制品	Other Cement Products	102.8	103.4	104.5	102.1	101.2
纤维水泥制品	Fiber Cement Products	106.7	106.7			
水泥珍珠岩板	Cement Perlite Plate	104.9	104.9	109.6		100.0
水泥蛭石板	Vermiculite Cement Stone	103.9			104.4	103.5
水泥珍珠岩	Perlite Cement	103.5	106.7	103.2	101.8	102.4
成品排气道	Finished Exhaust Road	101.6		100.0	103.7	101.0
其他	Others	100.0	100.0			
地方建筑材料	**Local Building Materials**	**110.0**	**108.1**	**109.7**	**111.9**	**110.2**
砖	Brick	109.0	114.4	106.9	108.1	106.5
页岩砖	Shale Brick	108.0	111.1	105.6	108.5	106.9
空心砖	Hollow Brick	110.1	124.7	105.0	106.1	104.8
煤渣砖	Cinder Blocks	108.8	106.9	111.8	112.5	104.0
轻体砖	Light Brick Body	105.1	105.6	106.3	105.2	103.2
红机砖	Red Brick Machine	111.8	109.0	113.0	112.7	112.5
煤矸石煤结多孔砖	Coal Gangue Brick End	106.7	104.9	108.2	111.8	101.7
透水砖	Permeable Brick	115.4		115.4		
外墙砖	Outside Wall	102.0		102.9	100.0	103.2
其他	Others	116.4		132.3	116.7	100.2
瓦	W	113.1	131.0	106.5	107.0	107.7
粘土瓦	Clay Tile	115.0	138.3	105.5	108.0	108.1
波形瓦	Waveform W	100.7		101.3		100.0
混凝土平瓦	Concrete Flat Tile	106.0	104.0	106.7	107.6	105.6
小青瓦	Small Grey Tile	100.0			100.0	
红陶瓦	Terracotta Tile	111.6		113.6		109.5
其他	Others	113.0		116.7	105.8	116.7
石灰	Lime	112.6	110.7	110.8	113.2	115.6

6–10 续表 8 continued

(上年=100) (Preceding Year=100)

类别	Classification	年度平均 Annual Average	一季度 The first Quarter	二季度 The second Quarter	三季度 The third Quarter	四季度 The forth Quarter
生石灰	Quicklime	113.7	111.3	111.7	114.9	117.1
熟石灰	Hydrated Lime	111.3	110.9	108.4	111.8	114.2
石灰膏	Lime Plaster	108.6	106.8	107.1	112.1	108.4
二灰	Second Gray	112.4		109.0	111.9	116.2
岩砂晶	Sand Rock Crystal	109.0	112.5	107.3		107.1
沙粉	Sand Powder	120.5		120.5		
其他	Others	125.0				125.0
砂子	Sand	110.8	111.4	110.1	112.1	109.5
粒砂	Grain of Sand	110.1	113.8	109.6	110.6	106.2
粗砂	Coarse Sand	114.6	113.9	119.0	114.2	111.4
中砂	Middle Sand	110.3	107.8	107.8	114.0	111.4
细砂	Fine Sand	112.3	111.7	118.1	115.1	104.1
特细砂	Ultra-fine Sand	125.0			125.0	
其他	Others	106.1		120.7	101.2	96.6
石膏制品	Gypsum Products	109.2	106.2	110.2	112.6	107.8
纸面石膏板	Gypsum Plaster Board	108.5	104.7	103.9	115.2	110.4
纤维石膏板	Fiber Gypsum Board	110.0	106.3	116.7	111.0	106.0
布面石膏板	Oil on Gypsum Board	108.8	108.7	106.6	115.1	104.7
石膏隔墙板	Gypsum Wall Board	100.0	100.0		100.0	
石膏线	Gypsum Line	101.6	105.3	105.8		93.8
石膏粉	Gypsum Powder	103.1	104.7	103.6	101.6	102.6
其他	Others	107.1	107.1			
石材	Stone	109.2	111.4	103.8	111.7	110.0
水磨石板材	Terrazzo Panels	108.2	101.8	118.7	112.1	100.0
大理石板材	Marble Plate	113.1	118.4	102.7	112.5	119.0
大理石柱材	Marble Column Material	104.4	104.4			
人造石板材	Artificial Stone Plate	105.0		105.9	109.1	100.0
花岗岩板材	Granite Plate	102.6	103.0	103.0	100.7	103.6
花岗岩边石	Granite Stone Edge	105.6		105.6		
其他	Others	118.9		122.6	111.6	122.6
混凝土	Concrete	110.3	105.4	109.5	113.8	112.7
普通混凝土	Ordinary Concrete	110.6	105.1	109.6	114.0	113.5
加气混凝土	Aerated Concrete	105.9	107.8	104.2	108.7	102.8
陶粒混凝土	Ceramsite Concrete	100.0		100.0		100.0
加气混凝土砌块	Aerated Concrete Block	110.0	106.2	114.8	112.4	106.5
泡沫砼砌块	Foam Concrete Blocks	107.8	101.9	104.3	115.4	109.7
加气蒸压块	Autoclaved Aerated Blocks	108.6	103.0	112.3	110.6	
空心砌块	Hollow Block	103.9	105.0	104.9	108.5	97.3
其他	Others	114.5		104.3	124.4	114.9
防水卷材	Waterproofing Membrane	111.6	104.4	105.7	112.3	123.9

6-10 续表 9 continued

(上年=100) (Preceding Year=100)

类 别	Classification	年度平均 Annual Average	一季度 The first Quarter	二季度 The second Quarter	三季度 The third Quarter	四季度 The forth Quarter
高聚物改性沥青卷材	Polymer Modified Bitumen Membranes	111.1	101.5	104.0	111.2	127.6
沥青防水卷材	Bitumen Membrane	112.6	108.3	112.0	111.6	118.4
合成高分子郑材	Zheng Synthetic Polymer Material	115.0	113.8	111.6	115.7	119.0
其他	Others	100.0		100.0		
块片石	Block Kataishi	105.8	106.6	105.5	110.1	100.8
毛石	Mao Shi	107.0	111.0	104.7	105.8	106.6
料石	Liu Shi	116.7	111.8	114.6	123.7	
块石	Rock	104.8	107.5	103.2	108.5	100.0
煤矸石	Gangue	104.8	104.8			104.8
片石	Riprap	104.0	104.8		121.0	86.2
条石	Oplegnathus	113.8	101.0	138.8	129.0	86.2
文化石	Culture Stone	101.3	102.5		100.0	
其他	Others	113.1		112.5	113.8	
粉煤灰及其制品	Fly Ash and Its Products	104.3	102.8	106.1	101.0	107.1
粉煤灰硅酸盐砌块	Portland Fly-ash Blocks	107.5	103.2	113.6	113.0	100.0
粉煤灰	Fly Ash	100.3	102.6	100.7	97.4	
粉煤灰渣	Fly Ash Slag	104.6			104.6	
蒸压粉煤灰砖	Autoclaved Fly Ash Brick	107.3	107.1	103.5	102.5	115.9
混凝土制品	Concrete Products	102.8	105.3	111.3	102.0	92.7
混凝土承插管	Concrete for Intubation	102.7	105.4	111.5	101.3	92.6
混凝土桩	Concrete Piles	101.2	102.4	100.0		
混凝土井盖	Concrete Covers	106.7				106.7
混凝土预引力大板	Pre-gravity Concrete Slab	110.2		110.2		
其他	Others	123.0		115.5	130.6	
腻子	Putty	106.9	102.5	111.8	107.4	105.9
821腻子粉	821 Putty Powder	113.4	114.3	125.1	107.0	107.2
普通腻子粉	Ordinary Putty Powder	102.7	102.5	102.1	100.4	105.7
矿粉腻子粉	Powder Putty Powder	111.1			111.1	
砂浆	Mortar	116.0	98.8	114.9	118.5	131.8
干粉砂浆	Dry Mortar	116.5	100.8	114.9	118.7	131.8
商品砂浆	Commodity Mortar	122.1			122.1	
其他	Others	93.7	87.3		100.0	
石膏	Gypsum	101.8	94.7	112.5	100.0	100.0
粉刷石膏	Painted Plaster	106.3		112.5	100.0	
石膏板	Gypsum Board	98.3	94.7		100.0	100.0
石膏线	Gypsum Line	100.0				100.0
保温板、管	Insulation Board, Management	112.1	115.6	106.8	115.4	110.6
聚苯乙烯保温板	Polystyrene Insulation Board	117.9	119.8	120.8	120.1	110.9
聚苯乙烯泡沫塑料板	Polystyrene Foam Board	105.7	104.2	105.5	109.6	103.7
聚氨酯保温板	Polyurethane Insulation Board	100.0	100.0	100.0		

6-10 续表 10 continued

(上年=100) (Preceding Year=100)

类 别	Classification	年度平均 Annual Average	一季度 The first Quarter	二季度 The second Quarter	三季度 The third Quarter	四季度 The forth Quarter
岩棉保温板	Rock Wool Insulation Board	100.0	100.0			
硅酸铝保温板	Silicate Insulation Board	100.0	100.0			
其他	Others	112.0	112.0			
石子	Stone	112.1	107.8	115.7	113.0	112.0
石子	Stone	110.2	108.0	112.3	113.4	107.0
级配沙石	Graded Gravel	106.2	106.1	106.0	112.5	100.0
沙砾石	Sand Stone	110.6	100.0	130.4	101.4	
卵石	Pebble	101.1				101.1
白石子	White Stone	103.4	106.7		100.0	
碎石	Gravel	122.0	107.6	136.6	112.8	130.9
其他	Others	117.2	101.5		110.0	140.0
土方	Earthwork	108.5	103.6	111.1	114.1	105.3
黄土	Loess	100.0			100.0	
炉灰渣	Furnace Ash	111.1		111.1		
矿渣	Slag	104.5	103.6			105.3
其他	Other	117.7			117.7	
化工材料	**Chemical Materials**	**114.5**	**114.2**	**118.1**	**115.3**	**110.5**
清漆	Varnish	114.2	118.8	114.1	117.3	106.7
酚醛漆	Phenolic Paint	105.9	103.5	96.6		117.7
醇酸漆	Various Color Alkyd Ready Paint	110.5	112.2	114.9	117.8	97.2
醇酸防锈漆	Antirust Paint Alkyd	118.2		118.2	118.2	
聚脂漆	polyesters Paint	111.7	121.7	111.7	110.9	102.7
调和漆	Chatham Reconcile	104.7	104.2	101.5	105.4	107.9
酚醛漆	Phenolic Paint	107.0	104.0	104.7	106.7	112.5
醇酸漆	Various Color Alkyd Ready Paint	102.8	104.7	102.4		101.2
环氧富锌漆	Epoxy Zinc-rich Paint	101.8		100.0	105.2	100.0
磁漆	Enamel	105.5	107.1	117.9	97.1	100.0
醇酸漆	Various Color Alkyd Ready Paint	101.1	101.1			
硝基漆	Distempers Mastics	100.0				100.0
铅油	Lead in Petrol	109.4	113.2	117.9	97.1	
其他	Others	100.0				100.0
耐热漆	Heat-resistant Paint	113.3	113.3			
其他	Others	113.3	113.3			
防锈漆	Antirust Paint	106.8	107.6	110.4	108.3	100.9
防锈漆	Antirust Paint	106.8	107.6	110.4	108.3	100.9
沥清漆	Lek Varnish	112.7	101.8		113.1	123.3
沥清漆	Lek Varnish	113.4	100.0		113.1	127.1
无毒防腐涂料	Non-toxic Anti-corrosion Coatings	102.6	102.6			
灌缝料	Crack Filling Material	113.2				113.2
乳胶漆	Latex	107.4	109.5	109.1	110.5	100.5

6-10 续表 11 continued

(上年=100) (Preceding Year=100)

类　别	Classification	年度平均 Annual Average	一季度 The first Quarter	二季度 The second Quarter	三季度 The third Quarter	四季度 The forth Quarter
乳胶漆	Latex	109.2	110.0	109.2	110.6	106.8
乳胶底漆	Latex Primer	110.0			110.0	
外埠乳胶漆	Outside Paint	122.2			122.2	
乳胶面漆	Latex Paint	96.9	100.2	100.0	102.7	84.6
金属漆	Metallic	108.7	108.7			
银粉	Silver	105.1	105.3	105.3	105.0	105.0
银粉	Silver	105.1	105.3	105.3	105.0	105.0
防水材料	Waterproof Material	108.5	108.3	105.3	114.5	105.7
防水粉	Waterproof Powder	101.3		100.0	103.9	100.0
防水布	Tarpaulin	100.0				100.0
丙烯酸弹性防水胶	Flexible Waterproof Acrylic Plastic	117.7				117.7
聚氨乙烯防水卷材	Ethylene Polyurethane Waterproofing Membrane	107.4	106.3		108.4	
聚胺脂防水卷材	Polyurethane Waterproofing Membrane	107.1	105.4	105.5	111.1	106.4
聚氯乙烯(PUC)防水卷材	PVC (PUC) Waterproofing Membrane	111.9	108.4		127.3	100.0
聚乙烯丙纶双面防水卷材	Polypropylene Double-sided Polyethylene Waterproofing Membrane	103.6			103.6	
其他	Others	118.6	118.6			
炸药	Explosives	110.9	109.6	109.2	107.9	116.7
水胶炸药	Water-binder Explosive	122.0	122.0	122.0	122.0	
硝铵炸药	Ammonium Nitrate Explosives	109.0	107.6	105.8	105.8	116.7
雷管	Detonators	108.7	108.0	114.1	112.6	100.0
普通雷管(原雷管)	Ordinary Detonators (Formerly Detonator)	100.0	100.0	100.0	100.0	100.0
电雷管	Electric Detonators	118.6	118.6			
毫秒雷管	Ms Detonators	113.2	108.1	115.8	115.8	
混凝土外加剂	Concrete Admixtures	106.5	106.3	105.4	110.9	103.3
速凝剂	Quick-setting Agent	106.0	106.0	106.0	106.0	
减水剂	Superplasticizer	111.7		107.4	115.9	
膨胀剂	Expansive Agent	100.0		100.0	100.0	100.0
外加剂	Admixture	103.2	103.1	103.0	103.5	
防水剂	Water Repellent	117.4	133.3	102.1	120.0	114.3
混凝土添加剂	Concrete Additives	103.8				103.8
其他	Others	100.0		100.0		
其他添加剂	Other Additives	110.7	106.3	103.3	109.3	123.8
脱模剂	Release Agent	101.2	87.6	104.8	111.1	
泵送剂	Pumping Agent	114.1	108.9	109.4	108.5	129.6
防冻剂	Antifreeze	100.3	100.5			100.0
防水液	Waterproof Liquid	111.4			115.6	107.1
隔离剂	Release Agent	101.9	100.0	100.0	106.9	100.9
其他	Others	100.0		100.0		
稀料	Thinner	104.5	103.8	108.8	109.3	96.0
稀料	Thinner	105.4	104.2	108.8	112.6	95.8

6-10 续表 12 continued

(上年=100) (Preceding Year=100)

类 别	Classification	年度平均 Annual Average	一季度 The first Quarter	二季度 The second Quarter	三季度 The third Quarter	四季度 The forth Quarter
油漆溶剂油	Paint Solvent Oil	100.7	100.0	100.0	102.6	100.0
聚氨脂氟碳面漆	Fluorocarbon Polyurethane Topcoat	107.7			107.7	
粘合剂	Adhesives	106.1	109.1	110.9	103.4	101.0
107	107	111.9	117.9	112.8	112.5	104.2
108	108	104.3	107.6	103.0	103.3	103.4
401	401	107.3	115.6	98.9	99.0	115.6
801	801	107.2	100.8	108.3	109.8	110.0
万能胶	All-purpose Adhesive	105.2	123.0	100.4	101.3	96.0
白胶	White Plastic	110.8	116.7		105.0	
结构胶	Structural Adhesive	101.9	101.2	109.5	100.0	96.9
嵌缝膏	Caulking Paste	103.2	100.0	112.9	100.0	100.0
强力胶	Glue	99.9	103.4		91.7	104.6
涂料	Paint	110.2	108.1	112.8	115.1	104.6
内墙	Interior Walls	112.2	108.9	116.1	115.0	108.6
外墙	Wall	106.8	104.2	110.7	115.2	97.0
防水	Waterproof	100.1	100.0	100.0	100.0	100.3
超薄型防火涂料	Ultra-thin Fire Retardant Coating	106.3				106.3
聚合物防水涂膜	Polymer Waterproof Coating	110.8		110.8		
汽油	Gasoline	109.2	105.6	108.1	112.8	110.4
90号汽油	No.90 Gasoline	109.3	103.7	107.9	113.2	112.4
93号汽油	93 Petrol	109.5	108.1	108.5	112.6	108.8
97号汽油	97 Petrol	110.9				110.9
柴油	Diesel	117.2	116.7	121.2	122.9	108.2
−20号柴油	Diesel -20	116.8	109.6	121.6	126.4	109.6
−10号柴油	Diesel -10	113.0	120.0	127.4	108.3	96.2
0号柴油	No.0 Diesel	114.1	110.6	117.9	120.7	107.0
煤油	Kerosene	100.0			100.0	
煤油	Kerosene	100.0			100.0	
机油	Oil	113.0	116.6	116.6	110.9	107.9
机油	Oil	113.0	116.6	116.6	110.9	107.9
燃料油	Fuel Oil	110.4	110.3	108.1	120.1	103.2
燃料油	Fuel Oil	110.4	110.3	108.1	120.1	103.2
防腐油	Anti-corrosion Oil	103.9	100.0	100.0	111.7	
防腐油	Anti-corrosion Oil	103.9	100.0	100.0	111.7	
润滑油	Lubricants	115.4	133.3	108.5	104.4	
塑料油膏	Plastic Ointment	100.0		100.0		
液压油	Hydraulic Oil	115.4		115.4		
黄油	Butter	133.6	133.3	137.5	130.1	
其他	Others	100.0			100.0	
盐酸	Hydrochloride	105.9			105.9	

6-10 续表 13 continued

(上年=100) (Preceding Year=100)

类 别	Classification	年度平均 Annual Average	一季度 The first Quarter	二季度 The second Quarter	三季度 The third Quarter	四季度 The forth Quarter
盐酸	Hydrochloride	105.9			105.9	
软化水	Softened Water	109.4		100.0	100.0	128.3
软化水	Softened Water	109.4		100.0	100.0	128.3
火碱	sodium Hydroxide	111.1	111.1			
火碱	sodium Hydroxide	111.1	111.1			
塑料管	Plastic Pipe	107.8	110.4	106.4	108.1	106.3
PVC硬塑管	PVC Hard Plastic Tube	109.0	107.2	106.5	114.6	107.8
塑铝管	Plastic Tubes	109.9			109.9	
UPVC塑料管	UPVC Plastic Pipe	103.6	102.1	105.1	102.5	104.5
PP-R给水管	PP-R Water Supply	104.6	104.6	104.9	105.8	103.1
PE供水管	PE Water Supply Pipe	114.1	111.6	114.1	120.9	109.9
PB管	PB Pipe	108.6		116.1	100.0	109.7
增强塑料水管	Reinforced Plastic Pipes	113.8	124.4	103.1		
PVC半硬塑管	Semi-hard Plastic PVC Pipe	110.4	128.3	101.4	104.9	107.0
其他	Others	100.4	101.4	100.0	100.1	100.0
泡沫塑料制品	Foam Products	107.6	106.1	104.4	110.8	109.0
泡沫塑料	Foam	107.9	106.4	104.4	109.6	111.2
泡沫塑料板	Foam Board	114.4		109.1	119.6	
泡沫板	Foam Board	111.5	101.4	118.6	112.6	113.4
橡塑海绵	Sponge Rubber	106.3	107.0	103.2	109.7	105.3
硬质聚氨泡沫板	Rigid Polyurethane Foam	111.1			111.1	
其他	Others	105.5				105.5
塑料编织袋	Plastic Bags	108.4	110.9	112.1	110.6	100.0
塑料编织袋	Plastic Bags	108.5	110.9	112.2	110.9	100.0
其他	Others	100.0		100.0	100.0	
塑料编织制品	Plastic Woven Products	103.6	103.1	110.0	110.0	91.2
塑料编织布	Woven Plastic	127.3	127.3			
塑料蓬布	Plastic Sheeting	101.5		100.0		102.9
玻璃丝布	Glass Cloth	101.3	101.3			
防尘网	Dust-proof Net	110.6	120.0	108.7	113.7	100.0
网格布	Mesh	100.7	115.0			86.4
地膜	Film	109.8		109.8		
黑胶布	Black Plastic Sheets	101.2	101.3	102.3		100.0
其他	Others	104.4	100.0	113.3	100.0	
塑料板	Plastic Plate	106.5	115.7	104.0	102.8	103.6
硬聚乙烯板	Polyethylene Hard Board	101.8			101.8	101.8
PVC塑料扣板	PVC Aluminium Plastic Board	117.8	127.6	114.1	104.4	125.0
苯乙烯泡沫板	Styrene Foam	111.5		111.5		
挤塑保温板	Extruded Insulation Board	101.9		101.9	103.3	100.5
挤塑聚苯板	Extruded Polystyrene Board	104.9	100.0	107.1		107.7

6-10 续表 14 continued

(上年=100) (Preceding Year=100)

类 别	Classification	年度平均 Annual Average	一季度 The first Quarter	二季度 The second Quarter	三季度 The third Quarter	四季度 The forth Quarter
塑胶产品	Plastic Products	112.4	112.1	128.1	102.3	107.1
塑料胶粘带	Plastic Adhesive Tape	100.0	100.0	100.0		
钙塑板	Calcium Plastic(s) Board	117.5		135.0		100.0
塑胶地板	Plastic Flooring	105.6				105.6
塑铝装饰板或塑铝扣板	Aluminum Plastic Plate or Aluminium Plastic Board	108.3	112.9	107.1	102.3	111.0
其他	Others	126.0		144.8		107.1
壁纸(布)	Wallpaper (Brazzaville)	106.1	105.5	114.0	105.9	98.8
塑料壁纸	Plastic Wallpaper	104.3	107.0		107.1	98.8
纸(面)壁纸	Paper (face) Wallpapers	107.6	104.1	113.1	105.8	
壁布	Wall Cloth	111.1	105.6	116.7		
弯头	Elbow	116.6	122.6	112.9	125.4	105.5
塑料存水弯	Plastic Trap	111.1		105.3	125.4	102.6
PVC弯头	PVC Elbow	114.7	115.7	116.7	120.8	105.6
管配件	Pipe Fittings	131.7		108.2	155.3	
其他	Others	114.2	129.0	127.8	100.0	100.0
沥青	Asphalt	117.9	116.5	124.5	113.7	116.6
乳化沥青	Emulsified Asphalt	108.1	105.3	104.3	124.0	98.7
沥青油膏	Asphalt Ointment	112.8	118.5	119.7	106.3	106.8
沥青砼	Asphalt Concrete	110.4	106.2	106.3	113.4	115.6
沥清珍珠岩	Perlite Asphalt	106.9			106.9	
沥青乳化剂	Asphalt Emulsifier	100.0			100.0	100.0
改性沥青	Modified Asphalt	116.4		133.3	103.2	112.5
重交道路沥青	Back to Road Asphalt	123.1		125.6	124.9	118.7
乙炔	Acetylene	112.9	105.8	106.3	129.8	109.5
乙炔块	Acetylene Block	112.9	105.8	106.3	130.1	109.5
乙炔气	Acetylene Gas	109.1	105.8	107.1	114.2	109.3
氧气	Oxygen	104.8	100.0	103.6	109.5	106.0
氧气	Oxygen	104.8	100.0	103.6	109.5	106.0
其他	Others	105.9				105.9
地毯	Carpet	103.0			103.0	
纯毛地毯	Wool Carpet	102.9			102.9	
化纤地毯	Carpet Fiber	106.4			106.4	
地面维护产品	Ground Maintenance Products	103.5		103.5		
养护液	Conservation of Liquid	103.8		103.8		
其他	Others	100.0		100.0		
氩气	Argon	100.0	100.0	100.0		
氩气	Argon	100.0	100.0	100.0		
其他塑料制品	Other Plastic Products	96.7		100.0		93.3
塑料卡钉	Plastic Fasteners	100.0		100.0		
聚氨脂泡沫	Polyurethane Foam	93.3				93.3

6–10 续表 15 continued

(上年=100) (Preceding Year=100)

类 别	Classification	年度平均 Annual Average	一季度 The first Quarter	二季度 The second Quarter	三季度 The third Quarter	四季度 The forth Quarter
其他	Others	100.0		100.0		
建筑成型材料	Architectural Molding Material	108.8	107.9		109.4	109.1
墙面	Wall	105.3	105.3			
屋面板	Roof	109.4	109.4		109.4	
屋面保温隔热砖	Roof Insulation Brick	109.1				109.1
密封产品	Sealing Products	109.2	103.2	115.1		
化学螺栓	Chemical Bolts	103.2	103.2			
其他	Others	115.1		115.1		
橡胶制品	Rubber Products	103.2	101.1	105.3		
其他	Others	103.2	101.1	105.3		
电料	**Electrical Materials and Appliances**	**102.7**	**102.4**	**101.7**	**107.0**	**99.6**
绝缘线	Insulated Wire	105.7	109.6	107.1	104.6	101.6
橡胶绝缘线	Rubber Insulated Wire	106.3	105.2	102.4	108.9	108.6
钢芯聚氯乙烯绝缘线	PVC Insulated Steel Wire	107.4	100.0	111.1	111.1	
塑(料)铜线	Plastic (Material) Copper	96.0	102.9	96.3	92.3	92.3
塑料绝缘材	Plastic Insulation Materials	120.0			120.0	
塑料绝缘线铜芯(单股)	Plastic Insulated Copper Wire (Single Strand)	106.2	114.4	111.2	103.1	96.3
塑料绝缘线铜芯(多股)	Plastic Insulated Copper Wire (of Many)	105.4	110.8		100.0	
阻燃线	Flame-retardant Line	119.7	111.3	130.9	125.0	111.4
裸铝线	Bare Wire	107.6				107.6
裸铝线	Bare Wire	107.6				107.6
钢芯铝绞线	ACSR	114.6	111.5			117.7
钢芯铝绞线	ACSR	114.6	111.5			117.7
裸铜线	Bare Copper Wire	104.8	106.0	97.6	102.6	113.0
裸铜线	Bare Copper Wire	104.8	106.0	97.4	102.6	113.0
其他	Others	100.0		100.0		
护套线	Line Jacket	106.7	106.7	111.6	114.1	94.2
铜芯	Copper	111.7	106.7	111.2	118.3	110.4
铝芯	Aluminum	107.8	103.2	109.1	111.4	107.7
铜芯线	Copper Line	104.9	107.1	114.0	105.6	92.8
其他	Others	121.9			121.9	
通讯电缆	Communication Cable	113.3	102.0	133.3		104.7
长途对称电缆	Long-distance Cable Symmetrical	102.0	102.0			
市内电话电缆	City Telephone Cables	117.8		133.3		102.3
中同轴电缆	Middle Coaxial Cable	116.2				116.2
电缆	Cable	103.5	101.7	101.0	106.8	104.4
电力电缆	Power Cable	103.5	101.7	100.8	107.0	104.3
控制电缆	Control Cable	104.0	101.3	110.4	100.0	104.4
冷缩电缆头	Shrinkage Cable Head	105.0		105.0		
其他	Others	112.1		112.1		

6-10 续表 16 continued

(上年=100) (Preceding Year=100)

类　别	Classification	年度平均 Annual Average	一季度 The first Quarter	二季度 The second Quarter	三季度 The third Quarter	四季度 The forth Quarter
光缆	Cable	101.3	101.3			
管道光缆	Cable Channels	101.3	101.3			
灯泡	Bulbs	102.5	102.2	102.4	105.1	100.3
普通灯泡	Ordinary Light Bulbs	101.7	102.2	102.4	101.8	100.5
低压灯泡	Low-voltage Light Bulbs	102.8	100.0		108.5	100.0
特种灯泡	Special Bulbs	100.0	100.0			100.0
节能灯泡	Energy-saving Light Bulbs	100.6			100.0	101.3
灯管	Lamp	112.7	106.4	120.2	117.2	107.1
灯管	Lamp	106.9	106.6	121.1	100.0	100.0
节能灯	Energy-saving Lamps	110.9	101.5		121.4	109.8
其他	Others	103.0		103.0		
开关	Switch	107.4	103.4	111.1	111.0	104.1
胶盖闸刀	Knife Plastic Cover	110.1	103.0	116.5	116.8	104.3
普通开关	Ordinary Switch	104.8	103.5	110.4	102.7	102.5
断路器	Circuit Breaker	108.0	108.1	108.1	108.1	107.8
漏电开关	GFCI	123.8			114.3	133.3
空气开关	Air Switch	103.6	100.0	105.3		105.5
其他	Others	109.3		109.3		
电线连接装置	Wire Connections	107.8	106.1	110.1	110.5	104.4
普通插座	Ordinary Socket	107.3	104.4	111.2	110.0	103.4
网线水晶头	Crystal Cable Head	110.2	108.3	105.3	107.1	120.0
防水插座	Waterproof Socket	109.6		109.4	116.7	102.8
耐张线夹	Zhang Resistant Clamp	122.5	120.0			125.0
防振锤	Anti-vibration Hammer	125.0				125.0
挂板	Peg board	117.1	109.1			125.0
其他	Others	118.8	115.8		115.5	125.0
分户设备	Household Equipment	104.3	104.8	104.9	104.6	102.9
灯头盒	Lamp Box	103.9	103.4	104.3	105.7	102.2
电表箱	Meter Box	101.8	104.2			99.5
户箱	Households Box	104.8	106.0	106.0	103.9	103.4
配电箱	Distribution box	108.0	114.0	106.7	108.5	102.8
开关箱	Switch Box	106.5	109.5	105.3	109.1	102.0
网线	Cable	101.6	104.4		94.6	105.9
五类网线	Five Lines	106.3		106.3		
其他	Others	100.0		100.0		
终端设备	Terminal Equipment	111.5	109.5	110.4	114.5	
户外终端头	Outdoor Terminal Head	113.4		110.4	116.3	
漏电保护器	Leakage Protector	109.5	109.5			
电话电视端子	Tel Television Terminal	109.4		109.4		
其他	Others	110.6		106.9	114.2	

6-10 续表 17 continued

(上年=100) (Preceding Year=100)

类　别	Classification	年度平均 Annual Average	一季度 The first Quarter	二季度 The second Quarter	三季度 The third Quarter	四季度 The forth Quarter
变电亭	Kiosk Substation	102.9		100.0	105.9	
变压器箱	Transformer Box	109.1			109.1	
重锤片	Heavy Hammer Films	100.0		100.0	100.0	
通信用配件	Communication Accessories	110.5	105.3	112.4		113.8
软母线间隔棒	Soft Bus Bar Spacing					
适配器	Adapter	102.6	105.3	100.0		
接线盒	Junction Box	115.5		119.0		111.9
接续管	Follow-up Control	100.0		100.0		
球头挂环	Ball Hanging Ring	116.7		108.3		125.0
其他材料	**Other Materials**	**105.8**	**106.3**	**105.1**	**108.0**	**103.7**
玻璃产品	Glass Products	106.1	105.0	105.4	110.6	103.4
普通平板玻璃	Ordinary Plate Glass	108.3	104.8	109.5	111.2	107.7
彩色平板玻璃	Color Glass	97.3				97.3
磨砂玻璃	Frosted Glass	105.9		105.9		
镜子	Mirror	106.4		110.0	109.1	100.0
中空玻璃	Insulating Glass	104.4	106.6	103.8	104.5	102.8
镀膜玻璃	Coated Glass	103.3		103.3		
真空玻璃	Vacuum Glass	94.9				94.9
镜面玻璃	Mirror Glass	114.3			114.3	
其他	Others	100.5		101.5	100.0	100.0
防水材料	Waterproof Material	104.5	100.1	112.2	112.6	93.0
油毡	Linoleum	108.7	107.2	107.0	115.7	104.9
SBS防水卷材	SBS Waterproofing Membrane	105.9	100.1	122.5	109.6	91.5
APP卷材	APP Membranes	105.5		105.5		
油纸	Oilpaper	103.5	103.5			
其他	Others	100.0		100.0		
密封材料	Sealing Material	102.8	102.0	108.2	102.7	98.4
密封胶	Fluid Sealant	102.4	102.1	107.1	99.5	101.0
密封带	Sealed Belt	96.0				96.0
密目网	Mesh Density	103.3	101.5	108.5	103.3	100.0
其他	Others	105.2	110.3			100.0
保温材料	Insulation Materials	111.9	115.1	119.5	105.9	107.0
岩石棉	Rock Cotton	109.1		109.1		
玻璃棉	Glass Wool	118.7	110.3	122.2	122.2	120.0
EPS胶粉颗粒浆料	EPS Powder Slurry Particles	100.0				100.0
EPS保温板	EPS Insulation Board	106.3			105.1	107.4
玻璃纤维	Glass Fiber	115.0	115.0			
其他	Others	107.0	117.5		100.0	103.6
采暖设备	Heating Equipment	104.7	102.6	110.1	106.2	99.8
普通暖气片	Ordinary Radiator	104.5	102.6	110.1	106.7	98.8

6-10 续表 18 continued

(上年=100) (Preceding Year=100)

类 别	Classification	年度平均 Annual Average	一季度 The first Quarter	二季度 The second Quarter	三季度 The third Quarter	四季度 The forth Quarter
彩钢暖气片	Color Radiator	105.6				105.6
地暖	Groud-heating.	103.8			105.9	101.8
散热器	Radiator	110.0	104.9	107.8	123.8	103.5
散热器	Radiator	110.0	104.9	107.8	123.8	103.5
绝缘子	Insulator	110.2		96.1		124.3
高压悬垂绝缘子	Hanging High-voltage Insulators	110.5		96.0		124.9
复合绝缘子	Composite Insulator	114.1				114.1
其他	Other	107.0		107.0		
大便器	Stool Browser	104.9	105.6	107.0	102.9	104.1
蹲式	Squatting	107.7	104.4	104.2	115.4	106.7
坐式	Sitting	105.0	105.7	107.9	102.6	103.7
小便器	Urinal	103.4			102.6	104.2
立式	Vertical	101.3			102.6	100.0
挂式	Linked	104.3				104.3
洁具	Sanitary Ware	104.2	100.1	108.3	106.1	102.5
洗面器	Face Wash Device	104.1	100.1	108.3	105.4	102.5
自动感应水龙头	Automatic Sensor Faucet	108.5			108.5	
水箱	Water Tanks	104.3			107.1	101.4
低水箱	Low-water Tank	101.4				101.4
不锈钢水箱	Stainless Steel Water Tanks	107.1			107.1	
浴盆	Tub	104.0	100.0	105.9	101.6	108.3
浴盆	Tub	104.0	100.0	105.9	101.6	108.3
洗涤盆	Sink	114.6	106.2	112.8	118.5	120.8
洗涤盆	Sink	114.6	106.2	112.8	118.5	120.8
釉面砖	Tile	110.5	110.5	111.7	114.2	105.7
彩色	Color	115.1	116.0	118.4	119.5	106.5
白色	White	106.1	102.0	104.8	115.8	101.7
玻璃大理石	Glass Marble	107.6	108.1	107.4	107.3	107.6
其他	Other	100.0				100.0
马赛克	Mosaic	102.2		100.4	106.2	100.0
马赛克	Mosaic	102.6			105.2	100.0
玻化砖	Vitrified Tile	105.7		100.4	111.1	
墙地砖	Wall and Floor Tiles	106.1	108.3	102.5	108.1	105.6
地砖	Floor Tiles	106.3	108.3	102.1	108.4	106.1
防滑地砖	Skid Resistant Tile	107.3	104.2	103.6	111.1	110.2
广场砖	Square Brick	103.6	103.7	101.2	105.3	104.3
彩色便道砖	Sidewalk Color Bricks	100.0		100.0		
复合铺地砖	Composite Floor Tile	120.0		120.0		
盲道砖	Blind Road Blocks	112.5				112.5
页岩多孔砖	Shale Brick	107.3		107.3		

6-10 续表 19 continued

(上年=100) (Preceding Year=100)

类　　别	Classification	年度平均 Annual Average	一季度 The first Quarter	二季度 The second Quarter	三季度 The third Quarter	四季度 The forth Quarter
其他	Others	102.5	109.1	104.0	103.8	93.2
琉璃砖	Glass Brick	105.9				105.9
琉璃砖	Glass Brick	105.9				105.9
琉璃瓦	Glazed Tile	114.2		100.0	125.0	117.7
琉璃瓦	Glazed Tile	114.2		100.0	125.0	117.7
耐火砖	Firebrick	128.3		132.3	124.2	
其他	Others	128.3		132.3	124.2	
抛光砖	Polished	107.2	103.9	107.8	114.5	102.7
抛光砖	Polished	107.2	103.9	107.8	114.5	102.7
陶板地面	Terra-cotta Ground	103.7		103.7	103.7	
陶板地面	Terra-cotta Ground	103.7		103.7	103.7	
焦体砖	Jiao Body Brick	113.1		123.1		103.1
焦体砖	Jiao Body Brick	113.1		123.1		103.1
石工砖	Brick Masonry	111.2	107.5	106.2	110.0	121.3
石工砖	Brick Masonry	109.2	116.7	100.0	120.1	100.0
人行道彩块	Color Block Sidewalks	119.5	104.4	111.4	113.5	148.7
其他	Others	95.5	102.0	101.3	96.0	82.7
玛钢件	Malleable Iron Pieces	105.2	107.5	105.5	106.7	101.2
弯头	Elbow	105.0	107.6	105.4	106.1	100.9
管箍	Pipe Hoop	104.0	102.7	104.2	107.6	101.7
水嘴	Tap	104.8	100.0	111.3	102.8	105.0
接头	Joint	111.6	110.6	120.2	109.9	105.6
三通	Links	110.8	121.1	105.5	108.0	108.6
铸铁水口	Iron Intake	100.5			100.9	100.0
铸铁水斗	Iron Pelton	100.0				100.0
建筑用小五金	Construction Hardware	107.1	104.6	107.0	106.6	110.1
钉子	Nails	108.0	107.8	107.0	106.6	110.4
陶瓷水嘴	Ceramic Tap	109.1	109.1			
直角扣件	Right-angle Fastener	106.8		100.0		113.6
不锈钢合页	Stainless Steel Hinge	113.3	120.0	105.6	120.0	107.4
地簧	Floor Closer	105.9		105.9		
锁具	Locks	101.3	101.3			
拉手	Handle	95.0				95.0
铝合型材	All Aluminum Profiles	104.2	105.7	102.1	104.5	104.7
铝合金窗(推拉)	Aluminum Alloy Window (Sliding)	104.7	108.3	101.6	104.2	104.6
铝合金窗(平开)	Aluminum Alloy Window (Open-ping)	106.2	106.7	109.9	103.9	104.2
铝合金扣板	Aluminum Alloy Fastener	107.1	103.1			111.1
铝合金T型小龙骨	Alloy T-small Keel	101.3	102.5			100.0
铝合金门(平开)	Aluminum Alloy Door (Open-ping)	107.7	112.5	105.7	109.7	102.8
铝边角	Aluminum Corner	100.0		100.0		

6-10 续表 20 continued

(上年=100) (Preceding Year=100)

类 别	Classification	年度平均 Annual Average	一季度 The first Quarter	二季度 The second Quarter	三季度 The third Quarter	四季度 The forth Quarter
其他	Others	114.2		114.1	114.2	114.1
塑钢材料	Plastic Materials	106.4	108.8	105.2	107.6	104.1
塑钢窗(推拉)	PVC Window (Sliding)	105.5	108.7	106.3	107.8	99.3
塑钢窗(平开)	PVC window (Side Hang)	107.8		110.4	100.0	112.9
多腔塑钢门窗	Multi-cavity Plastic Steel Door and Window	109.4	100.0	107.1	118.8	111.6
塑钢窗(固定)	PVC Window (Fixed)	110.0	113.6	114.5	115.8	96.1
单扇塑钢全玻地弹门	Single Glass Door All-steel Bomb Doors	115.0				115.0
双扇塑钢全玻地弹门	All-glass Double-leaf Steel Doors Bomb	100.0				100.0
塑钢门(推拉)	PVC Doors (Sliding)	100.0		100.0		
塑钢门(平开)	PVC Door (Side Hang)	105.9		114.9	104.4	98.4
仪表	Instrumentation	107.8	105.5	105.1	112.9	107.8
水表	Meter	107.0	105.5	104.2	109.3	108.9
电表	Meter	111.8		105.4	124.9	105.1
压力表	Pressure Gauge	113.8				113.8
水流指示器	Flow Indicator	105.1		106.3	101.3	107.7
功率表	Power Meter	111.1				111.1
热力表	Heat Sheet	100.6				100.6
普通阀门	General Valve	106.4	103.2	105.1	107.1	110.3
截止阀(止水螺栓)	Cut-off Valve (Bolt Sealing)	107.7	100.3	102.8	109.3	118.2
闸阀	Valve	103.9	103.7	102.0	103.3	106.5
球阀	Ball	114.1	104.5	130.3	110.0	111.8
止回阀	Check Valve	112.7	115.4	115.4	113.6	106.4
调节阀	Control Valve	109.1				109.1
碟阀	Disc Valve	106.0	107.3	106.9	107.9	102.0
其他	Others	105.6			101.3	110.0
安全类阀门	Safety Valve Type	108.3	107.5	108.7	113.4	103.6
安全阀	Safety Valve	108.4	107.8	108.7	113.4	103.6
减压阀	Relief Valve	103.6				103.6
防火防烟阀	Smoke Fire Valve	100.0	100.0			
信号蝶阀	Signal Butterfly Valve	109.5		107.7		111.2
电磁阀	Solenoid Valve	112.5		100.0	125.0	
消防设施	Fire Facilities	107.3	102.0	111.8	110.3	104.9
消火栓箱	Fire Hydrant Boxes	112.0	101.8	118.9	120.9	106.5
水枪	Water	102.2	101.8	102.0	102.9	102.0
消火栓	Fire Hydrant	102.7	101.2	104.4	100.0	105.1
消火栓报警按钮	Fire Alarm Button	105.5	100.0	107.7	107.7	106.5
水泵结合器	Combination Pump Device	122.5	109.1	122.4	136.4	121.9
水带	Water	119.9		113.4	120.0	126.2
感烟探测器	Smoke Detector	110.0	111.5	108.9	110.3	109.4
法兰	Flange	104.5	102.1	100.6	106.0	109.5

6—10 续表 21 continued

(上年=100) (Preceding Year=100)

类 别	Classification	年度平均 Annual Average	一季度 The first Quarter	二季度 The second Quarter	三季度 The third Quarter	四季度 The forth Quarter
平焊法兰	Flat Welding Flange	118.4	120.4	116.1	118.8	
碳钢平焊法兰	Carbon Steel Flat Welding Flange	103.4	100.0	100.0	103.0	110.5
螺丝法兰	Screw Flange	103.7		107.4		100.0
其他	Others	102.9		100.3		105.6
焊接产品	Welding Products	110.3	105.8	116.4	114.0	105.1
电焊条	Welding Electrode	112.0	108.5	119.9	114.3	105.2
不锈钢焊条	Stainless Steel Electrode	103.9	100.0	115.4	100.0	100.0
电焊剂	Electric Flux	112.7			112.7	112.7
焊剂	Flux	132.5		137.4	140.0	120.0
焊丝	Wire	106.3	109.8	112.5		96.6
石料切割锯片	Stone Cutting Blades	100.4	100.0	100.0	100.0	101.7
其他	Others	103.3	103.3			
水、电	Water, Electricity	107.1	116.8	104.2	105.9	101.5
工程用水	Water Works	107.5	118.5	104.5	106.2	100.9
居民用水	Residents of the Water	100.0	100.0			
工程用电	Electricity Projects	106.3	112.8	104.1	105.7	102.6
居民用电	Residential	100.0	100.0			
其他门	Other Doors	102.1	100.1	105.0		101.1
空腹防盗门	Fasting Security Door	100.0	100.0	100.0		
玻璃门	Glass Doors	107.1	107.1			
不锈钢管防盗门	Stainless Steel Security Door	109.4		117.7		101.2
电动伸缩门	Electric Retractable Door	101.3				101.3
电子对讲门	Electronic Door Intercom	100.0				100.0
自动门(玻璃)	Automatic Doors (Glass)	105.3		105.3		
铝材	Aluminum	101.6	100.8	101.6	100.0	104.0
铝板	Aluminum	100.2	100.8	103.0	100.0	96.9
其他	Others	101.6		100.0	100.0	104.8
铜材	Copper	103.8	100.0	105.4		105.9
铜闸阀	Illustrates Copper Valve	105.9				105.9
铜排	Copper Row	104.4	100.0	108.9		
其他工具	Other Tools	102.2	101.5	100.0	107.3	100.0
合金钢钻头	Alloy Steel Drill Bit	100.0	100.0	100.0	100.0	
壁纸刀	Wallpaper Knife	100.0				100.0
梁卡具	Liang Fixtures	100.0	100.0	100.0	100.0	100.0
其他	Others	103.0	101.6		107.5	100.0
机械费	**Machinery Fee**	**104.8**	**103.7**	**105.6**	**105.9**	**103.9**
土石方及筑路机械	**Cubic Meter Of Earth And** Stone And Road Machinery	**104.6**	**103.2**	**106.0**	**106.6**	**102.4**
履带式推土机	Crawler Type Bulldozer	105.9	109.3	106.0	105.4	103.0
自行式铲运机	Motor Scraper Application	107.9	109.1	110.6	106.6	105.3
拖式铲运机	Towed Scraper	104.8	104.4		109.1	100.9

6-10 续表 22 continued

(上年=100) (Preceding Year=100)

类别	Classification	年度平均 Annual Average	一季度 The first Quarter	二季度 The second Quarter	三季度 The third Quarter	四季度 The forth Quarter
轮胎式装载机	Tyred Loader	104.0	103.0	106.2	106.4	100.5
履带式拖拉机	Caterpillar Tractor	100.6	100.3	100.0		101.6
履带式单斗挖掘机	Crawler Walking Single-Dipper Excavator	104.5	102.2	105.6	107.5	102.6
拉铲挖掘机	Dragline	107.3	103.3	113.6	110.6	101.6
履带式液压岩石破碎机	Marching Hydraulic Pressure Rock Breaker	104.1	102.8	107.7	101.8	
沥青混凝土摊铺机	Asphalt Paver	103.7	103.3	105.3	104.5	101.7
光轮压路机	Smooth-Wheel Roller	105.7	101.6	107.5	104.1	109.7
振动压路机	Vibrating Road Roller	103.3	104.6	106.3	108.0	94.2
电动夯实机	Electric Tamper	106.1	99.3	106.7	107.0	111.4
动凿岩机	Hammerdrill	105.7	108.4	104.6	102.9	106.9
强夯机械	Dynamic Consolidation Machine	108.5	108.0	104.8	113.9	107.5
平地机	Road Roller	104.0	104.4	104.3	105.2	102.3
打桩机械	Piling Machinery	103.0	100.5	102.2	105.2	104.2
履带式柴油打柱机	Diesel Pile Hammer with Crawler Carrier	107.2	107.7	107.9	107.3	106.0
轨道式柴油打柱机	Diesel Hit Track Column Machine	100.0	100.0	100.0		
震拔打拔桩机	Vibro-driver Extractor	100.5		100.0	101.0	
静力压桩机	Static Pile Driver	100.5	100.0	100.3	101.8	100.0
汽车式钻孔机	Waggon Drill	101.4		102.6	100.0	101.7
履带式钻孔机	Crawler Drill	100.0			100.0	
工程钻机	Engineering Machine	110.8	119.4	100.0	111.1	112.5
单轴式深层搅拌机	Single-spindle Deep Mixer	125.0	136.0	136.0	115.7	112.4
双轴式深层搅拌机	Double-spindle Deep Mixer	101.3		100.0		102.6
轻便钻孔机	Portable Electric Drill	100.1		100.4	99.8	
锚杆钻孔机	Anchor Drilling Equipment	112.8	106.8	115.7	115.8	
旋挖钻机	Spin Drilling Rig	107.1	100.0			114.2
起重机械	Hauling-Up Machinery	103.8	103.3	104.5	103.9	103.4
履带式起重机	Crawler Crane	104.4	101.6	107.6	106.2	102.1
桅杆式起重机	Gin Pole Derrick	110.1	100.0	120.0	100.7	119.8
汽车式起重机	Autocrane	105.8	101.5	109.3	109.1	103.1
龙门式起重机	Gantry Crane	104.6	106.4	100.2	107.9	103.9
塔式起重机	Tower Crane	104.1	104.7	104.9	103.2	103.6
桥式起重机	Overhead Crane	105.1	100.2	109.2	104.7	106.3
自升式塔式起重机	Self-elevating Tower Crane	103.6	102.3	105.7	103.0	103.3
其他	Others	102.6	104.3	104.4	102.7	98.9
运输机械	Transport Machinery	106.4	105.7	106.3	107.6	106.1
载重汽车	Truck	106.0	105.9	107.1	106.1	105.0
自卸汽车	Dump Truck	107.6	107.2	107.6	110.9	104.7
平板拖车组	Platform Trailer	106.8	101.2	108.3	102.1	115.6
壁板运输车	Panel Transporter	112.1	114.2	111.1	114.6	108.4

6-10 续表 23 continued

(上年=100)　　　　(Preceding Year=100)

类　别	Classification	年度平均 Annual Average	一季度 The first Quarter	二季度 The second Quarter	三季度 The third Quarter	四季度 The forth Quarter
机动翻斗车	Powered Tipper	106.0	103.5	108.3	106.4	105.7
洒水汽车	Street Sprinkler	111.6	111.0	107.7	103.9	123.6
轨道平板车	Track Ping Banche	108.5		116.7	101.1	107.7
电动卷扬机	Electric Winch	103.0	103.7	101.6	103.7	102.8
卷扬机带塔	Winch with Tajikistan	106.8	104.8	114.3	104.9	103.0
皮带运输机	Belt Roller	105.0	111.1	103.9	100.0	
单笼施工电梯	Construction of single-cage elevator	104.2	102.0	102.2	105.6	107.1
双笼施工电梯	Construction of Double-cage elevator	103.3	100.5	102.1	102.1	108.6
提升设备	Lifting Device	113.2	107.4	135.8	104.4	105.3
混凝土及砂浆机械	Concrete And Mortar Machinery	104.8	105.0	104.7	105.2	104.3
混凝土搅拌机	Concrete Mixers	105.8	105.2	106.2	105.2	106.4
灰浆拌和机	Mortar Mill	106.8	108.3	105.9	107.2	105.6
灰浆输送泵、液压注浆泵	Mortar pump, hydraulic injection pump	101.5	102.5	101.0	103.8	98.7
泥浆泵	Sludge Pumps	100.6	100.4	95.5	106.2	100.2
灰浆输送泵	Mortar pump	101.7	101.1	102.5	100.8	102.3
混凝土震动器	Concrete Vibrator	106.9	107.6	108.9	107.1	104.0
混凝土喷射机	Concrete Spraying Machines	106.5	108.9	102.2	107.8	107.1
加工机械	**Processing Machinery**	**104.8**	**103.9**	**106.9**	**104.5**	**104.0**
钢筋调直机	Bar Straightener	104.6	104.8	107.6	104.2	101.9
钢筋切断机	Reinforcing Bar Cutting Machine	105.1	103.9	106.7	104.3	105.4
钢筋弯曲机	Reinforcing Steel Crooking Machine	105.2	104.0	106.8	104.6	105.5
钢筋墩头机	Reinforced Duntou machine	101.9	100.3	102.5	103.2	101.6
预应力钢筋拉伸机	Steel Extension Machine	106.7	101.4	112.4	110.1	102.8
液压挤压机	Hydraulic extrusion	103.9	100.0	107.5	108.5	99.5
木工圆锯机	Woodworking Machine	104.6	103.0	106.6	103.6	105.2
木工平刨床	Wood Milling Machine	103.1	103.8	102.1	103.0	103.2
木工开榫机	Woodworking open-tenon	109.4	105.6	125.1	101.7	105.4
木工打眼机	Dayan woodworking machines	107.2	107.4	112.3	106.3	103.0
木工裁口机	Woodworking Machine	105.9	102.4	114.4	102.9	104.1
剪板机	Cutting plate machine	102.7	102.0	102.2	102.1	104.4
型钢剪断机	Section Shears	101.8	101.4	100.0	106.0	100.0
型钢校正机	Bull Press	119.9			119.9	119.9
翼缘矫正机	Straightening Machine	102.3			102.6	102.1
刨边机	Copy Shaper	102.5	100.9	103.8	102.7	102.6
砂轮切割机	Abrasive Cutting Machine	108.5	111.7	112.1	106.0	104.3
石料切割机	Block Cutting Machine	104.8	102.9	104.7	108.0	103.5
曲线切割机	Curve Cutting Machine	106.2		100.5		112.0
电动切割机	Electric Power Tools	104.1	105.7	102.0	105.0	103.6
氧割设备	Oxygen cutting equipment	102.7	100.0	100.1	100.6	109.9
抛光机	Polishing Machine	111.9	104.2	119.9	120.7	102.9

6-10 续表 24 continued

(上年=100) (Preceding Year=100)

类　别	Classification	年度平均 Annual Average	一季度 The first Quarter	二季度 The second Quarter	三季度 The third Quarter	四季度 The forth Quarter
手提砂轮机	Angle Grinder	102.1	105.4	103.1	101.6	98.5
泵类机械	Pump Machinery	103.9	102.7	105.9	104.8	102.1
电动单级离心泵	Electrogenic Sinking Pump	106.3	103.9	105.0	109.2	107.2
电动多级离心泵	Electrogenic Multistage Centrifugal Pump	103.3	101.4	105.6	103.5	102.7
单级射流泵	Single Stage Pump	110.0	110.0	110.0	110.0	110.0
潜水泵	Submersible Pumps	103.7	102.5	105.7	105.5	101.0
高压油泵	High Pressure Oil Pump	114.3			114.3	
船舶机械	Shipping Machinery	109.4	103.9	115.4	112.9	105.2
打柱船	Pile-driver	112.0	115.1		108.9	
拖船	Tug Boat	108.1	106.0	101.8	117.8	106.7
驳子	Barge	115.4	105.4	133.5	118.0	104.7
浮吊	Floating Crane	103.8	102.3	104.7	104.4	
混凝土搅拌船	Concrete Mixer Vessel	100.1	100.1			
其他机械	Other Machinery	104.9	104.8	105.2	104.5	105.2
交流电焊机	Arcway Welder	106.6	106.2	105.4	104.4	110.3
直流电焊机	Electric Welding Machine	102.0	101.0	103.5	103.8	99.8
对焊机	Welding Machines	104.3	104.0	104.6	103.2	105.4
电渣焊机	Electroslag Surfacing	102.9	103.8	106.4	104.4	96.9
氩弧焊机	Arc Weldimg Machine	103.6	100.0	104.8	109.3	100.1
点焊机	Spot Welding Machine	100.0	98.3	102.1	105.3	94.0
电动空气压缩机	Motor-Operated Air Compressor	104.7	105.5	104.7	104.1	104.5
内燃空气压缩机	Diesel-driven Air Compressor	116.8	113.1	130.0	113.4	110.7
轴流风机	Axial Flow Fan	102.2	100.0	100.5	110.1	98.1
风动锻纤机	Air Forging Machine	100.0	100.0	100.0	100.0	
电动修钎机	Electric Dresser	105.0	103.7		100.8	110.6
平面磨石机	Surface Grinder	113.2		101.9	123.3	114.3
电焊条烘干箱	Electrode Dryer	103.3	100.6	103.4	102.1	107.2
锯缝机	Saw Kerf Machine	108.8	109.4	108.9	103.2	113.6
吹风机	Hair Dryer	100.0		100.0	100.0	100.0
泥浆拌和机	Clay Slip Blunger	112.0	112.6	117.0	109.5	108.8
灰气联合泵	Gray Joint Gas pump	100.0	100.0		100.0	100.0
电锤	Electric Rotary Hammers	103.4	104.6	101.7	104.6	102.6
液压千斤顶	Hydraulic Jack	101.5	101.4	101.9	100.1	102.5
柴油发电机	Diesel Generator	111.2	120.0	97.3	110.8	116.6
设备、工器具购置	**Pruchase Of Equipment ,Tools And Instruments**	**102.5**	**101.0**	**102.3**	**103.4**	**103.2**
其他费用	**Others**	**104.4**	**105.7**	**104.7**	**105.0**	**102.2**
土地取得费	**Obtaining Land Expenditure**	**103.8**	**105.4**	**103.9**	**103.8**	**102.1**
前期工程费	**Preceding Engineering Expenditure**	**104.1**	**104.9**	**104.6**	**104.6**	**102.1**
施工工作费	**Construction Expenditure**	**104.4**	**105.5**	**104.6**	**105.3**	**102.0**
建设单位其他费用	**Other Expenses Of Construction Unit**	**105.4**	**106.9**	**105.6**	**106.2**	**102.6**

6-11 分市固定资产投资价格指数(2008年)
Price Indices of Investment in Fixed Assets by City(2008)

(上年=100) (Preceding Year=100)

地区 Area	1季度累计 Accumulative Total in The First Quarter		1-2季度累计 Accumulative Total from the first Quarter to the second Quarter		1-3季度累计 Accumulative Total from the first Quarter to the third Quarter		1-4季度累计 Accumulative Total from the first Quarter to the forth Quarter	
	固定资产投资 Investment in Fixed Assets	#建安工程 construction and installation project	固定资产投资 Investment in Fixed Assets	#建安工程 construction and installation project	固定资产投资 Investment in Fixed Assets	#建安工程 construction and installation project	固定资产投资 Investment in Fixed Assets	#建安工程 construction and installation project
全省 Whole Province	**107.6**	**111.1**	**108.9**	**113.0**	**109.2**	**113.3**	**107.7**	**110.7**
济南 Jinan	108.5	112.5	109.0	113.0	109.6	113.8	108.7	112.2
青岛 Qingdao	106.9	109.2	109.9	114.0	111.3	116.2	111.0	115.5
淄博 Zibo	105.5	111.2	105.6	110.6	105.3	109.5	104.8	108.2
枣庄 Zaozhuang	109.3	116.4	109.7	116.8	110.4	117.6	108.6	113.7
东营 Dongying	103.3	104.4	105.0	104.9	105.4	105.6	105.4	105.6
烟台 Yantai	106.8	109.8	110.8	116.1	109.8	114.2	105.9	108.4
潍坊 Weifang	112.8	119.3	109.6	114.0	109.3	113.3	107.8	110.7
济宁 Jining	106.4	107.9	107.7	110.1	108.4	111.0	107.3	109.3
泰安 Taian	106.7	110.7	108.2	112.7	109.2	114.1	108.8	113.2
威海 Weihai	112.0	116.8	112.4	117.3	111.2	115.2	108.4	110.6
日照 Rizhao	109.6	112.4	111.8	115.7	112.5	116.6	110.5	113.6
莱芜 Laiwu	108.4	113.1	112.5	119.7	112.9	119.9	109.1	113.5
临沂 Linyi	106.7	109.5	109.4	113.7	109.8	114.0	108.2	111.5
德州 Dezhou	105.7	109.4	107.0	111.5	109.3	115.4	109.2	114.5
聊城 Liaocheng	109.0	115.4	110.9	119.8	110.9	118.9	110.5	117.8
滨洲 Binzhou	104.3	106.2	105.5	108.0	105.7	108.0	105.7	107.9
菏泽 Heze	109.7	114.2	108.5	112.3	107.4	110.3	106.4	108.5

6-12 2001-2008年房地产价格指数
Price Indices For Real Estate(2001-2008)

(上年=100) (Preceding Year=100)

类别	Classification	2001	2002	2003	2004	2005	2006	2007	2008
房屋销售价格总指数	**Selling price indices of houses**	**103.8**	**105.5**	**106.7**	**111.5**	**108.5**	**105.0**	**105.8**	**106.0**
新建房	New Building Houses	104.0	105.2	107.0	112.3	108.5	105.1	106.0	106.1
住宅	Residence	104.5	105.4	107.4	112.9	109.0	105.1	106.2	106.3
经济适用房	Economic Housing	103.0	105.2	105.7	109.3	107.5	104.0	103.6	102.9
普通住宅	common Residence	104.9	105.3	107.4	113.1	109.2	105.2	106.2	107.1
多层住宅	Multiayer Buildings	105.1	105.6	107.5	113.6	108.7	105.1	106.3	107.7
高层住宅	High-grade Building	103.8	104.5	106.6	111.6	110.2	105.2	106.1	106.5
高档住宅	Luxury Residential Buildings	103.1	106.6	108.6	116.0	109.2	106.0	107.8	103.8
别墅	Villas	106.5	109.3	112.5	122.2	110.5	103.6	106.2	103.2
高档公寓	High-grade Apartment	102.8	106.0	107.9	115.1	108.9	106.7	108.2	104.0
非住宅	Other Buildings	100.9	104.1	105.0	109.2	106.2	104.3	104.8	104.3
二手房	Private-owned house	104.0	108.1	107.9	113.1	108.4	104.9	105.2	105.8
住宅	Residence Buildings	104.1	108.5	107.9	111.5	108.8	105.2	105.3	105.9
非住宅	Other Buildings	103.0	106.0	107.7	119.3	107.5	103.5	105.0	105.3
土地交易价格总指数	**Transactions price indices of land**	**105.1**	**103.7**	**105.1**	**106.2**	**106.4**	**104.8**	**105.1**	**103.9**
居住用地	Land for Residential Building Use	104.0	104.0	104.6	110.0	105.7	105.4	104.9	104.4
普通住宅用地	General Residential buildings	104.0	104.1	104.4	110.1	105.7	105.5	104.8	104.4
高档住宅用地	Luxury rResidential Building	104.0	103.8	125.1	102.4	104.0	102.9	105.5	114.3
工业用地	Industrial Land	104.5	102.6	104.2	103.6	104.5	103.8	106.1	103.6
商业营业用地	Commercial Business Land	105.9	104.4	108.0	105.9	109.2	104.8	104.4	103.2
其它用地	Land for Other	107.0	104.5	103.6	101.5	108.7	105.5	104.1	101.9
房屋租赁价格总指数	**Renting price indices of houses**	**101.3**	**99.8**	**98.6**	**100.8**	**101.8**	**101.6**	**102.5**	**102.1**
住宅	Residence Buildings	105.3	100.5	99.3	99.4	102.6	102.4	104.3	101.9
办公楼	Office buildings	100.9	98.8	100.5	100.8	101.4	100.5	101.8	104.9
商业营业用房	Commercial Business Premises	100.2	100.0	96.3	102.1	101.7	102.0	101.8	101.8
物业管理价格总指数	**Property Management Price Indices**					**100.9**	**100.9**	**101.0**	**100.8**
住宅	Residential Buildings					101.1	101.4	100.8	101.0
经济适用房	Economically Affordable Housing					100.0	101.8	102.4	100.1
普通住宅	General Residential Buildings					101.9	101.6	100.8	101.2
高档住宅	Luxury Residential Buildings					98.3	100.1	100.2	100.7
办公楼	Office Buildings					100.3	99.7	100.3	100.6
商业营业用房	Commercial Business Premises					100.7	100.2	102.1	100.2

6－13 房屋销售价格月度指数(2008年)

Selling Price Monthly Indices of Houses(2008)

(上年=100) (Preceding Year=100)

类 别	Classification	全年平均 Annual Average	1月 January	2月 February	3月 March	4月 April	5月 May
房屋销售价格总指数	**selling price indices of houses**	**106.0**	**107.7**	**107.5**	**107.5**	**107.5**	**107.0**
新建房	New Building Houses	106.1	107.7	107.7	107.6	107.5	107.1
住 宅	Residence Buildings	106.3	108.0	107.9	107.9	107.7	107.4
经济适用房	Economic Housing	102.9	104.0	104.2	104.2	103.9	103.6
商品住宅	Commercial Residential Buildings	106.7	108.4	108.3	108.3	108.2	107.8
普通住宅	General Residential Buildings	107.1	108.8	108.7	108.9	108.7	108.3
多层住宅	Multiayer Buildings	107.7	110.5	110.0	109.8	109.7	109.1
高层住宅	High-grade Building	106.5	107.4	107.6	107.9	107.7	107.5
其他住宅	Other Buildings	107.5	107.8	107.8	107.9	108.1	108.5
高档住宅	Luxury Residential Buildings	103.8	105.7	105.3	104.2	104.2	104.3
别 墅	Villas	103.2	105.5	105.3	105.1	104.2	104.4
高档公寓	High-grade Apartment	104.0	106.3	105.8	104.2	104.3	104.3
非住宅	Non-Residential Buildings	104.3	105.6	105.6	105.2	105.3	104.5
办公楼	Office buildings	105.7	107.2	108.0	107.6	108.1	107.1
商业营业用房	Commercial Business Premises	104.4	105.7	105.5	105.1	105.1	104.3
其它用房	Other Buildings	100.3	100.5	100.5	100.6	100.8	100.9
二手房	Private-owned House	105.8	107.7	107.2	107.3	107.4	106.9
住宅	Residence Buildings	105.9	107.8	107.3	107.2	107.2	106.6
普通住宅	Ordinary residential Buildings	106.5	107.9	107.7	107.8	107.6	107.2
高档住宅	High-end Residential Buildings	104.7	107.6	106.4	106.1	106.4	105.4
非住宅	Other Buildings	105.3	107.4	106.8	107.7	108.6	108.3

6-13 续表 continued

(上年=100) (Preceding Year=100)

类 别	Classification	6月 June	7月 July	8月 August	9月 September	10月 October	11月 November	12月 December
房屋销售价格总指数	**selling price indices of houses**	**106.8**	**106.3**	**105.7**	**105.1**	**104.3**	**103.9**	**102.8**
新建房	New Building Houses	106.8	106.3	105.9	105.3	104.5	104.1	103.1
住 宅	Residence Buildings	107.0	106.5	106.1	105.4	104.7	104.2	103.2
经济适用房	Economic Housing	103.3	102.8	102.2	102.0	102.0	101.7	101.5
商品住宅	Commercial Residential Buildings	107.4	106.9	106.5	105.8	104.9	104.5	103.4
普通住宅	General Residential Buildings	108.0	107.3	107.0	106.2	105.2	104.7	103.5
多层住宅	Multiayer Buildings	108.4	107.6	107.2	106.1	105.3	104.8	103.8
高层住宅	High-grade Building	107.6	107.1	106.7	106.1	105.0	104.5	103.2
其他住宅	Other Buildings	108.4	108.7	108.8	109.6	103.6	105.6	105.8
高档住宅	Luxury Residential Buildings	103.3	103.3	103.4	102.8	103.3	103.1	102.5
别 墅	Villas	103.5	103.4	102.4	102.5	101.2	100.9	100.4
高档公寓	High-grade Apartment	103.4	103.4	103.6	103.0	103.4	103.3	102.8
非住宅	Non-Residential Buildings	105.1	104.7	104.6	103.7	102.9	102.5	102.1
办公楼	Office buildings	107.1	106.6	106.7	104.7	103.0	101.6	101.0
商业营业用房	Commercial Business Premises	105.1	104.7	104.6	103.9	103.2	103.0	102.6
其它用房	Other Buildings	99.8	100.3	100.2	100.3	100.1	100.0	99.8
二手房	Private-owned house	106.8	106.5	105.2	104.7	103.8	103.5	102.1
住宅	Residence Buildings	106.6	106.4	105.7	105.2	104.2	103.8	102.5
普通住宅	Ordinary residential Buildings	107.1	107.3	106.5	105.9	105.0	104.5	103.2
高档住宅	High-end Residential Buildings	105.5	104.8	104.1	103.7	102.7	102.5	101.0
非住宅	Other Buildings	108.1	106.7	102.9	102.5	102.0	101.6	100.4

6-14 房地产价格指数(2008年)

Price Indices for Real Estate(2008)

(上年=100) (Preceding Year=100)

类 别	Classification	全年平均 Annual Average	一季度 The first Quarter	二季度 The second Quarter	三季度 The third Quarter	四季度 The forth Quarter
房屋销售价格总指数	**Selling price indices of houses**	**106.0**	**107.6**	**107.1**	**105.7**	**103.6**
新建房	New Building Houses	106.1	107.7	107.1	105.8	103.9
住 宅	Residence Buildings	106.3	107.9	107.4	106.0	104.0
经济适用房	Economic Housing	102.9	104.1	103.6	102.3	101.7
商品住宅	Commercial Residential Buildings	106.7	108.4	107.8	106.4	104.3
普通住宅	General Residential Buildings	107.1	108.8	108.3	106.8	104.4
多层住宅	Multiayer Buildings	107.7	110.1	109.0	107.0	104.6
高层住宅	High-grade Building	106.5	107.7	107.6	106.6	104.2
其他住宅	Other Buildings	107.5	107.8	108.3	109.0	105.0
高档住宅	Luxury Residential Buildings	103.8	105.1	103.9	103.2	103.0
别 墅	Villas	103.2	105.3	104.1	102.8	100.8
高档公寓	High-grade Apartment	104.0	105.4	104.0	103.3	103.2
非住宅	Non-Residential Buildings	104.3	105.4	105.0	104.4	102.5
办公楼	Office buildings	105.7	107.6	107.4	106.0	101.9
商业营业用房	Commercial Business Premises	104.4	105.4	104.8	104.4	102.9
其它用房	Other Buildings	100.3	100.5	100.5	100.3	100.0
二手房	Private-owned house	105.8	107.4	107.1	105.5	103.1
住宅	Residence Buildings	105.9	107.4	106.8	105.8	103.5
普通住宅	General Residential Buildings	106.5	107.8	107.3	106.6	104.2
高档住宅	Luxury Residential Buildings	104.7	106.7	105.8	104.2	102.1
非住宅	Non-Residential Buildings	105.3	107.3	108.4	104.1	101.4
土地交易价格总指数	**Transactions price indices of land**	**103.9**	**104.2**	**103.8**	**104.0**	**103.4**
居住用地	Land for Residential Building Use	104.4	104.8	104.4	104.8	103.6
经济适用房用地	Economic Housing	101.5	101.1	101.0	101.6	102.4
商品住宅用地	Land for Commercial Residential Building	102.5	101.1	102.2	102.9	103.6
普通住宅用地	General Residential buildings	104.4	104.7	104.5	104.9	103.7
高档住宅用地	Luxury rResidential Building	114.3	115.0	114.3	114.0	114.0
工业用地	Land for Industry	103.6	104.2	103.2	103.5	103.6
商业营业用地	Land for Commercial Business	103.2	102.7	103.6	103.2	103.1
其它用地	Land for Other	101.9	102.2	101.8	102.0	101.7
房屋租赁价格总指数	**Renting price indices of houses**	**102.1**	**102.1**	**101.5**	**101.9**	**102.8**
住 宅	Residence	101.9	102.8	101.9	101.6	101.3
经济适用房	Common Residence	100.0	100.0	100.0	100.0	100.0
廉租房	Luxury Residential Buildings	100.0	100.0	100.0	100.0	100.0
商品住宅	Commercial Residential Buildings	102.6	103.9	102.6	102.2	101.8
普通住宅	General Residential Buildings	102.2	103.5	102.0	101.9	101.5
高档住宅	Luxury Residential Buildings	104.6	105.8	105.4	104.2	103.1
别 墅	Villas	101.5	102.0	102.0	102.0	100.0
高档公寓	High-grade Apartment	105.8	105.9	105.4	105.5	106.2
非住宅	Non-Residential Buildings	102.2	101.7	101.4	102.1	103.7
办公楼	Office buildings	104.9	102.9	101.2	104.5	111.0
商业营业用房	Commercial Business Premises	101.8	101.7	101.8	101.8	102.1
其它	Other Buildings	100.2	100.1	100.2	100.2	100.2
物业管理价格总指数	**property management price indices**	**100.8**	**101.0**	**100.7**	**100.7**	**100.7**
住 宅	Residence	101.0	101.4	101.0	100.9	100.8
经济适用房	Economic Housing	100.1	100.0	100.0	100.0	100.3
商品住宅	Commercial Residential Buildings	101.1	101.6	101.1	101.0	100.8
普通住宅	General Residential Buildings	101.2	101.8	101.2	101.1	100.8
高档住宅	Luxury Residential Buildings	100.7	100.7	100.7	100.7	100.7
非住宅	Non-Residential Buildings	100.3	100.4	100.1	100.3	100.5
办公楼	Office buildings	100.6	100.2	100.0	100.6	101.6
商业营业用房	Business and Enrertaubnebt Buildings	100.2	100.6	100.1	100.1	100.1
其他	Other Buildings	100.2	100.2	100.2	100.2	100.2

6-15 分市房地产价格指数(2008年)

Price Indices for Real Estate in Each City (2008)

(上年=100) (Preceding Year=100)

类别	Classification	济南 Jinan	青岛 Qingdao	淄博 Zibo	枣庄 Zaozhuang	东营 Dongying	烟台 Yantai	潍坊 Weifang	济宁 Jining
房屋销售价格总指数	**Selling price indices of houses**	**107.2**	**105.1**	**108.5**	**104.4**	**108.3**	**107.3**	**105.4**	**104.9**
新建房	New Building Houses	107.0	105.6	108.7	104.3	106.3	107.4	106.0	104.6
住宅	Residence Buildings	107.5	105.6	109.7	104.4	107.3	107.7	106.4	105.6
经济适用房	Economic Housing	100.0	100.0	110.6	101.1	103.8	100.0	100.9	103.4
商品住宅	Commercial Residential Buildings	108.6	106.1	109.2	104.7	108.4	107.7	107.2	106.3
普通住宅	General Residential Buildings	108.4	106.4	110.9	105.2	109.0	108.0	107.3	108.8
多层住宅	Multiayer Buildings	108.8	106.2	111.6	105.2	109.7	108.2	106.4	111.8
高层住宅	High-grade Building	107.9	106.4	110.2	105.2	103.3	107.7	110.7	103.0
其他住宅	Other Buildings	101.2		101.2		99.1	102.7	100.0	
高档住宅	Luxury Residential Buildings	109.4	102.9	103.5	100.0	104.1	106.4	106.3	93.2
别墅	Villas	108.3	102.1		100.0	104.1		101.5	93.2
高档公寓	High-grade Apartment	105.0	102.8	103.5		100.2	106.4	104.8	
非住宅	Non-Residential Buildings	101.5	105.5	105.5	103.7	104.0	105.9	103.8	101.0
办公楼	Office buildings	103.4	105.9		100.2	101.8	107.4	100.4	92.2
商业营业用房	Commercial Business Premises	101.1	104.9	105.5	105.6	105.0	105.9	104.6	111.1
其它用房	Other Buildings	99.6	100.0				100.0	100.0	
二手房	Private-owned house	107.7	104.3	107.4	104.7	114.8	106.8	102.4	106.0
住宅	Residence Buildings	108.7	104.4	107.5	105.0	114.8	106.8	102.4	106.0
普通住宅	General Residential Buildings	110.0	104.4	107.6	105.5	115.6	107.7	100.5	107.2
高档住宅	Luxury Residential Buildings	105.2	104.2	107.5	102.9	109.9	104.1	109.9	104.4
非住宅	Non-Residential Buildings	102.0	103.6	106.8	103.4				
土地交易价格总指数	**Transactions price indices of land**	**102.7**	**102.1**	**100.2**	**102.4**	**113.7**	**102.6**	**115.5**	**105.5**
居住用地	Land for Residential Building Use	102.8	102.7	100.3	102.6	128.2	103.1	118.9	106.2
经济适用房用地	Economically affordable housing		100.7			100.1			98.5
商品住宅用地	Land for Commercial Residential Buildings	102.0	102.1	100.0	102.4	102.2	102.8	118.5	104.9
普通住宅用地	General Residential buildings	102.9	102.7	100.3	102.6	128.4	102.8	118.7	106.3
高档住宅用地	Luxury rResidential Building	100.3	100.7	100.0	100.0		101.3	114.5	
工业用地	Land for Industry Use	103.0	101.7	100.2	100.6	104.6	102.7	111.7	104.5
商业营业用地	Land for Business Tour and Entertainment	102.1	103.0	100.1	102.5	101.1	101.3	115.1	102.2
其它用地	Land for Other	102.3	100.9	100.2			102.4	102.8	
房屋租赁价格总指数	**Renting price indices of houses**	**100.8**	**106.5**	**100.3**	**100.6**	**103.6**	**100.3**	**101.2**	**105.1**
住宅	Residence	100.3	106.4	100.5	100.0	100.6	100.1	101.7	106.1
经济适用房	Common Residence	100.0	100.0	100.0		100.0			
廉租房	Tenement house	100.0	100.0	100.0	100.0		100.0		
商品住宅	Commercial Residential Buildings	100.3	107.3	100.5	100.0	100.7	100.1	101.7	106.1
普通住宅	Common Residence	100.3	107.6	100.5	100.0	100.7	100.1	101.7	107.1
高档住宅	High-grade Building		103.6						104.0
别墅	Villas		101.7						
高档公寓	High-grade Apartment		104.0						104.0
非住宅	Non-Residential Buildings	101.2	106.5	100.1	101.2	105.5	100.4	100.9	104.2
办公楼	Office buildings	99.4	110.2	100.0	100.0	100.0	100.5	101.5	
商业营业用房	Commercial Business Premises	102.9	99.7	100.2	102.3	107.5	100.3	100.9	104.2
其它	Other Buildings	100.0	100.0	100.0	100.0	100.0	100.0	100.3	
物业管理价格总指数	**property management price indices**	**100.1**	**100.3**	**100.8**	**100.0**	**100.1**	**100.1**	**100.3**	**100.9**
住宅	Residence	100.1	100.2	100.0	100.0	100.2	100.0	100.0	101.6
经济适用房	Econmic Housing	100.0	100.0	100.0	100.0	100.0	100.0		
商品住宅	Commercial Residential Buildings	100.1	100.2	100.0	100.0	100.3	100.0	100.0	101.6
普通住宅	Common Residence	100.2	100.2	100.0	100.0	100.3	100.0	100.0	100.0
高档住宅	High-grade Building	100.0	100.0	100.0		100.0	100.0	100.0	102.6
非住宅	Non-Residential Buildings	100.0	100.5	105.5		100.0	100.3	100.7	100.0
办公楼	Office buildings	100.0	100.9	101.0		100.0	100.5	100.1	
商业营业用房	Commercial Business Premises	100.0	100.0	106.6		100.0	100.0	101.3	100.0
其他	Other Buildings	100.2	100.0				100.0		

6-15 续表 continued

(上年=100) (Preceding Year=100)

类　　别	Classification	泰安 Taian	威海 Weihai	日照 Rizhao	莱芜 Laiwu	临沂 Linyi	德州 Dezhou	聊城 Liaocheng	滨洲 Binzhou	菏泽 Heze
房屋销售价格总指数	**Selling price indices of houses**	**104.9**	**108.0**	**105.9**	**105.0**	**105.8**	**104.4**	**107.4**	**105.8**	**107.8**
新建房	New Building Houses	105.0	108.6	106.8	106.0	104.5	103.4	109.6	106.1	108.2
住　宅	Residence Buildings	105.3	110.3	106.8	106.3	104.8	103.4	114.6	106.6	108.9
经济适用房	Economic Housing	105.0	100.1			100.0	101.7	100.0		99.7
商品住宅	Commercial Residential Buildings	105.3	110.3	106.8	106.3	105.6	103.5	116.7	106.6	109.2
普通住宅	General Residential Buildings	105.3	110.8	106.9	106.8	105.1	103.6	119.5	106.6	109.2
多层住宅	Multiayer Buildings	105.5	104.0	107.6	103.7	106.1	107.5	120.5	107.4	109.1
高层住宅	High-grade Building	104.7	123.0	105.6	110.9	102.8	97.6	109.6	104.8	108.4
其他住宅	Other Buildings	100.1	102.5			100.0	100.6	100.0		
高档住宅	Luxury Residential Buildings	105.5	102.1	104.4	103.8	110.3	101.3	107.0		100.0
别　　墅	Villas	100.7	100.0	100.0	103.8	103.2	101.4	109.8		100.0
高档公寓	High-grade Apartment	104.0	103.8	104.4		108.7	101.7	104.8		
非住宅	Non-Residential Buildings	102.8	99.2	106.0	104.3	101.3	103.7	100.0	105.3	104.2
办公楼	Office buildings	102.4	100.2	109.4	100.2	101.7	102.3	100.0		
商业营业用房	Commercial Business Premises	103.1	99.8	104.9	104.3	100.4	103.8	100.0	105.3	104.2
其它用房	Other Buildings	100.7	98.7			101.1	103.2			
二手房	Private-owned house	104.8	106.0	103.6	102.7	109.1	107.5	100.6	105.0	106.5
住宅	Residence Buildings	105.6	106.7	103.6	102.7	110.3	108.2	100.8	105.1	106.6
普通住宅	General Residential Buildings	105.9	106.7	103.6	102.8	110.7	108.7	100.0	105.7	106.7
高档住宅	Luxury Residential Buildings	105.1	105.3	102.5	102.3	107.1	102.6	102.1	101.8	102.5
非住宅	Non-Residential Buildings	103.9	104.3	103.3		104.9	102.3	100.0	100.0	105.1
土地交易价格总指数	**Transactions price indices of land**	**107.7**	**108.0**	**101.8**	**102.5**	**106.3**	**104.4**	**102.2**	**103.7**	**110.0**
居住用地	Land for Residential Building Use	106.9	98.5	102.8	102.6	105.2	106.6	102.5	104.0	110.4
经济适用房用地	Economically affordable housing	101.2				107.6				101.4
商品住宅用地	Land for Commercial Residential Buildings	101.7	102.0	100.0	100.8	100.4	102.9	100.6	101.7	105.9
普通住宅用地	General Residential buildings	107.1	92.2	102.8	102.4	105.0	106.6	102.5	104.0	109.7
高档住宅用地	Luxury rResidential Building		109.4			105.6		111.1		114.3
工业用地	Land for Industry Use	107.5	117.6	101.0	102.4	108.2	100.2	102.2	105.3	107.2
商业营业用地	Land for Business Tour and Entertainment	109.3	112.5	102.1	102.6	107.3	105.5	100.5	101.1	110.0
其它用地	Land for Other		100.1	100.0		100.0			101.6	100.6
房屋租赁价格总指数	**Renting price indices of houses**	**101.3**	**99.0**	**100.2**	**104.0**	**101.1**	**100.7**	**101.6**	**103.0**	**102.8**
住　宅	Residence	101.1	97.9	100.0	100.0	101.1	100.4	103.1	102.2	100.9
经济适用房	Common Residence		100.0		100.0	100.0	100.0			
廉租房	Tenement house		100.0							
商品住宅	Commercial Residential Buildings	101.1	97.9	100.0	100.0	101.2	100.4	103.1	102.2	100.9
普通住宅	Common Residence	101.1	97.9	100.0	100.0	101.2	100.4	103.1	102.2	100.9
高档住宅	High-grade Building	100.0	100.0							
别　　墅	Villas	100.0	100.0							
高档公寓	High-grade Apartment		100.0							
非住宅	Non-Residential Buildings	101.3	100.0	100.5	104.4	101.1	100.7	100.1	103.3	105.6
办公楼	Office buildings	101.5	100.0	105.3	100.0	102.4	100.2			108.9
商业营业用房	Commercial Business Premises	101.4	100.0	99.9	105.3	100.5	100.8	100.1	103.4	104.2
其它	Other Buildings		100.0	100.9			100.1	100.1	102.7	
物业管理价格总指数	**property management price indices**	**100.6**	**100.0**	**104.4**	**100.0**	**100.7**	**101.7**	**100.8**	**103.3**	**103.3**
住　宅	Residence	100.6	100.0	106.7	100.0	100.9	102.4	101.3	103.6	104.8
经济适用房	Econmic Housing	100.0				100.0	100.6	100.0	100.0	100.0
商品住宅	Commercial Residential Buildings	100.6	100.0	106.7	100.0	101.0	102.5	101.4	104.0	105.2
普通住宅	Common Residence	100.6	100.0	106.1	100.0	101.2	102.5	102.0	104.0	105.2
高档住宅	High-grade Building		100.0	109.5		100.0		100.0		
非住宅	Non-Residential Buildings	100.8		100.0	100.0	100.0	100.0	100.0	100.0	100.2
办公楼	Office buildings	100.7		100.0	100.0	100.0		100.0	100.0	100.0
商业营业用房	Business and Enrertaubnebt Buildings	100.9		100.0	100.0	100.0	100.0	100.0		100.2
其他	Other Buildings					100.0				100.0

6-16 各市分季度房地产价格指数(2008年)

Quarter Price Indices for Real Estate in Each City (2008)

(上年=100) (Preceding Year=100)

类别	Classification	济南Jinan 全年平均 Annual Average	一季度 The First Quarter	二季度 The Second Quarter	三季度 The Third Quarter	四季度 The Forth Quarter
房屋销售价格总指数	**Selling price indices of houses**	**107.2**	**107.4**	**108.3**	**108.2**	**105.0**
新建房	New Building Houses	107.0	107.2	108.0	108.0	104.8
住　宅	Residence Buildings	107.5	107.9	108.5	108.6	105.1
经济适用房	Economic Housing	100.0	100.0	100.0	100.0	100.0
商品住宅	Commercial Residential Buildings	108.6	109.0	109.7	109.8	105.8
普通住宅	General Residential Buildings	108.4	109.0	109.6	109.4	105.6
多层住宅	Multiayer Buildings	108.8	108.8	110.3	109.7	106.3
高层住宅	High-grade Building	107.9	108.8	109.1	108.9	105.0
其他住宅	Other Buildings	101.2	100.1	100.8	101.6	101.6
高档住宅	Luxury Residential Buildings	109.4	108.9	110.4	111.6	106.8
别　墅	Villas	108.3	110.0	110.0	110.0	103.3
高档公寓	High-grade Apartment	105.0	103.5	105.1	106.2	105.1
非住宅	Non-Residential Buildings	101.5	100.5	102.1	101.8	101.5
办公楼	Office buildings	103.4	102.6	104.4	104.3	102.4
商业营业用房	Business and Enrertaubnebt Buildings	101.1	99.6	101.1	101.4	102.1
其它用房	Other Buildings	99.6			100.0	99.1
二手房	Private-owned house	107.7	107.9	108.9	108.7	105.3
住宅	Residence Buildings	108.7	108.9	110.0	109.8	106.0
普通住宅	General Residential Buildings	110.0	109.4	111.2	111.6	107.7
高档住宅	Luxury Residential Buildings	105.2	107.6	106.9	105.1	101.4
非住宅	Non-Residential Buildings	102.0	101.9	102.6	102.0	101.5
土地交易价格总指数	**Transactions price indices of land**	**102.7**	**102.8**	**102.8**	**102.6**	**102.6**
居住用地	Land for Residential Building Use	102.8	102.8	103.0	102.8	102.8
经济适用房用地	Economically affordable housing					
商品住宅用地	Land for Commercial Residential Buildings	102.0	100.9	101.8	102.3	102.8
普通住宅用地	General Residential buildings	102.9	102.8	103.0	102.8	102.9
高档住宅用地	Luxury rResidential Building	100.3			100.3	100.3
工业用地	Land for Industry Use	103.0	103.3	103.2	102.8	102.6
商业营业用地	Land for Business Tour and Entertainment	102.1	102.0	101.9	102.1	102.3
其它用地	Land for Other	102.3	102.4	102.3	102.4	101.9
房屋租赁价格总指数	**Renting price indices of houses**	**100.8**	**100.3**	**100.8**	**101.1**	**101.2**
住　宅	Residence	100.3	100.2	100.3	100.4	100.4
经济适用房	Common Residence	100.0		100.0	100.0	100.0
廉租房	Tenement house	100.0			100.0	100.0
商品住宅	Commercial Residential Buildings	100.3	100.2	100.3	100.5	100.4
普通住宅	General Residential Buildings	100.3	100.2	100.3	100.5	100.4
高档住宅	Luxury Residential Buildings					
别　墅	Villas					
高档公寓	High-grade Apartment					
非住宅	Non-Residential Buildings	101.2	100.4	101.0	101.5	101.7
办公楼	Office buildings	99.4	97.4	98.8	100.5	100.9
商业营业用房	Commercial Business Premises	102.9	102.9	102.9	102.9	102.9
其它	Other Buildings	100.0			100.0	100.0
物业管理价格总指数	**property management price indices**	**100.1**	**100.1**	**100.1**	**100.1**	**100.1**
住　宅	Residence	100.1	100.1	100.1	100.1	100.1
经济适用房	common Residence	100.0	100.0	100.0	100.0	100.0
商品住宅	High-grade Building	100.1	100.1	100.1	100.1	100.1
普通住宅	General Residential Buildings	100.2	100.2	100.2	100.2	100.2
高档住宅	Luxury Residential Buildings	100.0	100.0	100.0	100.0	100.0
非住宅	Non-Residential Buildings	100.0	100.0	100.0	100.0	100.0
办公楼	Office buildings	100.0	100.0	100.0	100.0	100.0
商业营业用房	Business and Enrertaubnebt Buildings	100.0	100.0	100.0	100.0	100.0
其他	Other Buildings	100.2	100.2	100.2	100.2	100.2

6-16 续表 1 continued

(上年=100) (Preceding Year=100)

类 别	Classification	青岛Qingdao				
		全年平均 Annual Average	一季度 The First Quarter	二季度 The Second Quarter	三季度 The Third Quarter	四季度 The Forth Quarter
房屋销售价格总指数	**Selling price indices of houses**	**105.1**	**106.6**	**106.3**	**105.1**	**102.4**
新建房	New Building Houses	105.6	106.7	106.4	105.8	103.5
住 宅	Residence Buildings	105.6	106.5	106.4	105.8	103.7
经济适用房	Economic Housing	100.0	100.0	100.0	100.0	100.0
商品住宅	Commercial Residential Buildings	106.1	107.1	107.0	106.4	104.1
普通住宅	General Residential Buildings	106.4	107.5	107.4	106.6	104.2
多层住宅	Multiayer Buildings	106.2	106.4	106.7	106.5	105.2
高层住宅	High-grade Building	106.4	107.6	107.5	106.6	103.8
其他住宅	Other Buildings					
高档住宅	Luxury Residential Buildings	102.9	102.7	102.8	103.6	102.5
别 墅	Villas	102.1	102.6	102.6	102.6	100.8
高档公寓	High-grade Apartment	102.8	102.5	102.6	103.6	102.6
非住宅	Non-Residential Buildings	105.5	107.7	106.3	105.5	102.5
办公楼	Office buildings	105.9	108.5	107.4	105.8	101.8
商业营业用房	Business and Enrertaubnebt Buildings	104.9	106.4	104.6	105.0	103.6
其它用房	Other Buildings	100.0			100.0	100.0
二手房	Private-owned house	104.3	106.4	106.3	104.0	100.4
住宅	Residence Buildings	104.4	106.8	106.4	104.2	100.4
普通住宅	General Residential Buildings	104.4	106.8	106.5	104.2	100.2
高档住宅	Luxury Residential Buildings	104.2	105.8	105.5	103.9	101.8
非住宅	Non-Residential Buildings	103.6	104.9	105.9	102.9	100.7
土地交易价格总指数	**Transactions price indices of land**	**102.1**	**101.9**	**101.9**	**102.1**	**102.3**
居住用地	Land for Residential Building Use	102.7	102.2	102.5	102.8	103.2
经济适用房用地	Economically affordable housing	100.7				100.7
商品住宅用地	Land for Commercial Residential Buildings	102.1	101.0	101.7	102.4	103.2
普通住宅用地	General Residential buildings	102.7	102.2	102.5	102.9	103.2
高档住宅用地	Luxury rResidential Building	100.7		100.7	100.7	100.7
工业用地	Land for Industry Use	101.7	101.7	101.6	101.7	101.8
商业营业用地	Land for Business Tour and Entertainment	103.0	102.1	102.7	103.3	103.9
其它用地	Land for Other	100.9	101.4	101.0	100.4	100.7
房屋租赁价格总指数	**Renting price indices of houses**	**106.5**	**106.0**	**105.9**	**106.5**	**107.5**
住 宅	Residence	106.4	107.6	107.5	106.6	104.1
经济适用房	Common Residence	100.0	100.0	100.0	100.0	100.0
廉租房	Tenement house	100.0	100.0	100.0	100.0	100.0
商品住宅	Commercial Residential Buildings	107.3	108.6	108.5	107.5	104.6
普通住宅	General Residential Buildings	107.6	108.9	108.8	107.9	105.0
高档住宅	Luxury Residential Buildings	103.6	105.6	105.6	102.6	100.7
别 墅	Villas	101.7	102.3	102.3	102.3	100.0
高档公寓	High-grade Apartment	104.0	105.5	105.5	102.5	102.5
非住宅	Non-Residential Buildings	106.5	103.4	103.4	106.4	112.9
办公楼	Office buildings	110.2	105.5	105.5	110.1	119.8
商业营业用房	Commercial Business Premises	99.7	99.3	99.5	99.4	100.4
其它	Other Buildings	100.0	100.0	100.0	100.1	100.1
物业管理价格总指数	**property management price indices**	**100.3**	**100.1**	**100.1**	**100.3**	**100.5**
住 宅	Residence	100.2	100.2	100.2	100.2	100.1
经济适用房	common Residence	100.0	100.0	100.0	100.0	100.0
商品住宅	High-grade Building	100.2	100.2	100.2	100.2	100.1
普通住宅	General Residential Buildings	100.2	100.3	100.3	100.3	100.2
高档住宅	Luxury Residential Buildings	100.0	100.0	100.0	100.0	100.0
非住宅	Non-Residential Buildings	100.5	100.0	100.0	100.5	101.6
办公楼	Office buildings	100.9	100.0	100.0	101.0	102.8
商业营业用房	Business and Enrertaubnebt Buildings	100.0	100.0	100.0	100.0	100.0
其他	Other Buildings	100.0	100.0	100.0	100.0	100.0

6-16 续表 2 continued

(上年=100) (Preceding Year=100)

类 别	Classification	淄博Zibo				
		全年平均 Annual Average	一季度 The First Quarter	二季度 The Second Quarter	三季度 The Third Quarter	四季度 The Forth Quarter
房屋销售价格总指数	**Selling price indices of houses**	**108.5**	**109.1**	**109.8**	**109.0**	**106.0**
新建房	New Building Houses	108.7	109.3	110.0	109.0	106.4
住 宅	Residence Buildings	109.7	109.7	110.6	110.4	108.2
经济适用房	Economic Housing	110.6	112.3	113.2	111.0	106.1
商品住宅	Commercial Residential Buildings	109.2	108.3	109.3	110.0	109.3
普通住宅	General Residential Buildings	110.9	110.2	110.9	111.7	110.8
多层住宅	Multiayer Buildings	111.6	109.8	110.9	112.8	112.8
高层住宅	High-grade Building	110.2	111.4	111.4	110.4	107.5
其他住宅	Other Buildings	101.2		100.5	101.2	101.9
高档住宅	Luxury Residential Buildings	103.5	101.9	103.8	104.1	104.1
别 墅	Villas					
高档公寓	High-grade Apartment	103.5	101.9	103.8	104.1	104.1
非住宅	Non-Residential Buildings	105.5	108.2	108.2	104.9	100.7
办公楼	Office buildings					
商业营业用房	Business and Enrertaubnebt Buildings	105.5	108.2	108.2	104.9	100.7
其它用房	Other Buildings					
二手房	Private-owned house	107.4	107.8	108.6	108.7	104.5
住宅	Residence Buildings	107.5	108.4	109.2	108.6	103.9
普通住宅	General Residential Buildings	107.6	107.9	109.0	109.3	104.4
高档住宅	Luxury Residential Buildings	107.5	109.8	109.7	106.5	102.2
非住宅	Non-Residential Buildings	106.8	105.1	106.0	108.9	107.3
土地交易价格总指数	**Transactions price indices of land**	**100.2**	**100.3**	**100.3**	**100.1**	**100.1**
居住用地	Land for Residential Building Use	100.3	100.5	100.5	100.0	100.0
经济适用房用地	Economically affordable housing					
商品住宅用地	Land for Commercial Residential Buildings	100.0	100.0	100.0	100.0	100.0
普通住宅用地	General Residential buildings	100.3	100.5	100.5	100.0	100.0
高档住宅用地	Luxury rResidential Building	100.0				100.0
工业用地	Land for Industry Use	100.2	100.1	100.1	100.3	100.3
商业营业用地	Land for Business Tour and Entertainment	100.1	100.2	100.1	100.1	100.0
其它用地	Land for Other	100.2			100.2	100.2
房屋租赁价格总指数	**Renting price indices of houses**	**100.3**	**100.4**	**100.2**	**100.1**	**100.0**
住 宅	Residence	100.5	100.6	100.3	100.0	100.0
经济适用房	Common Residence	100.0	100.0	100.0	100.0	100.0
廉租房	Tenement house	100.0	100.0	100.0	100.0	100.0
商品住宅	Commercial Residential Buildings	100.5	101.4	100.7	100.0	100.0
普通住宅	General Residential Buildings	100.5	101.4	100.7	100.0	100.0
高档住宅	Luxury Residential Buildings					
别 墅	Villas					
高档公寓	High-grade Apartment					
非住宅	Non-Residential Buildings	100.1	100.2	100.2	100.2	100.0
办公楼	Office buildings	100.0	100.0	100.0	100.0	100.0
商业营业用房	Business and Enrertaubnebt Buildings	100.2	100.3	100.3	100.3	99.9
其它	Other Buildings	100.0	100.0	100.0	100.0	100.0
物业管理价格总指数	**property management price indices**	**100.8**	**100.7**	**100.7**	**100.7**	**100.7**
住 宅	Residence	100.0	100.0	100.0	100.0	100.0
经济适用房	common Residence	100.0	100.0	100.0		
商品住宅	High-grade Building	100.0	100.0	100.0	100.0	100.0
普通住宅	General Residential Buildings	100.0	100.0	100.0	100.0	100.0
高档住宅	Luxury Residential Buildings	100.0	100.0	100.0	100.0	
非住宅	Non-Residential Buildings	105.5	105.1	105.1	105.1	105.1
办公楼	Office buildings	101.0	101.0	101.0	101.0	101.0
商业营业用房	Business and Enrertaubnebt Buildings	106.6	106.6	106.6	106.6	106.6
其他	Other Buildings					

6-16 续表 3 continued

(上年=100) (Preceding Year=100)

类　别	Classification	枣庄 Zaozhuang 全年平均 Annual Average	一季度 The First Quarter	二季度 The Second Quarter	三季度 The Third Quarter	四季度 The Forth Quarter
房屋销售价格总指数	**Selling price indices of houses**	**104.4**	**105.2**	**105.1**	**104.3**	**102.9**
新建房	New Building Houses	104.3	105.4	105.0	104.0	102.6
住　宅	Residence Buildings	104.4	105.4	105.1	104.3	102.9
经济适用房	Economic Housing	101.1	101.7	101.6	101.2	100.0
商品住宅	Commercial Residential Buildings	104.7	105.7	105.4	104.6	103.2
普通住宅	General Residential Buildings	105.2	106.3	105.9	105.1	103.5
多层住宅	Multiayer Buildings	105.2	106.4	105.9	105.1	103.4
高层住宅	High-grade Building	105.2	107.7	106.1	105.1	101.9
其他住宅	Other Buildings					
高档住宅	Luxury Residential Buildings	100.0	100.0	100.0	100.0	100.0
别　墅	Villas	100.0	100.0	100.0	100.0	100.0
高档公寓	High-grade Apartment					
非住宅	Non-Residential Buildings	103.7	105.3	105.0	102.9	101.7
办公楼	Office buildings	100.2	100.3	100.3	100.1	100.0
商业营业用房	Business and Enrertaubnebt Buildings	105.9	108.1	107.6	104.4	102.2
其它用房	Other Buildings					
二手房	Private-owned house	104.7	104.9	105.4	104.9	103.5
住宅	Residence Buildings	105.0	105.5	105.8	105.1	103.6
普通住宅	General Residential Buildings	105.5	105.6	106.4	106.0	104.1
高档住宅	Luxury Residential Buildings	102.9	105.0	103.4	101.9	100.4
非住宅	Non-Residential Buildings	103.4	102.4	104.0	104.1	103.1
土地交易价格总指数	**Transactions price indices of land**	**102.4**	**102.3**	**102.4**	**102.5**	**102.5**
居住用地	Land for Residential Building Use	102.6	102.8	102.5	102.5	102.5
经济适用房用地	Economically affordable housing					
商品住宅用地	Land for Commercial Residential Buildings	102.4	101.9	102.5	102.5	102.5
普通住宅用地	General Residential buildings	102.6	102.8	102.5	102.5	102.5
高档住宅用地	Luxury rResidential Building	100.0	100.0			
工业用地	Land for Industry Use	100.6	100.0	100.0	101.2	101.2
商业营业用地	Land for Business Tour and Entertainment	102.5	101.5	103.1	102.7	102.7
其它用地	Land for Other					
房屋租赁价格总指数	**Renting price indices of houses**	**100.6**	**100.5**	**100.7**	**100.7**	**100.7**
住　宅	Residence	100.0	100.0	100.0	100.0	100.0
经济适用房	Common Residence					
廉租房	Tenement house	100.0	100.0	100.0	100.0	100.0
商品住宅	Commercial Residential Buildings	100.0	100.0	100.0	100.0	100.0
普通住宅	General Residential Buildings	100.0	100.0	100.0	100.0	100.0
高档住宅	Luxury Residential Buildings					
别　墅	Villas					
高档公寓	High-grade Apartment					
非住宅	Non-Residential Buildings	101.2	100.9	101.3	101.3	101.3
办公楼	Office buildings	100.0	100.0	100.0	100.0	100.0
商业营业用房	Business and Enrertaubnebt Buildings	102.3	101.7	102.5	102.5	102.5
其它	Other Buildings	100.0	100.0	100.0	100.0	100.0
物业管理价格总指数	**property management price indices**	**100.0**	**100.0**	**100.0**	**100.0**	**100.0**
住　宅	Residence	100.0	100.0	100.0	100.0	100.0
经济适用房	common Residence	100.0	100.0	100.0	100.0	
商品住宅	High-grade Building	100.0	100.0	100.0	100.0	100.0
普通住宅	General Residential Buildings	100.0	100.0	100.0	100.0	100.0
高档住宅	Luxury Residential Buildings					
非住宅	Non-Residential Buildings					
办公楼	Office buildings					
商业营业用房	Business and Enrertaubnebt Buildings					
其他	Other Buildings					

6-16 续表 4 continued

(上年=100) (Preceding Year=100)

类 别	Classification	东营Dongying 全年平均 Annual Average	一季度 The First Quarter	二季度 The Second Quarter	三季度 The Third Quarter	四季度 The Forth Quarter
房屋销售价格总指数	**Selling price indices of houses**	**108.3**	**111.4**	**110.0**	**107.4**	**104.5**
新建房	New Building Houses	106.3	109.4	107.4	104.8	103.6
住 宅	Residence Buildings	107.3	111.7	108.7	105.1	103.9
经济适用房	Economic Housing	103.8	112.9	101.2	100.0	100.0
商品住宅	Commercial Residential Buildings	108.4	111.3	110.9	106.6	104.6
普通住宅	General Residential Buildings	109.0	111.9	111.7	107.1	105.2
多层住宅	Multiayer Buildings	109.7	113.7	112.8	107.4	105.0
高层住宅	High-grade Building	103.3	102.0	103.7	104.5	103.1
其他住宅	Other Buildings	99.1	99.1	99.1	99.1	99.1
高档住宅	Luxury Residential Buildings	104.1	107.5	104.5	103.7	100.6
别 墅	Villas	104.1	107.4	104.5	103.7	100.6
高档公寓	High-grade Apartment	100.2	100.2			
非住宅	Non-Residential Buildings	104.0	104.4	104.5	104.1	103.0
办公楼	Office buildings	101.8	104.8	102.3	100.0	100.0
商业营业用房	Business and Enrertaubnebt Buildings	105.0	104.3	105.4	105.9	104.3
其它用房	Other Buildings					
二手房	Private-owned house	114.8	117.8	118.6	115.6	107.2
住宅	Residence Buildings	114.8	117.8	118.6	115.6	107.2
普通住宅	General Residential Buildings	115.6	118.3	119.5	116.5	108.1
高档住宅	Luxury Residential Buildings	109.9	114.4	112.9	110.1	102.1
非住宅	Non-Residential Buildings					
土地交易价格总指数	**Transactions price indices of land**	**113.7**	**116.9**	**117.1**	**117.4**	**103.4**
居住用地	Land for Residential Building Use	128.2	135.7	136.2	137.0	103.8
经济适用房用地	Economically affordable housing	100.1	100.1			
商品住宅用地	Land for Commercial Residential Buildings	102.2		100.6	102.1	103.8
普通住宅用地	General Residential buildings	128.4	136.7	136.2	137.0	103.8
高档住宅用地	Luxury rResidential Building					
工业用地	Land for Industry Use	104.6	104.1	104.7	104.9	104.8
商业营业用地	Land for Business Tour and Entertainment	101.1	102.2	101.1	100.7	100.4
其它用地	Land for Other					
房屋租赁价格总指数	**Renting price indices of houses**	**103.6**	**102.4**	**104.1**	**103.8**	**104.2**
住 宅	Residence	100.6	102.0	100.1	100.1	100.1
经济适用房	Common Residence	100.0	100.0	100.0	100.0	
廉租房	Tenement house					
商品住宅	Commercial Residential Buildings	100.7	102.6	100.1	100.1	100.1
普通住宅	General Residential Buildings	100.7	102.6	100.1	100.1	100.1
高档住宅	Luxury Residential Buildings					
别 墅	Villas					
高档公寓	High-grade Apartment					
非住宅	Non-Residential Buildings	105.5	102.6	106.5	106.1	106.8
办公楼	Office buildings	100.0	100.0	100.0	100.0	
商业营业用房	Business and Enrertaubnebt Buildings	107.5	103.3	109.7	109.0	108.0
其它	Other Buildings	100.0		100.0	100.0	100.0
物业管理价格总指数	**property management price indices**	**100.1**	**100.2**	**100.2**	**100.2**	**100.0**
住 宅	Residence	100.2	100.3	100.3	100.3	100.0
经济适用房	common Residence	100.0	100.0	100.0	100.0	100.0
商品住宅	High-grade Building	100.3	100.3	100.3	100.3	100.0
普通住宅	General Residential Buildings	100.3	100.4	100.4	100.4	100.0
高档住宅	Luxury Residential Buildings	100.0	100.0	100.0	100.0	100.0
非住宅	Non-Residential Buildings	100.0	100.0	100.0	100.0	100.0
办公楼	Office buildings	100.0	100.0	100.0	100.0	
商业营业用房	Business and Enrertaubnebt Buildings	100.0	100.0	100.0	100.0	100.0
其他	Other Buildings					

6-16 续表 5 continued

(上年=100) (Preceding Year=100)

类 别	Classification	烟台Yantai 全年平均 Annual Average	一季度 The First Quarter	二季度 The Second Quarter	三季度 The Third Quarter	四季度 The Forth Quarter
房屋销售价格总指数	**Selling Price Indices of Houses**	**107.3**	**109.8**	**108.0**	**106.1**	**105.1**
新建房	New Building Houses	107.4	109.8	108.4	106.1	105.2
住 宅	Residence Buildings	107.7	109.9	108.9	106.5	105.4
经济适用房	Economic Housing	100.0				100.0
商品住宅	Commercial Residential Buildings	107.7	109.9	108.9	106.5	105.4
普通住宅	General Residential Buildings	108.0	110.8	109.4	106.9	105.0
多层住宅	Multiayer Buildings	108.2	113.0	109.2	106.9	103.9
高层住宅	High-grade Building	107.7	110.1	109.4	106.5	104.9
其他住宅	Other Buildings	102.7		100.6	103.6	104.0
高档住宅	Luxury Residential Buildings	106.4	106.7	106.7	105.0	107.0
别 墅	Villas					
高档公寓	High-grade Apartment	106.4	106.7	106.7	105.0	107.0
非住宅	Non-Residential Buildings	105.9	109.0	106.0	104.2	104.2
办公楼	Office buildings	107.4	111.8	108.7	106.0	103.1
商业营业用房	Business and Enrertaubnebt Buildings	105.9	108.9	105.8	104.1	104.6
其它用房	Other Buildings	100.0	100.0	100.0	100.0	100.0
二手房	Private-owned House	106.8	110.0	106.4	106.1	104.7
住宅	Residence Buildings	106.8	110.0	106.4	106.1	104.7
普通住宅	General Residential Buildings	107.7	110.2	107.1	107.6	105.8
高档住宅	Luxury Residential Buildings	104.1	109.3	104.2	101.6	100.0
非住宅	Non-Residential Buildings					
土地交易价格总指数	**Transactions Price Indices of Land**	**102.6**	**102.1**	**102.0**	**103.0**	**103.2**
居住用地	Land for Residential Building Use	103.1	102.1	102.3	103.7	104.2
经济适用房用地	Economically Affordable Housing					
商品住宅用地	Land for Commercial Residential Buildings	102.8	101.0	102.3	103.7	104.2
普通住宅用地	General Residential Buildings	102.8	101.0	102.3	103.7	104.2
高档住宅用地	Luxury Residential Building	101.3	101.3			
工业用地	Land for Industry Use	102.7	102.6	102.6	103.0	102.5
商业营业用地	Land for Business Tour and Entertainment	101.3	101.7	100.6	101.5	101.4
其它用地	Land for Other	102.4	101.0	102.9	102.9	102.9
房屋租赁价格总指数	**Renting Price Indices of Houses**	**100.3**	**100.3**	**100.3**	**100.3**	**100.3**
住 宅	Residence	100.1	100.1	100.1	100.1	100.1
经济适用房	Common Residence					
廉租房	Tenement House	100.0	100.0	100.0	100.0	100.0
商品住宅	Commercial Residential Buildings	100.1	100.1	100.1	100.1	100.1
普通住宅	General Residential Buildings	100.1	100.1	100.1	100.1	100.1
高档住宅	Luxury Residential Buildings					
别 墅	Villas					
高档公寓	High-grade Apartment					
非住宅	Non-Residential Buildings	100.4	100.4	100.4	100.4	100.4
办公楼	Office Buildings	100.5	100.5	100.5	100.5	100.5
商业营业用房	Business and Enrertaubnebt Buildings	100.3	100.3	100.3	100.3	100.3
其它	Other Buildings	100.0	100.0	100.0	100.0	100.0
物业管理价格总指数	**Property Management Price Indices**	**100.1**	**100.1**	**100.1**	**100.1**	**100.1**
住 宅	Residence	100.0	100.0	100.0	100.0	100.0
经济适用房	common Residence	100.0	100.0	100.0	100.0	100.0
商品住宅	High-grade Building	100.0	100.0	100.0	100.0	100.0
普通住宅	General Residential Buildings	100.0	100.0	100.0	100.0	100.0
高档住宅	Luxury Residential Buildings	100.0	100.0	100.0	100.0	100.0
非住宅	Non-Residential Buildings	100.3	100.3	100.3	100.3	100.3
办公楼	Office Buildings	100.5	100.5	100.5	100.5	100.5
商业营业用房	Business and Enrertaubnebt Buildings	100.0	100.0	100.0	100.0	100.0
其他	Other Buildings	100.0	100.0	100.0	100.0	100.0

6-16 续表 6 continued

(上年=100) (Preceding Year=100)

类别	Classification	潍坊Weifang 全年平均 Annual Average	一季度 The First Quarter	二季度 The Second Quarter	三季度 The Third Quarter	四季度 The Forth Quarter
房屋销售价格总指数	**Selling price indices of houses**	**105.4**	**106.2**	**105.6**	**105.2**	**104.5**
新建房	New Building Houses	106.0	107.1	106.4	105.7	104.9
住 宅	Residence Buildings	106.4	107.4	106.7	106.1	105.3
经济适用房	Economic Housing	100.9	102.7	99.7	100.6	100.6
商品住宅	Commercial Residential Buildings	107.2	108.2	107.9	107.0	105.9
普通住宅	General Residential Buildings	107.3	108.4	107.8	107.1	106.0
多层住宅	Multiayer Buildings	106.4	108.1	107.3	105.7	104.6
高层住宅	High-grade Building	110.7	111.1	110.5	111.5	109.6
其他住宅	Other Buildings	100.0	100.0	100.0		
高档住宅	Luxury Residential Buildings	106.3	106.7	108.3	105.9	104.4
别 墅	Villas	101.5	100.9	101.4	101.9	101.9
高档公寓	High-grade Apartment	104.8	105.7	107.0	104.0	102.6
非住宅	Non-Residential Buildings	103.8	105.3	104.5	103.4	102.0
办公楼	Office buildings	100.4	102.6	100.7	99.6	98.7
商业营业用房	Business and Enrertaubnebt Buildings	104.6	106.0	105.3	104.3	102.8
其它用房	Other Buildings	100.0				100.0
二手房	Private-owned house	102.4	102.0	102.1	102.7	102.7
住宅	Residence Buildings	102.4	102.0	102.1	102.7	102.7
普通住宅	General Residential Buildings	100.5	101.7	100.1	100.1	100.1
高档住宅	Luxury Residential Buildings	109.9	103.1	110.1	113.2	113.3
非住宅	Non-Residential Buildings					
土地交易价格总指数	**Transactions price indices of land**	**115.5**	**112.2**	**114.4**	**116.2**	**119.1**
居住用地	Land for Residential Building Use	118.9	114.4	117.0	119.5	124.9
经济适用房用地	Economically affordable housing					
商品住宅用地	Land for Commercial Residential Buildings	118.5	113.5	116.0	119.5	124.9
普通住宅用地	General Residential buildings	118.7	114.2	116.8	119.3	124.7
高档住宅用地	Luxury rResidential Building	114.5	114.5	114.5	114.5	114.5
工业用地	Land for Industry Use	111.7	108.6	111.4	113.2	113.8
商业营业用地	Land for Business Tour and Entertainment	115.1	112.8	115.0	115.9	116.8
其它用地	Land for Other	102.8	103.6	101.6	102.7	103.4
房屋租赁价格总指数	**Renting price indices of houses**	**101.2**	**100.9**	**101.2**	**101.2**	**101.3**
住 宅	Residence	101.7	101.7	101.7	101.7	101.8
经济适用房	Common Residence					
廉租房	Tenement house					
商品住宅	Commercial Residential Buildings	101.7	101.7	101.7	101.7	101.8
普通住宅	General Residential Buildings	101.7	101.7	101.7	101.7	101.8
高档住宅	Luxury Residential Buildings					
别 墅	Villas					
高档公寓	High-grade Apartment					
非住宅	Non-Residential Buildings	100.9	100.5	101.0	101.0	101.1
办公楼	Office buildings	101.5	101.4	101.4	101.4	101.8
商业营业用房	Business and Enrertaubnebt Buildings	100.9	100.3	101.0	101.0	101.0
其它	Other Buildings	100.3	100.3	100.3	100.3	100.3
物业管理价格总指数	**property management price indices**	**100.3**	**100.0**	**100.4**	**100.4**	**100.4**
住 宅	Residence	100.0	100.0	100.0	100.0	100.0
经济适用房	common Residence					
商品住宅	High-grade Building	100.0	100.0	100.0	100.0	100.0
普通住宅	General Residential Buildings	100.0	100.0	100.0	100.0	100.0
高档住宅	Luxury Residential Buildings	100.0		100.0	100.0	100.0
非住宅	Non-Residential Buildings	100.7	100.0	100.9	100.9	100.9
办公楼	Office buildings	100.1	100.0	100.1	100.1	100.1
商业营业用房	Business and Enrertaubnebt Buildings	101.3		101.3	101.3	101.3
其他	Other Buildings					

6-16 续表 7 continued

(上年=100) (Preceding Year=100)

类 别	Classification	济宁Jining				
		全年平均 Annual Average	一季度 The First Quarter	二季度 The Second Quarter	三季度 The Third Quarter	四季度 The Forth Quarter
房屋销售价格总指数	**Selling price indices of houses**	**104.9**	**105.8**	**105.1**	**105.0**	**103.6**
新建房	New Building Houses	104.6	105.5	105.1	104.3	103.6
住 宅	Residence Buildings	105.6	106.5	105.9	105.5	104.7
经济适用房	Economic Housing	103.4	100.0	99.3	105.8	108.9
商品住宅	Commercial Residential Buildings	106.3	108.4	107.7	105.4	103.5
普通住宅	General Residential Buildings	108.8	110.8	110.6	107.9	105.7
多层住宅	Multiayer Buildings	111.8	113.9	112.4	111.5	109.6
高层住宅	High-grade Building	103.0	103.1	105.2	102.4	101.5
其他住宅	Other Buildings					
高档住宅	Luxury Residential Buildings	93.2	95.6	92.5	92.5	92.0
别 墅	Villas	93.2	95.6	92.5	92.5	92.0
高档公寓	High-grade Apartment					
非住宅	Non-Residential Buildings	101.0	102.0	102.1	100.2	99.7
办公楼	Office buildings	92.2	92.4	91.9	91.8	92.6
商业营业用房	Business and Enrertaubnebt Buildings	111.1	112.9	113.7	109.8	107.8
其它用房	Other Buildings					
二手房	Private-owned house	106.0	106.9	105.1	108.0	103.9
住宅	Residence Buildings	106.0	106.9	105.1	108.0	103.9
普通住宅	General Residential Buildings	107.2	106.8	105.7	110.5	105.7
高档住宅	Luxury Residential Buildings	104.4	107.2	104.3	104.4	100.3
非住宅	Non-Residential Buildings					
土地交易价格总指数	**Transactions price indices of land**	**105.5**	**106.6**	**105.4**	**104.4**	**105.8**
居住用地	Land for Residential Building Use	106.2	107.7	106.2	105.4	105.7
经济适用房用地	Economically affordable housing	98.5			98.5	98.5
商品住宅用地	Land for Commercial Residential Buildings	104.9	104.5	104.6	104.6	105.9
普通住宅用地	General Residential buildings	106.3	107.7	106.2	105.6	105.9
高档住宅用地	Luxury rResidential Building					
工业用地	Land for Industry Use	104.5	104.2	103.5	103.5	106.7
商业营业用地	Land for Business Tour and Entertainment	102.2	103.4	102.7	100.4	
其它用地	Land for Other					
房屋租赁价格总指数	**Renting price indices of houses**	**105.1**	**104.3**	**104.3**	**105.6**	**106.4**
住 宅	Residence	106.1	104.7	104.7	107.4	107.7
经济适用房	Common Residence					
廉租房	Tenement house					
商品住宅	Commercial Residential Buildings	106.1	104.7	104.7	107.4	107.7
普通住宅	General Residential Buildings	107.1	104.7	104.7	109.5	109.5
高档住宅	Luxury Residential Buildings	104.0			103.5	104.4
别 墅	Villas					
高档公寓	High-grade Apartment	104.0			103.5	104.4
非住宅	Non-Residential Buildings	104.2	103.9	103.9	103.9	105.2
办公楼	Office buildings					
商业营业用房	Business and Enrertaubnebt Buildings	104.2	103.9	103.9	103.9	105.2
其它	Other Buildings					
物业管理价格总指数	**property management price indices**	**100.9**	**100.0**	**100.6**	**101.3**	**101.9**
住 宅	Residence	101.6	100.0	101.0	102.1	103.1
经济适用房	common Residence					
商品住宅	High-grade Building	101.6	100.0	101.0	102.1	103.1
普通住宅	General Residential Buildings	100.0	100.0	100.0	100.0	
高档住宅	Luxury Residential Buildings	102.6		101.5	103.1	103.1
非住宅	Non-Residential Buildings	100.0		100.0	100.0	100.0
办公楼	Office buildings					
商业营业用房	Business and Enrertaubnebt Buildings	100.0		100.0	100.0	100.0
其他	Other Buildings					

6−16 续表 8 continued

(上年=100) (Preceding Year=100)

类 别	Classification	泰安Taian 全年平均 Annual Average	一季度 The First Quarter	二季度 The Second Quarter	三季度 The Third Quarter	四季度 The Forth Quarter
房屋销售价格总指数	**Selling price indices of houses**	**104.9**	**107.2**	**105.6**	**104.0**	**102.9**
新建房	New Building Houses	105.0	107.2	105.7	104.1	102.9
住 宅	Residence Buildings	105.3	107.5	106.2	104.4	103.1
经济适用房	Economic Housing	105.0	107.6	105.5	104.0	102.7
商品住宅	Commercial Residential Buildings	105.3	107.5	106.2	104.4	103.2
普通住宅	General Residential Buildings	105.3	107.5	106.1	104.5	103.2
多层住宅	Multiayer Buildings	105.5	108.0	106.3	104.6	103.3
高层住宅	High-grade Building	104.7	105.1	105.2	105.4	102.9
其他住宅	Other Buildings	100.1	100.1	100.1	100.1	100.1
高档住宅	Luxury Residential Buildings	105.5	108.0	107.6	103.5	102.9
别 墅	Villas	100.7		100.4	100.7	100.8
高档公寓	High-grade Apartment	104.0	105.2	105.0	103.3	102.6
非住宅	Non-Residential Buildings	102.8	105.0	102.7	101.7	101.7
办公楼	Office buildings	102.4	105.6	102.7	100.6	100.7
商业营业用房	Business and Enrertaubnebt Buildings	103.1	105.4	103.1	102.1	102.0
其它用房	Other Buildings	100.7	100.2	100.4	100.8	101.0
二手房	Private-owned house	104.8	107.1	105.3	104.0	102.9
住宅	Residence Buildings	105.6	107.7	106.4	105.0	103.5
普通住宅	General Residential Buildings	105.9	107.5	106.5	105.4	104.4
高档住宅	Luxury Residential Buildings	105.1	108.1	106.3	104.1	101.9
非住宅	Non-Residential Buildings	103.9	106.5	104.0	102.9	102.3
土地交易价格总指数	**Transactions price indices of land**	**107.7**	**113.6**	**110.3**	**104.6**	**102.5**
居住用地	Land for Residential Building Use	106.9	111.7	108.4	104.8	102.8
经济适用房用地	Economically affordable housing	101.2	100.5	100.5	101.9	101.9
商品住宅用地	Land for Commercial Residential Buildings	101.7	100.7	101.3	102.0	102.9
普通住宅用地	General Residential buildings	107.1	111.9	108.6	105.0	102.9
高档住宅用地	Luxury rResidential Building					
工业用地	Land for Industry Use	107.5	114.3	109.9	104.1	101.7
商业营业用地	Land for Business Tour and Entertainment	109.3	115.2	113.4	105.2	103.2
其它用地	Land for Other					
房屋租赁价格总指数	**Renting price indices of houses**	**101.3**	**102.6**	**101.5**	**100.9**	**100.1**
住 宅	Residence	101.1	102.3	101.3	100.8	100.1
经济适用房	Common Residence					
廉租房	Tenement house					
商品住宅	Commercial Residential Buildings	101.1	102.3	101.3	100.8	100.1
普通住宅	General Residential Buildings	101.1	102.4	101.3	100.8	100.1
高档住宅	Luxury Residential Buildings	100.0	100.0	100.0	100.0	
别 墅	Villas	100.0	100.0	100.0	100.0	
高档公寓	High-grade Apartment					
非住宅	Non-Residential Buildings	101.3	102.7	101.6	100.9	100.1
办公楼	Office buildings	101.5	102.2	101.4	100.8	
商业营业用房	Business and Enrertaubnebt Buildings	101.4	102.9	101.7	101.0	100.1
其它	Other Buildings					
物业管理价格总指数	**property management price indices**	**100.6**	**101.4**	**100.7**	**100.3**	**100.0**
住 宅	Residence	100.6	101.4	100.6	100.3	100.0
经济适用房	common Residence	100.0	100.0	100.0	100.0	100.0
商品住宅	High-grade Building	100.6	101.5	100.7	100.3	100.0
普通住宅	General Residential Buildings	100.6	101.5	100.7	100.3	100.0
高档住宅	Luxury Residential Buildings					
非住宅	Non-Residential Buildings	100.8	101.7	101.0	100.5	100.0
办公楼	Office buildings	100.7	101.5	100.9	100.5	100.0
商业营业用房	Business and Enrertaubnebt Buildings	100.9	101.9	101.2	100.6	100.0
其他	Other Buildings					

6-16 续表 9 continued

(上年=100) (Preceding Year=100)

类别	Classification	威海Weihai 全年平均 Annual Average	一季度 The First Quarter	二季度 The Second Quarter	三季度 The Third Quarter	四季度 The Forth Quarter
房屋销售价格总指数	**Selling price indices of houses**	**108.0**	**108.9**	**110.0**	**109.4**	**103.7**
新建房	New Building Houses	108.6	109.0	111.0	110.3	104.3
住宅	Residence Buildings	110.3	110.6	113.0	112.2	105.6
经济适用房	Economic Housing	100.1	100.1			
商品住宅	Commercial Residential Buildings	110.3	110.6	113.0	112.2	105.6
普通住宅	General Residential Buildings	110.8	110.9	113.5	112.8	105.9
多层住宅	Multiayer Buildings	104.0	104.4	106.3	104.6	100.8
高层住宅	High-grade Building	123.0	122.1	125.7	130.9	113.4
其他住宅	Other Buildings	102.5	102.5	102.5	102.5	102.5
高档住宅	Luxury Residential Buildings	102.1	105.5	103.0	100.0	100.0
别墅	Villas	100.0	100.0	100.0	100.0	100.0
高档公寓	High-grade Apartment	103.8	108.9	106.3	100.0	100.0
非住宅	Non-Residential Buildings	99.2	100.0	100.0	99.6	97.1
办公楼	Office buildings	100.2	100.0	100.0	100.2	100.5
商业营业用房	Business and Enrertaubnebt Buildings	99.8	100.0	100.0	100.0	99.3
其它用房	Other Buildings	98.7	100.0	100.0	99.3	95.5
二手房	Private-owned house	106.0	108.5	106.9	106.9	101.8
住宅	Residence Buildings	106.7	111.1	106.9	106.9	101.8
普通住宅	General Residential Buildings	106.7	111.1	106.9	106.9	101.8
高档住宅	Luxury Residential Buildings	105.3	109.4	105.0	105.0	100.0
非住宅	Non-Residential Buildings	104.3	104.3			
土地交易价格总指数	**Transactions price indices of land**	**108.0**	**101.4**	**121.9**	**106.7**	**101.9**
居住用地	Land for Residential Building Use	98.5	67.6	110.5	112.8	103.1
经济适用房用地	Economically affordable housing					
商品住宅用地	Land for Commercial Residential Buildings	102.0	101.0	101.0	103.1	103.1
普通住宅用地	General Residential buildings	92.2	61.8	101.0	103.1	103.1
高档住宅用地	Luxury rResidential Building	109.4	109.4	109.4	109.4	
工业用地	Land for Industry Use	117.6	134.5	134.5	100.5	100.8
商业营业用地	Land for Business Tour and Entertainment	112.5	121.9	121.4	105.1	101.4
其它用地	Land for Other	100.1	100.1	100.1	100.1	100.0
房屋租赁价格总指数	**Renting price indices of houses**	**99.0**	**99.0**	**99.0**	**99.0**	**99.0**
住宅	Residence	97.9	97.9	97.9	97.9	97.9
经济适用房	Common Residence	100.0	100.0	100.0	100.0	100.0
廉租房	Tenement house	100.0		100.0	100.0	100.0
商品住宅	Commercial Residential Buildings	97.9	97.9	97.9	97.9	97.9
普通住宅	General Residential Buildings	97.9	97.9	97.9	97.9	97.9
高档住宅	Luxury Residential Buildings	100.0	100.0	100.0	100.0	100.0
别墅	Villas	100.0				100.0
高档公寓	High-grade Apartment	100.0	100.0	100.0	100.0	100.0
非住宅	Non-Residential Buildings	100.0	100.0	100.0	100.0	100.0
办公楼	Office buildings	100.0	100.0	100.0	100.0	100.0
商业营业用房	Business and Enrertaubnebt Buildings	100.0	100.0	100.0	100.0	100.0
其它	Other Buildings	100.0	100.0	100.0	100.0	100.0
物业管理价格总指数	**property management price indices**	**100.0**	**100.0**	**100.0**	**100.0**	**100.0**
住宅	Residence	100.0	100.0	100.0	100.0	100.0
经济适用房	common Residence					
商品住宅	High-grade Building	100.0	100.0	100.0	100.0	100.0
普通住宅	General Residential Buildings	100.0	100.0	100.0	100.0	100.0
高档住宅	Luxury Residential Buildings	100.0	100.0	100.0	100.0	
非住宅	Non-Residential Buildings					
办公楼	Office buildings					
商业营业用房	Business and Enrertaubnebt Buildings					
其他	Other Buildings					

6–16 续表 10 continued

(上年=100) (Preceding Year=100)

类 别	Classification	日照Rizhao 全年平均 Annual Average	一季度 The First Quarter	二季度 The Second Quarter	三季度 The Third Quarter	四季度 The Forth Quarter
房屋销售价格总指数	**Selling price indices of houses**	**105.9**	**108.5**	**107.6**	**105.3**	**102.0**
新建房	New Building Houses	106.8	109.7	109.1	106.2	102.1
住 宅	Residence Buildings	106.8	109.9	109.2	106.3	101.9
经济适用房	Economic Housing					
商品住宅	Commercial Residential Buildings	106.8	109.9	109.2	106.3	101.9
普通住宅	General Residential Buildings	106.9	109.9	109.3	106.4	101.9
多层住宅	Multiayer Buildings	107.6	110.9	109.6	107.1	102.7
高层住宅	High-grade Building	105.6	109.7	106.4	105.0	101.4
其他住宅	Other Buildings					
高档住宅	Luxury Residential Buildings	104.4	108.2	106.1	102.7	100.7
别 墅	Villas	100.0	100.0			
高档公寓	High-grade Apartment	104.4	108.2	106.1	102.7	100.7
非住宅	Non-Residential Buildings	106.0	106.4	108.2	105.5	104.1
办公楼	Office buildings	109.4	105.8	112.7	111.4	107.5
商业营业用房	Business and Enrertaubnebt Buildings	104.9	106.6	106.6	103.5	102.9
其它用房	Other Buildings					
二手房	Private-owned house	103.6	105.5	103.7	103.0	102.0
住宅	Residence Buildings	103.6	105.6	103.7	103.0	102.0
普通住宅	General Residential Buildings	103.6	105.6	103.8	103.1	102.0
高档住宅	Luxury Residential Buildings	102.5	105.4	103.0	101.8	100.0
非住宅	Non-Residential Buildings	103.3	105.0	103.5	103.1	101.7
土地交易价格总指数	**Transactions price indices of land**	**101.8**	**104.7**	**101.6**	**100.2**	**100.6**
居住用地	Land for Residential Building Use	102.8	107.8	103.3	100.0	100.0
经济适用房用地	Economically affordable housing					
商品住宅用地	Land for Commercial Residential Buildings	100.0	100.0	100.0	100.0	100.0
普通住宅用地	General Residential buildings	102.8	107.8	103.3	100.0	100.0
高档住宅用地	Luxury rResidential Building					
工业用地	Land for Industry Use	101.0	102.3	100.0	100.4	101.5
商业营业用地	Land for Business Tour and Entertainment	102.1	105.2	102.2	100.5	100.5
其它用地	Land for Other	100.0	100.0	100.0	100.0	100.0
房屋租赁价格总指数	**Renting price indices of houses**	**100.2**	**100.0**	**100.3**	**99.7**	**100.9**
住 宅	Residence	100.0	100.0	100.0	100.0	100.0
经济适用房	Common Residence					
廉租房	Tenement house					
商品住宅	Commercial Residential Buildings	100.0	100.0	100.0	100.0	100.0
普通住宅	General Residential Buildings	100.0	100.0	100.0	100.0	100.0
高档住宅	Luxury Residential Buildings					
别 墅	Villas					
高档公寓	High-grade Apartment					
非住宅	Non-Residential Buildings	100.5	100.0	100.6	99.3	102.0
办公楼	Office buildings	105.3	104.6	106.0	105.5	105.0
商业营业用房	Business and Enrertaubnebt Buildings	99.9	99.6	99.9	98.2	101.9
其它	Other Buildings	100.9	100.0	101.2	101.2	101.2
物业管理价格总指数	**property management price indices**	**104.4**	**104.3**	**104.3**	**104.3**	**104.4**
住 宅	Residence	106.7	106.6	106.6	106.6	106.8
经济适用房	common Residence					
商品住宅	High-grade Building	106.7	106.6	106.6	106.6	106.8
普通住宅	General Residential Buildings	106.1	106.1	106.1	106.1	106.1
高档住宅	Luxury Residential Buildings	109.5	109.2	109.2	109.2	110.2
非住宅	Non-Residential Buildings	100.0	100.0	100.0	100.0	100.0
办公楼	Office buildings	100.0	100.0	100.0	100.0	100.0
商业营业用房	Business and Enrertaubnebt Buildings	100.0	100.0	100.0	100.0	100.0
其他	Other Buildings					

6-16 续表 11 continued

(上年=100) (Preceding Year=100)

类别	Classification	莱芜 Laiwu 全年平均 Annual Average	一季度 The First Quarter	二季度 The Second Quarter	三季度 The Third Quarter	四季度 The Forth Quarter
房屋销售价格总指数	**Selling price indices of houses**	**105.0**	**110.3**	**106.7**	**103.1**	**99.8**
新建房	New Building Houses	106.0	112.8	108.3	103.3	99.6
住宅	Residence Buildings	106.3	113.6	108.4	103.1	100.0
经济适用房	Economic Housing					
商品住宅	Commercial Residential Buildings	106.3	113.6	108.4	103.1	100.0
普通住宅	General Residential Buildings	106.8	115.5	109.2	102.8	99.6
多层住宅	Multiayer Buildings	103.7	110.4	104.3	100.3	99.9
高层住宅	High-grade Building	110.9	121.5	116.8	106.9	98.5
其他住宅	Other Buildings					
高档住宅	Luxury Residential Buildings	103.8	104.4	104.4	104.4	102.0
别墅	Villas	103.8	104.4	104.4	104.4	102.0
高档公寓	High-grade Apartment					
非住宅	Non-Residential Buildings	104.3	107.8	107.5	104.5	97.4
办公楼	Office buildings	100.2	101.1	100.1	100.0	99.7
商业营业用房	Business and Enertaubnebt Buildings	104.3	107.8	107.5	104.5	97.4
其它用房	Other Buildings					
二手房	Private-owned house	102.7	104.6	103.1	102.7	100.3
住宅	Residence Buildings	102.7	104.6	103.1	102.7	100.3
普通住宅	General Residential Buildings	102.8	104.8	103.3	102.8	100.3
高档住宅	Luxury Residential Buildings	102.3	103.9	102.5	102.0	100.4
非住宅	Non-Residential Buildings					
土地交易价格总指数	**Transactions price indices of land**	**102.5**	**103.6**	**102.4**	**102.6**	**101.3**
居住用地	Land for Residential Building Use	102.6	103.7	102.5	102.8	101.5
经济适用房用地	Economically affordable housing					
商品住宅用地	Land for Commercial Residential Buildings	100.8	100.0	100.0	101.5	101.5
普通住宅用地	General Residential buildings	102.4	102.6	102.5	102.8	101.5
高档住宅用地	Luxury rResidential Building					
工业用地	Land for Industry Use	102.4	103.4	102.3	102.5	101.4
商业营业用地	Land for Business Tour and Entertainment	102.6	104.3	102.8	102.3	100.9
其它用地	Land for Other					
房屋租赁价格总指数	**Renting price indices of houses**	**104.0**	**105.9**	**103.3**	**103.4**	**103.3**
住宅	Residence	100.0	100.0	100.0	100.0	100.0
经济适用房	Common Residence	100.0		100.0	100.0	100.0
廉租房	Tenement house					
商品住宅	Commercial Residential Buildings	100.0	100.0	100.0	100.0	100.0
普通住宅	General Residential Buildings	100.0	100.0	100.0	100.0	100.0
高档住宅	Luxury Residential Buildings					
别墅	Villas					
高档公寓	High-grade Apartment					
非住宅	Non-Residential Buildings	104.4	106.5	103.6	103.8	103.7
办公楼	Office buildings	100.0	100.0	100.0	100.0	100.0
商业营业用房	Business and Enertaubnebt Buildings	105.3	107.9	104.4	104.6	104.5
其它	Other Buildings					
物业管理价格总指数	**property management price indices**	**100.0**	**100.0**	**100.0**	**100.0**	**100.0**
住宅	Residence	100.0	100.0	100.0	100.0	100.0
经济适用房	common Residence					
商品住宅	High-grade Building	100.0	100.0	100.0	100.0	100.0
普通住宅	General Residential Buildings	100.0	100.0	100.0	100.0	100.0
高档住宅	Luxury Residential Buildings					
非住宅	Non-Residential Buildings	100.0	100.0	100.0	100.0	100.0
办公楼	Office buildings	100.0			100.0	100.0
商业营业用房	Business and Enertaubnebt Buildings	100.0	100.0	100.0	100.0	100.0
其他	Other Buildings					

6−16 续表 12 continued

(上年=100) (Preceding Year=100)

类 别	Classification	临沂Linyi 全年平均 Annual Average	一季度 The First Quarter	二季度 The Second Quarter	三季度 The Third Quarter	四季度 The Forth Quarter
房屋销售价格总指数	**Selling price indices of houses**	**105.8**	**106.9**	**106.8**	**106.1**	**103.6**
新建房	New Building Houses	104.5	105.9	105.6	104.3	102.1
住 宅	Residence Buildings	104.8	106.4	106.0	104.5	102.2
经济适用房	Economic Housing	100.0	100.0	100.0	100.0	100.0
商品住宅	Commercial Residential Buildings	105.6	107.5	107.1	105.2	102.6
普通住宅	General Residential Buildings	105.1	107.1	106.2	104.7	102.2
多层住宅	Multiayer Buildings	106.1	108.5	107.7	105.7	102.7
高层住宅	High-grade Building	102.8	104.0	103.2	102.6	101.4
其他住宅	Other Buildings	100.0	100.0	100.0	100.0	100.0
高档住宅	Luxury Residential Buildings	110.3	111.0	114.5	109.8	105.9
别 墅	Villas	103.2	104.4	106.6	101.5	100.4
高档公寓	High-grade Apartment	108.7	109.1	110.7	108.6	106.1
非住宅	Non-Residential Buildings	101.3	101.1	101.1	102.0	100.9
办公楼	Office buildings	101.7	102.2	102.2	102.2	100.1
商业营业用房	Business and Enrertaubnebt Buildings	100.4	100.2	99.8	100.9	100.6
其它用房	Other Buildings	101.1	100.0	100.3	102.1	101.8
二手房	Private-owned house	109.1	109.1	109.6	110.6	107.3
住宅	Residence Buildings	110.3	110.2	110.6	112.0	108.2
普通住宅	General Residential Buildings	110.7	110.4	111.0	112.6	108.9
高档住宅	Luxury Residential Buildings	107.1	109.5	107.5	107.9	103.6
非住宅	Non-Residential Buildings	104.9	104.8	105.8	105.4	103.6
土地交易价格总指数	**Transactions price indices of land**	**106.3**	**109.5**	**108.9**	**106.2**	**100.7**
居住用地	Land for Residential Building Use	105.2	107.4	107.0	105.3	100.8
经济适用房用地	Economically affordable housing	107.6	106.9	106.9	108.0	108.5
商品住宅用地	Land for Commercial Residential Buildings	100.4	100.1	100.2	100.8	100.7
普通住宅用地	General Residential buildings	105.0	107.4	107.0	105.1	100.7
高档住宅用地	Luxury rResidential Building	105.6	100.4	100.4	110.9	110.9
工业用地	Land for Industry Use	108.2	117.3	107.4	105.3	102.6
商业营业用地	Land for Business Tour and Entertainment	107.3	106.6	114.6	109.2	98.8
其它用地	Land for Other	100.0		100.0	100.0	100.0
房屋租赁价格总指数	**Renting price indices of houses**	**101.1**	**101.5**	**101.0**	**101.1**	**100.8**
住 宅	Residence	101.1	102.7	100.9	100.9	100.0
经济适用房	Common Residence	100.0	100.0			
廉租房	Tenement house					
商品住宅	Commercial Residential Buildings	101.2	103.1	100.9	100.9	100.0
普通住宅	General Residential Buildings	101.2	103.1	100.9	100.9	100.0
高档住宅	Luxury Residential Buildings					
别 墅	Villas					
高档公寓	High-grade Apartment					
非住宅	Non-Residential Buildings	101.1	100.9	101.0	101.2	101.2
办公楼	Office buildings	102.4	102.2	102.3	102.4	102.5
商业营业用房	Business and Enrertaubnebt Buildings	100.5	100.3	100.4	100.6	100.6
其它	Other Buildings					
物业管理价格总指数	**property management price indices**	**100.7**	**101.0**	**101.0**	**100.6**	**100.0**
住 宅	Residence	100.9	101.5	101.5	100.8	100.0
经济适用房	common Residence	100.0	100.0	100.0	100.0	100.0
商品住宅	High-grade Building	101.0	101.6	101.6	100.9	100.0
普通住宅	General Residential Buildings	101.2	101.9	101.9	101.1	100.0
高档住宅	Luxury Residential Buildings	100.0	100.0	100.0	100.0	100.0
非住宅	Non-Residential Buildings	100.0	100.0	100.0	100.0	100.0
办公楼	Office buildings	100.0	100.0	100.0	100.0	100.0
商业营业用房	Business and Enrertaubnebt Buildings	100.0	100.0	100.0	100.0	100.0
其他	Other Buildings	100.0	100.0	100.0	100.0	100.0

6-16 续表 13 continued

(上年=100) (Preceding Year=100)

类 别	Classification	德州Dezhou 全年平均 Annual Average	一季度 The First Quarter	二季度 The Second Quarter	三季度 The Third Quarter	四季度 The Forth Quarter
房屋销售价格总指数	**Selling price indices of houses**	**104.4**	**103.0**	**104.8**	**105.4**	**104.6**
新建房	New Building Houses	103.4	102.9	104.0	103.8	103.1
住 宅	Residence Buildings	103.4	103.2	104.1	103.5	102.6
经济适用房	Economic Housing	101.7	102.2	102.1	101.6	100.6
商品住宅	Commercial Residential Buildings	103.5	103.3	104.3	103.6	102.7
普通住宅	General Residential Buildings	103.6	103.3	104.5	103.9	102.9
多层住宅	Multiayer Buildings	107.5	109.5	110.4	107.4	102.7
高层住宅	High-grade Building	97.6	94.2	96.4	98.8	101.0
其他住宅	Other Buildings	100.6	100.9	100.8	100.6	99.6
高档住宅	Luxury Residential Buildings	101.3	102.2	101.5	100.8	100.3
别 墅	Villas	101.4	102.0	101.7	101.1	100.5
高档公寓	High-grade Apartment	101.7	102.6	102.1	101.2	100.6
非住宅	Non-Residential Buildings	103.7	101.6	103.5	104.8	104.9
办公楼	Office buildings	102.3	103.1	102.6	101.9	101.2
商业营业用房	Business and Enrertaubnebt Buildings	103.8	101.2	103.5	105.3	105.3
其它用房	Other Buildings	103.2	103.6	103.9	102.8	102.7
二手房	Private-owned house	107.5	103.3	107.2	110.2	109.3
住宅	Residence Buildings	108.2	103.1	107.6	111.3	110.9
普通住宅	General Residential Buildings	108.7	103.1	108.1	111.9	111.5
高档住宅	Luxury Residential Buildings	102.6	102.6	102.6	103.7	100.8
非住宅	Non-Residential Buildings	102.3	104.9	104.1	102.5	98.0
土地交易价格总指数	**Transactions price indices of land**	**104.4**	**104.9**	**105.5**	**104.6**	**102.6**
居住用地	Land for Residential Building Use	106.6	106.1	107.6	108.2	104.4
经济适用房用地	Economically affordable housing					
商品住宅用地	Land for Commercial Residential Buildings	102.9	101.0	102.6	103.6	104.4
普通住宅用地	General Residential buildings	106.6	106.1	107.6	108.2	104.4
高档住宅用地	Luxury rResidential Building					
工业用地	Land for Industry Use	100.2	100.3	100.1	100.1	100.5
商业营业用地	Land for Business Tour and Entertainment	105.5	108.6	108.6	103.0	101.8
其它用地	Land for Other					
房屋租赁价格总指数	**Renting price indices of houses**	**100.7**	**100.7**	**100.2**	**100.8**	**100.9**
住 宅	Residence	100.4	100.5	100.3	100.2	100.6
经济适用房	Common Residence	100.0	100.0	100.0	100.0	100.0
廉租房	Tenement house					
商品住宅	Commercial Residential Buildings	100.4	100.5	100.3	100.2	100.6
普通住宅	General Residential Buildings	100.4	100.5	100.3	100.2	100.6
高档住宅	Luxury Residential Buildings					
别 墅	Villas					
高档公寓	High-grade Apartment					
非住宅	Non-Residential Buildings	100.7	100.7	100.2	100.9	101.0
办公楼	Office buildings	100.2	100.0	100.0	100.3	100.6
商业营业用房	Business and Enrertaubnebt Buildings	100.8	100.9	100.3	101.1	101.1
其它	Other Buildings	100.1	100.0	100.0	100.1	100.1
物业管理价格总指数	**property management price indices**	**101.7**	**102.5**	**102.1**	**102.0**	**100.2**
住 宅	Residence	102.4	103.6	103.0	102.8	100.2
经济适用房	common Residence	100.6	100.0	100.0	100.6	101.8
商品住宅	High-grade Building	102.5	103.7	103.1	102.9	100.2
普通住宅	General Residential Buildings	102.5	103.7	103.1	102.9	100.2
高档住宅	Luxury Residential Buildings					
非住宅	Non-Residential Buildings	100.0	100.0	100.0	100.0	100.0
办公楼	Office buildings					
商业营业用房	Business and Enrertaubnebt Buildings	100.0	100.0	100.0	100.0	100.0
其他	Other Buildings					

6-16 续表 14 continued

(上年=100) (Preceding Year=100)

类别	Classification	聊城Liaocheng				
		全年平均 Annual Average	一季度 The First Quarter	二季度 The Second Quarter	三季度 The Third Quarter	四季度 The Forth Quarter
房屋销售价格总指数	**Selling price indices of houses**	**107.4**	**111.8**	**108.4**	**106.0**	**103.5**
新建房	New Building Houses	109.6	114.8	110.9	107.9	104.8
住宅	Residence Buildings	114.6	122.5	116.6	112.0	107.3
经济适用房	Economic Housing	100.0	100.0	100.0		
商品住宅	Commercial Residential Buildings	116.7	128.1	119.6	112.0	107.3
普通住宅	General Residential Buildings	119.5	131.9	123.3	114.2	108.8
多层住宅	Multiayer Buildings	120.5	133.2	125.1	114.6	109.2
高层住宅	High-grade Building	109.6	117.0	108.1	109.1	104.3
其他住宅	Other Buildings	100.0	100.0	100.0		
高档住宅	Luxury Residential Buildings	107.0	115.0	106.9	104.3	101.9
别墅	Villas	109.8	112.0	112.9	112.8	101.6
高档公寓	High-grade Apartment	104.8	113.0	104.2	101.8	100.4
非住宅	Non-Residential Buildings	100.0	100.0	100.0	100.0	100.0
办公楼	Office buildings	100.0	100.0			
商业营业用房	Business and Enrertaubnebt Buildings	100.0	100.0	100.0	100.0	100.0
其它用房	Other Buildings					
二手房	Private-owned house	100.6	102.3	100.6	100.0	99.5
住宅	Residence Buildings	100.8	102.9	100.7	100.0	99.4
普通住宅	General Residential Buildings	100.0	101.2	99.9	99.6	99.2
高档住宅	Luxury Residential Buildings	102.1	105.3	101.9	100.7	99.8
非住宅	Non-Residential Buildings	100.0	100.0	100.0	100.0	100.0
土地交易价格总指数	**Transactions price indices of land**	**102.2**	**105.7**	**101.1**	**101.3**	**100.6**
居住用地	Land for Residential Building Use	102.5	107.1	101.5	101.5	100.0
经济适用房用地	Economically affordable housing					
商品住宅用地	Land for Commercial Residential Buildings	100.6	100.5	100.9	100.9	100.0
普通住宅用地	General Residential buildings	102.5	107.1	101.5	101.5	100.0
高档住宅用地	Luxury rResidential Building	111.1	114.3	114.9	114.9	100.5
工业用地	Land for Industry Use	102.2	101.1	101.6	103.1	103.1
商业营业用地	Land for Business Tour and Entertainment	100.5		100.5	100.5	100.5
其它用地	Land for Other					
房屋租赁价格总指数	**Renting price indices of houses**	**101.6**	**100.4**	**100.4**	**102.6**	**102.9**
住宅	Residence	103.1	100.7	100.9	105.3	105.6
经济适用房	Common Residence					
廉租房	Tenement house					
商品住宅	Commercial Residential Buildings	103.1	100.7	100.9	105.3	105.6
普通住宅	General Residential Buildings	103.1	100.7	100.9	105.3	105.6
高档住宅	Luxury Residential Buildings					
别墅	Villas					
高档公寓	High-grade Apartment					
非住宅	Non-Residential Buildings	100.1	100.0	100.0	100.0	100.3
办公楼	Office buildings					
商业营业用房	Business and Enrertaubnebt Buildings	100.1	100.0	100.0	100.0	100.3
其它	Other Buildings	100.1	100.0	100.0	100.0	100.5
物业管理价格总指数	**property management price indices**	**100.8**	**100.6**	**100.9**	**100.9**	**100.9**
住宅	Residence	101.3	100.9	101.4	101.4	101.4
经济适用房	common Residence	100.0		100.0	100.0	100.0
商品住宅	High-grade Building	101.4	100.9	101.6	101.6	101.6
普通住宅	General Residential Buildings	102.0	101.3	102.2	102.2	102.2
高档住宅	Luxury Residential Buildings	100.0	100.0	100.0	100.0	100.0
非住宅	Non-Residential Buildings	100.0	100.0	100.0	100.0	100.0
办公楼	Office buildings	100.0	100.0	100.0	100.0	100.0
商业营业用房	Business and Enrertaubnebt Buildings	100.0	100.0	100.0	100.0	100.0
其他	Other Buildings					

6-16 续表 15 continued

(上年=100) (Preceding Year=100)

类别	Classification	滨州Binzhou 全年平均 Annual Average	一季度 The First Quarter	二季度 The Second Quarter	三季度 The Third Quarter	四季度 The Forth Quarter
房屋销售价格总指数	**Selling price indices of houses**	**105.8**	**105.8**	**105.6**	**106.1**	**105.6**
新建房	New Building Houses	106.1	106.9	106.1	106.1	105.3
住宅	Residence Buildings	106.6	106.4	106.4	106.9	106.8
经济适用房	Economic Housing					
商品住宅	Commercial Residential Buildings	106.6	106.4	106.4	106.9	106.8
普通住宅	General Residential Buildings	106.6	106.4	106.4	106.9	106.8
多层住宅	Multiayer Buildings	107.4	107.6	107.5	107.7	106.9
高层住宅	High-grade Building	104.8	103.7	104.6	105.4	105.5
其他住宅	Other Buildings					
高档住宅	Luxury Residential Buildings					
别墅	Villas					
高档公寓	High-grade Apartment					
非住宅	Non-Residential Buildings	105.3	107.7	105.5	105.0	103.1
办公楼	Office buildings					
商业营业用房	Business and Enrertaubnebt Buildings	105.3	107.7	105.5	105.0	103.1
其它用房	Other Buildings					
二手房	Private-owned house	105.0	102.9	104.3	105.9	106.7
住宅	Residence Buildings	105.1	103.6	104.3	105.9	106.7
普通住宅	General Residential Buildings	105.7	103.8	104.8	106.8	107.4
高档住宅	Luxury Residential Buildings	101.8	102.5	101.9	101.6	100.7
非住宅	Non-Residential Buildings	100.0	100.0			
土地交易价格总指数	**Transactions price indices of land**	**103.7**	**104.5**	**103.9**	**103.6**	**102.7**
居住用地	Land for Residential Building Use	104.0	106.4	104.2	103.0	102.5
经济适用房用地	Economically affordable housing					
商品住宅用地	Land for Commercial Residential Buildings	101.7	100.7	101.2	102.3	102.5
普通住宅用地	General Residential buildings	104.0	106.4	104.2	103.0	102.5
高档住宅用地	Luxury rResidential Building					
工业用地	Land for Industry Use	105.3	104.6	105.6	106.1	104.9
商业营业用地	Land for Business Tour and Entertainment	101.1	101.4	101.4	101.4	100.0
其它用地	Land for Other	101.6	101.4	101.4	101.4	102.4
房屋租赁价格总指数	**Renting price indices of houses**	**103.0**	**103.9**	**102.9**	**102.7**	**102.5**
住宅	Residence	102.2	103.6	101.8	101.8	101.8
经济适用房	Common Residence					
廉租房	Tenement house					
商品住宅	Commercial Residential Buildings	102.2	103.6	101.8	101.8	101.8
普通住宅	General Residential Buildings	102.2	103.6	101.8	101.8	101.8
高档住宅	Luxury Residential Buildings					
别墅	Villas					
高档公寓	High-grade Apartment					
非住宅	Non-Residential Buildings	103.3	104.0	103.3	103.1	102.8
办公楼	Office buildings					
商业营业用房	Business and Enrertaubnebt Buildings	103.4	104.8	103.3	102.9	102.6
其它	Other Buildings	102.7	100.0	103.6	103.6	103.6
物业管理价格总指数	**property management price indices**	**103.3**	**103.4**	**103.0**	**103.9**	**102.8**
住宅	Residence	103.6	103.4	103.0	103.9	103.9
经济适用房	common Residence	100.0		100.0	100.0	100.0
商品住宅	High-grade Building	104.0	103.4	103.4	104.6	104.6
普通住宅	General Residential Buildings	104.0	103.4	103.4	104.6	104.6
高档住宅	Luxury Residential Buildings					
非住宅	Non-Residential Buildings	100.0				100.0
办公楼	Office buildings	100.0				100.0
商业营业用房	Business and Enrertaubnebt Buildings					
其他	Other Buildings					

6-16 续表 16 continued

(上年=100) (Preceding Year=100)

类 别	Classification	菏泽Heze 全年平均 Annual Average	一季度 The First Quarter	二季度 The Second Quarter	三季度 The Third Quarter	四季度 The Forth Quarter
房屋销售价格总指数	**Selling price indices of houses**	**107.8**	**107.6**	**108.2**	**109.1**	**106.5**
新建房	New Building Houses	108.2	107.7	108.5	110.1	106.6
住 宅	Residence Buildings	108.9	107.9	109.0	111.2	107.5
经济适用房	Economic Housing	99.7	101.6	101.6	97.4	98.3
商品住宅	Commercial Residential Buildings	109.2	108.0	109.2	111.6	107.7
普通住宅	General Residential Buildings	109.2	108.0	109.2	111.7	107.9
多层住宅	Multiayer Buildings	109.1	108.3	110.1	111.4	106.6
高层住宅	High-grade Building	108.4	106.8	105.6	110.5	110.6
其他住宅	Other Buildings					
高档住宅	Luxury Residential Buildings	100.0			100.0	100.0
别 墅	Villas	100.0			100.0	100.0
高档公寓	High-grade Apartment					
非住宅	Non-Residential Buildings	104.2	106.9	105.3	103.6	101.2
办公楼	Office buildings					
商业营业用房	Business and Enrertaubnebt Buildings	104.2	106.9	105.3	103.6	101.2
其它用房	Other Buildings					
二手房	Private-owned house	106.5	107.2	107.2	105.7	106.2
住宅	Residence Buildings	106.6	107.1	107.4	105.7	106.2
普通住宅	General Residential Buildings	106.7	107.1	107.5	105.9	106.4
高档住宅	Luxury Residential Buildings	102.5	106.5	104.0	99.7	99.9
非住宅	Non-Residential Buildings	105.1	107.9	102.8	105.1	104.4
土地交易价格总指数	**Transactions price indices of land**	**110.0**	**117.3**	**112.3**	**107.5**	**103.0**
居住用地	Land for Residential Building Use	110.4	119.4	112.9	107.6	101.8
经济适用房用地	Economically affordable housing	101.4	101.4	101.4	101.4	101.4
商品住宅用地	Land for Commercial Residential Buildings	105.9	100.7	113.0	107.8	102.0
普通住宅用地	General Residential buildings	109.7	118.4	112.1	107.0	101.2
高档住宅用地	Luxury rResidential Building	114.3	121.2	114.7	110.6	110.6
工业用地	Land for Industry Use	107.2	107.1	108.4	105.3	108.1
商业营业用地	Land for Business Tour and Entertainment	110.0	111.3	110.9	109.8	108.0
其它用地	Land for Other	100.6	102.1		99.9	99.9
房屋租赁价格总指数	**Renting price indices of houses**	**102.8**	**104.5**	**103.1**	**102.1**	**101.6**
住 宅	Residence	100.9	102.5	100.1	100.9	100.0
经济适用房	Common Residence					
廉租房	Tenement house					
商品住宅	Commercial Residential Buildings	100.9	102.5	100.1	100.9	100.0
普通住宅	General Residential Buildings	100.9	102.5	100.1	100.9	100.0
高档住宅	Luxury Residential Buildings					
别 墅	Villas					
高档公寓	High-grade Apartment					
非住宅	Non-Residential Buildings	105.6	107.4	107.4	103.9	103.9
办公楼	Office buildings	108.9	114.6	114.6	103.2	103.2
商业营业用房	Business and Enrertaubnebt Buildings	104.2	104.2	104.2	104.2	104.2
其它	Other Buildings					
物业管理价格总指数	**property management price indices**	**103.3**	**103.5**	**103.2**	**103.2**	**103.2**
住 宅	Residence	104.8	105.1	104.7	104.7	104.7
经济适用房	common Residence	100.0	100.0	100.0	100.0	100.0
商品住宅	High-grade Building	105.2	105.6	105.1	105.1	105.1
普通住宅	General Residential Buildings	105.2	105.6	105.1	105.1	105.1
高档住宅	Luxury Residential Buildings					
非住宅	Non-Residential Buildings	100.2	100.2	100.2	100.1	100.1
办公楼	Office buildings	100.0		100.0	100.0	100.0
商业营业用房	Business and Enrertaubnebt Buildings	100.2	100.2	100.2	100.2	100.2
其他	Other Buildings	100.0			100.0	100.0

6−17 全国省(区、市)工业品出厂价格总指数(1987−2008年)

Ex-factory Price Indices of Industrial Products by Region from 1987 to 2008

(上年=100) (Preceding Year=100)

地区	Area	1987	1988	1989	1990	1991	1992	1993	1994	1995	1996	1997
全国	**National Country**	**107.9**	**115.0**	**118.6**	**104.1**	**106.2**	**106.8**	**124.0**	**119.5**	**114.9**	**102.9**	**99.7**
北京	Beijing				107.9	105.8	107.8	128.3	111.8	116.7	103.2	100.6
天津	Tianjin						105.2	126.3	120.4	110.2	102.8	98.3
河北	Hebei						108.6	129.1	119.1	111.4	101.1	98.8
山西	Shanxi				106.4	106.8	114.2	132.5	120.1	113.5	106.4	102.2
内蒙古	Inner Mongolia	107.9	110.7	121.5	105.2	108.7	109.8	133.2	112.1	109.1	101.7	101.5
辽宁	Liaoning		122.4	121.2	103.8	119.2	111.8	138.4	119.9	109.9	102.1	100.1
吉林	Jilin		112.9	121.5	104.5	106.4	111.4	127.9	115.7	115.0	103.8	101.4
黑龙江	Heilongjiang						111.6	141.3	127.7	116.0	104.6	102.3
上海	Shanghai						111.4	128.1	118.1	111.5	98.6	98.9
江苏	Jiangsu					103.2	103.6	118.5	121.4	114.1	100.7	97.9
浙江	Zhejiang				100.4	101.8	104.8	117.3	117.5	112.3	99.5	99.2
安徽	Anhui						108.7	125.3	120.9	117.1	101.6	99.4
福建	Fujian						102.7	117.1	116.9	115.7	101.8	100.3
江西	Jiangxi							115.3	124.7	114.8	104.1	101.7
山东	**Shandong**			**123.8**	**104.7**	**103.0**	**109.5**	**123.0**	**124.2**	**117.0**	**104.2**	**101.1**
河南	Henan			119.7	105.5	104.3	106.2	118.1	124.1	115.0	104.1	100.6
湖北	Hubei			116.7	109.0	108.1	111.0	126.3	126.2	113.1	102.7	98.6
湖南	Hunan			118.1	100.6	104.7	111.1	128.9	117.6	121.4	105.7	99.2
广东	Guangdong							124.1	126.0	112.3	101.8	100.1
广西	Guangxi	106.4			101.5	103.3	112.5	121.1	118.8	117.2	102.6	97.7
海南	Hainan											
重庆	Chongqing				103.4	105.1	117.2	118.4	113.4	112.4	104.1	98.0
四川	Sichuan			117.9	103.5	105.9	106.1	127.4	114.7	112.2	102.2	101.2
贵州	Guizhou						101.6	118.1	113.3	113.1	104.9	101.2
云南	Yunnan					106.3	105.3	125.0	116.7	110.2	101.4	100.7
西藏	Xizang											
陕西	Shaanxi						107.9	119.8	119.9	112.6	104.2	103.7
甘肃	Gansu			122.0	110.7	104.2	112.1	125.3	121.2	114.9	104.4	104.9
青海	Qinghai			112.7	109.5	108.7	102.6	124.4	124.9	114.6	106.7	104.3
宁夏	Ningxia											100.3
新疆	Xinjiang						107.5	126.2	118.4	117.2	104.9	104.9

6-17 续表 continued

(上年=100) (Preceding Year=100)

地 区	Area	1998	1999	2000	2001	2002	2003	2004	2005	2006	2007	2008
全 国	**National Country**	**95.9**	**97.6**	**102.8**	**98.7**	**97.8**	**102.3**	**106.1**	**104.9**	**103.0**	**103.1**	**106.9**
北 京	Beijing	95.1	97.8	102.5	99.4	96.6	101.5	103.0	101.3	99.1	99.7	103.3
天 津	Tianjin	94.7	96.4	102.8	95.9	95.9	102.5	104.1	100.1	100.6	101.5	104.1
河 北	Hebei	94.4	95.9	105.3	99.9	99.4	107.1	111.6	104.4	100.8	106.9	116.7
山 西	Shanxi	97.5	95.3	100.9	100.3	103.6	112.2	116.1	110.2	101.0	107.4	122.4
内蒙古	Inner Mongolia	98.0	100.4	102.8	100.1	99.3	103.2	105.1	105.1	103.0	105.6	112.5
辽 宁	Liaoning	95.8	102.0	108.8	98.6	97.8	103.6	107.1	105.1	104.1	104.4	110.9
吉 林	Jilin	96.9	100.1	105.1	100.3	98.6	102.5	105.0	104.3	101.7	102.7	104.9
黑龙江	Heilongjiang	97.7	107.4	122.9	95.9	97.8	111.9	113.1	116.7	109.9	105.3	114.0
上 海	Shanghai	93.9	97.6	102.5	96.7	96.4	101.4	103.6	101.7	100.6	101.2	102.2
江 苏	Jiangsu	94.5	96.1	101.1	99.1	97.6	102.3	106.5	102.6	101.5	102.6	104.6
浙 江	Zhejiang	96.0	96.8	101.1	98.3	96.9	100.6	105.0	102.3	103.8	102.4	104.3
安 徽	Anhui	96.4	92.9	98.9	98.6	99.8	103.5	108.2	103.3	103.1	103.6	108.4
福 建	Fujian	95.7	96.6	100.5	98.1	97.2	100.7	102.6	100.2	99.2	100.8	102.7
江 西	Jiangxi	98.4	96.1	101.0	98.1	98.5	104.0	109.7	108.8	109.7	106.2	106.4
山 东	**Shandong**	**96.0**	**97.2**	**105.9**	**99.1**	**98.8**	**103.5**	**106.4**	**103.7**	**102.3**	**103.3**	**108.6**
河 南	Henan	95.3	95.4	104.0	100.5	98.6	105.0	110.2	106.1	104.3	105.2	112.1
湖 北	Hubei	96.2	97.8	101.7	99.0	98.2	103.5	105.7	104.5	102.9	103.8	106.1
湖 南	Hunan	95.9	98.5	102.9	99.8	99.2	102.6	108.0	106.0	104.3	106.1	109.3
广 东	Guangdong	94.8	97.7	103.4	98.5	96.5	99.3	101.7	101.5	101.4	101.3	103.1
广 西	Guangxi	95.4	95.6	105.5	106.3	95.6	102.8	109.7	104.9	109.6	104.5	109.0
海 南	Hainan					98.7	99.5	100.0	99.5	100.8	102.7	105.9
重 庆	Chongqing	94.6	97.7	98.6	98.1	97.6	100.6	103.3	103.0	102.2	103.5	105.8
四 川	Sichuan	97.3	97.0	98.1	100.4	97.7	100.5	105.4	104.0	101.9	103.9	109.3
贵 州	Guizhou	98.2	99.7	100.4	102.2	98.9	103.4	108.0	107.2	104.3	105.0	112.4
云 南	Yunnan	97.2	98.2	101.2	99.9	98.2	101.4	108.8	104.5	104.6	105.7	105.8
西 藏	Xizang									106.0	101.1	105.6
陕 西	Shaanxi	96.6	97.9	101.5	100.4	100.7	105.7	107.3	110.4	109.6	102.9	108.4
甘 肃	Gansu	95.2	98.1	107.2	98.5	97.9	110.0	114.3	109.6	109.8	105.5	104.9
青 海	Qinghai	100.7	102.8	108.1	93.7	97.6	105.5	111.2	110.2	109.5	104.2	107.6
宁 夏	Ningxia	97.7	98.4	103.6	100.3	99.7	103.9	110.0	106.2	106.2	103.7	112.9
新 疆	Xinjiang	95.8	100.2	129.4	96.3	97.3	115.1	116.4	116.6	114.4	106.3	116.4

6-18 全国省(区、市)原材料、燃料、动力购进价格总指数(1987-2008年)

Indices of Purchasing Prices of Raw Material,Fuel and Power by Region from 1987 to 2008

(上年=100) (Preceding Year=100)

地 区	Area	1987	1988	1989	1990	1991	1992	1993	1994	1995	1996	1997
全 国	**National Country**	**111.0**	**120.2**	**126.4**	**105.6**	**109.1**	**111.0**	**135.1**	**118.2**	**115.3**	**103.9**	**101.3**
北 京	Beijing				114.8	111.7	114.2	142.7	123.8	119.8	104.2	103.4
天 津	Tianjin						108.4	139.1	121.7	112.8	101.9	99.0
河 北	Hebei						111.4	134.9	119.9	110.9	106.3	102.0
山 西	Shanxi				107.4	108.0	111.9	135.9	115.1	113.1	104.8	102.0
内蒙古	Inner Mongolia	114.9	118.2	124.4	108.3	111.2	112.1	132.6	116.8	112.8	100.8	100.9
辽 宁	Liaoning		133.9	133.3	117.5	108.1	121.2	149.9	118.2	114.2	104.8	103.1
吉 林	Jilin		115.7	131.5	102.8	114.1	127.1	173.9	113.9	113.8	102.4	103.9
黑龙江	Heilongjiang						112.9	139.6	117.6	112.7	104.2	104.4
上 海	Shanghai						113.1	129.2	121.4	114.8	101.6	97.8
江 苏	Jiangsu					107.0	110.3	125.8	120.1	117.6	104.3	98.0
浙 江	Zhejiang				104.7	102.7	106.3	126.4	124.8	119.2	101.5	96.5
安 徽	Anhui						113.9	128.8	122.3	117.9	109.9	101.7
福 建	Fujian						109.3	129.6	115.2	119.6	104.3	98.6
江 西	Jiangxi							129.4	123.4	114.7	105.8	100.4.
山 东	**Shandong**			**136.7**	**105.4**	**107.0**	**111.0**	**134.7**	**120.1**	**113.2**	**105.7**	**100.6**
河 南	Henan			130.0	105.5	104.4	110.0	133.0	122.0	114.1	105.3	100.7
湖 北	Hubei			126.1	108.4	113.1	110.2	135.5	116.5	118.2	108.4	101.5
湖 南	Hunan			122.5	103.3	110.4	116.2	139.7	119.6	117.6	105.9	100.1
广 东	Guangdong							134.3	121.1	118.7	104.6	97.3
广 西	Guangxi	112.0			102.2	107.8	105.2	141.7	117.8	112.9	103.4	99.3
海 南	Hainan											
重 庆	Chongqing				103.7	109.2	123.8	124.5	124.6	111.6	106.3	100.1
四 川	Sichuan			129.4	106.4	108.6	112.5	137.2	119.1	113.5	106.1	101.6
贵 州	Guizhou						113.5	144.6	115.0	114.9	108.1	101.9
云 南	Yunnan					108.2	115.2	138.1	110.3	113.2	110.3	102.9
西 藏	Xizang											
陕 西	Shaanxi						111.5	138.4	115.6	114.3	109.1	106.8
甘 肃	Gansu			129.8	114.1	112.4	122.2	139.4	118.3	113.7	107.4	102.2
青 海	Qinghai			123.8	113.9	112.8	105.3	138.9	112.3	110.2	108.3	110.7
宁 夏	Ningxia											103.5
新 疆	Xinjiang						121.1	136.4	110.9	116.8	107.0	104.5

6–18 续表 continued

(上年=100) (Preceding Year=100)

地 区	Area	1998	1999	2000	2001	2002	2003	2004	2005	2006	2007	2008
全 国	**National Country**	**95.8**	**96.7**	**105.1**	**99.8**	**97.7**	**104.8**	**111.4**	**108.3**	**106.0**	**104.4**	**110.5**
北 京	Beijing	98.1	95.8	100.0	100.5	97.1	104.7	114.2	111.4	105.5	105.0	115.8
天 津	Tianjin	95.9	96.3	104.5	98.8	95.9	108.7	115.4	104.9	104.7	105.7	112.9
河 北	Hebei	96.2	95.4	103.3	101.0	97.3	109.4	118.4	107.0	105.0	107.8	115.9
山 西	Shanxi	97.3	97.0	102.0	101.8	102.6	107.8	114.5	108.2	102.6	105.3	118.3
内蒙古	Inner Mongolia	98.1	96.8	106.5	101.3	99.9	102.9	109.2	109.9	105.9	104.8	111.7
辽 宁	Liaoning	99.3	99.1	103.9	99.9	98.3	105.1	112.1	108.1	104.2	104.8	111.5
吉 林	Jilin	96.6	100.5	106.8	101.8	97.8	104.8	110.5	107.0	103.8	105.2	111.3
黑龙江	Heilongjiang	98.6	98.2	108.6	99.5	99.3	107.6	115.2	111.8	105.6	105.0	114.1
上 海	Shanghai	94.1	97.1	107.1	98.7	97.7	106.4	116.4	106.8	104.8	104.1	110.3
江 苏	Jiangsu	91.5	94.4	107.1	99.5	98.6	106.5	116.3	107.6	106.4	105.0	114.9
浙 江	Zhejiang	92.6	96.2	107.2	99.6	97.5	105.8	113.4	105.4	105.6	105.3	110.6
安 徽	Anhui	96.0	94.5	102.6	101.2	98.2	106.7	115.0	107.1	103.9	105.1	112.4
福 建	Fujian	92.5	97.9	112.4	96.7	97.6	106.3	113.3	108.1	103.9	104.3	110.2
江 西	Jiangxi	95.4	96.9	101.2	99.3	98.6	106.5	114.5	110.0	108.6	107.9	114.2
山 东	**Shandong**	**93.4**	**93.4**	**104.7**	**100.0**	**98.7**	**105.7**	**113.4**	**105.9**	**104.3**	**104.8**	**113.1**
河 南	Henan	94.8	94.3	105.1	101.9	97.6	107.8	115.7	108.3	105.3	106.4	111.9
湖 北	Hubei	95.2	95.6	105.6	100.2	97.7	108.2	113.1	107.0	104.9	104.5	110.9
湖 南	Hunan	94.8	96.2	106.7	101.1	99.3	106.7	114.4	109.4	106.5	106.1	112.0
广 东	Guangdong	91.4	97.8	110.9	99.1	96.3	104.1	110.7	105.0	103.6	103.3	107.9
广 西	Guangxi	95.3	93.6	100.9	103.7	95.6	101.2	116.3	108.2	111.4	106.1	110.6
海 南	Hainan					101.5	102.2	105.9	104.2	101.5	105.0	111.6
重 庆	Chongqing	95.1	96.9	105.6	99.5	99.1	104.9	113.0	108.2	104.8	106.2	112.2
四 川	Sichuan	95.3	96.8	101.7	98.5	99.2	101.7	110.3	109.3	104.3	105.7	112.4
贵 州	Guizhou	95.7	97.0	102.6	100.2	97.6	106.0	112.0	107.4	107.3	107.5	112.5
云 南	Yunnan	100.7	98.8	101.5	99.4	97.6	102.7	109.6	106.5	107.6	108.2	111.6
西 藏	Xizang											
陕 西	Shaanxi	97.1	95.5	100.0	100.5	98.8	104.8	110.4	107.5	106.7	106.3	111.2
甘 肃	Gansu	96.4	98.3	111.8	101.4	98.4	105.6	112.5	109.9	108.8	104.3	110.2
青 海	Qinghai	101.3	99.1	98.9	99.1	102.8	101.8	108.5	105.3	102.8	104.4	110.4
宁 夏	Ningxia	101.1	97.0	105.8	102.5	97.8	106.8	117.3	109.7	108.5	107.1	121.8
新 疆	Xinjiang	95.6	98.2	115.2	98.9	94.9	114.8	118.2	110.7	111.1	103.8	117.8

6–19 全国省(区、市)固定资产投资价格指数(1991–2008年)
Price Indices of Investment in Fixed Assets by Region from 1991 to 2008

(上年=100) (Preceding Year=100)

地 区	Area	1991	1992	1993	1994	1995	1996	1997	1998	1999
全 国	**National Country**	**109.5**	**115.3**	**126.6**	**110.4**	**105.9**	**104.0**	**101.7**	**99.8**	**99.6**
北 京	Beijing	107.3	112.2	126.6	116.2	113.9	108.2	102.7	100.8	99.9
天 津	Tianjin		119.4	122.9	111.9	107.6	102.5	100.8	98.9	99.2
河 北	Hebei	106.8	129.3	124.8	110.0	106.9	103.9	101.5	97.8	99.4
山 西	Shanxi	107.8	116.8	124.8	108.3	106.8	104.9	101.5	98.8	99.7
内蒙古	Inner Mongolia	107.1	109.3	124.5	106.7	103.9	105.3	99.7	101.7	101.9
辽 宁	Liaoning	108.2	121.0	136.4	117.4	104.9	102.2	102.3	99.8	100.0
吉 林	Jilin	111.9	116.4	128.8	107.3	109.6	102.9	104.4	100.8	102.2
黑龙江	Heilongjiang	107.6	113.5	127.9	109.0	106.5	103.4	102.7	100.8	99.7
上 海	Shanghai	107.3	113.0	131.4	108.8	103.1	106.9	100.5	98.4	98.1
江 苏	Jiangsu	104.5	112.1	138.8	114.6	107.4	103.2	99.2	98.4	98.3
浙 江	Zhejiang			138.8	112.4	107.2	101.3	99.5	97.6	98.2
安 徽	Anhui	114.8	119.8	123.0	120.1	106.5	103.4	101.3	100.0	99.3
福 建	Fujian	108.6	114.9	134.1	107.3	104.8	104.7	101.1	98.0	98.5
江 西	Jiangxi	110.4	110.1	129.8	114.6	107.2	105.8	101.4	102.1	98.6
山 东	**Shandong**	**112.4**	**119.4**	**122.1**	**115.8**	**106.6**	**103.1**	**100.4**	**99.2**	**99.6**
河 南	Henan	109.4	119.8	126.7	106.0	105.9	103.9	102.9	98.7	98.0
湖 北	Hubei	108.3	117.0	127.4	107.9	105.0	104.0	102.1	100.5	99.5
湖 南	Hunan	108.1	116.4	129.5	113.5	109.5	104.9	101.8	102.7	100.5
广 东	Guangdong									
广 西	Guangxi	101.7	117.9	131.2	112.3	1034.0	103.6	100.3	99.9	96.1
海 南	Hainan									
重 庆	Chongqing							101.7	98.7	100.5
四 川	Sichuan	108.1	113.9	133.2	107.3	101.2	104.8	102.2	97.5	100.5
贵 州	Guizhou	110.6	120.2	126.9	113.1	107.6	105.4	101.4	100.0	99.4
云 南	Yunnan	112.2	117.6	135.4	113.6	104.0	104.3	105.4	101.8	100.7
西 藏	Xizang									
陕 西	Shaanxi	112.9	119.1	129.5	111.7	107.9	107.8	105.3	101.8	101.2
甘 肃	Gansu	116.5	117.4	126.2	112.6	109.4	104.9	102.7	100.3	101.0
青 海	Qinghai		115.1	125.9	108.4	105.3	103.5	103.0	98.5	100.1
宁 夏	Ningxia	110.4	117.3	123.0	112.6	109.3	107.4	102.2	102.1	99.7
新 疆	Xinjiang	114.8	117.0	126.5	112.3	106.3	105.6	103.2	102.0	99.0

6-19 续表 continued

(上年=100) (Preceding Year=100)

地 区	Area	2000	2001	2002	2003	2004	2005	2006	2007	2008
全 国	**National Country**	**101.1**	**100.4**	**100.2**	**102.2**	**105.6**	**101.6**	**101.5**	**103.9**	**108.9**
北 京	Beijing	101.0	100.6	100.4	102.2	104.3	100.7	100.4	102.8	107.8
天 津	Tianjin	99.9	99.7	99.5	102.6	107.3	101.2	100.7	102.6	109.2
河 北	Hebei	101.1	99.9	99.5	102.3	107.0	101.9	101.7	103.8	109.6
山 西	Shanxi	101.8	101.7	100.5	102.9	105.2	103.0	101.5	104.1	113.3
内蒙古	Inner Mongolia	101.9	100.8	101.0	102.6	105.0	103.7	103.3	103.8	108.1
辽 宁	Liaoning	101.1	100.4	100.7	102.5	104.8	102.8	102.1	104.3	109.1
吉 林	Jilin	102.0	101.1	101.2	101.1	104.1	102.0	102.2	103.9	107.3
黑龙江	Heilongjiang	101.5	100.1	100.2	102.3	105.0	102.2	102.1	104.5	109.0
上 海	Shanghai	100.0	100.7	100.3	102.4	106.7	100.8	100.1	103.5	107.9
江 苏	Jiangsu	101.1	100.8	101.7	104.3	109.4	100.9	101.2	104.9	110.0
浙 江	Zhejiang	100.3	100.4	100.5	103.5	105.9	100.3	101.5	104.4	109.3
安 徽	Anhui	101.6	99.5	101.1	103.5	106.1	101.0	101.9	105.4	109.4
福 建	Fujian	100.2	99.5	99.7	101.4	103.4	100.7	102.0	105.9	105.9
江 西	Jiangxi	101.4	98.9	100.0	105.1	107.4	100.5	103.2	105.4	110.4
山 东	**Shandong**	**102.4**	**101.4**	**101.1**	**102.9**	**107.4**	**102.9**	**101.8**	**104.0**	**107.7**
河 南	Henan	102.9	100.4	98.7	103.8	110.1	101.4	101.6	104.6	109.0
湖 北	Hubei	101.7	100.1	99.8	103.3	106.0	102.2	101.8	104.1	109.4
湖 南	Hunan	102.3	101.3	100.3	102.8	105.5	103.6	103.1	105.8	109.9
广 东	Guangdong		100.2	99.7	102.2	106.4	101.6	100.7	102.4	108.6
广 西	Guangxi	101.4	102.0	100.3	101.8	104.6	101.4	101.2	102.3	107.9
海 南	Hainan	101.8	100.3	98.2	103.2	105.6	101.2	101.0	106.1	113.3
重 庆	Chongqing	102.5	100.8	100.7	102.9	105.1	102.3	101.7	105.5	110.2
四 川	Sichuan	100.9	101.5	100.5	102.2	106.8	103.9	102.9	104.7	112.5
贵 州	Guizhou	102.2	100.4	100.2	102.3	104.9	101.4	101.1	103.5	108.9
云 南	Yunnan	101.6	101.0	100.0	102.2	108.0	104.6	101.8	104.2	107.4
西 藏	Xizang									
陕 西	Shaanxi	103.6	103.6	102.0	101.7	104.5	103.7	102.6	104.0	109.5
甘 肃	Gansu	103.3	102.0	100.2	101.7	105.5	102.2	104.1	102.8	106.7
青 海	Qinghai	101.6	100.3	103.2	102.0	102.8	102.1	102.4	104.2	110.5
宁 夏	Ningxia	104.5	101.5	100.7	102.3	104.9	102.1	101.3	103.2	109.0
新 疆	Xinjiang	103.6	102.5	100.2	103.4	104.5	102.8	102.2	104.4	111.2

6-20 全国35个大中城市房地产价格指数(1998-2008年)
Price Indices of Real Estate in 35 Large and Medium-sized Cities by region from 1998 to 2008

(上年=100) (Preceding Year=100)

地区	Area	房屋销售价格指数 Selling Price Indices of Houses										
		1998	1999	2000	2001	2002	2003	2004	2005	2006	2007	2008
全国	**National Country**	**101.4**	**100.0**	**101.1**	**102.2**	**103.7**	**104.8**	**109.7**	**107.6**	**105.5**	**107.6**	**106.5**
北京	Beijing	100.9	100.1	99.5	101.3	100.3	100.3	103.7	106.7	108.8	111.4	109.5
天津	Tianjin	100.6	100.0	100.0	101.2	101.6	104.1	113.5	106.0	106.7	106.9	105.8
石家庄	Shijiazhuang	100.7	103.7	101.8	103.9	101.4	100.3	103.6	105.6	104.3	107.6	105.8
太原	Taiyuan	103.4	97.8	101.1	100.2	103.3	102.8	106.4	105.6	103.9	104.4	105.7
呼和浩特	Hohhot	103.3	98.2	102.0	102.4	102.3	100.7	105.2	111.8	109.5	104.4	101.2
沈阳	Shenyang	102.3	101.8	103.0	102.6	100.1	107.6	115.9	107.5	106.6	106.1	104.6
大连	Dalian	99.5	102.4	100.2	99.6	98.4	100.7	104.6	109.2	110.9	107.2	104.8
长春	Changchun	100.4	104.6	106.6	102.6	97.2	100.2	100.2	101.9	101.6	106.4	107.0
哈尔滨	Harbin	99.3	100.2	101.8	101.9	101.1	100.2	104.7	104.6	103.3	106.8	106.4
上海	Shanghai	95.7	96.2	98.6	104.4	107.3	120.1	115.9	109.7	98.7	103.4	105.9
南京	Nanjing	105.2	101.6	101.6	100.5	103.0	109.8	115.3	108.1	104.3	106.6	102.7
杭州	Hangzhou	102.6	103.0	104.9	105.8	106.9	106.1	111.7	109.7	102.6	107.3	108.6
宁波	Ningbo	99.7	100.6	105.5	107.2	116.4	116.6	113.9	106.4	102.2	108.6	109.2
合肥	Hefei	101.7	99.4	100.0	100.5	104.0	104.1	105.6	106.2	101.3	101.8	108.4
福州	Fuzhou	101.1	99.9	100.3	101.0	101.1	101.1	103.6	104.4	106.7	106.8	103.9
厦门	Xiamen	100.6	100.5	100.1	102.2	103.0	102.8	107.3	108.0	107.0	107.0	102.7
南昌	Nanchang	100.5	101.6	103.2	104.0	111.6	104.8	107.3	108.3	106.2	106.8	104.2
济南	**Jinan**	**101.5**	**101.5**	**102.8**	**101.8**	**102.5**	**103.1**	**110.3**	**107.6**	**104.3**	**105.2**	**107.2**
青岛	**Qingdao**	**100.1**	**103.7**	**102.3**	**104.1**	**107.6**	**114.6**	**115.3**	**110.9**	**106.9**	**106.5**	**105.1**
郑州	Zhengzhou	106.6	101.1	99.5	100.6	101.9	102.0	104.0	107.0	105.7	106.3	103.3
武汉	Wuhan	102.7	98.6	101.5	106.1	101.9	103.8	108.4	106.8	103.0	105.2	104.9
长沙	Changsha	102.9	98.5	99.6	102.1	101.1	100.5	103.3	102.8	105.3	108.4	106.7
广州	Guangzhou	97.9	95.1	97.3	100.3	99.6	99.3	102.7	104.7	106.2	106.6	99.8
深圳	Shenzhen	99.6	97.8	99.2	101.0	100.4	102.2	104.6	107.2	112.3	116.3	98.1
南宁	Nanning	98.5	97.9	99.3	101.6	102.5	102.1	105.7	104.9	104.1	107.6	108.2
海口	Haikou	101.5	95.9	99.4	99.8	101.9	102.7	105.9	102.5	102.8	106.6	110.4
重庆	Chongqing	106.4	103.3	101.8	101.4	102.1	106.1	113.9	107.2	103.0	106.9	106.3
成都	Chengdu	104.6	103.3	101.3	100.3	101.3	102.9	107.9	109.8	107.1	107.6	103.4
贵阳	Guiyang	108.1	103.3	103.9	100.8	101.6	101.3	102.6	102.6	104.4	106.9	106.6
昆明	Kunming	101.4	102.3	100.2	99.7	100.0	99.1	102.3	102.9	101.3	103.5	103.2
西安	Xi'an	100.5	100.4	101.3	101.9	101.1	101.4	105.0	104.3	103.6	106.4	108.1
兰州	Lanzhou	98.5	101.5	100.5	102.6	104.3	101.8	108.7	105.6	104.7	106.0	109.8
西宁	Xining	101.5	101.0	101.1	100.5	102.2	101.9	104.0	103.4	102.8	103.8	107.5
银川	Yinchuan	111.2	106.1	102.2	104.2	103.6	102.1	104.4	102.7	102.3	103.9	111.8
乌鲁木齐	Urumqi	103.1	101.4	102.4	101.0	99.2	99.9	100.7	100.9	101.2	109.0	115.5

6-20 续表 1 continued

(上年=100) (Preceding Year=100)

地区	Area	房屋租赁价格指数 Renting price indices of houses										
		1998	1999	2000	2001	2002	2003	2004	2005	2006	2007	2008
全国	**National Country**	**102.4**	**98.5**	**102.4**	**102.8**	**100.8**	**101.9**	**101.4**	**101.9**	**101.4**	**102.6**	**101.4**
北京	Beijing	99.8	98.5	166.6	125.5	107.6	108.5	103.4	102.4	102.9	102.7	101.8
天津	Tianjin	102.4	99.0	100.1	110.1	106.0	100.7	101.2	101.3	100.2	100.3	100.4
石家庄	Shijiazhuang	100.9	108.6	102.2	104.8	100.4	99.3	100.1	100.6	100.5	100.6	102.9
太原	Taiyuan	104.0	99.5	105.6	115.5	106.1	102.3	99.6	107.5	105.4	105.6	104.2
呼和浩特	Hohhot	100.0	99.0	97.1	102.0	102.7	98.5	101.5	104.7	105.6	105.4	104.2
沈阳	Shenyang	105.2	102.6	102.3	100.1	99.5	101.4	99.0	101.5	102.3	101.8	100.9
大连	Dalian	101.7	96.8	105.4	101.9	98.1	100.0	98.2	99.0	99.7	99.8	101.2
长春	Changchun	106.7	106.2	106.4	111.2	104.6	104.0	100.9	100.5	100.3	100.0	102.6
哈尔滨	Harbin	99.3	99.9	101.0	100.2	100.0	98.6	100.6	103.6	102.7	100.2	102.2
上海	Shanghai	92.2	89.9	95.8	104.9	99.0	102.2	105.5	103.6	104.0	105.1	104.6
南京	Nanjing	99.1	101.3	101.1	104.7	100.6	104.4	105.0	100.0	100.4	101.8	102.0
杭州	Hangzhou	97.2	95.5	103.3	103.1	103.0	106.7	107.6	102.4	101.1	102.7	102.5
宁波	Ningbo	95.4	96.6	92.5	99.0	102.8	106.0	104.3	104.1	103.4	103.8	106.7
合肥	Hefei	109.2	104.3	99.1	98.6	102.0	102.3	100.7	100.3	101.7	100.6	100.5
福州	Fuzhou	107.6	102.8	99.5	101.7	98.6	98.7	99.6	101.4	101.7	102.6	101.7
厦门	Xiamen	102.6	98.6	96.2	94.0	98.0	100.3	102.3	104.2	102.5	103.8	102.6
南昌	Nanchang	99.5	111.2	113.2	102.7	104.2	103.3	101.4	102.5	101.3	101.3	100.8
济南	**Jinan**	**100.8**	**100.8**	**101.6**	**101.8**	**103.2**	**100.0**	**103.4**	**101.0**	**101.2**	**101.2**	**100.8**
青岛	**Qingdao**	**94.0**	**104.3**	**95.8**	**107.0**	**94.4**	**99.4**	**98.6**	**103.3**	**110.1**	**108.3**	**106.5**
郑州	Zhengzhou	106.1	98.7	103.7	107.2	103.0	99.1	99.7	100.1	100.5	100.9	101.4
武汉	Wuhan	98.7	95.8	97.3	98.2	98.6	98.5	100.7	100.2	100.3	100.3	100.1
长沙	Changsha	103.3	94.8	99.1	102.5	101.6	101.0	103.1	101.7	102.8	102.5	100.6
广州	Guangzhou	99.6	94.9	98.0	99.6	102.0	99.9	101.6	103.0	102.2	102.8	100.1
深圳	Shenzhen	94.7	91.3	95.7	99.6	100.2	100.0	100.0	101.0	102.5	104.8	102.2
南宁	Nanning	106.7	97.8	102.1	102.5	99.5	102.3	100.6	101.6	103.6	99.6	103.4
海口	Haikou	92.6	89.8	92.7	99.3	94.6	92.6	96.1	101.9	100.7	100.6	101.4
重庆	Chongqing	106.9	106.4	95.1	95.4	97.5	100.3	105.9	103.6	102.8	104.2	104.2
成都	Chengdu	99.8	100.0	99.3	96.6	100.9	100.3	102.4	100.4	101.1	100.9	103.8
贵阳	Guiyang	106.0	99.0	104.1	97.1	98.0	101.6	99.9	102.5	101.7	101.1	101.5
昆明	Kunming	103.0	111.1	97.8	101.9	98.4	100.4	104.2	101.4	100.1	100.4	100.0
西安	Xi'an	102.5	100.6	101.2	100.3	100.6	98.9	103.2	100.7	101.2	106.4	106.9
兰州	Lanzhou	99.7	98.3	100.0	101.0	100.3	97.8	97.8	100.0	99.7	100.4	101.5
西宁	Xining	117.9	100.5	114.3	112.2	107.3	103.1	100.4	99.8	101.1	104.2	102.4
银川	Yinchuan	110.0	117.7	118.0	105.1	106.4	99.8	106.1	104.3	101.7	101.3	101.3
乌鲁木齐	Urumqi	98.9	97.9	99.2	98.8	100.1	99.9	104.2	100.4	100.3	100.8	101.1

6-20 续表 2 continued

(上年=100) (Preceding Year=100)

地 区	Area	土地交易价格指数 Transactions Price Indices of Land										
		1998	1999	2000	2001	2002	2003	2004	2005	2006	2007	2008
全 国	**National Country**	**102.0**	**100.0**	**100.2**	**101.7**	**106.9**	**108.3**	**110.1**	**109.1**	**105.8**	**112.3**	**109.4**
北 京	Beijing	101.1	100.2	100.0	100.0	100.0	100.6	102.5	103.8	105.2	109.4	111.6
天 津	Tianjin	102.0	101.3	100.5	101.2	102.2	103.0	116.3	103.9	103.9	122.1	111.1
石家庄	Shijiazhuang	115.0	103.9	107.7	97.3	99.7	99.4	100.3	100.2	100.3	101.6	100.6
太 原	Taiyuan	100.0	100.0	100.0	113.2	126.7	121.9	100.7	102.8	102.6	102.2	102.1
呼和浩特	Hohhot	104.1	104.3	102.5	102.8	103.4	102.4	104.1	114.7	112.8	108.7	107.0
沈 阳	Shenyang	100.0	99.0	101.8	101.7	110.8	116.1	116.2	111.4	107.3	106.6	105.3
大 连	Dalian	100.0	100.0	100.0	99.9	100.0	103.5	112.9	124.7	103.8	105.9	104.2
长 春	Changchun	100.0	100.0	100.2	115.5	113.7	103.7	104.6	103.9	112.1	100.7	100.0
哈尔滨	Harbin	100.0	101.0	101.1	100.0	100.0	101.6	100.0	107.8	106.7	108.2	104.6
上 海	Shanghai	95.5	93.3	91.9	97.2	106.3	115.1	120.3	106.9	101.2	107.9	107.9
南 京	Nanjing	104.4	103.5	101.9	102.6	103.9	104.7	103.0	102.8	103.0	103.9	103.6
杭 州	Hangzhou	99.7	100.0	103.2	105.4	125.0	138.1	139.4	124.8	107.1	155.2	127.8
宁 波	Ningbo	99.2	100.0	100.4	100.8	109.2	113.2	108.3	115.9	109.2	138.3	149.5
合 肥	Hefei	102.2	100.7	100.3	100.4	103.7	107.0	105.4	110.6	101.4	104.1	104.9
福 州	Fuzhou	100.2	100.6	100.0	107.3	106.0	107.7	108.8	118.6	107.9	117.1	107.7
厦 门	Xiamen	100.0	100.0	100.0	101.1	101.7	102.3	110.2	108.5	108.3	111.3	104.2
南 昌	Nanchang	103.6	102.0	103.0	108.0	125.2	110.1	118.8	104.2	105.1	103.9	109.4
济 南	**Jinan**	**103.3**	**101.8**	**102.3**	**101.9**	**102.1**	**103.5**	**104.4**	**105.9**	**104.9**	**105.0**	**102.7**
青 岛	**Qingdao**	**101.0**	**100.0**	**100.4**	**102.2**	**104.3**	**101.8**	**101.8**	**103.4**	**103.2**	**101.8**	**102.1**
郑 州	Zhengzhou	101.2	103.9	102.1	101.1	101.4	101.0	103.9	110.9	104.0	105.3	100.3
武 汉	Wuhan	100.8	99.9	101.1	99.8	100.7	103.7	102.9	102.6	101.5	100.9	101.3
长 沙	Changsha	103.2	102.4	102.7	103.8	101.4	100.9	102.1	105.4	118.6	122.1	109.0
广 州	Guangzhou	100.0	99.7	99.9	100.0	100.0	100.0	100.0	100.0	100.0	100.0	100.0
深 圳	Shenzhen	100.0	99.8	101.5	99.7	100.0	102.0	103.9	118.1	100.3	100.1	100.0
南 宁	Nanning	105.5	99.7	88.9	101.6	106.0	101.4	100.0	103.6	102.6	121.5	110.6
海 口	Haikou	90.7	90.6	97.1	101.4	100.5	100.4	102.7	110.0	115.1	118.5	120.9
重 庆	Chongqing	100.0	101.1	100.0	100.9	101.7	115.5	105.3	102.9	100.6	109.7	109.5
成 都	Chengdu	107.7	103.8	101.9	104.6	106.4	109.1	116.3	107.8	106.2	110.2	104.8
贵 阳	Guiyang	99.8	99.4	100.3	100.0	100.6	100.3	100.6	101.5	101.6	109.9	108.3
昆 明	Kunming	104.5	100.1	100.0	100.0	100.0	100.0	100.0	103.7	100.6	101.3	102.6
西 安	Xi'an	100.1	100.3	100.0	100.0	100.5	100.7	102.8	105.9	104.5	106.8	109.0
兰 州	Lanzhou	100.0	100.0	100.0	100.0	100.0	100.0	100.0	100.0	100.0	100.0	100.0
西 宁	Xining	99.4	94.4	100.4	99.7	102.7	106.2	106.1	102.9	102.5	103.2	103.2
银 川	Yinchuan	125.7	108.0	103.6	103.2	102.9	103.4	105.8	103.4	103.1	105.7	106.0
乌鲁木齐	Urumqi	103.8	101.3	99.4	102.6	102.3	101.0	102.1	101.4	100.2	102.6	106.5

6-20 续表 3 continued

(上年=100) (Preceding Year=100)

地区	Area	物业管理价格指数 Property Management Price Indices 1998	1999	2000	2001	2002	2003	2004	2005	2006	2007	2008
全国	**National Country**								**100.0**	**100.3**	**100.5**	**100.5**
北京	Beijing								100.5	100.8	100.1	100.2
天津	Tianjin								100.2	100.0	100.0	100.0
石家庄	Shijiazhuang								100.2	100.0	100.0	100.0
太原	Taiyuan								100.0	101.6	102.6	101.1
呼和浩特	Hohhot								100.0	100.0	100.0	100.0
沈阳	Shenyang								100.5	100.5	100.2	99.7
大连	Dalian								98.4	100.9	100.3	100.5
长春	Changchun								100.0	100.0	99.5	108.2
哈尔滨	Harbin								100.0	100.0	100.0	100.0
上海	Shanghai								100.5	100.0	100.0	100.0
南京	Nanjing								101.0	100.3	101.4	100.3
杭州	Hangzhou								100.4	100.1	100.4	101.9
宁波	Ningbo								100.5	102.3	102.3	100.2
合肥	Hefei								102.5	100.0	100.0	101.1
福州	Fuzhou								100.3	100.0	100.1	100.0
厦门	Xiamen								100.4	100.1	100.0	101.5
南昌	Nanchang								100.3	100.4	101.8	100.2
济南	**Jinan**								**100.0**	**100.1**	**100.1**	**100.1**
青岛	**Qingdao**								**100.2**	**99.8**	**100.4**	**100.3**
郑州	Zhengzhou								100.2	100.1	100.6	100.0
武汉	Wuhan								98.9	100.0	100.1	100.0
长沙	Changsha								99.9	100.0	100.1	100.3
广州	Guangzhou								102.1	100.5	100.5	101.0
深圳	Shenzhen								99.2	100.0	100.2	100.7
南宁	Nanning								100.2	100.1	100.0	101.1
海口	Haikou								100.0	100.0	100.0	100.0
重庆	Chongqing								100.1	100.7	99.7	100.3
成都	Chengdu								101.2	100.4	100.2	100.2
贵阳	Guiyang								99.5	103.1	100.2	100.3
昆明	Kunming								100.0	100.0	100.0	100.0
西安	Xi'an								100.4	100.2	100.7	102.6
兰州	Lanzhou								101.4	100.2	102.0	100.1
西宁	Xining								100.0	100.0	100.8	101.9
银川	Yinchuan								100.0	100.0	99.8	103.0
乌鲁木齐	Urumqi								99.8	100.1	100.1	101.0

6-21 农产品生产价格总指数(2008年)
Price Index of Farm Products(2008)

类 别	Classification	一季度 The First Quarter	上半年 The Firt Half Year	前三季度 The Firt Three Quarters	全 年 Annual
农产品生产价格总指数	**General Price Index Of Farm Products**	**135.55**	**127.33**	**120.97**	**112.46**
一、农业产品	**Agricultural Products**	**134.2**	**125.38**	**117.32**	**107.55**
谷物及其他作物	Grain And Other Crops	119.46	114.85	115.58	107.97
谷物(原粮)	Grain	114.34	110.57	107.54	105.63
小 麦	Wheat	107.93	108.3	107.13	105.86
稻 谷	Rice	98.67	99.34	99.95	104.14
玉 米	Corn	117.28	113.04	110.4	105.75
薯 类	Potato	119.26	117.68	119.98	103.17
油 料	Oil Bearing Crops	147.93	147.32	144.25	118.34
豆 类	Beans	145.23	140.53	135.83	128.12
棉花(籽棉)	Cotton	114.26	112.88	112.36	102.31
蔬菜、园艺作物	Vegetables And Garden Crop	146.66	133.24	120.81	106.73
蔬 菜	Vegetables	149.47	135.05	122.11	107
水果、坚果、饮料和香料	Fruit, Nut ,Drink And Perfume	112.04	117.02	110.16	106.56
水果、坚果	Fruit, Nut	112.04	117.02	110.16	106.56
中药材	Traditional Chinese Medicine	161.98	156.7	148.29	140.46
二、林业产品	**Forestry Products**	**109.74**	**106.6**	**102.97**	**109.57**
竹木采运	Bamboo Harvesting	110.26	107.41	107.14	104.67
林产品的采集	Forestry Products Collecting	108.57	105.15	97.28	111.4
三、牧业(畜产品)	**Animal Husbandry Products**	**140.64**	**134.55**	**129.7**	**121.6**
牲畜的饲养	Penkeeping	131.75	130.43	125.9	121.06
牛的饲养	Cattle Feeding	130.65	129.6	124.53	118.77
羊的饲养	Sheep Feeding	132.72	132.3	129.39	123.66
奶产品	Milk Products	133.86	137.88	131.11	129.94
猪的饲养	Pig Feeding	171.2	164.64	154.08	137.72
家禽	Poultry	111.8	112.22	111.02	109.84
肉禽(毛重)	Poultry For Eating Meat	118.37	118.62	116.8	114.65
禽 蛋	Eggs	105.95	105.54	106.2	105.41
四、渔业	**Fishery Industry**	**115.61**	**116.08**	**114.4**	**111.91**
海水水产品	Seawater Aquatic Product	109.81	111.7	110.94	109.92
海水鱼类	Seawater Fish	110.16	114.08	110.02	104.67
海水虾蟹类	Seawater Shrimp And Crab	-	105.99	111.3	113.15
海水贝类	Seawater Cowry	109.39	111.95	111.66	111.84
内陆水域水产品	Endorheism Aquatic Product	127.42	134.73	127.54	120.77
淡水鱼类	Freshwater Fish	127.42	134.73	127.54	120.77

主要指标解释

工业品出厂价格指数 是反映一定时期内全部工业产品出厂价格总水平的变动趋势和程度的相对数，包括工业企业售给本企业以外所有单位的各种产品和直接售给居民用于生活消费的产品。该指数可以观察出厂价格变动对工业总产值及增加值的影响。

原材料、燃料和动力购进价格指数 是反映工业企业作为生产投入，而从物资交易市场和能源、原材料生产企业购买原材料、燃料和动力产品时，所支付的价格水平变动趋势和程度的统计指标，是扣除工业企业物质消耗成本中的价格变动影响的重要依据。

目前，我国编制的原材料、燃料和动力购进价格指数所调查的产品包括燃料动力、黑色金属、有色金属、化工、建材等九大类的近 1800 种产品。

固定资产投资价格指数 是反映一定时期内固定资产投资品及项目的价格变动趋势和程度的相对数。固定资产投资额是由建筑安装工程投资完成额、设备工器具购置投资完成额和其他费用投资完成额三部分组成的。编制固定资产投资价格指数应首先分别编制上述三部分投资的价格指数，然后采用加权算术平均法求出固定资产投资价格总指数。

该指数可以准确地反映固定资产投资中涉及的各类投资品和取费项目价格变动趋势和变动幅度，消除按现价计算的固定资产投资指标中的价格变动因素，真实地反映固定资产投资的规模、速度、结构和效益，为国家科学地制定、检查固定资产投资计划并提高宏观调控水平，为完善国民经济核算体系提供科学的、可靠的依据。

房地产价格指数 是反映一定时期内房地产价格变动趋势和程度的相对数，包括房屋销售价格指数、房屋租赁价格指数、土地交易价格指数和物业管理价格指数。这四套指数的计算方法相似，均采用由下到上逐级汇总的方法。

农产品生产价格指数 是反映一定时期内，农产品生产者出售农产品价格水平变动趋势及幅度的相对数。该指数可以客观反映全国农产品生产价格水平和结构变动情况，满足农业与国民经济核算需要。其中某代表品生产价格指数是通过对全部有出售该产品行为的调查单位的个体指数进行几何平均求得的，类价格指数是通过对其所属的类（或代表品）的价格指数进行加权平均求得的。季度累计价格指数的计算方法与分季指数的计算方法相同。

Explanatory Notes on Main Indicators

Ex-factory Price Indices of Industrial Products reflect the trend and degree of changes in general ex-factory prices of all industrial products during a given period, including sales of industrial products by an industrial enterprise to all units outside the enterprise, as well as sales of consumer goods to residents. It can be used to analyze the impact of ex-factory prices on gross output value and value-added of the industrial sector.

Purchasing Prices Indices of Raw Materials, Fuels and Power reflect changes in the level and degree of prices paid by industrial enterprises when they purchase production input such as raw materials, fuels and power from the market or from other energy or raw materials producing enterprises. These indices provide an important basis for measuring the material consumption of industrial enterprises after removing the influence of price changes.

At present, close to 1,800 products in 9 categories, including fuels and power, ferrous metals, non-ferrous metals, chemicals, building materials, are covered in China for the survey to produce indices of purchasing prices of raw materials, fuels and power.

Price Indices of Investment in Fixed Assets reflect the trend and degree of changes in prices of investment goods and projects in fixed assets during a given period. The investment in fixed assets consists of three components, namely the investment in construction and installation, the investment in purchases of equipment and instrument, and the investment in other items. Price indices of investment in fixed assets are calculated as the weighted arithmetic mean of the price indices of the three components of investment in fixed assets. Removing the factor of price change in the aggregates of investment at current prices, this indicator shows the changes in the prices of commodities and fees involved in the investment of fixed assets, and can be used to observe the actual size, growth, structure, and efficiency of investment in fixed assets and provides reliable and scientific data for government planning, management, decision-making, and further improving the current national accounting system.

Price Indices of Real Estate reflect the trend and degree of changes in prices of real estate during a given period, including sale price indices of houses, price indices for renting houses, price indices for land transactions and price indices for management of properties. The methods for the compilation of these four sets of indices are similar in that they all use the bottom-up approach under which data are reported from lower level to higher level.

Producers' Prices Indices of Farm Products reflect the trend and degree of changes in producers' prices received by farmers when they sell farm products during a given period. These indices depict the change in the level and structure of producers' prices of farm products of the country and meet the needs of agricultural statistics and national accounts statistics. The producers' price index of a given product is calculated as the geometrical mean of individual indices of all surveyed units which sell such product, and the indices of a product category is obtained as the weighted mean of price indices of all products in the category. Method for calculating accumulative quarterly indices is the same as for calculating the individual quarterly indices.

7

消费价格调查资料

Investigation Material of Consumer Price

编辑单位：消费价格调查处
编　　委：宋义贵
责任编辑：赵学功　朱盈盈
校　　对：赵学功　朱盈盈
电　　话：86129453

Editorial Unit: the Consumption Price Investigation Office
Editorial Board: Song Yigui
Executive Editor-in-Chief: Zhao Xuegong Zhu Yingying
Proofreader: Zhao Xuegong Zhu Yingying
Telephone: 86129453

简 要 说 明

一、目前，山东在流通和消费领域编制的价格指数主要包括居民消费价格指数、商品零售价格指数和农业生产资料价格指数。

二、价格指数统计由国家统计局山东调查总队组织实施，各抽中市县依据国家统计局统一制定的价格统计调查制度向基层采集原始数据汇总后上报。

三、编制居民消费价格、商品零售价格和农业生产资料价格指数采用分层抽样调查方法，即在全省选取不同经济区域以及有代表性的商品作为样本，对市场价格进行经常性的调查，以样本推断总体。目前，全省抽选出调查市、县 27 个。编制过程分几个步骤：

1．调查市、县和调查点的选择。按照大中小兼顾以及地区分布合理原则，采用划类选择法抽选价格调查市、县。价格调查点的选定是以代表性为原则选择品种齐全、零售额较大的中心市场、农贸市场和服务网点作为价格调查点。

2．代表商品和代表规格品的选择。代表商品是选择那些消费量大、价格变动有代表性的商品，商品集团和服务项目基本上是国家统一规定。代表规格品的确定：一是消费量大；二是价格变动趋势和变动程度有较强的代表性，即选中规格品的价格变动特征与未选中规格品之间价格变动的相关性愈高愈好；三是选中的规格品之间，性质相隔愈远愈好，价格变动特征的相关性愈低愈好；四是选中的工业消费品必须是合格产品，产品包装上有注册商标、产地、规格 等级等标识。

3．价格调查方法。采用定点、定时、定人直接到调查点登记调查，同时聘用辅助调查员协助登记调查。对价格变动频繁的每月必须正式调查登记 6 次，价格比较稳定的每月调查 1 － 2 次。

4．权数的确定。居民消费价格指数的计算权数是根据城乡居民家庭消费支出，商品零售价格指数的计算权数是根据全社会商品零售额统计确定的。

Brief Introduction

Ⅰ. At present，Shandong price index in the circulation and the consume domain mainly includes the inhabitant consume price index，the commodity retail price index and the agricultural means of production price index.

Ⅱ. The price index statistics is organized by NBC Survey Office in Shandong, the city(county) that were pulled out gathers primary data after the basic unit and reports based on the price statistics investigation system compiled by NBC.

Ⅲ. Establishes of the inhabitant consumer price index, the commodity retail price index and the agricultural means of production price index use the stratified sampling investigation method, namely as well as select different economic region to take the typical commodity as sample in the entire province, carry on the regular investigation to the market price, deduce overall by sample inference. At present, 27 cities (counties) are the investigation samples in the entire province. The establishment process is divided several steps:

1. Choice of investigation city, county and investigation spot. According to proper attention of the major medium and small both as well as the local distribution reasonable principle, use a kind of trial-and-error method to sample the price investigation city (county).The price investigation spot designation is selecting market centre, the agricultural market fair and servicing point whose commodity are complete and whose retail turnover is big by representation as principle.

2. Choice of typical commodity and represents commodity. Choice of typical commodity is chooses these commodity whose consumption quantities is big and whose price changing is representative, the commodity group and the service project basically are the national unification stipulation. Determination of typical represents commodity: One, the consumption quantity is big; Two, the price changing tendency and the change degree have the strong representation; Three, Select of typical represents commodity, the distance of quality must be far, the characteristic relevance of price changing must be friend with; Four, the selected industry consumable commodity must be the certified product, There are registered trademark, place of production, habitat, specification and rank on the product packing.

3. Price investigation method. Decide the people directly to the investigation spot register and investigate by the fixed point, fixed time and fixed people, simultaneously hire the assists investigator to assist to register and investigate. Must register and investigate 6 times each month officially to commodity whose price changing is frequent, Must register and investigate 1-2 time each month to commodity whose price is quite stable.

4. Weight determination. The computation weight of the inhabitant consume price index is determined according to the city and countryside inhabitant family consume disbursement, computation weight of the commodity retail price index is determined accordind to the entire society retail commodity turnover.

7-1 历年全省居民消费价格总指数

General Consumer Price Indices over the Years

年 份 Year	以1950年为100 1950=100	以1952年为100 1952=100	以1978年为100 1978=100	以1990年为100 1990=100	以1995年100 1995=100	以上年为100 Preceding Year=100
1951	110.8					110.8
1952	113.2					102.2
1953	116.9	103.3				103.3
1954	120.9	106.8				103.4
1955	120.8	106.7				99.9
1956	121.7	107.5				100.7
1957	122.9	108.6				101.0
1958	122.4	108.2				99.6
1959	123.1	108.9				100.6
1960	123.7	109.4				100.5
1961	131.5	116.3				106.3
1962	132.2	116.9				100.5
1963	130.5	115.4				98.7
1964	127.6	112.9				97.8
1965	124.8	110.4				97.8
1966	123.2	109.0				98.7
1967	123.3	109.1				100.1
1968	123.1	108.9				99.8
1969	123.0	108.8				99.9
1970	121.7	107.6				98.9
1971	121.6	107.5				99.9
1972	121.6	107.5				100.0
1973	121.4	107.3				99.8
1974	121.3	107.2				99.9
1975	121.5	107.4				100.2
1976	121.7	107.6				100.2
1977	121.5	107.4				99.8
1978	121.9	107.7				100.3
1979	122.8	108.5	100.7			100.7
1980	128.9	113.9	105.7			105.0
1981	131.2	116.0	107.6			101.8
1982	132.4	117.0	108.6			100.9
1983	135.6	119.8	111.2			102.4
1984	137.6	121.6	112.9			101.5
1985	149.6	132.2	122.7			108.7
1986	156.3	138.1	128.2			104.5
1987	169.1	149.5	138.7			108.2
1988	200.7	177.4	164.7			118.7
1989	235.5	208.1	199.1			117.3
1990	243.5	215.2	199.7			103.4
1991	255.4	225.7	209.5	104.9		104.9
1992	272.8	241.1	223.7	112.0		106.8
1993	307.4	271.7	252.2	126.3		112.7
1994	379.4	335.3	311.2	155.8		123.4
1995	446.1	394.3	365.9	183.2		117.6
1996	489.0	432.1	401.1	200.8	109.6	109.6
1997	502.6	443.2	412.3	206.4	112.7	102.8
1998	499.6	440.5	409.8	205.2	112.0	99.4
1999	496.1	437.4	406.9	203.8	111.2	99.3
2000	497.1	438.3	407.7	204.2	111.4	100.2
2001	506.0	446.2	415.0	207.9	113.4	101.8
2002	502.5	443.1	412.1	206.4	112.6	99.3
2003	508.0	448.0	416.6	208.7	113.8	101.1
2004	526.3	464.1	431.6	216.2	117.9	103.6
2005	535.2	472.0	439.0	219.9	119.9	101.7
2006	540.6	476.7	443.4	222.1	121.1	101.0
2007	564.4	497.7	462.9	231.9	126.4	104.4
2008	594.3	524.1	487.4	244.2	133.1	105.3

7-2 历年城市居民消费价格总指数

General Urban Consumer Price Indices over the Years

年份 Year	以1930-1936年平均价格为100 Average Price(1930-1936)=100	以1952年为100 1952=100	以1978年为100 1978=100	以1980年为100 1980=100	以1990年为100 1990=100	以1995年为100 1995=100	以上年为100 Preceding Year=100
1949	260.9						
1950	266.9						102.3
1951	295.7						110.8
1952	302.2						102.2
1953	312.2	103.3					103.3
1954	322.8	106.8					103.4
1955	322.5	106.7					99.9
1956	324.8	107.4					100.7
1957	328.0	108.5					101.0
1958	326.7	108.1					99.6
1959	328.7	108.7					100.6
1960	330.3	109.2					100.5
1961	351.2	116.2					106.3
1962	352.9	116.8					100.5
1963	348.3	115.2					98.7
1964	341.0	112.8					97.8
1965	333.5	110.3					97.8
1966	329.2	108.9					98.7
1967	329.5	109.0					100.1
1968	328.8	108.8					99.8
1969	328.5	108.7					99.9
1970	324.9	107.4					98.9
1971	324.6	107.4					99.9
1972	324.6	107.4					100.0
1973	323.9	107.2					99.8
1974	323.6	107.1					99.9
1975	324.2	107.3					100.2
1976	324.9	107.5					100.2
1977	324.3	107.3					99.8
1978	325.2	107.6					100.3
1979	329.7	109.1	101.4				101.4
1980	339.3	112.3	104.3				102.9
1981	346.4	114.6	106.5	102.1			102.1
1982	347.4	115.0	106.9	102.4			100.3
1983	345.3	114.3	106.2	101.8			99.4
1984	350.5	116.0	107.8	103.3			101.5
1985	381.4	126.2	117.3	112.4			108.8
1986	400.5	132.5	123.2	118.0			105.0
1987	436.9	144.6	134.4	128.8			109.1
1988	526.9	174.4	162.1	155.3			120.6
1989	609.6	201.7	187.5	179.7			115.7
1990	625.5	207.0	192.4	184.4			102.6
1991	664.3	219.8	204.3	195.8	106.2		106.2
1992	721.4	238.7	221.9	212.6	115.3		108.6
1993	826.7	273.6	254.3	243.7	132.1		114.6
1994	1036.7	343.1	318.9	305.6	165.7		125.4
1995	1210.9	400.7	372.5	356.9	193.6		116.8
1996	1338.0	442.8	411.6	394.4	213.9	110.5	110.5
1997	1380.8	457.0	424.8	407.0	220.7	114.0	103.2
1998	1376.7	455.6	423.5	405.8	220.0	113.7	99.7
1999	1376.7	455.6	423.5	405.8	220.0	113.7	100.0
2000	1393.2	461.1	428.6	410.7	222.6	115.1	101.2
2001	1408.5	466.2	433.3	415.2	225.0	116.4	101.1
2002	1390.2	460.1	427.7	409.8	222.1	114.9	98.7
2003	1399.9	463.3	430.7	412.7	223.7	115.7	100.7
2004	1439.1	476.3	442.7	424.2	230.0	118.9	102.8
2005	1454.9	481.5	447.6	428.9	232.5	120.2	101.1
2006	1469.5	486.3	452.1	433.2	234.8	121.4	101.0
2007	1525.3	504.8	469.3	449.7	243.7	126.0	103.8
2008	1597.0	528.5	491.3	470.8	255.2	131.9	104.7

7-3 历年农村居民消费价格总指数
General Rural Consumer Price Indices over the Years

年 份 Year	以1978年为100 1978=100	以1980年为100 1980=100	以1985年为100 1952=100	以1990年为100 1990=100	以1995年为100 1995=100	以上年为100 Preceding Year=100
1978						100.3
1979	100.4					100.4
1980	106.2					105.8
1981	107.9	101.6				101.6
1982	109.1	102.7				101.1
1983	113.0	106.4				103.6
1984	114.7	108.0				101.5
1985	124.7	117.4				108.7
1986	129.8	122.2	104.1			104.1
1987	139.4	131.2	111.8			107.4
1988	163.1	153.5	130.8			117.0
1989	194.0	182.5	155.5			118.9
1990	201.7	189.8	161.7			104.0
1991	209.8	197.4	168.2	104.0		104.0
1992	219.5	206.5	175.9	108.8		104.6
1993	242.9	228.6	194.7	120.4		110.7
1994	295.7	278.2	236.9	146.5		121.7
1995	348.6	328.0	279.3	172.7		117.9
1996	379.9	357.5	304.4	188.2	109.0	109.0
1997	389.1	366.1	311.7	192.7	111.6	102.4
1998	385.2	362.4	308.6	190.8	110.5	99.0
1999	379.8	357.3	304.3	188.1	109.0	98.6
2000	377.1	354.8	302.2	186.8	108.2	99.3
2001	386.2	363.3	309.5	191.3	110.8	102.4
2002	385.8	362.9	309.2	191.1	110.7	99.9
2003	391.6	368.3	313.8	194.0	112.4	101.5
2004	409.6	385.2	328.2	202.9	117.5	104.6
2005	419.4	394.5	336.1	207.8	120.3	102.4
2006	423.6	398.4	339.5	209.9	121.6	101.0
2007	446.1	419.5	357.5	221.0	128.0	105.3
2008	473.7	445.6	379.6	234.7	135.9	106.2

7-4 历年全省商品零售价格总指数

General Retail Price Indices over the Years

年份 Year	以1930-1936年平均价格为100 Average Price (1930-1936)=100	以1952年为100 1952=100	以1978年为100 1978=100	以1980年为100 1980=100	以1990年为100 1990=100	以1995年为100 1995=100	以上年为100 Preceding Year=100
1953	315.2	103.8					103.8
1954	325.0	107.0					103.1
1955	325.6	107.2					100.2
1956	327.9	108.0					100.7
1957	333.5	109.8					101.7
1958	333.8	109.9					100.1
1959	337.1	111.0					101.0
1960	338.8	111.6					100.5
1961	358.4	118.1					105.8
1962	359.9	118.5					100.4
1963	362.7	119.5					100.8
1964	358.0	117.9					98.7
1965	349.4	115.1					97.6
1966	347.7	114.5					99.5
1967	348.0	114.7					100.1
1968	348.0	114.7					100.0
1969	346.6	114.2					99.6
1970	343.8	113.3					99.2
1971	343.5	113.2					99.9
1972	342.5	112.8					99.7
1973	342.2	112.7					99.9
1974	341.8	112.6					99.9
1975	342.2	112.7					100.1
1976	342.5	112.8					100.1
1977	342.2	112.7					99.9
1978	343.5	113.2					100.4
1979	349.0	115.0	101.6				101.6
1980	359.5	118.5	104.6				103.0
1981	365.6	120.5	106.4	101.7			101.7
1982	367.8	121.2	107.1	102.3			100.6
1983	363.0	119.7	105.6	101.0			98.7
1984	367.0	121.0	106.8	102.1			101.1
1985	398.2	131.3	115.9	110.8			108.5
1986	416.1	137.2	121.1	115.8			104.5
1987	450.6	148.6	131.2	125.4			108.3
1988	536.3	176.8	156.1	149.2			119.0
1989	626.9	206.7	182.5	174.4			116.9
1990	636.9	210.0	185.4	177.2			101.6
1991	668.1	220.3	194.5	185.9	104.9		104.9
1992	709.5	233.9	206.6	197.4	111.4		106.2
1993	782.6	258.0	227.8	217.7	122.9		110.3
1994	941.5	310.4	274.1	261.9	147.8		120.3
1995	1075.2	354.5	313.0	299.1	168.8		114.2
1996	1150.6	378.9	334.9	320.1	180.6	107.0	107.0
1997	1159.8	381.9	337.6	322.7	182.0	107.9	100.8
1998	1126.2	370.8	327.8	313.3	176.7	104.8	97.1
1999	1093.5	360.0	318.3	304.2	171.6	101.8	97.1
2000	1078.2	355.0	313.8	299.9	169.2	100.4	98.6
2001	1078.2	355.0	313.8	299.9	169.2	100.4	100.0
2002	1065.3	350.7	310.0	296.3	167.2	99.2	98.8
2003	1067.4	351.4	310.7	296.9	167.5	99.4	100.2
2004	1097.3	361.3	319.4	305.2	172.2	102.2	102.8
2005	1103.9	363.4	321.3	307.0	173.2	102.8	100.6
2006	1110.5	365.6	323.2	308.9	174.3	103.4	100.6
2007	1150.5	378.8	334.8	320.0	180.6	107.1	103.6
2008	1206.9	397.3	351.2	335.7	189.4	112.4	104.9

注：本表已根据现行价格调查统计制度予以调整，均不包括农业生产资料部分。

Note:The data in this form have been adjusted according to current statistical system of price survey.Means of agricultural production are excluded.

7-5 历年城市商品零售价格总指数

Urban Retail Price Index over the years

年份 Year	以1950年为100 1950=100	以1952年为100 1952=100	以1978年为100 1978=100	以1990年为100 1990=100	以1995年为100 1995=100	以上年为100 preceding year=100
1951	110.2					
1952	110.8					100.5
1953	114.9	103.7				103.7
1954	119.3	107.6				103.8
1955	118.8	107.2				99.6
1956	120.0	108.3				101.0
1957	121.7	109.8				101.4
1958	121.0	109.1				99.4
1959	121.7	109.8				100.6
1960	122.4	110.5				100.6
1961	129.6	117.0				105.9
1962	130.2	117.6				100.5
1963	129.5	117.0				99.5
1964	130.7	114.6				98.0
1965	128.1	112.3				98.0
1966	126.4	110.9				98.7
1967	126.4	110.9				100.0
1968	126.1	110.7				99.8
1969	126.0	110.5				99.9
1970	124.6	109.3				98.9
1971	124.6	109.3				100.0
1972	124.6	109.3				100.0
1973	124.5	109.2				99.9
1974	124.4	109.1				99.9
1975	124.6	109.3				100.2
1976	124.8	109.5				100.2
1977	124.6	109.3				99.8
1978	125.0	109.7				100.3
1979	126.8	111.2	101.4			101.4
1980	130.7	114.6	104.5			103.1
1981	133.6	117.2	106.8			102.2
1982	134.0	117.5	107.1			100.3
1983	133.1	116.7	106.4			99.3
1984	134.7	118.1	107.7			101.2
1985	146.7	128.6	117.3			108.9
1986	153.9	134.9	123.0			104.9
1987	168.4	147.6	134.6			109.4
1988	204.1	178.9	163.1			121.2
1989	235.1	206.1	187.9			115.2
1990	238.9	209.3	190.9			101.6
1991	253.5	222.1	202.5	106.1		106.1
1992	274.0	240.1	218.9	114.7		108.1
1993	307.7	269.6	245.8	128.8		112.3
1994	371.1	325.2	296.4	155.3		120.6
1995	420.1	368.1	335.5	175.8		113.2
1996	448.2	392.8	358.0	187.6	106.7	106.7
1997	451.8	395.9	360.9	189.1	107.6	100.8
1998	438.7	384.4	350.4	183.6	104.4	97.1
1999	426.0	373.3	340.2	178.3	101.4	97.1
2000	420.9	368.8	336.1	176.2	100.2	98.8
2001	418.8	367.0	334.4	175.3	99.7	99.5
2002	412.5	361.5	329.4	172.7	98.2	98.5
2003	410.9	360.0	328.1	172.0	97.8	99.6
2004	420.3	368.3	335.6	175.9	100.0	102.3
2005	422.0	369.8	337.0	176.6	100.4	100.4
2006	424.1	371.7	338.6	177.5	100.9	100.5
2007	437.3	383.2	349.1	183.0	104.1	103.1
2008	456.9	400.4	364.8	191.3	108.8	104.5

7-6 历年农村商品零售价格总指数

Rural Retail Price Index over the Years

年份 Year	以1952 年为100 1952=100	以1978 年为100 1978=100	以1990年 为100 1990=100	以1995年 为100 1995=100	以上年为100 preceding year=100
1952					100.3
1953	103.9				103.9
1954	106.4				102.4
1955	106.6				100.2
1956	107.1				100.5
1957	109.1				101.9
1958	109.2				100.1
1959	110.7				101.4
1960	111.1				100.4
1961	116.1				104.5
1962	116.4				100.3
1963	118.3				101.6
1964	116.9				98.8
1965	114.1				97.6
1966	113.6				99.6
1967	113.7				100.1
1968	113.7				100.0
1969	113.1				99.4
1970	112.4				99.4
1971	112.3				99.9
1972	111.9				99.6
1973	111.8				99.9
1974	111.7				99.9
1975	111.7				100.0
1976	111.7				100.0
1977	111.7				100.0
1978	112.1				100.4
1979	114.0	101.7			101.7
1980	117.3	104.6			102.9
1981	118.7	105.9			101.2
1982	119.6	106.7			100.8
1983	117.8	105.1			98.5
1984	119.1	106.3			101.1
1985	129.0	115.1			108.3
1986	134.5	120.0			104.3
1987	144.5	128.9			107.4
1988	169.4	151.1			117.2
1989	200.7	179.1			118.5
1990	203.9	181.9			101.6
1991	212.3	189.4	104.1		104.1
1992	220.4	196.6	108.1		103.8
1993	238.7	212.9	117.1		108.3
1994	286.4	255.5	140.5		120.0
1995	332.8	296.9	163.3		116.2
1996	357.4	318.9	175.4	107.4	107.4
1997	359.9	321.1	176.6	108.2	100.7
1998	349.8	312.1	171.7	105.2	97.2
1999	340.0	303.0	166.7	102.1	97.1
2000	334.2	297.8	163.9	100.4	98.3
2001	336.5	299.9	165.0	101.1	100.7
2002	335.5	299.0	164.5	100.8	99.7
2003	338.8	302.0	166.2	101.8	101.0
2004	351.4	313.2	172.3	105.6	103.7
2005	355.6	316.9	174.4	106.8	101.2
2006	358.8	319.8	175.9	107.8	100.9
2007	375.3	334.5	184.0	112.8	104.6
2008	397.1	353.9	194.7	119.3	105.8

7-7 历年农业生产资料价格总指数
General Price Indices of Means of Agricultural Production over the Years

年份 Year	以1950年为100 1950=100	以1952年为100 1952=100	以1978年为100 1978=100	以1990年为100 1990=100	以1995年为100 1995=100	以上年为100 Preceding Year=100
1951	94.9					94.9
1952	97.0					102.2
1953	99.5	102.6				102.6
1954	110.3	113.7				110.8
1955	103.8	107.0				94.1
1956	103.7	107.0				100.0
1957	103.4	106.7				99.7
1958	100.2	103.4				96.9
1959	100.0	103.2				99.8
1960	100.9	104.1				100.9
1961	107.5	110.9				106.5
1962	106.8	110.1				99.3
1963	100.4	103.5				94.0
1964	95.8	98.7				95.4
1965	92.7	95.5				96.8
1966	90.8	93.5				97.9
1967	85.6	88.2				94.3
1968	85.1	87.7				99.4
1969	84.3	86.9				99.1
1970	84.2	86.8				99.9
1971	80.9	83.4				96.1
1972	80.3	82.7				99.2
1973	79.9	82.2				99.5
1974	79.2	81.6				99.1
1975	79.2	81.6				100.0
1976	79.2	81.6				100.0
1977	79.2	81.6				100.0
1978	78.5	80.9				99.1
1979	78.6	81.0	100.1			100.1
1980	78.6	81.0	100.1			100.0
1981	79.9	82.4	101.8			101.7
1982	80.8	83.3	102.9			101.1
1983	82.9	85.5	105.6			102.6
1984	88.9	91.7	113.2			107.2
1985	92.5	95.5	117.8			104.1
1986	94.4	97.5	120.3			102.1
1987	99.9	103.2	127.3			105.8
1988	114.6	118.4	146.0			114.7
1989	135.5	139.9	172.6			118.2
1990	139.8	144.4	178.1			103.2
1991	142.6	147.3	181.7	102.0		102.0
1992	144.6	149.4	184.2	103.4		101.4
1993	161.4	166.7	205.6	115.4		111.6
1994	200.3	206.9	255.1	143.2		124.1
1995	267.0	275.8	340.1	190.9		133.3
1996	281.7	291.0	358.8	201.4	105.5	105.5
1997	272.1	281.1	346.6	194.6	101.9	96.6
1998	261.8	270.4	336.5	187.2	98.0	96.2
1999	249.0	257.2	320.0	178.0	93.2	95.1
2000	245.8	253.9	315.8	175.7	92.0	98.7
2001	250.2	258.5	321.5	178.9	93.7	101.8
2002	251.0	259.3	322.5	179.4	94.0	100.3
2003	257.0	265.5	330.2	183.7	96.2	102.4
2004	283.2	292.6	363.9	202.5	106.0	110.2
2005	300.7	310.7	386.4	215.0	112.6	106.2
2006	309.8	320.0	398.0	221.5	116.0	103.0
2007	331.8	342.7	426.3	237.2	124.2	107.1
2008	395.8	408.9	508.5	283.0	148.2	119.3

7-8 全省居民消费价格指数(2008年)

商品类别及品名	Commodity Category and Commodity Name	全省 whole province	1月 January	2月 February
居民消费价格总指数	**General Consumer Price Index**	**105.3**	**106.3**	**107.1**
非食品价格指数	**No-food**	**101.9**	**100.8**	**100.9**
服务项目价格指数	**Services**	**102.1**	**101.8**	**101.9**
工业品价格指数	**Industrial Products**	**101.8**	**100.4**	**100.5**
扣除食品和能源价格指数	**Deducting Foods and Energy**	**101.2**	**100.4**	**100.4**
扣除鲜菜鲜果总指数	**Deducting Fresh,Vegetables and Fruits**	**105.2**	**105.4**	**105.9**
消费品价格指数	**Consumer Goods**	**106.1**	**107.5**	**108.4**
一、食　品	**Food**	**113.0**	**119.2**	**121.6**
1.粮　食	Grain	106.3	107.0	106.8
大　米	Rice	99.6	101.7	101.2
面　粉	Flour	103.3	104.1	103.7
粮食制品	Grain Products	107.1	107.7	107.5
其　他	Others	134.4	132.7	134.1
2.淀　粉	Starches	112.4	113.3	114.4
淀　粉	Starches	112.4	113.3	114.4
3.干豆类及豆制品	Beans and Beans Products	134.6	129.8	132.4
干　豆	Beans	123.9	128.3	128.3
豆制品	Beans Products	139.4	130.5	134.2
4.油　脂	Oil and Fat	124.2	133.5	136.7
食用植物油	Edible Vegetable Oil	123.6	132.0	134.8
植物油制品	Plant Oil Products	122.3	130.0	134.4
其　他	Others	136.8	163.3	169.3
5.肉禽及其制品	Meal,Poultry and Their Products	122.2	143.0	147.6
(1)食用畜肉及副产品	Edible Livestock Meat and Their By-products	124.6	155.0	161.9
猪　肉	Pork	122.3	161.5	169.8
牛　肉	Beef	133.2	145.2	150.1
羊　肉	Mutton	125.6	131.2	134.7
畜肉副产品	Livestock Meat By-products	126.9	146.7	151.6
其　他	Others	127.7	148.8	151.9
(2)禽	Poultry	114.1	117.8	119.7
鸡	Chicken	114.5	116.5	119.2
鸭	Duck	118.1	130.0	128.3
其　他	Others	108.7	116.2	116.4
(3)加工肉禽	Meal and Poultry Processing Products	118.4	125.7	126.8
畜肉制品	Livestock Meat Products	120.1	126.9	129.0
禽制品	Poultry Products	115.1	123.7	122.9
6.蛋	Eggs	105.2	105.7	104.8
鲜　蛋	Fresh Eggs	104.5	104.1	103.2
蛋制品	Egg Products	111.7	121.0	120.9
7.水产品	Aquatic Product	112.8	111.9	111.4
(1)鱼	Fish	118.0	115.5	116.7
淡水鱼	Freshwater Fish	122.9	118.3	120.9
海水鱼	Seawater Fish	112.7	112.5	112.3
(2)其他水产品	Other Aquatic Product	105.8	107.1	104.7
虾蟹类	Shrimp and Crab	104.6	106.1	102.4
其　他	Others	108.6	109.2	110.1
8.菜	Vegetable	105.7	127.2	140.7
鲜　菜	Fresh Vegetable	105.7	129.7	144.7
干菜及菜制品	Dried Vegetable and Vegetable Products	105.0	109.1	109.2
薯　类	Potato	108.3	117.4	118.4

Entire Province Consumer Price Indices(2008)

3 月 March	4 月 April	5 月 May	6 月 June	7 月 July	8 月 August	9 月 September	10 月 October	11月 November	12月 December
107.3	**107.5**	**106.7**	**106.2**	**105.6**	**104.5**	**104.6**	**103.9**	**102.5**	**101.6**
101.2	**101.5**	**101.7**	**102.2**	**102.4**	**102.5**	**102.9**	**102.7**	**102.1**	**101.5**
101.8	**101.9**	**101.9**	**102.0**	**101.9**	**101.9**	**102.9**	**102.8**	**102.7**	**102.2**
101.0	**101.3**	**101.7**	**102.3**	**102.6**	**102.8**	**102.9**	**102.6**	**101.8**	**101.2**
100.7	**100.8**	**101.0**	**101.3**	**101.4**	**101.6**	**101.9**	**101.7**	**101.5**	**101.1**
106.5	**106.8**	**106.4**	**106.2**	**105.5**	**104.7**	**105.0**	**104.5**	**103.3**	**102.2**
108.7	**108.9**	**108.0**	**107.3**	**106.6**	**105.2**	**105.1**	**104.1**	**102.4**	**101.5**
121.5	**121.6**	**118.3**	**115.2**	**112.8**	**108.8**	**108.4**	**106.4**	**103.3**	**101.9**
107.6	108.1	108.2	108.4	107.7	106.9	106.2	104.8	102.8	101.2
101.0	101.0	101.0	100.5	100.5	99.4	99.3	97.9	96.7	95.2
104.4	104.8	104.7	104.6	104.2	103.3	102.5	102.7	100.7	100.1
108.5	108.8	108.9	109.6	108.1	107.5	106.3	105.0	104.4	103.2
137.7	140.8	142.4	142.9	143.1	141.7	141.6	132.1	120.2	112.3
114.4	114.5	113.4	112.7	112.8	112.9	112.8	111.3	109.9	106.9
114.4	114.5	113.4	112.7	112.8	112.9	112.8	111.3	109.9	106.9
141.9	144.6	144.6	145.7	145.4	141.8	137.3	130.9	118.7	110.4
134.4	136.7	134.3	134.5	133.0	130.4	125.1	114.8	102.7	94.9
145.4	148.2	149.4	150.9	151.3	147.0	142.8	138.1	125.9	117.3
142.2	138.2	133.8	131.2	129.2	123.8	118.9	114.3	103.9	96.3
140.2	136.3	131.9	129.8	128.8	124.0	119.1	114.4	104.6	96.8
140.4	134.2	132.6	131.8	130.0	124.5	115.9	112.5	99.6	92.2
174.8	176.2	162.8	148.0	131.3	119.6	122.6	115.5	104.1	98.5
149.4	150.3	137.5	126.2	114.8	107.0	108.9	107.1	101.6	99.1
163.9	163.6	145.1	130.2	114.8	105.0	107.5	103.7	96.0	93.8
172.4	171.7	147.0	127.9	109.4	98.3	101.9	97.1	87.5	86.2
150.2	150.4	145.9	139.2	133.6	126.5	123.0	119.5	118.6	114.3
133.0	134.8	133.8	133.4	131.9	124.2	119.0	116.2	113.1	110.5
155.1	153.7	142.3	134.4	122.1	116.2	114.3	109.4	103.4	102.5
154.1	154.2	140.9	129.1	119.9	113.3	116.5	114.1	109.9	104.9
122.0	127.5	119.4	111.5	107.5	105.9	109.0	112.6	111.3	109.0
122.2	130.1	119.8	110.6	106.1	106.5	110.3	113.7	112.5	110.5
128.5	126.9	125.8	123.8	119.9	111.5	108.4	108.4	109.8	105.3
115.7	114.1	112.3	107.5	105.8	98.6	102.5	108.9	105.8	104.1
127.7	128.5	126.6	122.5	118.5	113.0	110.7	110.3	109.4	107.9
130.3	132.0	129.7	124.7	119.9	114.5	112.3	111.6	110.3	108.8
123.1	122.4	121.0	118.7	115.7	110.3	107.8	107.8	107.6	106.3
104.6	105.1	105.5	107.4	109.7	106.2	106.4	103.9	102.2	101.3
102.9	103.5	104.2	106.8	109.7	106.2	106.7	103.9	102.0	101.1
120.8	120.3	117.7	113.2	109.6	106.5	104.2	104.9	103.8	103.4
111.7	113.1	114.8	116.7	115.6	114.1	113.7	111.0	109.9	109.1
115.8	118.9	122.8	125.0	123.6	121.2	117.7	114.5	113.2	110.8
120.3	125.0	131.2	133.9	131.5	126.6	121.0	118.8	115.3	111.4
111.0	112.5	113.7	115.2	114.9	115.3	113.9	109.9	110.9	110.3
106.5	105.7	104.6	105.7	104.8	104.3	108.2	106.2	105.3	106.7
105.9	104.6	102.8	104.5	102.8	101.2	107.8	106.0	104.7	106.7
107.6	108.3	109.1	108.8	109.7	111.4	108.9	106.7	106.6	106.6
133.3	119.3	117.0	101.2	97.8	91.9	91.1	86.1	80.2	87.4
137.1	121.0	117.7	99.8	96.2	90.0	89.1	83.7	77.5	85.7
107.7	107.3	106.2	105.1	104.3	104.2	103.4	103.0	101.3	100.4
105.0	110.9	128.3	113.8	110.4	102.5	103.8	102.1	93.9	93.2

7-8 续表 1

商品类别及品名	Commodity Category and Commodity Name	全省 whole province	1 月 January	2 月 February
9.调味品	Flavoring	105.1	103.8	104.3
盐	Salt	101.8	102.5	102.8
酱　油	Soy Sauce	108.9	106.2	107.3
醋	Vinegar	105.6	103.8	104.3
味　精	Aginomoto	103.1	100.5	100.8
其　他	Others	104.6	104.4	103.9
10.糖	Carbohydrate	104.4	103.2	103.9
食　糖	Sugar	102.0	101.1	101.8
糖　果	Sweet	105.4	103.7	104.7
巧克力制品	Chocolate Products	106.7	105.6	106.0
糖类小食品	Little Carbohydr- ate Food	105.8	104.6	105.3
11.茶及饮料	Tea and Beverages	103.4	102.2	102.6
(1)茶　叶	Tea	100.5	99.8	99.8
茶　叶	Tea	100.5	99.8	99.8
(2)饮　料	Beverages	105.5	103.9	104.7
固体饮料	Solid Beverages	106.9	104.7	105.1
液体饮料	Liquid Beverages	105.1	104.6	105.6
冷冻饮品	Frozen Beverages	105.0	101.6	102.3
12.干鲜瓜果	Dried and Fresh Melons and Fruits	110.9	118.4	111.3
鲜 瓜 果	Fresh Fruits	109.2	118.1	109.1
干(坚)果	Dried Fruits	116.9	119.0	119.4
13.糕点饼干	Cake,Biscuit and Bread	106.7	104.4	104.7
糕　点	Cake	104.7	103.3	102.9
饼　干	Biscuit	109.0	107.3	109.2
面　包	Bread	107.4	102.9	102.4
14.液体乳及乳制品	Liquid Milk and Their Products	118.1	112.8	116.8
巴氏杀菌奶或消毒奶	Pasteurization Milk or Disinfection Milk	120.5	115.7	120.7
酸　奶	Leben	114.4	111.3	115.5
奶　粉	Milk Powder	118.2	109.0	109.9
其　他	Others	109.7	105.0	107.4
15.在外用膳食品	Outward Dinner	110.4	107.9	109.0
主　食	Staple Food	111.7	109.0	110.3
炒　菜	Hot Dish	108.7	106.2	107.4
地方小吃	Local Snack	113.2	111.3	111.9
16.其他食品	Other Foods	108.6	108.2	108.2
其他食品	Other Foods	108.6	108.2	108.2
二、烟酒及用品	**Tobacco,Liquor and Their Appliances**	**104.3**	**103.1**	**103.2**
1.烟　草	Tobacco	100.5	100.1	100.2
国产卷烟	Domestic Cigarette	100.6	100.1	100.2
进口卷烟	Import Cigarette	99.6	100.1	100.4
其　他	Others	100.5	100.2	100.2
2.酒	Liquor	107.7	105.7	105.7
白　酒	White Spirit	110.0	107.8	108.5
葡萄酒	Grape	101.2	107.2	100.7
啤　酒	Beer	105.7	102.2	102.3
其　他	Others	103.4	100.8	103.3
3.吸烟、饮酒用品	Appliances for Sm- oking and Drinking	100.2	100.1	100.7
吸烟用品	Appliances for Smoking	100.1	100.0	100.6
饮酒用品	Appliances for Drinking	100.2	100.2	100.8
三、衣　着	**Clothing**	**97.9**	**96.8**	**96.7**
1.服　装	Garments	97.3	96.1	96.0
(1)男式服装	Men's Garments	96.6	95.1	94.6

continued

3 月 March	4 月 April	5 月 May	6 月 June	7 月 July	8 月 August	9 月 September	10 月 October	11月 November	12月 December
104.3	105.3	105.4	105.7	105.4	105.9	105.3	105.3	105.4	104.9
102.7	102.7	102.6	102.5	102.5	101.4	100.4	100.3	101.0	101.0
107.0	109.1	109.8	110.0	109.7	110.4	109.8	109.5	109.5	108.4
104.0	105.3	105.0	105.6	105.5	106.7	106.3	106.3	107.6	107.1
100.9	101.6	103.2	104.1	104.2	105.0	104.2	104.2	104.0	104.2
105.2	106.1	104.7	104.4	103.5	105.4	105.1	105.8	103.8	103.1
104.5	104.6	105.1	105.3	104.7	104.9	105.0	104.8	103.9	103.5
102.0	102.1	102.7	102.9	102.2	102.9	103.3	102.7	100.0	99.9
105.9	105.8	106.3	106.4	106.3	106.1	105.8	105.1	105.0	103.7
106.2	106.7	106.8	107.5	106.2	105.9	106.5	107.4	107.9	108.0
105.6	105.5	105.8	105.9	105.5	105.4	105.4	106.6	106.4	107.0
102.9	102.8	103.2	103.7	104.1	104.0	103.9	104.2	104.1	103.2
99.5	99.5	99.9	101.0	101.6	101.4	101.4	101.0	100.6	100.1
99.5	99.5	99.9	101.0	101.6	101.4	101.4	101.0	100.6	100.1
105.3	105.1	105.5	105.6	105.9	105.9	105.7	106.4	106.5	105.3
105.7	105.9	106.3	107.2	107.0	106.7	107.7	109.1	109.3	108.6
105.3	105.3	105.2	105.0	105.7	105.6	105.0	105.3	105.2	103.5
104.9	104.0	105.4	105.7	105.5	105.7	105.4	106.3	106.9	106.4
106.8	118.2	108.6	113.3	120.8	117.2	111.6	105.4	104.1	99.4
103.4	117.6	106.0	111.7	122.4	117.3	110.3	102.3	101.5	96.7
119.8	119.6	118.2	118.7	117.7	118.1	116.4	115.7	113.1	109.0
105.5	106.2	106.8	107.6	107.7	107.6	107.3	107.7	107.6	106.9
103.3	104.3	105.0	105.5	106.0	105.9	105.5	105.8	105.3	103.8
109.6	109.5	109.9	109.6	109.5	109.1	109.0	108.8	108.6	108.5
104.3	105.8	106.1	108.8	108.7	108.9	108.6	110.1	110.8	110.9
118.6	120.4	120.3	120.9	120.5	119.6	119.1	118.6	116.6	113.1
122.4	124.0	123.3	124.0	123.5	122.2	121.5	119.4	117.0	112.7
116.9	117.5	117.1	117.1	116.7	115.6	114.1	113.7	111.6	106.6
112.9	117.5	119.1	120.2	119.4	119.6	120.1	124.8	123.0	122.5
108.0	109.2	109.3	109.9	110.9	110.4	111.1	111.9	111.9	111.4
111.1	112.2	112.8	112.0	111.8	110.6	109.8	109.9	109.3	108.4
112.6	113.9	113.5	114.0	113.9	112.1	111.5	111.0	110.0	109.1
109.4	110.4	111.1	110.0	109.8	108.7	107.8	108.2	108.1	107.0
113.6	114.5	116.5	114.8	113.9	113.7	112.9	113.1	111.7	111.1
108.8	109.6	109.7	110.3	111.7	107.6	108.1	107.7	106.8	106.5
108.8	109.6	109.7	110.3	111.7	107.6	108.1	107.7	106.8	106.5
103.7	**104.1**	**104.2**	**104.3**	**104.3**	**104.6**	**105.0**	**105.4**	**104.9**	**104.8**
100.2	100.3	100.5	100.6	100.7	100.7	100.7	100.7	100.7	100.7
100.2	100.3	100.5	100.7	100.8	100.8	100.9	100.9	100.9	100.9
100.4	100.4	100.3	99.2	98.9	99.5	99.1	99.1	99.1	99.1
100.2	100.8	100.9	100.9	100.9	100.5	100.4	100.4	100.4	100.4
106.9	107.5	107.6	107.7	107.6	108.2	108.8	109.6	108.6	108.4
108.9	109.5	109.8	110.0	109.6	110.4	111.4	112.5	110.7	110.3
100.1	100.1	100.4	99.9	100.2	100.4	100.3	101.1	102.0	102.2
105.5	106.1	105.9	106.3	106.3	106.6	106.7	107.0	106.7	106.9
102.9	102.6	103.0	102.9	103.2	103.9	104.4	104.5	105.0	105.0
100.1	100.0	100.0	100.1	100.0	100.0	100.2	100.3	100.2	100.2
100.4	100.0	100.1	99.8	99.8	100.0	100.2	100.3	100.3	100.4
99.9	100.0	100.0	100.3	100.1	100.1	100.3	100.2	100.1	100.0
97.4	**97.7**	**98.1**	**97.9**	**98.2**	**98.7**	**98.6**	**98.4**	**98.2**	**97.7**
96.7	97.0	97.7	97.5	97.7	98.2	98.3	97.8	97.5	96.9
95.8	96.1	96.9	96.8	96.6	97.5	98.0	97.6	97.3	97.1

7-8 续表 2

商品类别及品名	Commodity Category and Commodity Name	全省 whole province	1 月 January	2 月 February
大　衣	Topcoat	96.0	96.2	94.3
毛线衣	Woollen Sweater	97.4	94.2	94.6
夹克衫	Jacket	95.2	89.8	89.5
衬　衫	Shirt	98.5	98.6	97.2
T 恤衫	T-shirt	95.8	97.1	97.3
裤　子	Trousers	96.5	92.6	92.0
西　服	Western-style Clothes	95.1	94.4	93.4
运动衫裤	Gym Suit	97.9	98.9	98.6
内　衣	Underwaist	95.3	94.8	94.3
羽绒衣	Eider Down Outerwear	99.0	96.6	96.9
其　他	Others	97.0	96.1	95.6
(2)女式服装	Women's Garments	97.7	96.7	97.0
大　衣	Topcoat	97.2	96.8	96.5
毛线衣	Woollen Sweater	97.5	95.4	96.9
羽绒衣	Eider Down Outerwear	97.9	93.5	95.2
套　装	Coordinates	98.4	98.7	98.8
衬　衫	Shirt	99.5	100.7	101.0
T 恤衫	T-shirt	98.6	99.2	99.4
裙　子	Skirt	96.7	94.2	93.4
裤　子	Trousers	97.8	94.8	95.0
运动衫裤	Gym Suit	96.3	96.2	95.2
内　衣	Underwaist	97.5	99.4	99.3
其　他	Others	96.9	98.6	98.7
(3)儿童服装	Children's Garments	97.8	97.0	96.9
套　装	Coordinates	97.1	96.9	95.9
裤　子	Trousers	98.0	97.0	97.9
裙　子	Skirt	99.0	97.0	97.8
其　他	Others	97.9	97.4	96.1
2.衣着材料	Clothing Materials	101.3	103.4	102.2
棉　布	Cotton Cloth	104.2	103.8	103.5
棉混纺布	Cotton Textiles Cloth	100.7	100.8	100.9
化纤布	Chemical Fiber Cloth	100.0	106.3	103.2
毛　线	Knitting Wool	100.4	100.6	100.3
3.鞋袜帽	Shoes,Socks and Hats	98.4	97.3	97.1
(1)鞋	Shoes	98.5	97.0	96.8
男　鞋	Men's Shoes	97.8	97.1	96.5
女　鞋	Women's Shoes	98.8	96.5	96.8
童　鞋	Children's Shoes	98.8	98.5	97.5
(2)袜子	Socks	97.7	98.7	98.6
男　袜	Men's Socks	97.2	98.6	98.5
女　袜	Women's Socks	98.2	98.8	98.8
(3)帽子	Hats	97.8	98.0	97.7
男　帽	Men's Hats	96.7	98.5	97.1
女　帽	Women's Hats	98.4	97.7	98.1
4.衣着加工服务费	Clothing Manufact-uring Services	104.3	102.1	102.7
缝　纫	Sewing	103.2	98.9	99.9
清　洗	Washing	105.7	106.4	106.3
四、家庭设备用品及维修服务	**Household Facilities,Articles and Services**	**102.0**	**101.4**	**101.2**
1.耐用消费品	Durable Consumer Goods	101.4	100.9	100.8
(1)家　具	Furniture	102.5	102.0	101.9

continued

3 月 March	4 月 April	5 月 May	6 月 June	7 月 July	8 月 August	9 月 September	10 月 October	11月 November	12月 December
95.7	97.4	97.0	96.2	96.1	96.3	96.6	96.1	96.6	93.8
96.3	96.2	98.5	98.5	97.6	97.4	97.8	98.6	99.6	99.3
93.6	93.8	97.1	96.9	96.6	97.0	97.3	97.2	97.7	97.7
97.8	98.0	98.2	97.8	98.0	99.3	100.8	99.7	98.2	97.9
95.9	95.5	94.2	94.3	94.4	96.5	97.4	96.4	95.6	95.5
96.4	97.1	97.3	97.2	96.8	98.5	99.6	97.5	96.7	96.6
93.0	93.2	95.2	95.6	94.9	95.9	97.2	96.1	95.5	96.6
97.8	97.4	97.2	97.5	97.9	98.6	97.2	97.5	97.9	97.8
95.1	94.6	95.0	94.2	94.6	95.6	95.4	96.8	96.6	97.0
99.6	100.0	100.0	100.1	100.1	99.6	100.0	100.0	98.3	97.0
94.3	94.8	96.0	95.8	97.8	98.8	98.4	98.5	99.5	99.2
97.3	97.7	98.4	98.0	98.4	98.7	98.5	97.8	97.4	96.6
97.7	98.1	98.3	98.2	98.0	98.0	97.8	96.9	96.1	94.2
96.2	98.0	99.0	98.9	98.3	97.9	97.8	97.8	98.1	96.6
97.7	98.7	99.5	99.5	99.3	99.4	99.4	99.3	97.4	95.8
97.8	97.3	99.7	99.2	99.3	99.6	99.6	97.6	96.4	96.1
100.2	100.9	101.5	98.5	99.7	99.5	98.4	97.5	97.9	98.5
97.5	98.5	98.9	98.9	100.0	99.5	99.0	97.3	97.2	97.3
93.6	94.2	96.0	96.7	98.8	100.5	99.9	98.8	98.0	97.5
98.6	97.6	97.6	98.0	97.9	99.6	100.2	98.9	98.2	97.0
95.1	96.2	95.9	96.4	96.2	97.5	96.2	95.8	97.4	97.0
98.8	97.8	97.3	96.2	96.4	96.5	96.2	97.1	97.4	97.5
97.1	96.6	95.9	95.8	96.6	96.6	96.6	97.1	97.3	96.3
97.0	97.5	97.9	98.0	98.2	98.6	98.4	98.7	98.4	97.6
95.8	96.5	97.6	97.7	97.8	97.7	97.7	98.0	97.8	96.6
97.5	97.3	97.4	98.2	98.5	99.2	98.8	98.9	98.2	96.9
98.2	99.1	99.0	98.5	98.9	99.8	99.5	100.0	100.0	100.1
99.1	98.8	97.9	97.8	97.8	98.5	97.3	97.6	98.2	98.4
101.4	100.8	100.8	100.9	100.9	101.1	101.2	101.5	100.6	100.5
104.1	103.9	104.8	104.9	104.7	105.5	105.7	105.7	102.2	102.1
100.9	100.9	100.7	100.6	100.8	100.8	100.8	100.7	100.4	100.3
100.4	99.0	98.9	98.9	99.0	98.9	98.6	99.4	99.4	99.3
100.3	100.2	99.6	99.9	100.1	100.1	100.9	101.2	101.1	100.8
98.0	98.4	98.1	97.9	98.7	99.1	98.7	99.0	99.3	98.8
98.1	98.5	98.2	98.1	98.9	99.4	98.9	99.2	99.4	98.9
95.9	96.7	96.7	97.5	98.3	98.9	98.8	99.0	99.1	99.1
99.8	100.1	99.4	98.2	99.0	99.5	98.9	99.3	99.9	99.0
98.0	98.3	98.0	99.0	100.2	100.1	99.3	99.3	98.8	98.4
97.3	97.5	97.2	97.1	97.4	97.4	97.5	97.7	98.1	98.2
97.3	97.3	96.9	96.6	96.6	96.6	96.4	96.8	97.3	97.4
97.4	97.7	97.4	97.4	98.1	98.1	98.4	98.5	98.8	98.8
96.7	97.0	97.9	97.0	96.7	98.4	98.0	98.5	98.9	98.5
95.2	95.6	96.0	95.9	95.3	97.6	97.1	97.5	97.5	97.1
97.6	97.8	99.1	97.8	97.6	98.8	98.6	99.1	99.8	99.4
103.5	103.5	103.9	104.3	104.0	105.8	105.4	105.8	105.9	104.6
101.5	101.5	102.3	102.9	102.8	105.5	105.5	105.5	105.6	106.4
106.1	106.0	106.0	106.0	105.5	106.3	105.3	106.1	106.2	102.4
101.6	**101.6**	**101.9**	**102.0**	**102.2**	**102.3**	**102.5**	**102.5**	**102.5**	**102.4**
101.4	101.0	101.1	101.2	101.5	101.6	101.7	101.7	101.7	101.7
103.0	102.1	102.1	102.4	102.8	102.8	102.8	102.9	103.0	102.7

7-8 续表 3

商品类别及品名	Commodity Category and Commodity Name	全省 whole province	1 月 January	2 月 February
柜	Cabinet	102.9	102.0	101.8
床	Bed	103.3	103.3	103.0
桌	Desk	101.2	101.2	101.0
椅	Chair	101.7	101.6	101.3
沙　发	Sofa	102.8	101.7	101.6
其　他	Others	102.0	101.8	101.8
(2)家庭设备	Household Appliances	100.6	100.1	100.1
洗 衣 机	Washing Machine	101.0	99.7	99.5
电 风 扇	Electric Fan	101.0	98.5	98.0
电冰箱(柜)	Refrigerator	100.9	100.3	100.7
吸排油烟机	Kitchen Ventilato	101.4	100.9	101.4
空 调 器	Air-conditioning	100.1	99.8	99.6
热 水 器	Water Heater	101.5	101.5	101.4
微 波 炉	Microwave Oven	98.3	98.7	98.2
电 炊 具	Electric Cooking Appliance	100.3	101.1	100.9
2.室内装饰品	Interior Decorations	100.3	100.5	100.4
纺织装饰品	Textile Process Decorations	100.7	101.5	101.0
装饰灯具	Architectural Lamps and Lanterns	100.3	99.6	99.8
其　他	Others	99.3	99.8	99.8
3.床上用品	Bedclothes	97.4	97.9	97.4
毛　毯	Woollen Blanket	98.1	97.3	97.0
被　子	Quilt	96.9	98.1	97.4
床上套件	Bed Articcles	96.6	97.6	96.8
其　他	Others	99.2	99.5	99.5
4.家庭日用杂品	Sundry Articles	104.4	103.0	103.3
茶　具	Tea Set	101.1	100.2	100.3
餐　具	Tableware	101.0	100.8	100.9
厨　具	Kitchen Utensils	100.9	99.6	99.6
家用手工工具	Domestic Handwork Tools	101.2	101.1	101.2
洗涤用品	Washing Articles	110.1	106.4	107.2
其　他	Others	103.9	104.0	104.2
5.家庭服务及加工维修服务	Household Srvice and Manufacturing Upkeep	106.3	105.6	103.5
家庭服务	Household Srvice	107.8	108.8	106.0
加工维修服务	Manufacturing Upkeep	105.0	102.8	101.3
五、医疗保健和个人用品	**Health Care and Personal Articles**	**102.2**	**102.6**	**102.5**
1.医疗保健	Health Care	101.6	102.4	102.2
(1)医疗器具及用品	Medical Facilities and Goods	98.1	99.5	99.5
医疗器具及用品	Medical Facilities and Goods	98.1	99.5	99.5
(2)中药材及中成药	Herbs and Ready-made Traditional Chinese Medicine	106.0	112.0	111.0
中 药 材	Herbs	111.6	124.2	122.2
中 成 药	Ready- made Tr-aditional Chin-ese Medicine	100.6	101.3	101.0
(3)西药	Western Medicine	100.0	98.5	98.6
抗微生物药	Anti-microorga-nism Medicine	104.6	103.3	104.1
消化系统用药	Alimentary System Medicine	100.3	97.8	98.1
呼吸系统用药	Respiratory System Medicine	97.4	97.4	97.8
解热镇痛及非甾体抗炎药	Allays a Fever the Analgesia and the Non-steroid Body Anti-inflammatory Agent	99.6	97.8	97.8
抗肿瘤药	Antineoplastic Drug	97.8	98.3	97.1
激素及调节内分泌功能药	Hormone and Adjustment Internal Secretion Function Medicine	97.9	93.1	94.1
循环系统用药	Circulating System Medicine	100.8	101.3	100.7
神经系统用药	Nerve System Medicine	94.5	91.7	92.2
专科用药	Junior Medicine	101.4	98.0	97.4

continued

3 月 March	4 月 April	5 月 May	6 月 June	7 月 July	8 月 August	9 月 September	10 月 October	11月 November	12月 December
103.0	102.6	102.7	103.2	103.2	103.2	103.0	103.0	103.5	103.2
105.2	102.8	102.6	102.6	103.2	103.2	103.2	103.4	103.9	103.2
102.0	100.7	100.6	100.8	101.1	101.0	101.0	101.4	102.1	101.7
102.5	101.6	101.8	102.1	102.1	102.0	101.8	101.2	101.0	100.9
102.1	102.0	102.2	102.8	103.6	103.6	103.9	104.0	103.4	103.1
102.0	101.6	101.0	101.5	101.5	102.7	102.7	102.4	102.6	102.2
100.4	100.4	100.5	100.5	100.7	100.9	101.0	100.9	100.9	101.0
99.9	100.5	101.1	101.1	101.2	101.5	101.8	102.0	102.0	101.8
99.2	99.7	100.3	100.6	102.4	102.6	102.8	102.4	102.4	103.2
100.9	101.2	100.9	100.9	100.8	100.7	101.1	101.1	101.1	100.8
102.0	101.3	101.1	100.5	101.4	101.3	101.5	101.9	101.9	101.7
100.2	100.2	100.1	100.3	99.8	100.3	100.3	100.3	100.1	100.6
101.2	100.9	101.2	101.1	101.8	101.7	101.9	101.8	101.9	102.1
98.6	98.2	98.3	98.1	98.7	98.4	97.9	97.7	98.0	98.7
100.9	99.9	100.1	100.3	100.4	100.5	100.9	99.2	99.8	99.1
100.1	100.2	100.3	100.5	99.8	100.3	100.6	100.6	100.3	100.1
100.9	100.9	100.9	100.9	100.0	100.5	100.8	100.5	100.3	99.8
99.9	99.9	100.0	100.7	100.1	100.4	101.0	101.1	100.8	100.7
98.5	98.9	99.2	99.2	98.9	99.4	99.5	99.7	99.6	99.4
96.5	97.0	97.9	97.2	97.5	97.5	97.2	97.2	97.5	97.5
96.1	96.5	98.6	99.0	99.2	99.1	98.4	98.1	98.6	99.0
96.6	97.4	97.9	96.5	96.8	96.7	97.0	96.7	96.1	96.1
95.8	96.4	97.1	96.2	96.4	96.5	96.1	96.4	97.1	97.0
98.4	98.9	99.1	98.8	99.3	99.6	99.1	99.0	99.6	99.5
103.3	103.6	104.2	104.5	104.9	104.7	105.1	105.5	105.5	105.2
100.1	100.9	100.9	101.0	102.4	101.6	101.9	100.3	101.2	101.8
100.7	100.6	100.5	100.4	100.5	100.6	101.4	101.5	102.0	101.8
99.8	100.0	100.5	100.6	100.8	101.0	102.1	102.2	102.3	102.3
101.3	101.3	100.8	101.1	101.1	101.2	101.5	101.4	101.2	101.6
107.4	108.1	110.5	111.7	112.3	110.9	111.1	111.6	111.8	111.7
103.8	103.9	103.2	103.0	103.3	103.8	104.1	105.3	104.8	103.5
105.5	105.9	107.0	107.1	107.1	106.8	107.4	106.6	106.6	106.8
109.0	109.1	109.4	109.0	108.8	108.0	107.7	105.9	105.7	106.8
102.5	103.2	104.8	105.3	105.6	105.7	107.0	107.3	107.3	106.8
102.6	**102.5**	**102.3**	**102.0**	**102.1**	**102.2**	**102.2**	**102.0**	**101.7**	**101.4**
102.2	102.0	101.5	101.2	101.2	101.5	101.5	101.2	101.3	101.2
99.1	99.2	99.2	98.7	97.3	97.5	97.5	97.1	96.6	96.4
99.1	99.2	99.2	98.7	97.3	97.5	97.5	97.1	96.6	96.4
110.3	109.5	107.4	104.7	104.9	104.5	103.7	102.2	102.0	101.7
120.6	119.3	115.8	109.5	109.8	108.6	106.6	103.5	103.2	102.7
101.0	100.6	99.7	100.0	100.2	100.5	100.7	101.0	100.9	100.8
99.2	99.2	99.1	99.7	99.9	100.8	101.2	101.3	101.3	101.3
104.4	103.0	103.2	104.7	105.6	105.8	106.0	105.2	105.2	105.1
99.7	99.4	99.4	100.3	99.9	101.1	102.0	102.3	102.4	101.5
96.7	96.3	96.3	96.8	97.6	97.6	97.3	97.8	97.9	99.5
99.0	99.1	98.0	98.0	98.5	99.7	100.9	101.6	102.8	102.1
96.9	96.6	97.3	97.0	97.1	97.9	98.3	98.9	99.0	99.7
96.1	98.3	98.6	98.0	97.6	98.9	99.6	99.9	100.2	100.6
101.1	101.2	100.5	100.7	99.9	101.3	101.4	101.3	100.1	100.1
92.5	93.6	94.0	94.9	95.4	95.7	96.5	96.6	95.8	95.5
99.1	100.9	100.5	101.1	102.0	103.8	104.1	104.0	102.9	102.9

7-8 续表 4

商品类别及品名	Commodity Category and Commodity Name	全省 whole province	1 月 January	2 月 February
其　他	Others	101.7	101.7	101.3
(4)保健器具及用品	Healthcare Equip-ment	101.2	102.1	101.7
保健器具	Health Protection Equipment	99.5	99.3	99.4
滋补保健用品	Tonic and Health Products	101.9	103.2	102.6
(5)医疗保健服务	Health Care Services	100.9	101.3	101.5
挂 号 费	Registration	100.2	100.2	100.2
注 射 费	Injection Expenses	101.7	103.6	103.8
检 查 费	Examination Expenses	101.0	100.4	100.5
手 术 费	Operation Exp-enses	100.5	101.6	101.6
住 院 费	Hospitalization Expenses	101.2	101.0	101.5
理 疗 费	Physiotherapy Expenses	100.6	101.4	101.6
化 验 费	Analysis Expenses	100.3	100.2	100.4
其　　他	Others	100.2	100.0	100.0
2.个人用品及服务	Personal Articles and Services	103.4	103.0	103.2
(1)化妆美容用品	Cosmetics	101.6	100.8	101.1
化妆美容器具	Cosmetics App-liances	100.3	100.0	99.7
美容化妆品	Facial Beautifiers	101.4	101.0	100.9
护肤品	Protects Skin Products	102.4	102.0	102.1
护发美容品	Protects Sends the Beauty Products	101.4	99.2	101.0
(2)清洁化妆用品	Cleaning Toiletw- are	101.6	100.6	100.7
洗发用品	Hairdressing Articles	101.4	100.7	101.2
洗浴用品	Bathing Articles	101.4	100.0	99.7
其　　他	Others	102.6	101.7	101.7
(3)个人饰品	Personal Decoraions	106.0	106.1	107.2
首　　饰	Ornaments	111.9	113.8	116.2
皮　　件	Leather Appliance	100.9	99.0	98.6
手　　表	Watch	102.2	101.4	101.7
领　　带	Necktie	97.8	97.1	96.7
其　　他	Others	98.8	96.7	96.7
(4)个人服务	Personal Services	104.1	104.5	103.7
美　　容	Cosmetology	101.7	101.1	101.4
理(烫)发	Haircut (perm-naent wave)	104.5	106.1	103.9
洗　　浴	Bathe	105.7	105.3	105.1
其　　他	Others	106.4	106.2	106.2
六、交通和通信	**Transportation and Communication**	**99.9**	**98.9**	**98.9**
1.交通	Transportation	103.0	101.5	101.4
(1)交通工具	Transportation Facility	99.6	97.8	97.4
摩 托 车	Motorcycle	102.6	100.7	100.7
自 行 车	Bicycle	102.9	101.9	101.3
轿　　车	Car	93.9	90.9	90.2
其　　他	Others	98.9	97.9	98.4
(2)车用燃料及零配件	Fuels and Parts	112.7	107.3	107.6
汽　　油	Gasoline	115.7	107.5	108.9
柴　　油	Diesel Oil	116.5	110.1	109.6
零 配 件	Parts	102.0	103.8	102.9
其　　他	Others	102.9	101.1	100.8
(3)车辆使用及维修费	Using and Upkeep Fare	100.4	102.0	101.4
驾 驶 证	Driving License	96.2	100.3	98.7
保 险 费	Insurance Exp-enses	99.6	101.2	100.0
停 车 费	Parking Expen-ses	101.2	100.0	100.4

continued

3 月 March	4 月 April	5 月 May	6 月 June	7 月 July	8 月 August	9 月 September	10 月 October	11月 November	12月 December
100.3	100.2	100.2	101.3	101.8	102.4	103.1	103.0	102.6	102.4
101.6	101.6	101.5	101.4	101.2	101.0	101.1	100.7	100.5	100.2
99.5	99.2	99.4	99.3	99.5	99.6	99.7	99.8	99.7	99.7
102.6	102.6	102.4	102.3	101.9	101.6	101.8	101.0	100.8	100.4
101.0	100.8	100.8	100.8	100.5	100.5	100.6	100.7	101.1	101.1
100.9	100.2	100.2	100.2	100.1	100.1	100.1	100.1	100.1	100.1
102.5	102.5	102.5	102.5	100.3	100.3	100.3	100.3	101.3	101.3
100.8	101.0	101.0	101.0	101.0	101.0	100.7	101.5	101.5	101.5
100.0	100.0	100.0	100.0	100.0	100.0	100.0	100.1	101.5	101.5
101.7	101.1	101.1	101.4	101.2	101.2	101.4	101.1	101.1	101.1
101.0	100.8	100.5	99.3	99.4	99.6	100.9	100.9	100.9	100.9
100.2	100.3	100.3	100.3	100.3	100.2	100.2	100.4	100.4	100.4
100.4	100.4	100.4	100.4	100.4	100.4	100.2	100.0	100.0	100.0
103.4	103.4	103.9	103.9	103.9	103.8	103.7	103.5	102.6	102.0
101.1	101.4	101.6	101.7	101.9	101.8	101.8	102.1	102.0	101.8
99.6	99.9	99.9	100.4	100.5	100.6	100.8	101.1	100.8	100.8
100.8	101.2	101.5	101.4	101.7	101.8	102.0	101.8	101.7	101.6
102.0	102.2	102.4	102.6	102.7	102.7	102.5	102.6	102.6	102.4
101.4	101.4	101.6	101.6	101.9	101.4	101.2	102.4	102.1	101.7
100.8	101.2	101.4	101.6	101.2	102.0	102.5	102.6	102.5	102.5
101.0	101.8	101.8	101.2	100.8	101.8	102.2	102.3	101.3	101.0
100.2	100.3	100.7	101.0	100.4	101.4	102.5	102.8	103.6	104.0
101.5	101.8	102.0	103.6	103.5	103.5	103.1	102.8	102.9	102.9
108.8	108.5	108.1	107.9	108.2	106.9	105.8	104.6	100.5	99.9
118.8	116.8	116.1	115.3	115.4	113.2	110.9	108.3	100.9	99.6
100.1	102.0	102.0	101.5	102.1	101.3	101.3	101.8	100.1	101.0
101.9	101.7	101.7	101.8	102.4	102.9	103.5	103.4	102.7	101.7
97.5	99.4	99.3	99.3	98.2	98.1	97.1	96.4	96.8	97.7
96.9	96.5	96.1	98.5	101.5	100.0	100.9	100.9	100.5	100.3
103.1	102.9	104.4	104.4	104.4	104.5	104.5	104.7	105.1	103.4
101.5	101.1	102.0	102.0	102.0	102.0	101.9	101.9	101.8	101.4
102.1	102.0	104.9	104.9	104.9	105.1	105.2	105.2	105.2	104.9
105.5	105.7	105.9	105.9	105.9	105.9	105.9	105.9	107.8	104.1
106.2	106.2	106.5	106.5	106.5	106.5	106.5	108.4	108.5	102.2
99.0	**99.0**	**99.1**	**99.9**	**100.5**	**100.8**	**100.9**	**101.2**	**100.9**	**100.1**
101.6	101.7	101.8	103.1	104.0	104.4	104.5	105.1	104.2	102.8
97.7	97.9	98.9	99.8	100.0	100.4	100.4	101.6	102.2	101.8
100.5	100.5	101.5	102.6	102.6	102.8	102.6	104.7	106.0	105.6
101.9	102.1	102.3	102.8	103.2	103.3	103.6	103.9	104.3	104.0
90.7	91.0	93.0	94.4	94.9	95.7	95.6	97.2	97.4	97.0
98.3	98.4	98.7	98.9	97.8	98.8	98.9	100.2	100.2	100.1
108.0	108.1	107.7	114.4	120.1	120.8	120.9	120.9	113.0	104.8
109.3	109.4	109.4	118.7	125.8	126.2	126.4	126.3	115.9	105.4
110.2	110.2	110.4	118.0	126.1	127.7	127.8	127.4	116.3	105.8
102.9	103.0	101.0	101.1	101.2	101.3	101.3	101.6	101.7	101.9
100.8	101.2	101.8	102.9	103.5	104.1	104.1	105.5	105.3	103.7
101.4	101.1	100.2	100.2	100.2	99.7	99.8	99.6	99.5	99.6
98.5	96.6	96.1	96.1	95.8	94.0	94.3	95.0	94.3	95.2
100.0	100.1	99.7	99.7	99.7	99.0	99.0	99.0	99.0	99.0
100.6	100.6	100.6	100.6	101.4	102.0	102.0	102.0	102.0	102.0

7-8 续表 5

商品类别及品名	Commodity Category and Commodity Name	全省 whole province	1 月 January	2 月 February
车辆修理服务费	Vehicle Upkeep Service fare	101.7	102.9	102.9
其　　他	Others	108.0	108.3	108.1
(4)市区公共交通费	Incity Traffic Fare	100.6	100.4	100.8
公共汽车票	Bus Ticket	99.9	100.2	100.2
出租汽车	Taxi	101.2	100.6	100.9
其　　他	Others	100.9	100.9	105.7
(5)城市间交通费	ntercity Traffic Fare	108.4	107.5	107.8
飞 机 票	Airplane Ticket	98.9	101.0	99.6
火 车 票	Train Ticket	100.4	100.1	101.1
长途汽车	Intertown Bus	112.9	111.4	111.7
其　　他	Others	103.3	103.7	102.2
2.通　信	Communication	96.0	95.7	95.7
(1)通信工具	Communication Facility	85.1	83.3	83.3
固定电话机	Telephone	98.1	98.7	98.1
移动电话机	Mobile Phone	79.8	77.1	77.2
其　　他	others	94.6	94.9	94.8
(2)通信服务	Communication Service	99.8	100.0	100.0
移动通信费	Mobile Comm-unication Fee	98.6	99.9	99.9
市内电话费	Incity Telephone Fee	99.6	99.2	99.2
长途电话费	Long Distance Call Fee	99.8	99.6	99.6
月租费	Month Hiring Fee	100.0	100.0	100.0
上网费	Net Play Fee	102.7	102.4	102.4
信件邮寄	Letter Post	100.0	100.0	100.0
包裹邮寄	Package Post	100.0	100.0	100.0
其　　他	Others	101.1	101.1	101.1
七、娱乐教育文化用品及服务	**Recreation,Education and Culture Articles**	**100.3**	**99.3**	**99.3**
1.文娱用耐用消费品及服务	Durable Consumer Goods for Cultural and Recreational Use and Service	95.7	95.3	95.0
电 视 机	Television	94.7	93.8	93.1
激光视盘机	Laser Video Disc Machine	96.4	95.9	95.6
摄 像 机	Pickup Camera	97.8	97.2	97.3
照 相 机	Camera	96.5	95.7	96.1
家用音响	Acoustic Equipment	99.9	98.6	98.5
便携式音响	Portable Acoustics	97.1	97.4	96.7
电　　脑	Computer	94.0	94.2	94.3
修理服务	Repair Service	104.0	102.5	102.5
其　　他	Others	97.9	98.6	98.3
2.教育	Education	101.7	99.9	100.3
(1)教材及参考书	Teaching Materials and Reference	100.6	99.9	100.0
工 具 书	Tool Book	100.8	100.3	100.3
教　　材	Teaching Material	101.1	100.6	100.6
参 考 书	Reference Book	100.0	98.7	98.7
教育软件	Educational Software	99.8	99.4	100.0
(2)学杂托幼费	Tuition and Child Care	102.0	99.9	100.3
义务教育杂费	Incidental Expe- nses of Compul-cory Education			
非义务教育学杂费	Tuition of Non- compulsory Education	100.1	100.1	100.1
技能培训学费	Skill Train Tuition	102.2	100.8	100.9
托 幼 费	Child Care	108.8	101.1	101.1
其　　他	Others	99.0	100.0	100.1
3.文化娱乐类	Recreation and Culture	100.4	100.8	100.5
(1)文化娱乐用品	Culture Articles	100.1	99.9	99.7

continued

3 月 March	4 月 April	5 月 May	6 月 June	7 月 July	8 月 August	9 月 September	10 月 October	11月 November	12月 December
103.0	103.1	101.2	101.2	101.2	101.3	101.3	100.5	100.8	100.6
108.3	108.5	108.5	108.5	108.1	108.1	107.8	107.8	106.8	106.8
100.7	100.8	100.4	100.4	100.5	100.6	100.7	100.7	100.4	100.4
100.2	100.2	99.5	99.5	99.8	99.9	99.9	99.9	99.9	99.9
101.1	101.3	101.4	101.4	101.4	101.5	101.5	101.5	101.0	101.0
101.6	101.6	99.4	99.4	99.4	100.1	100.6	100.6	100.5	100.5
108.0	108.3	107.3	107.3	108.3	109.3	109.8	109.5	109.1	108.2
101.3	99.8	101.2	102.2	102.2	101.4	105.1	94.2	90.0	88.9
101.1	101.1	100.0	100.0	100.0	100.1	100.1	100.1	100.2	100.3
111.9	112.5	111.2	111.1	112.7	114.4	114.8	115.1	114.8	113.4
102.4	102.5	102.5	102.5	102.7	103.8	103.0	105.0	105.0	103.7
95.7	95.6	95.7	96.0	96.1	96.2	96.2	96.4	96.6	96.6
83.4	83.1	83.6	84.9	85.4	86.2	86.2	87.0	87.9	88.0
98.2	98.4	98.3	98.4	99.0	98.6	98.2	96.8	96.8	97.3
77.3	77.1	77.7	79.3	79.9	81.3	81.6	83.1	84.5	84.5
94.5	92.8	94.5	96.2	96.2	94.9	94.0	94.1	93.6	94.4
99.9	99.9	99.9	99.8	99.8	99.6	99.6	99.6	99.6	99.6
99.6	99.4	99.4	98.9	98.3	97.6	97.6	97.6	97.6	97.6
99.2	99.2	99.2	99.2	100.0	100.0	100.0	100.0	100.0	100.0
99.6	99.6	99.6	99.6	100.0	100.0	100.0	100.0	100.0	100.0
100.0	100.0	100.0	100.0	100.0	100.0	100.0	100.0	100.0	100.0
102.9	103.6	103.6	103.4	102.6	102.3	102.3	102.3	102.3	102.3
100.0	100.0	100.0	100.0	100.0	100.0	100.0	100.0	100.0	100.0
100.0	100.0	100.0	100.0	100.0	100.0	100.0	100.0	100.0	100.0
101.1	101.1	101.1	101.1	101.1	101.1	101.1	101.1	101.1	101.1
99.5	**99.6**	**99.6**	**99.8**	**99.6**	**99.9**	**101.7**	**101.7**	**101.8**	**101.5**
95.3	95.5	95.7	95.5	95.7	96.2	96.2	95.9	96.2	96.1
94.3	95.2	95.6	95.2	95.1	95.2	94.7	95.0	94.6	94.3
95.9	94.7	95.3	95.2	95.3	97.0	98.5	97.9	97.7	98.3
97.5	98.0	98.1	98.1	98.2	98.1	98.1	98.0	97.8	97.7
95.6	96.3	96.3	96.2	96.3	97.1	97.3	97.2	97.4	96.7
98.6	99.3	99.4	99.4	99.4	100.3	100.9	101.6	101.7	101.3
96.9	97.3	97.1	97.2	97.1	97.0	97.0	97.0	96.7	97.2
93.8	93.4	93.3	93.2	93.9	94.4	94.6	93.3	94.7	94.8
104.1	103.5	103.5	103.6	103.2	103.6	104.5	106.4	105.9	104.1
98.3	98.8	98.7	98.8	98.7	98.9	98.3	95.8	95.9	96.1
100.5	100.8	100.9	100.9	100.9	101.2	103.8	103.9	104.0	104.0
99.9	99.9	100.0	100.0	99.9	99.7	102.1	102.0	102.1	102.1
100.3	100.3	100.1	100.1	100.2	101.0	101.5	101.6	101.7	101.8
100.5	100.5	100.5	100.5	100.2	99.8	102.9	102.4	102.1	102.1
98.8	98.8	98.7	98.7	98.9	98.7	101.8	102.4	103.0	103.0
99.3	99.2	100.5	100.5	100.1	99.7	99.7	99.5	99.9	99.9
100.6	100.9	101.0	101.1	101.1	101.4	104.1	104.3	104.3	104.3
100.2	100.2	100.2	100.2	100.2	100.2	100.1	100.1	100.1	100.1
100.9	102.1	102.1	101.8	101.8	102.7	102.8	103.3	103.3	103.3
102.8	103.0	103.6	103.9	103.9	104.7	120.1	120.3	120.6	120.6
98.8	98.8	98.8	98.8	98.8	98.9	98.9	98.9	98.9	98.9
100.5	100.1	100.4	100.4	100.1	100.1	100.5	100.2	100.5	100.6
100.0	99.7	99.7	99.8	99.9	100.3	100.4	100.4	100.7	100.6

7-8 续表 6

商品类别及品名	Commodity Category and Commodity Name	全省 whole province	1 月 January	2 月 February
乐　　器	Musical Instru-ment	100.4	100.9	101.2
音响光盘和磁带	Audio,Disk and Tape	99.7	99.4	99.0
照相胶卷和存储卡	Roll Film and M-emorizing Card	98.2	97.4	97.4
录像磁带和视盘	Video Tape and Disk	99.6	99.1	99.2
儿童玩具	Children's Toy	99.4	99.9	99.2
纸张本册	Paper and Volume	102.0	101.7	101.7
文　　具	Stationery	100.7	100.1	100.0
体育用品	Sports Goods	100.5	100.1	99.9
其　　他	Others	100.2	100.9	100.5
(2)书报杂志	Books,Newspapers,Magazines	100.8	100.4	100.4
书　　籍	Books	100.4	100.5	100.5
报　　纸	Newspapers	101.6	100.4	100.4
杂　　志	Magazines	100.3	100.0	100.0
(3)文娱费	Expenditure of Culture and Rec- reation	100.5	102.4	101.7
电 影 票	Film Ticket	101.6	106.4	103.2
景点门票	Scene Spot ticket	101.4	107.4	106.6
有线电视	Cable Television	100.1	100.0	100.0
健身活动	Exercise	99.3	98.9	98.6
其　　他	Others	100.5	100.9	100.9
4.旅　游	Tourism	100.9	102.1	101.3
旅行社收费	Travel Agency Charge	101.0	103.4	102.1
宾馆住宿	Guesthouse Stay	100.8	99.9	100.2
其他住宿	Other Stay	100.2	98.9	99.3
八、居　住	**Residence**	**107.3**	**105.1**	**105.4**
1.建房及装修材料	Building and Building　Decoration Materials	108.3	104.7	105.2
木　　材	Wood	106.5	107.4	107.3
木 地 板	Wood Floor	104.9	103.1	103.3
砖	Brick	111.6	104.3	105.0
水　　泥	Cement	112.8	101.9	103.2
涂　　料	Coating Material	104.0	102.1	102.8
胶 合 板	Plywood	108.9	108.2	108.7
玻　　璃	Glass	106.8	105.7	107.7
粘　　胶	Rayon	105.9	105.5	104.9
油　　漆	Paint	104.8	103.5	103.1
其　　他	Others	107.7	107.6	107.6
2.租房	Renting	104.3	104.5	104.6
公房房租	Public House Rent	100.4	100.4	100.4
私房房租	Private House Rent	106.9	107.2	107.5
其他费用	Other Fare	101.7	101.9	101.9
3.自有住房	Private Housing	105.8	108.8	108.8
房屋贷款利率	Houses Loans Int-erest Rate	106.1	117.6	117.4
物业管理费用	Property Manage-ment Fee	101.4	101.2	101.5
维护修理费用	Upkeep and Repair　Fee	108.7	106.9	107.0
其　　他	Others	102.4	102.7	102.5
4.水、电、燃料	Water,Electricity and　Fuels	107.3	104.7	105.0
水	Water	103.3	103.6	103.6
电	Electricity	100.0	100.0	100.0
液化石油气	Liquefiled Petrol-eum Gas	115.9	120.3	121.7
管道燃气	Pipelined Gas	101.7	102.3	102.4
其他燃料	Other Fuels	124.7	107.8	108.6

continued

3 月 March	4 月 April	5 月 May	6 月 June	7 月 July	8 月 August	9 月 September	10 月 October	11月 November	12月 December
101.0	100.7	100.7	99.3	99.7	100.3	100.4	100.5	99.9	99.8
99.1	99.5	99.7	99.8	99.8	100.0	100.0	100.1	100.2	100.5
98.3	98.2	97.9	98.4	98.7	99.4	99.5	98.6	97.7	97.6
99.5	99.5	99.5	99.3	99.4	99.7	99.9	99.9	99.9	99.8
99.7	98.6	98.7	98.9	98.8	99.4	99.4	99.7	100.9	100.1
101.6	101.8	101.6	101.9	102.0	102.0	102.0	102.1	103.1	102.9
100.1	100.2	100.3	100.7	100.6	100.9	101.0	101.0	101.4	101.6
100.1	99.4	99.7	100.2	100.6	101.2	101.2	101.0	101.1	101.7
99.9	100.0	100.0	99.8	99.8	99.9	100.3	100.1	100.7	100.4
100.4	100.4	100.4	100.4	101.1	101.0	101.1	101.2	101.3	101.3
100.5	100.5	100.5	100.5	100.6	100.4	100.4	100.2	99.9	99.9
100.4	100.4	100.4	100.4	102.5	102.5	102.3	102.7	103.4	103.4
100.1	100.1	100.1	100.1	100.0	100.0	100.8	100.8	100.8	100.9
101.5	100.3	101.4	101.2	99.4	98.9	100.2	99.2	99.5	100.1
102.9	103.5	109.1	103.5	99.8	98.5	97.8	98.2	98.9	98.8
104.7	99.3	100.6	103.3	98.1	97.5	102.9	98.0	98.9	101.4
100.0	100.0	100.0	100.0	100.0	100.0	100.2	100.2	100.2	100.2
99.8	99.3	98.9	99.3	99.0	99.0	99.7	99.6	99.5	99.5
100.9	101.0	101.0	101.0	100.5	100.0	100.0	99.7	99.7	99.9
100.6	101.0	99.2	101.1	100.0	99.7	102.1	102.5	102.5	98.3
100.3	100.8	99.7	100.8	99.1	99.8	102.3	103.1	103.1	97.4
102.1	101.9	100.0	101.8	101.0	100.8	100.8	100.9	100.7	99.4
99.4	100.2	95.0	101.5	102.7	96.9	103.6	102.6	102.1	101.2
106.0	**106.8**	**107.7**	**109.9**	**110.0**	**109.4**	**109.3**	**108.1**	**105.8**	**104.3**
106.3	106.3	108.0	111.4	112.0	111.6	110.6	109.2	107.5	106.1
108.5	108.3	108.7	108.3	107.9	106.8	105.6	104.5	104.0	101.7
104.1	104.1	105.8	105.8	106.7	106.3	107.3	105.1	104.2	103.4
106.0	106.9	110.9	114.5	116.7	117.6	117.0	116.3	112.7	111.1
105.1	105.0	109.1	123.6	123.7	121.0	118.7	115.8	113.5	113.1
102.8	103.1	103.7	105.2	104.6	105.2	105.7	105.0	104.5	103.8
110.2	109.7	110.0	110.9	109.9	110.2	109.1	107.8	106.9	105.6
108.5	107.5	107.3	109.5	111.5	110.6	106.6	104.3	102.6	100.4
105.1	105.8	105.9	107.2	108.5	108.0	107.8	106.1	103.5	102.6
103.6	102.9	103.0	105.4	106.2	107.1	107.0	106.3	105.3	103.6
108.6	107.5	109.0	109.7	109.9	108.2	107.7	106.6	105.4	105.3
104.8	104.3	105.1	105.9	105.1	104.0	103.6	103.1	103.3	102.9
100.4	100.4	100.4	100.6	100.6	100.3	100.3	100.3	100.3	100.3
107.8	106.8	108.3	109.6	108.0	106.7	105.9	104.9	105.3	104.6
101.9	101.9	101.9	102.3	102.3	101.1	101.1	101.1	101.5	101.2
107.5	107.6	107.5	107.7	107.4	106.6	105.3	103.6	101.7	98.6
113.8	112.6	110.8	109.6	108.1	106.1	102.5	99.3	94.9	85.9
101.2	101.1	101.1	101.1	101.4	101.4	101.9	101.9	101.9	101.7
106.9	108.2	109.6	111.0	111.5	111.1	110.8	109.1	106.8	106.2
101.9	101.3	100.7	101.5	101.3	100.8	100.4	100.1	106.3	109.6
105.7	107.4	107.9	109.5	109.6	109.0	109.7	108.8	105.7	104.3
103.5	103.5	103.5	103.5	103.2	103.4	103.5	103.0	102.7	102.9
100.0	100.0	100.0	100.0	100.0	100.0	100.0	100.0	100.0	100.0
124.7	125.2	127.8	128.6	127.1	122.4	120.5	111.8	89.8	85.2
102.4	105.1	101.9	101.8	101.8	100.9	100.9	100.9	100.1	100.1
110.7	118.1	121.1	129.6	130.9	130.8	135.5	136.2	135.3	130.3

7-9 城市居民消费价格指数(2008年)

商品类别及品名	Commodity Categoryand Commodity Name	全年 Annual	1 月 January	2 月 February
居民消费价格总指数	**General Consumer Price Index**	**104.7**	**106.0**	**106.7**
非食品价格指数	**No-food**	**101.1**	**100.5**	**100.6**
服务项目价格指数	**Services**	**101.6**	**101.8**	**101.9**
工业品价格指数	**Industrial Products**	**100.9**	**100.0**	**100.1**
扣除食品和能源价格指数	**Deducting Foods and Energy**	**100.6**	**100.2**	**100.2**
扣除鲜菜鲜果总指数	**Deducting Fresh,Vegetables and Fruits**	**104.6**	**105.0**	**105.5**
消费品价格指数	**Consumer Goods**	**105.5**	**107.1**	**108.0**
一、食　品	**Food**	**112.8**	**118.5**	**120.5**
1.粮　食	Grain	107.3	108.3	108.1
大　米	Rice	99.0	102.2	101.4
面　粉	Flour	104.9	105.8	105.9
粮食制品	Grain Products	108.0	108.5	108.1
其　他	Others	137.8	136.3	138.2
2.淀　粉	Starches	112.8	113.0	114.1
淀　粉	Starches	112.8	113.0	114.1
3.干豆类及豆制品	Beans and Beans Products	136.1	131.4	135.7
干　豆	Beans	125.0	130.0	131.0
豆制品	Beans Products	140.1	131.8	137.3
4.油　脂	Oil and Fat	121.5	129.7	133.1
食用植物油	Edible Vegetable Oil	121.1	129.0	131.7
植物油制品	Plant Oil Products	119.1	124.8	129.7
其　他	Others	140.6	169.8	184.8
5.肉禽及其制品	Meal,Poultry and Their Products	122.5	143.3	146.8
(1)食用畜肉及副产品	Edible Livestock Meat and Their By-products	125.3	155.8	159.8
猪　肉	Pork	123.7	163.2	168.7
牛　肉	Beef	132.3	146.8	150.2
羊　肉	Mutton	127.1	135.6	136.8
畜肉副产品	Livestock Meat By-products	124.1	143.4	144.3
其　他	Others	127.5	147.3	146.3
(2)禽	Poultry	112.7	117.0	121.4
鸡	Chicken	113.0	117.2	122.3
鸭	Duck	114.1	121.6	121.5
其　他	Others	108.8	112.1	114.7
(3)加工肉禽	Meal and Poultry Processing Products	118.5	125.5	127.7
畜肉制品	Livestock Meat Products	120.9	129.1	130.9
禽 制 品	Poultry Products	112.9	117.4	120.2
6.蛋	Eggs	104.5	104.2	103.9
鲜　蛋	Fresh Eggs	103.7	102.7	102.3
蛋制品	Egg Products	113.9	122.1	123.6
7.水产品	Aquatic Product	111.8	113.1	111.6
(1)鱼	Fish	117.1	116.7	117.8
淡水鱼	Freshwater Fish	123.1	119.4	122.0
海水鱼	Seawater Fish	112.2	114.5	114.4
(2)其他水产品	Other Aquatic Product	106.1	109.3	105.5
虾蟹类	Shrimp and Crab	104.2	107.9	102.4
其　他	Others	111.0	112.5	113.4
8.菜	Vegetable	104.5	125.4	137.3
鲜　菜	Fresh Vegetable	104.1	127.1	140.3
干菜及菜制品	Dried Vegetable and Vegetable Products	106.2	111.1	110.7
薯　类	Potato	110.0	119.5	118.4

Urban Consumer Price Indices(2008)

(以上年同期价格为100　preceding year=100)

3 月 March	4 月 April	5 月 May	6 月 June	7 月 July	8 月 August	9 月 September	10 月 October	11月 November	12月 December
106.8	**106.9**	**106.1**	**105.4**	**105.0**	**104.1**	**104.1**	**103.2**	**101.9**	**100.9**
100.9	**101.0**	**101.1**	**101.3**	**101.4**	**101.6**	**101.7**	**101.5**	**100.9**	**100.3**
101.8	**101.8**	**101.8**	**101.9**	**101.6**	**101.5**	**101.6**	**101.6**	**101.4**	**100.7**
100.6	**100.7**	**100.9**	**101.0**	**101.3**	**101.6**	**101.8**	**101.5**	**100.7**	**100.1**
100.5	**100.5**	**100.6**	**100.6**	**100.8**	**101.0**	**101.1**	**100.9**	**100.7**	**100.2**
106.1	**106.2**	**105.8**	**105.4**	**104.8**	**104.2**	**104.4**	**103.9**	**102.6**	**101.5**
108.2	**108.3**	**107.2**	**106.3**	**105.8**	**104.7**	**104.7**	**103.6**	**102.0**	**101.0**
120.3	**120.4**	**117.3**	**114.6**	**112.8**	**109.4**	**109.0**	**106.8**	**104.0**	**102.4**
109.0	109.5	109.7	109.7	108.6	107.9	107.2	105.7	103.3	101.2
100.8	101.0	100.9	100.1	99.8	98.2	97.8	97.0	95.4	93.6
106.1	106.4	106.3	106.3	105.9	105.1	104.5	104.3	102.0	100.7
109.9	110.2	110.2	110.9	108.6	108.6	107.7	106.1	104.7	103.2
141.7	144.4	147.2	146.5	146.5	145.6	143.9	135.0	123.6	114.6
114.7	113.5	113.6	113.4	113.7	114.6	112.5	111.1	110.8	108.9
114.7	113.5	113.6	113.4	113.7	114.6	112.5	111.1	110.8	108.9
143.6	145.4	146.1	146.0	145.9	142.9	138.4	131.9	121.1	113.4
136.7	135.7	135.2	134.6	133.8	131.1	126.6	116.3	103.9	96.2
146.1	149.0	150.1	150.2	150.5	147.2	142.7	137.5	127.2	119.5
135.7	131.0	127.9	126.4	125.0	121.7	118.6	115.7	105.1	96.7
134.0	129.1	126.1	125.0	124.4	121.7	119.5	116.6	106.0	97.4
132.2	128.8	128.1	127.4	125.0	120.7	113.9	110.7	100.7	95.0
199.4	195.3	174.8	153.6	138.4	124.7	115.5	112.0	99.1	88.1
148.6	148.8	137.6	126.9	115.6	108.1	110.2	108.2	102.5	99.4
162.7	162.2	145.0	131.3	115.7	106.7	109.8	106.0	97.5	94.3
172.6	171.3	147.6	130.1	110.3	100.1	104.8	100.4	89.2	86.9
150.4	151.0	147.1	140.2	133.3	125.3	120.4	116.8	115.0	111.7
136.9	138.1	137.5	136.7	133.7	127.1	120.4	115.1	111.4	108.9
148.0	148.0	137.0	128.0	119.9	114.5	114.3	109.5	104.4	101.8
148.4	148.1	137.2	127.7	121.2	115.8	118.5	117.2	114.4	107.1
121.2	124.5	119.8	110.0	107.1	103.8	106.6	109.3	109.1	105.9
122.2	127.0	121.4	109.4	106.5	103.2	106.5	109.6	109.7	105.8
120.5	117.8	117.3	118.2	115.2	110.0	108.8	108.4	108.7	105.6
115.2	112.3	111.1	108.1	105.1	103.3	105.8	108.1	104.8	107.6
128.1	128.4	126.5	122.5	118.4	113.1	110.9	110.7	109.6	108.4
132.0	132.4	130.2	125.6	120.9	114.9	112.3	112.2	110.8	109.4
119.3	119.3	118.0	115.5	112.5	108.8	107.6	107.4	106.6	105.9
104.5	103.3	103.9	105.7	109.2	105.4	106.8	104.2	102.0	101.2
102.9	101.7	102.6	104.9	108.8	105.0	106.8	104.0	101.7	101.0
122.9	122.7	120.3	115.4	113.5	109.5	107.5	106.1	104.8	103.8
112.2	112.0	112.6	113.9	113.3	113.4	113.3	109.8	108.6	107.6
115.9	117.4	120.0	121.0	121.2	121.0	118.6	113.7	112.8	109.1
121.2	124.3	129.8	132.3	130.8	128.7	123.1	118.5	115.1	110.6
111.6	111.9	111.9	111.2	112.9	114.4	114.8	109.7	110.8	107.9
108.4	106.4	104.9	106.5	104.8	105.0	107.5	105.5	104.0	106.0
107.5	104.6	102.3	104.6	101.8	101.3	106.0	104.4	102.1	104.9
110.3	110.8	111.6	111.1	112.2	114.1	110.9	108.1	108.2	108.5
129.2	117.0	115.4	99.8	97.4	91.4	91.4	85.5	80.5	87.1
131.9	117.9	116.1	98.3	96.0	89.1	89.1	83.1	77.9	85.5
109.8	108.8	106.8	105.8	104.3	105.1	106.1	105.1	101.8	100.2
105.6	113.3	122.2	113.3	109.4	111.9	110.8	101.6	97.5	95.4

7–9 续表 1

商品类别及品名	Commodity Categoryand Commodity Name	全年 Annual	1 月 January	2 月 February
9.调味品	Flavoring	107.2	106.5	107.1
盐	Salt	100.3	100.8	100.9
酱　油	Soy Sauce	114.2	110.6	112.7
醋	Vinegar	108.2	106.7	107.4
味　精	Aginomoto	102.7	101.6	101.8
其　他	Others	106.7	110.2	109.3
10.糖	Carbohydrate	106.8	105.5	106.5
食　糖	Sugar	102.8	102.4	104.0
糖　果	Sweet	109.2	107.0	108.1
巧克力制品	Chocolate Products	108.1	107.2	107.3
糖类小食品	Little Carbohydr-ate Food	107.2	106.1	106.7
11.茶及饮料	Tea and Beverages	103.1	102.5	102.6
(1)茶　叶	Tea	100.6	98.9	99.0
茶　叶	Tea	100.6	98.9	99.0
(2)饮　料	Beverages	105.0	105.1	105.2
固体饮料	Solid Beverages	106.9	105.2	105.8
液体饮料	Liquid Beverages	105.6	106.1	106.2
冷冻饮品	Frozen Beverages	101.6	102.7	102.4
12.干鲜瓜果	Dried and Fresh Melons and Fruits	112.1	119.6	112.8
鲜 瓜 果	Fresh Fruits	110.3	118.6	109.9
干(坚)果	Dried Fruits	118.7	122.8	123.7
13.糕点饼干	Cake,Biscuit and Bread	106.8	104.0	104.6
糕　点	Cake	104.9	102.8	102.8
饼　干	Biscuit	108.9	106.2	108.8
面　包	Bread	107.9	103.9	103.1
14.液体乳及乳制品	Liquid Milk and Their Products	119.7	115.0	119.8
巴氏杀菌奶或消毒奶	Pasteurization Milk or Disinfection Milk	122.2	117.5	122.9
酸　奶	Leben	117.0	114.0	118.9
奶　粉	Milk Powder	115.9	109.4	111.2
其　他	Others	112.6	106.9	110.2
15.在外用膳食品	Outward Dinner	110.1	107.8	109.1
主　食	Staple Food	110.1	108.0	109.5
炒　菜	Hot Dish	108.3	105.8	107.1
地方小吃	Local Snack	115.1	113.5	114.2
16.其他食品	Other Foods	108.8	108.1	108.1
其他食品	Other Foods	108.8	108.1	108.1
二、烟酒及用品	**Tobacco,Liquor and Their Appliances**	**104.3**	**103.4**	**103.7**
1.烟草	Tobacco	100.1	100.1	100.2
国产卷烟	Domestic Cigarette	100.2	100.0	100.1
进口卷烟	Import Cigarette	99.6	100.3	100.5
其　他	Others	101.0	100.7	100.9
2.酒	Liquor	108.1	106.4	106.8
白　酒	White Spirit	111.5	109.9	110.6
葡 萄 酒	Grape	102.0	103.5	103.7
啤　酒	Beer	104.2	101.8	101.8
其　他	Others	103.0	101.9	102.1
3.吸烟、饮酒用品	Appliances for Sm- oking and Drinking	100.1	100.3	100.8
吸烟用品	Appliances for Smoking	100.2	100.3	100.7
饮酒用品	Appliances for Drinking	100.0	100.3	100.9
三、衣　着	**Clothing**	**98.5**	**96.9**	**97.0**
1.服　装	Garments	97.8	96.4	96.4
(1)男式服装	Men's Garments	97.3	96.0	95.6

continued

(以上年同期价格为100 preceding year=100)									
3 月 March	4 月 April	5 月 May	6 月 June	7 月 July	8 月 August	9 月 September	10 月 October	11月 November	12月 December
106.8	108.3	107.7	107.9	107.1	108.0	108.1	107.9	106.1	105.1
100.7	100.7	100.5	100.3	100.1	100.2	100.1	99.9	99.9	99.8
112.4	115.5	115.4	115.7	115.2	116.4	117.5	116.6	112.6	109.9
107.1	109.0	108.1	108.0	107.0	108.9	109.7	109.4	108.9	108.1
101.8	101.7	102.7	104.3	104.2	104.5	103.1	102.7	101.7	102.4
108.5	110.0	107.7	107.2	105.6	105.9	105.1	106.3	103.4	102.2
106.8	106.5	107.1	107.4	107.1	106.8	106.8	106.8	107.4	106.5
103.5	102.7	103.3	102.8	102.6	102.5	103.4	103.0	102.4	101.7
108.8	108.3	109.5	110.0	110.7	110.6	109.5	108.5	110.9	108.4
108.2	108.7	108.8	109.8	107.7	107.2	107.3	108.3	108.3	108.4
107.1	107.0	107.5	107.6	107.1	106.6	106.4	108.2	107.8	108.8
102.5	102.3	102.8	103.4	103.9	103.8	103.8	103.9	103.5	102.5
99.2	99.3	99.8	101.5	102.4	102.1	102.1	101.5	100.8	100.2
99.2	99.3	99.8	101.5	102.4	102.1	102.1	101.5	100.8	100.2
104.8	104.5	104.9	104.8	105.0	105.0	105.1	105.5	105.4	104.1
105.9	106.2	106.6	107.1	106.8	106.3	107.6	108.9	108.6	108.2
106.0	105.9	105.8	105.2	105.9	105.7	105.4	106.0	105.9	103.3
101.1	99.7	101.4	101.7	101.5	102.2	101.9	101.4	101.4	102.2
108.8	121.9	107.5	112.9	122.4	118.5	111.9	106.1	106.0	101.1
105.1	121.4	104.1	110.7	124.2	118.7	110.5	103.0	104.0	98.9
123.3	122.8	120.8	120.4	118.9	119.3	117.0	116.2	112.8	108.9
105.3	106.0	106.8	107.8	108.1	108.1	107.8	107.9	107.7	107.3
103.7	104.1	105.2	105.8	106.3	106.3	105.9	106.0	105.2	104.2
108.9	109.2	109.9	109.4	109.4	109.6	109.3	108.8	108.5	108.6
104.3	105.8	106.3	109.7	109.6	109.8	109.4	110.2	111.1	111.5
121.1	123.1	122.8	123.2	122.9	121.3	120.2	119.1	116.8	112.2
124.5	126.3	125.7	126.5	126.0	124.0	122.8	120.8	117.9	112.8
120.0	120.9	120.0	120.3	120.0	118.1	116.2	115.7	113.8	106.9
111.9	116.8	118.7	117.9	117.6	117.9	117.0	118.6	117.2	116.3
111.1	112.6	112.7	113.2	114.1	112.7	113.6	114.9	114.9	114.2
111.4	111.6	112.6	111.4	110.9	110.2	109.4	109.5	109.0	107.9
112.0	112.2	112.1	112.2	111.4	110.2	109.6	109.4	108.2	107.1
109.7	109.5	110.7	109.2	108.8	108.1	107.6	108.0	108.1	106.9
115.8	116.9	118.8	116.6	116.0	116.3	114.5	114.2	112.8	111.9
108.6	109.0	109.1	109.6	110.0	108.9	109.1	108.6	108.6	107.8
108.6	109.0	109.1	109.6	110.0	108.9	109.1	108.6	108.6	107.8
104.0	**104.1**	**104.2**	**104.0**	**103.9**	**104.4**	**105.0**	**105.4**	**104.6**	**104.4**
100.1	100.1	100.3	99.9	99.9	100.1	100.1	100.1	100.1	100.2
100.0	100.0	100.2	100.0	100.1	100.2	100.3	100.3	100.3	100.4
100.6	100.6	100.5	99.1	98.7	99.5	98.9	99.0	99.0	99.0
100.7	100.7	101.1	100.8	100.9	100.7	101.5	101.5	101.5	101.5
107.6	107.8	107.9	107.8	107.5	108.4	109.5	110.2	108.7	108.3
111.0	110.9	111.3	111.2	110.7	111.8	113.6	114.3	111.8	111.0
102.4	102.1	102.2	101.2	101.7	102.0	101.8	101.7	101.3	101.2
103.7	104.5	104.1	104.2	104.1	104.6	105.0	105.9	105.5	105.6
101.5	101.2	102.2	102.2	102.9	104.7	104.4	103.9	105.0	103.9
100.1	100.0	100.0	100.0	99.8	99.9	100.1	100.2	100.1	100.0
100.5	100.1	100.1	99.9	99.8	100.0	100.1	100.2	100.3	100.3
99.7	99.9	99.9	100.1	99.9	99.9	100.1	100.1	99.9	99.8
98.1	**98.5**	**98.9**	**98.5**	**98.8**	**99.6**	**99.5**	**99.1**	**98.8**	**98.0**
97.3	97.7	98.3	98.0	98.3	99.0	99.1	98.4	97.9	97.0
96.6	96.9	97.5	97.2	97.1	98.2	99.0	98.4	97.9	97.3

7-9 续表 2

商品类别及品名	Commodity Categoryand Commodity Name	全年 Annual	1 月 January	2 月 February
大　衣	Topcoat	98.1	96.7	94.9
毛线衣	Woollen Sweater	99.1	97.1	97.5
夹克衫	Jacket	97.0	94.6	95.4
衬　衫	Shirt	98.6	97.3	95.7
T 恤衫	T-shirt	95.4	97.4	97.8
裤　子	Trousers	96.8	94.3	93.5
西　服	Western-style Clothes	95.6	94.8	93.8
运动衫裤	Gym Suit	98.7	98.7	99.1
内　衣	Underwaist	94.6	94.2	94.0
羽绒衣	Eider Down Outerwear	100.1	96.2	97.0
其　他	Others	96.7	95.6	94.9
(2)女式服装	Women's Garments	98.2	96.6	97.1
大　衣	Topcoat	98.3	97.4	96.8
毛线衣	Woollen Sweater	98.3	95.5	97.8
羽绒衣	Eider Down Outerwear	99.3	93.4	95.9
套　装	Coordinates	100.7	99.8	99.6
衬　衫	Shirt	99.2	100.8	101.3
T 恤衫	T- Shirt	98.9	99.0	99.2
裙　子	Skirt	96.5	92.6	92.3
裤　子	Trousers	97.8	93.5	93.9
运动衫裤	Gym Suit	96.9	96.6	96.0
内　衣	Underwaist	96.6	99.2	98.4
其　他	Others	96.5	98.6	98.9
(3)儿童服装	Children's Garments	97.8	96.8	96.0
套　装	Coordinates	96.3	96.5	94.8
裤　子	Trousers	97.6	97.0	96.1
裙　子	Skirt	99.9	96.7	97.0
其　他	Others	98.7	98.7	98.8
2.衣着材料	Clothing Materials	100.7	101.0	101.0
棉　布	Cotton Cloth	101.7	102.3	102.4
棉混纺布	Cotton Textiles Cloth	100.9	101.4	101.5
化纤布	Chemical Fiber Cloth	100.4	100.4	100.4
毛　线	Knitting Wool	100.0	99.9	99.9
3.鞋袜帽	Shoes,Socks and Hats	99.6	97.6	97.9
(1)鞋	Shoes	99.5	97.2	97.6
男　鞋	Men's Shoes	99.8	97.1	97.1
女　鞋	Women's Shoes	99.9	97.2	98.1
童　鞋	Children's Shoes	97.6	97.6	96.9
(2)袜子	Socks	100.8	100.4	100.4
男　袜	Men's Socks	100.4	100.7	100.7
女　袜	Women's Socks	101.1	100.2	100.2
(3)帽子	Hats	98.9	97.2	97.3
男　帽	Men's Hats	99.3	97.7	97.0
女　帽	Women's Hats	98.6	97.0	97.5
4.衣着加工服务费	Clothing Manufact-uring Services	105.2	104.9	105.8
缝　纫	Sewing	103.1	101.0	103.0
清　洗	Washing	107.0	108.3	108.3
四、家庭设备用品及维修服务	**Household Facilities,Articles and Services**	**102.2**	**101.9**	**101.7**
1.耐用消费品	Durable Consumer Goods	101.1	101.2	101.1
(1)家　具	Furniture	101.3	102.4	102.2

continued

(以上年同期价格为100 preceding year=100)									
3 月 March	4 月 April	5 月 May	6 月 June	7 月 July	8 月 August	9 月 September	10 月 October	11月 November	12月 December
96.7	99.0	99.3	98.9	98.8	99.3	99.7	99.1	99.9	96.0
98.5	98.4	100.1	99.9	98.6	98.3	98.8	99.9	101.2	100.8
96.3	96.8	97.7	97.1	96.6	97.2	97.8	97.6	98.5	98.5
97.7	98.0	98.5	98.1	98.3	100.3	102.3	100.9	98.6	98.2
95.4	95.6	93.8	93.6	93.0	96.0	97.2	95.7	94.6	94.5
97.9	98.4	97.0	96.2	96.4	98.6	100.1	97.3	96.1	95.9
92.9	93.0	95.8	96.4	95.4	96.9	98.8	97.1	96.3	95.7
98.6	98.2	98.1	98.4	98.9	99.8	98.1	98.4	98.9	98.8
94.3	93.6	94.0	92.9	93.5	94.8	94.5	96.4	96.2	96.7
100.7	101.3	101.6	101.7	101.8	101.0	101.5	101.6	99.3	97.7
93.2	93.8	95.3	95.1	97.6	98.9	98.4	98.5	99.8	99.3
97.9	98.3	99.1	98.7	99.2	99.7	99.3	98.4	97.8	96.8
98.7	99.4	99.9	99.8	99.5	99.5	99.2	98.1	97.1	95.0
96.7	98.5	100.2	100.1	99.2	98.7	98.5	98.5	98.9	96.9
99.8	100.4	101.4	101.4	101.1	101.1	101.0	101.3	98.7	96.8
100.3	99.5	103.1	102.4	102.6	103.1	102.8	99.8	97.7	97.3
100.3	100.9	101.8	98.0	99.4	99.1	97.7	96.7	97.2	97.9
97.8	99.2	99.6	99.5	101.0	100.4	99.7	97.4	97.3	97.4
93.2	94.1	94.9	95.7	99.0	101.3	100.7	99.3	98.1	97.4
98.9	97.2	97.4	97.9	98.2	100.8	101.8	99.8	98.6	96.8
95.5	96.9	96.6	97.4	97.1	98.9	97.1	96.6	97.7	96.8
98.6	97.2	96.5	94.9	95.3	95.3	95.0	96.3	95.9	96.2
96.7	96.0	95.1	94.9	96.2	96.1	96.1	96.8	97.1	95.8
97.1	97.9	97.8	98.1	98.4	98.8	98.4	98.9	98.2	96.8
95.5	97.0	96.7	96.9	97.1	96.6	96.6	97.2	96.7	94.2
97.0	96.8	97.0	98.1	98.8	99.5	98.8	99.4	97.4	95.5
98.9	100.1	100.1	99.8	99.9	101.2	101.0	101.5	101.5	101.6
100.5	99.7	99.3	99.1	99.2	99.2	96.2	96.9	98.1	98.7
100.9	100.5	100.7	100.4	100.3	100.7	100.6	101.0	100.9	100.8
102.1	101.0	101.3	101.1	100.3	102.1	102.3	102.3	101.5	101.4
101.4	101.3	100.7	100.4	100.9	100.9	100.8	100.7	100.6	100.4
100.2	100.2	100.8	100.7	100.5	100.4	99.7	100.4	100.5	100.6
99.9	99.8	99.7	99.2	99.5	99.5	100.3	100.9	101.2	100.9
99.6	100.0	99.6	99.0	99.9	100.6	100.0	100.4	100.8	100.2
99.6	100.1	99.5	98.9	99.9	100.6	99.9	100.3	100.8	100.1
98.6	99.7	99.6	99.7	100.1	101.0	100.9	101.1	101.4	101.4
101.1	101.4	100.4	98.7	99.8	100.6	99.7	100.3	101.2	99.9
96.7	96.5	96.3	97.8	99.7	99.6	97.9	98.3	97.5	97.2
100.5	100.4	100.5	100.3	100.8	100.8	100.9	101.4	101.3	101.3
100.8	100.7	100.7	100.1	100.0	100.0	99.8	100.4	100.2	100.2
100.3	100.1	100.3	100.4	101.5	101.5	101.9	102.3	102.2	102.3
97.6	98.0	99.4	98.2	97.7	100.1	99.6	100.3	101.0	100.4
97.6	98.3	98.9	98.7	97.9	101.5	100.7	101.3	101.3	100.6
97.5	97.7	99.6	97.9	97.6	99.4	99.0	99.7	100.8	100.2
105.8	105.7	105.9	106.0	105.3	105.5	104.9	105.5	105.2	102.2
103.0	102.9	103.3	103.4	103.2	103.4	103.4	103.5	103.6	102.9
108.3	108.1	108.1	108.1	107.1	107.3	106.0	107.1	106.5	101.6
102.0	**101.8**	**102.2**	**102.2**	**102.5**	**102.3**	**102.4**	**102.6**	**102.6**	**102.4**
101.3	100.8	100.7	100.7	101.1	101.2	101.2	101.3	101.2	101.2
102.2	100.6	100.6	100.7	101.2	101.4	101.4	101.4	101.2	101.0

7-9 续表 3

商品类别及品名	Commodity Categoryand Commodity Name	全年 Annual	1 月 January	2 月 February
柜	Cabinet	101.9	102.4	102.2
床	Bed	102.1	105.5	105.3
桌	Desk	99.8	101.1	101.0
椅	Chair	100.1	101.6	101.4
沙 发	Sofa	101.6	100.9	100.5
其 他	Others	101.9	102.3	102.4
(2)家庭设备	Household Appliances	100.9	100.5	100.5
洗 衣 机	Washing Machine	101.0	99.7	99.7
电 风 扇	Electric Fan	101.8	100.5	100.5
电冰箱(柜)	Refrigerator	101.2	100.3	100.8
吸排油烟机	Kitchen Ventilato	102.9	102.2	102.5
空 调 器	Air-conditioning	100.5	100.5	100.3
热 水 器	Water Heater	101.9	101.9	101.7
微 波 炉	Microwave Oven	97.5	98.5	97.8
电 炊 具	Electric Cooking Appliance	100.3	100.3	100.3
2.室内装饰品	Interior Decorations	100.4	100.8	100.5
纺织装饰品	Textile Process Decorations	100.8	101.9	101.2
装饰灯具	Architectural Lamps and Lanterns	100.5	99.7	100.0
其 他	Others	99.1	99.7	99.7
3.床上用品	Bedclothes	98.4	97.4	96.6
毛 毯	Woollen Blanket	100.1	98.3	97.7
被 子	Quilt	98.4	97.2	96.5
床上套件	Bed Articcles	97.2	96.1	95.0
其 他	Others	99.3	99.5	98.7
4.家庭日用杂品	Sundry Articles	105.2	103.8	104.3
茶 具	Tea Set	99.9	99.2	99.3
餐 具	Tableware	100.0	99.9	100.1
厨 具	Kitchen Utensils	101.1	99.4	99.3
家用手工工具	Domestic Handwork Tools	101.9	101.9	102.0
洗涤用品	Washing Articles	112.7	108.6	110.1
其 他	Others	104.4	104.5	104.8
5.家庭服务及加工维修服务	Household Srvice and Manufacturing Upkeep	107.8	107.6	104.9
家庭服务	Household Srvice	110.4	112.0	107.5
加工维修服务	Manufacturing Upkeep	105.8	104.2	102.9
五、医疗保健和个人用品	**Health Care and Personal Articles**	**102.0**	**102.2**	**102.2**
1.医疗保健	Health Care	101.4	101.8	101.8
(1)医疗器具及用品	Medical Facili- ties and Goods	99.6	100.0	100.5
医疗器具及用品	Medical Facili- ties and Goods	99.6	100.0	100.5
(2)中药材及中成药	Herbs and Ready-made Traditional Chinese Medicine	104.4	109.0	108.0
中 药 材	Herbs	109.6	119.6	117.2
中 成 药	Ready-made Tr- aditional Chin-ese Medicine	100.1	101.0	100.8
(3)西药	Western Medicine	100.2	98.9	99.1
抗微生物药	Anti-microorga-nism Medicine	106.3	105.3	106.7
消化系统用药	Alimentary Sys- tem Medicine	100.0	97.7	98.3
呼吸系统用药	Respiratory System Medicine	97.8	97.1	97.9
解热镇痛及非甾体抗炎药	Allays Fever the Analgesia and the Non-steroid Body Anti-inflam Matory	98.3	95.9	96.0
抗肿瘤药	Antineoplastic Drug	98.4	99.5	97.9
激素及调节内分泌功能药	Hormone and Adjustment Internal Secretion Function Medicine	97.0	91.7	93.2
循环系统用药	Circulating System Medicine	100.8	100.7	99.8
神经系统用药	Nerve System Medicine	98.8	96.4	96.4
专科用药	Junior Medicine	97.9	97.6	97.1

continued

(以上年同期价格为100　preceding year=100)

3 月 March	4 月 April	5 月 May	6 月 June	7 月 July	8 月 August	9 月 September	10 月 October	11月 November	12月 December
102.5	101.7	101.8	102.0	102.0	102.0	101.7	101.4	101.7	101.5
105.0	100.9	100.5	100.4	101.4	101.5	101.4	101.4	101.5	100.8
101.0	99.0	99.0	99.0	99.5	99.5	99.5	99.6	100.1	99.8
101.4	99.8	100.1	100.0	100.1	100.1	99.7	99.2	99.1	99.0
100.7	100.5	100.8	101.0	102.2	102.3	102.9	103.1	101.9	101.9
102.2	101.5	100.5	100.6	100.6	102.7	102.8	102.5	102.8	102.4
100.8	100.9	100.8	100.8	101.0	101.0	101.1	101.2	101.2	101.3
99.9	101.1	100.9	100.8	101.4	101.4	101.4	102.0	102.2	102.0
100.5	101.0	101.1	101.0	103.5	103.3	103.8	102.4	102.5	101.9
101.3	101.7	101.4	101.3	101.2	100.8	101.3	101.4	101.4	101.2
103.2	103.0	102.6	101.9	103.4	102.8	102.9	103.5	103.6	103.3
100.6	100.7	100.5	100.7	100.0	100.7	100.5	100.7	100.3	100.5
101.5	101.3	101.5	101.3	102.2	102.0	102.3	102.3	102.3	102.8
97.7	97.4	97.5	97.2	98.1	97.4	96.7	96.7	96.8	98.0
100.3	99.4	100.0	100.1	100.3	100.5	100.7	100.5	100.6	100.2
100.2	100.3	100.5	100.7	99.8	100.3	100.7	100.7	100.4	100.0
101.2	101.2	101.2	101.1	100.0	100.7	101.0	100.6	100.4	99.8
100.1	100.1	100.3	101.2	100.3	100.4	101.2	101.4	101.0	100.9
98.1	98.6	99.0	99.0	98.6	99.3	99.3	99.6	99.4	99.2
97.8	98.8	99.7	98.5	98.9	99.0	98.6	98.4	98.8	98.7
99.4	99.2	100.8	101.5	101.8	101.7	100.3	99.6	100.3	100.6
98.6	99.9	100.6	98.5	98.8	98.7	99.0	98.4	97.6	97.5
96.1	97.5	98.7	96.9	97.2	97.6	97.0	97.4	98.3	98.1
98.6	99.1	99.3	99.1	99.6	100.0	99.3	99.2	99.9	99.8
104.2	104.3	105.3	105.6	106.2	105.3	105.4	106.3	106.1	105.5
99.0	99.4	99.5	99.6	100.5	99.7	100.1	100.9	100.8	100.5
99.9	99.7	99.5	99.3	99.4	99.4	100.4	100.4	101.2	100.9
99.7	100.0	101.0	101.3	101.7	102.1	102.0	102.2	102.3	102.4
102.3	102.4	101.6	102.2	102.1	102.4	101.8	101.7	101.1	101.7
110.4	110.5	114.6	115.9	117.1	113.2	112.5	113.5	113.3	113.0
104.3	104.4	103.5	103.2	103.6	104.2	104.6	106.1	105.4	103.8
107.1	106.9	108.5	108.5	108.5	107.9	108.6	108.1	108.3	109.0
111.8	111.5	112.0	111.4	111.1	109.9	109.4	108.2	108.6	111.3
103.3	103.3	105.8	106.3	106.5	106.3	108.0	108.1	108.1	107.3
102.4	**102.1**	**102.0**	**101.9**	**102.0**	**102.3**	**102.4**	**101.9**	**101.5**	**101.4**
101.9	101.6	101.1	100.9	101.1	101.6	101.7	101.2	101.2	101.2
100.1	100.3	100.5	100.4	99.1	99.2	99.2	98.7	98.6	98.6
100.1	100.3	100.5	100.4	99.1	99.2	99.2	98.7	98.6	98.6
107.6	106.4	104.6	103.4	103.7	104.0	103.1	101.2	101.2	101.0
116.5	114.9	111.1	108.3	108.7	108.9	106.5	102.4	102.7	102.4
100.7	99.7	99.4	99.4	99.6	100.0	100.3	100.2	100.1	99.9
99.4	99.5	99.2	99.5	99.9	100.8	101.5	101.6	101.6	101.7
107.2	105.1	105.4	106.8	106.8	107.0	107.1	106.0	106.0	106.0
98.4	98.3	97.9	99.2	99.3	101.1	102.4	103.1	102.9	102.1
97.6	97.1	97.0	97.3	97.6	97.8	97.8	98.4	98.8	99.2
96.5	98.2	96.3	95.0	96.3	98.2	100.8	101.9	102.4	102.3
97.9	97.2	98.2	97.7	98.0	98.5	98.7	98.7	98.8	100.0
94.4	97.2	97.0	96.4	96.5	98.4	99.3	99.7	100.1	100.6
101.0	101.2	100.8	100.8	101.1	101.3	100.9	100.7	100.5	100.4
96.9	98.2	98.0	98.4	99.1	99.7	101.1	100.7	100.4	100.4
96.6	96.9	96.4	96.5	96.6	99.2	99.7	99.5	99.2	99.3

7—9　续表 4

商品类别及品名	Commodity Categoryand Commodity Name	全年 Annual	1 月 January	2 月 February
其　他	Others	101.3	102.0	101.4
(4)保健器具及用品	Healthcare Equip-ment	101.8	102.9	102.4
保健器具	Health Protection Equipment	99.4	99.3	99.5
滋补保健用品	Tonic and Health Products	102.7	104.3	103.5
(5)医疗保健服务	Health Care Services	100.9	100.8	101.2
挂 号 费	Registration	100.4	101.3	101.3
注 射 费	Injection Expenses	99.9	99.5	99.9
检 查 费	Examination Expenses	101.4	101.3	101.4
手 术 费	Operation Exp-enses	100.0	99.9	99.9
住 院 费	Hospitalization Expenses	102.8	102.4	103.6
理 疗 费	Physiotherapy Expenses	100.0	100.6	100.9
化 验 费	Analysis Expenses	100.6	100.4	100.8
其　他	Others	100.5	100.0	100.0
2.个人用品及服务	Personal Articles and Services	103.2	102.9	102.9
(1)化妆美容用品	Cosmetics	101.7	101.0	100.9
化妆美容器具	Cosmetics App- liances	100.1	99.5	99.2
美容化妆品	Facial Beautifiers	101.6	100.3	100.1
护肤品	Protects Skin Products	102.5	102.3	102.1
护发美容品	Protects Sends the Beauty Products	101.6	101.2	101.4
(2)清洁化妆用品	Cleaning Toiletw-are	101.8	100.8	100.7
洗发用品	Hairdressing Articles	101.7	101.2	101.1
洗浴用品	Bathing Articles	101.5	99.7	99.5
其　他	Others	102.4	102.5	102.5
(3)个人饰品	Personal Decoraions	106.1	107.1	108.1
首　饰	Ornaments	111.1	113.6	115.9
皮　件	Leather Appliance	100.9	99.0	98.6
手　表	Watch	101.5	101.3	101.4
领　带	Necktie	97.4	97.2	96.0
其　他	Others	101.2	102.2	102.2
(4)个人服务	Personal Services	103.3	102.9	102.0
美　容	Cosmetology	101.7	101.7	101.3
理(烫)发	Haircut (perm-naent wave)	106.1	104.1	102.5
洗　浴	Bathe	103.3	105.2	104.0
其　他	Others	100.4	100.0	100.0
六、交通和通信	**Transportation and Communication**	**98.8**	**97.6**	**97.6**
1.交　通	Transportation	101.0	99.4	99.2
(1)交通工具	Transportation Facility	96.7	94.7	94.1
摩 托 车	Motorcycle	99.2	99.2	98.2
自 行 车	Bicycle	100.8	99.6	99.5
轿　车	Car	93.7	90.6	89.7
其　他	Others	98.5	97.5	98.0
(2)车用燃料及零配件	Fuels and Parts	112.5	107.5	107.5
汽　油	Gasoline	115.2	107.7	109.1
柴　油	Diesel Oil	115.7	111.3	109.9
零 配 件	Parts	100.0	102.1	99.6
其　他	Others	104.3	102.7	103.1
(3)车辆使用及维修费	Using and Upkeep Fare	100.8	101.6	101.0
驾 驶 证	Driving License	100.1	104.1	101.1
保 险 费	Insurance Exp-enses	99.1	100.0	99.0
停 车 费	Parking Expen-ses	100.7	100.0	100.5

continued

(以上年同期价格为100 preceding year=100)									
3 月 March	4 月 April	5 月 May	6 月 June	7 月 July	8 月 August	9 月 September	10 月 October	11月 November	12月 December
100.4	100.2	100.2	101.1	101.5	101.5	102.5	102.4	101.4	101.1
102.3	102.2	102.1	102.1	101.9	101.8	101.9	101.1	100.8	100.5
99.5	99.1	99.2	99.1	99.2	99.5	99.6	99.8	99.7	99.6
103.3	103.4	103.2	103.1	102.9	102.6	102.7	101.6	101.2	100.9
101.2	101.0	101.0	100.8	100.8	100.8	100.9	100.8	100.8	100.8
101.3	100.1	100.1	100.1	100.0	100.0	100.0	100.0	100.0	100.0
99.9	99.9	99.9	99.9	100.0	100.0	100.0	100.0	100.0	100.0
101.4	101.6	101.6	101.6	101.6	101.7	101.1	101.2	101.2	101.2
100.0	100.0	100.0	100.0	100.0	100.0	100.0	100.1	100.1	100.1
103.6	103.1	103.1	103.3	102.9	102.9	102.9	102.2	102.2	102.2
100.9	100.6	100.6	98.3	98.3	98.3	100.6	100.6	100.6	100.6
100.4	100.5	100.5	100.5	100.5	100.4	100.4	100.8	100.8	100.8
100.9	100.9	100.9	100.9	100.9	100.9	100.3	99.9	99.9	99.9
103.3	103.2	103.9	103.8	103.9	103.8	103.6	103.3	102.2	101.9
100.9	101.3	102.0	102.0	102.3	102.1	102.1	102.1	102.1	102.0
99.1	99.5	99.8	100.4	100.3	100.4	100.7	101.2	100.8	100.8
100.0	101.0	102.2	101.9	102.4	102.3	102.7	102.2	102.1	102.0
101.9	102.3	102.6	102.9	103.2	103.2	102.6	102.1	102.6	102.8
101.6	101.5	101.7	101.6	101.9	101.2	100.9	102.5	102.1	101.5
100.8	101.1	101.5	101.5	101.4	102.3	102.7	102.8	102.6	102.7
101.2	101.8	102.0	101.8	101.3	102.4	102.4	102.7	101.2	101.1
99.9	99.8	100.4	100.4	100.9	101.8	103.3	103.4	104.3	104.7
102.1	102.6	102.8	103.1	102.9	102.8	102.2	101.8	101.9	101.9
109.6	108.7	108.2	108.1	108.1	106.7	105.7	104.2	100.1	99.8
117.9	115.1	114.4	114.2	114.3	111.8	109.9	107.1	100.8	100.1
99.7	102.0	102.0	101.7	102.7	101.4	101.4	102.2	99.7	100.9
101.7	101.4	101.3	101.5	102.0	102.4	102.2	102.0	100.8	99.8
97.3	99.1	99.0	98.9	97.0	98.0	97.7	96.5	95.8	96.2
102.4	101.8	101.1	100.6	100.2	99.9	101.5	101.5	100.7	100.5
102.1	101.9	103.9	103.9	103.9	104.0	103.9	103.9	103.9	103.0
101.5	100.8	102.1	102.1	102.1	102.1	102.0	102.0	101.8	101.3
103.3	103.1	107.6	107.6	107.6	107.7	107.6	107.6	107.6	107.0
102.8	102.9	103.3	103.3	103.3	103.6	103.6	103.6	103.6	101.1
100.0	100.0	100.5	100.5	100.5	100.5	100.5	100.7	100.7	100.7
97.7	**97.7**	**98.0**	**98.8**	**99.4**	**99.8**	**99.9**	**100.3**	**99.9**	**99.0**
99.6	99.6	100.0	101.2	102.0	102.5	102.6	103.0	102.2	100.7
94.5	94.5	95.8	96.7	97.2	97.9	98.0	99.1	99.4	99.1
98.2	98.0	98.2	98.4	99.4	99.8	100.1	100.3	100.7	100.2
99.8	99.8	99.9	100.3	100.4	100.9	101.4	102.3	103.2	102.7
90.3	90.5	92.7	94.2	94.8	95.7	95.6	97.2	97.3	97.0
98.1	97.8	98.0	98.0	98.1	99.0	99.2	99.4	99.5	99.7
108.0	108.1	108.2	115.9	120.2	120.3	120.4	120.4	111.8	102.1
109.3	109.3	109.4	119.6	125.0	125.1	125.3	125.2	114.9	103.3
111.3	111.4	111.5	119.6	125.1	125.1	125.3	125.3	113.5	100.5
99.6	99.7	100.0	100.0	99.8	100.0	100.0	100.0	99.9	99.9
103.1	103.9	104.1	105.9	105.3	105.5	105.5	105.5	103.3	103.5
101.1	100.9	100.9	100.9	100.8	100.8	100.9	100.3	100.4	100.2
101.0	99.2	99.2	99.1	99.1	99.1	99.8	100.1	100.1	99.1
99.0	99.1	99.0	99.0	99.1	99.1	99.0	99.0	99.0	99.0
100.7	100.7	100.7	100.7	100.7	100.7	100.7	100.7	100.7	100.7

7–9 续表 5

商品类别及品名	Commodity Categoryand Commodity Name	全年 Annual	1 月 January	2 月 February
车辆修理服务费	Vehicle Upkeep Service fare	102.0	102.0	102.0
其　他	Others	102.5	103.6	103.2
(4)市区公共交通费	Incity Traffic Fare	100.5	100.5	100.6
公共汽车票	Bus Ticket	99.8	100.2	100.2
出租汽车	Taxi	101.0	100.6	100.9
其　他	Others	101.1	102.2	102.2
(5)城市间交通费	Intercity Traffic Fare	104.1	102.2	103.0
飞 机 票	Airplane Ticket	99.0	101.1	97.9
火 车 票	Train Ticket	100.4	100.2	101.4
长途汽车	Intertown Bus	107.4	103.7	104.9
其　他	Others	103.3	102.1	102.1
2.通　信	Communication	96.1	95.4	95.5
(1)通信工具	Communication Facility	83.5	81.2	81.6
固定电话机	Telephone	98.9	98.3	98.0
移动电话机	Mobile Phone	80.9	78.2	78.7
其　他	others	95.2	96.8	96.4
(2)通信服务	Communication Service	99.8	99.7	99.7
移动通信费	Mobile Comm-unication Fee	99.2	99.8	99.8
市内电话费	Incity Telephone Fee	99.4	98.7	98.7
长途电话费	Long Distance Call Fee	99.7	99.4	99.4
月租费	Month Hiring Fee	100.0	100.0	100.0
上网费	Net Play Fee	102.2	101.5	101.5
信件邮寄	Letter Post	100.0	100.1	100.1
包裹邮寄	Package Post	100.0	100.0	100.0
其　他	Others	102.3	102.3	102.3
七、娱乐教育文化用品及服务	**Recreation,Education and Culture Articles**	**99.5**	**99.3**	**99.5**
1.文娱用耐用消费品及服务	Durable Consumer Goods for Cultural and Recreational Use and Service	94.5	95.1	94.9
电 视 机	Television	92.2	93.3	92.7
激光视盘机	Laser Video Disc Machine	95.7	96.5	95.5
摄 像 机	Pickup Camera	97.5	98.0	97.7
照 相 机	Camera	95.8	96.6	96.6
家用音响	Acoustic Equipment	98.3	98.0	97.7
便携式音响	Portable Acoustics	97.1	98.2	97.5
电　脑	Computer	93.8	94.2	94.2
修理服务	Repair Service	101.3	100.9	100.9
其　他	Others	98.0	98.6	98.6
2.教　育	Education	101.2	99.8	100.6
(1)教材及参考书	Teaching Materials and Reference Books	101.2	100.5	100.5
工 具 书	Tool Book	100.8	99.9	99.9
教　材	Teaching Material	100.8	100.8	100.8
参 考 书	Reference Book	102.3	100.2	100.2
教育软件	Educational Software	100.9	101.3	101.3
(2)学杂托幼费	Tuition and Child Care	101.2	99.7	100.6
义务教育杂费	Incidental Expe- nses of Compul-cory Education			
非义务教育学杂费	Tuition of Non-compulsory Education	100.3	100.3	100.3
技能培训学费	Skill Train Tuition	104.5	101.4	101.6
托 幼 费	Child Care	101.6	101.5	101.5
其　他	Others	98.3	100.0	100.1
3.文化娱乐类	Recreation and Culture	100.3	100.9	100.5
(1)文化娱乐用品	Culture Articles	99.9	99.7	99.4

continued

(以上年同期价格为100 preceding year=100)									
3 月 March	4 月 April	5 月 May	6 月 June	7 月 July	8 月 August	9 月 September	10 月 October	11月 November	12月 December
102.3	102.3	102.5	102.5	102.5	102.5	102.5	100.9	101.4	101.1
103.6	103.8	103.8	103.8	102.2	102.2	101.9	101.9	100.4	100.4
100.8	100.8	100.3	100.3	100.4	100.5	100.5	100.5	100.2	100.2
100.2	100.2	99.4	99.4	99.8	99.8	99.8	99.8	99.8	99.8
101.2	101.2	101.2	101.2	101.2	101.2	101.2	101.2	100.6	100.6
104.0	104.0	98.6	98.6	98.6	100.3	101.3	101.3	101.2	101.2
103.3	103.8	103.5	103.3	104.1	105.2	105.6	105.6	105.5	104.4
99.6	98.7	101.9	103.0	102.8	102.1	105.9	94.7	90.8	89.5
101.4	101.4	100.0	100.1	100.1	100.1	100.1	100.1	100.3	100.3
105.2	106.4	106.1	105.5	107.1	109.1	109.4	110.8	111.1	109.2
102.5	102.7	102.6	102.6	102.1	103.8	102.6	105.8	105.8	105.2
95.4	95.4	95.5	95.8	96.1	96.5	96.5	96.9	97.1	96.8
81.1	80.9	81.6	83.1	83.4	84.8	84.8	86.9	87.6	86.4
98.0	98.1	97.8	97.8	98.8	99.2	99.6	100.1	100.2	100.7
78.2	78.1	78.8	80.6	80.9	82.5	82.4	84.8	85.7	84.2
94.9	94.2	94.6	94.6	94.6	94.6	95.4	95.4	94.2	96.5
99.7	99.7	99.7	99.5	100.0	100.0	100.0	100.0	100.0	100.0
99.8	99.5	99.5	98.8	98.8	98.8	98.8	98.8	98.8	98.8
98.7	98.7	98.7	98.7	100.0	100.0	100.0	100.0	100.0	100.0
99.4	99.4	99.4	99.4	100.0	100.0	100.0	100.0	100.0	100.0
100.0	100.0	100.0	100.0	100.0	100.0	100.0	100.0	100.0	100.0
101.5	102.4	102.4	102.4	102.4	102.4	102.4	102.4	102.4	102.4
100.1	100.1	100.1	100.1	100.1	100.0	100.0	100.0	100.0	100.0
100.0	100.0	100.0	100.0	100.0	100.0	100.0	100.0	100.0	100.0
102.3	102.3	102.3	102.3	102.3	102.3	102.3	102.3	102.3	102.3
99.2	**99.4**	**99.3**	**99.4**	**99.3**	**99.4**	**100.0**	**99.9**	**100.0**	**99.4**
94.6	94.4	94.4	94.2	94.6	94.9	94.9	94.1	94.2	93.9
92.5	92.7	92.9	92.5	92.3	92.1	91.8	91.9	91.3	90.2
95.2	94.8	95.5	95.2	95.4	95.5	95.8	96.1	96.3	96.1
97.7	97.4	97.5	97.5	97.6	97.6	97.5	97.3	97.2	97.1
95.8	95.9	96.0	95.8	96.0	96.1	95.9	95.3	95.4	94.9
97.9	97.6	97.8	98.0	97.9	98.8	99.0	99.0	99.2	99.0
97.9	97.7	96.8	97.1	96.8	96.7	96.9	96.8	96.5	96.4
93.6	93.2	93.2	93.0	93.8	94.5	94.7	93.2	93.8	93.9
102.1	101.1	101.5	101.5	101.5	101.5	101.5	101.4	101.1	101.1
98.6	99.2	98.8	98.8	98.7	99.0	99.0	95.3	95.5	95.8
100.4	101.1	101.2	101.1	101.1	101.4	101.7	101.9	102.0	102.0
100.4	100.4	100.6	100.6	100.5	100.5	102.9	102.7	102.7	102.8
99.9	99.9	99.9	99.9	99.7	101.2	102.3	102.3	102.4	102.6
100.8	100.8	100.8	100.8	100.8	100.1	101.8	100.7	100.7	100.8
100.2	100.2	100.2	100.2	100.2	100.4	105.9	106.7	106.7	106.7
100.1	100.1	102.3	102.3	101.3	100.6	100.6	100.1	100.1	100.1
100.4	101.2	101.3	101.2	101.2	101.5	101.4	101.8	101.8	101.8
100.3	100.3	100.3	100.3	100.3	100.3	100.2	100.2	100.2	100.2
101.6	104.3	104.3	103.9	103.9	105.7	105.8	107.0	107.0	107.0
101.1	101.6	102.2	102.2	102.2	101.4	100.8	101.2	101.5	101.5
97.9	97.9	97.9	97.9	97.9	98.0	98.0	98.0	98.0	98.0
100.6	99.9	100.4	100.3	99.9	99.9	100.5	100.1	100.3	100.6
99.8	99.5	99.5	99.4	99.6	100.2	100.3	100.2	100.3	100.4

7–9 续表 6

商品类别及品名	Commodity Categoryand Commodity Name	全年 Annual	1 月 January	2 月 February
乐　　器	Musical Instru-ment	100.2	101.1	101.4
音响光盘和磁带	Audio,Disk and Tape	99.4	98.9	98.3
照相胶卷和存储卡	Roll Film and M-emorizing Card	99.1	97.4	97.4
录像磁带和视盘	Video Tape and Disk	99.5	99.4	99.4
儿童玩具	Children's Toy	99.3	99.8	98.9
纸张本册	Paper and Volume	102.2	102.0	102.0
文　　具	Stationery	99.9	99.7	99.4
体育用品	Sports Goods	99.8	99.6	99.3
其　　他	Others	100.1	100.1	99.6
(2)书报杂志	Books,Newspapers,Magazines	100.8	100.1	100.1
书　　籍	Books	100.4	100.6	100.6
报　　纸	Newspapers	101.7	99.7	99.7
杂　　志	Magazines	100.4	100.0	100.0
(3)文娱费	Expenditure of Culture and Rec-reation	100.5	102.9	102.0
电 影 票	Film Ticket	101.9	107.7	103.8
景点门票	Scene Spot ticket	101.3	108.1	107.2
有线电视	Cable Television	100.0	100.0	100.0
健身活动	Exercise	99.3	98.8	98.5
其　　他	Others	100.5	101.0	101.0
4.旅　游	Tourism	100.5	102.7	101.7
旅行社收费	Travel Agency Charge	100.9	103.9	102.5
宾馆住宿	Guesthouse Stay	100.0	99.8	99.9
其他住宿	Other Stay	98.8	98.1	98.8
八、居　住	**Residence**	**105.0**	**104.8**	**105.2**
1.建房及装修材料	Building and Building Decoration Materials	106.9	104.8	105.9
木　　材	Wood	108.9	107.0	109.3
木 地 板	Wood Floor	104.5	102.8	103.3
砖	Brick	111.3	105.4	106.7
水　　泥	Cement	110.0	102.0	103.7
涂　　料	Coating Material	104.2	103.2	104.7
胶 合 板	Plywood	106.9	108.0	108.0
玻　　璃	Glass	106.4	106.2	107.6
粘　　胶	Rayon	105.3	105.0	104.8
油　　漆	Paint	104.5	103.6	104.7
其　　他	Others	103.0	104.4	104.3
2.租　　房	Renting	104.4	105.1	105.3
公房房租	Public House Rent	100.4	100.4	100.4
私房房租	Private House Rent	107.2	108.4	108.7
其他费用	Other Fare	101.6	102.1	102.1
3.自有住房	Private Housing	104.0	108.9	108.9
房屋贷款利率	Houses Loans Int-erest Rate	106.8	118.9	119.0
物业管理费用	Property Manage- ment Fee	101.3	101.2	101.3
维护修理费用	Upkeep and Repair Fee	102.7	103.2	103.4
其　　他	Others	102.7	103.9	103.5
4.水、电、燃料	Water,Electricity and Fuels	104.6	103.9	104.1
水	Water	103.3	103.4	103.4
电	Electricity	100.0	100.0	100.0
液化石油气	Liquefiled Petrol-eum Gas	115.0	119.4	119.9
管道燃气	Pipelined Gas	101.5	102.2	102.2
其他燃料	Other Fuels	121.6	107.6	109.8

continued

(以上年同期价格为100　preceding year=100)

3 月 March	4 月 April	5 月 May	6 月 June	7 月 July	8 月 August	9 月 September	10 月 October	11月 November	12月 December
101.2	100.8	100.7	99.1	99.2	99.9	100.0	100.1	99.2	99.2
98.5	99.1	99.5	99.5	99.5	99.8	99.7	99.9	100.1	100.6
99.1	99.2	98.8	99.4	99.8	100.9	101.0	99.8	98.5	98.5
99.3	99.2	99.2	99.0	99.1	99.5	99.8	99.9	99.9	99.7
99.6	98.0	98.2	98.4	98.5	99.0	99.1	99.6	101.3	101.1
102.0	102.2	101.6	101.5	101.8	102.8	102.8	102.6	102.7	102.3
99.7	99.8	99.8	99.9	99.8	100.0	100.0	100.0	100.3	100.4
99.6	98.6	99.0	99.3	99.9	100.8	100.8	100.3	99.9	100.9
99.8	100.0	100.0	99.8	99.7	99.9	100.3	100.2	100.9	100.5
100.1	100.1	100.1	100.1	101.2	101.1	101.3	101.5	101.8	101.8
100.6	100.6	100.6	100.6	100.7	100.4	100.4	100.2	99.8	99.8
99.7	99.7	99.7	99.7	102.8	102.8	102.8	103.6	104.9	104.9
100.0	100.0	100.0	100.0	100.0	100.0	101.1	101.1	101.1	101.2
101.8	100.3	101.6	101.4	99.2	98.7	100.2	98.9	99.3	100.0
103.5	104.2	111.1	104.1	99.8	98.2	97.4	97.9	98.6	98.6
105.1	98.9	100.3	103.3	97.6	97.0	102.9	97.5	98.5	101.3
100.0	100.0	100.0	100.0	100.0	100.0	100.0	100.0	100.0	100.0
99.7	99.3	98.8	99.3	99.1	99.0	99.9	99.7	99.6	99.6
101.0	101.1	101.1	101.1	100.6	100.0	100.0	99.7	99.7	99.8
100.8	101.2	99.1	100.7	99.4	98.7	101.5	102.1	101.9	96.8
100.4	100.9	99.7	100.8	99.0	99.3	101.9	102.8	102.8	96.5
102.8	102.5	99.7	100.7	99.7	99.5	99.4	99.5	99.0	97.1
99.0	100.5	91.9	100.2	102.0	92.8	103.3	101.5	100.4	98.9
105.5	**105.8**	**105.8**	**106.3**	**106.3**	**105.8**	**105.9**	**104.8**	**102.6**	**101.6**
106.4	106.1	107.0	108.0	108.8	108.9	108.7	107.1	106.0	105.0
110.7	110.2	110.6	110.0	110.2	109.9	109.0	107.4	108.0	105.2
104.2	104.0	104.9	105.0	106.5	105.8	107.4	104.2	103.2	102.9
107.6	108.1	111.0	113.7	113.8	114.7	115.0	114.5	113.4	111.4
103.4	103.3	106.2	112.4	113.7	116.0	115.7	116.0	114.9	112.7
104.6	104.1	104.1	105.0	105.1	105.3	104.9	103.8	102.9	103.0
108.2	106.4	107.1	106.9	108.0	108.6	107.8	106.0	103.9	103.5
108.4	107.7	108.0	108.7	109.2	108.9	106.5	104.0	101.9	100.2
105.0	106.4	106.4	105.5	108.0	106.4	106.4	104.8	102.2	102.6
104.7	104.2	103.9	104.5	105.2	106.5	106.0	105.0	103.4	101.8
104.7	104.7	104.2	104.0	104.8	102.3	101.7	99.6	99.4	101.8
105.5	104.9	105.9	106.7	105.4	103.6	103.0	102.4	102.7	102.2
100.4	100.4	100.4	100.6	100.6	100.2	100.2	100.2	100.2	100.2
109.1	107.9	109.8	111.3	108.8	106.1	105.1	104.0	104.4	103.5
102.1	102.1	102.1	102.1	102.1	100.7	100.7	100.7	101.2	101.0
107.2	106.7	105.8	105.5	105.0	104.0	102.4	100.9	99.0	95.2
114.9	113.8	111.7	110.8	109.2	106.9	102.9	99.4	95.0	85.3
101.0	100.9	100.9	100.9	101.2	101.2	101.7	101.7	101.7	101.5
103.2	103.2	103.2	103.2	103.2	102.9	102.9	102.8	100.7	101.1
102.6	101.8	100.9	102.2	101.9	101.1	100.5	100.2	104.8	108.8
104.7	105.6	105.3	105.7	105.8	105.3	106.0	105.1	102.0	101.5
103.4	103.4	103.4	103.4	103.2	103.2	103.2	103.2	102.8	103.1
100.0	100.0	100.0	100.0	100.0	100.0	100.0	100.0	100.0	100.0
123.0	124.3	128.1	129.0	127.0	121.0	119.7	110.7	88.0	84.0
102.2	105.0	101.6	101.6	101.6	100.7	100.7	100.7	100.0	100.0
113.4	116.5	114.7	118.4	121.8	124.7	134.2	134.7	131.5	130.3

7-10 农村居民消费价格指数(2008年)

商品类别及品名	Commodity Category and Commodity Name	全省 whole province	1月 January	2月 February
居民消费价格总指数	**General Consumer Price Index**	**106.2**	**106.9**	**107.6**
非食品价格指数	**No-food**	**103.0**	**101.3**	**101.2**
服务项目价格指数	**Services**	**103.0**	**101.9**	**101.8**
工业品价格指数	**Industrial Products**	**103.1**	**101.1**	**101.0**
扣除食品和能源价格指数	**Deducting Foods and Energy**	**102.0**	**100.8**	**100.7**
扣除鲜菜鲜果总指数	**Deducting Fresh,Vegetables and Fruits**	**106.1**	**106.0**	**106.4**
消费品价格指数	**Consumer Goods**	**107.0**	**108.1**	**109.1**
一、食　品	**Food**	**113.3**	**120.3**	**123.2**
1.粮　食	Grain	104.8	105.2	105.0
大　米	Rice	100.6	100.9	100.8
面　粉	Flour	101.7	102.6	101.6
粮食制品	Grain Products	105.2	106.2	106.3
其　他	Others	129.5	127.7	128.4
2.淀　粉	Starches	111.5	113.7	114.7
淀　粉	Starches	111.5	113.7	114.7
3.干豆类及豆制品	Beans and Beans Products	132.1	127.3	127.0
干　豆	Beans	122.6	126.3	125.3
豆制品	Beans Products	138.1	127.9	128.1
4.油　脂	Oil and Fat	126.5	136.6	139.7
食用植物油	Edible Vegetable Oil	125.8	134.7	137.6
植物油制品	Plant Oil Products	125.2	134.7	138.7
其　他	Others	135.4	160.9	163.8
5.肉禽及其制品	Meal,Poultry and Their Products	121.7	142.7	148.6
(1)食用畜肉及副产品	Edible Livestock Meat and Their By-products	123.8	154.2	164.4
猪　肉	Pork	120.9	159.8	170.9
牛　肉	Beef	134.7	143.2	149.8
羊　肉	Mutton	123.7	126.0	132.6
畜肉副产品	Livestock Meat By-products	130.8	151.2	162.3
其　他	Others	127.9	151.0	160.1
(2)禽	Poultry	115.5	118.4	118.6
鸡	Chicken	116.1	115.9	116.8
鸭	Duck	120.4	134.9	132.1
其　他	Others	108.5	118.6	117.4
(3)加工肉禽	Meal and Poultry Processing Products	118.1	126.0	125.5
畜肉制品	Livestock Meat Products	118.5	122.6	125.3
禽制品	Poultry Products	117.5	130.4	125.7
6.蛋	Eggs	105.8	107.1	105.6
鲜　蛋	Fresh Eggs	105.2	105.4	103.9
蛋制品	Egg Products	110.4	120.4	119.4
7.水产品	Aquatic Product	114.9	109.3	110.8
(1)鱼	Fish	119.4	113.7	114.9
淡水鱼	Freshwater Fish	122.5	117.0	119.5
海水鱼	Seawater Fish	114.0	108.1	107.5
(2)其他水产品	Other Aquatic Product	104.6	99.8	101.5
虾蟹类	Shrimp and Crab	106.3	100.0	102.3
其　他	Others	100.9	99.2	99.8
8.菜	Vegetable	107.8	130.4	146.7
鲜　菜	Fresh Vegetable	108.4	134.4	152.8
干菜及菜制品	Dried Vegetable and Vegetable Products	103.5	106.6	107.3
薯　类	Potato	105.8	114.1	118.4

Rural Consumer Price Indices(2008)

(以上年同期价格为100　preceding year=100)

3 月 March	4 月 April	5 月 May	6 月 June	7 月 July	8 月 August	9 月 September	10 月 October	11月 November	12月 December
107.9	**108.3**	**107.7**	**107.5**	**106.7**	**105.2**	**105.5**	**104.9**	**103.4**	**102.7**
101.7	**102.1**	**102.6**	**103.7**	**103.9**	**103.9**	**104.6**	**104.4**	**103.9**	**103.3**
102.0	**102.1**	**102.0**	**102.3**	**102.2**	**102.4**	**104.8**	**104.7**	**104.8**	**104.5**
101.6	**102.1**	**102.8**	**104.3**	**104.6**	**104.5**	**104.5**	**104.2**	**103.5**	**102.8**
101.1	**101.2**	**101.6**	**102.3**	**102.4**	**102.5**	**103.2**	**103.0**	**102.8**	**102.6**
107.1	**107.8**	**107.3**	**107.4**	**106.6**	**105.4**	**105.9**	**105.5**	**104.3**	**103.3**
109.5	**109.9**	**109.2**	**108.8**	**107.8**	**105.9**	**105.7**	**104.9**	**103.1**	**102.2**
123.3	**123.4**	**120.0**	**116.2**	**112.8**	**108.0**	**107.6**	**105.8**	**102.1**	**101.1**
105.6	106.0	106.1	106.5	106.5	105.4	104.8	103.4	102.0	101.1
101.2	101.1	101.0	101.2	101.5	101.3	101.7	99.4	98.7	97.8
102.7	103.2	103.1	103.0	102.6	101.6	100.5	101.1	99.5	99.6
105.8	105.8	106.4	107.1	107.1	105.2	103.4	102.5	103.7	103.2
132.1	135.6	135.5	137.7	138.0	136.1	138.3	127.9	115.2	108.9
113.7	116.0	112.9	111.3	111.2	110.0	113.1	111.6	108.2	103.4
113.7	116.0	112.9	111.3	111.2	110.0	113.1	111.6	108.2	103.4
139.2	143.4	142.3	145.4	144.8	140.0	135.4	129.2	114.7	105.3
131.9	137.8	133.4	134.5	132.1	129.5	123.3	113.0	101.3	93.4
144.0	146.8	148.0	152.4	153.0	146.6	143.1	139.4	123.2	112.7
147.7	144.1	138.6	135.2	132.6	125.6	119.1	113.0	102.9	95.9
145.8	142.6	137.1	134.0	132.7	126.1	118.7	112.4	103.3	96.3
148.1	139.2	136.7	135.8	134.8	128.1	117.8	114.2	98.6	89.8
166.6	169.7	158.6	146.0	128.8	117.9	125.3	116.7	105.9	102.5
150.3	152.0	137.6	125.4	114.0	105.8	107.4	105.7	100.5	98.8
165.3	165.2	145.3	129.0	113.9	103.1	105.0	101.0	94.2	93.2
172.2	172.2	146.4	125.6	108.4	96.2	98.8	93.5	85.6	85.6
150.2	149.8	144.4	138.1	134.1	128.3	126.9	123.5	123.8	118.1
128.5	130.9	129.3	129.5	129.7	120.8	117.4	117.6	115.4	112.8
165.5	162.1	149.9	143.7	125.1	118.7	114.4	109.3	101.9	103.6
162.4	162.9	146.1	131.0	118.5	110.3	114.0	109.9	104.0	101.7
122.5	130.0	119.4	113.1	108.2	107.9	111.1	115.5	113.3	111.7
122.3	133.0	119.0	112.2	106.4	109.8	113.9	117.9	115.3	115.0
133.0	132.3	131.1	127.1	122.8	112.6	108.2	108.5	110.6	105.2
116.0	115.1	112.7	107.0	106.0	96.3	100.7	109.1	106.0	102.1
127.0	128.8	126.8	122.6	118.6	113.0	110.4	109.5	109.0	107.1
126.9	131.4	128.9	122.9	118.2	113.8	112.2	110.5	109.2	107.5
127.0	125.7	124.2	122.0	119.0	111.9	108.2	108.4	108.8	106.8
104.8	106.7	106.7	108.8	110.0	106.8	106.0	103.7	102.3	101.4
102.8	105.1	105.6	108.5	110.4	107.2	106.5	103.6	102.2	101.2
119.6	118.9	116.1	111.9	107.4	104.7	102.2	104.2	103.1	103.1
110.6	115.7	119.9	123.0	120.8	115.6	114.6	113.8	112.8	112.4
115.6	121.3	127.3	131.9	127.7	121.5	116.1	115.9	113.9	113.7
119.3	125.7	132.6	135.7	132.2	123.9	118.6	119.1	115.5	112.3
109.3	113.8	118.1	125.3	119.8	117.4	111.9	110.2	111.2	116.2
99.7	103.1	103.6	103.1	105.0	101.8	110.9	108.9	110.0	109.1
99.8	104.4	104.7	103.9	106.5	101.2	114.9	112.3	114.4	113.6
99.2	100.4	100.8	101.2	101.5	102.9	102.3	102.0	101.0	100.0
140.4	123.4	119.7	103.6	98.3	92.7	90.5	87.0	79.7	87.8
146.7	126.6	120.5	102.5	96.3	91.4	88.9	84.6	76.7	86.1
105.0	105.4	105.5	104.1	104.2	103.0	99.9	100.3	100.5	100.7
104.0	107.1	137.3	114.3	112.0	89.9	94.0	102.8	88.6	89.8

7-10 续表 1

商品类别及品名	Commodity Category and Commodity Name	全省 whole province	1 月 January	2 月 February
9.调味品	Flavoring	102.8	101.0	101.2
盐	Salt	103.1	103.9	104.3
酱　油	Soy Sauce	103.3	101.8	101.8
醋	Vinegar	102.4	100.2	100.4
味　精	Aginomoto	103.6	99.2	99.6
其　他	Others	101.1	95.5	95.7
10.糖	Carbohydrate	101.9	100.7	101.2
食　糖	Sugar	101.2	100.1	100.0
糖　果	Sweet	101.8	100.7	101.6
巧克力制品	Chocolate Products	103.5	101.9	102.8
糖类小食品	Little Carbohydr-ate Food	103.3	102.1	102.9
11.茶及饮料	Tea and Beverages	104.1	101.5	102.7
(1)茶　叶	Tea	100.2	101.6	101.4
茶　叶	Tea	100.2	101.6	101.4
(2)饮　料	Beverages	106.6	101.5	103.6
固体饮料	Solid Beverages	106.9	103.5	103.4
液体饮料	Liquid Beverages	104.2	101.6	104.4
冷冻饮品	Frozen Beverages	110.6	99.9	102.4
12.干鲜瓜果	Dried and Fresh Melons and Fruits	108.3	115.6	107.7
鲜 瓜 果	Fresh Fruits	106.8	116.9	106.9
干(坚)果	Dried Fruits	113.2	111.4	110.7
13.糕点饼干	Cake,Biscuit and Bread	106.4	105.1	104.9
糕　　点	Cake	104.4	104.1	103.0
饼　　干	Biscuit	109.3	109.0	109.7
面　　包	Bread	106.1	100.7	100.7
14.液体乳及乳制品	Liquid Milk and Their Products	113.4	106.8	108.5
巴氏杀菌奶或消毒奶	Pasteurization Milk or Disinfection Milk	113.2	108.6	111.9
酸　　奶	Leben	105.3	101.7	103.6
奶　　粉	Milk Powder	120.6	108.8	108.8
其　　他	Others	102.5	100.4	100.3
15.在外用膳食品	Outward Dinner	111.2	108.2	108.9
主　　食	Staple Food	115.0	111.1	111.9
炒　　菜	Hot Dish	109.6	107.1	108.0
地方小吃	Local Snack	108.3	105.4	105.8
16.其他食品	Other Foods	108.2	108.1	108.2
其他食品	Other Foods	108.2	108.1	108.2
二、烟酒及用品	**Tobacco,Liquor and Their Appliances**	**104.3**	**102.8**	**102.6**
1.烟草	Tobacco	100.9	100.2	100.2
国产卷烟	Domestic Cigarette	101.0	100.3	100.3
进口卷烟	Import Cigarette	99.7	99.2	99.9
其　　他	Others	100.3	100.0	100.0
2.酒	Liquor	107.3	105.1	104.6
白　　酒	White Spirit	108.5	105.9	106.6
葡 萄 酒	Grape	100.3	111.2	97.8
啤　　酒	Beer	107.2	102.6	102.9
其　　他	Others	103.8	100.0	104.1
3.吸烟、饮酒用品	Appliances for Sm-oking and Drinking	100.3	99.4	100.0
吸烟用品	Appliances for Smoking	99.9	98.4	99.7
饮酒用品	Appliances for Drinking	100.5	100.0	100.2
三、衣　着	**Clothing**	**96.6**	**96.6**	**95.9**
1.服　装	Garments	96.0	95.4	95.1
(1)男式服装	Men's Garments	94.8	93.0	92.1

continued

(以上年同期价格为100 preceding year=100)

3 月 March	4 月 April	5 月 May	6 月 June	7 月 July	8 月 August	9 月 September	10 月 October	11月 November	12月 December
101.7	102.2	103.0	103.3	103.6	103.7	102.3	102.5	104.7	104.7
104.3	104.3	104.3	104.3	104.4	102.5	100.6	100.6	101.9	101.9
101.4	102.3	103.8	104.0	104.0	103.9	101.9	102.1	106.0	106.6
100.2	100.8	101.1	102.5	103.6	103.9	102.2	102.4	106.0	105.7
99.9	101.5	104.0	104.0	104.4	105.6	105.6	106.2	107.0	106.5
100.0	100.0	100.0	100.0	100.0	104.3	104.8	104.9	104.5	104.5
102.0	102.6	102.8	102.9	102.1	102.7	102.9	102.6	100.0	100.0
100.7	101.6	102.3	102.9	101.8	103.2	103.1	102.4	98.1	98.3
103.2	103.5	103.4	103.1	102.1	101.9	102.2	101.8	99.4	99.2
101.5	102.2	102.4	102.2	102.5	103.0	104.5	105.4	107.1	106.7
103.1	103.1	103.0	103.0	103.0	103.4	103.8	104.1	104.1	104.1
103.7	103.9	104.0	104.4	104.6	104.6	104.2	104.9	105.4	104.6
99.9	99.9	99.9	99.9	99.9	99.9	99.9	99.9	100.2	99.9
99.9	99.9	99.9	99.9	99.9	99.9	99.9	99.9	100.2	99.9
106.3	106.6	106.7	107.4	107.8	107.8	107.0	108.2	108.9	107.7
105.2	105.4	105.4	107.5	107.5	107.6	108.0	109.6	110.8	109.3
103.9	104.3	104.2	104.6	105.4	105.7	104.3	104.0	103.9	103.9
111.1	111.2	112.0	112.2	112.2	111.5	111.1	114.5	116.1	113.3
102.2	109.6	111.0	114.2	117.7	114.5	111.3	104.0	100.1	95.5
99.4	108.6	110.5	114.1	118.9	114.3	110.1	100.7	96.0	91.5
112.5	113.1	112.7	115.0	114.9	115.6	115.1	114.5	113.8	109.3
105.7	106.6	106.6	107.0	107.1	106.5	106.5	107.4	107.4	106.1
102.4	104.6	104.6	105.0	105.5	105.1	104.9	105.3	105.3	103.1
110.7	109.9	109.9	110.0	109.5	108.3	108.7	108.8	108.8	108.2
104.6	105.6	105.6	106.6	106.6	106.5	106.6	109.9	109.9	109.6
111.4	113.0	113.3	114.3	113.7	114.8	115.9	117.4	116.1	115.9
113.9	114.4	113.6	113.7	113.3	114.9	116.1	113.3	113.0	111.8
106.0	105.6	106.8	105.9	104.8	106.6	106.6	106.3	103.8	105.5
114.1	118.3	119.5	122.8	121.3	121.3	123.2	131.3	129.0	129.0
100.1	100.9	101.0	101.6	103.0	104.6	104.7	104.3	104.3	104.3
110.3	113.6	113.3	113.7	114.0	111.5	110.7	110.8	110.1	109.5
113.7	117.3	116.5	117.9	119.2	115.9	115.3	114.3	113.6	113.1
108.7	112.9	112.1	112.0	112.5	110.1	108.4	108.7	108.3	107.2
108.2	108.2	110.6	110.1	108.2	106.7	108.7	110.1	108.7	108.9
108.9	110.2	110.3	111.0	113.6	106.1	106.9	106.6	104.8	105.0
108.9	110.2	110.3	111.0	113.6	106.1	106.9	106.6	104.8	105.0
103.4	**104.0**	**104.2**	**104.6**	**104.6**	**104.8**	**104.9**	**105.4**	**105.1**	**105.1**
100.2	100.5	100.7	101.2	101.3	101.2	101.2	101.2	101.2	101.2
100.3	100.5	100.7	101.2	101.4	101.4	101.4	101.4	101.4	101.3
99.7	99.8	99.7	99.7	99.7	99.7	99.7	99.7	99.7	99.7
100.0	100.9	100.9	100.9	100.9	100.4	100.0	100.0	100.0	100.0
106.2	107.1	107.2	107.6	107.6	107.9	108.1	109.0	108.5	108.5
106.9	108.2	108.4	108.8	108.6	109.1	109.4	110.9	109.7	109.6
97.8	98.3	98.6	98.6	98.8	98.9	98.9	100.5	102.8	103.2
107.4	107.8	107.8	108.4	108.5	108.7	108.4	108.0	107.9	108.1
103.8	103.6	103.6	103.4	103.3	103.3	104.4	104.9	104.9	105.7
100.0	100.0	100.0	100.5	100.4	100.4	100.8	100.7	100.7	100.7
99.7	99.7	99.7	99.7	99.7	99.7	100.5	100.5	100.4	100.8
100.2	100.2	100.2	101.0	100.7	100.8	100.9	100.7	100.9	100.6
95.7	**95.9**	**96.3**	**96.6**	**96.8**	**97.0**	**97.0**	**96.9**	**96.9**	**97.1**
95.2	95.4	96.2	96.3	96.3	96.4	96.4	96.3	96.4	96.7
93.9	94.0	95.4	95.6	95.5	95.5	95.5	95.5	95.5	96.3

7-10 续表 2

商品类别及品名	Commodity Category and Commodity Name	全省 whole province	1 月 January	2 月 February
大　衣	Topcoat	89.3	94.7	92.4
毛线衣	Woollen Sweater	93.0	87.5	87.8
夹克衫	Jacket	91.9	81.5	79.6
衬　衫	Shirt	98.1	101.4	100.7
T 恤衫	T-shirt	96.9	96.3	96.3
裤　子	Trousers	95.6	88.0	88.0
西　服	Western-style Clothes	94.1	93.4	92.7
运动衫裤	Gym Suit	93.5	100.0	96.5
内　衣	Underwaist	97.6	96.6	95.2
羽绒衣	Eider Down Outerwear	95.9	97.9	96.8
其　他	Others	98.4	98.0	98.0
(2)女式服装	Women's Garments	96.2	96.9	96.6
大　衣	Topcoat	93.3	94.6	95.3
毛线衣	Woollen Sweater	95.0	95.2	93.7
羽绒衣	Eider Down Outerwear	95.2	93.7	94.1
套　装	Coordinates	93.7	96.7	97.2
衬　衫	Shirt	100.9	100.0	100.0
T 恤衫	T-Shiet	97.3	100.0	100.0
裙　子	Skirt	97.4	98.5	96.5
裤　子	Trousers	97.6	98.0	97.6
运动衫裤	Gym Suit	94.1	95.4	92.8
内　衣	Underwaist	99.7	99.8	101.6
其　他	Others	98.1	98.2	98.2
(3)儿童服装	Children's Garments	97.9	97.1	97.9
套　装	Coordinates	97.9	97.1	96.9
裤　子	Trousers	98.5	97.0	100.2
裙　子	Skirt	97.6	97.5	98.9
其　他	Others	97.4	96.4	94.3
2.衣着材料	Clothing Materials	101.5	104.9	102.9
棉　布	Cotton Cloth	105.6	104.6	104.1
棉混纺布	Cotton Textiles Cloth	100.6	100.4	100.4
化纤布	Chemical Fiber Cloth	99.7	109.6	104.6
毛　线	Knitting Wool	100.7	101.1	100.6
3.鞋袜帽	Shoes,Socks and Hats	95.8	96.7	95.5
(1)鞋	Shoes	96.2	96.6	95.3
男　鞋	Men's Shoes	93.4	96.8	95.0
女　鞋	Women's Shoes	96.5	95.1	94.1
童　鞋	Children's Shoes	100.2	99.4	98.3
(2)袜　子	Socks	92.5	95.9	95.7
男　袜	Men's Socks	91.5	95.0	94.6
女　袜	Women's Socks	93.3	96.6	96.6
(3)帽　子	Hats	95.3	99.6	98.5
男　帽	Men's Hats	91.9	100.0	97.3
女　帽	Women's Hats	97.9	99.3	99.3
4.衣着加工服务费	Clothing Manufact- uring Services	102.9	97.8	97.8
缝　纫	Sewing	103.4	96.8	96.8
清　洗	Washing	101.6	100.3	100.3
四、家庭设备用品及维修服务	**Household Facilities, Articles and Services**	**101.6**	**100.6**	**100.5**
1.耐用消费品	Durable Consumer Goods	101.8	100.3	100.2
(1)家　具	Furniture	104.1	101.6	101.4

continued

(以上年同期价格为100　preceding year=100)

3 月 March	4 月 April	5 月 May	6 月 June	7 月 July	8 月 August	9 月 September	10 月 October	11月 November	12月 December
92.6	92.4	89.7	87.9	87.6	87.1	87.1	86.7	86.6	86.7
91.0	91.1	94.4	95.1	95.1	95.2	95.2	95.1	95.4	95.1
88.4	88.3	95.8	96.6	96.6	96.6	96.4	96.3	96.1	96.0
98.1	98.1	97.5	97.3	97.3	97.3	97.3	97.2	97.2	97.3
97.1	95.0	95.1	95.7	97.5	97.7	98.1	98.2	98.2	98.2
92.6	93.6	98.2	100.1	97.8	98.3	98.3	98.3	98.4	98.4
93.2	93.9	93.9	93.9	94.0	94.0	93.8	94.0	94.0	98.9
93.4	92.8	92.5	92.5	92.2	92.5	92.5	92.5	92.5	92.5
97.4	97.7	98.0	98.1	98.1	98.1	98.1	98.2	97.8	98.0
96.5	96.0	95.5	95.4	95.4	95.6	95.6	95.4	95.3	94.9
98.7	98.6	98.5	98.4	98.5	98.5	98.4	98.4	98.4	98.4
95.5	96.0	96.2	96.2	96.2	96.2	96.2	96.1	96.3	96.2
94.1	93.7	92.9	92.8	93.1	93.1	93.1	93.0	92.6	91.4
94.4	96.2	94.7	94.7	95.2	95.2	95.3	95.1	95.1	95.3
93.9	95.4	96.0	95.8	96.1	96.3	96.4	95.7	94.9	94.0
92.7	92.7	92.7	92.7	92.7	92.7	93.1	93.2	93.7	93.7
100.0	101.0	100.5	100.9	101.4	101.3	101.3	101.3	101.3	101.3
96.3	96.2	96.7	96.7	96.7	97.0	96.7	97.0	97.0	97.0
94.3	94.3	98.7	99.0	98.1	98.4	97.9	97.7	97.7	97.6
98.1	98.5	98.1	98.1	97.4	97.1	96.9	97.1	97.1	97.5
93.8	93.8	93.1	93.1	93.1	93.2	93.2	93.5	96.5	97.5
99.2	99.2	99.2	99.2	99.2	99.2	99.2	98.9	101.0	100.7
98.2	98.2	98.2	98.2	98.2	98.2	98.2	97.8	97.8	97.8
96.9	97.0	97.9	97.9	98.1	98.5	98.4	98.4	98.6	98.5
96.0	96.0	98.4	98.4	98.5	98.6	98.7	98.7	98.7	98.8
98.1	98.0	97.9	98.3	98.2	98.9	98.8	98.4	99.2	98.6
97.2	97.7	97.3	96.6	97.4	97.9	97.4	97.9	97.9	97.9
98.2	98.2	97.0	97.0	97.0	98.2	98.2	98.2	98.2	98.2
101.6	100.9	100.8	101.1	101.3	101.3	101.5	101.8	100.4	100.3
105.2	105.4	106.7	107.1	107.2	107.3	107.5	107.6	102.5	102.4
100.6	100.6	100.6	100.7	100.7	100.7	100.8	100.6	100.2	100.2
100.3	98.1	97.7	97.7	97.9	97.8	97.8	98.7	98.6	98.5
100.5	100.5	99.4	100.4	100.5	100.6	101.4	101.4	101.1	100.7
94.8	95.1	94.8	95.6	96.2	96.2	96.1	96.0	96.1	96.0
95.2	95.5	95.3	96.2	96.9	96.9	96.8	96.8	96.7	96.6
90.5	90.5	90.5	92.8	94.4	94.3	94.2	94.2	94.2	94.1
96.9	97.0	96.7	96.9	96.9	96.9	96.9	96.9	96.9	96.8
99.6	100.5	100.2	100.5	100.9	100.9	100.9	100.6	100.5	100.0
91.9	92.5	91.4	91.5	91.5	91.5	91.5	91.3	92.4	92.5
91.1	91.3	90.2	90.3	90.3	90.3	90.3	90.3	91.8	92.0
92.6	93.5	92.4	92.4	92.4	92.4	92.4	92.1	92.9	92.9
94.7	94.7	94.7	94.5	94.5	94.5	94.5	94.5	94.5	94.5
90.6	90.6	90.6	90.6	90.6	90.6	90.6	90.6	90.6	90.6
97.9	97.9	97.9	97.5	97.5	97.5	97.5	97.5	97.4	97.4
99.8	99.8	100.7	101.6	102.0	106.5	106.5	106.5	107.1	108.9
100.0	100.0	101.2	102.5	102.5	107.8	107.8	107.8	107.8	110.3
99.3	99.3	99.3	99.3	100.6	103.2	103.2	103.2	105.3	105.3
101.0	**101.1**	**101.3**	**101.7**	**101.8**	**102.1**	**102.5**	**102.2**	**102.4**	**102.4**
101.7	101.4	101.7	102.1	102.2	102.3	102.5	102.3	102.6	102.5
104.0	103.9	104.0	104.7	104.8	104.6	104.6	104.8	105.3	104.8

7-10 续表 3

商品类别及品名	Commodity Category and Commodity Name	全省 whole province	1 月 January	2 月 February
柜	Cabinet	103.9	101.6	101.3
床	Bed	104.7	100.5	100.2
桌	Desk	103.4	101.4	101.0
椅	Chair	103.8	101.5	101.2
沙　发	Sofa	104.5	102.7	103.0
其　他	Others	102.0	100.9	100.9
(2)家庭设备	Household Appliances	100.0	99.3	99.2
洗 衣 机	Washing Machine	100.9	99.9	99.1
电 风 扇	Electric Fan	100.7	97.7	97.1
电冰箱(柜)	Refrigerator	100.3	100.5	100.4
吸排油烟机	Kitchen Ventilato	99.1	98.7	99.8
空 调 器	Air-conditioning	98.9	97.4	97.5
热 水 器	Water Heater	100.5	100.3	100.4
微 波 炉	Microwave Oven	99.8	99.2	99.2
电 炊 具	Electric Cooking Appliance	100.3	102.1	101.6
2.室内装饰品	Interior Decorations	100.0	99.8	99.8
纺织装饰品	Textile Process Decorations	100.0	100.0	100.0
装饰灯具	Architectural Lamps and Lanterns	99.9	99.5	99.5
其　他	Others	100.0	100.0	100.0
3.床上用品	Bedclothes	95.5	98.9	98.7
毛　毯	Woollen Blanket	95.5	95.9	95.9
被　子	Quilt	94.0	100.0	99.0
床上套件	Bed Articcles	95.8	99.8	99.5
其　他	Others	98.7	99.6	102.4
4.家庭日用杂品	Sundry Articles	103.1	101.7	101.7
茶　具	Tea Set	102.9	101.9	101.8
餐　具	Tableware	102.3	101.9	101.9
厨　具	Kitchen Utensils	100.7	99.9	99.9
家用手工工具	Domestic Handwork Tools	100.5	100.2	100.3
洗涤用品	Washing Articles	106.1	102.9	102.9
其　他	Others	102.0	101.9	101.8
5.家庭服务及加工维修服务	Household Srvice and Manufacturing Upkeep	103.7	102.1	101.1
家庭服务	Household Srvice	104.2	104.0	104.0
加工维修服务	Manufacturing Upkeep	103.2	100.0	98.0
五、医疗保健和个人用品	**Health Care and Personal Articles**	**102.4**	**103.1**	**103.1**
1.医疗保健	Health Care	101.9	103.1	102.8
(1)医疗器具及用品	Medical Facilities and Goods	96.8	99.0	98.6
医疗器具及用品	Medical Facili- ties and Goods	96.8	99.0	98.6
(2)中药材及中成药	Herbs and Ready- made Traditional Chinese Medicine	108.7	116.8	115.8
中 药 材	Herbs	114.2	130.2	128.7
中 成 药	Ready-made Tr-aditional Chin-Medicine	101.8	101.9	101.5
(3)西药	Western Medicine	99.6	97.8	97.6
抗微生物药	Anti-microorga-nism Medicine	101.5	99.6	99.3
消化系统用药	Alimentary Sys- tem Medicine	100.9	98.0	97.7
呼吸系统用药	Respiratory System Medicine	96.6	97.9	97.5
解热镇痛及非甾体抗炎药	Allays a Fever the Analgesia and the Non-steroid Body Ar	101.4	100.2	100.2
抗肿瘤药	Antineoplastic Drug	96.7	96.1	95.7
激素及调节内分泌功能药	Hormone and Adjustment Internal Secretion Function Medicine	99.6	95.5	95.5
循环系统用药	Circulating System Medicine	100.8	102.1	101.9
神经系统用药	Nerve System Medicine	87.0	83.4	84.8
专科用药	Junior Medicine	107.6	98.7	98.0

continued

(以上年同期价格为100　preceding year=100)

3 月 March	4 月 April	5 月 May	6 月 June	7 月 July	8 月 August	9 月 September	10 月 October	11月 November	12月 December
103.5	103.5	103.7	104.5	104.5	104.4	104.4	104.7	105.4	105.0
105.2	105.2	105.2	105.4	105.3	105.3	105.3	105.9	106.9	106.3
103.4	103.4	103.4	103.7	103.6	103.5	103.4	104.4	105.4	104.9
104.1	104.1	104.0	104.9	104.9	104.7	104.7	104.1	103.5	103.5
103.9	103.9	104.0	105.2	105.4	105.3	105.2	105.1	105.2	104.5
101.8	101.8	101.8	102.7	102.7	102.7	102.6	102.3	102.3	101.9
99.8	99.4	99.9	100.0	100.2	100.5	100.8	100.3	100.5	100.6
99.9	99.4	101.3	101.7	100.9	101.6	102.4	101.9	101.7	101.3
98.7	99.2	100.0	100.5	102.0	102.3	102.4	102.4	102.4	103.7
100.1	100.1	100.0	99.9	100.0	100.5	100.8	100.6	100.7	100.0
100.2	98.7	98.7	98.4	98.4	99.0	99.4	99.4	99.4	99.4
98.7	98.5	98.7	98.9	99.0	99.1	99.3	99.1	99.3	101.0
100.4	99.6	100.3	100.5	100.8	100.8	101.0	100.3	100.9	100.3
100.2	99.7	99.8	99.9	99.9	100.2	100.0	99.6	100.2	100.2
101.6	100.5	100.3	100.4	100.4	100.5	101.0	98.0	98.9	97.9
99.8	99.8	99.8	99.8	99.8	100.2	100.2	100.2	100.2	100.2
100.0	100.0	100.0	100.0	100.0	100.0	100.0	100.0	100.0	100.0
99.5	99.5	99.5	99.6	99.6	100.4	100.5	100.5	100.5	100.5
100.0	100.0	100.0	100.0	100.0	100.0	100.0	100.0	100.0	100.0
94.1	94.1	94.8	94.9	95.0	94.9	94.9	95.1	95.3	95.4
91.9	93.0	95.9	95.9	95.9	95.9	95.9	96.2	96.5	96.9
92.5	92.5	92.5	92.5	92.9	92.9	93.2	93.2	93.2	93.2
95.5	94.8	94.8	95.1	95.1	94.8	94.8	95.0	95.2	95.2
98.1	98.1	98.1	98.1	98.4	98.4	98.1	98.4	98.4	98.4
101.7	102.3	102.4	102.6	102.8	103.6	104.6	104.1	104.6	104.8
101.8	103.3	103.3	103.3	105.5	104.7	104.7	99.5	102.0	103.7
101.9	101.9	101.9	101.9	101.9	102.3	102.9	102.9	102.9	102.9
99.9	100.1	99.9	99.9	100.0	100.0	102.2	102.3	102.2	102.1
100.3	100.2	100.0	100.0	100.0	100.0	101.1	101.1	101.3	101.4
103.0	104.4	104.6	105.4	105.2	107.6	108.9	108.8	109.4	109.8
101.9	101.9	101.9	101.9	102.1	102.1	102.1	102.3	102.2	102.1
102.8	104.2	104.2	104.5	104.6	105.0	105.3	104.1	103.6	102.9
104.8	105.6	105.6	105.6	105.6	105.6	105.6	102.6	101.5	100.3
100.7	102.8	102.8	103.4	103.6	104.3	105.1	105.8	105.8	105.8
102.9	**102.9**	**102.7**	**102.2**	**102.1**	**102.0**	**101.9**	**102.0**	**101.9**	**101.5**
102.6	102.5	102.1	101.5	101.3	101.3	101.2	101.2	101.4	101.2
98.2	98.2	98.1	97.3	95.8	96.0	96.0	95.6	94.8	94.4
98.2	98.2	98.1	97.3	95.8	96.0	96.0	95.6	94.8	94.4
114.6	114.4	112.0	106.7	106.9	105.3	104.6	104.0	103.3	103.0
126.2	125.0	122.1	111.0	111.1	108.2	106.8	105.0	103.8	103.2
101.5	102.3	100.2	101.3	101.4	101.5	101.6	102.7	102.8	102.8
98.6	98.7	98.9	99.9	100.0	100.6	100.7	100.9	100.6	100.6
99.3	98.9	99.1	100.9	103.2	103.6	103.8	103.6	103.6	103.2
102.2	101.7	102.4	102.6	101.1	101.1	101.0	100.8	101.5	100.3
94.6	94.5	94.7	95.6	97.5	97.2	96.5	96.7	96.3	100.2
102.5	100.2	100.2	102.2	101.6	101.6	101.1	101.1	103.4	101.9
95.0	95.6	95.6	95.7	95.3	96.7	97.4	99.3	99.4	99.0
99.5	100.7	102.0	101.1	99.6	100.0	100.4	100.4	100.4	100.7
101.1	101.0	100.0	100.5	98.1	101.4	102.2	102.2	99.4	99.4
84.8	86.1	87.2	88.7	88.7	88.7	88.7	89.4	87.4	86.8
103.4	107.9	107.9	109.5	111.7	111.9	111.9	111.9	109.4	109.4

7−10 续表 4

商品类别及品名	Commodity Category and Commodity Name	全省 whole province	1 月 January	2 月 February
其　　他	Others	102.3	101.1	101.2
(4)保健器具及用品	Healthcare Equip-ment	99.7	100.0	100.0
保健器具	Health Protection Equipment	99.7	99.3	99.3
滋补保健用品	Tonic and Health Products	99.8	100.3	100.4
(5)医疗保健服务	Health Care Services	100.8	101.8	101.8
挂 号 费	Registration	100.1	98.9	98.9
注 射 费	Injection Expenses	103.7	108.3	108.3
检 查 费	Examination Expenses	100.4	99.2	99.2
手 术 费	Operation Exp- enses	101.1	103.5	103.5
住 院 费	Hospitalization Expenses	99.7	99.7	99.7
理 疗 费	Physiotherapy Expenses	101.3	102.4	102.4
化 验 费	Analysis Expenses	100.0	100.0	100.0
其　　他	Others	100.0	100.0	100.0
2.个人用品及服务	Personal Articles and Services	103.6	103.2	103.7
(1)化妆美容用品	Cosmetics	101.3	100.4	101.6
化妆美容器具	Cosmetics App- liances	100.6	100.6	100.4
美容化妆品	Facial Beautifiers	101.1	102.4	102.4
护肤品	Protects Skin Products	102.1	101.4	102.1
护发美容品	Protects Sends the Beauty Products	100.9	94.5	100.1
(2)清洁化妆用品	Cleaning Toiletw-are	101.3	100.1	100.6
洗发用品	Hairdressing Articles	100.8	99.7	101.2
洗浴用品	Bathing Articles	101.0	100.6	100.0
其　　他	Others	102.9	100.3	100.5
(3)个人饰品	Personal Decoraions	105.7	104.1	105.3
首　　饰	Ornaments	114.3	114.3	117.1
皮　　件	Leather Appliance	100.9	99.2	98.7
手　　表	Watch	103.3	101.6	102.3
领　　带	Necktie	98.5	97.1	97.8
其　　他	Others	94.9	88.9	88.9
(4)个人服务	Personal Services	105.4	106.7	106.1
美　　容	Cosmetology	101.6	100.0	101.7
理(烫)发	Haircut (perm-naent wave)	102.8	108.0	105.2
洗　　浴	Bathe	109.8	105.3	106.8
其　　他	Others	121.5	122.1	122.1
六、交通和通信	**Transportation and Communication**	**101.7**	**100.7**	**100.7**
1.交通	Transportation	106.1	104.4	104.4
(1)交通工具	Transportation Facility	103.0	101.0	100.9
摩 托 车	Motorcycle	104.6	101.4	102.0
自 行 车	Bicycle	104.2	103.2	102.3
轿　　车	Car	95.1	92.7	92.7
其　　他	Others	99.3	98.2	98.7
(2)车用燃料及零配件	Fuels and Parts	113.1	107.1	107.7
汽　　油	Gasoline	116.5	107.2	108.6
柴　　油	Diesel Oil	117.4	109.3	109.4
零 配 件	Parts	103.4	105.0	105.2
其　　他	Others	101.8	100.0	99.1
(3)车辆使用及维修费	Using and Upkeep Fare	99.9	102.4	101.9
驾 驶 证	Driving License	92.9	97.2	96.5
保 险 费	Insurance Exp-enses	100.2	102.7	101.3
停 车 费	Parking Expen-ses	103.1	100.0	100.0

continued

(以上年同期价格为100 preceding year=100)									
3 月 March	4 月 April	5 月 May	6 月 June	7 月 July	8 月 August	9 月 September	10 月 October	11月 November	12月 December
100.2	100.1	100.0	101.6	102.3	104.0	104.1	104.1	104.4	104.4
100.1	100.1	100.1	99.9	99.4	99.2	99.4	99.5	99.6	99.4
99.4	99.5	99.7	99.7	99.9	99.8	99.7	99.8	99.8	99.8
100.5	100.5	100.4	100.0	99.2	98.9	99.2	99.2	99.5	99.1
100.8	100.6	100.5	100.7	100.1	100.1	100.2	100.5	101.5	101.5
100.4	100.4	100.4	100.4	100.4	100.4	100.4	100.4	100.4	100.4
105.4	105.4	105.4	105.4	100.6	100.6	100.6	100.6	102.7	102.7
100.0	100.0	100.0	100.0	100.0	100.0	100.0	102.1	102.1	102.1
100.0	100.0	100.0	100.0	100.0	100.0	100.0	100.0	103.2	103.2
100.0	99.2	99.2	99.6	99.6	99.6	100.0	100.0	100.0	100.0
101.0	101.0	100.4	100.6	100.8	101.3	101.3	101.3	101.3	101.3
100.0	100.0	100.0	100.0	100.0	100.0	100.0	100.0	100.0	100.0
100.0	100.0	100.0	100.0	100.0	100.0	100.0	100.0	100.0	100.0
103.6	103.9	103.9	104.0	103.9	103.9	103.8	104.0	103.4	102.1
101.7	101.5	100.9	101.1	101.0	101.3	101.4	102.0	101.6	101.2
100.4	100.4	100.0	100.4	100.7	101.0	101.0	101.0	100.9	100.7
102.4	101.5	100.2	100.2	100.2	100.6	100.6	100.8	100.8	100.7
102.1	102.1	102.1	102.1	101.6	101.7	102.1	103.7	102.6	101.6
100.8	101.2	101.2	101.5	101.9	101.9	101.9	102.0	102.0	102.1
100.6	101.4	101.3	101.8	100.6	101.3	101.9	102.0	102.4	102.1
100.5	101.7	101.4	99.8	99.7	100.4	101.9	101.3	101.5	100.9
100.7	101.6	101.6	102.6	99.1	100.4	100.4	101.1	102.0	102.1
100.5	100.5	100.5	104.7	104.7	104.7	104.7	104.7	104.7	104.7
107.3	108.0	107.9	107.4	108.3	107.3	106.0	105.3	101.4	100.2
121.3	121.6	121.3	118.5	118.7	117.2	113.7	112.0	101.3	98.0
100.7	101.9	101.9	101.4	101.1	101.1	101.2	101.2	100.8	101.2
102.3	102.3	102.3	102.3	102.9	103.5	105.4	105.3	105.2	104.3
97.8	100.0	100.0	100.0	100.0	98.2	96.1	96.1	98.4	100.2
88.9	88.9	88.9	95.1	103.7	100.0	100.0	100.0	100.0	100.0
104.5	104.6	105.1	105.1	105.1	105.2	105.3	105.9	106.9	103.9
101.7	101.7	101.7	101.7	101.7	101.7	101.7	101.7	101.7	101.7
100.8	100.8	102.0	102.0	102.0	102.3	102.6	102.6	102.6	102.6
110.0	110.3	110.3	110.3	110.3	109.8	109.8	109.8	115.0	109.2
122.1	122.1	122.1	122.1	122.1	122.1	122.1	128.7	129.0	105.7
100.8	**100.9**	**100.8**	**101.7**	**102.4**	**102.4**	**102.4**	**102.7**	**102.5**	**101.9**
104.6	104.7	104.5	105.9	107.2	107.5	107.6	108.3	107.5	106.2
101.2	101.5	102.3	103.3	103.2	103.3	103.2	104.8	105.6	105.2
101.7	101.9	103.5	105.0	104.7	104.7	104.2	107.5	109.4	109.0
103.1	103.5	103.6	104.2	105.0	104.9	105.0	105.0	105.1	104.9
93.0	93.8	94.9	95.6	95.8	95.2	95.7	97.7	98.3	96.9
98.5	99.0	99.3	99.7	97.7	98.8	98.9	101.0	101.0	100.4
108.0	108.0	107.3	112.7	120.1	121.5	121.5	121.5	114.3	107.9
109.4	109.6	109.3	117.1	127.0	128.1	128.1	128.0	117.5	108.8
109.4	109.3	109.6	116.8	127.0	129.9	129.9	129.3	118.7	110.3
105.2	105.3	101.9	102.0	102.4	102.4	102.4	103.0	103.2	103.4
99.1	99.1	100.1	100.6	102.0	102.9	102.9	105.6	106.7	103.9
101.8	101.3	99.4	99.4	99.5	98.4	98.4	98.7	98.4	99.0
96.2	94.3	93.5	93.6	92.9	89.6	89.6	90.6	89.4	91.9
101.3	101.3	100.5	100.5	100.5	98.9	98.9	98.9	98.9	98.9
100.0	100.0	100.0	100.0	103.7	106.7	106.7	106.7	106.7	106.7

7—10　续表 5

商品类别及品名	Commodity Category and Commodity Name	全省 whole province	1 月 January	2 月 February
车辆修理服务费	Vehicle Upkeep Service fare	101.2	103.8	103.8
其　　他	Others	119.4	118.5	118.5
(4)市区公共交通费	Incity Traffic Fare	101.2	100.0	101.9
公共汽车票	Bus Ticket	100.2	100.0	99.9
出租汽车	Taxi	102.7	100.0	100.7
其　　他	Others	100.7	100.0	108.7
(5)城市间交通费	Intercity Traffic Fare	115.5	116.0	115.6
飞 机 票	Airplane Ticket	92.7	100.0	135.0
火 车 票	Train Ticket	100.0	100.0	100.0
长途汽车	Intertown Bus	119.2	119.6	119.0
其　　他	Others	103.0	105.8	102.2
2.通信	Communication	96.0	96.0	95.8
(1)通信工具	Communication Facility	87.1	85.7	85.2
固定电话机	Telephone	97.7	98.8	98.1
移动电话机	Mobile Phone	78.1	75.2	74.8
其　　他	others	94.2	94.0	94.0
(2)通信服务	Communication Service	99.6	100.3	100.3
移动通信费	Mobile Comm-unication Fee	97.4	100.0	100.0
市内电话费	Incity Telephone Fee	100.0	100.0	100.0
长途电话费	Long Distance Call Fee	100.0	100.0	100.0
月租费	Month Hiring Fee	100.0	100.0	100.0
上网费	Net Play Fee	103.8	104.6	104.6
信件邮寄	Letter Post	100.0	100.0	100.0
包裹邮寄	Package Post	100.0	100.0	100.0
其　　他	Others	100.0	100.0	100.0
七、娱乐教育文化用品及服务	**Recreation,Education and Culture Articles**	**101.2**	**99.2**	**99.1**
1.文娱用耐用消费品及服务	Durable Consumer Goods for Cultural and Recreational Use and Service	97.6	95.5	95.2
电 视 机	Television	96.8	94.2	93.4
激光视盘机	Laser Video Disc Machine	96.8	95.5	95.7
摄 像 机	Pickup Camera	98.6	95.4	96.5
照 相 机	Camera	97.8	94.3	95.3
家用音响	Acoustic Equipment	101.1	99.1	99.1
便携式音响	Portable Acoustics	97.0	97.0	96.2
电　　脑	Computer	95.0	94.6	94.6
修理服务	Repair Service	108.2	105.1	105.2
其　　他	Others	97.8	98.5	97.8
2.教育	Education	102.2	100.0	100.0
(1)教材及参考书	Teaching Materials and Reference Books	100.1	99.4	99.5
工 具 书	Tool Book	100.7	100.7	100.7
教　　材	Teaching Material	101.2	100.4	100.4
参 考 书	Reference Book	97.6	97.0	97.0
教育软件	Educational Software	98.7	97.2	98.5
(2)学杂托幼费	Tuition and Child Care	102.7	100.1	100.1
义务教育杂费	Incidental Expe- nses of Compul-cory Education	100.0	100.0	100.0
非义务教育学杂费	Tuition of Non-compulsory Education	100.0	100.0	100.0
技能培训学费	Skill Train Tuition	100.0	100.0	100.0
托 幼 费	Child Care	115.8	100.7	100.7
其　　他	Others	101.0	100.0	100.0
3.文化娱乐类	Recreation and Culture	100.6	100.4	100.4
(1)文化娱乐用品	Culture Articles	100.6	100.3	100.3

continued

(以上年同期价格为100 preceding year=100)

3 月 March	4 月 April	5 月 May	6 月 June	7 月 July	8 月 August	9 月 September	10 月 October	11月 November	12月 December
103.8	103.8	100.0	100.0	100.0	100.0	100.0	100.0	100.0	100.0
118.5	118.5	118.5	118.5	120.4	120.4	120.4	120.4	120.4	120.4
100.0	100.9	101.2	101.2	101.2	101.6	101.6	101.6	101.6	101.6
100.0	100.0	100.0	100.0	100.0	100.5	100.5	100.5	100.5	100.5
100.0	102.5	103.2	103.2	103.2	103.9	103.9	103.9	103.9	103.9
100.0	100.0	100.0	100.0	100.0	100.0	100.0	100.0	100.0	100.0
115.9	115.9	113.7	114.1	115.4	116.4	117.0	116.2	115.5	114.7
135.0	120.9	82.7	82.7	82.7	82.7	82.7	79.0	75.5	75.5
100.0	100.0	100.0	100.0	100.0	100.0	100.0	100.0	100.0	100.0
119.4	119.4	117.0	117.5	119.0	120.3	121.0	120.1	119.2	118.4
102.2	102.2	102.2	102.2	103.5	103.5	103.5	103.5	103.5	101.3
96.0	95.9	96.1	96.3	96.1	95.7	95.7	95.5	95.9	96.3
86.0	85.7	86.1	87.0	87.8	88.0	88.1	87.5	88.7	90.1
98.2	98.5	98.5	98.6	99.0	98.4	97.6	95.5	95.5	96.0
76.0	75.6	75.9	77.0	78.1	79.2	80.2	80.4	82.8	85.3
94.3	92.1	94.5	96.9	96.9	95.0	93.1	93.2	93.2	93.2
100.2	100.2	100.2	100.2	99.5	98.8	98.8	98.8	98.8	98.8
99.2	99.2	99.2	99.2	97.2	94.9	94.9	94.9	94.9	94.9
100.0	100.0	100.0	100.0	100.0	100.0	100.0	100.0	100.0	100.0
100.0	100.0	100.0	100.0	100.0	100.0	100.0	100.0	100.0	100.0
100.0	100.0	100.0	100.0	100.0	100.0	100.0	100.0	100.0	100.0
106.4	106.4	106.4	105.9	103.0	101.7	101.7	101.7	101.7	101.7
100.0	100.0	100.0	100.0	100.0	100.0	100.0	100.0	100.0	100.0
100.0	100.0	100.0	100.0	100.0	100.0	100.0	100.0	100.0	100.0
100.0	100.0	100.0	100.0	100.0	100.0	100.0	100.0	100.0	100.0
99.8	**99.9**	**100.0**	**100.2**	**100.2**	**100.5**	**103.9**	**103.9**	**104.1**	**104.1**
96.5	97.4	97.7	97.5	97.5	98.1	98.2	98.6	99.1	99.2
95.8	97.4	98.0	97.6	97.7	97.9	97.3	97.7	97.4	98.0
96.4	94.6	95.1	95.2	95.2	97.9	100.0	98.9	98.5	99.5
97.0	99.3	99.4	99.4	99.4	99.4	99.5	99.5	99.3	99.0
95.4	97.1	97.1	97.1	97.0	99.0	99.8	100.5	101.1	99.6
99.1	100.7	100.6	100.6	100.5	101.4	102.4	103.5	103.6	102.9
96.3	97.0	97.2	97.2	97.2	97.2	97.0	97.0	96.8	97.7
94.4	94.4	94.4	94.2	94.2	93.7	93.7	93.8	99.5	99.5
107.5	107.5	106.9	107.0	106.0	107.1	109.3	114.3	113.3	108.5
97.8	97.8	98.7	98.7	98.7	98.7	96.8	96.8	96.8	96.8
100.5	100.5	100.6	100.7	100.7	100.9	105.7	105.7	105.8	105.8
99.5	99.5	99.4	99.4	99.3	99.0	101.4	101.4	101.6	101.6
100.7	100.7	100.5	100.5	100.9	100.7	100.6	100.9	100.9	100.9
100.3	100.3	100.3	100.3	99.8	99.6	103.7	103.5	103.0	103.0
97.3	97.3	96.9	96.9	97.4	96.8	97.6	97.9	99.3	99.3
98.5	98.3	98.6	98.6	98.8	98.8	98.8	98.8	99.7	99.7
100.7	100.7	100.8	100.9	100.9	101.3	106.6	106.6	106.6	106.6
100.0	100.0	100.0	100.0	100.0	100.0	100.0	100.0	100.0	100.0
100.0	100.0	100.0	100.0	100.0	100.0	100.0	100.0	100.0	100.0
100.0	100.0	100.0	100.0	100.0	100.0	100.0	100.0	100.0	100.0
104.4	104.4	104.9	105.5	105.5	107.9	138.7	138.7	139.0	139.0
101.2	101.2	101.2	101.2	101.2	101.2	101.2	101.2	101.2	101.2
100.4	100.4	100.4	100.7	100.6	100.6	100.6	100.6	100.8	100.7
100.2	100.2	100.2	100.7	100.6	100.6	100.7	100.8	101.3	101.0

7—10 续表 6

商品类别及品名	Commodity Category and Commodity Name	全省 whole province	1 月 January	2 月 February
乐　　器	Musical Instru-ment	101.2	100.2	100.3
音响光盘和磁带	Audio,Disk and Tape	100.2	100.1	100.1
照相胶卷和存储卡	Roll Film and M-emorizing Card	96.1	97.6	97.6
录像磁带和视盘	Video Tape and Disk	99.8	98.4	98.8
儿童玩具	Children's Toy	99.9	100.0	100.0
纸张本册	Paper and Volume	101.9	101.4	101.4
文　　具	Stationery	102.1	101.0	101.0
体育用品	Sports Goods	101.8	101.0	101.0
其　　他	Others	100.5	103.1	103.1
(2)书报杂志	Books,Newspapers,Magazines	100.7	100.9	100.9
书　　籍	Books	100.3	100.2	100.3
报　　纸	Newspapers	101.7	102.2	102.2
杂　　志	Magazines	100.2	100.1	100.1
(3)文娱费	Expenditure of Culture and Rec-reation	100.3	100.1	100.1
电 影 票	Film Ticket	100.0	100.0	100.0
景点门票	Scene Spot ticket	102.5	100.7	100.9
有线电视	Cable Television	100.2	100.0	100.0
健身活动	Exercise	99.3	100.4	100.0
其　　他	Others	100.0	100.0	100.0
4.旅游	Tourism	102.4	99.4	99.6
旅行社收费	Travel Agency Charge	102.3	98.0	97.7
宾馆住宿	Guesthouse Stay	102.5	100.0	100.6
其他住宿	Other Stay	102.3	100.0	100.0
八、居住	**Residence**	**110.1**	**105.5**	**105.8**
1.建房及装修材料	Building and Building Decoration Materials	108.9	104.7	105.0
木　　材	Wood	105.6	107.6	106.4
木 地 板	Wood Floor	105.5	103.6	103.5
砖	Brick	111.7	103.9	104.4
水　　泥	Cement	113.5	102.0	103.0
涂　　料	Coating Material	103.9	101.3	101.4
胶 合 板	Plywood	110.8	108.4	109.4
玻　　璃	Glass	107.0	105.6	107.9
粘　　胶	Rayon	106.4	105.9	105.1
油　　漆	Paint	104.9	103.5	102.2
其　　他	Others	110.7	109.7	109.9
2.租房	Renting	103.6	101.4	101.4
公房房租	Public House Rent	100.4	100.0	100.0
私房房租	Private House Rent	105.2	102.0	102.0
其他费用	Other Fare	102.1	100.9	100.9
3.自有住房	Private Housing	109.8	108.6	108.4
房屋贷款利率	Houses Loans Int-erest Rate	102.1	110.0	108.2
物业管理费用	Property Manage- ment Fee	105.9	100.0	106.5
维护修理费用	Upkeep and Repair Fee	112.4	109.3	109.3
其　　他	Others	101.7	100.0	100.0
4.水、电、燃料	Water,Electricity and Fuels	112.2	106.3	106.7
水	Water	104.0	105.4	105.4
电	Electricity	100.0	100.0	100.0
液化石油气	Liquefiled Petrol-eum Gas	117.2	121.4	124.0
管道燃气	Pipelined Gas	104.4	104.1	105.3
其他燃料	Other Fuels	126.0	107.8	108.0

continued

(以上年同期价格为100 preceding year=100)									
3 月 March	4 月 April	5 月 May	6 月 June	7 月 July	8 月 August	9 月 September	10 月 October	11月 November	12月 December
100.3	100.3	100.3	100.3	101.7	101.8	101.8	101.8	102.8	102.2
100.1	100.1	100.1	100.2	100.2	100.3	100.3	100.3	100.3	100.3
96.4	95.9	95.9	95.9	95.9	95.9	95.9	95.9	95.7	95.5
100.0	100.0	100.0	100.0	100.0	100.0	100.0	100.0	100.0	100.0
100.0	100.4	99.9	100.4	99.7	100.1	100.1	100.0	100.0	97.7
101.3	101.4	101.6	102.3	102.3	101.2	101.2	101.7	103.6	103.6
101.0	101.0	101.2	102.2	102.2	102.5	102.9	102.9	103.3	103.7
101.0	101.0	101.1	101.9	101.9	101.9	101.9	102.3	103.4	103.1
100.0	100.0	100.0	100.0	100.0	100.2	100.3	100.0	100.0	100.0
100.9	100.9	100.9	100.9	100.9	100.9	100.7	100.4	100.2	100.2
100.3	100.3	100.3	100.2	100.4	100.4	100.4	100.3	100.2	100.1
102.2	102.2	102.2	102.2	102.2	102.2	101.5	100.9	100.3	100.3
100.2	100.2	100.2	100.2	100.1	100.1	100.1	100.1	100.2	100.2
100.1	100.3	100.3	100.3	100.1	100.1	100.5	100.5	100.5	100.5
100.0	100.0	100.0	100.0	100.0	100.0	100.0	100.0	100.0	100.0
100.9	102.7	103.0	103.1	103.1	103.1	103.1	103.1	103.1	103.1
100.0	100.0	100.0	100.0	100.0	100.0	100.7	100.7	100.7	100.7
100.0	100.0	100.0	100.0	98.4	98.4	98.4	98.4	98.4	98.4
100.0	100.0	100.0	100.0	100.0	100.0	100.0	100.0	100.0	100.0
99.7	100.0	100.0	102.6	102.8	104.6	104.9	104.8	104.9	105.1
98.3	99.2	99.2	100.2	100.3	106.1	107.3	106.7	107.1	107.7
100.6	100.6	100.6	103.8	103.8	103.8	103.8	103.8	103.8	103.8
100.0	100.0	100.0	103.2	104.1	104.1	104.1	104.1	104.1	104.1
106.7	**108.1**	**110.1**	**114.2**	**114.5**	**113.9**	**113.3**	**112.0**	**109.6**	**107.6**
106.2	106.3	108.5	113.2	113.7	113.0	111.6	110.2	108.2	106.7
107.7	107.6	107.9	107.7	107.0	105.5	104.1	103.3	102.3	100.3
104.2	104.3	107.0	107.0	107.0	107.1	107.3	106.1	105.4	104.0
105.5	106.5	110.9	114.8	117.7	118.6	117.7	116.8	112.6	111.0
105.6	105.4	109.7	126.3	126.2	122.3	119.4	115.7	113.1	113.2
101.5	102.3	103.3	105.3	104.2	105.1	106.2	105.9	105.6	104.3
112.0	112.9	112.8	114.6	111.7	111.8	110.4	109.3	109.5	107.3
108.6	107.5	107.0	109.9	112.8	111.6	106.7	104.4	102.9	100.5
105.3	105.6	105.8	108.5	108.9	109.4	109.0	107.1	104.4	102.6
103.1	102.1	102.5	105.8	106.6	107.4	107.5	107.0	106.3	104.6
111.1	109.4	111.8	113.1	112.9	112.0	111.4	111.1	109.1	107.2
101.4	101.4	101.5	102.0	103.5	106.2	106.2	106.2	106.2	106.0
100.0	100.0	100.2	100.4	100.4	100.7	100.7	100.7	100.7	100.7
102.0	102.0	102.0	102.1	104.6	109.2	109.2	109.2	109.2	109.2
100.9	100.9	100.9	103.1	103.1	103.1	103.1	103.1	103.1	102.2
108.3	109.6	111.2	112.4	112.8	112.3	111.7	109.5	107.5	105.8
107.3	106.3	105.8	103.2	101.9	101.5	100.2	99.1	94.4	89.0
106.5	106.5	106.5	106.5	106.5	106.5	106.5	106.5	106.5	106.5
109.3	111.3	113.5	115.8	116.5	116.0	115.5	112.7	110.3	109.1
100.0	100.0	100.0	100.0	100.0	100.0	100.0	100.0	109.2	111.1
107.5	110.8	112.8	116.7	116.7	115.9	116.6	115.4	112.2	109.2
104.5	104.5	104.5	104.5	103.6	104.5	105.1	102.0	102.0	102.0
100.0	100.0	100.0	100.0	100.0	100.0	100.0	100.0	100.0	100.0
127.0	126.5	127.3	127.9	127.3	124.6	121.6	113.3	92.0	86.8
106.6	106.6	106.6	103.9	103.9	103.9	103.9	103.9	102.4	102.4
109.6	118.8	124.0	134.6	135.0	133.5	136.1	136.8	136.9	130.3

7-11 全省居民消费价格(环比)指数(2008年)

商品类别及品名	Commodity Category and Commodity Name	1 月 January	2 月 February	3 月 March
居民消费价格总指数	**General Consumer Price Index**	**101.4**	**101.6**	**99.8**
非食品价格指数	**No-food**	**100.1**	**100.0**	**100.1**
服务项目价格指数	**Services**	**100.3**	**100.3**	**100.0**
工业品价格指数	**Industrial Products**	**100.0**	**99.8**	**100.2**
扣除食品和能源价格指数	**Deducting Foods and Energy**	**100.1**	**100.0**	**100.1**
扣除鲜菜鲜果总指数	**Deducting Fresh,Vegetables and Fruits**	**101.0**	**100.6**	**100.2**
消费品价格指数	**Consumer Goods**	**101.7**	**101.9**	**99.8**
一、食　品	**Food**	**104.4**	**105.0**	**99.1**
1.粮　食	Grain	100.4	99.9	100.6
大　米	Rice	100.1	99.8	99.7
面　粉	Flour	99.4	99.7	100.2
粮食制品	Grain Products	100.7	99.6	100.9
其　他	Others	103.5	101.7	102.7
2.淀　粉	Starches	101.8	101.5	100.2
淀　粉	Starches	101.8	101.5	100.2
3.干豆类及豆制品	Beans and Beans Products	102.7	102.9	106.7
干　豆	Beans	100.7	101.2	106.0
豆制品	Beans Products	103.5	103.6	107.0
4.油　脂	Oil and Fat	105.6	102.6	104.1
食用植物油	Edible Vegetable Oil	105.3	102.5	104.2
植物油制品	Plant Oil Products	105.0	103.5	104.6
其　他	Others	110.9	102.5	103.0
5.肉禽及其制品	Meal,Poultry and Their Products	106.6	104.1	99.0
(1)食用畜肉及副产品	Edible Livestock Meat and Their By-products	108.3	104.3	98.6
猪　肉	Pork	109.7	104.1	98.4
牛　肉	Beef	106.2	105.6	99.1
羊　肉	Mutton	103.8	104.7	97.4
畜肉副产品	Livestock Meat By-products	105.8	104.8	100.3
其　他	Others	109.0	102.3	98.8
(2)禽	Poultry	105.9	106.7	97.7
鸡	Chicken	106.6	108.2	97.1
鸭	Duck	101.2	102.4	99.8
其　他	Others	105.7	101.2	99.2
(3)加工肉禽	Meal and Poultry Processing Products	102.3	102.1	100.8
畜肉制品	Livestock Meat Products	102.6	102.2	101.1
禽 制 品	Poultry Products	101.7	101.7	100.2
6.蛋	Eggs	103.0	101.3	96.2
鲜　蛋	Fresh Eggs	103.1	101.3	95.8
蛋制品	Egg Products	102.2	101.1	99.7
7.水产品	Aquatic Product	105.2	104.5	98.5
(1)鱼	Fish	104.4	104.4	97.9
淡水鱼	Freshwater Fish	103.5	105.2	99.0
海水鱼	Seawater Fish	105.5	103.4	96.7
(2)其他水产品	Other Aquatic Product	106.3	104.7	99.2
虾蟹类	Shrimp and Crab	107.7	105.1	99.9
其　他	Others	103.3	103.7	97.7
8.菜	Vegetable	110.3	125.1	92.9
鲜　菜	Fresh Vegetable	111.5	128.1	92.3
干菜及菜制品	Dried Vegetable and Vegetable Products	100.7	100.6	99.5
薯　类	Potato	105.1	107.7	95.8

Entire Province Consumer Price Indices(2008)

(以上月价格为100 preceding year=100)

4 月 April	5 月 May	6 月 June	7 月 July	8 月 August	9 月 September	10 月 October	11月 November	12月 December
100.0	**99.6**	**99.7**	**100.0**	**100.2**	**100.2**	**99.6**	**99.6**	**100.0**
100.3	**100.4**	**100.5**	**100.2**	**100.1**	**100.4**	**100.1**	**99.9**	**99.5**
100.3	**100.2**	**100.0**	**100.2**	**100.3**	**101.0**	**100.0**	**99.9**	**99.7**
100.2	**100.5**	**100.7**	**100.2**	**100.0**	**100.2**	**100.1**	**99.9**	**99.4**
100.1	**100.3**	**100.3**	**100.1**	**100.1**	**100.4**	**100.1**	**99.9**	**99.7**
100.4	**100.5**	**100.4**	**100.0**	**100.0**	**100.2**	**99.5**	**99.6**	**99.7**
99.9	**99.4**	**99.6**	**100.0**	**100.2**	**100.0**	**99.4**	**99.5**	**100.1**
99.3	**97.9**	**98.0**	**99.7**	**100.5**	**99.8**	**98.4**	**98.9**	**101.1**
100.1	100.1	100.1	100.0	100.3	100.3	99.8	99.5	100.0
99.6	99.7	99.2	100.1	99.7	100.2	99.3	98.7	98.9
99.9	99.9	99.7	99.6	100.1	100.2	100.2	100.0	101.2
100.2	100.4	100.7	100.1	100.7	99.9	99.6	100.2	100.1
101.9	100.8	100.6	100.7	101.2	102.2	100.4	97.7	98.4
100.2	100.1	101.2	100.1	100.7	101.4	99.8	99.7	100.0
100.2	100.1	101.2	100.1	100.7	101.4	99.8	99.7	100.0
102.7	100.6	101.1	100.4	99.9	99.8	98.2	97.1	98.4
102.3	100.2	100.5	100.0	99.0	98.0	94.3	96.3	96.6
102.8	100.7	101.3	100.5	100.2	100.5	99.7	97.4	99.0
100.0	99.3	99.7	100.0	97.9	96.9	96.4	95.9	98.4
100.3	99.3	99.7	100.3	97.9	97.1	96.3	96.1	98.1
97.7	99.1	100.1	100.1	98.4	95.3	97.5	93.1	98.2
100.8	99.5	98.3	95.9	97.6	96.5	94.1	98.7	101.7
100.1	99.7	98.7	98.6	99.0	98.1	96.0	97.7	102.1
99.1	98.8	98.4	98.2	98.1	96.5	93.4	96.8	104.2
98.8	97.8	97.3	97.4	96.8	94.6	90.6	94.9	106.6
99.7	101.3	100.2	100.5	100.2	99.7	100.2	101.0	100.0
100.3	100.5	100.6	100.1	100.8	100.7	100.0	101.2	100.1
98.9	101.2	101.0	98.6	100.2	98.5	94.3	97.1	102.2
99.9	99.7	98.4	99.2	100.3	100.4	96.3	99.9	101.1
103.1	101.6	97.5	98.0	100.9	101.8	100.3	97.8	98.0
103.7	101.6	96.7	97.2	101.3	102.3	100.5	97.6	97.8
101.8	101.3	100.5	101.0	99.6	99.0	100.1	102.1	96.4
100.4	101.5	99.6	99.9	100.0	100.8	99.6	95.8	100.6
101.4	101.2	100.3	100.2	100.3	100.2	99.8	99.5	99.8
101.8	101.2	100.5	100.2	100.2	100.0	99.6	99.4	99.7
100.5	101.0	100.0	100.2	100.5	100.4	100.2	99.8	100.0
101.0	104.0	102.6	98.3	102.6	104.2	94.5	95.7	98.6
101.2	104.5	103.0	98.1	102.9	104.7	93.8	95.2	98.4
99.5	100.3	99.8	99.9	100.1	100.5	100.2	99.8	100.2
101.7	102.5	102.9	99.9	98.5	99.3	97.3	98.3	100.6
103.8	104.7	104.6	100.5	99.3	97.0	96.7	98.3	99.2
106.0	107.8	105.9	99.9	97.6	96.0	96.6	97.0	97.5
101.5	101.0	102.9	101.4	101.6	98.3	96.9	99.9	101.1
98.9	99.5	100.3	98.9	97.1	103.0	98.2	98.2	102.7
98.4	99.4	100.7	97.8	95.7	104.7	97.3	97.3	103.3
100.0	99.6	99.6	101.6	100.3	99.2	100.2	100.2	101.3
84.5	82.6	84.9	103.2	110.6	99.5	99.3	94.4	108.0
82.5	79.3	83.1	104.2	112.5	99.5	99.8	93.7	109.5
100.1	100.0	99.7	99.8	101.0	100.3	99.8	99.5	99.3
107.2	120.2	84.5	95.8	100.9	96.8	88.2	94.1	101.9

7-11 续表 1

商品类别及品名	Commodity Category and Commodity Name	1 月 January	2 月 February	3 月 March
9.调味品	Flavoring	101.4	100.4	100.0
盐	Salt	100.8	100.2	100.0
酱 油	Soy Sauce	102.9	100.9	100.1
醋	Vinegar	102.0	100.6	100.0
味 精	Aginomoto	100.0	100.0	100.1
其 他	Others	100.2	99.9	100.0
10.糖	Carbohydrate	101.2	100.5	100.5
食 糖	Sugar	100.1	100.4	100.2
糖 果	Sweet	100.6	100.6	100.7
巧克力制品	Chocolate Products	103.8	100.3	100.6
糖类小食品	Little Carbohydr-ate Food	103.2	100.6	100.2
11.茶及饮料	Tea and Beverages	100.5	100.4	100.7
(1)茶 叶	Tea	99.9	100.0	100.2
茶 叶	Tea	99.9	100.0	100.2
(2)饮 料	Beverages	100.9	100.7	101.0
固体饮料	Solid Beverages	103.8	100.7	100.7
液体饮料	Liquid Beverages	100.1	100.8	100.1
冷冻饮品	Frozen Beverages	100.2	100.7	103.3
12.干鲜瓜果	Dried and Fresh Melons and Fruits	106.1	104.7	97.8
鲜瓜果	Fresh Fruits	107.0	105.4	97.1
干(坚)果	Dried Fruits	103.0	102.0	100.6
13.糕点饼干	Cake,Biscuit and Bread	102.1	100.6	100.9
糕 点	Cake	100.5	100.1	100.8
饼 干	Biscuit	105.3	101.6	100.4
面 包	Bread	101.2	100.1	101.8
14.液体乳及乳制品	Liquid Milk and Their Products	105.4	103.5	101.5
巴氏杀菌奶或消毒奶	Pasteurization Milk or Disinfection Milk	106.1	104.4	101.4
酸 奶	Leben	103.0	103.8	101.4
奶 粉	Milk Powder	106.1	100.7	102.6
其 他	Others	104.1	102.1	100.5
15.在外用膳食品	Outward Dinner	101.1	101.1	101.9
主 食	Staple Food	101.8	101.4	101.8
炒 菜	Hot Dish	100.4	101.2	101.9
地方小吃	Local Snack	102.2	100.4	102.3
16.其他食品	Other Foods	101.4	100.0	100.5
其他食品	Other Foods	101.4	100.0	100.5
二、烟酒及用品	**Tobacco,Liquor and Their Appliances**	**100.9**	**100.6**	**100.8**
1.烟 草	Tobacco	100.0	100.0	100.0
国产卷烟	Domestic Cigarette	100.0	100.0	100.0
进口卷烟	Import Cigarette	100.2	100.1	100.0
其 他	Others	100.1	100.0	100.0
2.酒	Liquor	101.6	101.1	101.5
白 酒	White Spirit	102.3	101.5	100.8
葡萄酒	Grape	100.0	100.3	100.1
啤 酒	Beer	101.0	100.4	103.3
其 他	Others	100.8	102.5	99.6
3.吸烟、饮酒用品	Appliances for Sm-oking and Drinking	100.1	100.3	99.6
吸烟用品	Appliances for Smoking	100.1	100.4	99.9
饮酒用品	Appliances for Drinking	100.2	100.2	99.4
三、衣 着	**Clothing**	**99.3**	**99.2**	**99.6**
1.服 装	Garments	99.2	99.0	99.5
(1)男式服装	Men's Garments	99.2	98.6	99.8

continued

(以上月价格为100 preceding month=100)								
4 月 April	5 月 May	6 月 June	7 月 July	8 月 August	9 月 September	10 月 October	11月 November	12月 December
100.9	100.4	100.4	99.9	100.7	100.4	100.1	100.0	100.0
100.0	99.9	99.9	100.0	100.0	100.1	99.9	100.1	100.1
101.8	100.9	100.3	99.8	100.6	100.7	100.0	100.0	100.3
101.3	100.0	101.0	100.2	100.9	100.7	100.2	100.1	99.9
100.7	101.3	101.2	100.1	100.5	99.9	100.1	99.8	100.3
100.8	100.3	100.0	99.5	101.9	100.5	100.5	100.1	99.4
100.1	100.3	100.2	99.7	100.4	100.4	100.3	100.1	99.9
100.1	100.2	100.0	99.3	101.0	100.3	99.9	99.1	99.3
100.0	100.5	100.2	99.7	99.9	100.1	100.0	101.2	100.1
100.2	100.0	100.6	100.1	100.2	100.9	101.1	99.8	100.0
99.9	100.3	100.1	100.0	100.2	100.5	101.0	100.1	100.7
100.1	100.2	100.5	100.4	100.1	100.2	100.4	99.9	99.9
100.1	100.1	100.8	100.0	100.0	99.9	99.7	99.6	99.7
100.1	100.1	100.8	100.0	100.0	99.9	99.7	99.6	99.7
100.1	100.2	100.2	100.6	100.1	100.3	100.8	100.1	100.0
99.9	99.8	100.4	99.9	100.0	101.5	101.4	99.9	100.3
100.4	100.1	100.1	101.0	100.2	100.1	100.3	100.0	100.2
99.7	100.8	100.3	100.3	99.9	99.9	101.5	100.5	99.2
107.7	92.5	90.9	96.2	96.9	100.9	100.1	105.9	101.4
109.6	90.4	87.9	94.9	95.5	101.3	100.0	108.0	102.2
100.6	100.5	101.4	100.3	100.9	99.7	100.4	100.3	99.0
100.8	100.6	100.7	100.1	100.2	100.2	100.5	100.1	99.9
101.1	100.8	100.4	100.2	100.2	100.2	100.5	99.7	99.4
100.1	100.4	99.8	99.9	100.2	100.3	99.8	100.1	100.4
101.3	100.7	102.4	100.0	100.2	100.3	101.4	100.8	100.3
101.6	99.9	100.6	99.9	99.9	100.4	99.7	100.0	100.0
101.3	99.5	100.6	99.9	99.7	100.6	98.4	100.1	100.1
100.5	99.7	100.0	99.6	100.0	99.4	99.5	100.0	99.5
104.1	101.4	101.5	99.4	100.1	100.5	103.8	99.5	100.6
101.0	100.1	100.3	100.9	100.9	100.4	100.9	100.0	99.6
101.3	100.9	100.4	100.6	100.4	100.2	100.2	100.0	99.9
101.3	100.2	101.0	100.7	100.5	100.2	99.9	100.1	100.0
101.4	100.7	100.3	100.7	100.3	100.0	100.2	100.0	99.8
101.0	102.3	100.0	100.4	100.7	100.8	100.6	99.7	100.1
101.2	100.2	100.6	101.7	100.2	100.7	99.8	99.8	100.2
101.2	100.2	100.6	101.7	100.2	100.7	99.8	99.8	100.2
100.4	**100.2**	**100.3**	**100.2**	**100.4**	**100.4**	**100.4**	**100.0**	**100.2**
100.1	100.3	100.2	100.1	100.0	100.0	100.0	100.0	100.0
100.1	100.3	100.3	100.1	100.0	100.0	100.0	100.0	100.0
100.1	99.9	99.5	99.6	100.0	99.8	100.0	100.0	99.9
100.0	100.1	99.9	100.0	100.0	100.2	100.0	100.0	100.0
100.6	100.2	100.3	100.3	100.7	100.6	100.7	100.1	100.3
100.7	100.4	100.4	100.4	101.1	101.1	100.9	100.2	100.2
100.2	100.4	100.0	100.3	100.2	99.9	100.9	99.8	100.1
100.7	99.8	100.5	100.0	100.2	100.0	100.4	99.9	100.5
99.9	100.2	99.9	100.0	100.6	100.8	100.1	100.2	100.5
99.9	100.0	100.1	100.0	100.0	100.0	100.1	100.0	100.0
99.7	100.0	99.9	100.1	100.1	100.0	100.2	100.0	100.0
100.1	100.0	100.3	99.9	100.0	100.1	100.0	100.0	99.9
99.9	**100.4**	**99.8**	**99.6**	**99.9**	**100.0**	**100.3**	**100.1**	**99.5**
99.8	100.3	100.1	99.5	99.7	100.0	100.4	100.1	99.3
99.7	100.3	99.7	99.4	99.8	100.2	100.5	100.2	99.6

7-11 续表 2

商品类别及品名	Commodity Category and Commodity Name	1 月 January	2 月 February	3 月 March
大　衣	Topcoat	99.5	96.9	99.0
毛线衣	Woollen Sweater	100.0	98.7	98.6
夹克衫	Jacket	99.4	98.6	99.9
衬　衫	Shirt	99.4	99.3	99.6
T 恤衫	T-shirt	99.9	99.8	99.4
裤　子	Trousers	99.0	99.4	100.3
西　服	Western-style Clothes	99.5	97.7	100.1
运动衫裤	Gym Suit	99.9	99.4	99.4
内　衣	Underwaist	99.1	98.0	100.3
羽绒衣	Eider Down Outerwear	96.2	98.2	102.4
其　他	Others	99.9	99.4	97.8
(2)女式服装	Women's Garments	99.0	99.1	99.4
大　衣	Topcoat	98.8	99.1	98.6
毛线衣	Woollen Sweater	99.5	98.8	97.4
羽绒衣	Eider Down Outerwear	96.7	97.9	102.2
套　装	Coordinates	99.1	98.7	99.8
衬　衫	Shirt	99.8	99.4	99.9
T 恤衫	T-Shirt	100.0	100.0	99.0
裙　子	Skirt	99.6	99.3	98.8
裤　子	Trousers	98.5	99.4	99.8
运动衫裤	Gym Suit	99.5	99.5	100.3
内　衣	Underwaist	99.8	99.3	99.6
其　他	Others	99.0	99.5	98.4
(3)儿童服装	Children's Garments	99.6	99.8	98.9
套　装	Coordinates	99.4	99.9	98.9
裤　子	Trousers	99.3	99.5	98.8
裙　子	Skirt	100.2	100.0	99.1
其　他	Others	99.6	99.9	98.4
2.衣着材料	Clothing Materials	100.0	99.7	100.0
棉　布	Cotton Cloth	100.2	100.1	100.0
棉混纺布	Cotton Textiles Cloth	100.0	100.0	100.0
化纤布	Chemical Fiber Cloth	99.8	99.2	100.0
毛　线	Knitting Wool	100.3	99.7	100.0
3.鞋袜帽	Shoes,Socks and Hats	99.6	99.5	99.8
(1)鞋	Shoes	99.7	99.4	100.1
男　鞋	Men's Shoes	99.5	99.2	99.7
女　鞋	Women's Shoes	99.9	99.5	100.5
童　鞋	Children's Shoes	99.6	99.6	99.5
(2)袜子	Socks	99.2	99.9	98.5
男　袜	Men's Socks	98.9	99.8	98.8
女　袜	Women's Socks	99.5	100.0	98.3
(3)帽子	Hats	99.5	99.3	98.9
男　帽	Men's Hats	99.7	98.6	97.8
女　帽	Women's Hats	99.4	99.7	99.6
4.衣着加工服务费	Clothing Manufact- uring Services	100.2	100.7	100.0
缝　纫	Sewing	100.2	100.9	100.0
清　洗	Washing	100.2	100.4	100.0
四、家庭设备用品及维修服务	**Household Facilities, Articles and Services**	**100.3**	**100.0**	**100.3**
1.耐用消费品	Durable Consumer Goods	100.1	100.0	100.7
(1)家　具	Furniture	100.4	100.0	101.1

continued

(以上月价格为100 preceding month=100)								
4 月 April	5 月 May	6 月 June	7 月 July	8 月 August	9 月 September	10 月 October	11月 November	12月 December
100.3	99.1	99.4	99.9	99.7	100.1	99.7	100.6	99.5
98.5	99.9	100.0	99.1	100.0	100.0	101.8	102.6	100.1
100.3	100.2	99.9	99.6	100.0	100.1	100.1	99.7	100.0
99.5	100.4	99.6	100.7	100.1	101.5	99.0	99.2	99.7
99.1	100.9	99.3	99.8	98.4	99.7	99.7	99.6	99.9
99.9	100.3	99.5	98.6	98.8	100.7	101.2	99.6	99.4
99.2	101.3	99.8	99.1	100.0	100.9	99.9	99.7	99.2
99.3	99.7	100.3	100.0	100.2	99.1	100.6	100.1	99.9
100.4	100.1	99.3	98.8	101.2	99.2	101.3	100.3	99.0
100.6	99.9	100.0	99.5	99.6	100.0	101.4	100.3	99.1
100.4	100.3	99.8	99.6	100.6	99.8	101.1	100.5	99.8
99.9	100.3	100.4	99.4	99.5	99.8	100.3	100.1	99.3
99.7	99.8	99.9	99.7	99.7	99.8	99.9	100.1	99.0
99.1	100.2	100.1	99.2	100.0	100.4	101.7	101.2	99.1
100.6	100.0	99.9	99.3	99.5	99.6	101.0	99.9	99.3
100.5	100.5	99.9	99.8	99.9	99.6	99.5	99.1	99.5
99.9	100.1	101.6	99.4	98.7	99.7	99.5	100.2	100.1
100.4	100.2	99.6	99.7	99.9	99.2	99.3	100.0	99.9
99.9	102.4	102.3	99.1	97.9	99.6	99.5	99.6	99.6
99.7	99.9	100.4	99.8	98.9	100.7	100.8	100.1	98.9
99.5	100.2	99.7	99.7	99.8	99.1	99.9	100.2	99.4
100.3	99.7	99.6	98.9	100.8	99.7	101.1	100.3	98.5
100.5	99.6	100.0	98.8	100.6	100.0	100.7	101.2	98.2
99.9	100.1	100.0	99.8	100.1	99.9	100.7	99.8	98.9
99.8	99.9	99.8	100.2	99.9	99.7	100.5	100.0	98.5
99.8	100.0	100.6	100.4	100.5	99.7	100.6	99.3	98.5
100.3	100.6	99.9	98.5	100.1	100.4	101.1	100.0	100.0
99.5	99.8	99.9	100.0	100.0	100.0	100.9	100.7	99.7
100.1	100.0	100.1	100.0	100.2	100.1	100.4	100.1	99.9
100.1	100.8	100.2	100.1	100.3	100.1	100.2	100.0	99.9
100.1	100.0	100.0	100.1	100.1	99.9	100.1	100.0	99.9
100.0	99.8	100.0	99.9	100.2	99.9	100.7	100.0	99.8
100.0	99.4	100.2	100.0	100.0	100.8	100.4	100.2	99.9
100.0	100.8	99.2	99.8	100.1	100.0	100.1	100.1	99.7
100.1	100.9	99.1	99.7	100.1	100.0	100.1	100.0	99.7
100.3	101.7	99.0	99.6	100.2	100.0	100.1	100.2	99.7
99.9	100.8	98.6	99.6	100.2	100.3	100.0	100.1	99.7
100.1	99.9	100.7	100.0	99.9	99.6	100.3	99.6	99.5
100.0	99.6	100.2	100.4	100.0	99.9	100.5	100.0	100.0
100.0	99.6	100.2	100.0	100.0	99.7	100.5	100.0	99.9
99.9	99.6	100.1	100.8	100.0	100.1	100.6	100.0	100.0
99.8	100.0	100.1	99.7	100.4	99.6	100.8	100.6	99.8
99.6	100.3	100.4	99.4	100.6	99.5	100.9	100.1	100.2
99.8	99.9	99.9	99.9	100.2	99.6	100.7	101.0	99.6
99.9	100.4	100.3	100.1	101.8	99.9	100.4	100.1	100.6
100.0	100.8	100.6	100.0	102.7	100.0	100.1	100.0	101.1
99.9	100.0	100.0	100.3	100.7	99.7	100.8	100.3	100.0
100.2	**100.3**	**100.2**	**100.2**	**100.3**	**100.3**	**100.2**	**100.2**	**100.0**
100.2	100.1	100.2	100.2	100.3	100.0	100.0	100.2	99.8
100.1	100.0	100.4	100.2	100.2	100.0	100.2	100.3	99.8

7−11 续表 3

商品类别及品名	Commodity Category and Commodity Name	1 月 January	2 月 February	3 月 March
柜	Cabinet	100.4	100.2	101.3
床	Bed	100.0	99.9	102.2
桌	Desk	100.1	99.9	100.8
椅	Chair	100.1	100.0	101.3
沙 发	Sofa	101.1	99.7	100.4
其 他	Others	100.2	100.0	100.3
(2)家庭设备	Household Appliances	99.9	100.0	100.4
洗 衣 机	Washing Machine	100.0	100.0	100.1
电 风 扇	Electric Fan	98.7	100.0	101.2
电冰箱(柜)	Refrigerator	99.9	100.1	100.4
吸排油烟机	Kitchen Ventilato	99.4	100.5	100.9
空 调 器	Air-conditioning	99.9	99.9	100.5
热 水 器	Water Heater	100.4	100.1	100.0
微 波 炉	Microwave Oven	99.8	99.5	100.4
电 炊 具	Electric Cooking Appliance	100.2	100.0	100.0
2.室内装饰品	Interior Decorations	99.9	99.9	100.2
纺织装饰品	Textile Process Decorations	99.7	99.6	100.3
装饰灯具	Architectural Lamps and Lanterns	100.0	100.2	100.3
其 他	Others	100.0	100.0	100.0
3.床上用品	Bedclothes	99.5	99.2	98.4
毛 毯	Woollen Blanket	100.4	99.7	97.9
被 子	Quilt	99.5	98.6	98.4
床上套件	Bed Articles	98.8	98.9	98.7
其 他	Others	99.9	100.7	98.6
4.家庭日用杂品	Sundry Articles	100.6	100.4	100.1
茶 具	Tea Set	100.7	100.0	100.2
餐 具	Tableware	100.8	100.2	100.0
厨 具	Kitchen Utensils	99.9	100.0	100.1
家用手工工具	Domestic Handwork Tools	100.1	100.1	100.4
洗涤用品	Washing Articles	101.0	100.9	100.1
其 他	Others	100.7	100.2	100.2
5.家庭服务及加工维修服务	Household Srvice and Manufacturing Upkeep	102.6	99.7	100.7
家庭服务	Household Srvice	104.5	99.7	100.1
加工维修服务	Manufacturing Upkeep	100.9	99.6	101.2
五、医疗保健和个人用品	**Health Care and Personal Articles**	**100.1**	**100.2**	**100.3**
1.医疗保健	Health Care	100.0	100.0	100.2
(1)医疗器具及用品	Medical Facilities and Goods	99.7	100.0	99.6
医疗器具及用品	Medical Facili- ties and Goods	99.7	100.0	99.6
(2)中药材及中成药	Herbs and Ready- made Traditional Chinese Medicine	100.7	99.5	100.2
中 药 材	Herbs	100.8	99.2	100.2
中 成 药	Ready-made Tr-aditional Chin-ese Medicine	100.7	99.8	100.2
(3)西药	Western Medicine	99.7	100.1	100.4
抗微生物药	Anti-microorga-nism Medicine	102.2	100.8	100.1
消化系统用药	Alimentary Sys-tem Medicine	99.5	100.4	101.5
呼吸系统用药	Respiratory System Medicine	99.6	99.6	99.7
解热镇痛及非甾体抗炎药	Allays a Fever the Analgesia and the Non-steroid Body Anti-inflammatory Agent	99.7	100.1	100.9
抗肿瘤药	Antineoplastic Drug	99.5	99.8	99.8
激素及调节内分泌功能药	Hormone and Adjustment Internal Secretion Function Medicine	98.7	99.8	101.3
环系统用药	Circulating System Medicine	99.4	99.9	99.7
神经系统用药	Nerve System Medicine	95.2	100.5	100.0
专科用药	Junior Medicine	99.9	99.8	101.7

continued

(以上月价格为100 preceding month=100)								
4 月 April	5 月 May	6 月 June	7 月 July	8 月 August	9 月 September	10 月 October	11月 November	12月 December
100.1	99.9	100.6	100.0	100.0	100.0	100.2	100.7	99.8
100.2	100.0	100.1	100.1	100.2	100.0	100.4	100.5	99.7
100.1	100.0	100.1	100.1	100.0	100.0	100.4	100.4	99.8
100.2	100.0	100.4	100.0	100.1	99.8	99.5	99.7	99.9
100.1	100.2	100.6	100.5	100.2	100.3	100.3	100.0	99.7
100.0	99.8	100.6	100.0	101.3	99.9	99.8	100.3	99.8
100.2	100.1	100.1	100.2	100.3	100.0	99.9	100.1	99.9
100.9	100.0	100.2	100.3	100.2	99.9	100.5	100.1	99.7
101.5	100.9	100.4	101.1	100.2	99.8	99.6	100.0	99.8
100.0	99.9	100.3	100.0	100.2	100.2	100.0	100.1	99.7
99.8	99.8	99.4	100.7	100.6	100.2	100.0	100.4	99.9
100.2	100.1	100.1	99.4	100.7	99.9	99.9	100.0	100.1
100.1	100.2	100.0	101.0	100.3	100.2	99.8	100.0	100.0
99.8	100.0	99.7	100.4	99.7	99.5	99.5	100.1	100.4
99.7	100.3	100.1	100.0	100.2	100.1	98.5	100.3	99.5
99.8	100.0	100.0	99.9	100.4	100.0	100.1	99.9	99.9
100.0	100.0	100.0	100.0	100.5	100.0	100.0	99.8	99.9
99.6	100.0	100.0	100.0	100.2	100.1	100.4	100.0	100.0
99.9	100.0	100.0	99.7	100.5	99.8	99.8	99.8	99.8
100.4	99.9	99.5	100.0	100.2	100.1	100.2	100.2	99.9
100.0	100.4	100.0	99.8	99.9	100.0	100.5	100.5	100.1
101.0	99.6	99.1	100.2	100.0	100.5	99.8	99.4	100.0
100.3	99.8	99.5	99.9	100.4	99.9	100.2	100.6	99.9
100.0	100.1	99.7	99.7	100.5	99.8	100.3	100.4	99.9
100.2	100.8	100.3	100.3	100.4	100.8	100.8	100.2	100.1
100.1	100.0	100.0	100.4	99.0	99.8	100.2	100.9	100.5
100.0	99.9	99.9	100.0	100.0	100.5	100.2	100.4	100.0
100.1	100.8	100.1	99.9	100.0	101.1	100.1	100.1	100.1
100.0	99.9	100.0	100.0	100.2	100.5	100.0	100.1	100.1
100.5	102.3	101.0	100.7	101.3	101.4	101.4	100.1	100.3
100.1	100.1	100.0	100.2	100.4	100.5	101.2	100.1	99.8
100.4	101.0	100.4	100.1	100.2	100.7	100.0	100.2	100.8
100.0	100.3	100.3	100.0	100.0	100.0	99.8	100.4	101.6
100.7	101.6	100.5	100.2	100.4	101.3	100.2	100.0	100.0
100.1	**100.2**	**100.0**	**100.2**	**100.1**	**100.1**	**100.2**	**100.0**	**100.0**
100.0	100.1	100.1	100.3	100.1	100.1	100.2	100.2	100.0
99.9	100.0	99.5	98.3	100.3	100.0	99.7	99.8	99.8
99.9	100.0	99.5	98.3	100.3	100.0	99.7	99.8	99.8
100.2	100.4	99.3	100.8	100.1	100.2	100.4	100.1	99.8
100.5	100.6	99.0	101.5	100.1	100.3	100.5	100.4	99.8
100.0	100.1	99.6	100.2	100.1	100.1	100.4	99.8	99.9
99.8	100.0	100.5	100.2	100.2	100.2	100.1	100.0	100.0
99.6	100.3	101.0	100.8	100.0	100.5	99.8	100.0	99.9
99.5	99.9	100.7	99.5	100.1	100.1	100.4	100.2	99.8
99.6	100.0	99.9	100.5	100.0	99.6	100.2	100.2	100.4
99.0	100.0	100.7	101.4	100.0	99.9	100.0	100.5	100.0
99.8	100.1	99.5	99.6	99.9	100.3	100.6	100.1	100.7
100.5	99.9	99.9	99.6	100.2	100.1	100.1	100.3	100.1
99.8	100.0	100.5	99.2	101.3	100.7	100.2	99.5	99.9
100.6	99.9	100.1	100.5	100.0	100.0	99.9	98.9	100.0
101.8	99.7	100.7	99.8	100.6	99.9	99.9	99.2	100.0

7-11 续表 4

商品类别及品名	Commodity Category and Commodity Name	1 月 January	2 月 February	3 月 March
其　　他	Others	100.1	99.6	100.0
(4)保健器具及用品	Healthcare Equip-ment	100.3	99.6	100.0
保健器具	Health Protection Equipment	100.0	100.1	100.0
滋补保健用品	Tonic and Health Products	100.4	99.4	100.0
(5)医疗保健服务	Health Care Services	100.0	100.2	100.0
挂 号 费	Registration	100.0	100.0	100.1
注 射 费	Injection Expenses	100.0	100.0	100.0
检 查 费	Examination Expenses	100.0	100.1	100.0
手 术 费	Operation Exp- enses	100.0	100.0	100.0
住 院 费	Hospitalization Expenses	100.0	100.5	100.0
理 疗 费	Physiotherapy Expenses	100.0	100.2	100.0
化 验 费	Analysis Expenses	100.2	100.2	99.8
其　　他	Others	100.0	100.0	100.4
2.个人用品及服务	Personal Articles and Services	100.3	100.6	100.5
(1)化妆美容用品	Cosmetics	100.1	100.2	100.0
化妆美容器具	Cosmetics App- liances	99.8	100.0	99.9
美容化妆品	Facial Beautifiers	99.8	100.3	100.0
护肤品	Protects Skin Products	100.6	100.4	100.0
护发美容品	Protects Sends the Beauty Products	100.0	100.1	100.3
(2)清洁化妆用品	Cleaning Toiletw-are	100.1	100.0	100.2
洗发用品	Hairdressing Articles	99.9	100.2	100.1
洗浴用品	Bathing Articles	100.1	99.9	100.4
其　　他	Others	100.4	100.1	99.9
(3)个人饰品	Personal Decoraions	100.8	101.3	101.6
首　　饰	Ornaments	101.9	103.0	102.7
皮　　件	Leather Appliance	100.0	99.5	100.7
手　　表	Watch	100.3	100.2	100.1
领　　带	Necktie	98.6	99.1	100.6
其　　他	Others	100.0	100.0	100.2
(4)个人服务	Personal Services	100.3	100.7	100.1
美　　容	Cosmetology	100.0	100.7	100.0
理(烫)发	Haircut (perm-naent wave)	100.8	101.0	99.8
洗　　浴	Bathe	100.2	100.6	101.1
其　　他	Others	100.0	100.0	100.0
六、交通和通信	**Transportation and Communication**	**100.1**	**99.9**	**100.0**
1.交　通	Transportation	100.4	100.2	100.3
(1)交通工具	Transportation Facility	99.8	99.8	100.3
摩 托 车	Motorcycle	99.9	100.4	100.2
自 行 车	Bicycle	100.2	99.4	100.6
轿　　车	Car	99.3	99.7	100.1
其　　他	Others	99.6	100.3	99.9
(2)车用燃料及零配件	Fuels and Parts	99.9	100.0	100.2
汽　　油	Gasoline	100.0	100.0	100.2
柴　　油	Diesel Oil	99.8	100.1	100.5
零 配 件	Parts	99.7	100.1	100.0
其　　他	Others	99.5	99.7	100.0
(3)车辆使用及维修费	Using and Upkeep Fare	100.1	99.6	100.0
驾 驶 证	Driving License	96.9	99.5	99.9
保 险 费	Insurance Exp-enses	101.2	98.9	100.0
停 车 费	Parking Expen-ses	100.0	100.4	100.2

continued

(以上月价格为100 preceding month=100)								
4 月 April	5 月 May	6 月 June	7 月 July	8 月 August	9 月 September	10 月 October	11月 November	12月 December
99.7	100.0	100.9	101.4	101.1	100.0	99.8	100.1	99.5
99.8	100.1	100.3	100.1	100.1	100.0	100.0	100.1	100.0
99.7	100.1	99.9	100.0	100.0	100.0	100.1	100.0	100.0
99.9	100.1	100.4	100.1	100.1	100.0	99.9	100.1	100.0
100.1	100.0	100.1	100.0	100.0	100.0	100.1	100.5	100.0
100.0	100.0	100.0	100.0	100.0	100.0	100.0	100.0	100.0
100.0	100.0	100.0	100.3	100.0	100.0	100.0	101.0	100.0
100.5	100.0	100.0	100.0	100.0	100.0	100.9	100.0	100.0
100.0	100.0	100.0	100.0	100.0	100.0	100.1	101.4	100.0
100.1	100.0	100.3	100.0	100.0	100.0	99.8	100.4	100.0
100.2	100.2	100.1	100.1	100.2	100.0	100.0	100.0	100.0
100.0	100.0	100.0	100.0	100.0	100.0	100.2	100.0	100.0
100.0	100.0	100.0	100.0	100.0	99.7	99.8	100.0	100.0
100.2	100.6	99.9	100.0	100.0	100.0	100.2	99.7	100.0
100.4	100.4	100.1	100.1	100.0	100.0	100.6	99.9	100.1
100.1	100.2	100.3	100.0	100.2	99.8	100.4	99.9	100.0
100.7	100.7	99.9	100.2	99.9	100.2	100.0	100.0	99.9
100.3	100.1	100.2	100.0	100.2	99.9	100.7	99.7	100.3
100.0	100.2	100.0	100.3	99.6	99.9	101.3	100.0	100.0
100.3	100.2	100.1	99.7	100.8	100.9	100.2	100.0	100.0
100.6	100.2	99.5	99.8	100.8	101.0	100.0	99.2	99.8
100.1	100.0	100.1	99.5	100.7	101.3	100.6	100.9	100.3
100.1	100.5	101.6	99.7	100.8	99.9	99.9	100.0	99.9
100.1	100.1	99.6	100.2	99.0	99.3	99.8	98.3	99.9
99.9	100.2	99.3	100.1	98.3	98.4	99.5	96.5	99.9
100.5	99.9	99.5	100.5	99.5	99.9	100.6	100.1	100.2
100.1	100.0	100.2	100.6	100.5	100.6	100.0	99.7	99.5
100.3	100.2	99.8	99.9	99.3	99.6	99.3	100.8	100.2
99.7	100.1	100.0	99.9	99.8	100.6	100.3	100.1	99.7
100.0	101.4	100.0	100.0	100.1	100.0	100.3	100.4	100.0
100.0	100.9	100.0	100.0	100.0	99.9	100.0	100.0	99.9
100.0	102.9	100.0	100.0	100.2	100.1	100.1	100.0	100.0
100.1	100.2	100.0	100.0	100.0	100.0	100.0	101.8	100.0
100.0	100.3	100.0	100.0	100.0	100.0	101.8	100.1	100.0
100.0	**100.0**	**100.4**	**100.5**	**100.0**	**99.9**	**100.1**	**99.9**	**99.2**
100.2	100.1	101.0	101.1	100.3	100.0	100.3	100.0	98.9
100.2	100.3	100.4	100.4	100.3	99.9	100.6	100.2	99.7
100.5	101.0	100.9	100.0	100.2	99.9	101.9	100.8	99.8
100.2	100.1	100.5	101.2	100.9	100.2	100.3	100.4	99.9
99.9	99.8	100.0	100.0	99.9	99.5	99.9	99.6	99.4
100.2	100.2	100.1	100.0	100.1	100.0	100.0	100.0	99.8
100.1	100.1	106.2	104.9	100.6	100.1	100.1	100.0	92.9
100.0	99.9	108.6	105.9	100.4	100.1	99.9	100.0	91.1
100.0	100.0	106.9	106.8	101.3	100.1	100.0	99.8	91.2
100.3	100.8	100.0	100.0	100.1	100.0	100.5	100.1	100.1
100.3	100.7	101.0	100.2	100.6	100.0	101.4	100.6	99.6
100.1	99.9	100.0	100.0	99.6	100.0	100.0	100.1	100.2
100.1	100.0	99.9	99.6	98.2	100.0	99.8	99.9	101.4
100.1	99.6	100.0	100.0	99.3	100.0	100.0	100.0	100.0
100.0	100.0	100.0	100.8	100.7	100.0	100.0	100.0	100.0

7-11 续表 5

商品类别及品名	Commodity Category and Commodity Name	1 月 January	2 月 February	3 月 March
车辆修理服务费	Vehicle Upkeep Service fare	100.1	100.0	100.0
其 他	Others	106.1	100.0	100.0
(4)市区公共交通费	Incity Traffic Fare	100.4	100.3	99.7
公共汽车票	Bus Ticket	100.2	100.0	100.0
出租汽车	Taxi	100.6	100.1	99.9
其 他	Others	100.1	104.8	95.5
(5)城市间交通费	Intercity Traffic Fare	102.9	101.3	100.9
飞 机 票	Airplane Ticket	98.2	103.1	97.5
火 车 票	Train Ticket	100.0	100.0	100.0
长途汽车	Intertown Bus	104.6	101.8	101.6
其 他	Others	100.2	100.0	100.3
2.通 信	Communication	99.7	99.7	99.7
(1)通信工具	Communication Facility	98.4	98.7	98.9
固定电话机	Telephone	100.0	99.4	100.0
移动电话机	Mobile Phone	98.0	98.3	98.5
其 他	others	98.6	99.8	99.5
(2)通信服务	Communication Service	100.1	100.0	100.0
移动通信费	Mobile Comm-unication Fee	100.0	100.0	99.7
市内电话费	Incity Telephone Fee	100.0	100.0	100.0
长途电话费	Long Distance Call Fee	100.0	100.0	100.0
月租费	Month Hiring Fee	100.0	100.0	100.0
上网费	Net Play Fee	101.1	100.0	100.5
信件邮寄	Letter Post	100.0	100.0	100.0
包裹邮寄	Package Post	100.0	100.0	100.0
其 他	Others	101.1	100.0	100.0
七、娱乐教育文化用品及服务	**Recreation,Education and Culture Articles**	**100.0**	**100.1**	**99.8**
1.文娱用耐用消费品及服务	Durable Consumer Goods for Cultural and Recreational Use and Service	99.7	99.5	99.8
电 视 机	Television	99.6	98.8	99.8
激光视盘机	Laser Video Disc Machine	100.0	99.7	99.9
摄 像 机	Pickup Camera	99.3	99.7	100.0
照 相 机	Camera	98.4	99.9	99.5
家用音响	Acoustic Equipment	100.0	99.9	100.0
便携式音响	Portable Acoustics	99.7	99.2	99.6
电 脑	Computer	100.1	99.9	99.5
修理服务	Repair Service	100.2	100.0	101.5
其 他	Others	99.8	99.8	100.0
2.教 育	Education	100.1	100.0	100.2
(1)教材及参考书	Teaching Materials and Reference Books	100.0	100.0	100.0
工 具 书	Tool Book	100.0	100.0	100.0
教 材	Teaching Material	100.0	100.0	100.0
参 考 书	Reference Book	100.1	100.0	100.1
教育软件	Educational Software	100.0	99.9	100.1
(2)学杂托幼费	Tuition and Child Care	100.1	100.0	100.3
义务教育杂费	Incidental Expe- nses of Compul-cory Education			
非义务教育学杂费	Tuition of Non-compulsory Education	100.0	100.0	100.0
技能培训学费	Skill Train Tuition	100.2	100.1	100.0
托 幼 费	Child Care	100.0	100.0	101.9
其 他	Others	100.0	100.1	98.7
3.文化娱乐类	Recreation and Culture	100.0	99.9	100.0
(1)文化娱乐用品	Culture Articles	100.0	99.8	100.1

continued

(以上月价格为100 preceding month=100)								
4 月 April	5 月 May	6 月 June	7 月 July	8 月 August	9 月 September	10 月 October	11月 November	12月 December
100.1	100.1	100.0	100.0	100.0	100.0	100.1	100.3	100.0
100.1	100.0	100.0	100.6	100.0	100.0	100.0	100.0	100.0
100.1	99.7	100.0	100.2	100.1	100.0	100.0	100.0	100.0
100.0	99.3	100.0	100.3	100.1	100.0	100.0	100.0	100.0
100.3	100.1	100.0	100.0	100.1	100.0	100.0	100.0	100.0
100.0	100.0	100.0	100.0	100.0	100.4	100.0	100.0	100.0
100.3	100.0	100.3	101.1	101.0	100.3	100.1	99.6	100.2
102.2	99.5	101.1	103.0	99.3	101.4	93.0	91.7	99.0
100.0	100.0	100.0	100.0	100.1	100.0	100.0	100.1	100.1
100.3	100.0	100.4	101.5	101.5	100.4	100.5	99.9	100.3
100.1	100.0	100.0	100.6	101.0	99.3	101.9	100.0	100.1
99.7	99.8	99.7	99.6	99.6	99.8	99.8	99.8	99.7
98.7	99.4	99.1	99.1	99.2	99.0	99.3	99.1	98.6
100.2	99.9	100.1	100.2	99.5	99.5	98.5	100.0	100.0
98.3	98.9	98.7	98.6	99.1	98.9	99.5	98.8	97.8
97.8	101.5	100.0	100.0	98.7	98.7	100.0	99.2	100.6
100.0	100.0	99.8	99.8	99.8	100.0	100.0	100.0	100.0
99.8	100.0	99.4	99.3	99.3	100.0	100.0	100.0	100.0
100.0	100.0	100.0	100.0	100.0	100.0	100.0	100.0	100.0
100.0	100.0	100.0	100.0	100.0	100.0	100.0	100.0	100.0
100.0	100.0	100.0	100.0	100.0	100.0	100.0	100.0	100.0
100.7	100.0	100.0	100.0	100.0	100.0	100.0	100.0	100.0
100.0	100.0	100.0	100.0	100.0	100.0	100.0	100.0	100.0
100.0	100.0	100.0	100.0	100.0	100.0	100.0	100.0	100.0
100.0	100.0	100.0	100.0	100.0	100.0	100.0	100.0	100.0
100.3	**100.0**	**99.9**	**100.1**	**100.3**	**101.6**	**100.0**	**99.9**	**99.6**
99.7	99.6	99.7	99.5	99.9	99.8	99.5	99.8	99.6
99.9	99.4	99.4	99.8	99.7	99.3	99.9	99.5	99.2
98.6	100.0	99.9	99.9	100.3	101.2	99.3	99.8	99.7
99.6	99.6	99.9	100.0	99.9	99.9	99.9	99.8	99.9
99.5	99.6	99.8	99.9	100.4	100.0	99.9	100.2	99.5
99.8	100.0	99.9	100.0	100.4	100.7	100.6	100.1	99.8
99.9	99.5	100.1	99.8	100.0	100.0	100.0	99.7	99.8
99.6	99.7	99.6	98.7	99.6	99.7	98.4	100.0	99.8
99.7	99.9	100.8	99.8	100.2	100.9	101.8	99.8	99.3
100.4	99.5	100.0	99.9	100.0	99.2	97.5	100.0	100.0
100.4	100.1	100.0	100.0	100.3	102.7	100.1	100.0	100.0
100.0	100.0	100.0	99.9	100.0	102.1	99.9	100.0	100.0
100.0	100.0	100.0	100.2	100.7	100.6	100.2	100.1	100.1
100.0	100.0	100.0	99.9	99.9	102.7	99.6	100.0	100.0
100.0	99.8	100.0	99.9	99.8	102.8	100.4	100.0	100.0
99.9	101.1	100.0	99.5	99.6	100.0	99.8	100.0	100.0
100.4	100.1	100.0	100.0	100.4	102.8	100.2	100.1	100.0
100.0	100.0	100.0	100.0	100.0	100.1	100.0	100.0	100.0
101.6	100.0	100.0	100.0	100.9	99.9	100.6	100.0	100.0
100.2	100.6	100.3	100.0	101.0	115.5	100.1	100.3	100.0
100.0	100.0	100.0	100.0	100.1	100.0	100.0	100.0	100.0
100.1	100.2	99.8	100.2	100.2	100.0	100.1	100.2	99.9
99.7	100.0	100.1	100.1	100.4	99.9	100.1	100.5	99.9

7-11 续表 6

商品类别及品名	Commodity Category and Commodity Name	1 月 January	2 月 February	3 月 March
乐　器	Musical Instru-ment	100.0	100.0	100.0
音响光盘和磁带	Audio,Disk and Tape	99.8	99.6	100.1
照相胶卷和存储卡	Roll Film and M-emorizing Card	98.6	100.1	100.0
录像磁带和视盘	Video Tape and Disk	100.0	100.0	99.9
儿童玩具	Children's Toy	100.0	99.5	100.3
纸张本册	Paper and Volume	100.7	100.0	100.0
文　具	Stationery	100.4	99.9	100.1
体育用品	Sports Goods	100.3	99.8	100.2
其　他	Others	100.0	99.7	100.2
(2)书报杂志	Books,Newspapers,Magazines	100.0	100.0	100.0
书　籍	Books	100.0	100.0	100.0
报　纸	Newspapers	99.9	100.0	100.0
杂　志	Magazines	100.0	100.0	100.0
(3)文娱费	Expenditure of Culture and Rec-reation	100.1	99.7	99.9
电影票	Film Ticket	100.9	99.3	99.4
景点门票	Scene Spot ticket	99.8	100.0	100.0
有线电视	Cable Television	100.0	100.0	100.0
健身活动	Exercise	100.0	99.0	100.1
其　他	Others	100.0	100.0	100.0
4.旅游	Tourism	100.2	102.8	96.8
旅行社收费	Travel Agency Charge	100.8	104.1	94.7
宾馆住宿	Guesthouse Stay	98.8	100.3	101.5
其他住宿	Other Stay	99.5	100.0	100.3
八、居住	**Residence**	**100.5**	**100.2**	**100.6**
1.建房及装修材料	Building and Building Decoration Materials	100.1	100.5	101.2
木　材	Wood	100.2	100.8	100.6
木地板	Wood Floor	100.4	100.2	100.9
砖	Brick	100.1	100.4	102.0
水　泥	Cement	99.3	100.6	102.7
涂　料	Coating Material	99.9	100.3	100.1
胶合板	Plywood	101.0	100.7	101.7
玻　璃	Glass	98.5	102.0	100.6
粘　胶	Rayon	100.8	99.7	100.2
油　漆	Paint	100.9	99.9	100.4
其　他	Others	100.7	100.1	100.9
2.租房	Renting	100.4	100.1	100.1
公房房租	Public House Rent	100.0	100.0	100.0
私房房租	Private House Rent	100.8	100.2	100.2
其他费用	Other Fare	100.0	100.0	100.0
3.自有住房	Private Housing	100.7	100.0	100.0
房屋贷款利率	Houses Loans Int-erest Rate	101.3	99.8	99.9
物业管理费用	Property Manage- ment Fee	100.0	100.3	100.0
维护修理费用	Upkeep and Repair Fee	100.7	100.0	100.1
其　他	Others	99.8	99.9	99.9
4.水、电、燃料	Water,Electricity and Fuels	100.8	99.9	100.4
水	Water	102.3	100.0	100.0
电	Electricity	100.0	100.0	100.0
液化石油气	Liquefiled Petrol-eum Gas	99.4	98.6	100.4
管道燃气	Pipelined Gas	100.0	100.1	100.1
其他燃料	Other Fuels	102.3	100.5	101.7

continued

(以上月价格为100 preceding month=100)								
4月 April	5月 May	6月 June	7月 July	8月 August	9月 September	10月 October	11月 November	12月 December
99.7	99.9	99.0	100.4	100.6	100.1	100.0	100.2	99.9
100.2	100.0	100.0	100.0	100.2	99.9	100.2	100.1	100.3
100.0	100.0	100.1	100.0	100.4	99.9	99.3	99.2	100.0
99.9	100.0	99.9	100.0	100.3	99.8	100.2	100.0	99.9
98.9	100.0	100.0	100.0	100.2	100.1	100.3	101.6	99.2
100.1	99.8	100.3	100.3	100.5	99.9	100.2	101.1	100.0
100.0	99.9	100.4	99.9	100.3	100.1	100.1	100.4	100.1
99.4	100.2	100.5	100.4	100.5	99.8	100.2	100.4	100.1
100.1	99.8	100.0	99.9	100.1	99.9	100.2	100.5	99.9
100.0	100.0	100.0	100.7	100.0	100.2	100.2	100.3	100.0
100.0	100.0	100.0	100.1	99.9	100.0	100.0	100.0	100.0
100.0	100.0	100.0	102.1	100.0	100.0	100.5	100.9	100.0
100.0	100.0	100.0	100.0	100.0	100.8	100.0	100.0	100.1
100.7	100.6	99.3	100.0	100.3	100.0	99.9	99.5	99.9
100.1	103.7	96.0	99.8	101.4	99.2	99.8	99.6	99.8
103.4	100.1	100.0	100.4	100.5	100.0	100.0	97.8	99.6
100.0	100.0	100.0	100.0	100.0	100.2	100.0	100.0	100.0
100.0	100.0	100.0	99.7	100.0	100.6	99.9	100.2	100.0
100.1	100.0	100.0	100.0	100.0	100.0	99.7	100.0	100.0
101.2	100.2	99.2	101.4	101.1	100.9	99.9	98.3	96.4
101.3	100.6	98.0	101.2	101.1	102.4	100.3	98.3	94.9
100.6	99.2	101.5	100.2	101.3	98.7	99.4	98.8	99.1
101.5	99.7	101.6	105.0	100.5	97.0	98.8	97.6	100.0
100.9	**101.2**	**102.1**	**100.5**	**100.0**	**100.3**	**99.6**	**99.4**	**99.0**
100.6	101.8	103.3	100.6	100.0	99.8	99.4	99.4	99.2
100.5	100.4	100.3	100.3	100.1	100.1	100.0	100.0	98.5
100.2	101.8	100.4	100.2	100.1	100.1	99.3	99.7	100.0
101.6	103.1	103.1	101.9	100.7	100.0	99.9	98.4	99.6
100.8	104.4	112.9	99.8	98.2	98.1	97.5	99.4	99.4
100.6	100.8	101.6	100.1	100.5	100.6	100.0	99.7	99.5
100.7	100.3	100.9	100.0	100.5	100.1	99.7	100.0	99.7
99.5	100.4	101.9	101.8	99.6	99.3	99.4	99.2	98.2
100.6	100.3	101.9	100.3	100.3	100.3	99.6	99.8	98.8
100.0	100.6	102.4	100.7	100.6	100.2	99.6	99.7	98.5
100.0	102.4	100.6	100.3	100.2	100.0	99.9	100.0	99.9
99.5	100.8	100.8	100.5	100.6	100.0	99.8	100.3	100.0
100.0	100.0	100.2	100.0	100.0	100.0	100.0	100.0	100.0
99.1	101.4	101.1	100.8	100.8	100.0	99.7	100.3	100.0
100.0	100.0	100.4	100.0	100.4	100.0	100.0	100.4	100.0
100.8	100.5	100.6	100.3	100.2	99.7	99.4	98.9	97.7
100.0	100.0	100.0	100.0	100.0	98.9	98.2	95.8	91.3
100.2	100.0	100.0	100.3	100.0	100.6	100.0	100.0	100.3
102.1	101.3	101.3	100.6	100.5	99.7	100.0	99.7	100.1
99.6	100.0	100.8	100.0	99.5	100.0	99.8	106.6	103.4
101.4	101.0	101.6	100.3	99.8	100.9	99.8	99.4	98.9
100.0	100.0	100.0	100.0	100.2	100.2	100.0	100.0	100.2
100.0	100.0	100.0	100.0	100.0	100.0	100.0	100.0	100.0
101.6	102.0	102.2	100.4	97.2	100.1	96.5	91.5	94.7
100.0	100.0	100.0	100.0	100.0	100.0	100.0	100.0	100.0
106.1	103.6	106.6	101.3	100.7	103.8	101.1	101.8	97.7

7-12 城市居民消费价格(环比)指数(2008年)

商品类别及品名	Commodity Category and Commodity Name	1 月 January	2 月 February	3 月 March
居民消费价格总指数	**General Consumer Price Index**	**101.4**	**101.6**	**99.8**
非食品价格指数	**No-food**	**100.1**	**100.0**	**100.0**
服务项目价格指数	**Services**	**100.4**	**100.4**	**99.7**
工业品价格指数	**Industrial Products**	**100.0**	**99.8**	**100.2**
扣除食品和能源价格指数	**Deducting Foods and Energy**	**100.1**	**100.0**	**100.0**
扣除鲜菜鲜果总指数	**Deducting Fresh,Vegetables and Fruits**	**101.0**	**100.6**	**100.1**
消费品价格指数	**Consumer Goods**	**101.7**	**102.0**	**99.8**
一、食 品	**Food**	**104.4**	**105.1**	**99.3**
1.粮 食	Grain	100.4	99.9	100.6
大 米	Rice	100.1	99.7	99.3
面 粉	Flour	99.9	100.1	99.8
粮食制品	Grain Products	100.2	99.4	101.3
其 他	Others	103.9	101.8	102.9
2.淀 粉	Starches	102.6	101.7	100.8
淀 粉	Starches	102.6	101.7	100.8
3.干豆类及豆制品	Beans and Beans Products	103.3	103.7	105.6
干 豆	Beans	101.4	101.3	105.4
豆制品	Beans Products	104.0	104.5	105.7
4.油 脂	Oil and Fat	103.5	103.0	102.5
食用植物油	Edible Vegetable Oil	103.0	102.8	102.6
植物油制品	Plant Oil Products	103.6	104.0	101.9
其 他	Others	113.7	103.5	102.7
5.肉禽及其制品	Meal,Poultry and Their Products	106.5	103.6	99.2
(1)食用畜肉及副产品	Edible Livestock Meat and Their By-products	108.4	103.6	98.8
猪 肉	Pork	109.9	104.1	98.5
牛 肉	Beef	106.4	105.4	98.0
羊 肉	Mutton	104.2	103.2	98.8
畜肉副产品	Livestock Meat By-products	105.5	101.2	101.1
其 他	Others	107.8	100.6	99.8
(2)禽	Poultry	106.3	106.2	97.9
鸡	Chicken	107.3	107.0	97.5
鸭	Duck	102.1	102.8	99.4
其 他	Others	103.0	102.6	99.6
(3)加工肉禽	Meal and Poultry Processing Products	102.5	102.3	100.8
畜肉制品	Livestock Meat Products	103.0	102.2	101.2
禽 制 品	Poultry Products	101.2	102.5	99.7
6.蛋	Eggs	102.9	102.0	96.2
鲜 蛋	Fresh Eggs	103.0	102.0	95.8
蛋制品	Egg Products	101.5	102.3	99.7
7.水产品	Aquatic Product	105.5	105.0	98.6
(1)鱼	Fish	104.4	105.0	97.6
淡水鱼	Freshwater Fish	104.4	106.0	98.3
海水鱼	Seawater Fish	104.5	104.2	97.1
(2)其他水产品	Other Aquatic Product	106.8	105.0	99.6
虾蟹类	Shrimp and Crab	107.9	105.3	100.7
其 他	Others	104.2	104.2	97.2
8.菜	Vegetable	109.5	124.1	93.2
鲜 菜	Fresh Vegetable	110.4	126.9	92.6
干菜及菜制品	Dried Vegetable and Vegetable Products	101.3	100.3	99.9
薯 类	Potato	106.4	106.3	96.8

Urban Consumer Price Indices(2008)

(以上月价格为100 preceding month=100)

4 月 April	5 月 May	6 月 June	7 月 July	8 月 August	9 月 September	10 月 October	11月 November	12月 December
99.9	**99.4**	**99.3**	**100.0**	**100.2**	**100.1**	**99.7**	**99.6**	**100.0**
100.1	**100.3**	**100.1**	**100.1**	**100.1**	**100.2**	**100.0**	**99.8**	**99.5**
100.4	**100.2**	**99.9**	**100.2**	**100.3**	**100.1**	**100.0**	**99.7**	**99.5**
100.0	**100.3**	**100.2**	**100.0**	**100.0**	**100.2**	**100.0**	**99.8**	**99.5**
100.1	**100.2**	**100.0**	**100.0**	**100.1**	**100.1**	**100.1**	**99.9**	**99.6**
100.2	**100.4**	**100.1**	**100.0**	**100.1**	**100.1**	**99.6**	**99.5**	**99.7**
99.8	**99.1**	**99.2**	**100.0**	**100.2**	**100.1**	**99.6**	**99.5**	**100.1**
99.4	**97.5**	**97.8**	**99.9**	**100.5**	**99.9**	**98.9**	**99.1**	**101.0**
100.3	100.2	100.0	100.0	100.5	100.4	99.8	99.5	99.7
99.8	100.0	98.8	99.9	99.5	100.1	99.4	98.4	98.4
99.8	99.9	99.8	99.8	100.4	100.2	100.1	100.1	100.8
100.2	100.1	100.7	100.1	101.0	100.5	99.7	99.8	100.1
102.5	101.5	100.3	100.9	100.9	101.0	100.8	99.0	98.2
100.3	100.2	101.0	100.2	101.0	100.5	99.7	100.7	100.0
100.3	100.2	101.0	100.2	101.0	100.5	99.7	100.7	100.0
102.2	100.7	100.5	100.7	100.4	100.2	98.8	98.0	98.7
102.0	100.5	100.4	100.3	99.4	98.7	95.0	95.3	96.9
102.3	100.8	100.6	100.8	100.8	100.7	100.0	98.9	99.2
100.3	99.8	100.0	99.8	98.8	98.8	97.9	95.4	97.3
100.4	99.9	100.0	99.9	98.9	99.3	98.1	95.5	97.0
99.8	99.2	100.5	100.1	99.1	96.8	97.7	94.0	98.4
98.7	97.8	98.1	96.3	94.8	93.7	93.0	96.4	100.5
99.8	99.6	98.9	99.0	99.3	98.3	96.5	97.1	101.9
99.1	98.9	98.7	98.5	98.7	96.7	94.3	95.7	103.6
98.4	97.9	97.9	97.5	97.6	94.8	91.8	93.1	106.0
99.9	100.7	99.7	100.9	100.5	99.5	100.0	100.2	100.3
100.2	100.9	100.3	100.1	100.7	100.7	99.3	100.4	99.9
100.9	100.3	100.6	99.9	99.9	98.7	95.3	97.7	100.8
100.3	100.2	98.4	99.3	100.3	101.3	97.8	100.4	101.0
101.7	100.6	96.2	98.3	100.7	102.9	99.4	98.2	97.9
101.9	100.3	95.3	97.8	101.1	103.3	99.4	98.1	97.5
100.0	100.2	101.4	100.9	98.9	101.2	99.6	100.9	98.3
101.0	103.9	98.8	99.8	99.9	101.5	99.5	96.7	101.1
100.7	101.0	100.6	100.3	100.1	100.2	100.1	99.5	100.0
100.9	101.1	100.8	100.4	100.1	100.1	100.0	99.4	100.0
100.2	100.7	100.0	100.1	100.2	100.6	100.5	99.8	100.2
101.0	104.5	101.9	98.9	102.2	104.0	94.7	95.4	98.1
101.2	105.0	102.1	98.8	102.5	104.3	94.3	94.9	98.0
99.4	100.6	99.6	99.9	100.1	100.7	99.7	100.4	99.8
100.4	102.2	102.3	99.7	98.6	99.5	97.5	97.8	100.5
102.7	104.8	103.7	101.2	99.9	97.4	96.5	97.9	98.1
105.1	109.5	106.6	100.2	98.2	94.8	95.3	96.3	97.1
100.8	100.7	101.0	102.2	101.6	99.9	97.7	99.2	99.0
98.0	99.3	100.6	98.0	97.1	102.3	98.6	97.7	103.4
97.2	99.0	101.1	96.4	95.9	103.8	97.9	96.4	104.1
99.9	99.9	99.5	101.7	100.0	99.0	100.4	100.5	101.9
85.0	82.5	85.3	104.9	108.7	100.4	98.9	94.7	107.1
83.1	79.8	83.2	106.3	110.0	100.6	99.4	94.2	108.4
100.0	99.9	99.2	99.6	101.5	100.4	100.2	99.3	98.7
108.7	109.3	94.8	94.0	101.8	96.5	86.2	95.0	102.3

7-12 续表 1

商品类别及品名	Commodity Category and Commodity Name	1 月 January	2 月 February	3 月 March
9.调味品	Flavoring	101.6	100.7	100.1
盐	Salt	100.0	100.1	100.0
酱 油	Soy Sauce	103.1	101.6	100.4
醋	Vinegar	103.1	101.0	100.1
味 精	Aginomoto	100.1	100.0	100.1
其 他	Others	100.4	99.8	100.1
10.糖	Carbohydrate	102.0	100.7	100.5
食 糖	Sugar	100.4	101.1	99.8
糖 果	Sweet	101.2	100.8	100.9
巧克力制品	Chocolate Products	104.2	100.1	100.8
糖类小食品	Little Carbohydr-ate Food	103.7	100.6	100.3
11.茶及饮料	Tea and Beverages	100.5	100.1	100.2
(1)茶 叶	Tea	99.9	100.0	100.3
茶 叶	Tea	99.9	100.0	100.3
(2)饮 料	Beverages	101.0	100.2	100.1
固体饮料	Solid Beverages	104.4	101.1	100.2
液体饮料	Liquid Beverages	99.9	100.1	100.1
冷冻饮品	Frozen Beverages	100.3	99.6	100.1
12.干鲜瓜果	Dried and Fresh Melons and Fruits	106.9	105.3	98.3
鲜 瓜 果	Fresh Fruits	108.1	106.0	97.7
干(坚)果	Dried Fruits	102.7	102.8	100.6
13.糕点饼干	Cake,Biscuit and Bread	102.0	100.8	100.6
糕 点	Cake	100.8	100.1	100.9
饼 干	Biscuit	104.2	102.6	100.0
面 包	Bread	101.5	100.2	101.0
14.液体乳及乳制品	Liquid Milk and Their Products	105.2	104.1	101.2
巴氏杀菌奶或消毒奶	Pasteurization Milk or Disinfection Milk	106.0	104.7	101.4
酸 奶	Leben	103.2	104.3	101.2
奶 粉	Milk Powder	104.1	101.4	100.5
其 他	Others	105.4	102.9	100.8
15.在外用膳食品	Outward Dinner	101.1	101.2	102.2
主 食	Staple Food	101.6	101.4	101.8
炒 菜	Hot Dish	100.4	101.3	102.4
地方小吃	Local Snack	102.7	100.4	102.3
16.其他食品	Other Foods	102.5	100.1	100.5
其他食品	Other Foods	102.5	100.1	100.5
二、烟酒及用品	**Tobacco,Liquor and Their Appliances**	**101.1**	**100.6**	**100.5**
1.烟 草	Tobacco	100.1	100.0	100.0
国产卷烟	Domestic Cigarette	100.0	100.0	100.0
进口卷烟	Import Cigarette	100.2	100.2	100.1
其 他	Others	100.4	100.0	100.0
2.酒	Liquor	102.0	101.0	101.0
白 酒	White Spirit	103.1	101.4	100.7
葡 萄 酒	Grape	99.9	100.7	100.3
啤 酒	Beer	100.8	100.5	101.8
其 他	Others	101.9	100.2	99.4
3.吸烟、饮酒用品	Appliances for Sm-oking and Drinking	100.2	100.4	99.5
吸烟用品	Appliances for Smoking	100.1	100.4	99.9
饮酒用品	Appliances for Drinking	100.2	100.3	99.1
三、衣 着	**Clothing**	**99.2**	**99.3**	**100.1**
1.服 装	Garments	99.0	99.0	99.9
(1)男式服装	Men's Garments	99.0	98.5	100.2

continued

(以上月价格为100 preceding month=100)

4 月 April	5 月 May	6 月 June	7 月 July	8 月 August	9 月 September	10 月 October	11月 November	12月 December
101.3	100.1	100.5	99.6	100.7	100.6	100.1	99.8	99.9
99.9	99.8	99.8	100.0	100.0	100.3	99.8	100.0	100.1
102.5	100.4	100.5	99.6	101.1	100.9	99.8	99.5	100.0
101.8	99.8	100.7	99.5	101.3	100.6	100.3	100.0	99.7
100.1	100.3	102.3	99.9	100.0	99.8	99.8	99.3	100.7
101.2	100.5	99.9	99.2	100.3	100.9	100.8	100.2	99.0
100.0	100.5	100.3	100.1	100.2	100.4	100.4	100.9	100.4
100.2	100.3	99.8	99.7	100.4	100.6	99.8	99.6	100.1
99.9	101.1	100.3	100.4	100.1	99.9	100.1	102.8	100.6
100.1	99.9	100.9	100.1	100.1	100.6	101.2	99.9	100.2
99.9	100.5	100.2	100.1	100.0	100.5	101.4	100.1	101.1
100.1	100.2	100.5	100.4	100.1	100.3	100.2	99.6	100.1
100.2	100.2	101.1	100.0	100.0	99.9	99.6	99.2	99.7
100.2	100.2	101.1	100.0	100.0	99.9	99.6	99.2	99.7
100.1	100.2	100.1	100.7	100.1	100.6	100.7	99.9	100.3
99.8	99.7	99.9	99.8	100.0	101.6	101.3	99.8	100.5
100.5	100.1	100.0	101.2	100.1	100.5	100.5	100.0	100.2
99.5	100.9	100.3	100.5	100.2	100.0	100.4	99.9	100.4
109.1	90.1	89.5	96.2	97.3	99.3	101.9	107.0	102.4
111.4	87.5	86.3	95.0	96.1	99.3	102.3	109.6	103.4
100.7	100.6	101.1	100.0	100.7	99.6	100.7	99.8	99.3
100.8	100.9	100.9	100.1	100.3	100.3	100.3	100.1	100.0
100.6	101.1	100.4	100.1	100.3	100.3	100.6	99.5	99.4
100.5	100.5	99.7	100.1	100.3	100.2	99.6	100.2	100.6
101.4	101.0	103.0	100.0	100.2	100.4	100.8	101.1	100.4
101.6	99.8	100.5	100.0	99.7	100.3	99.2	100.1	100.0
101.5	99.6	100.7	99.9	99.4	100.6	98.6	100.2	100.1
100.7	99.3	100.2	99.8	99.9	99.3	99.5	100.0	99.3
104.7	101.9	100.4	100.1	100.3	100.4	101.0	99.4	101.3
101.1	100.1	100.3	100.8	100.6	100.5	101.4	100.0	99.5
100.5	101.1	100.1	100.5	100.5	100.2	100.1	100.1	100.0
100.4	100.1	100.3	100.4	100.6	100.2	100.0	100.0	100.0
100.3	101.2	100.1	100.5	100.3	100.1	100.1	100.2	100.0
101.3	102.2	100.0	100.6	101.0	100.5	100.3	100.0	100.0
101.1	100.3	100.3	100.9	100.7	100.8	99.8	100.5	100.0
101.1	100.3	100.3	100.9	100.7	100.8	99.8	100.5	100.0
100.2	**100.1**	**100.1**	**100.1**	**100.6**	**100.6**	**100.3**	**100.0**	**100.1**
100.0	100.1	99.9	100.0	100.0	100.0	100.0	100.0	100.0
100.0	100.1	100.0	100.1	100.0	100.0	100.0	100.0	100.1
100.1	99.9	99.4	99.5	100.0	99.8	100.0	100.0	99.8
100.0	100.5	99.7	100.0	100.1	100.8	100.0	100.0	100.0
100.4	100.1	100.2	100.2	101.1	101.1	100.5	100.0	100.2
100.1	100.3	100.2	100.4	101.7	101.9	100.4	100.2	100.2
99.9	100.5	100.0	100.3	100.2	99.7	100.2	99.7	99.8
101.0	99.6	100.4	99.9	100.3	100.1	100.9	99.8	100.3
100.0	100.5	99.8	100.2	101.4	100.4	99.5	100.5	100.1
99.8	100.0	100.1	100.0	100.0	100.0	100.1	100.0	100.0
99.6	100.0	99.9	100.1	100.1	99.8	100.3	100.0	100.0
100.1	99.9	100.2	99.8	99.9	100.1	100.0	100.0	100.0
99.9	**100.6**	**99.7**	**99.4**	**99.7**	**100.0**	**100.5**	**100.2**	**99.3**
99.8	100.4	100.1	99.3	99.6	100.0	100.6	100.2	99.1
99.6	100.6	99.6	99.4	99.8	100.3	100.7	100.3	99.4

7-12 续表 2

商品类别及品名	Commodity Category and Commodity Name	1 月 January	2 月 February	3 月 March
大　衣	Topcoat	99.2	97.0	99.7
毛线衣	Woollen Sweater	99.8	98.9	98.8
夹克衫	Jacket	99.0	99.1	100.7
衬　衫	Shirt	98.8	99.1	100.7
T 恤衫	T-shirt	99.9	99.7	99.1
裤　子	Trousers	98.7	99.1	100.4
西　服	Western-style Clothes	99.3	97.2	100.1
运动衫裤	Gym Suit	99.7	99.9	100.0
内　衣	Underwaist	98.9	97.9	100.4
羽绒衣	Eider Down Outerwear	96.0	98.0	103.3
其　他	Others	100.2	99.3	97.3
(2)女式服装	Women's Garments	98.9	99.2	99.8
大　衣	Topcoat	99.6	98.9	98.8
毛线衣	Woollen Sweater	99.3	99.0	97.1
羽绒衣	Eider Down Outerwear	96.1	98.1	103.7
套　装	Coordinates	98.7	99.6	101.3
衬　衫	Shirt	99.8	99.3	99.9
T 恤衫	T-Shirt	100.0	100.0	99.8
裙　子	Skirt	99.5	99.8	99.6
裤　子	Trousers	97.8	99.7	99.7
运动衫裤	Gym Suit	99.0	100.2	100.7
内　衣	Underwaist	99.1	98.2	100.5
其　他	Others	99.3	99.3	97.9
(3)儿童服装	Children's Garments	99.6	99.6	99.3
套　装	Coordinates	99.8	99.6	98.9
裤　子	Trousers	98.8	99.3	99.5
裙　子	Skirt	100.3	100.0	100.0
其　他	Others	99.0	99.7	98.8
2.衣着材料	Clothing Materials	100.3	100.0	100.1
棉　布	Cotton Cloth	100.3	100.1	100.1
棉混纺布	Cotton Textiles Cloth	99.9	100.0	100.1
化纤布	Chemical Fiber Cloth	100.4	99.9	100.1
毛　线	Knitting Wool	100.5	99.9	100.0
3.鞋袜帽	Shoes,Socks and Hats	99.8	99.9	100.8
(1)鞋	Shoes	99.8	99.9	100.9
男　鞋	Men's Shoes	99.8	100.0	100.7
女　鞋	Women's Shoes	99.9	100.0	101.5
童　鞋	Children's Shoes	99.4	99.4	99.2
(2)袜　子	Socks	99.8	99.9	100.2
男　袜	Men's Socks	99.7	99.9	100.2
女　袜	Women's Socks	99.9	99.9	100.2
(3)帽　子	Hats	99.5	99.5	100.1
男　帽	Men's Hats	99.5	99.4	100.3
女　帽	Women's Hats	99.6	99.6	100.0
4.衣着加工服务费	Clothing Manufact- uring Services	100.3	101.0	100.0
缝　纫	Sewing	100.4	101.6	100.1
清　洗	Washing	100.3	100.5	100.0
四、家庭设备用品及维修服务	**Household Facilities, Articles and Services**	**100.3**	**100.0**	**100.3**
1.耐用消费品	Durable Consumer Goods	100.0	100.0	100.2
(1)家　具	Furniture	100.1	99.9	100.0

continued

(以上月价格为100 preceding month=100)

4 月 April	5 月 May	6 月 June	7 月 July	8 月 August	9 月 September	10 月 October	11月 November	12月 December
100.4	99.7	99.8	100.2	99.7	100.1	99.7	100.9	99.4
98.0	100.6	100.0	98.7	99.9	100.0	102.4	103.6	100.2
100.4	100.3	99.9	99.4	100.0	100.1	100.1	99.7	100.0
99.3	100.8	99.5	100.9	100.1	102.2	98.5	98.9	99.5
99.5	101.2	99.0	99.6	97.8	99.6	99.6	99.4	99.9
99.8	100.4	99.0	99.0	98.4	101.0	101.6	99.4	99.1
98.9	101.9	99.7	98.8	100.1	101.2	99.8	99.6	98.9
99.4	99.7	100.3	100.0	100.2	98.9	100.7	100.1	99.8
100.5	100.2	99.1	98.5	101.6	98.9	101.7	100.5	98.6
100.9	100.0	100.0	99.3	99.5	100.0	101.7	100.2	98.9
100.5	100.4	99.8	99.5	100.9	99.8	101.4	100.7	99.7
99.9	100.4	100.5	99.3	99.3	99.8	100.4	100.2	99.1
99.8	100.0	99.9	99.6	99.6	99.7	99.8	100.2	99.0
98.8	100.7	100.1	98.9	100.0	100.5	102.1	101.6	98.8
100.9	100.0	100.0	99.0	99.3	99.4	101.5	99.7	99.1
100.7	100.8	99.8	99.7	99.9	99.5	99.3	98.7	99.3
99.6	100.3	101.8	99.2	98.4	99.7	99.4	100.2	100.2
100.6	100.1	99.5	99.7	99.8	99.0	99.0	100.0	99.9
100.0	101.7	102.9	98.8	97.3	99.5	99.4	99.5	99.4
99.7	100.0	100.6	100.0	98.6	101.1	100.9	100.1	98.4
99.4	100.5	99.6	99.6	99.8	98.9	99.7	100.4	99.0
100.4	99.6	99.4	98.4	101.2	99.6	101.5	100.3	98.0
100.6	99.5	100.0	98.4	100.7	99.9	100.9	101.5	97.6
99.8	100.0	100.0	99.6	100.0	99.9	101.3	99.6	98.1
99.6	99.4	99.5	100.3	99.7	99.3	101.1	99.9	96.9
99.7	100.0	101.1	100.4	100.3	99.5	101.1	98.3	97.6
100.5	101.0	99.7	97.4	100.1	101.0	101.6	100.0	100.0
98.9	99.5	99.8	100.0	100.0	100.0	102.1	101.6	99.4
100.1	100.1	99.8	100.0	100.3	100.0	100.4	100.1	99.7
100.0	100.0	100.0	100.1	100.6	99.9	100.3	100.1	99.8
100.2	100.0	99.9	100.2	100.3	99.7	100.2	100.1	99.7
100.0	100.3	99.9	99.7	100.4	99.8	100.3	100.1	99.7
100.0	100.0	99.2	100.1	100.0	100.7	100.9	100.3	99.5
100.0	101.2	98.8	99.6	100.2	100.0	100.2	100.1	99.6
100.0	101.4	98.6	99.5	100.2	100.1	100.1	100.1	99.6
100.4	102.4	98.5	99.5	100.2	100.0	100.1	100.3	99.6
99.8	101.2	97.9	99.5	100.2	100.4	100.0	100.1	99.6
100.0	100.1	101.0	99.7	99.8	99.2	100.6	99.3	99.5
99.9	100.0	100.2	100.6	100.0	99.9	100.8	100.0	99.9
100.0	99.9	100.3	100.0	100.0	99.5	100.8	100.0	99.9
99.9	100.1	100.2	101.2	100.0	100.2	100.8	100.0	100.0
99.7	100.1	100.2	99.6	100.6	99.4	101.2	100.9	99.8
99.4	100.5	100.5	99.1	101.0	99.2	101.4	100.1	100.2
99.8	99.8	100.0	99.8	100.3	99.5	101.0	101.3	99.5
99.9	100.2	100.0	100.0	100.3	99.8	100.6	100.0	100.0
99.9	100.4	100.0	100.0	100.4	100.0	100.1	100.0	100.0
99.9	100.0	100.0	100.1	100.2	99.6	101.0	100.0	100.0
100.2	**100.4**	**100.1**	**100.2**	**100.3**	**100.1**	**100.2**	**100.1**	**100.0**
100.2	100.0	100.1	100.3	100.3	100.0	99.9	100.1	100.0
100.2	100.0	100.2	100.2	100.3	100.1	99.9	100.2	99.9

7-12 续表 3

商品类别及品名	Commodity Category and Commodity Name	1 月 January	2 月 February	3 月 March
柜	Cabinet	100.3	100.4	100.4
床	Bed	100.3	99.7	99.9
桌	Desk	99.8	99.9	99.8
椅	Chair	99.9	99.7	100.1
沙 发	Sofa	100.0	99.5	100.0
其 他	Others	100.0	100.1	100.0
(2)家庭设备	Household Appliances	100.0	100.0	100.3
洗 衣 机	Washing Machine	99.9	99.9	100.0
电 风 扇	Electric Fan	100.0	100.0	100.0
电冰箱(柜)	Refrigerator	99.8	100.2	100.6
吸排油烟机	Kitchen Ventilato	99.8	100.6	101.3
空 调 器	Air-conditioning	100.0	100.0	100.4
热 水 器	Water Heater	100.4	100.1	99.8
微 波 炉	Microwave Oven	100.1	99.2	100.0
电 炊 具	Electric Cooking Appliance	100.2	100.0	100.0
2.室内装饰品	Interior Decorations	99.9	99.8	100.3
纺织装饰品	Textile Process Decorations	99.7	99.5	100.4
装饰灯具	Architectural Lamps and Lanterns	100.2	100.3	100.4
其 他	Others	100.0	100.0	100.0
3.床上用品	Bedclothes	99.0	98.7	100.6
毛 毯	Woollen Blanket	99.8	99.4	100.3
被 子	Quilt	99.0	98.1	101.4
床上套件	Bed Articcles	98.0	98.1	100.7
其 他	Others	99.9	100.0	99.4
4.家庭日用杂品	Sundry Articles	100.5	100.6	100.2
茶 具	Tea Set	99.8	100.0	100.3
餐 具	Tableware	99.9	100.4	99.9
厨 具	Kitchen Utensils	100.1	100.1	100.1
家用手工工具	Domestic Handwork Tools	100.0	100.1	100.8
洗涤用品	Washing Articles	101.3	101.5	100.2
其 他	Others	100.4	100.2	100.3
5.家庭服务及加工维修服务	Household Srvice and Manufacturing Upkeep	104.1	100.0	100.4
家庭服务	Household Srvice	107.6	99.5	100.2
加工维修服务	Manufacturing Upkeep	101.3	100.4	100.5
五、医疗保健和个人用品	**Health Care and Personal Articles**	**100.3**	**100.2**	**100.2**
1.医疗保健	Health Care	100.3	100.1	100.1
(1)医疗器具及用品	Medical Facilities and Goods	99.7	100.5	99.7
医疗器具及用品	Medical Facili- ties and Goods	99.7	100.5	99.7
(2)中药材及中成药	Herbs and Ready- made Traditional Chinese Medicine	100.1	99.7	100.6
中 药 材	Herbs	99.7	99.5	101.0
中 成 药	Ready-made Tr-aditional Chin-ese Medicine	100.5	99.8	100.2
(3)西药	Western Medicine	100.6	100.2	100.0
抗微生物药	Anti-microorga-nism Medicine	103.1	101.4	100.2
消化系统用药	Alimentary System Medicine	99.9	100.6	100.0
呼吸系统用药	Respiratory System Medicine	100.0	99.6	100.0
解热镇痛及非甾体抗炎药	Allays a Fever the Analgesia and the Non-steroid Body Anti-inflammatory Agent	100.6	100.2	100.1
抗肿瘤药	Antineoplastic Drug	99.7	99.9	100.0
激素及调节内分泌功能药	Hormone and Adjustment Internal Secretion Function Medicine	99.8	99.7	100.0
循环系统用药	Circulating System Medicine	99.9	99.9	99.9
神经系统用药	Nerve System Medicine	100.0	99.9	100.0
专科用药	Junior Medicine	100.0	100.1	99.5

continued

(以上月价格为100 preceding month=100)								
4 月 April	5 月 May	6 月 June	7 月 July	8 月 August	9 月 September	10 月 October	11月 November	12月 December
100.2	99.7	100.4	100.0	100.0	100.0	99.6	100.6	99.9
100.3	100.0	100.0	100.3	100.4	99.9	99.9	100.2	99.9
100.1	100.0	100.0	100.2	100.0	100.0	100.0	100.0	100.0
100.3	100.0	99.9	100.0	100.1	99.7	99.6	100.0	99.8
100.2	100.3	100.2	100.6	100.3	100.6	100.3	99.9	100.0
100.0	99.7	100.4	99.9	102.2	99.8	99.7	100.5	100.0
100.2	100.1	100.0	100.3	100.4	99.9	100.0	100.1	100.0
101.4	99.8	100.1	100.7	100.2	99.7	100.5	100.2	99.7
99.9	101.3	100.0	102.6	99.8	100.3	98.7	100.0	99.3
100.0	100.0	100.3	100.0	100.0	100.2	100.0	100.1	99.8
100.1	99.8	99.2	101.2	100.4	100.1	100.1	100.6	100.0
100.2	100.1	100.1	99.2	100.9	99.8	99.9	99.9	100.1
100.1	100.4	99.9	101.2	100.4	100.2	99.9	100.1	100.2
99.7	99.9	99.4	100.6	99.4	99.3	99.4	100.1	100.8
99.4	100.6	100.1	100.1	100.3	99.8	100.0	100.1	99.6
99.8	100.0	100.0	99.9	100.5	100.0	100.1	99.8	99.9
100.0	100.0	99.9	100.0	100.7	100.0	100.0	99.7	99.9
99.4	100.0	100.0	100.0	100.0	100.0	100.6	100.0	100.0
99.8	100.0	100.0	99.6	100.7	99.8	99.8	99.8	99.8
100.8	99.9	99.2	99.9	100.4	100.0	100.3	100.3	99.9
99.9	100.6	100.0	99.7	99.9	100.0	100.4	100.7	99.9
101.5	99.4	98.7	100.1	100.0	100.5	99.8	99.2	100.0
101.0	99.7	99.1	99.9	100.8	99.7	100.5	100.8	99.8
100.0	100.2	99.6	99.6	100.7	99.7	100.3	100.5	99.9
100.1	101.4	100.4	100.3	100.3	100.4	101.0	100.2	100.0
100.2	100.0	100.0	100.7	99.7	99.6	100.6	99.9	99.8
99.9	99.8	99.8	100.0	100.0	100.2	100.3	100.6	100.0
100.1	101.7	100.2	99.7	99.9	100.0	100.1	100.2	100.2
100.2	100.0	100.1	100.1	100.4	100.0	100.0	100.0	100.0
100.0	103.9	101.2	100.8	100.6	100.9	101.5	100.3	100.3
100.1	100.2	100.0	100.2	100.5	100.6	101.5	100.1	99.8
100.0	101.5	100.5	100.1	100.1	100.8	99.9	100.2	101.2
100.0	100.5	100.5	100.0	100.0	100.0	99.6	100.4	102.7
100.0	102.4	100.5	100.2	100.2	101.5	100.1	100.0	100.0
100.0	**100.3**	**100.0**	**100.2**	**100.1**	**100.1**	**100.1**	**99.9**	**100.0**
100.0	100.0	100.0	100.3	100.1	100.1	100.1	100.1	100.0
100.2	100.0	99.5	98.9	100.5	100.0	99.8	99.9	100.0
100.2	100.0	99.5	98.9	100.5	100.0	99.8	99.9	100.0
100.2	100.1	99.2	100.6	100.3	100.0	100.1	100.1	99.9
100.5	100.2	99.3	101.2	100.5	99.9	100.1	100.5	100.0
100.0	100.1	99.1	100.1	100.2	100.1	100.1	99.8	99.8
99.7	100.0	100.3	100.3	100.1	100.2	100.1	100.1	100.1
99.4	100.3	101.1	100.0	99.9	100.7	99.9	100.0	100.0
99.7	99.9	101.1	100.3	100.1	100.2	100.6	100.2	99.6
99.5	100.0	99.8	100.2	100.1	99.3	100.2	100.2	100.4
99.7	100.0	100.1	101.2	100.0	100.1	100.0	100.3	99.9
99.3	100.1	99.4	100.3	99.9	100.1	100.0	100.1	101.3
100.0	99.9	100.2	100.1	100.0	100.0	100.2	100.4	100.2
99.7	99.9	100.0	100.2	99.9	100.7	100.4	99.9	99.9
100.2	99.8	100.1	100.8	100.0	100.0	99.8	99.9	100.0
100.2	99.5	100.0	99.6	100.8	99.8	99.8	99.9	100.0

7-12 续表 4

商品类别及品名	Commodity Category and Commodity Name	1 月 January	2 月 February	3 月 March
其　　他	Others	100.8	99.4	100.0
(4)保健器具及用品	Healthcare Equip-ment	100.6	99.5	100.0
保健器具	Health Protection Equipment	100.0	100.2	100.0
滋补保健用品	Tonic and Health Products	100.8	99.2	99.9
(5)医疗保健服务	Health Care Services	100.0	100.3	100.0
挂 号 费	Registration	100.0	100.0	100.0
注 射 费	Injection Expenses	100.0	100.0	100.0
检 查 费	Examination Expenses	100.1	100.2	100.0
手 术 费	Operation Exp- enses	100.0	100.0	100.0
住 院 费	Hospitalization Expenses	99.9	101.1	100.0
理 疗 费	Physiotherapy Expenses	100.0	100.3	100.0
化 验 费	Analysis Expenses	100.4	100.3	99.6
其　　他	Others	100.0	100.0	100.9
2.个人用品及服务	Personal Articles and Services	100.4	100.5	100.4
(1)化妆美容用品	Cosmetics	100.1	100.1	100.0
化妆美容器具	Cosmetics App-liances	99.8	99.9	99.9
美容化妆品	Facial Beautifiers	99.6	100.4	99.9
护肤品	Protects Skin Products	100.9	99.9	100.0
护发美容品	Protects Sends the Beauty Products	100.0	100.2	100.1
(2)清洁化妆用品	Cleaning Toiletw-are	100.1	100.0	100.1
洗发用品	Hairdressing Articles	100.0	99.9	100.1
洗浴用品	Bathing Articles	100.0	100.0	100.3
其　　他	Others	100.5	100.1	99.8
(3)个人饰品	personal Decorations	100.8	101.4	101.5
首　　饰	Ornaments	102.0	103.1	102.1
皮　　件	Leather Appliance	99.4	99.3	101.1
手　　表	Watch	100.1	99.7	100.2
领　　带	Necktie	97.7	98.6	101.0
其　　他	Others	100.0	100.0	100.3
(4)个人服务	Personal Services	100.5	100.5	99.9
美　　容	Cosmetology	100.0	100.1	100.0
理(烫)发	Haircut (perm-naent wave)	101.5	101.3	99.6
洗　　浴	Bathe	100.3	100.1	100.0
其　　他	Others	100.0	100.0	100.0
六、交通和通信	**Transportation and Communication**	**99.9**	**99.9**	**99.9**
1.交通	Transportation	100.0	100.1	100.0
(1)交通工具	Transportation Facility	99.6	99.8	100.0
摩 托 车	Motorcycle	99.8	100.0	99.9
自 行 车	Bicycle	100.0	100.0	100.1
轿　　车	Car	99.3	99.6	100.1
其　　他	Others	100.0	100.0	99.8
(2)车用燃料及零配件	Fuels and Parts	99.8	100.0	100.4
汽　　油	Gasoline	100.0	100.0	100.1
柴　　油	Diesel Oil	99.7	100.0	101.2
零 配 件	Parts	99.2	100.0	100.0
其　　他	Others	100.0	100.4	100.0
(3)车辆使用及维修费	Using and Upkeep Fare	100.0	99.8	100.0
驾 驶 证	Driving License	99.7	99.8	99.9
保 险 费	Insurance Exp-enses	100.1	99.1	100.0
停 车 费	Parking Expen-ses	100.0	100.5	100.2

continued

(以上月价格为100 preceding month=100)								
4 月 April	5 月 May	6 月 June	7 月 July	8 月 August	9 月 September	10 月 October	11月 November	12月 December
99.6	100.0	100.9	100.4	100.8	100.0	99.6	100.4	99.2
99.8	100.1	100.4	100.1	100.1	99.9	100.0	100.1	100.0
99.5	100.1	99.9	100.0	100.1	99.9	100.1	100.0	99.9
99.9	100.1	100.6	100.1	100.1	100.0	99.9	100.2	100.1
100.4	100.0	100.0	100.0	100.0	100.0	100.1	100.0	100.0
100.0	100.0	100.0	100.0	100.0	100.0	100.0	100.0	100.0
100.0	100.0	100.0	100.0	100.0	100.0	100.0	100.0	100.0
100.7	100.0	100.0	100.0	100.1	100.0	100.1	100.0	100.0
100.0	100.0	100.0	100.0	100.0	100.0	100.1	100.0	100.0
100.9	100.0	100.2	100.0	100.0	100.0	100.0	100.0	100.0
100.3	100.0	100.0	100.0	100.0	100.0	100.0	100.0	100.0
100.1	100.0	100.0	100.0	100.0	100.0	100.4	100.0	100.0
100.0	100.0	100.0	100.0	100.0	99.4	99.6	100.0	100.0
100.1	100.7	100.0	100.1	100.0	100.1	100.1	99.5	100.0
100.5	100.4	100.1	100.2	100.0	99.9	100.6	100.0	100.1
100.2	100.4	100.6	99.8	100.2	99.7	100.7	99.8	100.0
101.1	100.8	99.9	100.3	99.9	100.3	100.0	99.9	99.9
100.4	100.2	100.3	100.2	100.3	99.6	100.3	100.1	100.5
99.9	100.2	99.8	100.2	99.5	99.8	101.8	99.9	100.0
100.1	100.3	100.0	100.0	100.8	100.9	100.3	99.8	100.1
100.4	100.4	99.9	99.8	100.8	100.8	100.2	98.8	100.1
99.8	100.0	100.0	100.5	100.7	101.4	100.6	100.9	100.3
100.1	100.8	100.2	99.6	101.3	99.8	99.8	100.0	99.9
99.9	100.2	99.8	100.2	99.0	99.5	99.7	98.2	99.9
99.5	100.3	99.8	100.1	98.3	98.9	99.3	96.8	100.1
100.8	99.8	99.3	100.8	99.3	99.9	100.9	100.1	100.3
100.3	100.0	100.3	100.6	100.4	99.7	100.0	99.5	99.1
100.5	100.4	99.7	99.8	99.9	100.6	98.9	99.8	99.3
99.5	100.2	100.0	99.8	99.7	101.0	100.5	100.1	99.5
100.0	102.0	100.0	100.0	100.1	99.9	100.1	100.0	100.0
100.0	101.3	100.0	100.0	100.0	99.9	100.0	100.0	99.9
100.0	104.3	100.0	100.0	100.1	99.9	100.2	100.0	100.0
100.0	100.4	100.0	100.0	100.3	100.0	100.0	100.0	100.0
100.0	100.5	100.0	100.0	100.0	100.0	100.2	100.0	100.0
99.9	**99.8**	**100.4**	**100.3**	**100.1**	**99.9**	**100.0**	**99.8**	**99.2**
100.1	99.9	100.9	100.7	100.2	100.0	100.0	99.9	98.8
100.0	99.9	100.0	100.0	100.1	99.7	100.1	100.0	99.7
100.1	100.2	100.1	100.1	100.2	100.0	100.1	100.1	99.7
100.1	100.1	100.3	100.0	100.5	100.2	100.6	100.8	100.0
100.0	99.8	99.9	100.0	99.9	99.4	99.8	99.7	99.5
99.8	100.0	99.8	100.0	100.2	100.0	99.9	100.0	100.1
100.0	100.1	107.2	103.7	100.1	100.1	99.9	100.0	91.4
100.0	100.1	109.5	104.5	100.1	100.2	99.9	100.0	90.1
100.0	100.0	107.3	104.6	100.0	100.2	100.0	99.9	88.7
100.1	100.5	100.0	100.2	100.0	100.0	100.0	100.0	100.0
100.7	100.3	101.7	100.0	100.1	100.0	100.0	100.0	100.2
100.1	100.0	100.0	100.0	100.0	100.0	100.0	100.2	100.0
100.3	100.0	99.9	100.0	100.0	100.0	99.5	99.9	100.2
100.1	99.9	100.0	100.0	100.0	99.9	100.0	100.0	100.0
100.0	100.0	100.0	100.0	100.0	100.0	100.0	100.0	100.0

7-12 续表 5

商品类别及品名	Commodity Category and Commodity Name	1 月 January	2 月 February	3 月 March
车辆修理服务费	Vehicle Upkeep Service fare	100.1	100.1	100.1
其　他	Others	100.2	100.0	100.0
(4)市区公共交通费	Incity Traffic Fare	100.4	100.0	100.0
公共汽车票	Bus Ticket	100.2	100.0	100.0
出租汽车	Taxi	100.6	100.0	100.0
其　他	Others	100.3	100.0	100.0
(5)城市间交通费	Intercity Traffic Fare	100.7	100.9	99.9
飞 机 票	Airplane Ticket	98.1	103.3	97.3
火 车 票	Train Ticket	100.0	100.0	100.0
长途汽车	Intertown Bus	101.6	101.2	100.2
其　他	Others	100.4	100.0	100.4
2.通信	Communication	99.7	99.7	99.6
(1)通信工具	Communication Facility	98.1	98.5	98.4
固定电话机	Telephone	99.9	100.0	100.0
移动电话机	Mobile Phone	97.8	98.3	98.2
其 他	others	100.0	99.4	98.5
(2)通信服务	Communication Service	100.2	100.0	100.0
移动通信费	Mobile Communication Fee	100.0	100.0	100.0
市内电话费	Incity Telephone Fee	100.0	100.0	100.0
长途电话费	Long Distance Call Fee	100.0	100.0	100.0
月租费	Month Hiring Fee	100.0	100.0	100.0
上网费	Net Play Fee	101.5	100.0	100.0
信件邮寄	Letter Post	100.0	100.0	100.0
包裹邮寄	Package Post	100.0	100.0	100.0
其　他	Others	102.3	100.0	100.0
七、娱乐教育文化用品及服务	**Recreation,Education and Culture Articles**	**100.0**	**100.3**	**99.3**
1.文娱用耐用消费品及服务	Durable Consumer Goods for Cultural and Recreational Use and Service	99.8	99.5	99.4
电 视 机	Television	99.5	98.6	98.6
激光视盘机	Laser Video Disc Machine	100.0	98.9	99.8
摄 像 机	Pickup Camera	99.6	99.6	99.9
照 相 机	Camera	99.3	99.7	99.3
家用音响	Acoustic Equipment	100.0	99.6	100.0
便携式音响	Portable Acoustics	100.0	99.2	98.9
电　脑	Computer	100.1	99.9	99.5
修理服务	Repair Service	100.0	100.0	101.1
其　他	Others	100.0	100.0	100.0
2.教育	Education	100.1	100.1	99.9
(1)教材及参考书	Teaching Materials and Reference Books	99.9	100.0	100.0
工 具 书	Tool Book	99.9	100.0	100.0
教　材	Teaching Material	99.8	100.0	100.0
参 考 书	Reference Book	99.9	100.0	100.0
教育软件	Educational Software	100.0	100.0	100.1
(2)学杂托幼费	Tuition and Child Care	100.1	100.1	99.8
义务教育杂费	Incidental Expe- nses of Compul-cory Education			
非义务教育学杂费	Tuition of Non-compulsory Education	100.0	100.0	100.1
技能培训学费	Skill Train Tuition	100.5	100.2	100.0
托 幼 费	Child Care	100.0	100.0	100.0
其　他	Others	100.0	100.1	97.7
3.文化娱乐类	Recreation and Culture	100.1	99.8	100.0
(1)文化娱乐用品	Culture Articles	100.1	99.8	100.2

continued

(以上月价格为100 preceding month=100)

4 月 April	5 月 May	6 月 June	7 月 July	8 月 August	9 月 September	10 月 October	11月 November	12月 December
100.1	100.1	100.0	100.0	100.0	100.0	100.1	100.5	100.0
100.2	100.0	100.0	100.0	100.0	100.0	100.0	100.0	100.0
100.0	99.6	100.0	100.2	100.0	100.0	100.0	100.0	100.0
100.0	99.2	100.0	100.4	100.0	100.0	100.0	100.0	100.0
100.0	100.0	100.0	100.0	100.0	100.0	100.0	100.0	100.0
100.0	100.0	100.0	100.0	100.0	100.9	100.0	100.0	100.0
100.5	100.0	100.3	101.1	101.1	100.2	100.2	99.3	100.1
102.3	100.6	101.2	103.1	99.3	101.5	92.8	91.4	98.9
100.0	100.0	100.0	100.0	100.1	100.0	100.0	100.1	100.1
100.5	100.0	100.5	101.6	101.9	100.2	101.0	99.7	100.3
100.2	100.0	100.0	100.2	101.7	98.8	103.1	100.0	100.2
99.7	99.8	99.7	99.7	99.8	99.8	99.9	99.7	99.6
98.7	98.9	99.6	98.8	99.1	98.9	99.7	98.6	98.2
100.0	99.8	99.9	100.9	100.0	100.3	100.1	100.0	100.0
98.5	98.7	99.5	98.5	98.9	98.7	99.6	98.5	97.8
99.1	100.0	100.0	100.0	100.0	100.0	100.0	97.8	101.7
100.0	100.0	99.7	100.0	100.0	100.0	100.0	100.0	100.0
99.7	100.0	99.1	100.0	100.0	100.0	100.0	100.0	100.0
100.0	100.0	100.0	100.0	100.0	100.0	100.0	100.0	100.0
100.0	100.0	100.0	100.0	100.0	100.0	100.0	100.0	100.0
100.0	100.0	100.0	100.0	100.0	100.0	100.0	100.0	100.0
101.0	100.0	100.0	100.0	100.0	100.0	100.0	100.0	100.0
100.0	100.0	100.0	100.0	100.0	100.0	100.0	100.0	100.0
100.0	100.0	100.0	100.0	100.0	100.0	100.0	100.0	100.0
100.0	100.0	100.0	100.0	100.0	100.0	100.0	100.0	100.0
100.5	**100.0**	**99.7**	**100.1**	**100.3**	**100.3**	**99.9**	**99.7**	**99.3**
99.5	99.5	99.5	99.2	99.6	99.6	98.9	99.8	99.5
99.5	99.3	99.0	99.4	99.3	99.1	99.7	99.2	98.5
99.5	99.5	99.6	99.6	99.9	99.6	100.0	100.1	99.5
99.3	99.5	99.9	100.0	99.9	99.8	99.9	99.8	99.9
99.2	99.3	99.7	100.0	99.7	99.6	99.4	100.0	99.5
99.7	100.2	99.8	100.0	100.0	100.1	99.9	100.0	99.8
99.8	99.1	100.3	99.7	99.9	100.1	99.9	99.5	100.0
99.5	99.6	99.6	98.5	99.6	99.7	98.1	100.0	99.8
99.7	100.3	100.0	100.0	100.0	100.0	99.9	100.0	99.9
100.6	99.3	99.9	99.9	100.0	99.8	96.3	100.0	100.0
100.8	100.1	100.0	100.0	100.4	100.4	100.3	100.1	100.0
100.0	100.2	100.0	99.9	100.3	102.6	99.8	100.0	100.0
100.0	99.9	100.0	99.8	101.6	101.0	100.0	100.1	100.2
100.0	100.0	100.0	100.0	100.1	101.9	99.0	100.0	100.0
100.0	100.0	100.0	100.0	100.2	105.6	100.8	100.0	100.0
100.0	102.2	100.0	99.0	99.2	100.0	99.6	100.0	100.0
100.9	100.1	100.0	100.0	100.4	100.0	100.4	100.1	100.0
100.0	100.0	100.0	100.0	100.0	100.1	100.0	100.0	100.0
103.4	100.0	100.0	100.0	101.8	99.8	101.2	100.0	100.0
100.5	100.6	100.0	100.0	99.7	100.1	100.3	100.3	100.0
100.0	100.0	100.0	100.0	100.1	100.0	100.0	100.0	100.0
100.1	100.2	99.7	100.3	100.3	100.0	100.1	100.1	99.9
99.6	99.9	99.9	100.1	100.5	99.9	100.1	100.4	100.0

7-12 续表 6

商品类别及品名	Commodity Category and Commodity Name	1 月 January	2 月 February	3 月 March
乐　　器	Musical Instru-ment	100.0	100.0	100.0
音响光盘和磁带	Audio,Disk and Tape	99.7	99.3	100.2
照相胶卷和存储卡	Roll Film and M-emorizing Card	100.0	100.2	100.0
录像磁带和视盘	Video Tape and Disk	100.0	100.0	99.9
儿童玩具	Children's Toy	100.1	99.3	100.5
纸张本册	Paper and Volume	101.4	100.0	100.0
文　　具	Stationery	100.1	99.9	100.1
体育用品	Sports Goods	100.0	99.7	100.3
其　　他	Others	100.0	99.5	100.3
(2)书报杂志	Books,Newspapers,Magazines	99.9	100.0	100.0
书　　籍	Books	100.0	100.0	100.0
报　　纸	Newspapers	99.7	100.0	100.0
杂　　志	Magazines	100.0	100.0	100.0
(3)文娱费	Expenditure of Culture and Rec-reation	100.1	99.7	99.9
电 影 票	Film Ticket	101.1	99.1	99.2
景点门票	Scene Spot ticket	99.8	100.0	100.0
有线电视	Cable Television	100.0	100.0	100.0
健身活动	Exercise	100.0	98.9	100.1
其　　他	Others	100.0	100.0	100.0
4.旅游	Tourism	100.2	103.3	96.2
旅行社收费	Travel Agency Charge	100.8	104.4	94.4
宾馆住宿	Guesthouse Stay	98.2	100.1	102.3
其他住宿	Other Stay	99.2	100.0	100.6
八、居住	**Residence**	**100.7**	**100.2**	**100.3**
1.建房及装修材料	Building and Building Decoration Materials	100.7	101.1	100.5
木　　材	Wood	100.7	102.4	100.9
木 地 板	Wood Floor	100.8	100.5	100.8
砖	Brick	100.5	101.7	100.9
水　　泥	Cement	100.2	100.6	100.0
涂　　料	Coating Material	100.3	101.2	100.1
胶 合 板	Plywood	101.5	100.3	100.3
玻　　璃	Glass	100.3	101.6	100.3
粘　　胶	Rayon	101.0	100.3	100.1
油　　漆	Paint	101.3	101.1	100.1
其　　他	Others	100.4	100.0	100.4
2.租房	Renting	100.5	100.1	100.2
公房房租	Public House Rent	100.0	100.0	100.0
私房房租	Private House Rent	101.0	100.3	100.3
其他费用	Other Fare	100.0	100.0	100.0
3.自有住房	Private Housing	100.8	100.0	100.0
房屋贷款利率	Houses Loans Int-erest Rate	101.6	100.1	99.9
物业管理费用	Property Manage- ment Fee	100.0	100.1	100.0
维护修理费用	Upkeep and Repair Fee	100.7	99.9	100.2
其　　他	Others	99.7	99.9	99.8
4.水、电、燃料	Water,Electricity and Fuels	100.7	99.8	100.4
水	Water	102.8	100.0	100.0
电	Electricity	100.0	100.0	100.0
液化石油气	Liquefiled Petrol-eum Gas	98.4	97.6	100.9
管道燃气	Pipelined Gas	100.0	100.0	100.0
其他燃料	Other Fuels	101.2	101.5	103.3

continued

(以上月价格为100 preceding month=100)								
4 月 April	5 月 May	6 月 June	7 月 July	8 月 August	9 月 September	10 月 October	11月 November	12月 December
99.6	99.8	98.8	100.1	100.8	100.1	100.0	100.0	100.0
100.3	100.0	100.0	100.0	100.3	99.8	100.3	100.2	100.5
100.0	100.0	100.1	100.0	100.5	99.8	99.0	98.9	100.0
99.8	99.9	99.9	100.0	100.4	99.8	100.2	100.0	99.8
98.5	100.0	100.0	100.0	100.3	100.1	100.4	102.3	99.8
100.1	99.6	100.0	100.5	101.0	99.9	100.0	100.1	99.7
100.0	99.7	100.1	99.8	100.3	99.9	100.2	100.3	100.0
99.0	100.2	100.4	100.7	100.7	99.6	100.2	100.0	100.1
100.2	99.8	100.0	99.9	100.1	99.9	100.3	100.6	99.9
100.0	100.0	100.0	101.0	99.9	100.3	100.3	100.4	100.0
100.0	100.0	100.0	100.0	99.8	100.0	100.0	100.0	100.0
100.0	100.0	100.0	103.1	100.0	100.0	100.8	101.2	100.0
100.0	100.0	100.0	100.0	100.0	101.1	100.0	100.0	100.1
100.8	100.7	99.2	100.0	100.4	100.0	99.9	99.4	99.9
100.1	104.5	95.1	99.7	101.7	99.0	99.8	99.5	99.8
103.5	100.0	100.0	100.4	100.5	100.0	100.0	97.6	99.5
100.0	100.0	100.0	100.0	100.0	100.0	100.0	100.0	100.0
100.0	100.0	100.0	99.8	100.0	100.7	99.9	100.2	100.0
100.2	100.0	100.0	100.0	100.0	100.0	99.7	100.0	100.0
101.4	100.2	98.6	101.7	100.9	101.0	100.0	98.0	95.6
101.3	100.7	97.9	101.3	100.7	102.5	100.4	98.1	94.5
101.0	98.8	100.6	100.3	102.0	98.0	99.1	98.2	98.7
102.7	99.4	100.3	108.4	100.8	94.8	97.8	95.6	99.9
100.3	**100.6**	**100.7**	**100.3**	**100.0**	**100.5**	**99.5**	**99.1**	**99.3**
100.4	101.1	101.6	100.6	100.5	100.2	99.4	99.6	99.4
100.5	100.6	100.5	100.4	99.9	100.2	99.9	100.7	98.4
100.2	101.1	100.7	100.4	100.1	100.1	98.7	99.4	99.9
100.9	102.6	104.2	100.4	100.4	100.5	99.4	100.2	99.3
99.8	103.1	106.2	101.3	102.1	100.2	99.9	99.4	99.2
100.2	100.5	101.1	100.2	100.1	100.0	99.9	99.2	100.2
101.1	100.3	100.1	101.0	101.0	100.0	99.3	98.8	99.8
99.8	101.0	100.7	100.2	100.0	99.8	98.7	99.5	98.5
101.3	100.6	100.1	100.8	100.3	100.1	98.9	99.4	99.6
99.5	99.9	100.7	100.6	100.5	100.4	99.6	99.2	98.9
100.0	100.0	99.8	100.8	100.6	100.1	99.9	100.0	100.0
99.4	101.0	100.8	100.0	100.1	100.0	99.8	100.3	100.0
100.0	100.0	100.2	100.0	100.0	100.0	100.0	100.0	100.0
98.9	101.7	101.4	100.0	100.0	100.0	99.6	100.4	100.0
100.0	100.0	100.0	100.0	100.5	100.0	100.0	100.5	100.0
100.0	100.0	100.1	100.1	99.9	99.7	99.2	98.5	96.8
100.0	100.0	100.0	100.0	100.0	98.8	98.1	95.5	90.8
100.2	100.0	100.0	100.3	100.0	100.6	100.0	100.0	100.3
100.0	100.0	100.1	100.0	99.8	100.0	99.9	100.1	100.3
99.4	100.0	101.3	100.0	99.3	100.0	99.7	105.3	104.2
100.5	100.5	100.5	100.3	99.8	100.8	99.6	98.9	99.6
100.0	100.0	100.0	100.0	100.0	100.0	100.0	100.0	100.2
100.0	100.0	100.0	100.0	100.0	100.0	100.0	100.0	100.0
102.1	102.9	102.4	100.4	96.6	100.3	96.1	90.0	95.9
100.0	100.0	100.0	100.0	100.0	100.0	100.0	100.0	100.0
102.9	101.7	102.6	102.8	102.2	107.9	100.5	100.5	99.9

7－13　农村居民消费价格(环比)指数(2008年)

商品类别及品名	Commodity Category and Commodity Name	1 月 January	2 月 February	3 月 March
居民消费价格总指数	**General Consumer Price Index**	**101.4**	**101.4**	**99.9**
非食品价格指数	**No-food**	**100.1**	**99.9**	**100.4**
服务项目价格指数	**Services**	**100.3**	**100.1**	**100.4**
工业品价格指数	**Industrial Products**	**100.0**	**99.8**	**100.3**
扣除食品和能源价格指数	**Deducting Foods and Energy**	**100.0**	**99.9**	**100.3**
扣除鲜菜鲜果总指数	**Deducting Fresh,Vegetables and Fruits**	**101.0**	**100.5**	**100.3**
消费品价格指数	**Consumer Goods**	**101.7**	**101.8**	**99.8**
一、食　品	**Food**	**104.6**	**105.0**	**98.9**
1.粮　食	Grain	100.4	99.9	100.6
大　米	Rice	100.1	100.0	100.4
面　粉	Flour	98.8	99.3	100.7
粮食制品	Grain Products	101.7	100.0	100.0
其　他	Others	102.9	101.6	102.4
2.淀　粉	Starches	100.5	101.1	99.2
淀　粉	Starches	100.5	101.1	99.2
3.干豆类及豆制品	Beans and Beans Products	101.6	101.6	108.5
干　豆	Beans	100.0	101.0	106.8
豆制品	Beans Products	102.6	102.0	109.6
4.油　脂	Oil and Fat	107.5	102.3	105.5
食用植物油	Edible Vegetable Oil	107.4	102.2	105.5
植物油制品	Plant Oil Products	106.3	103.1	107.0
其　他	Others	109.8	102.2	103.1
5.肉禽及其制品	Meal,Poultry and Their Products	106.6	104.7	98.6
(1)食用畜肉及副产品	Edible Livestock Meat and Their By-products	108.3	105.1	98.3
猪　肉	Pork	109.4	104.1	98.3
牛　肉	Beef	106.0	105.9	100.8
羊　肉	Mutton	103.2	106.8	95.5
畜肉副产品	Livestock Meat By-products	106.4	110.0	99.3
其　他	Others	110.8	104.8	97.3
(2)禽	Poultry	105.6	107.1	97.5
鸡	Chicken	106.1	109.4	96.7
鸭	Duck	100.6	102.2	100.0
其　他	Others	107.3	100.5	99.0
(3)加工肉禽	Meal and Poultry Processing Products	102.0	101.6	100.7
畜肉制品	Livestock Meat Products	101.8	102.2	100.7
禽 制 品	Poultry Products	102.3	100.9	100.7
6.蛋	Eggs	103.1	100.6	96.3
鲜　蛋	Fresh Eggs	103.2	100.7	95.8
蛋制品	Egg Products	102.7	100.3	99.8
7.水产品	Aquatic Product	104.5	103.3	98.2
(1)鱼	Fish	104.5	103.3	98.4
淡水鱼	Freshwater Fish	102.4	104.4	99.9
海水鱼	Seawater Fish	108.1	101.5	96.0
(2)其他水产品	Other Aquatic Product	104.7	103.5	97.5
虾蟹类	Shrimp and Crab	106.9	104.3	96.7
其　他	Others	100.1	101.6	99.5
8.菜	Vegetable	111.7	126.8	92.4
鲜　菜	Fresh Vegetable	113.6	130.4	91.8
干菜及菜制品	Dried Vegetable and Vegetable Products	99.8	101.2	98.8
薯　类	Potato	103.1	109.8	94.2

Rural Consumer Price Indices(2008)

(以上月价格为100 preceding month=100)

4 月 April	5 月 May	6 月 June	7 月 July	8 月 August	9 月 September	10 月 October	11月 November	12月 December
100.1	**99.9**	**100.3**	**100.0**	**100.2**	**100.4**	**99.4**	**99.6**	**100.0**
100.5	**100.5**	**101.0**	**100.3**	**100.1**	**100.8**	**100.1**	**100.0**	**99.5**
100.2	**100.1**	**100.2**	**100.1**	**100.3**	**102.4**	**100.1**	**100.2**	**100.0**
100.6	**100.7**	**101.4**	**100.4**	**100.1**	**100.2**	**100.1**	**99.9**	**99.4**
100.2	**100.4**	**100.7**	**100.2**	**100.1**	**100.8**	**100.1**	**100.0**	**99.8**
100.7	**100.5**	**100.8**	**100.1**	**100.0**	**100.4**	**99.4**	**99.7**	**99.8**
100.1	**99.8**	**100.3**	**100.0**	**100.2**	**100.0**	**99.2**	**99.4**	**100.0**
99.2	**98.4**	**98.5**	**99.3**	**100.5**	**99.6**	**97.7**	**98.5**	**101.2**
99.9	100.0	100.2	100.0	100.1	100.2	99.7	99.7	100.4
99.2	99.3	99.9	100.5	100.1	100.2	99.2	99.1	99.8
99.9	99.9	99.7	99.5	99.7	100.2	100.3	100.0	101.6
100.2	100.9	100.7	100.2	100.1	98.8	99.2	101.2	100.2
101.1	99.7	100.9	100.5	101.6	104.0	99.9	95.6	98.6
100.0	99.9	101.5	99.9	100.0	103.0	100.1	97.9	100.2
100.0	99.9	101.5	99.9	100.0	103.0	100.1	97.9	100.2
103.5	100.3	102.0	99.8	98.9	99.0	97.2	95.5	97.8
102.7	99.9	100.6	99.6	98.6	97.2	93.6	97.5	96.3
104.0	100.5	102.8	99.9	99.1	100.1	99.1	94.5	98.6
99.7	98.9	99.4	100.2	97.2	95.3	95.1	96.3	99.2
100.2	98.8	99.5	100.6	97.0	95.3	94.8	96.7	99.2
95.9	98.9	99.7	100.2	97.9	94.0	97.3	92.3	98.0
101.6	100.2	98.4	95.7	98.7	97.5	94.5	99.5	102.1
100.5	99.9	98.4	98.1	98.6	97.8	95.2	98.4	102.5
99.0	98.8	98.0	97.7	97.4	96.2	92.2	98.2	105.0
99.2	97.6	96.6	97.2	95.8	94.4	89.3	97.1	107.2
99.5	102.2	100.8	99.9	99.9	100.1	100.4	102.1	99.5
100.5	100.1	100.9	100.0	101.0	100.8	100.9	102.2	100.4
96.1	102.5	101.5	96.8	100.6	98.3	92.9	96.2	104.3
99.4	99.0	98.3	99.0	100.2	99.0	94.2	99.2	101.3
104.4	102.4	98.5	97.7	101.1	100.8	101.1	97.5	98.1
105.5	102.9	98.0	96.7	101.5	101.4	101.5	97.2	98.1
103.1	102.0	100.0	101.0	100.0	97.6	100.5	103.0	95.2
100.0	100.0	100.1	100.0	100.0	100.3	99.7	95.2	100.3
102.5	101.5	99.8	99.9	100.5	100.1	99.2	99.6	99.5
103.7	101.6	99.7	99.8	100.4	100.0	98.7	99.5	99.3
100.9	101.3	100.0	100.2	100.8	100.2	99.8	99.8	99.7
101.0	103.5	103.4	97.7	102.9	104.4	94.2	95.9	99.0
101.2	104.0	103.9	97.4	103.3	105.0	93.4	95.4	98.8
99.5	100.1	100.0	99.9	100.1	100.3	100.5	99.4	100.5
104.6	103.2	104.1	100.3	98.0	98.8	96.9	99.4	100.7
105.6	104.3	105.9	99.5	98.5	96.4	97.0	99.1	101.0
107.0	105.8	105.1	99.5	96.9	97.5	98.1	97.8	98.0
103.1	101.6	107.4	99.6	101.5	94.4	94.9	101.6	106.5
102.2	100.4	99.4	102.5	96.8	105.6	96.5	100.0	100.2
103.1	101.2	99.1	103.0	94.9	108.2	95.3	100.4	100.6
100.3	98.5	100.0	101.3	101.1	100.0	99.5	99.1	99.1
83.8	82.9	84.2	100.3	114.0	97.8	99.9	93.7	109.6
81.5	78.3	82.9	100.4	117.4	97.5	100.5	92.8	111.6
100.4	100.2	100.3	100.2	100.3	100.2	99.3	99.8	100.1
104.9	138.3	71.0	98.9	99.4	97.1	91.5	92.6	101.2

7-13 续表 1

商品类别及品名	Commodity Category and Commodity Name	1 月 January	2 月 February	3 月 March
9.调味品	Flavoring	101.2	100.1	99.9
盐	Salt	101.5	100.3	100.0
酱 油	Soy Sauce	102.6	100.0	99.6
醋	Vinegar	100.5	100.0	100.0
味 精	Aginomoto	100.0	100.1	100.0
其 他	Others	100.0	100.0	100.0
10.糖	Carbohydrate	100.4	100.2	100.4
食 糖	Sugar	99.8	99.8	100.5
糖 果	Sweet	99.9	100.4	100.5
巧克力制品	Chocolate Products	102.9	100.6	100.1
糖类小食品	Little Carbohydr-ate Food	102.4	100.5	100.0
11.茶及饮料	Tea and Beverages	100.4	101.1	101.7
(1)茶 叶	Tea	99.9	100.0	100.0
茶 叶	Tea	99.9	100.0	100.0
(2)饮 料	Beverages	100.7	101.9	102.8
固体饮料	Solid Beverages	102.5	99.8	101.7
液体饮料	Liquid Beverages	100.3	102.4	99.9
冷冻饮品	Frozen Beverages	100.0	102.5	108.5
12.干鲜瓜果	Dried and Fresh Melons and Fruits	104.3	103.1	96.8
鲜 瓜 果	Fresh Fruits	104.5	103.9	95.7
干(坚)果	Dried Fruits	103.8	100.4	100.7
13.糕点饼干	Cake,Biscuit and Bread	102.5	100.1	101.3
糕 点	Cake	100.0	100.0	100.6
饼 干	Biscuit	107.1	100.2	100.9
面 包	Bread	100.3	100.0	103.9
14.液体乳及乳制品	Liquid Milk and Their Products	106.0	101.6	102.7
巴氏杀菌奶或消毒奶	Pasteurization Milk or Disinfection Milk	107.0	103.1	101.8
酸 奶	Leben	102.2	101.9	102.3
奶 粉	Milk Powder	108.3	100.0	104.9
其 他	Others	100.6	99.9	99.8
15.在外用膳食品	Outward Dinner	101.1	100.9	101.2
主 食	Staple Food	102.4	101.3	101.7
炒 菜	Hot Dish	100.3	100.8	100.6
地方小吃	Local Snack	100.9	100.4	102.2
16.其他食品	Other Foods	100.1	100.0	100.6
其他食品	Other Foods	100.1	100.0	100.6
二、烟酒及用品	**Tobacco,Liquor and Their Appliances**	**100.7**	**100.6**	**101.1**
1.烟 草	Tobacco	100.0	100.0	100.0
国产卷烟	Domestic Cigarette	100.0	100.0	100.0
进口卷烟	Import Cigarette	99.9	100.0	99.8
其 他	Others	100.0	100.0	100.0
2.酒	Liquor	101.3	101.1	102.0
白 酒	White Spirit	101.6	101.5	101.0
葡萄酒	Grape	100.1	100.0	100.0
啤 酒	Beer	101.1	100.3	104.8
其 他	Others	100.0	104.1	99.7
3.吸烟、饮酒用品	Appliances for Sm-oking and Drinking	100.0	100.0	100.0
吸烟用品	Appliances for Smoking	100.0	100.0	100.0
饮酒用品	Appliances for Drinking	100.0	100.0	100.0
三、衣 着	**Clothing**	**99.6**	**98.9**	**98.5**
1.服 装	Garments	99.6	98.9	98.5
(1)男式服装	Men's Garments	100.0	98.7	98.9

continued

(以上月价格为100 preceding month=100)								
4 月 April	5 月 May	6 月 June	7 月 July	8 月 August	9 月 September	10 月 October	11月 November	12月 December
100.5	100.7	100.3	100.3	100.7	100.3	100.2	100.3	100.2
100.0	100.0	100.0	100.0	100.0	100.0	100.0	100.1	100.0
100.9	101.5	100.1	100.0	100.0	100.4	100.2	100.5	100.5
100.6	100.3	101.4	101.1	100.3	100.9	100.2	100.2	100.2
101.5	102.5	99.9	100.4	101.1	100.0	100.6	100.4	99.8
100.0	100.0	100.0	100.0	104.3	100.0	100.1	100.1	100.0
100.1	100.0	100.1	99.2	100.6	100.4	100.1	99.3	99.2
100.1	100.2	100.2	98.9	101.5	100.1	99.9	98.7	98.5
100.1	99.9	100.0	99.0	99.8	100.3	100.0	99.6	99.6
100.7	100.2	99.8	100.3	100.5	101.5	100.8	99.5	99.6
99.9	100.0	100.0	100.0	100.5	100.5	100.2	100.0	100.0
100.1	100.1	100.3	100.2	100.0	99.9	100.7	100.4	99.5
100.0	100.0	100.0	100.0	100.0	100.0	100.0	100.3	99.7
100.0	100.0	100.0	100.0	100.0	100.0	100.0	100.3	99.7
100.2	100.2	100.6	100.4	100.1	99.8	101.1	100.5	99.3
100.2	100.1	101.6	100.0	100.1	101.3	101.5	100.2	100.0
100.4	100.0	100.3	100.8	100.4	99.3	99.8	100.0	100.2
100.0	100.6	100.3	100.0	99.4	99.7	103.1	101.4	97.5
104.1	98.5	94.0	96.3	96.0	104.3	96.2	103.5	99.2
105.2	98.0	91.7	94.8	94.2	105.9	95.0	104.3	99.5
100.3	100.3	101.9	101.1	101.2	99.8	99.7	101.4	98.3
101.0	100.1	100.3	100.1	100.0	100.1	100.8	100.0	99.7
102.1	100.0	100.3	100.5	100.0	99.9	100.4	100.0	99.3
99.6	100.2	100.0	99.6	99.9	100.4	100.1	100.0	100.1
101.0	100.0	100.9	100.0	100.0	100.0	103.1	100.0	100.0
101.5	100.2	100.9	99.4	100.9	100.6	101.3	99.8	100.1
100.4	99.3	100.1	99.6	101.6	100.8	97.6	99.8	100.3
99.6	101.1	99.1	99.0	100.6	100.1	99.7	99.8	100.0
103.6	101.0	102.7	98.8	100.0	100.7	106.6	99.6	100.0
100.8	100.1	100.4	101.3	101.6	100.1	99.6	100.0	100.0
103.4	100.3	101.2	100.9	100.3	100.1	100.3	99.8	99.6
103.1	100.4	102.3	101.2	100.3	100.0	99.7	100.3	99.9
104.6	99.7	100.8	101.1	100.5	99.5	100.4	99.6	99.2
100.2	102.4	100.0	100.0	100.0	101.9	101.3	99.0	100.2
101.3	100.0	101.1	102.6	99.5	100.7	99.9	98.9	100.4
101.3	100.0	101.1	102.6	99.5	100.7	99.9	98.9	100.4
100.6	**100.3**	**100.5**	**100.2**	**100.2**	**100.1**	**100.5**	**100.0**	**100.2**
100.2	100.4	100.5	100.1	100.0	100.0	100.0	100.0	100.0
100.2	100.5	100.5	100.1	100.0	100.0	100.0	100.0	100.0
100.1	99.9	100.0	100.0	100.0	100.0	100.0	100.0	100.0
100.0	100.0	100.0	100.0	100.0	100.0	100.0	100.0	100.0
100.8	100.3	100.5	100.3	100.3	100.2	100.9	100.1	100.3
101.2	100.4	100.5	100.5	100.5	100.4	101.4	100.1	100.1
100.5	100.3	100.0	100.2	100.1	100.0	101.6	100.0	100.3
100.3	100.0	100.5	100.1	100.1	99.8	100.0	100.0	100.7
99.7	100.0	99.9	99.9	100.0	101.1	100.5	100.0	100.8
100.0	100.0	100.5	100.0	100.0	100.3	100.0	100.0	99.9
100.0	100.0	100.0	100.0	100.0	100.8	100.0	100.0	100.0
100.0	100.0	100.7	100.0	100.0	100.0	100.0	100.0	99.8
100.0	**99.9**	**100.1**	**99.9**	**100.1**	**100.0**	**100.1**	**100.0**	**100.0**
99.9	99.9	100.0	99.8	100.0	100.0	100.1	100.0	99.9
99.7	99.5	99.9	99.6	100.0	100.0	100.0	100.0	100.0

7-13 续表 2

商品类别及品名	Commodity Category and Commodity Name	1 月 January	2 月 February	3 月 March
大 衣	Topcoat	100.2	96.5	96.5
毛线衣	Woollen Sweater	100.8	98.3	98.2
夹克衫	Jacket	100.1	97.7	98.3
衬 衫	Shirt	100.9	100.0	97.1
T 恤 衫	T-shirt	99.9	99.9	99.9
裤 子	Trousers	100.0	100.0	100.0
西 服	Western-style Clothes	100.0	98.9	100.0
运动衫裤	Gym Suit	100.8	96.8	96.1
内 衣	Underwaist	99.7	98.3	100.0
羽绒衣	Eider Down Outerwear	96.9	98.7	99.8
其 他	Others	99.1	100.0	100.0
(2)女式服装	Women's Garments	99.3	98.6	98.3
大 衣	Topcoat	95.7	99.9	98.2
毛线衣	Woollen Sweater	100.1	98.0	98.4
羽绒衣	Eider Down Outerwear	97.9	97.3	99.2
套 装	Coordinates	100.0	96.8	96.6
衬 衫	Shirt	100.0	100.0	100.0
T 恤 衫	T- Shirt	100.0	100.0	96.4
裙 子	Skirt	99.6	98.0	96.6
裤 子	Trousers	100.3	98.7	100.0
运动衫裤	Gym Suit	101.2	97.2	98.8
内 衣	Underwaist	101.3	101.8	97.7
其 他	Others	97.8	100.0	100.0
(3)儿童服装	Children's Garments	99.5	100.0	98.4
套 装	Coordinates	99.0	100.1	98.9
裤 子	Trousers	100.0	99.7	98.0
裙 子	Skirt	100.0	100.0	97.7
其 他	Others	100.0	100.0	98.2
2.衣着材料	Clothing Materials	99.8	99.5	100.0
棉 布	Cotton Cloth	100.1	100.1	100.0
棉混纺布	Cotton Textiles Cloth	100.0	100.0	100.0
化纤布	Chemical Fiber Cloth	99.4	98.7	100.0
毛 线	Knitting Wool	100.1	99.5	99.9
3.鞋袜帽	Shoes,Socks and Hats	99.4	98.7	97.9
(1)鞋	Shoes	99.5	98.5	98.3
男 鞋	Men's Shoes	98.8	97.6	97.4
女 鞋	Women's Shoes	99.8	98.5	98.2
童 鞋	Children's Shoes	99.9	100.0	100.0
(2)袜 子	Socks	98.2	99.8	95.5
男 袜	Men's Socks	97.3	99.6	96.1
女 袜	Women's Socks	99.0	100.0	95.0
(3)帽 子	Hats	99.5	98.8	96.2
男 帽	Men's Hats	100.0	97.3	93.1
女 帽	Women's Hats	99.2	100.0	98.5
4.衣着加工服务费	Clothing Manufact- uring Services	100.0	100.0	100.0
缝 纫	Sewing	100.0	100.0	100.0
清 洗	Washing	100.0	100.0	100.0
四、家庭设备用品及维修服务	**Household Facilities, Articles and Services**	**100.3**	**100.0**	**100.5**
1.耐用消费品	Durable Consumer Goods	100.1	100.0	101.5
(1)家 具	Furniture	100.8	100.1	102.6

continued

(以上月价格为100 preceding month=100)

4 月 April	5 月 May	6 月 June	7 月 July	8 月 August	9 月 September	10 月 October	11月 November	12月 December
99.8	97.1	97.9	98.6	99.5	100.0	99.8	99.8	100.1
99.9	98.1	100.0	100.0	100.0	100.0	100.1	100.0	99.7
100.0	100.0	100.0	100.0	100.0	100.0	100.0	99.9	100.0
100.0	99.4	99.8	100.1	99.9	100.0	100.0	100.0	100.1
98.0	100.0	100.0	100.4	99.9	100.1	100.1	100.0	100.0
100.0	100.0	100.8	97.5	100.2	100.0	100.0	100.0	100.0
100.0	100.0	100.0	100.0	100.0	100.0	100.0	100.0	100.0
98.9	99.7	100.0	99.7	100.3	100.0	100.0	100.0	100.0
100.0	100.0	100.0	100.0	100.0	100.0	100.2	99.5	100.2
99.5	99.5	99.8	100.0	100.0	100.0	100.4	100.5	99.9
99.9	99.9	99.9	100.0	99.7	99.9	100.0	100.0	100.0
99.9	100.1	100.0	99.9	99.9	100.0	100.1	100.0	99.8
99.3	99.2	99.9	100.0	100.0	100.0	100.0	100.0	98.9
100.0	98.4	100.0	100.0	100.0	100.1	100.1	100.0	100.1
100.0	100.0	99.8	100.0	100.0	100.0	100.0	100.1	99.5
100.0	100.0	100.0	100.0	100.0	100.0	100.0	100.0	100.0
101.0	99.5	100.4	100.4	99.9	100.0	100.0	100.0	100.0
99.9	100.5	100.0	100.0	100.2	99.8	100.2	100.0	100.0
99.6	104.7	100.4	99.9	99.5	99.9	99.8	99.9	99.9
99.8	99.6	100.0	99.2	99.7	99.8	100.4	100.0	100.0
100.0	99.3	100.0	100.0	100.1	100.1	100.8	99.2	100.8
100.0	100.0	100.0	100.0	100.0	100.0	100.0	100.3	99.7
100.0	100.0	100.0	100.0	100.0	100.0	100.0	100.0	100.0
100.0	100.2	100.0	100.1	100.2	99.9	100.1	100.1	99.9
100.0	100.5	100.0	100.1	100.1	100.1	100.1	100.0	100.0
100.0	100.0	100.0	100.3	100.8	99.8	100.0	100.5	99.5
100.0	100.0	100.1	100.0	100.0	99.6	100.4	100.0	100.0
100.0	100.0	100.0	100.0	100.0	100.0	100.0	100.0	100.0
100.1	100.0	100.3	100.0	100.1	100.2	100.3	100.0	100.0
100.2	101.3	100.3	100.1	100.1	100.1	100.1	100.0	100.0
100.0	100.0	100.0	100.0	100.0	100.0	100.0	100.0	100.0
100.0	99.5	100.0	100.0	100.0	100.0	100.9	100.0	99.9
100.0	98.9	101.1	100.0	100.0	100.9	100.0	100.2	100.2
100.1	99.8	100.1	100.1	100.0	100.0	100.0	100.0	99.9
100.1	99.9	100.2	100.1	100.0	100.0	100.0	100.0	99.9
100.0	100.0	100.1	100.0	100.0	100.0	100.0	100.0	100.0
100.2	99.9	100.1	100.0	100.0	100.0	100.0	100.0	100.0
100.2	99.7	100.3	100.5	100.0	100.0	99.9	100.0	99.6
100.0	98.9	100.0	100.0	100.0	100.0	100.0	100.0	100.0
100.0	99.0	100.0	100.0	100.0	100.0	100.0	99.9	99.9
100.0	98.8	100.0	100.0	100.0	100.0	100.0	100.0	100.0
100.0	100.0	99.8	100.0	100.0	100.0	100.0	100.0	100.0
100.0	100.0	100.0	100.0	100.0	100.0	100.0	100.0	100.0
100.0	100.0	99.6	100.0	100.0	100.0	100.0	100.0	100.0
100.0	100.9	100.9	100.3	104.5	100.0	100.0	100.3	101.7
100.0	101.2	101.3	100.0	105.1	100.0	100.0	100.0	102.4
100.0	100.0	100.0	101.2	102.6	100.0	100.0	101.3	100.0
100.2	**100.0**	**100.3**	**100.1**	**100.3**	**100.4**	**100.2**	**100.2**	**99.9**
100.1	100.1	100.4	100.0	100.1	100.1	100.1	100.2	99.7
100.0	100.1	100.7	100.1	100.0	100.0	100.5	100.5	99.6

7-13 续表 3

商品类别及品名	Commodity Category and Commodity Name	1 月 January	2 月 February	3 月 March
柜	Cabinet	100.5	100.1	102.2
床	Bed	99.7	100.0	105.1
桌	Desk	100.7	99.9	102.4
椅	Chair	100.4	100.3	102.9
沙　发	Sofa	102.4	100.0	100.9
其　他	Others	100.5	100.0	100.9
(2)家庭设备	Household Appliances	99.6	100.0	100.6
洗 衣 机	Washing Machine	100.0	100.0	100.2
电 风 扇	Electric Fan	98.2	100.0	101.7
电冰箱(柜)	Refrigerator	100.2	99.9	100.0
吸排油烟机	Kitchen Ventilato	98.9	100.2	100.4
空 调 器	Air-conditioning	99.5	99.7	101.0
热 水 器	Water Heater	100.2	100.0	100.4
微 波 炉	Microwave Oven	99.3	100.0	101.1
电 炊 具	Electric Cooking Appliance	100.1	100.0	100.0
2.室内装饰品	Interior Decorations	99.8	100.0	100.0
纺织装饰品	Textile Process Decorations	100.0	100.0	100.0
装饰灯具	Architectural Lamps and Lanterns	99.6	100.0	100.0
其　他	Others	100.0	100.0	100.0
3.床上用品	Bedclothes	100.4	100.1	94.8
毛　毯	Woollen Blanket	101.1	100.0	94.9
被　子	Quilt	100.3	99.5	92.7
床上套件	Bed Articles	100.0	100.0	95.9
其　他	Others	100.0	102.8	95.7
4.家庭日用杂品	Sundry Articles	100.9	100.0	100.0
茶　具	Tea Set	101.9	99.9	100.0
餐　具	Tableware	101.9	100.0	100.0
厨　具	Kitchen Utensils	99.7	100.0	100.0
家用手工工具	Domestic Handwork Tools	100.2	100.1	100.0
洗涤用品	Washing Articles	100.6	100.1	100.1
其　他	Others	101.9	99.9	100.0
5.家庭服务及加工维修服务	Household Srvice and Manufacturing Upkeep	100.0	99.1	101.3
家庭服务	Household Srvice	100.0	100.0	100.0
加工维修服务	Manufacturing Upkeep	100.0	98.0	102.7
五、医疗保健和个人用品	**Health Care and Personal Articles**	**99.8**	**100.1**	**100.5**
1.医疗保健	Health Care	99.6	99.8	100.4
(1)医疗器具及用品	Medical Facilities and Goods	99.6	99.5	99.5
医疗器具及用品	Medical Facili- ties and Goods	99.6	99.5	99.5
(2)中药材及中成药	Herbs and Ready- made Traditional Chinese Medicine	101.7	99.2	99.5
中 药 材	Herbs	102.2	98.8	99.1
中 成 药	Ready-made Tr-aditional Chin-ese Medicine	101.0	99.6	100.0
(3)西药	Western Medicine	98.0	99.9	101.3
抗微生物药	Anti-microorga-nism Medicine	100.5	99.7	100.0
消化系统用药	Alimentary Sys-tem Medicine	98.9	100.0	104.6
呼吸系统用药	Respiratory System Medicine	98.7	99.6	99.3
解热镇痛及非甾体抗炎药	Allays a Fever the Analgesia and the Non-steroid Body Anti-inflammatory Agent	98.4	100.0	102.3
抗肿瘤药	Antineoplastic Drug	99.1	99.6	99.3
激素及调节内分泌功能药	Hormone and Adjustment Internal Secretion Function Medicine	96.4	100.0	104.3
循环系统用药	Circulating System Medicine	98.7	99.9	99.3
神经系统用药	Nerve System Medicine	86.8	101.7	100.0
专科用药	Junior Medicine	99.8	99.3	105.5

continued

(以上月价格为100 preceding month=100)								
4 月 April	5 月 May	6 月 June	7 月 July	8 月 August	9 月 September	10 月 October	11月 November	12月 December
100.0	100.2	100.7	100.0	100.0	100.0	100.7	100.7	99.7
100.0	100.0	100.2	100.0	100.0	100.0	100.9	100.9	99.5
100.0	100.0	100.3	100.0	100.0	100.0	100.9	100.9	99.6
100.0	100.0	100.9	100.0	100.0	100.0	99.5	99.4	100.0
100.0	100.0	101.1	100.3	100.0	100.0	100.3	100.1	99.4
100.0	100.0	100.9	100.0	100.0	100.0	100.0	100.0	99.6
100.2	100.1	100.2	100.0	100.3	100.2	99.7	100.1	99.7
100.0	100.3	100.4	99.6	100.2	100.4	100.5	100.0	99.6
102.1	100.8	100.5	100.5	100.3	99.7	100.0	100.0	99.9
99.8	99.8	100.2	99.9	100.4	100.3	99.8	100.1	99.6
99.4	99.8	99.7	100.0	100.7	100.4	99.9	100.1	99.8
100.0	100.1	100.2	99.9	100.1	100.2	100.1	100.1	99.9
99.9	99.9	100.2	100.3	100.1	100.1	99.8	99.6	99.6
100.2	100.1	100.1	100.0	100.1	99.8	99.7	100.0	99.9
100.0	100.0	100.2	100.0	100.2	100.5	97.0	100.5	99.5
100.0	100.0	100.0	100.0	100.3	100.0	100.0	100.0	100.0
100.0	100.0	100.0	100.0	100.0	100.0	100.0	100.0	100.0
100.0	100.0	100.0	100.0	100.8	100.1	100.0	100.0	100.0
100.0	100.0	100.0	100.0	100.0	100.0	100.0	100.0	100.0
99.7	100.0	100.0	100.1	99.9	100.2	100.0	100.2	100.1
100.0	100.0	100.0	100.0	100.0	100.0	100.5	100.2	100.3
100.0	100.0	100.0	100.4	100.0	100.4	100.0	100.0	100.0
99.3	100.0	100.0	100.0	99.7	100.3	99.7	100.3	100.0
100.0	100.0	100.0	100.0	100.0	100.0	100.0	100.0	100.0
100.4	100.0	100.3	100.2	100.6	101.4	100.4	100.1	100.3
100.0	100.0	100.0	100.0	98.1	100.0	99.7	102.5	101.7
100.0	100.0	100.0	100.0	100.0	100.9	100.0	100.0	100.0
100.2	99.9	100.0	100.0	100.0	102.2	100.1	100.0	100.0
99.9	99.8	100.0	100.0	100.0	101.1	100.0	100.2	100.1
101.3	100.1	100.8	100.6	102.5	102.2	101.2	99.6	100.3
100.0	100.0	100.0	100.2	100.0	100.0	100.0	100.0	100.0
101.0	100.0	100.3	100.1	100.3	100.3	100.3	100.1	100.0
100.0	100.0	100.0	100.0	100.0	100.0	100.0	100.3	100.0
102.2	100.0	100.5	100.2	100.7	100.7	100.7	100.0	100.0
100.1	**100.2**	**100.1**	**100.1**	**100.1**	**100.1**	**100.3**	**100.2**	**99.9**
100.0	100.2	100.2	100.3	100.2	100.1	100.3	100.3	99.9
99.6	100.0	99.5	97.8	100.0	100.0	99.6	99.6	99.6
99.6	100.0	99.5	97.8	100.0	100.0	99.6	99.6	99.6
100.3	100.8	99.5	101.1	99.9	100.4	101.0	100.0	99.7
100.5	101.2	98.5	101.9	99.7	100.7	100.9	100.2	99.5
100.0	100.2	100.8	100.2	100.1	100.1	101.1	99.8	100.0
100.1	100.1	100.7	100.1	100.6	100.2	100.1	99.7	99.9
99.8	100.2	100.9	102.4	100.3	100.2	99.6	100.0	99.6
99.1	100.0	100.0	97.9	100.0	99.9	100.0	100.0	100.0
100.0	100.2	100.2	101.3	100.0	100.1	100.1	100.4	100.4
97.8	100.0	101.6	101.6	100.0	99.5	100.0	100.8	100.0
100.6	100.0	99.7	98.3	100.0	100.8	101.9	100.0	99.6
101.6	100.0	99.3	98.5	100.4	100.4	100.0	100.0	100.0
100.0	100.0	101.3	97.6	103.4	100.7	100.0	98.7	100.0
101.5	100.0	100.0	100.0	100.0	100.0	100.0	96.9	100.0
104.4	100.0	101.8	100.0	100.2	100.0	100.0	98.2	100.0

7-13 续表 4

商品类别及品名	Commodity Category and Commodity Name	1 月 January	2 月 February	3 月 March
其　他	Others	99.1	100.0	100.0
(4)保健器具及用品	Healthcare Equip-ment	99.4	100.0	100.1
保健器具	Health Protection Equipment	100.0	99.9	100.0
滋补保健用品	Tonic and Health Products	99.2	100.1	100.1
(5)医疗保健服务	Health Care Services	100.0	100.0	100.0
挂 号 费	Registration	100.0	100.0	100.4
注 射 费	Injection Expenses	100.0	100.0	100.0
检 查 费	Examination Expenses	100.0	100.0	100.0
手 术 费	Operation Exp- enses	100.0	100.0	100.0
住 院 费	Hospitalization Expenses	100.0	100.0	100.0
理 疗 费	Physiotherapy Expenses	100.0	100.0	100.0
化 验 费	Analysis Expenses	100.0	100.0	100.0
其　他	Others	100.0	100.0	100.0
2.个人用品及服务	Personal Articles and Services	100.2	100.7	100.7
(1)化妆美容用品	Cosmetics	100.0	100.5	100.1
化妆美容器具	Cosmetics App- liances	100.0	100.1	100.0
美容化妆品	Facial Beautifiers	100.1	100.0	100.0
护肤品	Protects Skin Products	99.9	101.5	100.0
护发美容品	Protects Sends the Beauty Products	100.1	100.0	100.7
(2)清洁化妆用品	Cleaning Toiletw-are	100.0	100.1	100.3
洗发用品	Hairdressing Articles	99.6	100.7	100.0
洗浴用品	Bathing Articles	100.3	99.4	100.7
其　他	Others	100.3	100.2	100.0
(3)个人饰品	Personal Decorations	100.9	101.1	101.8
首　饰	Ornaments	101.5	102.6	104.4
皮　件	Leather Appliance	101.2	100.0	100.0
手　表	Watch	100.6	100.7	100.0
领　带	Necktie	100.0	100.0	100.0
其　他	Others	100.0	100.0	100.0
(4)个人服务	Personal Services	100.0	101.1	100.6
美　容	Cosmetology	100.0	101.7	100.0
理(烫)发	Haircut (perm-naent wave)	100.0	100.8	100.0
洗　浴	Bathe	100.0	101.4	103.0
其　他	Others	100.0	100.0	100.0
六、交通和通信	**Transportation and Communication**	**100.5**	**100.0**	**100.3**
1.交　通	Transportation	101.0	100.3	100.6
(1)交通工具	Transportation Facility	100.0	99.9	100.6
摩 托 车	Motorcycle	100.0	100.6	100.4
自 行 车	Bicycle	100.3	99.1	100.9
轿　车	Car	99.1	99.9	100.1
其　他	Others	99.1	100.5	100.0
(2)车用燃料及零配件	Fuels and Parts	100.0	100.1	100.1
汽　油	Gasoline	100.0	100.0	100.3
柴　油	Diesel Oil	99.9	100.1	100.0
零 配 件	Parts	100.1	100.2	100.0
其　他	Others	99.1	99.1	100.0
(3)车辆使用及维修费	Using and Upkeep Fare	100.2	99.4	100.0
驾 驶 证	Driving License	94.5	99.2	100.0
保 险 费	Insurance Exp-enses	102.7	98.6	100.0
停 车 费	Parking Expen-ses	100.0	100.0	100.0

continued

(以上月价格为100 preceding month=100)								
4 月 April	5 月 May	6 月 June	7 月 July	8 月 August	9 月 September	10 月 October	11月 November	12月 December
100.0	100.0	100.9	103.0	101.7	100.1	100.0	99.7	100.0
100.0	100.0	100.0	100.1	100.0	100.0	100.0	100.0	99.9
100.0	100.0	100.0	100.0	100.0	100.0	100.0	100.0	100.0
100.0	100.0	100.0	100.1	100.0	100.0	100.0	100.0	99.8
99.8	100.0	100.1	100.1	100.0	100.0	100.2	101.2	100.0
100.0	100.0	100.0	100.0	100.0	100.0	100.0	100.0	100.0
100.0	100.0	100.0	100.6	100.0	100.0	100.0	102.1	100.0
100.0	100.0	100.0	100.0	100.0	100.0	102.1	100.0	100.0
100.0	100.0	100.0	100.0	100.0	100.0	100.0	103.2	100.0
99.2	100.0	100.4	100.0	100.0	100.0	99.6	100.8	100.0
100.0	100.4	100.2	100.2	100.5	100.0	100.0	100.0	100.0
100.0	100.0	100.0	100.0	100.0	100.0	100.0	100.0	100.0
100.0	100.0	100.0	100.0	100.0	100.0	100.0	100.0	100.0
100.3	100.2	99.9	99.8	100.0	100.0	100.3	100.0	99.9
100.1	100.2	100.1	100.0	100.1	100.2	100.6	99.6	100.0
100.0	100.0	100.0	100.3	100.3	100.0	100.0	100.0	100.0
100.0	100.5	100.0	100.0	100.0	100.0	100.1	100.0	100.0
100.0	100.0	100.0	99.6	100.0	100.5	101.5	98.7	100.0
100.3	100.0	100.4	100.4	100.0	100.0	100.1	100.0	100.1
100.8	99.9	100.3	98.9	100.6	100.9	100.1	100.4	99.8
101.2	99.7	98.4	99.9	100.8	101.5	99.7	100.2	99.3
100.9	100.0	100.3	97.2	100.8	100.8	100.7	100.8	100.2
100.0	100.0	104.2	100.0	100.0	100.0	100.0	100.0	100.0
100.5	100.0	99.2	100.2	99.2	98.8	100.0	98.6	99.9
101.3	99.9	98.1	100.3	98.4	97.1	100.1	95.7	99.1
100.0	100.0	100.0	100.0	100.0	100.0	100.0	100.0	100.0
100.0	100.0	100.0	100.6	100.6	101.8	100.0	100.0	100.0
100.0	100.0	100.0	100.0	98.2	97.9	100.0	102.4	101.8
100.0	100.0	100.0	100.0	100.0	100.0	100.0	100.0	100.0
100.1	100.6	100.0	100.0	100.0	100.1	100.5	100.9	100.0
100.0	100.0	100.0	100.0	100.0	100.0	100.0	100.0	100.0
100.0	101.2	100.0	100.0	100.3	100.3	100.0	100.0	100.0
100.3	100.0	100.0	100.0	99.5	100.0	100.0	104.8	100.0
100.0	100.0	100.0	100.0	100.0	100.0	105.4	100.2	100.0
100.0	**100.2**	**100.5**	**100.8**	**100.0**	**99.9**	**100.3**	**100.1**	**99.3**
100.3	100.3	101.3	101.7	100.5	100.1	100.7	100.2	99.0
100.5	100.7	100.8	100.8	100.5	100.0	101.2	100.5	99.7
100.8	101.5	101.3	100.0	100.2	99.8	103.0	101.2	99.9
100.3	100.2	100.6	101.9	101.1	100.2	100.2	100.1	99.8
99.8	100.1	100.1	100.0	99.3	99.9	100.4	99.3	98.7
100.5	100.4	100.4	100.0	100.1	100.0	100.0	100.0	99.5
100.1	100.2	105.1	106.4	101.2	100.0	100.3	100.0	94.7
100.0	99.7	107.2	108.4	100.9	100.0	100.0	100.0	92.8
100.0	100.0	106.5	108.7	102.3	100.0	100.0	99.7	93.3
100.5	101.1	100.1	100.0	100.0	100.0	100.9	100.2	100.2
100.0	101.0	100.5	100.5	100.9	100.0	102.6	101.1	99.1
100.0	99.8	100.0	100.1	99.0	100.0	100.0	100.0	100.5
100.0	100.0	100.0	99.3	96.6	100.0	100.0	99.8	102.5
100.0	99.2	100.0	100.0	98.4	100.0	100.0	100.0	100.0
100.0	100.0	100.0	103.7	102.9	100.0	100.0	100.0	100.0

7-13　续表 5

商品类别及品名	Commodity Category and Commodity Name	1 月 January	2 月 February	3 月 March
车辆修理服务费	Vehicle Upkeep Service fare	100.0	100.0	100.0
其　他	Others	118.5	100.0	100.0
(4)市区公共交通费	Incity Traffic Fare	100.0	102.1	97.9
公共汽车票	Bus Ticket	100.0	100.4	99.6
出租汽车	Taxi	100.0	100.7	99.3
其　他	Others	100.0	108.7	92.0
(5)城市间交通费	Intercity Traffic Fare	106.6	102.0	102.5
飞 机 票	Airplane Ticket	100.0	100.0	100.0
火 车 票	Train Ticket	100.0	100.0	100.0
长途汽车	Intertown Bus	108.2	102.4	103.0
其　他	Others	100.0	100.0	100.0
2.通　信	Communication	99.7	99.7	99.8
(1)通信工具	Communication Facility	98.9	98.8	99.6
固定电话机	Telephone	100.0	99.2	100.0
移动电话机	Mobile Phone	98.4	98.3	99.2
其　他	others	97.8	100.0	100.0
(2)通信服务	Communicattion Service	100.0	100.0	99.9
移动通信费	Mobile Comm-unication Fee	100.0	100.0	99.2
市内电话费	Incity Telephone Fee	100.0	100.0	100.0
长途电话费	Long Distance Call Fee	100.0	100.0	100.0
月租费	Month Hiring Fee	100.0	100.0	100.0
上网费	Net Play Fee	100.0	100.0	101.7
信件邮寄	Letter Post	100.0	100.0	100.0
包裹邮寄	Package Post	100.0	100.0	100.0
其　他	Others	100.0	100.0	100.0
七、娱乐教育文化用品及服务	**Recreation,Education and Culture Articles**	**99.9**	**99.9**	**100.5**
1.文娱用耐用消费品及服务	Durable Consumer Goods for Cultural and Recreational Use and Service	99.6	99.5	100.4
电 视 机	Television	99.7	99.0	100.8
激光视盘机	Laser Video Disc Machine	100.0	100.2	100.0
摄 像 机	Pickup Camera	98.7	100.0	100.0
照 相 机	Camera	96.9	100.1	100.0
家用音响	Acoustic Equipment	100.1	100.1	100.0
便携式音响	Portable Acoustics	99.5	99.2	100.0
电　脑	Computer	100.0	100.0	99.7
修理服务	Repair Service	100.5	100.1	102.1
其　他	Others	99.4	99.4	100.0
2.教育	Education	100.0	100.0	100.6
(1)教材及参考书	Teaching Materials and Reference Books	100.2	100.0	100.0
工 具 书	Tool Book	100.0	100.0	100.0
教　材	Teaching Material	100.2	100.0	99.9
参 考 书	Reference Book	100.4	100.0	100.3
教育软件	Educational Software	100.0	99.9	100.0
(2)学杂托幼费	Tuition and Child Care	100.0	100.0	100.7
义务教育杂费	Incidental Expe- nses of Compul-cory Education	100.0	100.0	100.0
非义务教育学杂费	Tuition of Non-compulsory Education	100.0	100.0	100.0
技能培训学费	Skill Train Tuition	100.0	100.0	100.0
托 幼 费	Child Care	100.0	100.0	103.7
其　他	Others	100.0	100.0	101.2
3.文化娱乐类	Recreation and Culture	99.9	100.0	100.0
(1)文化娱乐用品	Culture Articles	99.8	100.0	100.0

continued

(以上月价格为100 preceding month=100)								
4 月 April	5 月 May	6 月 June	7 月 July	8 月 August	9 月 September	10 月 October	11月 November	12月 December
100.0	100.0	100.0	100.0	100.0	100.0	100.0	100.0	100.0
100.0	100.0	100.0	101.6	100.0	100.0	100.0	100.0	100.0
100.9	100.3	100.0	100.0	100.4	100.0	100.0	100.0	100.0
100.0	100.0	100.0	100.0	100.5	100.0	100.0	100.0	100.0
102.5	100.7	100.0	100.0	100.7	100.0	100.0	100.0	100.0
100.0	100.0	100.0	100.0	100.0	100.0	100.0	100.0	100.0
100.0	99.9	100.3	101.2	100.9	100.5	100.0	100.0	100.2
100.0	75.5	100.0	100.0	100.0	100.0	100.0	100.0	100.0
100.0	100.0	100.0	100.0	100.0	100.0	100.0	100.0	100.0
100.0	100.0	100.4	101.4	101.0	100.6	100.0	100.0	100.3
100.0	100.0	100.0	101.3	100.0	100.0	100.0	100.0	100.0
99.6	100.0	99.6	99.5	99.4	99.8	99.7	99.9	99.7
98.6	99.9	98.4	99.4	99.2	99.1	98.8	99.8	99.0
100.3	100.0	100.1	100.0	99.3	99.2	97.8	100.0	100.0
97.7	99.4	96.8	98.9	99.4	99.3	99.3	99.5	98.0
97.0	102.4	100.0	100.0	98.0	98.0	100.0	100.0	100.0
100.0	100.0	100.0	99.5	99.4	100.0	100.0	100.0	100.0
100.0	100.0	100.0	98.0	97.7	100.0	100.0	100.0	100.0
100.0	100.0	100.0	100.0	100.0	100.0	100.0	100.0	100.0
100.0	100.0	100.0	100.0	100.0	100.0	100.0	100.0	100.0
100.0	100.0	100.0	100.0	100.0	100.0	100.0	100.0	100.0
100.0	100.0	100.0	100.0	100.0	100.0	100.0	100.0	100.0
100.0	100.0	100.0	100.0	100.0	100.0	100.0	100.0	100.0
100.0	100.0	100.0	100.0	100.0	100.0	100.0	100.0	100.0
100.0	100.0	100.0	100.0	100.0	100.0	100.0	100.0	100.0
100.0	**100.0**	**100.1**	**100.0**	**100.3**	**103.3**	**100.0**	**100.0**	**99.9**
99.9	99.8	99.9	100.0	100.2	100.2	100.2	99.8	99.7
100.3	99.5	99.7	100.1	100.0	99.4	100.0	99.7	99.7
98.1	100.3	100.0	100.0	100.5	102.2	98.9	99.6	99.8
100.4	100.0	100.0	100.0	100.0	100.1	100.0	99.8	100.0
99.9	100.0	100.0	99.9	101.6	100.8	100.6	100.5	99.4
99.9	99.9	100.0	100.0	100.6	101.1	101.1	100.2	99.8
100.0	99.7	100.0	99.9	100.0	99.9	100.0	99.7	99.7
100.0	100.0	99.8	100.0	100.0	100.0	100.0	100.0	100.0
99.7	99.3	102.1	99.6	100.6	102.2	104.5	99.5	98.4
100.0	100.0	100.0	100.0	100.0	98.1	100.0	100.0	100.0
100.0	100.1	100.1	100.0	100.3	104.7	100.0	100.0	100.0
100.0	99.9	100.0	99.9	99.7	101.7	100.1	100.0	100.0
100.0	100.0	100.0	100.6	99.8	100.0	100.4	100.0	100.0
100.0	100.0	100.0	99.8	99.8	103.3	100.0	100.0	100.0
100.0	99.6	100.0	99.8	99.4	99.9	100.0	100.0	100.0
99.8	100.0	100.0	100.0	100.0	100.0	100.0	100.0	100.0
100.0	100.1	100.1	100.0	100.4	105.3	100.0	100.0	100.0
100.0	100.0	100.0	100.0	100.0	100.0	100.0	100.0	100.0
100.0	100.0	100.0	100.0	100.0	100.0	100.0	100.0	100.0
100.0	100.0	100.0	100.0	100.0	100.0	100.0	100.0	100.0
100.0	100.5	100.5	100.1	102.2	129.5	100.0	100.2	100.0
100.0	100.0	100.0	100.0	100.0	100.0	100.0	100.0	100.0
100.0	100.0	100.2	100.0	100.0	100.1	100.0	100.3	99.9
100.0	100.1	100.4	100.1	100.1	100.1	100.1	100.7	99.7

7-13 续表 6

商品类别及品名	Commodity Category and Commodity Name	1 月 January	2 月 February	3 月 March
乐　　器	Musical Instru-ment	100.1	100.1	100.0
音响光盘和磁带	Audio,Disk and Tape	100.0	100.0	100.0
照相胶卷和存储卡	Roll Film and M-emorizing Card	95.5	100.0	100.0
录像磁带和视盘	Video Tape and Disk	100.0	100.0	100.0
儿童玩具	Children's Toy	100.0	100.0	100.0
纸张本册	Paper and Volume	100.0	100.0	100.1
文　　具	Stationery	100.9	100.0	100.0
体育用品	Sports Goods	100.9	100.0	100.0
其　　他	Others	100.0	100.0	100.0
(2)书报杂志	Books,Newspapers,Magazines	100.1	100.0	100.0
书　　籍	Books	99.9	100.1	100.0
报　　纸	Newspapers	100.3	100.0	100.0
杂　　志	Magazines	100.0	100.1	100.1
(3)文娱费	Expenditure of Culture and Rec-reation	100.0	100.0	100.0
电 影 票	Film Ticket	100.0	100.0	100.0
景点门票	Scene Spot ticket	100.0	100.2	100.0
有线电视	Cable Television	100.0	100.0	100.0
健身活动	Exercise	100.0	100.0	100.0
其　　他	Others	100.0	100.0	100.0
4.旅游	Tourism	99.9	100.5	99.8
旅行社收费	Travel Agency Charge	99.8	100.8	99.2
宾馆住宿	Guesthouse Stay	100.0	100.6	100.0
其他住宿	Other Stay	100.0	100.0	100.0
八、居住	**Residence**	**100.4**	**100.1**	**101.0**
1.建房及装修材料	Building and Building Decoration Materials	99.8	100.2	101.6
木　　材	Wood	100.0	100.1	100.4
木 地 板	Wood Floor	100.0	99.9	100.9
砖	Brick	100.0	100.0	102.3
水　　泥	Cement	99.1	100.6	103.4
涂　　料	Coating Material	99.7	99.6	100.0
胶 合 板	Plywood	100.6	101.1	102.9
玻　　璃	Glass	97.7	102.2	100.7
粘　　胶	Rayon	100.6	99.3	100.2
油　　漆	Paint	100.7	99.2	100.6
其　　他	Others	100.9	100.1	101.3
2.租房	Renting	100.0	100.0	100.0
公房房租	Public House Rent	100.0	100.0	100.0
私房房租	Private House Rent	100.0	100.0	100.0
其他费用	Other Fare	100.0	100.0	100.0
3.自有住房	Private Housing	100.5	99.9	100.0
房屋贷款利率	Houses Loans Int-erest Rate	100.1	98.4	100.0
物业管理费用	Property Manage- ment Fee	100.0	106.5	100.0
维护修理费用	Upkeep and Repair Fee	100.7	100.0	100.0
其　　他	Others	100.0	100.0	100.0
4.水、电、燃料	Water,Electricity and Fuels	101.1	100.0	100.4
水	Water	100.0	100.0	100.0
电	Electricity	100.0	100.0	100.0
液化石油气	Liquefiled Petrol-eum Gas	100.8	100.0	99.8
管道燃气	Pipelined Gas	100.0	101.2	101.2
其他燃料	Other Fuels	102.7	100.1	101.0

continued

(以上月价格为100 preceding month=100)								
4 月 April	5 月 May	6 月 June	7 月 July	8 月 August	9 月 September	10 月 October	11月 November	12月 December
100.0	100.0	100.0	101.4	100.1	100.0	100.0	101.1	99.5
100.0	100.0	100.1	100.1	100.1	100.0	100.0	100.0	100.0
100.0	100.0	100.0	100.0	100.0	100.0	100.0	100.0	100.0
100.0	100.0	100.0	100.0	100.0	100.0	100.0	100.0	100.0
100.0	100.0	100.0	100.0	100.0	100.0	100.0	100.0	97.7
100.0	100.0	100.7	100.0	100.0	100.0	100.4	102.1	100.3
100.0	100.2	100.9	100.0	100.3	100.4	100.0	100.4	100.4
100.0	100.1	100.8	100.0	100.0	100.0	100.1	101.1	100.0
100.0	100.0	100.0	100.0	100.0	100.0	100.0	100.0	100.0
100.0	100.0	100.0	100.1	100.0	100.0	100.0	100.0	100.0
100.0	100.0	100.0	100.2	100.0	100.0	100.0	100.0	100.0
100.0	100.0	100.0	100.0	100.0	100.0	100.0	100.0	100.0
100.0	100.0	100.0	100.0	100.0	100.0	100.0	100.0	100.0
100.2	100.1	100.0	99.9	100.0	100.4	100.0	100.0	100.0
100.0	100.0	100.0	100.0	100.0	100.0	100.0	100.0	100.0
101.8	101.0	100.1	100.0	100.0	100.0	100.0	100.0	100.0
100.0	100.0	100.0	100.0	100.0	100.7	100.0	100.0	100.0
100.0	100.0	100.0	98.4	100.0	100.0	100.0	100.0	100.0
100.0	100.0	100.0	100.0	100.0	100.0	100.0	100.0	100.0
100.4	100.0	102.3	100.5	101.8	100.2	99.8	100.0	99.8
101.3	100.0	100.0	101.0	106.1	100.6	99.3	100.0	99.5
100.0	100.0	103.2	100.0	100.0	100.0	100.0	100.0	100.0
100.0	100.0	103.2	100.8	100.0	100.0	100.0	100.0	100.0
101.7	**101.9**	**103.6**	**100.6**	**99.9**	**100.1**	**99.7**	**99.7**	**98.6**
100.8	102.1	104.1	100.7	99.8	99.6	99.4	99.3	99.2
100.5	100.3	100.2	100.2	100.1	100.1	100.0	99.7	98.5
100.2	102.6	100.0	100.0	100.1	100.2	100.0	100.0	100.0
101.9	103.2	102.8	102.3	100.7	99.8	100.0	97.8	99.6
101.0	104.7	114.5	99.4	97.4	97.6	96.9	99.4	99.5
100.9	101.0	101.9	100.1	100.8	101.1	100.1	100.0	99.1
100.5	100.4	101.6	99.3	100.1	100.2	100.0	101.0	99.7
99.4	100.1	102.5	102.6	99.5	99.1	99.7	99.1	98.0
100.2	100.2	103.2	100.0	100.2	100.5	100.0	100.0	98.3
100.2	101.0	103.3	100.8	100.7	100.2	99.6	100.0	98.3
100.0	103.7	101.1	100.1	100.0	100.0	100.0	100.0	99.9
100.0	100.1	100.6	102.6	102.6	100.0	100.0	100.0	100.0
100.0	100.2	100.2	100.0	100.2	100.0	100.0	100.0	100.0
100.0	100.0	100.1	104.5	104.3	100.0	100.0	100.0	100.0
100.0	100.0	102.2	100.0	100.0	100.0	100.0	100.0	100.0
102.5	101.5	101.5	100.7	100.7	99.6	99.9	99.7	99.3
100.0	100.0	100.0	100.0	100.0	99.7	99.1	97.0	94.4
100.0	100.0	100.0	100.0	100.0	100.0	100.0	100.0	100.0
103.3	102.0	102.0	100.9	100.9	99.5	100.0	99.5	100.0
100.0	100.0	100.0	100.0	100.0	100.0	100.0	109.2	101.8
102.9	101.8	103.5	100.3	99.9	100.9	100.2	100.1	97.7
100.0	100.0	100.0	100.2	100.9	100.9	100.0	100.0	100.0
100.0	100.0	100.0	100.0	100.0	100.0	100.0	100.0	100.0
100.9	100.7	101.9	100.4	98.1	99.9	97.1	93.7	93.1
100.0	100.0	100.0	100.0	100.0	100.0	100.0	100.0	100.0
107.5	104.4	108.2	100.7	100.2	102.1	101.4	102.3	96.7

7-14 全省商品零售价格指数(2008年)

商品类别及品名	Commodity Category and Commodity Name	全年 Annual	1月 January	2月 February
商品零售价格总指数	**Genaral Retail Price Index**	**104.9**	**105.5**	**106.2**
一、食　品	**Food**	**113.2**	**119.8**	**122.1**
1.粮　食	Grain	106.7	107.3	107.1
大　米	Rice	100.1	102.0	101.3
面　粉	Flour	104.0	104.2	104.2
粮食制品	Grain Products	108.2	108.9	108.7
其　他	Others	132.1	130.3	131.7
2.淀　粉	Starches	111.3	109.2	111.6
淀　粉	Starches	111.3	109.2	111.6
3.干豆类及豆制品	Beans and Beans Products	134.4	127.1	130.6
干　豆	Beans	122.6	125.7	126.1
豆制品	Beans Products	139.5	127.7	132.5
4.油　脂	Oil and Fat	123.5	131.4	134.8
食用植物油	Edible Vegetable Oil	124.2	131.1	134.2
植物油制品	Plant Oil Products	119.6	126.5	131.3
其　他	Others	125.1	149.8	153.2
5.肉禽及其制品	Meal,Poultry and Their Products	122.6	143.5	147.4
(1)食用畜肉及副产品	Edible Livestock Meat and Their By-products	125.3	156.9	162.1
猪　肉	Pork	123.1	164.6	170.7
牛　肉	Beef	133.9	147.5	150.7
羊　肉	Mutton	125.5	130.6	133.9
畜肉副产品	Livestock Meat By-products	126.6	146.7	151.3
其　他	Others	129.6	149.3	151.5
(2)禽	Poultry	113.6	117.4	120.7
鸡	Chicken	113.5	117.1	120.9
鸭	Duck	118.8	125.0	125.4
其　他	Others	109.6	113.1	116.4
(3)肉禽加工制品	Meal and Poultry Processing Products	119.2	126.0	127.2
畜肉制品	Livestock Meat Products	121.5	127.7	129.8
禽制品	Poultry Products	114.8	122.6	122.2
6.蛋	Eggs	105.0	105.7	104.9
鲜　蛋	Fresh Eggs	104.0	103.8	103.0
蛋制品	Egg Products	112.8	121.0	121.2
7.水产品	Aquatic Product	112.3	111.5	112.5
(1)鱼	Fish	117.3	116.4	118.0
淡水鱼	Freshwater Fish	121.3	119.9	122.0
海水鱼	Seawater Fish	113.0	113.0	114.0
(2)其他水产品	Others Aquatic Product	104.8	104.9	105.0
虾蟹类	Shrimp and Crab	102.8	103.4	102.9
其　他	Others	108.9	108.2	109.5
8.菜	Vegetable	104.5	127.2	140.6
鲜　菜	Fresh Vegetable	103.8	128.9	144.8
干菜及菜制品	Dried Vegetable and Vegetable Products	107.5	116.6	113.0
薯　类	Potato	111.7	119.4	120.9
9.调味品	Flavoring	105.2	103.6	104.0
盐	Salt	100.3	100.5	100.7
酱　油	Soy Sauce	109.9	106.5	107.7
醋	Vinegar	105.6	103.3	103.7
味　精	Aginomoto	103.9	101.4	101.6
其　他	Others	104.6	105.0	104.4

Entire Province Retail Price Index(2008)

(以上年同期价格为100 preceding year=100)

3 月 March	4 月 April	5 月 May	6 月 June	7 月 July	8 月 August	9 月 September	10 月 October	11月 November	12月 December
106.3	**106.5**	**105.9**	**105.8**	**105.6**	**104.7**	**104.7**	**103.9**	**102.4**	**101.3**
121.3	**121.1**	**118.3**	**115.6**	**113.4**	**109.4**	**108.7**	**106.5**	**103.5**	**101.7**
108.0	108.2	108.9	109.2	108.5	107.3	106.8	105.2	103.1	101.2
100.9	100.8	101.8	101.6	101.7	100.6	100.2	98.1	96.7	95.3
105.3	105.4	105.7	105.8	105.2	104.2	103.7	103.4	101.4	100.2
109.9	109.8	110.4	111.1	109.6	107.9	107.4	106.3	105.5	103.7
135.4	137.7	139.3	139.7	140.7	139.9	139.6	129.8	118.3	110.8
112.1	111.8	111.5	111.8	112.8	113.4	112.0	110.7	110.4	108.7
112.1	111.8	111.5	111.8	112.8	113.4	112.0	110.7	110.4	108.7
140.2	143.1	143.8	145.5	146.4	141.7	138.0	131.7	120.8	111.4
133.5	135.0	132.6	132.7	132.0	128.8	124.4	113.7	102.9	93.9
143.2	146.6	148.7	151.0	152.7	147.4	143.9	139.6	128.6	119.0
139.3	136.0	133.1	130.8	128.9	123.8	118.4	114.0	104.7	96.8
138.7	136.1	132.9	130.8	129.6	125.2	120.1	115.9	107.1	98.1
136.4	129.8	129.1	128.3	126.9	120.9	113.3	110.3	98.5	92.8
156.7	152.4	146.2	137.3	125.5	114.6	110.8	102.0	93.4	91.4
148.9	149.6	137.2	127.5	116.3	108.1	109.5	107.7	102.3	99.3
164.1	163.5	144.6	132.4	116.8	106.3	108.0	104.0	96.6	93.7
173.5	172.5	146.8	130.8	111.6	99.2	101.8	96.7	87.5	85.9
150.7	149.7	145.2	140.4	134.7	127.3	124.0	121.2	119.4	114.0
133.7	135.0	133.1	132.9	130.4	125.1	119.5	117.2	113.8	109.6
153.4	152.8	140.5	133.7	122.5	116.6	114.5	109.3	103.8	102.2
152.7	152.9	142.6	132.2	124.5	119.1	120.6	116.5	111.0	104.0
121.8	126.5	118.8	111.3	107.9	105.1	107.8	111.9	110.0	107.5
122.2	128.8	119.2	110.1	106.3	104.4	107.7	112.3	110.2	107.9
125.8	125.3	124.8	124.0	122.3	115.3	112.4	112.3	112.4	106.1
116.7	113.9	112.4	108.8	106.3	101.7	104.9	109.4	106.9	106.6
128.1	129.0	127.9	123.5	119.2	114.4	111.9	111.3	110.2	108.6
131.3	133.0	131.8	126.4	121.5	116.5	113.7	113.0	111.5	109.7
122.2	121.6	120.6	118.0	114.8	110.3	108.5	108.1	107.6	106.5
104.6	104.4	105.0	107.2	109.1	105.2	106.2	104.3	101.8	101.3
102.6	102.5	103.3	106.2	108.7	105.1	106.4	104.0	101.4	100.9
120.1	119.7	119.4	115.7	112.7	106.9	105.5	107.0	104.7	104.2
111.1	111.9	113.4	115.8	115.7	113.8	113.0	110.4	109.6	108.6
116.7	118.5	121.1	123.3	122.1	119.2	116.0	112.9	112.6	110.9
121.9	123.4	128.0	130.8	128.3	122.3	118.2	115.8	114.0	111.4
111.7	113.3	113.5	114.8	115.2	115.7	113.7	109.8	111.0	110.4
103.4	102.8	102.5	104.4	105.7	105.0	107.9	106.2	104.9	104.9
101.6	100.5	99.7	102.4	103.3	101.3	106.7	105.5	103.5	103.5
107.5	107.9	108.9	108.9	111.0	112.6	110.2	107.5	107.6	107.6
130.2	116.1	114.2	98.3	95.9	91.6	90.0	85.6	80.6	87.1
133.6	116.8	113.8	95.3	93.0	89.0	87.1	82.5	77.2	84.8
110.6	110.6	109.6	107.8	107.0	104.5	104.2	104.1	102.4	101.5
109.3	116.4	130.6	119.8	114.8	109.0	108.7	101.3	94.6	94.4
104.0	105.3	105.6	105.8	105.4	106.3	105.9	105.8	105.7	105.1
100.6	100.5	100.4	100.5	100.5	100.1	99.8	99.8	100.4	100.3
107.5	110.1	111.2	111.3	111.1	111.9	111.4	111.1	110.4	109.0
103.5	105.1	104.9	105.3	105.3	106.8	106.9	106.9	107.8	107.2
101.7	102.4	104.2	105.2	105.1	106.0	105.1	104.8	104.8	104.6
105.3	106.3	105.4	104.8	103.3	105.2	104.2	104.9	103.5	103.1

7-14 续表 1

商品类别及品名	Commodity Category and Commodity Name	全年 Annual	1 月 January	2 月 February
10.糖	Carbohydrate	103.6	102.3	102.8
食 糖	Sugar	101.4	100.3	100.4
糖 果	Sweet	103.9	102.1	103.1
巧克力制品	Chocolate Products	105.6	105.0	105.2
糖类小食品	Little Carbohydr-ate Food	104.9	103.4	104.2
11.干鲜瓜果	Dried and Fresh Melons and Fruits	112.5	122.5	114.0
鲜瓜果	Fresh Fruits	110.3	121.6	110.9
干(坚)果	Dried Fruits	120.6	125.8	125.8
12.糕点饼干面包	Cake,Biscuit and Bread	106.2	103.7	103.9
糕 点	Cake	104.1	102.3	101.9
饼 干	Biscuit	108.4	106.9	108.5
面 包	Bread	107.3	102.5	101.9
13.液体乳及乳制品	Liquid Milk and Their Products	118.5	113.9	118.1
巴氏杀菌奶或消毒奶	Pasteurization Milk or Disinfection Milk	120.2	115.3	120.3
酸 奶	Leben	121.2	119.5	125.6
奶 粉	Milk Powder	114.6	107.1	108.0
其 他	Others	108.3	104.4	105.7
14.在外用膳食品	Outward Dinner	110.6	107.5	108.6
主 食	Staple Food	112.1	108.6	110.3
炒 菜	Hot Dish	108.6	105.7	106.7
地方小吃	Local Snack	114.7	111.4	112.2
15.其他食品	Other Foods	107.6	106.7	106.6
其他食品	Other Foods	107.6	106.7	106.6
二、饮料、烟酒	**Beverages, Tobacco,Liquor**	**104.1**	**102.3**	**102.5**
1.茶及饮料	Tea and Beverages	103.9	101.3	101.9
(1)茶叶	Tea	99.6	98.2	98.0
茶叶	Tea	99.6	98.2	98.0
(2)饮料	Beverages	106.5	103.1	104.3
固体饮料	Solid Beverages	106.4	104.4	104.6
液体饮料	Liquid Beverages	104.4	103.7	105.0
冷冻饮品	Frozen Beverages	110.1	101.0	102.7
2.烟草	Tobacco	100.5	100.3	100.3
国产卷烟	Domestic Cigarette	100.5	100.2	100.3
进口卷烟	Import Cigarette	99.9	100.3	100.6
其 他	Others	100.8	100.5	100.5
3.酒	Liquor	107.2	104.4	104.6
白 酒	White Spirit	109.0	106.5	106.9
葡 萄 酒	Grape	101.1	103.5	100.3
啤 酒	Beer	105.7	101.4	101.7
其 他	Others	105.8	101.8	105.4
三、服装、鞋帽	**Garments, Footgearand and Hats**	**96.9**	**95.9**	**95.7**
1.服装	Garments	96.4	95.6	95.2
(1)男式服装	Men's Garments	95.8	94.4	93.8
大 衣	Topcoat	95.6	96.6	94.2
毛 线 衣	Woollen Sweater	96.8	94.9	95.1
夹 克 衫	Jacket	95.6	91.5	90.9
衬 衫	Shirt	96.2	96.3	94.1
T 恤 衫	T-shirt	94.8	93.8	94.3
裤 子	Trousers	96.3	92.4	92.0
西 服	Western-style Clothes	94.8	94.3	92.6
运动衫裤	Gym Suit	97.6	98.4	97.9
内 衣	Underwaist	93.7	91.0	91.7

continued

(以上年同期价格为100 preceding year=100)									
3 月 March	4 月 April	5 月 May	6 月 June	7 月 July	8 月 August	9 月 September	10 月 October	11月 November	12月 December
103.5	103.7	104.2	104.6	103.6	104.0	104.0	103.9	103.7	103.0
101.0	101.4	102.1	102.8	100.5	102.9	103.2	102.2	100.9	98.7
104.2	104.1	104.7	105.0	104.8	104.5	104.1	103.6	103.7	103.3
105.5	106.1	105.9	106.4	105.0	104.6	105.1	106.0	106.0	106.2
104.5	104.6	105.0	105.1	104.6	104.5	104.5	105.7	106.3	106.7
108.5	119.3	110.8	116.5	124.4	118.9	112.3	105.6	104.5	98.1
104.6	117.9	107.6	114.6	125.5	118.0	110.4	102.4	101.7	95.0
124.5	124.2	123.1	123.2	122.8	122.9	119.2	116.5	114.1	109.0
104.7	105.5	106.1	106.9	107.2	107.2	107.1	107.4	107.5	107.0
102.2	103.3	104.1	104.7	105.3	105.2	105.2	105.5	105.4	104.2
108.7	108.4	108.8	108.6	108.6	108.6	108.6	108.4	108.2	108.1
104.2	105.9	106.3	109.0	108.9	109.0	108.7	109.7	110.6	110.8
119.6	121.5	121.0	121.3	120.9	120.1	119.4	118.8	116.1	112.4
122.1	123.7	122.9	123.4	122.8	121.7	121.5	119.4	117.1	112.8
126.9	127.4	125.5	124.9	124.4	123.1	119.4	119.1	113.4	107.5
109.9	114.4	116.0	116.8	115.8	116.0	116.5	119.4	117.8	117.8
105.9	106.6	107.2	108.0	109.5	109.7	110.1	111.1	111.1	110.8
110.6	111.6	112.5	111.9	112.0	111.3	110.7	111.0	110.5	109.0
112.4	113.6	113.4	114.0	114.0	112.9	112.5	112.2	111.5	109.5
108.5	109.6	110.5	109.5	109.9	109.3	108.6	108.9	108.7	107.6
114.4	115.0	117.8	116.3	115.5	115.5	115.0	115.7	114.5	113.1
107.4	107.7	107.7	108.3	109.4	107.6	108.4	107.7	107.1	106.6
107.4	107.7	107.7	108.3	109.4	107.6	108.4	107.7	107.1	106.6
103.3	**103.6**	**103.9**	**104.1**	**104.3**	**104.6**	**105.1**	**105.5**	**105.3**	**104.9**
103.2	103.0	103.6	104.1	104.5	104.6	104.6	105.4	105.9	104.7
98.3	98.0	98.8	99.5	100.4	100.7	100.9	100.9	101.4	100.7
98.3	98.0	98.8	99.5	100.4	100.7	100.9	100.9	101.4	100.7
106.2	105.9	106.5	106.8	107.0	107.0	106.8	108.2	108.5	107.1
104.9	105.2	105.5	106.2	105.9	105.9	107.0	109.1	109.5	108.7
104.9	104.8	104.6	104.3	104.7	104.6	104.2	104.6	104.5	103.2
109.3	108.5	110.5	111.9	111.8	112.0	111.3	113.8	115.0	113.1
100.3	100.4	100.5	100.4	100.5	100.6	100.6	100.6	100.6	100.6
100.2	100.3	100.4	100.5	100.6	100.6	100.7	100.7	100.7	100.7
100.7	100.7	100.5	99.4	99.2	99.7	99.2	99.3	99.3	99.5
100.5	100.7	101.0	100.8	100.8	100.6	100.9	100.9	100.9	100.9
105.9	106.6	106.8	107.0	107.2	107.7	109.0	109.6	108.8	108.3
107.2	108.1	108.5	108.6	108.7	109.5	111.2	112.1	110.5	110.0
100.1	100.1	100.4	100.0	101.0	101.1	101.0	101.5	102.1	102.2
105.0	105.9	105.8	106.1	106.2	106.6	107.6	107.8	107.6	107.1
105.1	105.0	105.3	105.2	105.3	106.3	107.1	107.3	107.8	107.8
96.1	**96.6**	**97.0**	**96.9**	**97.1**	**97.8**	**97.8**	**97.6**	**97.4**	**96.9**
95.6	96.0	96.7	96.6	96.6	97.3	97.5	97.0	96.6	95.9
94.7	94.9	95.8	95.9	95.8	96.9	97.7	96.9	96.6	96.3
95.3	96.9	96.3	95.4	95.2	96.0	96.3	95.6	96.0	93.2
95.9	95.7	98.1	98.1	96.5	96.5	96.8	97.4	98.6	98.2
94.0	94.2	97.1	96.9	96.6	97.3	97.6	97.5	97.1	97.0
93.9	94.3	95.5	95.1	95.8	97.8	99.9	98.4	97.1	96.8
93.5	93.2	92.5	93.9	93.5	96.6	98.2	96.8	96.0	96.0
95.8	96.9	96.2	96.2	96.7	98.9	99.9	98.0	96.8	96.4
92.1	92.5	94.8	95.8	94.4	95.9	97.6	96.0	95.4	96.1
97.1	96.9	96.8	97.2	98.1	98.4	97.2	97.6	98.2	98.1
93.0	92.5	93.9	93.4	93.5	94.8	94.2	95.4	95.1	95.9

7-14 续表 2

商品类别及品名	Commodity Category and Commodity Name	全年 Annual	1 月 January	2 月 February
羽 绒 衣	Eider Down Outerwear	96.4	95.2	96.7
其 他	Others	96.3	95.8	95.3
(2)女式服装	Women's Garments	96.4	96.2	96.0
大 衣	Topcoat	96.4	96.2	95.6
毛 线 衣	Woollen Sweater	95.9	94.9	95.8
羽 绒 衣	Eider Down Outerwear	96.4	93.9	95.5
套 装	Coordinates	96.5	97.6	97.1
衬 衫	Shirt	97.9	97.1	97.0
T 恤 衫	T-shirt	96.7	95.9	96.0
裙 子	Skirt	95.8	95.3	93.7
裤 子	Trousers	96.3	95.0	95.1
运动衫裤	Gym Suit	96.4	97.1	95.7
内 衣	Underwaist	96.8	98.9	98.5
其 他	Others	96.8	98.5	98.8
(3)儿童服装	Children's Garments	98.0	96.9	96.6
套 装	Coordinates	96.9	96.7	95.5
裤 子	Trousers	98.9	98.0	98.4
裙 子	Skirt	99.5	96.4	96.9
其 他	Others	97.0	95.0	94.8
2.鞋袜帽	Shoes,Socks and Hats	97.8	96.5	96.3
(1)鞋	Shoes	97.8	96.2	96.0
男 鞋	Men's Shoes	96.9	96.1	95.6
女 鞋	Women's Shoes	98.2	95.6	95.8
童 鞋	Children's Shoes	99.0	98.1	97.3
(2)袜子	Socks	98.2	98.6	98.6
男 袜	Men's Socks	98.1	99.0	98.9
女 袜	Women's Socks	98.2	98.3	98.3
(3)帽子	Hats	96.3	97.3	96.8
男 帽	Men's Hats	94.5	98.6	96.7
女 帽	Women's Hats	97.6	96.4	96.9
3.其他	Others	98.3	97.5	97.7
领 带	Necktie	98.3	97.5	97.7
四、纺织品	**Textiles**	**99.1**	**99.8**	**99.3**
1.衣着材料	Clothing Materials	101.5	102.1	101.7
棉 布	Cotton Cloth	104.4	103.3	103.8
棉混纺布	Cotton Textiles Cloth	101.8	101.7	101.9
化 纤 布	Chemical Fiber Cloth	99.7	102.0	100.7
毛 线	Knitting Wool	100.3	100.9	100.5
2.床上用品	Bedclothes	97.2	97.9	97.2
毛 毯	Woollen Blanket	99.1	98.9	98.5
被 子	Quilt	96.7	97.5	96.4
床上套件	Bed Articles	96.2	97.1	96.4
其 他	Others	97.8	99.7	99.6
五、家用电器及音像器材	**Household Appliances, Music and Video Equipments**	**98.4**	**98.2**	**98.0**
1.家庭设备	Household Appliances	100.7	100.1	100.1
洗 衣 机	Washing Machine	101.5	100.2	100.1
电 风 扇	Electric Fan	100.9	98.2	97.9
电冰箱(柜)	Refrigerator	101.0	100.9	101.1
吸排油烟机	Kitchen Ventilato	100.6	98.9	99.7
空 调 器	Air-Conditioning	100.4	99.8	99.8
热 水 器	Water Heater	101.4	101.6	101.6
微 波 炉	Microwave Oven	98.2	98.5	98.1
电 炊 具	Electric Cooking Appliance	100.4	101.0	100.9

continued

(以上年同期价格为100 preceding year=100)									
3 月 March	4 月 April	5 月 May	6 月 June	7 月 July	8 月 August	9 月 September	10 月 October	11月 November	12月 December
98.2	97.0	97.0	97.0	97.0	96.3	96.8	96.3	95.0	93.8
93.7	93.8	95.4	95.3	97.3	98.1	97.8	97.0	98.1	97.9
96.1	96.5	96.9	96.7	96.8	97.2	97.0	96.5	96.1	95.3
96.9	97.8	97.9	97.7	97.0	97.4	96.9	95.9	95.0	93.2
94.5	95.7	96.7	96.6	95.9	96.0	95.9	96.4	97.1	95.8
97.0	97.3	97.9	97.9	97.5	97.5	97.3	97.1	95.2	93.2
95.4	95.4	97.3	96.9	97.2	97.7	97.6	96.0	94.9	94.6
96.7	97.8	98.4	97.7	98.7	98.7	98.7	97.4	97.8	99.2
94.5	95.3	95.6	96.1	97.9	98.6	98.1	97.5	97.5	98.0
93.4	94.3	96.7	96.4	97.7	98.3	97.4	96.6	95.4	94.7
97.2	96.6	95.6	95.8	96.0	97.1	98.4	97.2	96.4	95.5
95.7	97.2	97.0	97.2	96.9	97.3	95.8	95.2	96.4	95.8
98.8	97.6	96.9	95.2	95.6	95.6	95.3	96.6	96.2	96.2
97.3	96.8	95.8	95.5	96.5	96.2	96.4	96.9	97.2	95.7
96.6	97.5	98.5	98.4	98.7	99.1	99.0	98.9	98.7	97.5
95.5	96.6	97.8	97.6	97.8	97.3	97.3	97.4	97.3	95.6
97.4	97.9	98.7	99.0	99.2	100.8	100.7	100.0	99.4	97.8
97.6	98.8	99.8	99.4	100.0	101.0	100.8	100.9	100.9	101.2
97.5	97.7	97.5	97.6	97.7	98.2	97.1	97.0	97.2	97.2
97.0	97.4	97.1	97.1	97.8	98.6	98.7	99.0	99.4	98.7
97.0	97.5	97.1	97.1	97.9	98.9	98.9	99.2	99.6	98.8
94.2	95.0	95.8	96.5	97.4	98.1	98.3	98.5	98.8	98.6
99.0	99.0	97.7	96.9	97.5	98.8	99.0	99.5	100.5	99.1
98.0	98.8	98.3	99.4	100.3	100.9	100.0	99.9	99.1	98.5
97.6	97.7	97.5	97.5	97.8	97.8	98.4	98.8	98.9	99.0
98.1	98.2	97.8	97.8	97.7	97.7	97.5	98.1	98.2	98.3
97.2	97.4	97.2	97.2	97.8	97.8	99.2	99.4	99.5	99.5
94.8	95.1	96.9	95.8	95.5	96.8	96.4	96.8	97.0	96.5
93.2	93.7	93.8	93.4	92.8	94.4	94.0	94.3	94.3	94.0
95.9	96.0	99.1	97.5	97.3	98.4	98.1	98.4	98.8	98.3
97.7	99.5	99.5	99.5	99.1	98.7	97.3	97.0	97.6	98.4
97.7	99.5	99.5	99.5	99.1	98.7	97.3	97.0	97.6	98.4
98.7	**99.0**	**99.4**	**98.9**	**99.2**	**99.2**	**99.1**	**99.2**	**99.1**	**98.7**
101.5	101.3	101.3	101.4	101.5	101.6	101.7	101.9	101.2	100.6
104.1	103.7	104.7	105.3	104.6	105.6	105.9	105.9	103.7	102.7
102.0	102.1	102.0	101.9	102.1	102.1	102.2	101.8	101.4	100.5
99.8	99.5	99.0	98.9	99.4	99.1	98.9	99.8	99.7	99.2
100.4	100.3	99.8	99.8	100.0	100.3	100.6	100.3	100.3	99.9
96.4	97.0	97.7	96.9	97.2	97.1	96.9	97.0	97.3	97.2
98.2	98.2	99.8	99.7	99.7	99.6	98.9	98.9	99.3	99.6
96.4	97.1	97.6	96.2	96.7	96.6	97.0	96.5	96.1	96.0
95.2	96.1	96.8	95.7	96.2	96.1	95.8	96.2	96.8	96.6
97.2	97.4	97.7	97.3	97.5	97.6	97.1	97.3	97.8	97.8
98.2	**98.3**	**98.4**	**98.4**	**98.5**	**98.6**	**98.6**	**98.5**	**98.5**	**98.5**
100.4	100.5	100.5	100.6	100.9	100.9	101.1	101.1	101.1	101.1
100.6	101.4	101.6	101.7	101.9	101.9	102.1	102.6	102.2	101.9
98.7	99.5	99.9	100.1	102.3	102.4	103.0	102.7	102.9	103.4
101.1	101.3	101.0	101.1	101.1	100.7	101.1	101.2	101.2	100.9
100.6	100.2	100.3	99.9	100.8	100.8	101.1	101.2	101.8	101.6
100.3	100.4	100.3	100.5	100.3	100.5	100.6	100.7	100.6	101.0
101.2	100.9	100.8	100.7	101.5	101.6	101.9	101.6	101.7	101.8
98.3	98.1	98.1	98.1	98.6	98.3	97.9	97.7	97.9	98.8
100.9	99.9	100.2	100.3	100.4	100.6	100.9	99.8	100.2	99.6

7-14 续表 3

商品类别及品名	Commodity Category and Commodity Name	全年 Annual	1 月 January	2 月 February
2.文娱用耐用消费品	Durable Consumer Goods For Recrea- tional Use	95.1	95.2	94.8
电视机	Television	93.1	93.1	92.6
激光视盘机	Laser Video Disc Machine	96.1	96.1	95.7
摄像机	Pickup Camera	97.2	97.1	97.1
家用音响设备	Acoustic Equipment	98.8	98.2	98.1
便携式音响	Portable Acoustics	96.5	97.7	97.3
其他	Others	97.7	98.7	98.2
3.音像器材	Music and Video Equipments	99.7	99.7	99.5
专业音响器材	Specialized Aco-ustic Apparatus	99.8	99.3	99.4
专业声像器材	Specialized Aco- ustic Image Apparatus	99.5	100.2	99.7
六、文化办公用品	**Cultural and Office Applicances**	**97.8**	**97.6**	**97.5**
纸张本册	Paper and Volume	102.6	101.9	102.0
文具	Stationery	101.0	100.3	100.1
电脑及配件	Computer and its Fitting	93.6	93.8	93.8
打印机及配件	Printer and its Fitting	98.7	98.7	98.7
扫描仪	Scanner	98.9	99.2	99.2
复印机	Xerox Machine	99.3	100.0	98.9
电子辞典	Electronic Dictionary	96.4	93.5	94.2
计算器	Calculator	99.9	100.3	100.4
教学设备	Teaching Equipment	100.9	101.0	100.7
其他	Others	99.1	98.9	98.7
七、日用品	**Articles for Daily Use**	**102.7**	**101.2**	**101.1**
1.日用百货	General Merchandise for Daily Use	102.6	100.8	100.6
自行车	Bicycle	102.7	101.2	100.6
雨具	Rain Gear	101.0	100.3	100.3
剃须刀具	Shaver	100.9	100.0	100.1
电池	Battery	102.0	101.6	101.9
卫生纸	Tissue Paper	105.2	100.5	100.1
卫生巾	Sanitary Towel	101.1	100.4	100.7
其他	Others	102.3	101.0	100.9
2.日用杂品	Sundry Articles	101.1	100.3	100.3
茶具	Tea Set	101.3	100.5	100.5
餐具	Tableware	101.1	100.5	100.6
厨具	Kitchen Utensils	100.9	99.6	99.6
其他	Others	101.5	100.9	101.0
3.洗涤用品	Washing Articles	106.2	103.3	103.9
洗衣粉	Washing Powder	104.6	102.1	102.4
肥皂类	Soap	113.8	111.7	112.5
牙膏	Toothpaste	101.1	99.0	99.3
清洁洗涤剂	Cleaning Agent	105.3	100.3	101.6
4.其他日用品	Other Articles for Daily Use	100.4	100.1	99.6
燃气灶具	Gas-Oven	101.0	100.4	99.9
儿童玩具	Children's Toy	99.2	99.6	98.5
照明器具	Illumination Utensil	100.3	100.1	100.0
钟表眼镜及配件	Clocks,Glasses and Their Rittings	100.7	99.8	100.0
日用普通饰品	Common Ornament for Daily Use	100.2	101.1	100.1
日用皮革制品	Leatherware for Daily Use	100.8	100.0	99.2
其他	Others	101.2	100.6	100.5

continued

(以上年同期价格为100 preceding year=100)									
3 月 March	4 月 April	5 月 May	6 月 June	7 月 July	8 月 August	9 月 September	10 月 October	11月 November	12月 December
95.0	95.1	95.5	95.3	95.0	95.3	95.1	95.0	94.9	94.8
93.2	93.6	94.0	93.6	93.3	93.5	92.8	92.9	92.5	92.2
95.6	94.8	95.5	95.4	95.2	95.9	97.1	97.2	97.4	98.0
97.2	97.0	97.0	97.1	97.4	97.5	97.5	97.3	97.4	97.3
98.4	98.6	98.6	99.0	98.7	99.1	99.2	99.3	99.4	99.3
96.4	96.5	96.2	96.2	96.0	96.3	96.3	96.1	96.1	96.6
98.2	98.4	98.6	98.6	98.6	98.7	97.1	95.6	95.6	95.6
99.4	99.4	99.7	99.8	100.0	99.9	100.0	99.7	99.5	99.5
99.4	99.4	99.8	99.9	100.1	99.9	100.2	99.7	100.2	100.2
99.5	99.5	99.5	99.8	99.9	99.8	99.8	99.8	98.5	98.5
97.3	**97.4**	**97.4**	**97.4**	**97.7**	**98.1**	**98.3**	**97.7**	**98.6**	**98.7**
101.9	102.1	102.0	102.3	102.5	102.3	102.3	102.4	104.9	105.0
100.4	100.4	100.5	101.0	100.8	101.4	101.5	101.5	101.7	101.8
93.2	93.0	93.1	92.7	93.7	94.2	94.3	92.7	94.0	94.2
97.9	98.5	99.4	99.6	98.9	98.9	98.7	98.1	98.2	98.5
98.8	98.9	98.8	98.7	98.9	98.8	99.1	98.9	98.9	99.2
99.0	98.8	98.4	98.5	97.9	99.3	99.9	99.9	100.1	100.2
95.4	95.4	95.5	96.3	97.1	98.5	98.1	98.0	98.0	97.6
100.1	100.5	99.3	98.2	98.3	98.4	100.5	100.4	100.9	100.9
100.6	100.8	100.9	100.8	100.8	101.0	101.2	101.1	101.2	101.2
98.7	98.7	99.1	99.1	99.1	99.1	99.1	99.2	99.6	99.6
101.3	**101.7**	**102.0**	**102.7**	**103.1**	**103.3**	**103.7**	**104.0**	**104.2**	**104.0**
100.7	101.0	101.3	102.3	102.7	103.7	104.2	104.4	104.7	104.5
101.1	101.3	101.5	102.2	102.9	104.0	104.2	104.5	104.8	104.3
100.4	100.8	101.5	101.4	101.4	101.2	101.4	101.3	101.3	101.1
100.1	100.5	101.2	101.2	101.5	101.3	101.3	101.4	101.1	101.2
101.7	101.5	101.5	101.9	102.4	102.7	102.1	102.3	102.3	102.4
100.5	101.4	102.2	104.6	105.3	107.7	109.7	109.3	110.4	110.1
99.9	100.0	99.5	100.9	100.4	101.5	102.1	102.3	102.6	102.8
101.0	100.9	101.3	102.9	102.6	102.7	102.9	103.3	104.0	103.9
100.3	100.5	100.5	100.8	101.3	101.2	101.8	101.9	102.3	102.4
100.5	100.9	101.3	101.3	102.7	101.7	101.5	100.8	101.8	102.5
100.5	100.4	100.4	100.3	100.4	100.4	102.0	102.0	103.0	102.9
99.9	100.2	100.1	100.4	101.0	101.3	101.8	102.0	102.1	102.2
100.7	100.6	100.8	102.2	102.2	102.2	101.9	102.5	101.8	101.4
103.8	104.5	105.4	106.9	107.1	106.9	107.3	108.0	108.4	108.3
102.5	103.5	103.9	105.3	105.8	105.7	105.3	106.2	106.3	106.6
112.3	112.7	114.3	116.2	116.2	113.5	113.3	114.3	114.8	114.1
99.0	99.4	99.6	100.8	100.6	102.3	102.6	103.1	103.7	103.9
101.7	102.5	104.1	105.6	106.0	106.2	108.6	109.1	109.5	109.0
100.1	100.4	100.3	100.3	100.6	100.7	100.6	100.9	100.7	100.2
100.4	100.8	101.2	101.6	101.6	101.7	101.3	101.3	101.2	101.0
99.3	98.5	98.4	98.7	98.7	99.3	99.3	99.9	100.7	99.7
100.0	99.9	99.6	99.9	100.4	100.7	100.6	100.9	100.7	100.6
100.8	100.7	100.6	100.7	101.0	101.1	100.9	100.8	101.1	100.7
100.0	100.5	100.5	100.1	99.7	100.0	100.1	100.3	100.3	99.9
100.6	102.7	102.0	100.5	102.1	100.9	100.9	101.8	99.6	99.2
100.1	101.0	101.5	101.0	102.6	102.0	102.1	102.2	100.8	100.5

7−14　续表 4

商品类别及品名	Commodity Category and Commodity Name	全年 Annual	1 月 January	2 月 February
八、体育娱乐用品	**Sports and Recreation Articles**	**99.4**	**98.1**	**98.0**
1.体育用品	Sports Articles	100.4	98.8	98.9
球　　类	Ball	100.8	100.3	100.3
棋　　牌	Chess and Cards	100.3	99.7	99.6
健身器材	Exercise Machine	100.2	97.4	97.7
2.娱乐用品	Recreation Articles	98.3	97.4	97.1
游艺器材	Entertainment Apparatus	96.8	92.5	92.5
照相器材	Photographic Apparatus	98.0	98.4	97.7
乐　　器	Musical Instrument	100.3	100.4	100.6
九、交通、通信用品	**Transportation and Com- munication Appliances**	**94.9**	**93.5**	**93.3**
1.交通运输机械	Transportation Machine	97.9	96.4	96.0
轿　　车	Car	93.9	91.6	90.7
客　　车	Bus	99.3	98.9	98.8
货　　车	Truck	100.1	99.0	99.0
摩 托 车	Motorcycle	100.2	98.4	98.4
其　　他	Others	100.6	100.2	100.4
2.通信器材	Telecommunications Facilities	89.3	88.1	88.0
固定电话机	Telephone	98.8	98.1	97.7
移动电话机	Mobile Phone	82.2	80.7	80.7
传 真 机	Fax Machine	99.0	99.2	98.9
其　　他	Others	98.2	97.4	97.4
十、家具	**Furniture**	**102.6**	**101.9**	**101.8**
柜	Cabinet	102.7	101.5	101.6
床	Bed	104.7	103.4	103.3
桌	Desk	101.2	101.2	101.2
椅	Chair	101.8	101.5	101.3
沙 发	Sofa	102.4	101.6	101.4
其 他	Others	101.4	101.8	101.9
十一、化妆品	**Cosmetics**	101.6	100.7	101.2
护 肤 品	Skincare Products	101.7	101.1	101.8
美容化妆品	Facial Beautifiers	101.0	99.9	100.2
护发美容品	Protects Sends the Beauty Products	102.8	101.6	102.5
清洁化妆用品	Cleaning Toiletware	101.3	100.6	100.5
药物美容用品	Medicinal Cosmetics	100.8	100.0	99.9
十二、金银珠宝	**Gold, Silver and Jewelry**	**114.3**	**110.0**	**112.9**
金 饰 品	Gold	112.5	114.8	115.2
银 饰 品	Silver	107.0	107.9	108.3
铂金饰品	Platinum	124.2	107.2	115.7
其　　他	Others	100.5	101.1	100.4
十三、中西药品及医疗保健用品	**Traditional Chinese and Western Medicines and Healthcare Articles**	**101.5**	**102.1**	**101.7**
1.医疗器具及用品	Medical Facilities and Goods	98.0	98.8	98.9
医疗器具及用品	Medical Facilities and Goods	98.0	98.8	98.9
2.中药材及中成药	Herbs and Ready- made Traditional Chinese Medicine	105.2	110.4	109.1
中 药 材	Herbs	110.6	122.5	119.7
中 成 药	Ready-made Tr-aditional Chin-ese Medicine	100.4	100.7	100.5
3.西药	Western Medicine	99.7	98.1	98.1
抗微生物药	Anti-microorga-nism Medicine	105.9	104.9	106.1
消化系统用药	Alimentary Sys-tem Medicine	99.2	96.3	96.6
呼吸系统用药	Respiratory System Medicine	97.2	96.9	97.2
解热镇痛及非甾体抗炎药	Allays a Fever the Analgesia and the Non-steroid Body Anti-inflammatory Agent	98.5	95.4	95.3
抗肿瘤药	Antineoplastic Drug	97.3	100.0	97.0

continued

(以上年同期价格为100 preceding year=100)									
3 月 March	4 月 April	5 月 May	6 月 June	7 月 July	8 月 August	9 月 September	10 月 October	11月 November	12月 December
98.6	**98.7**	**99.0**	**99.1**	**99.4**	**99.8**	**100.1**	**100.2**	**100.7**	**100.6**
99.5	99.7	100.0	100.4	100.5	100.8	100.9	100.9	101.9	102.1
100.3	100.4	100.7	101.0	101.0	101.2	101.1	101.1	101.0	100.9
100.0	100.0	100.0	99.7	99.8	99.8	99.8	100.0	102.2	102.9
98.8	99.1	99.6	100.3	100.6	101.0	101.3	101.4	102.5	102.5
97.6	97.6	98.0	97.8	98.2	98.9	99.4	99.5	99.4	99.2
95.4	95.6	95.8	96.3	97.4	97.5	99.4	99.9	100.1	100.4
97.1	97.0	97.8	97.7	97.7	98.7	98.8	98.7	98.5	98.0
100.5	100.6	100.6	99.3	99.8	100.3	100.4	100.4	100.2	100.0
93.4	**93.4**	**93.7**	**94.8**	**95.0**	**95.8**	**95.8**	**96.5**	**97.0**	**96.8**
96.3	96.5	96.9	97.8	98.0	98.8	98.8	99.6	100.1	100.0
91.3	91.5	92.1	94.1	94.6	95.6	95.5	96.6	97.2	96.8
98.8	99.0	99.1	99.2	99.1	99.4	99.4	99.9	99.9	99.7
99.3	99.4	99.0	99.7	100.0	100.9	100.9	101.1	101.2	101.4
98.3	98.7	99.6	100.3	100.2	100.8	100.6	101.7	103.0	102.6
100.4	100.3	100.4	99.9	99.2	100.4	100.7	101.5	101.6	102.0
87.9	87.7	87.9	89.1	89.6	90.3	90.3	90.8	91.3	91.0
97.8	98.3	98.3	98.3	99.9	99.7	99.5	99.0	99.2	99.5
80.3	79.7	80.0	82.0	82.3	83.5	83.7	84.7	85.4	84.7
99.1	99.4	99.3	98.9	98.8	98.8	98.8	98.7	98.8	99.3
98.4	97.5	98.0	98.4	98.5	98.7	98.7	98.7	98.7	98.6
103.4	**102.5**	**102.5**	**102.6**	**102.9**	**103.0**	**102.9**	**102.8**	**102.9**	**102.5**
103.0	102.7	102.6	102.9	102.9	103.3	102.9	102.8	103.0	102.7
107.1	104.7	104.4	104.2	104.8	104.9	104.8	104.9	105.1	104.4
102.1	101.0	100.9	100.8	101.1	101.1	101.0	101.3	101.6	101.4
102.6	101.4	102.1	102.2	102.3	102.3	102.2	101.5	101.4	101.2
102.2	102.1	102.2	102.3	103.1	102.9	103.0	103.2	102.6	102.4
101.7	101.3	100.7	101.1	101.0	101.6	101.6	101.2	101.5	101.2
101.2	101.6	101.7	101.8	102.0	101.9	101.9	101.8	101.8	101.4
101.7	102.0	102.1	102.3	102.3	102.2	101.8	101.1	101.0	100.9
100.1	100.7	101.1	101.1	101.3	101.3	101.6	101.5	101.4	101.3
103.0	103.1	103.2	103.1	103.6	103.0	102.6	103.2	102.9	101.6
100.4	101.0	100.9	101.3	101.3	101.5	101.9	102.2	102.3	101.9
99.8	100.4	100.6	100.6	100.8	101.1	101.8	101.6	101.8	101.5
119.2	**119.3**	**119.0**	**118.8**	**118.9**	**117.8**	**115.7**	**113.1**	**105.1**	**103.4**
120.3	119.0	116.4	116.4	117.0	114.5	111.3	109.4	99.1	98.6
108.2	107.6	107.8	107.4	107.1	107.5	108.3	107.9	104.4	102.5
128.0	130.3	132.5	132.2	131.9	132.0	129.6	124.2	115.2	111.5
101.4	101.1	101.2	101.0	100.9	100.3	100.4	100.0	99.4	99.0
101.9	**101.6**	**101.2**	**100.8**	**101.1**	**101.8**	**101.8**	**101.2**	**101.2**	**101.1**
98.6	98.7	99.0	98.0	97.3	97.9	97.9	97.2	97.0	97.0
98.6	98.7	99.0	98.0	97.3	97.9	97.9	97.2	97.0	97.0
108.5	107.6	106.5	104.2	104.5	104.3	103.5	101.8	101.6	101.4
118.1	116.6	114.5	109.2	109.6	108.7	106.4	102.6	102.4	102.1
100.5	100.1	99.7	99.7	99.9	100.4	100.8	101.0	100.9	100.8
98.7	98.6	98.5	99.1	99.4	100.8	101.3	101.3	101.3	101.3
106.3	104.5	104.7	105.8	106.6	107.1	107.1	106.1	106.1	106.0
98.0	97.5	97.4	98.5	98.1	100.5	101.5	102.2	102.3	101.5
96.4	96.0	96.1	96.6	97.3	97.5	97.5	97.7	98.2	99.2
96.9	97.0	96.1	96.1	97.2	99.5	101.2	102.1	103.1	103.1
96.9	95.8	96.3	95.9	95.8	97.2	97.5	98.1	98.1	98.7

7-14 续表 5

商品类别及品名	Commodity Category and Commodity Name	全年 Annual	1 月 January	2 月 February
激素及调节内分泌功能药	Hormone and Adjustment Internal Secretion Function Medicine	96.6	90.7	91.5
循环系统用药	Circulating System Medicine	100.7	101.1	99.8
神经系统用药	Nerve System Medicine	93.2	89.9	90.9
专科用药	Junior Medicine	100.4	97.6	96.6
其　　他	Others	101.4	101.4	101.0
4.保健品及器具	Healthcare Equip-ment	101.2	100.8	100.9
保健器具	Health Protection Equipment	99.1	97.8	97.9
滋补保健用品	Tonic and Health Products	102.2	102.2	102.4
十四、书报杂志及电子出版物	**Books,Newspapers,Magazines and Electronic publications**	100.4	99.8	99.8
1.教材及参考书	Teaching Materials and Reference Books	100.8	100.1	100.1
工 具 书	Tool Book	100.7	100.1	100.1
教　　材	Teaching Material	100.9	100.4	100.4
参 考 书	ronic Publications	101.3	99.7	99.7
教育软件	Educational Software	99.9	99.6	99.8
2.书报杂志	Books,Newspapers,Magazines	100.9	100.5	100.5
书　　籍	Books	100.2	100.2	100.2
报　　纸	Newspapers	102.4	101.3	101.3
杂　　志	Magazines	100.2	100.0	100.1
3.电子音像制品	Electronic Publications	98.8	98.5	98.2
音响光盘和磁带	Acoustic Light Disk and Tape	100.1	99.7	99.5
录像磁带和视盘	Video Tape and Disk	99.7	99.3	99.4
计算机软件	Computer Software	96.4	96.2	95.6
十五、燃料	**Fuels**	**117.8**	**108.4**	**109.2**
1.煤炭及制品	Coal and Related Products	128.9	104.9	106.0
原　　煤	Raw Coal	131.7	107.8	109.5
煤 制 品	Coal Products	125.5	101.5	101.7
2.石油及制品	Petroleum and Related Products	112.3	109.9	110.6
液化石油气	Liquefiled Petrol-eum Gas	115.0	117.6	119.0
管道燃气	Pipelined Gas	102.2	104.8	105.0
汽　　油	Gasoline	115.1	107.9	109.2
柴　　油	Diesel Oil	115.8	109.7	109.7
其　　他	Others	109.7	117.2	116.7
十六、建筑材料及五金电料	**Building Materials and Hardware**	**107.6**	**104.5**	**105.2**
1.建筑装璜材料	Building and Decor- ation Materials	109.9	106.0	106.9
木　　材	Wood	107.3	107.5	107.9
木 地 板	Wood Floor	104.4	102.0	102.3
钢　　材	Steel Products	122.8	118.0	121.0
砖	Brick	111.1	103.0	103.7
水　　泥	Cement	114.3	103.2	104.5
涂　　料	Coating Material	104.4	102.5	103.6
胶 合 板	Plywood	108.9	108.6	109.1
玻　　璃	Glass	106.1	105.4	107.5
粘　　胶	Rayon	105.1	103.8	103.5
油　　漆	Paint	105.6	104.7	104.5
其　　他	Others	106.6	103.6	103.5
2.五金电料	Hardware	102.2	101.1	101.3
五金工具	Hardware Tools	99.9	99.0	99.2
电工电料	Electrical Engine-ering and Electr-ical Materials	102.3	101.2	101.7
水暖器材	Heating Equipment	103.4	102.0	101.8
其　　他	Others	103.4	102.9	103.6

continued

(以上年同期价格为100 preceding year=100)

3 月 March	4 月 April	5 月 May	6 月 June	7 月 July	8 月 August	9 月 September	10 月 October	11月 November	12月 December
94.1	96.8	97.0	96.1	95.8	98.6	99.4	99.8	99.9	100.5
100.8	101.0	100.5	100.9	100.2	101.5	101.4	101.2	100.1	100.0
91.0	92.3	92.7	93.6	94.2	94.6	95.6	95.6	94.4	94.2
98.0	99.6	99.1	99.8	100.5	103.0	103.3	103.2	102.0	102.0
99.9	99.8	99.8	100.9	101.7	102.2	102.8	102.4	102.6	102.0
101.1	101.0	101.1	101.2	101.5	101.5	101.5	101.3	101.5	101.4
98.2	98.3	98.5	98.4	99.6	100.0	100.1	100.2	100.2	100.1
102.5	102.3	102.2	102.5	102.4	102.2	102.2	101.8	102.1	102.0
99.7	99.8	99.9	99.9	100.2	100.2	101.1	101.1	101.4	101.4
100.0	100.0	100.3	100.3	100.1	100.0	102.3	102.2	102.4	102.4
100.1	100.1	100.0	100.0	99.8	100.9	101.9	101.9	101.9	102.2
100.4	100.4	100.4	100.4	100.2	100.0	102.3	101.8	101.7	101.7
99.8	99.8	99.7	99.7	99.8	99.8	103.6	104.4	104.7	104.7
98.6	98.6	102.2	102.2	100.7	99.4	99.4	98.7	100.0	100.0
100.6	100.6	100.5	100.5	101.4	101.3	101.3	101.3	101.4	101.4
100.2	100.2	100.2	100.2	100.6	100.4	100.4	100.3	100.1	100.0
101.3	101.3	101.3	101.3	103.4	103.4	102.9	103.1	103.8	103.8
100.1	100.1	100.1	100.1	100.1	100.1	100.5	100.5	100.5	100.6
98.3	98.3	98.4	98.4	98.7	99.0	99.2	99.3	99.9	99.9
99.6	99.9	100.0	100.1	100.2	100.5	100.4	100.5	100.6	100.7
99.6	99.6	99.6	99.5	99.6	99.9	99.9	100.0	100.2	100.1
95.5	95.4	95.4	95.2	96.1	96.3	97.2	97.0	98.8	98.8
110.4	**113.1**	**113.5**	**121.2**	**125.3**	**125.4**	**128.3**	**127.9**	**118.7**	**112.3**
108.2	115.2	119.4	132.3	137.1	138.6	147.7	150.8	146.0	140.2
110.8	115.0	119.6	137.9	145.7	147.8	151.3	152.1	144.9	136.9
105.2	115.4	119.0	125.4	126.8	127.6	143.3	149.1	147.5	144.4
111.2	111.9	110.5	115.7	119.4	118.9	118.7	117.0	106.5	99.6
121.1	122.8	125.1	127.1	127.3	122.6	121.0	113.4	89.9	85.4
105.1	106.8	101.0	101.0	101.0	100.7	100.7	100.7	100.3	100.3
109.4	109.5	109.4	117.9	124.4	124.9	125.2	125.0	114.9	104.7
110.1	110.2	110.4	118.3	125.0	126.0	126.3	126.1	114.8	104.0
116.7	116.4	105.9	108.5	108.5	108.9	108.9	105.4	104.3	102.3
106.5	**106.9**	**108.2**	**110.6**	**111.1**	**110.7**	**109.9**	**107.5**	**105.4**	**104.2**
108.5	109.0	111.1	114.6	115.2	114.3	112.7	109.3	106.5	105.0
108.8	108.5	108.9	108.5	108.7	108.1	106.9	106.0	105.2	102.5
104.0	103.8	105.7	105.6	106.6	106.0	107.0	104.4	103.2	102.6
128.7	131.6	137.2	140.4	140.6	135.1	128.0	108.8	96.2	93.0
104.6	106.4	110.1	115.3	116.5	117.4	116.3	115.5	112.8	111.4
106.1	106.3	110.7	124.6	124.2	122.1	120.1	117.9	115.8	114.9
103.5	103.7	104.0	105.3	105.0	105.5	105.9	105.1	104.3	103.8
110.2	109.0	109.2	109.9	109.8	110.4	109.6	108.2	107.0	105.9
108.1	107.7	107.1	108.5	110.3	109.3	105.4	103.1	101.6	99.8
103.8	104.7	104.8	105.8	107.2	107.1	107.2	106.2	104.0	103.0
104.9	104.2	104.2	106.0	107.2	108.2	107.8	106.7	105.6	103.6
105.3	105.3	108.4	108.9	109.6	108.1	107.6	105.7	105.5	107.3
101.8	102.1	101.5	101.7	102.0	102.6	103.4	103.1	102.8	102.4
98.9	99.4	98.8	99.4	99.7	100.0	101.6	101.4	101.0	101.1
101.8	101.8	101.4	101.7	102.0	103.0	103.5	103.3	103.2	102.7
103.3	103.8	103.2	103.2	103.2	103.6	104.7	104.0	103.8	103.6
104.3	104.0	103.2	102.5	103.9	104.1	103.9	104.1	103.3	100.9

7-15 城市商品零售价格指数(2008年)

商品类别及品名	Commodity Category and Commodity Name	全年 Annual	1月 January	2月 February
商品零售价格总指数	**Genaral Retail Price Index**	**104.5**	**105.2**	**105.8**
一、食　品	**Food**	**113.4**	**119.9**	**122.0**
1.粮　食	Grain	107.6	108.5	108.5
大　米	Rice	99.8	102.8	102.0
面　粉	Flour	105.5	105.9	106.6
粮食制品	Grain Products	109.0	109.6	109.2
其　他	Others	135.9	133.6	135.4
2.淀　粉	Starches	111.4	107.9	111.2
淀　粉	Starches	111.4	107.9	111.2
3.干豆类及豆制品	Beans and Beans Products	136.7	127.7	133.3
干　豆	Beans	123.7	127.2	128.9
豆制品	Beans Products	140.3	127.8	134.4
4.油　脂	Oil and Fat	122.1	128.8	133.1
食用植物油	Edible Vegetable Oil	122.7	129.6	133.7
植物油制品	Plant Oil Products	118.1	123.2	127.5
其　他	Others	127.3	137.0	145.9
5.肉禽及其制品	Meal,Poultry and Their Products	123.3	145.1	148.4
(1)食用畜肉及副产品	Edible Livestock Meat and Their By-products	126.3	158.5	162.2
猪　肉	Pork	124.5	166.5	171.4
牛　肉	Beef	133.9	149.3	152.1
羊　肉	Mutton	126.6	133.4	135.7
畜肉副产品	Livestock Meat By-products	125.0	145.9	146.9
其　他	Others	131.6	147.4	147.8
(2)禽	Poultry	112.7	118.3	122.3
鸡	Chicken	112.3	119.0	123.0
鸭	Duck	119.2	122.3	124.3
其　他	Others	109.8	110.4	115.7
(3)肉禽加工制品	Meal and Poultry Processing Products	119.2	125.8	127.9
畜肉制品	Livestock Meat Products	122.4	130.0	131.7
禽制品	Poultry Products	112.5	117.1	119.8
6.蛋	Eggs	104.9	104.9	104.9
鲜　蛋	Fresh Eggs	103.8	103.1	103.0
蛋制品	Egg Products	114.2	120.1	121.6
7.水产品	Aquatic Product	111.2	111.9	112.9
(1)鱼	Fish	116.8	117.3	119.3
淡水鱼	Freshwater Fish	121.8	121.9	124.0
海水鱼	Seawater Fish	112.5	113.5	115.5
(2)其他水产品	Others Aquatic Product	104.6	105.7	105.6
虾蟹类	Shrimp and Crab	101.7	103.7	102.9
其　他	Others	110.7	110.2	111.7
8.菜	Vegetable	103.5	125.8	138.0
鲜　菜	Fresh Vegetable	102.3	126.5	140.9
干菜及菜制品	Dried Vegetable and Vegetable Products	108.7	121.0	115.1
薯　类	Potato	115.5	122.4	123.2
9.调味品	Flavoring	106.6	105.2	105.8
盐	Salt	99.8	100.4	100.4
酱　油	Soy Sauce	112.8	108.4	110.4
醋	Vinegar	106.9	104.7	105.2
味　精	Aginomoto	103.8	102.5	102.7
其　他	Others	105.7	108.0	107.1

Urban Retail Price Index(2008)

(以上年同期价格为100 preceding year=100)

3 月 March	4 月 April	5 月 May	6 月 June	7 月 July	8 月 August	9 月 September	10 月 October	11月 November	12月 December
105.9	**106.0**	**105.4**	**105.2**	**105.0**	**104.3**	**104.3**	**103.5**	**102.2**	**101.0**
121.0	**120.8**	**118.0**	**115.7**	**113.9**	**110.0**	**109.2**	**107.1**	**104.4**	**102.1**
109.2	109.4	110.0	110.3	109.3	108.2	108.0	106.2	103.6	101.1
101.0	101.1	102.4	101.8	101.5	99.9	99.3	97.2	95.2	93.3
106.6	106.6	107.0	107.5	106.8	105.8	105.6	104.8	102.4	100.6
111.3	111.1	111.2	111.9	109.8	108.7	108.8	107.7	106.2	103.8
138.8	141.3	143.6	143.3	144.4	144.4	143.0	134.4	123.0	114.0
112.0	111.2	111.4	112.1	113.6	115.3	111.6	110.1	110.3	109.7
112.0	111.2	111.4	112.1	113.6	115.3	111.6	110.1	110.3	109.7
142.2	144.4	145.7	146.5	148.1	143.8	140.6	134.6	124.6	115.9
135.9	134.9	132.8	132.1	132.6	129.3	125.9	114.5	103.5	96.1
143.8	147.0	149.3	150.6	152.5	147.9	144.6	140.1	130.4	121.2
135.7	131.8	129.5	127.7	126.4	122.4	119.5	116.2	105.8	96.6
136.3	132.3	129.7	127.8	126.7	122.8	120.8	117.5	107.3	96.7
129.4	126.7	126.1	125.6	123.9	120.3	114.0	111.1	100.7	95.9
151.4	144.0	140.3	135.6	131.7	122.7	118.9	114.9	100.7	97.0
149.9	149.7	137.1	128.4	117.5	109.1	110.1	108.2	102.7	99.1
164.4	163.4	144.1	133.8	118.3	108.0	109.6	105.5	97.8	93.9
174.3	172.6	146.1	133.1	113.6	101.4	104.0	99.0	89.1	86.5
150.9	150.1	145.9	141.1	134.9	127.3	122.9	120.4	118.3	112.7
137.2	137.3	135.9	135.1	131.5	126.5	120.1	116.5	112.7	107.8
149.3	150.4	137.4	129.9	121.4	115.4	114.4	109.2	104.6	101.4
149.1	149.0	141.9	134.1	129.1	125.0	125.1	121.8	116.6	107.8
122.8	124.9	118.7	109.4	108.2	103.3	105.6	110.0	108.0	105.2
123.5	127.0	119.2	107.8	106.7	101.6	104.3	109.4	107.4	104.4
123.8	122.4	122.6	123.9	123.6	117.6	116.5	116.0	114.5	106.7
117.3	112.8	112.5	109.7	105.7	104.2	106.1	109.2	106.5	109.5
128.4	128.5	127.4	123.2	119.2	114.5	111.9	111.7	110.3	109.0
133.1	133.2	132.1	127.0	122.5	117.2	113.9	113.8	112.2	110.4
118.8	118.7	117.4	115.0	111.9	108.7	107.5	107.1	106.2	105.9
105.1	103.1	104.4	106.5	109.7	104.8	106.6	104.7	102.3	101.8
103.3	101.2	102.6	105.2	108.8	104.3	106.5	104.1	101.7	101.1
119.7	119.2	120.2	117.7	116.8	108.7	108.1	109.3	106.8	106.2
111.2	110.7	111.6	113.3	113.8	112.5	112.0	109.2	108.4	107.1
117.3	117.7	119.6	120.6	120.5	118.5	116.3	112.3	112.2	109.7
123.7	123.4	128.1	130.9	128.4	122.7	118.7	115.0	113.6	111.2
112.1	113.0	112.3	111.7	113.6	114.9	114.4	110.1	111.1	108.5
104.2	102.7	102.2	104.5	105.5	105.1	106.6	105.3	103.6	103.9
102.1	99.9	98.5	101.9	101.9	100.6	104.1	103.5	101.0	101.1
109.2	109.5	110.7	110.6	113.1	114.8	111.9	108.7	109.1	109.5
126.6	113.6	112.6	97.8	96.2	91.2	90.1	85.1	81.0	86.4
128.6	113.2	111.7	94.6	93.3	88.2	87.0	82.0	77.7	84.1
112.9	112.9	111.4	108.4	107.0	104.3	105.4	105.6	102.8	101.1
112.6	122.3	130.7	124.0	119.3	119.0	115.8	101.8	97.3	96.1
105.7	107.3	107.2	107.3	106.5	107.6	107.5	107.3	106.1	105.3
100.2	100.0	99.9	99.9	99.7	99.6	99.6	99.4	99.4	99.4
110.4	113.8	114.2	114.4	114.0	115.4	115.8	115.0	112.2	109.9
105.2	107.2	106.6	106.6	105.7	107.8	108.6	108.6	108.3	107.7
102.6	102.5	103.7	105.4	105.0	105.7	104.6	103.7	103.2	103.3
106.9	108.5	107.3	106.6	104.4	105.2	104.2	105.0	103.2	102.6

7-15 续表 1

商品类别及品名	Commodity Category and Commodity Name	全年 Annual	1 月 January	2 月 February
10.糖	Carbohydrate	105.7	104.4	105.1
食 糖	Sugar	105.7	105.9	106.9
糖 果	Sweet	105.8	103.1	104.2
巧克力制品	Chocolate Products	106.0	105.6	105.7
糖类小食品	Little Carbohydr-ate Food	105.0	103.7	104.1
11.干鲜瓜果	Dried and Fresh Melons and Fruits	114.2	124.5	115.9
鲜瓜果	Fresh Fruits	111.8	122.8	112.1
干(坚)果	Dried Fruits	123.1	130.3	131.1
12.糕点饼干面包	Cake,Biscuit and Bread	105.8	103.1	103.5
糕 点	Cake	103.8	101.6	101.6
饼 干	Biscuit	108.0	105.5	107.6
面 包	Bread	106.8	103.0	102.2
13.液体乳及乳制品	Liquid Milk and Their Products	119.7	115.1	120.0
巴氏杀菌奶或消毒奶	Pasteurization Milk or Disinfection Milk	121.1	116.0	121.3
酸 奶	Leben	123.4	121.7	128.6
奶 粉	Milk Powder	113.8	107.2	108.6
其 他	Others	110.0	105.8	107.7
14.在外用膳食品	Outward Dinner	110.2	107.4	108.7
主 食	Staple Food	110.7	108.0	109.7
炒 菜	Hot Dish	108.2	105.5	106.6
地方小吃	Local Snack	116.3	112.8	113.7
15.其他食品	Other Foods	108.5	107.4	107.4
其他食品	Other Foods	108.5	107.4	107.4
二、饮料、烟酒	**Beverages, Tobacco,Liquor**	**103.8**	**102.4**	**102.6**
1.茶及饮料	Tea and Beverages	102.6	101.4	101.4
(1)茶叶	Tea	99.6	97.0	96.9
茶叶	Tea	99.6	97.0	96.9
(2)饮料	Beverages	104.3	103.9	104.1
固体饮料	Solid Beverages	107.6	105.5	106.3
液体饮料	Liquid Beverages	104.1	104.5	104.8
冷冻饮品	Frozen Beverages	102.1	101.5	100.8
2.烟草	Tobacco	100.3	100.2	100.3
国产卷烟	Domestic Cigarette	100.3	100.1	100.2
进口卷烟	Import Cigarette	99.9	100.5	100.8
其 他	Others	102.0	101.4	101.5
3.酒	Liquor	107.2	104.8	105.2
白 酒	White Spirit	110.0	107.8	108.2
葡萄酒	Grape	101.6	101.2	101.5
啤 酒	Beer	104.1	100.8	101.3
其 他	Others	105.0	103.9	104.0
三、服装、鞋帽	**Garments, Footgearand and Hats**	**97.5**	**96.2**	**96.1**
1.服装	Garments	96.8	95.6	95.4
(1)男式服装	Men's Garments	96.3	94.9	94.4
大 衣	Topcoat	97.4	96.9	94.6
毛 线 衣	Woollen Sweater	98.2	96.8	97.6
夹 克 衫	Jacket	97.5	95.6	96.0
衬 衫	Shirt	95.9	94.7	92.0
T 恤 衫	T-shirt	94.4	93.4	94.0
裤 子	Trousers	96.3	93.3	92.7
西 服	Western-style Clothes	95.4	95.0	93.0
运动衫裤	Gym Suit	98.5	98.1	98.2
内 衣	Underwaist	93.0	89.9	91.1

continued

(以上年同期价格为100 preceding year=100)									
3 月 March	4 月 April	5 月 May	6 月 June	7 月 July	8 月 August	9 月 September	10 月 October	11月 November	12月 December
105.7	105.6	106.1	106.4	106.0	105.7	105.6	105.8	106.4	105.4
107.2	106.2	106.5	106.1	105.5	105.7	106.3	106.0	104.9	101.0
105.2	105.0	106.2	106.7	107.1	106.8	106.0	105.3	107.2	106.6
106.4	106.9	106.7	107.3	105.6	105.0	105.2	106.2	105.9	106.2
104.4	104.6	105.1	105.2	104.7	104.4	104.3	105.9	106.7	107.3
110.6	123.3	111.5	117.7	127.0	121.1	112.5	106.5	106.2	99.4
106.2	121.7	107.5	115.4	128.2	120.3	110.2	103.3	104.0	96.7
128.7	128.3	126.9	126.2	125.4	125.2	120.5	117.5	114.0	109.0
104.1	104.7	105.6	106.6	106.8	107.0	106.9	107.1	107.2	107.0
102.4	102.6	103.7	104.4	104.9	104.9	104.9	105.2	105.0	104.2
107.7	107.9	108.5	108.2	108.4	108.7	108.7	108.4	108.1	108.2
103.3	105.0	105.6	108.5	108.4	108.6	108.2	108.9	110.1	110.5
121.4	123.3	122.6	122.9	122.6	121.3	120.3	119.3	116.4	112.2
123.1	125.0	124.2	124.7	124.1	122.5	122.1	120.1	117.6	112.8
129.9	130.5	128.1	127.6	127.2	125.5	121.4	121.0	114.8	107.9
109.3	113.7	115.4	115.4	115.8	116.1	115.8	116.8	115.7	116.0
108.1	108.8	109.4	110.4	111.2	110.6	111.0	112.6	112.6	112.1
110.9	111.1	112.3	111.3	111.0	110.7	110.2	110.5	110.1	108.6
111.8	111.9	112.0	112.1	111.7	111.3	110.9	111.0	110.2	107.9
108.9	108.9	110.4	108.9	108.7	108.4	107.9	108.3	108.3	107.2
115.9	116.8	119.4	117.8	117.3	117.9	116.6	117.1	116.1	114.3
108.2	108.3	108.3	108.7	109.4	108.7	109.4	108.8	108.8	108.2
108.2	108.3	108.3	108.7	109.4	108.7	109.4	108.8	108.8	108.2
103.0	**103.0**	**103.3**	**103.4**	**103.6**	**104.1**	**105.0**	**105.4**	**105.0**	**104.5**
101.6	101.2	102.0	102.6	103.1	103.3	103.5	103.8	104.0	103.1
97.7	97.4	98.4	99.6	100.9	101.2	101.5	101.5	102.1	101.2
97.7	97.4	98.4	99.6	100.9	101.2	101.5	101.5	102.1	101.2
103.9	103.5	104.1	104.3	104.3	104.6	104.6	105.2	105.0	104.3
106.4	106.7	107.1	107.5	107.1	107.1	108.5	110.0	109.8	109.4
104.8	104.5	104.3	103.7	104.0	103.8	103.7	104.3	104.2	102.5
100.3	99.0	101.2	102.8	102.9	104.0	103.4	103.1	102.9	103.6
100.2	100.3	100.4	100.1	100.2	100.3	100.3	100.3	100.4	100.4
100.1	100.1	100.3	100.1	100.3	100.3	100.4	100.4	100.4	100.4
100.9	100.9	100.8	99.4	99.1	99.7	99.1	99.2	99.2	99.4
101.4	101.4	102.1	101.5	101.6	101.5	102.8	102.8	102.8	102.8
106.0	106.2	106.4	106.4	106.6	107.4	109.6	110.3	109.2	108.4
108.6	108.6	109.0	109.0	109.1	110.1	113.0	113.8	112.0	111.1
101.1	100.9	101.2	100.8	102.2	102.3	102.1	102.2	102.1	102.0
103.1	103.7	103.5	103.7	103.8	104.3	106.1	106.7	106.4	105.7
103.7	103.6	104.2	104.2	104.5	106.4	106.5	106.2	107.1	106.1
97.0	**97.4**	**97.9**	**97.5**	**97.6**	**98.5**	**98.7**	**98.4**	**98.2**	**97.2**
96.1	96.5	97.2	97.0	97.1	97.9	98.0	97.5	97.0	96.0
95.2	95.5	96.3	96.3	96.1	97.6	98.5	97.6	97.2	96.5
96.2	98.2	98.0	97.5	97.6	98.7	99.1	98.4	98.9	95.4
98.1	97.7	99.3	99.2	97.1	97.1	97.5	98.5	100.1	99.7
96.8	97.1	98.1	97.7	97.2	98.1	98.6	98.5	98.2	98.1
93.0	93.4	95.3	94.7	95.8	98.3	101.2	99.1	97.3	96.8
92.7	93.2	92.4	93.8	92.8	96.5	98.2	96.4	95.3	95.3
96.4	97.6	95.7	95.1	96.4	98.9	100.1	97.9	96.4	95.8
92.3	92.5	95.7	96.9	94.9	96.8	99.3	97.1	96.2	95.2
97.9	97.7	97.7	98.2	99.2	99.6	98.1	98.6	99.3	99.2
92.3	91.7	93.3	92.6	92.4	94.1	93.4	94.8	94.7	95.5

7-15 续表 2

商品类别及品名	Commodity Category and Commodity Name	全年 Annual	1 月 January	2 月 February
羽 绒 衣	Eider Down Outerwear	96.8	94.7	96.9
其 他	Others	96.3	95.9	95.3
(2)女式服装	Women's Garments	96.9	96.0	96.0
大 衣	Topcoat	97.4	96.9	96.0
毛 线 衣	Woollen Sweater	97.0	94.8	96.8
羽 绒 衣	Eider Down Outerwear	97.7	94.3	96.6
套 装	Coordinates	99.0	97.7	97.4
衬 衫	Shirt	97.2	96.5	96.3
T·恤 衫	T-shirt	97.0	95.0	95.1
裙 子	Skirt	95.8	94.5	93.3
裤 子	Trousers	95.8	93.9	94.3
运动衫裤	Gym Suit	96.9	97.2	96.3
内 衣	Underwaist	95.5	98.3	97.1
其 他	Others	96.8	98.9	99.3
(3)儿童服装	Children's Garments	98.3	97.2	96.1
套 装	Coordinates	96.4	97.1	95.2
裤 子	Trousers	99.1	98.3	97.1
裙 子	Skirt	101.1	96.3	96.2
其 他	Others	96.7	95.9	96.7
2.鞋袜帽	Shoes,Socks and Hats	99.3	97.1	97.4
(1)鞋	Shoes	99.3	96.8	97.1
男 鞋	Men's Shoes	99.6	96.3	96.6
女 鞋	Women's Shoes	99.3	96.8	97.4
童 鞋	Children's Shoes	98.0	98.0	97.4
(2)袜子	Socks	100.1	99.3	99.3
男 袜	Men's Socks	100.1	100.0	100.0
女 袜	Women's Socks	100.2	98.8	98.8
(3)帽子	Hats	98.2	96.5	96.7
男 帽	Men's Hats	98.7	97.9	97.4
女 帽	Women's Hats	97.8	95.6	96.3
3.其他	Others	98.4	98.7	98.3
领 带	Necktie	98.4	98.7	98.3
四、纺织品	**Textiles**	**99.4**	**98.8**	**98.3**
1.衣着材料	Clothing Materials	102.0	101.6	102.1
棉 布	Cotton Cloth	103.9	102.6	104.2
棉混纺布	Cotton Textiles Cloth	102.5	102.4	102.7
化 纤 布	Chemical Fiber Cloth	101.3	101.3	101.3
毛 线	Knitting Wool	100.3	100.1	100.1
2.床上用品	Bedclothes	97.8	97.1	96.0
毛 毯	Woollen Blanket	100.4	99.4	98.8
被 子	Quilt	97.8	96.4	95.1
床上套件	Bed Articles	96.1	95.4	94.2
其 他	Others	98.5	99.7	98.9
五、家用电器及音像器材	**Household Appliances, Music and Video Equipments**	**98.2**	**98.2**	**98.1**
1.家庭设备	Household Appliances	100.9	100.4	100.4
洗 衣 机	Washing Machine	101.8	100.3	100.3
电 风 扇	Electric Fan	100.6	99.3	99.3
电冰箱(柜)	Refrigerator	101.4	101.0	101.3
吸排油烟机	Kitchen Ventilato	101.8	99.2	100.0
空 调 器	Air-Conditioning	100.7	100.3	100.2
热 水 器	Water Heater	101.7	102.0	102.0
微 波 炉	Microwave Oven	97.4	98.4	97.7
电 炊 具	Electric Cooking Appliance	100.1	99.8	99.8

continued

(以上年同期价格为100 preceding year=100)									
3 月 March	4 月 April	5 月 May	6 月 June	7 月 July	8 月 August	9 月 September	10 月 October	11月 November	12月 December
99.0	97.6	97.8	97.9	97.7	96.8	97.4	96.9	95.4	93.8
93.1	93.2	95.2	95.1	97.4	98.6	98.2	97.4	98.6	98.4
96.7	97.1	97.6	97.3	97.4	97.8	97.5	97.0	96.5	95.4
97.9	99.1	99.3	99.0	98.2	98.6	98.0	96.8	95.9	93.9
95.4	96.4	98.1	98.1	97.0	97.2	97.0	97.9	98.9	97.1
99.4	99.0	99.6	99.7	98.9	98.7	98.2	98.3	96.1	93.5
98.2	98.3	101.0	100.4	100.8	101.5	101.1	98.9	97.0	96.5
95.9	96.9	97.9	97.0	98.0	98.0	98.0	96.3	96.8	98.6
94.5	95.7	96.0	96.6	98.8	99.5	98.9	98.1	98.0	98.7
93.8	95.0	96.8	96.5	98.2	98.5	97.5	96.5	95.0	94.2
96.8	95.8	94.8	95.1	95.7	96.9	98.8	97.2	96.1	94.8
96.3	98.0	98.0	98.2	97.7	98.3	96.2	95.4	96.3	95.3
97.9	96.5	95.7	93.7	94.0	94.1	93.7	95.3	94.7	94.7
97.2	96.7	95.6	95.4	96.3	96.0	96.2	97.0	97.6	95.5
97.1	98.4	99.2	98.9	99.1	99.7	99.4	99.4	99.0	96.8
96.1	97.8	97.9	97.3	97.5	96.5	96.2	96.4	96.3	92.6
97.3	98.0	98.9	99.2	99.7	102.0	101.7	101.0	99.5	96.9
98.5	100.2	102.1	101.6	101.7	103.0	103.2	103.5	103.5	104.0
97.0	96.8	97.4	97.6	97.7	97.7	95.5	95.5	96.2	95.9
98.9	99.3	99.2	98.5	98.9	100.2	100.3	100.8	101.3	100.4
99.0	99.4	99.1	98.4	98.9	100.2	100.3	100.8	101.4	100.3
97.9	99.0	100.3	99.6	99.6	100.7	101.0	101.3	101.8	101.5
100.3	100.3	98.8	97.4	98.1	99.8	100.1	100.8	102.2	100.3
96.9	97.2	96.7	98.4	99.3	100.3	98.7	98.9	97.5	96.9
99.4	99.3	99.4	99.4	99.9	99.9	100.8	101.6	101.5	101.5
100.1	100.1	100.1	100.1	99.9	99.9	99.5	100.5	100.3	100.3
98.8	98.7	98.9	98.8	99.9	99.9	102.0	102.6	102.5	102.6
96.6	96.9	99.5	98.0	97.5	99.4	98.8	99.4	99.8	99.0
98.1	98.8	98.9	98.3	97.4	99.8	99.1	99.7	99.7	99.1
95.7	95.8	99.8	97.9	97.6	99.1	98.6	99.1	99.8	99.0
98.4	99.2	99.2	99.2	98.7	99.1	98.1	97.5	97.2	97.3
98.4	99.2	99.2	99.2	98.7	99.1	98.1	97.5	97.2	97.3
99.0	**99.6**	**100.2**	**99.4**	**99.6**	**99.7**	**99.6**	**99.6**	**99.7**	**99.2**
101.9	101.9	102.0	102.1	102.0	102.4	102.4	102.4	102.3	101.3
103.8	103.1	103.4	104.4	103.0	104.6	105.1	105.0	104.6	102.9
102.6	103.0	102.8	102.5	102.9	102.9	102.8	102.5	102.3	100.8
101.1	101.4	101.7	101.5	101.7	101.6	101.1	101.3	101.2	100.7
100.1	100.0	100.0	99.6	100.0	100.4	100.9	100.7	101.0	100.8
97.2	98.2	99.1	97.7	98.1	98.1	97.8	97.9	98.2	98.0
100.3	100.0	101.4	101.4	101.2	101.1	100.1	99.9	100.5	100.6
98.1	99.1	99.8	97.8	98.4	98.2	98.6	98.0	97.4	97.1
94.6	96.5	97.4	95.6	96.3	96.4	95.9	96.6	97.4	97.0
98.1	98.3	98.7	98.1	98.3	98.4	97.9	98.0	98.7	98.7
98.1	**98.2**	**98.1**	**98.1**	**98.1**	**98.1**	**98.2**	**98.2**	**98.2**	**98.1**
100.6	100.9	100.8	100.8	101.1	101.0	101.2	101.3	101.3	101.4
100.7	102.1	101.9	101.8	102.5	102.3	102.2	103.0	102.5	102.3
99.3	99.6	99.3	99.1	101.6	101.4	102.4	101.4	102.0	101.8
101.4	101.8	101.5	101.6	101.6	100.9	101.4	101.6	101.6	101.4
101.3	101.4	101.6	101.1	102.5	102.2	102.5	102.7	103.6	103.3
100.6	100.8	100.6	100.8	100.5	100.8	100.8	101.0	100.8	101.0
101.3	101.1	100.9	100.6	101.6	101.8	102.1	101.9	102.1	102.4
97.5	97.3	97.3	97.2	97.8	97.3	96.7	96.6	96.7	98.1
99.8	99.0	99.9	100.0	100.2	100.4	100.7	100.4	100.6	100.2

7-15 续表 3

商品类别及品名	Commodity Category and Commodity Name	全年 Annual	1 月 January	2 月 February
2.文娱用耐用消费品	Durable Consumer Goods For Recrea- tional Use	93.9	95.0	94.5
电视机	Television	90.8	92.2	91.7
激光视盘机	Laser Video Disc Machine	95.2	96.0	95.1
摄像机	Pickup Camera	97.1	97.6	97.2
家用音响设备	Acoustic Equipment	98.2	98.0	97.8
便携式音响	Portable Acoustics	96.1	98.4	98.7
其他	Others	99.2	99.8	99.7
3.音像器材	Music and Video Equipments	99.7	99.3	99.4
专业音响器材	Specialized Aco-ustic Apparatus	99.9	99.3	99.4
专业声像器材	Specialized Aco- ustic Image Apparatus	99.4	99.4	99.4
六、文化办公用品	**Cultural and Office Applicances**	**96.5**	**96.6**	**96.3**
纸张本册	Paper and Volume	101.8	101.1	101.1
文具	Stationery	100.1	99.9	99.6
电脑及配件	Computer and its Fitting	92.1	92.6	92.7
打印机及配件	Printer and its Fitting	99.1	98.2	98.1
扫描仪	Scanner	98.9	99.3	99.0
复印机	Xerox Machine	98.4	99.6	98.1
电子辞典	Electronic Dictionary	97.2	94.9	94.9
计算器	Calculator	99.4	99.6	99.8
教学设备	Teaching Equipment	97.7	98.0	97.3
其他	Others	98.2	98.0	97.6
七、日用品	**Articles for Daily Use**	**102.1**	**100.8**	**100.8**
1.日用百货	General Merchandise for Daily Use	101.9	100.6	100.4
自行车	Bicycle	101.6	100.2	100.2
雨具	Rain Gear	99.7	99.3	99.3
剃须刀具	Shaver	100.6	99.9	100.0
电池	Battery	101.8	101.9	102.1
卫生纸	Tissue Paper	104.8	101.4	100.3
卫生巾	Sanitary Towel	100.1	100.3	100.3
其他	Others	102.8	100.3	100.3
2.日用杂品	Sundry Articles	100.7	99.7	99.7
茶具	Tea Set	100.5	99.7	99.7
餐具	Tableware	100.2	99.4	99.5
厨具	Kitchen Utensils	100.8	99.5	99.4
其他	Others	101.5	100.5	100.6
3.洗涤用品	Washing Articles	105.5	102.9	103.6
洗衣粉	Washing Powder	104.4	102.2	102.9
肥皂类	Soap	112.4	110.4	111.6
牙膏	Toothpaste	101.1	98.8	99.0
清洁洗涤剂	Cleaning Agent	104.6	100.3	101.4
4.其他日用品	Other Articles for Daily Use	100.1	100.1	99.3
燃气灶具	Gas-Oven	100.8	100.4	99.7
儿童玩具	Children's Toy	99.1	99.5	98.1
照明器具	Illumination Utensil	100.1	100.1	100.1
钟表眼镜及配件	Clocks,Glasses and Their Rittings	100.6	99.7	99.8
日用普通饰品	Common Ornament for Daily Use	99.7	101.3	99.6
日用皮革制品	Leatherware for Daily Use	100.2	99.4	98.8
其他	Others	101.4	100.8	100.5

continued

(以上年同期价格为100 preceding year=100)									
3 月 March	4 月 April	5 月 May	6 月 June	7 月 July	8 月 August	9 月 September	10 月 October	11月 November	12月 December
94.2	94.1	94.1	93.8	93.5	93.6	93.7	93.6	93.4	93.0
91.5	91.4	91.6	90.9	90.3	90.4	90.4	90.4	89.8	89.0
94.8	94.6	94.9	94.7	94.3	94.3	95.4	95.8	96.4	96.8
97.3	96.7	96.7	96.9	97.3	97.3	97.3	97.1	97.1	97.1
98.1	97.9	97.9	98.5	98.1	98.4	98.4	98.4	98.4	98.2
96.5	96.3	95.6	95.6	95.2	95.5	95.6	95.3	95.2	95.3
99.7	100.1	99.7	99.7	99.6	99.8	99.7	97.5	97.5	97.6
99.3	99.3	99.6	99.8	100.0	99.8	100.0	99.6	100.0	100.0
99.4	99.4	99.9	100.0	100.3	100.1	100.4	99.7	100.4	100.4
99.1	99.1	99.2	99.5	99.6	99.5	99.5	99.4	99.4	99.4
96.1	**96.1**	**96.2**	**96.0**	**96.6**	**97.3**	**97.3**	**96.2**	**96.7**	**96.8**
101.1	101.3	101.0	100.9	101.3	102.8	102.8	102.7	102.8	102.5
99.9	100.0	99.7	99.9	99.7	100.3	100.3	100.3	100.5	100.5
92.0	91.7	91.7	91.3	92.4	93.2	93.3	90.8	91.7	92.0
97.4	98.4	99.7	99.9	100.0	100.2	100.0	98.9	99.0	99.3
98.3	98.6	98.6	98.6	99.1	99.1	99.1	98.9	98.9	99.1
98.2	97.8	97.3	97.5	98.2	98.2	98.9	98.8	98.8	98.9
96.3	96.3	96.7	96.9	97.3	99.4	98.6	98.4	98.4	98.3
99.8	100.1	100.2	99.0	99.0	98.9	99.1	99.1	99.1	99.0
97.2	97.5	97.6	97.5	97.4	97.8	97.9	97.9	98.0	98.0
97.6	97.6	98.3	98.3	98.3	98.3	98.2	98.3	99.2	99.2
101.0	**101.3**	**101.6**	**102.1**	**102.4**	**102.6**	**102.6**	**103.1**	**103.4**	**103.3**
100.5	100.8	100.9	101.6	101.7	102.5	102.6	103.1	103.9	103.9
100.3	100.4	100.6	101.3	101.4	102.4	102.6	103.2	103.6	103.0
99.4	99.4	99.6	99.9	99.8	99.7	99.9	99.8	99.8	99.9
99.9	100.5	101.1	100.8	101.2	100.8	100.8	101.0	100.6	100.9
102.0	101.8	101.8	101.8	101.8	102.0	101.2	101.6	101.6	101.7
101.8	102.4	102.9	104.2	104.7	106.6	106.8	107.4	109.6	110.1
99.3	99.6	98.8	99.2	98.9	100.0	100.1	100.6	101.6	102.0
100.3	100.3	100.4	103.7	103.7	103.8	104.1	104.7	105.8	105.7
99.8	99.9	100.0	100.4	100.9	100.9	101.3	101.7	102.0	102.0
99.7	99.8	100.2	100.3	101.5	100.9	100.5	101.5	101.4	101.3
99.4	99.4	99.3	99.2	99.2	99.2	101.1	101.2	102.6	102.5
99.9	100.2	100.2	100.6	101.3	101.7	101.5	101.8	101.9	102.1
100.6	100.5	100.7	102.3	102.3	102.4	102.1	102.8	101.9	101.5
103.5	104.0	105.1	106.3	106.5	106.3	106.3	107.1	107.4	107.2
102.8	103.8	104.5	105.4	105.7	105.6	104.7	105.3	105.2	105.2
110.9	111.3	113.7	114.5	114.5	111.4	111.3	113.1	113.4	112.9
99.1	99.1	99.3	100.9	100.7	102.9	102.8	103.1	103.9	103.9
101.7	101.9	103.4	104.8	105.7	105.7	107.0	107.5	108.1	107.4
100.0	100.2	100.1	99.9	100.4	100.4	100.1	100.4	100.2	99.9
100.2	100.8	101.3	101.6	101.6	101.6	100.8	100.4	100.4	100.4
99.1	97.9	98.0	98.3	98.4	99.1	99.1	99.8	100.9	100.5
100.1	99.9	99.5	99.8	100.1	100.4	100.2	100.4	100.2	99.9
100.6	100.5	100.3	100.6	101.0	101.1	100.8	100.8	101.0	100.8
99.6	100.2	100.2	99.7	98.9	99.5	99.3	99.5	99.5	98.8
100.8	102.8	101.6	99.5	101.7	100.0	100.0	101.3	98.5	97.8
100.1	101.3	102.0	101.3	103.7	102.1	102.2	102.4	100.7	100.1

7−15 续表 4

商品类别及品名	Commodity Category and Commodity Name	全年 Annual	1 月 January	2 月 February
八、体育娱乐用品	**Sports and Recreation Articles**	**99.1**	**98.1**	**98.1**
1.体育用品	Sports Articles	100.1	98.7	98.9
球　类	Ball	100.2	100.0	100.0
棋　牌	Chess and Cards	99.7	100.0	99.8
健身器材	Exercise Machine	100.2	97.4	97.9
2.娱乐用品	Recreation Articles	98.2	97.6	97.4
游艺器材	Entertainment Apparatus	96.9	92.4	92.4
照相器材	Photographic Apparatus	97.9	98.9	98.3
乐　器	Musical Instrument	99.9	100.4	100.6
九、交通、通信用品	**Transportation and Com- munication Appliances**	**94.5**	**93.3**	**93.0**
1.交通运输机械	Transportation Machine	97.0	95.6	95.1
轿　车	Car	93.8	91.6	90.7
客　车	Bus	99.0	98.6	98.6
货　车	Truck	99.9	99.0	99.0
摩托车	Motorcycle	97.0	95.9	95.0
其　他	Others	100.6	100.1	100.2
2.通信器材	Telecommunications Facilities	89.2	88.2	88.3
固定电话机	Telephone	99.5	97.9	97.8
移动电话机	Mobile Phone	82.8	81.8	81.9
传真机	Fax Machine	100.0	99.8	99.8
其　他	Others	98.7	97.3	97.3
十、家具	**Furniture**	**101.0**	**101.7**	**101.6**
柜	Cabinet	101.7	101.3	101.6
床	Bed	101.9	104.5	104.4
桌	Desk	100.1	100.9	101.0
椅	Chair	100.3	101.3	101.1
沙　发	Sofa	100.6	100.3	99.9
其　他	Others	101.1	102.1	102.1
十一、化妆品	**Cosmetics**	**101.5**	**100.8**	**101.0**
护肤品	Skincare Products	101.2	101.0	101.2
美容化妆品	Facial Beautifiers	101.2	99.0	99.5
护发美容品	Protects Sends the Beauty Products	102.9	103.0	103.3
清洁化妆用品	Cleaning Toiletware	101.1	100.6	100.5
药物美容用品	Medicinal Cosmetics	100.8	100.0	99.8
十二、金银珠宝	**Gold, Silver and Jewelry**	**110.9**	**107.6**	**109.4**
金饰品	Gold	108.8	112.2	110.7
银饰品	Silver	104.0	105.1	105.7
铂金饰品	Platinum	119.1	105.4	112.3
其　他	Others	100.1	100.8	99.5
十三、中西药品及医疗保健用品	**Traditional Chinese and Western Medicines and Healthcare Articles**	**101.2**	**101.8**	**101.4**
1.医疗器具及用品	Medical Facilities and Goods	98.2	98.9	99.2
医疗器具及用品	Medical Facilities and Goods	98.2	98.9	99.2
2.中药材及中成药	Herbs and Ready- made Traditional Chinese Medicine	103.4	107.9	106.4
中药材	Herbs	107.7	118.1	114.5
中成药	Ready-made Tr-aditional Chin-ese Medicine	99.8	100.3	100.2
3.西药	Western Medicine	100.2	98.9	98.9
抗微生物药	Anti-microorga-nism Medicine	108.0	107.1	109.2
消化系统用药	Alimentary Sys-tem Medicine	99.1	96.2	96.8
呼吸系统用药	Respiratory System Medicine	97.3	97.0	97.3
解热镇痛及非甾体抗炎药	Allays a Fever the Analgesia and the Non-steroid Body Anti-inflammatory Agent	97.5	93.6	93.6
抗肿瘤药	Antineoplastic Drug	97.5	101.5	97.7

continued

(以上年同期价格为100 preceding year=100)									
3 月 March	4 月 April	5 月 May	6 月 June	7 月 July	8 月 August	9 月 September	10 月 October	11月 November	12月 December
98.7	**98.8**	**99.1**	**98.9**	**99.1**	**99.6**	**99.8**	**99.7**	**99.7**	**99.7**
99.6	99.8	100.2	100.3	100.4	100.7	100.7	100.6	100.9	101.0
100.0	100.2	100.3	100.5	100.4	100.7	100.5	100.2	100.1	100.2
99.9	99.9	100.0	99.4	99.6	99.6	99.4	99.6	99.9	99.8
99.2	99.6	100.2	100.6	100.7	101.1	101.2	101.1	101.7	101.9
97.9	98.0	98.0	97.6	98.0	98.6	99.1	99.0	98.7	98.4
96.1	96.4	96.1	96.3	97.6	97.7	99.8	99.8	99.7	99.9
97.5	97.3	97.6	97.6	97.6	98.5	98.3	98.1	97.8	97.2
100.5	100.6	100.6	98.7	99.1	99.8	99.8	99.9	99.3	99.3
93.0	**93.0**	**93.2**	**94.3**	**94.7**	**95.6**	**95.6**	**96.3**	**96.6**	**96.2**
95.4	95.6	95.8	96.7	97.0	98.1	98.1	98.7	99.1	99.0
91.2	91.4	91.9	93.9	94.4	95.6	95.4	96.5	97.1	96.9
98.6	98.6	98.7	98.7	98.8	99.2	99.2	99.7	99.7	99.4
99.1	99.2	98.8	99.4	99.7	100.8	100.8	100.9	101.1	101.2
95.3	95.7	96.3	96.5	96.9	98.0	98.3	98.4	99.5	99.0
100.2	100.3	100.3	99.5	99.4	101.1	101.6	101.5	101.6	102.0
87.7	87.4	87.4	89.0	89.5	90.3	90.1	91.0	91.2	90.3
97.8	98.1	98.0	97.9	100.7	100.7	100.9	101.3	101.7	101.8
81.0	80.4	80.6	83.1	83.2	84.3	84.0	85.3	85.6	84.0
99.8	100.1	99.9	99.9	100.0	100.0	100.0	100.0	100.1	100.7
98.9	98.4	98.4	98.4	98.5	99.4	99.4	99.4	99.4	99.3
101.8	**100.7**	**100.7**	**100.5**	**101.0**	**101.2**	**101.1**	**100.9**	**100.8**	**100.5**
102.1	101.8	101.6	101.7	101.7	102.2	101.8	101.4	101.5	101.3
104.4	101.3	101.0	100.6	101.4	101.7	101.4	101.3	101.3	100.5
101.1	99.8	99.6	99.5	99.8	99.9	99.8	99.9	100.0	99.8
101.1	99.6	100.4	100.3	100.4	100.6	100.4	99.6	99.6	99.3
100.4	100.3	100.3	100.2	101.0	100.9	101.1	101.3	100.5	100.4
101.7	101.2	100.3	100.4	100.4	101.3	101.2	100.8	101.2	101.1
101.0	**101.5**	**101.8**	**101.9**	**102.1**	**101.9**	**101.7**	**101.3**	**101.5**	**101.2**
101.1	101.5	101.6	101.9	102.2	102.0	101.2	99.6	100.4	100.7
99.4	100.6	101.8	101.8	102.0	101.8	102.4	102.1	102.0	101.9
103.6	103.4	103.5	103.1	103.5	102.6	102.1	103.1	102.6	100.8
100.4	100.7	100.5	101.1	101.1	101.3	101.6	101.7	101.9	101.7
99.8	100.7	101.0	101.1	101.0	101.0	101.3	101.1	101.2	101.5
114.6	**114.0**	**114.2**	**114.5**	**114.7**	**113.8**	**112.1**	**109.0**	**104.2**	**103.1**
114.6	113.0	110.8	111.5	112.5	110.6	108.1	105.8	98.6	98.8
105.4	104.2	104.4	104.0	103.3	102.9	103.2	102.8	103.5	103.5
122.3	122.9	126.1	126.0	125.7	125.8	123.7	117.7	112.5	108.8
100.8	100.5	100.6	100.4	100.3	99.7	100.0	99.9	99.3	99.2
101.4	**101.0**	**100.7**	**100.4**	**100.8**	**101.8**	**101.8**	**101.1**	**101.2**	**101.2**
98.8	99.0	99.4	98.3	97.6	98.1	98.1	97.2	97.1	97.1
98.8	99.0	99.4	98.3	97.6	98.1	98.1	97.2	97.1	97.1
106.0	104.8	104.0	102.5	102.8	103.3	102.4	100.3	100.4	100.2
113.3	111.7	109.7	106.8	107.3	107.7	105.0	100.4	100.9	100.8
100.4	99.5	99.4	98.9	99.1	99.8	100.2	100.2	100.0	99.8
99.2	99.0	98.9	99.1	99.6	101.1	101.8	101.8	101.9	102.0
109.6	107.1	107.3	108.2	108.2	108.7	108.6	107.4	107.5	107.5
96.9	96.5	96.1	97.7	97.8	101.0	102.2	103.3	103.3	102.5
97.0	96.5	96.5	96.8	97.1	97.5	97.5	97.7	98.3	98.7
93.9	96.1	94.8	93.2	95.3	98.7	101.4	102.9	103.5	104.1
97.7	95.9	96.6	96.0	96.2	97.3	97.4	97.4	97.5	98.6

7-15 续表 5

商品类别及品名	Commodity Category and Commodity Name	全年 Annual	1 月 January	2 月 February
激素及调节内分泌功能药	Hormone and Adjustment Internal Secretion Function Medicine	96.2	90.0	91.0
循环系统用药	Circulating System Medicine	101.1	101.6	99.7
神经系统用药	Nerve System Medicine	98.3	95.2	96.0
专科用药	Junior Medicine	97.4	97.4	96.4
其 他	Others	101.2	101.4	100.9
4.保健品及器具	Healthcare Equip-ment	101.7	101.0	101.2
保健器具	Health Protection Equipment	99.0	97.2	97.5
滋补保健用品	Tonic and Health Products	102.9	102.6	102.8
十四、书报杂志及电子出版物	**Books,Newspapers,Magazines and Electronic publications**	**100.4**	**99.7**	**99.6**
1.教材及参考书	Teaching Materials and Reference Books	101.3	100.3	100.3
工 具 书	Tool Book	100.9	99.9	99.9
教 材	Teaching Material	100.4	100.3	100.3
参 考 书	Ronic Publications	102.7	100.2	100.2
教育软件	Educational Software	101.6	101.7	101.7
2.书报杂志	Books,Newspapers,Magazines	100.7	99.9	99.9
书 籍	Books	100.1	100.0	100.0
报 纸	Newspapers	102.0	99.7	99.7
杂 志	Magazines	100.2	100.0	100.0
3.电子音像制品	Electronic Publications	98.9	98.7	98.3
音响光盘和磁带	Acoustic Light Disk and Tape	99.9	99.4	99.1
录像磁带和视盘	Video Tape and Disk	99.7	99.5	99.5
计算机软件	Computer Software	97.0	97.0	96.4
十五、燃料	**Fuels**	**114.4**	**107.3**	**108.0**
1.煤炭及制品	Coal and Related Products	123.7	101.1	102.8
原 煤	Raw Coal	121.7	103.2	106.1
煤 制 品	Coal Products	125.9	98.8	99.2
2.石油及制品	Petroleum and Related Products	111.0	109.6	110.0
液化石油气	Liquefiled Petrol-eum Gas	113.8	116.2	116.1
管道燃气	Pipelined Gas	102.0	104.9	104.9
汽 油	Gasoline	114.4	107.9	109.1
柴 油	Diesel Oil	114.4	109.8	109.6
其 他	Others	111.0	120.5	120.5
十六、建筑材料及五金电料	**Building Materials and Hardware**	**106.8**	**104.1**	**105.1**
1.建筑装璜材料	Building and Decor- ation Materials	109.5	105.9	107.2
木 材	Wood	109.2	106.7	108.7
木 地 板	Wood Floor	103.4	101.3	101.7
钢 材	Steel Products	123.3	114.7	117.6
砖	Brick	111.7	103.0	104.3
水 泥	Cement	113.0	105.0	106.6
涂 料	Coating Material	104.2	102.7	104.5
胶 合 板	Plywood	107.0	108.2	108.1
玻 璃	Glass	105.4	105.2	106.7
粘 胶	Rayon	104.7	103.5	103.7
油 漆	Paint	105.1	104.7	105.5
其 他	Others	104.8	105.6	105.2
2.五金电料	Hardware	101.5	100.5	100.9
五金工具	Hardware Tools	98.3	97.5	97.5
电工电料	Electrical Engine-ering and Electr-ical Materials	101.5	100.9	101.7
水暖器材	Heating Equipment	103.9	101.7	101.8
其 他	Others	100.7	102.7	103.2

continued

(以上年同期价格为100 preceding year=100)									
3 月 March	4 月 April	5 月 May	6 月 June	7 月 July	8 月 August	9 月 September	10 月 October	11月 November	12月 December
92.9	95.9	95.8	95.2	95.3	98.7	99.7	100.1	100.4	101.1
101.4	101.7	101.3	101.1	101.5	101.6	101.2	101.1	100.8	100.7
96.2	97.2	97.3	97.9	98.8	99.4	100.8	100.6	100.3	100.3
96.2	96.5	95.8	95.9	96.0	99.1	99.4	99.2	98.8	98.9
99.8	99.6	99.6	100.7	101.8	101.8	102.6	101.9	102.3	101.5
101.3	101.2	101.3	101.7	102.2	102.3	102.3	102.0	102.2	102.2
97.8	97.9	98.1	98.0	99.5	100.2	100.3	100.5	100.4	100.3
102.9	102.6	102.6	103.3	103.3	103.2	103.1	102.6	103.0	102.9
99.6	**99.6**	**99.8**	**99.8**	**100.2**	**100.3**	**101.4**	**101.5**	**101.8**	**101.9**
100.1	100.1	100.7	100.7	100.4	100.4	103.2	103.1	103.1	103.2
99.9	99.9	99.8	99.8	99.5	101.1	102.6	102.6	102.6	103.0
100.3	100.3	100.3	100.3	100.3	100.0	101.5	100.6	100.6	100.7
100.2	100.2	100.2	100.2	100.2	100.4	106.8	107.9	107.9	107.9
100.1	100.1	105.4	105.4	103.0	101.1	101.1	100.1	100.1	100.1
99.9	99.9	99.9	99.9	101.2	101.1	101.2	101.6	102.1	102.1
100.0	100.0	100.0	100.0	100.4	100.2	100.2	100.2	99.9	99.9
99.7	99.7	99.7	99.7	103.1	103.1	103.1	104.3	106.2	106.2
100.0	100.0	100.0	100.0	100.0	100.0	100.6	100.6	100.6	100.7
98.3	98.4	98.5	98.4	98.8	99.1	99.1	99.2	99.8	99.9
99.2	99.7	99.9	99.9	99.9	100.2	100.0	100.2	100.4	100.6
99.4	99.4	99.4	99.3	99.5	99.8	99.8	100.0	100.3	100.2
96.3	96.1	96.0	95.9	97.0	97.2	97.4	97.3	98.8	98.8
109.3	**111.3**	**110.9**	**116.3**	**119.3**	**119.3**	**123.5**	**123.6**	**114.7**	**109.6**
105.9	110.6	113.8	120.1	124.7	127.7	143.1	148.5	144.4	143.0
107.5	108.4	111.0	119.4	127.2	130.8	138.2	140.8	134.0	133.8
104.0	112.9	116.7	120.9	122.0	124.3	148.4	157.2	156.2	153.4
110.6	111.5	109.8	114.9	117.2	116.1	116.3	114.7	104.8	98.3
118.6	121.5	124.6	127.1	126.4	120.5	120.2	113.1	88.4	84.6
104.9	106.7	100.7	100.7	100.7	100.5	100.5	100.5	100.0	100.0
109.2	109.2	109.3	118.3	123.4	123.5	123.8	123.7	113.6	103.1
110.4	110.5	110.6	118.8	122.9	122.9	123.3	123.3	112.2	100.1
120.5	120.2	107.0	109.8	109.3	109.3	109.3	105.0	103.6	102.7
106.3	**106.8**	**107.6**	**108.7**	**109.3**	**109.4**	**109.3**	**106.5**	**104.8**	**103.9**
108.8	109.3	111.0	112.7	113.6	113.4	112.6	108.5	106.1	104.9
109.7	109.3	109.8	109.6	110.6	110.7	110.4	109.9	109.2	105.5
103.7	103.5	104.3	104.3	105.6	104.7	105.9	102.7	101.4	101.2
124.1	128.7	135.2	140.6	142.4	137.6	133.0	110.5	99.9	97.6
106.2	108.1	111.2	115.1	114.0	116.0	116.0	116.1	115.7	114.7
106.7	106.9	109.9	115.1	116.3	118.7	118.7	118.4	117.0	115.3
104.4	104.1	104.0	104.7	105.0	105.2	105.1	104.1	103.0	103.2
108.1	106.2	106.5	106.4	107.8	108.8	108.2	106.7	104.9	104.3
107.2	107.0	106.4	107.1	107.4	107.0	105.3	103.3	101.6	100.4
104.0	105.4	105.6	105.0	106.9	106.2	106.1	104.6	102.8	102.8
105.6	104.9	104.6	104.6	105.7	107.1	106.4	105.3	104.4	102.3
107.2	107.2	106.4	106.0	106.7	104.8	104.0	101.2	100.9	103.8
101.4	101.8	100.8	101.0	100.9	101.4	102.6	102.5	102.1	101.8
96.5	97.5	96.6	97.5	97.5	98.3	100.8	100.8	99.9	100.0
102.0	102.1	101.5	101.4	101.2	101.2	102.0	101.6	101.4	101.2
103.5	104.2	103.2	103.3	103.4	104.1	105.4	105.1	105.3	105.4
104.2	102.9	101.0	99.9	99.8	100.1	99.8	100.0	99.4	96.1

7-16 农村商品零售价格指数(2008年)

商品类别及品名	Commodity Category and Commodity Name	全年 Annual	1月 January	2月 February
商品零售价格总指数	**Genaral Retail Price Index**	**105.8**	**106.2**	**107.1**
一、食 品	**Food**	**112.7**	**119.8**	**122.7**
1.粮 食	Grain	104.8	104.7	104.5
大 米	Rice	100.2	100.1	99.8
面 粉	Flour	102.1	102.0	101.5
粮食制品	Grain Products	105.7	106.5	106.6
其 他	Others	126.8	125.2	126.0
2.淀 粉	Starches	111.9	112.5	113.0
淀 粉	Starches	111.9	112.5	113.0
3.干豆类及豆制品	Beans and Beans Products	130.3	126.2	125.6
干 豆	Beans	121.9	124.3	123.5
豆 制 品	Beans Products	137.7	127.9	127.4
4.油脂	Oil and Fat	125.4	135.1	137.4
食用植物油	Edible Vegetable Oil	125.7	132.5	134.5
植物油制品	Plant Oil Products	122.7	132.1	137.5
其 他	Others	125.5	165.3	163.7
5.肉禽及其制品	Meal,Poultry and Their Products	121.2	140.3	145.0
(1)食用畜肉及副产品	Edible Livestock Meat and Their By-products	123.5	153.4	161.9
猪 肉	Pork	120.6	160.2	169.8
牛 肉	Beef	133.4	143.8	148.2
羊 肉	Mutton	122.9	125.0	129.5
畜肉副产品	Livestock Meat By-products	129.5	148.8	159.0
其 他	Others	125.9	153.5	159.5
(2)禽	Poultry	114.1	116.6	118.5
鸡	Chicken	114.3	115.0	117.6
鸭	Duck	118.3	128.4	127.1
其 他	Others	109.5	115.2	116.5
(3)肉禽加工制品	Meal and Poultry Processing Products	119.0	126.8	126.0
畜肉制品	Livestock Meat Products	119.1	122.1	125.1
禽制品	Poultry Products	118.8	133.8	127.2
6.蛋	Eggs	105.6	107.1	105.5
鲜 蛋	Fresh Eggs	104.8	105.0	103.5
蛋制品	Egg Products	111.6	123.0	121.6
7.水产品	Aquatic Product	115.5	110.6	112.2
(1)鱼	Fish	119.1	114.4	116.0
淡水鱼	Freshwater Fish	122.3	117.5	120.5
海水鱼	Seawater Fish	113.9	109.6	109.2
(2)其他水产品	Others Aquatic Product	104.9	99.9	101.7
虾蟹类	Shrimp and Crab	106.9	100.0	102.5
其 他	Others	101.6	99.5	100.3
8.菜	Vegetable	107.3	130.1	147.0
鲜 菜	Fresh Vegetable	107.7	134.5	154.1
干菜及菜制品	Dried Vegetable and Vegetable Products	105.1	108.0	108.7
薯 类	Potato	104.6	113.5	115.9
9.调味品	Flavoring	102.4	100.0	100.2
盐	Salt	100.7	100.4	100.8
酱 油	Soy Sauce	104.0	101.8	101.8
醋	Vinegar	103.0	100.3	100.5
味 精	Aginomoto	103.6	99.0	99.3
其 他	Others	100.9	95.8	95.9

Rural Retail Price Index(2008)

(以上年同期价格为100　preceding year=100)

3 月 March	4 月 April	5 月 May	6 月 June	7 月 July	8 月 August	9 月 September	10 月 October	11月 November	12月 December
107.4	**107.8**	**107.3**	**107.3**	**106.8**	**105.5**	**105.2**	**104.5**	**102.7**	**101.9**
122.5	**122.3**	**119.3**	**115.2**	**112.1**	**107.8**	**107.2**	**105.3**	**101.6**	**101.0**
105.5	105.8	106.4	106.8	106.8	105.6	104.9	103.5	102.2	101.2
100.2	99.7	100.4	100.9	101.5	101.3	101.6	99.3	99.1	98.3
103.3	103.6	103.6	103.4	103.0	102.3	101.3	101.7	100.3	99.9
105.9	106.1	107.4	108.3	108.2	105.5	103.7	103.0	104.0	103.4
130.1	132.7	133.4	135.1	136.1	133.8	134.9	123.3	112.2	107.1
113.1	113.9	112.6	111.7	111.6	110.2	113.6	112.7	111.5	107.2
113.1	113.9	112.6	111.7	111.6	110.2	113.6	112.7	111.5	107.2
136.6	140.7	140.1	143.4	142.9	138.1	133.8	127.3	113.9	103.5
130.7	135.2	132.7	133.7	131.8	128.8	123.5	113.6	102.2	92.2
141.9	145.4	146.7	151.9	152.8	146.2	142.7	139.5	124.4	113.2
144.1	141.7	137.8	134.7	131.9	125.3	117.1	111.6	103.5	97.1
141.3	140.6	136.7	134.1	132.6	127.5	118.9	113.8	106.6	99.7
146.6	135.5	134.2	133.6	132.9	122.8	113.9	110.7	96.9	89.0
165.0	163.3	154.0	141.2	122.8	110.4	106.7	94.6	89.2	88.2
147.0	149.2	136.8	125.1	113.8	106.2	108.1	106.7	101.4	99.6
163.6	163.6	145.7	129.2	113.8	103.2	105.3	101.9	94.2	93.4
172.3	172.3	148.4	126.2	107.9	95.4	98.2	93.5	84.4	84.8
149.5	148.4	142.8	137.6	133.3	126.7	125.8	122.1	120.6	116.0
126.5	129.8	127.4	128.1	128.1	121.8	117.9	118.1	115.1	112.3
161.1	158.4	147.3	141.6	124.6	118.7	114.0	109.5	102.1	103.5
162.4	163.8	145.3	128.3	115.1	107.2	111.8	106.9	100.7	97.5
120.8	128.3	118.3	112.5	106.6	106.7	110.1	113.4	111.6	109.9
120.6	131.1	118.0	111.6	104.3	107.1	111.6	114.9	112.6	111.7
128.3	128.4	126.7	123.9	120.7	112.6	108.4	108.4	110.0	105.6
115.7	114.9	113.0	108.3	107.2	99.5	104.0	110.3	108.0	104.5
127.8	129.9	128.6	123.8	119.2	113.8	111.7	110.5	110.0	107.8
126.9	131.7	130.1	124.1	118.6	114.6	113.0	111.2	110.1	108.2
128.8	127.1	126.2	123.2	119.8	112.6	109.6	109.6	109.7	107.2
104.4	107.1	106.9	109.0	109.1	106.6	105.8	104.1	101.5	100.9
102.1	105.1	105.3	108.4	109.3	106.8	106.3	104.1	101.3	100.6
121.9	121.4	119.3	113.9	108.0	105.3	102.9	104.6	102.7	102.3
112.0	116.3	120.4	123.4	121.1	116.8	115.0	113.6	112.5	111.9
116.3	120.9	126.2	130.4	126.6	121.6	116.0	115.0	113.3	112.9
120.1	125.2	131.9	134.8	131.5	124.3	119.0	118.2	114.8	111.5
110.4	114.2	117.3	123.4	118.8	117.1	111.3	109.9	110.8	115.0
99.8	103.3	104.1	103.4	105.4	102.7	111.7	109.2	109.9	109.1
99.6	104.5	105.4	104.1	107.1	102.0	116.9	113.2	115.0	114.2
100.0	101.2	101.7	102.0	102.3	103.6	103.0	102.8	101.9	100.8
139.5	122.7	118.8	100.3	97.3	92.9	90.3	86.8	79.8	88.2
146.5	126.2	120.4	98.0	94.7	91.0	88.1	83.9	76.1	86.0
106.4	106.3	106.6	106.3	106.5	105.3	101.8	101.5	102.1	102.0
102.6	105.5	126.9	114.7	108.7	90.7	95.6	101.6	89.4	91.6
100.6	101.4	102.3	102.7	103.1	103.5	102.4	102.6	104.9	104.9
100.8	100.8	100.8	101.0	101.1	100.4	99.8	99.8	101.3	101.3
101.5	102.7	104.8	105.0	105.0	105.0	102.9	103.2	106.9	107.6
100.3	101.2	101.6	103.0	104.5	104.8	103.0	103.2	106.8	106.4
99.6	101.8	104.2	104.2	104.6	105.7	105.7	106.2	107.0	106.5
100.0	99.9	100.0	100.0	100.0	103.6	103.8	104.0	104.0	104.0

7-16 续表 1

商品类别及品名	Commodity Category and Commodity Name	全年 Annual	1 月 January	2 月 February
10.糖	Carbohydrate	100.2	98.3	98.6
食 糖	Sugar	96.8	93.9	93.4
糖 果	Sweet	101.7	100.6	101.3
巧克力制品	Chocolate Products	103.1	102.0	102.7
糖类小食品	Little Carbohydr-ate Food	104.5	102.4	104.2
11.干鲜瓜果	Dried and Fresh Melons and Fruits	106.8	116.1	108.5
鲜瓜果	Fresh Fruits	105.4	118.0	108.5
干(坚)果	Dried Fruits	111.7	109.5	108.3
12.糕点饼干面包	Cake,Biscuit and Bread	107.2	105.5	105.1
糕 点	Cake	105.2	104.6	103.1
饼 干	Biscuit	109.1	109.3	110.2
面 包	Bread	108.6	100.8	100.8
13.液体乳及乳制品	Liquid Milk and Their Products	111.9	106.5	108.2
巴氏杀菌奶或消毒奶	Pasteurization Milk or Disinfection Milk	113.8	109.3	112.7
酸 奶	Leben	105.4	103.3	105.2
奶 粉	Milk Powder	115.3	106.2	106.3
其 他	Others	103.8	100.5	100.1
14.在外用膳食品	Outward Dinner	111.4	107.7	108.6
主 食	Staple Food	115.5	110.9	112.2
炒 菜	Hot Dish	109.9	106.5	107.3
地方小吃	Local Snack	109.1	106.1	106.4
15.其他食品	Other Foods	106.1	105.5	105.4
其他食品	Other Foods	106.1	105.5	105.4
二、饮料、烟酒	**Beverages, Tobacco,Liquor**	**104.5**	**102.2**	**102.4**
1.茶及饮料	Tea and Beverages	106.1	101.2	102.9
(1)茶叶	Tea	100.1	101.3	101.1
茶叶	Tea	100.1	101.3	101.1
(2)饮料	Beverages	109.9	101.1	104.1
固体饮料	Solid Beverages	104.3	102.3	101.9
液体饮料	Liquid Beverages	104.4	101.2	104.4
冷冻饮品	Frozen Beverages	123.0	99.9	105.3
2.烟草	Tobacco	100.7	100.4	100.4
国产卷烟	Domestic Cigarette	100.8	100.5	100.5
进口卷烟	Import Cigarette	99.7	99.6	99.8
其 他	Others	100.2	100.0	100.0
3.酒	Liquor	107.0	104.1	103.8
白 酒	White Spirit	107.5	104.8	105.1
葡萄酒	Grape	100.3	107.8	98.5
啤 酒	Beer	108.1	102.4	102.7
其 他	Others	106.4	100.0	106.8
三、服装、鞋帽	**Garments, Footgearand and Hats**	**95.3**	**94.9**	**94.3**
1.服装	Garments	95.1	94.9	94.3
(1)男式服装	Men's Garments	93.7	91.9	90.7
大 衣	Topcoat	88.8	94.1	91.7
毛 线 衣	Woollen Sweater	90.7	85.3	83.8
夹 克 衫	Jacket	91.3	80.8	78.6
衬 衫	Shirt	97.5	101.3	100.8
T 恤 衫	T-shirt	96.1	95.3	95.3
裤 子	Trousers	95.2	87.3	87.3
西 服	Western-style Clothes	91.8	91.5	90.2
运动衫裤	Gym Suit	93.3	100.3	96.5
内 衣	Underwaist	96.7	96.0	93.9

continued

(以上年同期价格为100 preceding year=100)									
3 月 March	4 月 April	5 月 May	6 月 June	7 月 July	8 月 August	9 月 September	10 月 October	11月 November	12月 December
99.5	100.5	101.0	101.5	99.8	101.4	101.7	100.9	99.5	99.7
94.4	96.4	97.6	99.2	95.7	99.8	99.8	97.9	96.6	97.0
102.8	103.1	103.1	102.9	101.9	101.7	102.0	101.8	99.3	99.3
101.1	101.8	102.0	101.8	102.0	102.5	104.0	104.9	106.6	106.2
104.4	104.4	104.4	104.4	104.4	104.8	105.1	105.2	105.2	105.2
102.8	108.9	108.9	110.6	113.8	110.5	109.0	101.9	98.6	94.8
100.9	108.4	108.4	109.9	114.1	109.4	107.6	98.6	94.3	90.9
110.3	110.6	110.6	113.2	113.5	114.3	114.1	113.1	113.8	109.2
106.0	107.4	107.3	107.8	108.1	107.7	107.6	108.3	108.3	106.9
102.2	105.3	105.4	105.6	106.5	106.2	106.0	106.5	106.5	104.3
110.6	109.5	109.3	109.4	109.0	108.2	108.5	108.5	108.6	107.9
107.0	108.7	108.7	110.3	110.3	110.2	110.2	112.3	112.3	111.8
110.3	112.0	112.2	112.9	111.8	113.0	114.2	114.9	113.8	113.4
114.5	114.9	114.1	114.2	113.7	115.2	116.5	114.0	113.8	112.4
106.6	106.4	106.9	106.0	104.8	106.2	105.7	105.4	103.6	104.8
109.9	114.4	116.0	118.2	115.2	115.2	117.4	123.1	120.7	120.7
100.1	100.8	100.9	101.3	104.3	107.5	107.6	107.3	107.3	107.3
109.9	113.2	112.9	113.4	114.5	112.5	111.7	111.6	110.8	110.2
114.2	118.3	117.1	118.8	120.0	116.8	116.0	114.7	114.1	113.5
107.9	111.7	111.0	111.3	113.0	111.5	109.9	110.2	109.5	108.7
108.8	108.7	111.9	111.1	109.3	107.5	109.6	110.9	109.2	109.4
106.1	106.8	107.0	107.8	110.0	105.3	106.8	105.8	103.6	103.6
106.1	106.8	107.0	107.8	110.0	105.3	106.8	105.8	103.6	103.6
103.7	**104.4**	**104.5**	**104.8**	**105.0**	**105.1**	**105.1**	**105.6**	**105.6**	**105.4**
105.9	106.0	106.3	106.6	106.8	106.6	106.4	108.1	109.0	107.5
99.9	99.9	99.9	99.9	99.9	99.9	99.9	99.9	100.1	99.9
99.9	99.9	99.9	99.9	99.9	99.9	99.9	99.9	100.1	99.9
109.6	109.9	110.3	110.9	111.2	110.9	110.4	113.2	114.6	112.3
102.6	102.8	102.8	103.6	103.6	103.8	104.4	107.5	109.2	107.5
104.0	104.4	104.3	104.7	105.5	105.6	105.0	104.8	104.8	104.6
124.1	124.3	125.8	126.4	126.4	124.8	124.0	131.4	134.8	128.7
100.4	100.6	100.5	100.8	100.9	100.9	100.9	100.9	100.9	100.9
100.5	100.7	100.5	100.9	101.0	101.0	101.0	101.0	101.0	101.0
99.7	99.8	99.7	99.7	99.7	99.7	99.7	99.7	99.7	99.7
100.0	100.4	100.4	100.4	100.4	100.2	100.0	100.0	100.0	100.0
105.6	107.0	107.2	107.5	107.7	108.0	108.1	108.5	108.1	108.2
105.3	107.2	107.5	107.8	108.0	108.5	108.8	109.5	108.6	108.6
98.5	98.8	99.0	99.0	99.2	99.3	99.3	100.3	102.0	102.5
107.9	109.1	109.1	109.6	109.7	109.9	109.3	109.1	109.0	109.0
106.5	106.3	106.3	106.2	106.1	106.1	107.4	108.1	108.1	109.3
94.0	**94.5**	**95.1**	**95.6**	**95.9**	**95.9**	**95.7**	**95.6**	**95.8**	**96.1**
94.1	94.3	95.4	95.5	95.4	95.5	95.5	95.4	95.5	95.8
92.5	92.5	94.5	94.7	94.5	94.5	94.5	94.5	94.4	95.6
92.0	91.9	90.2	87.7	86.9	86.3	86.3	85.9	85.8	86.0
86.7	86.8	93.0	93.5	93.5	93.6	93.6	93.5	93.9	93.4
87.8	87.6	95.8	96.3	96.3	96.3	96.1	95.8	95.5	95.1
97.2	97.2	96.8	96.5	96.7	96.5	96.5	96.5	96.5	96.7
96.1	93.7	93.6	94.8	96.7	96.9	97.4	97.7	97.7	97.7
92.1	93.0	98.2	100.2	97.6	97.9	97.9	97.9	98.0	98.0
90.7	91.4	91.4	91.4	91.5	91.5	91.4	91.5	91.5	98.3
93.3	92.6	92.2	92.2	92.0	92.2	92.2	92.2	92.2	92.2
96.5	96.7	97.2	97.3	97.3	97.3	97.3	97.4	97.0	97.2

7-16 续表 2

商品类别及品名	Commodity Category and Commodity Name	全年 Annual	1 月 January	2 月 February
羽 绒 衣	Eider Down Outerwear	94.9	97.9	96.1
其 他	Others	96.5	96.3	96.3
(2)女式服装	Women's Garments	95.2	96.6	96.1
大 衣	Topcoat	92.4	93.9	94.7
毛 线 衣	Woollen Sweater	91.9	95.0	91.6
羽 绒 衣	Eider Down Outerwear	93.8	92.5	92.7
套 装	Coordinates	91.1	96.3	96.8
衬 衫	Shirt	100.7	100.0	100.0
T 恤 衫	T-shirt	96.7	100.0	100.0
裙 子	Skirt	96.6	98.7	96.3
裤 子	Trousers	97.3	97.6	97.1
运动衫裤	Gym Suit	94.2	95.7	92.7
内 衣	Underwaist	102.5	101.4	104.1
其 他	Others	96.9	97.6	97.6
(3)儿童服装	Children's Garments	97.6	96.4	97.5
套 装	Coordinates	97.3	96.4	96.3
裤 子	Trousers	98.7	96.8	100.5
裙 子	Skirt	97.4	97.0	98.8
其 他	Others	97.0	93.8	92.4
2.鞋袜帽	Shoes,Socks and Hats	95.1	95.1	94.0
(1)鞋	Shoes	95.3	94.5	93.3
男 鞋	Men's Shoes	91.6	95.6	93.8
女 鞋	Women's Shoes	95.8	91.7	90.9
童 鞋	Children's Shoes	100.1	98.1	96.8
(2)袜子	Socks	95.1	97.2	97.1
男 袜	Men's Socks	94.9	97.0	96.7
女 袜	Women's Socks	95.3	97.3	97.3
(3)帽子	Hats	93.3	99.6	97.8
男 帽	Men's Hats	88.3	100.1	96.1
女 帽	Women's Hats	97.5	99.2	99.2
3.其他	Others	97.8	94.2	95.6
领 带	Necktie	97.8	94.2	95.6
四、纺织品	**Textiles**	**98.9**	**101.3**	**100.6**
1.衣着材料	Clothing Materials	101.2	102.8	101.7
棉 布	Cotton Cloth	105.4	104.2	103.8
棉混纺布	Cotton Textiles Cloth	101.0	100.8	100.9
化 纤 布	Chemical Fiber Cloth	98.3	103.2	100.6
毛 线	Knitting Wool	100.6	102.1	101.3
2.床上用品	Bedclothes	96.0	99.3	99.3
毛 毯	Woollen Blanket	97.0	97.5	97.5
被 子	Quilt	94.3	100.2	99.5
床上套件	Bed Articles	96.4	99.9	99.7
其 他	Others	95.9	99.6	101.8
五、家用电器及音像器材	**Household Appliances, Music and Video Equipments**	**98.8**	**98.0**	**97.7**
1.家庭设备	Household Appliances	100.2	99.5	99.4
洗 衣 机	Washing Machine	100.9	100.0	99.6
电 风 扇	Electric Fan	101.0	97.8	97.2
电冰箱(柜)	Refrigerator	100.2	100.3	100.2
吸排油烟机	Kitchen Ventilato	98.8	98.5	99.5
空 调 器	Air-Conditioning	99.0	97.6	97.7
热 水 器	Water Heater	100.7	100.4	100.5
微 波 炉	Microwave Oven	99.8	99.0	99.1
电 炊 具	Electric Cooking Appliance	101.0	103.2	102.8

continued

(以上年同期价格为100 preceding year=100)									
3 月 March	4 月 April	5 月 May	6 月 June	7 月 July	8 月 August	9 月 September	10 月 October	11月 November	12月 December
95.6	95.0	94.5	94.4	94.4	94.5	94.6	94.2	94.0	93.7
96.9	96.8	96.6	96.4	96.5	96.4	96.3	96.3	96.3	96.3
94.4	94.9	95.1	95.1	95.0	95.1	95.1	94.9	95.1	94.9
93.3	92.8	92.0	91.9	92.1	92.2	92.1	92.0	91.5	90.4
90.9	92.7	91.2	91.2	91.7	91.7	91.8	91.6	91.6	91.8
92.1	94.0	94.7	94.5	94.7	94.9	95.0	94.3	93.3	92.6
89.7	89.7	89.7	89.7	89.7	89.7	90.2	90.3	90.8	90.8
100.0	101.0	100.4	100.8	101.2	101.0	101.0	101.0	101.0	101.0
96.0	95.8	95.9	95.9	95.9	96.3	95.9	96.3	96.3	96.3
93.8	93.7	98.0	98.2	97.2	97.4	96.8	96.5	96.4	96.2
97.7	98.2	97.9	97.9	97.0	96.8	96.7	96.8	96.8	97.2
93.7	93.7	93.3	93.3	93.3	93.4	93.4	93.5	96.6	97.3
102.3	102.3	102.3	102.3	102.3	102.3	102.3	102.0	103.3	103.0
97.6	97.6	96.7	96.7	96.7	96.7	96.7	96.4	96.4	96.4
96.3	96.4	97.7	97.8	97.9	98.3	98.2	98.3	98.5	98.4
95.0	95.0	97.7	97.8	97.9	98.1	98.2	98.3	98.4	98.4
97.9	97.8	98.5	98.8	98.6	99.3	99.1	98.7	99.4	98.9
96.8	97.4	97.0	96.5	97.2	97.6	97.3	97.6	97.6	97.6
98.1	98.1	97.0	97.0	97.0	98.1	98.1	98.1	98.1	98.1
93.6	94.0	93.7	95.1	96.2	96.2	96.1	96.0	96.0	95.8
93.5	93.9	93.7	95.4	96.7	96.7	96.6	96.5	96.4	96.2
86.8	86.8	86.8	90.6	93.7	93.6	93.3	93.3	93.3	93.2
96.9	96.9	96.7	96.7	96.8	96.8	96.8	96.8	96.7	96.6
99.2	100.8	100.3	100.7	101.2	101.2	101.2	100.8	100.7	100.1
94.7	95.2	94.5	94.5	94.5	94.5	94.5	94.4	95.0	95.1
94.7	94.8	94.1	94.2	94.2	94.2	94.2	94.2	95.0	95.2
94.7	95.6	94.8	94.8	94.8	94.8	94.8	94.5	95.1	95.1
92.4	92.4	92.4	92.2	92.2	92.2	92.2	92.2	92.2	92.1
86.4	86.4	86.4	86.4	86.4	86.4	86.4	86.4	86.4	86.4
97.5	97.5	97.5	97.1	97.1	97.1	97.1	97.1	97.0	96.9
95.6	100.0	100.0	100.0	100.0	98.2	96.1	96.1	98.4	100.2
95.6	100.0	100.0	100.0	100.0	98.2	96.1	96.1	98.4	100.2
98.4	**98.3**	**98.4**	**98.5**	**98.7**	**98.6**	**98.7**	**99.0**	**98.2**	**98.1**
101.3	101.0	100.8	100.9	101.3	101.2	101.3	101.7	100.2	99.9
104.8	105.0	106.4	106.7	106.9	107.0	107.1	107.2	102.7	102.6
101.2	101.2	101.2	101.2	101.2	101.3	101.5	101.1	100.4	100.2
98.7	97.8	96.7	96.7	97.4	97.0	97.0	98.5	98.3	98.0
101.1	101.1	100.1	100.3	100.4	100.5	100.4	100.4	99.8	99.2
94.8	94.8	95.2	95.3	95.5	95.4	95.4	95.5	95.7	95.8
94.6	95.3	97.2	97.2	97.2	97.2	97.2	97.5	97.7	98.1
92.9	92.9	92.9	92.9	93.2	93.2	93.6	93.6	93.6	93.6
96.2	95.6	95.6	95.9	95.9	95.6	95.5	95.7	95.9	95.9
94.8	94.8	94.8	94.8	95.1	95.1	94.8	95.1	95.1	95.1
98.5	**98.6**	**99.1**	**99.1**	**99.2**	**99.6**	**99.2**	**99.1**	**98.9**	**99.2**
99.9	99.5	99.9	100.0	100.3	100.6	100.9	100.5	100.6	100.7
100.2	99.9	101.2	101.5	100.9	101.4	102.0	101.8	101.6	101.2
98.3	99.2	100.0	100.4	102.5	102.8	103.2	103.2	103.2	104.1
100.0	100.0	99.9	99.9	100.0	100.3	100.5	100.4	100.4	100.0
99.9	98.4	98.5	98.1	98.1	98.6	98.9	98.8	98.9	98.8
98.8	98.6	98.9	99.1	99.2	99.3	99.6	99.4	99.6	101.0
100.6	99.9	100.5	100.7	101.1	101.1	101.3	100.7	101.1	100.4
100.1	99.8	99.8	100.0	100.0	100.2	100.0	99.6	100.1	100.1
102.8	101.2	100.7	100.8	100.8	100.8	101.2	99.3	99.9	98.9

7-16 续表 3

商品类别及品名	Commodity Category and Commodity Name	全年 Annual	1 月 January	2 月 February
2.文娱用耐用消费品	Durable Consumer Goods For Recrea- tional Use	97.1	95.7	95.4
电视机	Television	96.8	95.0	94.5
激光视盘机	Laser Video Disc Machine	97.5	96.3	96.4
摄像机	Pickup Camera	97.8	94.3	96.2
家用音响设备	Acoustic Equipment	99.9	98.8	98.8
便携式音响	Portable Acoustics	96.5	96.5	95.3
其他	Others	93.7	95.6	93.9
3.音像器材	Music and Video Equipments	100.7	102.4	101.4
专业音响器材	Specialized Aco-ustic Apparatus	99.6	100.0	100.0
专业声像器材	Specialized Aco- ustic Image Apparatus	101.9	105.1	102.9
六、文化办公用品	**Cultural and Office Applicances**	**100.2**	**100.0**	**100.2**
纸张本册	Paper and Volume	103.7	103.2	103.2
文具	Stationery	102.0	100.9	100.9
电脑及配件	Computer and its Fitting	97.5	98.0	98.0
打印机及配件	Printer and its Fitting	98.2	100.1	100.3
扫描仪	Scanner	99.1	98.8	99.6
复印机	Xerox Machine	101.3	100.9	100.9
电子辞典	Electronic Dictionary	95.3	90.6	93.0
计算器	Calculator	100.3	101.0	101.0
教学设备	Teaching Equipment	104.5	104.4	104.5
其他	Others	100.0	100.0	100.0
七、日用品	**Articles for Daily Use**	**104.0**	**102.0**	**102.2**
1.日用百货	General Merchandise for Daily Use	103.9	101.3	101.3
自行车	Bicycle	104.3	103.0	101.7
雨具	Rain Gear	102.8	101.8	101.8
剃须刀具	Shaver	101.4	100.0	100.3
电池	Battery	102.4	100.8	101.5
卫生纸	Tissue Paper	105.7	98.7	100.0
卫生巾	Sanitary Towel	104.2	101.2	102.4
其他	Others	101.4	102.0	101.7
2.日用杂品	Sundry Articles	102.6	102.2	102.2
茶具	Tea Set	103.8	102.8	102.6
餐具	Tableware	103.5	103.2	103.3
厨具	Kitchen Utensils	101.2	100.4	100.4
其他	Others	101.7	104.4	104.4
3.洗涤用品	Washing Articles	107.5	104.4	104.8
洗衣粉	Washing Powder	105.0	102.0	101.5
肥皂类	Soap	116.5	114.4	114.9
牙膏	Toothpaste	101.0	99.2	99.9
清洁洗涤剂	Cleaning Agent	107.5	100.2	101.9
4.其他日用品	Other Articles for Daily Use	101.0	100.2	100.3
燃气灶具	Gas-Oven	101.6	100.4	100.6
儿童玩具	Children's Toy	99.8	100.1	100.1
照明器具	Illumination Utensil	100.8	100.0	100.0
钟表眼镜及配件	Clocks,Glasses and Their Rittings	101.0	100.1	100.4
日用普通饰品	Common Ornament for Daily Use	101.3	100.2	101.3
日用皮革制品	Leatherware for Daily Use	101.4	100.8	99.3
其他	Others	100.5	100.0	100.0

continued

(以上年同期价格为100 preceding year=100)									
3 月 March	4 月 April	5 月 May	6 月 June	7 月 July	8 月 August	9 月 September	10 月 October	11月 November	12月 December
96.4	97.1	97.9	97.8	97.8	98.2	97.2	97.3	97.1	97.6
96.2	97.3	98.3	98.0	98.0	98.2	96.3	96.5	96.4	96.8
97.0	95.3	96.4	96.4	96.4	98.6	99.6	99.1	98.9	99.6
96.5	98.8	98.9	98.5	98.6	98.6	98.6	98.6	98.5	98.4
98.8	100.0	99.9	99.9	99.8	100.2	100.5	100.8	100.8	101.0
95.6	96.2	96.6	96.6	96.5	96.7	96.6	96.6	96.6	98.0
93.9	93.9	96.0	96.0	96.0	96.0	90.8	90.8	90.8	90.8
101.4	101.4	101.4	101.1	101.0	101.0	101.0	101.0	97.7	97.7
100.0	100.0	100.0	99.5	99.3	99.3	99.3	99.3	99.3	99.3
102.9	102.9	102.9	102.9	102.9	102.9	102.9	102.9	95.9	95.9
100.0	**100.0**	**99.9**	**100.1**	**99.7**	**99.5**	**99.8**	**100.0**	**101.5**	**101.6**
103.2	103.2	103.5	104.1	104.1	102.1	102.1	102.3	106.6	106.9
100.9	100.9	101.3	102.1	102.1	102.6	103.0	103.0	103.2	103.3
97.6	97.6	97.6	97.3	97.3	96.3	96.3	96.5	99.2	99.2
99.0	99.0	99.0	99.3	97.1	96.9	96.8	97.0	97.0	97.3
100.0	99.7	99.6	99.2	98.4	98.2	98.8	99.1	99.0	99.3
100.9	101.0	101.2	101.2	97.4	101.6	102.0	102.3	102.8	102.8
94.1	94.1	93.6	95.6	97.4	97.4	97.4	97.4	97.4	96.7
100.5	101.0	98.6	97.6	97.6	98.0	101.7	101.5	102.6	102.6
104.5	104.5	104.5	104.5	104.5	104.5	104.6	104.6	104.6	104.6
100.0	100.0	100.0	100.0	100.0	100.0	100.0	100.0	100.0	100.0
102.1	**102.7**	**103.0**	**104.2**	**104.5**	**104.9**	**105.8**	**105.6**	**105.8**	**105.5**
101.2	101.6	102.2	103.9	104.6	105.8	107.0	106.4	106.0	105.4
102.7	103.0	103.1	103.7	105.0	105.9	106.0	105.9	105.9	105.7
101.8	102.8	103.8	103.3	103.4	103.2	103.3	103.1	102.9	102.5
100.4	100.4	101.5	102.0	102.2	102.2	102.2	102.2	102.1	101.9
100.7	100.7	100.7	101.9	103.4	103.8	103.8	103.8	103.8	103.8
98.0	99.6	100.9	105.5	106.8	110.4	115.2	112.6	111.8	110.0
102.0	101.5	101.6	105.9	104.4	106.2	108.3	107.0	105.3	104.7
102.0	102.0	103.0	101.8	100.8	100.8	100.8	100.8	100.8	100.8
101.9	102.3	102.3	102.3	102.8	102.6	103.6	102.3	103.0	103.4
102.6	104.3	104.3	104.3	106.9	105.4	105.4	99.2	102.8	105.3
103.2	103.2	103.2	103.2	103.3	103.5	103.9	103.9	104.0	104.0
100.4	100.4	100.4	100.4	100.5	100.5	102.7	102.8	102.6	102.4
101.1	101.2	101.2	101.2	101.2	101.2	101.2	101.2	101.2	101.2
104.8	105.8	106.3	108.3	108.3	108.2	109.0	109.6	110.2	110.3
102.1	103.0	103.0	105.2	106.0	106.2	106.5	107.5	108.1	108.9
115.4	115.8	116.5	119.9	119.6	117.2	115.9	115.8	116.7	115.7
99.0	99.7	100.1	100.4	100.3	101.0	102.1	103.1	103.5	104.0
101.0	104.5	106.3	107.8	106.2	107.5	113.6	113.7	113.8	113.9
100.4	100.8	100.7	101.0	100.9	101.2	101.5	101.8	101.7	101.0
100.6	100.6	100.6	101.4	101.4	101.7	102.3	103.3	103.0	102.6
100.1	100.7	99.9	100.6	99.5	100.1	100.1	100.1	100.0	96.9
100.0	100.0	100.0	100.0	100.9	101.3	101.7	102.1	102.1	102.1
101.1	101.1	101.1	101.1	101.1	101.1	101.3	101.2	101.5	100.5
101.2	101.2	101.2	101.2	101.2	101.2	101.6	102.0	101.9	102.0
99.3	102.0	102.0	102.0	102.0	102.0	102.0	102.0	102.0	102.0
100.0	100.0	100.0	100.0	100.0	101.2	101.2	101.2	101.2	101.2

7-16 续表 4

商品类别及品名	Commodity Category and Commodity Name	全年 Annual	1 月 January	2 月 February
八、体育娱乐用品	**Sports and Recreation Articles**	**99.8**	**98.2**	**98.0**
1.体育用品	Sports Articles	100.8	99.3	99.2
球　类	Ball	101.5	100.9	100.9
棋　牌	Chess and Cards	100.8	99.3	99.3
健身器材	Exercise Machine	100.0	97.2	96.9
2.娱乐用品	Recreation Articles	98.6	96.8	96.4
游艺器材	Entertainment Apparatus	96.3	92.9	92.9
照相器材	Photographic Apparatus	98.2	96.7	95.6
乐　器	Musical Instrument	100.9	100.4	100.5
九、交通、通信用品	**Transportation and Com- munication Appliances**	**95.8**	**94.2**	**94.2**
1.交通运输机械	Transportation Machine	101.4	99.8	100.2
轿　车	Car	95.2	91.9	91.8
客　车	Bus	101.0	100.7	100.3
货　车	Truck	100.9	99.2	99.4
摩 托 车	Motorcycle	103.1	101.1	101.9
其　他	Others	100.3	101.0	101.2
2.通信器材	Telecommunications Facilities	89.3	87.8	87.3
固定电话机	Telephone	98.2	98.3	97.6
移动电话机	Mobile Phone	79.6	76.6	76.4
传 真 机	Fax Machine	96.3	96.9	95.8
其　他	Others	97.7	97.7	97.7
十、家具	**Furniture**	**105.7**	**102.2**	**102.0**
柜	Cabinet	104.6	102.1	101.7
床	Bed	109.3	100.7	100.4
桌	Desk	103.9	101.8	101.4
椅	Chair	105.0	101.9	101.4
沙 发	Sofa	106.0	104.2	104.5
其 他	Others	101.8	100.8	100.8
十一、化妆品	**Cosmetics**	**101.8**	**100.5**	**101.6**
护 肤 品	Skincare Products	103.0	101.7	103.3
美容化妆品	Facial Beautifiers	100.7	101.7	101.7
护发美容品	Protects Sends the Beauty Products	101.8	97.6	100.2
清洁化妆用品	Cleaning Toiletware	102.0	100.6	100.4
药物美容用品	Medicinal Cosmetics	101.1	100.1	100.1
十二、金银珠宝	**Gold, Silver and Jewelry**	**126.4**	**119.7**	**126.5**
金 饰 品	Gold	122.4	123.1	128.7
银 饰 品	Silver	117.3	118.0	117.8
铂金饰品	Platinum	146.2	117.2	132.2
其　他	Others	103.1	102.8	105.4
十三、中西药品及医疗保健用品	**Traditional Chinese and Western Medicines and Healthcare Articles**	**102.4**	**103.7**	**103.4**
1.医疗器具及用品	Medical Facilities and Goods	97.6	98.4	98.1
医疗器具及用品	Medical Facilities and Goods	97.6	98.4	98.1
2.中药材及中成药	Herbs and Ready- made Traditional Chinese Medicine	109.6	117.3	116.6
中 药 材	Herbs	116.0	132.1	131.0
中 成 药	Ready-made Tr-aditional Chin-ese Medicine	101.9	101.6	101.2
3.西药	Western Medicine	99.0	97.1	97.0
抗微生物药	Anti-microorga-nism Medicine	101.4	99.6	99.1
消化系统用药	Alimentary Sys-tem Medicine	99.8	97.2	96.9
呼吸系统用药	Respiratory System Medicine	96.9	97.6	97.4
解热镇痛及非甾体抗炎药	Allays a Fever the Analgesia and the Non-steroid Body Anti-inflammatory Agent	101.3	99.8	99.7
抗肿瘤药	Antineoplastic Drug	96.3	94.9	94.8

continued

(以上年同期价格为100 preceding year=100)									
3 月 March	4 月 April	5 月 May	6 月 June	7 月 July	8 月 August	9 月 September	10 月 October	11月 November	12月 December
98.1	**98.1**	**99.0**	**99.7**	**99.9**	**100.2**	**100.7**	**101.1**	**102.5**	**102.5**
99.5	99.5	99.8	100.6	100.8	101.0	101.2	101.6	103.7	103.8
100.9	100.8	101.5	101.8	101.7	101.7	101.8	102.3	102.2	101.9
100.0	100.0	100.0	100.0	100.0	100.0	100.0	100.3	104.5	105.6
97.3	97.3	97.3	99.8	100.4	101.2	101.8	102.2	104.8	104.2
96.4	96.4	98.1	98.6	98.7	99.3	100.0	100.6	101.0	100.8
92.9	92.9	94.6	96.5	96.5	96.5	98.2	100.0	100.9	101.7
95.6	95.6	98.4	98.4	98.3	99.5	100.2	100.4	100.3	100.1
100.5	100.5	100.5	100.5	101.2	101.3	101.3	101.3	102.0	101.2
94.5	**94.7**	**95.3**	**96.0**	**95.9**	**96.1**	**96.0**	**96.9**	**97.7**	**98.1**
100.1	100.4	101.2	102.1	101.3	101.3	100.9	102.8	103.4	103.1
92.4	94.0	95.6	96.6	96.8	95.6	96.2	98.0	97.8	96.5
100.0	101.3	101.7	102.0	101.0	101.4	100.9	101.4	100.7	100.9
100.4	100.0	100.1	101.0	101.3	101.4	101.4	102.2	101.7	102.8
101.4	101.7	102.7	103.7	103.2	103.3	102.4	104.3	105.8	105.2
101.0	100.3	100.7	100.8	97.8	97.7	97.8	101.6	101.5	102.0
88.1	88.1	88.4	89.0	89.6	90.0	90.4	90.1	91.0	92.2
97.9	98.4	98.6	98.8	99.3	99.1	98.5	97.3	97.3	97.8
77.4	77.2	77.5	78.6	79.5	80.6	81.9	82.3	84.0	86.4
97.2	97.5	97.5	96.4	95.8	95.6	95.6	95.5	95.8	95.8
97.7	96.3	97.4	98.7	98.7	97.7	97.7	97.7	97.7	97.7
106.1	**106.1**	**106.1**	**106.6**	**106.7**	**106.5**	**106.5**	**106.6**	**106.9**	**106.6**
104.6	104.6	104.7	105.3	105.3	105.2	105.1	105.2	105.6	105.2
110.9	110.8	110.8	110.9	110.8	110.7	110.7	111.2	112.0	111.6
104.2	104.2	104.1	104.3	104.3	104.0	103.9	104.6	105.4	105.1
105.6	105.6	105.5	106.2	106.2	105.9	105.9	105.5	105.1	105.1
105.7	105.7	105.7	106.6	106.9	106.7	106.6	106.6	106.6	106.1
101.5	101.5	101.4	102.7	102.7	102.6	102.4	102.1	102.1	101.5
101.7	101.8	101.5	101.6	101.8	101.9	102.3	102.9	102.3	101.7
103.2	103.2	103.2	103.2	102.8	102.9	103.3	104.7	102.6	101.5
101.7	101.1	100.1	100.1	100.1	100.4	100.4	100.5	100.5	100.5
101.1	101.8	101.8	102.1	102.8	102.8	102.7	102.8	102.9	103.0
100.1	101.9	101.9	101.9	102.0	101.9	103.2	103.8	103.8	102.5
99.9	99.9	99.7	99.7	100.8	101.7	103.1	103.2	103.3	101.6
136.1	**137.8**	**135.5**	**133.7**	**133.4**	**132.2**	**128.7**	**126.9**	**107.7**	**104.2**
136.6	135.4	131.9	129.2	128.6	125.4	120.3	119.0	100.3	98.2
118.3	119.3	119.5	119.5	120.2	122.4	124.2	123.9	108.3	100.6
154.3	162.7	160.7	159.3	158.9	159.4	155.1	151.9	125.2	121.4
105.4	105.0	104.3	104.3	104.3	104.1	103.1	100.3	100.0	97.7
103.8	**103.6**	**103.1**	**102.2**	**102.2**	**101.9**	**101.7**	**101.5**	**101.0**	**100.8**
98.0	98.3	98.2	97.2	96.8	97.5	97.5	97.2	96.9	96.7
98.0	98.3	98.2	97.2	96.8	97.5	97.5	97.2	96.9	96.7
115.7	115.5	113.3	108.2	108.3	106.3	105.5	104.6	103.8	103.5
129.2	127.8	124.8	113.6	113.5	109.7	108.2	105.8	104.5	103.9
101.2	102.1	100.5	101.6	101.9	102.0	102.0	102.9	102.9	102.9
98.2	98.0	98.2	99.5	99.5	100.2	100.3	100.4	100.0	99.9
99.1	98.7	98.9	100.8	103.1	103.5	103.7	103.5	103.5	103.1
101.2	100.4	101.1	101.3	100.0	100.0	99.9	99.7	100.2	99.3
94.9	94.9	95.1	96.0	98.0	97.5	97.1	97.1	97.1	100.2
102.9	99.8	99.8	102.6	101.5	101.5	101.3	101.3	103.0	102.0
94.3	94.9	94.9	94.9	94.8	97.0	97.8	99.5	99.5	98.8

7-16　续表 5

商品类别及品名	Commodity Category and Commodity Name	全年 Annual	1 月 January	2 月 February
激素及调节内分泌功能药	Hormone and Adjustment Internal Secretion Function Medicine	98.4	94.7	94.7
循环系统用药	Circulating System Medicine	100.1	100.6	100.8
神经系统用药	Nerve System Medicine	83.2	79.6	80.9
专科用药	Junior Medicine	107.5	98.1	97.7
其　他	Others	102.5	102.5	102.7
4.保健品及器具	Healthcare Equip-ment	100.3	100.6	100.6
保健器具	Health Protection Equipment	99.6	99.1	99.0
滋补保健用品	Tonic and Health Products	100.7	101.5	101.6
十四、书报杂志及电子出版物	Books,Newspapers,Magazines and Electronic publications	100.3	100.0	100.0
1.教材及参考书	Teaching Materials and Reference Books	99.9	99.3	99.4
工具书	Tool Book	100.5	100.6	100.6
教　材	Teaching Material	101.4	100.6	100.6
参考书	**ronic Publications**	97.9	98.0	98.0
教育软件	Educational Software	94.9	92.9	93.9
2.书报杂志	Books,Newspapers,Magazines	101.7	102.1	102.2
书　籍	Books	100.7	100.7	100.8
报　纸	Newspapers	103.8	105.0	105.0
杂　志	Magazines	100.3	100.2	100.3
3.电子音像制品	Electronic Publications	98.7	97.9	97.8
音响光盘和磁带	Acoustic Light Disk and Tape	100.7	100.3	100.3
录像磁带和视盘	Video Tape and Disk	99.8	98.9	99.2
计算机软件	Computer Software	94.7	93.7	93.2
十五、燃料	**Fuels**	**125.0**	**111.1**	**112.1**
1.煤炭及制品	Coal and Related Products	136.9	111.5	111.8
原　煤	Raw Coal	144.2	114.7	115.2
煤制品	Coal Products	126.8	107.0	107.0
2.石油及制品	Petroleum and Related Products	116.1	110.8	112.3
液化石油气	Liquefiled Petrol-eum Gas	117.5	120.7	124.7
管道燃气	Pipelined Gas	104.9	101.5	103.9
汽　油	Gasoline	116.7	107.9	109.3
柴　油	Diesel Oil	117.8	109.6	109.8
其　他	Others	104.4	103.6	102.1
十六、建筑材料及五金电料	**Building Materials and Hardware**	**108.7**	**105.3**	**105.7**
1.建筑装璜材料	Building and Decor- ation Materials	110.7	106.5	107.1
木　材	Wood	105.9	108.9	107.8
木地板	Wood Floor	107.6	104.8	104.7
钢　材	Steel Products	124.9	128.4	131.7
砖	Brick	111.0	103.2	103.7
水　泥	Cement	114.8	101.9	103.1
涂　料	Coating Material	104.8	102.2	102.5
胶合板	Plywood	112.9	110.1	111.5
玻　璃	Glass	107.4	106.7	109.2
粘　胶	Rayon	105.9	104.3	103.5
油　漆	Paint	106.3	105.2	103.7
其　他	Others	107.6	100.1	100.4
2.五金电料	Hardware	103.2	102.0	101.9
五金工具	Hardware Tools	102.6	101.9	102.3
电工电料	Electrical Engine- ering and Electr-ical Materials	103.1	101.5	101.5
水暖器材	Heating Equipment	102.7	102.5	101.9
其　他	Others	107.3	102.1	103.0

continued

(以上年同期价格为100 preceding year=100)

3 月 March	4 月 April	5 月 May	6 月 June	7 月 July	8 月 August	9 月 September	10 月 October	11月 November	12月 December
98.5	99.6	100.9	99.8	98.3	98.6	98.9	98.9	99.0	99.1
100.2	100.1	99.1	100.2	97.8	101.0	101.7	101.7	98.8	98.8
80.9	82.5	83.5	85.3	85.3	85.3	85.3	85.9	82.7	82.2
103.1	107.3	107.3	109.5	112.3	112.5	112.5	112.5	109.2	109.2
101.5	101.4	101.2	102.7	101.4	103.2	103.4	103.4	103.4	103.4
100.8	100.8	100.9	100.4	100.2	99.6	99.9	99.9	100.0	99.9
99.3	99.5	99.9	99.7	100.0	99.8	99.8	99.8	99.8	99.8
101.6	101.6	101.4	100.8	100.3	99.6	100.0	100.0	100.1	99.9
100.1	100.1	100.1	100.1	100.1	100.1	100.7	100.4	100.6	100.6
99.4	99.4	99.3	99.3	99.3	99.1	100.7	100.7	101.2	101.2
100.6	100.6	100.4	100.4	100.6	100.5	100.4	100.5	100.5	100.5
100.6	100.6	100.6	100.6	100.2	100.1	103.6	103.5	103.1	103.1
98.1	98.1	97.9	97.9	98.4	98.0	97.0	97.2	98.3	98.3
93.9	93.7	94.1	94.1	94.3	94.3	94.3	94.3	99.7	99.7
102.2	102.2	102.2	102.2	102.2	102.2	101.6	100.9	100.4	100.3
100.8	100.8	100.7	100.7	100.9	100.9	100.9	100.7	100.4	100.2
105.0	105.0	105.0	105.0	105.0	105.0	103.2	101.7	100.4	100.4
100.4	100.4	100.4	100.4	100.2	100.2	100.2	100.2	100.3	100.3
98.1	98.1	98.1	98.2	98.3	98.4	99.5	99.3	100.0	100.0
100.3	100.3	100.3	100.7	100.9	101.2	101.2	101.2	100.9	100.9
100.0	100.0	100.0	100.0	100.0	100.0	100.0	100.0	100.0	100.0
93.2	93.2	93.2	93.2	93.2	93.2	96.7	96.1	98.9	98.9
113.1	**117.3**	**119.7**	**131.9**	**138.3**	**138.6**	**138.6**	**136.6**	**126.2**	**117.2**
113.2	123.1	128.5	149.6	154.9	154.2	155.8	154.5	148.4	137.0
116.3	124.2	131.1	160.6	168.5	168.8	168.1	165.6	156.9	139.9
108.7	121.3	124.6	134.4	136.0	134.2	138.9	139.1	136.3	132.9
113.0	113.0	113.1	118.6	125.9	126.8	125.6	123.1	110.5	102.8
126.6	125.8	126.8	127.6	129.6	127.5	122.4	113.5	92.2	86.8
106.4	106.4	106.4	104.8	104.8	104.8	104.8	104.8	104.8	104.8
110.0	110.2	109.6	117.4	126.8	128.3	128.4	128.1	117.6	108.3
109.8	109.7	110.2	117.6	128.3	130.6	130.6	129.9	118.7	109.7
102.1	102.1	102.1	104.2	106.1	107.6	107.6	107.6	107.0	101.2
107.0	**107.3**	**109.3**	**113.3**	**113.6**	**112.7**	**110.8**	**108.7**	**106.2**	**104.6**
108.8	109.1	111.7	117.1	117.3	115.7	113.1	110.4	107.1	105.1
108.7	108.5	108.8	108.3	107.7	105.9	103.7	102.5	101.4	100.0
105.6	105.5	109.6	109.6	109.6	109.8	109.9	109.0	107.6	105.7
141.9	141.0	143.4	143.5	141.1	133.7	122.2	108.1	91.4	86.1
103.7	105.5	109.6	115.7	118.4	118.5	116.8	115.5	111.5	109.8
105.4	105.3	110.4	130.0	128.9	124.1	121.0	117.7	115.0	114.7
102.5	103.5	104.5	106.5	105.2	105.9	107.2	106.7	106.2	104.5
114.4	115.4	115.3	117.2	114.2	114.2	112.6	111.2	110.8	108.6
109.9	109.3	108.8	110.8	113.9	112.3	106.0	102.9	101.8	99.4
103.8	104.2	104.3	107.1	107.9	108.9	109.2	108.7	105.7	103.2
104.7	103.6	103.8	107.5	108.6	109.1	109.2	108.4	106.6	104.9
102.0	102.0	109.0	110.5	111.4	111.4	111.4	111.3	111.3	110.9
102.3	102.5	102.7	103.0	103.7	104.4	104.6	104.0	103.8	103.2
102.7	102.6	102.6	102.7	103.4	103.0	102.7	102.2	102.4	102.4
101.3	101.3	101.3	102.0	102.7	105.1	105.2	105.2	105.4	104.4
102.8	103.0	103.2	103.2	103.2	103.2	103.9	102.6	101.7	101.1
103.0	104.8	106.6	106.6	110.7	110.7	110.7	110.7	109.8	108.9

7—17 全省商品零售价格(环比)指数(2008年)

商品类别及品名	Commodity Category and Commodity Name	1 月 January	2 月 February	3 月 March
商品零售价格总指数	**Genaral Retail Price Index**	**101.3**	**101.5**	**99.8**
一、食　品	**Food**	**104.7**	**105.1**	**98.9**
1.粮　食	Grain	100.5	99.9	100.6
大　米	Rice	100.1	99.9	99.4
面　粉	Flour	99.6	99.8	100.6
粮食制品	Grain Products	101.0	99.7	101.0
其　他	Others	102.7	101.4	102.8
2.淀　粉	Starches	102.3	101.4	100.5
淀　粉	Starches	102.3	101.4	100.5
3.干豆类及豆制品	Beans and Beans Products	102.8	103.4	106.5
干　豆	Beans	100.8	101.1	106.2
豆制品	Beans Products	103.6	104.4	106.7
4.油　脂	Oil and Fat	105.4	102.6	103.3
食用植物油	Edible Vegetable Oil	105.1	102.5	103.3
植物油制品	Plant Oil Products	105.2	103.9	103.9
其　他	Others	109.5	101.5	102.4
5.肉禽及其制品	Meal,Poultry and Their Products	106.5	103.9	99.1
(1)食用畜肉及副产品	Edible Livestock Meat and Their By-products	108.3	104.0	98.8
猪　肉	Pork	109.6	103.9	98.7
牛　肉	Beef	106.6	104.8	99.7
羊　肉	Mutton	103.8	103.8	97.6
畜肉副产品	Livestock Meat By-products	105.5	104.5	100.2
其　他	Others	109.8	102.3	98.7
(2)禽	Poultry	105.2	106.3	97.6
鸡	Chicken	105.9	107.4	96.8
鸭	Duck	101.5	102.5	100.1
其　他	Others	104.8	102.7	99.9
(3)肉禽加工制品	Meal and Poultry Processing Products	102.6	102.2	100.8
畜肉制品	Livestock Meat Products	103.0	102.4	101.1
禽制品	Poultry Products	101.8	102.0	100.1
6.蛋	Eggs	103.1	101.2	96.1
鲜　蛋	Fresh Eggs	103.1	101.3	95.6
蛋制品	Egg Products	103.4	100.9	99.6
7.水产品	Aquatic Product	105.0	104.7	98.2
(1)鱼	Fish	104.8	105.0	97.9
淡水鱼	Freshwater Fish	104.2	105.9	99.1
海水鱼	Seawater Fish	105.4	104.1	96.5
(2)其他水产品	Freshwater Fish	105.4	104.2	98.8
虾蟹类	Shrimp and Crab	106.3	104.6	99.3
其　他	Others	103.7	103.3	97.8
8.菜	Vegetable	111.0	124.2	92.1
鲜　菜	Fresh Vegetable	112.5	127.7	91.2
干菜及菜制品	Dried Vegetable and Vegetable Products	101.6	100.8	99.2
薯　类	Potato	107.1	107.2	96.6
9.调味品	Flavoring	101.2	100.4	100.0
盐	Salt	100.4	100.2	99.9
酱　油	Soy Sauce	102.5	101.0	100.1
醋	Vinegar	101.7	100.5	100.2
味　精	Aginomoto	100.0	100.0	100.0
其　他	Others	100.2	99.9	100.0

Entire Province Retail Price Index(2008)

(以上月价格为100 preceding month=100)

4 月 April	5 月 May	6 月 June	7 月 July	8 月 August	9 月 September	10 月 October	11月 November	12月 December
100.0	**99.6**	**99.9**	**100.2**	**100.2**	**100.0**	**99.5**	**99.5**	**99.8**
99.3	**97.8**	**97.9**	**99.8**	**100.6**	**99.7**	**98.4**	**98.8**	**101.1**
100.0	100.3	100.1	100.1	100.4	100.2	99.7	99.5	99.8
99.4	100.1	99.3	100.3	99.6	100.1	99.2	98.7	99.1
99.8	99.9	99.8	99.5	100.2	100.1	100.1	100.1	100.6
100.2	100.6	100.7	100.1	100.7	99.8	99.7	100.1	99.9
101.6	100.7	100.6	101.5	101.4	102.2	100.1	97.1	98.3
100.1	100.2	101.0	100.1	100.9	101.8	99.9	100.1	100.1
100.1	100.2	101.0	100.1	100.9	101.8	99.9	100.1	100.1
102.7	100.8	101.2	100.4	99.9	100.0	98.4	97.3	97.8
102.1	100.3	100.2	100.2	99.1	98.1	94.8	96.4	95.1
103.0	101.1	101.6	100.5	100.2	100.7	99.7	97.7	98.8
100.0	99.7	99.8	100.2	98.2	97.0	96.8	95.9	98.4
100.8	99.7	99.9	100.4	98.2	97.2	96.8	96.4	98.1
96.8	99.5	100.2	100.2	98.3	96.1	97.7	93.2	98.1
99.1	99.7	98.0	96.8	97.2	96.4	94.0	95.4	102.0
100.2	99.8	98.7	98.6	99.1	98.1	96.1	97.7	101.9
99.1	99.0	98.5	98.1	98.1	96.3	93.4	96.7	104.0
98.7	98.0	97.5	97.2	96.6	94.3	90.6	94.9	106.5
99.5	101.1	100.4	100.4	100.4	99.9	100.1	100.6	100.1
100.6	100.6	100.6	100.0	101.0	100.6	99.9	100.6	100.3
99.3	100.9	101.0	99.0	100.2	98.3	94.8	97.0	101.8
99.8	100.4	98.5	99.2	100.9	99.7	95.6	99.3	100.4
103.3	100.8	97.1	98.0	101.5	102.1	100.2	97.9	98.0
104.0	100.5	96.2	97.2	102.0	102.6	100.3	97.6	97.7
101.5	101.1	100.6	101.1	99.7	99.2	100.1	101.8	97.0
100.3	101.8	99.5	99.9	100.0	101.2	99.3	96.7	100.6
101.4	101.4	100.1	100.1	100.3	100.1	99.7	99.6	99.9
101.9	101.5	100.2	100.2	100.1	99.9	99.6	99.6	99.9
100.5	101.2	99.9	100.0	100.6	100.5	100.1	99.7	100.0
101.1	104.1	102.4	98.0	102.5	104.4	94.7	95.4	98.9
101.4	104.6	102.8	97.8	102.9	105.0	93.9	94.7	98.8
99.6	100.4	99.8	99.9	100.1	100.4	100.0	100.1	99.9
102.2	102.8	102.4	100.2	98.8	98.5	97.1	98.6	100.1
103.9	104.7	104.1	100.3	99.3	96.9	96.5	98.4	99.2
105.8	108.4	105.5	99.2	97.2	95.9	96.4	97.0	97.4
101.8	100.6	102.4	101.8	101.8	98.0	96.7	100.0	101.3
99.6	99.6	99.4	99.9	97.9	101.7	98.0	99.0	101.7
99.3	99.4	99.2	98.8	96.6	103.2	97.0	98.4	101.8
100.3	100.1	99.9	102.1	100.3	98.7	99.8	100.1	101.3
84.8	83.2	85.4	103.5	110.1	99.0	98.9	94.4	108.1
82.3	79.5	82.8	105.0	112.4	99.0	99.5	93.6	109.9
100.3	100.2	99.7	99.7	101.0	100.4	99.9	99.6	99.2
108.4	115.4	89.8	94.2	99.8	96.1	86.8	94.7	101.9
101.2	100.6	100.4	99.9	100.8	100.4	100.1	100.0	100.0
99.9	99.9	100.0	100.0	99.9	100.1	99.9	100.1	100.0
102.3	101.1	100.3	99.8	100.8	100.7	100.0	99.8	100.2
101.5	100.1	100.8	100.3	101.1	100.6	100.2	100.1	99.9
100.9	101.4	101.4	100.1	100.6	99.9	99.8	100.0	100.4
100.8	100.4	99.9	99.1	101.8	100.7	100.4	100.1	99.6

7–17 续表 1

商品类别及品名	Commodity Category and Commodity Name	1 月 January	2 月 February	3 月 March
10.糖	Carbohydrate	101.0	100.4	100.6
食　糖	Sugar	99.9	100.0	100.3
糖　果	Sweet	100.3	100.6	100.9
巧克力制品	Chocolate Products	102.8	100.2	100.6
糖类小食品	Little Carbohydr-ate Food	102.7	100.7	100.2
11.干鲜瓜果	Dried and Fresh Melons and Fruits	106.0	104.1	97.8
鲜瓜果	Fresh Fruits	106.9	104.7	97.0
干(坚)果	Dried Fruits	102.8	102.0	100.7
12.糕点饼干面包	Cake,Biscuit and Bread	102.2	100.4	100.8
糕　点	Cake	100.5	100.1	100.6
饼　干	Biscuit	105.3	101.4	100.2
面　包	Bread	101.3	99.9	102.1
13.液体乳及乳制品	Liquid Milk and Their Products	105.5	103.7	101.3
巴氏杀菌奶或消毒奶	Pasteurization Milk or Disinfection Milk	106.4	104.4	101.5
酸　奶	Leben	104.1	105.1	101.1
奶　粉	Milk Powder	104.6	100.8	101.6
其　他	Others	104.5	101.1	100.3
14.在外用膳食品	Outward Dinner	101.2	101.2	101.7
主　食	Staple Food	101.6	101.7	101.5
炒　菜	Hot Dish	100.6	101.1	101.7
地方小吃	Local Snack	102.4	100.6	102.4
15.其他食品	Other Foods	101.9	99.9	100.6
其他食品	Other Foods	101.9	99.9	100.6
二、饮料、烟酒	**Beverages, Tobacco,Liquor**	**100.9**	**100.6**	**100.9**
1.茶及饮料	Tea and Beverages	100.5	100.7	101.4
(1)茶叶	Tea	100.0	100.0	100.1
茶叶	Tea	100.0	100.0	100.1
(2)饮料	Beverages	100.9	101.1	102.1
固体饮料	Solid Beverages	103.8	100.6	100.3
液体饮料	Liquid Beverages	100.0	101.1	100.1
冷冻饮品	Frozen Beverages	100.1	101.6	107.3
2.烟草	Tobacco	100.1	100.0	100.0
国产卷烟	Domestic Cigarette	100.0	100.0	100.0
进口卷烟	Import Cigarette	100.2	100.2	100.0
其　他	Others	100.4	100.0	100.0
3.酒	Liquor	101.8	100.9	101.4
白　酒	White Spirit	102.4	101.0	100.6
葡萄酒	Grape	100.2	100.2	100.1
啤　酒	Beer	101.0	100.6	103.4
其　他	Others	102.0	103.6	99.7
三、服装、鞋帽	**Garments, Footgearand and Hats**	**99.2**	**99.1**	**99.5**
1.服装	Garments	99.0	98.8	99.4
(1)男式服装	Men's Garments	99.1	98.4	99.8
大　衣	Topcoat	99.3	96.5	99.2
毛线衣	Woollen Sweater	100.0	98.6	98.0
夹克衫	Jacket	99.3	98.2	99.9
衬　衫	Shirt	99.0	98.9	99.5
T恤衫	T-shirt	99.8	99.8	99.5
裤　子	Trousers	98.7	99.4	100.7
西　服	Western-style Clothes	99.4	96.8	100.9
运动衫裤	Gym Suit	99.9	99.3	99.3
内　衣	Underwaist	98.6	97.7	100.7

continued

(以上月价格为100 preceding month=100)								
4 月 April	5 月 May	6 月 June	7 月 July	8 月 August	9 月 September	10 月 October	11月 November	12月 December
100.1	100.3	100.2	99.3	100.7	100.3	100.3	100.0	100.0
100.0	100.0	100.2	97.8	102.5	100.3	99.8	99.0	99.1
100.1	100.6	100.1	99.6	99.9	100.1	100.0	100.8	100.3
100.3	99.7	100.5	100.1	100.2	100.9	101.1	99.6	100.1
100.1	100.4	100.1	100.0	100.1	100.4	101.0	100.2	100.6
107.2	91.7	91.1	96.5	97.2	100.3	100.2	105.7	101.7
108.9	89.4	88.2	95.3	96.1	100.5	100.2	107.5	102.7
100.6	100.8	101.3	100.4	100.4	99.7	100.5	100.7	98.8
101.0	100.6	100.7	100.2	100.2	100.3	100.4	100.1	100.0
101.3	100.8	100.5	100.3	100.1	100.3	100.6	99.6	99.5
100.0	100.4	99.8	100.0	100.4	100.2	99.8	100.1	100.3
101.6	100.6	102.3	100.0	100.1	100.3	101.0	100.9	100.4
101.5	99.6	100.3	99.8	99.9	100.5	99.6	100.0	100.2
101.3	99.4	100.4	99.8	99.6	100.7	98.5	100.2	100.1
100.4	98.5	99.5	99.6	100.0	99.7	99.7	100.0	99.7
104.2	101.5	101.0	99.3	100.1	100.8	102.4	99.3	101.0
100.5	100.1	100.3	101.3	101.3	100.2	101.1	100.0	99.7
101.4	101.1	100.3	100.9	100.6	100.2	100.1	100.0	99.8
101.5	100.3	100.8	100.7	100.7	100.3	100.0	100.2	99.9
101.5	100.9	100.2	101.1	100.6	99.9	100.1	99.9	99.7
101.1	103.1	100.0	100.5	100.9	101.1	100.6	99.7	100.0
100.8	100.2	100.5	101.7	100.4	100.7	99.7	100.0	100.1
100.8	100.2	100.5	101.7	100.4	100.7	99.7	100.0	100.1
100.4	**100.3**	**100.3**	**100.2**	**100.3**	**100.4**	**100.5**	**100.1**	**100.0**
100.0	100.3	100.4	100.2	100.1	100.1	100.9	100.2	99.7
100.0	100.2	100.6	100.0	100.0	100.0	100.0	100.0	99.9
100.0	100.2	100.6	100.0	100.0	100.0	100.0	100.0	99.9
100.1	100.4	100.4	100.4	100.1	100.2	101.4	100.3	99.6
100.0	99.9	100.3	99.8	100.2	101.2	102.1	100.0	100.3
100.3	100.0	100.2	100.5	100.3	100.2	100.4	99.9	100.1
99.8	101.5	100.7	100.4	99.8	99.5	102.7	101.1	98.2
100.1	100.2	100.1	100.1	100.0	100.0	100.0	100.0	100.0
100.1	100.3	100.2	100.1	100.0	100.0	100.0	100.0	100.0
100.1	99.9	99.7	99.7	100.0	99.7	100.0	100.0	100.0
100.0	100.2	99.8	100.0	100.0	100.4	100.0	100.0	100.0
100.8	100.3	100.3	100.3	100.7	100.8	100.5	100.0	100.2
100.9	100.5	100.3	100.5	101.0	101.4	100.6	100.1	100.2
100.1	100.4	100.0	100.4	100.1	99.9	100.6	100.0	100.1
100.9	99.9	100.4	100.1	100.3	99.9	100.4	99.9	100.3
100.0	100.1	99.9	99.9	100.5	100.9	100.2	100.2	100.6
99.9	**100.5**	**99.7**	**99.5**	**99.8**	**99.9**	**100.3**	**100.2**	**99.4**
99.8	100.4	99.9	99.3	99.7	99.9	100.4	100.2	99.2
99.6	100.4	99.6	99.3	99.8	100.1	100.4	100.2	99.5
100.6	98.9	99.1	99.9	99.7	100.1	99.6	100.5	99.6
98.4	100.6	100.0	98.4	100.1	99.8	101.7	102.7	99.9
100.3	100.2	99.9	99.6	99.9	99.9	100.1	99.7	99.9
99.5	100.7	99.4	100.8	99.7	101.4	98.9	99.3	99.6
99.0	101.0	99.0	100.2	98.3	99.8	99.9	99.7	99.9
100.2	100.1	99.1	98.9	99.4	100.3	101.1	99.4	99.1
99.2	101.7	99.7	98.9	100.0	101.2	99.7	99.8	98.9
99.5	99.7	100.3	100.0	100.3	98.8	100.8	100.2	99.9
100.6	100.1	99.0	98.1	101.4	98.7	101.4	100.5	99.1

7-17 续表 2

商品类别及品名	Commodity Category and Commodity Name	1 月 January	2 月 February	3 月 March
羽绒衣	Eider Down Outerwear	96.4	98.6	100.6
其　他	Others	99.5	99.6	98.0
(2)女式服装	Women's Garments	98.8	98.9	99.2
大　衣	Topcoat	98.6	99.0	98.8
毛线衣	Woollen Sweater	98.9	98.4	97.1
羽绒衣	Eider Down Outerwear	96.7	98.0	101.0
套　装	Coordinates	98.8	98.4	99.0
衬　衫	Shirt	100.0	99.3	99.7
T 恤衫	T-shirt	100.0	100.0	98.8
裙　子	Skirt	99.6	99.0	98.4
裤　子	Trousers	98.0	99.4	99.4
运动衫裤	Gym Suit	99.5	99.3	100.3
内　衣	Underwaist	99.2	98.5	100.2
其　他	Others	98.8	99.5	98.9
(3)儿童服装	Children's Garments	99.5	99.9	98.6
套　装	Coordinates	99.2	100.0	98.6
裤　子	Trousers	99.2	99.8	98.4
裙　子	Skirt	100.3	100.0	98.9
其　他	Others	99.7	99.9	98.5
2.鞋袜帽	Shoes,Socks and Hats	99.6	99.6	99.7
(1)鞋	Shoes	99.6	99.6	99.9
男　鞋	Men's Shoes	99.3	99.3	99.3
女　鞋	Women's Shoes	99.8	99.8	100.6
童　鞋	Children's Shoes	99.6	99.6	99.4
(2)袜子	Socks	99.4	99.9	99.0
男　袜	Men's Socks	99.2	99.8	99.3
女　袜	Women's Socks	99.6	100.0	98.7
(3)帽子	Hats	99.5	99.1	98.1
男　帽	Men's Hats	99.7	98.1	96.3
女　帽	Women's Hats	99.3	99.7	99.3
3.其他	Others	99.3	99.8	100.2
领　带	Necktie	99.3	99.8	100.2
四、纺织品	**Textiles**	**99.4**	**99.6**	**99.3**
1.衣着材料	Clothing Materials	100.0	100.0	100.0
棉　布	Cotton Cloth	100.3	100.7	100.0
棉混纺布	Cotton Textiles Cloth	100.0	100.1	100.1
化纤布	Chemical Fiber Cloth	99.6	99.5	100.0
毛　线	Knitting Wool	100.3	99.5	99.9
2.床上用品	Bedclothes	99.0	99.2	98.7
毛　毯	Woollen Blanket	100.2	99.7	98.8
被　子	Quilt	99.2	98.3	99.0
床上套件	Bed Articles	97.9	99.1	98.8
其　他	Others	99.6	100.7	97.4
五、家用电器及音像器材	**Household Appliances, Music and Video Equipments**	**99.8**	**99.7**	**100.0**
1.家庭设备	Household Appliances	99.8	100.1	100.4
洗衣机	Washing Machine	99.9	100.0	100.2
电风扇	Electric Fan	98.9	100.0	100.8
电冰箱(柜)	Refrigerator	99.9	100.1	100.4
吸排油烟机	Kitchen Ventilato	99.3	100.6	101.0
空调器	Air-Conditioning	99.8	100.0	100.5
热水器	Water Heater	100.3	100.4	99.8
微波炉	Microwave Oven	99.6	99.6	100.4
电炊具	Electric Cooking Appliance	100.1	100.0	100.0

continued

(以上月价格为100 preceding month=100)								
4 月 April	5 月 May	6 月 June	7 月 July	8 月 August	9 月 September	10 月 October	11月 November	12月 December
98.9	99.9	100.0	99.2	99.4	100.0	101.1	100.7	99.0
99.9	100.1	99.9	99.7	100.5	99.7	100.7	100.2	100.0
99.9	100.4	100.1	99.2	99.6	99.6	100.3	100.2	99.1
99.8	99.8	99.8	99.2	99.8	99.4	99.6	100.3	99.0
98.9	100.4	100.1	99.0	100.1	100.3	101.8	101.6	99.1
99.8	100.0	99.9	99.0	99.3	99.4	100.7	99.8	99.3
100.5	100.8	99.8	99.7	99.9	99.5	99.5	99.2	99.3
100.1	100.4	100.6	99.7	99.2	100.1	99.4	100.3	100.4
100.5	100.1	99.8	99.6	100.1	99.2	100.0	100.0	99.9
100.1	102.8	101.7	98.5	97.3	99.2	99.3	99.4	99.5
99.5	100.3	100.3	100.0	98.4	100.9	100.6	99.9	98.9
99.5	100.5	99.7	99.6	99.8	98.4	99.6	100.4	99.1
100.7	99.6	99.3	98.4	101.2	99.3	101.6	100.3	97.9
100.8	99.2	100.0	98.3	100.7	100.0	100.8	101.5	97.4
100.0	100.6	99.8	99.8	100.2	99.8	100.7	99.9	98.7
99.8	100.2	99.5	100.3	99.6	99.6	100.6	100.1	98.0
100.2	100.7	100.2	100.4	101.3	99.6	100.2	99.5	98.3
100.4	101.4	99.8	98.1	100.3	100.7	101.4	100.0	100.0
99.1	99.9	100.0	100.0	100.0	99.6	100.4	100.4	99.6
100.2	100.7	99.2	99.7	100.1	100.1	100.2	100.1	99.6
100.2	100.9	99.0	99.6	100.1	100.1	100.1	100.1	99.5
100.3	101.9	98.8	99.5	100.2	99.9	100.2	100.4	99.6
100.1	100.5	98.5	99.5	100.0	100.5	100.0	100.1	99.6
100.2	99.7	100.9	100.1	100.1	99.5	100.4	99.5	99.4
99.9	99.7	100.1	100.4	100.0	100.0	100.7	100.0	100.0
100.0	99.7	100.2	100.0	100.0	99.6	100.7	100.0	99.9
99.9	99.7	100.0	100.7	100.0	100.3	100.7	100.0	100.0
99.9	99.9	100.0	99.7	100.3	99.6	100.5	100.4	99.6
99.8	100.0	100.2	99.4	100.4	99.5	100.6	100.1	99.8
99.9	99.9	99.9	99.9	100.3	99.6	100.5	100.5	99.5
100.2	100.1	100.0	100.0	99.3	98.6	99.7	100.9	100.5
100.2	100.1	100.0	100.0	99.3	98.6	99.7	100.9	100.5
100.4	**100.0**	**99.7**	**100.0**	**100.1**	**99.9**	**100.4**	**100.1**	**99.8**
100.2	99.9	100.1	100.0	100.1	100.0	100.5	100.0	99.8
100.1	100.8	100.7	99.8	100.2	100.2	100.1	100.0	99.9
100.3	100.0	100.0	100.1	100.1	99.9	100.1	100.0	99.8
100.2	99.4	100.0	100.0	100.1	99.9	101.0	100.0	99.7
100.0	99.4	99.7	100.1	100.0	100.3	100.5	100.3	100.1
100.5	100.0	99.4	100.1	100.1	99.9	100.3	100.2	99.8
99.9	100.5	99.9	99.8	99.9	99.9	100.6	100.4	100.0
100.8	99.8	99.0	100.4	100.0	100.3	99.8	99.5	99.8
100.9	99.8	99.3	100.2	100.3	99.7	100.5	100.5	99.7
100.0	100.2	99.5	99.7	100.4	99.6	100.4	100.3	99.9
100.0	**99.8**	**99.9**	**100.0**	**100.0**	**99.7**	**99.9**	**99.9**	**99.8**
100.2	100.0	100.1	100.3	100.3	100.1	99.9	100.1	99.9
100.9	99.9	100.2	100.3	100.2	99.8	100.6	100.2	99.6
101.3	100.8	100.2	101.8	100.1	99.9	99.7	100.0	99.7
100.0	99.9	100.3	100.0	100.1	100.2	100.0	100.1	99.7
99.9	99.9	99.5	100.6	100.4	100.2	99.8	100.4	99.9
100.3	99.9	100.2	99.7	100.5	100.0	100.1	99.9	100.0
100.0	99.9	100.0	101.1	100.4	100.3	99.7	100.0	100.0
99.9	99.9	99.9	100.3	99.8	99.5	99.5	100.1	100.4
99.7	100.3	100.1	100.0	100.3	100.1	99.1	100.3	99.6

7–17 续表 3

商品类别及品名	Commodity Category and Commodity Name	1 月 January	2 月 February	3 月 March
2.文娱用耐用消费品	Durable Consumer Goods For Recrea- tional Use	99.7	99.2	99.5
电 视 机	Television	99.6	98.9	99.3
激光视盘机	Laser Video Disc Machine	99.9	99.6	99.8
摄 像 机	Pickup Camera	99.4	99.7	99.9
家用音响设备	Acoustic Equipment	100.1	99.9	100.0
便携式音响	Portable Acoustics	99.8	99.2	98.5
其 他	Others	99.4	99.5	100.0
3.音像器材	Music and Video Equipments	100.3	99.8	99.9
专业音响器材	Specialized Aco-ustic Apparatus	100.9	100.0	100.0
专业声像器材	Specialized Aco- ustic Image Apparatus	99.4	99.5	99.8
六、文化办公用品	**Cultural and Office Applicances**	**100.3**	**99.8**	**99.7**
纸张本册	Paper and Volume	100.4	100.0	100.1
文 具	Stationery	100.5	99.9	100.1
电脑及配件	Computer and its Fitting	100.0	99.9	99.4
打印机及配件	Printer and its Fitting	100.2	100.0	99.6
扫 描 仪	Scanner	100.0	99.9	99.5
复 印 机	Xerox Machine	101.1	98.9	99.9
电子辞典	Electronic Dictionary	99.6	99.6	100.0
计 算 器	Calculator	100.5	100.0	99.7
教学设备	Teaching Equipment	101.6	99.6	100.0
其 他	Others	100.0	99.8	100.0
七、日用品	**Articles for Daily Use**	**100.5**	**100.0**	**100.2**
1.日用百货	General Merchandise for Daily Use	100.4	99.7	100.3
自 行 车	Bicycle	100.2	99.4	100.5
雨 具	Rain Gear	100.5	100.0	100.1
剃须刀具	Shaver	99.8	100.1	99.9
电 池	Battery	100.6	100.3	100.0
卫 生 纸	Tissue Paper	100.9	99.5	100.8
卫 生 巾	Sanitary Towel	100.3	99.8	99.5
其 他	Others	100.8	99.9	100.1
2.日用杂品	Sundry Articles	100.5	100.1	100.1
茶 具	Tea Set	100.7	100.0	100.1
餐 具	Tableware	101.1	100.2	100.0
厨 具	Kitchen Utensils	100.1	100.1	100.2
其 他	Others	100.0	100.0	100.2
3.洗涤用品	Washing Articles	101.1	100.6	100.0
洗 衣 粉	Washing Powder	101.0	100.4	100.0
肥 皂 类	Soap	102.6	101.0	99.8
牙 膏	Toothpaste	100.0	100.1	99.9
清洁洗涤剂	Cleaning Agent	100.4	101.0	100.5
4.其他日用品	Other Articles for Daily Use	100.0	99.6	100.3
燃气灶具	Gas-Oven	100.2	99.6	99.9
儿童玩具	Children's Toy	100.1	99.1	100.6
照明器具	Illumination Utensil	100.1	100.0	100.1
钟表眼镜及配件	Clocks,Glasses and Their Rittings	100.1	99.7	100.3
日用普通饰品	Common Ornament for Daily Use	100.0	100.4	100.0
日用皮革制品	Leatherware for Daily Use	99.7	98.9	101.4
其 他	Others	99.6	99.7	100.1

continued

(以上月价格为100 preceding month=100)								
4 月 April	5 月 May	6 月 June	7 月 July	8 月 August	9 月 September	10 月 October	11月 November	12月 December
99.6	99.6	99.5	99.7	99.8	99.2	99.8	99.6	99.6
99.7	99.4	99.2	99.5	99.5	98.6	99.8	99.3	99.2
99.1	100.0	99.9	99.7	100.1	100.3	99.8	100.0	99.8
99.4	99.5	99.8	100.1	100.0	99.8	99.9	99.9	100.0
99.8	100.0	99.7	99.8	100.1	100.0	100.1	100.0	99.8
99.8	99.5	100.0	99.8	100.3	99.9	99.9	99.9	100.0
100.2	99.7	100.0	100.0	100.1	98.4	98.4	100.0	100.0
100.0	100.0	99.7	100.0	99.8	100.0	99.7	100.3	100.0
100.0	100.0	99.6	100.0	99.8	100.0	99.5	100.5	100.0
100.0	100.0	100.0	99.9	99.9	100.0	100.0	100.0	100.0
99.9	**99.8**	**99.8**	**99.4**	**100.1**	**100.0**	**99.5**	**100.4**	**100.0**
100.1	99.9	100.3	100.2	100.6	99.9	100.6	102.6	100.2
100.0	99.9	100.5	99.9	100.6	100.1	100.1	100.2	100.1
99.8	99.7	99.4	98.8	99.6	99.7	98.1	99.9	99.8
100.0	100.0	100.0	99.1	100.0	99.8	99.8	100.0	100.1
100.0	99.9	100.0	99.7	100.0	100.1	100.0	100.1	100.0
99.9	99.9	100.0	98.7	101.3	100.1	100.1	100.2	100.0
100.0	99.8	100.0	99.7	100.0	99.5	99.9	100.0	99.7
100.4	98.7	98.9	100.0	100.2	101.9	100.0	100.6	100.0
100.0	99.9	99.9	100.0	100.0	99.9	100.1	100.1	100.0
100.0	100.0	100.0	100.0	100.0	99.7	100.0	100.1	100.0
100.3	**100.3**	**100.6**	**100.4**	**100.4**	**100.3**	**100.6**	**100.4**	**99.9**
100.4	100.2	100.9	100.6	100.9	100.5	100.2	100.4	99.9
100.2	100.1	100.6	101.1	101.4	100.1	100.4	100.2	99.9
100.4	100.5	99.8	100.0	99.9	100.1	100.1	100.2	99.6
100.2	100.7	100.0	100.4	99.8	99.8	100.3	99.9	100.2
99.8	100.0	100.4	100.5	100.5	99.9	100.4	100.0	100.0
101.2	100.5	102.1	100.6	101.8	102.0	99.5	100.9	99.8
100.3	99.6	101.2	100.0	100.5	100.4	100.7	100.5	100.1
100.0	100.1	101.6	100.0	100.1	99.7	100.9	100.7	100.0
100.0	100.4	100.3	100.1	99.8	100.2	100.4	100.4	100.1
100.0	100.3	100.0	100.7	98.9	99.3	100.8	101.0	100.6
100.0	99.9	99.9	100.0	100.0	100.5	100.4	100.8	100.0
100.1	100.8	100.3	99.8	99.9	100.6	100.2	100.1	100.1
100.0	100.2	101.3	100.0	100.1	100.0	100.7	99.3	99.7
100.5	100.8	101.2	100.5	100.6	100.8	101.1	100.6	100.1
100.9	100.4	101.4	100.6	100.2	100.1	100.9	100.3	100.3
100.4	101.6	101.6	100.8	101.1	101.6	102.0	100.9	99.9
100.4	100.1	100.3	100.0	101.4	100.4	100.3	100.7	100.2
100.2	101.5	101.4	100.7	100.0	101.7	100.9	100.5	99.8
100.0	99.9	100.0	100.2	100.1	99.8	100.6	100.2	99.6
100.2	100.3	100.4	100.0	100.1	100.2	100.3	99.9	100.0
99.2	100.0	100.0	100.0	100.3	100.0	100.5	100.9	99.0
99.9	99.7	100.2	100.5	100.3	99.5	100.6	99.8	99.8
100.2	100.0	100.3	100.3	100.1	99.3	100.3	100.4	99.8
100.0	100.0	100.0	98.9	100.7	99.7	100.6	100.0	99.6
101.0	98.8	98.7	101.0	99.5	99.6	101.3	100.1	99.4
100.6	100.1	99.6	100.9	100.0	99.6	100.7	100.2	99.5

7-17 续表 4

商品类别及品名	Commodity Category and Commodity Name	1 月 January	2 月 February	3 月 March
八、体育娱乐用品	**Sports and Recreation Articles**	**100.0**	**99.8**	**100.0**
1.体育用品	Sports Articles	100.1	100.1	100.1
球　类	Ball	100.2	100.0	100.2
棋　牌	Chess and Cards	100.0	99.9	100.1
健身器材	Exercise Machine	100.1	100.2	100.1
2.娱乐用品	Recreation Articles	99.9	99.6	99.8
游艺器材	Entertainment Apparatus	100.0	100.0	100.0
照相器材	Photographic Apparatus	99.8	99.1	99.5
乐　器	Musical Instrument	100.0	100.0	100.0
九、交通、通信用品	**Transportation and Com- munication Appliances**	**99.4**	**99.6**	**99.7**
1.交通运输机械	Transportation Machine	99.7	99.9	100.1
轿　车	Car	99.2	99.6	100.0
客　车	Bus	100.1	99.9	100.0
货　车	Truck	100.0	100.0	100.2
摩 托 车	Motorcycle	99.8	100.0	100.0
其　他	Others	100.0	100.1	100.0
2.通信器材	Telecommunications Facilities	98.9	99.0	99.1
固定电话机	Telephone	100.0	99.6	100.0
移动电话机	Mobile Phone	98.2	98.5	98.4
传 真 机	Fax Machine	99.9	99.7	100.0
其　他	Others	99.5	100.0	100.0
十、家具	**Furniture**	**100.5**	**100.0**	**101.5**
柜	Cabinet	100.6	100.4	101.4
床	Bed	100.1	100.0	103.7
桌	Desk	100.0	100.0	100.8
椅	Chair	100.0	99.9	101.5
沙 发	Sofa	101.4	99.7	100.4
其 他	Others	100.1	100.0	100.2
十一、化妆品	**Cosmetics**	**100.0**	**100.3**	**100.1**
护 肤 品	Skincare Products	100.3	100.8	100.0
美容化妆品	Facial Beautifiers	99.8	100.3	99.9
护发美容品	Protects Sends the Beauty Products	100.0	100.2	100.4
清洁化妆用品	Cleaning Toiletware	100.0	100.0	100.0
药物美容用品	Medicinal Cosmetics	100.0	99.9	100.0
十二、金银珠宝	**Gold, Silver and Jewelry**	**101.6**	**104.3**	**105.8**
金 饰 品	Gold	102.1	103.9	104.7
银 饰 品	Silver	101.2	100.2	100.1
铂金饰品	Platinum	101.5	108.1	110.9
其　他	Others	99.7	99.5	101.1
十三、中西药品及医疗保健用品	**Traditional Chinese and Western Medicines and Healthcare Articles**	**100.1**	**100.0**	**100.3**
1.医疗器具及用品	Medical Facilities and Goods	99.3	100.1	99.7
医疗器具及用品	Medical Facilities and Goods	99.3	100.1	99.7
2.中药材及中成药	Herbs and Ready- made Traditional Chinese Medicine	100.8	99.4	100.1
中 药 材	Herbs	100.9	99.1	100.1
中 成 药	Ready-made Tr-aditional Chin-ese Medicine	100.8	99.7	100.2
3.西药	Western Medicine	99.7	100.2	100.5
抗微生物药	Anti-microorga-nism Medicine	103.1	101.1	100.1
消化系统用药	Alimentary Sys-tem Medicine	99.4	100.5	101.3
呼吸系统用药	Respiratory System Medicine	99.4	99.6	99.8
解热镇痛及非甾体抗炎药	Allays a Fever the Analgesia and the Non-steroid Body Anti-inflammatory Agent	99.4	100.1	101.4
抗肿瘤药	Antineoplastic Drug	99.5	99.8	99.9

continued

(以上月价格为100 preceding month=100)								
4 月 April	5 月 May	6 月 June	7 月 July	8 月 August	9 月 September	10 月 October	11月 November	12月 December
100.1	**100.1**	**99.9**	**100.1**	**100.2**	**100.0**	**100.1**	**100.5**	**100.0**
100.2	100.1	100.1	100.1	100.1	99.9	100.2	100.9	100.2
100.2	100.0	100.4	100.0	100.1	99.8	100.0	99.9	100.1
100.0	100.0	99.7	100.1	100.0	99.8	100.3	102.0	100.9
100.2	100.3	100.1	100.1	100.2	100.0	100.1	101.1	99.8
100.0	100.0	99.7	100.0	100.3	100.0	100.0	100.0	99.8
100.0	99.7	100.0	100.0	100.1	100.0	100.1	100.2	100.4
99.9	100.2	99.9	99.9	100.3	100.0	100.0	99.8	99.6
100.1	99.9	99.0	100.3	100.5	100.0	100.0	100.3	99.8
99.8	**99.8**	**99.8**	**99.8**	**100.0**	**99.6**	**100.0**	**99.7**	**99.5**
100.1	100.1	100.1	100.0	100.4	99.7	100.2	100.0	99.7
100.0	99.8	100.0	100.0	99.8	99.4	99.9	99.7	99.4
100.1	100.0	100.0	99.9	100.3	99.6	100.0	99.9	99.8
100.0	100.0	100.2	100.2	100.8	100.0	99.9	99.9	100.2
100.5	100.7	100.3	100.0	100.4	99.6	101.1	100.5	99.6
100.1	100.1	100.1	100.0	101.2	100.3	100.2	100.0	100.0
99.0	99.3	99.3	99.5	99.4	99.3	99.6	99.2	99.0
100.3	99.9	100.1	100.9	99.8	99.6	99.4	100.0	100.0
98.2	98.8	98.7	98.8	99.1	98.9	99.5	98.5	98.0
100.2	99.8	99.6	99.8	100.0	100.0	100.0	99.9	100.4
99.1	100.5	100.0	100.0	99.6	100.0	100.0	100.0	99.9
100.2	**99.9**	**100.2**	**100.1**	**100.1**	**99.9**	**100.0**	**100.2**	**99.8**
100.2	99.8	100.3	100.0	99.9	99.9	99.9	100.5	99.8
100.3	100.0	99.9	100.1	100.2	99.8	100.2	100.3	99.7
100.1	100.0	100.0	100.2	100.1	100.0	100.2	100.2	99.9
100.3	100.0	100.3	100.0	100.2	99.9	99.4	99.8	99.8
100.2	100.0	100.2	100.3	100.1	100.1	100.2	100.0	99.8
100.0	99.8	100.6	100.0	100.6	99.9	99.8	100.4	99.8
100.5	**100.1**	**100.1**	**100.1**	**99.9**	**100.1**	**100.1**	**99.8**	**100.2**
100.3	99.9	100.2	100.0	100.0	99.8	99.7	99.3	100.5
100.8	100.5	99.9	100.1	99.9	100.3	100.0	100.0	99.9
100.1	100.1	100.0	100.4	99.6	99.8	100.8	100.0	100.2
100.7	99.9	100.5	100.0	100.0	100.5	100.1	100.3	99.9
100.6	100.1	100.0	100.0	100.3	100.3	100.1	100.1	100.0
100.6	**100.3**	**99.6**	**100.3**	**98.7**	**98.2**	**98.8**	**96.3**	**99.3**
99.8	98.5	99.0	100.4	97.6	97.3	99.8	95.5	100.5
100.0	100.3	100.1	100.2	100.4	100.4	100.0	99.4	100.1
102.2	102.5	100.1	100.1	99.1	98.1	96.9	95.1	97.5
99.7	100.3	100.0	100.0	99.7	99.4	100.5	100.1	99.1
99.9	**100.2**	**99.9**	**100.4**	**100.2**	**100.1**	**100.1**	**100.0**	**99.9**
100.1	100.0	98.9	99.2	100.7	100.0	99.3	99.8	99.9
100.1	100.0	98.9	99.2	100.7	100.0	99.3	99.8	99.9
100.3	100.4	99.0	100.8	100.1	100.2	100.4	100.1	99.9
100.5	100.6	98.5	101.5	100.1	100.2	100.5	100.4	99.9
100.0	100.2	99.4	100.2	100.1	100.1	100.3	99.8	99.9
99.6	100.0	100.5	100.4	100.2	100.2	100.1	100.0	100.0
99.3	100.3	100.9	100.8	100.1	100.5	99.8	100.0	99.9
99.3	99.9	101.0	99.5	100.1	100.2	100.6	100.2	99.6
99.6	100.1	99.8	100.5	100.0	99.5	99.9	100.4	100.4
98.6	100.1	101.1	101.9	100.0	100.0	100.0	100.6	100.0
98.9	100.1	99.4	99.6	99.9	100.3	100.5	100.1	100.5

7–17 续表 5

商品类别及品名	Commodity Category and Commodity Name	1 月 January	2 月 February	3 月 March
激素及调节内分泌功能药	Hormone and Adjustment Internal Secretion Function Medicine	98.5	99.8	101.2
循环系统用药	Circulating System Medicine	99.1	100.0	99.8
神经系统用药	Nerve System Medicine	94.2	100.4	100.0
专科用药	Junior Medicine	99.8	99.9	101.5
其　他	Others	100.1	99.6	100.0
4.保健品及器具	Healthcare Equip-ment	100.6	100.1	100.0
保健器具	Health Protection Equipment	100.0	100.1	100.0
滋补保健用品	Tonic and Health Products	100.9	100.1	100.0
十四、书报杂志及电子出版物	**Books,Newspapers,Magazines and Electronic publications**	**100.0**	**99.9**	**100.0**
1.教材及参考书	Teaching Materials and Reference Books	100.0	100.0	100.0
工 具 书	Tool Book	99.9	100.0	100.0
教　材	Teaching Material	100.0	100.0	100.0
参 考 书	Ronic Publications	100.2	100.0	100.1
教育软件	Educational Software	100.0	100.0	100.0
2.书报杂志	Books,Newspapers,Magazines	100.0	100.0	100.0
书　籍	Books	100.0	100.0	100.0
报　纸	Newspapers	100.0	100.0	100.0
杂　志	Magazines	100.0	100.0	100.1
3.电子音像制品	Electronic Publications	99.9	99.7	100.0
音响光盘和磁带	Acoustic Light Disk and Tape	99.9	99.8	100.1
录像磁带和视盘	Video Tape and Disk	100.0	100.0	100.0
计算机软件	Computer Software	99.9	99.4	99.9
十五、燃料	**Fuels**	**100.5**	**100.2**	**100.7**
1.煤炭及制品	Coal and Related Products	102.3	101.1	101.9
原　煤	Raw Coal	102.7	101.9	100.8
煤 制 品	Coal Products	101.8	100.0	103.2
2.石油及制品	Petroleum and Related Products	99.7	99.8	100.2
液化石油气	Liquefiled Petrol-eum Gas	98.8	98.8	100.1
管道燃气	Pipelined Gas	100.0	100.1	100.1
汽　油	Gasoline	100.0	100.0	100.2
柴　油	Diesel Oil	99.9	100.1	100.4
其　他	Others	99.7	99.6	100.0
十六、建筑材料及五金电料	**Building Materials and Hardware**	**100.6**	**100.7**	**101.2**
1.建筑装璜材料	Building and Decor- ation Materials	100.7	100.9	101.7
木　材	Wood	100.4	101.1	100.6
木 地 板	Wood Floor	100.4	100.3	101.0
钢　材	Steel Products	103.2	103.0	106.5
砖	Brick	100.3	100.4	101.6
水　泥	Cement	99.5	100.8	102.1
涂　料	Coating Material	100.1	100.8	100.0
胶 合 板	Plywood	101.4	100.8	101.3
玻　璃	Glass	98.6	102.0	100.5
粘　胶	Rayon	101.0	99.8	100.2
油　漆	Paint	102.0	100.0	100.4
其　他	Others	100.4	100.0	101.8
2.五金电料	Hardware	100.4	100.2	100.1
五金工具	Hardware Tools	100.2	100.2	99.2
电工电料	Electrical Engine-ering and Electr-ical Materials	101.0	100.0	100.2
水暖器材	Heating Equipment	100.2	100.2	100.6
其　他	Others	99.8	100.7	100.3

continued

(以上月价格为100 preceding month=100)								
4 月 April	5 月 May	6 月 June	7 月 July	8 月 August	9 月 September	10 月 October	11月 November	12月 December
100.5	100.1	100.0	99.7	100.1	100.1	100.2	100.2	100.2
99.8	100.0	100.6	99.3	101.2	100.9	100.4	99.2	99.9
100.6	99.8	100.1	100.6	100.0	100.0	99.8	98.7	100.0
101.5	99.5	100.9	99.8	100.4	99.8	99.9	99.0	100.0
99.7	100.0	101.1	101.6	100.8	100.1	99.3	100.6	99.3
99.9	100.2	100.3	100.1	100.1	99.9	100.0	100.1	100.0
100.0	100.1	100.0	100.0	100.0	99.9	100.1	100.0	99.9
99.8	100.2	100.5	100.1	100.2	99.9	99.9	100.2	100.1
100.0	**100.1**	**100.0**	**100.2**	**100.1**	**100.8**	**100.1**	**100.1**	**100.0**
100.0	100.3	100.0	99.8	100.1	102.2	99.9	100.0	100.1
100.0	99.9	100.0	99.9	101.1	101.0	100.1	100.0	100.3
100.0	100.0	100.0	100.0	100.0	102.3	99.5	100.0	100.0
100.0	99.9	100.0	100.0	100.0	103.7	100.7	100.0	100.0
99.9	103.6	100.0	98.4	98.7	100.0	99.3	100.0	100.0
100.0	100.0	100.0	100.7	100.0	100.1	100.2	100.4	100.0
100.0	100.0	100.0	100.1	99.9	100.0	100.0	100.0	100.0
100.0	100.0	100.0	102.0	100.0	100.0	100.7	101.1	100.0
100.0	100.0	100.0	100.0	100.0	100.4	100.0	100.0	100.1
100.0	100.0	100.0	100.1	100.2	99.8	100.2	100.0	100.0
100.2	100.0	100.1	100.1	100.3	99.8	100.2	100.1	100.2
100.0	100.0	99.9	100.1	100.2	99.7	100.3	100.0	99.9
99.8	100.0	99.9	100.0	100.0	100.0	100.0	100.0	100.0
102.3	**101.4**	**106.9**	**103.5**	**100.3**	**102.4**	**99.8**	**98.6**	**95.2**
106.2	103.6	110.7	103.7	101.4	106.5	100.9	99.1	97.5
103.7	104.0	115.2	105.6	101.7	102.3	100.9	98.2	95.9
109.5	103.1	105.3	101.1	101.0	112.4	100.9	100.1	99.6
100.4	100.4	105.0	103.5	99.7	100.1	99.2	98.3	93.7
102.1	101.9	102.6	101.3	97.0	100.0	96.1	91.2	95.0
100.0	100.0	100.0	100.0	100.0	100.0	100.0	100.0	100.0
100.0	99.9	108.0	105.5	100.4	100.2	99.9	100.0	91.3
100.0	100.0	107.2	105.7	100.8	100.2	100.0	99.7	90.8
100.0	100.0	102.4	100.7	100.4	100.0	100.0	100.4	99.2
100.9	**101.7**	**102.5**	**100.6**	**99.9**	**99.6**	**98.3**	**98.8**	**99.4**
101.1	102.3	103.4	100.7	99.6	99.3	97.7	98.4	99.3
100.6	100.5	100.4	100.7	100.0	100.2	99.9	99.7	98.6
100.2	101.9	100.3	100.4	99.8	100.2	98.8	99.4	100.0
103.4	106.9	102.5	100.3	97.3	95.9	85.9	91.0	99.2
102.0	102.6	104.5	101.7	100.2	99.9	99.7	98.7	99.6
100.8	104.7	113.7	99.8	98.6	98.5	98.1	99.1	99.3
100.6	100.7	101.3	100.3	100.4	100.5	100.0	99.5	99.7
100.9	100.2	100.7	100.4	100.8	100.1	99.5	99.8	99.8
99.8	100.2	101.2	101.6	99.3	99.3	99.3	99.4	98.6
100.9	100.3	101.6	100.5	100.4	100.3	99.3	99.8	98.7
99.8	100.4	101.9	101.0	100.6	100.3	99.3	99.5	98.4
100.0	103.4	100.5	100.4	100.9	99.9	99.9	100.0	99.9
100.5	100.1	100.3	100.3	100.7	100.4	100.0	99.8	99.6
100.7	100.1	100.1	100.4	100.4	100.0	99.9	99.8	100.1
100.1	100.0	100.3	100.1	101.2	100.4	99.9	100.0	99.5
100.6	100.0	100.5	100.0	100.6	100.9	100.0	99.9	100.1
100.8	100.7	100.0	101.4	100.2	100.0	100.0	99.5	97.6

7-18 城市商品零售价格(环比)指数(2008年)

商品类别及品名	Commodity Category and Commodity Name	1 月 January	2 月 February	3 月 March
商品零售价格总指数	**Genaral Retail Price Index**	**101.3**	**101.5**	**99.9**
一、食 品	**Food**	**104.7**	**105.3**	**99.0**
1.粮 食	Grain	100.5	100.0	100.4
大 米	Rice	100.1	99.9	98.7
面 粉	Flour	99.8	100.3	99.6
粮食制品	Grain Products	100.7	99.5	101.6
其 他	Others	103.6	101.4	102.8
2.淀 粉	Starches	102.3	101.9	100.7
淀 粉	Starches	102.3	101.9	100.7
3.干豆类及豆制品	Beans and Beans Products	103.5	104.6	105.8
干 豆	Beans	101.8	101.5	105.2
豆制品	Beans Products	104.0	105.4	106.0
4.油 脂	Oil and Fat	104.1	103.4	102.0
食用植物油	Edible Vegetable Oil	103.4	103.3	102.1
植物油制品	Plant Oil Products	103.9	103.5	101.4
其 他	Others	115.8	103.7	102.8
5.肉禽及其制品	Meal,Poultry and Their Products	106.7	103.7	99.3
(1)食用畜肉及副产品	Edible Livestock Meat and Their By-products	108.3	103.9	99.0
猪 肉	Pork	109.6	104.4	98.8
牛 肉	Beef	106.9	105.0	98.7
羊 肉	Mutton	104.2	102.8	98.6
畜肉副产品	Livestock Meat By-products	105.4	101.6	100.9
其 他	Others	109.0	101.5	99.9
(2)禽	Poultry	106.2	105.4	98.2
鸡	Chicken	107.2	106.0	97.7
鸭	Duck	102.4	102.9	99.6
其 他	Others	102.7	103.4	100.5
(3)肉禽加工制品	Meal and Poultry Processing Products	102.9	102.5	100.7
畜肉制品	Livestock Meat Products	103.5	102.3	101.2
禽制品	Poultry Products	101.5	102.7	99.5
6.蛋	Eggs	103.4	102.0	96.1
鲜 蛋	Fresh Eggs	103.2	102.0	95.6
蛋制品	Egg Products	104.5	101.7	99.6
7.水产品	Aquatic Product	105.3	105.3	98.2
(1)鱼	Fish	105.1	106.1	97.5
淡水鱼	Freshwater Fish	105.9	106.9	98.5
海水鱼	Seawater Fish	104.5	105.3	96.6
(2)其他水产品	Others Aquatic Product	105.6	104.4	99.1
虾蟹类	Shrimp and Crab	106.1	104.6	100.0
其 他	Others	104.6	103.8	97.2
8.菜	Vegetable	110.4	124.0	92.0
鲜 菜	Fresh Vegetable	111.4	127.3	91.1
干菜及菜制品	Dried Vegetable and Vegetable Products	102.5	100.4	99.8
薯 类	Potato	108.8	106.4	97.3
9.调味品	Flavoring	101.3	100.6	100.1
盐	Salt	100.0	100.0	99.8
酱 油	Soy Sauce	102.4	101.7	100.4
醋	Vinegar	102.4	100.7	100.2
味 精	Aginomoto	100.1	100.1	100.0
其 他	Others	100.4	99.9	100.1

Urban Retail Price Index(2008)

(以上月价格为100 preceding month=100)

4 月 April	5 月 May	6 月 June	7 月 July	8 月 August	9 月 September	10 月 October	11月 November	12月 December
99.9	**99.5**	**99.5**	**100.1**	**100.2**	**100.1**	**99.6**	**99.6**	**99.8**
99.3	**97.6**	**97.7**	**100.0**	**100.5**	**99.7**	**98.7**	**99.0**	**101.0**
100.1	100.2	100.0	100.2	100.6	100.4	99.7	99.3	99.6
99.7	100.4	98.8	100.2	99.3	100.3	99.0	98.2	98.6
99.7	99.9	100.0	99.8	100.7	100.2	100.0	100.0	100.6
100.3	100.0	100.7	100.2	101.1	100.4	99.9	99.7	99.8
102.2	101.4	100.6	101.7	101.3	101.5	100.5	98.3	98.3
100.2	100.3	101.0	100.2	101.4	100.9	99.8	100.6	100.1
100.2	100.3	101.0	100.2	101.4	100.9	99.8	100.6	100.1
102.2	101.1	100.8	100.8	100.5	100.5	98.9	97.9	98.5
101.7	100.4	100.2	100.7	99.4	98.7	94.9	94.9	97.1
102.4	101.3	100.9	100.8	100.8	101.0	99.8	98.6	98.9
100.0	99.7	99.9	100.1	98.7	99.0	97.7	95.0	97.2
100.1	99.9	99.9	100.2	98.5	99.4	97.8	95.4	96.8
100.0	99.3	100.6	100.3	99.5	97.5	97.8	94.4	98.0
97.7	99.1	99.1	98.7	98.0	97.3	95.4	90.8	100.5
99.7	99.7	98.7	99.0	99.2	98.1	96.3	97.2	101.9
98.9	98.9	98.7	98.5	98.5	96.3	94.0	95.9	103.6
98.2	97.9	98.1	97.6	97.2	94.3	91.4	93.6	106.0
99.6	100.8	99.9	100.8	100.8	99.7	99.9	100.0	100.2
100.3	101.1	100.1	99.9	100.8	100.5	99.3	100.0	100.1
100.8	100.3	100.4	100.0	100.1	98.6	95.2	97.7	100.6
100.0	101.0	98.8	99.6	101.2	100.0	97.0	99.3	100.6
101.8	100.3	95.6	98.9	101.0	102.7	99.5	97.9	98.2
102.2	99.8	94.4	98.4	101.4	103.1	99.4	97.7	97.8
99.9	100.5	101.2	101.4	99.2	100.7	99.6	100.8	98.4
100.7	104.2	98.6	99.7	99.9	101.4	99.9	97.2	101.3
100.6	101.2	100.3	100.3	100.2	100.1	100.1	99.6	100.3
100.8	101.3	100.5	100.5	100.1	99.9	100.0	99.5	100.2
100.2	100.8	99.9	99.9	100.4	100.6	100.3	99.7	100.3
100.9	104.8	101.8	98.8	102.0	103.9	94.9	95.5	98.5
101.1	105.3	102.1	98.6	102.3	104.3	94.2	94.8	98.4
99.4	100.9	99.6	99.9	100.1	100.6	99.8	100.4	99.6
101.4	102.6	101.5	100.1	98.9	98.6	97.2	98.3	99.9
103.3	105.1	103.0	100.7	99.5	97.1	96.3	97.9	98.3
105.5	110.6	105.5	98.8	97.0	94.8	95.3	96.3	97.1
101.3	100.2	100.6	102.7	102.1	99.3	97.2	99.3	99.3
99.0	99.4	99.5	99.2	98.1	100.7	98.5	98.8	102.0
98.4	98.8	99.3	97.7	97.0	101.9	97.7	98.0	102.1
100.3	100.5	99.8	102.3	100.2	98.4	99.9	100.4	101.9
85.1	83.6	85.9	104.9	107.9	99.6	98.3	94.8	106.9
82.7	80.4	83.3	106.8	109.5	99.7	98.8	94.1	108.5
100.3	100.1	98.7	99.4	101.6	100.6	100.3	99.3	98.3
110.4	108.5	97.7	94.1	99.3	95.4	84.6	95.3	101.6
101.5	100.3	100.5	99.6	100.8	100.6	100.0	99.8	100.0
99.8	99.9	100.0	100.0	99.8	100.2	99.9	100.0	100.1
103.0	100.6	100.4	99.7	101.3	100.9	99.9	99.4	100.0
101.9	100.0	100.6	99.6	101.5	100.4	100.2	100.1	99.8
100.1	100.6	102.4	99.9	100.3	99.8	99.3	99.7	100.9
101.2	100.7	99.8	98.6	100.7	101.2	100.6	100.1	99.5

7-18 续表 1

商品类别及品名	Commodity Category and Commodity Name	1 月 January	2 月 February	3 月 March
10.糖	Carbohydrate	100.2	100.2	100.3
食　糖	Sugar	99.2	99.4	100.3
糖　果	Sweet	100.0	100.4	100.4
巧克力制品	Chocolate Products	102.5	100.6	100.1
糖类小食品	Little Carbohydr-ate Food	102.9	101.4	100.0
11.干鲜瓜果	Dried and Fresh Melons and Fruits	104.4	102.5	96.6
鲜瓜果	Fresh Fruits	104.9	103.3	95.6
干(坚)果	Dried Fruits	102.8	99.6	100.8
12.糕点饼干面包	Cake,Biscuit and Bread	102.8	100.1	101.4
糕　点	Cake	100.0	100.0	100.4
饼　干	Biscuit	107.9	100.2	100.4
面　包	Bread	100.4	100.0	106.2
13.液体乳及乳制品	Liquid Milk and Their Products	105.7	101.6	102.0
巴氏杀菌奶或消毒奶	Pasteurization Milk or Disinfection Milk	107.9	103.0	101.6
酸　奶	Leben	103.2	101.9	101.3
奶　粉	Milk Powder	105.8	100.1	103.4
其　他	Others	100.6	99.6	100.0
14.在外用膳食品	Outward Dinner	101.1	100.9	101.2
主　食	Staple Food	102.2	101.6	101.7
炒　菜	Hot Dish	100.6	100.8	100.6
地方小吃	Local Snack	101.0	100.3	102.2
15.其他食品	Other Foods	100.1	99.6	100.7
其他食品	Other Foods	100.1	99.6	100.7
二、饮料、烟酒	**Beverages, Tobacco,Liquor**	**100.5**	**100.8**	**101.6**
1.茶及饮料	Tea and Beverages	100.3	101.8	103.4
(1)茶叶	Tea	99.9	100.0	100.0
茶叶	Tea	99.9	100.0	100.0
(2)饮料	Beverages	100.6	102.9	105.4
固体饮料	Solid Beverages	101.8	99.6	100.7
液体饮料	Liquid Beverages	100.4	102.9	99.9
冷冻饮品	Frozen Beverages	100.0	105.3	117.9
2.烟草	Tobacco	100.0	100.0	100.0
国产卷烟	Domestic Cigarette	100.0	100.0	100.0
进口卷烟	Import Cigarette	99.8	100.0	99.9
其　他	Others	100.0	100.0	100.0
3.酒	Liquor	101.1	101.0	102.1
白　酒	White Spirit	101.2	101.1	100.8
葡萄酒	Grape	100.1	100.0	100.0
啤　酒	Beer	101.2	100.2	105.4
其　他	Others	100.0	106.8	99.8
三、服装、鞋帽	**Garments, Footgearand and Hats**	**99.5**	**98.7**	**97.9**
1.服装	Garments	99.5	98.6	98.0
(1)男式服装	Men's Garments	99.9	98.3	98.5
大　衣	Topcoat	100.4	96.0	96.2
毛线衣	Woollen Sweater	101.1	96.7	96.5
夹克衫	Jacket	100.1	97.3	98.0
衬　衫	Shirt	100.8	100.0	96.3
T恤衫	T-shirt	99.8	99.8	99.8
裤　子	Trousers	100.0	100.0	100.0
西　服	Western-style Clothes	100.0	98.2	100.0
运动衫裤	Gym Suit	101.0	96.6	95.9
内　衣	Underwaist	99.7	97.7	100.0

continued

(以上月价格为100 preceding month=100)								
4 月 April	5 月 May	6 月 June	7 月 July	8 月 August	9 月 September	10 月 October	11月 November	12月 December
100.0	100.0	100.2	98.3	101.6	100.3	100.0	99.3	99.3
99.9	99.9	100.6	96.5	104.3	100.1	99.8	98.6	98.4
100.1	100.0	100.0	99.0	99.8	100.3	100.0	99.6	99.8
100.7	100.2	99.8	100.3	100.5	101.5	100.8	99.5	99.6
100.0	100.0	100.0	100.0	100.5	100.3	100.1	100.0	100.0
103.8	97.6	93.6	96.7	95.4	104.4	96.7	103.9	99.9
104.8	96.8	91.2	95.4	93.5	106.0	95.7	104.5	100.4
100.2	100.6	102.3	101.2	101.0	100.1	99.7	102.4	98.1
101.4	100.1	100.4	100.3	100.0	100.1	100.6	100.0	99.7
103.1	100.0	100.3	100.8	100.0	99.9	100.4	100.0	99.4
99.2	100.1	100.0	99.7	99.9	100.3	100.1	100.0	100.1
101.6	100.0	101.5	100.0	100.0	100.0	101.8	100.0	100.0
101.5	100.2	100.6	99.1	101.0	100.8	100.6	99.6	100.1
100.3	99.3	100.1	99.6	101.3	100.9	97.9	99.8	100.3
99.8	100.5	99.2	98.8	100.6	100.0	99.7	99.8	100.0
104.1	101.4	101.9	97.4	100.0	101.3	104.8	99.1	100.0
100.7	100.1	100.3	102.9	103.1	100.1	99.7	100.0	100.0
103.4	100.4	101.2	101.6	100.5	100.0	100.2	99.6	99.6
103.6	100.4	102.3	101.1	100.2	100.0	99.6	100.3	99.8
104.2	99.7	101.0	102.2	100.8	99.5	100.3	99.4	99.3
100.2	103.1	100.0	100.0	100.0	102.0	101.1	98.9	100.2
100.7	100.0	100.9	102.2	99.8	100.3	99.6	99.2	100.4
100.7	100.0	100.9	102.2	99.8	100.3	99.6	99.2	100.4
100.7	**100.3**	**100.4**	**100.2**	**100.1**	**100.0**	**100.6**	**100.2**	**99.9**
100.1	100.3	100.3	100.2	99.8	99.9	101.6	100.7	98.9
100.0	100.0	100.0	100.0	100.0	100.0	100.0	100.3	99.7
100.0	100.0	100.0	100.0	100.0	100.0	100.0	100.3	99.7
100.2	100.4	100.5	100.4	99.7	99.8	102.6	101.0	98.5
100.2	100.0	100.8	100.0	100.2	100.8	103.0	100.3	100.0
100.4	100.0	100.3	100.8	100.2	99.6	99.9	100.0	100.2
100.0	101.2	100.6	100.0	98.8	99.4	106.0	102.6	95.4
100.1	100.3	100.3	100.1	100.0	100.0	100.0	100.0	100.0
100.2	100.3	100.4	100.1	100.0	100.0	100.0	100.0	100.0
100.1	99.9	100.0	100.0	100.0	100.0	100.0	100.0	100.0
100.0	100.0	100.0	100.0	100.0	100.0	100.0	100.0	100.0
101.4	100.4	100.4	100.3	100.3	100.1	100.5	100.1	100.3
101.8	100.6	100.5	100.5	100.5	100.4	100.7	100.1	100.1
100.4	100.2	100.0	100.2	100.1	100.0	101.1	100.0	100.5
101.1	100.0	100.4	100.2	100.2	99.6	100.0	100.0	100.5
99.8	100.0	99.9	99.9	100.0	101.3	100.6	100.0	101.1
99.9	**99.9**	**100.0**	**99.9**	**99.9**	**99.9**	**100.0**	**100.2**	**100.0**
99.8	100.0	100.0	99.8	100.0	100.0	100.1	100.0	99.9
99.7	99.7	99.9	99.5	100.0	100.0	100.1	100.0	100.0
99.8	98.2	97.2	98.2	99.3	100.0	99.8	99.9	100.2
99.8	99.5	100.0	99.9	100.0	100.0	100.2	100.2	99.4
100.0	100.0	100.0	100.0	100.0	100.0	100.0	99.8	99.7
100.0	99.6	99.7	100.1	99.9	100.0	100.0	100.1	100.3
97.7	100.0	100.0	100.2	99.9	100.2	100.2	100.0	100.0
100.0	100.0	100.7	97.2	100.1	100.0	100.0	100.0	100.0
100.0	100.0	100.0	100.0	100.0	100.0	100.0	100.0	100.0
98.9	99.5	100.0	99.8	100.2	100.0	100.0	100.0	100.0
99.9	100.0	100.0	100.0	100.0	100.0	100.1	99.6	100.2

7−18 续表 2

商品类别及品名	Commodity Category and Commodity Name	1 月 January	2 月 February	3 月 March
羽 绒 衣	Eider Down Outerwear	96.1	98.1	99.4
其 他	Others	97.4	100.0	100.0
(2)女式服装	Women's Garments	99.3	98.2	97.7
大 衣	Topcoat	95.0	99.8	97.8
毛 线 衣	Woollen Sweater	100.2	96.0	96.8
羽 绒 衣	Eider Down Outerwear	97.2	96.7	98.7
套 装	Coordinates	100.0	96.3	94.1
衬 衫	Shirt	100.0	100.0	100.0
T 恤 衫	T-shirt	100.0	100.0	96.0
裙 子	Skirt	99.7	97.6	96.4
裤 子	Trousers	100.3	98.4	99.9
运动衫裤	Gym Suit	101.5	96.9	98.6
内 衣	Underwaist	102.1	102.6	98.3
其 他	Others	97.3	100.0	100.0
(3)儿童服装	Children's Garments	99.4	100.0	98.0
套 装	Coordinates	98.7	100.2	98.5
裤 子	Trousers	100.0	99.6	97.6
裙 子	Skirt	100.0	100.0	97.4
其 他	Others	100.0	100.0	98.1
2.鞋袜帽	Shoes,Socks and Hats	99.5	98.8	97.4
(1)鞋	Shoes	99.6	98.7	97.7
男 鞋	Men's Shoes	98.9	97.7	96.2
女 鞋	Women's Shoes	99.9	98.9	97.6
童 鞋	Children's Shoes	99.9	99.9	99.9
(2)袜子	Socks	98.9	99.9	97.0
男 袜	Men's Socks	98.5	99.7	97.7
女 袜	Women's Socks	99.3	100.0	96.5
(3)帽子	Hats	99.5	98.2	94.5
男 帽	Men's Hats	100.1	96.1	89.8
女 帽	Women's Hats	99.0	100.0	98.2
3.其他	Others	100.0	100.0	100.0
领 带	Necktie	100.0	100.0	100.0
四、纺织品	**Textiles**	**100.0**	**99.8**	**97.9**
1.衣着材料	Clothing Materials	99.7	99.5	100.0
棉 布	Cotton Cloth	100.2	100.1	100.0
棉混纺布	Cotton Textiles Cloth	100.1	100.1	100.0
化 纤 布	Chemical Fiber Cloth	98.9	98.9	100.0
毛 线	Knitting Wool	100.2	99.2	99.9
2.床上用品	Bedclothes	100.3	100.1	95.2
毛 毯	Woollen Blanket	100.9	100.0	96.4
被 子	Quilt	100.3	99.6	92.9
床上套件	Bed Articles	100.0	100.0	96.4
其 他	Others	100.0	102.2	93.1
五、家用电器及音像器材	**Household Appliances, Music and Video Equipments**	**99.6**	**99.7**	**100.4**
1.家庭设备	Household Appliances	99.6	100.0	100.5
洗 衣 机	Washing Machine	100.0	100.0	100.2
电 风 扇	Electric Fan	98.5	100.0	101.2
电冰箱(柜)	Refrigerator	100.2	100.0	100.0
吸排油烟机	Kitchen Ventilato	98.7	100.2	100.4
空 调 器	Air-Conditioning	99.5	99.8	101.0
热 水 器	Water Heater	100.3	100.1	100.4
微 波 炉	Microwave Oven	99.2	100.0	101.1
电 炊 具	Electric Cooking Appliance	100.2	100.0	100.0

continued

(以上月价格为100 preceding month=100)								
4 月 April	5 月 May	6 月 June	7 月 July	8 月 August	9 月 September	10 月 October	11月 November	12月 December
99.4	99.4	99.8	100.0	100.0	100.0	100.4	100.6	100.3
99.9	99.8	99.8	100.0	99.5	99.8	100.0	100.0	100.0
99.9	100.1	100.0	99.9	99.9	99.9	100.1	100.0	99.9
99.2	99.2	99.9	100.0	100.0	100.0	100.1	100.1	99.2
100.0	98.3	100.0	100.0	100.0	100.0	100.0	100.1	100.2
99.9	99.9	99.8	100.0	100.0	100.0	100.0	100.2	99.9
100.0	100.0	100.0	100.0	100.0	100.0	100.1	100.1	100.0
101.0	99.5	100.4	100.3	99.9	100.0	100.0	100.0	100.0
99.8	100.1	100.0	100.0	100.4	99.6	100.4	100.0	100.0
99.6	104.5	100.3	99.8	99.5	99.7	99.6	99.9	99.8
99.8	99.7	100.0	99.1	99.8	99.9	100.3	100.0	100.0
100.0	99.6	100.0	100.0	100.1	100.1	100.5	99.5	100.5
100.0	100.0	100.0	100.0	100.0	100.0	100.0	100.3	99.7
100.0	99.1	100.0	100.0	100.0	100.0	100.0	100.0	100.0
100.0	100.4	100.0	100.1	100.2	100.0	100.1	100.1	99.9
100.0	100.4	100.0	100.1	100.1	100.1	100.1	100.1	100.1
100.0	100.8	100.0	100.3	100.6	99.9	100.0	100.4	99.6
100.0	100.0	100.2	100.1	100.0	99.7	100.3	100.0	100.0
100.0	100.0	100.0	100.0	100.0	100.0	100.0	100.0	100.0
100.1	99.8	100.1	100.1	100.0	100.0	100.0	100.0	99.9
100.1	99.9	100.2	100.1	100.0	100.0	100.0	100.0	99.9
100.0	100.1	100.1	100.0	100.0	100.0	100.0	100.0	100.0
100.2	99.9	100.1	100.0	100.0	100.0	100.0	100.0	100.0
100.2	99.6	100.5	100.6	100.0	100.0	99.9	100.0	99.5
100.0	99.3	100.0	100.0	100.0	100.0	100.0	100.0	100.0
100.0	99.3	100.0	100.0	100.0	100.0	100.0	100.0	100.0
100.0	99.2	100.0	100.0	100.0	100.0	100.0	100.0	100.0
100.0	100.0	99.8	100.0	100.0	100.0	100.0	100.0	100.0
100.0	100.0	100.0	100.0	100.0	100.0	100.0	100.0	100.0
100.0	100.0	99.6	100.0	100.0	100.0	100.0	100.0	100.0
100.0	100.0	100.0	100.0	98.2	97.8	100.0	102.4	101.8
100.0	100.0	100.0	100.0	98.2	97.8	100.0	102.4	101.8
99.9	**99.9**	**100.1**	**100.1**	**100.0**	**100.1**	**100.3**	**100.1**	**100.0**
100.1	99.8	100.1	100.0	100.1	100.1	100.5	100.1	99.9
100.2	101.4	100.3	100.1	100.1	100.1	100.1	100.0	100.0
100.0	100.0	100.0	100.0	100.1	100.1	100.0	100.0	99.9
100.0	98.8	100.0	100.0	100.0	100.0	101.6	100.0	99.7
100.0	98.9	100.2	100.0	100.0	100.2	100.0	100.3	100.3
99.8	100.0	100.0	100.1	99.9	100.2	100.0	100.2	100.1
100.0	100.0	100.0	100.0	100.0	100.0	100.5	100.2	100.2
100.0	100.0	100.0	100.4	100.0	100.4	100.0	100.0	100.0
99.5	100.0	100.0	100.0	99.8	100.2	99.8	100.2	100.0
100.0	100.0	100.0	100.0	100.0	100.0	100.0	100.0	100.0
100.0	**100.0**	**100.0**	**100.1**	**100.2**	**99.6**	**99.9**	**100.0**	**99.8**
100.2	100.1	100.2	100.1	100.2	100.2	99.8	100.0	99.8
100.0	100.3	100.3	99.7	100.2	100.3	100.5	100.0	99.6
102.0	100.8	100.4	101.4	100.3	99.7	100.0	100.0	99.9
99.8	99.8	100.1	99.9	100.3	100.2	99.8	100.1	99.7
99.4	99.9	99.6	100.0	100.7	100.3	99.8	100.1	99.7
100.0	100.1	100.2	99.9	100.1	100.3	100.1	100.1	100.0
99.9	99.9	100.3	100.3	100.1	100.1	99.8	99.6	99.6
100.2	100.1	100.1	100.0	100.2	99.8	99.7	100.0	99.9
100.0	100.0	100.1	100.0	100.2	100.4	98.1	100.4	99.5

7-18 续表 3

商品类别及品名	Commodity Category and Commodity Name	1 月 January	2 月 February	3 月 March
2.文娱用耐用消费品	Durable Consumer Goods For Recrea- tional Use	99.6	99.4	100.3
电视机	Television	99.6	99.2	100.6
激光视盘机	Laser Video Disc Machine	100.0	100.2	100.0
摄像机	Pickup Camera	98.5	100.1	99.8
家用音响设备	Acoustic Equipment	100.1	100.1	100.0
便携式音响	Portable Acoustics	99.6	98.8	100.0
其他	Others	97.8	98.2	100.0
3.音像器材	Music and Video Equipments	99.0	99.0	100.0
专业音响器材	Specialized Aco-ustic Apparatus	100.0	100.0	100.0
专业声像器材	Specialized Aco- ustic Image Apparatus	98.0	97.9	100.0
六、文化办公用品	**Cultural and Office Applicances**	**100.4**	**100.0**	**99.9**
纸张本册	Paper and Volume	100.0	100.0	100.1
文具	Stationery	100.9	100.0	100.0
电脑及配件	Computer and its Fitting	100.0	100.0	99.5
打印机及配件	Printer and its Fitting	99.6	100.0	100.0
扫描仪	Scanner	99.9	100.0	100.0
复印机	Xerox Machine	101.6	99.9	100.0
电子辞典	Electronic Dictionary	99.1	99.1	100.0
计算器	Calculator	101.0	100.0	99.5
教学设备	Teaching Equipment	104.4	100.0	100.0
其他	Others	100.0	100.0	100.0
七、日用品	**Articles for Daily Use**	**100.7**	**100.0**	**100.2**
1.日用百货	General Merchandise for Daily Use	100.4	99.5	100.4
自行车	Bicycle	100.3	98.8	101.0
雨具	Rain Gear	101.2	100.0	100.0
剃须刀具	Shaver	99.9	100.2	99.9
电池	Battery	100.0	100.7	100.0
卫生纸	Tissue Paper	100.3	99.5	99.9
卫生巾	Sanitary Towel	100.0	99.9	100.1
其他	Others	102.0	99.7	100.3
2.日用杂品	Sundry Articles	101.7	100.0	100.1
茶具	Tea Set	102.8	99.9	99.9
餐具	Tableware	103.2	100.1	99.9
厨具	Kitchen Utensils	100.0	100.0	100.0
其他	Others	100.0	100.0	101.1
3.洗涤用品	Washing Articles	101.1	100.5	100.1
洗衣粉	Washing Powder	100.7	100.2	99.9
肥皂类	Soap	102.7	100.7	100.1
牙膏	Toothpaste	100.1	100.0	99.8
清洁洗涤剂	Cleaning Agent	100.5	101.7	100.8
4.其他日用品	Other Articles for Daily Use	100.3	100.1	100.0
燃气灶具	Gas-Oven	100.1	100.2	100.0
儿童玩具	Children's Toy	100.0	100.0	100.0
照明器具	Illumination Utensil	100.0	100.0	100.0
钟表眼镜及配件	Clocks,Glasses and Their Rittings	99.9	100.3	100.3
日用普通饰品	Common Ornament for Daily Use	100.0	101.0	100.0
日用皮革制品	Leatherware for Daily Use	102.0	99.0	100.0
其他	Others	100.0	100.0	100.0

continued

(以上月价格为100 preceding month=100)								
4 月 April	5 月 May	6 月 June	7 月 July	8 月 August	9 月 September	10 月 October	11月 November	12月 December
99.8	99.9	99.8	100.0	100.1	99.0	99.9	99.9	99.9
100.2	99.6	99.7	100.0	100.0	98.1	100.0	99.8	99.8
98.2	100.8	100.0	100.0	100.2	101.0	99.5	99.8	99.9
100.3	100.0	99.7	100.0	100.0	100.0	100.0	99.9	100.0
99.9	99.9	100.0	100.0	100.2	100.4	100.4	100.1	99.9
100.0	99.7	100.0	99.9	100.2	100.0	100.0	99.9	99.9
100.0	100.0	100.0	100.0	100.0	94.6	100.0	100.0	100.0
100.0	100.0	99.7	99.9	100.0	100.0	100.0	100.0	100.0
100.0	100.0	99.5	99.8	100.0	100.0	100.0	100.0	100.0
100.0	100.0	100.0	100.0	100.0	100.0	100.0	100.0	100.0
100.0	**99.8**	**100.1**	**99.5**	**100.4**	**100.3**	**100.2**	**101.0**	**100.1**
100.1	100.0	100.5	100.0	100.0	100.0	100.9	104.6	100.5
100.0	100.3	100.9	100.0	100.4	100.4	100.0	100.2	100.2
100.0	100.0	99.7	100.0	100.0	100.0	100.0	100.0	100.0
99.7	100.0	99.9	97.8	100.0	99.9	100.1	100.0	100.3
99.8	99.9	100.0	99.1	99.9	100.3	100.2	100.2	99.9
99.8	100.0	100.0	96.3	104.1	100.4	100.3	100.5	100.0
100.0	99.4	100.0	99.6	100.0	100.0	100.0	100.0	99.4
100.5	97.6	99.0	100.0	100.4	103.6	100.0	101.0	100.0
100.0	100.0	100.0	100.0	100.0	100.0	100.0	100.0	100.0
100.0	100.0	100.0	100.0	100.0	100.0	100.0	100.0	100.0
100.4	**100.2**	**101.0**	**100.6**	**100.6**	**101.1**	**100.4**	**100.2**	**99.9**
100.5	100.4	101.3	101.1	101.2	101.2	99.9	99.8	99.6
100.3	100.1	100.6	102.2	101.9	100.2	100.2	100.1	99.9
101.0	101.0	99.6	100.0	99.8	100.2	100.2	100.3	99.1
99.9	101.1	100.5	100.2	100.0	100.0	100.0	100.0	100.0
100.0	100.1	101.1	101.5	100.4	100.0	100.0	100.0	100.0
101.7	101.0	103.5	100.6	102.0	104.9	98.7	99.3	98.6
100.2	100.1	102.6	100.2	100.2	101.0	100.7	99.5	100.0
100.0	100.0	98.8	100.0	100.0	100.0	100.0	100.0	100.0
100.0	100.0	100.0	100.0	99.5	101.0	99.9	100.7	100.5
100.0	100.0	100.0	100.0	97.2	100.0	99.5	103.6	102.4
100.0	100.0	100.0	100.0	100.1	100.5	100.1	100.0	100.0
100.1	100.0	100.0	100.0	100.0	102.2	100.0	100.0	100.0
100.1	100.0	100.0	100.0	100.0	100.0	100.0	100.0	100.0
100.7	100.3	102.0	100.6	100.8	101.8	101.2	100.6	100.3
100.9	100.0	102.2	100.8	100.2	100.9	101.5	100.5	100.8
100.3	100.4	103.0	101.0	102.0	102.6	101.2	100.8	99.8
101.0	100.1	100.4	99.9	100.6	100.9	100.4	100.4	100.4
100.7	101.4	102.2	100.0	99.9	104.2	101.3	100.3	100.1
100.1	100.0	100.2	100.2	100.2	100.1	100.3	100.0	99.5
100.0	100.0	100.8	100.0	100.3	100.6	101.0	99.7	99.9
100.0	100.0	100.0	100.0	100.0	100.0	100.0	100.0	96.9
100.0	100.0	100.0	101.1	100.5	100.1	100.4	100.0	100.0
100.0	100.0	100.0	100.0	100.0	99.6	100.0	100.4	100.0
100.0	100.0	100.0	100.0	100.0	100.4	100.4	100.1	100.2
101.0	100.0	100.0	100.0	100.0	100.0	100.0	100.0	100.0
100.0	100.0	100.0	100.0	101.2	100.0	100.0	100.0	100.0

7-18 续表 4

商品类别及品名	Commodity Category and Commodity Name	1 月 January	2 月 February	3 月 March
八、体育娱乐用品	**Sports and Recreation Articles**	**99.9**	**99.8**	**100.1**
1.体育用品	Sports Articles	100.0	100.0	100.2
球 类	Ball	100.1	100.0	100.5
棋 牌	Chess and Cards	100.0	100.0	100.0
健身器材	Exercise Machine	99.8	100.1	100.0
2.娱乐用品	Recreation Articles	99.7	99.5	100.0
游艺器材	Entertainment Apparatus	100.0	100.0	100.0
照相器材	Photographic Apparatus	99.3	98.9	100.0
乐 器	Musical Instrument	100.1	100.1	100.0
九、交通、通信用品	**Transportation and Com- munication Appliances**	**99.6**	**99.7**	**99.9**
1.交通运输机械	Transportation Machine	100.0	100.4	100.1
轿 车	Car	99.0	99.9	100.1
客 车	Bus	100.6	99.9	100.0
货 车	Truck	100.0	100.3	100.8
摩 托 车	Motorcycle	100.1	100.7	100.0
其 他	Others	100.0	100.3	100.1
2.通信器材	Telecommunications Facilities	99.2	98.9	99.6
固定电话机	Telephone	100.0	99.3	100.0
移动电话机	Mobile Phone	98.6	98.5	99.1
传 真 机	Fax Machine	99.7	98.8	100.0
其 他	Others	99.0	100.0	100.0
十、家具	**Furniture**	**101.2**	**100.0**	**104.1**
柜	Cabinet	100.6	100.1	102.9
床	Bed	99.8	100.0	110.6
桌	Desk	100.8	99.8	102.9
椅	Chair	100.4	100.2	104.3
沙 发	Sofa	103.7	100.0	101.2
其 他	Others	100.2	100.0	100.6
十一、化妆品	**Cosmetics**	100.0	100.7	100.2
护 肤 品	Skincare Products	99.8	102.3	99.9
美容化妆品	Facial Beautifiers	100.1	100.0	100.0
护发美容品	Protects Sends the Beauty Products	100.0	100.0	101.0
清洁化妆用品	Cleaning Toiletware	100.0	100.0	100.0
药物美容用品	Medicinal Cosmetics	100.0	100.0	99.9
十二、金银珠宝	**Gold, Silver and Jewelry**	**101.8**	**106.3**	**107.7**
金 饰 品	Gold	102.0	105.6	106.4
银 饰 品	Silver	100.0	99.9	100.4
铂金饰品	Platinum	103.1	113.5	116.4
其 他	Others	100.0	102.6	100.0
十三、中西药品及医疗保健用品	**Traditional Chinese and Western Medicines and Healthcare Articles**	**99.1**	**99.8**	**100.6**
1.医疗器具及用品	Medical Facilities and Goods	99.5	99.7	99.7
医疗器具及用品	Medical Facilities and Goods	99.5	99.7	99.7
2.中药材及中成药	Herbs and Ready- made Traditional Chinese Medicine	101.8	99.4	99.8
中 药 材	Herbs	102.3	99.2	99.6
中 成 药	Ready-made Tr-aditional Chin-ese Medicine	101.2	99.5	100.0
3.西药	Western Medicine	97.3	100.0	101.4
抗微生物药	Anti-microorga-nism Medicine	100.5	99.5	100.0
消化系统用药	Alimentary Sys-tem Medicine	98.4	100.0	104.3
呼吸系统用药	Respiratory System Medicine	98.1	99.8	99.5
解热镇痛及非甾体抗炎药	Allays a Fever the Analgesia and the Non-steroid Body Anti-inflammatory Agent	97.8	100.0	103.2
抗肿瘤药	Antineoplastic Drug	99.0	99.8	99.5

continued

(以上月价格为100 preceding month=100)								
4 月 April	5 月 May	6 月 June	7 月 July	8 月 August	9 月 September	10 月 October	11月 November	12月 December
100.0	**100.0**	**100.2**	**100.2**	**100.4**	**100.2**	**100.2**	**101.3**	**100.2**
100.1	100.0	100.3	100.2	100.2	100.2	100.3	102.0	100.4
100.2	100.0	100.9	100.0	100.0	100.1	100.1	100.0	100.0
100.0	100.0	100.0	100.0	100.0	100.0	100.3	103.6	101.6
100.0	100.0	99.9	100.6	100.8	100.6	100.4	102.6	99.5
100.0	100.0	100.0	100.2	100.6	100.3	100.1	100.5	100.0
100.0	100.0	100.0	100.0	100.0	100.0	100.0	100.9	100.8
100.0	100.0	100.0	99.9	101.2	100.6	100.2	100.0	99.9
100.0	100.0	100.0	100.7	100.1	100.0	100.0	100.9	99.3
99.9	**100.2**	**99.7**	**99.7**	**99.8**	**99.7**	**100.3**	**100.0**	**99.6**
100.5	100.6	100.5	100.0	100.0	99.8	101.1	100.2	99.9
99.9	100.2	100.2	100.0	98.8	99.9	100.5	99.1	98.8
100.8	100.1	100.0	99.4	100.0	100.1	100.2	99.5	100.2
99.9	100.0	100.9	100.3	100.0	100.0	100.3	99.3	100.9
100.7	100.9	100.6	100.0	100.3	99.6	101.7	100.8	99.8
100.4	100.3	100.2	100.0	100.0	100.0	100.8	99.9	100.0
99.1	99.8	98.7	99.4	99.6	99.6	99.2	99.7	99.2
100.5	100.0	100.2	99.9	99.6	99.4	98.7	100.0	100.0
97.9	99.4	97.2	98.9	99.6	99.5	99.4	99.3	98.2
100.1	99.9	98.7	99.2	99.9	99.9	99.9	99.8	99.9
98.5	101.2	100.0	100.0	99.0	100.0	100.0	100.0	100.0
100.0	**100.0**	**100.6**	**100.1**	**100.0**	**100.0**	**100.4**	**100.4**	**99.7**
100.0	100.1	100.6	100.0	100.0	100.0	100.5	100.5	99.8
100.0	100.0	100.1	100.0	100.0	100.0	100.7	100.7	99.6
100.0	100.0	100.2	100.0	100.0	100.0	100.7	100.7	99.7
100.0	100.0	100.9	100.0	100.0	100.0	99.6	99.6	100.0
100.0	100.0	100.8	100.3	100.1	100.0	100.2	100.1	99.6
100.0	100.0	101.2	100.0	100.0	100.0	100.0	100.0	99.5
100.3	100.1	100.1	100.0	100.1	100.3	100.5	99.4	100.0
99.9	100.0	100.0	99.7	100.0	100.5	101.4	98.0	100.0
100.0	100.2	100.0	100.0	100.0	100.0	100.2	100.0	100.0
100.7	100.0	100.4	100.7	100.0	99.9	100.1	100.1	100.1
101.8	100.0	100.0	99.7	99.9	100.9	100.2	100.0	100.0
99.9	100.0	100.0	100.0	100.8	100.8	100.0	100.1	100.0
102.2	**99.4**	**99.2**	**100.1**	**98.3**	**97.7**	**100.1**	**92.9**	**99.2**
100.6	98.7	98.6	100.1	96.6	96.3	100.9	93.4	100.0
100.6	100.2	100.0	100.5	101.9	101.4	99.9	95.9	100.0
106.6	100.1	99.9	100.0	99.2	97.9	99.0	89.1	97.7
100.0	100.0	100.0	100.0	99.8	98.1	99.8	99.7	97.8
100.0	**100.3**	**100.3**	**100.4**	**100.3**	**100.2**	**100.3**	**99.7**	**99.8**
99.7	100.0	99.4	98.9	100.6	100.0	99.7	99.8	99.8
99.7	100.0	99.4	98.9	100.6	100.0	99.7	99.8	99.8
100.4	100.7	99.5	101.1	99.9	100.3	100.8	100.0	99.7
100.7	101.2	98.4	101.8	99.7	100.5	100.8	100.2	99.5
100.0	100.2	100.9	100.2	100.1	100.1	100.9	99.8	100.0
99.8	100.1	100.9	100.2	100.6	100.2	100.1	99.5	99.9
99.6	100.2	101.1	102.4	100.3	100.2	99.6	100.0	99.6
98.8	100.0	100.0	98.0	100.0	99.9	100.0	100.0	100.0
100.0	100.2	100.2	101.2	100.0	100.3	100.1	100.5	100.3
96.9	100.0	102.3	101.5	100.0	99.8	100.0	100.7	100.0
100.6	100.0	99.6	98.4	100.0	100.8	101.8	100.0	99.3

7-18 续表 5

商品类别及品名	Commodity Category and Commodity Name	1 月 January	2 月 February	3 月 March
激素及调节内分泌功能药	Hormone and Adjustment Internal Secretion Function Medicine	95.5	100.0	104.1
循环系统用药	Circulating System Medicine	97.6	100.2	99.5
神经系统用药	Nerve System Medicine	82.9	101.5	100.0
专科用药	Junior Medicine	99.6	99.5	105.5
其 他	Others	97.6	100.0	100.0
4.保健品及器具	Healthcare Equip-ment	99.9	100.0	100.1
保健器具	Health Protection Equipment	99.9	99.9	100.0
滋补保健用品	Tonic and Health Products	99.9	100.0	100.1
十四、书报杂志及电子出版物	**Books,Newspapers,Magazines and Electronic publications**	100.1	100.0	100.0
1.教材及参考书	Teaching Materials and Reference Books	100.2	100.0	100.0
工 具 书	Tool Book	100.0	100.0	100.0
教 材	Teaching Material	100.1	100.0	100.0
参 考 书	ronic Publications	100.8	100.0	100.2
教育软件	Educational Software	100.0	99.9	100.0
2.书报杂志	Books,Newspapers,Magazines	100.1	100.1	100.0
书 籍	Books	99.9	100.1	100.0
报 纸	Newspapers	100.4	100.0	100.0
杂 志	Magazines	100.0	100.1	100.2
3.电子音像制品	Electronic Publications	99.8	99.9	100.0
音响光盘和磁带	Acoustic Light Disk and Tape	100.0	100.0	100.0
录像磁带和视盘	Video Tape and Disk	100.0	100.0	100.0
计算机软件	Computer Software	99.4	99.5	100.0
十五、燃料	**Fuels**	**101.5**	**100.3**	**100.3**
1.煤炭及制品	Coal and Related Products	103.4	100.3	100.7
原 煤	Raw Coal	104.0	100.8	100.4
煤 制 品	Coal Products	102.6	99.7	101.2
2.石油及制品	Petroleum and Related Products	100.0	100.3	100.0
液化石油气	Liquefiled Petrol-eum Gas	100.6	100.9	98.9
管道燃气	Pipelined Gas	100.0	102.4	102.3
汽 油	Gasoline	100.0	100.1	100.5
柴 油	Diesel Oil	99.9	100.1	99.9
其 他	Others	98.8	98.6	100.0
十六、建筑材料及五金电料	**Building Materials and Hardware**	**100.1**	**100.5**	**101.6**
1.建筑装璜材料	Building and Decor- ation Materials	99.8	100.6	102.0
木 材	Wood	100.0	100.1	100.3
木 地 板	Wood Floor	100.0	99.9	101.2
钢 材	Steel Products	100.0	103.2	107.8
砖	Brick	100.1	100.0	101.6
水 泥	Cement	98.9	100.7	103.2
涂 料	Coating Material	99.7	99.7	100.0
胶 合 板	Plywood	101.0	101.4	103.2
玻 璃	Glass	97.1	102.4	100.7
粘 胶	Rayon	100.9	99.2	100.3
油 漆	Paint	101.3	99.1	100.6
其 他	Others	100.6	100.3	101.7
2.五金电料	Hardware	100.8	100.2	100.4
五金工具	Hardware Tools	100.4	100.4	100.4
电工电料	Electrical Engine- ering and Electr-ical Materials	101.3	100.0	100.0
水暖器材	Heating Equipment	100.3	100.0	100.9
其 他	Others	102.1	100.9	100.0

continued

(以上月价格为100 preceding month=100)								
4 月 April	5 月 May	6 月 June	7 月 July	8 月 August	9 月 September	10 月 October	11月 November	12月 December
101.5	100.0	99.1	98.5	100.4	100.3	100.0	100.0	100.0
100.0	100.0	101.9	97.7	103.2	100.6	100.0	98.1	100.0
102.0	100.0	100.0	100.0	100.0	100.0	100.0	95.8	100.0
104.2	100.0	102.7	100.0	100.2	100.0	100.0	97.4	100.0
100.0	100.0	101.0	103.2	101.9	100.2	100.0	99.6	100.0
100.0	100.0	100.0	100.0	100.0	100.0	100.0	100.0	100.0
100.0	100.0	100.0	100.0	100.0	100.0	100.0	100.0	100.0
100.0	100.0	100.0	100.0	100.0	100.0	100.0	100.0	99.9
100.0	100.0	100.0	100.1	100.0	100.5	100.0	100.0	100.0
100.0	99.9	100.0	100.0	99.8	101.2	100.0	100.0	100.0
100.0	100.0	100.0	100.4	99.9	100.0	100.2	100.0	100.0
100.0	100.0	100.0	99.9	99.9	103.2	100.0	100.0	100.0
100.0	99.8	100.0	99.9	99.6	98.1	100.0	100.0	100.0
99.8	100.0	100.0	100.0	100.0	100.0	100.0	100.0	100.0
100.0	100.0	100.0	100.1	100.0	100.0	100.0	100.0	100.0
100.0	100.0	100.0	100.3	100.0	100.0	100.0	100.0	100.0
100.0	100.0	100.0	100.0	100.0	100.0	100.0	100.0	100.0
100.0	100.0	100.0	100.0	100.0	100.0	100.0	100.0	100.0
100.0	100.0	100.1	100.1	100.1	100.0	100.0	100.0	100.0
100.0	100.0	100.4	100.2	100.4	100.0	100.0	100.0	100.0
100.0	100.0	100.0	100.0	100.0	100.0	100.0	100.0	100.0
100.0	100.0	100.0	100.0	100.0	100.0	100.0	100.0	100.0
103.7	**102.0**	**110.3**	**105.0**	**100.6**	**100.4**	**100.0**	**99.0**	**93.9**
108.4	104.4	116.3	103.5	100.5	101.0	100.8	99.4	94.6
106.8	105.6	122.1	104.9	100.7	99.5	100.8	99.1	91.8
110.7	102.7	107.8	101.2	100.0	103.6	100.9	99.9	99.1
100.2	100.0	105.2	106.4	100.7	99.7	99.2	98.5	93.1
100.6	100.9	102.0	102.3	98.6	98.9	96.4	93.6	92.9
100.0	100.0	100.0	100.0	100.0	100.0	100.0	100.0	100.0
100.0	99.5	107.1	108.0	101.2	100.0	100.0	100.0	92.5
100.1	100.0	106.8	109.0	101.8	100.0	100.0	99.6	92.8
100.0	100.0	101.9	101.8	101.4	100.0	100.0	101.4	97.4
100.8	**102.1**	**103.5**	**100.5**	**99.6**	**99.2**	**98.7**	**98.8**	**99.3**
101.0	102.8	104.6	100.4	99.2	98.8	98.4	98.5	99.2
100.5	100.3	100.1	100.2	100.1	99.9	99.9	99.6	99.0
100.3	103.9	100.0	100.0	100.1	100.1	100.0	100.0	100.0
102.3	107.6	99.5	98.7	97.2	93.4	88.7	89.2	99.6
102.0	102.7	104.6	102.2	100.0	99.3	99.6	97.9	99.5
101.1	105.6	117.1	98.7	96.7	97.6	97.3	99.1	99.5
101.1	100.9	102.0	100.1	100.7	101.2	100.1	100.0	99.0
100.6	100.3	101.7	99.2	100.0	100.1	100.0	101.0	99.8
99.7	100.2	101.6	102.8	98.9	98.7	99.8	99.4	98.2
100.3	100.1	103.6	100.1	100.3	100.7	100.0	100.0	97.7
100.3	100.9	103.5	101.1	100.5	100.2	99.2	99.8	98.4
100.0	106.9	101.3	100.1	100.0	100.0	99.9	100.0	99.8
100.2	100.2	100.3	100.8	100.8	100.2	99.9	99.9	99.5
99.9	100.0	100.1	100.8	100.0	100.0	99.8	100.4	100.2
100.0	100.0	100.7	100.7	102.3	100.0	100.0	100.2	99.1
100.3	100.2	100.0	100.0	100.0	100.7	99.8	99.4	99.6
101.7	101.7	100.0	103.8	100.0	100.0	100.0	99.2	99.2

7－19 农村商品零售价格(环比)指数(2008年)

商品类别及品名	Commodity Category and Commodity Name	1 月 January	2 月 February	3 月 March
商品零售价格总指数	**Genaral Retail Price Index**	**101.4**	**101.5**	**99.8**
一、食 品	**Food**	**104.6**	**104.9**	**98.7**
1.粮 食	Grain	100.5	99.9	100.9
大 米	Rice	100.1	99.9	100.4
面 粉	Flour	99.5	99.5	101.5
粮食制品	Grain Products	101.7	100.0	100.0
其 他	Others	101.7	101.4	102.8
2.淀 粉	Starches	102.4	100.7	100.2
淀 粉	Starches	102.4	100.7	100.2
3.干豆类及豆制品	Beans and Beans Products	101.5	101.2	107.8
干 豆	Beans	100.0	100.7	106.9
豆制品	Beans Products	102.7	101.6	108.5
4.油 脂	Oil and Fat	106.8	101.8	104.7
食用植物油	Edible Vegetable Oil	107.0	101.5	104.6
植物油制品	Plant Oil Products	106.8	104.3	106.9
其 他	Others	105.9	100.0	102.2
5.肉禽及其制品	Meal,Poultry and Their Products	106.1	104.2	98.7
(1)食用畜肉及副产品	Edible Livestock Meat and Their By-products	108.3	104.1	98.5
猪 肉	Pork	109.6	103.1	98.5
牛 肉	Beef	106.1	104.6	101.2
羊 肉	Mutton	103.2	105.4	96.2
畜肉副产品	Livestock Meat By-products	105.9	109.3	99.1
其 他	Others	111.1	103.6	96.6
(2)禽	Poultry	104.3	107.2	97.0
鸡	Chicken	104.5	109.0	95.9
鸭	Duck	100.7	102.2	100.5
其 他	Others	106.3	102.2	99.5
(3)肉禽加工制品	Meal and Poultry Processing Products	102.0	101.9	100.9
畜肉制品	Livestock Meat Products	101.9	102.5	100.9
禽制品	Poultry Products	102.2	101.0	100.9
6.蛋	Eggs	102.9	100.4	96.1
鲜 蛋	Fresh Eggs	103.0	100.5	95.5
蛋制品	Egg Products	102.3	100.1	99.7
7.水产品	Aquatic Product	104.4	103.3	98.3
(1)鱼	Fish	104.3	103.4	98.6
淡水鱼	Freshwater Fish	102.2	104.7	99.9
海水鱼	Seawater Fish	107.6	101.4	96.4
(2)其他水产品	Other Aquatic Product	104.8	103.3	97.6
虾蟹类	Shrimp and Crab	107.5	104.2	96.4
其 他	Others	100.4	101.5	99.8
8.菜	Vegetable	112.1	124.6	92.2
鲜 菜	Fresh Vegetable	114.2	128.4	91.4
干菜及菜制品	Dried Vegetable and Vegetable Products	100.5	101.3	98.4
薯 类	Potato	104.3	108.7	95.5
9.调味品	Flavoring	101.0	100.1	99.9
盐	Salt	100.8	100.4	100.0
酱 油	Soy Sauce	102.7	100.0	99.7
醋	Vinegar	100.5	100.0	100.0
味 精	Aginomoto	99.8	99.9	100.0
其 他	Others	100.0	100.0	100.0

Rural Retail Price Index(2008)

(以上月价格为100 preceding month=100)

4 月 April	5 月 May	6 月 June	7 月 July	8 月 August	9 月 September	10 月 October	11月 November	12月 December
100.1	**99.7**	**100.4**	**100.2**	**100.3**	**99.9**	**99.4**	**99.4**	**99.9**
99.1	**98.2**	**98.3**	**99.4**	**100.8**	**99.6**	**97.9**	**98.5**	**101.3**
99.9	100.3	100.2	100.0	100.1	100.0	99.7	99.7	100.1
99.0	99.5	100.0	100.5	100.0	99.9	99.6	99.3	99.9
99.9	99.9	99.7	99.2	99.9	100.0	100.2	100.2	100.7
100.1	101.6	100.8	100.1	100.0	98.8	99.4	100.8	100.0
100.9	99.9	100.6	101.3	101.6	103.1	99.5	95.8	98.4
100.0	100.1	100.9	99.9	100.0	103.2	100.0	99.4	100.2
100.0	100.1	100.9	99.9	100.0	103.2	100.0	99.4	100.2
103.6	100.4	101.9	99.8	98.8	99.0	97.4	96.2	96.4
102.4	100.1	100.1	99.8	98.9	97.6	94.8	97.6	93.5
104.6	100.6	103.4	99.9	98.6	100.0	99.4	95.2	98.5
100.1	99.6	99.7	100.2	97.7	94.8	95.7	96.8	99.7
101.6	99.6	99.9	100.7	97.9	94.7	95.6	97.6	99.6
93.3	99.6	99.7	100.1	96.9	94.4	97.6	91.7	98.4
100.0	100.2	97.3	95.6	96.6	95.8	93.1	98.6	102.9
101.1	100.1	98.6	98.0	98.9	98.2	95.8	98.5	101.9
99.3	99.1	98.2	97.5	97.4	96.3	92.6	98.1	104.7
99.5	98.2	96.6	96.7	95.6	94.3	89.2	96.9	107.3
99.3	101.4	101.2	99.9	99.8	100.2	100.3	101.5	99.8
101.0	99.6	101.3	100.1	101.4	100.7	100.8	101.6	100.6
97.0	101.9	101.9	97.3	100.5	98.0	94.1	95.9	103.8
99.5	99.2	97.9	98.5	100.2	99.3	93.0	99.5	100.2
104.8	101.2	98.5	97.2	101.9	101.5	100.8	98.0	97.7
106.0	101.3	98.0	96.1	102.6	102.2	101.3	97.5	97.7
102.9	101.7	100.0	100.9	100.0	97.9	100.5	102.6	95.8
100.1	100.0	100.1	100.0	100.1	101.1	98.9	96.4	100.0
102.8	101.8	99.8	99.8	100.4	100.1	99.1	99.7	99.4
104.0	101.8	99.7	99.7	100.1	100.0	98.7	99.7	99.2
101.0	101.7	99.9	100.1	100.8	100.4	99.7	99.7	99.7
101.5	103.3	103.1	97.2	103.0	105.0	94.5	95.3	99.4
101.8	103.9	103.6	96.8	103.5	105.7	93.6	94.5	99.3
99.8	100.0	100.0	99.8	100.1	100.2	100.3	99.8	100.2
104.2	103.2	104.4	100.4	98.5	98.4	96.7	99.3	100.6
104.9	104.0	106.0	99.7	98.9	96.4	96.9	99.1	100.7
106.1	105.6	105.6	99.7	97.5	97.3	97.7	97.7	97.7
102.8	101.4	106.7	99.7	101.3	95.0	95.6	101.5	105.8
102.2	100.6	99.2	102.7	97.2	105.5	96.1	99.8	100.4
103.2	101.7	98.7	103.5	95.2	108.6	94.2	100.2	101.0
100.4	98.6	100.0	101.2	100.9	100.0	99.7	99.1	99.2
84.2	82.6	84.5	101.2	113.8	98.1	100.0	93.9	110.0
81.7	78.0	82.0	101.9	117.6	97.8	100.6	92.8	112.3
100.3	100.3	101.1	100.0	100.2	100.3	99.4	100.0	100.3
104.9	128.0	77.8	94.4	100.8	97.6	90.8	93.7	102.5
100.8	100.9	100.3	100.3	100.6	100.2	100.2	100.3	100.1
100.0	100.0	100.0	100.0	100.0	100.0	100.0	100.1	100.0
101.2	102.1	100.2	100.0	100.0	100.3	100.2	100.5	100.5
100.9	100.4	101.3	101.5	100.3	100.8	100.2	100.2	100.2
102.2	102.4	100.0	100.4	101.1	100.0	100.5	100.3	99.8
100.0	100.0	100.0	100.0	103.6	100.0	100.2	100.2	100.0

7−19 续表 1

商品类别及品名	Commodity Category and Commodity Name	1 月 January	2 月 February	3 月 March
10.糖	Carbohydrate	100.2	100.2	100.3
食　糖	Sugar	99.2	99.4	100.3
糖　果	Sweet	100.0	100.4	100.4
巧克力制品	Chocolate Products	102.5	100.6	100.1
糖类小食品	Little Carbohydr-ate Food	102.9	101.4	100.0
11.干鲜瓜果	Dried and Fresh Melons and Fruits	104.4	102.5	96.6
鲜瓜果	Fresh Fruits	104.9	103.3	95.6
干(坚)果	Dried Fruits	102.8	99.6	100.8
12.糕点饼干面包	Cake,Biscuit and Bread	102.8	100.1	101.4
糕　点	Cake	100.0	100.0	100.4
饼　干	Biscuit	107.9	100.2	100.4
面　包	Bread	100.4	100.0	106.2
13.液体乳及乳制品	Liquid Milk and Their Products	105.7	101.6	102.0
巴氏杀菌奶或消毒奶	Pasteurization Milk or Disinfection Milk	107.9	103.0	101.6
酸　奶	Leben	103.2	101.9	101.3
奶　粉	Milk Powder	105.8	100.1	103.4
其　他	Others	100.6	99.6	100.0
14.在外用膳食品	Outward Dinner	101.1	100.9	101.2
主　食	Staple Food	102.2	101.6	101.7
炒　菜	Hot Dish	100.6	100.8	100.6
地方小吃	Local Snack	101.0	100.3	102.2
15.其他食品	Other Foods	100.1	99.6	100.7
其他食品	Other Foods	100.1	99.6	100.7
二、饮料、烟酒	**Beverages, Tobacco,Liquor**	**100.5**	**100.8**	**101.6**
1.茶及饮料	Tea and Beverages	100.3	101.8	103.4
(1)茶叶	Tea	99.9	100.0	100.0
茶叶	Tea	99.9	100.0	100.0
(2)饮料	Beverages	100.6	102.9	105.4
固体饮料	Solid Beverages	101.8	99.6	100.7
液体饮料	Liquid Beverages	100.4	102.9	99.9
冷冻饮品	Frozen Beverages	100.0	105.3	117.9
2.烟草	Tobacco	100.0	100.0	100.0
国产卷烟	Domestic Cigarette	100.0	100.0	100.0
进口卷烟	Import Cigarette	99.8	100.0	99.9
其　他	Others	100.0	100.0	100.0
3.酒	Liquor	101.1	101.0	102.1
白　酒	White Spirit	101.2	101.1	100.8
葡萄酒	Grape	100.1	100.0	100.0
啤　酒	Beer	101.2	100.2	105.4
其　他	Others	100.0	106.8	99.8
三、服装、鞋帽	**Garments, Footgearand and Hats**	**99.5**	**98.7**	**97.9**
1.服装	Garments	99.5	98.6	98.0
(1)男式服装	Men's Garments	99.9	98.3	98.5
大　衣	Topcoat	100.4	96.0	96.2
毛线衣	Woollen Sweater	101.1	96.7	96.5
夹克衫	Jacket	100.1	97.3	98.0
衬　衫	Shirt	100.8	100.0	96.3
T 恤衫	T-shirt	99.8	99.8	99.8
裤　子	Trousers	100.0	100.0	100.0
西　服	Western-style Clothes	100.0	98.2	100.0
运动衫裤	Gym Suit	101.0	96.6	95.9
内　衣	Underwaist	99.7	97.7	100.0

continued

(以上月价格为100 preceding month=100)								
4 月 April	5 月 May	6 月 June	7 月 July	8 月 August	9 月 September	10 月 October	11月 November	12月 December
100.0	100.0	100.2	98.3	101.6	100.3	100.0	99.3	99.3
99.9	99.9	100.6	96.5	104.3	100.1	99.8	98.6	98.4
100.1	100.0	100.0	99.0	99.8	100.3	100.0	99.6	99.8
100.7	100.2	99.8	100.3	100.5	101.5	100.8	99.5	99.6
100.0	100.0	100.0	100.0	100.5	100.3	100.1	100.0	100.0
103.8	97.6	93.6	96.7	95.4	104.4	96.7	103.9	99.9
104.8	96.8	91.2	95.4	93.5	106.0	95.7	104.5	100.4
100.2	100.6	102.3	101.2	101.0	100.1	99.7	102.4	98.1
101.4	100.1	100.4	100.3	100.0	100.1	100.6	100.0	99.7
103.1	100.0	100.3	100.8	100.0	99.9	100.4	100.0	99.4
99.2	100.1	100.0	99.7	99.9	100.3	100.1	100.0	100.1
101.6	100.0	101.5	100.0	100.0	100.0	101.8	100.0	100.0
101.5	100.2	100.6	99.1	101.0	100.8	100.6	99.6	100.1
100.3	99.3	100.1	99.6	101.3	100.9	97.9	99.8	100.3
99.8	100.5	99.2	98.8	100.6	100.0	99.7	99.8	100.0
104.1	101.4	101.9	97.4	100.0	101.3	104.8	99.1	100.0
100.7	100.1	100.3	102.9	103.1	100.1	99.7	100.0	100.0
103.4	100.4	101.2	101.6	100.5	100.0	100.2	99.6	99.6
103.6	100.4	102.3	101.1	100.2	100.0	99.6	100.3	99.8
104.2	99.7	101.0	102.2	100.8	99.5	100.3	99.4	99.3
100.2	103.1	100.0	100.0	100.0	102.0	101.1	98.9	100.2
100.7	100.0	100.9	102.2	99.8	100.3	99.6	99.2	100.4
100.7	100.0	100.9	102.2	99.8	100.3	99.6	99.2	100.4
100.7	**100.3**	**100.4**	**100.2**	**100.1**	**100.0**	**100.6**	**100.2**	**99.9**
100.1	100.3	100.3	100.2	99.8	99.9	101.6	100.7	98.9
100.0	100.0	100.0	100.0	100.0	100.0	100.0	100.3	99.7
100.0	100.0	100.0	100.0	100.0	100.0	100.0	100.3	99.7
100.2	100.4	100.5	100.4	99.7	99.8	102.6	101.0	98.5
100.2	100.0	100.8	100.0	100.2	100.8	103.0	100.3	100.0
100.4	100.0	100.3	100.8	100.2	99.6	99.9	100.0	100.2
100.0	101.2	100.6	100.0	98.8	99.4	106.0	102.6	95.4
100.1	100.3	100.3	100.1	100.0	100.0	100.0	100.0	100.0
100.2	100.3	100.4	100.1	100.0	100.0	100.0	100.0	100.0
100.1	99.9	100.0	100.0	100.0	100.0	100.0	100.0	100.0
100.0	100.0	100.0	100.0	100.0	100.0	100.0	100.0	100.0
101.4	100.4	100.4	100.3	100.3	100.1	100.5	100.1	100.3
101.8	100.6	100.5	100.5	100.5	100.4	100.7	100.1	100.1
100.4	100.2	100.0	100.2	100.1	100.0	101.1	100.0	100.5
101.1	100.0	100.4	100.2	100.2	99.6	100.0	100.0	100.5
99.8	100.0	99.9	99.9	100.0	101.3	100.6	100.0	101.1
99.9	**99.9**	**100.0**	**99.9**	**99.9**	**99.9**	**100.0**	**100.2**	**100.0**
99.8	100.0	100.0	99.8	100.0	100.0	100.1	100.0	99.9
99.7	99.7	99.9	99.5	100.0	100.0	100.1	100.0	100.0
99.8	98.2	97.2	98.2	99.3	100.0	99.8	99.9	100.2
99.8	99.5	100.0	99.9	100.0	100.0	100.2	100.2	99.4
100.0	100.0	100.0	100.0	100.0	100.0	100.0	99.8	99.7
100.0	99.6	99.7	100.1	99.9	100.0	100.0	100.1	100.3
97.7	100.0	100.0	100.2	99.9	100.2	100.2	100.0	100.0
100.0	100.0	100.7	97.2	100.1	100.0	100.0	100.0	100.0
100.0	100.0	100.0	100.0	100.0	100.0	100.0	100.0	100.0
98.9	99.5	100.0	99.8	100.2	100.0	100.0	100.0	100.0
99.9	100.0	100.0	100.0	100.0	100.0	100.1	99.6	100.2

7-19 续表 2

商品类别及品名	Commodity Category and Commodity Name	1 月 January	2 月 February	3 月 March
羽绒衣	Eider Down Outerwear	96.1	98.1	99.4
其他	Others	97.4	100.0	100.0
(2)女式服装	Women's Garments	99.3	98.2	97.7
大衣	Topcoat	95.0	99.8	97.8
毛线衣	Woollen Sweater	100.2	96.0	96.8
羽绒衣	Eider Down Outerwear	97.2	96.7	98.7
套装	Coordinates	100.0	96.3	94.1
衬衫	Shirt	100.0	100.0	100.0
T恤衫	T-shirt	100.0	100.0	96.0
裙子	Skirt	99.7	97.6	96.4
裤子	Trousers	100.3	98.4	99.9
运动衫裤	Gym Suit	101.5	96.9	98.6
内衣	Underwaist	102.1	102.6	98.3
其他	Others	97.3	100.0	100.0
(3)儿童服装	Children's Garments	99.4	100.0	98.0
套装	Coordinates	98.7	100.2	98.5
裤子	Trousers	100.0	99.6	97.6
裙子	Skirt	100.0	100.0	97.4
其他	Others	100.0	100.0	98.1
2.鞋袜帽	Shoes,Socks and Hats	99.5	98.8	97.4
(1)鞋	Shoes	99.6	98.7	97.7
男鞋	Men's Shoes	98.9	97.7	96.2
女鞋	Women's Shoes	99.9	98.9	97.6
童鞋	Children's Shoes	99.9	99.9	99.9
(2)袜子	Socks	98.9	99.9	97.0
男袜	Men's Socks	98.5	99.7	97.7
女袜	Women's Socks	99.3	100.0	96.5
(3)帽子	Hats	99.5	98.2	94.5
男帽	Men's Hats	100.1	96.1	89.8
女帽	Women's Hats	99.0	100.0	98.2
3.其他	Others	100.0	100.0	100.0
领带	Necktie	100.0	100.0	100.0
四、纺织品	**Textiles**	**100.0**	**99.8**	**97.9**
1.衣着材料	Clothing Materials	99.7	99.5	100.0
棉布	Cotton Cloth	100.2	100.1	100.0
棉混纺布	Cotton Textiles Cloth	100.1	100.1	100.0
化纤布	Chemical Fiber Cloth	98.9	98.9	100.0
毛线	Knitting Wool	100.2	99.2	99.9
2.床上用品	Bedclothes	100.3	100.1	95.2
毛毯	Woollen Blanket	100.9	100.0	96.4
被子	Quilt	100.3	99.6	92.9
床上套件	Bed Articles	100.0	100.0	96.4
其他	Others	100.0	102.2	93.1
五、家用电器及音像器材	**Household Appliances, Music and Video Equipments**	**99.6**	**99.7**	**100.4**
1.家庭设备	Household Appliances	99.6	100.0	100.5
洗衣机	Washing Machine	100.0	100.0	100.2
电风扇	Electric Fan	98.5	100.0	101.2
电冰箱(柜)	Refrigerator	100.2	100.0	100.0
吸排油烟机	Kitchen Ventilato	98.7	100.2	100.4
空调器	Air-Conditioning	99.5	99.8	101.0
热水器	Water Heater	100.3	100.1	100.4
微波炉	Microwave Oven	99.2	100.0	101.1
电炊具	Electric Cooking Appliance	100.2	100.0	100.0

continued

(以上月价格为100 preceding month=100)								
4 月 April	5 月 May	6 月 June	7 月 July	8 月 August	9 月 September	10 月 October	11月 November	12月 December
99.4	99.4	99.8	100.0	100.0	100.0	100.4	100.6	100.3
99.9	99.8	99.8	100.0	99.5	99.8	100.0	100.0	100.0
99.9	100.1	100.0	99.9	99.9	99.9	100.1	100.0	99.9
99.2	99.2	99.9	100.0	100.0	100.0	100.1	100.1	99.2
100.0	98.3	100.0	100.0	100.0	100.0	100.0	100.1	100.2
99.9	99.9	99.8	100.0	100.0	100.0	100.0	100.2	99.9
100.0	100.0	100.0	100.0	100.0	100.0	100.1	100.1	100.0
101.0	99.5	100.4	100.3	99.9	100.0	100.0	100.0	100.0
99.8	100.1	100.0	100.0	100.4	99.6	100.4	100.0	100.0
99.6	104.5	100.3	99.8	99.5	99.7	99.6	99.9	99.8
99.8	99.7	100.0	99.1	99.8	99.9	100.3	100.0	100.0
100.0	99.6	100.0	100.0	100.1	100.1	100.5	99.5	100.5
100.0	100.0	100.0	100.0	100.0	100.0	100.0	100.3	99.7
100.0	99.1	100.0	100.0	100.0	100.0	100.0	100.0	100.0
100.0	100.4	100.0	100.1	100.2	100.0	100.1	100.1	99.9
100.0	100.4	100.0	100.1	100.1	100.1	100.1	100.1	100.1
100.0	100.8	100.0	100.3	100.6	99.9	100.0	100.4	99.6
100.0	100.0	100.2	100.1	100.0	99.7	100.3	100.0	100.0
100.0	100.0	100.0	100.0	100.0	100.0	100.0	100.0	100.0
100.1	99.8	100.1	100.1	100.0	100.0	100.0	100.0	99.9
100.1	99.9	100.2	100.1	100.0	100.0	100.0	100.0	99.9
100.0	100.1	100.1	100.0	100.0	100.0	100.0	100.0	100.0
100.2	99.9	100.1	100.0	100.0	100.0	100.0	100.0	100.0
100.2	99.6	100.5	100.6	100.0	100.0	99.9	100.0	99.5
100.0	99.3	100.0	100.0	100.0	100.0	100.0	100.0	100.0
100.0	99.3	100.0	100.0	100.0	100.0	100.0	100.0	100.0
100.0	99.2	100.0	100.0	100.0	100.0	100.0	100.0	100.0
100.0	100.0	99.8	100.0	100.0	100.0	100.0	100.0	100.0
100.0	100.0	100.0	100.0	100.0	100.0	100.0	100.0	100.0
100.0	100.0	99.6	100.0	100.0	100.0	100.0	100.0	100.0
100.0	100.0	100.0	100.0	98.2	97.8	100.0	102.4	101.8
100.0	100.0	100.0	100.0	98.2	97.8	100.0	102.4	101.8
99.9	**99.9**	**100.1**	**100.1**	**100.0**	**100.1**	**100.3**	**100.1**	**100.0**
100.1	99.8	100.1	100.0	100.1	100.1	100.5	100.1	99.9
100.2	101.4	100.3	100.1	100.1	100.1	100.1	100.0	100.0
100.0	100.0	100.0	100.0	100.1	100.1	100.0	100.0	99.9
100.0	98.8	100.0	100.0	100.0	100.0	101.6	100.0	99.7
100.0	98.9	100.2	100.0	100.0	100.2	100.0	100.3	100.3
99.8	100.0	100.0	100.1	99.9	100.2	100.0	100.2	100.1
100.0	100.0	100.0	100.0	100.0	100.0	100.5	100.2	100.2
100.0	100.0	100.0	100.4	100.0	100.4	100.0	100.0	100.0
99.5	100.0	100.0	100.0	99.8	100.2	99.8	100.2	100.0
100.0	100.0	100.0	100.0	100.0	100.0	100.0	100.0	100.0
100.0	**100.0**	**100.0**	**100.1**	**100.2**	**99.6**	**99.9**	**100.0**	**99.8**
100.2	100.1	100.2	100.1	100.2	100.2	99.8	100.0	99.8
100.0	100.3	100.3	99.7	100.2	100.3	100.5	100.0	99.6
102.0	100.8	100.4	101.4	100.3	99.7	100.0	100.0	99.9
99.8	99.8	100.1	99.9	100.3	100.2	99.8	100.1	99.7
99.4	99.9	99.6	100.0	100.7	100.3	99.8	100.1	99.7
100.0	100.1	100.2	99.9	100.1	100.3	100.1	100.1	100.0
99.9	99.9	100.3	100.3	100.1	100.1	99.8	99.6	99.6
100.2	100.1	100.1	100.0	100.2	99.8	99.7	100.0	99.9
100.0	100.0	100.1	100.0	100.2	100.4	98.1	100.4	99.5

7-19 续表 3

商品类别及品名	Commodity Category and Commodity Name	1 月 January	2 月 February	3 月 March
2.文娱用耐用消费品	Durable Consumer Goods For Recrea- tional Use	99.6	99.4	100.3
电 视 机	Television	99.6	99.2	100.6
激光视盘机	Laser Video Disc Machine	100.0	100.2	100.0
摄 像 机	Pickup Camera	98.5	100.1	99.8
家用音响设备	Acoustic Equipment	100.1	100.1	100.0
便携式音响	Portable Acoustics	99.6	98.8	100.0
其 他	Others	97.8	98.2	100.0
3.音像器材	Music and Video Equipments	99.0	99.0	100.0
专业音响器材	Specialized Aco-ustic Apparatus	100.0	100.0	100.0
专业声像器材	Specialized Aco- ustic Image Apparatus	98.0	97.9	100.0
六、文化办公用品	**Cultural and Office Applicances**	**100.4**	**100.0**	**99.9**
纸张本册	Paper and Volume	100.0	100.0	100.1
文 具	Stationery	100.9	100.0	100.0
电脑及配件	Computer and its Fitting	100.0	100.0	99.5
打印机及配件	Printer and its Fitting	99.6	100.0	100.0
扫 描 仪	Scanner	99.9	100.0	100.0
复 印 机	Xerox Machine	101.6	99.9	100.0
电子辞典	Electronic Dictionary	99.1	99.1	100.0
计 算 器	Calculator	101.0	100.0	99.5
教学设备	Teaching Equipment	104.4	100.0	100.0
其 他	Others	100.0	100.0	100.0
七、日用品	**Articles for Daily Use**	**100.7**	**100.0**	**100.2**
1.日用百货	General Merchandise for Daily Use	100.4	99.5	100.4
自 行 车	Bicycle	100.3	98.8	101.0
雨 具	Rain Gear	101.2	100.0	100.0
剃须刀具	Shaver	99.9	100.2	99.9
电 池	Battery	100.0	100.7	100.0
卫 生 纸	Tissue Paper	100.3	99.5	99.9
卫 生 巾	Sanitary Towel	100.0	99.9	100.1
其 他	Others	102.0	99.7	100.3
2.日用杂品	Sundry Articles	101.7	100.0	100.1
茶 具	Tea Set	102.8	99.9	99.9
餐 具	Tableware	103.2	100.1	99.9
厨 具	Kitchen Utensils	100.0	100.0	100.0
其 他	Others	100.0	100.0	101.1
3.洗涤用品	Washing Articles	101.1	100.5	100.1
洗 衣 粉	Washing Powder	100.7	100.2	99.9
肥 皂 类	Soap	102.7	100.7	100.1
牙 膏	Toothpaste	100.1	100.0	99.8
清洁洗涤剂	Cleaning Agent	100.5	101.7	100.8
4.其他日用品	Other Articles for Daily Use	100.3	100.1	100.0
燃气灶具	Gas-Oven	100.1	100.2	100.0
儿童玩具	Children's Toy	100.0	100.0	100.0
照明器具	Illumination Utensil	100.0	100.0	100.0
钟表眼镜及配件	Clocks,Glasses and Their Rittings	99.9	100.3	100.3
日用普通饰品	Common Ornament for Daily Use	100.0	101.0	100.0
日用皮革制品	Leatherware for Daily Use	102.0	99.0	100.0
其 他	Others	100.0	100.0	100.0

continued

(以上月价格为100 preceding month=100)

4 月 April	5 月 May	6 月 June	7 月 July	8 月 August	9 月 September	10 月 October	11月 November	12月 December
99.8	99.9	99.8	100.0	100.1	99.0	99.9	99.9	99.9
100.2	99.6	99.7	100.0	100.0	98.1	100.0	99.8	99.8
98.2	100.8	100.0	100.0	100.2	101.0	99.5	99.8	99.9
100.3	100.0	99.7	100.0	100.0	100.0	100.0	99.9	100.0
99.9	99.9	100.0	100.0	100.2	100.4	100.4	100.1	99.9
100.0	99.7	100.0	99.9	100.2	100.0	100.0	99.9	99.9
100.0	100.0	100.0	100.0	100.0	94.6	100.0	100.0	100.0
100.0	100.0	99.7	99.9	100.0	100.0	100.0	100.0	100.0
100.0	100.0	99.5	99.8	100.0	100.0	100.0	100.0	100.0
100.0	100.0	100.0	100.0	100.0	100.0	100.0	100.0	100.0
100.0	**99.8**	**100.1**	**99.5**	**100.4**	**100.3**	**100.2**	**101.0**	**100.1**
100.1	100.0	100.5	100.0	100.0	100.0	100.9	104.6	100.5
100.0	100.3	100.9	100.0	100.4	100.4	100.0	100.2	100.2
100.0	100.0	99.7	100.0	100.0	100.0	100.0	100.0	100.0
99.7	100.0	99.9	97.8	100.0	99.9	100.1	100.0	100.3
99.8	99.9	100.0	99.1	99.9	100.3	100.2	100.2	99.9
99.8	100.0	100.0	96.3	104.1	100.4	100.3	100.5	100.0
100.0	99.4	100.0	99.6	100.0	100.0	100.0	100.0	99.4
100.5	97.6	99.0	100.0	100.4	103.6	100.0	101.0	100.0
100.0	100.0	100.0	100.0	100.0	100.0	100.0	100.0	100.0
100.0	100.0	100.0	100.0	100.0	100.0	100.0	100.0	100.0
100.4	**100.2**	**101.0**	**100.6**	**100.6**	**101.1**	**100.4**	**100.2**	**99.9**
100.5	100.4	101.3	101.1	101.2	101.2	99.9	99.8	99.6
100.3	100.1	100.6	102.2	101.9	100.2	100.2	100.1	99.9
101.0	101.0	99.6	100.0	99.8	100.2	100.2	100.3	99.1
99.9	101.1	100.5	100.2	100.0	100.0	100.0	100.0	100.0
100.0	100.1	101.1	101.5	100.4	100.0	100.0	100.0	100.0
101.7	101.0	103.5	100.6	102.0	104.9	98.7	99.3	98.6
100.2	100.1	102.6	100.2	100.2	101.0	100.7	99.5	100.0
100.0	100.0	98.8	100.0	100.0	100.0	100.0	100.0	100.0
100.0	100.0	100.0	100.0	99.5	101.0	99.9	100.7	100.5
100.0	100.0	100.0	100.0	97.2	100.0	99.5	103.6	102.4
100.0	100.0	100.0	100.0	100.1	100.5	100.1	100.0	100.0
100.1	100.0	100.0	100.0	100.0	102.2	100.0	100.0	100.0
100.1	100.0	100.0	100.0	100.0	100.0	100.0	100.0	100.0
100.7	100.3	102.0	100.6	100.8	101.8	101.2	100.6	100.3
100.9	100.0	102.2	100.8	100.2	100.9	101.5	100.5	100.8
100.3	100.4	103.0	101.0	102.0	102.6	101.2	100.8	99.8
101.0	100.1	100.4	99.9	100.6	100.9	100.4	100.4	100.4
100.7	101.4	102.2	100.0	99.9	104.2	101.3	100.3	100.1
100.1	100.0	100.2	100.2	100.2	100.1	100.3	100.0	99.5
100.0	100.0	100.8	100.0	100.3	100.6	101.0	99.7	99.9
100.0	100.0	100.0	100.0	100.0	100.0	100.0	100.0	96.9
100.0	100.0	100.0	101.1	100.5	100.1	100.4	100.0	100.0
100.0	100.0	100.0	100.0	100.0	99.6	100.0	100.4	100.0
100.0	100.0	100.0	100.0	100.0	100.4	100.4	100.1	100.2
101.0	100.0	100.0	100.0	100.0	100.0	100.0	100.0	100.0
100.0	100.0	100.0	100.0	101.2	100.0	100.0	100.0	100.0

7–19　续表 4

商品类别及品名	Commodity Category and Commodity Name	1 月 January	2 月 February	3 月 March
八、体育娱乐用品	**Sports and Recreation Articles**	**99.9**	**99.8**	**100.1**
1.体育用品	Sports Articles	100.0	100.0	100.2
球　类	Ball	100.1	100.0	100.5
棋　牌	Chess and Cards	100.0	100.0	100.0
健身器材	Exercise Machine	99.8	100.1	100.0
2.娱乐用品	Recreation Articles	99.7	99.5	100.0
游艺器材	Entertainment Apparatus	100.0	100.0	100.0
照相器材	Photographic Apparatus	99.3	98.9	100.0
乐　器	Musical Instrument	100.1	100.1	100.0
九、交通、通信用品	**Transportation and Com- munication Appliances**	**99.6**	**99.7**	**99.9**
1.交通运输机械	Transportation Machine	100.0	100.4	100.1
轿　车	Car	99.0	99.9	100.1
客　车	Bus	100.6	99.9	100.0
货　车	Truck	100.0	100.3	100.8
摩 托 车	Motorcycle	100.1	100.7	100.0
其　他	Others	100.0	100.3	100.1
2.通信器材	Telecommunications Facilities	99.2	98.9	99.6
固定电话机	Telephone	100.0	99.3	100.0
移动电话机	Mobile Phone	98.6	98.5	99.1
传 真 机	Fax Machine	99.7	98.8	100.0
其　他	Others	99.0	100.0	100.0
十、家具	**Furniture**	**101.2**	**100.0**	**104.1**
柜	Cabinet	100.6	100.1	102.9
床	Bed	99.8	100.0	110.6
桌	Desk	100.8	99.8	102.9
椅	Chair	100.4	100.2	104.3
沙 发	Sofa	103.7	100.0	101.2
其 他	Others	100.2	100.0	100.6
十一、化妆品	**Cosmetics**	**100.0**	**100.7**	**100.2**
护 肤 品	Skincare Products	99.8	102.3	99.9
美容化妆品	Facial Beautifiers	100.1	100.0	100.0
护发美容品	Protects Sends the Beauty Products	100.0	100.0	101.0
清洁化妆用品	Cleaning Toiletware	100.0	100.0	100.0
药物美容用品	Medicinal Cosmetics	100.0	100.0	99.9
十二、金银珠宝	**Gold, Silver and Jewelry**	**101.8**	**106.3**	**107.7**
金 饰 品	Gold	102.0	105.6	106.4
银 饰 品	Silver	100.0	99.9	100.4
铂金饰品	Platinum	103.1	113.5	116.4
其　他	Others	100.0	102.6	100.0
十三、中西药品及医疗保健用品	**Traditional Chinese and Western Medicines and Healthcare Articles**	**99.1**	**99.8**	**100.6**
1.医疗器具及用品	Medical Facilities and Goods	99.5	99.7	99.7
医疗器具及用品	Medical Facilities and Goods	99.5	99.7	99.7
2.中药材及中成药	Herbs and Ready- made Traditional Chinese Medicine	101.8	99.4	99.8
中 药 材	Herbs	102.3	99.2	99.6
中 成 药	Ready-made Tr-aditional Chin-ese Medicine	101.2	99.5	100.0
3.西药	Western Medicine	97.3	100.0	101.4
抗微生物药	Anti-microorga-nism Medicine	100.5	99.5	100.0
消化系统用药	Alimentary Sys-tem Medicine	98.4	100.0	104.3
呼吸系统用药	Respiratory System Medicine	98.1	99.8	99.5
解热镇痛及非甾体抗炎药	Allays a Fever the Analgesia and the Non-steroid Body Anti-inflammatory Agent	97.8	100.0	103.2
抗肿瘤药	Antineoplastic Drug	99.0	99.8	99.5

continued

(以上月价格为100 preceding month=100)								
4 月 April	5 月 May	6 月 June	7 月 July	8 月 August	9 月 September	10 月 October	11月 November	12月 December
100.0	**100.0**	**100.2**	**100.2**	**100.4**	**100.2**	**100.2**	**101.3**	**100.2**
100.1	100.0	100.3	100.2	100.2	100.2	100.3	102.0	100.4
100.2	100.0	100.9	100.0	100.0	100.1	100.1	100.0	100.0
100.0	100.0	100.0	100.0	100.0	100.0	100.3	103.6	101.6
100.0	100.0	99.9	100.6	100.8	100.6	100.4	102.6	99.5
100.0	100.0	100.0	100.2	100.6	100.3	100.1	100.5	100.0
100.0	100.0	100.0	100.0	100.0	100.0	100.0	100.9	100.8
100.0	100.0	100.0	99.9	101.2	100.6	100.2	100.0	99.9
100.0	100.0	100.0	100.7	100.1	100.0	100.0	100.9	99.3
99.9	**100.2**	**99.7**	**99.7**	**99.8**	**99.7**	**100.3**	**100.0**	**99.6**
100.5	100.6	100.5	100.0	100.0	99.8	101.1	100.2	99.9
99.9	100.2	100.2	100.0	98.8	99.9	100.5	99.1	98.8
100.8	100.1	100.0	99.4	100.0	100.1	100.2	99.5	100.2
99.9	100.0	100.9	100.3	100.0	100.0	100.3	99.3	100.9
100.7	100.9	100.6	100.0	100.3	99.6	101.7	100.8	99.8
100.4	100.3	100.2	100.0	100.0	100.0	100.8	99.9	100.0
99.1	99.8	98.7	99.4	99.6	99.6	99.2	99.7	99.2
100.5	100.0	100.2	99.9	99.6	99.4	98.7	100.0	100.0
97.9	99.4	97.2	98.9	99.6	99.5	99.4	99.3	98.2
100.1	99.9	98.7	99.2	99.9	99.9	99.9	99.8	99.9
98.5	101.2	100.0	100.0	99.0	100.0	100.0	100.0	100.0
100.0	**100.0**	**100.6**	**100.1**	**100.0**	**100.0**	**100.4**	**100.4**	**99.7**
100.0	100.1	100.6	100.0	100.0	100.0	100.5	100.5	99.8
100.0	100.0	100.1	100.0	100.0	100.0	100.7	100.7	99.6
100.0	100.0	100.2	100.0	100.0	100.0	100.7	100.7	99.7
100.0	100.0	100.9	100.0	100.0	100.0	99.6	99.6	100.0
100.0	100.0	100.8	100.3	100.1	100.0	100.2	100.1	99.6
100.0	100.0	101.2	100.0	100.0	100.0	100.0	100.0	99.5
100.3	**100.1**	**100.1**	**100.0**	**100.1**	**100.3**	**100.5**	**99.4**	**100.0**
99.9	100.0	100.0	99.7	100.0	100.5	101.4	98.0	100.0
100.0	100.2	100.0	100.0	100.0	100.0	100.2	100.0	100.0
100.7	100.0	100.4	100.7	100.0	99.9	100.1	100.1	100.1
101.8	100.0	100.0	99.7	99.9	100.9	100.2	100.0	100.0
99.9	100.0	100.0	100.0	100.8	100.8	100.0	100.1	100.0
102.2	**99.4**	**99.2**	**100.1**	**98.3**	**97.7**	**100.1**	**92.9**	**99.2**
100.6	98.7	98.6	100.1	96.6	96.3	100.9	93.4	100.0
100.6	100.2	100.0	100.5	101.9	101.4	99.9	95.9	100.0
106.6	100.1	99.9	100.0	99.2	97.9	99.0	89.1	97.7
100.0	100.0	100.0	100.0	99.8	98.1	99.8	99.7	97.8
100.0	**100.3**	**100.3**	**100.4**	**100.3**	**100.2**	**100.3**	**99.7**	**99.8**
99.7	100.0	99.4	98.9	100.6	100.0	99.7	99.8	99.8
99.7	100.0	99.4	98.9	100.6	100.0	99.7	99.8	99.8
100.4	100.7	99.5	101.1	99.9	100.3	100.8	100.0	99.7
100.7	101.2	98.4	101.8	99.7	100.5	100.8	100.2	99.5
100.0	100.2	100.9	100.2	100.1	100.1	100.9	99.8	100.0
99.8	100.1	100.9	100.2	100.6	100.2	100.1	99.5	99.9
99.6	100.2	101.1	102.4	100.3	100.2	99.6	100.0	99.6
98.8	100.0	100.0	98.0	100.0	99.9	100.0	100.0	100.0
100.0	100.2	100.2	101.2	100.0	100.3	100.1	100.5	100.3
96.9	100.0	102.3	101.5	100.0	99.8	100.0	100.7	100.0
100.6	100.0	99.6	98.4	100.0	100.8	101.8	100.0	99.3

7-19 续表 5

商品类别及品名	Commodity Category and Commodity Name	1 月 January	2 月 February	3 月 March
激素及调节内分泌功能药	Hormone and Adjustment Internal Secretion Function Medicine	95.5	100.0	104.1
循环系统用药	Circulating System Medicine	97.6	100.2	99.5
神经系统用药	Nerve System Medicine	82.9	101.5	100.0
专科用药	Junior Medicine	99.6	99.5	105.5
其　他	Others	97.6	100.0	100.0
4.保健品及器具	Healthcare Equip-ment	99.9	100.0	100.1
保健器具	Health Protection Equipment	99.9	99.9	100.0
滋补保健用品	Tonic and Health Products	99.9	100.0	100.1
十四、书报杂志及电子出版物	**Books, Newspapers, Magazines and Elect-ronic Publications**	**100.1**	**100.0**	**100.0**
1.教材及参考书	Teaching Materials and Reference Books	100.2	100.0	100.0
工具书	Tool Book	100.0	100.0	100.0
教　材	Teaching Material	100.1	100.0	100.0
参考书	**ronic Publications**	100.8	100.0	100.2
教育软件	Educational Software	100.0	99.9	100.0
2.书报杂志	Books,Newspapers,Magazines	100.1	100.1	100.0
书　籍	Books	99.9	100.1	100.0
报　纸	Newspapers	100.4	100.0	100.0
杂　志	Magazines	100.0	100.1	100.2
3.电子音像制品	Electronic Publications	99.8	99.9	100.0
音响光盘和磁带	Acoustic Light Disk and Tape	100.0	100.0	100.0
录像磁带和视盘	Video Tape and Disk	100.0	100.0	100.0
计算机软件	Computer Software	99.4	99.5	100.0
十五、燃料	**Fuels**	**101.5**	**100.3**	**100.3**
1.煤炭及制品	Coal and Related Products	103.4	100.3	100.7
原　煤	Raw Coal	104.0	100.8	100.4
煤制品	Coal Products	102.6	99.7	101.2
2.石油及制品	Petroleum and Related Products	100.0	100.3	100.0
液化石油气	Liquefiled Petrol-eum Gas	100.6	100.9	98.9
管道燃气	Pipelined Gas	100.0	102.4	102.3
汽　油	Gasoline	100.0	100.1	100.5
柴　油	Diesel Oil	99.9	100.1	99.9
其　他	Others	98.8	98.6	100.0
十六、建筑材料及五金电料	**Building Materials and Hardware**	**100.1**	**100.5**	**101.6**
1.建筑装璜材料	Building and Decor- ation Materials	99.8	100.6	102.0
木　材	Wood	100.0	100.1	100.3
木地板	Wood Floor	100.0	99.9	101.2
钢　材	Steel Products	100.0	103.2	107.8
砖	Brick	100.1	100.0	101.6
水　泥	Cement	98.9	100.7	103.2
涂　料	Coating Material	99.7	99.7	100.0
胶合板	Plywood	101.0	101.4	103.2
玻　璃	Glass	97.1	102.4	100.7
粘　胶	Rayon	100.9	99.2	100.3
油　漆	Paint	101.3	99.1	100.6
其　他	Others	100.6	100.3	101.7
2.五金电料	Hardware	100.8	100.2	100.4
五金工具	Hardware Tools	100.4	100.4	100.4
电工电料	Electrical Engine- ering and Electr-ical Materials	101.3	100.0	100.0
水暖器材	Heating Equipment	100.3	100.0	100.9
其　他	Others	102.1	100.9	100.0

continued

(以上月价格为100 preceding month=100)								
4 月 April	5 月 May	6 月 June	7 月 July	8 月 August	9 月 September	10 月 October	11月 November	12月 December
101.5	100.0	99.1	98.5	100.4	100.3	100.0	100.0	100.0
100.0	100.0	101.9	97.7	103.2	100.6	100.0	98.1	100.0
102.0	100.0	100.0	100.0	100.0	100.0	100.0	95.8	100.0
104.2	100.0	102.7	100.0	100.2	100.0	100.0	97.4	100.0
100.0	100.0	101.0	103.2	101.9	100.2	100.0	99.6	100.0
100.0	100.0	100.0	100.0	100.0	100.0	100.0	100.0	100.0
100.0	100.0	100.0	100.0	100.0	100.0	100.0	100.0	100.0
100.0	100.0	100.0	100.0	100.0	100.0	100.0	100.0	99.9
100.0	**100.0**	**100.0**	**100.1**	**100.0**	**100.5**	**100.0**	**100.0**	**100.0**
100.0	99.9	100.0	100.0	99.8	101.2	100.0	100.0	100.0
100.0	100.0	100.0	100.4	99.9	100.0	100.2	100.0	100.0
100.0	100.0	100.0	99.9	99.9	103.2	100.0	100.0	100.0
100.0	99.8	100.0	99.9	99.6	98.1	100.0	100.0	100.0
99.8	100.0	100.0	100.0	100.0	100.0	100.0	100.0	100.0
100.0	100.0	100.0	100.1	100.0	100.0	100.0	100.0	100.0
100.0	100.0	100.0	100.3	100.0	100.0	100.0	100.0	100.0
100.0	100.0	100.0	100.0	100.0	100.0	100.0	100.0	100.0
100.0	100.0	100.0	100.0	100.0	100.0	100.0	100.0	100.0
100.0	100.0	100.1	100.1	100.1	100.0	100.0	100.0	100.0
100.0	100.0	100.4	100.2	100.4	100.0	100.0	100.0	100.0
100.0	100.0	100.0	100.0	100.0	100.0	100.0	100.0	100.0
100.0	100.0	100.0	100.0	100.0	100.0	100.0	100.0	100.0
103.7	**102.0**	**110.3**	**105.0**	**100.6**	**100.4**	**100.0**	**99.0**	**93.9**
108.4	104.4	116.3	103.5	100.5	101.0	100.8	99.4	94.6
106.8	105.6	122.1	104.9	100.7	99.5	100.8	99.1	91.8
110.7	102.7	107.8	101.2	100.0	103.6	100.9	99.9	99.1
100.2	100.0	105.2	106.4	100.7	99.7	99.2	98.5	93.1
100.6	100.9	102.0	102.3	98.6	98.9	96.4	93.6	92.9
100.0	100.0	100.0	100.0	100.0	100.0	100.0	100.0	100.0
100.0	99.5	107.1	108.0	101.2	100.0	100.0	100.0	92.5
100.1	100.0	106.8	109.0	101.8	100.0	100.0	99.6	92.8
100.0	100.0	101.9	101.8	101.4	100.0	100.0	101.4	97.4
100.8	**102.1**	**103.5**	**100.5**	**99.6**	**99.2**	**98.7**	**98.8**	**99.3**
101.0	102.8	104.6	100.4	99.2	98.8	98.4	98.5	99.2
100.5	100.3	100.1	100.2	100.1	99.9	99.9	99.6	99.0
100.3	103.9	100.0	100.0	100.1	100.1	100.0	100.0	100.0
102.3	107.6	99.5	98.7	97.2	93.4	88.7	89.2	99.6
102.0	102.7	104.6	102.2	100.0	99.3	99.6	97.9	99.5
101.1	105.6	117.1	98.7	96.7	97.6	97.3	99.1	99.5
101.1	100.9	102.0	100.1	100.7	101.2	100.1	100.0	99.0
100.6	100.3	101.7	99.2	100.0	100.1	100.0	101.0	99.8
99.7	100.2	101.6	102.8	98.9	98.7	99.8	99.4	98.2
100.3	100.1	103.6	100.1	100.3	100.7	100.0	100.0	97.7
100.3	100.9	103.5	101.1	100.5	100.2	99.2	99.8	98.4
100.0	106.9	101.3	100.1	100.0	100.0	99.9	100.0	99.8
100.2	100.2	100.3	100.8	100.8	100.2	99.9	99.9	99.5
99.9	100.0	100.1	100.8	100.0	100.0	99.8	100.4	100.2
100.0	100.0	100.7	100.7	102.3	100.0	100.0	100.2	99.1
100.3	100.2	100.0	100.0	100.0	100.7	99.8	99.4	99.6
101.7	101.7	100.0	103.8	100.0	100.0	100.0	99.2	99.2

7-20 全省农业生产资料价格指数（2008年）

商品类别及品名	Commodity Category and Commkdiry Name	全年 Annural	1月 January	2月 February
农业生产资料价格指数	**Price Lndices of Means of Agricultural Production**	**119.3**	**112.4**	**114.0**
一、农用手工工具	**Agricultural Handwork To,ols**	**114.6**	**105.8**	**110.3**
农用手工工具	Agrycultural Handwork Tools	114.6	105.8	110.3
二、饲料	**Forage**	**115.3**	**111.4**	**114.0**
混合饲料	Mixed Forage	112.9	110.5	111.3
其 他	Others	118.4	112.5	117.5
三、产品畜	**Production Livestock**	**126.4**	**137.6**	**147.3**
幼禽家畜	Young Fowls and Livestock	126.4	137.6	147.3
四、半机械化农具	**Semi-mechanized Farm Tools**	**108.1**	**101.2**	**102.3**
半机械化农具	Semi-mechanized Farm Tools	108.1	101.2	102.3
五、机械化农具	**Mechanized Farm Tools**	**108.1**	**101.5**	**102.0**
农用机械	Agricultural Machinery	108.1	101.5	102.0
六、化学肥料	**Chemical Fertilizer**	**131.1**	**119.1**	**120.5**
氮 肥	Nitrogenous Fertilizer	125.6	113.4	114.7
磷 肥	PhosphateFertilizer	132.6	121.7	119.3
钾 肥	Potassic Fertilizer	131.4	125.0	128.7
复合肥料	Compound Fertilizer	138.4	124.1	127.1
七、农药及农药械	**Pesticide and its Appliances**	**108.8**	**102.4**	**104.1**
1.化学农药	Chemical Pesticide	109.2	101.9	103.9
杀 虫 剂	Insecticide	110.0	104.5	106.3
杀 菌 剂	Fungicide	110.1	105.6	105.9
除 草 剂	Weeding Pesticide	105.7	90.6	95.0
2.农药器械	Pesticide Appliances	105.9	105.3	105.7
农药器械	Pesticide Appliances	105.9	105.3	105.7
八、农用机油	**Oil fkr Farm Machinery**	**112.1**	**108.4**	**108.6**
农用机油	Oil for Farm Machinery	112.1	108.4	108.6
九、其他农业生产资料	**Other Means of Agric-ultual Production**	**107.5**	**102.8**	**103.5**
1.农用种子	Agricultural Seed	107.8	102.8	102.9
农用种子	Agricultural Seed	107.8	102.8	102.9
2.其 他	Others	107.2	102.9	104.2
农用薄膜	Agricultural Film	107.7	103.4	104.8
其 他	Others	104.6	100.4	101.4
十、农业生产服务	**Agricultural Production Service**	**112.8**	**107.9**	**106.4**
排 灌 费	Draim and Lrrigate Fee	111.8	115.3	109.1
机械作业费	Mechanical Manip	114.7	100.3	103.9
其 他	Others	110.1	101.4	101.4

Entire Province Price Indices of Means of Agricultural Production（2008）

以上年同期价格为100

3月 March	4月 April	5月 May	6月 June	7月 July	8月 August	9月 September	10月 October	11月 November	12月 December
116.6	**119.5**	**120.9**	**123.9**	**125.0**	**125.2**	**124.4**	**122.1**	**116.4**	**111.1**
112.5	**115.5**	**116.3**	**116.0**	**119.6**	**118.2**	**117.2**	**116.1**	**115.2**	**112.1**
112.5	115.5	116.3	116.0	119.6	118.2	117.2	116.1	115.2	112.1
117.2	**119.3**	**117.8**	**119.1**	**118.8**	**116.3**	**115.5**	**116.0**	**112.8**	**106.8**
110.9	114.8	115.1	116.2	116.2	115.0	114.5	114.1	111.6	105.2
125.5	125.3	121.4	122.7	122.1	117.9	116.9	118.4	114.4	108.8
158.8	**166.9**	**149.0**	**136.7**	**119.8**	**114.0**	**116.5**	**111.5**	**99.0**	**90.0**
158.8	166.9	149.0	136.7	119.8	114.0	116.5	111.5	99.0	90.0
105.3	**106.3**	**107.9**	**108.0**	**108.8**	**111.3**	**111.6**	**111.6**	**111.4**	**111.1**
105.3	106.3	107.9	108.0	108.8	111.3	111.6	111.6	111.4	111.1
105.2	**106.9**	**108.4**	**109.7**	**110.2**	**110.8**	**110.3**	**110.7**	**111.0**	**109.9**
105.2	106.9	108.4	109.7	110.2	110.8	110.3	110.7	111.0	109.9
122.3	**126.9**	**132.5**	**139.2**	**143.5**	**145.6**	**142.8**	**137.6**	**126.2**	**117.5**
116.0	121.1	127.0	136.5	141.8	145.2	138.6	129.9	116.6	107.8
122.9	124.0	131.5	141.8	145.1	145.9	142.6	139.1	131.7	124.2
130.0	130.5	130.7	133.3	135.3	137.1	140.5	139.1	128.3	120.0
129.0	136.0	141.7	143.6	147.7	148.6	149.8	147.5	136.9	127.7
106.6	**106.7**	**108.7**	**110.0**	**111.9**	**112.4**	**111.7**	**111.1**	**110.4**	**109.5**
106.5	106.5	108.8	110.6	112.6	113.4	112.6	111.9	111.4	110.5
108.9	107.1	108.3	109.9	112.6	113.5	113.2	112.4	111.9	111.0
105.8	108.1	111.8	113.4	113.9	114.1	112.7	111.8	109.7	108.5
101.0	102.8	105.7	108.4	110.6	111.7	110.7	110.4	112.2	111.8
107.4	107.6	107.6	105.9	107.0	106.1	106.1	106.2	103.9	102.7
107.4	107.6	107.6	105.9	107.0	106.1	106.1	106.2	103.9	102.7
108.3	**108.3**	**108.8**	**113.2**	**117.8**	**119.0**	**119.2**	**118.3**	**111.0**	**105.1**
108.3	108.3	108.8	113.2	117.8	119.0	119.2	118.3	111.0	105.1
105.9	**107.1**	**108.2**	**108.8**	**109.4**	**109.8**	**110.1**	**108.7**	**109.2**	**106.8**
105.8	107.1	108.3	108.9	109.6	109.0	109.7	108.1	111.5	110.3
105.8	107.1	108.3	108.9	109.6	109.0	109.7	108.1	111.5	110.3
106.0	107.1	108.1	108.7	109.1	110.7	110.5	109.4	106.5	102.9
106.7	107.9	109.1	109.6	109.7	111.7	111.5	110.0	106.5	102.0
102.6	103.8	103.7	104.7	106.5	106.1	106.1	106.6	106.6	107.0
106.5	**107.4**	**106.9**	**115.2**	**116.7**	**116.7**	**116.7**	**116.5**	**118.0**	**117.9**
109.3	109.3	107.5	110.8	113.3	113.3	113.3	113.3	113.3	113.2
103.9	106.0	107.4	122.0	122.2	122.2	122.2	122.2	122.2	122.1
101.4	102.0	102.5	112.5	113.2	113.2	113.2	112.2	123.7	123.7

7−21　全省农业生产资料价格(环比)指数（2008年）

商品类别及品名	Commodity Category and Commodity Name	1月 January	2月 February	3月 March
农业生产资料价格指数	**Price Indices of Means of Agricultural Production**	101.3	101.6	102.9
一、农用手工工具	**Agricultural Handwork Tools**	100.3	104.3	102.3
农用手工工具	Agricultural Handwork Tools	100.3	104.3	102.3
二、饲料	**Forage**	100.2	101.7	101.3
混合饲料	Mixed Forage	99.8	100.8	100.1
其　他	Others	100.7	102.9	102.7
三、产品畜	**Production Livestock**	102.3	104.2	106.7
幼禽家畜	Young Fowls and Livestock	102.3	104.2	106.7
四、半机械化农具	**Semi-mechanized Farm Tools**	100.1	101.2	102.3
半机械化农具	Semi-mechanized Farm Tools	100.1	101.2	102.3
五、机械化农具	**Mechanized Farm Tools**	100.3	100.5	103.2
农用机械	Agricultural Machinery	100.3	100.5	103.2
六、化学肥料	**Chemical Fertilizer**	102.2	101.7	104.1
氮　肥	Nitrogenous Fertilizer	100.4	102.1	104.0
磷　肥	Phosphate Fertilizer	106.9	98.1	103.6
钾　肥	Potassic Fertilizer	101.5	103.0	102.4
复合肥料	Compound Fertilizer	102.8	102.7	105.2
七、农药及农药械	**Pesticide and its Appliances**	100.9	101.4	101.7
1.化学农药	Chemical Pesticide	101.0	101.6	101.6
杀虫剂	Insecticide	101.6	101.8	102.5
杀菌剂	Fungicide	100.7	100.3	101.2
除草剂	Weeding Pesticide	100.0	102.8	100.0
2.农药器械	Pesticide Appliances	100.0	100.3	101.8
农药器械	Pesticide Appliances	100.0	100.3	101.8
八、农用机油	**Oil for Farm Machinery**	100.5	100.1	100.1
农用机油	Oil for Farm Machinery	100.5	100.1	100.1
九、其他农业生产资料	**Other Means of Agric- ultural Production**	101.0	101.4	101.6
1.农用种子	Agricultural Seed	101.3	102.0	101.6
农用种子	Agricultural Seed	101.3	102.0	101.6
2.其他	Others	100.7	100.7	101.7
农用薄膜	Agricultural Film	100.7	100.6	101.8
其　他	Others	100.6	100.9	101.1
十、农业生产服务	**Agricultural Production Service**	100.3	101.4	100.1
排灌费	Drain and Irrigate Fee	100.5	100.0	100.3
机械作业费	Mechanical Manip- ulation Fee	100.0	103.6	100.0
其　他	Others	100.0	100.0	100.0

Entire Province Price Indices of Means of Agricultural Production（2008）

(以上月价格为100　preceding month=100)

4 月 April	5 月 May	6 月 June	7 月 July	8 月 August	9 月 September	10 月 October	11月 November	12月 December
103.2	102.3	103.2	101.5	100.8	99.5	98.3	98.3	97.8
102.7	102.2	100.7	103.0	99.9	100.3	99.0	99.3	97.7
102.7	102.2	100.7	103.0	99.9	100.3	99.0	99.3	97.7
101.7	101.0	101.2	100.7	100.0	100.5	99.5	99.5	99.3
103.5	101.2	101.4	100.4	99.7	99.9	99.6	99.6	99.1
99.5	100.8	100.8	101.1	100.4	101.3	99.2	99.4	99.7
107.0	97.8	96.6	94.3	102.5	98.6	92.9	91.7	96.4
107.0	97.8	96.6	94.3	102.5	98.6	92.9	91.7	96.4
101.5	101.1	100.3	101.4	102.4	101.0	100.0	99.8	99.7
101.5	101.1	100.3	101.4	102.4	101.0	100.0	99.8	99.7
101.6	101.3	101.2	100.7	100.6	100.1	100.3	100.4	99.4
101.6	101.3	101.2	100.7	100.6	100.1	100.3	100.4	99.4
105.3	104.6	105.3	103.0	100.8	98.8	97.1	97.0	96.9
105.6	105.1	107.1	102.8	100.0	95.8	95.1	94.1	96.6
103.0	106.1	107.9	102.4	102.1	99.6	97.6	99.8	95.6
101.9	101.0	102.3	102.4	102.2	103.7	100.7	98.9	98.4
107.2	104.3	102.4	103.8	100.8	101.0	98.6	98.8	97.5
101.2	101.9	101.6	100.7	100.6	99.6	99.4	100.2	99.8
101.3	102.2	101.8	100.8	100.7	99.6	99.3	100.4	99.8
101.0	101.3	101.8	100.5	100.8	99.7	99.2	100.3	100.0
101.0	103.6	101.6	100.7	100.4	99.9	99.1	100.3	99.6
102.2	102.6	102.2	101.7	100.8	98.9	99.9	100.7	99.4
100.9	100.0	100.3	100.2	100.0	100.0	100.0	99.1	100.0
100.9	100.0	100.3	100.2	100.0	100.0	100.0	99.1	100.0
100.0	100.0	104.0	104.0	101.0	100.2	100.6	99.8	94.9
100.0	100.0	104.0	104.0	101.0	100.2	100.6	99.8	94.9
101.4	101.8	100.6	99.9	100.1	101.0	99.5	100.4	98.0
101.6	102.3	100.6	99.9	98.5	101.7	100.2	101.2	98.9
101.6	102.3	100.6	99.9	98.5	101.7	100.2	101.2	98.9
101.0	101.2	100.7	99.9	102.0	100.2	98.7	99.4	97.0
101.0	101.2	100.6	99.8	102.4	100.2	98.4	99.2	96.2
101.2	101.0	100.9	100.3	100.0	100.1	100.2	100.3	100.3
100.8	101.9	110.1	101.3	100.0	100.0	100.0	101.2	100.0
100.0	102.7	107.0	102.2	100.0	100.0	100.0	100.0	100.0
102.0	101.3	113.8	100.4	100.0	100.0	100.0	100.0	99.9
100.5	100.5	110.3	100.6	100.0	100.0	100.0	110.3	100.0

7-22 各市、县居民消费价格指数(2008年)

市县名称	Name of City and County	居民消费价格总指数 General Consu-mer Price Index	非食品价格指数 No-food Price Index	服务项目价格指数 Services Price Index	工业品价格指数 Industrial Prod-ucts Price Index	扣除食品和能源价格指数 Deducting Foods and Energy Price Index	扣除鲜菜鲜果总指数 Deducting Fresh, Vegeta-bles and Fruits Price Index	消费品价格指数 Consumer Go-ods Price Index
济南市	Jinan	105.7	101.3	101.8	101.0	100.5	105.3	107.1
青岛市	Qingdao	104.7	101.4	99.8	102.1	100.9	105.1	106.2
淄博市	Zibo	104.4	100.3	100.4	100.2	99.6	104.2	105.5
枣庄市	Zaozhuang	104.8	99.4	103.1	97.9	99.1	104.8	105.3
东营市	Dongying	103.5	100.0	101.4	99.3	99.4	103.5	104.0
利津县	Lijin	104.1	101.0	100.8	101.1	100.1	103.8	105.0
烟台市	Yantai	104.2	101.1	100.8	101.3	100.8	104.0	105.2
潍坊市	Weifang	105.2	101.1	101.1	101.1	100.8	104.1	106.2
青州市	Qingzhou	106.6	103.6	100.7	104.9	101.5	106.6	108.3
诸城市	Zhucheng	107.2	103.7	102.1	104.2	102.9	107.2	108.4
济宁市	Jining	105.3	100.7	105.0	99.4	100.4	104.7	105.3
微山县	Weishan	107.0	103.9	109.2	101.5	103.4	106.6	106.4
泰安市	Taian	104.9	101.3	101.4	101.2	100.8	104.8	105.7
威海市	Weihai	104.6	101.0	102.0	100.5	100.7	104.3	105.3
文登市	Wendeng	105.1	101.8	103.6	101.3	100.5	105.1	105.4
日照市	Rizhao	104.8	100.3	101.5	99.8	99.4	104.4	105.7
莱芜市	Laiwu	105.6	101.8	101.6	101.8	101.4	106.2	106.5
临沂市	Linyi	104.4	101.8	101.1	102.1	101.0	104.8	105.1
费　县	Feixian	105.7	103.1	102.0	103.5	102.5	105.6	106.8
德州市	Dezhou	104.1	99.4	101.4	98.6	99.0	104.0	104.8
武城县	Wucheng	105.2	103.2	100.4	104.2	102.2	105.3	106.2
聊城市	Liaocheng	105.2	101.5	103.7	100.5	101.3	105.4	105.6
东阿县	Donge	106.1	104.1	104.8	103.8	103.4	106.0	106.5
临清市	Linqing	104.9	101.0	102.2	100.6	99.6	104.9	105.5
滨州市	Binzhou	104.8	100.0	104.1	98.4	99.1	104.3	105.0
菏泽市	Heze	104.1	100.9	100.6	101.0	100.2	103.8	105.0
巨野县	Juye	105.5	102.0	99.9	102.8	101.4	105.2	106.8

Consumer Price Indices by Each City and County(2008)

(以2006年同期价格为100　2006=100)

一、食品 Food	二、烟酒及用品 Tobacco, Liquor and their Appliances	三、衣着 Clothing	四、家庭设备用品及维修服务 Household Facilities, Articles and Services	五、医疗保健和个人用品 Healthcare and Personal Articles	六、交通和通信 Transportation and Communication	七、娱乐教育文化用品及服务 Recreation, Education and Culture Articles	八、居住 Residence
115.5	104.1	97.9	104.5	104.0	98.0	100.5	104.5
111.7	103.3	103.9	103.6	100.7	98.9	98.5	103.6
112.7	102.1	97.9	101.8	101.1	97.9	98.4	104.9
115.3	104.0	91.7	99.1	102.4	98.3	100.0	108.1
111.1	100.0	96.0	101.6	103.2	97.3	98.7	104.4
112.0	100.0	99.2	99.1	101.7	101.0	99.6	105.8
110.3	104.0	98.6	101.5	102.2	101.7	99.4	103.6
113.4	105.8	98.8	100.7	101.5	99.7	99.3	105.6
113.6	105.9	96.8	101.2	101.2	102.1	99.6	117.1
116.1	105.5	100.2	103.0	105.7	96.8	100.6	112.8
114.0	102.7	98.6	100.3	101.2	99.6	102.0	102.3
113.4	100.6	99.3	100.1	105.5	103.4	108.7	104.0
111.6	100.4	99.9	100.6	102.9	100.7	99.8	103.5
112.2	108.7	95.5	104.9	103.2	100.1	100.4	102.9
112.2	103.4	95.0	104.2	97.4	103.4	100.1	107.7
114.1	105.9	96.8	98.0	100.0	98.0	100.0	107.6
113.6	104.5	101.3	101.8	101.3	100.2	98.5	111.3
109.3	106.8	98.7	104.4	102.5	99.6	98.8	108.2
112.8	103.8	99.4	100.5	106.7	100.8	101.6	106.6
113.5	102.0	94.4	100.7	99.5	98.4	100.3	104.3
109.2	100.7	102.9	102.7	102.3	102.3	100.1	109.3
112.8	106.1	97.8	102.3	102.2	101.0	101.6	104.2
111.0	100.7	103.0	101.7	103.0	103.0	105.6	107.3
113.2	107.9	77.6	99.6	103.0	105.4	97.4	113.8
116.3	107.6	96.2	101.1	97.9	97.4	98.3	109.1
110.7	102.5	98.1	102.5	102.0	96.9	100.1	106.6
113.0	105.3	99.1	102.6	96.9	101.0	98.9	110.2

7−23　各市、县商品零售价格指数(2008年)

市县名称	Name of City and County	商品零售价格总指数 General Retail Price Index	一、食品 Food	二、饮料、烟酒 Beverages, To-bacco, Liquor	三、服装、鞋帽 Garments, Footgear and Hats	四、纺织品 Textiles	五、家用电器及音像器材 Household Appli-ances, Music andVideo Equipments	六、文化办公用品 Cultural and Office Applicances
济南市	Jinan	104.5	115.9	103.3	97.9	94.8	98.8	92.3
青岛市	Qingdao	103.9	112.4	103.3	104.3	101.8	98.6	98.7
淄博市	Zibo	103.4	112.8	102.2	97.7	101.5	98.0	89.6
枣庄市	Zaozhuang	105.0	115.8	103.6	91.4	90.1	99.4	99.0
东营市	Dongying	103.2	111.2	100.5	96.0	97.1	95.6	96.5
利津县	Lijin	102.9	108.4	100.0	99.9	98.8	97.3	99.3
烟台市	Yantai	104.1	110.3	104.1	98.6	100.7	101.7	100.2
潍坊市	Weifang	105.2	113.8	108.3	98.9	99.9	99.6	99.8
青州市	Qingzhou	107.2	113.6	105.4	96.5	100.0	97.5	99.1
诸城市	Zhucheng	107.4	115.0	105.7	100.0	99.6	102.9	99.2
济宁市	Jining	103.9	115.7	101.9	97.9	97.9	96.9	98.7
微山县	Weishan	105.3	113.4	100.6	99.3	100.0	98.9	100.0
泰安市	Taian	104.9	112.0	100.3	100.0	100.0	100.5	99.2
威海市	Weihai	105.9	112.4	108.6	96.4	100.8	100.3	99.1
文登市	Wendeng	106.1	111.7	106.4	93.3	100.1	99.1	104.1
日照市	Rizhao	104.5	113.9	107.3	96.4	97.2	95.3	98.6
莱芜市	Laiwu	104.8	114.0	104.6	101.2	100.0	98.3	99.6
临沂市	Linyi	104.8	110.0	108.1	98.3	100.4	99.1	99.1
费　县	Feixian	106.0	113.4	103.5	99.4	100.9	100.0	100.0
德州市	Dezhou	105.0	112.9	102.0	95.0	99.6	98.3	100.5
武城县	Wucheng	105.3	109.0	100.6	102.1	106.1	100.8	98.8
聊城市	Liaocheng	105.2	113.1	106.8	97.3	101.1	94.1	97.9
东阿县	Donge	105.8	111.3	100.7	103.3	101.4	99.8	99.9
临清市	Linqing	104.1	112.5	105.1	72.4	88.8	92.4	99.5
滨州市	Binzhou	104.5	115.7	104.9	96.7	107.3	92.9	87.0
菏泽市	Heze	104.6	110.8	103.0	97.9	98.9	97.4	97.9
巨野县	Juye	104.8	113.0	105.2	98.1	100.5	97.5	99.0

Retail Price Indices by Each City and County(2008)

(以2006年同期价格为100　2006=100)

七、日用品 Articles for DailyUse	八、体育娱乐用品 Sports and RecreationArticles	九、交通、通信用品 Transportati-on and Com-munication Appliances	十、家具 Furniture	十一、化妆品 Cosmetics	十二、金银珠宝 Gold, Silver and Jewelry	十三、中西药品及医疗保健用品 Traditional Chinese and Western Medic-ines and Healthcare Articles	十四、书报杂志及电子出版物 Books, Newspap-ers, Magazines and Electronic Publications	十五、燃料 Fuels	十六、建筑材料及五金电料 Building Materials and Hardware
104.2	100.0	93.1	101.0	102.0	107.1	105.5	100.6	117.9	107.7
103.8	97.5	95.9	101.8	100.4	109.6	100.2	103.6	108.3	102.0
100.9	100.0	93.4	100.1	99.8	116.8	101.4	102.1	114.4	107.9
100.5	99.9	93.5	99.7	98.5	109.4	100.6	102.0	112.1	104.6
101.0	99.9	87.8	102.8	103.5	119.0	102.8	98.4	118.5	110.2
100.0	100.0	98.4	100.0	100.9	110.5	101.1	100.0	114.4	101.8
101.5	99.7	98.8	100.3	98.9	114.5	100.9	99.8	107.6	105.5
100.9	99.8	98.1	101.4	104.5	101.7	100.3	100.0	110.4	110.9
103.9	95.0	97.1	100.0	102.7	128.7	101.0	100.5	130.1	112.8
104.1	101.9	91.6	102.5	103.9	121.6	108.8	99.5	122.6	114.1
99.7	98.3	93.2	100.0	102.1	102.4	100.1	98.2	110.3	101.2
100.8	100.4	96.2	100.0	100.0	122.8	103.4	99.9	117.6	101.0
100.9	98.8	90.1	100.0	100.2	118.9	103.4	100.0	115.6	102.2
104.0	102.0	97.2	100.1	100.0	123.7	102.4	100.7	116.3	114.2
107.2	98.6	96.0	116.5	100.6	170.2	90.7	98.9	127.5	105.2
102.3	99.9	95.2	97.2	101.5	116.3	94.1	99.9	121.1	107.9
100.1	100.0	97.9	101.0	100.0	100.7	98.5	99.6	111.7	110.0
103.4	98.6	97.2	100.3	103.4	113.1	103.7	100.4	116.0	108.4
101.6	100.0	98.7	100.2	100.1	100.3	108.3	103.8	114.7	105.6
101.0	99.1	97.8	100.0	100.0	120.7	98.6	100.4	122.5	103.6
105.8	104.7	97.0	104.9	106.1	124.0	101.5	100.0	120.9	107.9
104.0	94.8	101.2	107.6	101.0	122.2	101.4	99.2	116.9	104.9
101.9	103.3	98.0	101.6	100.5	110.3	106.9	100.1	128.3	105.0
105.5	101.2	95.2	109.8	101.8	114.3	104.9	98.7	128.7	110.3
101.5	99.3	89.1	105.9	101.0	125.8	87.6	99.8	116.9	109.4
102.7	97.2	99.5	101.3	104.7	115.5	101.2	98.6	115.3	114.1
103.1	99.8	97.3	110.9	100.0	119.2	91.2	98.4	122.2	111.9

7–24 全国及各省(区、市)居民消费价格指数
Consumer Price Indices in China and Every Region

地 区	Area	2001年	2002年	2003年	2004年	2005年	2006年	2007年	2008年
全国平均	**National Average**	**100.7**	**99.2**	**101.2**	**103.9**	**101.8**	**101.5**	**104.8**	**105.9**
北 京	Beijing	103.1	98.2	100.2	101.0	101.5	100.9	102.4	105.1
天 津	Tianjin	101.2	99.6	101.0	102.3	101.5	101.5	104.2	105.4
河 北	Hebei	100.5	99.0	102.2	104.3	101.8	101.7	104.7	106.2
山 西	Shanxi	99.8	98.4	101.8	104.1	102.3	102.0	104.6	107.2
内蒙古	Inner Mongolia	100.6	100.2	102.2	102.9	102.4	101.5	104.6	105.7
辽 宁	Liaoning	100.0	98.9	101.7	103.5	101.4	101.2	105.1	104.6
吉 林	Jilin	101.3	99.5	101.2	104.1	101.5	101.4	104.8	105.1
黑龙江	Heilongjiang	100.8	99.3	100.9	103.8	101.2	101.9	105.4	105.6
上 海	Shanghai	100.0	100.5	100.1	102.2	101.0	101.2	103.2	105.8
江 苏	Jiangsu	100.8	99.2	101.0	104.1	102.1	101.6	104.3	105.4
浙 江	Zhejiang	99.8	99.1	101.9	103.9	101.3	101.1	104.2	105.0
安 徽	Anhui	100.5	99.0	101.7	104.5	101.4	101.2	105.3	106.2
福 建	Fujian	98.7	99.5	100.8	104.0	102.2	100.8	105.2	104.6
江 西	Jiangxi	99.5	100.1	100.8	103.5	101.7	101.2	104.8	106.0
山 东	Shandong	101.8	99.3	101.1	103.6	101.7	101.0	104.4	105.3
河 南	Henan	100.7	100.1	101.6	105.4	102.1	101.3	105.4	107.0
湖 北	Hubei	100.3	99.6	102.2	104.9	102.9	101.6	104.8	106.3
湖 南	Hunan	99.1	99.5	102.4	105.1	102.3	101.4	105.6	106.0
广 东	Guangdong	99.3	98.6	100.6	103.0	102.3	101.8	103.7	105.6
广 西	Guangxi	100.6	99.1	101.1	104.4	102.4	101.3	106.1	107.8
海 南	Hainan	98.5	99.5	100.1	104.4	101.5	101.5	105.0	106.9
重 庆	Chongqing	101.7	99.6	100.6	103.7	100.8	102.4	104.7	105.6
四 川	Sichuan	102.1	99.7	101.7	104.9	101.7	102.3	105.9	105.1
贵 州	Guizhou	101.8	99.0	101.2	104.0	101.0	101.7	106.4	107.6
云 南	Yunnan	99.1	99.8	101.2	106.0	101.4	101.9	105.9	105.7
西 藏	Xizang	100.1	100.4	100.9	102.7	101.5	102.0	103.4	105.7
陕 西	Shaanxi	101.0	98.9	101.7	103.1	101.2	101.5	105.1	106.4
甘 肃	Gansu	104.0	100.0	101.1	102.3	101.7	101.3	105.5	108.2
青 海	Qinghai	102.6	102.3	102.0	103.2	100.8	101.6	106.6	110.1
宁 夏	Ningxia	101.6	99.4	101.7	103.7	101.5	101.9	105.4	108.5
新 疆	Xinjiang	104.0	99.4	100.4	102.7	100.7	101.3	105.5	108.1

7-25 全国及各省(区、市)商品零售价格指数

Retail Price Indices in China and Every Region

地 区	Area	2001年	2002年	2003年	2004年	2005年	2006年	2007年	2008年
全国平均	**National Average**	**99.2**	**98.7**	**99.9**	**102.8**	**100.8**	**101.0**	**103.8**	**105.9**
北 京	Beijing	98.8	98.4	98.2	99.2	99.7	100.2	100.8	104.4
天 津	Tianjin	98.6	97.4	97.4	100.8	99.9	100.4	103.2	105.1
河 北	Hebei	99.8	99.2	100.2	103.2	101.1	101.5	104.1	106.7
山 西	Shanxi	99.0	98.6	100.3	103.1	100.3	101.2	104.2	107.2
内蒙古	Inner Mongolia	100.0	99.4	99.6	102.7	101.5	101.4	103.6	104.7
辽 宁	Liaoning	99.4	97.4	98.9	101.9	100.1	101.3	104.4	105.3
吉 林	Jilin	100.9	99.0	100.5	103.5	101.1	101.5	103.3	106.2
黑龙江	Heilongjiang	100.5	98.4	99.7	102.8	100.4	101.5	105.6	105.8
上 海	Shanghai	98.5	98.7	99.0	100.9	99.4	100.2	102.4	105.3
江 苏	Jiangsu	98.9	98.4	99.8	102.2	100.3	100.8	102.9	104.9
浙 江	Zhejiang	98.1	98.7	99.6	102.7	100.9	100.8	103.8	106.3
安 徽	Anhui	99.6	99.2	101.3	102.7	100.6	100.8	104.5	106.3
福 建	Fujian	98.0	98.3	99.1	102.7	100.6	100.5	104.3	105.7
江 西	Jiangxi	98.4	100.2	100.1	103.0	100.9	101.2	104.0	106.1
山 东	Shandong	100.0	98.8	100.2	102.8	100.6	100.6	103.6	104.9
河 南	Henan	99.8	99.2	101.3	105.7	101.7	100.9	104.4	107.5
湖 北	Hubei	97.4	98.8	101.2	104.1	102.1	101.1	104.2	106.3
湖 南	Hunan	98.8	99.2	100.6	103.9	102.3	101.3	104.3	105.6
广 东	Guangdong	98.7	98.5	100.0	102.9	101.8	101.5	103.4	106.0
广 西	Guangxi	97.9	98.1	100.2	103.9	101.1	100.3	104.8	107.6
海 南	Hainan	97.7	98.4	100.4	103.4	100.9	101.3	103.8	106.7
重 庆	Chongqing	99.0	98.9	99.5	101.4	98.7	101.6	103.7	105.0
四 川	Sichuan	100.8	99.4	100.1	103.7	100.6	101.7	105.3	105.3
贵 州	Guizhou	98.4	99.3	100.0	103.2	101.3	100.9	104.2	107.2
云 南	Yunnan	98.4	98.1	99.9	104.7	100.1	100.8	104.4	106.1
西 藏	Xizang	99.7	99.7	99.4	100.7	100.8	100.2	101.7	103.9
陕 西	Shaanxi	99.0	98.6	100.5	102.5	100.1	101.8	105.0	106.9
甘 肃	Gansu	99.6	98.9	100.2	102.1	99.9	101.2	104.4	107.9
青 海	Qinghai	99.9	99.3	100.8	102.6	100.7	102.0	106.0	110.6
宁 夏	Ningxia	100.0	98.6	99.5	102.8	100.4	101.3	104.1	108.5
新 疆	Xinjiang	102.5	97.9	99.2	100.7	99.4	101.8	105.1	108.5

主要指标解释

居民消费价格指数 是反映一定时期内城乡居民所购买的生活消费品价格和服务项目价格变动趋势和程度的相对数，是对城市居民消费价格指数和农村居民消费价格指数进行综合汇总计算的结果。该指数可以观察和分析消费品的零售价格和服务价格变动对城乡居民实际生活费支出的影响程度。

城市居民消费价格指数 是反映一定时期内城市居民家庭所购买的生活消费品价格和服务项目价格变动趋势和程度的相对数。该指数可以观察和分析消费品的零售价格和服务项目价格变动对城镇职工货币工资的影响，作为研究职工生活和确定工资政策的依据。

农村居民消费价格指数 是反映一定时期内农村居民家庭所购买的生活消费品价格和服务项目价格变动趋势和程度的相对数。该指数可以观察农村消费品的零售价格和服务项目价格变动对农村居民生活消费支出的影响，直接反映农民生活水平的实际变化情况，为分析和研究农村居民生活问题提供依据。

商品零售价格指数 是反映一定时期内城乡商品零售价格变动趋势和程度的相对数。商品零售价格的变动直接影响到城乡居民的生活支出和国家的财政收入，影响居民购买力和市场供需的平衡，影响到消费与积累的比例关系。因此，该指数可以从一个侧面对上述经济活动进行观察和分析。

农业生产资料价格指数 指反映一定时期内农业生产资料价格变动趋势和程度的相对数。农业生产资料价格指数分为小农具、饲料、产品畜、役畜、半机械化农具、机械化农具、化学肥料、农药及农药械、农机用油、其他农业生产资料十大类。其编制目的是了解农业生产中物质资料投入价格的变动状况，服务于国民经济核算。1994 年以前，农业生产资料价格指数仅仅是商品零售价格指数的一个类别，此后，从商品零售价格指数中分离出来，单独编制。

Explanatory Notes on Main Indicators

Consumer Price Indices reflect the trend and degree of changes in prices of consumer goods and services purchased by urban and rural households during a given period. They are obtained by combining the Urban Consumer Price Indices and the Rural Consumer Price Indices. The Indices enable the observation and analysis of the degree of impact of the changes in the prices of retailed goods and services on the actual living expenses of urban and rural residents.

Urban Consumer Price Indices reflect the trend and degree of changes in prices of consumer goods and services purchased by urban households during a given period. It can be used to observe and analyze the impact of price changes in consumer goods and services on wages (in monetary terms) of urban staff and workers, and provide a basis for research on the livelihood of staff and workers and policy-making concerning wages.

Rural Consumer Price Indices reflect the trend and degree of changes in prices of consumer goods and services purchased by rural households during a given period. It can be used to observe the impact of change in retail prices of consumer goods and service prices in rural areas on living expenditure of rural households, and to show the changes in the living standard of peasants. It provides a basis for analysis and research on the condition of life in rural areas.

Retail Price Indices reflect the trend and degree of change in retail prices of commodities during a given period. The change in retail prices of commodities directly affect the living expenses of urban and rural residents, government revenue, purchasing power of residents and the equilibrium of market supply and demand, and the ratio of consumption to accumulation. Therefore, the retail price indices are useful from an oblique perspective for observing and analyzing the changes of the above economic activities.

Price Indices of Agricultural Means of Production reflect the trend and degree of changes in the prices of the means of agricultural production during a given period. Compilation of these indices helps to understand the changes in prices of input into agricultural production and facilitate the compilation of national accounts statistics. Before 1994, price indices of means of agricultural production were a sub-category in the retail price indices of commodities, and it has been compiled separately since 1994.

8

企业集团统计资料
Statistical Material of Enterprise Groups

编辑单位：统计监测处
编　　委：仝义贵
责任编辑：马明霞　林雪梅
校　　对：马明霞　林雪梅
电　　话：86197955

Editorial Unit: the Statistical Monitoring Office
Editorial Board: Tong Yigui
Executive Editor-in-Chief: Ma Mingxia Lin Xuemei
Proofreader: Ma Mingxia Lin Xuemei
Telephone: 86197955

简 要 说 明

一、企业集团是指以母子公司为主体，通过投资及生产经营协作等多种方式，与众多的企事业单位共同组成的经济联合体。企业集团内部统计范围包括：企业集团的母公司、在中国境内和境外的全资子公司(单位)、绝对控股子公司(单位)和相对控股子公司(单位)；不包括参股和协作企业(单位)。

二、企业集团的调查范围包括：一是中央企业；二是由国务院批准的国家试点企业集团；三是国家重点企业(包括520户和重组为集团公司的原512户国家重点企业)；四是国务院确定的建立现代企业制度原百户试点企业；五是由国务院主管部门批准的企业集团；六是由省、自治区、直辖市人民政府批准的企业集团；七是省政府确定的重点企业（集团）和其他各类企业集团。

三、企业集团财务指标按财政部门有关“合并会计报表”的规定填报。但是，部分企业集团由于内部财务制度尚未完善，采用相加汇总的方法填报。

Brief Introduction

Ⅰ. The enterprise group is the economical unified body which takes the mother and child company as a main body and is composed together with the multitudinous enterprises and institutions by the investment and the production management cooperation and so on many kinds of ways. Interior statistics scope of the enterprise group includes: Enterprise group's parent company, entire capital subsidiary company (unit) within the boundaries of Chinese and beyond the border, the subsidiary company (unit) of controlling stock absolutely and the relative holding subsidiary company (unit); no including share-holding and cooperation enterprise (unit).

Ⅱ. Enterprise group's field of investigation includes: One is the central enterprise; Two is site enterprise group of the national experiment which was authorized by the State Council; Three is National Key Enterprise (including 520 and reorganization for group company's original 512 national key Enterprises); Four is original hundred household experiment site enterprises which the State Council determined to establish modern enterprise system; Five is the enterprise group which is authorized by State Council Department; Six is the enterprise group which was authorized by the province, the autonomous region, the municipality people's government; Seven is the key enterprise group which the provincial government determined and other each kind of enterprise group.

Ⅲ. The enterprise group financial is filled according to "merged accountant form" about the finance department. Because the internal finance system is not yet consummated, partial enterprise group uses the method of adding together for compiling to fill.

8-1 企业集团构成情况(2008年)
Constitution of Enterprise Groups (2008)

分 组	Groups	集团个数（个） Number of Enterprise Groups (unit)	占集团总数的比重(%) Proportion of Enterprise Groups (%)	集团所属成员企业个数（个） Respective Member of Enterprise Groups (unit)	占成员企业总数的比重(%) Proportion of Respective Member (%)
总 计	**Total**	**666**	**100.0**	**4464**	**100.0**
按集团审批部门分	**Grouped by Examining Department**				
国务院	The State Council	3	0.4	42	1.0
国务院主管部门	Governing Departments of the State Council	11	1.7	81	1.8
省级人民政府	Provincial Government	203	30.5	1438	32.2
省级人民政府主管部门	Governing Departments of Provincial Government	141	21.2	908	20.3
其他	Others	308	46.2	1995	44.7
按控股情况分	**Grouped by Controlling Shares**				
国有控股	State-Holding	210	31.5	1503	33.6
集体控股	Collective-Owned Absolute Holding	145	21.8	995	22.3
私人控股	Private Holding	292	43.8	1874	42.0
港澳台商控股	Holding by Traders From Hong Kong,Macao and Taiwan	3	0.5	3	0.1
外商控股	Holding by Foreign Traders	16	2.4	89	2.0
按主营行业分	**Grouped by Sector**				
第一产业合计	Primary Industry	1	0.2	8	0.2
农、林、牧、渔业	Farming,Forestry,Animal Husbandry and Fishery	1	0.2	8	0.2

8-1 续表 1 continued

分 组	Groups	集团个数(个) Number of Enterprise Groups (unit)	占集团总数的比重(%) Proportion of Enterprise Groups (%)	集团所属成员企业个数(个) Respective Member of Enterprise Groups (unit)	占成员企业总数的比重(%) Proportion of Respective Member (%)
第二产业合计	Secondary Industry	549	82.4	3442	77.1
工业小计	Industry	497	74.6	3091	69.2
采矿业	Mining	29	4.3	192	4.3
制造业	Manufacturing	449	67.4	2773	62.1
电力、燃气及水的生产和供应业	Production and Supply Of Electricity	19	2.9	126	2.8
建筑业	Construction	52	7.8	351	7.9
第三产业合计	Tertiary-Industry	116	17.4	1014	22.7
交通运输、仓储和邮政业	Transportation, Storage and Telecommunications	15	2.3	132	3.0
信息传输、计算机服务和软件业	Information Transmission, Computer Services and Software	5	0.7	27	0.6
批发和零售业	Wholesale and Retail Trade	61	9.1	640	14.3
住宿和餐饮业	Hotel and Catering Services	3	0.4	33	0.7
金融业	Financial Intermediation				
房地产业	Real Estate	23	3.5	105	2.4
其他合计	Others	9	1.4	77	1.7
租赁和商务服务业	Leasing and Business Services	5	0.7	33	0.8
科学研究、技术服务和地质勘查业	Scientific Research,Technical Service and Geologic Prospecting				
水利、环境和公共设施管理业	Management of Water Conservancy, Environment and Public Facilities	2	0.3	19	0.4
居民服务和其他服务业	Services To Household and Other Services	1	0.2	2	0.1

8-1 续表 2 continued

分 组	groups	集团个数 (个) Number of Enterprise Groups (unit)	占集团总数的比重 (%) Proportion of Enterprise Groups (%)	集团所属成员企业个数 (个) Respective Member of Enterprise Groups (unit)	占成员企业总数的比重 (%) Proportion of Respective Member (%)
教育	Education				
卫生、社会保障和社会福利业	Health,Social Security and Social Welfare				
文化、体育和娱乐业	Culture,Sports and Entertainment	1	0.2	19	0.4
公共管理和社会组织	Public Management and Social Organization				
国际组织	International Organization				
按登记注册类型分	**By Status of Registration**				
国有企业	State-Owned Enterprises	48	7.2	297	6.7
公司制企业小计	Corporation	578	86.8	3874	86.7
国有独资企业	Sole State-Funded Corporation	68	10.2	647	14.5
其他有限责任公司	Other Limited Liability Corporation	350	52.5	2181	48.9
股份有限公司	Share-Holding Corporations Limited	121	18.2	846	18.9
中外合资企业	Joint-Venture Enterprises	21	3.1	115	2.6
外商投资股份有限公司	Share-Holding Corporations Limited With Foreign Investment	6	0.9	24	0.5
港澳台合资企业	Enterprises With Funds From Hong Kong,Macao and Taiwan	9	1.4	54	1.2
港澳台商投资股份有限公司	Share-Holding Corporations Limited With Investment From Hong Kong,Macao and Taiwan	3	0.5	7	0.1
其他	Others	40	6.0	293	6.6

8-2 企业集团主要经济指标(2008年)

单位：万元

分组	Groups	年末资产总计 Year-end Total Assets
总　计	**Total**	**272757973**
按集团审批部门分	Grouped by Examining Department	
国务院	The State Council	12613691
国务院主管部门	Governing Departments of The State Council	15234163
省级人民政府	Provincial Government	149925337
省级人民政府主管部门	Governing Departments of Provincial Government	33213090
其他	Others	61771692
按控股情况分	**Grouped by Controlling Shares**	
国有控股	State-Holding	162347075
集体控股	Collective-Owned Absolute Holding	36351759
私人控股	Private Holding	64412033
港澳台商控股	Holding by Traders From Hong Kong,Macao and Taiwan	3353308
外商控股	Holding by Foreign Traders	6293798
按主营行业分	**Grouped by Sector**	
第一产业合计	Primary Industry	93763
农、林、牧、渔业	Farming,Forestry,Animal Husbandry and Fishery	93763
第二产业合计	Secondary Industry	226130595
工业小计	Industry	218808975
采矿业	Mining	31086098
制造业	Manufacturing	155169622
电力、燃气及水的生产和供应业	Production and Supply of Electricity	32553255
建筑业	Construction	7321620
第三产业合计	Tertiary-Industry	46533615
交通运输、仓储和邮政业	Transportation, Storage and Telecommunications	14950272
信息传输、计算机服务和软件业	Information Transmission, Computer Services and Software	7675604
批发和零售业	Wholesale and Retail Trade	12720267
住宿和餐饮业	Hotel and Catering Services	454222
金融业	Financial Intermediation	
房地产业	Real Estate	5860681
其他合计	Others	4872569
租赁和商务服务业	Leasing and Business Services	4099481
科学研究、技术服务和地质勘查业	Scientific Research,Technical Service and Geologic Prospecting	
水利、环境和公共设施管理业	Management of Water Conservancy,Environment and Public Facilities	398381
居民服务和其他服务业	Services To Household and Other Services	126418
教育	Education	
卫生、社会保障和社会福利业	Health,Social Security and Social Welfare	
文化、体育和娱乐业	Culture,Sports and Entertainment	248289
公共管理和社会组织	Public Management and Social Organization	
国际组织	International Organization	
按登记注册类型分	**By Status of Registration**	
国有企业	State-Owned Enterprises	27751167
公司制企业小计	Corporation	234327162
国有独资企业	Sole State-Funded Corporation	83565649
其他有限责任公司	Other Limited Liability Corporation	90641717
股份有限公司	Share-Holding Corporations Limited	37875173
中外合资企业	Joint-Venture Enterprises	14985388
外商投资股份有限公司	Share-Holding Corporations Limited With Foreign Investment	3060588
港澳台合资企业	Enterprises With Funds From Hong Kong,Macao and Taiwan	3975228
港澳台商投资股份有限公司	Share-Holding Corporations Limited With Investment From Hong Kong,Macao and Taiwan	223419
其他	Others	10679644

Main Economic Norms of Enterprise Groups(2008)

(10000 yuan)

固定资产净值 Net Value of Fixed Assets	累计折旧 Accumulated Depreciation	本年折旧 Accumulated Depreciation of Current year	累计对外投资 Accumulative Outside Investment	本年对外投资 Outside Investment of Current Year	本年对境外投资 Overseas Investment of Current Year	存货 Stock	流动资产年平均余额 Average Balance of Circulating Funds
117900946	**58175442**	**8816649**	**6200090**	**1389474**	**13315**	**33090753**	**114439185**
3792768	2120538	359479	723213	195888		1612632	5858047
11666176	4695016	830924	129240	96		688368	2957919
59565635	29489524	4838836	2862225	718275	1506	18167262	62346333
9217588	3799804	752576	754797	143682	8653	4454741	18255757
33658779	18070560	2034834	1730615	331533	3156	8167750	25021129
80049236	41803730	5909928	4096828	938409	7904	17973002	63839594
12324305	4562792	853586	613594	133541		5849216	18889095
20245528	6383679	1441574	1466680	317059	5411	8344441	28809314
3005637	3774272	350842				44472	272658
2276240	1650969	260719	22988	465		879622	2628524
6884	7426		10160			4537	76400
6884	7426		10160			4537	76400
102850710	48313848	7341553	5016823	1235182	12101	28704578	94849140
101880757	47909660	7279176	4763604	1116323	12101	27131655	89714771
27244383	15540348	1585533	806226	256960		1991309	9107169
55354177	24597531	4499915	3183488	839634	12101	22218273	72007239
19282197	7771781	1193728	773890	19729		2922073	8600363
969953	404188	62377	253219	118859		1572923	5134369
15043352	9854168	1475096	1173107	154292	1214	4381638	19513645
6514263	2233540	452343	180460	54213		437869	4351943
5393953	6364681	802619	20069	1150		30103	1437037
2467225	929404	161443	337567	53926	1214	2884354	7669304
120530	87584	16304	24427	469		5336	246564
274260	92104	13997	164488	989		829092	2790420
273121	146855	28390	446096	43545		194884	3018377
132948	74108	18201	444206	43545		148113	2932774
14739	1382	349	1890			38274	4968
18819	11025	1212				69	4687
106615	60340	8628				8428	75948
11357236	5474830	815327	640706	27332		3654609	10638643
101692985	50317512	7656916	5409596	1350846	13315	28221136	99751967
27116017	13172180	2442900	2307441	477480	7904	9592066	37365543
46300981	21265056	3020035	1940577	530332	5027	11050068	37817767
13152576	8128373	1182006	911960	309144	384	5602876	18770331
10579644	3017985	549256	142705	22295		1022189	3767946
1177253	791331	73221	92249	11568		746170	1392425
3278374	3876133	382323	14664	27		155075	518536
88140	66454	7175				52692	119419
4850725	2383100	344406	149788	11296		1215008	4048575

8-2 续表 1

单位：万元

分组	Groups	应收帐款 Accounts Receivable
总　计	**Total**	**14813831**
按集团审批部门分	Grouped by Examining Department	
国务院	The State Council	312489
国务院主管部门	Governing Departments of the State Council	326676
省级人民政府	Provincial Government	7881989
省级人民政府主管部门	Governing Departments of Provincial Government	2248804
其他	Others	4043873
按控股情况分	**Grouped by Controlling Shares**	
国有控股	State-Holding	7016187
集体控股	Collective-Owned Absolute Holding	2939505
私人控股	Private Holding	4210277
港澳台商控股	Holding by Traders From Hong Kong,Macao and Taiwan	134669
外商控股	Holding by Foreign Traders	513193
按主营行业分	**Grouped by Sector**	
第一产业合计	Primary Industry	3108
农、林、牧、渔业	Farming,Forestry,Animal Husbandry and Fishery	3108
第二产业合计	Secondary Industry	13294130
工业小计	Industry	11383459
采矿业	Mining	815910
制造业	Manufacturing	9491432
电力、燃气及水的生产和供应业	Production and Supply of Electricity	1076117
建筑业	Construction	1910671
第三产业合计	Tertiary-Industry	1516593
交通运输、仓储和邮政业	Transportation, Storage and Telecommunications	342427
信息传输、计算机服务和软件业	Information Transmission, Computer Services and Software	206380
批发和零售业	Wholesale and Retail Trade	826621
住宿和餐饮业	Hotel and Catering Services	2886
金融业	Financial Intermediation	
房地产业	Real Estate	90251
其他合计	Others	48028
租赁和商务服务业	Leasing and Business Services	23747
科学研究、技术服务和地质勘查业	Scientific Research,Technical Service and Geologic Prospecting	
水利、环境和公共设施管理业	Management of Water Conservancy,Environment and Public Facilities	15058
居民服务和其他服务业	Services To Household and Other Services	13
教育	Education	
卫生、社会保障和社会福利业	Health,Social Security and Social Welfare	
文化、体育和娱乐业	Culture,Sports and Entertainment	9210
公共管理和社会组织	Public Management and Social Organization	
国际组织	International Organization	
按登记注册类型分	**By Status of Registration**	
国有企业	State-Owned Enterprises	1055077
公司制企业小计	Corporation	13210966
国有独资企业	Sole State-Funded Corporation	3424669
其他有限责任公司	Other Limited Liability Corporation	5514429
股份有限公司	Share-Holding Corporations Limited	2991266
中外合资企业	Joint-Venture Enterprises	878879
外商投资股份有限公司	Share-Holding Corporations Limited With Foreign Investment	233422
港澳台合资企业	Enterprises With Funds From Hong Kong,Macao and Taiwan	140172
港澳台商投资股份有限公司	Share-Holding Corporations Limited With Investment From Hong Kong,Macao and Taiwan	28129
其他	Others	547788

continued

(10000 yuan)

年末负债合计 Year-end Total Liabilities	流动负债 Current Liabilities	银行借款 Bank Loan	年末股东权益总计 Total Creditors' s Equity	年末少数股东权益 Few Creditors' s equity	股本(实收资本) Paid-in Capital	营业收入 Operating Income	营业成本 Operating Costs
170251905	**127596204**	**65135590**	**102506068**	**16635980**	**39792619**	**295990296**	**248789189**
7757645	5344070	4760220	4856046	2231750	488413	11947236	9760662
9220209	4892197	5605423	6013954	485039	1727263	13284141	10690075
97868449	71765772	39814596	52056888	9834598	26294141	160502621	138771471
22668082	19900265	5454446	10545008	2389293	2809027	40159849	34527239
32737520	25693900	9500905	29034172	1695300	8473775	70096449	55039742
102339477	72610087	45192810	60007598	12662970	29666827	160160819	129035969
22450671	17854774	6629965	13901088	1795606	3308487	50065605	44503541
39671197	32347770	12648758	24740836	2071869	5805907	74454907	65685556
2257285	2193978		1096023		41635	1977087	1419068
3533275	2589595	664057	2760523	105535	969763	9331878	8145055
151390	140915	30426	-57627	-465	53202	1333	4653
151390	140915	30426	-57627	-465	53202	1333	4653
138679552	103455536	57727969	87451043	14735891	34819932	263213461	222351394
133040733	98356092	56715945	85768242	14664747	33763196	256163570	216056648
13775907	8864990	6293127	17310191	3089594	3149560	33051736	18479821
94206749	76735187	34320841	60962873	10408813	28311453	204401086	180275656
25058077	12755915	16101977	7495178	1166340	2302183	18710748	17301171
5638819	5099444	1012024	1682801	71144	1056736	7049891	6294746
31420963	23999753	7377195	15112652	1900554	4919485	32775502	26433142
10115431	5466560	2890094	4834841	1117565	1346332	4330908	3180615
3711276	3312268	6225	3964328	1168	640246	4928347	2155605
9814096	8671268	2812075	2906171	297624	1421519	22455098	20522205
292591	221029	153946	161631		167073	75196	40382
3904445	2853312	1211390	1956236	390032	500714	642893	330288
3583124	3475316	303465	1289445	94165	843601	343060	204047
3332355	3263275	260805	767126	79685	493520	180924	113223
69620	41466	27900	328761	-56	332543	3680	2784
85642	81053	14760	40776		7538	2655	
95507	89522		152782	14536	10000	155801	88040
21412664	12674644	11793328	6338503	864858	2953856	21245493	18703510
143365321	111220543	52060880	90961841	15254178	35732604	261921143	218972034
54703758	41449589	21921240	28861891	9901683	7231029	71627757	57748251
51186506	40410790	17333480	39455211	3123675	9777315	110759391	91969978
22538310	19637681	6318664	15336863	1493325	16413602	60522173	53272314
10539851	5800994	6103056	4445537	652526	1724463	12756099	11343581
1594047	1328112	296025	1466541	41420	424221	3602969	2635068
2679071	2516559	86765	1296157	41549	101639	2109070	1488071
123778	76818	1650	99641		60335	543684	514771
5473920	3701017	1281382	5205724	516944	1106159	12823660	11113645

8-2 续表 2

单位：万元

分组	Groups	营业税金及附加 Tax and Associate Charge
总　计	**Total**	**4981379**
按集团审批部门分	Grouped by Examining Department	
国务院	The State Council	81781
国务院主管部门	Governing Departments of the State Council	125974
省级人民政府	Provincial Government	1421675
省级人民政府主管部门	Governing Departments of Provincial Government	392809
其他	Others	2959140
按控股情况分	**Grouped by Controlling Shares**	
国有控股	State-Holding	4282129
集体控股	Collective-Owned Absolute Holding	229234
私人控股	Private Holding	400137
港澳台商控股	Holding by Traders From Hong Kong,Macao and Taiwan	43604
外商控股	Holding by Foreign Traders	26275
按主营行业分	**Grouped by Sector**	
第一产业合计	Primary Industry	10
农、林、牧、渔业	Farming,Forestry,Animal Husbandry and Fishery	10
第二产业合计	Secondary Industry	4553723
工业小计	Industry	4371550
采矿业	Mining	2599494
制造业	Manufacturing	1533173
电力、燃气及水的生产和供应业	Production and Supply of Electricity	238883
建筑业	Construction	182173
第三产业合计	Tertiary-Industry	427646
交通运输、仓储和邮政业	Transportation, Storage and Telecommunications	118683
信息传输、计算机服务和软件业	Information Transmission, Computer Services and Software	133215
批发和零售业	Wholesale and Retail Trade	111900
住宿和餐饮业	Hotel and Catering Services	2155
金融业	Financial Intermediation	
房地产业	Real Estate	46235
其他合计	Others	15458
租赁和商务服务业	Leasing and Business Services	6640
科学研究、技术服务和地质勘查业	Scientific Research,Technical Service and Geologic Prospecting	
水利、环境和公共设施管理业	Management of Water Conservancy,Environment and Public Facilities	127
居民服务和其他服务业	Services To Household and Other Services	147
教育	Education	
卫生、社会保障和社会福利业	Health,Social Security and Social Welfare	
文化、体育和娱乐业	Culture,Sports and Entertainment	8544
公共管理和社会组织	Public Management and Social Organization	
国际组织	International Organization	
按登记注册类型分	**By Status of Registration**	
国有企业	State-Owned Enterprises	283080
公司制企业小计	Corporation	4604617
国有独资企业	Sole State-Funded Corporation	861201
其他有限责任公司	Other Limited Liability Corporation	2978926
股份有限公司	Share-Holding Corporations Limited	464975
中外合资企业	Joint-Venture Enterprises	108304
外商投资股份有限公司	Share-Holding Corporations Limited With Foreign Investment	143817
港澳台合资企业	Enterprises With Funds From Hong Kong,Macao and Taiwan	47394
港澳台商投资股份有限公司	Share-Holding Corporations Limited With Investment From Hong Kong,Macao and Taiwan	
其他	Others	93682

continued

(10000 yuan)

新产品销售收入 Sales Revenue of New Products	出口销售总额 Total Volume Export Sales	营业费用 Operating Expenses	管理费用 General and Adminstrative Expense	税金 Tax	保险费 Insurance Expenses	职工教育费 Worker Education Fee
44865965	**22616731**	**7883470**	**11003235**	**521458**	**1226321**	**103271**
1840575	908641	302545	641027	23824	162521	10336
5000	47700	798281	308707	13198	11994	2725
30956995	12931672	3954189	6099224	266715	670601	57219
5669456	3972447	1240132	1727759	88232	98038	12928
6393939	4756271	1588323	2226518	129489	283167	20063
24934568	8621254	4488041	7273341	314211	895221	69266
10208192	5789544	1469547	1277282	69164	130969	15733
8509669	6676749	1448912	2130932	118891	156519	15787
		111240	101160	5828	30879	743
1213536	1529184	365730	220520	13364	12733	1742
		46	3572			
		46	3572			
44655480	19964034	6090207	9629789	456392	1052892	95004
44650913	19894046	6068833	9373826	443910	1027116	89550
764238	288539	315208	2773387	66206	344583	26646
43878676	19566029	5645702	6209214	345688	622703	51958
7999	39478	107923	391225	32016	59830	10946
4567	69988	21374	255963	12482	25776	5454
210485	2652697	1793217	1369874	65066	173429	8267
		60384	355914	15045	58996	1852
147200	3691	848432	219087	10961	40159	2266
63264	2644729	835445	610801	30331	44135	3805
		7855	24702	1352	1077	67
21		19057	100272	5693	26590	50
	4277	22044	59098	1684	2472	227
	4277	21814	26718	1533	2330	218
		230	2295	4	12	1
			4061	147	130	8
			26024			
598922	684573	405102	618888	49172	70351	11762
43550159	21399626	7202564	10035683	459191	1141492	90217
15435307	6367576	2028594	4489812	164638	630861	43760
11629655	8801711	1915801	3223672	172700	292630	25655
12734098	3607235	2355265	1769698	91441	145192	15255
3315250	2013135	422441	293163	13073	17797	2192
357722	577181	359597	131775	10121	19560	2358
78127	31967	116341	120217	6918	35332	977
	821	4525	7346	300	120	20
716884	532532	275804	348664	13095	14478	1292

8-2 续表 3

单位：万元

分 组	Groups	财务费用 Finance Expense
总 计	**Total**	**4812199**
按集团审批部门分	Grouped by Examining Department	
国务院	The State Council	259170
国务院主管部门	Governing Departments of the State Council	335021
省级人民政府	Provincial Government	2709486
省级人民政府主管部门	Governing Departments of Provincial Government	505478
其他	Others	1003044
按控股情况分	**Grouped by Controlling Shares**	
国有控股	State-Holding	2755064
集体控股	Collective-Owned Absolute Holding	637547
私人控股	Private Holding	1335629
港澳台商控股	Holding by Traders From Hong Kong,Macao and Taiwan	3027
外商控股	Holding by Foreign Traders	80932
按主营行业分	**Grouped by Sector**	
第一产业合计	Primary Industry	52
农、林、牧、渔业	Farming,Forestry,Animal Husbandry and Fishery	52
第二产业合计	Secondary Industry	4277195
工业小计	Industry	4208264
采矿业	Mining	406399
制造业	Manufacturing	3012730
电力、燃气及水的生产和供应业	Production and Supply of Electricity	789135
建筑业	Construction	68931
第三产业合计	Tertiary-Industry	534952
交通运输、仓储和邮政业	Transportation, Storage and Telecommunications	213825
信息传输、计算机服务和软件业	Information Transmission, Computer Services and Software	-25506
批发和零售业	Wholesale and Retail Trade	252665
住宿和餐饮业	Hotel and Catering Services	2897
金融业	Financial Intermediation	
房地产业	Real Estate	70778
其他合计	Others	20293
租赁和商务服务业	Leasing and Business Services	13798
科学研究、技术服务和地质勘查业	Scientific Research,Technical Service and Geologic Prospecting	
水利、环境和公共设施管理业	Management of Water Conservancy,Environment and Public Facilities	351
居民服务和其他服务业	Services To Household and Other Services	3734
教育	Education	
卫生、社会保障和社会福利业	Health,Social Security and Social Welfare	
文化、体育和娱乐业	Culture,Sports and Entertainment	2410
公共管理和社会组织	Public Management and Social Organization	
国际组织	International Organization	
按登记注册类型分	**By Status of Registration**	
国有企业	State-Owned Enterprises	540260
公司制企业小计	Corporation	4114227
国有独资企业	Sole State-Funded Corporation	1322703
其他有限责任公司	Other Limited Liability Corporation	1769703
股份有限公司	Share-Holding Corporations Limited	572795
中外合资企业	Joint-Venture Enterprises	402013
外商投资股份有限公司	Share-Holding Corporations Limited With Foreign Investment	24403
港澳台合资企业	Enterprises With Funds From Hong Kong,Macao and Taiwan	18998
港澳台商投资股份有限公司	Share-Holding Corporations Limited With Investment From Hong Kong,Macao and Taiwan	3612
其他	Others	157712

continued

(10000 yuan)

利息净支出 Interest Net Exchange	投资收益 Investment Income	利润总额 Total Profit	应交所得税 Income Tax Payable	应交增值税 Value Added Tax Payable	固定资产投资完成额 Total Investment in Fixed Assets	研究开发(R&D)费用 Research and Development Expenses
4414130	**1154215**	**18289740**	**3456344**	**8653999**	**16131151**	**3739821**
200964	47920	846724	292679	426071	986175	386276
295619	-1059	1132869	356703	289942	2142732	12550
2537475	739710	6736339	1838442	4268756	8089439	2416338
515115	144949	2122835	415125	1066349	1506544	494548
864957	222695	7450973	553395	2602881	3406261	430109
2485690	719795	11537695	2206097	5852511	10125431	1875427
589024	190208	2247688	433951	1018059	1416528	1007415
1250073	242172	3935524	711056	1622365	3348131	791423
6003		104129	18016	3503	420885	8
83340	2040	464704	87224	157561	820176	65548
	-16	-3999				
	-16	-3999				
3979624	817433	15875177	2801649	8420634	12718099	3699356
3919813	807807	15668072	2746224	8395953	12467080	3624008
336344	220160	7586337	684360	2509791	2003610	425270
2792487	453038	8179558	1880224	5093483	7620537	3160267
790982	134609	-97823	181640	792679	2842933	38471
59811	9626	207105	55425	24681	251019	75348
434506	336798	2418562	654695	233365	3413052	40465
171439	28533	496850	164458	17375	1431784	19811
-25863	47	1273222	326534	1170	1461293	10322
204654	127054	487071	112401	210598	472149	10095
2706	-76	-2936	2046	614		
67630	148520	112202	41727	111	37516	42
13940	32720	52153	7529	3497	10310	195
13072	32734	39729	7319	3497	9572	195
348		-1122	16		738	
520		-6072				
	-14	19618	194			
523452	147729	604567	268988	661450	1476221	54883
3780068	991085	16817348	3074308	7772999	14196644	3589425
1172066	524049	4277482	1238206	2585110	4836948	1259286
1630158	308915	9476664	899092	3531365	3995817	1196805
514291	162307	2349595	722839	1060437	2687286	985341
408700	-3064	261061	126914	402229	1999168	121519
35649	-1754	308277	58271	172411	204396	14804
16725	452	134308	27764	17642	472818	10136
2479	180	9961	1222	3805	211	1534
110610	15401	867825	113048	219550	458286	95513

8－3 企业集团劳动工资指标(2008年)

分组	Groups	从业人员年末人数(人) Year-end Employed Persons (person)
总 计	**Total**	**3265966**
按集团审批部门分	**Grouped by Examining Department**	
国务院	The State Council	127032
国务院主管部门	Governing Departments of the State Council	98065
省级人民政府	Provincial Government	1570361
省级人民政府主管部门	Governing Departments of Provincial Government	456231
其他	Others	1014277
按控股情况分	**Grouped by Controlling Shares**	
国有控股	State-Holding	1665152
集体控股	Collective-Owned Absolute Holding	624073
私人控股	Private Holding	878823
港澳台商控股	Holding by Traders From Hong Kong,Macao and Taiwan	23903
外商控股	Holding by Foreign Traders	74015
按主营行业分	**Grouped by Sector**	
第一产业合计	Primary Industry	1650
农、林、牧、渔业	Farming,Forestry,Animal Husbandry and Fishery	1650
第二产业合计	Secondary Industry	2897646
工业小计	Industry	2624647
采矿业	Mining	516454
制造业	Manufacturing	1974301
电力、燃气及水的生产和供应业	Production and Supply of Electricity	133892
建筑业	Construction	272999
第三产业合计	Tertiary-Industry	366670
交通运输、仓储和邮政业	Transportation, Storage and Telecommunications	102172
信息传输、计算机服务和软件业	Information Transmission, Computer Services and Software	50639
批发和零售业	Wholesale and Retail Trade	184154
住宿和餐饮业	Hotel and Catering Services	3162
金融业	Financial Intermediation	
房地产业	Real Estate	15403
其他合计	Others	11140
租赁和商务服务业	Leasing and Business Services	5714
科学研究、技术服务和地质勘查业	Scientific Research,Technical Service and Geologic Prospecting	
水利、环境和公共设施管理业	Management of Water Conservancy,Environment and Public Facilities	605
居民服务和其他服务业	Services To Household and Other Services	232
教育	Education	
卫生、社会保障和社会福利业	Health,Social Security and Social Welfare	
文化、体育和娱乐业	Culture,Sports and Entertainment	4589
公共管理和社会组织	Public Management and Social Organization	
国际组织	International Organization	
按登记注册类型分	**By Status of Registration**	
国有企业	State-Owned Enterprises	203023
公司制企业小计	Corporation	2910395
国有独资企业	Sole State-Funded Corporation	841458
其他有限责任公司	Other Limited Liability Corporation	1331436
股份有限公司	Share-Holding Corporations Limited	530652
中外合资企业	Joint-Venture Enterprises	109663
外商投资股份有限公司	Share-Holding Corporations Limited With Foreign Investment	58191
港澳台合资企业	Enterprises With Funds From Hong Kong,Macao and Taiwan	37558
港澳台商投资股份有限公司	Share-Holding Corporations Limited With Investment From Hong Kong,Macao and Taiwan	1437
其他	Others	152548

Labour and Wage Norms of Enterprise Groups(2008)

在岗职工 (人) Fully-employed Staff and Workers (person)	其他从业人员 (人) Other Employed Persons (person)	研究开发(R&D)人员 (人) Persons of Research and Development (person)	从业人员劳动报酬 (万元) Labour Payment for Year-end Employed Persons (10000 yuan)	在岗职工劳动报酬 (万元) Labour Payment for Fully-Employed Staff and Workers (10000 yuan)	其他从业人员劳动报酬 (万元) Labour Payment for Other Employed Persons (10000 yuan)	研究开发(R&D)人员劳动报酬 (万元) Labour Payment for Persons of Research and Development (10000 yuan)
3068802	**197163**	**118381**	**8726892**	**8322257**	**404635**	**584631**
123075	3957	2727	511374	490266	21108	19268
64934	33131	629	283249	232945	50304	2508
1521745	48616	71293	4770812	4641095	129717	441520
443071	13160	13771	1047963	1028763	19200	47296
915977	98299	29961	2113494	1929188	184306	74039
1493745	171407	62227	5458084	5095628	362456	292019
614881	9192	23824	1455411	1440009	15402	197448
863240	15582	29911	1503243	1479040	24203	85587
23903		10	138506	138506		20
73033	982	2409	171648	169074	2574	9557
1650			1650	1650		
1650			1650	1650		
2746475	151170	114620	7735865	7405768	330097	571511
2559748	64898	112179	7192468	7030712	161756	564293
477949	38505	12790	1826275	1711736	114539	53447
1950064	24236	98224	4719871	4676405	43466	502943
131735	2157	1165	646322	642571	3751	7903
186727	86272	2441	543397	375056	168341	7218
320677	45993	3761	989377	914839	74538	13120
94993	7179	968	361196	346342	14854	4115
33503	17136	627	208003	186417	21586	3152
163162	20992	2101	341464	304141	37323	5627
3162			10074	10074		
14768	635	46	28170	27506	664	175
11089	51	19	40470	40359	111	51
5663	51	6	20321	20210	111	21
605		13	964	964		30
232			301	301		
4589			18884	18884		
197725	5298	5437	750610	736371	14239	19069
2721224	189170	108684	7643546	7256955	386591	549168
782675	58783	32142	3001579	2856598	144981	199299
1299698	31737	45937	2681354	2622582	58772	131195
432774	97878	22547	1424727	1244269	180458	196789
108998	665	5686	224326	222102	2224	17156
58087	104	1649	146903	146750	153	3233
37555	3	674	160659	160656	3	1496
1437		49	3998	3998		
149853	2695	4260	332736	328931	3805	16394

8－4 企业集团主要经济效益指标(2008年)

分　组	Groups	净资产收益率 Ratio of Interests to Net Assets
总　计	**Total**	**14.5**
按集团审批部门分	**Grouped by Examining Department**	
国务院	The State Council	11.4
国务院主管部门	Governing Departments of the State Council	12.9
省级人民政府	Provincial Government	9.4
省级人民政府主管部门	Governing Departments of Provincial Government	16.2
其他	Others	23.8
按控股情况分	**Grouped by Controlling Shares**	
国有控股	State-Holding	15.6
集体控股	Collective-Owned Absolute Holding	13.0
私人控股	Private Holding	13.0
港澳台商控股	Holding by Traders From Hong Kong,Macao and Taiwan	7.9
外商控股	Holding by Foreign Traders	13.7
按主营行业分	**Grouped by Sector**	
第一产业合计	Primary Industry	6.9
农、林、牧、渔业	Farming,Forestry,Animal Husbandry and Fishery	6.9
第二产业合计	Secondary Industry	14.9
工业小计	Industry	15.1
采矿业	Mining	39.9
制造业	Manufacturing	10.3
电力、燃气及水的生产和供应业	Production and Supply of Electricity	-3.7
建筑业	Construction	9.0
第三产业合计	Tertiary-Industry	11.7
交通运输、仓储和邮政业	Transportation, Storage and Telecommunications	6.9
信息传输、计算机服务和软件业	Information Transmission, Computer Services and Software	23.9
批发和零售业	Wholesale and Retail Trade	12.9
住宿和餐饮业	Hotel and Catering Services	-3.1
金融业	Financial Intermediation	
房地产业	Real Estate	3.6
其他合计	Others	3.5
租赁和商务服务业	Leasing and Business Services	4.2
科学研究、技术服务和地质勘查业	Scientific Research,Technical Service and Geologic Prospecting	
水利、环境和公共设施管理业	Management of Water Conservancy,Environment and Public Facilities	-0.3
居民服务和其他服务业	Services To Household and Other Services	-14.9
教育	Education	
卫生、社会保障和社会福利业	Health,Social Security and Social Welfare	
文化、体育和娱乐业	Culture,Sports and Entertainment	12.7
公共管理和社会组织	Public Management and Social Organization	
国际组织	International Organization	
按登记注册类型分	**By Status of Registration**	
国有企业	State-Owned Enterprises	5.3
公司制企业小计	Corporation	15.1
国有独资企业	Sole State-Funded Corporation	10.5
其他有限责任公司	Other Limited Liability Corporation	21.7
股份有限公司	Share-Holding Corporations Limited	10.6
中外合资企业	Joint-Venture Enterprises	3.0
外商投资股份有限公司	Share-Holding Corporations Limited With Foreign Investment	17.0
港澳台合资企业	Enterprises With Funds From Hong Kong,Macao and Taiwan	8.2
港澳台商投资股份有限公司	Share-Holding Corporations Limited With Investment From Hong Kong,Macao and Taiwan	8.8
其他	Others	14.5

Main Economic Efficiency Norms of Enterprise Groups(2008)

总资产报酬率 Ratio of Reward to Total Assets	销售利润率 Ratio of Selling Profit	资本保值增值率 Ratio of Capital Value -preserved and Value-added	劳动生产率(万元/人) Ratio of Labour Productivity (10000 yuan/person)	成本费用利润率 Ratio of Profits to Cost	资产利税率 Ratio of Pre-tax Profits to Assets	总资产使用率 Assets Using Rate	流动资产比率 Ratio of Circulating Funds
8.3	**6.2**	**115.6**	**90.6**	**6.7**	**11.7**	**108.5**	**42.0**
8.3	7.1	113.6	94.0	7.7	10.7	94.7	46.4
9.4	8.5	110.7	135.5	9.3	10.2	87.2	19.4
6.2	4.2	112.2	102.2	4.4	8.3	107.1	41.6
7.9	5.3	118.3	88.0	5.6	10.8	120.9	55.0
13.5	10.6	122.9	69.1	12.4	21.1	113.5	40.5
8.6	7.2	116.7	96.2	8.0	13.3	98.7	39.3
7.8	4.5	110.2	80.2	4.7	9.6	137.7	52.0
8.1	5.3	115.6	84.7	5.6	9.2	115.6	44.7
3.3	5.3	108.8	82.7	6.4	4.5	59.0	8.1
8.7	5.0	125.2	126.1	5.3	10.3	148.3	41.8
-4.3	-300.0	90.7	0.8	-48.0	-4.3	1.4	81.5
-4.3	-300.0	90.7	0.8	-48.0	-4.3	1.4	81.5
8.8	6.0	117.5	90.8	6.6	12.8	116.4	41.9
9.0	6.1	117.7	97.6	6.6	13.0	117.1	41.0
25.5	23.0	147.2	64.0	34.5	40.8	106.3	29.3
7.1	4.0	112.1	103.5	4.2	9.5	131.7	46.4
2.1	-0.5	111.3	139.7	-0.5	2.9	57.5	26.4
3.6	2.9	110.9	25.8	3.1	5.7	96.3	70.1
6.1	7.4	105.6	89.4	8.0	6.6	70.4	41.9
4.5	11.5	108.9	42.4	13.0	4.2	29.0	29.1
16.3	25.8	116.4	97.3	39.8	18.3	64.2	18.7
5.4	2.2	116.4	121.9	2.2	6.4	176.5	60.3
-0.1	-3.9	108.1	23.8	-3.9		16.6	54.3
3.1	17.5	74.5	41.7	21.6	2.7	11.0	47.6
1.4	15.2	108.1	30.8	17.1	1.5	7.0	61.9
1.3	22.0	106.2	31.7	22.6	1.2	4.4	71.5
-0.2	-30.5	99.6	6.1	-19.8	-0.2	0.9	1.2
-4.4	-228.7	288.0	11.4	-77.9	-4.7	2.1	3.7
7.9	12.6	120.7	34.0	16.8	11.3	62.7	30.6
4.1	2.8	117.9	104.6	3.0	5.6	76.6	38.3
8.8	6.4	115.8	90.0	7.0	12.5	111.8	42.6
6.5	6.0	112.5	85.1	6.5	9.2	85.7	44.7
12.3	8.6	121.6	83.2	9.6	17.6	122.2	41.7
7.6	3.9	111.7	114.1	4.1	10.2	159.8	49.6
4.5	2.0	105.8	116.3	2.1	5.1	85.1	25.1
11.2	8.6	118.4	61.9	9.8	20.4	117.7	45.5
3.8	6.4	107.2	56.2	7.7	5.0	53.1	13.0
5.6	1.8	105.2	378.3	1.9	6.2	243.3	53.5
9.2	6.8	110.6	84.1	7.3	11.1	120.1	37.9

8-4 续表

分　组	Groups	资金利润率 Current Assets ratio
总　计	**Total**	**10.5**
按集团审批部门分	**Grouped by Examining Department**	
国务院	The State Council	11.2
国务院主管部门	Governing Departments of The State Council	11.4
省级人民政府	Provincial Government	7.3
省级人民政府主管部门	Governing Departments of Provincial Government	9.0
其他	Others	18.3
按控股情况分	**Grouped by Controlling Shares**	
国有控股	State-Holding	11.3
集体控股	Collective-Owned Absolute Holding	8.4
私人控股	Private Holding	9.2
港澳台商控股	Holding by Traders From Hong Kong,Macao and Taiwan	-21.0
外商控股	Holding by Foreign Traders	14.3
按主营行业分	**Grouped by Sector**	
第一产业合计	Primary Industry	-5.3
农、林、牧、渔业	Farming,Forestry,Animal Husbandry and Fishery	-5.3
第二产业合计	Secondary Industry	10.6
工业小计	Industry	10.9
采矿业	Mining	36.5
制造业	Manufacturing	8.0
电力、燃气及水的生产和供应业	Production and Supply of Electricity	-0.5
建筑业	Construction	3.6
第三产业合计	Tertiary-Industry	9.8
交通运输、仓储和邮政业	Transportation, Storage and Telecommunications	5.8
信息传输、计算机服务和软件业	Information Transmission, Computer Services and Software	273.0
批发和零售业	Wholesale and Retail Trade	5.3
住宿和餐饮业	Hotel and Catering Services	-1.1
金融业	Financial Intermediation	
房地产业	Real Estate	3.8
其他合计	Others	1.7
租赁和商务服务业	Leasing and Business Services	1.3
科学研究、技术服务和地质勘查业	Scientific Research,Technical Service and Geologic Prospecting	
水利、环境和公共设施管理业	Management of Water Conservancy,Environment and Public Facilities	-6.1
居民服务和其他服务业	Services To Household and Other Services	-48.6
教育	Education	
卫生、社会保障和社会福利业	Health,Social Security and Social Welfare	
文化、体育和娱乐业	Culture,Sports and Entertainment	16.1
公共管理和社会组织	Public Management and Social Organization	
国际组织	International Organization	
按登记注册类型分	**By Status of Registration**	
国有企业	State-Owned Enterprises	3.7
公司制企业小计	Corporation	11.1
国有独资企业	Sole State-Funded Corporation	8.3
其他有限责任公司	Other Limited Liability Corporation	15.1
股份有限公司	Share-Holding Corporations Limited	9.9
中外合资企业	Joint-Venture Enterprises	2.3
外商投资股份有限公司	Share-Holding Corporations Limited With Foreign Investment	17.3
港澳合合资企业	Enterprises With Funds From Hong Kong,Macao and Taiwan	-169.5
港澳台商投资股份有限公司	Share-Holding Corporations Limited With Investment From Hong Kong,Macao and Taiwan	7.1
其他	Others	13.3

continued

资产负债率 Assets Liabilities Ratio	长期负债与资产总计比率 Ratio of Long Term Liability	已获利息倍数(倍) Attained Interest Multiple	流动比率 Current Ratio	速动比率 Quick Ratio	新产品销售收入与营业收入比率 Ratio of Sales Revenue of New Products and Operating Income	研究开发费用与营业收入比率 Ratio of R&D and Operating Income
62.4	**15.6**	**5.1**	**89.7**	**63.8**	**15.2**	**1.3**
61.5	19.1	5.2	109.6	79.4	15.4	3.2
60.5	28.4	4.8	60.5	46.4		0.1
65.3	17.4	3.7	86.9	61.6	19.3	1.5
68.3	8.3	5.1	91.7	69.4	14.1	1.2
53.0	11.4	9.6	97.4	65.6	9.1	0.6
63.0	18.3	5.6	87.9	63.2	15.6	1.2
61.8	12.6	4.8	105.8	73.0	20.4	2.0
61.6	11.4	4.1	89.1	63.3	11.4	1.1
67.3	1.9	18.3	12.4	10.4		
56.1	15.0	6.6	101.5	67.5	13.0	0.7
161.5	11.2		54.2	51.0		
161.5	11.2		54.2	51.0		
61.3	15.6	5.0	91.7	63.9	17.0	1.4
60.8	15.9	5.0	91.2	63.6	17.4	1.4
44.3	15.8	23.6	102.7	80.3	2.3	1.3
60.7	11.3	3.9	93.8	64.9	21.5	1.5
77.0	37.8	0.9	67.4	44.5		0.2
77.0	7.4	4.5	100.7	69.8	0.1	1.1
67.5	15.9	6.6	81.3	63.1	0.6	0.1
67.7	31.1	3.9	79.6	71.6		0.5
48.4	5.2	-48.2	43.4	42.5	3.0	0.2
77.2	9.0	3.4	88.4	55.2	0.3	
64.4	15.8	-0.1	111.6	109.1		
66.6	17.9	2.7	97.8	68.7		
73.5	2.2	4.7	86.9	81.2		0.1
81.3	1.7	4.0	89.9	85.3		0.1
17.5	7.1	-2.2	12.0	-80.3		
67.7	3.6	-10.7	5.8	5.7		
38.5	2.4		84.8	75.4		
77.2	31.5	2.2	83.9	55.1	2.8	0.3
61.2	13.7	5.4	89.7	64.3	16.6	1.4
65.5	15.9	4.6	90.1	67.0	21.5	1.8
56.5	11.9	6.8	93.6	66.2	10.5	1.1
59.5	7.7	5.6	95.6	67.1	21.0	1.6
70.3	31.6	1.6	65.0	47.3	26.0	1.0
52.1	8.7	9.6	104.8	48.7	9.9	0.4
67.4	4.1	9.0	20.6	14.4	3.7	0.5
55.4	21.0	5.0	155.5	86.9		0.3
51.3	16.6	8.8	109.4	76.6	5.6	0.7

8－5　企业集团按规模分组主要指标(2008年)

分　组	Groups	单位数(个)Unit Number	
		单位数 Unit Number	比重(%) Proportion (%)
总　计	**Total**	**666**	**100.0**
按营业收入和资产总计分	**Grouped By Operating Income and Property**		
50亿元及以上	50 Hundred Million Yuan and Above	88	13.2
10亿元及以上	10 Hundred Million Yuan and Above	309	46.4
5亿元及以上	5 Hundred Million Yuan and Above	401	60.2
按资产总计分	**Grouped By Total Assets**		
1000亿元及以上	1000 Hundred Million Yuan and Above	2	0.3
500－1000亿元	500-1000 Hundred Million Yuan	7	1.1
100－500亿元	100-500 Hundred Million Yuan	35	5.3
50－100亿元	50-100 Hundred Million Yuan	59	8.9
5－50亿元	5-50 Hundred Million Yuan	372	55.9
按营业收入分	**Grouped By Operating Revenue**		
100亿元及以上	100 Hundred Million Yuan and Above	73	11.0
50－100亿元	50-100 Hundred Million Yuan	52	7.8
5－50亿元	5-50 Hundred Million Yuan	304	45.6
按利润总额分	**Grouped By Profit**		
10亿元及以上	10 Hundred Million Yuan and Above	31	4.7
5－10亿元	5-10 Hundred Million Yuan	35	5.3
1－5亿元	1-5 Hundred Million Yuan	139	20.9
0.5－1亿元	0.5-1 Hundred Million Yuan	76	11.4
0.1－0.5亿元	0.1-0.5 Hundred Million Yuan	154	23.1
按从业人员分	**Grouped By Employed Persons**		
10万人及以上	100 Thousand Persons and Above	2	0.3
5－10万人	50-100 Thousand Persons	7	1.1
1－5万人	10-50 Thousand Persons	57	8.6
0.5－1万人	5-10 Thousand Persons	76	11.4

Major Norms of Enterprise Groups by Size of Enterprises(2008)

年末资产总　计 (万元) Year-end Assets (10000 yuan)	固定资产净值 (万元) Net Value of Fixed Assets (10000 yuan)	营业收入 (万元) Operating Revenue (10000 yuan)	利润总额 (万元) Total Profits (10000 yuan)	从业人员年末人数 (人) Year-end Employed Persons (person)
272757973	**117900946**	**295990296**	**18289740**	**3265966**
186671142	93684821	201122281	14632045	1763579
250190963	111977033	279180120	17804178	2747549
259924756	114984230	288438191	18057857	2969468
30898814	12790622	23881684	526046	163477
51280186	39207631	44370196	6324070	368327
79345182	30229500	87084164	5694038	831360
41193715	14560437	49290224	2194159	453488
65269724	19681939	85962027	3359166	1247717
170296165	87464917	199553893	13505559	1615218
27904233	10484603	35321689	1923317	413335
62695552	17339344	55962087	2731003	983965
125192217	64309250	129826388	13022492	1163990
30845515	11453930	36055888	2571689	363875
52582951	16930507	65796224	3280051	654517
15672557	4488549	19579141	543801	339866
18375718	5184257	18183125	416461	345579
13557040	21971077	19988122	5657709	239055
50767539	18380871	47881862	2180084	500450
97745402	43746738	103588561	5155325	1098958
31754280	11934884	40120300	1881021	508697

8－6 营业收入和资产总计均过五亿元的企业集团主要经济指标(2008年)

集团名称	Name of Group	营业收入 (万元) Operating Income (ten thousand yuan)
中国石化胜利油田有限公司	The Victory Oil Field Limited Company of SINOPEC	12392850
海尔集团	Haier Group	12201842
山东钢铁集团有限公司	Shandong Iron and Steel Group Co., Ltd.	12050468
山东电力集团	Shandong Power Group	11831216
山东魏桥创业集团有限公司	Shandong Wei Qiao Pioneering Group Limited Company	7595272
中国石油化工股份有限公司山东石油分公司	Shandong Petroleum Subsidiary Company of SINOPEC	6048017
中国石油化工股份有限公司齐鲁分公司	Qi Lu Subsidiary Company of Sinopec	5931743
中国重型汽车集团有限公司	Chinese Heavy Automobile Group Limited Company	5006037
潍柴控股集团有限公司	Weichai Power Co.,Ltd	4912430
海信集团	Haixin Group	4887634
兖矿集团有限公司	Yanzhou Deposit Group	4679232
信发集团	Xinfa Group	3938496
日照钢铁控股集团有限公司	Rizhao Iron and Steel Stockholder Group Limited Company	3654911
青岛钢铁控股集团有限责任公司	Qingdao Iron and Steel Stockholder Group Limited Liability Corporation	3347300
新汶矿业集团	Xin Wen Deposit Group	3311993
山东六和集团有限公司	Shandong Liuhe Group Limited Company	3221676
南山集团	Nanshan Group	3203424
华电国际电力股份有限公司	China International Electric Power Share-holding Corporation Limited	3196078
枣庄矿业(集团)有限责任公司	Zaozhuang Mining Industry (gr-oup) Limited Liability Company	2962800
中国移动通信集团山东有限公司	China Mobile Communication Group Shandong Limited Company	2731499
浪潮集团有限公司	Tide Group Limited Company	2321873
山东黄金集团	Shandong Gold Group	2270492
山东海化集团	Shandong Haihua Group	2261967
山东金锣企业集团总公司	Shandong Jin Luo Enterprise Group Controlling Company	2229815
山东泰山钢铁集团有限公司	Shandong Taishan Iron and Steel Group	2032814
山东晨鸣纸业集团	Shandong Chenming Paper Group	2011913
中国石油化工股份有限公司济南分公司	Jinan Subsidiary Company of Sinopec	1895335
南金兆集团有限公司	Nanjinzhao Group Limited Company	1882902
山东省商业集团总公司	Shandong Province Commercial Group Main Corporation	1871594
山东时风集团	Shandong Shi Feng Group	1827457
滨化集团	Shandong Bin Hua Group	1812519
山东鲁北企业集团总公司	Shandong Lubei Enterprise Group Controlling Company	1770234
青岛啤酒集团	Qing Dao Beer Group	1605094
中国网通(集团)有限公司山东省分公司	China Netcom (group) Limited Company Shandong Province Subsidiary Company	1500470
山东招金集团	Shandong Zhaoyuan Mining Group	1457450
山东如意科技集团	Shandong Ruyi Science and Technology Group	1405633
新华锦集团	Xin Hua Jin Group	1393825
华泰集团有限公司	Huatai Group Limited Company	1385575
北汽福田汽车股份有限公司诸城汽车厂	North Steam Fukuda Automobile Limited Liability Company Var-ious City Automotive Factory	1367291
山东石横特钢集团有限公司	Shandong Shiheng Tegang Group Limited Company	1353066
淄博矿业集团有限责任公司	Zibo Mining Industry Group Limited Liability Company	1341332
西王集团有限公司	Xiwang group Limited Company	1327200

Main Economy Target of Enterprise Groups Whose Operating Income and Total Assets are Greater than 5 Hundred Million Yuan(2008)

位 次 Precedence	资产总计 (万元) Total Assets (ten thousand yuan)	位 次 Precedence	从业人员 (人) Employed Persons (person)	位 次 Precedence
1	8602565	3	105074	2
2	6386070	8	60657	7
3	11909125	2	87972	4
4	18989689	1	75505	6
5	4954475	9	133981	1
6	1018047	40	19985	26
7	1830366	26	20499	25
8	4179369	10	18829	29
9	3287912	16	35388	13
10	2525781	21	24899	17
11	6600786	7	91357	3
12	7012406	6	34617	14
13	3588874	14	10902	54
14	1481738	30	13374	47
15	3818416	12	75881	5
16	395353	116	41257	10
17	3108480	18	36152	11
18	8465979	4	17466	35
19	2573808	20	52402	9
20	3487877	15	24268	19
21	619578	75	5030	125
22	1324145	31	18927	28
23	1833536	25	16846	40
24	526398	91	24869	18
25	749237	63	9770	66
26	2626093	19	17163	38
27	250724	171	1861	305
28	1526888	28	4915	133
29	2021896	24	20535	24
30	364162	127	22329	21
31	789767	57	4142	163
32	995469	41	4285	156
33	1526735	29	30099	15
34	3227057	17	22927	20
35	1025351	38	10097	60
36	986725	42	17187	37
37	453433	102	2853	224
38	1318036	32	6136	100
39	285791	156	3236	198
40	521934	92	8181	76
41	1702831	27	21395	23
42	1056610	37	8000	78

8–6 续表 1

集团名称	Name of Group	营业收入 (万元) Operating Income (ten thousand yuan)
山东工程机械集团	Shandong Engineering and Machinery Group	1314830
山东高速集团有限公司	Shandong Province Highway Group Limited Company	1269003
山东东明石化集团	Shandong Dongming Petroleum and Chemistry Group	1255825
山东太阳纸业集团	Shandong Sun Paper Group	1224940
山东淄博付山企业集团有限公司	Shandong Zibo Fushan Enterprise Group Limited Company	1210268
山东金诚石化集团有限公司	Shandong Jincheng Petrochemistry Group Limited Company	1201847
华盛江泉集团	Huasheng Jiangquan Group	1170651
万达集团股份有限公司	Wanda Group Share-holding Corporation Limited	1160272
三角集团	Triangle Group	1160082
福田雷沃国际重工股份有限公司	Fukuda Thunder Fertile Internatio-nal Heavy Industry Share-holding	1157308
肥城矿业集团	Feicheng Deposit Group	1145695
一汽解放青岛汽车厂	Steam Liberates Qingdao Automotive Factory	1114223
中国石化集团青岛石油化工有限责任公司	Qingdao Petroleum Chemical Industry Limited Liability Company of Sinopec	1110642
利华益集团	Lihuayi Group	1092803
山东京博控股发展有限公司	Beijing Jingbo Stockholder Limited Company	1083341
山东博汇集团有限公司	Shandong Bohui Group Limited Company	1062501
上海通用东岳汽车有限公司	Shanghai Generaland Dongyue Automobile Limited Company	1058613
山东寿光巨能控股集团有限公司	Shandong Shouguang Juneng Sto-ckholder Group Limited Company	1054296
双星集团	Double Star Group	1053753
中铁十局集团有限公司	China Railway Tenth Group Co.,LTD	1039863
山东渤海实业股份有限公司	Shandong Bohai Industrial Share-Holding Corporation Limited	1031117
科达集团股份有限公司	Keda Share-holding Corporation Limited	1023959
山东山水水泥集团有限公司	Shandong Shanshui Cement Group Limited Company	1022124
山东玲珑橡胶有限公司	Shandong Linglong Rubber Limited Company	1020880
利群集团	Liqun Group	1004221
斗山工程机械(中国)有限公司	Doushan Engineering and Machinery Limited Company (China)	1003718
青岛港集团	Qingdao Harbour Group	1002286
山东西水橡胶集团有限公司	Shandong Xishui Rubber Group Limited Company	995871
山东华星石油化工集团有限公司	Shandong Huaxing Petroleum and Chemistry Group Limited Company	934749
华鲁控股集团有限公司	Hualu Stockholder Group Limited Company	906229
山东丛林集团	Shandong Conglin Group	900751
潍坊钢铁集团公司	Weifang Iron and Steel group Enterprise	872948
烟台万华合成革集团	Yantai Wanhua Synthesis Leather Group	855463
山东家家悦集团有限公司	Shandong Jiajiayue Supermarket Limited Company	853150
青建集团	Qingdao Construction Group	844311
三星电子(山东)数码打印机有限公司	Tristar Electron (Shandong) Digital Printer Limited Company	841514
正和集团股份有限公司	Zhenghe Stockholder Group Share-holding corporation Limited	818706
山东大海集团有限公司	Shandong Sea Group Limited Company	818558
富海集团有限公司	Fuhai Group Limited Company	806685
山东省供销社集团总公司	Shandong Province Supply and Marketing Cooperative Group Main Corporation	805875
山东临清彩虹集团	Shandong Linqing Rainbow Group	804291
诸城外贸有限责任公司	Various City Foreign Trade Limited Liability Company	801366
烟台市振华百货集团股份有限公司	Yantai Zhenhua Department Group Share-holding Corporation Limited	758566
山东九羊集团有限公司	Shandong Jiuyang Group Limited Company	756437
山东五征集团	Shandong Wuzheng Group	744319
山东聊城鲁西化工集团	Shandong Liaocheng Luxibei Chemistry Industry Group	740451
南车青岛四方机车车辆股份有限公司	South Vehicle Sifang Rolling Stock Share-holding Corporation Limited	731073
山东晨曦集团有限公司	Shandong Chenxi Group Limited Company	713905
山东东岳集团	Shandong Dongyue Group	690357
山东泉林纸业有限责任公司	Shandong Tralin Paper Co.,ltd.	688263

continued

位 次 Precedence	资产总计 (万元) Total Assets (ten thousand yuan)	位 次 Precedence	从业人员 (人) Employed Persons (person)	位 次 Precedence
43	837390	54	5031	124
44	7780098	5	16783	41
45	515292	94	2322	253
46	1087466	36	7841	81
47	451757	105	7084	93
48	194575	218	1400	328
49	809576	55	18000	33
50	760548	60	7400	85
51	683150	70	7885	80
52	500262	97	9819	64
53	1168743	34	35449	12
54	332673	135	3609	184
55	437168	109	2002	292
56	805184	56	2906	221
57	741290	64	3338	193
58	1019281	39	8848	71
59	370424	124	2135	270
60	554897	84	4753	141
61	868972	49	19294	27
62	894498	47	11590	52
63	500522	96	1958	297
64	780086	59	11635	51
65	1146811	35	13042	49
66	693504	68	6001	103
67	615129	76	7260	86
68	453179	103	1300	334
69	2079073	23	18345	30
70	753356	62	9600	68
71	686132	69	1119	345
72	1270501	33	15390	42
73	544829	86	4379	152
74	714249	66	5360	113
75	957834	45	3451	190
76	130017	276	13805	46
77	489645	98	56676	8
78	185665	221	961	359
79	379934	120	2050	284
80	384765	118	5250	116
81	125792	285	780	368
82	452048	104	924	361
83	515820	93	3135	205
84	881356	48	7153	91
85	614603	77	10039	61
86	410934	112	5300	115
87	184415	224	7707	82
88	758499	61	8810	72
89	551489	85	7186	90
90	201984	209	1394	329
91	576039	81	4391	151
92	838232	53	10151	57

8-6 续表 2

集团名称	Name of Group	营业收入（万元）Operating Income (ten thousand yuan)
淄博商厦股份有限公司	Zibo Commerce Edificeshare-holding Corporation Limited	686292
山东潍坊百货集团股份有限公司	Shandong Weifang Department Group Share-holding Corporation Limited	678453
山东石大科技集团	Shandong Shida Science and Technology Group	667514
中国铝业股份有限公司山东分公司	Shandong Aluminium Share-holding Corporation Limited	656683
中冶纸业银河有限公司	MCC Paper Yinhe Co., Ltd.	652375
山东联盟化工集团有限公司	Shandong Alliance Chemical Industry Group Limited Company	630645
力诺集团股份有限公司	Linuo Group Holding Co., Ltd.	621056
淄博蓝帆集团股份有限公司	Zibo Blue Sail Chemicals Co.,Ltd.	617672
天元建设集团	Tianyuan Construction Group	615659
山东胜通集团股份有限公司	Shandong Shengtong Group Share-holding Corporation Limited	612444
烟台张裕集团	Yantai Zhangyu Group	608286
小松山推工程机械有限公司	Xiaosong Shantui Project Machinery Limited Company	591228
孚日集团股份有限公司	Furi Group Share-holding Corporation Limited	578219
山东金升有色集团有限公司	Shandong Jinsheng Coloured Group Limited Company	556686
山东垦利石化有限责任公司	Shandong Kenli Petroleum and Chemistry Limited Company	554378
青岛海湾集团	Qingdao Bay Group	550812
日照港(集团)有限公司	Rizhao Harbour(group) Limited Company	541093
青岛即发集团	Qingdao Jifa Group	537830
山东航空集团	Shandong Aviation Group	530659
中国联通有限公司山东分公司	Chinaunite Communication Limited Company Shandong Subsidiary Company	530411
龙口矿业集团	Longkou Deposit Group	529937
威高集团	Weigao Group	520685
临沂矿业集团有限责任公司	Linyi Deposit Group Limited Liability Corporation	515427
山东鲁花集团	Shandong Luhua Group	513833
青岛泰发集团	Qingdao Taifa Group	512008
山东东辰实业集团有限公司	Shandong Dongchen Industrial Group Limited Company	511626
山东恒源石油化工集团	Shandong Hengyuan Chemistry Industry Group	509735
鲁泰集团	Lutai Group	505924
得利斯集团有限公司	Delisi Group Limited Company	500281
齐星集团	Qixing Group	485744
山东香驰豆业集团	Shandong Xiangchi Beans Group	481592
中粮黄海粮油工业(山东)有限公司	Yellow Sea Cooking Oil Industry (Shandong) Limited Company	460554
山东省农业生产资料有限责任公司	Shandong Agricultural Means of Production Co., Ltd	457489
青岛喜盈门集团	Qingdao Xiyingmen Group	456915
青岛澳柯玛集团	Qingdao Aucma Group	453016
青岛变压器集团	Qingdao Transformer Group	452822
青岛汉河集团股份有限公司	Hanhe Group Holding Co., Ltd.	450001
华能国际电力股份有限公司德州电厂	Huaneng International Electric Power Limited Liability Company Dezhou Power Plant	445677
成山集团有限公司	Chengshan Group Limited Company	444451
山东新郎希努尔集团股份有限公司	Shandong Bridegroom Sinor Group Share-holding Corporation Limited	438472
山东墨龙石油机械股份有限公司	Shandong Molong Petroleum Machinery Share-holding Corporations Limited	433652
中国石油化工股份有限公司山东济南石油分公司	Shandong Jinan Petroleum Subsidiary Company of SINOPEC	427856
龙大食品集团	Longda Food Group	427802
迪尚集团有限公司	Dishang group Limited Company	427149
欧美投资集团	Europe and America Investment Group	421386
山东凤祥集团	Shandong Fengxiang Group	413135
山东省机械进出口集团	Shandong Machinery I/E Corporation	407773
冠县冠星纺织集团总公司	Guanxian Guanxing Spinning and Weav-ing Headquarter	405506

continued

位 次 Precedence	资产总计 (万元) Total Assets (ten thousand yuan)	位 次 Precedence	从业人员 (人) Employed Persons (person)	位 次 Precedence
93	161836	243	4229	158
94	189322	220	8945	70
95	251763	170	1862	304
96	709817	67	10740	55
97	410507	113	5318	114
98	386898	117	5108	122
99	959404	44	10101	59
100	131743	273	2198	264
101	558209	83	25132	16
102	534896	88	4900	134
103	470905	101	3281	196
104	212191	200	480	378
105	653382	73	18260	31
106	176465	229	600	374
107	331661	137	3402	191
108	669101	72	11512	53
109	2141155	22	7942	79
110	271705	163	15106	43
111	865406	50	4321	154
112	904455	46	2070	279
113	488588	99	17303	36
114	527525	90	8018	77
115	727415	65	17605	34
116	605432	78	5008	129
117	104466	313	5020	127
118	272120	162	865	363
119	356141	128	2323	252
120	845080	52	21654	22
121	378507	121	5021	126
122	863115	51	4804	138
123	174274	232	719	370
124	108702	309	476	379
125	129028	278	213	383
126	349365	132	4882	136
127	445165	107	4133	164
128	324259	139	6102	101
129	121415	294	1975	296
130	505534	95	1887	303
131	412815	111	6087	102
132	364979	125	8697	73
133	331301	138	2820	226
134	74144	349	1413	327
135	311396	143	6713	95
136	299511	150	10101	58
137	241625	176	2616	234
138	473819	100	10411	56
139	260194	166	280	382
141	128235	282	3960	171

8-6 续表 3

集团名称	Name of Group	营业收入（万元）Operating Income (ten thousand yuan)
山东省冠县冠星纺织集团	Sahndong Province Guanxian Guanxing Spinning and Weav-ing Group	405506
鲁丽集团有限公司	Luli Group Limited Company	400968
青岛九联集团股份有限公司	Qingdao Jiulian Group Share-holding Corporation Limited	397580
山东冠洲集团总公司	Shandong Guanzhou Group Headquarter	396098
山东沂州水泥集团总公司	Shandong Yizhou Cement Group General Corp.	390814
东营市天信纺织有限公司	Dongying Tianxin Spinning and Weaving Limited Company	386087
山东新星集团有限公司	Shandong New Star Group Limited Company	380204
青岛万福集团	Qingdao Wanfu Group	379842
山东泸河集团有限公司	Shandong Luriver Group Limited Company	367258
润华集团股份有限公司	Rubhua Group Share-holding Corporation Limited	367212
山东隆基集团有限公司	Shandong Longji Group Limited Company	366958
泰山集团股份有限公司	Taishan Group Share-holding Corporation Limited	361761
山东阳谷电缆集团	Shandong Yanggu Cable Group	348899
临清三和纺织集团有限公司	Linqing Sanhe Spinning and Weaving Group	342170
青岛纺联控股集团有限公司	Qingdao Textiles Holdinggroup Co.,Ltd	336274
齐鲁制药有限公司(集团)	QiLu Manufactures Drugs the Limited Company (group)	335476
山东北金集团有限公司	Shandong Beijin Group Co.,Ltd.	335380
日照兴业集团有限公司	Rizhao Xingye Group Limited Company	334460
山东翔龙实业集团	Shandong Xianglong Industrial Group	332958
山东省交通工业集团总公司	Shandong Province Transportation Industry Group Main Corporation	329890
青岛广源发集团	Qingdao Guangyuanfa Group	328715
山东华乐实业集团公司	Shandong Huale Industrial Group Company	328655
山东省高唐蓝山集团	Shandong Province Gaotang Lanshan Group	326048
山东省棉麻有限公司	Shandong Province Cotton Co., Ltd.	323950
泰开电气集团有限公司	Taikai Electrical Group Limited Company	323897
中国石化集团资产经营管理有限公司齐鲁石化分公司	QiLu Petroleum Chemical Industry Company of Sinopec	323758
青岛市胶州建设集团有限公司	Qingdao Jiaozhou Construction Group Limited Company	320342
信义集团公司	Xinyi Group Company	311323
山东只楚集团	Shandong Zhichu Group	311119
滨州盟威集团有限公司	Bingzhou Mengwei Group Limited Company	307686
山东金麒麟集团	Shandong Jinqilin Group	303852
山东金顺达集团有限公司	Shandong Jinshunda Group Limited Company	291142
青特集团有限公司	Qingte Group Limited Company	290396
山东海龙股份有限公司	Shandong Hailong Share-holding Corporation Limited	288909
山东省鲁洲食品集团有限公司	Shandong Luzhou Food Group Limited Company	287931
胜利油田胜利工程建设集团	Victory Oil Field Victory Engin- eering Construction Group	281014
山东凤阳集团股份有限公司	Shandong Fengyang Group Share-holding Corporation Limited	271882
青岛维客集团	Qingdao Weike Group	269739
济南华联商厦集团股份有限公司	Jinan Hualian Commerce Edifice Group Share-holding Corporation Limited	268164
山东华金集团	Shandong Huajin Group	265235
山东金岭集团公司	Shandong Jinling Group Company	262590
山东长星集团有限公司	Shandong Changxing Group Limited Company	262165
菱花集团	Lenghua Group	261704
烟建集团	Yantai Construction Group	259997
泰丰纺织集团有限公司	Taifeng Spinning and Weaving Group	259149
烟台恒邦集团	Yantai Hengbang Group	258500
山东明水大化集团	Shandong Mingshui Great Chemical Group	257845
济宁矿业集团	Jining Deposit Group	256089
山东丰源煤电股份有限公司	Shandong Fengyuan Coal and Electricity Share-holding Corporation Limited	253450
山东德州百货大楼(集团)有限责任公司	Shandong Dezhou Department Store(group) Limited Liability Company	253258

continued

位 次 Precedence	资产总计 (万元) Total Assets (ten thousand yuan)	位 次 Precedence	从业人员 (人) Employed Persons (person)	位 次 Precedence
140	128235	281	3960	170
142	309781	144	4000	168
143	113471	304	7215	87
144	285560	157	1356	332
145	275000	160	5450	111
146	204536	208	5000	130
147	51099	382	2968	217
148	128929	279	4692	142
149	152122	254	2979	215
150	588664	80	1225	341
151	99324	322	3600	186
152	336460	134	2893	222
153	206384	206	2006	291
154	237805	178	15000	44
155	364668	126	12876	50
156	347512	133	3634	181
157	301399	149	3560	188
158	259479	167	4009	167
159	206844	205	3006	212
160	351524	131	5146	120
161	448820	106	3683	179
162	157156	249	3600	185
163	146057	258	2012	288
164	298379	151	1543	317
165	332088	136	5704	107
166	352729	130	9798	65
167	220271	193	13326	48
168	233695	179	2086	276
169	230105	184	4580	146
170	288024	154	5204	118
171	134211	268	1985	295
172	293156	153	2316	254
173	286080	155	2339	250
174	529808	89	8418	75
175	150720	255	5116	121
176	267473	165	6347	99
177	126880	283	551	375
178	124737	289	2487	242
179	110898	306	1568	316
180	244766	175	4200	160
181	212019	201	2075	278
182	305961	146	2600	235
183	177881	228	4500	149
184	153719	252	2202	260
185	230190	183	6402	97
186	228170	186	3251	197
187	305117	147	4536	148
188	397236	114	5494	110
189	396035	115	7127	92
190	73370	350	2199	263

8-6 续表 4

集团名称	Name of Group	营业收入 (万元) Operating Income (ten thousand yuan)
威海建设集团	Weihai Construction Group	252791
山东银鹰化纤有限公司	Shandong Yinying Chemical Fiber Limited Company	252717
山东省塑料工业有限公司	Shandong Province Plastic Industry Limited Company	243687
山东岱银纺织集团	Shandong Daiyin Spinning and Weaving Group	243496
青岛康大外贸集团有限公司	Qingdao Kangda Foreign Trade Group Limited Company	241379
山东滨州亚光毛巾有限公司	Shandong Binzhou Yaguang Towel Limited Company	239247
潍坊亚星集团	Weifang Yaxing Group	238745
山东龙喜集团	Shandong Longxi Group	238204
山东雪花生物化工股份有限公司	Shandong Snowflake Organisms Chemical Industry Share-holding Corporation Limited	237931
烟台冰轮集团	Yantai Binglun Group	235944
山东冠鲁集团	Shandong Guanlu Group	231120
山东齐旺达集团	Shandong Qiwangda Group	230650
山东恒联投资有限公司	Shandong Henglian Investment Limited Company	230561
史丹利化肥有限公司	Shidanli Fertilizer Limited Company	230328
金晶(集团)有限公司	Jinjing(group) Limited Company	229614
山东明兴矿业集团	Shandong Mingxing Mining Industry Group	228085
山东中大空调集团	Shandong Zhongda Air-conditioning Group	225057
山东铝业公司	Shandong Aluminium Company	224643
山东省建设建工(集团)有限责任公司	Shandong Province Construction Construction Work (group) Limited Liability Company	223667
烟台市首钢东星集团	Yantai Capital Iron and Steel Dongxing Group	223227
鲁能泰山电缆电器有限责任公司	Luneng Taishan Electric Cable Electric Appliance Limited Liability Company	219330
济南四建(集团)有限责任公司	Jinan Forth Construction(group) Limited Liability Corporation	218953
鲁南制药集团	Lunan Drugs Manufacture Group	216991
青岛益佳国际贸易集团	Qingdao Yijia International Trade Group	215964
烟台东源电力集团	Yantai Dongyuan Power Group	214668
山东百年电力发展股份有限公司	Shandong One Hundred Year Power Development Share-holding Corporation Limited	212457
皇明太阳能集团	Huangming Solar Energy Group	212315
山东恒通化工股份有限公司	Shandong Hengtong Chemical Industry Share-holding Corporation Limited	212227
方圆集团	Circumference Group	208498
山东金宇建筑集团	Shandong Jinyu Construction Group	207999
泰山体育产业集团	Taishan Sports Property Group	206350
山东金沂蒙集团有限公司	Shandong Jinyimeng Group Limited Company	205327
好当家集团	Haodangjia Group	204002
山东永泰化工集团有限公司	Shandong Yongtai Chemical Industry Group Limited Company	202716
华纺股份有限公司	Huafang Share-holding Corporation Limited	197681
泰山玻璃纤维有限公司	Taishan Glass Fibre Share-holding Corporations Limited	195626
菏泽交通集团总公司	Heze Transportation Group Main Corporation	193420
山东达驰电气有限公司	Shandong Dachi Electric Share-holding Corporation Limited	189795
绮丽集团有限责任公司	Cherry Group Co., Ltd.	189326
山东桑莎制衣集团	Shandong Sangsha Clothing Group	185537
山东华阳农药化工集团	Shandong Huayang Pesticide Chemical Industry Group	185420
华润东阿阿胶有限公司	Huarun Donge Donkey-hide Gelatin Limited Company	184287
烟台港集团有限公司	Yantai Harbour Group Limited Company	183406
泛海集团	Fanhai Group	182677
山东华力电机集团	Shandong Huali Electrical Machinery Group	181693
济南玫德铸造有限公司	Jinan Meide Foundry Limited Company	178001
山东蓝星东大工有限责任公司	Shandong Dongda Chemical Industry Limited Company	174749

continued

位 次 Precedence	资产总计 (万元) Total Assets (ten thousand yuan)	位 次 Precedence	从业人员 (人) Employed Persons (person)	位 次 Precedence
191	322188	140	2473	243
192	164672	240	3042	211
193	185387	222	188	384
194	121391	295	7020	94
195	171041	234	3045	210
196	269328	164	6523	96
197	374589	122	3112	209
198	111003	305	2380	247
199	146956	257	2240	257
200	256551	169	5052	123
201	199133	212	16971	39
202	175698	230	1800	307
203	224189	191	4761	140
204	100243	319	2436	245
205	544374	87	2076	277
206	104549	312	4987	132
207	154800	250	2050	283
208	301897	148	4168	161
209	440154	108	18216	32
210	228832	185	2653	231
211	596656	79	3158	203
212	275679	159	10019	62
213	433744	110	2952	218
214	200011	211	782	367
215	353089	129	2471	244
216	227803	188	2377	248
217	141176	264	6368	98
218	166266	237	2576	238
219	121857	292	2909	220
220	226761	189	9970	63
221	144256	261	2200	262
222	184857	223	2026	286
223	294300	152	3964	169
224	163837	241	2200	261
225	141222	263	6000	104
226	642183	74	3632	182
227	163474	242	7434	84
228	145981	259	833	366
229	109448	308	5191	119
230	198204	214	2119	271
231	276900	158	9122	69
232	212461	199	3182	200
233	984293	43	9606	67
234	3942254	11	3821	175
235	85910	335	2088	274
236	96122	323	3900	173
237	114907	301	1766	309

8-6 续表 5

集团名称	Name of Group	营业收入 (万元) Operating Income (ten thousand yuan)
山东胜利股份有限公司	Shandong Victory Share-holding Corporation Limited	172917
谷神生物科技集团	Valley God Biotechnology Group	172671
山东裕隆矿业集团	Shandong Yulong Mining Industry Group	171478
山东乐悟集团	Shandong Lewu Group	171006
特变电工山东鲁能泰山电缆有限公司	Especially Changes the Electrician Shandong Luneng Taishan Electric Cable Limited	170782
山东常林机械集团	Shandong Changlin Machinery Group	170021
山东亚太森博浆纸有限公司	Shandong Yatai Senbo Paper Mode Limited Company	169735
济南二机床集团有限公司	Jinan Second Engine Bed group Limited Company	167112
烟台东方电子信息产业集团	Yantai East Electronic Information Industry Group	166015
鲁中冶金矿业集团公司	Luzhong Metallurgy Mining Industry Group Company	165430
烟台氨纶集团	Yantai Spandex Group	164304
青岛中集集装箱制造有限公司	Qingdao Zhongji Container Making Limited Company	163876
山东红日阿康化工股份有限公司	Shandong Hongri Akang Chemical Industry Share-holding Corporation limited	163664
淄博齐翔石油化工集团有限公司	Zibo Qixiang Petrochemical Industry Group Co.,Ltd.	163601
山东中创软件工程股份有限公司	Shandong Zhongchuang Software Engineering Share-holding Corporations Limited	163520
青岛正进集团	Qingdao Zhengjin Group	163410
青岛星火纺机纺织集团股份有限公司	Qingdao Xinghuo Spinning and Weaving Group Share-holding Corporation Limited	160033
山东华夏集团	Shandong Huaxia Group	159321
山东三箭置业集团有限公司	Shandong Sanjian Real Estate Group Co.Ltd	158752
东营市华誉实业集团有限公司	Dongying Huayu Indstrial Group Co.,Ltd.	158238
赤山集团	Chishan group	158078
青岛泰能燃气集团	Qingdao Taineng Gas Group	156490
山东鸿达建工集团有限公司	Shandong Hongda Group Co.,Ltd	156208
大众报业集团	The People Newspapers Group	155801
山东金号织业有限公司	Shandong Kingshore Textile Co.,Ltd.	153673
日照市水产集团总公司	Rizhao Aquatic Product Group Main Corporation	152674
山东蓝星玻璃集团	Shandong Lanxing Glass Group	152237
山东华丰企业集团	Shandong Huafeng Enterprise Group	151404
威海市金猴集团	Weihai Gold Monkey Group	150425
兰雁集团	Lanyan Group	149249
青岛北方国贸集团	Qingdao North Trade Building Co.,Ltd.	148666
青岛红星化工集团	Qingdao Hongxing Chemical Industry Group	148351
德州晶华集团	Dezhou Jinghua Group	146937
正海集团	Zhenghai Group	145869
南车四方车辆有限公司	CSR Sifang Rolling Stock Co.,Ltd	145484
山东贵和纸业集团有限公司	Shandong Guihe Paper Group Limited Company	145206
翔宇实业集团有限公司	Xiangyu Industry Group Limited Company	142676
靖海集团有限公司	Shandong Jinghai Industry Group	142180
威海北洋电气集团	Weihai Beiyang Electricity Group	137884
青岛金王集团	Qingdao Jinwang Group	135814
山东东佳集团	Shandong Dongjia Group	135155
山东滨州环宇纺织集团有限责任公司	Shandong Binzhou World Spinning and Weaving Group Limited Liability Company	133482
山东宏河矿业集团有限公司	Shandong Hong River Mining Industry Group Limited Company	132854
山东滨州印染集团有限责任公司	Shandong Binzhou Printing Group Limited Liability Company	132532
寿光市新龙电化有限责任公司	Shouguang Xinlong Electrification Limited Liability Corporation	132520
山东辰龙纸业股份有限公司	Shandong Chenlong Paper Share-holding Corporation Limited	130512
山东同济万鑫集团有限公司	Shandong Tongji Wanxin Group Limited Company	130087

continued

位 次 Precedence	资产总计 (万元) Total Assets (ten thousand yuan)	位 次 Precedence	从业人员 (人) Employed Persons (person)	位 次 Precedence
238	258067	168	1382	330
239	219944	194	1507	319
240	197316	216	5239	117
241	197346	215	1050	351
242	129708	277	1607	312
243	166451	236	4237	157
244	789319	58	981	357
245	191682	219	4812	137
246	232464	180	2009	289
247	248095	174	5712	106
248	200565	210	1007	356
249	61654	364	499	377
250	183370	225	2974	216
251	169658	235	853	365
252	53328	377	1100	348
253	131460	274	3130	206
254	75336	347	2087	275
255	159685	245	1480	324
256	208546	204	8437	74
257	53481	376	4332	153
258	374033	123	2580	237
259	568576	82	2629	232
260	79691	344	2302	255
261	248289	173	4589	144
262	76935	345	4991	131
263	128508	280	3861	174
264	231346	182	4586	145
265	161085	244	4660	143
266	116237	300	2160	268
267	209728	202	5612	108
268	70267	352	418	381
269	320623	141	5011	128
270	380860	119	7196	88
271	312982	142	2167	267
272	216642	197	3156	204
273	103707	314	1021	353
274	132084	272	746	369
275	104797	311	3400	192
276	113889	302	2542	240
277	171319	233	1728	310
278	183087	226	2001	293
279	120259	297	3700	178
280	217041	196	7194	89
281	196840	217	3124	207
282	133629	271	1326	333
283	182174	227	1927	300
284	89539	330	2550	239

8-6 续表 6

集团名称	Name of Group	营业收入（万元）Operating Income (ten thousand yuan)
山东华瑞集团	Shandong Huarui Group	129708
荣成华泰汽车有限公司	Rongcheng Huatai Automobile Limited Company	129238
山东环日集团	Shandong Huanri Group	128083
山东齐鲁味精集团	Shandong Qilu Aginomoto Group	126697
山东大成化工集团有限公司	Shandong Dacheng Chemical Industry Group Limited Company	125397
山东鲁泰煤业有限公司	Shandong Lutai Coal Industry Limited Company	123427
山东汽车工业集团有限公司	Shandong Automobile Industry Group Limited Company	121843
山东海丰国际航运集团有限公司	Shandong Haifeng International Shipping Group Limited Company	121204
山东齐峰特种纸业股份有限公司	Shandong Chifeng Group Limited Company	120270
威海光威集团	Weihai Guangwei Group	120214
山东省微山湖矿业集团	Shandong Weishan Lake Mining Group	119464
山东省医药集团有限公司	Shandong Province Medicine Group Limited Company	119425
烟台交运集团	Yantai Communications and Transportation Group	118678
山东九州商业集团有限公司	Shandong Jiuzhou Business Group Limited Company	118258
泰山生力源集团	Mountain Tai Shengliyuan Group	118221
耶莉娅集团	Yealia Group	118190
山东希森集团	Shandong Xisen Group	118188
山东齐天化学集团	Shandong Qitian Chemical Industry Group	116050
山东省药用玻璃股份有限公司	Shandong Province for Medicinal Purposes Glass Share-holding Corporation Limited	115829
山东贺友集团	Shandong Heyou Group	115247
青岛亿路发集团有限公司	Qingdao Yilufa Group Co., Ltd.	115208
淄博银仕来纺织(集团)有限公司	Zibo Yinshilai Textile (Group) Co., Ltd.	115138
威海市山花地毯集团	Weihai Wild Flower Rug Group	112412
山东佳宝集团有限公司	Shandong Jiabao Group Limited Company	112300
青岛红领集团有限公司	Qingdao Hongling Group Limited Company	108114
临沂桃源集团有限责任公司	Linyi Taoyuan Group Limited Liability Company	107447
山东省鲁信投资控股集团有限公司	Shandong Province Lu Xin Inv-ests the Holding Group Limited Company	106202
山东王晁煤电集团有限公司	Shandong Wangchao Coal and Electricity Group Limited Company	105439
山东银光化工集团有限公司	Shandong Yinguang Chemical Industry Group Co., Ltd.	105028
宏安集团	Wang On Group	104515
山东曲轴总厂有限公司	Shandong Crankshaft Plant Co., Ltd.	101999
潍坊昌大建设集团	Weifang Changda Construction Group	101787
山东大地盐化集团有限公司	Shandong Earth Salt Group Co., Ltd.	101239
山东金马工业集团股份有限公司	Shandong Jinma Chemical Industry Group Share-holding Corporation Limited	101042
山东通裕集团	Shandong Tong Yu Group	100692
烟台三环锁业集团	Yantai Three Ring Lock Industry Groups	98879
海马集团公司	Hippocampus Japonicus Group Enterprise	98852
山东矿机集团股份有限公司	Shandong Mining Machine Group Co., Ltd.	95480
山东九发集团	Shandong Jiufa Group	95132
山东凯银集团股份有限公司	Shandong Kaiyin Group Share- holding Corporation Limited	94715
济南一建集团	Jinan First Construction Group	94420
青岛公交集团	Qingdao Transit Group	94137
山东莱动内燃机有限公司	Shandong Laidong Internal-comb- ustion Engine Limited Company	94117
青岛利客来商贸集团股份有限公司	QingDao LiKeLai Co.,Ltd.	93480
菏泽睿鹰制药集团	Heze Ruiying Manufactures Drugs Group	93297
青岛中能集团有限公司	Qingdao Zhongneng Group Co., Ltd.	93066
青岛市市政工程集团有限公司	Qingdao Municipal Works Group Limited Company	90485
潍坊建工集团有限公司	Weifang Construction Group	90452
山东德棉集团	Shandong Dezhou Cotton Group	89802
青岛福日集团	Qingdao Furi Group	87247

continued

位 次 Precedence	资产总计 (万元) Total Assets (ten thousand yuan)	位 次 Precedence	从业人员 (人) Employed Persons (person)	位 次 Precedence
285	83178	339	2089	273
286	228169	187	2000	294
287	62086	362	2056	281
288	100204	320	2694	230
289	225025	190	3179	201
290	223895	192	4781	139
291	154298	251	5414	112
292	100704	318	438	380
293	144398	260	888	362
294	165421	238	4145	162
295	158009	248	4319	155
296	62886	361	2423	246
297	86695	333	3585	187
298	51998	380	2803	227
299	58247	369	1594	315
300	63564	360	3120	208
301	240178	177	1500	322
302	75289	348	1489	323
303	198708	213	4892	135
304	141071	265	1523	318
305	55390	374	1103	346
306	125232	287	3175	202
307	89055	332	2845	225
308	89930	329	2221	258
309	124959	288	3802	176
310	121712	293	2788	228
311	3612754	13	2515	241
312	116363	299	3321	194
313	120412	296	1228	340
314	110420	307	1635	311
315	158329	246	2089	272
316	205852	207	1951	298
317	140668	266	2157	269
318	102545	316	1845	306
319	175151	231	1500	321
320	53034	378	3666	180
321	125927	284	2598	236
322	135500	267	1786	308
323	308817	145	3205	199
324	92592	326	2170	266
325	209425	203	4419	150
326	158235	247	14152	45
327	56666	371	2858	223
328	62078	363	1100	347
329	133707	270	1892	302
330	67276	356	651	372
331	125322	286	1500	320
332	81739	341	4548	147
333	274740	161	7568	83
334	123815	290	507	376

8-6 续表 7

集团名称	Name of Group	营业收入 (万元) Operating Income (ten thousand yuan)
山东大陆企业集团有限公司	Shandong Enterprise Group Co., Ltd.	86437
山东华盛中天机械集团有限公司	Shandong Huasheng Zhongtian Machinery Group Co., Ltd.	86042
潍坊市临朐焦化热力集团有限公司	Linqu Coking Heating Power Group Limited Company,Weifang	85000
山东洪业化工集团	Shandong Hongye Chemical Industry Group	81016
肥城阿斯德化工有限公司	Feicheng acid chemicals Co., Ltd.	80311
海汇集团	Haihui Group	78217
东安黑豹股份有限公司	Dongan Heibao Share-holding Corporation Limited	77424
淄博华辰集团有限责任公司	Zibo Huachen Limited Liability Corporation	76940
山东泉兴矿业集团有限责任公司	Shandong Quanxing Mining Group Co., Ltd.	76608
青岛三元集团股份有限公司	Qingdao Sanyuan Group Co., Ltd.	75719
山东双轮集团股份有限公司	Shandong Shuanglun Group Co., Ltd.	75276
青岛海润自来水集团	Qingdao Hairun Water Group	72698
石岛集团有限公司	Shidao Group Limited Company	72295
山东同大集团有限公司	Shandong tongda Group Co., Ltd.	72171
青岛热电集团	Qingdao Pyroelectricity Group	71813
曲阜中联水泥有限公司	Qufu Zhonglian Cement Co., Ltd.	71442
山东五洲投资集团有限公司	Shandong Wuzhou Investment Group Co., Ltd.	71231
济南变压器集团股份有限公司	Jinan Transformer Group Co., Ltd.	70471
文登威力工具集团有限公司	Wendeng Weili tool Group Co., Ltd.	70239
山东禹王集团	Shandong Kingyu Group	68747
青岛宏大纺织机械有限责任公司	Qingdao Great Textile Machinery Limited Liability Company	68280
山东潍坊外贸实业集团公司	Shandong Weifang Foreign Trade Industrial Corporation	67098
山东奥宝化工集团	Shandong Aobao Chemical Group	67033
青岛国际机场集团有限公司	Qingdao International Airport Group Co., Ltd.	67002
山东鲁强电缆集团	Shandong Lu Qiang Cable Group	66880
山东省潍坊生建机械厂(集团)	Shandong Weifang Shengjian machinery plant (Group)	66329
山东泰山阳光集团有限公司	Shandong Taishan Sunshine Holdings Limited	66214
山东新华医疗器械集团	Shandong Xinhua Medical Equipment Group	65947
山东平安建设集团有限公司	Shandong Pingan Construction Group Co., Ltd.	64562
山东景芝建设集团	Shandong Jingzhi Construction Group	63419
青岛市新华书店(集团)有限责任公司	Qingdao Xinhua Bookstore Co., Ltd.	63157
山东大王金泰集团	Shandong Dawang Jintai Group	63142
青岛天泰集团	Qingdao Tiantai Group	62982
山东山矿机械有限公司	Shandong Mining Machinery Co., Ltd.	62511
山东华龙纺织有限公司	Shandong Hualong Textile Co., Ltd.	62209
山东新光实业集团有限公司	Shandong Xnguang Industrial Group Co., Ltd.	61887
山东美华瓷业集团股份有限公司	Shandong Meihua Porcelain Group Co., Ltd.	61752
山东龙丰集团	Shandong Longfeng Group	61302
山东中泰煤业集团有限公司	Shandong Zhongtai Coal Group Co., Ltd.	60940
青岛东生集团公司	Qingdao Dongsheng Group Enterprise	60872
山东阿掖山集团有限公司	Shandong Ayeshan Group Co., Ltd.	60701
山东菏建建筑集团	Shandong Heze Construction Group	59941
山东省交通运输集团公司	Shandong Province Communication and Transportation Group	59296
三联集团	Sanlian Group	58020
淄建集团	Zibo construction Group	56901
山东省临沂交通运输有限责任公司	Shandong Linyi Transportation Co., Ltd.	54091
山东临沂工程机械集团有限责任公司	Shandong Linyi Engineering Machinery Group Co., Ltd.	53868
山东清泉集团	Shandong Qingquan Group	51730
聊城交通汽运集团有限责任公司	Liaocheng Transportation Group Co., Ltd.	51091
山东银宝轮胎集团有限公司	Shandong Yinbao Tire Group Co., Ltd.	50238

continued

位 次 Precedence	资产总计 (万元) Total Assets (ten thousand yuan)	位 次 Precedence	从业人员 (人) Employed Persons (person)	位 次 Precedence
335	51230	381	1277	336
336	86656	334	2327	251
337	61019	365	1219	342
338	143978	262	1946	299
339	95436	324	708	371
340	99487	321	1270	337
341	89445	331	1893	301
342	80720	343	2066	280
343	150610	256	3768	177
344	55465	372	615	373
345	59035	368	864	364
346	232287	181	2265	256
347	164996	239	2922	219
348	80760	342	979	358
349	214217	198	2354	249
350	102351	317	1471	325
351	152301	253	2006	290
352	84706	337	1061	349
353	58117	370	3320	195
354	71013	351	1011	355
355	66881	357	1195	343
356	60024	367	1253	338
357	82935	340	1461	326
358	250639	172	2190	265
359	55421	373	952	360
360	69215	353	1252	339
361	130646	275	2015	287
362	123044	291	2028	285
363	113838	303	5915	105
364	68263	355	2052	282
365	60472	366	1016	354
366	133957	269	1050	350
367	219676	195	1288	335
368	55025	375	1365	331
369	51007	383	4048	165
370	108067	310	2719	229
371	75894	346	3620	183
372	93852	325	1035	352
373	83305	338	4012	166
374	85201	336	1594	314
375	65167	358	1160	344
376	63769	359	2980	214
377	91117	328	2623	233
378	680324	71	4211	159
379	102947	315	2203	259
380	68351	354	5533	109
381	50276	384	3946	172
382	117342	298	2980	213
383	91977	327	3460	189
384	52688	379	1600	313

主要指标解释

年末资产总计 指企业(集团)截止报告期期末拥有或控制的全部资产，包括流动资产、长期投资、固定资产、无形资产、递延资产和其他资产等。

负债合计 指企业(集团)所承担的能以货币计量，将以资产或劳务偿付的债务。负债一般按偿还期的长短分为流动负债和长期负债。

股东(所有者)权益合计 指企业(集团)资产扣除负债后由所有者享有的剩余权益。执行新会计准则的企业(集团)按资产负债表中的股东(所有者)权益合计填列。尚未执行新会计准则的企业(集团)由股东(所有者权益)合计与少数股东权益相加之后填列。

营业收入 指企业(集团)在日常活动中形成的、会导致所有者权益增加的、与所有者投入资本无关的经济利益的总流入。其中“日常活动”，是指企业为完成其经营目标所从事的经常性活动以及与之相关的活动。

比如，工业企业制造并销售产品、商品流通企业销售商品、保险公司签发保单、咨询公司提供咨询服务、软件企业为客户开发软件、安装公司提供安装服务、商业银行对外贷款、租赁公司出租资产等，均属于企业为完成其经营目标所从事的经常性活动，由此产生的经济利益的总流入构成收入。

尚未执行新会计准则的企业(集团)由主营业务收入与其他业务收入相加之后填列。

固定资产投资完成额 指企业(集团)在年度内建造和购置固定资产及有关费用的支出合计。包括：①建筑工程投资，②安装工程投资，③设备工器具购置，④应分摊计入固定资产的费用等。

研究开发(R&D)费用 指报告年度在企业(集团)科技活动经费内部支出中用于基础研究、应用研究和试验发展三类项目以及这三类项目的管理和服务的费用支出。不论何种经费来源，只要实际用于上述三类项目的经费支出都应计算在内。具体计算办法：可将企业(集团)全部科技项目中确定为基础研究、应用研究和试验发展三类项目的经费支出加总，再加上按上述三类项目支出占全部科技项目经费支出比重计算分摊的科技管理和服务费用取得。

年末从业人员 指报告期期末在企业（包括集团母公司和子公司，下同)工作并领取工资或其他形式的劳动报酬的全部人员数，包括在岗职工、再就业的离退休人员以及在企业(集团)中工作的外方人员和港澳台方人员、兼职人员、借用的外单位人员和第二职业者。不包括离开本企业(集团)仍保留劳动关系的职工。

从业人员劳动报酬 指企业(集团)直接支付给本企业(集团)全部从业人员的劳动报酬总额。包括本企业(集团)在岗职工工资总额和其他从业人员劳动报酬两部分。

Explanatory Notes on Main Indicators

Endding Total Assets refer to all economic resources, in monetary term, these are owned or controlled by enterprises, including properties, creditor's equity and other economic rights of all forms. Classified by the degree of liquidity, total assets include working capitals, long-term investment, fixed assets, intangible assets, deferred assets and other assets. Data on this indicator can be obtained by the year-end figures of total assets in the *Assets and Liability Table* of accounting records of enterprises.

Total Liabilities refer to payable liabilities of enterprises that have to be repaid in terms of money, assets or labour services. In terms of payment, it can be divided into liquid liabilities and long-term liabilities. Data on this item is obtained from the ending figures on total liabilities from the Assets and Liability Table from the enterprises.

Owner's Equity refers to the ownership of net assets of enterprise by its investors. Net assets equal total assets minus total liabilities of the enterprise, including the actual assets invested into the enterprise by investors, accumulation of capital and operating surplus and non-distributed profits. The enterprise's assets are less than its liabilities if the sum of owner's equity is smaller than zero.

Operating Income refers to Enterprise (Group) formed in the day-to-day activities and will lead to the increase in ownership interest, has nothing to do with the owners of capital gross inflows of economic benefits. The "daily activities" refers to enterprises in order to fulfill its business objectives by engaging in regular activities and related activities.

For example, industrial enterprises in manufacturing and marketing products, commercial enterprises selling products, the insurance company issuing the policy, consulting firms to provide consulting services, software companies to develop software for clients, the installation provides installation services, commercial banks loans, leasing companies, such as leased assets, enterprises are the target for the completion of its business by engaging in regular activities, the resulting gross inflows of economic benefits constitute income.

Implementation of the new accounting standards have not been the Enterprise (Group) from the main business income and other operating income, after the sum of any case.

Amount of Investment in Fixed Assets refers to the completion of Enterprise (Group) in the year of construction and the acquisition of fixed assets and the total costs. Including: ① construction investment, ② the installation investment, ③ the purchase of equipment, apparatus work, ④ of fixed assets should be included in the cost-sharing and so on.

Research and Development (R & D) Cost refers to the annual report of the Enterprise (Group) Science and Technology activities for the internal expenditures in basic research, applied research and pilot projects, as well as the development of three types of the three categories of project management and services costs. Whatever the source of funding, as long as the actual project for the above-mentioned three types of expenditures should be taken into account. Specific method of calculation: can be Enterprise (Group) of all IT projects identified as basic research, applied research and pilot projects to develop three types of the total increase in expenditures, together with the three types of project expenditures in accordance with the above-mentioned projects the total expenditure share of the calculation share of the cost of IT management and service access.

Endding Employed Persons refer to the end of the reporting period at the end of the enterprise (including the Group parent company and subsidiaries, the same below) and to receive wages or other forms of remuneration of all staff members a few, including on-the-job workers, re-employment of retired personnel, as well as in the Enterprise (Group) in the work of Hong Kong, Macao and Taiwan staff and foreign staff, part-time staff, loan units and the second job. Does not include leaving the Enterprise (Group) retaining employees of labor relations.

Remuneration of Employees refer to the Enterprise (Group) paid directly to the Enterprise (Group) of all employees in the total amount of remuneration. Including the Enterprise (Group) the total amount of on-the-job wages and other remuneration of employees in two parts.

9

企业景气调查资料
Investigation Material of Business Climate

简 要 说 明

企业景气调查是适应我国社会主义市场经济发展的新形势，借鉴市场经济国家的成功经验而建立起来的一项新的统计调查制度。它是通过对样本企业的企业家定期进行意向性问卷调查，并根据企业家对企业经营状况及宏观经济形势的判断和预期来编制景气指数。企业景气指数不仅能够及时反映企业经营状况，当前宏观经济运行态势，而且能够预测未来经济发展趋势。

景气指数又称景气度，它是对企业景气调查中的定性指标通过定量方法加工汇总，综合反映某一特定调查群体或某一社会经济现象所处的状态或发展趋势的一种指标。景气指数的数值范围介于 0～200 之间，100 为景气指数的临界值；当景气指数大于 100 时，表明经济状况趋于上升或改善，处于景气状态；当景气指数小于 100 时，表明经济状况趋于下降或恶化，处于不景气状况。

景气指数根据其调查对象和反映内容的不同，有宏观和微观等不同分类。企业家信心指数是根据企业家对宏观经济环境信心预期的判断而编制的；企业景气指数是根据企业家对本企业当前综合经营状况的判断和未来发展的预计而编制的指数。

企业景气调查包括工业；建筑业；交通运输、仓储和邮政业；批发和零售业；房地产业；信息传输、计算机服务和软件业；住宿和餐饮业；社会服务业八大行业门类。我省于 1998 年正式开展企业景气调查，2008 年全省每季度进行调查的企业近 3000 家，基本涵盖全部大型及特大型企业、省重点企业、上市公司和部分中小企业，具有较强的代表性。

Brief Introduction

Business survey is a new statistical investigation system that adopts new situation of our country socialist market economy development and profits from the success experience of the market economy countries. It is through carrying on the intent questionnaire survey regularly to the sample enterprise's entrepreneurs, according to judgment and anticipation of the enterprise management condition and the macroscopic economic situation for the entrepreneurs to establish the booming index. Not only the enterprise booming index can reflect the enterprise management condition promptly, current macroscopic economical movement situation, but also will be able to forecast the future economy trend of development.

The booming index is called the scenery extent, it is the target that is compiled to stationary index through the quantitative method processing in the enterprise booming investigation and reflects some specific investigation community or locating condition or development trend of some social economy phenomenon. The value scope of booming index is situated between 0～200, 100 is marginal value of booming index; When the booming index is bigger than 100, indicates the financial circumstance tends to the rise or the improvement, is at the booming condition; When the booming index is smaller than 100, indicates the financial circumstance tends to the drop or the worsening, is in not the booming condition.

According to its investigation object and the difference of reflection content, the booming index has the different classifications of macroscopic and microscopic. The confidence index of entrepreneurs is established according to the judgment of entrepreneurs to the macroscopic economic environment confidence anticipation; the business climate index is established according to judgment of current comprehensive management condition and the estimate of future development.

Business survey includes industry; construction; transportation, storage and telecommunications; whole sale and retail trade; real estate; information transmission, computer services and software; hotel and catering services; social service eight big profession classes. Shandong business survey was developed in 1998 officially, there are 3000 investigation enterprises that are carried on each quarter in entire province in cover completely large-scale and the extra large type enterprise, the province key enterprises, listed company and the partial small and medium-sized enterprises basically, have the strong representation.

9-1 企业景气调查主要景气指数

Main Climate Index of Business Climate Investigation

时间序列	Time	企 业 景气指数 Business Climate Index	生产总量景气指数 Climate Index of total output	盈利(亏损)变化景气指数 Climate Index of profit(loss) variation	流动资金景气指数 Climate Index of liquid capital	货款拖欠景气指数 Climate Index on overdue obligations to suppliers	劳动力需求景气指数 Climate Index of Labor Demand	固定资产投资景气指数 Climate Index on fixed assets investment
1999年1季度	Quarter 1. 1999	118.07	102.65	84.82	46.06	92.93	69.20	96.13
1999年2季度	Quarter 2. 1999	121.19	114.96	90.28	44.38	96.01	74.96	103.98
1999年3季度	Quarter 3. 1999	119.33	115.08	86.99	45.22	96.66	77.22	106.78
1999年4季度	Quarter 4. 1999	122.35	122.69	99.60	46.16	95.58	76.55	108.45
2000年1季度	Quarter 1. 2000	117.15	111.61	91.58	56.74	108.81	86.19	106.98
2000年2季度	Quarter 2. 2000	128.18	135.27	100.98	59.22	106.01	94.37	117.66
2000年3季度	Quarter 3. 2000	125.36	124.53	100.57	61.88	103.71	94.33	119.48
2000年4季度	Quarter 4. 2000	125.22	125.76	103.96	63.86	107.34	90.32	117.28
2001年1季度	Quarter 1. 2001	129.24	116.28	102.10	72.93	110.13	91.00	107.62
2001年2季度	Quarter 2. 2001	137.68	127.66	117.59	73.17	106.53	99.94	119.25
2001年3季度	Quarter 3. 2001	131.59	124.77	106.61	72.97	107.41	96.98	115.56
2001年4季度	Quarter 4. 2001	130.76	120.66	109.44	71.15	107.75	92.82	113.75
2002年1季度	Quarter 1. 2002	127.64	115.03	99.60	75.48	111.26	92.49	108.31
2002年2季度	Quarter 2. 2002	134.21	133.52	122.07	76.20	107.31	99.47	117.67
2002年3季度	Quarter 3. 2002	136.07	132.44	120.42	76.88	105.56	101.43	123.83
2002年4季度	Quarter 4. 2002	136.39	128.91	120.61	76.35	108.53	98.76	121.83
2003年1季度	Quarter 1. 2003	133.85	120.20	114.26	83.20	108.99	105.53	114.24
2003年2季度	Quarter 2. 2003	121.57	118.35	106.17	82.96	106.88	98.73	124.57
2003年3季度	Quarter 3. 2003	139.60	133.00	121.46	86.53	106.59	106.72	125.10
2003年4季度	Quarter 4. 2003	139.64	133.24	122.35	87.28	108.27	105.24	122.71
2004年1季度	Quarter 1. 2004	140.26	129.73	124.35	82.45	112.27	112.75	117.72
2004年2季度	Quarter 2. 2004	138.18	134.90	123.30	82.77	110.72	113.41	121.74
2004年3季度	Quarter 3. 2004	137.97	133.47	123.98	81.13	104.87	113.17	119.65
2004年4季度	Quarter 4. 2004	139.99	132.58	125.50	76.88	106.48	108.77	122.26
2005年1季度	Quarter 1. 2005	139.58	117.10	119.63	80.21	111.78	111.15	110.63
2005年2季度	Quarter 2. 2005	140.81	133.21	123.11	76.84	107.41	116.66	123.41
2005年3季度	Quarter 3. 2005	137.76	131.77	121.41	79.89	107.74	116.63	123.32
2005年4季度	Quarter 4. 2005	139.33	133.17	118.74	79.48	107.15	112.78	121.76
2006年1季度	Quarter 1. 2006	141.92	118.85	118.67	82.34	108.58	117.83	108.97
2006年2季度	Quarter 2. 2006	144.75	136.48	129.09	87.14	109.33	118.94	121.33
2006年3季度	Quarter 3. 2006	143.37	132.89	126.91	84.37	106.50	118.97	125.33
2006年4季度	Quarter 4. 2006	145.85	134.74	130.29	89.07	109.87	115.47	120.00
2007年1季度	Quarter 1. 2007	146.05	117.76	124.04	93.63	115.42	118.05	107.15
2007年2季度	Quarter 2. 2007	147.74	139.87	132.84	94.17	114.07	119.08	118.98
2007年3季度	Quarter 3. 2007	148.46	135.85	130.00	92.44	111.01	119.00	123.69
2007年4季度	Quarter 4. 2007	147.33	131.71	130.75	93.92	116.37	113.94	123.60
2008年1季度	Quarter 1. 2008	141.30	118.60	113.60	92.60	115.40	118.80	109.30
2008年2季度	Quarter 2. 2008	139.50	133.70	118.50	89.30	108.60	118.00	114.80
2008年3季度	Quarter 3. 2008	130.20	115.40	104.10	83.30	104.90	112.90	114.00
2008年4季度	Quarter 4. 2008	106.10	84.00	80.60	75.00	99.10	84.00	91.50

9-2 工业企业景气调查主要景气指数
Main Climate Index of Industrial Enterprise Climate Investigation

时间序列	Time	企业家信心指数 Confidence Index of Entreprenеurs	企业景气指数 Business Climate Index	生产总量景气指数 Climate Index of total output	盈利(亏损)变化景气指数 Climate Index of profit(loss) variation	流动资金景气指数 Climate Index of liquid capital	货款拖欠景气指数 Climate Index on overdue obligations to suppliers	劳动力需求景气指数 Climate Index of Labor Demand	固定资产投资景气指数 Climate Index on fixed assets investment
1999年1季度	Quarter 1. 1999	112.44	123.91	106.45	87.68	42.85	93.25	70.94	96.73
1999年2季度	Quarter 2. 1999	111.28	125.96	119.82	95.40	43.91	98.20	73.67	107.59
1999年3季度	Quarter 3. 1999	113.77	123.60	118.27	89.03	43.77	97.52	75.40	111.87
1999年4季度	Quarter 4. 1999	117.25	130.12	131.17	108.64	46.56	97.61	78.47	113.40
2000年1季度	Quarter 1. 2000	125.91	126.41	120.49	96.29	57.36	112.39	91.56	108.90
2000年2季度	Quarter 2. 2000	131.34	135.11	142.25	105.52	62.09	109.56	95.16	120.38
2000年3季度	Quarter 3. 2000	131.67	130.92	127.66	102.59	65.98	108.01	93.93	122.55
2000年4季度	Quarter 4. 2000	130.93	133.18	131.18	109.20	67.25	112.21	91.72	120.62
2001年1季度	Quarter 1. 2001	136.41	139.88	126.00	104.31	79.51	114.79	95.76	109.50
2001年2季度	Quarter 2. 2001	137.74	144.06	129.20	119.87	80.54	111.73	99.68	123.12
2001年3季度	Quarter 3. 2001	129.62	134.90	123.22	105.16	78.50	112.08	92.41	114.87
2001年4季度	Quarter 4. 2001	131.63	134.04	122.77	110.98	74.61	111.21	93.31	114.77
2002年1季度	Quarter 1. 2002	129.13	130.39	119.92	100.48	80.35	113.87	95.51	110.94
2002年2季度	Quarter 2. 2002	136.04	138.68	136.32	127.32	84.51	112.11	97.63	119.34
2002年3季度	Quarter 3. 2002	129.20	141.32	134.81	121.06	81.76	109.46	100.62	129.56
2002年4季度	Quarter 4. 2002	138.31	142.81	131.71	123.26	81.89	112.44	102.04	129.17
2003年1季度	Quarter 1. 2003	142.58	140.95	129.65	120.88	92.35	112.42	113.84	119.27
2003年2季度	Quarter 2. 2003	130.16	130.70	127.97	115.48	92.11	112.97	105.06	129.80
2003年3季度	Quarter 3. 2003	139.20	146.52	131.79	128.14	94.07	113.82	107.39	128.13
2003年4季度	Quarter 4. 2003	141.89	147.54	138.02	133.32	94.45	117.14	112.49	128.55
2004年1季度	Quarter 1. 2004	144.55	147.08	138.28	130.10	89.89	115.07	119.80	122.62
2004年2季度	Quarter 2. 2004	136.40	140.44	137.68	122.00	88.09	116.84	114.91	125.59
2004年3季度	Quarter 3. 2004	133.21	141.20	134.99	125.93	85.96	108.33	116.40	125.09
2004年4季度	Quarter 4. 2004	137.23	143.11	135.89	128.72	78.34	109.84	114.38	127.93
2005年1季度	Quarter 1. 2005	139.37	142.66	121.75	125.23	81.85	113.90	117.95	114.78
2005年2季度	Quarter 2. 2005	136.11	142.92	135.23	127.51	77.11	110.81	119.12	129.06
2005年3季度	Quarter 3. 2005	130.29	139.95	131.80	124.07	80.93	112.15	118.14	127.76
2005年4季度	Quarter 4. 2005	130.90	141.99	135.80	119.99	81.65	110.38	117.30	125.37
2006年1季度	Quarter 1. 2006	139.43	145.81	121.30	122.18	83.53	108.09	125.97	110.34
2006年2季度	Quarter 2. 2006	141.82	148.25	139.05	134.17	90.26	113.00	121.74	125.15
2006年3季度	Quarter 3. 2006	140.14	146.50	134.54	131.72	85.28	109.95	121.61	129.33
2006年4季度	Quarter 4. 2006	143.51	149.68	139.04	136.20	92.13	115.20	119.45	125.44
2007年1季度	Quarter 1. 2007	150.87	150.61	121.12	132.23	96.17	116.45	125.06	107.55
2007年2季度	Quarter 2. 2007	152.80	150.90	144.50	139.01	97.23	119.40	120.42	120.54
2007年3季度	Quarter 3. 2007	150.09	152.65	137.05	133.75	94.22	116.14	119.27	127.93
2007年4季度	Quarter 4. 2007	149.62	150.55	133.68	137.52	95.53	120.01	116.94	127.90
2008年1季度	Quarter 1. 2008	142.80	143.00	119.10	116.30	96.00	118.10	123.60	107.50
2008年2季度	Quarter 2. 2008	139.10	140.50	134.90	122.20	91.40	111.10	118.20	114.80
2008年3季度	Quarter 3. 2008	128.50	129.40	110.60	105.40	84.40	106.80	112.70	115.00
2008年4季度	Quarter 4. 2008	93.80	100.10	74.00	73.70	73.50	101.60	79.00	87.10

9-3 建筑业企业景气调查主要景气指数

Main Climate Index of Building Enterprise Climate Investigation

时间序列	Time	企业家信心指数 Confidence Index of Entrepreneurs	企业景气指数 Business Climate Index	生产总量景气指数 Climate Index of total output	盈利(亏损)变化景气指数 Climate Index of profit(loss) variation	流动资金景气指数 Climate Index of liquid capital	货款拖欠景气指数 Climate Index on overdue obligations to suppliers	劳动力需求景气指数 Climate Index of Labor Demand	固定资产投资景气指数 Climate Index on fixed assets investment
1999年1季度	Quarter 1. 1999	116.91	117.76	84.68	86.40	58.95	61.72	71.70	84.75
1999年2季度	Quarter 2. 1999	116.20	122.00	122.54	87.78	37.60	58.69	109.48	103.25
1999年3季度	Quarter 3. 1999	109.78	118.39	121.32	95.98	40.04	60.81	113.93	98.11
1999年4季度	Quarter 4. 1999	108.05	111.63	102.26	97.21	35.98	62.90	92.16	102.62
2000年1季度	Quarter 1. 2000	116.69	85.66	74.09	70.80	49.60	73.47	74.28	94.36
2000年2季度	Quarter 2. 2000	124.30	117.97	134.62	97.08	44.07	56.12	127.03	107.19
2000年3季度	Quarter 3. 2000	121.78	125.22	138.65	110.70	48.26	56.62	123.67	113.32
2000年4季度	Quarter 4. 2000	117.45	118.76	127.30	113.74	55.24	56.81	113.67	108.62
2001年1季度	Quarter 1. 2001	122.70	92.31	66.80	79.36	52.20	82.13	76.92	101.51
2001年2季度	Quarter 2. 2001	122.44	138.37	147.17	129.83	46.57	64.70	139.01	119.20
2001年3季度	Quarter 3. 2001	127.17	127.05	133.45	117.55	45.38	63.91	129.25	114.18
2001年4季度	Quarter 4. 2001	125.53	136.84	133.17	127.89	49.50	66.41	112.56	106.40
2002年1季度	Quarter 1. 2002	135.23	119.27	85.93	80.09	56.09	89.87	96.62	114.87
2002年2季度	Quarter 2. 2002	137.61	144.56	159.02	139.13	53.44	72.48	150.44	130.07
2002年3季度	Quarter 3. 2002	129.34	138.39	139.37	131.68	60.24	69.42	133.78	118.07
2002年4季度	Quarter 4. 2002	129.61	136.69	131.27	136.21	59.42	59.38	108.95	107.48
2003年1季度	Quarter 1. 2003	134.48	114.62	83.46	93.90	58.34	72.21	85.76	102.40
2003年2季度	Quarter 2. 2003	136.56	125.52	150.34	107.69	70.86	56.39	126.09	130.55
2003年3季度	Quarter 3. 2003	133.56	127.95	146.65	91.69	81.62	58.68	113.14	126.01
2003年4季度	Quarter 4. 2003	136.13	118.40	136.11	70.74	89.88	50.95	89.95	111.04
2004年1季度	Quarter 1. 2004	134.39	121.20	92.16	101.47	50.07	87.99	105.11	109.90
2004年2季度	Quarter 2. 2004	137.57	132.74	155.50	133.58	50.29	68.07	148.95	116.64
2004年3季度	Quarter 3. 2004	129.64	127.15	137.26	119.50	52.24	59.03	125.96	104.74
2004年4季度	Quarter 4. 2004	132.35	138.70	135.27	125.24	55.65	61.98	109.56	108.70
2005年1季度	Quarter 1. 2005	141.19	123.75	76.11	90.65	60.12	95.74	82.61	98.99
2005年2季度	Quarter 2. 2005	138.28	133.44	146.45	116.60	55.38	74.15	148.44	121.13
2005年3季度	Quarter 3. 2005	135.15	131.33	138.35	112.92	58.67	70.67	132.32	120.54
2005年4季度	Quarter 4. 2005	139.33	134.88	145.80	124.18	54.69	75.14	123.61	115.27
2006年1季度	Quarter 1. 2006	142.29	128.67	85.88	95.25	63.33	98.52	92.56	93.63
2006年2季度	Quarter 2. 2006	146.96	144.13	155.35	111.31	60.03	84.05	144.54	116.89
2006年3季度	Quarter 3. 2006	142.89	137.64	141.46	114.38	63.45	78.30	135.74	117.34
2006年4季度	Quarter 4. 2006	141.24	133.27	134.80	119.12	72.28	71.77	118.03	108.85
2007年1季度	Quarter 1. 2007	144.74	130.02	87.18	93.43	69.84	112.78	86.90	99.43
2007年2季度	Quarter 2. 2007	145.56	144.38	151.68	126.03	71.38	87.34	151.25	116.81
2007年3季度	Quarter 3. 2007	143.73	133.86	147.22	116.86	71.29	84.59	136.21	118.27
2007年4季度	Quarter 4. 2007	141.67	138.66	127.98	109.23	75.12	92.24	119.39	118.53
2008年1季度	Quarter 1. 2008	140.20	130.30	91.50	92.50	76.80	110.70	104.40	107.60
2008年2季度	Quarter 2. 2008	139.60	133.90	150.70	110.80	67.60	82.40	148.40	117.60
2008年3季度	Quarter 3. 2008	124.20	130.40	123.00	102.50	53.80	73.40	129.60	100.80
2008年4季度	Quarter 4. 2008	111.40	117.80	115.00	100.90	55.60	64.70	97.10	90.30

9-4 交通运输、仓储和邮政业企业景气调查主要景气指数

Main Climate Index of Transportation, Storage and Telecommunications Enterprise Climate Investigation

时间序列	Time	企业家信心指数 Confidence Index of Entrepreneurs	企业景气指数 Business Climate Index	生产总量景气指数 Climate Index of total output	盈利(亏损)变化景气指数 Climate Index of profit(loss) variation	流动资金景气指数 Climate Index of liquid capital	货款拖欠景气指数 Climate Index on overdue obligations to suppliers	劳动力需求景气指数 Climate Index of Labor Demand	固定资产投资景气指数 Climate Index on fixed assets investment
1999年1季度	Quarter 1. 1999	85.48	91.28	96.73	70.06	36.77	83.19	45.05	106.51
1999年2季度	Quarter 2. 1999	98.01	105.11	100.78	81.74	40.28	83.07	49.25	106.34
1999年3季度	Quarter 3. 1999	101.21	109.94	116.30	96.05	44.99	93.76	60.58	103.31
1999年4季度	Quarter 4. 1999	109.31	102.59	117.67	86.63	41.61	82.64	60.84	105.01
2000年1季度	Quarter 1. 2000	109.77	99.26	112.55	84.76	50.68	98.47	64.04	114.65
2000年2季度	Quarter 2. 2000	120.11	108.51	132.55	97.02	48.62	102.55	72.21	128.58
2000年3季度	Quarter 3. 2000	124.16	102.11	114.49	86.26	48.71	88.61	81.54	125.76
2000年4季度	Quarter 4. 2000	123.46	106.95	124.59	89.83	54.05	101.71	71.92	119.48
2001年1季度	Quarter 1. 2001	121.99	109.85	102.76	107.82	53.25	95.55	77.24	109.75
2001年2季度	Quarter 2. 2001	126.09	122.99	124.99	119.03	53.09	97.79	80.12	120.84
2001年3季度	Quarter 3. 2001	133.24	129.17	127.03	115.22	59.43	101.27	97.55	130.69
2001年4季度	Quarter 4. 2001	129.93	123.90	111.97	99.34	61.44	109.37	86.08	124.32
2002年1季度	Quarter 1. 2002	129.35	126.58	121.83	105.89	61.80	106.51	84.46	105.69
2002年2季度	Quarter 2. 2002	126.02	126.69	131.41	117.44	56.71	106.01	79.78	112.20
2002年3季度	Quarter 3. 2002	132.04	126.37	125.33	124.84	59.50	108.58	88.95	118.83
2002年4季度	Quarter 4. 2002	130.78	118.90	124.10	107.36	55.49	112.60	87.97	117.99
2003年1季度	Quarter 1. 2003	122.02	116.48	107.69	91.48	55.00	109.95	87.30	110.45
2003年2季度	Quarter 2. 2003	94.17	83.98	72.95	70.37	50.20	92.21	72.69	115.02
2003年3季度	Quarter 3. 2003	125.16	126.90	129.80	114.25	62.44	102.75	94.87	131.59
2003年4季度	Quarter 4. 2003	123.19	120.14	111.56	103.47	59.09	94.59	87.35	122.40
2004年1季度	Quarter 1. 2004	127.85	126.98	123.82	113.46	50.84	104.74	94.77	114.12
2004年2季度	Quarter 2. 2004	138.58	129.64	126.79	126.66	67.15	98.52	93.63	118.51
2004年3季度	Quarter 3. 2004	134.54	128.45	123.44	115.83	64.47	102.61	90.89	119.35
2004年4季度	Quarter 4. 2004	134.36	127.23	121.94	112.51	60.55	103.59	94.11	122.97
2005年1季度	Quarter 1. 2005	131.63	125.36	116.55	112.96	64.62	96.69	95.87	105.71
2005年2季度	Quarter 2. 2005	131.70	134.97	118.33	116.07	69.24	102.60	93.26	111.87
2005年3季度	Quarter 3. 2005	126.60	124.59	117.95	103.92	65.50	99.16	100.39	110.92
2005年4季度	Quarter 4. 2005	126.54	123.03	119.99	91.12	65.83	101.04	101.87	116.44
2006年1季度	Quarter 1. 2006	134.44	122.90	121.75	114.17	64.20	98.52	98.43	114.50
2006年2季度	Quarter 2. 2006	135.67	125.20	127.26	113.67	68.13	94.81	95.78	115.96
2006年3季度	Quarter 3. 2006	132.39	130.39	124.49	113.35	74.98	100.41	103.16	131.77
2006年4季度	Quarter 4. 2006	131.45	130.76	116.73	111.57	71.46	97.18	101.02	112.20
2007年1季度	Quarter 1. 2007	137.22	125.97	113.25	107.62	73.07	102.95	99.14	108.35
2007年2季度	Quarter 2. 2007	140.48	131.56	131.96	117.40	79.74	92.78	99.90	121.31
2007年3季度	Quarter 3. 2007	143.04	135.49	123.26	109.75	72.80	91.45	110.23	117.14
2007年4季度	Quarter 4. 2007	132.14	137.41	127.56	116.01	78.69	106.45	97.21	115.20
2008年1季度	Quarter 1. 2008	143.30	139.80	135.20	108.90	67.60	97.40	105.70	112.30
2008年2季度	Quarter 2. 2008	143.50	134.50	133.60	104.20	65.80	102.40	106.30	112.20
2008年3季度	Quarter 3. 2008	134.10	124.40	128.00	98.10	65.10	90.30	113.20	115.10
2008年4季度	Quarter 4. 2008	94.80	105.00	94.60	73.80	65.10	86.90	91.20	98.90

9-5 批发和零售业企业景气调查主要景气指数

Main Climate Index of Wholesale, Retail Trade and Cater Services Enterprise Climate Investigation

时间序列	Time	企业家信心指数 Confidence Index of Entrepreneurs	企业景气指数 Business Climate Index	生产总量景气指数 Climate Index of total output	盈利(亏损)变化景气指数 Climate Index of profit(loss) variation	流动资金景气指数 Climate Index of liquid capital	货款拖欠景气指数 Climate Index on overdue obligations to suppliers	劳动力需求景气指数 Climate Index of Labor Demand	固定资产投资景气指数 Climate Index on fixed assets investment
1999年1季度	Quarter 1. 1999	101.01	109.46	92.85	80.28	49.40	119.58	58.80	79.30
1999年2季度	Quarter 2. 1999	95.42	107.36	87.05	71.39	44.73	121.60	63.22	81.53
1999年3季度	Quarter 3. 1999	97.18	104.44	90.76	67.43	45.63	123.30	61.54	85.47
1999年4季度	Quarter 4. 1999	90.62	103.94	97.19	74.41	49.00	119.80	60.33	89.16
2000年1季度	Quarter 1. 2000	102.34	114.98	111.60	93.32	59.14	130.10	79.57	100.50
2000年2季度	Quarter 2. 2000	106.82	113.43	104.32	85.44	56.56	131.42	79.03	104.05
2000年3季度	Quarter 3. 2000	111.85	114.42	105.22	89.73	60.73	128.50	79.29	104.35
2000年4季度	Quarter 4. 2000	110.66	110.68	108.30	86.17	56.70	125.04	78.80	107.86
2001年1季度	Quarter 1. 2001	116.65	119.10	113.99	103.81	67.52	120.82	82.06	100.56
2001年2季度	Quarter 2. 2001	113.31	117.77	96.37	91.30	70.56	123.19	75.98	106.29
2001年3季度	Quarter 3. 2001	110.59	109.94	105.06	88.99	68.72	122.37	80.14	106.92
2001年4季度	Quarter 4. 2001	111.74	111.13	101.98	93.71	71.18	123.49	79.40	108.45
2002年1季度	Quarter 1. 2002	118.62	119.38	107.46	101.50	71.78	117.90	80.56	96.81
2002年2季度	Quarter 2. 2002	115.23	113.26	100.06	92.36	60.81	114.03	79.29	103.31
2002年3季度	Quarter 3. 2002	114.91	113.45	115.20	108.47	69.54	110.18	84.21	102.56
2002年4季度	Quarter 4. 2002	120.84	117.24	123.29	114.65	69.93	115.90	84.87	101.37
2003年1季度	Quarter 1. 2003	126.68	120.99	113.70	112.82	80.32	120.32	89.16	106.66
2003年2季度	Quarter 2. 2003	117.58	114.12	96.00	100.60	78.49	122.11	83.00	112.28
2003年3季度	Quarter 3. 2003	121.34	123.22	120.26	108.58	72.83	113.37	96.63	105.17
2003年4季度	Quarter 4. 2003	124.46	130.93	130.10	122.77	73.60	118.80	99.55	105.46
2004年1季度	Quarter 1. 2004	131.61	128.99	123.14	118.75	80.90	117.51	95.78	101.99
2004年2季度	Quarter 2. 2004	124.43	128.56	101.31	111.97	77.09	120.04	89.13	103.25
2004年3季度	Quarter 3. 2004	126.44	125.97	118.90	113.70	76.28	121.12	96.76	102.88
2004年4季度	Quarter 4. 2004	128.80	129.98	127.37	116.67	83.95	117.78	96.46	105.38
2005年1季度	Quarter 1. 2005	141.85	140.05	123.39	115.85	86.27	118.07	101.37	93.94
2005年2季度	Quarter 2. 2005	136.87	134.34	118.82	111.21	92.19	117.32	90.98	104.23
2005年3季度	Quarter 3. 2005	135.61	129.82	126.83	114.04	87.56	115.08	102.54	109.22
2005年4季度	Quarter 4. 2005	133.80	132.25	124.00	123.01	86.30	121.15	97.25	108.77
2006年1季度	Quarter 1. 2006	142.14	140.57	123.21	122.84	97.74	123.43	105.26	101.19
2006年2季度	Quarter 2. 2006	135.36	135.85	113.16	122.22	94.88	120.36	98.46	105.94
2006年3季度	Quarter 3. 2006	137.10	139.85	119.96	121.21	95.32	116.49	105.49	112.59
2006年4季度	Quarter 4. 2006	142.34	144.77	130.95	125.30	95.11	111.97	105.96	107.73
2007年1季度	Quarter 1. 2007	144.98	141.72	123.39	121.29	102.75	117.10	108.87	106.21
2007年2季度	Quarter 2. 2007	141.31	138.22	115.52	119.34	101.52	113.82	101.46	114.93
2007年3季度	Quarter 3. 2007	143.18	143.34	124.39	128.20	103.06	114.54	112.59	114.56
2007年4季度	Quarter 4. 2007	142.16	141.46	133.68	125.24	100.83	120.81	110.70	115.53
2008年1季度	Quarter 1. 2008	144.00	141.60	130.90	123.70	98.60	111.70	109.30	116.90
2008年2季度	Quarter 2. 2008	137.40	141.70	121.00	113.60	99.40	111.60	102.50	115.80
2008年3季度	Quarter 3. 2008	134.00	138.70	120.00	106.50	100.70	114.70	108.80	116.20
2008年4季度	Quarter 4. 2008	114.20	126.80	103.70	106.70	99.30	107.70	102.60	104.50

9-6 房地产业企业景气调查主要景气指数

Main Climate Index of Real Estate Enterprise Climate Investigation

时间序列	Time	企业家信心指数 Confidence Index of Entreprеneurs	企业景气指数 Business Climate Index	生产总量景气指数 Climate Index of total output	盈利(亏损)变化景气指数 Climate Index of profit(loss) variation	流动资金景气指数 Climate Index of liquid capital	货款拖欠景气指数 Climate Index on overdue obligations to suppliers	劳动力需求景气指数 Climate Index of Labor Demand	固定资产投资景气指数 Climate Index on fixed assets investment
1999年1季度	Quarter 1. 1999	138.54	127.60	120.09	94.74	66.45	112.86	91.63	117.19
1999年2季度	Quarter 2. 1999	127.24	123.92	125.51	80.25	54.64	122.13	91.60	105.75
1999年3季度	Quarter 3. 1999	132.58	123.24	123.67	81.75	58.12	118.67	90.90	109.60
1999年4季度	Quarter 4. 1999	135.61	125.91	127.34	88.09	49.75	114.50	88.46	105.57
2000年1季度	Quarter 1. 2000	140.31	109.23	86.42	90.81	62.23	113.57	91.54	95.41
2000年2季度	Quarter 2. 2000	137.84	128.34	133.82	99.89	66.54	111.84	101.10	116.94
2000年3季度	Quarter 3. 2000	137.75	126.98	126.75	101.57	63.22	118.99	98.25	115.51
2000年4季度	Quarter 4. 2000	151.79	130.47	132.73	107.99	75.20	118.13	97.17	120.81
2001年1季度	Quarter 1. 2001	154.41	126.27	105.93	104.25	62.23	117.56	98.21	95.01
2001年2季度	Quarter 2. 2001	149.76	130.60	136.45	117.01	60.97	115.20	112.22	111.19
2001年3季度	Quarter 3. 2001	153.12	137.88	145.85	115.82	67.83	123.01	109.82	121.06
2001年4季度	Quarter 4. 2001	155.33	138.01	135.77	126.51	72.59	115.40	93.63	115.33
2002年1季度	Quarter 1. 2002	147.15	132.35	110.81	110.19	76.82	124.36	87.75	109.04
2002年2季度	Quarter 2. 2002	150.38	128.85	134.51	116.91	68.02	109.61	101.22	118.27
2002年3季度	Quarter 3. 2002	153.51	130.68	136.31	114.02	77.52	111.16	102.68	121.86
2002年4季度	Quarter 4. 2002	149.27	133.16	129.70	116.06	74.92	119.26	95.58	119.35
2003年1季度	Quarter 1. 2003	152.24	137.88	105.77	119.78	77.31	121.43	101.37	109.09
2003年2季度	Quarter 2. 2003	143.46	147.58	138.76	126.86	85.91	123.31	104.89	122.74
2003年3季度	Quarter 3. 2003	150.00	141.56	137.15	125.88	82.10	114.03	107.71	128.60
2003年4季度	Quarter 4. 2003	154.34	146.88	133.49	128.79	84.25	115.05	100.03	117.16
2004年1季度	Quarter 1. 2004	165.01	140.78	114.01	134.31	93.12	129.88	113.18	115.33
2004年2季度	Quarter 2. 2004	160.76	146.24	132.22	129.78	92.66	124.93	113.40	130.97
2004年3季度	Quarter 3. 2004	162.03	144.18	140.21	127.68	89.25	124.46	117.05	121.01
2004年4季度	Quarter 4. 2004	165.06	146.89	130.84	135.34	86.55	127.74	98.84	118.59
2005年1季度	Quarter 1. 2005	158.82	142.12	99.80	118.54	82.67	127.56	103.24	109.72
2005年2季度	Quarter 2. 2005	140.23	137.31	123.57	108.69	78.73	120.11	107.43	114.50
2005年3季度	Quarter 3. 2005	137.76	131.11	120.93	117.68	77.81	128.80	108.27	119.41
2005年4季度	Quarter 4. 2005	140.14	141.87	125.75	122.59	76.51	119.31	96.86	119.59
2006年1季度	Quarter 1. 2006	150.52	144.89	111.71	114.34	78.82	118.92	109.32	112.30
2006年2季度	Quarter 2. 2006	146.05	142.03	128.16	126.07	81.81	118.59	112.40	118.29
2006年3季度	Quarter 3. 2006	147.81	135.25	123.46	121.71	72.84	117.07	110.28	110.93
2006年4季度	Quarter 4. 2006	147.64	137.73	122.85	123.22	78.49	121.69	103.08	111.17
2007年1季度	Quarter 1. 2007	151.65	143.25	105.54	120.03	94.11	126.65	105.47	107.34
2007年2季度	Quarter 2. 2007	154.30	143.83	124.33	118.88	82.29	121.57	97.80	109.63
2007年3季度	Quarter 3. 2007	148.96	141.10	135.73	122.95	88.76	122.20	109.78	119.68
2007年4季度	Quarter 4. 2007	143.43	147.20	131.52	132.55	91.23	123.42	107.03	119.18
2008年1季度	Quarter 1. 2008	136.80	142.10	108.50	113.50	87.50	120.60	113.80	111.70
2008年2季度	Quarter 2. 2008	130.10	137.10	125.50	113.90	77.20	120.50	118.70	120.00
2008年3季度	Quarter 3. 2008	110.50	123.90	121.40	90.30	71.60	115.70	104.10	109.80
2008年4季度	Quarter 4. 2008	86.80	102.90	97.20	70.70	57.80	104.20	74.10	89.90

9-7 社会服务业企业景气调查主要景气指数

Main Climate Index of Social Services Enterprise Climate Investigation

时间序列	Time	企业家信心指数 Confidence Index of Entrepreneurs	企业景气指数 Business Climate Index	生产总量景气指数 Climate Index of total output	盈利(亏损)变化景气指数 Climate Index of profit(loss) variation	流动资金景气指数 Climate Index of liquid capital	货款拖欠景气指数 Climate Index on overdue obligations to suppliers	劳动力需求景气指数 Climate Index of Labor Demand	固定资产投资景气指数 Climate Index on fixed assets investment
1999年1季度	Quarter 1. 1999	122.86	93.94	88.24	77.14	61.76	67.74	97.14	106.45
1999年2季度	Quarter 2. 1999	128.57	125.71	122.86	102.94	57.14	69.70	94.29	111.76
1999年3季度	Quarter 3. 1999	103.03	100.00	81.82	60.61	56.25	73.33	75.76	93.33
1999年4季度	Quarter 4. 1999	111.76	115.15	111.76	82.35	58.82	70.59	82.35	109.09
2000年1季度	Quarter 1. 2000	129.41	100.00	85.29	69.70	60.61	96.43	91.18	112.50
2000年2季度	Quarter 2. 2000	135.29	102.94	81.82	66.67	62.50	82.76	82.35	103.13
2000年3季度	Quarter 3. 2000	123.53	106.06	97.06	87.88	59.38	93.33	93.94	106.25
2000年4季度	Quarter 4. 2000	135.29	87.50	63.64	75.76	56.25	100.00	79.41	100.00
2001年1季度	Quarter 1. 2001	148.15	109.68	114.52	103.23	77.05	107.47	85.25	111.83
2001年2季度	Quarter 2. 2001	157.53	127.87	142.47	127.42	82.26	83.91	112.02	97.81
2001年3季度	Quarter 3. 2001	151.61	134.43	140.32	120.43	89.25	80.23	121.31	109.14
2001年4季度	Quarter 4. 2001	138.17	125.14	110.22	96.77	75.81	92.66	91.26	120.77
2002年1季度	Quarter 1. 2002	141.38	122.21	118.68	94.11	85.57	105.88	102.67	111.04
2002年2季度	Quarter 2. 2002	149.28	137.17	143.30	119.13	102.94	100.26	120.43	119.72
2002年3季度	Quarter 3. 2002	161.69	141.68	121.01	114.03	89.32	113.53	117.81	131.26
2002年4季度	Quarter 4. 2002	145.69	124.76	92.31	93.62	85.32	120.14	86.49	112.61
2003年1季度	Quarter 1. 2003	150.78	124.44	120.35	100.58	74.12	99.63	108.99	106.93
2003年2季度	Quarter 2. 2003	90.92	54.69	58.44	47.98	55.45	87.72	56.18	99.83
2003年3季度	Quarter 3. 2003	134.67	119.82	136.16	126.72	72.88	95.14	124.47	100.30
2003年4季度	Quarter 4. 2003	142.28	109.71	94.76	88.74	74.02	102.12	82.93	103.99
2004年1季度	Quarter 1. 2004	135.59	125.46	110.47	103.44	68.84	109.24	105.79	111.58
2004年2季度	Quarter 2. 2004	142.41	130.92	132.65	128.42	80.20	95.45	118.63	121.20
2004年3季度	Quarter 3. 2004	145.86	137.96	127.28	119.42	75.73	93.27	114.15	110.59
2004年4季度	Quarter 4. 2004	133.73	122.00	97.62	88.34	67.67	97.82	90.93	109.54
2005年1季度	Quarter 1. 2005	139.98	128.92	122.90	101.40	76.37	111.85	105.88	108.89
2005年2季度	Quarter 2. 2005	149.16	137.30	133.84	116.07	59.13	99.78	112.85	109.39
2005年3季度	Quarter 3. 2005	158.00	139.31	147.03	128.70	79.18	88.13	122.49	124.16
2005年4季度	Quarter 4. 2005	143.13	128.84	113.28	111.74	71.96	91.16	92.55	116.89
2006年1季度	Quarter 1. 2006	146.45	121.29	115.78	92.54	72.86	104.22	100.00	111.24
2006年2季度	Quarter 2. 2006	144.87	146.72	137.55	119.83	88.67	86.25	124.46	109.00
2006年3季度	Quarter 3. 2006	142.81	136.29	131.12	107.63	83.90	89.58	115.70	122.27
2006年4季度	Quarter 4. 2006	146.67	138.68	117.34	110.32	79.67	100.73	104.05	112.86
2007年1季度	Quarter 1. 2007	157.63	137.61	120.00	96.26	91.95	113.99	119.85	106.90
2007年2季度	Quarter 2. 2007	157.42	151.55	145.62	126.85	94.19	105.77	130.59	109.29
2007年3季度	Quarter 3. 2007	151.74	142.35	142.10	125.61	95.34	97.57	121.06	111.64
2007年4季度	Quarter 4. 2007	141.16	132.94	111.51	104.82	95.26	114.01	97.55	112.83
2008年1季度	Quarter 1. 2008	140.00	125.50	115.40	98.40	91.20	116.50	113.20	114.30
2008年2季度	Quarter 2. 2008	141.10	129.90	124.40	111.10	102.20	106.30	117.70	106.40
2008年3季度	Quarter 3. 2008	129.10	131.50	119.50	106.30	99.00	117.70	107.50	120.00
2008年4季度	Quarter 4. 2008	113.50	108.90	81.80	91.60	87.50	105.40	82.40	96.20

9-8 信息传输、计算机服务和软件业企业景气调查主要景气指数
Main Climate Index of Information Transmission, Computer Services and Software Enterprise Climate Investigation

时间序列	Time	企业家信心指数 Confidence Index of Entrepreneurs	企业景气指数 Business Climate Index	生产总量景气指数 Climate Index of total output	盈利(亏损)变化景气指数 Climate Index of profit(loss) variation	流动资金景气指数 Climate Index of liquid capital	货款拖欠景气指数 Climate Index on overdue obligations to suppliers	劳动力需求景气指数 Climate Index of Labor Demand	固定资产投资景气指数 Climate Index on fixed assets investment
1999年1季度	Quarter 1. 1999	147.83	147.83	160.87	116.85	39.33	66.85	104.40	142.61
1999年2季度	Quarter 2. 1999	149.52	162.56	179.95	136.47	43.67	81.82	99.96	146.87
1999年3季度	Quarter 3. 1999	149.52	145.17	147.83	109.63	50.68	86.36	82.61	162.56
1999年4季度	Quarter 4. 1999	147.22	156.32	167.18	128.68	54.65	81.86	95.45	158.09
2000年1季度	Quarter 1. 2000	157.80	164.14	164.39	125.58	75.57	99.53	105.08	157.12
2000年2季度	Quarter 2. 2000	168.06	174.87	179.65	131.04	74.34	111.05	82.82	176.31
2000年3季度	Quarter 3. 2000	162.90	169.04	187.54	147.80	61.40	84.68	92.34	164.08
2000年4季度	Quarter 4. 2000	158.64	164.78	173.99	133.14	72.39	99.57	105.31	150.97
2001年1季度	Quarter 1. 2001	176.16	170.51	160.19	124.21	97.80	119.41	99.11	160.05
2001年2季度	Quarter 2. 2001	159.99	161.18	158.60	120.71	65.31	96.91	95.48	115.83
2001年3季度	Quarter 3. 2001	153.30	154.70	157.38	99.80	75.21	114.71	116.94	118.47
2001年4季度	Quarter 4. 2001	158.58	156.47	162.65	112.96	79.91	104.23	103.04	92.40
2002年1季度	Quarter 1. 2002	147.34	157.64	155.06	124.33	85.61	98.20	75.16	73.31
2002年2季度	Quarter 2. 2002	137.84	144.56	148.35	116.66	71.07	123.06	82.01	111.01
2002年3季度	Quarter 3. 2002	147.35	151.33	155.78	127.76	83.50	105.20	97.86	105.17
2002年4季度	Quarter 4. 2002	150.99	157.78	156.04	138.92	78.56	115.74	102.44	120.40
2003年1季度	Quarter 1. 2003	159.48	158.28	155.20	136.81	96.83	107.82	123.58	117.35
2003年2季度	Quarter 2. 2003	151.37	151.73	145.59	124.95	108.13	117.51	98.40	139.64
2003年3季度	Quarter 3. 2003	149.98	160.70	162.68	129.68	104.96	102.31	117.06	132.02
2003年4季度	Quarter 4. 2003	152.81	162.57	164.04	138.40	99.02	114.34	119.26	146.15
2004年1季度	Quarter 1. 2004	156.49	157.41	147.36	128.98	106.03	98.89	93.25	113.13
2004年2季度	Quarter 2. 2004	157.05	160.92	152.96	123.92	120.33	108.89	104.69	119.60
2004年3季度	Quarter 3. 2004	166.57	161.49	161.54	146.95	120.02	108.30	110.42	115.10
2004年4季度	Quarter 4. 2004	160.30	152.42	156.56	139.60	115.53	105.39	102.49	133.29
2005年1季度	Quarter 1. 2005	167.15	163.66	145.41	140.66	122.32	118.29	116.86	121.05
2005年2季度	Quarter 2. 2005	163.25	171.01	156.62	127.22	114.37	114.89	116.82	124.88
2005年3季度	Quarter 3. 2005	159.94	163.56	161.64	138.69	117.57	101.87	120.21	121.92
2005年4季度	Quarter 4. 2005	153.73	162.57	157.94	138.93	116.86	106.11	105.17	126.34
2006年1季度	Quarter 1. 2006	158.62	158.93	144.83	128.38	119.23	126.27	113.15	130.71
2006年2季度	Quarter 2. 2006	151.57	153.16	148.74	138.94	109.16	118.14	114.95	142.00
2006年3季度	Quarter 3. 2006	154.98	154.05	162.67	124.65	126.20	100.00	108.35	117.77
2006年4季度	Quarter 4. 2006	156.75	153.78	145.08	122.62	111.96	112.46	116.91	110.56
2007年1季度	Quarter 1. 2007	166.34	173.65	132.74	115.76	122.84	133.34	114.49	123.23
2007年2季度	Quarter 2. 2007	159.99	169.01	135.99	128.89	112.34	112.32	122.57	129.45
2007年3季度	Quarter 3. 2007	167.22	166.05	150.14	143.69	120.28	119.32	109.58	110.14
2007年4季度	Quarter 4. 2007	170.19	171.18	143.89	136.26	123.45	113.39	110.55	111.97
2008年1季度	Quarter 1. 2008	169.10	160.90	127.40	130.30	123.20	134.40	109.70	115.30
2008年2季度	Quarter 2. 2008	164.20	159.20	140.10	125.20	122.30	119.50	105.30	124.40
2008年3季度	Quarter 3. 2008	154.40	158.70	146.20	131.00	123.60	120.10	106.10	124.00
2008年4季度	Quarter 4. 2008	148.50	154.40	132.90	119.30	120.30	118.90	104.10	129.60

9-9 住宿和餐饮业企业景气调查主要景气指数

Main Climate Index of Hotel and Catering Servic Esenterprise Climate Investigation

时间序列	Time	企业家信心指数 Confidence Index of Entrepreneurs	企业景气指数 Business Climate Index	生产总量景气指数 Climate Index of total output	盈利(亏损)变化景气指数 Climate Index of profit(loss) variation	流动资金景气指数 Climate Index of liquid capital	货款拖欠景气指数 Climate Index on overdue obligations to suppliers	劳动力需求景气指数 Climate Index of Labor Demand	固定资产投资景气指数 Climate Index on fixed assets investment
1999年1季度	Ouarter 1, 1999	94.75	91.79	85.43	56.05	47.24	87.52	64.64	90.97
1999年2季度	Ouarter 2, 1999	93.12	95.85	92.82	80.88	57.10	67.66	72.96	87.20
1999年3季度	Ouarter 3, 1999	108.38	110.71	112.39	84.95	57.63	64.73	92.84	99.27
1999年4季度	Ouarter 4, 1999	100.38	101.27	95.96	69.79	51.60	74.51	67.14	92.42
2000年1季度	Ouarter 1, 2000	117.96	86.43	81.38	72.67	53.35	90.91	76.65	106.06
2000年2季度	Ouarter 2, 2000	128.59	124.91	139.94	102.42	61.78	95.98	102.07	104.13
2000年3季度	Ouarter 3, 2000	132.00	112.14	112.72	100.11	57.15	87.75	102.76	114.03
2000年4季度	Ouarter 4, 2000	118.79	89.94	94.38	77.53	55.20	91.81	79.04	97.77
2001年1季度	Ouarter 1, 2001	132.84	102.58	98.71	86.02	70.56	80.12	88.22	101.23
2001年2季度	Ouarter 2, 2001	125.85	122.56	119.79	117.64	74.95	87.63	104.13	112.16
2001年3季度	Ouarter 3, 2001	135.37	135.26	133.64	121.63	81.90	87.31	109.63	118.14
2001年4季度	Ouarter 4, 2001	121.28	114.64	95.55	87.75	75.73	92.68	88.05	106.27
2002年1季度	Ouarter 1, 2002	125.89	108.79	90.91	85.07	66.37	97.37	94.07	102.15
2002年2季度	Ouarter 2, 2002	125.00	114.14	114.28	103.77	75.30	83.32	108.11	116.10
2002年3季度	Ouarter 3, 2002	130.88	127.54	133.49	119.01	81.86	88.89	107.88	121.16
2002年4季度	Ouarter 4, 2002	132.46	125.58	113.45	103.13	83.52	97.44	96.20	110.39
2003年1季度	Ouarter 1, 2003	133.55	129.23	107.91	100.00	80.45	85.16	104.43	99.18
2003年2季度	Ouarter 2, 2003	64.30	37.56	23.78	25.42	47.28	98.88	39.26	83.86
2003年3季度	Ouarter 3, 2003	137.62	128.54	142.95	122.93	79.49	84.34	124.59	118.60
2003年4季度	Ouarter 4, 2003	138.13	127.10	116.34	113.55	78.31	88.98	99.55	112.55
2004年1季度	Ouarter 1, 2004	142.38	122.22	107.00	109.35	83.54	100.45	105.15	111.06
2004年2季度	Ouarter 2, 2004	144.69	140.36	130.46	138.52	88.14	86.00	116.69	110.98
2004年3季度	Ouarter 3, 2004	149.14	144.03	136.66	139.15	91.62	80.53	117.14	112.30
2004年4季度	Ouarter 4, 2004	146.38	140.12	113.69	125.49	96.22	99.58	102.36	105.69
2005年1季度	Ouarter 1, 2005	139.40	127.97	105.61	98.27	79.82	87.37	108.42	102.93
2005年2季度	Ouarter 2, 2005	140.82	130.49	122.81	117.96	85.38	79.77	119.53	108.76
2005年3季度	Ouarter 3, 2005	143.90	147.29	138.32	128.93	97.85	91.07	121.45	103.24
2005年4季度	Ouarter 4, 2005	136.22	134.44	105.80	105.34	90.08	86.05	100.52	111.28
2006年1季度	Ouarter 1, 2006	141.01	139.34	122.72	119.09	84.41	95.03	113.12	110.77
2006年2季度	Ouarter 2, 2006	139.98	135.99	132.60	122.85	94.37	86.43	117.45	112.31
2006年3季度	Ouarter 3, 2006	147.35	138.12	132.80	125.97	93.47	81.05	118.64	107.85
2006年4季度	Ouarter 4, 2006	149.14	140.96	114.66	114.73	91.21	95.19	108.61	105.99
2007年1季度	Ouarter 1, 2007	141.91	134.58	111.78	97.01	91.61	93.71	121.35	105.91
2007年2季度	Ouarter 2, 2007	150.91	137.90	120.83	115.92	93.78	102.09	130.13	114.98
2007年3季度	Ouarter 3, 2007	146.90	139.35	130.14	133.71	96.92	80.88	130.77	111.47
2007年4季度	Ouarter 4, 2007	147.25	136.24	114.38	99.97	97.68	91.21	112.35	107.97
2008年1季度	Ouarter 1, 2008	145.70	138.60	105.70	90.60	82.80	99.20	126.70	106.70
2008年2季度	Ouarter 2, 2008	145.00	139.10	130.70	117.30	93.70	96.00	128.70	108.20
2008年3季度	Ouarter 3, 2008	133.60	123.00	123.90	87.40	79.50	91.70	117.30	104.00
2008年4季度	Ouarter 4, 2008	112.70	117.60	97.50	91.30	76.00	92.50	91.70	100.50

9-10 企业家信心指数(2008年)
Confidence Index of Entrepreneurs(2008)

类别	Classification	一季度 Quarter 1	二季度 Quarter 2	三季度 Quarter 3	四季度 Quarter 4
总体状况	**Overall**	**143.00**	**139.60**	**129.00**	**99.00**
一、按行业门类分	**Grouped By Sector**				
(一)工业	**Industry**	**142.80**	**139.10**	**128.50**	**93.80**
采矿业	Mining	184.60	183.20	173.60	134.00
制造业	Manufacturing	139.40	136.90	124.70	86.90
电力、燃气及水的生产和供应业	Production and Supply of Electricity	136.70	119.90	119.30	111.00
(二)建筑业	**Construction**	**140.20**	**139.60**	**124.20**	**111.40**
房屋和土木工程建筑业	Construction of Buildings and Civil Engineering	141.20	138.70	123.10	109.80
建筑安装业	Building Installation	151.20	166.90	150.00	144.70
建筑装饰业	Building Decoration	85.70	100.00	100.00	85.70
其他建筑业	Other Constrction	200.00	200.00	200.00	200.00
(三)交通运输、仓储及邮政业	**Transportation, Storage And Telecommunications**	**143.30**	**143.50**	**134.10**	**94.80**
铁路运输业	Railway Transport	200.00	200.00	200.00	100.00
道路运输业	Raod Transport	124.00	124.00	107.00	84.40
城市公共交通业	Urban Public Transport	131.80	136.80	121.80	101.80
水上运输业	Water Transport	144.50	149.00	134.20	72.00
航空运输业	Air Transport	200.00	165.80	165.80	59.50
管道运输业	Transport Via Pipelines	200.00	200.00	200.00	
装卸搬运和其他运输服务业	Loading,Unloading and Other Transport Services	166.70	200.00	200.00	166.70
仓储业	Storage	150.00	175.00	200.00	125.00
邮政业	Post	153.60	142.00	138.20	126.60
(四)批发和零售业	**Wholesale and Retail Trade**	**144.00**	**137.40**	**134.00**	**114.20**
批发业	Whole Sale Trade	134.80	127.60	120.60	99.80
零售业	Retail Trade	151.60	145.30	145.00	126.10
(五)房地产业	**Real Estate**	**136.80**	**130.10**	**110.50**	**86.80**
(六)社会服务业	**Social Services**	**140.00**	**141.10**	**129.10**	**113.50**
租赁业	Leasing	157.10	171.40	157.10	157.10
商务服务业	Business Services	136.60	126.20	116.10	97.20
环境资源管理业	Environmental Management	200.00	200.00	200.00	150.00
公共设施管理业	Management of Public Facilities	144.40	166.70	148.20	133.30
居民服务业	Services To Household	75.00	75.00	75.00	75.00
其他服务业	Other Services	200.00	100.00	100.00	100.00
(七)信息传输、计算机服务和软件业	**Information Transmission, Computer Services and Software**	**169.10**	**164.20**	**154.40**	**148.50**
信息传输业	Information Transmission	166.00	162.70	156.30	154.90
计算机服务业	Computer Services	175.00	175.00	150.00	125.00
软件业	Software	182.90	166.20	149.10	132.40
(八)住宿和餐饮业	**Hotel and Catering Services**	**145.70**	**145.00**	**133.60**	**112.70**
住宿业	Hotels	147.80	139.50	124.10	109.90
餐饮业	Catering Services	138.30	144.60	138.60	109.50
二、按企业登记注册类型分	**By Status of Registration**				
国有企业	State-Owned Enterprises	140.50	135.60	124.30	94.70
集体企业	Collective-Owned Enterprises	139.10	141.80	125.70	105.20
股份合作企业	Cooperative Enterprises	127.90	110.80	104.80	89.30
联营企业	Joint Ownership Enterprises	162.30	137.50	149.80	124.90
有限责任公司	Limited Liability Corporations	146.20	142.10	127.10	95.50
股份有限公司	Share-Holding Corporations Limited	147.30	150.80	145.40	112.10
私营企业	Private Enterprises	148.00	139.70	123.60	100.70
其它内资企业	Other Domestic Funded	140.00	150.00	140.00	90.00
外商及港、澳、台投资企业	Enterprises With Funds From Foreign Contry, Hong Kong,Macao and Taiwan	141.40	132.80	127.80	98.50
三、按企业规模分	**Grouped By Size of Enterprises**				
大型及以上	Large-Sized and Higher	160.00	157.60	140.70	97.00
中型	Medium-Sized	135.40	130.90	124.40	102.40
小型	Small-Sized	129.70	126.80	116.90	94.70
四、特殊分组	**Special Group**				
省重点企业	Province Key Enterprises	160.36	160.79	141.41	92.20
乡镇企业	Township Enterprises	153.10	152.90	132.50	114.50
上市公司	Companies Listed In Stock Exchange	159.10	159.50	151.00	89.30
国有控股企业	Stateholding Enterprises	145.30	141.10	130.70	97.50

9-11 企业景气指数(2008年)

Business Climate Index(2008)

类别	Classification	一季度 Quarter 1	二季度 Quarter 2	三季度 Quarter 3	四季度 Quarter 4
总体状况	**Overall**	**141.30**	**139.50**	**130.20**	**106.10**
一、按行业门类分	**Grouped By Sector**				
(一)工业	**Industry**	**143.00**	**140.50**	**129.40**	**100.10**
采矿业	Mining	180.70	166.60	175.20	131.80
制造业	Manufacturing	140.80	140.70	125.80	95.30
电力、燃气及水的生产和供应业	Production and Supply of Electricity	128.60	122.40	118.20	108.80
(二)建筑业	**Construction**	**130.30**	**133.90**	**130.40**	**117.80**
房屋和土木工程建筑业	Construction of Buildings and Civil Engineering	132.40	135.30	131.00	117.00
建筑安装业	Building Installation	124.70	142.70	148.20	150.10
建筑装饰业	Building Decoration	85.70	85.70	85.70	71.40
其他建筑业	Other Constrction	100.00	100.00	100.00	200.00
(三)交通运输、仓储及邮政业	**Transportation, Storage and Telecommunications**	**139.80**	**134.50**	**124.40**	**105.00**
铁路运输业	Railway Transport	200.00	200.00	200.00	150.00
道路运输业	Raod Transport	128.60	120.90	106.80	95.00
城市公共交通业	Urban Public Transport	143.20	128.20	110.00	100.00
水上运输业	Water Transport	141.20	137.00	122.40	76.00
航空运输业	Air Transport	165.80	131.60	165.80	59.50
管道运输业	Transport Via Pipelines	200.00	100.00	100.00	100.00
装卸搬运和其他运输服务业	Loading,Unloading and Other Transport Services	200.00	200.00	200.00	166.70
仓储业	Storage	175.00	175.00	125.00	125.00
邮政业	Post	130.10	134.00	119.30	119.40
(四)批发和零售业	**Wholesale and Retail Trade**	**141.60**	**141.70**	**138.70**	**126.80**
批发业	Whole Sale Trade	136.10	135.40	125.00	108.10
零售业	Retail Trade	146.30	147.20	150.30	142.50
(五)房地产业	**Real Estate**	**142.10**	**137.10**	**123.90**	**102.90**
(六)社会服务业	**Social Services**	**125.50**	**129.90**	**131.50**	**108.90**
租赁业	Leasing	157.10	171.40	171.40	171.40
商务服务业	Business Services	116.10	113.70	110.10	95.00
环境资源管理业	Environmental Management	100.00	150.00	150.00	50.00
公共设施管理业	Management of Public Facilities	140.70	151.90	159.30	129.60
居民服务业	Services To Household	100.00	100.00	125.00	50.00
其他服务业	Other Services	100.00	100.00	100.00	100.00
(七)信息传输、计算机服务和软件业	**Information Transmission, Computer Services and Software**	**160.90**	**159.20**	**158.70**	**154.40**
信息传输业	Information Transmission	163.00	160.80	158.80	154.70
计算机服务业	Computer Services	162.50	162.50	162.50	175.00
软件业	Software	130.40	149.50	157.40	140.70
(八)住宿和餐饮业	**Hotel and Catering Services**	**138.60**	**139.10**	**123.00**	**117.60**
住宿业	Hotels	131.80	134.90	108.50	112.80
餐饮业	Catering Services	145.50	138.90	141.50	119.00
二、按企业登记注册类型分	**By Status of Registration**				
国有企业	State-Owned Enterprises	128.60	135.50	128.20	101.90
集体企业	Collective-Owned Enterprises	134.70	137.40	119.90	101.50
股份合作企业	Cooperative Enterprises	118.60	110.60	109.20	90.80
联营企业	Joint Ownership Enterprises	137.30	124.80	124.80	112.30
有限责任公司	Limited Liability Corporations	146.00	142.80	128.40	104.30
股份有限公司	Share-Holding Corporations Limited	158.80	148.00	144.50	117.50
私营企业	Private Enterprises	138.60	136.60	134.70	114.50
其它内资企业	Other Domestic Funded	160.00	150.00	120.00	70.00
外商及港、澳、台投资企业	Enterprises With Funds From Foreign Contry, Hong Kong,Macao and Taiwan	135.80	137.90	130.20	109.50
三、按企业规模分	**Grouped By Size of Enterprises**				
大型及以上	Large-Sized and Higher	161.50	160.20	142.20	108.50
中型	Medium-Sized	133.20	131.30	126.50	107.40
小型	Small-Sized	123.60	121.30	116.90	99.60
四、特殊分组	**Special Group**				
省重点企业	Province Key Enterprises	164.84	160.32	140.70	106.70
乡镇企业	Township Enterprises	148.90	153.70	142.40	118.50
上市公司	Companies Listed In Stock Exchange	171.20	165.00	137.50	109.00
国有控股企业	Stateholding Enterprises	140.80	139.40	131.90	106.60

9－12 工业企业生产总量景气指数(2008年)
Climate Index on Total Output of Industrial Enterprise(2008)

类别	Classification	一季度 Quarter 1	二季度 Quarter 2	三季度 Quarter 3	四季度 Quarter 4
工业企业总体状况	**Overall**	**119.10**	**134.90**	**110.60**	**74.00**
一、按行业门类分	**Grouped By Sector**				
采矿业	Mining	102.40	118.70	94.40	75.50
制造业	Manufacturing	121.30	137.40	109.60	71.60
电力、燃气及水的生产和供应业	Production and Supply of Electricity	116.60	132.50	130.60	93.30
二、按企业登记注册类型分	**By Status of Registration**				
国有企业	State-Owned Enterprises	111.50	135.40	117.20	67.30
集体企业	Collective-Owned Enterprises	125.80	140.20	114.70	102.10
股份合作企业	Cooperative Enterprises	83.20	77.90	80.80	61.90
联营企业	Joint Ownership Enterprises	100.00	60.00	140.00	80.00
有限责任公司	Limited Liability Corporations	117.20	137.20	108.50	81.00
股份有限公司	Share-Holding Corporations Limited	136.60	142.70	110.50	56.60
私营企业	Private Enterprises	119.10	130.50	110.70	79.10
其它内资企业	Other Domestic Funded	150.00	175.00	125.00	25.00
外商及港、澳、台投资企业	Enterprises With Funds From Foreign Contry,Hong Kong,Macao and Taiwan	119.10	127.70	115.10	90.60
三、按企业规模分	**Grouped By Size of Enterprises**				
大型及以上	Large-Sized and Higher	124.80	150.00	113.20	56.80
中型	Medium-Sized	116.20	125.90	110.00	82.30
小型	Small-Sized	112.50	119.50	106.10	95.40

9－13 工业企业盈利(亏损)变化景气指数(2008年)
Climate Index on Profit(Loss) Variation of Industrial Enterprise(2008)

类别	Classification	一季度 Quarter 1	二季度 Quarter 2	三季度 Quarter 3	四季度 Quarter 4
工业企业总体状况	**Overall**	**116.30**	**122.20**	**105.40**	**73.70**
一、按行业门类分	**Grouped By Sector**				
采矿业	Mining	159.20	123.70	146.80	96.20
制造业	Manufacturing	113.70	125.10	102.00	67.90
电力、燃气及水的生产和供应业	Production and Supply of Electricity	99.70	106.10	96.60	97.10
二、按企业登记注册类型分	**By Status of Registration**				
国有企业	State-Owned Enterprises	96.10	126.80	92.70	67.60
集体企业	Collective-Owned Enterprises	121.40	127.60	99.50	93.80
股份合作企业	Cooperative Enterprises	85.90	87.90	81.80	63.70
联营企业	Joint Ownership Enterprises	140.00	120.00	60.00	80.00
有限责任公司	Limited Liability Corporations	116.90	124.60	107.40	64.60
股份有限公司	Share-Holding Corporations Limited	140.50	120.90	118.30	92.10
私营企业	Private Enterprises	120.10	127.20	109.50	84.90
其它内资企业	Other Domestic Funded	175.00	150.00	125.00	25.00
外商及港、澳、台投资企业	Enterprises With Funds From Foreign Contry,Hong Kong,Macao and Taiwan	116.90	120.80	108.90	81.10
三、按企业规模分	**Grouped By Size of Enterprises**				
大型及以上	Large-Sized and Higher	129.50	134.60	107.40	62.30
中型	Medium-Sized	108.70	118.90	106.80	82.20
小型	Small-Sized	102.10	101.50	98.50	82.50

9-14 工业企业流动资金景气指数(2008年)

Climate Index on Liquid Capital of Industrial Enterprise(2008)

类 别	Classification	一季度 Quarter 1	二季度 Quarter 2	三季度 Quarter 3	四季度 Quarter 4
工业企业总体状况	**Overall**	**96.00**	**91.40**	**84.40**	**73.50**
一、按行业门类分	**Grouped By Sector**				
采矿业	Mining	146.20	148.00	116.60	103.90
制造业	Manufacturing	91.80	86.20	81.20	69.20
电力、燃气及水的生产和供应业	Production and Supply of Electricity	88.00	83.60	83.30	83.20
二、按企业登记注册类型分	**By Status of Registration**				
国有企业	State-Owned Enterprises	101.40	91.10	83.60	75.70
集体企业	Collective-Owned Enterprises	73.70	62.90	73.10	56.30
股份合作企业	Cooperative Enterprises	55.90	51.60	48.00	46.20
联营企业	Joint Ownership Enterprises	40.00	40.00	60.00	80.00
有限责任公司	Limited Liability Corporations	90.60	86.20	79.70	67.20
股份有限公司	Share-Holding Corporations Limited	114.90	104.60	91.50	84.10
私营企业	Private Enterprises	81.70	96.80	89.00	69.30
其它内资企业	Other Domestic Funded	100.00	100.00	150.00	75.00
外商及港、澳、台投资企业	Enterprises With Funds From Foreign Contry,Hong Kong,Macao and Taiwan	97.50	104.50	110.10	95.40
三、按企业规模分	**Grouped By Size of Enterprises**				
大型及以上	Large-Sized and Higher	119.60	108.20	95.60	79.20
中型	Medium-Sized	82.40	84.00	79.00	69.80
小型	Small-Sized	70.50	68.60	70.00	68.40

9-15 工业企业货款拖欠景气指数(2008年)

Climate Index on Overdue Obligations to Suppliers about Industrial Enterprise(2008)

类 别	Classification	一季度 Quarter 1	二季度 Quarter 2	三季度 Quarter 3	四季度 Quarter 4
工业企业总体状况	**Overall**	**118.10**	**111.10**	**106.80**	**101.60**
一、按行业门类分	**Grouped By Sector**				
采矿业	Mining	119.60	126.50	120.20	105.10
制造业	Manufacturing	117.70	108.80	105.30	100.80
电力、燃气及水的生产和供应业	Production and Supply of Electricity	121.50	116.40	105.30	105.30
二、按企业登记注册类型分	**By Status of Registration**				
国有企业	State-Owned Enterprises	118.20	106.60	92.00	96.20
集体企业	Collective-Owned Enterprises	109.00	106.50	114.60	93.90
股份合作企业	Cooperative Enterprises	115.00	116.20	105.70	88.00
联营企业	Joint Ownership Enterprises	80.00	100.00	80.00	100.00
有限责任公司	Limited Liability Corporations	115.90	112.80	108.30	105.70
股份有限公司	Share-Holding Corporations Limited	123.70	108.40	117.30	103.30
私营企业	Private Enterprises	121.20	108.00	108.30	94.70
其它内资企业	Other Domestic Funded	125.00	125.00	100.00	75.00
外商及港、澳、台投资企业	Enterprises With Funds From Foreign Contry,Hong Kong,Macao and Taiwan	121.10	122.50	109.50	106.10
三、按企业规模分	**Grouped By Size of Enterprises**				
大型及以上	Large-Sized and Higher	124.30	108.40	105.10	103.30
中型	Medium-Sized	116.80	117.00	110.70	102.20
小型	Small-Sized	107.00	105.50	102.80	96.30

9–16 工业企业劳动力需求景气指数(2008年)
Climate Index on Labor Demand of Industrial Enterprise(2008)

类 别	Classification	一季度 Quarter 1	二季度 Quarter 2	三季度 Quarter 3	四季度 Quarter 4
工业企业总体状况	**Overall**	**123.60**	**118.20**	**112.70**	**79.00**
一、按行业门类分	**Grouped By Sector**				
采矿业	Mining	110.10	112.10	128.90	113.70
制造业	Manufacturing	128.60	122.00	112.50	73.40
电力、燃气及水的生产和供应业	Production and Supply of Electricity	93.60	92.20	98.30	90.10
二、按企业登记注册类型分	**By Status of Registration**				
国有企业	State-Owned Enterprises	111.90	100.00	99.40	73.10
集体企业	Collective-Owned Enterprises	124.20	112.60	112.20	95.30
股份合作企业	Cooperative Enterprises	111.20	97.20	100.00	75.40
联营企业	Joint Ownership Enterprises	140.00	120.00	160.00	120.00
有限责任公司	Limited Liability Corporations	127.40	124.70	112.80	75.20
股份有限公司	Share-Holding Corporations Limited	128.60	121.00	125.20	84.30
私营企业	Private Enterprises	123.30	124.70	122.00	90.80
其它内资企业	Other Domestic Funded	100.00	175.00	150.00	25.00
外商及港、澳、台投资企业	Enterprises With Funds From Foreign Contry,Hong Kong,Macao and Taiwan	127.50	128.10	105.60	84.30
三、按企业规模分	**Grouped By Size of Enterprises**				
大型及以上	Large-Sized and Higher	127.40	121.50	117.20	73.30
中型	Medium-Sized	123.00	118.40	110.00	81.90
小型	Small-Sized	116.70	110.70	108.00	85.90

9–17 工业企业固定资产投资景气指数固定资产投资景气指数(2008年)
Climate Index on Fixed Assets Investment of Industrial Enterprise(2008)

类 别	Classification	一季度 Quarter 1	二季度 Quarter 2	三季度 Quarter 3	四季度 Quarter 4
工业企业总体状况	**Overall**	**107.50**	**114.80**	**115.00**	**87.10**
一、按行业门类分	**Grouped By Sector**				
采矿业	Mining	126.00	109.80	124.20	107.40
制造业	Manufacturing	104.00	113.60	112.20	81.10
电力、燃气及水的生产和供应业	Production and Supply of Electricity	117.00	137.70	134.20	122.00
二、按企业登记注册类型分	**By Status of Registration**				
国有企业	State-Owned Enterprises	104.80	122.00	129.00	95.20
集体企业	Collective-Owned Enterprises	90.30	113.50	113.40	92.70
股份合作企业	Cooperative Enterprises	88.40	92.80	101.40	87.10
联营企业	Joint Ownership Enterprises	80.00	120.00	160.00	120.00
有限责任公司	Limited Liability Corporations	101.70	110.60	108.80	84.60
股份有限公司	Share-Holding Corporations Limited	125.50	119.50	120.30	77.90
私营企业	Private Enterprises	108.70	114.60	112.10	86.90
其它内资企业	Other Domestic Funded	100.00	175.00	150.00	100.00
外商及港、澳、台投资企业	Enterprises With Funds From Foreign Contry,Hong Kong,Macao and Taiwan	115.10	122.00	108.80	103.50
三、按企业规模分	**Grouped By Size of Enterprises**				
大型及以上	Large-Sized and Higher	107.20	118.40	121.60	81.50
中型	Medium-Sized	111.10	117.00	113.40	92.50
小型	Small-Sized	101.20	102.70	103.70	89.00

9-18 工业企业产品订货景气指数(2008年)

Climate Index on Product Ordering of Industrial Enterprise(2008)

类　　别	Classification	一季度 Quarter 1	二季度 Quarter 2	三季度 Quarter 3	四季度 Quarter 4
工业企业总体状况	**Overall**	**135.50**	**133.30**	**113.20**	**84.90**
一、按行业门类分	**Grouped By Sector**				
采矿业	Mining	138.60	120.40	112.90	109.70
制造业	Manufacturing	138.70	138.00	113.30	80.90
电力、燃气及水的生产和供应业	Production and Supply of Electricity	105.10	110.20	115.50	91.80
二、按企业登记注册类型分	**By Status of Registration**				
国有企业	State-Owned Enterprises	133.40	130.30	100.60	82.80
集体企业	Collective-Owned Enterprises	118.80	130.20	119.20	108.70
股份合作企业	Cooperative Enterprises	94.10	99.10	83.80	50.40
联营企业	Joint Ownership Enterprises	120.00	140.00	120.00	60.00
有限责任公司	Limited Liability Corporations	140.20	137.70	115.40	82.10
股份有限公司	Share-Holding Corporations Limited	143.20	134.50	122.30	94.10
私营企业	Private Enterprises	132.30	128.20	118.10	87.60
其它内资企业	Other Domestic Funded	150.00	175.00	150.00	50.00
外商及港、澳、台投资企业	Enterprises With Funds From Foreign Contry,Hong Kong,Macao and Taiwan	130.00	136.40	112.50	84.10
三、按企业规模分	**Grouped By Size of Enterprises**				
大型及以上	Large-Sized and Higher	158.20	147.20	118.40	87.20
中型	Medium-Sized	120.40	125.30	111.70	80.30
小型	Small-Sized	114.20	118.00	104.60	88.90

9-19 工业企业科技创新景气指数(2008年)

Climate Index on Technology Innovation of Industrial Enterprise(2008)

类　　别	Classification	一季度 Quarter 1	二季度 Quarter 2	三季度 Quarter 3	四季度 Quarter 4
工业企业总体状况	**Overall**	**123.90**	**130.60**	**126.80**	**104.80**
一、按行业门类分	**Grouped By Sector**				
采矿业	Mining	135.60	129.60	148.80	139.90
制造业	Manufacturing	123.70	131.60	124.20	99.50
电力、燃气及水的生产和供应业	Production and Supply of Electricity	112.90	125.80	129.30	116.00
二、按企业登记注册类型分	**By Status of Registration**				
国有企业	State-Owned Enterprises	111.40	133.60	128.40	95.00
集体企业	Collective-Owned Enterprises	106.50	114.80	122.50	101.60
股份合作企业	Cooperative Enterprises	113.70	105.40	105.00	83.10
联营企业	Joint Ownership Enterprises	140.00	125.00	120.00	125.00
有限责任公司	Limited Liability Corporations	121.60	128.50	126.30	108.80
股份有限公司	Share-Holding Corporations Limited	145.90	143.80	139.80	108.00
私营企业	Private Enterprises	125.00	119.00	116.00	111.40
其它内资企业	Other Domestic Funded	100.00	175.00	150.00	100.00
外商及港、澳、台投资企业	Enterprises With Funds From Foreign Contry,Hong Kong,Macao and Taiwan	123.40	124.70	116.50	102.80
三、按企业规模分	**Grouped By Size of Enterprises**				
大型及以上	Large-Sized and Higher	136.10	149.00	144.60	110.00
中型	Medium-Sized	117.20	119.80	115.50	103.70
小型	Small-Sized	109.90	110.90	109.20	95.60

9–20 建筑业企业建筑工程量景气指数(2008年)

Climate Index on Total Output of Construction Enterprises(2008)

类别	Classification	一季度 Quarter 1	二季度 Quarter 2	三季度 Quarter 3	四季度 Quarter 4
建筑业企业总体状况	**Overall**	**91.50**	**150.70**	**123.00**	**115.00**
一、按主要行业门类分	**Grouped By Sector**				
房屋和土木工程建筑业	Construction of Buildings and Civil Engineering	93.20	152.50	120.60	114.90
建筑安装业	Building Installation	64.60	168.70	169.40	119.00
建筑装饰业	Building Decoration	85.70	57.10	100.00	71.40
二、按企业登记注册类型分	**By Status of Registration**				
国有企业	State-Owned Enterprises	63.00	156.80	133.00	124.30
集体企业	Collective-Owned Enterprises	104.80	135.10	122.80	97.60
股份合作企业	Cooperative Enterprises	100.00	200.00	66.70	33.30
联营企业	Joint Ownership Enterprises	100.00	100.00	100.00	100.00
有限责任公司	Limited Liability Corporations	77.30	147.40	125.60	116.70
股份有限公司	Share-Holding Corporations Limited	144.40	175.80	124.90	145.40
私营企业	Private Enterprises	135.40	153.50	92.70	39.10
其它内资企业	Other Domestic Funded	200.00			
外商及港、澳、台投资企业	Enterprises With Funds From Foreign Contry,Hong Kong,Macao and Taiwan	100.00		100.00	
三、按企业规模分	**Grouped By Size of Enterprises**				
大型	Large-Sized	82.50	179.20	146.70	159.00
中型	Medium-Sized	89.30	125.00	98.20	87.50
小型	Small-Sized	105.10	130.80	109.00	75.60

9–21 建筑业企业盈利(亏损)变化景气指数(2008年)

Climate Index on Profit(Loss)Variation of Construction Enterprises(2008)

类别	Classification	一季度 Quarter 1	二季度 Quarter 2	三季度 Quarter 3	四季度 Quarter 4
建筑业企业总体状况	**Overall**	**92.50**	**110.80**	**102.50**	**100.90**
一、按主要行业门类分	**Grouped By Sector**				
房屋和土木工程建筑业	Construction of Buildings and Civil Engineering	94.90	111.30	102.30	100.40
建筑安装业	Building Installation	83.90	139.20	129.50	137.50
建筑装饰业	Building Decoration	42.90	42.90	71.40	57.10
二、按企业登记注册类型分	**By Status of Registration**				
国有企业	State-Owned Enterprises	94.50	126.00	133.00	137.70
集体企业	Collective-Owned Enterprises	88.70	92.20	91.60	96.50
股份合作企业	Cooperative Enterprises	100.00	166.70	33.30	66.70
联营企业	Joint Ownership Enterprises	100.00	100.00	100.00	100.00
有限责任公司	Limited Liability Corporations	81.70	102.10	97.30	91.50
股份有限公司	Share-Holding Corporations Limited	127.60	147.20	109.30	98.90
私营企业	Private Enterprises	122.20	100.70	118.70	114.40
其它内资企业	Other Domestic Funded	200.00		100.00	
外商及港、澳、台投资企业	Enterprises With Funds From Foreign Contry,Hong Kong,Macao and Taiwan	100.00			
三、按企业规模分	**Grouped By Size of Enterprises**				
大型	Large-Sized	98.20	136.90	116.20	115.50
中型	Medium-Sized	91.10	87.50	94.60	94.60
小型	Small-Sized	85.90	92.30	89.70	85.90

9-22 建筑业企业流动资金景气指数(2008年)

Climate Index on Liquid Capital of Construction Enterprises(2008)

类别	Classification	一季度 Quarter 1	二季度 Quarter 2	三季度 Quarter 3	四季度 Quarter 4
建筑业企业总体状况	**Overrall**	**76.80**	**67.60**	**53.80**	**55.60**
一、按主要行业门类分	**Grouped By Sector**				
房屋和土木工程建筑业	Construction of Buildings and Civil Engineering	76.60	68.70	54.00	57.60
建筑安装业	Building Installation	89.00	65.00	65.00	49.00
建筑装饰业	Building Decoration	71.40	42.90	28.60	14.30
二、按企业登记注册类型分	**By Status of Registration**				
国有企业	State-Owned Enterprises	74.40	55.20	56.30	73.80
集体企业	Collective-Owned Enterprises	62.60	71.60	50.20	54.70
股份合作企业	Cooperative Enterprises	33.30	33.30	33.30	33.30
联营企业	Joint Ownership Enterprises	100.00	100.00	100.00	100.00
有限责任公司	Limited Liability Corporations	69.20	60.60	48.80	46.10
股份有限公司	Share-Holding Corporations Limited	126.80	105.80	83.20	66.40
私营企业	Private Enterprises	78.80	61.40	50.90	46.60
其它内资企业	Other Domestic Funded	200.00			
外商及港、澳、台投资企业	Enterprises With Funds From Foreign Contry,Hong Kong,Macao and Taiwan	100.00	100.00	100.00	
三、按企业规模分	**Grouped By Size of Enterprises**				
大型	Large-Sized	78.60	67.10	50.10	61.70
中型	Medium-Sized	67.90	69.60	51.80	60.70
小型	Small-Sized	80.80	66.70	60.30	43.60

9-23 建筑业企业货款拖欠景气指数(2008年)

Climate Index on Overdue Obligations to Suppliers about Construction Enterprises(2008)

类别	Classification	一季度 Quarter 1	二季度 Quarter 2	三季度 Quarter 3	四季度 Quarter 4
建筑业企业总体状况	**Overrall**	**110.70**	**82.40**	**73.40**	**64.70**
一、按主要行业门类分	**Grouped By Sector**				
房屋和土木工程建筑业	Construction of Buildings and Civil Engineering	111.10	83.00	73.10	64.80
建筑安装业	Building Installation	151.10	87.90	97.40	70.10
建筑装饰业	Building Decoration	42.90	42.90	42.90	42.90
二、按企业登记注册类型分	**By Status of Registration**				
国有企业	State-Owned Enterprises	127.20	85.70	104.40	67.40
集体企业	Collective-Owned Enterprises	104.60	81.60	53.70	67.20
股份合作企业	Cooperative Enterprises	100.00	100.00	100.00	33.30
联营企业	Joint Ownership Enterprises	100.00	100.00	100.00	100.00
有限责任公司	Limited Liability Corporations	109.00	75.50	69.10	62.40
股份有限公司	Share-Holding Corporations Limited	76.00	83.80	47.50	56.80
私营企业	Private Enterprises	119.50	71.40	94.30	46.60
其它内资企业	Other Domestic Funded	200.00		100.00	
外商及港、澳、台投资企业	Enterprises With Funds From Foreign Contry,Hong Kong,Macao and Taiwan	100.00	100.00	100.00	100.00
三、按企业规模分	**Grouped By Size of Enterprises**				
大型	Large-Sized	116.70	75.30	72.90	54.00
中型	Medium-Sized	107.10	96.40	75.00	76.80
小型	Small-Sized	105.10	82.10	73.10	70.50

9−24 建筑业企业劳动力需求景气指数(2008年)

Climate Index on Labor Demand of Construction Enterprises(2008)

类　　别	Classification	一季度 Quarter 1	二季度 Quarter 2	三季度 Quarter 3	四季度 Quarter 4
建筑业企业总体状况	**Overall**	**104.40**	**148.40**	**129.60**	**97.10**
一、按主要行业门类分	**Grouped By Sector**				
房屋和土木工程建筑业	Construction of Buildings and Civil Engineering	107.00	150.30	129.40	96.80
建筑安装业	Building Installation	61.90	154.30	150.00	95.70
建筑装饰业	Building Decoration	100.00	85.70	100.00	85.70
二、按企业登记注册类型分	**By Status of Registration**				
国有企业	State-Owned Enterprises	84.10	155.80	142.10	95.30
集体企业	Collective-Owned Enterprises	121.70	139.10	114.60	91.10
股份合作企业	Cooperative Enterprises	33.30	133.30	66.70	33.30
联营企业	Joint Ownership Enterprises	100.00	100.00	100.00	100.00
有限责任公司	Limited Liability Corporations	102.40	150.90	123.40	93.40
股份有限公司	Share-Holding Corporations Limited	111.20	136.10	155.30	137.20
私营企业	Private Enterprises	122.20	122.30	57.70	17.90
其它内资企业	Other Domestic Funded	200.00			
外商及港、澳、台投资企业	Enterprises With Funds From Foreign Contry,Hong Kong,Macao and Taiwan	100.00	100.00	100.00	100.00
三、按企业规模分	**Grouped By Size of Enterprises**				
大型	Large-Sized	85.20	167.20	152.20	121.90
中型	Medium-Sized	117.90	133.90	108.90	78.60
小型	Small-Sized	120.50	133.30	114.10	76.90

9−25 建筑业企业固定资产投资景气指数(2008年)

Climate Index on Fixed Assets Investment of Construction Enterprises(2008)

类　　别	Classification	一季度 Quarter 1	二季度 Quarter 2	三季度 Quarter 3	四季度 Quarter 4
建筑业企业总体状况	**Overall**	**107.60**	**117.60**	**100.80**	**90.30**
一、按主要行业门类分	**Grouped By Sector**				
房屋和土木工程建筑业	Construction of Buildings and Civil Engineering	109.80	115.90	98.20	87.10
建筑安装业	Building Installation	64.60	147.40	124.90	132.30
建筑装饰业	Building Decoration	100.00	114.30	128.60	100.00
二、按企业登记注册类型分	**By Status of Registration**				
国有企业	State-Owned Enterprises	100.70	125.30	114.60	103.40
集体企业	Collective-Owned Enterprises	91.30	105.10	83.50	78.10
股份合作企业	Cooperative Enterprises	66.70	100.00	33.30	33.30
联营企业	Joint Ownership Enterprises	100.00	100.00	100.00	100.00
有限责任公司	Limited Liability Corporations	107.20	116.10	107.10	93.50
股份有限公司	Share-Holding Corporations Limited	127.40	131.40	95.80	89.40
私营企业	Private Enterprises	71.30	93.10	89.30	89.30
其它内资企业	Other Domestic Funded	200.00			
外商及港、澳、台投资企业	Enterprises With Funds From Foreign Contry,Hong Kong,Macao and Taiwan	100.00	100.00	100.00	100.00
三、按企业规模分	**Grouped By Size of Enterprises**				
大型	Large-Sized	120.10	132.40	103.70	101.70
中型	Medium-Sized	98.20	107.10	96.40	80.40
小型	Small-Sized	97.40	105.10	100.00	82.10

9−26 交通运输、仓储及邮政业企业业务需求量景气指数(2008年)

Climate Index on Business Demand of Transportation, Storage and Telecommunications(2008)

类别	Classification	一季度 Quarter 1	二季度 Quarter 2	三季度 Quarter 3	四季度 Quarter 4
交通运输、仓储及邮政业企业总体状况	**Overall**	**135.20**	**133.60**	**128.00**	**94.60**
一、按主要行业门类分	**Grouped By Sector**				
铁路运输业	Railway Transport	200.00	200.00	200.00	100.00
道路运输业	Raod Transport	126.50	119.20	121.00	72.10
城市公共交通业	Urban Public Transport	133.20	148.20	118.20	86.80
水上运输业	Water Transport	131.20	155.30	129.10	81.50
航空运输业	Air Transport	165.80	46.80	200.00	
管道运输业	Transport Via Pipelines	200.00	100.00	100.00	
装卸搬运和其他运输服务业	Loading,Unloading and Other Transport Services	133.30	133.30	133.30	100.00
仓储业	Storage	150.00	150.00	175.00	100.00
邮政业	Post	134.00	118.40	97.50	146.30
二、按企业登记注册类型分	**By Status of Registration**				
国有企业	State-Owned Enterprises	144.20	154.60	138.00	137.00
集体企业	Collective-Owned Enterprises	107.70	123.10	107.70	69.20
股份合作企业	Cooperative Enterprises	100.00	100.00	75.00	62.50
联营企业	Joint Ownership Enterprises	100.00	100.00	100.00	100.00
有限责任公司	Limited Liability Corporations	139.50	118.00	124.40	52.30
股份有限公司	Share-Holding Corporations Limited	141.70	129.10	127.10	66.70
私营企业	Private Enterprises	100.00	100.00	100.00	100.00
其它内资企业	Other Domestic Funded	100.00	100.00	100.00	100.00
外商及港、澳、台投资企业	Enterprises With Funds From Foreign Contry,Hong Kong,Macao and Taiwan	95.50	70.50	175.00	75.00
三、按企业规模分	**Grouped By Size of Enterprises**				
大型及以上	Large-Sized and Higher	169.90	159.50	180.90	114.00
中型	Medium-Sized	129.50	124.60	118.30	91.70
小型	Small-Sized	121.20	128.90	107.70	86.50

9−27 交通运输、仓储及邮政业企业盈利(亏损)变化景气指数(2008年)

Climate Index on Profit(Loss) Variation of Transportation, Storage and Telecommunications(2008)

类别	Classification	一季度 Quarter 1	二季度 Quarter 2	三季度 Quarter 3	四季度 Quarter 4
交通运输、仓储及邮政业企业总体状况	**Overall**	**108.90**	**104.20**	**98.10**	**73.80**
一、按主要行业门类分	**Grouped By Sector**				
铁路运输业	Railway Transport	150.00	150.00	150.00	50.00
道路运输业	Raod Transport	103.50	97.00	89.50	74.70
城市公共交通业	Urban Public Transport	81.80	60.00	51.80	51.80
水上运输业	Water Transport	130.50	135.70	124.00	79.60
航空运输业	Air Transport	165.80	131.60	119.00	
管道运输业	Transport Via Pipelines	200.00	200.00	100.00	
装卸搬运和其他运输服务业	Loading,Unloading and Other Transport Services	133.30	133.30	133.30	100.00
仓储业	Storage	125.00	125.00	125.00	100.00
邮政业	Post	111.00	106.90	89.50	84.30
二、按企业登记注册类型分	**By Status of Registration**				
国有企业	State-Owned Enterprises	118.70	115.00	112.00	90.40
集体企业	Collective-Owned Enterprises	76.90	92.30	61.50	53.90
股份合作企业	Cooperative Enterprises	66.70	55.60	62.50	75.00
联营企业	Joint Ownership Enterprises	100.00	100.00	100.00	100.00
有限责任公司	Limited Liability Corporations	107.60	80.50	73.30	51.20
股份有限公司	Share-Holding Corporations Limited	135.40	150.00	135.40	72.90
私营企业	Private Enterprises	100.00	100.00	100.00	100.00
其它内资企业	Other Domestic Funded	100.00	100.00	100.00	100.00
外商及港、澳、台投资企业	Enterprises With Funds From Foreign Contry,Hong Kong,Macao and Taiwan	95.50	50.00	83.90	75.00
三、按企业规模分	**Grouped By Size of Enterprises**				
大型及以上	Large-Sized and Higher	144.30	125.90	116.90	76.10
中型	Medium-Sized	100.00	100.00	98.30	81.70
小型	Small-Sized	98.10	96.20	86.50	63.50

9-28 交通运输、仓储及邮政业企业流动资金景气指数(2008年)
Climate Index on Liquid Capital of Transportation, Storage and Telecommunications(2008)

类 别	Classification	一季度 Quarter 1	二季度 Quarter 2	三季度 Quarter 3	四季度 Quarter 4
交通运输、仓储及邮政业企业总体状况	**Overall**	**67.60**	**65.80**	**65.10**	**65.10**
一、按主要行业门类分	**Grouped By Sector**				
铁路运输业	Railway Transport	50.00	50.00	50.00	100.00
道路运输业	Raod Transport	78.10	69.00	68.30	61.40
城市公共交通业	Urban Public Transport	60.00	50.00	60.00	65.00
水上运输业	Water Transport	77.70	88.20	82.50	72.60
航空运输业	Air Transport	125.30	125.30	65.80	59.50
管道运输业	Transport Via Pipelines	100.00	100.00	100.00	100.00
装卸搬运和其他运输服务业	Loading,Unloading and Other Transport Services	66.70	66.70	66.70	66.70
仓储业	Storage	75.00	100.00	125.00	50.00
邮政业	Post	60.90	63.90	49.20	57.60
二、按企业登记注册类型分	**By Status of Registration**				
国有企业	State-Owned Enterprises	58.80	59.20	65.10	70.80
集体企业	Collective-Owned Enterprises	46.20	53.90	38.50	46.20
股份合作企业	Cooperative Enterprises	55.60	55.60	62.50	62.50
联营企业	Joint Ownership Enterprises	100.00	100.00	100.00	100.00
有限责任公司	Limited Liability Corporations	76.60	69.40	63.20	58.80
股份有限公司	Share-Holding Corporations Limited	125.00	100.00	108.30	75.00
私营企业	Private Enterprises	100.00	100.00	100.00	100.00
其它内资企业	Other Domestic Funded	100.00	100.00	100.00	100.00
外商及港、澳、台投资企业	Enterprises With Funds From Foreign Contry,Hong Kong,Macao and Taiwan	54.50	33.90	58.90	54.50
三、按企业规模分	**Grouped By Size of Enterprises**				
大型及以上	Large-Sized and Higher	94.70	86.30	71.40	100.50
中型	Medium-Sized	65.60	62.30	71.70	56.70
小型	Small-Sized	53.90	57.70	53.90	53.90

9-29 交通运输、仓储及邮政业企业货款拖欠景气指数(2008年)
Climate Index on Overdue Obligations to Suppliers about Transportation, Storage and Telecommunications(2008)

类 别	Classification	一季度 Quarter 1	二季度 Quarter 2	三季度 Quarter 3	四季度 Quarter 4
交通运输、仓储及邮政业企业总体状况	**Overall**	**97.40**	**102.40**	**90.30**	**86.90**
一、按主要行业门类分	**Grouped By Sector**				
铁路运输业	Railway Transport	50.00	100.00	50.00	100.00
道路运输业	Raod Transport	96.20	98.30	85.90	74.90
城市公共交通业	Urban Public Transport	105.00	95.00	110.00	105.00
水上运输业	Water Transport	119.60	105.50	101.90	76.70
航空运输业	Air Transport	153.20	165.80	153.20	153.20
管道运输业	Transport Via Pipelines	100.00	100.00		100.00
装卸搬运和其他运输服务业	Loading,Unloading and Other Transport Services	133.30	66.70	100.00	100.00
仓储业	Storage	100.00	100.00	100.00	50.00
邮政业	Post	85.70	112.10	99.90	89.60
二、按企业登记注册类型分	**By Status of Registration**				
国有企业	State-Owned Enterprises	92.50	109.50	95.10	86.70
集体企业	Collective-Owned Enterprises	100.00	123.10	92.30	100.00
股份合作企业	Cooperative Enterprises	77.80	77.80	62.50	75.00
联营企业	Joint Ownership Enterprises	100.00	100.00	100.00	100.00
有限责任公司	Limited Liability Corporations	98.80	89.40	85.10	73.30
股份有限公司	Share-Holding Corporations Limited	135.40	102.10	118.80	102.10
私营企业	Private Enterprises	100.00	100.00	100.00	100.00
其它内资企业	Other Domestic Funded	100.00	100.00	100.00	100.00
外商及港、澳、台投资企业	Enterprises With Funds From Foreign Contry,Hong Kong,Macao and Taiwan	75.00	104.50	79.50	100.00
三、按企业规模分	**Grouped By Size of Enterprises**				
大型及以上	Large-Sized and Higher	91.00	111.00	74.50	88.10
中型	Medium-Sized	93.40	96.70	88.30	75.00
小型	Small-Sized	105.80	103.90	101.90	100.00

9-30 交通运输、仓储及邮政业企业劳动力需求景气指数(2008年)

Climate Index on Labor Demand of Transportation, Storage and Telecommunications(2008)

类别	Classification	一季度 Quarter 1	二季度 Quarter 2	三季度 Quarter 3	四季度 Quarter 4
交通运输、仓储及邮政业企业总体状况	**Overall**	**105.70**	**106.30**	**113.20**	**91.20**
一、按主要行业门类分	**Grouped By Sector**				
铁路运输业	Railway Transport	100.00	100.00	100.00	100.00
道路运输业	Raod Transport	105.70	104.20	104.00	88.70
城市公共交通业	Urban Public Transport	113.20	118.20	108.20	90.00
水上运输业	Water Transport	110.60	89.20	116.80	74.00
航空运输业	Air Transport	106.30	106.30	200.00	59.50
管道运输业	Transport Via Pipelines	100.00	100.00		100.00
装卸搬运和其他运输服务业	Loading,Unloading and Other Transport Services	100.00	100.00	100.00	100.00
仓储业	Storage	75.00	150.00	125.00	75.00
邮政业	Post	103.70	122.10	130.60	119.10
二、按企业登记注册类型分	**By Status of Registration**				
国有企业	State-Owned Enterprises	105.90	110.50	121.50	109.90
集体企业	Collective-Owned Enterprises	84.60	84.60	92.30	69.20
股份合作企业	Cooperative Enterprises	111.10	133.30	87.50	87.50
联营企业	Joint Ownership Enterprises	100.00	100.00	100.00	100.00
有限责任公司	Limited Liability Corporations	111.50	101.00	105.80	82.90
股份有限公司	Share-Holding Corporations Limited	100.00	116.70	118.80	66.70
私营企业	Private Enterprises	100.00	100.00	100.00	100.00
其它内资企业	Other Domestic Funded	100.00	100.00	100.00	100.00
外商及港、澳、台投资企业	Enterprises With Funds From Foreign Contry,Hong Kong,Macao and Taiwan	100.00	95.50	145.50	50.00
三、按企业规模分	**Grouped By Size of Enterprises**				
大型及以上	Large-Sized and Higher	120.20	106.50	128.60	88.60
中型	Medium-Sized	101.60	104.90	115.00	98.30
小型	Small-Sized	101.90	107.70	101.90	84.60

9-31 交通运输、仓储及邮政业企业固定资产投资景气指数(2008年)

Climate Index on Business Demand of Transportation, Storage and Telecommunications(2008)

类别	Classification	一季度 Quarter 1	二季度 Quarter 2	三季度 Quarter 3	四季度 Quarter 4
交通运输、仓储及邮政业企业总体状况	**Overall**	**112.30**	**112.20**	**115.10**	**98.90**
一、按主要行业门类分	**Grouped By Sector**				
铁路运输业	Railway Transport	100.00	100.00	150.00	150.00
道路运输业	Raod Transport	109.20	122.30	114.50	85.50
城市公共交通业	Urban Public Transport	130.00	138.20	111.80	110.00
水上运输业	Water Transport	113.10	115.80	118.70	79.20
航空运输业	Air Transport	106.30	106.30	140.50	59.50
管道运输业	Transport Via Pipelines	100.00	100.00		100.00
装卸搬运和其他运输服务业	Loading,Unloading and Other Transport Services	100.00	66.70	66.70	66.70
仓储业	Storage	100.00	100.00	100.00	100.00
邮政业	Post	114.70	133.80	123.10	111.60
二、按企业登记注册类型分	**By Status of Registration**				
国有企业	State-Owned Enterprises	120.90	114.90	124.60	124.50
集体企业	Collective-Owned Enterprises	107.70	115.40	130.80	107.70
股份合作企业	Cooperative Enterprises	55.60	77.80	62.50	37.50
联营企业	Joint Ownership Enterprises	100.00	100.00	100.00	100.00
有限责任公司	Limited Liability Corporations	112.80	129.40	115.00	64.50
股份有限公司	Share-Holding Corporations Limited	141.70	91.70	102.10	100.00
私营企业	Private Enterprises	100.00	100.00	100.00	100.00
其它内资企业	Other Domestic Funded	100.00	100.00	100.00	100.00
外商及港、澳、台投资企业	Enterprises With Funds From Foreign Contry,Hong Kong,Macao and Taiwan	100.00	95.50	145.50	79.50
三、按企业规模分	**Grouped By Size of Enterprises**				
大型及以上	Large-Sized and Higher	118.40	98.50	131.10	111.00
中型	Medium-Sized	116.40	118.00	120.00	105.00
小型	Small-Sized	103.90	113.50	100.00	84.60

9-32 批发和零售业企业商品销售景气指数(2008年)
Climate Index on Commodity Selling of Wholesale and Retail Trade Enterprise(2008)

类别	Classification	一季度 Quarter 1	二季度 Quarter 2	三季度 Quarter 3	四季度 Quarter 4
批发和零售业企业总体状况	**Overall**	**130.90**	**121.00**	**120.00**	**103.70**
一、按主要行业门类分	**Grouped By Sector**				
批发业	Whole Sale Trade	118.90	124.90	102.40	92.70
零售业	Retail Trade	140.40	117.70	134.80	112.90
二、按企业登记注册类型分	**By Status of Registration**				
国有企业	State-owned Enterprises	99.00	98.00	97.20	97.90
集体企业	Collective-owned Enterprises	113.00	140.40	133.10	99.90
股份合作企业	Cooperative Enterprises	112.40	92.30	95.90	83.40
联营企业	Joint Ownership Enterprises	50.00	50.00		50.00
有限责任公司	Limited Liability Corporations	141.50	133.80	131.10	113.70
股份有限公司	Share-holding Corporations Limited	148.10	122.80	121.40	104.00
私营企业	Private Enterprises	118.80	129.40	120.00	89.40
其它内资企业	Other Domestic Funded	100.00	100.00	100.00	100.00
外商及港、澳、台投资企业	Enterprises With Funds From Foreign Contry,Hong Kong,Macao and Taiwan	184.40	120.10	130.80	84.80
三、按企业规模分	**Grouped By Size of Enterprises**				
大型及以上	Large-Sized and Higher	156.00	131.40	123.90	112.30
中型	Medium-Sized	115.60	113.90	124.40	98.70
小型	Small-Sized	110.00	115.00	90.00	95.00

9-33 批发和零售业企业盈利(亏损)变化景气指数(2008年)
Climate Index on Profit(Loss)Variation of Wholesale and Retail Trade Enterprise(2008)

类别	Classification	一季度 Quarter 1	二季度 Quarter 2	三季度 Quarter 3	四季度 Quarter 4
批发和零售业企业总体状况	**Overall**	**123.70**	**113.60**	**106.50**	**106.70**
一、按主要行业门类分	**Grouped By Sector**				
批发业	Whole Sale Trade	115.00	114.20	103.20	94.30
零售业	Retail Trade	130.90	113.30	109.60	117.00
二、按企业登记注册类型分	**By Status of Registration**				
国有企业	State-owned Enterprises	106.10	103.90	101.80	98.60
集体企业	Collective-owned Enterprises	113.10	124.50	121.10	109.60
股份合作企业	Cooperative Enterprises	112.40	99.40	107.10	99.50
联营企业	Joint Ownership Enterprises	50.00	50.00		50.00
有限责任公司	Limited Liability Corporations	135.90	135.90	124.40	109.90
股份有限公司	Share-holding Corporations Limited	135.80	90.20	90.60	114.10
私营企业	Private Enterprises	98.80	118.80	79.40	118.80
其它内资企业	Other Domestic Funded	100.00	100.00	100.00	100.00
外商及港、澳、台投资企业	Enterprises With Funds From Foreign Contry,Hong Kong,Macao and Taiwan	84.80	127.60	91.00	97.80
三、按企业规模分	**Grouped By Size of Enterprises**				
大型及以上	Large-Sized and Higher	152.50	124.30	115.70	116.90
中型	Medium-Sized	108.10	111.40	103.80	106.40
小型	Small-Sized	92.50	87.50	87.50	75.00

9-34 批发和零售业企业流动资金景气指数(2008年)
Climate Index on Liquid Capital of Wholesale and Retail Trade Enterprise (2008)

类别	Classification	一季度 Quarter 1	二季度 Quarter 2	三季度 Quarter 3	四季度 Quarter 4
批发和零售业企业总体状况	**Overall**	**98.60**	**99.40**	**100.70**	**99.30**
一、按主要行业门类分	**Grouped By Sector**				
批发业	Whole Sale Trade	87.00	91.10	85.10	86.90
零售业	Retail Trade	108.40	106.60	114.20	110.00
二、按企业登记注册类型分	**By Status of Registration**				
国有企业	State-owned Enterprises	77.30	77.80	86.20	76.10
集体企业	Collective-owned Enterprises	66.40	66.40	82.40	74.40
股份合作企业	Cooperative Enterprises	105.60	102.50	52.50	99.00
联营企业	Joint Ownership Enterprises				50.00
有限责任公司	Limited Liability Corporations	105.70	111.20	109.80	106.10
股份有限公司	Share-holding Corporations Limited	110.00	109.90	113.10	119.40
私营企业	Private Enterprises	129.40	118.80	129.40	99.40
其它内资企业	Other Domestic Funded	100.00	100.00	100.00	100.00
外商及港、澳、台投资企业	Enterprises With Funds From Foreign Contry,Hong Kong,Macao and Taiwan	119.20	120.50	118.30	89.70
三、按企业规模分	**Grouped By Size of Enterprises**				
大型及以上	Large-Sized and Higher	121.00	117.60	111.80	116.00
中型	Medium-Sized	90.00	94.30	95.50	88.50
小型	Small-Sized	60.00	60.00	85.00	87.50

9-35 批发和零售业企业货款拖欠景气指数(2008年)
Climate Index on Overdue Obligations to Suppliers about Wholesale and Retail Trade Enterprise (2008)

类别	Classification	一季度 Quarter 1	二季度 Quarter 2	三季度 Quarter 3	四季度 Quarter 4
批发和零售业企业总体状况	**Overall**	**111.70**	**111.60**	**114.70**	**107.70**
一、按主要行业门类分	**Grouped By Sector**				
批发业	Whole Sale Trade	111.00	111.50	121.30	108.50
零售业	Retail Trade	112.60	112.20	109.60	107.30
二、按企业登记注册类型分	**By Status of Registration**				
国有企业	State-owned Enterprises	94.90	102.60	109.90	103.20
集体企业	Collective-owned Enterprises	107.50	107.50	123.50	108.10
股份合作企业	Cooperative Enterprises	109.70	139.90	100.00	106.70
联营企业	Joint Ownership Enterprises	50.00	100.00	100.00	100.00
有限责任公司	Limited Liability Corporations	116.70	113.90	124.30	110.80
股份有限公司	Share-holding Corporations Limited	118.60	112.40	112.70	111.20
私营企业	Private Enterprises	129.40	129.40	90.00	129.40
其它内资企业	Other Domestic Funded	100.00	100.00	100.00	100.00
外商及港、澳、台投资企业	Enterprises With Funds From Foreign Contry,Hong Kong,Macao and Taiwan	115.20	115.20	100.00	85.70
三、按企业规模分	**Grouped By Size of Enterprises**				
大型及以上	Large-Sized and Higher	121.10	118.50	123.10	115.60
中型	Medium-Sized	109.40	108.90	111.50	104.50
小型	Small-Sized	90.00	100.00	100.00	95.00

9—36 批发和零售业企业劳动力需求景气指数(2008年)
Climate Index on Labor Demand of Wholesale and Retail Trade Enterprise (2008)

类别	Classification	一季度 Quarter 1	二季度 Quarter 2	三季度 Quarter 3	四季度 Quarter 4
批发和零售业企业总体状况	**Overall**	**109.30**	**102.50**	**108.80**	**102.60**
一、按主要行业门类分	**Grouped By Sector**				
批发业·	Whole Sale Trade	98.20	102.30	101.10	92.50
零售业	Retail Trade	118.20	102.80	115.10	111.10
二、按企业登记注册类型分	**By Status of Registration**				
国有企业	State-owned Enterprises	84.70	88.80	88.70	96.90
集体企业	Collective-owned Enterprises	93.20	93.20	109.20	89.20
股份合作企业	Cooperative Enterprises	103.10	113.20	123.10	102.10
联营企业	Joint Ownership Enterprises		100.00	50.00	50.00
有限责任公司	Limited Liability Corporations	125.30	116.30	113.90	104.70
股份有限公司	Share-holding Corporations Limited	117.10	100.60	116.30	112.80
私营企业	Private Enterprises	89.40	108.80	100.00	80.00
其它内资企业	Other Domestic Funded	100.00	100.00	100.00	100.00
外商及港、澳、台投资企业	Enterprises With Funds From Foreign Contry,Hong Kong,Macao and Taiwan	114.30	78.60	130.80	115.20
三、按企业规模分	**Grouped By Size of Enterprises**				
大型及以上	Large-Sized and Higher	125.80	104.80	119.00	116.60
中型	Medium-Sized	98.80	101.90	103.20	96.80
小型	Small-Sized	97.50	97.50	97.50	80.00

9—37 批发和零售业企业固定资产投资景气指数(2008年)
Climate Index on Fixed Assets Investment of Wholesale and Retail Trade Enterprise(2008)

类别	Classification	一季度 Quarter 1	二季度 Quarter 2	三季度 Quarter 3	四季度 Quarter 4
批发和零售业企业总体状况	**Overall**	**116.90**	**115.80**	**116.20**	**104.50**
一、按主要行业门类分	**Grouped By Sector**				
批发业	Whole Sale Trade	113.00	112.80	110.40	92.30
零售业	Retail Trade	120.20	118.10	120.80	114.80
二、按企业登记注册类型分	**By Status of Registration**				
国有企业	State-owned Enterprises	93.90	87.10	87.10	95.60
集体企业	Collective-owned Enterprises	121.70	105.70	109.80	93.80
股份合作企业	Cooperative Enterprises	125.60	135.90	129.80	109.30
联营企业	Joint Ownership Enterprises	50.00	50.00		50.00
有限责任公司	Limited Liability Corporations	123.00	121.10	123.20	111.20
股份有限公司	Share-holding Corporations Limited	127.40	132.20	129.30	106.20
私营企业	Private Enterprises	100.00	89.40	100.00	119.40
其它内资企业	Other Domestic Funded	100.00	100.00	100.00	100.00
外商及港、澳、台投资企业	Enterprises With Funds From Foreign Contry,Hong Kong,Macao and Taiwan	115.20	129.50	143.80	115.20
三、按企业规模分	**Grouped By Size of Enterprises**				
大型及以上	Large-Sized and Higher	132.90	133.10	130.00	114.50
中型	Medium-Sized	108.80	105.70	108.30	99.40
小型	Small-Sized	97.50	100.00	102.50	92.50

9−38 房地产业企业完成投资景气指数(2008年)

Climate Index on Completed Investment of Real Estate Enterprise (2008)

类　　别	Classification	一季度 Quarter 1	二季度 Quarter 2	三季度 Quarter 3	四季度 Quarter 4
房地产业企业总体状况	**Overall**	**108.50**	**125.50**	**121.40**	**97.20**
一、按主要行业门类分	**Grouped By Sector**				
房地产业	Real Estate	108.50	125.50	121.40	97.20
二、按企业登记注册类型分	**By Status of Registration**				
国有企业	State-owned Enterprises	120.10	114.80	106.50	106.20
集体企业	Collective-owned Enterprises	88.90	144.40	122.20	122.20
股份合作企业	Cooperative Enterprises	125.00	112.50	125.00	112.50
联营企业	Joint Ownership Enterprises	100.00	100.00	100.00	100.00
有限责任公司	Limited Liability Corporations	108.70	131.30	124.60	87.50
股份有限公司	Share-Holding Corporations Limited	104.00	137.60	142.10	99.60
私营企业	Private Enterprises	33.30	166.70	100.00	100.00
其它内资企业	Other Domestic Funded	100.00	100.00	100.00	100.00
外商及港、澳、台投资企业	Enterprises With Funds From Foreign Contry,Hong Kong,Macao and Taiwan	128.10	90.60	125.00	112.50
三、按企业规模分	**Grouped By Size of Enterprises**				
大型	Large-sized	133.50	140.20	136.90	107.40
中型	Medium-sized	106.00	117.90	132.80	95.50
小型	Small-sized	104.10	128.40	106.80	96.00

9−39 房地产业企业盈利(亏损)变化景气指数(2008年)

Climate Index on Profit(Loss)Variation of Real Estate Enterprise(2008)

类　　别	Classification	一季度 Quarter 1	二季度 Quarter 2	三季度 Quarter 3	四季度 Quarter 4
房地产业企业总体状况	**Overall**	**113.50**	**113.90**	**90.30**	**70.70**
一、按主要行业门类分	**Grouped By Sector**				
房地产业	Real Estate	113.50	113.90	90.30	70.70
二、按企业登记注册类型分	**By Status of Registration**				
国有企业	State-owned Enterprises	102.90	93.40	84.20	65.70
集体企业	Collective-owned Enterprises	77.80	88.90	66.70	77.80
股份合作企业	Cooperative Enterprises	137.50	125.00	87.50	75.00
联营企业	Joint Ownership Enterprises	100.00	100.00	100.00	100.00
有限责任公司	Limited Liability Corporations	122.90	127.00	91.80	73.80
股份有限公司	Share-Holding Corporations Limited	105.60	111.10	94.30	60.90
私营企业	Private Enterprises	133.30	133.30	66.70	66.70
其它内资企业	Other Domestic Funded	100.00	100.00	100.00	100.00
外商及港、澳、台投资企业	Enterprises With Funds From Foreign Contry,Hong Kong,Macao and Taiwan	128.10	140.60	140.60	90.60
三、按企业规模分	**Grouped By Size of Enterprises**				
大型	Large-sized	108.80	96.70	91.60	84.40
中型	Medium-sized	114.90	109.00	92.50	70.20
小型	Small-sized	113.50	123.00	87.80	67.60

9−40 房地产业企业流动资金景气指数(2008年)
Climate Index on Liquid Capital of Real Estate Enterprise(2008)

类别	Classification	一季度 Quarter 1	二季度 Quarter 2	三季度 Quarter 3	四季度 Quarter 4
房地产业企业总体状况	**Overall**	**87.50**	**77.20**	**71.60**	**57.80**
一、按主要行业门类分	**Grouped By Sector**				
房地产业	Real Estate	87.50	77.20	71.60	57.80
二、按企业登记注册类型分	**By Status of Registration**				
国有企业	State-owned Enterprises	69.30	67.80	52.90	44.80
集体企业	Collective-owned Enterprises	44.40	33.30	33.30	55.60
股份合作企业	Cooperative Enterprises	87.50	100.00	87.50	75.00
联营企业	Joint Ownership Enterprises	100.00	100.00	100.00	100.00
有限责任公司	Limited Liability Corporations	100.20	94.40	83.40	66.50
股份有限公司	Share-Holding Corporations Limited	93.80	45.90	61.10	27.80
私营企业	Private Enterprises	100.00	133.30	133.30	133.30
其它内资企业	Other Domestic Funded	100.00	100.00	100.00	100.00
外商及港、澳、台投资企业	Enterprises With Funds From Foreign Contry,Hong Kong,Macao and Taiwan	103.10	50.00	78.10	65.60
三、按企业规模分	**Grouped By Size of Enterprises**				
大型	Large-sized	109.20	71.40	76.30	50.00
中型	Medium-sized	94.00	91.00	70.20	62.70
小型	Small-sized	75.70	66.20	71.60	55.40

9−41 房地产业企业货款拖欠景气指数(2008年)
Climate Index on Overdue Obligations to Suppliers about Real Estate Enterprise(2008)

类别	Classification	一季度 Quarter 1	二季度 Quarter 2	三季度 Quarter 3	四季度 Quarter 4
房地产业企业总体状况	**Overall**	**120.60**	**120.50**	**115.70**	**104.20**
一、按主要行业门类分	**Grouped By Sector**				
房地产业	Real Estate	120.60	120.50	115.70	104.20
二、按企业登记注册类型分	**By Status of Registration**				
国有企业	State-owned Enterprises	119.10	114.40	116.30	107.20
集体企业	Collective-owned Enterprises	100.00	133.30	111.10	100.00
股份合作企业	Cooperative Enterprises	137.50	150.00	150.00	100.00
联营企业	Joint Ownership Enterprises	100.00	100.00	100.00	100.00
有限责任公司	Limited Liability Corporations	128.20	125.40	115.50	110.10
股份有限公司	Share-Holding Corporations Limited	111.10	94.40	105.60	79.60
私营企业	Private Enterprises	66.70	133.30	100.00	133.30
其它内资企业	Other Domestic Funded	100.00	100.00	100.00	100.00
外商及港、澳、台投资企业	Enterprises With Funds From Foreign Contry,Hong Kong,Macao and Taiwan	112.50	128.10	125.00	115.60
三、按企业规模分	**Grouped By Size of Enterprises**				
大型	Large-sized	101.20	104.60	106.40	73.80
中型	Medium-sized	123.90	119.40	123.90	100.00
小型	Small-sized	123.00	125.70	110.80	116.20

9−42 房地产业企业劳动力需求景气指数(2008年)
Climate Index on Labor Demand of Real Estate Enterprise(2008)

类别	Classification	一季度 Quarter 1	二季度 Quarter 2	三季度 Quarter 3	四季度 Quarter 4
房地产业企业总体状况	**Overall**	**113.80**	**118.70**	**104.10**	**74.10**
一、按主要行业门类分	**Grouped By Sector**				
房地产业	Real Estate	113.80	118.70	104.10	74.10
二、按企业登记注册类型分	**By Status of Registration**				
国有企业	State-owned Enterprises	87.70	109.10	95.50	86.40
集体企业	Collective-owned Enterprises	144.40	100.00	88.90	66.70
股份合作企业	Cooperative Enterprises	112.50	125.00	112.50	75.00
联营企业	Joint Ownership Enterprises	100.00	100.00	100.00	100.00
有限责任公司	Limited Liability Corporations	120.00	125.70	105.90	66.80
股份有限公司	Share-Holding Corporations Limited	136.50	131.10	119.80	77.20
私营企业	Private Enterprises	66.70	100.00	100.00	66.70
其它内资企业	Other Domestic Funded	100.00	100.00	100.00	100.00
外商及港、澳、台投资企业	Enterprises With Funds From Foreign Contry,Hong Kong,Macao and Taiwan	122.00	87.50	97.00	72.00
三、按企业规模分	**Grouped By Size of Enterprises**				
大型	Large-sized	130.90	130.80	117.70	96.80
中型	Medium-sized	113.40	116.40	106.00	74.60
小型	Small-sized	109.50	117.60	98.70	67.60

9−43 房地产业企业固定资产投资景气指数(2008年)
Climate Index on Fixed Assets Investment of Real Estate Enterprise(2008)

类别	Classification	一季度 Quarter 1	二季度 Quarter 2	三季度 Quarter 3	四季度 Quarter 4
房地产业企业总体状况	**Overall**	**111.70**	**120.00**	**109.80**	**89.90**
一、按主要行业门类分	**Grouped By Sector**				
房地产业	Real Estate	111.70	120.00	109.80	89.90
二、按企业登记注册类型分	**By Status of Registration**				
国有企业	State-owned Enterprises	101.90	125.70	103.30	93.70
集体企业	Collective-owned Enterprises	111.10	122.20	88.90	88.90
股份合作企业	Cooperative Enterprises	125.00	112.50	125.00	75.00
联营企业	Joint Ownership Enterprises	100.00	100.00	100.00	100.00
有限责任公司	Limited Liability Corporations	112.60	121.10	114.10	92.20
股份有限公司	Share-Holding Corporations Limited	105.60	122.20	105.60	77.80
私营企业	Private Enterprises	166.70	166.70	166.70	66.70
其它内资企业	Other Domestic Funded	100.00	100.00	100.00	100.00
外商及港、澳、台投资企业	Enterprises With Funds From Foreign Contry,Hong Kong,Macao and Taiwan	137.50	115.60	112.50	90.60
三、按企业规模分	**Grouped By Size of Enterprises**				
大型	Large-sized	99.30	121.20	103.60	88.60
中型	Medium-sized	114.90	117.90	114.90	88.10
小型	Small-sized	112.20	121.60	106.80	91.90

9−44 社会服务业企业业务需求量景气指数(2008年)

Climate Index on Business Demand of Social Services Enterprise(2008)

类　　别	Classification	一季度 Quarter 1	二季度 Quarter 2	三季度 Quarter 3	四季度 Quarter 4
社会服务业企业总体状况	**Overall**	**115.40**	**124.40**	**119.50**	**81.80**
一、按主要行业门类分	**Grouped By Sector**				
租赁业	Leasing	157.10	157.10	142.90	100.00
商务服务业	Business Services	99.40	114.00	104.60	76.40
环境资源管理业	Environmental Management	100.00	100.00	100.00	100.00
公共设施管理业	Management of Public Facilities	129.60	137.00	148.20	88.90
居民服务业	Services To Household	150.00	125.00	75.00	50.00
其他服务业	Other Services	100.00	100.00	100.00	100.00
二、按企业登记注册类型分	**By Status of Registration**				
国有企业	State-owned Enterprises	120.00	134.30	135.30	79.40
集体企业	Collective-owned Enterprises	150.00	150.00	200.00	200.00
股份合作企业	Cooperative Enterprises	200.00	200.00	66.70	33.30
联营企业	Joint Ownership Enterprises	100.00	100.00	100.00	100.00
有限责任公司	Limited Liability Corporations	100.00	106.10	100.00	75.00
股份有限公司	Share-Holding Corporations Limited	96.20	108.70	137.50	99.60
私营企业	Private Enterprises	140.00	140.00	140.00	100.00
其它内资企业	Other Domestic Funded	133.30	133.30	66.70	66.70
外商及港、澳、台投资企业	Enterprises With Funds From Foreign Contry,Hong Kong,Macao and Taiwan	100.00	100.00	100.00	100.00
三、按企业规模分	**Grouped By Size of Enterprises**				
大型	Large-sized	118.20	118.20	178.80	178.00
中型	Medium-sized	100.00	125.00	109.70	71.00
小型	Small-sized	124.50	124.50	120.80	80.80

9−45 社会服务业企业盈利(亏损)变化景气指数(2008年)

Climate Index on Profit(Loss)Variation of Social Services Enterprise(2008)

类　　别	Classification	一季度 Quarter 1	二季度 Quarter 2	三季度 Quarter 3	四季度 Quarter 4
社会服务业企业总体状况	**Overall**	**98.40**	**111.10**	**106.30**	**91.60**
一、按主要行业门类分	**Grouped By Sector**				
租赁业	Leasing	71.40	85.70	57.10	85.70
商务服务业	Business Services	90.70	99.70	88.50	82.00
环境资源管理业	Environmental Management	50.00	100.00	100.00	50.00
公共设施管理业	Management of Public Facilities	122.20	137.00	151.90	114.80
居民服务业	Services To Household	100.00	100.00	100.00	75.00
其他服务业	Other Services	100.00	200.00	100.00	100.00
二、按企业登记注册类型分	**By Status of Registration**				
国有企业	State-owned Enterprises	108.60	122.90	120.60	97.10
集体企业	Collective-owned Enterprises	100.00	150.00	150.00	200.00
股份合作企业	Cooperative Enterprises	166.70	100.00	100.00	100.00
联营企业	Joint Ownership Enterprises	100.00	100.00	100.00	100.00
有限责任公司	Limited Liability Corporations	90.90	106.10	90.90	81.30
股份有限公司	Share-Holding Corporations Limited	70.80	70.80	96.20	95.80
私营企业	Private Enterprises	80.00	120.00	140.00	80.00
其它内资企业	Other Domestic Funded	100.00	100.00	66.70	66.70
外商及港、澳、台投资企业	Enterprises With Funds From Foreign Contry,Hong Kong,Macao and Taiwan	100.00	100.00	100.00	100.00
三、按企业规模分	**Grouped By Size of Enterprises**				
大型	Large-sized	138.60	96.20	139.40	117.40
中型	Medium-sized	100.00	109.40	103.20	90.30
小型	Small-sized	94.30	113.20	105.70	90.40

9-46 社会服务业企业流动资金景气指数(2008年)

Climate Index on Liquid Capital of Social Services Enterprise(2008)

类别	Classification	一季度 Quarter 1	二季度 Quarter 2	三季度 Quarter 3	四季度 Quarter 4
社会服务业企业总体状况	**Overall**	**91.20**	**102.20**	**99.00**	**87.50**
一、按主要行业门类分	**Grouped By Sector**				
租赁业	Leasing	85.70	114.30	100.00	100.00
商务服务业	Business Services	96.10	112.40	108.80	93.80
环境资源管理业	Environmental Management	50.00	100.00	50.00	50.00
公共设施管理业	Management of Public Facilities	85.20	85.20	92.60	81.50
居民服务业	Services To Household	100.00	75.00	50.00	50.00
其他服务业	Other Services	100.00	100.00	100.00	100.00
二、按企业登记注册类型分	**By Status of Registration**				
国有企业	State-owned Enterprises	88.60	91.40	91.20	82.40
集体企业	Collective-owned Enterprises	50.00	100.00	100.00	50.00
股份合作企业	Cooperative Enterprises	33.30	33.30	33.30	33.30
联营企业	Joint Ownership Enterprises	100.00	100.00	100.00	100.00
有限责任公司	Limited Liability Corporations	93.90	112.10	106.10	93.80
股份有限公司	Share-Holding Corporations Limited	124.80	124.60	137.10	137.30
私营企业	Private Enterprises	80.00	120.00	100.00	60.00
其它内资企业	Other Domestic Funded	100.00	100.00	66.70	66.70
外商及港、澳、台投资企业	Enterprises With Funds From Foreign Contry,Hong Kong,Macao and Taiwan	100.00	100.00	100.00	100.00
三、按企业规模分	**Grouped By Size of Enterprises**				
大型	Large-sized	178.40	199.20	178.00	178.40
中型	Medium-sized	96.90	96.90	90.30	77.40
小型	Small-sized	81.10	98.10	98.10	86.50

9-47 社会服务业企业货款拖欠景气指数(2008年)

Climate Index on Overdue Obligations to Suppliers about Social Services Enterprise(2008)

类别	Classification	一季度 Quarter 1	二季度 Quarter 2	三季度 Quarter 3	四季度 Quarter 4
社会服务业企业总体状况	**Overall**	**116.50**	**106.30**	**117.70**	**105.40**
一、按主要行业门类分	**Grouped By Sector**				
租赁业	Leasing	114.30	114.30	128.60	128.60
商务服务业	Business Services	111.90	103.30	128.90	105.90
环境资源管理业	Environmental Management	100.00	50.00		50.00
公共设施管理业	Management of Public Facilities	133.30	111.10	107.40	103.70
居民服务业	Services To Household	75.00	125.00	100.00	100.00
其他服务业	Other Services	100.00	100.00	100.00	100.00
二、按企业登记注册类型分	**By Status of Registration**				
国有企业	State-owned Enterprises	131.40	111.40	111.80	100.00
集体企业	Collective-owned Enterprises	100.00	100.00	100.00	150.00
股份合作企业	Cooperative Enterprises	133.30	133.30	133.30	100.00
联营企业	Joint Ownership Enterprises	100.00	100.00	100.00	100.00
有限责任公司	Limited Liability Corporations	103.00	93.90	124.20	115.60
股份有限公司	Share-Holding Corporations Limited	108.50	108.50	108.50	96.00
私营企业	Private Enterprises	120.00	140.00	100.00	80.00
其它内资企业	Other Domestic Funded	100.00	100.00	166.70	100.00
外商及港、澳、台投资企业	Enterprises With Funds From Foreign Contry,Hong Kong,Macao and Taiwan	100.00	100.00	100.00	100.00
三、按企业规模分	**Grouped By Size of Enterprises**				
大型	Large-sized	117.80	139.00	139.00	117.80
中型	Medium-sized	115.60	96.90	109.70	109.70
小型	Small-sized	117.00	109.40	120.80	101.90

9—48 社会服务业企业劳动力需求景气指数(2008年)

Climate Index on Labor Demand of Social Services Enterprise(2008)

类　　别	Classification	一季度 Quarter 1	二季度 Quarter 2	三季度 Quarter 3	四季度 Quarter 4
社会服务业企业总体状况	**Overall**	**113.20**	**117.70**	**107.50**	**82.40**
一、按主要行业门类分	**Grouped By Sector**				
租赁业	Leasing	114.30	114.30	128.60	100.00
商务服务业	Business Services	105.70	111.90	92.70	82.00
环境资源管理业	Environmental Management	100.00	100.00	100.00	100.00
公共设施管理业	Management of Public Facilities	122.20	125.90	133.30	77.80
居民服务业	Services To Household	150.00	125.00	100.00	75.00
其他服务业	Other Services	100.00	200.00		100.00
二、按企业登记注册类型分	**By Status of Registration**				
国有企业	State-owned Enterprises	122.90	134.30	120.60	79.40
集体企业	Collective-owned Enterprises	100.00	100.00	150.00	100.00
股份合作企业	Cooperative Enterprises	133.30	166.70	100.00	66.70
联营企业	Joint Ownership Enterprises	100.00	100.00	100.00	100.00
有限责任公司	Limited Liability Corporations	100.00	100.00	100.00	81.30
股份有限公司	Share-Holding Corporations Limited	108.50	96.00	96.00	96.00
私营企业	Private Enterprises	140.00	100.00	120.00	100.00
其它内资企业	Other Domestic Funded	100.00	166.70	33.30	66.70
外商及港、澳、台投资企业	Enterprises With Funds From Foreign Contry,Hong Kong,Macao and Taiwan	100.00	100.00	100.00	100.00
三、按企业规模分	**Grouped By Size of Enterprises**				
大型	Large-sized	117.80	117.80	139.00	117.80
中型	Medium-sized	103.10	96.90	93.60	67.70
小型	Small-sized	118.90	130.20	113.20	88.50

9—49 社会服务业企业固定资产投资景气指数(2008年)

Climate Index on Fixed Assets Investment of Social Services Enterprise(2008)

类　　别	Classification	一季度 Quarter 1	二季度 Quarter 2	三季度 Quarter 3	四季度 Quarter 4
社会服务业企业总体状况	**Overall**	**114.30**	**106.40**	**120.00**	**96.20**
一、按主要行业门类分	**Grouped By Sector**				
租赁业	Leasing	142.90	142.90	142.90	128.60
商务服务业	Business Services	105.70	97.40	116.10	88.50
环境资源管理业	Environmental Management	100.00	100.00	100.00	100.00
公共设施管理业	Management of Public Facilities	122.20	111.10	118.50	100.00
居民服务业	Services To Household	150.00	125.00	150.00	100.00
其他服务业	Other Services		100.00	100.00	100.00
二、按企业登记注册类型分	**By Status of Registration**				
国有企业	State-owned Enterprises	120.00	111.40	111.80	100.00
集体企业	Collective-owned Enterprises	100.00	50.00	100.00	150.00
股份合作企业	Cooperative Enterprises	133.30	133.30	133.30	66.70
联营企业	Joint Ownership Enterprises	100.00	100.00	100.00	100.00
有限责任公司	Limited Liability Corporations	109.10	90.90	124.20	87.50
股份有限公司	Share-Holding Corporations Limited	96.20	121.20	121.20	83.70
私营企业	Private Enterprises	160.00	160.00	160.00	140.00
其它内资企业	Other Domestic Funded	66.70	100.00	100.00	100.00
外商及港、澳、台投资企业	Enterprises With Funds From Foreign Contry,Hong Kong,Macao and Taiwan	100.00	100.00	100.00	100.00
三、按企业规模分	**Grouped By Size of Enterprises**				
大型	Large-sized	118.20	118.20	139.40	118.20
中型	Medium-sized	118.80	100.00	109.70	93.60
小型	Small-sized	111.30	109.40	124.50	96.20

9-50 信息传输、计算机服务和软件业企业产品销售(提供服务)景气指数(2008年)

Climate Index on Product Selling of Information Transmission, Computer Services and Software Enterprise(2008)

类别	Classification	一季度 Quarter 1	二季度 Quarter 2	三季度 Quarter 3	四季度 Quarter 4
信息传输、计算机服务和软件业企业总体状况	**Overall**	**127.40**	**140.10**	**146.20**	**132.90**
一、按主要行业门类分	**Grouped By Sector**				
信息传输业	Information Transmission	138.80	145.90	149.40	141.20
计算机服务业	Computer Services	100.00	137.50	150.00	100.00
软件业	Software	75.50	105.90	106.40	105.90
二、按企业登记注册类型分	**By Status of Registration**				
国有企业	State-owned Enterprises	125.00	133.30	150.00	100.00
集体企业	Collective-owned Enterprises	100.00	100.00	100.00	100.00
股份合作企业	Cooperative Enterprises	100.00		200.00	200.00
联营企业	Joint Ownership Enterprises	100.00	100.00	100.00	100.00
有限责任公司	Limited Liability Corporations	104.50	138.10	133.30	153.30
股份有限公司	Share-holding Corporations Limited	132.70	145.60	135.00	150.70
私营企业	Private Enterprises	66.70	100.00	150.00	50.00
其它内资企业	Other Domestic Funded	100.00	100.00	100.00	100.00
外商及港、澳、台投资企业	Enterprises With Funds From Foreign Contry,Hong Kong,Macao And Taiwan	135.40	134.80	130.00	103.80
三、按企业规模分	**Grouped By Size of Enterprises**				
大型	Large-sized	166.80	163.70	168.10	159.50
中型	Medium-sized	110.00	125.60	135.90	120.50
小型	Small-sized	115.00	140.00	140.00	125.00

9-51 信息传输、计算机服务和软件业企业盈利(亏损)变化景气指数(2008年)

Climate Index on Profit(Loss)Variation of Information Transmission, Computer Services and Software Enterprise(2008)

类别	Classification	一季度 Quarter 1	二季度 Quarter 2	三季度 Quarter 3	四季度 Quarter 4
信息传输、计算机服务和软件业企业总体状况	**Overall**	**130.30**	**125.20**	**131.00**	**119.30**
一、按主要行业门类分	**Grouped By Sector**				
信息传输业	Information Transmission	136.80	130.00	128.10	125.10
计算机服务业	Computer Services	112.50	112.50	125.00	75.00
软件业	Software	99.50	109.30	151.90	114.30
二、按企业登记注册类型分	**By Status of Registration**				
国有企业	State-owned Enterprises	125.00	116.70	91.70	91.70
集体企业	Collective-owned Enterprises	100.00	100.00	100.00	100.00
股份合作企业	Cooperative Enterprises	100.00		200.00	200.00
联营企业	Joint Ownership Enterprises	100.00	100.00	100.00	100.00
有限责任公司	Limited Liability Corporations	123.20	118.10	118.10	131.40
股份有限公司	Share-holding Corporations Limited	151.40	147.30	157.30	133.10
私营企业	Private Enterprises	100.00	83.30	150.00	66.70
其它内资企业	Other Domestic Funded	100.00	100.00	100.00	100.00
外商及港、澳、台投资企业	Enterprises With Funds From Foreign Contry,Hong Kong,Macao And Taiwan	103.40	113.10	108.00	96.10
三、按企业规模分	**Grouped By Size of Enterprises**				
大型	Large-sized	156.10	166.30	161.40	154.30
中型	Medium-sized	122.50	107.70	112.80	102.60
小型	Small-sized	115.00	110.00	130.00	110.00

9—52 信息传输、计算机服务和软件业企业流动资金景气指数(2008年)
Climate Index on Liquid Capital of Information Transmission, Computer Services and Software Enterprise(2008)

类别	Classification	一季度 Quarter 1	二季度 Quarter 2	三季度 Quarter 3	四季度 Quarter 4
信息传输、计算机服务和软件业企业总体状况	**Overall**	**123.20**	**122.30**	**123.60**	**120.30**
一、按主要行业门类分	**Grouped By Sector**				
信息传输业	Information Transmission	128.30	123.80	124.00	119.70
计算机服务业	Computer Services	100.00	125.00	112.50	112.50
软件业	Software	96.60	116.20	132.40	132.40
二、按企业登记注册类型分	**By Status of Registration**				
国有企业	State-owned Enterprises	91.70	91.70	75.00	75.00
集体企业	Collective-owned Enterprises	100.00	100.00	100.00	100.00
股份合作企业	Cooperative Enterprises	100.00	100.00	100.00	100.00
联营企业	Joint Ownership Enterprises	100.00	100.00	100.00	100.00
有限责任公司	Limited Liability Corporations	142.00	131.40	133.30	140.00
股份有限公司	Share-holding Corporations Limited	143.40	166.30	148.50	153.60
私营企业	Private Enterprises	116.70	116.70	116.70	116.70
其它内资企业	Other Domestic Funded	100.00	100.00	100.00	100.00
外商及港、澳、台投资企业	Enterprises With Funds From Foreign Contry,Hong Kong,Macao And Taiwan	88.30	88.60	100.30	80.60
三、按企业规模分	**Grouped By Size of Enterprises**				
大型	Large-sized	156.30	172.80	173.30	170.20
中型	Medium-sized	110.00	100.00	102.60	97.40
小型	Small-sized	110.00	105.00	105.00	105.00

9—53 信息传输、计算机服务和软件业企业货款拖欠景气指数(2008年)
Climate Index on Overdue Obligations to Suppliers about Information Transmission, Computer Services and Software Enterprise(2008)

类别	Classification	一季度 Quarter 1	二季度 Quarter 2	三季度 Quarter 3	四季度 Quarter 4
信息传输、计算机服务和软件业企业总体状况	**Overall**	**134.40**	**119.50**	**120.10**	**118.90**
一、按主要行业门类分	**Grouped By Sector**				
信息传输业	Information Transmission	134.60	124.60	125.30	123.40
计算机服务业	Computer Services	137.50	137.50	137.50	125.00
软件业	Software	125.00	74.50	64.70	73.10
二、按企业登记注册类型分	**By Status of Registration**				
国有企业	State-owned Enterprises	125.00	116.70	116.70	91.70
集体企业	Collective-owned Enterprises	100.00	100.00	100.00	100.00
股份合作企业	Cooperative Enterprises	100.00	200.00		100.00
联营企业	Joint Ownership Enterprises	100.00	100.00	100.00	100.00
有限责任公司	Limited Liability Corporations	142.00	118.10	124.80	111.40
股份有限公司	Share-holding Corporations Limited	123.30	124.50	103.30	110.00
私营企业	Private Enterprises	133.30	83.30	100.00	133.30
其它内资企业	Other Domestic Funded	100.00	100.00	100.00	100.00
外商及港、澳、台投资企业	Enterprises With Funds From Foreign Contry,Hong Kong,Macao And Taiwan	105.90	86.00	101.70	111.00
三、按企业规模分	**Grouped By Size of Enterprises**				
大型	Large-sized	141.10	142.50	140.40	152.90
中型	Medium-sized	130.00	107.70	112.80	105.10
小型	Small-sized	135.00	115.00	110.00	105.00

9-54 信息传输、计算机服务和软件业企业劳动力需求景气指数(2008年)

Climate Index on Labor Demand of Information Transmission, Computer Services and Software Enterprise(2008)

类别	Classification	一季度 Quarter 1	二季度 Quarter 2	三季度 Quarter 3	四季度 Quarter 4
信息传输、计算机服务和软件业企业总体状况	**Overall**	**109.70**	**105.30**	**106.10**	**104.10**
一、按主要行业门类分	**Grouped By Sector**				
信息传输业	Information Transmission	102.60	101.80	103.20	108.00
计算机服务业	Computer Services	137.50	112.50	100.00	75.00
软件业	Software	141.20	132.40	134.30	115.70
二、按企业登记注册类型分	**By Status of Registration**				
国有企业	State-owned Enterprises	100.00	91.70	100.00	100.00
集体企业	Collective-owned Enterprises	100.00	100.00	100.00	100.00
股份合作企业	Cooperative Enterprises				
联营企业	Joint Ownership Enterprises	100.00	100.00	100.00	100.00
有限责任公司	Limited Liability Corporations	112.50	120.00	106.70	93.30
股份有限公司	Share-holding Corporations Limited	114.00	114.00	110.60	114.00
私营企业	Private Enterprises	100.00	83.30	116.70	100.00
其它内资企业	Other Domestic Funded	100.00	100.00	100.00	100.00
外商及港、澳、台投资企业	Enterprises With Funds From Foreign Contry,Hong Kong,Macao And Taiwan	126.30	110.50	113.90	117.50
三、按企业规模分	**Grouped By Size of Enterprises**				
大型	Large-sized	113.20	106.00	108.60	110.10
中型	Medium-sized	100.00	102.60	102.60	100.00
小型	Small-sized	125.00	110.00	110.00	105.00

9-55 信息传输、计算机服务和软件业企业固定资产投资景气指数(2008年)

Climate Index on Fixed Assets Investment of Information Transmission, Computer Services and Software Enterprise(2008)

类别	Classification	一季度 Quarter 1	二季度 Quarter 2	三季度 Quarter 3	四季度 Quarter 4
信息传输、计算机服务和软件业企业总体状况	**Overall**	**115.30**	**124.40**	**124.00**	**129.60**
一、按主要行业门类分	**Grouped By Sector**				
信息传输业	Information Transmission	115.50	124.10	123.70	138.00
计算机服务业	Computer Services	125.00	125.00	150.00	100.00
软件业	Software	100.00	116.70	99.50	97.60
二、按企业登记注册类型分	**By Status of Registration**				
国有企业	State-owned Enterprises	75.00	100.00	108.30	108.30
集体企业	Collective-owned Enterprises	100.00	100.00	100.00	100.00
股份合作企业	Cooperative Enterprises		200.00	100.00	100.00
联营企业	Joint Ownership Enterprises	100.00	100.00	100.00	100.00
有限责任公司	Limited Liability Corporations	118.80	138.10	140.00	113.30
股份有限公司	Share-holding Corporations Limited	118.60	104.00	91.20	125.80
私营企业	Private Enterprises	133.30	83.30	116.70	116.70
其它内资企业	Other Domestic Funded	100.00	100.00	100.00	100.00
外商及港、澳、台投资企业	Enterprises With Funds From Foreign Contry,Hong Kong,Macao And Taiwan	89.00	126.10	117.00	134.80
三、按企业规模分	**Grouped By Size of Enterprises**				
大型	Large-sized	153.60	159.20	162.30	177.40
中型	Medium-sized	100.00	105.10	105.10	105.10
小型	Small-sized	100.00	120.00	115.00	120.00

9-56 住宿和餐饮业企业产品销售(提供服务)景气指数(2008年)
Climate Index on Product Selling of Hotel and Catering Services Enterprise(2008)

类别	Classification	一季度 Quarter 1	二季度 Quarter 2	三季度 Quarter 3	四季度 Quarter 4
住宿和餐饮业企业总体状况	**Overall**	**105.70**	**130.70**	**123.90**	**97.50**
一、按主要行业门类分	**Grouped By Sector**				
住宿业	Hotels	103.60	126.20	111.10	92.30
餐饮业	Catering Services	105.80	131.10	135.40	93.60
二、按企业登记注册类型分	**By Status of Registration**				
国有企业	State-owned Enterprises	109.30	131.00	114.20	95.80
集体企业	Collective-owned Enterprises	110.00	170.00	100.00	90.00
股份合作企业	Cooperative Enterprises	62.50	121.30	121.30	75.00
联营企业	Joint Ownership Enterprises			200.00	
有限责任公司	Limited Liability Corporations	114.20	123.60	109.30	96.90
股份有限公司	Share-holding Corporations Limited	122.20	155.60	166.70	66.70
私营企业	Private Enterprises	75.00	75.00	75.00	100.00
其它内资企业	Other Domestic Funded	100.00	200.00	200.00	150.00
外商及港、澳、台投资企业	Enterprises With Funds From Foreign Contry,Hong Kong,Macao and Taiwan	89.80	128.00	148.90	88.80
三、按企业规模分	**Grouped By Size of Enterprises**				
大型	Large-sized	115.80	164.30	121.20	110.00
中型	Medium-sized	106.90	131.00	126.40	100.00
小型	Small-sized	100.00	116.40	121.30	88.30

9-57 住宿和餐饮业企业盈利(亏损)变化景气指数(2008年)
Climate Index on Profit(Loss)Variation of Hotel and Catering Services Enterprise(2008)

类别	Classification	一季度 Quarter 1	二季度 Quarter 2	三季度 Quarter 3	四季度 Quarter 4
住宿和餐饮业企业总体状况	**Overall**	**90.60**	**117.30**	**87.40**	**91.30**
一、按主要行业门类分	**Grouped By Sector**				
住宿业	Hotels	89.30	119.20	82.60	84.10
餐饮业	Catering Services	88.80	106.50	93.00	90.00
二、按企业登记注册类型分	**By Status of Registration**				
国有企业	State-owned Enterprises	83.20	109.00	87.10	84.50
集体企业	Collective-owned Enterprises	80.00	100.00	70.00	60.00
股份合作企业	Cooperative Enterprises	98.20	100.00	123.20	85.70
联营企业	Joint Ownership Enterprises		200.00	100.00	
有限责任公司	Limited Liability Corporations	98.40	113.30	90.90	89.20
股份有限公司	Share-holding Corporations Limited	111.10	166.70	100.00	100.00
私营企业	Private Enterprises	50.00	100.00	75.00	75.00
其它内资企业	Other Domestic Funded	150.00	150.00	200.00	100.00
外商及港、澳、台投资企业	Enterprises With Funds From Foreign Contry,Hong Kong,Macao and Taiwan	84.40	141.20	79.00	94.50
三、按企业规模分	**Grouped By Size of Enterprises**				
大型	Large-sized	114.50	163.60	46.70	115.30
中型	Medium-sized	85.10	121.80	98.90	92.00
小型	Small-sized	88.70	91.80	88.50	80.00

9–58 住宿和餐饮业企业流动资金景气指数(2008年)

Climate Index on Liquid Capital of Hotel and Catering Services Enterprise(2008)

类 别	Classification	一季度 Quarter 1	二季度 Quarter 2	三季度 Quarter 3	四季度 Quarter 4
住宿和餐饮业企业总体状况	**Overall**	**82.80**	**93.70**	**79.50**	**76.00**
一、按主要行业门类分	**Grouped By Sector**				
住宿业	Hotels	77.70	92.40	78.40	67.80
餐饮业	Catering Services	91.20	95.70	84.00	85.10
二、按企业业登记注册类型分	**By Status of Registration**				
国有企业	State-owned Enterprises	83.70	76.80	73.10	64.50
集体企业	Collective-owned Enterprises	60.00	70.00	60.00	50.00
股份合作企业	Cooperative Enterprises	112.50	101.80	112.50	112.50
联营企业	Joint Ownership Enterprises	100.00	100.00	100.00	100.00
有限责任公司	Limited Liability Corporations	84.50	97.00	84.40	77.40
股份有限公司	Share-holding Corporations Limited	100.00	144.40	100.00	44.40
私营企业	Private Enterprises	50.00	75.00	50.00	100.00
其它内资企业	Other Domestic Funded	100.00	100.00	100.00	100.00
外商及港、澳、台投资企业	Enterprises With Funds From Foreign Contry,Hong Kong,Macao and Taiwan	79.50	125.20	100.30	93.60
三、按企业规模分	**Grouped By Size of Enterprises**				
大型	Large-sized	92.50	144.40	89.60	113.30
中型	Medium-sized	88.50	92.00	83.90	73.60
小型	Small-sized	71.00	75.40	68.90	63.30

9–59 住宿和餐饮业企业货款拖欠景气指数(2008年)

Climate Index on Overdue Obligations to Suppliers about Hotel and Catering Services Enterprise(2008)

类 别	Classification	一季度 Quarter 1	二季度 Quarter 2	三季度 Quarter 3	四季度 Quarter 4
住宿和餐饮业企业总体状况	**Overall**	**99.20**	**96.00**	**91.70**	**92.50**
一、按主要行业门类分	**Grouped By Sector**				
住宿业	Hotels	97.80	93.10	87.70	85.70
餐饮业	Catering Services	103.60	100.50	99.60	99.90
二、按企业业登记注册类型分	**By Status of Registration**				
国有企业	State-owned Enterprises	104.70	106.80	101.20	95.40
集体企业	Collective-owned Enterprises	100.00	70.00	100.00	100.00
股份合作企业	Cooperative Enterprises	137.50	150.00	101.80	112.50
联营企业	Joint Ownership Enterprises	200.00	100.00		100.00
有限责任公司	Limited Liability Corporations	99.60	95.20	76.90	84.10
股份有限公司	Share-holding Corporations Limited	88.90	111.10	88.90	111.10
私营企业	Private Enterprises	125.00	25.00	125.00	75.00
其它内资企业	Other Domestic Funded	100.00	100.00	200.00	150.00
外商及港、澳、台投资企业	Enterprises With Funds From Foreign Contry,Hong Kong,Macao and Taiwan	73.90	76.10	67.70	66.00
三、按企业规模分	**Grouped By Size of Enterprises**				
大型	Large-sized	102.40	96.20	106.30	107.80
中型	Medium-sized	108.10	102.30	86.20	90.70
小型	Small-sized	85.30	86.90	93.40	88.30

9-60 住宿和餐饮业企业劳动力需求景气指数(2008年)
Climate Index on Labor Demand of Hotel and Catering Services Enterprise(2008)

类别	Classification	一季度 Quarter 1	二季度 Quarter 2	三季度 Quarter 3	四季度 Quarter 4
住宿和餐饮业企业总体状况	**Overall**	**126.70**	**128.70**	**117.30**	**91.70**
一、按主要行业门类分	**Grouped By Sector**				
住宿业	Hotels	116.40	125.90	110.60	82.00
餐饮业	Catering Services	139.80	129.30	122.80	99.40
二、按企业登记注册类型分	**By Status of Registration**				
国有企业	State-owned Enterprises	130.00	135.20	119.80	76.30
集体企业	Collective-owned Enterprises	110.00	120.00	70.00	90.00
股份合作企业	Cooperative Enterprises	112.50	112.50	87.50	98.20
联营企业	Joint Ownership Enterprises		200.00		100.00
有限责任公司	Limited Liability Corporations	120.20	121.90	112.40	90.60
股份有限公司	Share-holding Corporations Limited	133.30	122.20	111.10	66.70
私营企业	Private Enterprises	125.00	100.00	75.00	75.00
其它内资企业	Other Domestic Funded	100.00	200.00	100.00	150.00
外商及港、澳、台投资企业	Enterprises With Funds From Foreign Contry,Hong Kong,Macao and Taiwan	134.10	144.60	152.00	115.70
三、按企业规模分	**Grouped By Size of Enterprises**				
大型	Large-sized	133.60	146.60	135.20	125.80
中型	Medium-sized	126.40	129.90	111.50	83.90
小型	Small-sized	124.20	119.70	118.00	88.30

9-61 住宿和餐饮业企业固定资产投资景气指数(2008年)
Climate Index on Fixed Assets Investment of Hotel and Catering Services Enterprise(2008)

类别	Classification	一季度 Quarter 1	二季度 Quarter 2	三季度 Quarter 3	四季度 Quarter 4
住宿和餐饮业企业总体状况	**Overall**	**106.70**	**108.20**	**104.00**	**100.50**
一、按主要行业门类分	**Grouped By Sector**				
住宿业	Hotels	98.70	99.50	93.80	88.40
餐饮业	Catering Services	116.70	116.00	115.60	111.70
二、按企业登记注册类型分	**By Status of Registration**				
国有企业	State-owned Enterprises	114.40	110.70	104.30	81.30
集体企业	Collective-owned Enterprises	80.00	80.00	50.00	70.00
股份合作企业	Cooperative Enterprises	100.00	112.50	110.70	100.00
联营企业	Joint Ownership Enterprises	100.00		100.00	100.00
有限责任公司	Limited Liability Corporations	93.80	102.30	92.20	93.80
股份有限公司	Share-holding Corporations Limited	100.00	111.10	122.20	133.30
私营企业	Private Enterprises	125.00	100.00	75.00	100.00
其它内资企业	Other Domestic Funded	50.00	100.00	200.00	100.00
外商及港、澳、台投资企业	Enterprises With Funds From Foreign Contry,Hong Kong,Macao and Taiwan	136.70	136.50	116.30	115.40
三、按企业规模分	**Grouped By Size of Enterprises**				
大型	Large-sized	134.80	136.90	161.20	137.70
中型	Medium-sized	109.20	116.10	97.70	106.90
小型	Small-sized	91.90	85.30	88.50	75.00

主要指标解释

国有及国有控股企业 指国有企业加上国有控股企业。国有企业(即原全民所有制工业或国营工业)指企业全部资产归国家所有，并按《中华人民共和国企业法人登记管理条例》规定登记注册的非公司制的经济组织。包括国有企业、国有独资公司和国有联营企业。1957 年以前的公私合营和私营工业，后均改造为国营工业，1992 年改为国有工业，这部分工业的资料不单独分列时，均包括在国有企业内。国有控股企业是对混合所有制经济的企业进行的“国有控股”分类。它是指这些企业的全部资产中国有资产(股份)相对其他所有者中的任何一个所有者占资(股)最多的企业。该分组反映了国有经济控股情况。

集体企业 指企业资产归集体所有，并按《中华人民共和国企业法人登记管理条例》规定登记注册的经济组织。是社会主义公有制经济的组成部分。包括城乡所有使用集体投资举办的企业，以及部分个人通过集资自愿放弃所有权并依法经工商行政管理机关认定为集体所有制的企业。

股份合作企业 指以合作制为基础，由企业职工共同出资入股，吸收一定比例的社会资产投资组建，实行自主经营，自负盈亏，共同劳动，民主管理，按劳分配与按股分红相结合的一种集体经济组织。

联营企业 指两个及两个以上相同或不同所有制性质的企业法人或事业单位法人，按自愿、平等、互利的原则，共同投资组成的经济组织。联营企业包括：

国有联营企业指国有企业与国有企业间的联营；

集体联营企业指集体企业与集体企业间的联营；

国有与集体联营企业指国有企业与集体企业间的联营。

有限责任公司 指根据《中华人民共和国公司登记管理条例》规定登记注册，由两个以上，五十个以下的股东共同出资，每个股东以其所认缴的出资额对公司承担有限责任，公司以其全部资产对其债务承担责任的经济组织。

有限责任公司包括国有独资公司以及其他有限责任公司。

股份有限公司 指根据《中华人民共和国企业法人登记管理条例》规定登记注册，其全部注册资本由等额股份构成并通过发行股票筹集资本，股东以其认购的股份对公司承担有限责任，公司以其全部资产对其债务承担责任的经济组织。

私营企业 指由自然人投资设立或由自然人控股，以雇佣劳动为基础的营利性经济组织。包括按照《公司法》、《合伙企业法》、《私营企业暂行条例》规定登记注册的私营有限责任公司、私营股份有限公司、私营合伙企业和私营独资企业。

港、澳、台商投资企业 指企业注册登记类型中的港、澳、台资合资、合作、独资经营企业和股份有限公司之和。

Explanatory Notes on Main Indicators

State-owned and State-holding Enterprises refer to state-owned enterprises plus State-holding enterprises. State-owned enterprises (originally known as State-run enterprises with ownership by the whole society) are non-corporate economic entities registered in accordance with the Regulation of the People's Republic of China on the Management of Registration of Legal Enterprises, where all assets are owned by the State. Included in this category are State-owned enterprises, State-funded corporations and State-owned joint-operation enterprises. Joint State-private industries and private industries, which existed before 1957, were transformed into state-run industries since 1957, and into State-owned industries after 1992. Statistics on those enterprises are included in the State-owned industries instead of being grouped them separately. State-holding enterprises are a sub-classification of enterprises with mixed ownership, referring to enterprises where the percentage of State assets (or shares by the State) is larger than any other single share holder of the same enterprise. This sub-classification illustrates the control of the State over a particular industry.

Collective-owned Enterprises refer to economic entities registered in accordance with the Regulation of the People's Republic of China on the Management of Registration of Legal Enterprises, where assets are owned collectively. Collective enterprises constitute an integral part of the socialist economy with public ownership. They include urban and rural enterprises invested collectively, and some enterprises registered in industrial and commercial administration agency as collective units where funds are pooled together by individuals who voluntarily give up their right of ownership.

Share-holding Cooperative Enterprises refer to economic units set up on a cooperative basis, with funding partly from employees of the enterprise and partly from outside investment, where the operation and management is decided by all the members who also participate in the production, and the distribution of income is based both on work (labour input) and on shares (capital input).

Joint-operation Enterprises refer to economic units that are established by joint investment by two or more corporate enterprises or institutions of the same or different types of ownership on voluntary, equal and mutual-beneficial basis. They include:

a) State-owned joint-operation enterprises (joint operation between State-owned enterprises);

b) Collective joint-operation enterprises (joint operation between collective enterprises; and

c) State-collective joint-operation enterprises (joint operation between state and collective enterprises).

Limited Liability Corporations refer to economic units registered in accordance with the Regulation of the People's Republic of China on the Management of Registration of Corporations, with capital from 2 to 49 investors, each investor bears limited liability to the corporation depending on his/her holding of shares, and the corporation bears liability to its debt to the maximum of its total assets.

Share-holding Corporations Ltd. refer to economic units registered in accordance with the Regulation of the People's Republic of China on the Management of Registration of Corporate Enterprises, with total registered capital divided into equal shares and raised through issuing stocks. Each investor bears limited liability to the corporation depending on the holding of shares, and the corporation bears liability to its debt to the maximum of its total assets.

Private Enterprises refer to economic units invested or controlled (by holding the majority of the shares) by natural persons who hire labours for profit-making activities. Included in this category are private limited liability corporations, private share-holding corporations Ltd., private partnership enterprises and private sole investment enterprises registered in accordance with the Corporation Law, Partnership Enterprise Law and Tentative Regulation on Private Enterprises.

Enterprises with Funds from Hong Kong, Macao and Taiwan refers to all industrial enterprises registered as the joint-venture, cooperative, sole (exclusive) investment industrial enterprises and limited liability corporations with funds from Hong Kong, Macao and Taiwan.

2008年国家统计局山东调查总队工作大事记

2008年1月7日 山东总队农村住户调查处被授予“山东省省直机关职业道德建设十佳集体”荣誉称号。

2008年1月8日 山东省省直机关精神文明建设委员会下发《关于命名表彰2007年度省直机关(单位)的通报》文件，山东总队继续被授予“省直文明机关单位”荣誉称号。

2008年1月9-10日 山东总队召开主要畜禽调查工作会议。

2008年1月11日 山东总队召开2007年度工作总结表彰大会。总队长宋志申作总结讲话，总队全体干部职工参加了会议。

2008年1月15-17日 山东总队召开城市、县(市)、乡镇基本情况统计工作会议。

2008年1月16-18日 山东总队副总队长谭杰率队赴滕州、曹县检查指导畜禽监测摸底调查工作。

2008年1月16日 山东总队和省旅游局在临沂市联合召开全省国内旅游抽样调查工作会议。

2008年1月21日 山东总队召开服务业抽样调查座谈会。国家统计局服务业调查中心及省地税局有关人员参加了座谈会。

2008年1月22日 国家统计局下发《关于服务业调查统计相关业务工作考核和统计分析报告评比结果的通报》文件，山东总队服务业抽样调查、企业集团统计、专项调查为特等奖；企业景气调查二等奖；并在优秀统计分析报告评比中分获二、三等奖。

2008年1月29日 国家统计局下发《关于城市社会经济调查专业2007年度业务工作考评结果通报》文件，山东总队农业生产资料价格统计、工业品价格统计、房地产价格统计、城市住户调查、分析研究、信息服务等六项获特等奖；固定资产投资价格统计、城市基本情况统计、专项调查三项获一等奖；在2007年度全国城镇住户基本情况抽样调查省级工作评比中山东总队获一等奖；在全国重点招标课题中分别获得特等奖、一等奖和二等奖各一名；在优秀统计分析报告中分别获一等奖一名、三等奖两名。

2008年1月29日 国家统计局下发《关于城市社会经济调查专业2007年度业务工作考评结果通报》文件，山东总队城镇住户处课题在全国课题评比中荣获特等奖。

2008年1月30-31日 山东调查队系统工作会议在济南召开。山东省委常委、常务副省长王仁元出席会议并讲话，山东省政府副秘书长韩金峰主持会议，山东总队总队长宋志申、省统计局局长杜昌祚分别总结部署各自工作。

2008年2月14日 山东省副省长贾万志在山东总队撰写的《山东农村水利设施建设存在的问题》专题报告上批示：“请水利厅阅研”。

2008年2月15日 山东省直机关党建研究专委会通报表彰了2007年和谐机关建设优秀调查报告，山东总队撰写的《新组建单位基层党建工作研究》调查报告荣获三等奖。

2008年2月29日 国家统计局下发《关于公布2007年度农村统计调查工作考评结果的通知》文件，山东总队在农林牧渔业综合统计、农产品中间消耗调查和农户固定资产投资、农产量调查、农村住户调查、调查分析研究、农村信息工作六项工作获特等奖；农产品价格调查获一等奖；区域经济统计中获二等奖。

2008年2月29日 中华全国妇女联合会发文表彰了100名全国五好文明家庭标兵户。山东总队王建敏一家荣获第六届全国五好文明家庭标兵户称号。

2008年3月5日 国家统计局滕州调查队成立大会暨揭牌仪式隆重举行。山东总队总队长宋志申与滕州市长王刚共同为滕州调查队揭牌。

2008年3月8日 山东省总工会组织召开“创和谐家庭 建和谐社会”事迹报告会。山东总队王建敏同志作为省直机关尊老爱幼、五好文明家庭的唯一代表被推荐作大会发言。

2008年3月12日 山东省省直机关妇工委下文表彰了2005-2007年度省直机关“三八”红旗集体和个人。山东总队生产价格处荣获“三八”红旗集体荣誉称号，农业处胡东香荣获“三八”红旗手荣誉称号。

2008年3月14日 国家统计局山东调查队系统党风廉政建设工作会议在莱芜召开。总队长宋志申出席会议并讲话，副总队长段连芳主持会议，副总队长谭杰、纪检组长赵兴成、副总队长刘同星出席了会议。各市、县级调查队队长，纪检组长及负责纪检监察工作的同志，总队各处室主持工作的处长等110余人参加了会议。

2008年3月15日 山东总队在莱芜召开山东组织工作和组工干部形象民意调查试点工作培训会议。总队长宋志申，副总队长谭杰、刘同星出席会议并讲话。

2008年3月15日 山东总队总队长宋志申到莱芜钢铁集团调研。

2008年3月18日 国家统计局发文表彰2007年全国统计系统政务信息工作先进单位和个人，山东总队评为全国统计政务信息工作先进单位，崔刚评为全国统计系统政务信息工作优秀组织者，翟文佳评为全国统计系统政务信息工作先进工作者。

2008年3月19日 山东省委常委、常务副省长王仁元在山东总队撰写的《生活消费全面增长 生活质量稳步提高》分析报告上批示：“农村消费市场是十分重要的问题，应加大调研力度。调查总队的分析很好，请发改委、经贸委阅研。”

2008年3月19日 山东省委常委、常务副省长王仁元在山东总队撰写的《山东省部分服务业行业个体经济状况分析》调查分析上批示：“请志明同志调研”（朱志明任山东省发展和改革委员会副主任，主持省服务业办公室工作）。

2008年3月19日 国家统计局牡丹调查队成立大会暨揭牌仪式隆重举行。山东总队副总队长段连芳与牡丹区委副书记、区长丁志刚共同为牡丹调查队揭牌。

2008年3月20日 国家统计局莱州调查队成立大会暨揭牌仪式隆重举行。山东总队总队长宋志申与莱州市委副书记、市长李明共同为莱州调查队揭牌。

2008年3月20日 国家统计局定陶调查队成立大会暨揭牌仪式隆重举行。山东总队副总队长段连芳与定陶县委副书记、县长陶体华共同为定陶调查队揭牌。

2008年3月21-22日 山东总队与省统计局在济南联合召开主要畜禽监测调查培训会议。

2008年3月21日 国家统计局邹平调查队成立大会暨揭牌仪式隆重举行。山东总队总队长宋志申与邹平县委书记魏克田共同为邹平调查队揭牌。

2008年3月28日 国家统计局高唐调查队成立大会暨揭牌仪式隆重举行。山东总队副总队长谭杰与高唐县委副书记朱茂明共同为高唐调查队揭牌。

2008年4月1日 山东总队与省发改委联合开展房地产发展情况专项调研工作。

2008年4月1-3日 山东总队召开全省规模以下工业成本费用调查工作会议。

2008年4月2-4日 山东总队副总队长谭杰赴潍坊、临沂、济宁三市督促检查畜禽监测工作。

2008年4月7日 山东省委副书记、省长姜大明在山东总队撰写的《物价上涨对山东农民受益情况的影响》调查分析上批示：“请仁元、万志同志阅研”（王仁元任山东省委常委、常务副省长，贾万志任山东省委常委、副省长）。

2008年4月9日 国家统计局德州调查队成立大会暨揭牌仪式隆重举行。山东总队副总队长段连芳与德州市常务副市长史好泉共同为德州调查队揭牌。

2008年4月11日 山东总队召开省直部门城市、县（市）社会经济基本情况统计年报工作会议。

2008年4月14日 山东总队下发文件，颁布实施《国家统计局山东调查队系统县级调查队工作调研联系点制度实施办法》。

2008年4月15日 国家统计局办公室下发《关于2007年统计部门二级预算单位财会工作考核情况的通报》文件，在全国评比中山东总队获得2007年财会工作综合评比二等奖；获得2007年预算与执行和财务决算两个单项一等奖。

2008年4月17日 山东总队召开地方报表清查工作培训会议。

2008年4月18日 国家统计局利津调查队成立大会暨揭牌仪式隆重举行。山东总队纪检组长赵兴成与利津县委副书记、县长李延成共同为利津调查队揭牌。

2008年4月18日 国家统计局济宁调查队成立大会暨揭牌仪式隆重举行。山东总队总队长宋志申与济宁市委副书记、市长张振川共同为济宁调查队揭牌。

2008年4月22日 山东总队召开县级调查队联系点工作会议。总队长宋志申参加会议并讲话。

2008年4月24日 国家统计局峄城调查队成立大会暨揭牌仪式隆重举行。山东总队副总队长刘同星与峄城区委常委、区纪委书记任建民共同为峄城调查队揭牌。

2008年4月28日 国家统计局下发《关于表彰2007年度统计系统人事工作先进单位的通报》文件，山东总队人教处获国家统计局调查队系统人事工作先进单位。

2008年4月28日 国家统计局蓬莱调查队成立大会暨揭牌仪式隆重举行。山东总队副总队长段连芳和蓬莱市委常委、常务副市长杜康生共同为蓬莱调查队揭牌。

2008年5月4日 国家统计局山东调查总队发文，任命：吴岩为国家统计局嘉祥调查队队长（正科级），布乃君为国家统计局阳谷调查队队长（正科级），卢仁利为国家统计局惠民调查队队长（正科级）。

2008年5月5日 山东总队召开农产量及农业中间消耗抽样调查工作会议。

2008年5月6日 国家统计局费县调查队成立大会暨揭牌仪式隆重举行。山东总队总队长宋志申与临沂市市长助理郭训成共同为费县调查队揭牌。

2008年5月6-8日 山东总队在枣庄市召开中加经济统计项目试点调查工作会议。

2008年5月7日 国家统计局下发《关于2007年度统计制度方法研究优秀论文评选结果的通报》文件，山东总队两篇研究论文分别获二等奖和三等奖。

2008年5月8日 国家统计局青岛调查队成立大会暨揭牌仪式隆重举行。山东总队总队长宋志申和青岛市常务副市长王书坚共同为青岛调查队揭牌。

2008年5月9日 国家统计局文登调查队成立大会暨揭牌仪式隆重举行。山东总队总队长与文登市委书记王亮共同为文登调查队揭牌。

2008年5月9日 国家统计局沂南调查队成立大会暨揭牌仪式隆重举行。山东总队副总队长刘同星与临沂市市长助理郭训成共同为沂南调查队揭牌。

2008年5月10日 国家统计局齐河调查队成立大会暨揭牌仪式隆重举行。山东总队纪检组长赵兴成与齐河县委常委、常务副县长王圣华共同为齐河调查队揭牌。

2008年5月12日 国家统计局山东调查总队党组发文，任命：张丽娟同志为国家统计局济南调查队党组纪检组组长（副局级）；于国庆同志为国家统计局青岛调查队党组纪检组组长（副局级）。

2008年5月12日 国家统计局山东调查总队发文，任命：王广俊为国家统计局济南调查队副队长（副局级）。

2008年5月12-14日 山东总队副总队长刘同星带队，到青岛调查队督导公安队伍正规化建设群众满意度调查并开展调研。

2008年5月12-17日 山东总队在泰安举办系统会计基础知识和财务软件培训班。总队长宋志申出席会议并作讲话。

2008年5月13日 国家统计局博山调查队成立大会暨揭牌仪式隆重举行。山东总队副总队长谭杰与博山区委书记王树槐共同为博山调查队揭牌。

2008年5月16—18日 国家统计局税收与增加值关系研讨会在济南召开。国家统计局局长谢伏瞻出席会议，山东省委书记姜异康，省委副书记、省长姜大明分别在济南会见了谢伏瞻。山东总队总队长宋志申出席会议并参加了会见。

2008年5月16日 国家统计局潍坊调查队成立大会暨揭牌仪式隆重举行。山东总队总队长宋志申与潍坊市常务副市长胡岗共同为潍坊调查队揭牌。

2008年5月16日 国家统计局惠民调查队成立大会暨揭牌仪式隆重举行。山东总队副总队长刘同星与惠民县委书记何思清共同为惠民调查队揭牌。

2008年5月20日 山东总队圆满完成公安队伍正规化建设群众满意度调查工作。

2008年5月22日 山东总队召开农户存粮情况调查培训会议。总队长宋志申出席会议并作讲话。

2008年5月22日 国家统计局山东调查总队党组发文，任命：陈常树同志为国家统计局日照调查队党组纪检组组长（副处级）。

2008年5月23日 国家统计局新泰调查队成立大会暨揭牌仪式隆重举行。山东总队纪检组长赵兴成与新泰市市长郭德文共同为新泰调查队揭牌。

2008年5月26日 国家统计局泰安调查队成立大会暨揭牌仪式隆重举行。山东总队总队长宋志申与泰安市市长李洪峰共同为泰安调查队揭牌。

2008年5月26日 国家统计局菏泽调查队成立大会暨揭牌仪式隆重举行。山东总队副总队长谭杰与菏泽市常务副市长王浩共同为菏泽调查队揭牌。

2008年5月27日 国家统计局日照调查队成立大会暨揭牌仪式隆重举行。山东总队总队长宋志申与日照市代市长赵效为共同为日照调查队揭牌。

2008年5月27日 山东省直机关工会工委下发表彰文件，山东总队夏志进同志荣获“山东省省直机关五一劳动奖章”荣誉称号。

2008年5月28日 国家统计局莱芜调查队、莱芜市经济社会调查局成立大会暨揭牌仪式隆重举行。山东总队总队长宋志申与莱芜市常务副市长单增德共同为莱芜调查队、莱芜市经济社会调查局揭牌。

2008年5月28日 国家统计局诸城调查队成立大会暨揭牌仪式隆重举行。山东总队副总队长段连芳与诸城市副市长刘峰梅共同为诸城调查队揭牌。

2008年5月28日 国家统计局寿光调查队成立大会暨揭牌仪式隆重举行。山东总队副总队长谭杰与寿光市副市长朱兰玺共同为寿光调查队揭牌。

2008年5月28日 山东省委常委、常务副省长王仁元在山东总队撰写的《宏观调控取得积极成效结构性上涨出现弱化迹象》调查分析报告上批示：“分析的很好，望加大价格走势的预测，提出建议”。

2008年5月29日 国家统计局胶州调查队成立大会暨揭牌仪式隆重举行，山东总队总队长宋志申与胶州市常务副市长孙永红共同为胶州调查队揭牌。

2008年5月29日 国家统计局青州调查队成立大会暨揭牌仪式隆重举行。山东总队副总队长段连芳与青州市市长孙忠礼共同为青州调查队揭牌。

2008年5月31日 国家统计局平度调查队成立大会暨揭牌仪式隆重举行。山东总队纪检组长赵兴成与平度市副市长王福考共同为平度调查队揭牌。

2008年6月2日 国家统计局微山调查队成立大会暨揭牌仪式隆重举行。山东总队副总队长段连芳与微山县县长程大志共同为微山调查队揭牌。

2008年6月3日 国家统计局兖州调查队成立大会暨揭牌仪式隆重举行。山东总队副总队长段连芳与兖州市市长张胜明共同为兖州调查队揭牌。

2008年6月5日 国家统计局威海调查队成立大会暨揭牌仪式隆重举行。山东总队总队长宋志申与威海市委书记王培廷共同为威海调查队揭牌。

2008年6月6日 山东省委常委、常务副省长王仁元在山东总队撰写的《五月份山东居民消费价格涨幅今年首次回落》调查资料上批示：“及时分析、准确把握价格走势，为省委、省政府提供翔实资料，做了大量工作，取得明显效果。望继续加大工作力度，特别找出我省比全国低一个点的价格指数的原因是什么？要定性定量”。

2008年6月10日 国家统计局山东调查总队发文，任命：闫长春为国家统计局东营调查队队长（正处级）。

2008年6月11日 山东总队副总队长谭杰赴兖州调研夏粮生产情况及夏粮样本实割实测工作。

2008年6月11日 国家统计局人事司下发《关于对年度考核优秀等次人员予以奖励的通知》文件，山东总队总队长宋志申被国家统计局记三等功奖励。

2008年6月13日 国家统计局山东调查总队发文，任命：张良军为国家统计局聊城调查队副队长（副处级）。

2008年6月18-19日 山东总队在聊城召开市级调查队党组书记、队长工作座谈暨经验交流会。山东总队党组书记、总队长宋志申出席会议并讲话。省统计局党组书记、局长杜昌祚应邀到会讲话。各市级调查队党组书记、队长参加了座谈和交流。

2008年6月20日 国家统计局济南调查队、济南市社会经济调查局成立大会暨揭牌仪式隆重举行。山东总队总队长宋志申与济南市委常委、副市长陈先运共同为济南调查队揭牌。

2008年6月24日 山东总队在济南召开低收入居民基本生活费用价格指数编制工作会议。

2008年6月25日 山东总队副总队长刘同星赴青岛考察低收入居民消费价格指数编制工作。

2008年6月26日 山东省直机关工会工委组织开展迎奥运知识竞赛。山东总队代表队荣获二等奖。

2008年6月30日 山东省委常委、常务副省长王仁元在山东总队撰写的《山东工业品价格上涨幅度持续扩大》调查资料上批示：“陈充（省物价局局长）同志：工业品价格上升尤其关注才行，望注意分析把握我省工业品价格变化”。

2008年6月30-7月1日 山东总队副总队长谭杰赴莒南县督查主要畜禽监测调查工作。

2008年7月1日 山东省委常委、常务副省长王仁元召集专题会议，研究最低生活保障标准与城镇低收入居民基本生活费用价格指数工作。

2008年7月4日 山东总队召开城市、农村基层基础与专业数据质量检查评估工作动员会，具体部署对市县队的数据质量复查工作。总队长宋志申作动员讲话。

2008年7月17日 山东总队召开上半年畜禽监测调查工作会议。

2008年7月21-25日 山东总队组成九个小组，顺利完成组织工作满意度民意调查的省级样本调查工作。

2008年7月24日 山东省委常委、常务副省长王仁元在山东总队撰写的《山东居民消费价格山涨幅持续低于全国平均水平的主要原因》调查分析上批示：“分析有道理。请云良（省发改委主任）、陈充（省物价局局长）同志阅”。

2008年7月25日 山东总队召开城镇居民医疗调查培训会议。

2008年7月25日 山东总队召开低收入居民价格调查上半年数据质量审核评估会议。

2008年7月25日 山东总队编辑出版《改革开放30年—山东居民生活》一书。

2008年7月28日 国家统计局下发文件，通报2008年纪检监察工作优秀论文评选结果。山东总队纪检组长赵兴成，纪检监察室主任王洪伟获得优秀论文奖。

2008年7月28-30日 由国家统计局城市司巡视员汪小青、中国信息报社副总编石方川带队的调研组一行四人，在山东总队副总队长刘同星的陪同下，到青岛对编制低收入居民消费价格指数工作、建立物价上涨与城市最低生活保障居民生活补贴发放联动机制运作情况，CPI电子设备采价研制情况，进行了调研与实地专访。

2008年8月1日 山东总队召开国内旅游调查工作会议。

2008年8月4-15日 山东总队组成九个小组分赴各市县开展组织工作满意度民意调查工作。

2008年8月12日 国家统计局山东调查总队党组发文，任命：郝伯扬同志为国家统计局枣庄调查队党组纪检组组长（副处级）；刘玉芳同志为国家统计局烟台调查队党组纪检组组长。

2008年8月13日 山东总队召开低收入居民基本生活费用价格指数评估会议。会议邀请了省直各有关部门及大中专院校共十余位专家。

2008年8月19-21日 国家统计局城市司率河南、河北、宁夏三省区的消费价格专业人员，对山东省消费价格调查工作进行了专项检查。

2008年8月25-29日 山东总队总队长宋志申，副总队长段连芳、谭杰，纪检组长赵兴成，副总队长刘同星分别带领检查组到各队开展城市数据质量复查工作。

2008年8月29日 国家统计局党组纪检组组长章国荣来山东泰安，出席国家统计局第三期赴德国弗莱堡大学学习人员暨2008年国家统计局机关干部英语强化培训班结业仪式。

2008年9月9-10日 山东总队副总队长段连芳赴新泰调查队联系点进行调研。

2008年9月10日 山东总队与省纪委联合召开2008年山东党风廉政建设民意调查工作培训会议。

2008年9月15日 山东总队圆满完成组织工作满意度民意调查工作，包括对山东省736家调查单位的2680个样本的问卷调查工作。

2008年9月15日 山东总队首次印发《山东调查队系统业务工作规范化管理及考核评比办法汇编》。

2008年9月16日 国家统计局纪检监察局副局长王跃新来山东总队就如何做好纪检监察工作，继续强化对基层调查队人、财、物的监督等方面的内容进行调研，并与总队长宋志申、纪检组长赵兴成等进行了座谈。

2008年9月17-19日 山东总队副总队长刘同星赴微山调查队联系点进行调研。

2008年9月18-19日 山东总队在临沂召开中加经济统计项目山东试点调查工作座谈会。

2008年9月22-28日 山东总队组队赴北京参加首次全国统计建模大赛，获得三等奖。

2008年9月24-26日 山东总队副总队长刘同星赴泰安、淄博两市就国内旅游调查工作进行调研。

2008年9月25-26日 山东总队在济南召开全省畜禽监测调查数据处理新程序培训会议。

2008年9月25-26日 山东省直机关党建研究专委会第二课题组专题研讨会在泰安召开。山东总队撰写的《落实科学发展观 全面提升机关建设水平》一文评为优秀论文并作典型发言。

2008年9月27日 山东总队撰写的课题《山东社会主义新农村建设统计评价监测指标体系及实证分析》获2008度山东省软科学优秀成果二等奖。

2008年9月27日 山东总队圆满完成国有企业反腐倡廉民意调查工作。

2008年10月2-4日 国家统计局局长马建堂到山东调研。山东省委常委、常务副省长王仁元会见了马建堂。省委常委、副省长王军民，省政府副秘书长韩金峰，省统计局局长杜昌祚，山东总队总队长宋志申等参加了会见。

2008年10月7日 国家统计局山东调查总队党组发文，任命：孙福乐同志为国家统计局淄博调查队党组纪检组组长（副处级）。

2008年10月7日 国家统计局山东调查总队发文，任命：李锐为国家统计局淄博调查队副队长（副处级）。

2008年10月9日 山东总队圆满完成2008年党风廉政建设民意调查工作。

2008年10月9日 山东总队档案管理工作经山东省档案局验收，晋升为“省一级”档案室，成为国家统计局调查队系统第一家档案管理工作晋升“省一级”的单位。

2008年10月9日 根据山东省委的统一部署，为加强对山东总队学习实践科学发展观活动的领导和指导，经总队党组研究决定，成立总队开展深入学习实践科学发展观活动领导小组。

2008年10月10-11日 山东总队召开三季度山东低收入居民基本生活费用价格指数评估会议。

2008年10月14日 山东调查队系统办公室工作会议在威海召开。

2008年10月15日 山东总队在济南召开城镇住户电子记帐报表系统试点培训会议。

2008年10月16日 山东总队对城市、农村基层基础工作与专业数据质量检查情况进行通报。

2008年10月17日 山东总队召开深入学习实践科学发展观活动动员大会，总队深入学习实践科学发展观活动领导小组组长、党组书记、总队长宋志申作了题为《提高调查水平服务科学发展 努力推动统计调查工作再创新局面》的动员讲话。

2008年10月20日 山东总队圆满完成前三季度国内旅游抽样调查工作。

2008年10月22日 山东总队副总队长谭杰赴费县调查队联系点各项工作进行全面调研。

2008年10月22日 国家统计局办公室下发了《关于2008年度全国综合统计系统工作评比的通报》，山东总队获得综合统计工作先进单位；一篇分析报告获优秀统计分析报告三等奖。

2008年10月24日 国家统计局山东调查总队发文，任命：张林琳为国家统计局德州调查队副队长（副处级）。

2008年10月27日 国家统计局办公室下发了《关于2008年度统计设计管理系统评比结果的通报》，山东总队获得综合评比、报表清查工作评比两个一等奖。

2008年10月31日 国家统计局山东调查总队发文，任命：秦法云为国家统计局济宁调查队副队长（副处级）。

2008年11月3日 山东总队总队长宋志申带领全体党员干部到中国重汽集团就落实科学发展观活动进行调研。

2008年11月5-7日 山东总队在济南召开服务业抽样调查工作暨邮政普遍服务满意度专项调查工作会议。

2008年11月6日 山东总队在济南召开工业品、固定资产价格调查统计工作会议。

2008年11月7日 国家统计局滨州调查队成立大会暨揭牌仪式隆重举行。山东总队总队长宋志申和滨州市委书记邓向阳共同为滨州调查队揭牌。

2008年11月10日 国家统计局山东调查总队党组发文，任命：王建敏同志为国家统计局德州调查队党组纪检组组长（副处级）。

2008年11月11日 山东省人民政府调查研究室通报了2008年度山东省政府系统优秀调研成果评选结果，山东总队三篇调查报告全部获奖。

2008年11月11日 国家统计局国际统计信息中心顾问黄朗辉到济南调研就国际比较项目（ICP）工作。

2008年11月19-21日 山东总队在济南召开农村住户调查工作会议。

2008年11月20日 国家统计局城市司及北京调查总队一行四人到济南考察城镇住户电子记帐报表系统研发及试点工作。

2008年11月20日 山东总队在济南举办交车仪式，为部分基层调查队配备工作车辆。

2008年11月22日 山东总队在济南召开居民消费价格调查工作会议。

2008年11月27-28日 山东总队在临沂召开企业（集团）统计、企业景气调查年报会议。

2008年11月28日 山东省委省直机关工委下发《关于表彰2008年度机关党建宣传报道先进单位的决定》，山东总队机关党委被授予“2008年度机关党建宣传报道先进单位”荣誉称号。

2008年12月1-12日 山东总队抽调部分市级调查队业务骨干组成8个检查组，深入14个省辖市的28个县市，开展规模以下工业抽样调查检查工作。

2008年12月2日 山东总队召开“12·4法制宣传日暨纪念统计法颁布25周年座谈会”。

2008年12月5-6日 山东总队在济南召开房地产价格调查工作会议。

2008年12月10日 山东总队在桓台召开城镇住户调查年报工作会议。

2008年12月10-11日 山东总队在济南召开山东调查队系统综合工作会议。

2008年12月11-13日 国家统计局巡视员徐志全等组成的网络安全保密检查组来山东总队就计算机及网络安全保密工作进行检查调研。

2008年12月12日 山东总队在桓台召开居民旅行消费和接待境外客人情况培训会议。

2008年12月15-16日 山东总队纪检组长赵兴成赴济宁开展减轻企业统计负担调研工作。

2008年12月16-17日 山东总队总队长宋志申赴兖州、曲阜就基层调查队工作开展情况进行调研。

2008年12月16日 山东总队在济南召开主要畜禽监测摸底调查暨年报工作会议。

2008年12月20日 山东总队和省旅游局在潍坊市联合召开国内旅游抽样调查工作会议。

2008年12月22日 国家统计局山东调查总队发文件，任命：赵晓民为国家统计局东营调查队副队长（副处级）。

2008年12月26日 山东总队召开2008年公众对城市环境保护满意率调查工作培训会议。

2008年12月29日 山东总队党组书记、总队长宋志申主持召开会议，由总队领导班子听取各处室主要负责人汇报2008年度工作并述职述廉。